ATLAS MUNDIAL DO VINHO

THE WORLD ATLAS
OF WINE

Dedicamos a sexta edição deste atlas a Len Evans,
que expandiu o mundo do vinho para todos nós

HUGH JOHNSON & JANCIS ROBINSON

ATLAS MUNDIAL DO
VINHO

SEXTA EDIÇÃO

3ª impressão

HUGH JOHNSON & JANCIS ROBINSON

Tradução
Fátima Santos, Renato Rezende e
Ricardo Rosenbusch

ATLAS MUNDIAL DO VINHO
Hugh Johnson, Jancis Robinson

Primeira publicação na Grã-Bretanha em 1971 sob o título The World Atlas of Wine, por Mitchell Beazley, um selo da Octopus Publishing Group Ltd.
2-4 Heron Quays, Docklands, Londres E14 4JP

EDITORA NOVA FRONTEIRA PARTICIPAÇÕES S.A.
Rua Nova Jerusalém, 345 – Bonsucesso – 21040-235
Rio de Janeiro – RJ – Brasil
Tel.: (21) 3882-8200 – Fax: (21) 3882-8212/8313
http://www.novafronteira.com.br
e-mail: sac@novafronteira.com.br

CIP-Brasil. Catalogação-na-fonte
Sindicato Nacional dos Editores de Livros, RJ

J65a

Johnson, Hugh
Atlas mundial do vinho / Hugh Johnson e Jancis Robinson ; tradução Fátima Santos, Renato Rezende, Ricardo Rosenbusch – Rio de Janeiro : Nova Fronteira, 2008.

Tradução de: The World Atlas Of Wine
ISBN 978-85-209-2062-6

1. Vinho e vinificação. 2. Regiões vinícolas – Mapas. I. Robinson, Jancis. II. Título.

CDD 641.22
CDU 641.87

EQUIPE MITCHELL BEAZLEY

Editora responsável Gill Pitts
Assistente editorial Julia Harding MW
Assistente editorial / Pesquisa Philippa Bell
Editora Susanna Forbes
Pesquisa adicional Sarah Ahmed
Diretor de arte Tim Foster
Diretor de arte executivo Yasia Williams-Leedham
Designer Colin Goody
Gerente de produção Peter Hunt
Editor cartográfico Zoë Goodwin
Índice geográfico Andrew Johnson
Índice John Noble
Pesquisa de fotografias Jenny Faithfull
Revisões e nova cartografia para a sexta edição Cosmographics
Cartografia original Clyde Surveys Ltd.

EQUIPE NOVA FRONTEIRA

Produção editorial Daniele Cajueiro, Gustavo Penha
Revisão de tradução Hebe Coimbra, Ligia Diniz, Mariana Gouvêa, Marta Schmidt
Revisão Aline Castanheira, Ana Lúcia Kronemberger, Eduardo Carneiro, Fernanda Machtyngier, Guilherme Semionato, Isabela Fraga, Luana Xavier, Marília Lamas, Perla Serafim
Indexação Marília Lamas
Diagramação Filigrana Design

Impresso na China

Como usar os mapas

As escalas dos mapas contidos neste atlas variam consideravelmente, sendo que o nível de detalhe depende da complexidade da área mapeada. Há uma barra de escala em cada mapa. As curvas de nível variam de um mapa para outro e as distâncias são informadas em cada caso. Fontes serifadas (por exemplo, MEURSAULT) nos mapas indicam nomes e lugares relacionados ao vinho; fontes sem serifa (por exemplo, Meursault) indicam basicamente outras informações.

Toda página com mapa possui uma grade com letras ao lado e números na parte inferior. Para localizar um château, uma vinícola etc., procure o nome no índice geográfico (páginas 385-399), que informa o número da página seguido pelas coordenadas da grade.

Página anterior *Cabernet Franc, Touraine, França.*

À direita *Vinícola de Peter Lehmann, Barossa Valley, Austrália*

Sumário

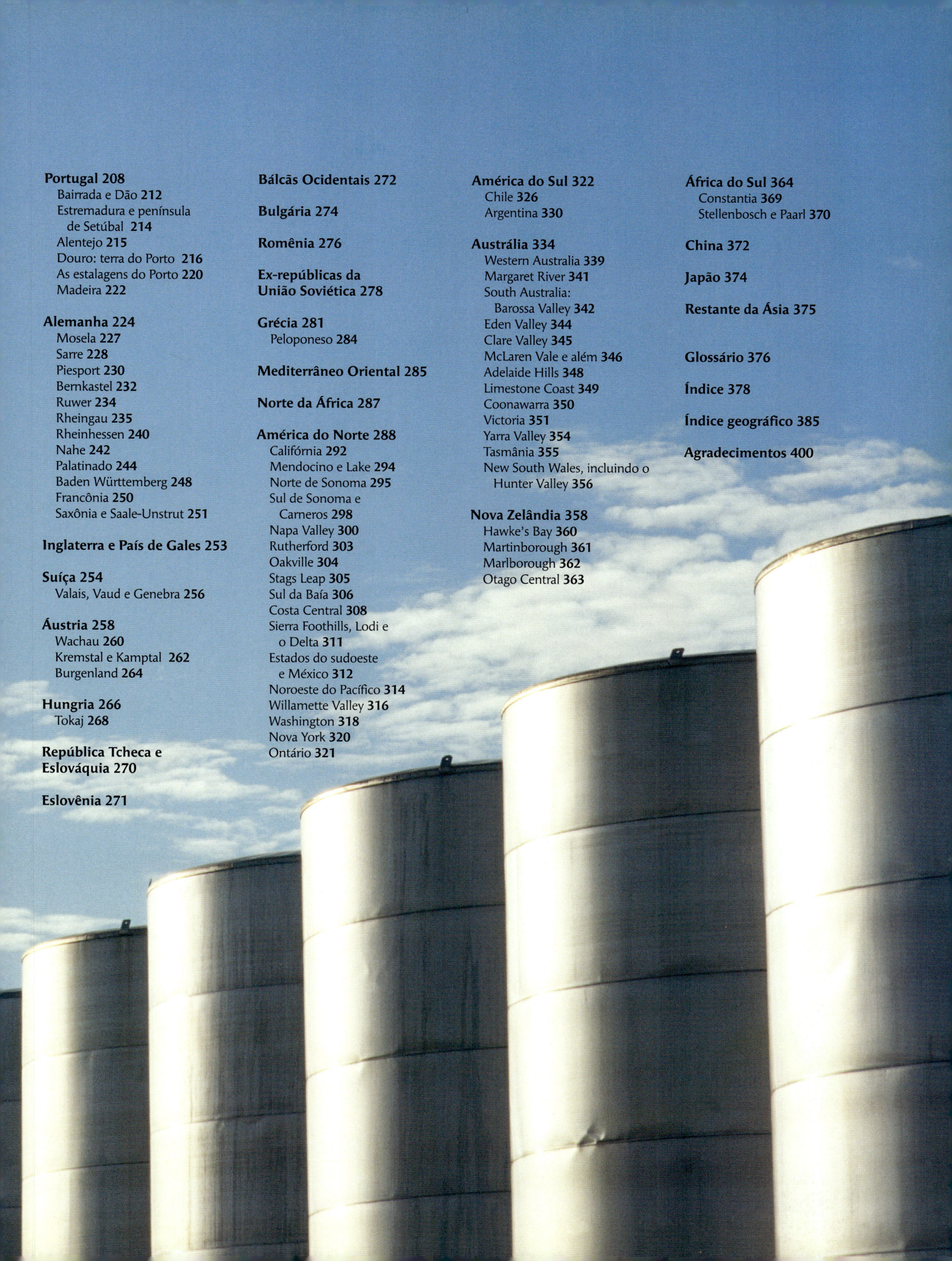

Prefácio

A ciência do vinho ainda não é um fenômeno universal. Será que poderei escrever a mesma coisa quando sair a sétima edição deste atlas? O vinho tem se difundido tão rápido e para tão longe que partes da Ásia, que, na época da última edição, eram consideradas azarões no mercado de exportação, estão atualmente produzindo e exportando seus próprios vinhos. Com toda essa reviravolta no cenário do vinho, a impressão é de que os métodos tradicionais de abordagem do assunto estão cada vez mais precários e até mesmo irrelevantes.

E, de fato, desde que o amor pelo vinho ultrapassou os limites de um pequeno círculo — principalmente na Europa —, os interesses pelo assunto mudaram. Se quando escrevi a primeira edição, em 1971, a ênfase era na geografia dos vinhedos, no clima e no solo, na década de 1980 o enfoque central recaiu sobre as variedades das uvas.

Decretou-se, outrora, que os segredos da qualidade do vinho estavam na sua análise química e no seu controle. Não demorou muito para que fatores físicos fossem considerados mais importantes. Em seguida, veio a bioquímica, com o mistério retornando inesperadamente sob a forma da biodinâmica. Nesse ínterim, a ênfase tinha se deslocado das variedades de uvas para os seus produtores: o elemento humano ganhou uma proeminência inédita, e o vinho se juntou às atividades ditadas pelo culto às celebridades. Formas inovadoras de marketing para novos consumidores dificultam que os mesmos ignorem as tendências da moda. Se apenas um filme pode obrigar produtores a arrancar uma variedade de uva para plantar outra, deve-se questionar se realmente há uma estratégia planejada para os vinhos.

Chega-se à conclusão de que não há exatamente uma para os milhões de hectolitros que enchem as prateleiras dos supermercados com vinhos de marca, no mundo inteiro. O vinho como produto de consumo é uma realidade, quer tenha um rótulo geográfico, quer um varietal. O importante é que, com pouquíssimas exceções, ele é produzido com cada vez mais competência.

Mesmo assim, é difícil que o vinho se torne lugar-comum. Para a maioria dos consumidores em todo o mundo, mesmo os vinhos do dia-a-dia são reservados para horas de conversa, de alegria e de prazer. Lamentavelmente, ainda há pessoas que não aceitam pagar mais que o mínimo por sua bebida, ou mesmo por sua comida. Para elas foram inventados os frangos de granja e os vinhos de granja. Porém, para aqueles que viajam, que saem para cear, que cozinham e compartilham momentos de prazer com os amigos, as escolhas que interessam: as escolhas entre sabores e culturas. Mas tanto a simplicidade quanto a sofisticação estão na moda. Da mesma forma, também estão o italiano, o francês e o asiático. Atualmente, a idéia de que um estilo de comida satisfaça todas as culturas parece muito remota, e até absurda. Da mesma maneira que se pensa sobre a comida, pode-se pensar sobre o vinho. Se hoje em dia existe uma moda, esta é a da diversidade.

ABRACADABRA?

Então, onde começa a diversidade? Onde sempre começou: nos campos, nas regiões e nos países onde são produzidos os vinhos, junto com o povo que os produz e suas intenções. Entre as modas passageiras dos últimos 25 anos, há uma tentativa de considerar o *terroir* — o sentido de lugar no vinho — algo meramente místico. As novas regiões vinícolas às vezes descrevem-no como puro esnobismo dos nomes tradicionais, ciumentos de sua reputação. Estranhamente, ou talvez nem tanto, à medida que começam a se estabelecer, a ver suas vinhas maturando e a degustar os vinhos maduros de sua própria safra, estas mesmas regiões começam a criar seus *terroirs* distintos, encontrando seu próprio sentido de lugar. Partindo de afirmações de que o solo e o clima são perfeitos em um vale inteiro, as gerações mais experientes estão fazendo suas próprias distinções. O solo mais solto ou as encostas mais inclinadas, mais névoa da manhã ou brisa da tarde, essas não são as primeiras coisas que se observam em uma fazenda nova. Mas, quando após 10 ou 20 anos você degustar novamente os vinhos, saberá onde as uvas amadurecem primeiro e onde a geada ataca; onde plantar Cabernet e onde plantar Merlot. Se há uma tendência universal na rotulação de vinhos, é a de nomear mais lotes individuais de vinhos que tenham uma qualidade ou personalidade especial, para justificar um preço mais alto. São estas as verdadeiras preocupações que nortearam a feitura deste atlas para o leitor.

Por questão de espaço, o elemento ausente neste livro é a tentativa de descrever a beleza do assunto principal. Ao cobrir os fatos geográficos, como aspectos do solo, do clima, da cultura e da ambição que dão forma à mais inacreditável variedade disponível, a experiência em si teve de ser deixada de lado. Você encontrará em nossos outros trabalhos observações sobre os vinhos individuais que justificam o detalhamento geográfico. É de taça em taça que somos atraídos pelo vinho, às vezes decepcionando-nos e, muitas vezes, encantando-nos. O que aqui descrevemos com minúcia — um Syrah apimentado, um Riesling com notas de mel ou um Côte de Nuits maduro e bem estruturado — chamou nossa atenção, estimulou nosso paladar e nossa imaginação em tardes plenas e felizes.

O debate sobre os vinhos finos, procurando em nosso vocabulário descrições e explicações, não é uma afetação nem é provocado por gostos e sensações comuns. Determinados vinhos têm um vigor natural, uma eloqüência embutida, que expressa, de forma inigualável, as forças que os produziram. Não se consegue saber de qual plantação vem um morango, ou de qual rio vem um peixe, ou de qual mina vem uma pedra preciosa quando estamos apreciando qualquer um destes elementos. No caso de um vinho, isto é possível, e não somente quanto ao local onde foi produzido ou à fruta que lhe deu sabor, mas também ao ano em que a fruta amadureceu e, até mesmo, a quem a produziu. Existe algum outro assunto que justifique tão bem um atlas sobre sua origem?

VARANDO A MADRUGADA

Jancis assumiu a tarefa — que antes era minha — de viajar, pesquisar e escrever, junto com sua competente e qualificada assistente Julia. Dizer que sou grato é pouco. Enquanto ela escreve, leio o que para mim são, muitas vezes, revelações fascinantes. Às vezes, comento; ocasionalmente, faço um ajuste; porém o trabalho que comecei agora é dela, e acredito que somente ela teria condições de fazê-lo. Estamos em dívida com os outros colaboradores que se envolveram em tudo, desde a elaboração de mapas à pesquisa de fotos e à revisão dos textos. Tenho que destacar Gill Pitts como editora altamente capaz, dedicada, alegre e incansável. Bons livros não são produzidos sem aquelas noites em claro. Trabalhei com muitas pessoas nestes 36 anos, durante a realização desta tarefa. Nunca fomos uma equipe tão feliz e unida.

Introdução

Pela segunda vez, é uma honra, especialmente instrutiva, revisar esta referência clássica dos vinhos, a qual gerou um livro de 400 páginas, maior e (a julgar pelos intensos esforços de nosso time nos últimos dois anos) melhor do que os anteriores. Esta tarefa, cada vez mais exigente, fez-me ver a rapidez com que o mundo do vinho mudou desde a última edição, em 2001, dois dias após a alteração no horizonte nova-iorquino, juntamente com muitas outras mudanças daí decorrentes. Podem ter passado apenas seis anos desde a 5a edição (as edições anteriores foram publicadas em 1971, 1977, 1985 e 1994), porém, se existe uma característica geral que afeta o mundo atualmente, e não menos o mundo do vinho, é a velocidade do ritmo das mudanças. Temos de correr, ou pelo menos reescrever e redesenhar, de modo a manter este livro na vanguarda das publicações sobre vinhos, onde está há 36 anos.

Basta observar, desde o início deste século, o crescente interesse tanto no consumo como na produção de vinhos no mundo todo, para entender um pouco o ímpeto desta aceleração. Foi com uma certa apreensão que comecei a escrever sobre vinhos, em meados da década de 1970. Em muitos lugares, o vinho (e a comida) eram vistos como assuntos extremamente frívolos. Uma vida dedicada a qualquer um dos dois poderia ser considerada um desperdício de uma boa educação.

Hoje, a situação é bem diferente. Às vezes, parece que não há um só homem letrado, herói esportivo ou industrial — e, claro, um crescente número de *connoiseurs* femininos também —, que não professe seu amor pelo vinho, muitas vezes a ponto de criar o próprio rótulo ou de ter sua propriedade vinícola ou, pelo menos, de investir em uma coleção pessoal de vinhos de tamanho considerável.

Superando a cerveja e as bebidas destiladas, o vinho se tornou a bebida preferida na economia mundial, e os Estados Unidos parecem estar prontos para ser o seu maior importador, além de ser de longe o maior produtor fora da Europa. Finalmente, o charme e os benefícios do vinho à saúde conquistaram o mundo, inclusive adentrando a Ásia, um continente antes considerado imune a esse vírus.

Mas à medida que o exército de amantes do vinho cresce e a comunicação entre seus membros torna-se extraordinariamente rápida e eficiente numa escala verdadeiramente global, as tendências que normalmente levariam gerações para surtir efeito podem ser observadas atualmente alastrando-se pelo mundo entre uma safra e outra.

O PÊNDULO DA MODA

Para citar apenas um exemplo da rapidez com que os pêndulos da moda oscilam atualmente, a obsessão pelo Chardonnay, que aparentava ser uma ameaça quando da publicação da edição anterior, parece ter sido substituída pela obsessão pelos vinhos tintos e, hoje, podemos escolher entre uma deslumbrante coleção das chamadas uvas hereditárias, variedades salvas da quase extinção em sua terra natal. Outro exemplo de mudança rápida: quando a edição anterior estava sendo publicada, a viticultura orgânica era considerada uma atividade periférica, e a biodinâmica, sua contrapartida mais fraca. Atualmente, ao mesmo tempo em que tomamos ciência dos perigos mundiais que enfrentamos, há poucos vinicultores alheios à necessidade de tratar de questões de sustentabilidade nos vinhedos, e os seguidores da magia misteriosa da biodinâmica englobam um número significativo de respeitáveis produtores.

Talvez a mais notável novidade desde a edição anterior sejam as mudanças climáticas em escala mundial e seus efeitos sobre o tipo de vinho e o local onde é produzido. Houve algumas regiões que se beneficiaram do aquecimento global, como por exemplo os vinicultores das regiões mais ao norte (e, às vezes, mais ao sul) do mapa mundial do vinho. Atualmente, o Canadá, a Inglaterra e, especialmente, a Alemanha conseguem amadurecer as uvas com maior confiabilidade do que uma edição atrás. A tecnologia, em geral, e a refrigeração e a irrigação, em particular, têm até agora conseguido manter a viticultura em suas áreas tradicionais, próximas ao equador, e permitido o desenvolvimento de algumas regiões vinícolas novas ainda mais próximas. Entretanto, é claro que em muitas partes do mundo, particularmente nas regiões menos atraentes da Austrália e da Califórnia, mas também em algumas áreas da Espanha, o acesso à água de boa qualidade será uma preocupação nos próximos anos.

Enquanto cada vez mais viticultores utilizam-se de avanços tecnológicos como a navegação via satélite — para focalizar as microvariações em pequenas áreas dentro de um mesmo vinhedo —, observamos a extensão macro do mapa mundial do vinho se desenvolver, mesmo que antes essa expansão possa ter sido impulsionada tanto por fatores sociais quanto por fatores climáticos. A Ásia pode ter sido uma força insignificante até o final da década de 1990, porém, provavelmente, terá uma influência muito importante na definição de onde o vinho é produzido e consumido. Reconhecendo que a China já é o sexto produtor mais importante de vinhedos do mundo, incluímos nesta edição uma cobertura maior desse vasto continente e, sem dúvida, o faremos novamente na próxima edição.

Em reconhecimento à intensa sofisticação da legião de produtores altamente capacitados da Califórnia, fornecemos uma cobertura mais detalhada do Napa Valley, desta vez com mapas detalhados de Rutherford, de Oakville e do distrito de Stags Leap. Na América do Norte incluímos também, pela primeira vez, mais ao norte, um mapa do Okanagan Valley, da Colúmbia Britânica, na parte ocidental do Canadá, uma fonte relativamente nova de interesse.

O mapa vinícola da Austrália continua a se estender para cantos mais frescos, portanto, nossa cobertura dessa importante potência no mundo do vinho também cresceu consideravelmente; incluímos, assim, nesta edição um novo mapa da Limestone Coast, em South Australia, como também mais detalhes do Barossa Valley, do Eden Valley, do McLaren Vale e de Adelaide Hills. A cobertura da Nova Zelândia, com os vinhedos mais meridionais do mundo, foi estendida com mapas de Martinborough e Otago Central, uma mostra da proeza desse país com a Pinot Noir, enquanto a historicamente importante, porém ainda gratificante região de Constantia, na África do Sul, também é beneficiada com seu próprio mapa.

Entretanto, o vinho tem se desenvolvido também na Europa, como testemunham nossos novos mapas de diversas regiões alemãs, Kremstal e Kamptal na Áustria, o Peloponeso na Grécia e Toro na Espanha. Acompanhar os constantes desenvolvimentos do mapa do vinho da Espanha foi um desafio especial nos últimos anos, embora a última edição deste atlas já tenha passado por uma revisão minuciosa da cobertura espanhola. A França sempre foi mapeada detalhadamente, principalmente por seu histórico vinícola ser muito extenso, confuso e detalhado. Todavia, estamos especialmente felizes em acrescentar mapas novos, extremamente úteis e precisos, dos tipos de solo encontrados em uma das nominações da França com maior variedade e em constante mutação que é St-Émilion.

De todas as coisas que compramos, o vinho é o que mais permite traçar sua origem geográfica. É uma das pouquíssimas coisas que podemos tirar de uma prateleira ou selecionar em uma carta de vinhos e, num relance, saber quem o fez, quando foi produzido e exatamente de onde veio. Uma razão a mais então para qualquer amante do vinho ter à mão algo que pode ser consultado em qualquer lugar — no carro, no campo, numa loja de vinhos, ao lado da lareira — e que pode mostrar, nos mínimos detalhes, o ponto preciso do globo responsável pela produção de cada garrafa.

Temos orgulho de os mapas deste atlas continuarem a representar um padrão a ser seguido pelos amantes do vinho, mesmo na era do Google Earth e dos muitos recursos da internet. É claro que estes mapas, de fácil utilização e com diferentes níveis de complexidade, de acordo com o assunto, são a grande força desta obra, mas eles são apenas parte do que ela tem a oferecer. Ao fornecermos comentários sobre o que é encontrado dentro e fora do vinhedo, da vinícola e da taça, estamos cientes do nosso papel como intérpretes do cada vez mais complexo mundo do vinho.

Os textos originais de Hugh são tão prazerosos de ler que, na 5a edição, eu os atualizei apenas levemente, porém, neste século, a velocidade das mudanças está me forçando, muitas vezes com pesar, a fazer muitas revisões para manter esta referência a mais útil e atualizada possível. Os mapas também foram revisados de forma mais eficaz, como observou Andrew Johnson, que os preparou para o índice geográfico. A meta, como sempre, não é fornecer um livro didático, mas uma introdução bem esclarecida e entusiástica para cada região. Eu e Hugh tentamos levar o leitor pela mão, explicando o que torna cada local especial, e como este exprime suas características particulares nos vinhos ali produzidos. No entanto, as constantes mudanças no clima, nas técnicas, na moda e nos regulamentos significam que estas descrições necessitam de revisões freqüentes. Apesar dos aspectos superficiais e do constante e gratificante apelo visceral desta bebida mágica, há muito pouco de eterno no vinho.

No final do século XX, especialmente em regiões de vinicultura fora da Europa, havia uma tendência a utilizar uvas de várias procedências e misturas, de modo que a localização de uma vinícola não servia mais como um guia óbvio para a origem de suas uvas. Entretanto, à medida que mais produtores se tornam obcecados pelas características individuais de cada lote de vinhas, vemos um aumento na proporção de vinhos de vinhedo único — que é a razão de incluirmos, nesta edição, mais vinhedos individuais em muitos dos nossos mapas, mesmo aqueles fora da Europa.

Fico encantada em ver que o mundo do vinho está cada vez mais preocupado com o seu aspecto mais importante, a geografia, mesmo após décadas em que os vinicultores e as variedades de uvas, para não mencionar um sistema de classificação, ameaçaram ter prioridade sobre o que realmente produz um bom vinho.

Atualmente os chineses, com suas famosas habilidades e sua ética de trabalho, estão sendo treinados na viticultura e na vinicultura, como mostra a foto com as uvas Merlot cultivadas para a Bodega Langes, de propriedade austríaca, na província de Hebei. As uvas do Bordeaux tinto predominam nas novas plantações na China.

COMO FUNCIONA ESTE ATLAS

Os mapas foram reunidos pensando no consumidor, e não no burocrata do vinho. Se uma denominação — por exemplo, AC, DOC, DO, AV, IG ou *ward* na África do Sul — não era de interesse prático para o apreciador de vinhos, nossa política foi a de omiti-la. Se o nome de uma região, área ou distrito fazia parte das conversas casuais sobre vinhos, mesmo que não tivesse uma designação oficial, tendemos a incluí-lo.

Marcamos aquelas vinícolas que consideramos de particular interesse para os amantes do vinho, baseados na qualidade do seu produto ou em sua importância local. No entanto, está cada vez mais difícil, em algumas partes do mundo, definir exatamente onde um empreendimento vinícola está localizado. Muitos empreendimentos em particular, mas não apenas na Califórnia e na Austrália, têm somente uma "porta de adega", um ponto-de-venda ou sala de degustação situados em um local totalmente diferente de onde produzem o vinho (o qual pode, em alguns casos, até ser uma vinícola contratada ou uma instalação personalizada). Nestes casos, apresentamos o local onde os produtores preferem se apresentar para os apreciadores de vinho. No entanto, os produtores de vinhos não foram marcados nos mapas excepcionalmente detalhados da Côte d'Or, pois eles se concentram nos vinhedos, e não nas adegas — as quais tendem a se agrupar nas mesmas travessas da vila, de qualquer modo.

Observe que, para facilitar a distinção entre os nomes relacionados aos vinhos e os nomes dos lugares, todos os nomes de vinhos — sejam apelações ou vinícolas — estão em letras serifadas (por exemplo, MERSAULT), enquanto os nomes geográficos estão em fonte Sans Serif (por exemplo, a vila de *Mersault*).

Ao decidirmos a ordem em que colocar as diferentes regiões dentro de um país, tentamos, grosso modo, ir do oeste para o leste e do norte para o sul, embora, como todas as regras, esta também tenha suas exceções. Dentro da França (uma exceção notável à regra acima), os vinhos Vins de Pays têm sua seção própria, porém seus rótulos tendem a aparecer nas páginas pertinentes à sua geografia.

A política de escolha sobre quais rótulos deveriam aparecer nestas páginas (uma inovação editorial apresentada na primeira edição) está mais rígida que antes. Tentei ao máximo fazer com que os rótulos refletissem minha escolha pessoal dos melhores vinhos produzidos naquela região, país ou distrito particular. A safra mostrada no rótulo não tem relevância alguma, embora, na data da publicação, estivesse atualizada e merecesse respeito. Essas escolhas devem conter um registro de muitas safras, ou pelo menos de algumas, nas regiões vinícolas mais embrionárias. O número de rótulos apresentado em cada página é determinado mais pelo desenho da página do que por considerações sobre a qualidade. A ordem dos rótulos também não se relaciona com a qualidade. A estética, a geografia, as variedades de uvas e a escrita das legendas, todas tiveram, de diferentes formas, sua parte nesta elaboração.

AGRADECIMENTOS PESSOAIS

Em primeiro lugar, gostaria muito de agradecer a Hugh Johnson, que não poderia ter sido mais generoso, prestativo, bem-humorado, para não mencionar um talentoso colaborador. Ele parece estar ainda mais envolvido com esta 6a edição do que com a 5a, examinando cada imagem e mapa, lendo cada palavra e, freqüentemente, reescrevendo o que escrevi, espalhando um pouco da magia de Johnson por todo o texto extensivamente revisado que acompanha os mapas.

Nos dois últimos anos, conto, como sempre, com o conhecimento, a diligência e a memória de minha assistente e companheira mestra do vinho Julia Harding, que desenvolveu uma rede de informantes em vinhedos, vinícolas e laboratórios extremamente generosa no mundo todo. (Suponho que também devamos reconhecer que temos uma grande dívida com a magia do e-mail, pois sem ele esta revisão levaria quase o dobro do tempo para ser completada.)

Hugh, Julia e eu, sem deixar de mencionar o editor e criador Mitchell Beazley, tivemos uma sorte excepcional ao conseguir que nossa editora geral, Gill Pitts, como na 5a edição, colocasse no papel o que parecia impossível em tão pouco tempo, muito

ABREVIATURAS E SIGLAS

As abreviaturas e siglas mais comuns mostradas abaixo são usadas nos quadros de informações e no texto:

g grama
ha hectares
hl hectolitros
kg quilogramas
km quilômetros
l litros
m metros
mm milímetros

AC Appellation Contrôlée
AVA Área Viticultural Americana
DO Denominação de Origem
UE União Européia
IG Indicação Geográfica
INAO Institut National de l'Origine et de la Qualité
OIV Organisation International de la Vigne et du Vin

às custas da perda de seus fins de semana, porém não de seu senso de humor. Ela e Julia foram tão eficientes que praticamente não vi a editora cartográfica, Zoë Goodwin, enquanto deixava sua marca especial e essencial de magia. Tenho apenas me beneficiado tremendamente de sua eficiência, habilidade e assombrosa consistência.

Digo o mesmo para o restante desta admirável equipe, embora eu já esteja agradável e francamente ciente das habilidades de pesquisa de Sarah Ahmed e do trabalho árduo e da tenacidade de Phillippa Bell nos últimos meses em que teve de achar os mais obscuros rótulos de todas as partes do mundo. Tive também o prazer de manter discussões com o diretor Tim Foster e com a editora de arte Yasia Williams, que sempre foram estimulantes, bem informadas e gratificantes. Hugh e eu somos extremamente gratos a todos os mencionados na página 4, os quais conseguiram transformar o que estava em nossos cenhos franzidos na linda e clara realidade física deste livro.

Outros trabalhadores eminentes no campo da cartografia são Alan Grimwade e sua equipe da Cosmographics.

Devemos uma enorme gratidão a todos os citados nos agradecimentos da página 400 e, em particular, aos que foram inadvertidamente esquecidos nessa lista. Temos triunfado pela boa vontade e pelo vasto número de informantes em todo o mundo e podemos apenas abençoá-los, e também à forma como a tecnologia tem permitido que nos comuniquemos em uma velocidade satisfatória, quase perigosa (em termos de cumprimento de prazos). Quaisquer falhas neste livro provavelmente são minhas, e eles certamente não podem ser responsabilizados pelas muitas opiniões aqui expressas, assim como pelas questões tendenciosas, como a escolha de rótulos.

Como sempre, devo muito a Nick e a nossos filhos, Julia, Will e Rose, todos agora com idade suficiente para ver que talvez alguém compre meus livros, afinal de contas.

CARACTERÍSTICAS PRINCIPAIS

Muitos mapas estão acrescidos de tabelas compactas com características essenciais de cada região: localização, variedades de uvas cultivadas, perigos para a viticultura e, o mais importante, dados climáticos.

Essas características principais, baseadas em dados sobre o clima, gentilmente cedidos em 2000 pelos australianos dr. Richard Smart e John Gwalter, necessariamente apóiam-se na localização das estações climáticas com registros de muitos anos. Em vários casos, as estações climáticas (EC), marcadas nos mapas com um triângulo vermelho invertido, estão localizadas nas divisas das cidades em vez de dentro dos vinhedos, o que significa que, devido ao desenvolvimento urbano e às diferentes elevações, elas podem exprimir temperaturas ligeiramente superiores às apresentadas pelos vinhedos. Por outro lado, desde a obtenção dos dados, a maioria das regiões vinícolas tem experimentado temperaturas um pouco mais altas por causa das mudanças climáticas. Não alteramos os dados desde 2000 e estamos seguros de que eles ainda são confiáveis, razoavelmente precisos, fornecendo uma boa base para comparação entre as regiões (o que é um dos objetivos principais).

Compare este conjunto diferente de estatísticas para o clima quente e seco de Mendoza e o clima mais fresco e úmido de Bordeaux. Nos gráficos ao lado, as curvas mostram a temperatura média, máxima e mínima de cada mês. O índice pluviométrico médio mensal também está representado. Os dados para Mendoza são de julho a junho, enquanto os de Bordeaux são de janeiro a dezembro.

Latitude / Altitude (m)

Em geral, quanto menor a latitude, ou mais próximo do equador, mais quente é o clima. Porém isso pode ser contrabalançado pela altitude, um fator importante que também determina a inconstância diurna da temperatura: quanto mais alto estiver o vinhedo, maior a diferença entre a temperatura durante o dia (máxima) e durante a noite (mínima).

Temperatura média julho / janeiro (°C)

A temperatura média no mês que normalmente é o mais quente é um guia confiável da temperatura estimada para o período de cultivo. Estudos realizados na Austrália, por Richard Smart e Peter Dry, demonstraram que a temperatura experimentada pelas vinhas durante o período de cultivo pode ser descrita de forma simples, porém precisa, pela comparação da temperatura média para o mês mais quente do ano: julho, no hemisfério norte, e janeiro, no hemisfério sul.

Índice pluviométrico anual (mm)

O índice pluviométrico anual indica a provável disponibilidade de água.

Índice pluviométrico no mês da colheita (mm)

O índice pluviométrico médio durante o mês em que a maioria das uvas provavelmente será colhida (embora isto possa variar de acordo com o ano e com a variedade de uvas); quanto mais chuva, maior o risco de podridão.

Principais perigos para a viticultura

Estas são generalizações e podem incluir desafios relacionados ao clima, tais como geada na primavera e chuva no outono, como também pestes endêmicas ou doenças das vinhas. Ver o glossário para maiores esclarecimentos.

Principais uvas

Uma lista extensiva mas incompleta das variedades comumente cultivadas na região.

BORDEAUX

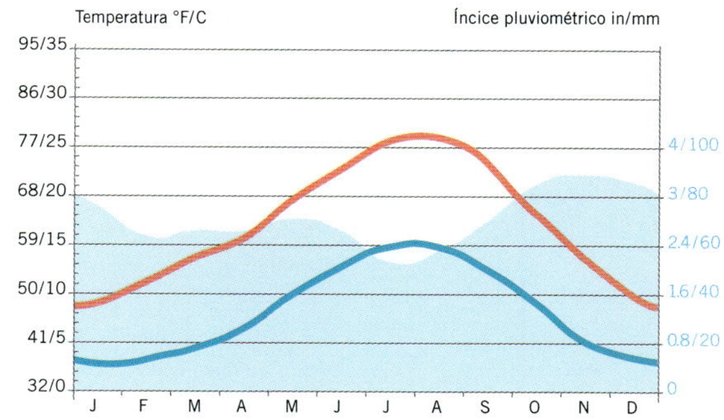

BORDEAUX: MERIGNAC
Latitude / Altitude da EC **44,50° / 60m**
Temperatura média em julho na EC **20,3°C**
Índice pluviométrico anual na EC **850mm**
Índice pluviométrico no mês da colheita na EC **Setembro: 70mm**
Principais perigos para a viticultura **Chuva outonal, doenças fúngicas**
Principais uvas **Merlot, Cabernet Sauvignon, Cabernet Franc, Sémillon, Sauvignon Blanc, Muscadelle**

Temperatura máx °F/C
Temperatura mín. °F/C
Índice pluviométrico mm

MENDOZA

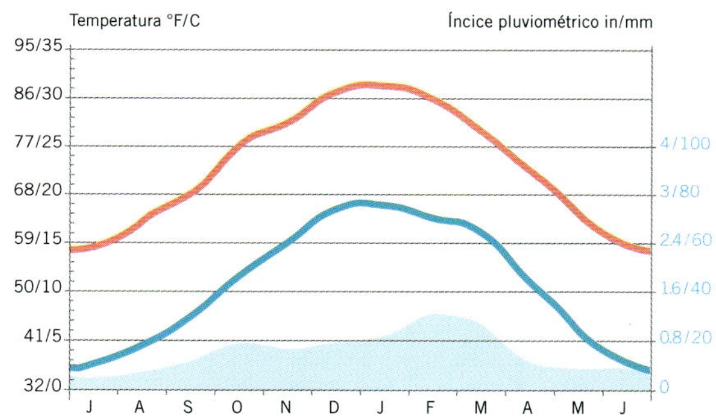

ARGENTINA: MENDOZA
Latitude / Altitude da EC **32,5° / 760m**
Temperatura média em julho na EC **23,9°C**
Índice pluviométrico anual na EC **200mm**
Índice pluviométrico no mês da colheita na EC **Março 30mm**
Principais perigos para a viticultura **Geada de verão**
Principais uvas **Bonarda, Malbec, Criolla Grande, Cereza, Cabernet Sauvignon, Barbera, Sangiovese**

O mundo dos vinhos

O mapa mundial do vinho não é mais composto por duas faixas nítidas que atravessam as zonas temperadas de cada hemisfério. O aquecimento global e a arte cada vez mais sofisticada da viticultura tropical estão alterando seu formato neste exato momento.

A Europa pode ainda prevalecer na relação dos mais importantes viticultores mundiais, como se pode verificar no conjunto de estatísticas mais recentes disponíveis na OIV; mas a Ásia, em geral, e a China, em particular, estão subindo nas classificações com uma rapidez extraordinária. Com relação à Ásia, o vinho está longe de ser o único produto destes novos vinhedos — ver todos os países marcados com † nas listas dos que produzem uma proporção significativa de uvas frescas e secas e cujas produções médias estão, conseqüentemente, distorcidas. (Os 25º, 26º e 32º viticultores mais importantes do mundo — respectivamente, Iraque, Afeganistão e Iêmen — foram omitidos da lista porque não produziram vinho oficialmente.) Em meados da década de 1990, as Américas e a Austrália também se tornaram viticultores muito mais importantes do que eram, com novas plantações significativas na Austrália, no Chile e nos Estados Unidos, embora a taxa de cultivo em cada um desses países venha desacelerando desde meados da década de 2000.

Graças ao estado precário dos vinhedos em alguns países europeus, a área vinícola mundial total quase não aumentou entre 1998 e 2004, porém a totalidade da produção vinícola mundial aumentou em quase 14% no mesmo período, devido principalmente à viticultura mais eficiente e a verões mais confiáveis. No entanto, muito embora o consumo global de vinho tenha aumentado 8% no mesmo período, ainda ficamos com o problema preponderante da viticultura européia: superprodução do tipo de vinho que ninguém deseja mais consumir. O frágil mecanismo europeu de sustentação dos preços ao destilar o vinho excedente em álcool industrial e ao pagar aos fazendeiros para que arranquem as vinhas de áreas menos produtivas continua a ser assunto de um debate aparentemente infindável. Países como a Argentina e a África do Sul se esforçam ao máximo para dispor de seus excedentes a partir de concentrados de uva e de bebidas à base de brande.

DISTRIBUIÇÃO DOS VINHOS PELO MUNDO

(em milhares de hectares)

Classificação	País	2004	1998	Alteração (%)
1	Espanha	1.200	1.180	1,7
2	França	889	914	-2,7
3	Itália	849	899	-5,6
4	Ex-repúblicas da URSS	587	788	-25
5	Turquia†	570	602	-5,3
6	China†	471	194	143
7	Estados Unidos	398	364	9,3
8	Irã†	296	270	9,6
9	Portugal	247	260	-5
10	Romênia	222	253	-12
11	Argentina	213	210	1,4
12	Chile†	189	144	31
13	Austrália	164	98	67
14	África do Sul	133	111	20
15	Grécia	130	129	0,8
16	Alemanha	102	106	-3,8
17	Bulgária	97	109	-11
18	Argélia†	95	56	70
19	Hungria	83	131	-37
20	Brasil†	74	60	23
21	Sérvia & Montenegro*	72	106	-32
22	Egito†	71	56	27
23	Índia†	65	43	51
24	Marrocos†	50	50	0
27	Áustria	49	49	0
28	Síria†	46	86	-46
29	México†	42	41	2,4
30	Eslováquia & Rep.Tcheca	31	33	-6
31	Coréia do Sul	25	30	-17
33	Tunísia†	23	27	-15
34	Japão	20	22	-9,1
35	Eslovênia	17	-	-
36	Chipre†	17	20	-15
37	Líbano†	15	26	-42
38	Suíça	15	15	0
39	Peru†	11	11	0
40	Uruguai	9	11	-18
41	Jordânia†	4	15	073
	Total mundial	**7.591**	**7.519**	**0.9**

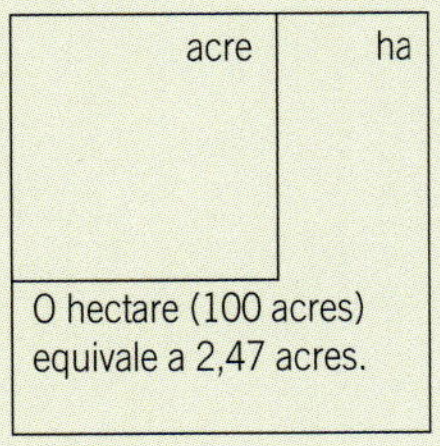

Hectolitros O hectolitro (100 litros) é a medida mais comum para a produção de vinhos. Equivale a 22 galões imperiais (26,4 galões americanos).

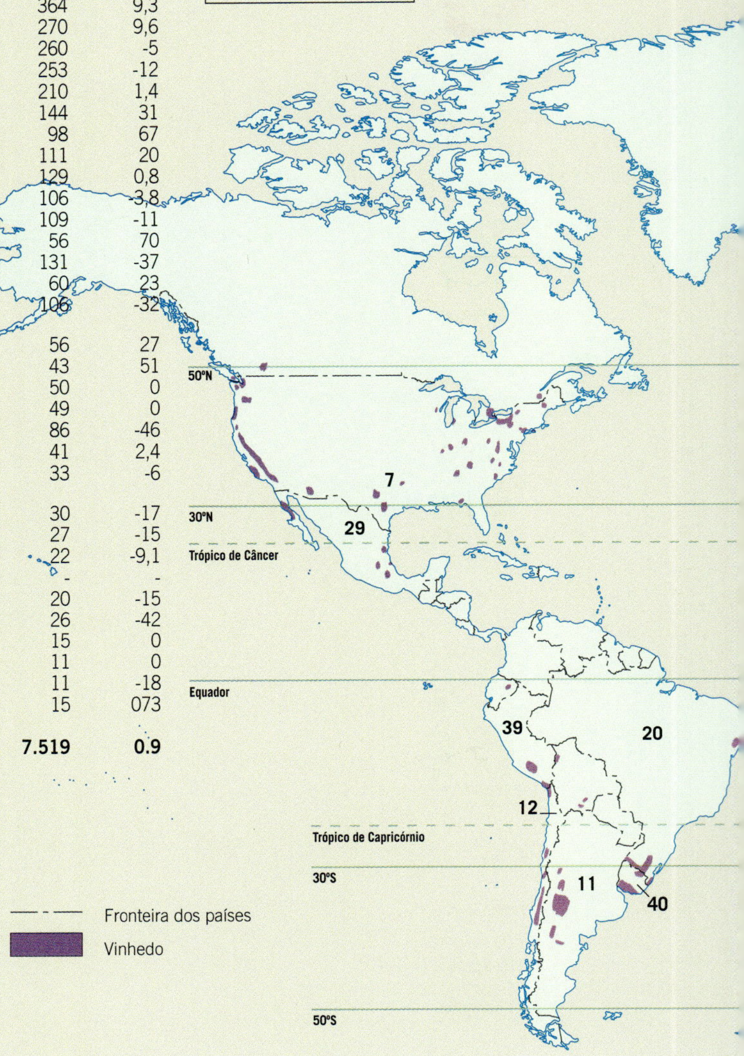

CONSUMO DE VINHO MUNDIAL (EM LITROS *PER CAPITA* EM 2004)

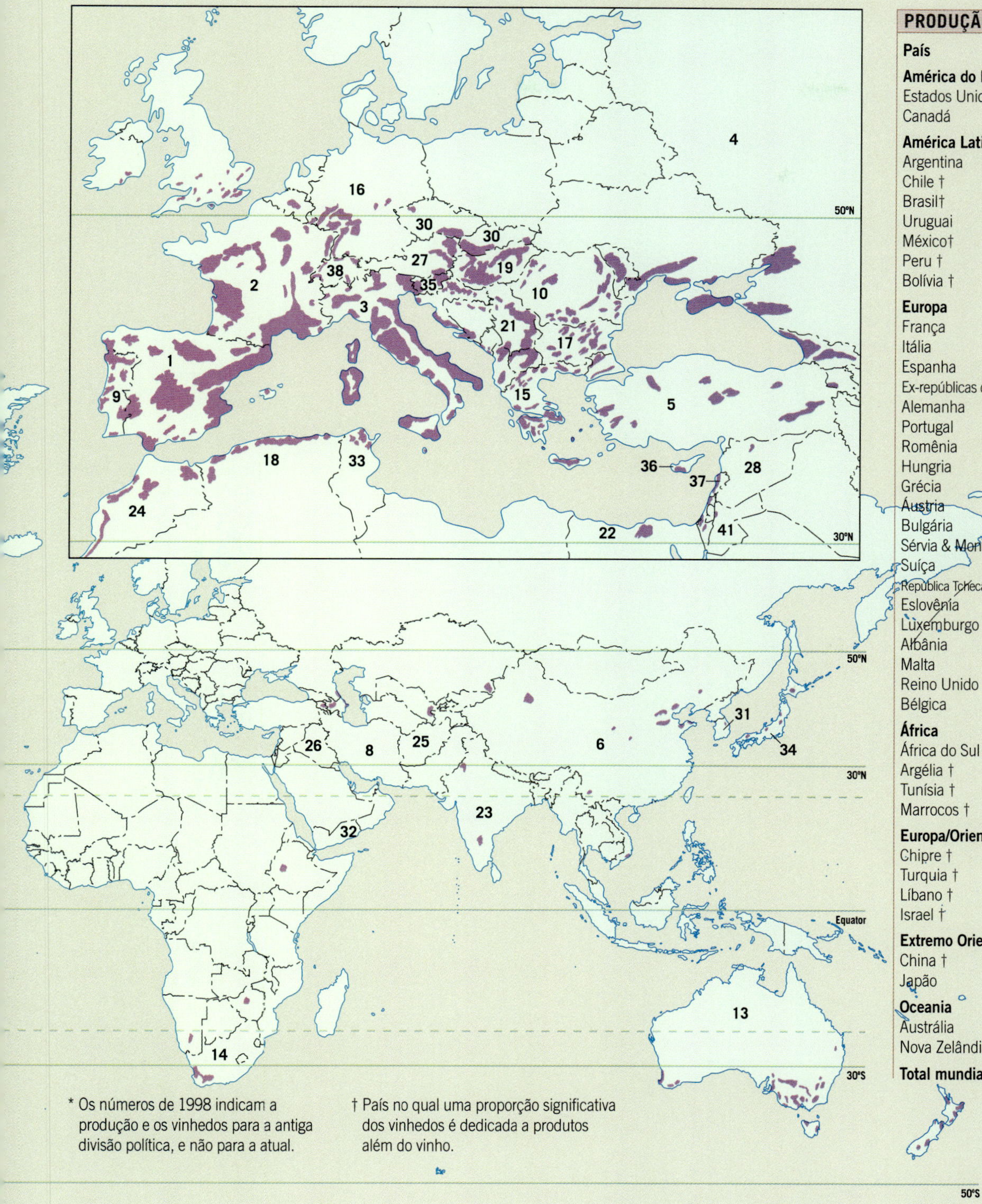

PRODUÇÃO VINÍCOLA (em milhares de hectolitros)

País	2004	1998	Produção 2004 hl/ha
América do Norte			
Estados Unidos	20.169	20.450	50
Canadá	522	343	–
América Latina			
Argentina	15.464	12.673	73
Chile †	6.301	5.475	33
Brasil†	3.925	2.782	53
Uruguai	1.126	1.132	125
México†	1.100	1.112	26
Peru †	130	120	12
Bolívia †	20	20	–
Europa			
França	57.386	52.671	65
Itália	53.000	54.188	62
Espanha	42.988	30.320	36
Ex-repúblicas da URSS*	12.386	15.093	21
Alemanha	10.047	10.834	99
Portugal	7.481	3.621	30
Romênia	6.166	5.002	28
Hungria	4.340	4.180	52
Grécia	4.295	3.826	33
Áustria	2.735	2.703	59
Bulgária	1.949	3.308	20
Sérvia & Montenegro*	1.740	4.025	24
Suíça	1.159	1.172	77
República Tcheca & Eslováquia	949	940	31
Eslovênia	506	–	30
Luxemburgo	156	160	–
Albânia	100	105	–
Malta	70	32	–
Reino Unido	17	12	–
Bélgica	2	1	–
África			
África do Sul	9.279	8.156	70
Argélia †	770	360	8
Tunísia †	375	352	16
Marrocos †	350	298	7
Europa/Oriente Médio			
Chipre †	404	710	23
Turquia †	250	278	0.4
Líbano †	150	186	10
Israel †	60	90	–
Extremo Oriente			
China †	11.700	3.550	24
Japão	862	1.301	43
Oceania			
Austrália	13.811	7.415	84
Nova Zelândia	642	606	–
Total mundial	**294.882**	**259.602**	**39**

* Os números de 1998 indicam a produção e os vinhedos para a antiga divisão política, e não para a atual.

† País no qual uma proporção significativa dos vinhedos é dedicada a produtos além do vinho.

A totalidade do consumo mundial de vinho continua a se elevar gradativamente, muito embora venha diminuindo nitidamente, desde 1998, nos dez países com a média *per capita* de consumo de vinho mais alta, com exceção de Portugal e da Suíça, onde permanece estável.

O aumento global deve-se especialmente ao consumo mais entusiástico em outros países fora da lista dos dez primeiros colocados, particularmente o vasto mercado norte-americano, assim como os outros grandes importadores de vinho, como a Alemanha e o Reino Unido.

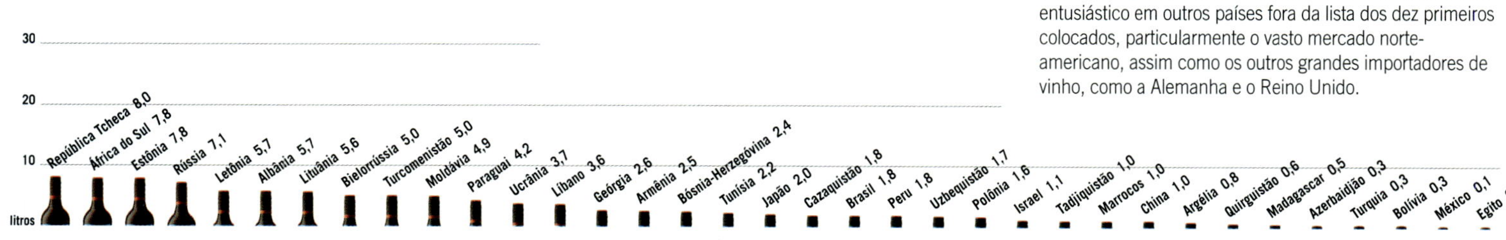

O mundo antigo

O vinho é bem mais antigo que a história documentada. Surgiu junto com a própria civilização vinda do Oriente. As evidências em tabuletas, papiros e tumbas egípcios são numerosas. A humanidade — da forma como nos reconhecemos: trabalhando, discutindo, amando e nos preocupando — aparece em cena com o apoio de uma jarra de vinho. O vinho faraônico, embora vivamente pintado para que pudéssemos vê-lo, é remoto demais para ter qualquer significado. Nossa era do vinho, com raízes ainda rastreáveis, começa com os fenícios e os gregos que colonizaram o Mediterrâneo, iniciando-se por volta de 1100 a.C., no caso dos fenícios, e cerca de 350 anos mais tarde, no caso dos gregos. Foi nesta época que o vinho começou a chegar aonde constituiria seu verdadeiro lar: Itália, França e Espanha.

Os gregos chamaram a Itália de *Terra das Vinhas em Estacas* (ver página 153), assim como os vikings chamaram a América do Norte de "Vinland" pela profusão de vinhas nativas descobertas por volta de 1000 d.C. O norte da África, a Espanha, a Provença, a Sicília, a Itália continental e o mar Negro tiveram seus primeiros vinhedos no tempo dos impérios grego e fenício.

GRÉCIA ANTIGA

Os vinhos próprios da Grécia, que pouco significam nos tempos modernos, foram prodigamente elogiados e documentados por seus poetas. Havia até um jogo praticado depois do jantar, que consistia em lançar no ar os últimos goles da taça para atingir um prato delicadamente equilibrado num suporte. Os jovens grã-finos recebiam treinamento na arte do *kottabos*. No entanto, esse tratamento dispensado ao vinho e o conhecimento de que era invariavelmente bebido como uma mistura, na qual era diluído em água (água do mar, às vezes) e aromatizado com ervas, especiarias e mel, parecem questionar sua qualidade inata. É indiscutível que os vinhos das diferentes ilhas do Egeu foram altamente apreciados por suas características distintas. Chios, particularmente, foi um fornecedor em constante demanda. Não há como saber se esses vinhos nos atrairiam hoje.

Os gregos industrializaram a vinicultura na Itália meridional; os etruscos, na Toscana e mais ao norte; e os romanos vieram em seguida. Escreveu-se tanto sobre o vinho e a vinicultura na Roma Antiga que é possível fazer um mapa simples (na extrema direita) dos vinhos do início do Império Romano. Os grandes escritores escreveram instruções para os viticultores, até mesmo Virgílio. Uma de suas frases — "As vinhas adoram uma montanha aberta" — é talvez a melhor orientação a ser dada a um vinicultor europeu. Os outros autores foram muito mais calculistas, discutindo quanto trabalho um escravo poderia empreender com quão pouca comida e descanso sem adoecer. A vinicultura de Roma era um empreendimento de grande porte e o cálculo empresarial incidia nisso. Espalhou-se pelo Império, de forma que Roma eventualmente importava inúmeros carregamentos de ânforas de suas colônias na Espanha, no norte da África — no Mediterrâneo inteiro. Visto que Pompéia foi uma cidade turística e um importante entreposto para o comércio vinícola, sua sobrevivência extraordinária nos fornece uma grande quantidade de comprovações detalhadas.

Até que ponto o vinho romano era bom? Alguns deles tinham poderes extraordinários de guarda, o que sugere que eram bem-feitos. Freqüentemente o mosto era concentrado por meio de aquecimento e o vinho, armazenado

VASOS DE VINHO PRIMITIVOS

3000 A.C.

Babilônia
Principalmente na Geórgia há vasos de vinho mais antigos, mas esta elaborada concepção indica a importância do vinho na antiga Mesopotâmia. De acordo com Herodes, os mesopotâmios importavam seus vinhos do Eufrates. O bico para beber neste vaso parece associá-lo ao *porrón* da Espanha.

1900 A.C.

Egito Antigo
Sabemos mais sobre os faraós, no que diz respeito à sua vinicultura, enologia e etiqueta à mesa, do que sobre quase qualquer outra cultura. Eles mantinham vinhos de vinhedo único e de safra datada e os bebiam em taças de metal precioso. Esta caneca de prata foi encontrada no templo Montu, perto de Luxor.

560–530 A.C.

Grécia Antiga
Os gregos desenvolveram o uso cerimonial do vinho em simpósios, sessões onde se bebia e jogava, ocasião em que o vinho era misturado com água e especiarias em vasos lindamente decorados. Nesta ânfora de argila (um vaso com duas asas) foi pintada uma cena convencional do culto ao deus do vinho, Dionísio.

A antiga colheita de uvas egípcias da tumba de Kha'emwese em Tebas, aproximadamente 1450 a.C. O processo total da vinicultura e da viticultura egípcias está nitidamente ilustrado nas pinturas sobreviventes

sobre lareiras para ficar exposto à fumaça e atingir o que deve ter sido um efeito como o da madeira.

GRANDES SAFRAS DE ROMA

As grandes safras de Roma foram discutidas e até bebidas mais tardiamente do que parece possível. O famoso Opimian — do ano do consulado de Opimius, 121 a.C. — foi bebido aos 125 anos de idade.

Os romanos possuíam tudo que era necessário para o envelhecimento do vinho, embora não usassem os materiais como nós os usamos. O vidro não era usado para o armazenamento do vinho. Usavam-se barris de madeira na Gália (que incluía parte da Alemanha). Como os gregos, os romanos empregavam ânforas de cerâmica, com capacidade para aproximadamente 35 litros.

Provavelmente há 2.000 anos, a maioria dos italianos bebia vinho de forma muito semelhante à de seus atuais descendentes menos sofisticados; jovem, produzido de forma meio grosseira, ríspido ou forte, de acordo com a safra. Até mesmo o método romano de cultivo das vinhas em árvores — as grinaldas (arranjos de flores e folhas), que se tornaram frisos em construções clássicas — ainda era praticado até recentemente em partes do sul da Itália e especialmente no norte de Portugal.

Os gregos levaram o vinho do norte para o sul da Gália. Os romanos o domesticaram lá. No século V d.C., ao se retirarem do que é atualmente a França, os romanos já haviam assentado as fundações para a quase totalidade dos mais famosos vinhedos da Europa moderna.

Começando na Provença, a qual já havia tido vinhedos plantados pelos gregos há séculos, mudaram-se para o vale do Rhône e para dentro do Languedoc, a província Narbonense. No início do século XXI, ainda não temos indícios claros de exatamente quando a viticultura começou em Bordeaux. A mais antiga referência encontra-se nos trabalhos do poeta Ausonius, no século IV d.C. (Ausonius viveu em St-Émilion, talvez até mesmo no Château Ausone), mas provavelmente começou bem antes disso.

Todos os empreendimentos tiveram início nos vales dos rios, linhas naturais de comunicação. Os romanos desmataram as florestas e fizeram seu cultivo, a princípio como precaução contra emboscadas. Além disso, os barcos eram o melhor meio para movimentar mercadorias pesadas como o vinho. É possível que as regiões de Bordeaux, da Borgonha e de Trier, no Mosela (onde o museu preserva um barco romano de vinho em pedra, completamente carregado e equipado), tenham começado como centros de comercialização de vinhos italianos ou gregos importados para, em seguida, plantarem suas próprias vinhas.

No século I d.C., havia vinhas no Loire e no Reno; no século II d.C., na Borgonha; e, no século IV d.C., em Paris (idéia não muito boa), em Champagne e no Mosela. A Côte d'Or da Borgonha continua sendo o vinhedo mais difícil de justificar, não tendo nenhum rio convenientemente navegável. Ela fica no local onde a principal estrada para o norte (para Trier, no Mosela, norte de Roma) contorna a rica província de Autun. Aparentemente, a população de Autun percebeu a oportunidade comercial e, em seguida, descobriu que havia escolhido um declive de ouro. Foram fundados os alicerces da indústria vinícola francesa que ainda conhecemos.

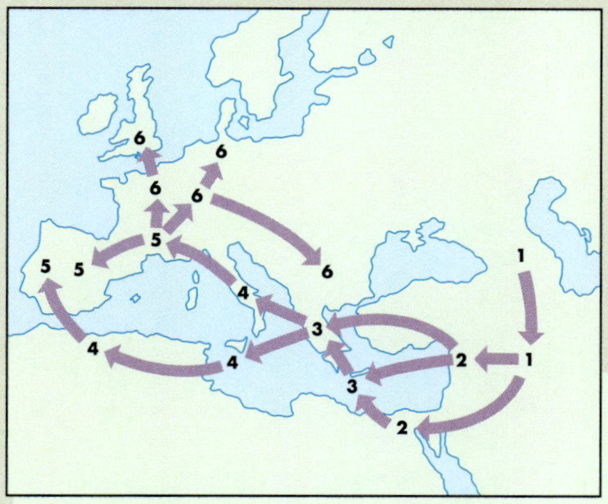

Começando no Cáucaso ou na Mesopotâmia **(1)**, *talvez em 6000 a.C., o vinho foi cultivado no Egito e, na Fenícia* **(2)**, *por volta de 3000 a.C. Em 2000 a.C., foi cultivado na Grécia* **(3)**; *e, em 1000 a.C., na Itália, na Sicília e no norte da África* **(4)**. *Nos 500 anos seguintes, atingiu pelo menos a Espanha, Portugal e o sul da França* **(5)**, *e provavelmente também a Rússia meridional. Finalmente (ver o mapa abaixo), espalhou-se com os romanos para o norte da Europa* **(6)**, *chegando até a Grã-Bretanha.*

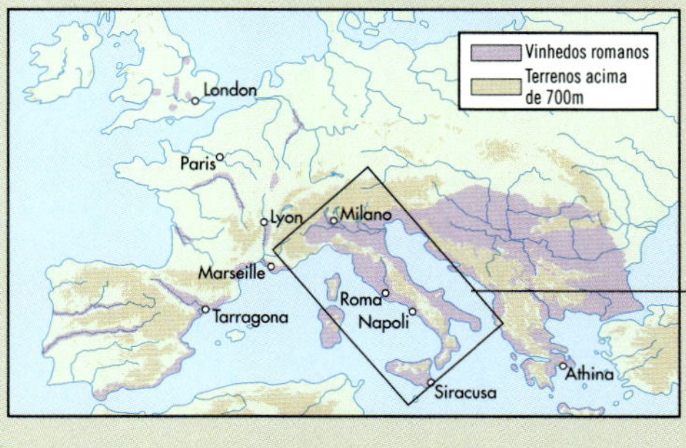

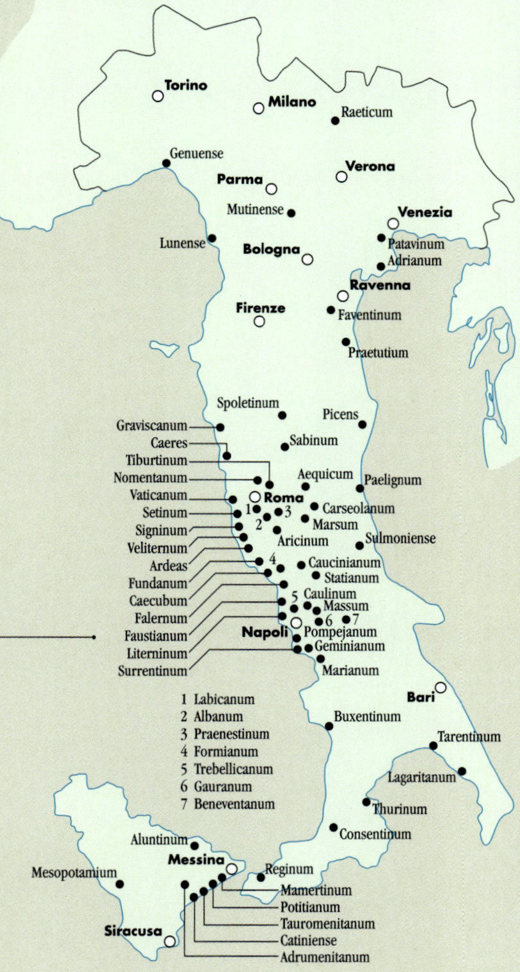

Vinhedos e vinhos romanos em 100 d.C. O mapa acima mostra a distribuição aproximada das videiras *Vitis vinifera* durante o Império Romano em 100 d.C. Nota-se uma correspondência bastante próxima com os vinhedos do século XXI, embora houvesse muito menos na Espanha, em Portugal e especialmente na França, e muito mais no leste europeu (e aparentemente também na Grã-Bretanha). O mapa à direita é uma reconstrução da vinicultura na Itália no mesmo ano. Os nomes das cidades modernas estão impressos em negrito; os nomes dos vinhos, em letras normais.

500 A.C.

Trácios

A terra ao norte da Grécia foi famosa por seu talento artístico com metais preciosos. Este rício (vaso para bebida em forma de chifre dos tempos antigos, que sempre tem uma base pontuda no formato de um animal ou da cabeça de um animal) de ouro maciço, uma cabeça de um veado decorada com ninfas, foi encontrado em Panguriste, na Bulgária, no século XX. Tal cuidado com o recipiente demonstra o respeito dedicado ao vinho.

400 A.C.

Etruscos

Os etruscos, habitantes da região entre a Toscana e Roma, foram os primeiros na Itália a apreciar o vinho, antes de os gregos colonizadores levarem-no para o sul. Talvez este jarro de bronze reproduza o rosto de um jovem. Muito da vida etrusca permanece um mistério.

100 D.C.

Romanos

Os romanos usavam todos os materiais que conhecemos, inclusive o vidro, em recipientes para se beber o vinho. O material mais raro, no entanto, era o fluorspar (termo antigo para fluoreto de cálcio), um mineral encontrado na Pérsia que dava um sabor singular ao vinho nele contido. Aparentemente, os magnatas mastigavam seus cálices fabulosamente valiosos.

A Idade Média

Saindo da Idade das Trevas, que se seguiu à queda do Império Romano, gradualmente entramos na iluminação do período medieval, para ver em suas adoráveis páginas pintadas uma cena totalmente familiar: pessoas deliciando-se com o vinho. Os métodos de vinicultura não mudaram sua essência até o século XX. A Igreja era o repositório das habilidades da civilização na Idade das Trevas — na realidade, a continuação da administração imperial de Roma sob uma nova aparência. O imperador Carlos, o Grande recriou um sistema imperial — e dedicou grandes e famosos esforços para legislar em favor da melhoria dos vinhos.

Enquanto os mosteiros expansionistas desmatavam as encostas e construíam muros ao redor dos campos de enxertos, e enquanto os vinicultores moribundos e os guerreiros que partiam para a guerra entregavam a eles suas terras, a Igreja identificava-se com o vinho — não somente como o sangue de Cristo, mas como luxo e conforto neste mundo. Catedrais e igrejas, mas acima de tudo diversos mosteiros, possuíram ou criaram a maioria dos mais extensos vinhedos da Europa.

Os beneditinos saíram de suas grandes casas em Monte Cassino, na Itália, e em Cluny, na Borgonha, e cultivaram os melhores vinhedos, até que seu estilo de vida tornou-se notório: "Levantavam-se de suas mesas com as veias inchadas de vinho e suas cabeças pegando fogo." Seus melhores mosteiros incluíam Fulda, próximo de Frankfurt; Lorsch, próximo de Mainz; e estabelecimentos importantes na Alsácia, Suíça, Bavária e Áustria.

A reação veio em 1098, quando são Robert de Molesme separou-se dos beneditinos e fundou a ordem ascética dos cistercienses, nomeada em função da nova abadia de Cîteaux, muito próxima da Côte d'Or. A Ordem Cisterciense foi, de modo explosivo, bem-sucedida, fundando não apenas os maiores vinhedos murados de Clos de Vougeot, na Borgonha, como o Steinber, em Rheingau, ao lado de sua abadia de Kloster Eberbach, como também magníficos mosteiros em toda a Europa — e, eventualmente, claro, tornando-se tão famosa por sua gula quanto a Ordem dos Beneditinos. Alcobaça, em Portugal, parece ter sido seu melhor conceituado estabelecimento.

A única exceção importante ao domínio exercido pela Igreja foi o próspero vinhedo de Bordeaux, cujo desenvolvimento foi simplesmente comercial, com um único mercado em vista. De 1152 a 1453, o grande ducado de Aquitânia, que constituía a maior parte da França ocidental, foi unido pelo casamento com a Coroa da Inglaterra e dobrou seus esforços para encher as grandes frotas anuais de vinho com barris de um leve clarete, o *vin nouveau* que os ingleses amavam.

No entanto, foi na estrutura estável da Igreja e dos mosteiros, nos quais as ferramentas, os termos e as técnicas pareciam se afirmar, que os estilos de vinho e até algumas das variedades de uvas atualmente familiares surgiram lentamente para nós. Poucas coisas no mundo medieval foram tão rigidamente reguladas. O vinho e o algodão foram os dois maiores luxos do norte da Europa na Idade Média. O comércio do algodão e do vinho fez fortunas — mais notavelmente em Flandres e nas maiores feiras anuais que aconteceram em Champagne, atraindo comerciantes até mesmo do outro lado dos Alpes. A região se tornou mais obcecada pelo vinho do que a Alemanha, onde amplos barris conhecidos como "*tuns*" [tonéis] foram construídos para as boas safras. O tonel Heidelberg tinha capacidade para 19.000 dúzias de garrafas. O conhecimento pode ter sido rudimentar, mas, em 1224, o rei da França promoveu uma degustação internacional. The Battle of Wines [A Batalha dos Vinhos] incluía 70 amostras da Espanha, Alemanha e Chipre, assim como de toda a França. O juiz foi um padre inglês, e o Chipre foi o vencedor.

A tecnologia da vinicultura quase não mudou durante o período medieval — ou por séculos depois. As variedades de uvas eram selecionadas e desenvolvidas e os refinamentos eram feitos, mas a cena da colheita aqui é diferente somente no estilo e no costume daquela que se viu na maior parte da Europa no início do século XX. O transporte em burros era benigno, eficiente e certamente sustentável. Esta tapeçaria do início do século XVI é uma das cinco que retratam a safra. Foi tecida em Tournai, no sul dos Países Baixos, e atualmente, encontra-se no excelente museu de artes do vinho no Château Mouton Rothschild, no Médoc.

A evolução do vinho moderno

Até o início do século XVII, o vinho esteve na posição singular de ser a única bebida saudável e — até certo ponto — armazenável. Ele não tinha concorrentes. Normalmente, não era seguro beber água, pelo menos nas cidades. A *ale* (cerveja inglesa de sabor amargo) sem lúpulo estragava muito rapidamente. Não havia bebidas alcoólicas nem bebidas cafeinadas que parecem essenciais à vida moderna.

A Europa bebeu vinho em uma escala difícil de ser concebida; nossos ancestrais devem ter vivido em um perpétuo atordoamento. É difícil confiar nas descrições dos vinhos que sobreviveram no período anterior a 1700. Com exceção das observações gráficas de Shakespeare sobre degustações — "um maravilhoso vinho penetrante, que perfuma o sangue antes que alguém possa perguntar: 'O que é isto?'" —, elas tendem a se referir às recomendações reais ou às curas miraculosas, e não ao sabor ou ao estilo.

No século XVII, tudo isso mudou, começando com o chocolate da América Central; em seguida, com o café da Arábia; e, finalmente, com o chá da China. Ao mesmo tempo, os holandeses desenvolveram a arte e o comércio da destilação, transformando imensas áreas da França oriental em fornecedoras de vinho branco barato para os seus não-espumantes; o lúpulo transformou a *ale* em uma cerveja mais estável, e as cidades maiores começaram a encanar a água limpa que lhes faltava desde os tempos romanos. A indústria do vinho estava fadada ao fracasso, a menos que se desenvolvessem novas idéias.

Não é uma coincidência que datemos da segunda metade do século XVII a criação da maior parte dos vinhos que atualmente consideramos clássicos. No entanto, esses desenvolvimentos nunca teriam sido bem-sucedidos sem a invenção oportuna da garrafa de vidro para o vinho. Desde os tempos romanos, o vinho havia passado sua vida toda em barris. As garrafas, ou melhor, as jarras, em geral de porcelana ou couro, eram usadas simplesmente para levá-lo à mesa. O início do século XVII assistiu a mudanças na tecnologia da fabricação do vidro, que tornaram possível produzir garrafas mais fortes e mais baratas. Quase ao mesmo tempo, algum pensador desconhecido juntou a garrafa, a cortiça e o saca-rolhas.

Pouco a pouco, ficou claro que o vinho mantido em uma garrafa hermeticamente arrolhada durava muito mais do que o vinho em um barril, pois sua deterioração era mais provável e rápida após o barril ser aberto. Ele também envelhecia de forma diferente, adquirindo um "buquê". O *vin de garde* foi criado e com ele a chance de dobrar e triplicar o preço dos vinhos capazes de envelhecer.

Foi o proprietário do Château Haut-Brion quem primeiro insinuou a idéia de que poderíamos nomear como vinhos "reserva" os selecionados, os colhidos tardiamente, os mais fortes e os cuidadosamente produzidos e maturados. Na década de 1660, ele abriu o primeiro restaurante de Londres, em seu próprio nome, Pontac's Head, para divulgar sua produção.

No início do século XVIII, o Borgonha mudou sua natureza também. Os vinhos mais delicados, Volnay e Savigny, eram outrora os mais estilosos. Atualmente, esses *vins de primeur* começam a dar lugar à demanda por *vins de garde*, de fermentação longa e cor escura, especialmente da Côte de Nuits. No entanto, na Borgonha, ao menos a uva-mestra Pinot Noir foi identificada e considerada obrigatória. A região de Champagne também adotou a Pinot Noir na competição. Os melhores vinhedos da Alemanha estavam sendo replantados com Riesling. Porém muitas outras regiões ainda experimentavam.

O vinho que mais se beneficiou do desenvolvimento da garrafa foi o ardente Porto, que os ingleses começaram a beber no final do século XVII — não por escolha, mas porque o imposto sobre os vinhos franceses de sua preferência aumentara a índices proibitivos por um quase ininterrupto estado de guerra. Ficaram em dúvida a princípio, mas à medida que o século e suas garrafas envelheciam, as opiniões sobre ele elevaram-se rapidamente. A tendência é ilustrada graficamente pela forma como a garrafa de vinho do Porto mudou de formato em um século (ver abaixo).

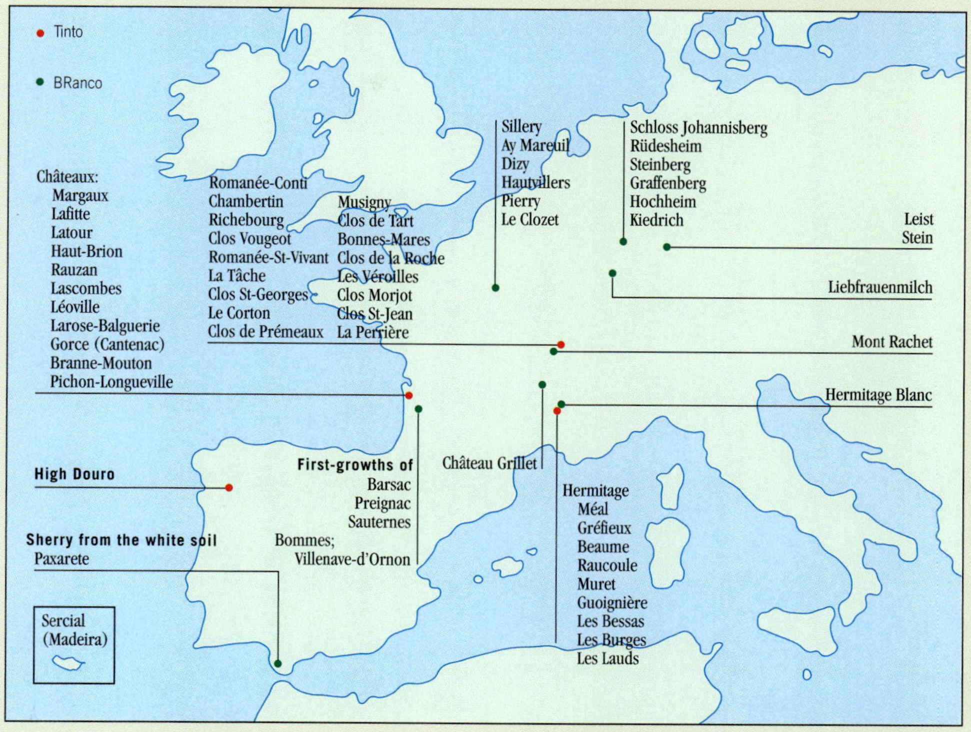

É fascinante comparar a classificação Jullien de 1866 dos melhores vinhos do mundo com nossas idéias modernas. Em seu Topographie de Tous les Vignobles Connus, ele listou os vinhedos mostrados neste mapa (na sua escrita original).

A EVOLUÇÃO DA GARRAFA DE VINHO DO PORTO

Em 1708, a garrafa de Porto ainda era uma garrafa para água; em 1793, aproximou-se de suas proporções atuais. Com a descoberta de que o vinho engarrafado melhorava com o armazenamento, as garrafas foram desenhadas para serem "deitadas", possibilitando a emergência do vinho vintage.

Trabalhadores reunidos em frente à torre do Château Tahbilk, em Victoria, Austrália, em 1885. A vinícola, fundada em 1860, foi uma das poucas que sobreviveram à epidemia de filoxera na década de 1870 e atualmente é considerada Patrimônio Nacional.

Em 1866, André Jullien publicou os números dos teores alcoólicos das safras recentes. Pelos padrões atuais, os Borgonhas são formidáveis: Corton 1858, 15,6%; Montrachet 1858, 14,3%; Volnay 1859, 14,9%; Richebourg 1859, 14,3%. Em compensação, os vinhos de Bordeaux dos mesmos dois anos variavam de 11,3% (St-Émilion Supérieur) a um mero 8,9% (Château Lafite).

O baixo teor de álcool natural dos vinhos Bordeaux explica o que parece um hábito curioso do velho comércio de vinho atualmente. Até a metade do século XIX, os vinhos para a Inglaterra — que foram, na maior parte, o melhor de Bordeaux — estavam sujeitos ao que era conhecido como *le travail à l'anglaise*. Uma das receitas pedia a adição de 30 litros de vinho espanhol (Alicante ou Benicarlo), dois litros de mosto branco não-fermentado e uma garrafa de brande para cada barril de clarete. No verão após a safra, o vinho era colocado para fermentar novamente com esses aditivos e, em seguida, tratado como outros vinhos e mantido por vários anos em madeira antes de ser exportado. O resultado era um vinho forte, com um bom sabor, porém "inebriante e inadequado para todos os estômagos". Ele vendia mais do que o vinho natural.

A preocupação atual com a autenticidade, até mesmo às custas da qualidade, faz com que essas práticas pareçam abusivas. Mas é como se alguém revelasse ser um costume absurdo a adição de brande ao Porto. Gostamos do vinho do Douro com brande nele; nossos ancestrais gostavam de Lafite perfumado com Alicante. (E os gostos mudam; atualmente, gostamos do vinho do Douro sem brande também.)

No século XIX, o champanhe era mais doce e cheio na cor e no sabor — embora, sob outros aspectos, muito parecido com o que é hoje. O Porto e o Xerez haviam sido aperfeiçoados. Havia vinhos doces mais fortes: Málaga e Marsala estavam no auge. O Madeira, o Constantia e o Tokay (como era conhecido naquela época) eram tão estimados quanto o Trockenbeerenauslesen da Alemanha.

O mercado do vinho estava crescendo. Nos países vinicultores uma fatia não recomendável da economia dependia dessa bebida: na Itália, em 1880, calculou-se que não menos de 80% da população contavam mais ou menos com o vinho para viver. A Itália (na Toscana e no Piemonte) e a Espanha (em Rioja) estavam criando seus primeiros vinhos modernos para exportação. A Califórnia estava no meio de sua primeira onda de vinho.

Esse era o mundo que a filoxera atacava (ver páginas 18 e 19). Na época em que ela obrigou os vinicultores a arrancar quase todas as vinhas, parecia o fim do mundo vinícola.

Em retrospecto, a racionalização da plantação, a introdução do enxerto e a seleção forçada das variedades de uvas mais desejadas propiciaram um novo e melhor começo. Mas foi um começo lento e tortuoso, com todo o tipo de revés em saturação, fraude, Lei Seca, Depressão, Guerra Mundial — e clima ruim. Em 40 anos (citando Bordeaux como exemplo), somente 11 safras puderam ser descritas como boas em geral. Foi contra este cenário depressivo que o governo francês fez os primeiros movimentos na direção da regulamentação do regime novato de Appellations Contrôlées (ver página 52). A noção de *terroir* foi codificada pela primeira vez.

A CIÊNCIA E A INDÚSTRIA

O século XX assistiu a duas revoluções no mundo do vinho: a primeira, científica; a segunda, industrial. Nos seus primeiros anos, o significado prático da ciência de Pasteur estava começando a ser absorvido; a fermentação não era mais um mistério, mas um processo que poderia ser controlado. Bordeaux havia aberto o primeiro departamento universitário dedicado à enologia, ao mesmo tempo que Montpellier, Geisenheim e Davis, na Califórnia, e Roseworthy, na Austrália, abriram departamentos para o estudo da viticultura. O estabelecido mundo do vinho tinha problemas suficientes para resolver; o emergente tinha todas as decisões para tomar, começando com a variedade a ser plantada.

Porém, somente na década de 1950, enquanto a América lutava para sair do caótico legado da Lei Seca, e a Europa começava a se recuperar da Segunda Guerra Mundial, foi que algo parecido com a prosperidade retornou aos *châteaux*, às vinícolas e aos domínios.

Para os países quentes do Novo Mundo, a verdadeira revolução veio com a refrigeração e a habilidade de esfriar o mosto fermentado. Assim, praticamente os únicos vinhos de mesa aromáticos, equilibrados e com capacidade lucrável de envelhecimento vieram do norte da Europa. Uma vez superadas as dificuldades, a Califórnia entregou-se aos vinhos varietais como a uma religião. Não muitas variedades: Zinfandel foi a uva própria

EVOLUÇÃO DA PRODUÇÃO EM BORDEAUX

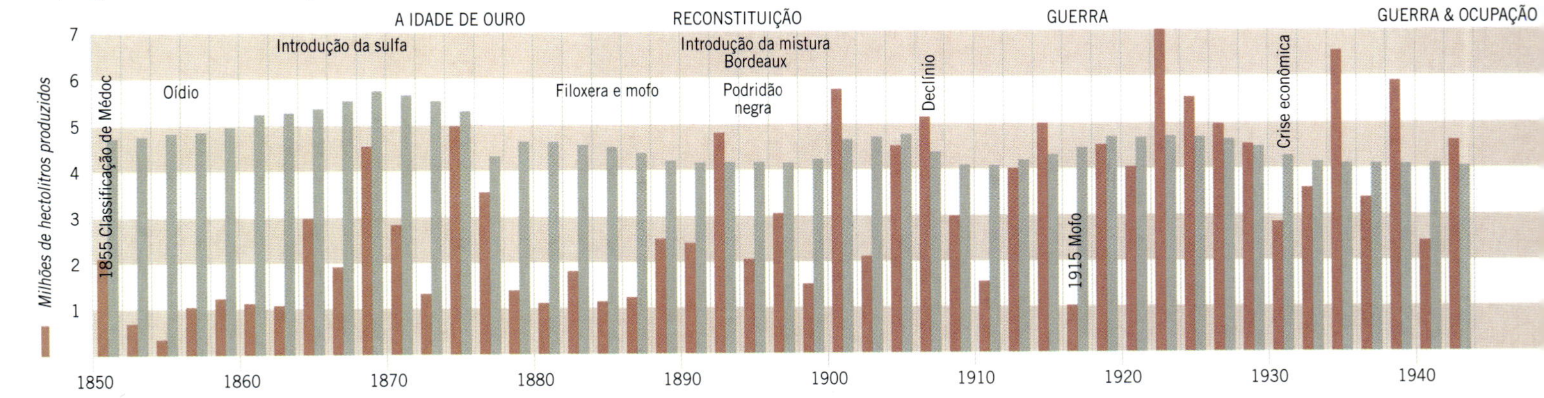

da Califórnia, mas a Chardonnay foi "a única fonte dos excelentes Borgonhas brancos franceses" e a Cabernet, "a uva tinta Premier da área de Bordeaux da França". Seus nomes se tornaram encantamentos; seus vinhos, categorias sem as quais nenhuma vinícola poderia ficar. A Austrália, cujos vinicultores fundadores plantaram Shiraz, Sémillon e Riesling, teve de correr para introduzir as uvas que o mundo começou a desejar.

O mundo vinícola moderno começou na década de 1960, com a aparição quase simultânea de novas vinícolas com grandes ambições na Califórnia e na Austrália, e talvez mais significativamente com o lançamento por E & J Gallo de vinhos de mesa palatáveis e baratos (mesmo que fossem rotulados "Chablis" e "Hearty Burgundy"), para servir um público completamente novo.

O CARVALHO COMO MAQUIAGEM

Armados da ciência, para melhorar a qualidade, e da tecnologia, que se acelerou com a demanda, os ambiciosos vinicultores sentiram que não havia montanha que não pudessem escalar. A grande descoberta da década de 1960 foi que, se usados criteriosamente, os barris de carvalho franceses poderiam produzir vinhos muito semelhantes aos "clássicos" da França — mesmo a partir de *terroirs* diferentes. Nenhum fator contribuiu mais para eliminar a diferença entre o vinho francês e suas imitações.

Infelizmente, foi um truque que logo saiu de controle, quando novatos confundiram o gosto do carvalho com o paladar de um bom vinho. O uso em excesso do carvalho para adicionar sabor, tornando-os vinhos que não refrescam ninguém, ainda é um problema generalizado, não somente no Novo Mundo, mas entre os produtores franceses, italianos e espanhóis que perderam a confiança no seu próprio julgamento e curvaram-se à moda.

O início do século XXI conheceu o mais exuberante fornecimento (na realidade, uma abundância potencialmente embaraçosa) de vinhos de boa qualidade, das mais variadas origens, como nunca foi possível antes. Some-se a todos os avanços científicos e tecnológicos, o grande salto de desenvolvimento ocorrido na comunicação, no final do século XX, e o que se tem é um novo patamar na competição mundial.

Há poucos — ou quase nenhum — segredos atualmente em um mundo que costumava esconder as cartas. O "vinicultor voador" foi uma invenção da década de 1980: um profissional de alta tecnologia, em geral australiano, originalmente incumbido de produzir vinho na Europa durante o inverno da Austrália, que freqüentemente produz muitos vinhos ao mesmo tempo em todo o mundo. Os vinicultores, voadores ou terrestres, às vezes parecem estar em constante processo de confissão, lançando cada detalhe de seus feitos nos contra-rótulos. O sempre presente perigo de uma aldeia global, certamente, é que o marketing substitua os produtores de vinhos. Os marqueteiros jogam confortavelmente. Seus conselhos inundam o mercado com o que vendeu bem no ano anterior em vez de salientar o melhor que um vinhedo pode produzir.

O perigo da mesmice, de todo produtor querer conquistar o mercado global com um vinho-padrão, tem sido muito divulgado. Para a maioria dos consumidores, deve-se dizer, não é um perigo de forma alguma. Os consumidores de nível básico constituem a maioria, e o que eles desejam é a continuidade. A variação equivale à confusão e à perda de confiança. Para os anglo-saxões, a reafirmação de rótulos em inglês tem sido um outro grande fator para o sucesso dos vinhos do Novo Mundo.

Por outro lado, os consumidores de vinho de todo o mundo estão lentamente, porém de forma calculada, atualizando-se e interessando-se mais pelo que estão bebendo. O vinho de qualidade está ganhando terreno, em detrimento do vinho de mesa — uma tendência que um excedente futuro em todos os níveis só vai acelerar.

Percebe-se que os tempos estão mudando quando, por exemplo, os Chardonnays de marca podem disputar mercado com base em preços baixos e muita propaganda. À medida que os consumidores vão aprendendo mais sobre os vinhos e sobre seus próprios gostos, ficam preparados para gastar mais. Na última década do século XX, ficou claro que os dias dos indefinidos estão contados. Os vinhedos do Midi, que já produziram *vin ordinaire*, são atualmente a casa dos Vins de Pays. Poucos invejam o *premium*, e o sucesso estimula os produtores.

Há muitas razões para acreditar na sobrevivência da variedade. Na realidade, deve-se confiar em seu ressurgimento, já que os produtores ambiciosos do Novo Mundo substituem a Cabernet e a Merlot pela Sangiovese, pela Nebbiolo, pela Tempranillo, pela Touriga Nacional e por vastos conjuntos de Syrah, ou, mais provavelmente, graças à influência crescente da Austrália, pela Shiraz. Mas há sinais encorajadores de que os produtores vinícolas por todo o mundo estão tendo novos interesses e prazeres no que eles, e somente eles, têm a oferecer ao consumidor cada vez mais exigente de hoje: condições locais muito especiais ou uma variedade de uvas nativas quase extintas. Isto significa um desafio para a aprendizagem, pois os vinhos se tornam naturalmente complexos e melhores por causa disso.

O termo "vinicultores voadores" foi originalmente atribuído a Nigel Sneyd, quando Tony Laithwaite, da empresa Bordeaux Direct do Reino Unido, o trouxe da Austrália, em 1987, para supervisionar a safra na cooperativa St-Viven, na Dordonha.

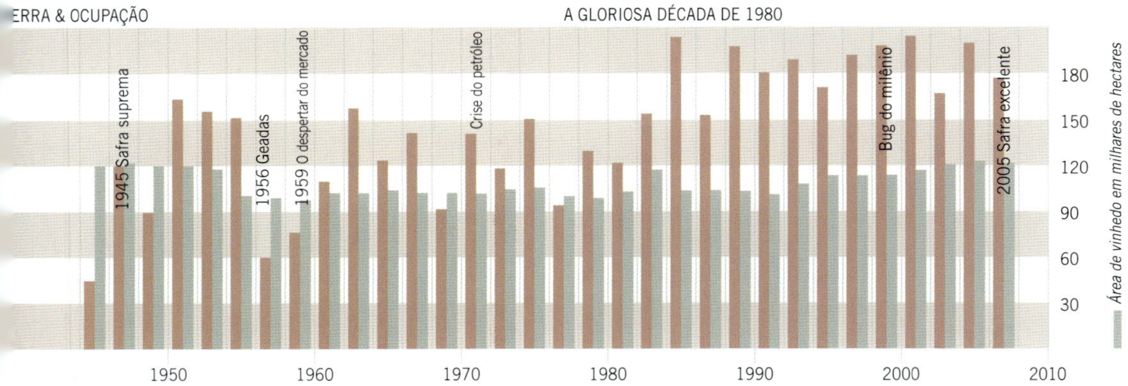

Esquerda As áreas de vinhedo e de produção vinícola de Bordeaux em relação às guerras, às pestes, às doenças, aos colapsos, aos surtos e ao clima, representadas até 1988 por Philippe Roudié, da Universidade de Bordeaux. Duas grandes ajudas químicas, o enxofre (contra o fungo oídio) e a mistura de Bordeaux (sulfato de cobre e cal), contra o mofo, tiveram efeito imediato. A década de 1990 foi dominada pelas discussões sobre os preços. O novo século verá safras cada vez mais quentes? Elas têm sido irregulares como sempre foram até agora.

A vinha

É um fato extraordinário que esta bebida maravilhosamente variada e sugestiva que chamamos de vinho seja o suco fermentado de uma única fruta, a uva. Cada gota de vinho que bebemos é feita de chuva (e nas regiões mais secas, de água de irrigação) recuperada da terra pelo mecanismo da planta que sustenta as uvas, a vinha, e, na presença do sol, convertida pela fotossíntese em açúcar fermentável, com uma pequena ajuda de nutrientes do solo.

Nos primeiros dois ou três anos de sua vida, uma vinha jovem fica muito ocupada criando um sistema de raízes e formando um caule forte amadeirado para suportar mais do que umas poucas uvas. Conseqüentemente, caso se entregue à natureza, espalha-se, transportando alguns frutos, porém gastando muito de sua energia para produzir novos brotos e criar ramos longos e migratórios de madeira folhosa, buscando uma árvore ideal para escalar, até chegar a cobrir tanto quanto um acre (quase metade de um hectare) de terra, com novos sistemas de raízes, que se formariam onde quer que seus galhos tocassem o solo.

Esta forma natural de reprodução, conhecida em francês como *provignage*, foi usada para formar um vinhedo nos tempos antigos. Para evitar que as uvas apodrecessem ou os ratos as comessem, uma vez que se espalhavam pelo chão, pequenas escoras eram empurradas para debaixo dos caules para apoiar cada cacho. Se crescesse próxima a árvores, a vinha escalava por entre seus caules até alturas estonteantes. Os romanos plantavam olmos especialmente para esse fim. Trabalhadores autônomos eram contratados para a safra, pois era muito arriscado empregar seus próprios escravos.

As vinhas modernas certamente não estão autorizadas a gastar sua preciosa energia para serem "vigorosas" — produzindo galhos longos e folhosos —, por mais que possam tentar (ver página 31). As uvas de melhor qualidade crescem em solos moderadamente férteis em uma vinha que é podada no inverno e regularmente reduzida a um número muito limitado de brotos.

Como a maioria das outras plantas, as vinhas se reproduzirão das sementes, porém as sementes raramente resultam iguais àquelas plantas que as geraram. Em vez disso, os viticultores propagam as vinhas de forma assexuada, selecionando as mudas que podem assegurar-lhes que a prole será a mesma da vinha-mãe. As sementes são usadas somente para experimentações com novos cruzamentos entre variedades diferentes.

Para o cultivo de um novo vinhedo, as mudas são plantadas para produzir raízes próprias ou enxertadas em um rizoma, uma muda enraizada de uma outra espécie selecionada especialmente para um tipo de solo ou para a resistência à seca ou a nematóides (minhocas minúsculas), por exemplo.

Os viveiristas deverão fazer mudas somente de plantas que sejam saudáveis e livres de vírus. Os pequenos "rebentos" enxertados são plantados durante uma estação até formarem raízes. Se houver qualquer perigo de infecção viral, as vinhas de tecidos encubados, produzidas somente de sementes desenvolvidas sem vírus, devem ser criadas em laboratório para se tornarem uma planta enraizada.

À medida que uma vinha envelhece, suas raízes principais penetram mais profundamente na terra à procura de água e nutrientes. Em termos gerais, quanto mais jovem a vinha, mais leve e menos sutil o vinho — embora as vinhas possam produzir frutas deliciosas no seu primeiro ou segundo ano, quando as produções são naturalmente baixas e o sabor disponível está concentrado em relativamente poucas uvas. Entre três e seis anos após ser plantada, a vinha se estabiliza, preenchendo o espaço alocado para ela acima da terra. Ela produz uvas cada vez mais saborosas e, conseqüentemente, maior quantidade de vinho concentrado, presumivelmente graças a um complexo sistema de raízes, que regula com eficiência crescente o excesso de água e nutrientes.

Tipicamente, a produtividade começa a declinar após 25 a 30 anos (ou a vinha sucumbe à doença ou não é de uma variedade de uva elegante), quando as vinhas podem ser arrancadas por não serem rentáveis. O vinho de vinhas mais velhas do que isso, em geral, origina um *premium* e pode ser rotulado como produto de vinhas velhas, *vieilles vignes* em francês.

Os melhores solos (ver páginas 26 e 27) drenam rápida e, com freqüência, profundamente, às vezes dirigindo as raízes para maiores profundidades a fim de encontrar um suprimento estável, porém não muito amplo, de água. Ao mesmo tempo, a vinha produz constantemente novas raízes, que buscam nutrientes e água próximos à superfície.

PESTES E DOENÇAS

A família de vinhas européias, chamada vinífera ou "produtora de vinho", possui inúmeros inimigos, sendo os piores deles as doenças e as pestes introduzidas muito recentemente (na maior parte dos Estados Unidos), aos quais a planta ainda não desenvolveu qualquer resistência. No século XIX, primeiro o oídio e depois o míldio atacaram as vinhas da Europa — e as vinhas viníferas plantadas no Novo Mundo. Remédios foram descobertos à custa de muito esforço para essas duas doenças fúngicas, embora ambas ainda necessitem de tratamento com pulverização regular. Uma outra razão notória para o zunido persistente de tratores pulverizando os vinhedos na estação de crescimento é a podridão, especificamente a forma maligna do fungo botrítis (oposto da forma benéfica, a qual pode produzir excepcionais vinhos brancos doces, como os descritos na página 102). Essa podridão do ramo, botrítis (também chamada podridão cinza), pode conferir um gosto decisivamente mofado às uvas, e é progressivamente mais resistente aos produtos químicos antipodridão (ver páginas 30 e 31 para as estratégias alternativas). As doenças fúngicas são mais incidentes nos climas úmidos ou ocorrem com mais constância onde as folhas das vinhas são especificamente densas.

Até o final do século XIX, imediatamente após a cura para os dois mofos ter sido desenvolvida, um flagelo muito mais perigoso foi observado e eventualmente identificado. A filoxera-da-videira deleita-se nas raízes da vinha e a mata ao final. Esse inseto quase destruiu todo o vinhedo europeu, até que pesquisadores descobriram que as vinhas norte-americanas nativas (a filoxera é originária dos Estados Unidos) são imunes. Praticamente todas as vinhas da Europa tiveram de ser substituídas por um enxerto vinífero de uma vinha norte-americana, um rizoma resistente à filoxera-da-videira.

Algumas das regiões vinícolas mais recentes do mundo (o Chile e partes da Austrália são os exemplos mais evidentes) ainda não conhecem esse afidídeo predatório e, portanto, plantam com des-

O VINHO DURANTE O ANO

BROTOS FLORESCEM

Durante o mês de março, no norte da Europa, e em setembro, no hemisfério sul, os brotos que permaneceram após a poda do inverno começam a crescer, e o primeiro sinal de verde pode ser visto emergindo da madeira retorcida. Isto acontece quando a temperatura alcança mais ou menos os 10ºC.

FOLHAS SE SEPARAM

Cerca de dez dias após a brotação, as folhas iniciam a separação dos brotos. Os rebentos embrionários começam a aparecer. Estes são muito vulneráveis às geadas, que podem acontecer no mais tardar em meados de maio ou meados de novembro em regiões mais frescas, respectivamente nos hemisférios norte e sul. A poda tardia da vinha pode atrasar a brotação.

A FLORAÇÃO SE INICIA

Entre 6 e 13 semanas após a brotação, a floração crucial das vinhas começa com o surgimento de pequenas capas de pétalas fundidas. Elas se parecem muito com as versões em miniatura de uvas que serão formadas após a queda das capas, expondo os estames para que possam ser fertilizados pelo pólen e, assim, criar as bagas.

preocupação sua vinha vinífera diretamente (pé-franco) como mudas não-enxertadas. No Oregon e na Nova Zelândia, no entanto, isto provou ser uma estratégia provisória e, no norte da Califórnia, na década de 1980, os viticultores aprenderam às próprias custas que os rizomas têm de ser escolhidos muito cuidadosamente para oferecer resistência confiável à filoxera. Nesse local, centenas de milhares de acres tiveram de ser replantados com rizomas mais apropriados e verdadeiramente resistentes à filoxera, e regras rígidas de quarentena estão em vigor em muitas regiões vinícolas.

As partes da vinha que crescem acima da terra também estão no cardápio de um minizoológico. As aranhas-vermelhas, as larvas de mariposas *cochylis* e *eudemis*, diversos tipos de besouros, insetos e ácaros as consideram nutritivas. O mais recente inimigo para a viticultura é o besouro fêmea asiático, o qual lança um fluido corporal que até em quantidades minúsculas macula o vinho. A maioria dessas pestes, às quais muitas vinhas estão sujeitas durante o verão, pode ser controlada pelos diversos aerossóis químicos. Enquanto isso, o crescente grupo de viticultores orgânicos e biodinâmicos está realizando experiências com métodos mais naturais, tais como predadores, feromônios e biopesticidas.

A DISSEMINAÇÃO DA FILOXERA

1863 A filoxera-da-videira é descoberta no sul da Inglaterra.

1866 O inseto é identificado no sul do vale do Rhône e na região do Languedoc, na França.

1869 A filoxera atinge Bordeaux.

1871 Encontrada em Portugal e na Turquia.

1872 A filoxera é descoberta na Áustria.

1874 O inseto chega à Suíça.

1875 A filoxera é encontrada na Itália e até mesmo em Victoria, na Austrália, no final de 1875 ou início de 1876.

1878 A filoxera chega à Espanha. Enxertos de rizomas norte-americanos resistentes em vinhas começam na França.

1881 Presença da filoxera confirmada nos vinhedos alemães.

1885 O inseto é identificado na Argélia.

1897 A filoxera é encontrada na Dalmácia (Croácia).

1898 Espalha-se para a Grécia.

1980 (década) Vinhas encontradas no norte da Califórnia afetadas pela filoxera.

1990 (década) Vinhas infectadas descobertas no Oregon e na Nova Zelândia (foto à esquerda).

2006 Epidemia isolada no Yarra Valley de Victoria, na Austrália.

OS EFEITOS DE PESTES E DE DOENÇAS NA VINHA

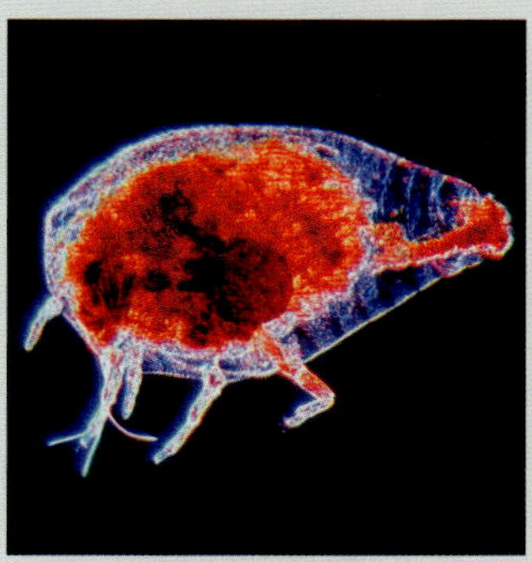

O inseto da filoxera é mostrado em todos os seus detalhes sinistros neste micrógrafo de luz. Originário da América do Norte, chegou à Europa em navios a vapor capazes de atravessar o Atlântico rápido o suficiente para que ele sobrevivesse nos espécimes botânicos colhidos pelos habitantes de Victoria. As vinhas norte-americanas são resistentes a ele, e enxertar as vinhas européias nas raízes norte-americanas constitui a única defesa eficiente.

Doenças fúngicas tais como o míldio e o oídio, assim como diversos tipos de podridão, são os principais inimigos da vinha, exceto nos climas mais áridos. A arma mais eficaz do arsenal do vinicultor é pulverizar as vinhas com fungicidas à base de cobre, tradicionalmente o sulfato de cobre ou a calda bordalesa. O cobre deixa nas vinhas essa alarmante cor azul brilhante.

Vírus Leafroll (doença do enrolamento da folha da videira) é um conjunto de diferentes vírus que tingem as folhas da vinha de um vermelho profundo, tornando-as enroladas para baixo. Embora as vinhas fiquem, com freqüência, gloriosamente fotogênicas, os vinhos ficam seriamente magros, porque a doença desacelera todo o processo de maturação e tende a reduzir a produção até 50%. O vírus Leafroll está presente em todo o mundo, porém é um problema especial da África do Sul.

A doença de Pierce é espalhada por esta espécie de gafanhoto de asa envidraçada, cuja habilidade de voar longas distâncias tem colocado em perigo uma ampla gama de vinhedos do norte da Califórnia. As vinhas morrem dentro de cinco anos após sucumbirem a essa doença bacteriana, mostrando, num primeiro momento, manchas nas folhas, as quais eventualmente caem. Nenhuma variedade de uva é resistente e não há cura.

EFEITOS DA FLORAÇÃO

O tamanho final da safra depende do sucesso da polinização. Um clima desfavorável durante os 10 a 14 dias da floração pode causar *coulure*, por meio do qual os engaços de um número excessivo de bagos muito pequenos atrofiam, ocasionando a sua queda; e também *millerandage*: bagos de diferentes tamanhos no mesmo cacho.

AMADURECIMENTO

O lugar de tais botões, quando caem pela geada e pela chuva, é tomado por uvas jovens duras e verdes em junho/dezembro. Essas uvas incham durante o verão e, em agosto/fevereiro, passam pelo amadurecimento, por meio do qual amaciam e tornam-se avermelhadas ou amarelas. O processo de maturação se inicia e os açúcares começam a se acumular rapidamente dentro da uva.

MATURAÇÃO COMPLETA

A aferição da maturação e, em particular, a decisão quanto ao que constitui a maturação perfeita são o foco de muitas pesquisas recentes. As variedades de pele escura devem ter certamente peles de cor uniformemente profunda, porém os engaços e os caules devem começar a se lignificar (tornar-se amadeirados) e as sementes da uva não devem mostrar nenhum sinal de verdor.

As uvas internacionais

Se a geografia é que determina as nuances do gosto de um vinho, a matéria-prima, por sua vez, é composta pela ou pelas variedades de uvas que entram na sua fabricação. Desde a metade do século XX, as variedades têm participação crescente na linguagem do vinho. Atualmente há menos apreciadores que se referem ao nome Chablis, por exemplo, do que aqueles que conhecem o nome da uva (Chardonnay), da qual os vinhos dessa denominação são produzidos, no norte da França. É muito mais fácil lidar com um número limitado de nomes de uvas bem conhecidas do que memorizar os nomes de todos os locais possíveis de se encontrar nos rótulos de vinhos, razão pela qual a "rotulagem varietal" tornou-se tão popular. Dito isto, misturas de duas ou mais variedades estão ficando cada vez mais comuns, em detrimento do vinho monovarietal.

Um pequeno conhecimento das comumente difundidas variedades descritas nestas páginas serve como um bom começo para a educação em vinhos de qualquer pessoa. Ao menos algumas das mais óbvias características destacadas em itálico abaixo do nome de cada uva certamente aparecem em qualquer garrafa rotulada como varietal, o que inclui a grande maioria de vinhos produzidos fora da Europa e alguns vinhos europeus, até mesmo franceses.

No entanto, para progredir em termos de conhecimento de vinho e para começar a entender a maioria dos bons vinhos da Europa e as sutilezas dos vinhos produzidos em outras regiões, você precisa apreender algumas noções de geografia. Um atlas como este, mais do que qualquer outro, pode ajudá-lo a entender por que um Hermitage tem gosto diferente de outro vinho produzido com a mesma uva, Syrah, cultivada a 48km rio acima, em uma encosta inclinada, diferentemente da Côte-Rôtie.

CORTE TRANSVERSAL DE UMA UVA PINOT NOIR PRÓXIMA DO FIM DO PROCESSO DE AMADURECIMENTO

PINOT NOIR

Cereja, framboesa, violetas, caça, tonalidade rubi-médio

Esta uva muito esquiva amadurece relativamente cedo e é extremamente sensível ao *terroir*. Se for plantada em um local quente, amadurece muito rapidamente e deixa de desenvolver quaisquer dos compostos que sua pele, relativamente fina, pode armazenar e que dão seu fascinante sabor. O lugar perfeito para a Pinot Noir é a Côte d'Or, na Borgonha, onde se a clonagem, o cultivo e as técnicas de vinicultura estiverem corretas, pode transmitir as complexas diferenças do *terroir*. O charme do excelente Borgonha tinto é tão espantoso que produtores de toda parte tentam imitá-lo; porém, por enquanto, apenas a Nova Zelândia, o Oregon e os cantos mais frios da Califórnia e da Austrália têm tido sorte. Raramente é misturada para produzir vinho não-espumante; porém, com a Chardonnay e sua prima Pinot Meunier, faz parte de uma receita-padrão para champanhe.

RIESLING

Aromática, delicada, raçuda, expressiva, raramente amadeirada

A Riesling está para o vinho branco assim como a Cabernet Sauvignon está para o tinto: pode produzir vinhos totalmente diferentes em locais diferentes e pode envelhecer de forma magnífica. Pronunciada de forma errônea (o correto é "Rissling"), subestimada e vendida abaixo do preço durante a maior parte do século XX, a Riesling está lentamente entrando na moda. O vinho tende a ser intensamente aromático, refletindo minerais, flores, lima e mel, dependendo de sua origem, do nível de açúcar e da idade. A Riesling produz grandes vinhos botritizados em sua terra natal, a Alemanha; porém, em decorrência do aquecimento global, lá também se produzem vinhos finos, secos e firmes. Ainda é a mais nobre das uvas da Alemanha e da Alsácia e bastante admirada na Austrália e na Áustria.

SYRAH/SHIRAZ

Pimenta-do-reino, chocolate escuro, cor notável e tanino

Na sua terra natal, no norte do vale do Rhône, a Syrah é famosa por produzir um excelente, escuro e longevo Hermitage e Côte-Rôtie (onde é tradicionalmente perfumada com um pouco de Viognier). Atualmente, é plantada por todo o sul da França, sendo comumente usada em misturas. A Syrah tem um gosto bem diferente na Austrália, sob o nome de Shiraz. É a uva tinta mais plantada do país, produzindo vinhos densos, ricos e fortes em lugares quentes como Barossa, embora possa ter um leve toque de pimenta-do-reino nos recantos mais frios de Victoria. Hoje, vinicultores de todo o mundo estão fazendo experiências com esta uva particularmente agradável, cujos vinhos, independentemente do seu nível de maturação, sempre têm um final de boca saboroso.

CABERNET SAUVIGNON

Groselha preta, cedro, alto nível de taninos

Sinônimo de vinho tinto sério, capaz de envelhecer com sutil esplendor. Por esta razão, o Cabernet Sauvignon também é a variedade de vinho tinto mais difundida. Todavia, como leva mais tempo para amadurecer, é viável somente em climas quentes. Em alguns anos não amadurece nem mesmo em sua terra natal, o Médoc/Graves. No entanto, quando amadurece, a cor, o sabor e os taninos armazenados na casca grossa de sua pequena baga azul-escura podem ser excelentes. Com uma vinicultura cuidadosa e envelhecimento em barris, pode produzir alguns dos mais intrigantes e longevos tintos de todos. Em Bordeaux, e cada vez mais em outros locais, é misturada com Merlot e Cabernet Franc, embora possa produzir um vinho sem mistura se cultivada em clima quente como no Chile ou no norte da Califórnia, seu segundo lar.

CHARDONNAY

Ampla e inofensiva, a não ser com excesso de carvalho

A uva branca da Borgonha, porém bem mais versátil que a Pinot Noir. A Chardonnay pode ser cultivada e amadurecida sem dificuldade em quase qualquer lugar, exceto nas extremidades do mundo do vinho (seu florescimento muito cedo a deixa suscetível à geada da primavera). Tornou-se a mais conhecida uva de vinho branco do mundo, talvez porque (diferentemente da Riesling, por exemplo) não apresenta um sabor particularmente forte, uma das razões por que responde tão bem à fermentação e/ou ao envelhecimento em carvalho. Geralmente assume a personalidade que o vinicultor desejar: vivaz e espumante, agradavelmente não-amadeirada, rica e amanteigada, ou mesmo doce.

MERLOT

Rechonchuda, suave e com toque de ameixa

Principalmente em Bordeaux, onde sua capacidade para amadurecer bem mais cedo a torna a uva mais cultivada, a Merlot é um pouco mais pálida e carnuda do que a Cabernet Sauvignon, sua parceira tradicional nas misturas. Com maior facilidade para amadurecer que a Cabernet Sauvignon durante as safras mais frias, possui maior teor alcoólico nas safras mais quentes. Em geral, sua baga maior e sua casca mais fina originam vinhos menos tânicos e mais opulentos, que podem ser saboreados mais cedo. A Merlot também tem uma existência independente como varietal, especialmente nos Estados Unidos, onde é considerada mais palatável (embora mais difícil de se admirar) que a Cabernet, e no norte da Itália, lugar em que amadurece mais facilmente. Atinge seu ápice no Pomerol, onde pode resultar em um vinho voluptuoso e aveludado. Muito comum no Chile.

SAUVIGNON BLANC

Grama, frutas verdes, afiada, raramente amadeirada

De aroma penetrante, extremamente refrescante e, ao contrário da maioria das uvas destas páginas, deve ser consumida relativamente jovem. A terra natal da Sauvignon Blanc é o Loire, na França, especialmente em e nos arredores de Sancerre e do Pouilly-sur-Loire em direção ao Pouilly-Fumé, onde pode variar consideravelmente de acordo com a safra. Se for cultivada em clima quente, pode perder seu aroma característico e sua acidez. Em boa parte da Austrália e da Califórnia pode se tornar muito pesada. Desde que se controle a tendência natural da vinha de ter um excesso de vigor por meio de técnicas de condicionamento da fronde, a Sauvignon Blanc pode se sair bem na Nova Zelândia, principalmente em Marlborough, assim como nas regiões mais frias da África do Sul. Em Bordeaux, ela é tradicionalmente misturada com Sémillon para produzir deliciosos vinhos doces e secos.

GEWÜRZTRAMINER

Lichia, rosas, inebriante, alto teor alcoólico, cor escura

Gewürztraminer é um pesadelo para soletrar (e muitas vezes perde seu trema), porém reconhecê-la é um sonho. Seu aroma distinto (tão forte que a uva ganhou o prefixo *gewürtz*, ou "especiaria" em alemão) pode ser cansativo, principalmente se combinado com o alto teor de açúcar residual no vinho. As melhores amostras de Gewürztraminer da Alsácia, onde é mais venerada, têm corpo e nervos residuais, além de uma persistência penetrante, que as impede de cevar. Regular a acidez é o ideal. Alguns bons exemplares também têm surgido na costa leste da Nova Zelândia, no Chile, na Colúmbia Britânica, no Oregon e no Alto Adige. As uvas Gewürztraminer têm uma cor rosa-escuro e, conseqüentemente, seus vinhos normalmente apresentam uma forte cor dourada ou ligeiramente rosada.

SÉMILLON

Figos, cítrica, lanolina, encorpada, rica

A Sémillon está incluída aqui por causa da excepcional qualidade dos vinhos doces dela produzidos, principalmente em Sauternes e em Barsac, onde é tradicionalmente misturada na proporção 4:1 com Sauvignon Blanc, além de um pouco de Moscatel. Devido à sua casca fina, a Sémillon (grafada como "Semillon" fora da França) é altamente suscetível ao fungo botrítis, o qual, nas condições corretas, pode concentrar as uvas milagrosamente com podridão nobre. É a uva branca mais cultivada em Bordeaux, onde é também responsável por alguns vinhos finos amadeirados, especialmente em Graves. O Hunter Valley, na Austrália, também tem uma afinidade especial com esta uva, produzindo vinhos secos, complexos, longevos e com um aroma mineral a partir de uvas colhidas cedo. A África do Sul possui veneráveis vinhas de Sémillon.

As uvas regionais

As uvas apresentadas aqui e na página anterior são algumas das mais conhecidas variedades européias da espécie *Vitis vinifera*, que também incluem as espécies americanas e asiáticas e a trepadeira da Virgínia.

Em partes dos Estados Unidos, os vinhos são produzidos a partir de vinhas norte-americanas que são proveitosamente resistentes a muitas doenças fúngicas (descritas na página 18) que normalmente atacam as vinhas. No entanto, espécies como a *labrusca* têm um forte sabor foxado (característica da geléia de uvas Concord), que pode desagradar as pessoas que não são do local. As vinhas norte-americanas e asiáticas podem ser extremamente úteis para gerar novas variedades adaptadas a condições especiais. Centenas de híbridos foram gerados a partir do cruzamento destas com variedades viníferas européias, em especial para que amadurecessem em regiões com estações de cultivo curtas. Algumas espécies de vinha da Mongólia, por exemplo, podem ser úteis na criação de vinhas resistentes ao frio.

Devido ao fato de muitos híbridos (embora não todos) produzirem um vinho inferior, eles ocasionalmente são desprezados e, na Europa, oficialmente banidos. Muitos criadores europeus têm se concentrado no cruzamento de diversas variedades viníferas para atender a uma necessidade ou a um ambiente específico. A Müller-Thurgau, por exemplo, foi um dos primeiros cruzamentos produzidos especificamente para amadurecer em locais onde a Riesling não conseguia.

Os produtores precisam tomar outras decisões que não apenas a de qual variedade ou rizoma plantar. Geralmente, uma vinha vive em torno de 30 anos (mas em regiões em que a produção responde às tendências da moda, a variedade é muitas vezes alterada pelo simples corte da planta acima do solo e pelo enxerto de uma nova casta mais desejável). A mesma importância deve ser dada à escolha do(s) clone(s) da variedade preferida. Há muito, os viveiristas observaram, selecionaram e propagaram plantas específicas com características especiais: produtividade alta ou consistente; boa resistência a várias pragas, doenças e ambientes extremos; amadurecimento precoce; e assim por diante. Atualmente, um produtor pode escolher entre um único clone ou, melhor ainda, vários clones diferentes.

É claro que nem todas as vinhas vêm rotuladas. A ciência de identificação da vinha pela observação de minuciosas variações na uva, no formato da folha, na cor etc. é conhecida como ampelografia. Ela tem revelado vários relacionamentos fascinantes entre as variedades, porém nenhum tão radical quanto as recentes descobertas possibilitadas pela análise do DNA. Esta ciência exata mostrou, por exemplo, que a Cabernet Franc e a Sauvignon Blanc são os pais da Cabernet Sauvignon, e que a Chardonnay, a Aligoté, a uva Gamay de Beaujolais, a uva Melon de Bourgogne de Muscadet, Auxerrois e uma dúzia de outras são todas proles da Pinot Noir e da obscura, porém histórica, uva Gouais Blanc. Esperam-se mais revelações no futuro.

GRENACHE NOIR

Pálida, doce, madura, útil para rosé

A Grenache é amplamente cultivada no entorno do Mediterrâneo e é a uva mais cultivada do Rhône do Sul, onde é freqüentemente misturada com Mourvèdre, Syrah e Cinsault. É também intensamente cultivada em Roussillon, local em que, com a Grenache Blanc e a Grenache Gris, apresenta alto teor alcoólico, útil para a produção de Vins Doux Naturels (ver página 144). Como Garnacha, é a uva mais plantada na Espanha. Como Cannonau, na Córsega, e como Grenache, na Califórnia ou na Austrália, é reverenciada somente se as vinhas forem muito velhas ou se misturada com Syrah e Mourvèdre.

TEMPRANILLO

Folhas de tabaco, condimento, couro

A uva mais famosa da Espanha. Como Tinto Fino ou Tinto del País, é a espinha dorsal dos tintos vivazes e saborosos de Ribera del Duero. Em Rioja, é misturada com Garnacha. Na Catalunha, é conhecida como Ull de Llebre; em Valdepeñas, Cencibel. Em Navarra, é muitas vezes misturada com as uvas de Bordeaux. Como Tinta Roriz, tem sido usada para Porto e é cada vez mais respeitada como uma uva de vinho de mesa em Portugal, onde, no Alentejo, é conhecida como Aragonês. Seu brotamento precoce a torna vulnerável à geada de primavera e sua pele fina, ao apodrecimento, mas é cada vez mais valorizada internacionalmente na produção de vinhos finos.

SANGIOVESE

Saborosa, vivaz, variável: da ameixa seca ao rural

A uva mais cultivada na Itália, em suas muitas formas, sendo particularmente comum na Itália central, mais precisamente em Chianti Classico, em Montalcino (como Brunello) e em Montepulciano (como Vino Nobile). Os clones menos nobres, produzidos em excesso, resultam em um vinho tinto leve e ácido — produzido em grandes quantidades em Emilia-Romagna. A receita tradicional do Chianti o diluiu com a uva branca Trebbiano, com o Canaiolo local e com um pouco de Colorino. Atualmente, muitos dos produtores ambiciosos da Toscana conseguem tirar dela o máximo de cor e de sabor. A Sangiovese é plantada cada vez mais em outros lugares.

MOURVÈDRE

Animal, amora, alcoólica, tânica

Esta é uma uva que necessita de bastante sol para amadurecer e é, de longe, a mais importante do Bandol, o vinho mais nobre da Provença, embora deva ser envelhecido com cuidado. Por todo o sul da França e em South Australia, é usada para encorpar, em especial, as misturas de Grenache e Syrah. Na Espanha, como Monastrell, é a segunda uva tinta mais plantada e está mais associada à quantidade do que à qualidade. Era conhecida e negligenciada como Mataro tanto na Califórnia quanto na Austrália, até mudar o nome para Mourvèdre e desfrutar um novo recomeço com associações encantadoramente francesas.

CABERNET FRANC

Aroma de folhas, refrescante, raramente pesada

A progenitora menos intensa e mais suave da Cabernet Sauvignon. Como amadurece mais cedo, a Cabernet Franc é extensamente cultivada no Loire e nos solos mais frescos e úmidos de St-Émilion, onde é, muitas vezes, misturada com a Merlot. No Médoc/Graves, é plantada como uma segurança caso o Cabernet Sauvignon não amadureça. Muito mais resistente a invernos rigorosos que a Merlot, pode produzir vinhos apetitosos na Nova Zelândia, em Long Island e Washington. No noroeste da Itália, pode ter um gosto de grama. Alcança seu apogeu de maciez em Chinon, em Bourgueil, em Saumur-Champigny e em Anjou-Villages.

NEBBIOLO

Alcatrão, rosas, violetas, laranja com tons de preto

A resposta do Piemonte à Pinot Noir. Em Barolo e em Barbaresco, reage bem a cada nuança de aspecto e elevação. Amadurece apenas nos locais mais favoráveis. Quando totalmente madura apresenta muitos taninos e ácidos, quando não pigmentos, mas um longo tempo de envelhecimento em garrafas e barris pode resultar em um vinho espantosamente sedutor. A Nebbiolo produz vários outros vinhos, geralmente menos nobres, no noroeste da Itália (em Valtellina e Gattinara, por exemplo), porém, como a Pinot Noir, tem mostrado relutância em se espalhar. Alguns norte-americanos e australianos continuam tentando provar o contrário.

ZINFANDEL

Sabores de frutas quentes, álcool, doçura

Por um século, a Zinfandel foi considerada a uva própria da Califórnia, até estabelecerem que, como Primitivo, era conhecida no calcanhar da Itália no mínimo desde o século XVIII. A análise de DNA apontou sua origem como sendo a Croácia. A vinha amadurece de forma desigual, porém algumas bagas armazenam grandes quantidades de açúcar, de forma que o "Zin" pode chegar a ter um forte teor alcoólico de 17%. Esta uva é mais comumente cultivada para produzir colheitas enormes de um vinho muito menos intenso, no vale Central da Califórnia. Grande parte desta uva é destituída de cor, e o vinho dela resultante é temperado com Muscat aromático ou Riesling, e vendido como Zinfandel branco (rosa pálido).

MALBEC

Condimentada e rica na Argentina, aroma de caça em Cahors

A Malbec é um enigma. Por muito tempo foi uma uva para misturas em todo o sudoeste da França, incluindo Bordeaux, mas é a uva dominante apenas em Cahors, onde, conhecida como Côt ou Auxerrois, produz vinhos rústicos, às vezes ligeiramente animais, apropriados apenas a um envelhecimento médio. Emigrantes a levaram para a Argentina, onde, em Mendoza, adaptou-se tão bem que se tornou a uva tinta mais popular do país, produzindo vinhos gloriosamente aveludados, concentrados e vivazes, com alto teor de álcool e extrato. Prospera principalmente na região de Luján de Cuyo, em Mendoza.

TOURIGA NACIONAL

Tânico, fogos de artifício, ocasionalmente do tipo Porto

A mais famosa uva para o Porto de Portugal, embora apenas uma das numerosas variedades de uvas distintas, sem parentesco, cultivadas no vale do Douro, como as Touriga Franca, Tinta Barroca, Tinto Cão e Tinto Roriz (Tempranillo). Está cada vez mais sendo engarrafada como vinho varietal em Portugal e se tornando um importante ingrediente no Dão. É também possível que seja plantada mais extensamente no mundo do vinho, pois não lhe falta de forma alguma classe e personalidade. A Touriga Nacional sempre tem níveis extremamente altos de taninos, álcool e cor, ainda que seja por sua natural improdutividade.

CARMENÈRE

Firme, tipo Bordeaux, pode ser levemente verde

Variedade histórica de Bordeaux, de amadurecimento muito tardio, que quase não se encontra mais no local, sendo comum no Chile, onde enxertos pré-filoxera foram introduzidos na década de 1850. Por muito tempo, a Carmenère foi confundida com a Merlot, porém, está bem diferenciada nos vinhedos atualmente. As uvas têm de estar plenamente amadurecidas para que os vinhos resultantes, sempre de uma cor intensa, não tenham uma determinada personalidade de folha verde de tomate; muitos produtores acham que a Carmenère é melhor quando misturada com outras variedades de Bordeaux. É encontrada também no nordeste da Itália.

PINOT GRIS

Cheia, dourada, esfumaçada, penetrante

Esta uva elegante é muito influente na Alsácia, onde, junto com a Riesling, a Gewürztraminer e a Muscat, é considerada uma variedade nobre, responsável por alguns dos vinhos mais fortes, se bem que um tanto leves, da região. Esta mutação de pele rosada da Pinot Noir é prima da Chardonnay. Na Itália, é conhecida como Pinot Grigio e pode produzir vinhos brancos e secos tanto cheios de personalidade como decididamente desinteressantes. Produtores de outros lugares hesitam entre chamá-la de Grigio ou Gris, sem necessariamente levar em conta o estilo. É uma especialidade no Oregon e cada vez mais na Nova Zelândia.

CHENIN BLANC

Extremamente versátil, mel, palha úmida

A Chenin Blanc é a uva do Loire central, espremida entre o Melon de Bourgogne, de Muscadet, e o Sauvignon Blanc, do Loire superior. Muito mal compreendida, às vezes produz um vinho seco comum tanto na Califórnia quanto na África do Sul, onde é muito cultivada; porém, no Loire, pode produzir audaciosos vinhos distintos, longevos e com todos os graus de doçura. Os Chenins do Loire botritizados, como o Vouvray, podem ser grandes vinhos brancos doces e longevos. No Loire, a Chenin Blanc também produz vinhos não-espumantes, secos e com toque de mel, e alguns espumantes, Samur e Vouvray, cheios de personalidade.

MUSCAT BLANC

Gosto da uva, relativamente simples, muitas vezes doce

Esta é a variedade mais fina do Muscat, apresentando pequenas frutas (*petits grains* em francês) que são redondas em vez de ovais, como a menos nobre Muscat da Alexandria (Gordo Blanco ou Lexia, na Austrália, onde esta variedade inferior é cultivada para a mesa). Como o Muscato Bianco na Itália, o Muscat mais fino é responsável pelo Asti e por muitos frisantes leves e finos. Produz também excelentes vinhos doces no sul da França e na Grécia. As uvas Muscat pegajosas, fortes e doces da Austrália são de uma versão de pele escurecida, Brown Muscat. Geralmente, o Moscatel da Espanha é o Muscat da Alexandria. O Muscat Ottonel é diferente e mais leve.

VIOGNIER

Inebriante, encorpada, flor espinhosa, damasco

Elegante variedade especial, que, de sua terra natal em Condrieu, norte do Rhône, expandiu-se para praticamente todos os cantos do mundo do vinho. Se não estiver completamente madura, seu aroma distintamente sedutor não se desenvolve, o que significa que os exemplos mais memoráveis têm alto teor de álcool; o truque é também manter a acidez. A Califórnia e a Austrália conseguiram. Melhor se consumida quando jovem. Está cada vez mais sendo misturada com outras uvas brancas do Rhône: Roussanne, audacioso, porém aromático; Marsanne, grande, com toques de amêndoa — especialmente no sul da França. Às vezes é fermentada com Syrah/Shiraz para estabilizá-la.

PINOT BLANC

Vivaz, leve, semelhante a Chardonnay

É a mutação de pele mais clara da Pinot Noir. Com freqüência tem sido confundida com sua prima Chardonnay, especialmente na Itália, onde é chamada Pinot Bianco. É uma uva inofensiva e comum na Alsácia, parente da Auxerrois, às vezes chamada Clevner. Pode produzir vinhos encorpados, incluindo o maravilhosamente rico Trockenbeerenauslesen e, na Áustria, o Weissburgunder. É também muito popular no sul da Alemanha e no Alto Adige, por seus vinhos brancos secos e encorpados. A uva tem acidez relativamente baixa e compostos de sabor, portanto a Pinot Blanc é normalmente consumida quando jovem.

MARSANNE

Amêndoas, aromas de marzipã, muito encorpada

Junto com a Roussanne, esta é a variedade de uva característica do Hermitage branco, no norte do Rhône. Atualmente, é plantada por todo o sul do Rhône, como também na Austrália, especialmente no estado de Victoria. No sul da França e na Califórnia, especialmente na costa central, a Marsanne é, muitas vezes, misturada com variedades como a Roussanne, a Rolle/Vermentino, a Grenache Blanc e a Viognier. Seus vinhos tendem a ter uma cor escura dourada e ser inebriantes e alcoólicos. A Marsanne também é cultivada em certas áreas da Suíça e do norte da Espanha.

O vinho e o clima

Após a vinha, o clima é o mais importante ingrediente do vinho e a grande variável. O clima médio durante um período longo em qualquer região define os limites do que pode ser cultivado e quais os resultados esperados, porém são os caprichos do clima durante apenas um ano que podem fazer ou quebrar uma safra. Um simples fenômeno como geada ou granizo pode também afetar a quantidade em vez da qualidade, às vezes dizimando o tamanho de uma safra. O granizo é tão desastroso quanto a geada de primavera, embora felizmente tenda a ser mais localizado.

Muitos fatores influenciam o clima, dos quais a temperatura e a chuva são, indubitavelmente, os mais importantes. Obviamente, a luz do sol é vital para a fotossíntese, porém a temperatura é mais crítica, especialmente em locais frios. O clima de uma região vinícola afeta crucialmente não somente a escolha da uva, mas também o tipo de vinho que ela pode produzir. Os vinhos de clima frio tendem a ter teor alcoólico mais baixo e maior teor de acidez que aqueles produzidos em climas quentes, cujos sabores podem ser menos refinados, porém mais enfáticos. Sem chuva ou calor suficientes, as uvas não amadurecem adequadamente. Um excesso de qualquer dos dois pode prejudicar muito a qualidade dos vinhos produzidos a partir dessas uvas.

As temperaturas médias (a média diária das temperaturas máxima e mínima) no mês final do amadurecimento, normalmente, ficam entre 15°C e 21°C para produzir bons vinhos de mesa (climas mais quentes produzem bons vinhos de mesa e extremamente bons vinhos fortificados). Os invernos necessitam ser frios o suficiente para permitirem que a vinha tenha seu sono de revitalização (hibernação). No entanto, se as temperaturas ficarem abaixo de -15°C no inverno (ver ex-repúblicas da URSS, página 278, por exemplo), o risco de que até mesmo as vinhas hibernadas sejam fatalmente congeladas pode ser muito alto, e uma certa proteção contra o inverno pode ser necessária.

A diferença entre as temperaturas de inverno e as de verão é importante. Em climas continentais como em Finger Lakes, em Ontário, e na Alemanha Oriental, onde esta diferença é grande e o clima é afetado principalmente pela grande massa de terra, as temperaturas caem tão bruscamente no outono que há o risco de as uvas simplesmente não amadurecerem completamente. Em climas marítimos, moderados pelo mar ou oceano próximo, há uma menor variação entre as temperaturas de inverno e as de verão. Em climas marítimos mais quentes como o do Margaret River, na Western Australia, os invernos

nem sempre são frios o suficiente para que as vinhas hibernem, e a viticultura orgânica pode ser dificultada, porque as pragas e as doenças nem sempre são mortas no inverno. Em climas marítimos mais frios como em Bordeaux, na França, e Long Island, no estado de Nova York, o clima durante a floração (evento crucial qualitativo no começo do verão) é, muitas vezes, inconstante e frio, o que pode prejudicar a quantidade de fruta que é plantada e a uniformidade desta plantação.

As temperaturas também variam durante o dia. Normalmente, a temperatura do ar é mais alta no início da tarde e mais baixa no alvorecer. Algumas regiões têm um contraste muito mais marcante entre as temperaturas diurnas e noturnas que outras regiões e são conhecidas por sua grande variação de temperatura diurna. (A importância da topografia é tratada na seção sobre *terroir*.)

A vinha necessita tanto de água quanto de calor. Normalmente, é necessário um índice pluviométrico anual médio de pelo menos 500mm (e 750mm ou mais em climas mais quentes, onde a evaporação do solo e a transpiração das folhas são bem maiores), a fim de promover fotossíntese suficiente para amadurecer as uvas. Em várias regiões vinícolas chove muito menos do que isso, porém os produtores com acesso à água de irrigação — geralmente de rios, fontes subterrâneas, represas e poços — conseguem compensar a carência. Algumas variedades como a Airén, de La Mancha, cultivadas como vinhas silvestres, são particularmente tolerantes à aridez.

Se faltar água para a vinha, ela sofrerá de estresse aquático e tenderá a produzir frutas menores com cascas mais grossas. Embora isto leve a reduzir a produção total, pode, até certo ponto, resultar em vinhos com uma verdadeira concentração de sabor e cor. No entanto, a seca severa interrompe o amadurecimento completamente, pois a vinha entra em um processo de sobrevivência, e não em modo reprodutivo, resultando em vinhos não equilibrados (ver página 26).

A disponibilidade de água de irrigação, em vez de qualquer aspecto climático, é o fator que impede a dispersão da vinha em muitas regiões de verões quentes, especialmente no hemisfério sul e na Califórnia. Em teoria, não existe um limite máximo para o índice pluviométrico anual. Até mesmo vinhedos alagados podem se recuperar rapidamente, especialmente no inverno. Como exemplo, partes da Galícia, no norte da Espanha e o Minho, no norte de Portugal, podem ter um índice pluviométrico médio de mais de 1.500mm por ano. O fator crítico na precipitação atmosférica é o momento em que ocorre. Se houver chuvas fortes pouco antes da colheita, especialmente após um período de clima relativamente seco, as uvas podem inchar rapidamente, e os açúcares, os ácidos, e os sabores que já estão desenvolvidos podem se diluir rapidamente (ver página 32 para detalhes de como vinicultores podem tentar compensar). Um tempo muito chuvoso durante a segunda metade do período de cultivo também tende a encorajar as doenças fúngicas, às quais as vinhas estão sujeitas, e uvas podres podem ser o resultado desagradável (embora vinicultores modernos lutem com um arsenal de sprays e técnicas de treinamento das vinhas, de modo que estão muito menos propensos a colher as uvas precocemente do que seus predecessores).

O vento pode ser um fator importante também. Os ventos às vezes são benéficos pois refrescam os vinhedos quentes e secam os úmidos, na Córsega ou no sul do Uruguai, por exemplo. No entanto, o estresse constante causado pelo vento, como Salinas Valley de Monterey, na Califórnia, pode interromper a fotossíntese e adiar o processo de amadurecimento. Viticultores em áreas mais expostas, no vale do Rhône do Sul, são obrigados a instalar quebra-ventos para minimizar os efeitos do notório mistral, e o seco e quente *zonda* da Argentina é temido mais do que bem-vindo pelos vinicultores.

A geada no final da primavera quando os botões estão vulneráveis é o pesadelo dos produtores. Aquecedores portáteis como estes nas adegas de Stags Leap, no Napa Valley, são projetados para manter as temperaturas acima do ponto de congelamento das vinhas.

Terroir

Não existe uma tradução precisa para a palavra francesa "*terroir*". "Terreno" chega mais perto, porém tem uma conotação menos específica ou emotiva. Talvez seja esta a razão pela qual muitos anglo-saxões não depositam muita confiança nesta palavra e a consideram uma fantasia gaulesa: uma forma convenientemente mística de assegurar a superioridade do solo, a topografia francesa e as peculiaridades desconhecidas que dão aos vinhos franceses qualidades especiais.

No entanto, não existe nenhum mistério com relação ao *terroir*. Todo mundo — ou pelo menos todos os lugares — tem um. Seu jardim e o meu têm *terroirs*; provavelmente vários. A frente e os fundos de uma casa quase certamente oferecem condições diferentes de cultivo às plantas. Um ambiente totalmente natural de cultivo é tudo que o *terroir* significa, e a existência da palavra equivalente aborígine "*pangkarra*" sugere que este conceito está bem enraizado no relacionamento do homem com a terra.

Em sentido mais restrito, a palavra significa solo. Por extensão, e no uso comum, significa muito mais. Ela abrange o solo em si, o subsolo e as rochas abaixo dele, suas propriedades químicas e como estas interagem com o clima local e com o macroclima da região, para determinar tanto o mesoclima de um vinhedo específico como o microclima de uma determinada vinha. Isto inclui, por exemplo, a rapidez com que a água é drenada, a reflexão da luz do sol ou a absorção do calor, sua elevação, seu grau de inclinação, a orientação em relação ao sol e sua proximidade a uma floresta que refresca ou protege, ou a um lago, rio ou mar que aquece.

Portanto, se o sopé de uma encosta é propenso a geadas, mesmo tendo o mesmo solo, ele terá um *terroir* diferente do da colina drenada por uma brisa fresca (e isso explica por que vinhas não são plantadas no Willamette Valley, no Oregon, em altitudes abaixo dos 60m). Em geral, quanto maior a altitude, menor a temperatura média, especialmente à noite (o que permite o desenvolvimento da viticultura em locais tão perto do equador, como Salta, na Argentina), embora alguns vinhedos nas colinas ao norte da Califórnia possam ser mais quentes que o sopé do vale, pois estão acima da linha da névoa.

Da mesma forma, uma encosta voltada para o leste, que pega o sol da manhã, pode ter um solo idêntico ao da encosta voltada para o oeste, que, por pegar o sol da tarde, esquenta depois, porém seu *terroir* é diferente e o vinho que produzir também será sutilmente distinto. No caso da itinerante Mosela, na Alemanha, no limite setentrional do cultivo de vinha, até a orientação exata de uma encosta pode determinar se poderá haver produção de um vinho excelente ou de vinho algum.

Entretanto, o mais importante aspecto do *terroir*, desde que as vinhas tenham sido plantadas em local com verão quente e seco o suficiente para ter uma boa chance de amadurecer, é a quantidade de água e nutrientes disponíveis. Se a vinha for plantada em um solo fértil, ricamente irrigado por um lençol freático de alto nível d'água, como alguns dos locais menos favorecidos na parte baixa do Napa Valley, na Califórnia, ou no Wairau Valley, em Marlborough, Nova Zelândia, ela terá acesso constante à água e estará encharcada em boa parte do período de cultivo. A reação natural da vinha será a de se tornar "vigorosa", brotando folhas e ramos a uma velocidade tal que há o perigo de sombrear qualquer fruta. Vinhas vigorosas demais produzem uvas não-maduras e vinhos que têm um gosto de folhas e verduras, porque colocaram todo seu esforço e energia no seu crescimento vegetativo, em vez de usá-los no amadurecimento das uvas.

Entretanto, se uma vinha é plantada em um solo pouco fértil, sem ter acesso a uma adequada provisão de água, a fotossíntese praticamente é interrompida por uma grande parte do verão, como é o caso de muitos vinhedos tradicionais do sul da Espanha, do sul da Itália e do norte da África. A vinha sofre um estresse hídrico tão intenso que "se desliga" e, para poder sobreviver, tem de consumir parte da energia que deveria ser usada no amadurecimento. A única razão para açúcares se acumularem na fruta neste caso é pela evaporação gradual da água das bagas. Poucos compostos de sabor são formados e os vinhos resultantes podem ser altamente desequilibrados, com alto teor alcoólico, porém com taninos ásperos, não-maduros, sabores menos intensos e cores perigosamente instáveis.

Há uma gama de truques da vinicultura que pode compensar essas desvantagens naturais (a administração da fronde das vinhas e a irrigação controlada são os mais óbvios para as situações acima, respectivamente), alterando totalmente o resultado. Alguns produtores e vinicultores escolhem administrar seus vinhedos de modo a anular ou pelo menos minimizar o efeito das características do *terroir*, ao misturá-lo com os de regiões diversas ou distantes ou manipulando o vinho na vinícola; outros almejam expressar os efeitos ambientais o mais eloqüentemente possível. Alguns produtores podem sugerir que as práticas de vinicultura tradicionais de sua própria região já se tornaram parte do *terroir*.

VITICULTURA DE PRECISÃO: ENTENDENDO A VARIABILIDADE DO VINHEDO

As ferramentas da viticultura de precisão permitem a um produtor entender e, portanto, administrar melhor a variabilidade do vinhedo. Neste exemplo, foi usado o mapeamento da produtividade em conjunto com uma análise eletromagnética de alta resolução do solo e o mapeamento das elevações, para identificar zonas de características semelhantes de desempenho dentro desta área. A produtividade pode variar em até 10 vezes (entre 2 e 20 toneladas/ha, por exemplo) dentro de um vinhedo, todo administrado da mesma forma. Neste exemplo — um vinhedo de 18 acres (7,3 hectares), em Coonawarra, Austrália — as variações na topografia têm influência sobre as variações da profundidade do solo. Esta, por sua vez, influencia na disponibilidade de água no solo, que controla variações na produtividade. No entanto, a área em questão é basicamente plana, com apenas 1,2m de diferença na elevação entre o ponto mais alto e o mais baixo — ainda assim, claramente podemos observar que a variação da terra abaixo do vinhedo exerce uma enorme influência na sua produtividade.

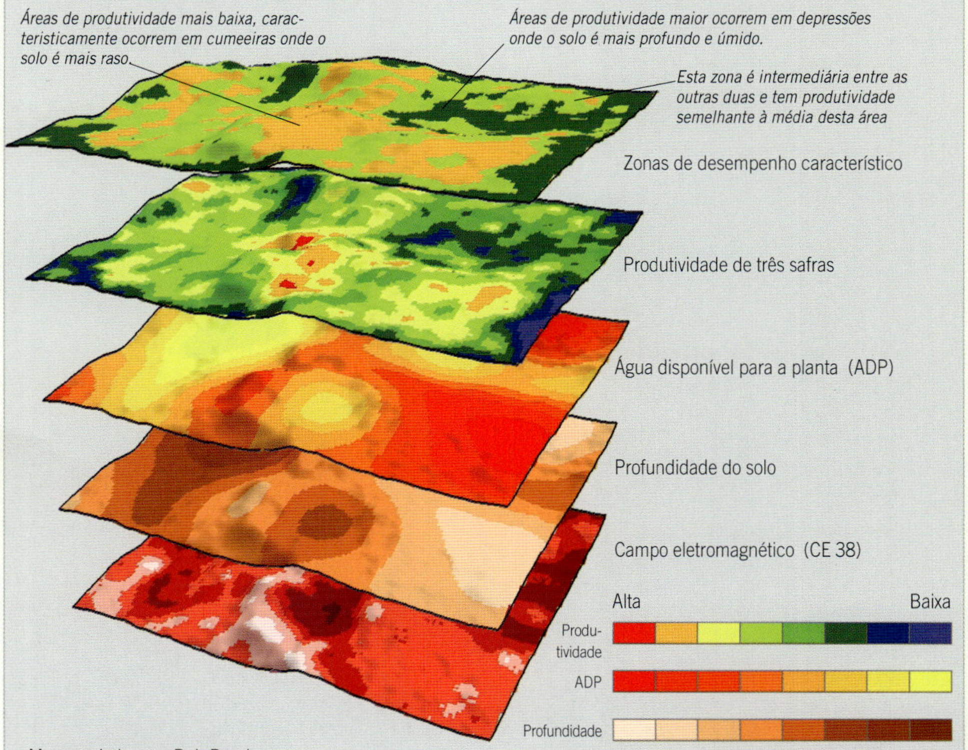

Mapas criados por Rob Branley
CSIRO Sustainable Ecosystems, Adelaide

Afinal de contas, que tipo de *terroir* produz um grande vinho? Pesquisas sobre a interação crucial entre o solo, a água e os nutrientes requeridos pelas vinhas se desenvolveram consideravelmente nos últimos 50 anos e, nos 10 anos mais recentes, tecnologias sofisticadas permitiram um entendimento mais amplo dos efeitos bastante específicos do *terroir*. Veja o painel à esquerda como um exemplo dessa prática.

Na Borgonha, os vinhedos que provaram, no decorrer do tempo, poder — sem o uso de análise de alta tecnologia — produzir os melhores vinhos, tendem a ser aqueles que estão situados no meio da famosa Côte d'Or, onde a combinação de marga, lodo e calcário (ver página 57) parece ser mais propícia à distribuição adequada, porém restrita, de água e ao vinho de qualidade. O painel à direita ilustra um exemplo recente do desenvolvimento de um vinhedo em uma propriedade consagrada em Bordeaux, onde a análise do solo mostrou que, mesmo com uma longa história de viticultura, é fácil deixar passar despercebidos alguns dos melhores locais.

Entretanto, deve-se dizer que *terroirs* superiores se perpetuam de uma forma não inteiramente natural. O proprietário de um Grand Cru pode arcar com as despesas para mantê-lo perfeito, com valas de drenagem, adubagem adequada e métodos ideais de cultivo, enquanto um cuidado extremo desses é economicamente inviável em um lote menos valorizado. O *terroir* depende do homem e de seu capital para se expressar melhor, algo exemplificado pela queda no desempenho do Château Margaux entre 1966 e 1978, quando o proprietário não conseguiu mais manter seu Premier Cru no estilo que merecia.

Alguns vinicultores orgânicos e biodinâmicos sugerem que o termo *terroir* deva também ser aplicado a toda a flora e fauna do território, visível ou microscópica, e que o *terroir* é inevitavelmente alterado por fertilizantes químicos e outros aditivos ao solo que foram trazidos de fora do ecossistema vinícola local. Pode-se também argumentar que séculos de monocultura e práticas como arar o solo e cultivar plantas de cobertura certamente alteraram o solo na sua classificação original. No entanto, o mais interessante é como lotes muito diferentes, mesmo adjacentes, podem variar quanto ao resultado do vinho produzido, mesmo quando tratados igualmente.

ZONEAMENTO DE VINHEDOS

O mapeamento do solo se tornou uma ciência exata e exigente. Os produtores com acesso à tecnologia podem adquirir mapas detalhados e de alta resolução do solo, para ajudar a decidir qual lote de terra comprar, como modificar partes dele, qual variedade de uva plantar e onde. Em vinhedos existentes, especialmente os maiores, onde o rendimento e o amadurecimento podem variar muito de uma parte a outra, o vigor da vinha pode ser medido a partir de métodos igualmente sofisticados, como a percepção remota por meio de imagens aéreas e a monitoração e o mapeamento da produtividade. Atualmente, esse processo é conhecido como viticultura de precisão e permite que o produtor se dê ao luxo, por exemplo, de fazer a colheita de cada lote dentro de um vinhedo no momento exato. É claro que é uma opção apenas nos lugares em que o aumento na qualidade e a elevação no preço do vinho forem suficientes para justificar os custos. O tipo de "zoneamento" do vinhedo ilustrado no painel à esquerda, em que o *terroir* é compreendido em uma escala muito pequena, ajuda o viticultor a fazer um vinho ainda melhor e, com isso, aumentar seu potencial de lucratividade.

Atualmente, uma quantidade cada vez maior de vinhos produzidos no Novo Mundo é rotulada não apenas com sua região de origem, mas também com o nome de um vinhedo — parcialmente devido ao aumento da percepção dos diferentes potenciais de cada vinhedo, e também, quem sabe, ao aumento da concorrência. É óbvio que se surgir um *outro* Chardonnay, por mais que esteja lindamente ornamentado e descrito em detalhes no rótulo, tem de evocar credibilidade — e, mais importante, personalidade — a partir de mais do que seu sabor varietal e de sua maturação em carvalho bem avaliada.

DESCOBRINDO O TERROR

Em Bordeaux, nas décadas de 1960 e de 1970, os estudos de Gérard Séguin sobre o Médoc mostraram que os melhores solos não eram especialmente férteis (cientistas do solo os chamam de "potencial médio") e drenam a água rápida e profundamente, rebaixando as raízes para grandes profundidades, até 7m em Margaux, até encontrar uma fonte estável de água. Pesquisas subseqüentes, realizadas por Cornelis van Leeuwen, de Bordeaux, e outros, mostraram que, para produzir vinhos de qualidade, a profundidade do solo não é tão importante quanto a disponibilidade de água. Tanto é que a capacidade de solos mais ricos para armazenar água pode ser demais se as raízes forem muito profundas. Em argila pesada, como em Pomerol (por exemplo, o Château Pétrus), a profundidade das raízes tende a ser de aproximadamente 1,3m e, nos solos de calcário de St-Émilion (por exemplo, o Château Ausone), as raízes variam de 2m, nas encostas, a 0,4m, no platô (ver mapa da página 111). Entretanto, em solos de argila, deve haver suficiente matéria orgânica para permitir um fluxo livre da água.

A despeito de sugestões infundadas de que o sabor dos vinhos é influenciado pelos minerais do solo, baseado em conhecimentos atuais, acredita-se que a disponibilidade de água e de drenagem, em vez da composição química, é a questão-chave para um solo perfeito para um grande vinho.

Na foto se vê um exemplo de uma terra de "potencial médio", descoberta recentemente no Château Olivier, em Bordeaux. A propriedade de 470 acres (190 hectares), dentro da apelação de Pessac-Léognan, tem apenas um quarto do terreno plantado com vinhas. Em 2002, foi feita uma pesquisa para verificar se qualquer uma das áreas não plantadas poderia oferecer um *terroir* melhor ou mais interessante do que os vinhedos existentes. Trabalhando com os consultores Denis Dubourdieu e Xavier Choné, eles escavaram poços de 2m a 3m em mais de 200 pontos para estudar o perfil do solo.

No lote chamado Bel Air, no lado oeste da propriedade, foi descoberta uma pequena área de terra, em um terraço glacial, que era ainda mais velha que a parte principal do vinhedo Château Olivier. O solo é de cascalho compactado, isto é, pequenos pedregulhos em uma matriz de argila arenosa. Isto drena bem e restringe o vigor da vinha, enquanto pequenas porções de argila providenciam um regular, porém limitado, fornecimento de água.

Este solo é especialmente adequado para a Cabernet Sauvignon, uma uva de amadurecimento tardio, que tende a ser ainda mais suscetível ao não-amadurecimento, devido à variação da safra, do que a Merlot, uma variedade mais precoce. Selecionar a variedade correta é um auxiliar crítico na identificação do *terroir*.

Camada superficial do solo, de 20cm a 40cm de espessura, rico em matéria orgânica.

A profundidade do cascalho compactado varia de 2m a 5m, 50% a 60% de cascalho dentro de uma matriz de argila arenosa com ferro (laranja quando o ferro está oxidado; cinza, quando reduzido).

O ano do vinicultor

Para alguém que cultiva uvas e produz vinhos, cada ação no vinhedo e na adega é centrada no período mais importante do ano: a colheita e as semanas imediatamente posteriores, quando ocorre a produção do vinho. Há grande variação entre as regiões e os produtores, porém, a seguir, apresenta-se um esboço das operações mais importantes de cada mês. O mês relativo ao hemisfério norte é o primeiro especificado nos cabeçalhos; a tarefa no vinhedo se situa acima da tarefa na adega.

JANEIRO / JULHO

Poda Esta operação é normalmente feita manualmente, no meio do inverno. Os ramos secos ou *sarmentos*, como os franceses os chamam, são cada vez mais populares em churrascos. Variedades de vinhas com brotamento precoce podem ser deliberadamente podadas tardiamente, para retardar a floração e minimizar o risco com a geada.

A fermentação malolática deve estar se desenvolvendo na adega ou em tanques ou barris. É necessário que haja análises e supervisão constante para verificar o progresso das bactérias lácteas (os agentes desta mudança) e os níveis de acidez.

FEVEREIRO / AGOSTO

A poda prossegue no vinhedo. Os fios expostos, os postes e as estacas são reparados, se necessário.

Atestando O vinho se contrai no clima frio, portanto atestá-lo reduz o risco de oxidação prejudicial, assegurando que o espaço entre o topo do barril e a superfície do vinho seja mínimo. A tampa, geralmente de plástico, também tem de ser fechada completamente. Se a tampa for mantida próxima ao topo do barril, em vez de em um ângulo onde permaneça meio molhada, deve-se atestar com mais freqüência, talvez uma ou duas vezes por semana.

MARÇO / SETEMBRO

Arar é uma operação da primavera e uma das formas principais para controlar as ervas daninhas no vinhedo. É muito comum arar mecanicamente, usando sensores para que se evite danificar as hastes. Porém, alguns produtores estão retornando aos velhos arados puxados a cavalo, especialmente em encostas íngremes ou para evitar a compactação do solo.

Engarrafamento de vinhos que são destinados a serem bebidos jovens. Em vinícolas menores, isto significa alugar um engarrafador móvel e assegurar que todos os vinhos que serão engarrafados estejam prontos e estáveis.

JULHO / JANEIRO

A pulverização contra pragas e doenças entra em plena atividade. A chuva e o clima úmido favorecem as doenças fúngicas que atormentam muitas vinhas. As técnicas de pulverização abrangem tanto um homem com um tanque nas costas, ou um trator com um equipamento específico, quanto a pulverização por meio de helicóptero.

Engarrafamento de vinhos finos, no seu segundo ano antes da chegada do verão. A hora precisa do engarrafamento pode variar de acordo com o estado do vinho, a eficiência da fábrica de engarrafamento e os cuidados dispensados pelos empregados da adega.

AGOSTO / FEVEREIRO

Amadurecimento Uvas de vinho tinto amolecem e mudam de verde para vermelho. Cada vez mais os produtores também fazem uma colheita verde ou de verão, por meio da qual os cachos excedentes são removidos. A meta é canalizar o sol e os nutrientes que restam em menos bagas, produzindo um vinho mais concentrado. Isso pode não dar certo caso venha uma seca severa, produzindo bagas secas e um vinho desequilibrado.

Em regiões quentes, a vinícola tem de estar preparada para a safra, que já pode ter começado nas regiões ainda mais quentes.

SETEMBRO / MARÇO

A colheita é a operação mais comum e vital neste mês, embora possivelmente ainda mais importante seja decidir quando colher (ver página 32). Os colhedores têm de ser contratados, organizados e, muitas vezes, alimentados e alojados. Também as colheitadeiras e seus condutores devem estar preparados.

Na vinícola, este é o período mais exaustivo do ano, quando os verdadeiramente dedicados podem trabalhar 24 horas por dia. Todos os equipamentos e materiais para a produção do vinho e também aditivos como levedura, açúcar e ácido devem estar preparados.

ABRIL / OUTUBRO

Poda de renovação: cortar os brotos secundários limpa a vinha e concentra energia nos ramos jovens que ganharem destaque.

Trasfega, mover o vinho de um recipiente para outro com a meta de deixar para trás sedimentos potencialmente danosos como a borra da fermentação. Normalmente, isso é feito imediatamente após a fermentação alcoólica — um pouco de aeração faz bem à maioria dos vinhos jovens. Um vinho pode sofrer trasfega até três ou quatro vezes durante seu primeiro ano no barril.

MAIO / NOVEMBRO

Proteção contra geadas. Não é cena de *Guerra nas estrelas*, mas sim um lança-chamas puxado por trator, e uma das formas de proteger as vinhas de uma catástrofe, caso a temperatura caia abaixo do ponto de solidificação. Outros métodos incluem o borrifo com água para cobrir os brotos de gelo, os tradicionais pequenos aquecedores portáteis, máquinas de vento e até helicópteros para dissipar o ar frio.

Começar a preparar e organizar os pedidos para que possam ser despachados antes do calor de verão.

JUNHO / DEZEMBRO

O posicionamento dos ramos é especialmente importante em climas quentes, nos quais as vinhas tendem a ser vigorosas. Os ramos jovens são amarrados em arames para que a vinha esteja bem posicionada para transformar a luz do sol em uma boa colheita de uvas de qualidade. É necessário um período de clima estável enquanto a vinha floresce (ver página 18) para produzir uma colheita grande. O clima instável pode eliminar a necessidade de uma colheita verde em agosto/fevereiro.

Vinhos finos podem ser trasfegados novamente nas semanas seguintes, certamente antes dos picos de calor do verão.

OUTUBRO / ABRIL

Mesmo após as uvas serem colhidas, o tempo ensolarado pode continuar a aumentar as reservas de carboidratos na vinha para ajudá-la a suportar o inverno e para produzir mais ramos na primavera.

Empurrar a manta de peles que flutuaram até a superfície da cuba de fermentação é essencial para arejar e manter o vinho úmido e encorajar a extração da cor e do sabor das cascas. Isto tem de ser feito todos os dias e requer muita força. Várias alternativas mecânicas foram desenvolvidas.

NOVEMBRO / MAIO

As folhas das vinhas ficam amarelas, douradas e, depois, especialmente se estiverem infectadas com um vírus, lindamente avermelhadas. Após a primeira geada, elas caem. Qualquer planta de cobertura já pode ser semeada.

Clarificação de vinhos tintos sérios em seu segundo ano com clara de ovos batidos; estas atraem diminutas partículas de sólidos que permanecem no vinho antes de caírem para o fundo do barril. Existem outros agentes de clarificação como, por exemplo, formas especiais de gelatina e barro. Nesse momento, os vinhos do primeiro ano podem ser transferidos da cuba de fermentação para o barril.

DEZEMBRO / JUNHO

As mudas no vinhedo podem ser levadas para propagar vinhos jovens. As vinhas no momento estão hibernando e resistirão ao frio de inverno desde que a temperatura não caia além de -20ºC. A poda pode começar.

A prova prematura dos novos vinhos começa. Algumas decisões podem ser tomadas a respeito da utilização de diferentes lotes de vinho. A fermentação malolática deve começar agora, em barris ou em tanques, encorajada pela introdução de bactérias lácticas especiais e pelo aquecimento da adega.

Produzindo vinho no vinhedo

Agora já sabemos algo sobre qual variedade de uva é apropriada para o plantio em determinada região e os possíveis efeitos do clima e do ambiente local. E quanto à escolha de exatamente onde e como plantar as vinhas? A seleção do local do vinhedo, embora raramente praticada nas regiões vinícolas da Europa, onde a herança, as leis das denominações e os direitos de plantar tendem a ditar a localização do vinhedo, é cada vez mais uma importante ciência exata.

O potencial investidor de um vinhedo precisa saber que uma quantidade comercialmente viável de uvas sadias e maduras deverá ser produzida todos os anos naquele local. Uma tática é agir por intuição, porém uma análise profunda da topografia, do clima e das informações sobre o solo é bem mais segura (ver página 26).

Estatísticas incipientes sobre a temperatura, a quantidade de chuva e as horas de luminosidade podem ajudar, mas é necessário realizar uma cuidadosa interpretação. As altas temperaturas durante o verão podem parecer muito boas na teoria, mas a fotossíntese praticamente pára acima de uma certa temperatura (entre 30ºC e 35ºC), dependendo da localização, portanto o amadurecimento pode ser prejudicado se houver uma grande quantidade de dias muito quentes. O vento, excluído de muitas estatísticas climáticas, também pode parar a fotossíntese, ao fechar os estômatos, pequenas aberturas nas folhas e bagas que controlam tal processo.

Em áreas mais arejadas, a avaliação crítica em relação à temperatura deverá se dar no âmbito do amadurecimento confiável das uvas. Se as temperaturas médias do outono e do verão forem relativamente baixas para a viticultura (como na Inglaterra ou em Luxemburgo), ou se o outono normalmente chegar cedo com as esperadas chuvas (como no Oregon) ou com a queda substancial da temperatura (como na Colúmbia Britânica), então as variedades de amadurecimento precoce deverão ser plantadas. A Chardonnay e a Pinot Noir são ótimas para o noroeste do Pacífico, porém até mesmo elas amadurecem tarde demais para vinhedos distantes do equador. A Riesling amadurece nos locais mais favorecidos do Mosela, no norte da Alemanha, porém não se sucederia na maior parte da Inglaterra e de Luxemburgo (mesmo com as mudanças decorrentes do aquecimento global). As variedades sérias de amadurecimento precoce, tais como a Seyval Blanc e a Müller-Thurgau, têm sido consideradas as escolhas mais seguras.

A quantidade de chuva no verão e sua freqüência provável darão uma indicação útil da possibilidade de doenças fúngicas como as descritas na página 18. O índice pluviométrico mensal e as estimativas de evaporação devem alertar qualquer vinicultor para a necessidade de irrigação. Se o local estiver em uma área em que é permitida uma complementação artificial das chuvas, surge a grande pergunta sobre a existência de uma fonte de água apropriada e suficientemente perto. O controle preciso da freqüência e dos índices de irrigação é uma forma cada vez mais importante de desenvolver a qualidade e a quantidade do vinho produzido. A falta de água é, provavelmente, um dos mais significativos obstáculos à expansão dos vinhedos na Califórnia, na Argentina e, especialmente, na Austrália, onde, em muitas terras, a água ou não está disponível ou é muito salina graças ao excessivo desflorestamento.

ANALISANDO O SUCO DA FRUTA

Um espectrômetro portátil (à direita) analisa a quantidade de açúcar presente em uma gota de suco da uva do vinhedo. Durante o processo de amadurecimento, os níveis de acidez (principalmente dos ácidos tartárico e málico) caem enquanto os açúcares fermentáveis (principalmente a frutose e a glicose) aumentam. À medida que se aproxima a hora da colheita, os produtores monitoram constantemente o aumento de açúcares da baga e as previsões do tempo para decidir o momento de colher.

Principalmente com uvas de pele escura, muitos vinicultores, atualmente, preferem esperar por um estado conhecido como "amadurecimento psicológico". Neste ponto, a pele começa a murchar levemente, o caule muda de verde para marrom e a baga fica madura o suficiente para ser tirada facilmente do engaço, mesmo que a análise do espectrômetro sugira que o teor ideal de açúcar já tenha sido alcançado alguns dias antes.

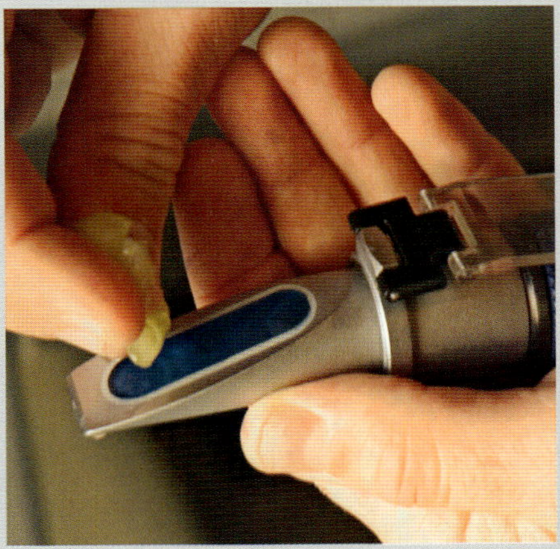

Medidas da quantidade de açúcar

Gravidade específica	1.060	1.065	1.070	1.075	1.080	1.085	1.090	1.095	1.100	1.105	1.110	1.115	1.120	1.125
°Oechsle	60	65	70	75	80	85	90	95	100	105	110	115	120	125
Baumé	8,2	8,8	9,4	10,1	10,7	11,3	11,9	12,5	13,1	13,7	14,3	14,9	15,5	16,0
Brix	14,7	15,8	17,0	18,1	19,3	20,4	21,5	22,5	23,7	24,8	25,8	26,9	28,0	29,0
% Potencial de álcool V/V	7,5	8,1	8,8	9,4	10,0	10,6	11,3	11,9	12,5	13,1	13,8	14,4	15,0	15,6

A água também pode ser necessária para outras finalidades. Nos limites mais frios da viticultura, a duração de uma estação sem geada e a possibilidade desta na primavera são fatores cruciais. Em Ontário e nos estados do nordeste dos EUA, por exemplo, o número total de dias sem geada controla a duração da estação de cultivo e, conseqüentemente, as variedades de uvas que têm maior possibilidade de amadurecer. Em Chablis e no arejado vale de Casablanca, no Chile, a água é necessária para os irrigadores de aspersão, que protegem as vinhas jovens da geada, cobrindo-as com uma camada de gelo. No entanto, em Casablanca, há constante falta de água — sendo a geada um perigo imprevisto.

O solo, ou melhor, os solos de qualquer vinhedo em potencial devem ser cuidadosamente analisados, geralmente por meio de amostragem, em intervalos regulares, juntamente com as medições de elevação e de disponibilidade de água. Os diagramas da página 26 mapeiam as informações reunidas sobre a água e o solo, com o uso de técnicas e de equipamentos mais sofisticados.

A fertilidade do solo é um ingrediente-chave na provável qualidade do vinho produzido. O solo não deve ser nem muito ácido nem muito alcalino e deve ter quantidades razoáveis de matéria orgânica (restos de outras plantas, animais e insetos) e minerais como fósforo e potássio, além de nitrogênio. O fósforo é vital para a fotossíntese e raramente falta no solo. O potássio em demasia pode resultar em vinhos com pH perigosamente alto e baixa acidez. Nitrogênio em demasia (comum em fertilizantes e estrume) pode resultar em vinhas excessivamente vigorosas, que canalizam toda sua energia para o crescimento de folhas em vez de amadurecer a fruta, de modo que os cachos ficam arriscadamente sombreados por uma camada de folhas e ramos cada vez mais espessa. Esse fenômeno é particularmente comum em solos muito férteis, típica e relativamente jovens como os da Nova Zelândia e os da parte plana do Napa Valley. O vigor também varia conforme o rizoma e a espécie da vinha. As vinhas vigorosas necessitam de um tratamento especial, conforme exposto no painel à direita.

PROJETANDO UM VINHEDO

Uma vez que o vinicultor escolheu o local ou preparou o vinhedo para replantio, será necessário projetá-lo. Devem ser consideradas a orientação das fileiras, a distância ideal entre as vinhas, como melhor educá-las, a altura dos postes (e, mais tarde, dos fios) e o número de brotos a serem mantidos na poda. As fileiras deverão ser alinhadas de norte a sul de modo a dar às folhas maior chance de absorver a luz solar? Será necessário criar terraços em uma colina — mais caro para projetar e manter —, de modo que as fileiras sigam o contorno, permitindo às pessoas e aos tratores moverem-se mais facilmente entre elas?

Em seguida, surge a decisão mais importante de todas: com base na produtividade que o viticultor almeja, qual deverá ser a distância mínima das vinhas, tanto entre as fileiras como dentro delas (ver página 84 para maiores considerações sobre a produtividade). No Mediterrâneo, onde o clima é freqüentemente quente e seco demais, uma limitada oferta de água nos vinhedos de baixa latitude pode impor um espaço grande entre as moitas para uma densidade de vinhas menor que 1.000 por hectare e, naturalmente, produtividade baixa.

Antigamente, os vinhedos do Novo Mundo eram plantados em regiões amenas ou quentes, freqüentemente em solo fértil virgem, que ameaçava suprir a vinha com nutrientes em demasia. Os viticultores deixavam grandes espaços de até 3,7m entre as fileiras para a circulação do maquinário do vinhedo e de até 2,4m entre as vinhas, novamente resultando em uma densidade de pouco mais de 1.000 plantas por hectare, embora por razões bem diferentes. Isso representava economia em plantas, fios e postes — e na mão-de-obra para a instalação destes —, e tornava o cultivo e a colheita mecanizada mais fáceis. Porém, mais freqüente do que esperado, o preço a pagar era um vigor excessivo, coberturas de ramos e folhas esparramadas, que enterravam sua própria fruta, e a maioria das folhas necessárias para a fotossíntese em uma sombra profunda. Não só as uvas não amadurecem corretamente, resultando em vinhos que negam o clima com alta acidez e taninos não-maduros; até mesmo o lenho, destinado a carregar a safra do ano seguinte, não amadurece. Os brotos embrionários no pedúnculo necessitam ser expostos ao sol para que se tornem frutíferos. As camadas de folhas em excesso iniciam um círculo vicioso de plantas menores e mais folhagem ano após ano. Uma irrigação intensa poderia resultar em produtividades viáveis por hectare, porém cada vinha seria obrigada a amadurecer uma pesada carga de uvas.

Este estereótipo, atualmente muito modificado, contrasta com os tradicionais vinhedos de Bordeaux e da Borgonha, onde a produtividade por hectare é geralmente bem menor, e a produtividade por vinha menor ainda. Aqui, as vinhas são plantadas com densidade de até 10.000 pés por hectare em intervalos de 1m e em fileiras separadas por 1m (trabalhadas por *tracteurs-anjambeurs* que espalham as vinhas irregularmente). Cada vinha é deliberadamente mantida pequena, educada de acordo com o sistema simples ou duplo de Guyot (ver abaixo, à esquerda). Os custos de mão-de-obra e de plantio são muito maiores, porém as uvas têm a oportunidade máxima de amadurecer com efeitos benéficos na qualidade do vinho. Nas últimas décadas, houve um considerável progresso no que se conhece como administração da fronde, baseada em um sistema mais abrangente de educação das vinhas, projetado para estender e controlar a fronde até mesmo das vinhas mais vigorosas (ver o sistema lyre, por exemplo, abaixo, à direita).

Outras decisões importantes durante o ano todo incluem cultivar entre as fileiras ou deixar a grama ou outras plantas de cobertura crescerem, ignorar os ramos de verão ou cortá-los, "colher verde" para reduzir o número de cachos antes ou durante o amadurecimento (ver página 28). Os modelos de soluções para todas essas questões (ver os vinhedos Bordeaux abaixo, à esquerda, por exemplo) evoluíram durante séculos de experimentações na Europa, às vezes inadvertidamente, para modelos apropriados às condições locais, a alguns dos vinhedos mais preciosos do mundo e aos vinhos mais admirados.

Estas escolhas podem ser influenciadas ou reduzidas pela filosofia de arrendamento do produtor. Um número cada vez maior de produtores está adotando a viticultura orgânica ou biodinâmica. Ambos os métodos proíbem o uso de todos os fertilizantes sintéticos e agroquímicos que possam deixar resíduos, embora quantidades limitadas de pulverizadores à base de enxofre sejam usadas para controlar o mofo. Os produtores biodinâmicos contam com doses homeopáticas de preparações de nomes estranhos (ver foto na página 349) e, gerando ainda mais controvérsia, planejam seu trabalho no vinhedo e na adega de acordo com o calendário lunar. Os resultados podem ser impressionantes, mesmo que a ciência por trás deles continue a ser um mistério — até mesmo para os que a praticam.

A viticultura é, afinal de contas, como toda lavoura, totalmente dependente da natureza e das práticas locais. De todos os aspectos da produção de vinhos, determinar exatamente qual será o seu sabor resultante é o fator mais árduo e importante.

O viveiro de insetos na propriedade Benziger, em Sonoma Mountain, cultivada de forma biodinâmica, um paraíso para aracnídeos benéficos, besouros, borboletas e pássaros, é uma parte bem colorida da estratégia de seus proprietários para controlar as pestes de forma natural.

O VIGOR E A ADMINISTRAÇÃO DA FRONDE

VINHAS DE BAIXO VIGOR

Os vinhedos de Bordeaux, como este na região de Sauternes, tendem a ser densamente plantados com até 10.000 vinhas por hectare, e educados para ficarem na parte de baixo, em uma treliça vertical, como o simples ou duplo *Guyot*, desde que os solos não sejam particularmente férteis e o clima mostre-se normalmente temperado. Com a poda cuidadosa e a remoção das folhas e dos ramos, o produtor pode obter a relação necessária entre as frutas e as folhas para o completo amadurecimento das bagas antes de a temperatura cair.

VINHAS DE MUITO VIGOR

Em solos mais férteis, as vinhas podem produzir uma colheita um pouco maior sem perda de qualidade, desde que o sistema de educação providencie suficiente folhagem para o amadurecimento das plantas sem sombrear a fruta. O sistema *lyre*, mostrado aqui no rio Kumeu, na Nova Zelândia, divide a fronde em duas para maximizar a fotossíntese, porém ele deve ser gerenciado com cuidado para evitar o excesso de sombreamento. A densidade das vinhas é relativamente baixa, o que satisfaz os solos de vigor. Redes de elevado custo também podem ser necessárias para afastar os pássaros.

Produzindo vinho na adega

Se no vinhedo a natureza é quem manda, na vinícola, no *chai* (adega acima da superfície), na cantina, na bodega ou na adega é o homem que assume o controle. A produção de vinho consiste basicamente em uma série de decisões ditadas pelas bagas e sua condição, e pelo estilo de vinho que o vinicultor almeja fazer ou foi solicitado a desenvolver. Às vezes, elas são conflituosas. Os diagramas das páginas 36 e 37 mostram os passos envolvidos na produção de dois tipos muito diferentes de vinho: um branco não-amadeirado, relativamente barato; e um vinho tinto de alta qualidade, feito de modo tradicional e envelhecido em barris.

COMPONENTES DO SUCO DA UVA

Água	70–80%
Carboidratos	15–25%
Ácidos orgânicos	0,3–1%
Taninos	0,01–0,1%
Compostos nitrogenados	0,03–0,17%
Minerais	0,3–6%

Os carboidratos no suco da uva são principalmente os açúcares, frutose e glicose; e os ácidos orgânicos são principalmente os málicos e tartáricos. Os compostos nitrogenados incluem proteínas, aminoácidos primários e amônia, sendo todos nutrientes importantes para a levedura, que possibilitam transformar os açúcares em álcool. O mineral mais significativo é o potássio, porém ele constitui apenas 0,25% do suco. O conteúdo de sódio é mínimo (0%-0,02%). Essa grande proporção de potássio em relação ao sódio é muitas vezes recomendada na dieta de pacientes cardíacos.

COLHENDO AS UVAS

A primeira e talvez mais importante decisão de um vinicultor é quando colher. Ele deve monitorar os níveis de açúcares e ácidos nas uvas e sua saúde geral algumas semanas antes da data habitual de colheita.

As decisões sobre a data da colheita devem ser tomadas em paralelo com a análise das previsões do tempo. Se, por exemplo, as uvas não estiverem amadurecidas o suficiente e a previsão for de chuva, a decisão será entre deixar as uvas na vinha e esperar pelo clima quente e seco o suficiente para amadurecê-las, ou colher imediatamente. Algumas variedades são mais sensíveis que outras em relação à data exata da colheita. A Merlot, por exemplo, pode facilmente perder a qualidade — uma certa vivacidade no vinho — se mantida por muito tempo na vinha, enquanto a Cabernet Sauvignon é muito mais tolerante com alguns dias de atraso a mais. Se as uvas já estiverem sofrendo de doença fúngica (ver página 19), a chuva vai piorar sua condição, portanto a melhor decisão pode ser a de colhê-las um pouco menos maduras que o ideal. O vinho branco perdoa melhor a inclusão de algumas uvas podres do que o vinho tinto. Este perde rapidamente a cor e fica maculado por um gosto mofado.

O vinicultor, em conjunto com quem estiver encarregado do trabalho, também deverá decidir a que hora do dia colher. Em climas quentes, as uvas são colhidas à noite (o que é mais fácil quando se utilizam equipamentos com holofotes) ou bem cedo pela manhã, para que elas possam ser entregues à vinícola tão frescas quanto possível. Antigamente, as uvas eram jogadas na traseira de um caminhão e ficavam ao sol, às vezes amassadas e oxidadas, de modo que ao chegarem à vinícola já haviam perdido parte substancial do sabor. Atualmente, qualquer vinicultor que desejar qualidade insistirá que as uvas cheguem frescas e incólumes, em pequenas unidades estáveis — normalmente pequenas caixas de plástico —, que possam ser empilhadas e que mantenham a integridade dos cachos (embora os cachos inteiros sejam uma impossibilidade se a colheita for mecânica, pois esta é realizada por meio do sacudimento da vinha, fazendo com que as uvas caiam).

As máquinas são cada vez mais usadas nos vinhedos, não apenas para colher, mas para podar e levantar fios de educação, durante o período de crescimento. No entanto, os melhores vinhos do mundo ainda são colhidos manualmente, não importa o quanto os colhedores sejam caros e difíceis de achar. Isso acontece porque eles podem cortar cachos inteiros da vinha e tomar decisões inteligentes sobre qual fruta colher.

PREPARANDO AS UVAS PARA FERMENTAÇÃO

Ao chegarem à vinícola, as uvas podem ser esfriadas — algumas vinícolas de clima quente têm até salas refrigeradas, onde as uvas podem ser mantidas por horas ou por dias até que uma cuba de fermentação esteja disponível. É ainda mais provável que, em uma vinícola de alta qualidade, em qualquer clima, as uvas passem por mais uma seleção. Uma das inovações mais óbvias, na década de 1990, foi a instalação de mesas de seleção, normalmente uma esteira lenta, onde as uvas são examinadas minuciosamente antes de chegar ao esmagador ou ao esmagador/desengaçador. (O esmagamento mecânico libera todos os sucos importantes e substitui o pé humano, ainda usado para alguns vinhos do Porto de alta qualidade.)

A maioria das uvas brancas é desengaçada antes de ir para a prensa porque os engaços podem ser adstringentes, estragando um vinho leve e aromático. No entanto, para alguns vinhos brancos encorpados, para a maioria dos espumantes de alta qualidade e para os vinhos brancos doces, o vinicultor pode decidir colocar cachos inteiros na prensa. Isto para que os engaços possam agir como condutores do suco e ajudar na drenagem — e, de qualquer maneira, apenas a primeira porção, aquela conhecida como "suco fluente", poderá ser usada.

Para os vinhos brancos, os vinicultores devem decidir entre duas opções: a) proteger o vinho tanto quanto possível contra o oxigênio, preservando cada gota de sabor da fruta fresca (e, nesse caso, prevenir a oxidação, favorecendo as leveduras ambientais logo no começo, ao adicionar dióxido de enxofre; terminar o desengaçamento, utilizar baixas temperaturas durante todo o processo, e assim por diante); b) adotar deliberadamente técnicas de oxidação, expondo as uvas ao oxigênio e almejando sabores secundários, mais complexos, em vez dos aromas puros e primários. A Riesling, a Sauvignon Blanc e outras variedades de uvas aro-

As uvas Chardonnay são bombeadas para o interior da prensa na modesta vinícola de Pierre Morey, em Meursault, que também é o vinicultor do mais luxuoso Domaine Leflaive, em Puligny-Montrachet. Observe a mesa de seleção ao fundo. As botas de borracha são um pré-requisito na vinicultura.

máticas tendem a ser vinificadas de forma protetora, contra a oxidação, enquanto que a maioria das Chardonnay de primeira qualidade, incluindo a Borgonha branca, é feita por oxidação. O tratamento por meio de oxidação pode incluir um período de "contato de pele" proposital, não tão interessante quanto possa soar, consistindo em algumas horas dentro da prensa antes de ligá-la ou no interior de tanques especiais, período durante o qual mais sabor será sugado da casca para o mosto. No entanto, se ficarem em contato com o suco do vinho branco por muito tempo, as peles passarão adstringência demais — que é a razão de as uvas para vinho branco serem prensadas antes da fermentação, diferentemente das uvas para vinho tinto, que precisam da casca para a coloração e para os taninos.

Quanto mais rude for o processo de prensagem, mais forte será o vinho resultante. Durante anos, as prensas foram desenhadas com engenhosidade para extrair o suco do modo mais suave possível, sem quebrar as grainhas ou extrair os taninos das cascas. As prensas pneumáticas, que funcionam a partir da utilização de uma bola inflável de borracha para espremer as bagas contra as paredes internas de um cilindro horizontal, são bem comuns atualmente. Algumas são completamente isoladas do oxigênio para proteger o suco. Os vinicultores estão cada vez mais cuidadosos na separação das diferentes porções do que sai da prensa, sendo os primeiros sucos os mais finos e menos adstringentes.

Nesta etapa, os vinhos brancos especialmente protegidos contra a oxidação podem ser clarificados, limpos de todos os fragmentos ainda em suspensão. Antigamente, eram usadas centrífugas para esta finalidade, mas elas podem facilmente retirar sólidos e sabor em demasia. Atualmente, o mais comum é deixar os sólidos assentarem no fundo do tanque de decantação e depois escorrer o suco clarificado para o tanque de fermentação. Neste estágio, é importante que a fermentação não tenha começado ainda, razão pela qual as temperaturas baixas e as adições de enxofre são importantes.

Já as uvas de vinho tinto são geralmente esmagadas e desengaçadas, embora um número limitado de engaços possa ser jogado deliberadamente dentro da cuba de fermentação para aumentar os níveis de taninos. Alguns vinicultores tradicionais, especialmente na Borgonha, preferem fermentar cachos inteiros. Isto só funciona em climas nos quais há estações de cultivo longas o suficiente para amadurecer os engaços e a fruta completamente; do contrário, os engaços deixariam o vinho terrivelmente áspero. (A maioria das uvas tintas australianas, por exemplo, teriam níveis inaceitavelmente baixos de ácidos se fossem colhidas antes de os engaços ficarem maduros.)

Uma exceção especial à regra do desengaço para os tintos envolve a técnica de fermentação conhecida como maceração carbônica, característica do Beaujolais, de alguns Côtes du Rhône e especialmente favorável para variedades naturalmente tânicas, como a Carignan em Languedoc-Roussillon, para as quais a meta é produzir vinhos frutados sem muito tanino. Cachos inteiros são colocados em uma cuba de fermentação lacrada. A camada inferior das uvas é esmagada pelo peso das uvas de cima e a fermentação se inicia naturalmente, pela liberação do dióxido de carbono. A cuba inteira fica saturada com tal gás, sob influência do qual as uvas, íntegras, na parte de cima da cuba, passam por um tipo de fermentação interna especial, cujos produtos exalam um suave odor tipo goma de mascar ou banana.

O PROCESSO DE FERMENTAÇÃO

Após o esmagamento e a prensagem das uvas brancas e o esmagamento das uvas tintas, o vinicultor deve se decidir sobre a fermentação convencional, a transformação miraculosa do suco de uva doce em um vinho mais seco e de sabor mais complexo. Se o lêvedo (presente naturalmente ou adicionado) for colocado em contato com os açúcares da fruta, ele os converterá em álcool, calor e dióxido de carbono. Quanto mais madura a uva, isto é, quanto maior o nível de açúcar, mais forte será o vinho produzido. As cubas de fermentação se aquecem naturalmente no andamento do processo, portanto em climas mais quentes elas podem precisar de jaquetas de refrigeração ou refrigeração interna para manter o "mosto" — como é conhecida esta mistura polpuda de suco de uva e vinho — abaixo da temperatura em que os preciosos compostos do sabor se evaporam. O gás que é gerado pode tornar a vinícola um lugar inebriante — e perigoso — na época da colheita, cujo odor é uma mistura intoxicante de dióxido de carbono, uvas e álcool, especialmente se as cubas de fermentação forem do tipo aberto, como ocorre com muitos vinhos tintos tradicionais.

Embora os vinhos brancos sejam produzidos em cubas seladas para proteger o mosto da oxidação e evitar qualquer douramento, uma cuba repleta de mosto tinto tem sua própria proteção: a grossa "manta" de peles que flutua na superfície.

Muitos aspectos da vinicultura foram submetidos a exames detalhados e a melhorias durante as últimas décadas, mas a levedura ainda apresenta um certo mistério e controvérsia. A escolha inicial do vinicultor é se ele deverá usá-la selecionada e preparada, a chamada levedura cultivada, ou se deverá confiar em uma de suas variantes, presentes naturalmente na atmosfera, chamadas de levedura selvagem ou ambiente.

Nas novas regiões vinícolas, pode não haver escolha; as leveduras do vinho necessitam de um tempo para acumular uma população e, nos primeiros anos, as únicas disponíveis no ambiente são provavelmente mais danosas que benéficas. Com um pequeno, porém crescente número de exceções, a maioria dos vinhos do Novo Mundo é, conseqüentemente, feita com a adição de levedura — especialmente cultivada — ao mosto, o qual pode, se houver sido esfriado, precisar ser esquentado antes de a fermentação começar. (Assim que uma cuba começa a fermentar, a adição do mosto fermentado pela levedura dará início a uma segunda fermentação, porém alguns vinicultores preferem macerar deliberadamente as uvas de vinho tinto alguns dias antes da fermentação.)

As leveduras cultivadas, em geral selecionadas de leveduras naturalmente presentes em outras regiões vinícolas tradicionais, comportam-se de modo previsível. Aquelas especialmente fortes podem ser selecionadas para vinhos com alto teor de álcool; já as que encorajam a coagulação do sedimento podem ser úteis para os vinhos espumantes. A escolha da levedura cultivada também pode influenciar o sabor do vinho, por exemplo, enaltecendo os aromas particulares ou destacando a personalidade das frutas frescas. No entanto, os tradicionalistas preferem apostar tudo na levedura ambiente, acreditando que, embora seu comportamento não seja tão previsível, ela adiciona mais interesse ao sabor do vinho. Não é exagero considerá-la um aspecto do *terroir*.

Esmagamento da manta de cascas de uva (pigeage em francês), que naturalmente flutua para o topo do vinho tinto em fermentação em Spice Route, em Swartland, na África do Sul. É importante incentivar ao máximo o contato entre a manta e o líquido, porque todo o sabor, a cor e os taninos estão na casca.

O pesadelo de um vinicultor é uma "fermentação presa": quando a fermentação pára antes de todo o açúcar ter sido convertido em álcool, e o produtor fica com uma mistura perigosamente vulnerável, que pode facilmente ser atacada pela oxidação e por bactérias danosas. O teor alcoólico em um vinho finalizado é uma defesa efetiva contra muitas bactérias.

O ritmo certo — tempo e temperatura — da fermentação de um vinho tinto é muito importante para o tipo de vinho resultante. Quanto mais quente a fermentação (respeitando o perigoso limite de evaporação do sabor), mais sabor e cor serão extraídos. Uma fermentação longa e arejada tende a produzir vinhos leves e frutados, mas se for curta e quente, o vinho também terá pouco corpo e sabor. A temperatura se eleva durante a fermentação, ficando normalmente entre 22°C e 30°C para vinhos tintos encorpados, e um pouco menor, até 12°C às vezes, para vinhos brancos aromáticos.

Para extrair taninos, cor e sabor das cascas durante a fermentação do vinho tinto, a manta e o mosto devem ser incentivados a interagir entre si. Normalmente, isto é feito quando o mosto é bombeado por cima da manta ou quando a manta é fisicamente empurrada para dentro do líquido, embora exista, cada vez mais, meios mecânicos e computadorizados para submergir a manta. Este processo — assim como qualquer maceração após a fermentação, com o intuito de extrair e suavizar os taninos — tornou-se uma ciência extremamente exata e um fator preponderante para explicar por que os vinhos tintos jovens são mais saborosos atualmente.

O tratamento suave das uvas, do mosto e do vinho é, geralmente, embora não universalmente, considerado como um dos fatores que têm influência sobre a qualidade final do produto. Onde dinheiro não é um empecilho, ou em uma vinícola convenientemente construída em uma colina, o projeto e os equipamentos exploram a força da gravidade para evitar o uso de bombas (como mostrado nas páginas 38 e 39).

MELHORANDO A NATUREZA

É durante o estágio da fermentação, de vinhos tintos ou brancos que o vinicultor decide se adicionará ou não açúcar e ácidos. Há 200 anos, os vinicultores franceses, exceto os que estão no sul longínquo, vêm adicionando açúcar às cubas de fermentação para aumentar o teor alcoólico (não a doçura) do vinho final, desde quando este processo, atualmente chamado de chaptalização, foi proposto pelo ministro da agricultura Jean-Antoine Chaptal. As leis da AC incorporam limites detalhados sobre a quantidade de açúcar (ou, atualmente, mosto concentrado) que pode ser adicionada, geralmente o equivalente a não mais que um aumento de 2% de álcool. Na prática, graças a verões mais quentes, à melhor administração da fronde (ver página 31) e a estratégias antiapodrecimento, os produtores podem colher uvas cada vez mais maduras, de modo que o açúcar adicional é cada vez menos necessário.

Em safras menos maduras, em locais de clima mais arejado, os vinicultores podem decidir pela exclusão de uma porção do suco da cuba de fermentação do vinho tinto, de modo a melhorar a importante relação entre as cascas cheias de cor e de sabor e o suco (uma prática chamada *saignée*, na França). Essa prática tradicional é, às vezes, substituída por mais manipulação mecânica: a concentração baseada na evaporação em um vácuo ou em osmose reversa.

A cromatografia fornece um guia visual de como o vinho está progredindo em sua fermentação malolática. A primeira mancha é o ácido tartárico (presente em todos os vinhos), a segunda é o ácido málico, e a mais alta é o ácido láctico. Os testes são repetidos até que a mancha de ácido málico desapareça.

Por sua vez, os vinicultores em climas mais quentes rotineiramente adicionam ("ajustar" é a palavra que preferem) acidez ao mosto de bagas que amadureceram até níveis de açúcar apenas sonhados no norte da França, mas cuja acidez natural caiu a um baixo e pouco apetitoso nível. O ácido tartárico, ácido natural da uva, é o preferido. Há uma outra forma, comprovadamente mais natural, pela qual os vinicultores podem acentuar a acidez de um vinho. A fermentação alcoólica de qualquer vinho pode ser seguida por um segundo tipo de fermentação, a malolática, na qual os ácidos málicos mais duros (tipo maçã) são convertidos em um ácido láctico (tipo leite) mais suave. O entendimento e o domínio desta segunda fermentação, esquentando o vinho e, eventualmente, adicionando bactérias lácticas especiais, foi o principal fator que permitiu, na metade do século XX, a produção de vinhos tintos passíveis de ser bebidos mais jovens, reduzindo a acidez total e adicionando-lhes algum sabor extra.

No entanto, esses sabores extras podem não ser necessários nem desejáveis em um vinho branco aromático, provavelmente feito de forma protetora contra a oxidação. E, se a fermentação malolática for deliberadamente inibida (pela filtragem ou pelo refino das leveduras e das proteínas necessárias), o efeito é fazer com que o vinho tenha um sabor mais enérgico. Na prática, a fermentação malolática é encorajada na maioria dos Chardonnay de boa qualidade para adicionar textura e sabor e, em climas mais quentes, é compensada pela adição de ácidos.

A fermentação malolática é invariavelmente benéfica para o vinho tinto e, nos últimos anos, surgiu um uso incomum ao não se fazer a fermentação em tanques grandes, como a regra, mas em barris individuais. Isto requer mais mão-de-obra e supervisão, portanto tal prática só se justifica para vinhos de alta qualidade. O resultado a curto prazo, pelo menos, é um vinho com textura mais suave e sedutora, características que alguns *sommeliers* associam à qualidade. Assim, cada vez mais vinicultores desejosos de que seus vinhos mostrem qualidade quando jovens estão tirando o vinho tinto da cuba e o colocando em barris logo antes do final do processo, onde o vinho terminará sua fermentação alcoólica e malolática.

Um assunto cada vez mais controverso, especialmente em climas mais quentes, como na Califórnia e em partes da Austrália, é o de níveis altos de álcool no vinho, geralmente o resultado do colhimento tardio das uvas, para obter mais sabor e níveis mais altos de açúcar invariavelmente. Como com a concentração de mosto, vários métodos mecânicos, novamente baseados em evaporação ou na osmose reversa, podem ser usados para reduzir o nível do álcool do vinho final. Entretanto, alguns produtores preferem encontrar estratégias alternativas no vinhedo, de modo que desde o começo a matéria-prima esteja mais balanceada.

Enquanto alguns vinhos tintos de alto nível terminam sua fermentação alcoólica em barris, a fermentação alcoólica realizada inteiramente em barris tornou-se obrigatória para qualquer vinho branco encorpado com aspirações a preços altos.

A LINGUAGEM DO RÓTULO: Aditivos

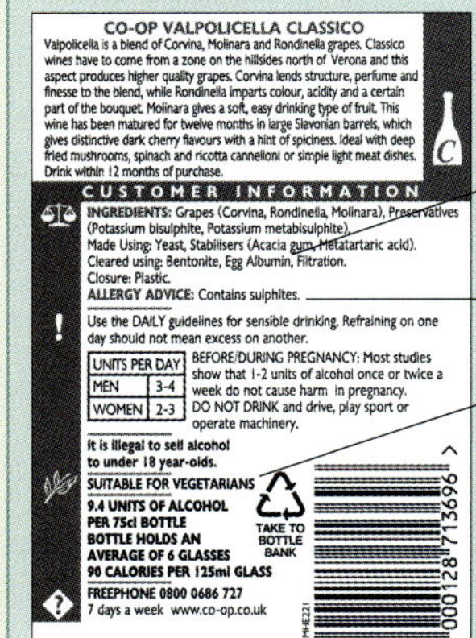
CO-OP VALPOLICELLA CLASSICO
Valpolicella is a blend of Corvina, Molinara and Rondinella grapes. Classico wines have to come from a zone on the hillsides north of Verona and this aspect produces higher quality grapes. Corvina lends structure, perfume and finesse to the blend, while Rondinella imparts colour, acidity and a certain part of the bouquet. Molinara gives a soft, easy drinking type of fruit. This wine has been matured for twelve months in large Slavonian barrels, which gives distinctive dark cherry flavours with a hint of spiciness. Ideal with deep fried mushrooms, spinach and ricotta cannelloni or simple light meat dishes. Drink within 12 months of purchase.

CUSTOMER INFORMATION

INGREDIENTS: Grapes (Corvina, Rondinella, Molinara), Preservatives (Potassium bisulphite, Potassium metabisulphite).
Made Using: Yeast, Stabilisers (Acacia gum, Metatartaric acid).
Cleared using: Bentonite, Egg Albumin, Filtration.
Closure: Plastic.
ALLERGY ADVICE: Contains sulphites.

Use the DAILY guidelines for sensible drinking. Refraining on one day should not mean excess on another.

UNITS PER DAY	
MEN	3-4
WOMEN	2-3

BEFORE/DURING PREGNANCY: Most studies show that 1-2 units of alcohol once or twice a week do not cause harm in pregnancy.
DO NOT DRINK and drive, play sport or operate machinery.

It is illegal to sell alcohol to under 18 year-olds.
SUITABLE FOR VEGETARIANS
9.4 UNITS OF ALCOHOL PER 75cl BOTTLE
BOTTLE HOLDS AN AVERAGE OF 6 GLASSES
90 CALORIES PER 125ml GLASS
TAKE TO BOTTLE BANK
FREEPHONE 0800 0686 727
7 days a week www.co-op.co.uk
5 000128 713696

Por muitos anos e na maioria dos países, o vinho não precisava listar os ingredientes, mas isso parece estar mudando. As lojas de cooperativas na Grã-Bretanha estão providenciando o máximo de informação nos rótulos de seus vinhos há alguns anos. Este contra-rótulo preto mostra que este tinto italiano, como a grande maioria dos vinhos deste tipo, contém compostos de dióxido de enxofre para prevenir a oxidação e manter frescos os sabores. De resto, o vinho contém nada mais que uvas, levedura, aditivos para interromper ou diminuir a precipitação da cor e dos sais tartáricos. O vinho também foi clarificado por meio do refino com bentonita, argila e clara de ovos, porém apenas traços diminutos devem permanecer.

No fim do século XX, o carvalho se tornou um ingrediente essencial do vinho, tal a proporção de bons vinhos, tanto brancos quanto tintos, maturados e até fermentados em pequenos barris de carvalho na época. De fato, praticamente todos os vinhos tintos sérios passam pelo processo de maturação no carvalho, e todos, exceto os brancos mais aromáticos e vivazes, são fermentados e maturados em pequenos barris de carvalho (225 litros).

Não obstante um vinho estar maturado, após a fermentação ele terá de ser engarrafado. Antes de o vinho ser submetido a esse procedimento, muitas vezes bastante brutal, o vinicultor precisa ter certeza de que ele se encontra estável: de que não contém qualquer bactéria potencialmente perigosa e de que não se comportará mal se sujeito a temperaturas extremas. Precisa ser clarificado, pois o vinho provavelmente ainda estará mais turvo do que o consumidor espera. Freqüentemente, os vinhos brancos mais baratos são colocados em tanques e esfriados bruscamente, de modo que qualquer ácido tartárico remanescente na solução seja precipitado antes do engarrafamento e não reapareça mais tarde na forma de cristais na garrafa (completamente inócuos, porém de aparência indesejável). A grande maioria dos vinhos de ambas as cores é filtrada de alguma forma para eliminar a possibilidade de refermentação, e depois é refinada (ver página 29) para que quaisquer partículas sejam retiradas. A filtração, de todo modo, é um assunto decisivamente político entre os amantes do vinho. Em excesso, pode remover sabores e o potencial para o envelhecimento; se tímida, pode deixá-lo sujeito a bactérias maléficas e à possibilidade de refermentação, especialmente se a garrafa ficar muito quente. À medida que o vinho envelhece, pode ser difícil saber a diferença entre um filtrado e um não-filtrado, exceto, é claro, pelo sedimento na garrafa.

O carvalho e suas alternativas

Há séculos o carvalho é usado para armazenar o vinho porque é impermeável e de fácil manuseio. Seus atributos mais recentemente apreciados, no entanto, são a afinidade de seus sabores com os do vinho, a adição de compostos mais complexos e, talvez o mais importante, suas inigualáveis propriedades físicas para a clarificação e a estabilização. Além disso, ao mesmo tempo aprofundam a cor vermelha e suavizam a textura de qualquer vinho bem-feito.

Fermentar um vinho branco no barril, contanto que não seja desprovido de todos os seus sólidos e deixado indefeso à ação de todos os taninos e pigmentos do carvalho, deixa o vinho com a textura mais macia, porém com um sabor mais profundo. Uma outra artimanha da vinicultura para dar ao vinho branco uma textura mais cremosa, tenha ele sido fermentado em barril ou tanque, é mexer regularmente na borra de fermentação. Isso pode inclusive transmitir ao vinho um pouco do sabor láctico que a borra às vezes tem.

Os vinhos brancos podem ser envelhecidos em barris por apenas três meses para absorver um pouco do sabor do carvalho (quanto mais velho o barril, menos sabor e taninos tem o carvalho). Normalmente, os vinhos tintos sérios são maturados por mais tempo, até 18 meses ou mais, em barris maiores ou mais velhos. Para separar o vinho novo das partículas maiores da borra, a chamada borra grossa, o vinho é normalmente trasfegado (ver página 29) para um barril limpo logo após a fermentação, e várias vezes depois disso, normalmente com mais freqüência na Europa do que no Novo Mundo. O ato de trasfegar areja o vinho, suavizando os taninos e minimizando o risco de acumulação de odores desagradáveis no barril. Todavia, um pouco de vinho sempre é perdido na evaporação. É necessário atestar os barris regularmente, um outro processo que expõe beneficamente o vinho ao contato com o ar e suaviza a aspereza. O trabalho do vinicultor durante essa maturação é o de provar o conteúdo de cada um deles e julgar não só o momento em que o vinho deve ser trasfegado, como também quando ele está pronto para ser engarrafado.

Uma alternativa, que ocasionalmente é um complemento ao envelhecimento desse tipo, é adicionar pequenas doses de oxigênio ao vinho em barril ou em tanque. Essa técnica de microoxigenação se tornou muito popular, porém sua aplicação ainda é mais uma arte do que uma ciência.

Enquanto a microoxigenação é uma forma de imitar a maneira com que os barris arejam o vinho, lascas, varetas ou fragmentos de carvalho de diversos tamanhos e formas podem ser usados para transpor o efeito dos barris de carvalho no sabor do vinho, por um custo mais baixo. Eles podem também melhorar a textura e tornar a cor mais estável. O uso destas alternativas tem seu grau de controvérsia, mas existe um lastro histórico: o agrônomo francês Olivier de Serres refere-se ao "*vin de coipeau*" (*copeaux*, isto é, "lascas de madeira", em francês moderno) em seu livro *Théâtre d'Agriculture*, publicado em 1600. Ele explica como as lascas devem ser preparadas e sugere que elas ajudam a clarificar o vinho, fazendo com que esteja pronto para ser bebido mais jovem, e a adicionar um aroma atraente.

O uso de fogo durante a produção de barris permite que as aduelas de carvalho sejam envergadas e colocadas no lugar, e tosta a parte interna. A microoxigenação do vinho em tanques de aço inoxidável (acima) talvez não seja tão impressionante, porém pode ter um efeito similar na textura.

DE ONDE VEM O CARVALHO

Os fatores importantes na maturação em barril são seu tamanho e sua idade (quanto maior ou mais velho o barril, menos sabor de carvalho será transmitido), o período de tempo de armazenamento, o quanto ele foi tostado (se muito tostado, transmitirá em menor grau os taninos da madeira, repassando, entretanto, mais sabores condimentados ou tostados), o quanto o carvalho foi temperado (empilhado no tempo para perder sua aspereza) antes de ser transformado em barril e a procedência do carvalho (embora normalmente isso dependa da confiança que se tenha no tanoeiro).

O carvalho norte-americano pode ser encantadoramente doce, com toques de baunilha. O do Báltico foi muito admirado no fim do século XIX. O carvalho do leste europeu está sendo revitalizado, porém o francês ainda é o mais admirado de todos — até porque as florestas mapeadas nessa região foram bem gerenciadas.

O carvalho de Limousin tem fibras largas, é tânico e, em geral, mais adequado para brande do que para vinho. O de Tronçais, uma grande floresta pertencente ao governo, no departamento de Allier, cresce tão vagarosamente que suas fibras são bem unidas e consideradas ótimas para o vinho. O carvalho de Vosages é similar, de cor clara e preferido por alguns vinicultores. Outros pedem apenas carvalho do "le Centre". Os vinicultores geralmente têm vários tanoeiros em vez de apenas um só.

Como o vinho é produzido

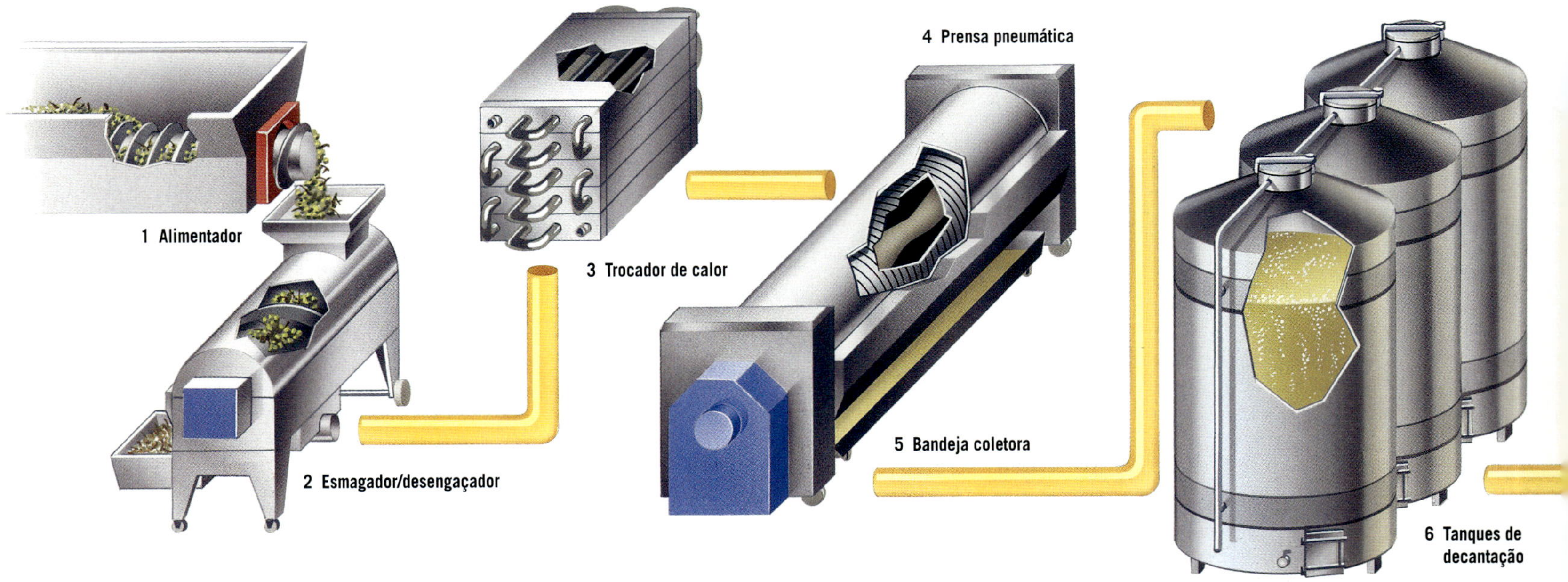

COMO O VINHO BRANCO É PRODUZIDO EM MASSA

Neste exemplo de vinho branco acessível, produzido de forma protegida em relação à oxidação, em uma vinícola bem equipada de uma região quente, as uvas foram colhidas mecanicamente. Um caminhão descarrega os cachos no alimentador **(1)** e, normalmente, junto com alguns MDU (Material Diferente de Uva, como folhas). O parafuso empurra as uvas para dentro do esmagador/desengaçador **(2)**. As uvas são esmagadas/desengaçadas por cilindros giratórios com furos grandes o suficiente para permitir a passagem da baga, porém não para deixar passar o engaço ou folhas. A mistura resultante de polpa e fruta pode então ser bombeada por meio de um trocador de calor **(3)** para baixar sua temperatura. Isto diminui o processo de oxidação, ajudando a prevenir a perda de sabor e a impedir a fermentação precoce. O óxido de enxofre é adicionado pela mesma razão. A polpa é bombeada para dentro da prensa pneumática **(4)** e a membrana de borracha é inflada vagarosamente, pressionando a polpa contra o cilindro perfurado de aço inoxidável, porém mantendo intactas as grainhas para que elas não liberem seus óleos amargos. O suco é coletado na bandeja coletora **(5)**, de onde é bombeado aos tanques de aço inoxidável de decantação **(6)** e envolvido em jaquetas de esfriamento. Aqui, o suco pode ser coberto com uma camada de gás inerte, como o dióxido de carbono, para prevenir a oxidação. Enzimas especiais podem ser adicionadas a esses tanques para incentivar alguns dos sólidos

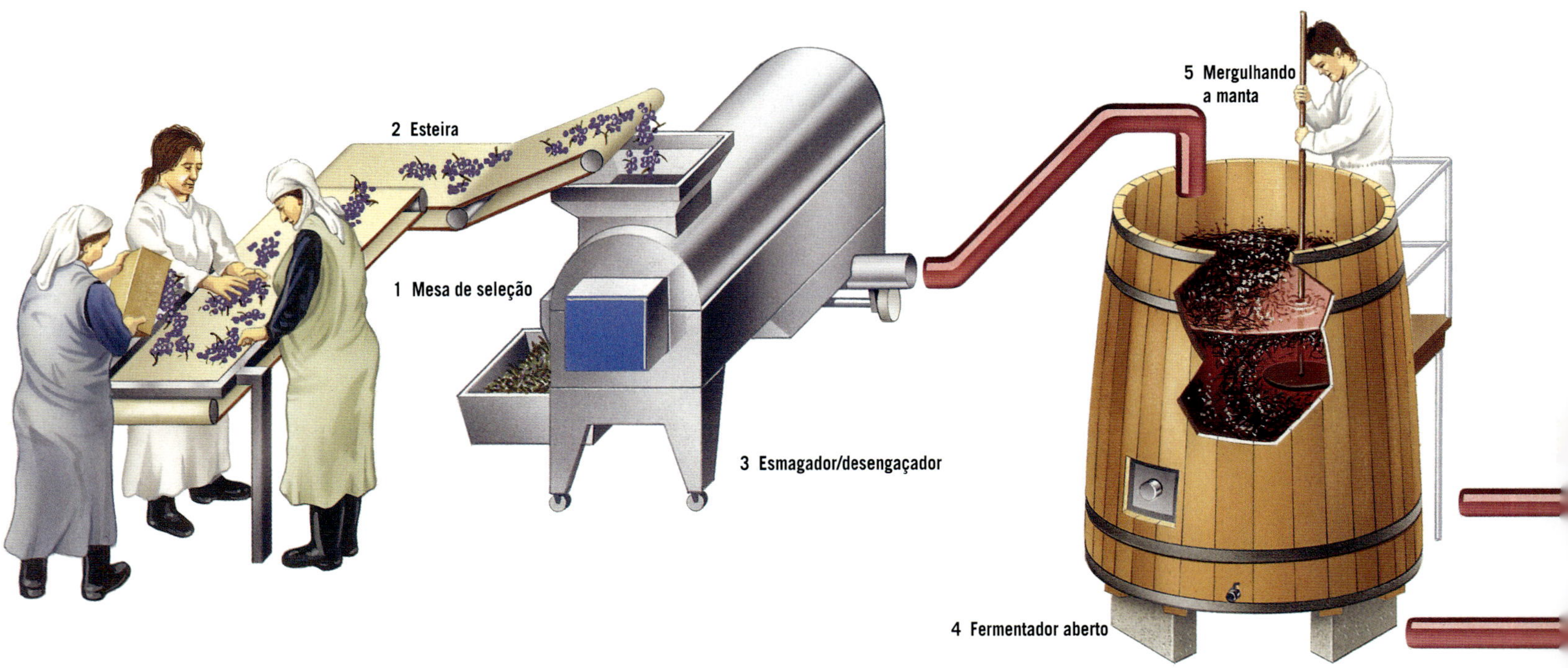

COMO O VINHO TINTO DE ALTA QUALIDADE É PRODUZIDO

Este diagrama mostra como um típico vinho tinto de qualidade é produzido da forma mais tradicional possível. Os cachos de uvas cortados manualmente são cuidadosamente transferidos de pequenos recipientes, especialmente projetados para impedir que as uvas sejam esmagadas ou danificadas no transporte do vinhedo à vinícola, para uma mesa de seleção **(1)**. Qualquer uva danificada ou com bolor é retirada manualmente, junto com qualquer outro corpo estranho. A esteira **(2)** transporta os cachos para o esmagador/desengaçador **(3)** (ver 2 acima), onde os engaços são removidos e a maioria das uvas, esmagada. Ajustes podem ser feitos de acordo com a quantidade de engaços e de uvas inteiras necessitadas. Para uvas menos tânicas como a Pinot Noir, alguns ou todos os engaços podem ser mantidos para dar estrutura ao vinho. O mosto, incluindo as cascas para fornecer sabor, cor e taninos, é bombeado para um fermentador aberto **(4)**, o qual atualmente é feito de aço inoxidável, porém tradicionalmente era produzido em carvalho, em concreto ou até em ardósia. Aqui, as leveduras naturalmente presentes na atmosfera iniciam a fermentação. Alguns vinicultores esfriam o mosto antes da fermentação para aumentar o tempo de contato entre as peles, outros aquecem o mosto imediatamente para incentivar o início da fermentação. Os níveis de açúcar começam a cair enquanto os de álcool sobem e o dióxido de carbono gerado empurra as peles e a polpa para cima, formando uma manta que protege o mosto da oxidação. Esta manta é periodicamente pres-

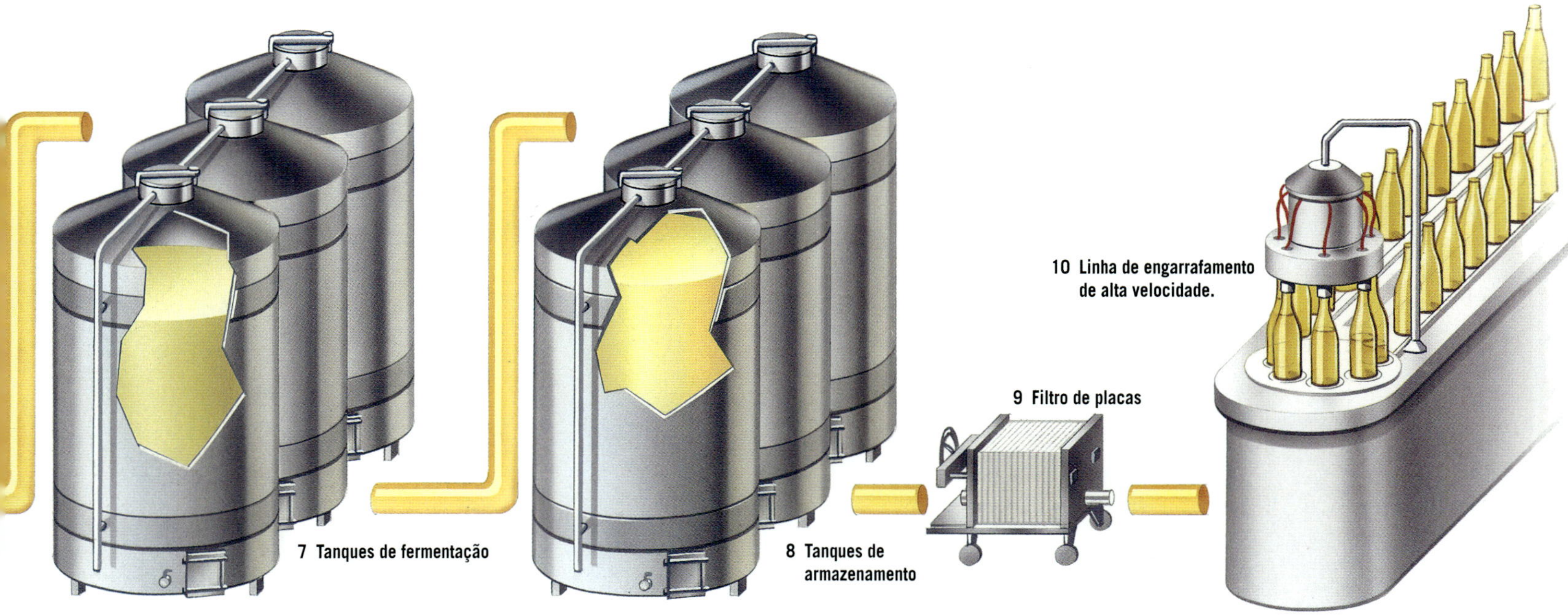

em suspensão a decantar após aproximadamente 24 horas. O suco, agora mais limpo, é bombeado para os tanques de fermentação de aço inoxidável **(7)** com temperatura controlada. Depois, ele é inoculado com uma variante de levedura cultivada, especialmente selecionada. A temperatura é mantida baixa para vinhos brancos caros, normalmente entre 12ºC e 17ºC, para preservar os aromas frutados. Entretanto, quanto maior a temperatura, mais rápida a fermentação e mais cedo o tanque poderá ser usado para outra leva de uvas. A duração da fermentação pode variar de alguns dias até um mês, com o dióxido de carbono escapando por uma válvula não mostrada aqui. O vinho é trasfegado da borra, ficando ainda mais limpo, e colocado em um tanque de armazenamento **(8)** protegido do oxigênio. O vinho então é armazenado em baixa temperatura para ficar o mais fresco possível, até ser reivindicado para atender a uma encomenda. Às vezes, é preciso misturá-lo e depois estabilizá-lo a uma baixa temperatura — resfriado até quase 0ºC para precipitar cristais tartáricos — e, provavelmente, refinado. Todos os vinhos comerciais agora são filtrados para remover bactérias potencialmente maléficas. Ele pode ser bombeado através de um filtro de placas **(9)** ou de membrana, para remover qualquer partícula ainda em suspensão. Finalmente, passa por uma linha de engarrafamento de alta velocidade **(10)** antes de ser despachado, mantendo baixos os custos de armazenamento.

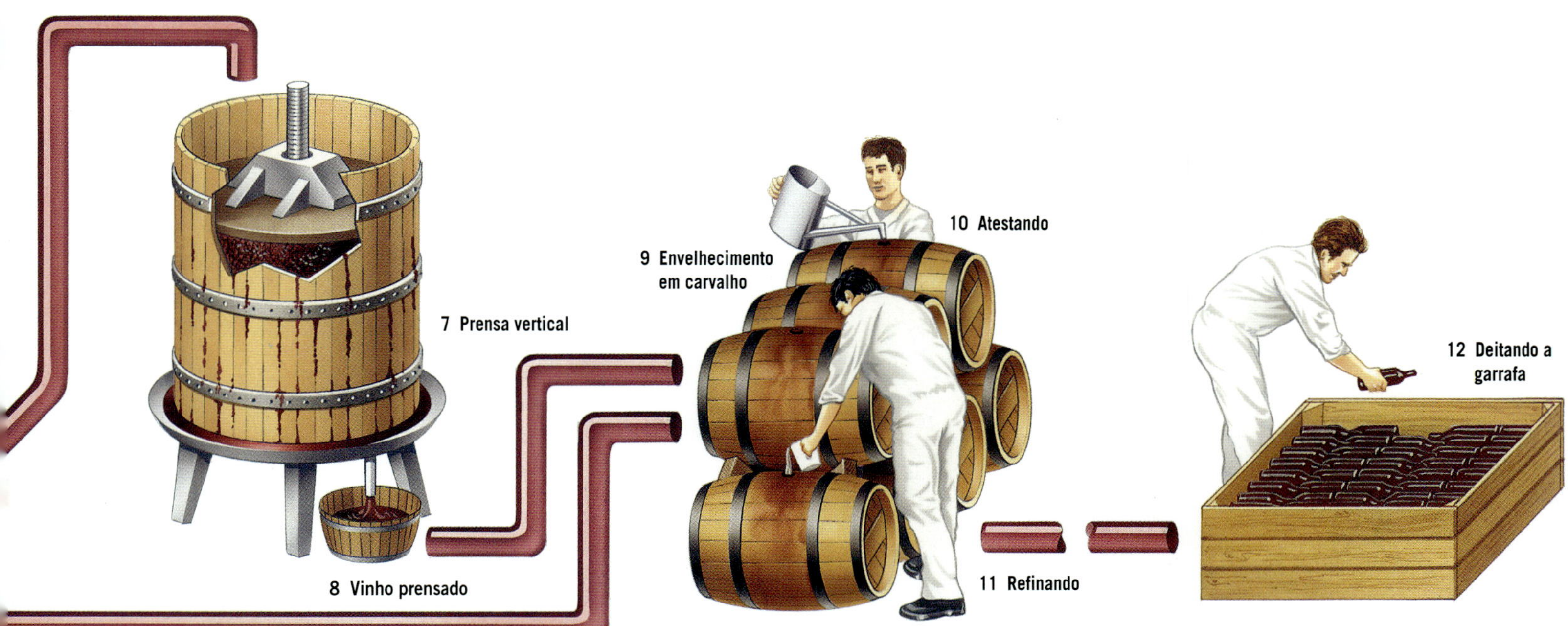

sionada para baixo **(5)** ou rompida por cima pelo bombeamento do mosto para evitar a secagem. Depois que a fermentação alcoólica termina, alguns vinicultores permitem um extenso período de maceração para extrair ainda mais fenólicos das cascas, enquanto outros transferem o vinho para pequenos barris de carvalho **(6)** antes que todo o açúcar tenha fermentado em álcool. Em quaisquer dos casos, a segunda fermentação — malolática — ocorre. Os sólidos depositados no fundo da cuba de fermentação são transferidos para uma prensa, neste caso uma prensa vertical tradicional **(7)**, onde o "vinho prensado" é espremido para fora e coletado embaixo **(8)**. Este vinho prensado é mais tânico e, em regiões mais frias, é normalmente separado; enquanto que, em regiões mais quentes, é misturado imediatamente para adicionar uma estrutura valiosa. O vinho então é envelhecido em barris de carvalho **(9)** por até 18 meses. A evaporação significa que estes barris terão de ser atestados **(10)**, e o vinho será ocasionalmente trasfegado de onde está sedimentado para um novo barril de modo a arejá-lo e impedir o acúmulo de compostos danosos. O vinho será provavelmente refinado **(11)**, clarificado pela adição de um agente de refino, que atrai quaisquer partículas em suspensão, e levemente filtrado, para assegurar que está microbiologicamente estável. Antes de ser engarrafado, uma última mistura poderá ser feita. Após o engarrafamento, o vinho é deitado em uma caixa **(12)** e armazenado para o envelhecimento em garrafa. Por fim, é rotulado e encapsulado logo antes do despacho.

Anatomia de uma vinícola

Em 1993, ao adquirir o Château Latour, Premier Cru em Pauillac, após 30 anos de propriedade britânica, o empresário francês François Pinault e sua família sabiam que a vinícola necessitava de uma reforma substancial e de um novo projeto. O arquiteto e projetista Bruno Moinard recebeu a incumbência, e a primeira safra a ser vinificada nos novíssimos *cuviers* — salões com os tanques onde a fermentação ocorre — aconteceu em 2001.

O presidente do Château Latour, Frédéric Engerer, estava determinado a evitar que as uvas e o mosto ficassem sujeitos aos efeitos potencialmente prejudiciais de bombeamento, que podem quebrar as uvas e, possivelmente, provocar o risco de oxidação. As uvas são colhidas de forma apropriada em engradados plásticos rasos, facilmente laváveis — feios, porém extremamente práticos —, e que oferecem pouco risco de as uvas no fundo serem esmagadas pelas de cima. Como na maioria das modernas e luxuosas vinícolas, o projeto tinha de permitir que as uvas e o mosto se movessem somente por gravidade, o que implicava que a área de recepção das uvas fosse a mais alta possível.

Um aspecto crucial do novo projeto é o fornecimento de tanques de fermentação de aço inoxidável de tamanhos muito diversos, de forma que os lotes de uvas de partes diferentes do vinhedo, com suas características diversas, possam ser guardados separadamente durante todo o processo de vinificação até que as decisões vitais sobre a mistura sejam tomadas. Essas *assemblages* são feitas com base nas várias degustações durante o primeiro inverno, e determinam quais lotes de vinho entram no Château Latour *grand vin* em si, quais entram no segundo vinho, o Les Forts de Latour, e quais no terceiro, o Pauillac do Château Latour. No *cuvier* maior, o tamanho dos tanques varia entre 106hl e 166hl; porém, no menor, a 90º, eles podem ser tão pequenos quanto 12hl ou até 1hl, o suficiente para preencher somente cerca de 120 garrafas, para microvinificações experimentais.

Após as *assemblages*, as misturas são colocadas em barris e envelhecidas no primeiro ano; em seguida, nas adegas de barris, ou *chais*, no segundo ano, e em proporções diferentes de carvalho novo por muitos meses. Em geral, antes do calor do verão do segundo ano após a colheita, o vinho é engarrafado e a maioria é rotulada imediatamente, embora não seja despachado antes de novembro para minimizar o risco de qualquer dano ocasionado por aquecimento no caminho. Os vinhos do Château Latour são feitos de uma forma muito semelhante ao demonstrado na metade inferior das páginas 36 e 37.

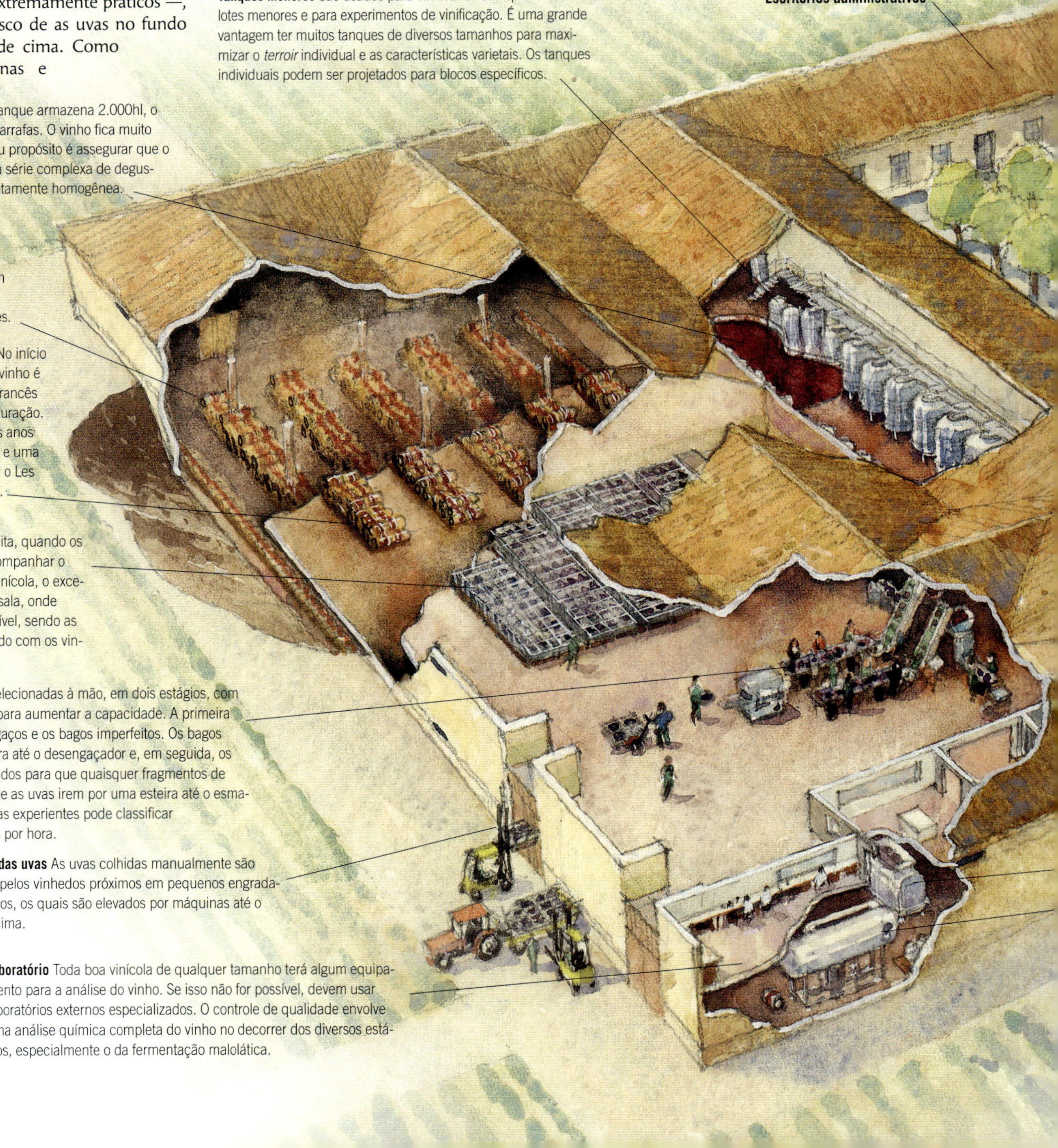

A face externa da quase fortaleza Château Latour, dramaticamente iluminada à noite — vista da estrada para o château, um tanto afastado — com seus quartos, salas de recepção e, para alguns, memórias de grandes safras maduras.

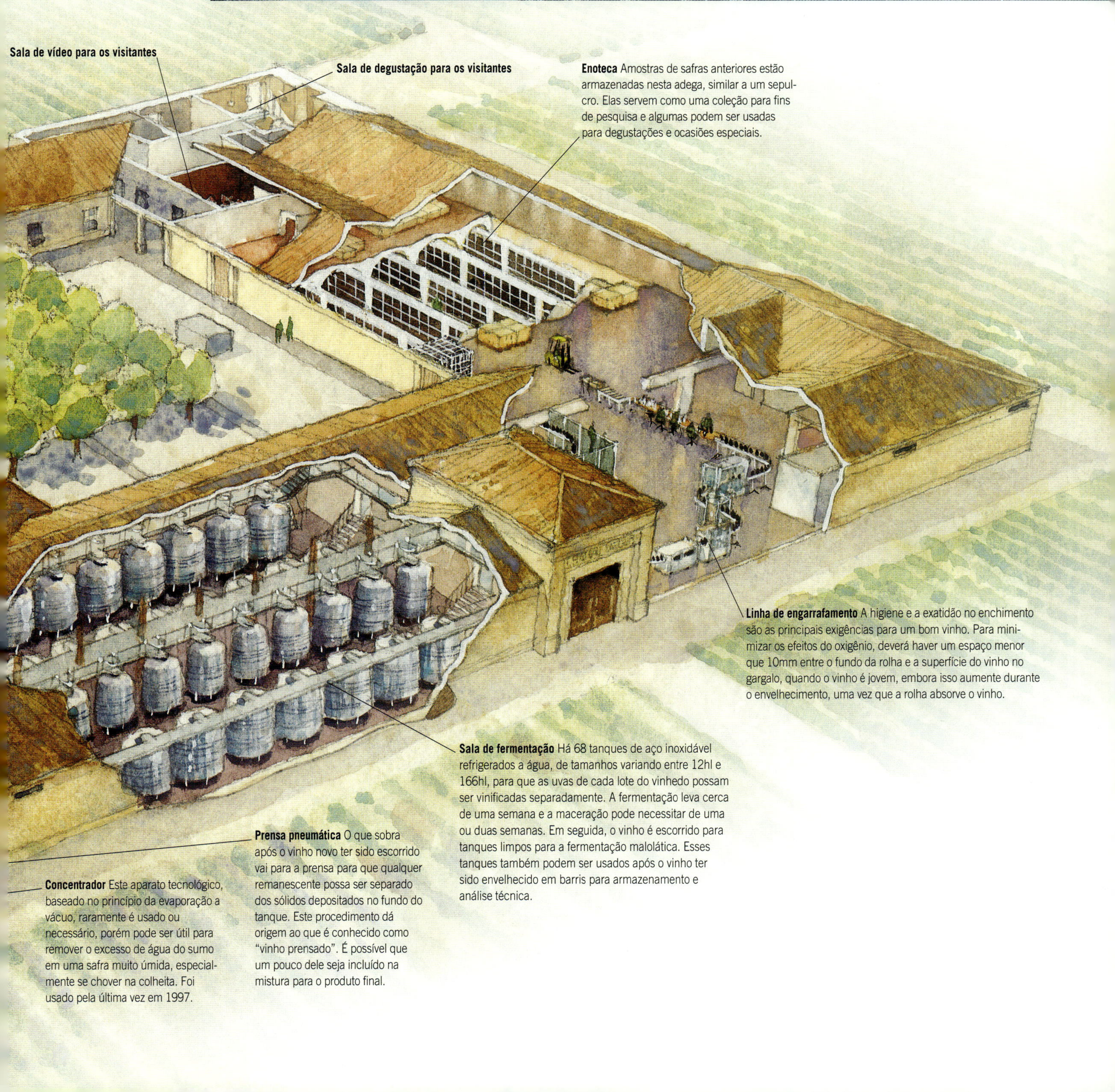

Arrolhando o vinho

O vinho só pode ser armazenado se houver uma rolha eficiente e apropriada. As três rolhas de cortiça de qualidade e de idade variáveis, fotografadas abaixo, são todas suscetíveis à nódoa — até mesmo as versões ditas aglomeradas, baratas e feitas de pedaços de cortiça colados. (A velha rolha de cortiça de champanhe mostra os efeitos de anos de compressão; a rolha de cortiça longa ficou em uma garrafa de Bordeaux por várias décadas.) Uma rolha de cortiça que entrou em contato com o cloro e com o bolor desenvolverá o mofo repugnante associado ao TriCloroAnisol, ou TCA, que, quando transmitido para o líquido, origina um vinho desagradavelmente *bouchonné* ou "corticento". Os produtores de rolhas de cortiça tentam atualizar suas técnicas de produção, porém muitos vinicultores ficaram tão irritados com a incidência de nódoas da rolha de cortiça que adotaram materiais alternativos.

As rolhas sintéticas, em geral feitas de plástico, são as mais populares, especialmente com os produtores do Novo Mundo. Elas chegam em uma ampla gama de estilos e padrões de qualidade, permitindo que os consumidores de vinho continuem o ritual, amado por muitos, de sacar a rolha sem qualquer risco de nódoa de rolha de cortiça, embora elas nem sempre sejam fáceis de recolocar na garrafa e, em geral, não sejam adequadas para os vinhos produzidos para envelhecimento em garrafa.

Alguns produtores adotaram tampas de rosca metálica, especialmente para vinhos aromáticos como o Riesling, ou tintos frutados simples, que são bebidos cedo, para os quais a ausência de contato com o oxigênio é considerada necessária para o envelhecimento. Há preocupações de que, a longo prazo, o vinho envelhecerá de forma diferente e, muito provavelmente, menos graciosamente, quando arrolhado com rolhas diferentes das de cortiça natural, ou que o lacre potencialmente hermético de uma tampa de rosca metálica ou Vino-Lok despertará outros sabores indesejáveis.

As cascas de cortiça, empilhadas aqui para aclimatação, não ficam grossas o suficiente para serem removidas da árvore até que tenham 25 anos de idade, e, em Portugal, podem ser removidas somente a cada nove anos. As rolhas de cortiça são basicamente cilíndricas, perfuradas ao comprido da casca como esta e, embora tenham suas falhas, são o máximo em rolhas recicláveis.

ROLHAS

Rolha de cortiça para champanhe

Rolha de cortiça comum

Rolha aglomerada

Rolha sintética metálica

Rolha de rosca metálica

Vino-Lok

Armazenando o vinho

Se vale a pena pagar um pouco mais por um bom vinho (o que na maioria dos casos é verdade), então também vale investir e guardá-lo (veja no verso) em boas condições.

Não há nada misterioso ou difícil com relação ao manuseio do vinho. No entanto, fazê-lo bem pode acrescentar muito ao prazer de tomá-lo — e fazê-lo mal pode transformar o néctar em lama. O vinho só pede para ser guardado deitado sossegadamente em um lugar escuro, frio e, de preferência, levemente úmido. A luz forte por um período extenso pode prejudicá-lo, especialmente se ele for espumante. O calor acelera as reações, portanto quanto mais quente for o local em que um vinho é guardado, mais rápido e menos sutilmente ele amadurecerá. E se uma garrafa de vinho for guardada em um lugar muito seco, o ar pode começar a penetrar na rolha de cortiça.

O armazenamento do vinho é um problema para quase todo mundo. Atualmente, poucas casas têm adegas subterrâneas como esta à direita, o lugar perfeito para guardar uma coleção. Uma opção é pagar alguém para armazenar seu vinho em condições ideais. Isso tem desvantagens óbvias, como a despesa contínua e a perda da espontaneidade, porém transfere realmente a responsabilidade para os ombros de um profissional. Inúmeros bons comerciantes vinícolas oferecem este serviço. Os melhores realmente monitoram sua coleção vinícola e o aconselham em que momento beber qual deles. Os piores são reconhecidos por fugirem com o vinho de seus clientes. A maioria está encantada em atuar como corretores em um bom mercado vinícola pertencente a seus clientes. Qualquer armazém vinícola profissional deve ser capaz de garantir a temperatura e a umidade ideais, além de um sistema seguro de rastreamento e recuperação.

Os colecionadores vinícolas sem adegas próprias, determinados a manter suas garrafas por perto, têm de improvisar. Alguns o fazem a ponto de construir suas próprias e amplas adegas desde o início, escavando ou insulando. Os Estados Unidos, em especial, têm diversos especialistas em projeto e construção de adegas. Na Europa, uma instalação mais comum não é uma mansão vinícola de muitas suítes para degustação e visualização, mas um cilindro de concreto utilitário, basicamente uma escada em espiral, cercada por espaços horizontais de armazenamento de vinhos, que pode ser inserida na terra. Isto não é nada prático, por exemplo, em apartamentos muito abafados. Para estas circunstâncias e para climas muito quentes, estão disponíveis gabinetes de armazenamento de vinhos especialmente controlados, porém não são muito econômicos em termos de investimento, espaço ou consumo de energia.

Em climas mais frios, pode ser mais fácil encontrar um canto da casa ou do apartamento que possa ser convertido em uma pequena "adega" de vinho particular (e lembre-se de que toda adega começa com apenas uma garrafa). Na Inglaterra, muitas casas antigas foram construídas com espécies de porões para guardar carvão, freqüentemente sob o pavimento. Com um bom isolamento da umidade excessiva, a qual pode cobrir os rótulos com tanto mofo de modo a torná-los ilegíveis, esses espaços podem proporcionar excelente armazenagem para os vinhos.

Esta adega se desenvolveu organicamente. Caixas de madeira fechadas que guardam vinhos jovens são armazenadas em outro lugar. Garrafas de vinho prontas para ser abertas são dispostas para facilitar o seu acesso em estantes horizontais, colocadas em compartimentos tradicionais nos quais garrafas do mesmo tipo seriam empilhadas uma em cima da outra.

Os espaços sob as escadas também são estimados para o armazenamento. Eles tendem a ser naturalmente escuros, porém podem ser também facilmente convertidos em um armário. Também pode-se armazená-los em lareiras sem uso, ou em uma sala muito pouco usada, relativamente fria.

O vinho não é muito exigente com relação à temperatura: qualquer uma entre 7°C e 18°C o satisfaz, embora 10°C seja o ideal. O mais importante é que ela varie o mínimo possível (a proximidade a uma caldeira não insulada ou a um aquecedor de água não é ideal). Nenhum vinho suporta a alternância entre aquecimento e resfriamento. Em temperaturas altas, ele não só envelhecerá mais rápido, como também há o perigo de a rolha de cortiça se expandir e se contrair tão rapidamente que não sirva mais como um lacre perfeito, permitindo a entrada de oxigênio. Se houver qualquer sinal de vazamento, beba o vinho o mais rápido possível. Porém, se a temperatura adequada for impraticável, uma moderadamente elevada, embora estável, servirá. Fique atento apenas às altas temperaturas, acima de 35°C, as quais podem privar o vinho de sua sutileza. Esta é a razão pela qual o bom vinho atualmente é, em geral, despachado em recipientes com temperatura controlada, ou somente em períodos frios do ano.

Nenhum equipamento é necessário em uma adega, em um porão ou em um armário. Tradicionalmente, as garrafas sempre são guardadas deitadas horizontalmente, em caixas ou individualmente, para prevenir que a rolha de cortiça resseque, encolha e deixe o ar entrar. (Empilhar as garrafas de cabeça para baixo também funciona, porém os rótulos e cápsulas ficam mais difíceis de ler.) As garrafas podem ser empilhadas se forem todas iguais, mas como é mais provável que elas não sejam, é melhor guardá-las em uma prateleira para fácil identificação e resgate de cada uma.

Há diversos bons argumentos para comprar determinados vinhos jovens, com seus preços de lançamento, e "deitá-los" em uma adega ou armário até que alcancem a maturidade perfeita. Muitos vinhos bons simplesmente nunca aparecem no mercado novamente após terem sido oferecidos pela primeira vez — ou se reaparecerem, como no caso do raríssimo Bordeaux tinto ou dos Cabernets *cult* da Califórnia, por exemplo, terão um preço muito maior que o de lançamento. No entanto, não acredite que todo bom vinho se valorizará; tudo dependerá das excentricidades do mercado, e até mesmo dos movimentos da economia. Com vinhos mais modestos, o único objetivo de conservá-los em adegas é capacitá-los para serem consumidos em boas condições, quando já tiverem amadurecido para se harmonizar com seu gosto.

Um dos encantos pouco propalados, associado ao de possuir uma coleção vinícola, ainda que modesta, é o de manusear, selecionar e catalogar (caso se tenha tal inclinação), reorganizar e escolher a partir de uma seleção muito variada de embalagens potencialmente prazerosas.

Para alguns colecionadores vinícolas, manter os registros é uma parte substancial da diversão. Existem livros de adegas, especialmente projetados, que são o método mais tradicional de registrar o que foi comprado, de quem e a que preço, assim como quando as garrafas individuais foram abertas e qual foi seu sabor. Algumas pessoas registram as garrafas e a comida que serviram com elas. Os registros modernos de adegas são provavelmente feitos de forma eletrônica.

O vinho e o tempo

Há um mito sobre o vinho que se recusa a enfraquecer, muito menos a morrer: é o de que todos os vinhos melhoram com a idade. Uma de suas propriedades mais mágicas é que alguns deles são capazes de evoluir e se aperfeiçoar por décadas e, muito ocasionalmente, por séculos. Atualmente, a grande maioria dos vinhos produzidos, no entanto, está pronta para ser bebida em um ano ou menos, após ser engarrafada, e alguns são melhores se bebidos diretamente da linha de engarrafamento.

Quase qualquer vinho econômico, especialmente os brancos e os *rosés* — assim como aqueles tintos de corpo leve e de baixo teor de taninos, como os feitos com Gamay (Beaujolais, por exemplo), com Grignolino, com Dornfelder, com Jaen, com Lambrusco, com Portugieser, com o cruzamento australiano Tarrango e com alguns dos mais simples Pinot Noirs —, estão em sua melhor forma quando jovens. O prazer nestes vinhos jovens reside no frescor e no sabor de frutas jovens antes de começarem a desvanecer. Como regra geral, quanto mais caro o vinho, mesmo quando bem jovem, mais destinado ele é para ser envelhecido. Uma das raras uvas brancas que produzem vinho de alta qualidade é a Viognier, a qual pode chegar ao máximo de seu apelo na juventude e cujo perfume sedutor, em geral acompanhado pela acidez relativamente baixa, tende a se apagar após dois ou três anos na garrafa. Seus preços são freqüentemente altos. O champanhe e outros vinhos espumantes de qualidade excepcional são os únicos outros vinhos não-fortificados de preços altos que, em geral, estão prontos para ser consumidos assim que adquiridos.

No entanto, a maioria dos melhores vinhos brancos e praticamente todos os melhores tintos são vendidos bem antes de estarem prontos para o consumo. Tais vinhos são produzidos para ser envelhecidos. Quando jovens, contêm um complexo ainda indeciso de ácidos, açúcares, minerais, pigmentos, taninos e todo tipo de compostos de sabor. Os bons vinhos têm mais destes elementos do que os comuns, e os melhores, mais do que os bons. Razão pela qual, ao fim, eles têm mais sabor e personalidade. No entanto, necessitam de tempo para que estes elementos — os aromas primários, derivados da uva, e os secundários, derivados da fermentação e, em muitos casos, do carvalho — interajam, para se transformarem em um todo harmonioso e para que o aroma distinto da maturidade, chamado (por analogia com as flores) buquê, se forme. Ele precisa de tempo e de oxigênio.

Foi somente após Napoleão III, em 1863, ter chamado Louis Pasteur para descobrir por que tantos vinhos estragavam a caminho para o consumidor, para o prejuízo do mercado vinícola francês, que o papel do oxigênio foi descoberto. Pasteur provou que muito contato com o ar favorecia o crescimento de bactérias nocivas, que transformavam o vinho em vinagre. Por outro lado, descobriu que quantidades muito modestas de oxigênio, agindo gradualmente, faziam o vinho envelhecer. Há oxigênio suficiente no espaço entre o líquido e a rolha de cortiça que, dissolvido em uma garrafa de vinho, pode ser responsável por um processo de envelhecimento que dura anos. Pasteur mostrou, ao vedar o vinho em tubos de ensaio, alternando tubos cheios e tubos completados pela metade, que o oxigênio no segundo tubo produzia em poucas semanas o mesmo depósito que o encontrado em garrafas muito velhas, e que ele afetava a cor exatamente da mesma forma que ocorria com os de idade extremamente avançada.

COMO O VINHO ENVELHECE

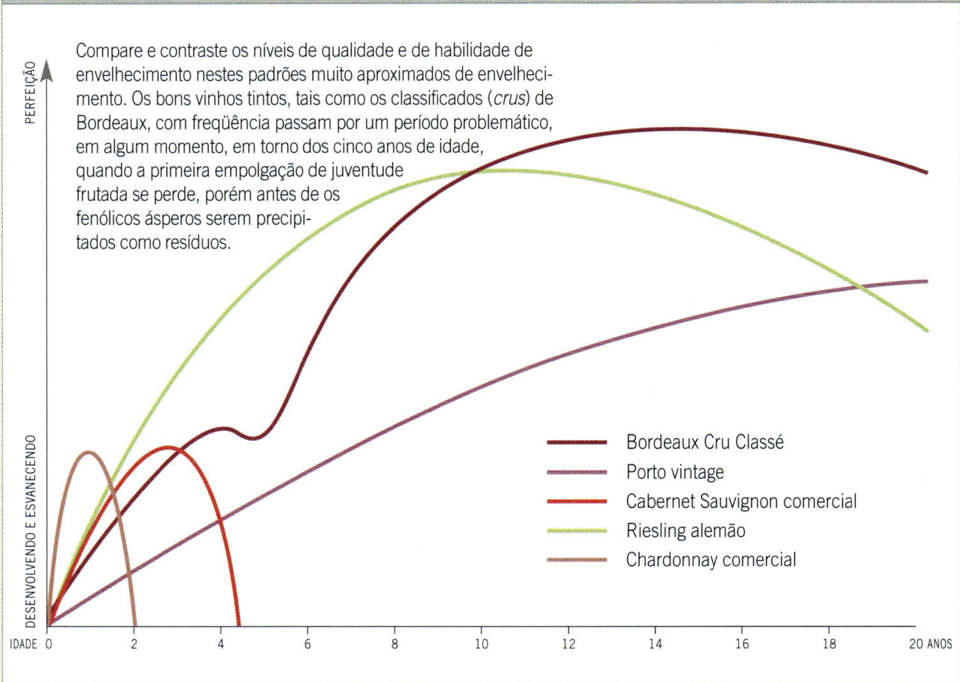

Na verdade, ele acelerou imensamente o processo que acontece em uma garrafa: o oxigênio nos vinhos age nos seus constituintes no sentido de amadurecê-los, porém continua agindo além do período de maturidade, e, daí em diante, o vinho deteriora.

Pasteur descobriu que o vinho envelhecido em barris tem diversas oportunidades de absorver o oxigênio: primeiro, através das aduelas; em seguida, quando é trasfegado de um barril para outro e completado.

O envelhecimento que ocorre na garrafa é um processo totalmente diferente — quase o oposto, de fato. Em vez de absorver o oxigênio, o vinho o perde gradualmente. A vida de todos os seus constituintes depende de quantidades muito pequenas em solução e do espaço, ou *ullage*, entre o vinho e a rolha de cortiça. À medida que o suprimento de oxigênio diminui, a possibilidade de futuras mudanças é reduzida — portanto, o processo de envelhecimento do vinho em garrafa é "redutivo", oposto ao oxidativo.

Um bom vinho tinto jovem entra na garrafa proveniente de barris que contêm uma mistura de taninos, pigmentos, componentes de sabor (estes três juntos são conhecidos como fenólicos) e os componentes mais complexos formados por eles. Na garrafa, os taninos continuam a interagir com os pigmentos e com os ácidos para formar novos componentes e moléculas maiores, que, com o tempo, precipitam-se. Isto significa que, quando ele envelhece, perde cor e adstringência, porém ganha complexidade e resíduos. Na verdade, erguer uma garrafa de um bom vinho à luz para examinar quanto resíduo há nela é uma boa dica de quão maduro o vinho está — embora quanto mais intensamente um vinho tenha sido filtrado antes de ser engarrafado, menos resíduo formará.

O processo equivalente nos vinhos brancos, os quais têm uma carga de fenólicos muito mais baixa, não é tão bem compreendido, mas a oxidação gradual torna os fenólicos dourados e, com o tempo, marrons, ao mesmo tempo que os aromas primários e secundários frutados e "vinosos" e os ácidos vivos amadurecem em um complexo de sabores, com notas de mel e nozes. Se o principal conservante do vinho tinto é o tanino, o do branco é a acidez. Os vinhos brancos com suficiente acidez (e substância suficiente para equilibrá-la) amadurecem tanto quanto os tintos — ou, no caso de alguns vinhos brancos doces botritizados, como os Rieslings alemães, os Tokajis e os Chenin Blancs do Loire (todos especialmente altos em acidez), até por mais tempo.

ATINGINDO O AUGE

O que mais se pergunta com relação a qualquer vinho é: quando atingirá o seu auge? A verdade incômoda é que até mesmo um produtor de vinhos só pode arriscar a resposta e, com freqüência, ela fica clara somente após um vinho ter começado a declinar, a perder a fruta e o sabor em tal grau que a acidez ou, às vezes, os taninos começam a dominar. Tudo o que se pode prever sobre bons vinhos é a sua imprevisibilidade.

Os que compram vinho às caixas ou às dúzias e monitoram seu progresso garrafa por garrafa freqüentemente descobrem que um vinho parece maravilhosamente luxuriante na juventude, em seguida atravessa uma fase sombria e taciturna (quando muitos dos compostos complexos são formados) antes de emergir mais tarde como um vinho ainda mais magnífico.

A variação entre garrafas, mesmo dentro da mesma caixa, é um fenômeno comum. A caixa pode ter sido enchida com garrafas de lotes diferentes (muitas, atualmente, apresentam o número do lote marcado no vidro), porém, com freqüência, não há nenhuma explicação racional, apenas uma prova adicional de que o vinho é uma entidade viva e caprichosa.

É seguramente verdadeiro que safras diferentes do mesmo vinho variam enormemente em sua capacidade de envelhecimento. As uvas tintas de pele grossa, o produto típico de um ano seco, provavelmente levam mais tempo para envelhecer do que as de anos chuvosos, cuja proporção entre casca e polpa é muito baixa. Da mesma forma, os vinhos brancos produzidos a partir de uvas cultivadas em anos frios provavelmente necessitam de mais tempo para que sua acidez alcance um nível aceitável.

Um outro fator — bem à parte das condições de armazenamento, discutidas na página 41 — é o tamanho da garrafa na qual o vinho é armazenado. O tamanho do espaço entre a rolha e o líquido, em geral, é constante, independentemente do tamanho da garrafa, o que significa que há duas vezes mais oxigênio por volume de vinho em uma garrafa preenchida pela metade do que em uma garrafa normal, e somente metade em um meio garrafão (duas garrafas em uma). O efeito do envelhecimento desse oxigênio é, conseqüentemente, muito mais rápido em uma garrafa preenchida pela metade e muito mais vagaroso em garrafas maiores. Essa é a razão pela qual aquelas garrafas costumam deteriorar tão rápido e por que os colecionadores pagam mais caro por tamanhos maiores de garrafas. O envelhecimento majestoso é considerado o melhor.

Em termos bem gerais, no entanto, é possível dizer quando vale a pena aguardar o vinho envelhecer ou armazená-lo (*lay down*, como dizem os ingleses). Selecionando alguns óbvios candidatos para a adega e colocando-os em uma aproximada ordem decrescente de vida potencial dos vinhos tintos em garrafa, temos os seguintes vinhos: exemplares bem-feitos de Porto *vintage*, Hermitage, clarete Cru Classé, Bairrada, Aglianico, Madiran, Barolo, Barbaresco, Brunello di Montalcino, Côte-Rôtie, Borgonha tinto fino, Châteauneuf-du-Pape, Chianti Classico Riserva, Georgian Saperavi, Ribera del Duero, Dão, Cabernet e Shiraz australianos, Cabernet da Califórnia, Rioja, Malbec argentino, Zinfandel, Merlot e Pinot Noir do Novo Mundo.

De longe, o mais importante conjunto de vinhos que certamente exige ser guardado é o do Cru Classé de Bordeaux. Há uma geração tais vinhos foram feitos para resistir, na suposição de que seriam guardados por um mínimo de sete ou oito anos, mais provavelmente 15 anos ou mais. O consumidor atual de vinho é menos paciente. O gosto moderno busca taninos mais suaves (a muito estimada "sensação de boca" agradável) e sabores mais maduros, o que significa que o vinho pode ser bebido depois de meros cinco anos aproximadamente. A Califórnia sai a contento neste quesito em praticamente todos os anos, porém o Bordeaux ainda depende da natureza: sua safra de 1986, por exemplo, é decididamente antiquada; alguns ainda estão inflexíveis.

Os Borgonhas tintos apresentam poucos problemas, porque seus taninos raramente são indiscretos o suficiente para demandar muita paciência, embora alguns Grands Crus sejam tão obviamente repletos de essência na juventude que seria uma vergonha e uma grande perda de dinheiro bebê-los com menos de dez anos de idade. Todos, exceto os Borgonhas brancos mais finos, amadurecem ainda mais rápido, e a Chardonnay, em geral, não é uma variedade de uva especialmente longeva.

VELHO E NOVO

O tinto, à esquerda, é um Shiraz do sul da Austrália de quatro anos de idade, de cor ainda muito profunda, com uma ligeira sugestão de roxo, e sua tonalidade profunda vai nitidamente até a borda. À direita, há um outro vinho do Novo Mundo de uma uva profusamente colorida, um Cabernet da Califórnia de oito anos de idade. Observe como a cor é menos intensa, muito menos azul e mais laranja, com a borda muito mais pálida — os efeitos da idade da garrafa.

O branco, à esquerda, é um Chardonnay da Califórnia de dois anos de idade, porém poderia ser quase qualquer vinho branco jovem. Um Riesling seria mais verde, um Muscadet, branco como água. O vinho à direita é um Borgonha Grand Cru branco de 15 anos de idade. Observe como os vinhos brancos também adquirem uma ligeira coloração marrom com a idade. Ganham cor, ao invés de perdê-la.

Em termos gerais, os vinhos brancos que mais claramente se beneficiam do envelhecimento em garrafa, na ordem decrescente de longevidade, são os bons exemplares de Tokaji, Sauternes e Chenin Blanc do Loire; de Riesling alemão; de Chablis e Sémillon do Hunter Valley; de Jurançon doce; de Borgonha branco da Côte d'Or; e de Bordeaux branco seco. A maior parte dos Xerez, dos Madeiras e dos vinhos espumantes está pronta para ser consumida imediatamente após ser engarrafada, embora o champanhe de safra e o de luxo devam ser equipados o suficiente para resistir e se beneficiar de um envelhecimento adicional na garrafa.

O momento em que se deve beber um vinho é certamente uma questão de gosto pessoal e até mesmo nacional. Sabidamente, os ingleses têm preferência pelos vinhos velhos, enquanto os franceses e os norte-americanos, com freqüência, bebem seus vinhos finos uma década antes dos ingleses. O certo é que, atualmente, quase todos os vinhos estão sendo feitos de forma que o consumo imediato seja pelo menos possível, mesmo nem sempre desejável.

A maioria de todos os bons vinhos guardados em condições profissionais no Reino Unido é mantida por Octavian neste armazém, 27m embaixo da região rural de Wiltshire, que é basicamente uma pedreira de calcário desativada.

Desfrutando o vinho

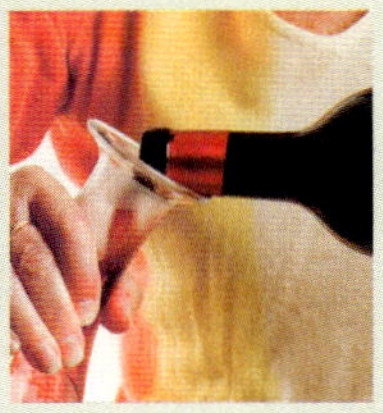

O vinho não é uma bebida para ser consumida sozinho. É essencialmente sociável, e um dos maiores prazeres que oferece é o de poder ser compartilhado. Quanto mais se pensa no seu compartilhamento com terceiros, maior o prazer que ele dá. Uma opção é correr no último minuto para a loja de vinhos mais próxima e sacar a rolha logo antes de servir um tinto gelado e turvo ou um branco morno. No entanto, o vinho é tão sensível quanto a maioria de seus consumidores e recompensa os que estão preparados para empreender um pouco de planejamento básico. Isto significa algum cálculo realista antecipado do provável número de garrafas e dos tipos de vinhos que serão necessários.

Algumas das atenções dirigidas para o vinho branco são frívolas, alguns dos rituais, absurdos. Outros, tais como a **ordem de servir**, podem fazer toda a diferença entre a mera satisfação e o verdadeiro desfrute. Não é afetação alguma, mas simplesmente uma questão de tirar o melhor proveito de algo bom, servir mais do que apenas um vinho na mais informal das refeições. Um vinho jovem servido primeiro tende a exibir as qualidades de um mais velho; em geral, um vinho branco é bom para introduzir um tinto; um vinho leve, um poderoso; um vinho seco, um doce. Porém, muitas dessas combinações, se executadas de forma contrária, podem ser desastrosas para o segundo. Da mesma forma que um vinho realmente bom coloca na sombra um outro menor servido em seguida, também um vinho branco seco servido após um tinto pode perder muito de seu encanto.

A questão do **quanto servir** é mais difícil. Em uma garrafa normal de 750ml, há de seis a oito taças de vinho (o que significa taças generosas preenchidas em um terço, não as pequenas preenchidas até a borda). Em um almoço leve, uma taça por pessoa pode ser suficiente, enquanto em um jantar longo, cinco ou seis podem não ser muito. Um total de meia garrafa por pessoa (talvez uma taça de vinho branco e duas de tinto) é uma média razoável para a maioria das pessoas e ocasiões — porém as circunstâncias, o clima da refeição e, acima de tudo, seu tempo de duração são os fatores decisivos. Há uma regra de ouro para o anfitrião: seja generoso, porém nunca insistente, e assegure-se também de servir uma boa quantidade de água.

Se o número de admiradores de vinho à mesa exigir mais do que uma garrafa para cada prato, considere servir dois vinhos ligeiramente diferentes juntos — talvez safras diversas do mesmo vinho/produtor ou da mesma uva, porém de outra procedência. (Para evitar confusão, experimente servir vinhos diferentes em taças de formatos e/ou tamanhos diversos.)

Uma vez que as prováveis quantidades tenham sido decididas, as garrafas que contiverem resíduo devem ser deixadas de pé para que este se deposite no fundo — o que pode tanto levar uns poucos minutos como até alguns dias, dependendo da estrutura e da quantidade do resíduo. Ainda mais importante: esta preparação permite que todas as garrafas alcancem sua temperatura ideal.

Nada faz mais diferença para o desfrute do vinho que a sua **temperatura**. É possível tanto favorecer quanto subestimar o vinho ao manipular a sua temperatura na hora de servi-lo, e fica muito fácil transformar um vinho fino em um de sabor tosco quando se erra a temperatura. O clarete extremamente frio e os Rieslings mornos são abo-

Corte a cápsula, retirando-a completamente se desejar ver todo o gargalo. Retire a rolha de cortiça gentilmente, mantendo a garrafa (e o sedimento) o mais estática possível.

Após secar a boca da garrafa (com especial cuidado — se a cápsula de metal for muito velha pode ter chumbo), segure a garrafa com uma mão e o decantador com a outra. Despeje com firmeza, de preferência com o gargalo contra uma fonte forte de luz tal como uma lâmpada ou uma vela. Em geral, as garrafas são armazenadas em prateleiras para vinhos com os rótulos voltados para cima.

Continue a despejar até que você veja o sedimento (se houver) se mover para a parte mais baixa do pescoço da garrafa. Pare quando a borra começar a se mover perigosamente para a borda. Se houver muito mais sedimento do que isso, descanse o vinho por mais tempo, tampe o decantador e tente novamente mais tarde, embora alguns vinhos joguem um "depósito de garrafa" que gruda nos lados dela de forma permanente.

minações — não por desrespeitarem qualquer regra de etiqueta, mas simplesmente porque nem de longe conseguem mostrar seu sabor. E há diversas boas razões para isso.

Nosso olfato (e, portanto, a maior parte de nossa capacidade degustativa) é suscetível somente a vapores. Em geral, o vinho tinto tem um peso molecular maior — sendo, assim, menos volátil ou aromático do que o branco. O objetivo de servir o vinho tinto *chambré* em temperatura ambiente é aquecê-lo a ponto de causar a evaporação de seus elementos aromáticos. Essa temperatura é progressivamente mais alta para vinhos mais sólidos e encorpados. Um vinho tinto leve e aromático tal como o Beaujolais ou um Pinot Noir de clima frio pode ser tratado como um vinho branco; mesmo frio, sua volatilidade é quase irresistível. Por outro lado, um grande vinho tinto como o Brunello ou um Shiraz pode precisar do calor ambiente, da mão fechada em torno da taça e, possivelmente, da boca para volatilizar seus complexos constituintes.

Os taninos são muito mais evidentes em baixas temperaturas. Portanto, quanto mais quente um vinho tinto tânico jovem for servido, mais suave, mais generoso e mais envolvente será seu sabor. A ilusão da maturidade pode ser criada para um Cabernet jovem ou um Bordeaux tinto, por exemplo, ao servi-lo sabiamente um pouco mais para quente, o que aumentará seu sabor aparente e diminuirá sua adstringência. O Pinot Noir ou o Borgonha tinto, no entanto, tendem a concentrar um menor teor de taninos e a ser mais naturalmente aromáticos. Isto explica a antiga tradição de servir um Borgonha tinto mais frio do que um Bordeaux tinto, quase diretamente da adega.

O frio é também necessário para contrabalançar a riqueza de todos os vinhos doces, mesmo se, ao fazê-lo, alguns de seus sabores possam ser mascarados. No quadro à direita, a maior parte dos vinhos brancos mais doces está situada no seu ponto mais frio. É uma boa idéia servi-los muito frios, deixando-os esquentar levemente ao bebê-los: o processo parece liberar todo o seu aroma e buquê. Este ato de equilíbrio é explicado pelo fato de que, como o tanino, a acidez fica mais pronunciada em temperaturas mais baixas, portanto, os vinhos brancos, cuja acidez necessita ser enfatizada, seja por concentrarem alto teor de açúcar, seja por serem muito envelhecidos, ou ainda por procederem de climas quentes, podem ganhar mais vida se forem servidos especialmente frios.

O quadro exibe em detalhes a ampla gama de temperaturas que ressaltam o melhor de diferentes vinhos. Ele está baseado em experiências pessoais, freqüentemente modificadas em conversas (para não mencionar discussões) com outros amantes do vinho. No entanto, vale lembrar que, quando o termo *chambré* foi inventado, era improvável que a temperatura predominante nas salas de jantar francesas ficasse acima de 15,5ºC. Um vinho servido muito quente carece de valor refrescante e é praticamente muito difícil esfriá-lo, enquanto um vinho servido muito frio se aproximará naturalmente da temperatura ambiente e poderá facilmente ser esquentado pela mão que segura a taça.

É mais fácil servir um vinho branco na temperatura correta do que um tinto, uma vez que o branco pode ser colocado no refrigerador. Porém, a forma mais rápida de esfriar uma garrafa é colocá-la em um balde de gelo e água (não só com gelo, porque este não ficará muito em contato com a garrafa) ou em uma capa térmica. Em um ambiente muito quente (e especialmente em um jardim quente), é uma boa idéia manter a garrafa em um balde enquanto o vinho não é servido — ou, se já estiver gelado, em um resfriador de garrafa a vácuo, o qual não deixa entrar água e não goteja. Isto pode significar servir o vinho inicialmente um pouco frio demais, mas ele aquecerá muito rapidamente na taça. Uma dica útil para quantidades maiores (várias garrafas em um balde grande), é fazer um enorme bloco de gelo colocando um saco plástico de água no congelador: quanto maior o bloco, mais vagaroso seu descongelamento. As altas garrafas alemãs devem ser colocadas primeiro na água, viradas de cabeça para baixo, por uns poucos minutos, para esfriar o vinho no gargalo.

Persuadir um vinho tinto a alcançar a temperatura correta é mais difícil. Se o vinho começa na temperatura da adega, pode levar várias horas em um ambiente normal para subir 10ºC ou 12ºC. A cozinha é o lugar lógico — porém muitas têm temperaturas bem acima de 20ºC, especialmente enquanto o jantar está sendo preparado. A esta temperatura, os vinhos tintos podem perder o equilíbrio; o álcool começa a evaporar e a produzir um aroma inebriante, o qual mascara a personalidade do vinho. Um pouco do sabor pode até ser perdido para sempre.

Uma forma prática de aquecer o vinho tinto mais rápido é primeiro decantá-lo, em seguida deixar o decantador dentro d'água à temperatura de 21ºC. Aquecer sensatamente o decantador primeiro não causa mal algum. Fornos de microondas também ganham elogios merecidos para o aquecimento de garrafas de vinho quando se está com pressa. O perigo, no entanto, é ficar muito impaciente e aquecer de modo irreversível o vinho. Uma pequena tentativa com uma garrafa d'água seria prudente. E lembre-se de retirar qualquer coisa metálica.

Pode ser difícil levar um vinho tinto a uma temperatura mais favorável, porém há também momentos em que é necessário fazer um esforço para mantê-lo nessa temperatura. O resfriador de garrafa a vácuo ou até baldes de gelo podem ser necessários ao servir um vinho tinto em climas quentes ou em altas temperaturas. Em um restaurante, não hesite em pedir um balde de gelo se seu vinho houver sido servido muito quente. Você estará dando continuidade a uma longa e nobre tradição de conhecedor.

Servir o vinho em ambientes abertos apresenta suas próprias exigências, que vão bem além de obter a temperatura correta. É muito mais provável que um buquê sutil, especialmente de vinho tinto, seja roubado por uma brisa passageira do que se o mesmo vinho for servido em um ambiente fechado. Em geral, os vinhos ousados e marcantes mostram-se melhores em ambientes externos do que tesouros da adega, os quais são melhores quando reservados para salas de jantar.

VINHO E TEMPERATURA

Este quadro sugere a temperatura ideal para servir uma ampla gama de vinhos. A "temperatura ambiente" é baixa pelos padrões modernos, favorecendo os bons vinhos. Os vinhos brancos e *rosé* estão em amarelo; os tintos e fortificados, em roxo. As linhas de cima (ºC) e de baixo (ºF) dão uma orientação mais geral sobre as temperaturas ideais para servir.

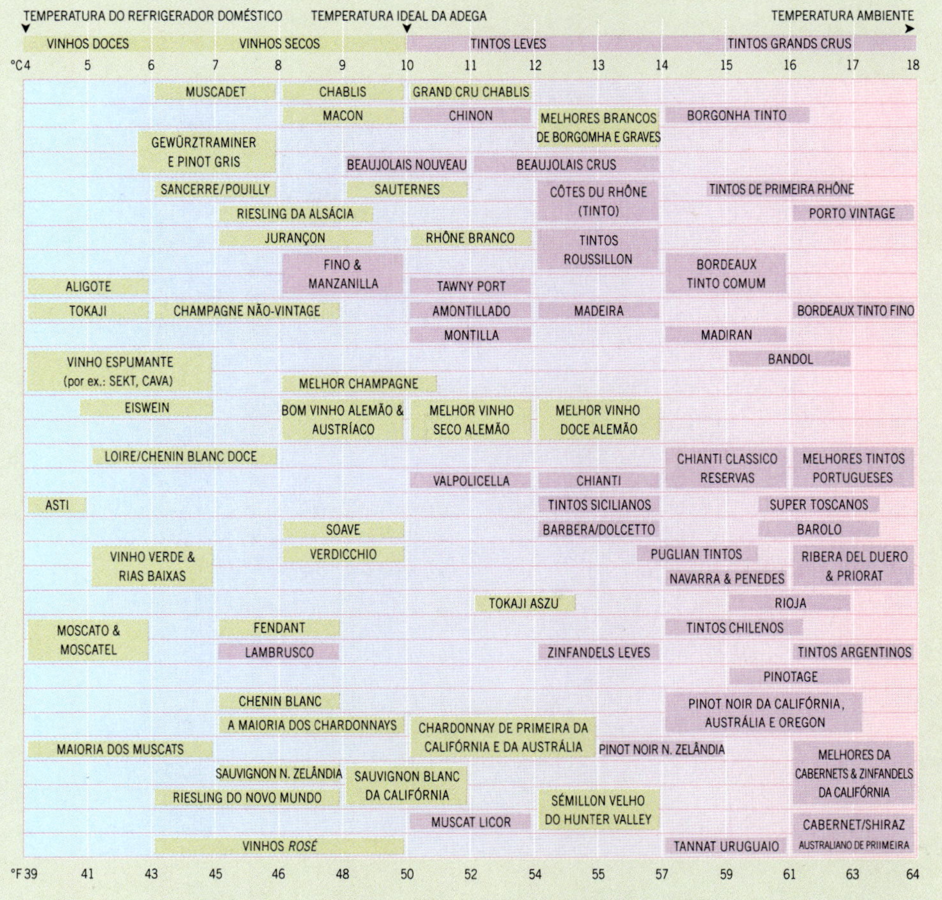

O próximo passo, um tanto óbvio, é a **abertura da(s) garrafa(s)**. Na maioria dos casos, isto significa remover a cápsula e sacar a rolha. Em geral, a cápsula é cortada caprichosamente bem abaixo do bocal da garrafa, de forma a manter a aparência desta intacta, porém isso é apenas convenção. Cortadores especiais são estritamente um benefício opcional.

Os saca-rolhas são surpreendentemente variados: os colecionadores desses objetos podem ser até mais obsessivos do que os aficionados por vinhos. Abaixo, há alguns dos melhores modelos. O essencial num saca-rolhas em parafuso é que ele termine numa boa ponta afiada e que seja constituído de uma espiral côncava em vez de uma haste sólida, a qual poderia perfurar a rolha completamente, sem atuar como uma alavanca.

Abrir garrafas de vinhos espumantes exige uma técnica especial. Quando abertas, as garrafas bem geladas que não tenham sido agitadas recentemente fazem o mínimo de barulho (frisantes quentes e agitados podem espumar de forma assustadora e desperdiçadora). Vale lembrar que a pressão dentro de uma garrafa de champanhe não é diferente daquela dentro de um pneu de caminhão, portanto, uma rolha desprotegida, sacada de uma garrafa, pode causar um grande estrago. Após retirar a cápsula e endireitar o arame, pressione a rolha para dentro do gargalo e, ao mesmo tempo, torça a garrafa, idealmente inclinada. A rolha deve pular discretamente com o mínimo de perda de líquido. As rolhas de champanhe realmente recalcitrantes podem girar com uma "estrela do champanhe", a qual se encaixa em quatro ranhuras no topo da rolha para dar maior tração.

As rolhas muito velhas podem oferecer problemas. Elas podem facilmente se desintegrar sob a pressão de um saca-rolhas, especialmente os mais modernos, que são mais possantes. O modelo de dois dentes, o chamado "amigo do mordomo" (porque por não perfurar a rolha teoricamente permite substituir o conteúdo de uma garrafa com vinho inferior), pode ser útil para tais garrafas. O Porto *vintage*, por ser um dos vinhos mais longevos, deu origem às tradicionais pinças do Porto, de metal, especialmente projetadas para fazer uma incisão limpa no gargalo logo abaixo de uma rolha bem velha, após ter sido aquecida em uma chama. O Porto *vintage* também está associado aos rituais mais polêmicos do vinho: a **decantação**, o despejo do vinho de sua garrafa original em um outro recipiente, em geral uma garrafa de vidro, antes de servi-lo. A razão mais óbvia para tal é deixar para trás qualquer sedimento crocante e freqüentemente amargo que se tenha formado na garrafa (e haverá uma grande quantidade dele em uma garrafa de Porto *vintage* maduro). A outra razão, mais controversa, é a de arejar o vinho, expondo-o ao oxigênio que Pasteur descobriu ser uma ferramenta muito poderosa de envelhecimento (ver página 42).

A decantação é muito discutida, porém pouco compreendida, principalmente porque seus efeitos em um determinado vinho são imprevisíveis. Há uma idéia errônea de que é algo que só se faz com garrafas antigas que apresentam muito resíduo — uma mera medida de precaução para se obter uma taça limpa. No entanto, a experiência mostra que são, em geral, os vinhos jovens que se beneficiam mais. O oxigênio que eles contêm teve pouca chance de causar algum efeito. No entanto, o ar no decantador funciona rápida e efetivamente. Em questão de poucas horas, pode, freqüentemente, levar à abertura do que foi um botão fechado. Isto significa que é mais provável que se obtenha cada molécula do aroma e do sabor pelos quais se pagou. Alguns vinhos jovens e fortes — o Barolo vem à mente — podem se beneficiar até mesmo de 24 horas em um decantador. Uma hora faz toda a

SACA-ROLHAS

O mais comum cortador de cápsula (**1**) pode se tornar um vício rapidamente. (**2**) é um saca-rolhas clássico, adequado até mesmo às mais antigas rolhas, enquanto (**3**) é o modelo mais comumente usado pelos garçons de vinho porque ele incorpora uma faca para cortar a cápsula. (**4**) é o notório modelo "amigo do mordomo", enquanto (**5**) é o saca-rolhas com alavanca, relativamente caro, que extrai as rolhas com dois movimentos fáceis, e a rolha sai da espiral com mais dois. (**6**) é a "estrela do champanhe", usada para torcer as rolhas de champanhe mais obstinadas.

TAÇAS

Todas estas taças (**9-12**) estão de acordo com as exigências básicas de uma boa taça de vinho, com uma haste e um bojo que permitem girá-la sem qualquer perda do líquido. A taça (**10**) corresponde ao formato e ao tamanho-padrão de uma taça de degustação, aprovada há muitos anos por uma organização internacional que estabelece padrões oficiais, porém alguns degustadores, especialmente os amadores, podem considerá-la um pouco estreita.

DECANTADORES

Praticamente qualquer recipiente de sabor neutro pode ser usado como um decantador, porém o vidro é perfeito, pois ele exibe a cor do vinho — o decantador ideal tem uma tampa para que vinhos delicados não sejam expostos a mais oxigênio do que o necessário. (**7**) é um decantador tipicamente do tamanho e do formato de uma garrafa, embora tamanhos maiores sejam úteis para o arejamento máximo de vinhos particularmente firmes e fechados. (**8**) é um modelo inglês de 1800 com três anéis de vidro para uma boa empunhadura.

diferença para outros. Uma boa regra empírica é a de que os vinhos jovens, tânicos e alcoólicos necessitam e podem resistir a uma decantação muito mais cedo do que os vinhos maduros menos encorpados. Porém os vinhos brancos encorpados, tais como os Borgonhas brancos também podem se beneficiar da decantação — e parecerão até mais sedutores em um decantador do que os tintos.

Aqueles que fazem oposição ferrenha à decantação argumentam que existe o perigo de perder um pouco de fruta e de sabor enquanto o vinho está sendo derramado no decantador e deixado para evoluir. Eles acham melhor servir o vinho direto da garrafa, provar e avaliar a sua maturidade, e arejá-lo na taça se necessário, girando-o. É realmente verdade que alguns vinhos muito velhos podem perder tal charme muito rapidamente após decantar, embora estes sejam os vinhos que mais provavelmente apresentam uma grande quantidade de depósito. A experimentação e o gosto individual são os guias mais certos.

A técnica de decantação está ilustrada na página 44. O único equipamento essencial é uma garrafa e um saca-rolhas. Se o vinho for muito jovem e pouco amadurecido não causará mal algum girá-lo um pouco em um decantador, expondo-o até mesmo a mais oxigênio, e, se a área de superfície do vinho no decantador for extensa, deixá-lo destampado pode até ajudar.

Já se acreditou piamente que sacar a rolha de uma garrafa de vinho e deixá-la aberta para "respirar" teria um efeito marcante na bebida. Na realidade, a área de vinho exposta no gargalo da garrafa é pequena demais para fazer muita diferença.

Por outro lado, a quantidade de oxigênio em uma garrafa aberta de vinho preenchida pela metade pode causar um grande efeito, em geral prejudicial, no vinho. Isto fica especialmente marcado nas **sobras** de uma garrafa inacabada. Por essa razão, em geral, o que restou fica melhor guardado em uma garrafa menor, de capacidade semelhante ao volume da sobra, de forma que o líquido fique exposto ao mínimo de oxigênio possível. E o processo de deterioração pode ser desacelerado ao se manter as sobras em um refrigerador, pois as baixas temperaturas têm o efeito de retardar as reações químicas.

Os apreciadores de vinho exigem mais um equipamento essencial: as **taças**. As experiências maravilhosamente complicadas e as degustações às cegas mostraram que uma leve modificação no formato básico pode acentuar o que determinados tipos de vinho têm a oferecer. Entretanto, não há necessidade alguma de taças diferentes para vinhos diferentes. Tradicionalmente, os vinhos brancos são servidos em taças menores do que os tintos — talvez porque alguns sejam mais naturalmente aromáticos e necessitem de menos espaço de superfície —, mas isto é mera convenção.

Em geral, os vinhos fortes e doces são servidos em quantidades menores do que os vinhos de mesa secos, portanto faz sentido o uso de uma taça pequena para eles. Os vinhos espumantes se perfazem melhor quando apreciam uma trajetória longa e refinada para cada bolha, o que significa uma taça longa e estreita.

Pode parecer muito óbvio, mas as taças de vinho devem ser limpas, isto é, polidas, e não ter cheiro de detergente ou de armário. Embora algumas consigam resistir às modernas lava-louças, a maioria é melhor lavada com água quente e polida à mão com um pano de linho, de preferência enquanto ainda está quente. Em geral, o cheiro de armário surge de se manter as taças emborcadas nas prateleiras ou em uma caixa. Isto pode ser necessário em prateleiras abertas, mas é melhor mantê-las de pé em um armário limpo, seco e arejado. Cheire-as antes de colocá-las na mesa. É um bom exercício para o nariz.

TAÇAS ESPECIAIS

De forma geral, o formato básico da taça servirá a quase qualquer vinho, no entanto, o champanhe e os vinhos espumantes tendem a saber melhor e manter sua efervescência por mais tempo se servidos em taças especialmente longas tais como (**14**), algumas das quais também possuem borda curva para dentro. A taça (**15**) é grande o suficiente para o Porto, enquanto a *copita* de Xerez tradicional (**16**) é quase um pastiche da taça de vinho tradicional. Algumas pessoas gostam de seus Borgonhas tintos servidos em taças bojudas como a (**13**).

OS RESFRIADORES DE VINHO

A forma tradicional de resfriar uma garrafa de vinho é deixá-la em um balde de gelo tal como (**17**), cheio de uma mistura de água e cubos de gelo, de rápido resfriamento. Uma capa térmica (**18**), recheada com líquido refrigerante e mantida no congelador, pode ser eficaz da mesma forma (e é muito mais portátil), enquanto um resfriador de garrafa a vácuo (**19**) manterá eficientemente as garrafas frias ou quentes, independentemente da temperatura ambiente.

Degustando e conversando sobre vinho

Uma grande quantidade de vinho — até mesmo vinho bom ou excelente — passa pela língua e pela garganta das pessoas que o tomam sem que elas o degustem. Elas não estão harmonizadas com ele; não estão receptivas ao que ele tem a oferecer. Podem estar preocupadas ou entretidas em alguma conversa; já beberam uísque ou gim, os quais entorpecem os sentidos; estão resfriadas; ou, simplesmente, nunca conheceram nada sobre como aproveitar o máximo de cada gole.

Nada que o vinicultor possa fazer dispensa a necessidade de um degustador sensível e interessado. Se o sentido do paladar estiver localizado na boca (onde nossos impulsos nos dizem que está), qualquer um que tomar um gole de vinho receberá todas as sensações que ele tem a oferecer. Porém, na realidade, os nervos que recebem qualquer coisa diferente das sensações básicas de doce, azedo, salgado, amargo, como o sabor complexo do vinho, estão localizados na parte mais alta da cabeça e mais profunda do cérebro, na parte superior de nosso nariz.

A parte mais sensível ao que chamamos de paladar é, de fato, nosso olfato. O real órgão da diferenciação está na cavidade nasal mais acima, para onde, na respiração normal, o ar nunca vai. E as únicas sensações que podem alcançá-lo são as emanações das substâncias voláteis. Para alcançar o cérebro, as emanações do vinho necessitam ser inaladas (seja pelo nariz ou, menos efetivamente, pelo fundo da boca) na parte mais acima da cavidade nasal, onde elas são sentidas por milhares de receptores diferentes, cada um sensível a um grupo particular de aromas relacionados. Surpreendentemente, nós humanos somos aparentemente capazes de distinguir até 10.000 aromas diferentes.

Freqüentemente, comenta-se como esses aromas agitam as lembranças muito mais rápida e vivamente do que outras sensações. Da posição do bulbo olfativo, vizinho mais próximo do lobo temporal, onde as lembranças são armazenadas, parece que o olfato, o mais primitivo de nossos sentidos, pode ter uma posição privilegiada de acesso instantâneo ao banco de memórias.

Freqüentemente, os degustadores experientes confiam na reação imediata de sua memória à primeira inalada de um vinho. Se eles não puderem relacioná-lo imediatamente aos vinhos que degustaram no passado, devem recorrer aos seus poderes de análise, localizados no lobo parietal. O seu julgamento do vinho é formado no lobo frontal (para ser armazenado, por sua vez, no lobo temporal para futura referência). A abrangência de referências disponíveis é a grande diferença entre um degustador experiente e um iniciante. Há pouco significado na sensação isolada, embora ela possa ser muito prazerosa. Os prazeres reais da degustação do vinho residem nas referências cruzadas, na instigação da memória, nas comparações entre produtos semelhantes e entretanto sutilmente diferentes da mesma região ou de regiões vizinhas. Os vinhos diferem uns dos outros em termos de cor, textura, força, estrutura, corpo e persistência, assim como de seu complexo de sabores. Um degustador leva tudo isso em consideração.

As degustações ocorrem de muitas formas diferentes, desde o simples ato de prazer em torno de uma mesa de amigos aos testes profissionais de degustação às cegas, envolvidos na qualificação

COMO DEGUSTAR E APRECIAR O VINHO

Olhos

Sirva-se de uma amostra, nada mais do que um quarto da taça, para a degustação. Primeiro, verifique se o vinho está límpido (turvidade ou efervescência indica um defeito) e observe quão intensa é a cor (quanto mais intensa a cor tinta, mais jovem é o vinho e/ou de pele mais grossa são suas uvas; uma dica valiosa se estiver degustando "às cegas" um vinho misterioso). Os vinhos tintos se tornam mais pálidos com a idade, enquanto os brancos, mais profundos. Incline a taça para longe, contra um fundo branco, e observe a cor no meio do líquido e na borda. Todos os vinhos tornam-se lentamente marrons com a idade e a borda é o primeiro local em que qualquer cor alaranjada é observável em um tinto. Os vinhos tintos jovens são mais azuis-arroxeados do que alaranjados. Os tintos velhos perdem completamente a cor na borda. Quanto mais brilhante a cor e mais sutis suas diferentes gradações, melhor o vinho.

Nariz

Dê uma inalada com toda a sua concentração, em seguida, gire o vinho dentro da taça e inale mais uma vez. Quanto mais forte a impressão, mais intenso o aroma ou buquê. Um vinho sutil e maduro pode necessitar ser girado para que desprenda algum aroma. Se estiver degustando às cegas, este é o momento que pede uma grande memória intuitiva, alguma relação com algo armazenado em seu banco de lembranças degustativas. Se estiver degustando para avaliar o vinho, observe se ele tem um aroma límpido (a maioria dos vinhos tem hoje em dia) e intenso, e qual a lembrança que seu aroma provoca. É muito mais fácil lembrar-se de um aroma se puder associar palavras a ele. Enquanto estiver degustando ou bebendo o vinho (e essas duas atividades podem ser muito diferentes), observe como o aroma se modifica. Os bons vinhos tendem a se tornar mais interessantes com o tempo, o que não acontece com a maioria dos vinhos comerciais mais baratos. Uma porcentagem bem pequena da população é anósmica, incapaz por alguma razão física de usar o olfato plenamente.

Boca

Este estágio consiste em dar um bom gole de vinho, expondo-o às papilas gustativas distribuídas na língua e dentro das bochechas. Se o nariz é melhor para sentir os sabores sutis de um vinho, a boca é melhor para medir seus constituintes: a ponta da língua, em geral, para o doce, as laterais superiores para a importante acidez, o fundo da língua para o amargo, as bochechas para os taninos secos, e a entrada da garganta para qualquer excesso de álcool que causa queimação. Assim que um gole tenha sido ingerido ou, por profissionais, cuspido, pode-se julgar se todos esses elementos estão em equilíbrio (tintos jovens têm, muitas vezes, alta concentração de taninos) e sua persistência no palato — um bom indicador da qualidade. Neste estágio, o vinho pode ser julgado, possivelmente até identificado, em sua plenitude.

de um mestre do vinho. Um dos prazeres que intrigam muitos neófitos é o ritual representado em muitos restaurantes, nos quais o *maître* serve uma pequena amostra do vinho escolhido para que você o prove. O objetivo é, em primeiro lugar, que você verifique se o vinho está na temperatura correta e, em segundo, que não esteja com algum defeito óbvio, geralmente contaminado por algum grau de TCA (ver página 40). Não se pode recusá-lo somente por não gostar dele.

Mais difícil do que apreciar vinhos é conseguir comunicar suas sensações. Não há um padrão para as anotações de degustação, como existe para as de som e as de cor; excetuando as palavras usadas para suas dimensões básicas, como forte, azedo, duro, doce, salgado e amargo, cada palavra na linguagem da degustação é emprestada de outros sentidos. E ainda as palavras, ao darem uma identidade às sensações, ajudam a esclarecê-las. Montar um vocabulário é crucial para que alguém se torne um conhecedor.

Quem fala sobre o vinho está a apenas um passo de escrever sobre ele, mas poucos degustadores dão este passo. No entanto, há uma boa razão para manter anotações regulares sobre o que se bebe ou se degusta. Em primeiro lugar, ter de se comprometer com algo no papel ajuda na concentração; sem dúvida alguma, a primeira exigência para ser capaz de degustar um vinho de forma apropriada. Em segundo lugar, faz com que se analisem e qualifiquem as sensações que perpassam seu palato. Em terceiro lugar, é um auxílio à memória: quando alguém perguntar que vinhos são da sua preferência, será possível consultar as anotações e dizer algo definido. Em quarto lugar, as observações permitem que se estenda comparações entre vinhos ao longo do tempo — seja o mesmo vinho um ano mais tarde ou um diferente, porém relacionado, em ocasiões diferentes.

Em resumo, manter anotações sobre degustações é como manter um diário: obviamente uma boa idéia, porém difícil de começar. Um pouco de orientação pode ajudar. Os papéis de degustação profissional são, freqüentemente, divididos em três, para lembrar os degustadores de anotar a aparência do vinho, seus aromas e seu impacto no palato. Pode até haver um quarto espaço para impressões gerais. Degustadores diferentes desenvolvem sua própria linguagem e abreviações, e não há por que ser muito prescritivo. A anotação mais importante a ser feita é o nome completo de cada vinho degustado. Uma data pode ser útil nas anotações também, no caso de alguma vez você ter a chance de monitorar o mesmo vinho mais tarde e fazer comparações. E uma anotação do lugar e/ou dos companheiros de degustação pode ajudar a reavivar sua memória quando ler as notas (em geral cada vez mais ilegíveis) novamente.

As pontuações são apropriadas para julgar os vinhos? Sob algumas circunstâncias profissionais, tais como competições ou grupos julgadores, elas são inevitáveis — como símbolos ou números que se tornam uma arma poderosa no varejo de vinhos atualmente. O hábito de aplicar até 100 pontos aos vinhos tem sido usado com prazer por uma nova geração de compradores em todo o mundo, pois ele oferece um placar de alcance internacional (refletido, com freqüência, por um mercado mundial calibrado de forma semelhante) e pode ser compreendido independente de sua língua nativa. No entanto, apesar da aparente exatidão e precisão de um resultado que varia até 100, não deixemos que ninguém se esqueça de que a degustação de vinhos é um processo essencialmente subjetivo. Uma pontuação que exprime a opinião média de um grupo pode ser profundamente duvidosa, pois tende a excluir qualquer vinho com real individualidade (e está fadada a desagradar alguém). E até mesmo o veredito de um único palato pode ser enganador. Todos temos nossos próprios gostos com relação aos sabores e aos estilos de vinho. Todos começamos com um conjunto de preferências e, em seguida, nossos gostos se desenvolvem e continuam a mudar completamente nossas vidas de apreciadores de vinho. O melhor juiz dos estilos corretos para seu palato é você. Não há certos ou errados absolutos na apreciação de vinhos.

O degustador e palestrante de vinhos mais carismático de todos, o falecido OBE AO Len Evans, que praticamente sozinho transformou a Austrália em uma nação apreciadora e produtora de vinhos. Nesta foto, ele está em um de seus tutoriais mais famosos de 2003, para um grupo de excelentes degustadores selecionados a dedo.

Toda competição tende a ter uma maneira própria de apresentar os atributos dos vinhos e as impressões dos degustadores. Abaixo, da esquerda para a direita, encontram-se as folhas para registro dos resultados para os vinhos de primeira linha exibidos na França, na Austrália e na Argentina. Observe o completo anonimato dos vinhos que estão sendo julgados.

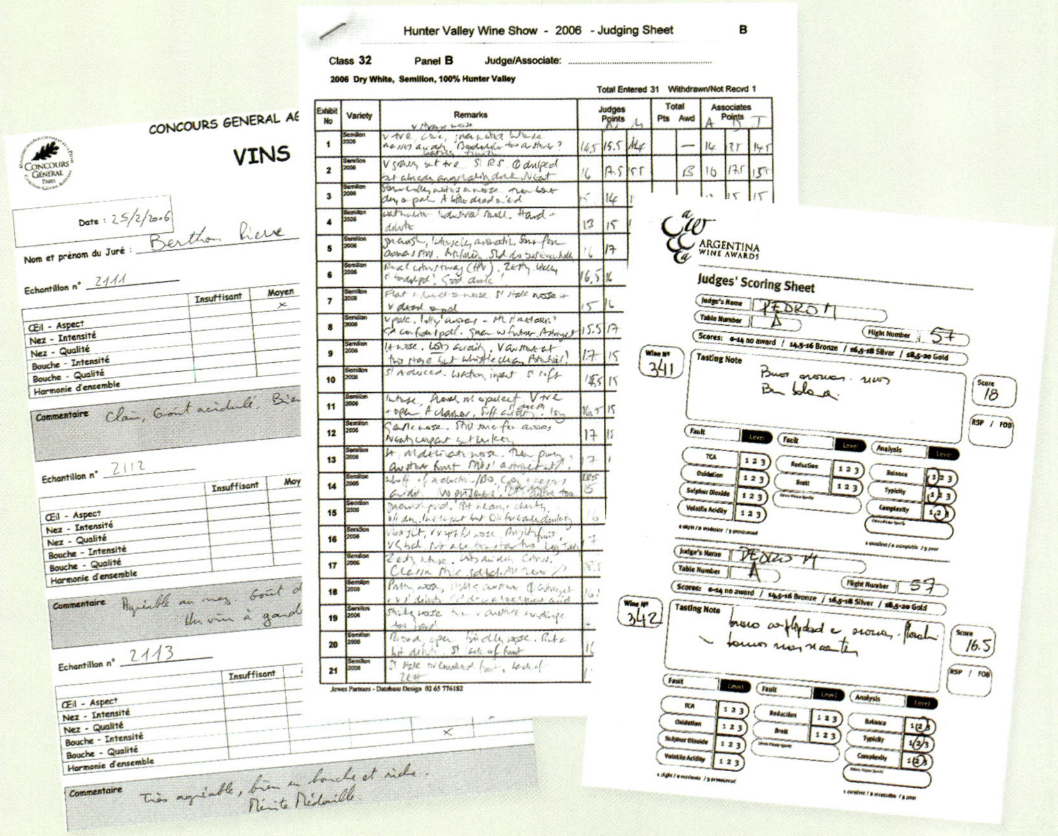

Propriedade Klein Constantia, localizada no ward de Constantia, África do Sul.

O Mundo do Vinho

França

Pensar na França sem vinho seria tão impossível quanto pensar no vinho sem a França. O mapa mostra os departamentos administrativos e, mais importante para o orgulho nacional e o prazer internacional: suas muitas e variadas regiões vinícolas. Há muito que nomes como Borgonha e Champagne têm sido tão evocativos de grandeza em vinhos que, muito para o desgosto da França, eles têm sido emprestados generosamente sem desculpas. No mapa, as áreas cor de malva mais claras, que sombreiam as regiões famosas, mostram o quanto a extensão da plantação de vinhas cresceu na França em meados do século XX. Atualmente, nessas áreas menores, os vinhos vêm sendo substituídos em larga escala por outras colheitas (ver a área total de vinhedo de cada departamento nos cachos azuis), embora as vinhas ainda sejam extensamente plantadas no Charentes (para a fabricação de conhaque) e nas planícies do Languedoc-Roussillon, também conhecidas como Midi, apesar de as tentativas conjuntas para persuadir os fazendeiros de lá a arrancarem as vinhas mais evidentemente supérfluas.

O excesso é sempre um problema em vinhedos arcaicos tais como os do Midi. Atualmente, é agravado pelo consumo vinícola decrescente da França. O mercado externo está interessado somente na qualidade — a qual, apesar de tudo, a França ainda fornece a um nível mais alto e em variedade maior do que qualquer outro país.

A personalidade nacional da França e sua preocupação com as questões do coração, do palato e do fígado parcialmente explicam isso. A geografia é, no entanto, a chave. A França, banhada pelo Atlântico e envolvida pelo Mediterrâneo, está singularmente bem situada. Em *l'hexagone*, entre o oceano, o mar e a influência do continente a leste, quase todas as possibilidades estão cobertas. Os solos são igualmente variados, com mais do precioso *calcaire* (calcário), tão favorável à qualidade vinícola, do que qualquer outro país. As mudanças climáticas, até agora, têm sido amplamente benéficas.

No entanto, a França não tem apenas bons vinhedos; ela os define, os classifica e os controla mais minuciosamente do que qualquer outro país. Foi lá que começou a *Appellation d'Origine Contrôlée*, surgida em meados da década de 1920, a qual inovou ao restringir o uso de um nome geográfico para os vinhos feitos em uma área precisamente especificada. A lei também estipula quais as variedades de uvas que podem ser cultivadas, a colheita máxima por hectare (produção), o amadurecimento mínimo da uva, como as vinhas devem ser cultivadas e, até um determinado ponto, como o vinho deve ser feito. As AOCs (ou ACs) são administradas pelo Institut National des Appellations de l'Origine et de la Qualité (INAO). Atualmente, há muita discussão sobre se os regulamentos muito imitados da AC são um tesouro nacional ou uma desnecessária camisa-de-força, que sufoca a experimentação e desfavorece a França na sua rivalidade com os produtos do muito mais liberal Novo Mundo.

Logo abaixo da categoria AC, que atualmente constitui quase metade de todos os vinhos franceses, estão os vinhos VDQs (Vins Délimités de Qualité Supérieur), tipo de ACs em espera, que representam somente cerca de 1% de cada colheita. A segunda maior categoria de vinho francês é o Vin de Pays, os "vinhos do país" descritos nas páginas 152 e 153. No final da escala de qualidade se encontram os desprestigiados Vins de Table.

A LINGUAGEM DO RÓTULO

Freqüentemente, o nome da apelação é impresso em letras muito maiores do que o nome do produtor, muito embora o último possa ser um guia mais seguro da qualidade.

INDICAÇÕES DE QUALIDADE

Appellation (d'Origine) Contrôlée (AC) vinhos cuja origem geográfica, composição varietal e métodos de produção são regulados com precisão — em geral, os melhores e certamente os mais tradicionais.

VDQS ACs em espera.

Vin de Pays "vinho do país", provindos com freqüência de áreas maiores do que as zonas que produzem ACs, nas quais variedades não-tradicionais e produções maiores são permitidas (ver página 152).

Vin de Table vinho básico para o qual nenhuma origem geográfica, variedade de uva ou de safra pode ser declarada no rótulo.

OUTRAS EXPRESSÕES COMUNS

Blanc branco

Cave (*coopérative*) vinícola de cooperativa

Château propriedade vinícola ou até fazenda, comumente em Bordeaux

Coteaux de, Côtes de as encostas

Cru literalmente "crescimento, desenvolvimento", um lote de terra superior especificado

Cru Classé *cru* que foi diferenciado por uma classificação importante, tal como a de 1855 em Bordeaux (ver página 82)

Domaine (domínio) propriedade vinícola; a resposta da Borgonha, em menor escala, para o *château*

Grand Cru literalmente "grande crescimento/desenvolvimento". Na Borgonha, os melhores vinhedos; em St-Émilion, nada especial

Méthode classique, méthode traditionnelle vinho espumante que utiliza o mesmo método usado para o champanhe

Mis (en bouteille) au château/domaine/à la propriété vinho engarrafado na propriedade, produzido pelo mesmo empreendimento do produtor das uvas

Négociant engarrafador comerciante, um empreendimento que arremata vinhos ou uvas em leilões (cf. *domaine*)

Premier Cru literalmente "primeiro crescimento/desenvolvimento". Na Borgonha, um pouco abaixo do Grand Cru; no Médoc, um dos quatro *châteaux* principais

Propriétaire-récoltant vinicultor proprietário

Récoltant viticultor (e, fora da França, vinicultor)

Récolte safra

Rosé rosado

Rouge tinto

Supérieur de teor alcoólico levemente superior

Vieilles vignes vinhas velhas originando, conseqüentemente, um vinho mais denso, embora o "velho" não seja regulamentado

Vigneron vitivinicultor

Villages (vila) sufixo que denota comunas selecionadas, ou paróquias, em uma apelação

Vin vinho

Viticulteur viticultor

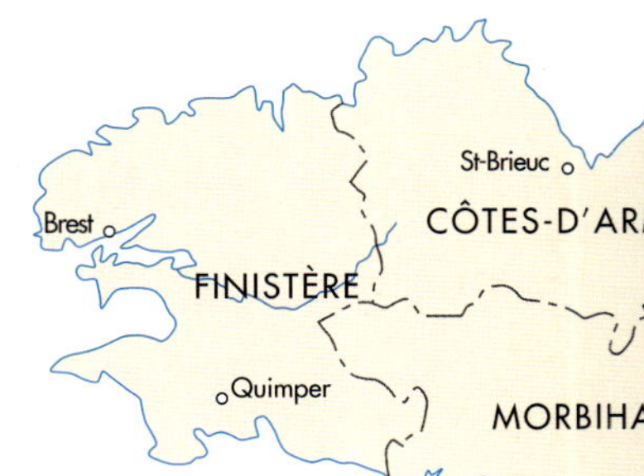

- Fronteira dos países
- Divisa de departamento
- ○ Cidade-sede do departamento
- *St-Sardos* St-Sardos VDQS
- • Centro do VDQS
- *Marcillac* Marcillac AC não mapeada em outro local
- • Centro da área AC
- Champagne (páginas 78-81)
- Vale do Loire (páginas 118-125)
- Borgonha (páginas 54-77)
- Jura e Savóia (páginas 150-151)
- Rhône (páginas 130-139)
- Sudoeste (páginas 112-114)
- Dordonha (página 115)
- Bordeaux (páginas 82-111)
- Languedoc-Roussillon (páginas 140-145)
- Provença (páginas 146-148)
- Alsácia (páginas 126-129)
- Córsega (página 149)
- Outras áreas de vinicultura tradicionais

Símbolos proporcionais

40 — Área de vinhedo por departamento, em milhares de hectares (nenhum número é fornecido se a área for inferior a 1.000 hectares)

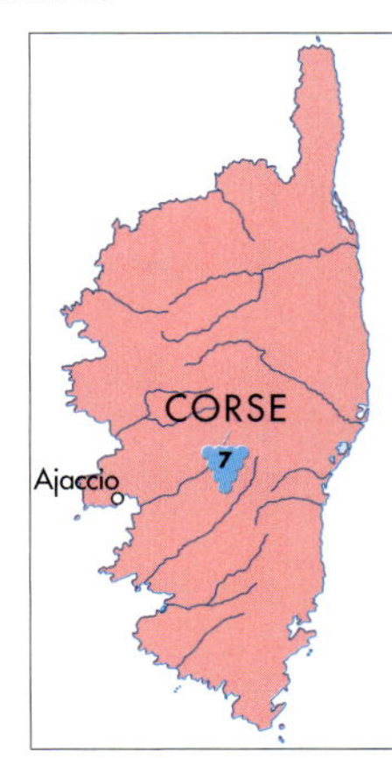

1|2 2|3 3|4 4|5 5|6

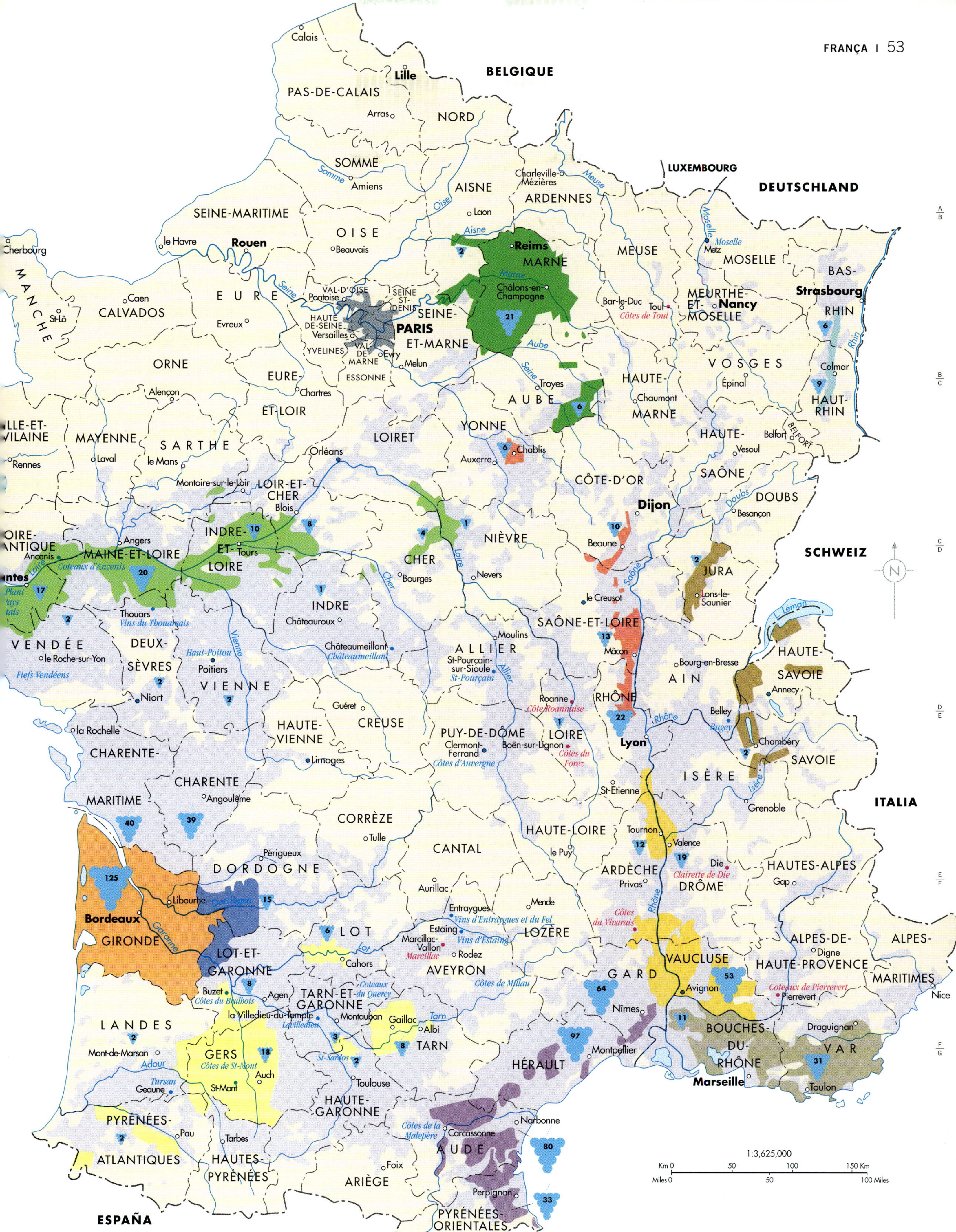
BELGIQUE
LUXEMBOURG
DEUTSCHLAND
SCHWEIZ
ITALIA
ESPAÑA
MANCHE
PAS-DE-CALAIS
NORD
SOMME
AISNE
ARDENNES
SEINE-MARITIME
OISE
MARNE
MEUSE
MOSELLE
BAS-RHIN
EURE
CALVADOS
MEURTHE-ET-MOSELLE
VAL-D'OISE
SEINE-ST-DENIS
HAUTE-DE-SEINE
YVELINES
VAL-DE-MARNE
ESSONNE
SEINE-ET-MARNE
ORNE
EURE-ET-LOIR
AUBE
HAUTE-MARNE
VOSGES
HAUT-RHIN
ILLE-ET-VILAINE
MAYENNE
SARTHE
LOIRET
YONNE
HAUTE-SAÔNE
BELFORT
LOIR-ET-CHER
CÔTE-D'OR
DOUBS
LOIRE-ATLANTIQUE
MAINE-ET-LOIRE
INDRE-ET-LOIRE
CHER
NIÈVRE
JURA
INDRE
SAÔNE-ET-LOIRE
VENDÉE
DEUX-SÈVRES
VIENNE
ALLIER
AIN
HAUTE-SAVOIE
RHÔNE
CREUSE
HAUTE-VIENNE
PUY-DE-DÔME
LOIRE
SAVOIE
CHARENTE-MARITIME
CHARENTE
ISÈRE
CORRÈZE
CANTAL
HAUTE-LOIRE
DORDOGNE
ARDÈCHE
DRÔME
HAUTES-ALPES
GIRONDE
LOT
LOZÈRE
LOT-ET-GARONNE
AVEYRON
VAUCLUSE
ALPES-DE-HAUTE-PROVENCE
ALPES-MARITIMES
GARD
TARN-ET-GARONNE
LANDES
GERS
TARN
BOUCHES-DU-RHÔNE
VAR
HÉRAULT
HAUTE-GARONNE
PYRÉNÉES-ATLANTIQUES
HAUTES-PYRÉNÉES
ARIÈGE
AUDE
PYRÉNÉES-ORIENTALES
Calais
Lille
Arras
Amiens
Charleville-Mézières
Laon
Cherbourg
le Havre
Rouen
Beauvais
Reims
Metz
Moselle
Caen
St-Lô
Evreux
Pontoise
Versailles
PARIS
Evry
Melun
Châlons-en-Champagne
Bar-le-Duc
Toul
Côtes de Toul
Nancy
Strasbourg
Colmar
Épinal
Troyes
Chaumont
Alençon
Chartres
Rennes
Laval
le Mans
Orléans
Auxerre
Chablis
Belfort
Vesoul
Montoire-sur-le-Loir
Blois
Dijon
Besançon
Angers
Ancenis
Coteaux d'Ancenis
Tours
Nantes
Bourges
Nevers
Beaune
Thouars
Vins du Thouarsais
Châteauroux
le Creusot
Lons-le-Saunier
Châteaumeillant
Moulins
Mâcon
le Roche-sur-Yon
Fiefs Vendéens
Haut-Poitou
Poitiers
St-Pourçain-sur-Sioule
St-Pourçain
Bourg-en-Bresse
Annecy
Niort
Guéret
Roanne
Côte Roannaise
Belley
Bugey
Chambéry
la Rochelle
Limoges
Clermont-Ferrand
Côtes d'Auvergne
Boën-sur-Lignon
Côtes du Forez
Lyon
St-Etienne
Grenoble
Angoulême
Tulle
Tournon
Valence
le Puy
Périgueux
Die
Clairette de Die
Privas
Gap
Aurillac
Libourne
Dordogne
Bordeaux
Garonne
Mende
Entraygues
Vins d'Entraygues et du Fel
Côtes du Vivarais
Estaing
Vins d'Estaing
Marcillac-Vallon
Marcillac
Rodez
Cahors
Digne
Côtes de Millau
Buzet
Côtes du Brulhois
Agen
Coteaux du Quercy
Avignon
Coteaux de Pierrevert
Pierrevert
Nice
Nîmes
la Villedieu-du-Temple
Lavilledieu
Montauban
Gaillac
Albi
Draguignan
Mont-de-Marsan
Adour
St-Sardos
Montpellier
Côtes de St-Mont
Auch
Tursan
Geaune
St-Mont
Toulouse
Marseille
Toulon
Pau
Tarbes
Côtes de la Malepère
Carcassonne
Narbonne
Foix
Perpignan
1:3,625,000
Km 0 50 100 150 Km
Miles 0 50 100 Miles

Borgonha

Só o nome Borgonha já é um sinal sonoro. É o sino ou a sineta? Deixemos Paris ser a cabeça da França e Champagne, a sua alma; a Borgonha é seu estômago. É uma terra de refeições longas, bem fornida pelos melhores suprimentos (bife de Charolais para o oeste, frango de Bresse para o leste e queijos supercremosos como Chaource e Epoisses). A Borgonha foi o mais rico dos antigos ducados da França. Porém, mesmo antes de a França se tornar cristã, ela já era famosa por seus vinhos.

A Borgonha não é um único vinhedo grande, mas o nome de uma província que contém diversas regiões vinícolas distintas e eminentes. De longe, a mais rica e mais importante é a **Côte d'Or**, o coração da Borgonha, composta pela **Côte de Beaune** ao sul e pela **Côte de Nuits** ao norte, o lar ancestral da Chardonnay e da Pinot Noir. Em qualquer outro contexto, as Chardonnays de **Chablis**, os tintos e brancos da **Côte Chalonnaise** e os brancos do **Mâconnais** (todos igualmente parte da Borgonha) seriam estrelas por conta própria. Imediatamente ao sul do Mâconnais, está **Beaujolais**, muito diferente da Borgonha em escala, estilo, solo e uva (ver páginas 72-74).

Mesmo com toda a fama e riquezas antigas, a Borgonha ainda parece simples e rústica. Quase não há casas grandiosas de uma extremidade da Côte d'Or à outra — nenhuma das propriedades rurais elegantes que marcam o Médoc como uma criação de lazer e saúde, nos séculos XVIII e XIX. A maioria das poucas grandes propriedades de terra, aquelas da Igreja, foram desmembradas por Napoleão. A Borgonha ainda é o mais fragmentado dos distritos vinicultores importantes da França. A propriedade média pode ser maior do que era, porém não passa de uns meros 15 acres (6 hectares).

A fragmentação da Borgonha é a causa da única grande desvantagem de seu vinho: sua imprevisibilidade. Do ponto de vista geográfico, o fator humano não é mapeável, e na Borgonha, mais do que na maioria dos lugares, deve ficar em destaque. Mesmo identificando um vinho a um *climat* particular (lotes de vinhas), a uma comuna particular, a um ano particular, ainda assim ele poderia, em muitos casos, ter sido feito por qualquer um dos seis ou sete proprietários de pequenos lotes de terra, e produzido em qualquer uma das seis ou sete adegas. Monopólios ou vinhedos inteiros nas mãos de um único produtor são raras exceções. Até mesmo o menor dos produtores tem lotes em dois ou três vinhedos. Os maiores podem possuir um total de 50 a 100 acres (20 a 40 hectares) espalhados em pequenos lotes presentes em dezenas de vinhedos por toda a Côte. Os 125 acres (50 hectares) do Clos de Vougeot estão divididos entre mais de 90 produtores.

Por essa razão específica, cerca de 65% dos Borgonhas ainda são comprados dos produtores quando novos, em barris, pelos negociantes de vinhos (ou exportadores), os quais os misturam com outros vinhos da mesma apelação para atingir uma quantidade comercialmente viável de um vinho-padrão. Isto é oferecido ao mundo não como o vinho de um produtor específico, cuja feitura deste em particular pode ser de apenas um tonel ou dois, mas como o produto de um determinado distrito (seja ele tão específico quanto um vinhedo ou tão vago quanto uma vila) *élevé* — literalmente criado — pelo exportador.

A reputação dos maiores negociantes de vinhos varia enormemente, mas Bouchard Père et Fils, Joseph Drouhin, Faiveley, Louis Jadot e Louis Latour (por seus melhores brancos) são confiáveis; Boisset melhorou imensamente, e todos são proprietários de vinhedos importantes. O final do século XX assistiu à emergência de ambiciosos negociantes que produzem alguns dos melhores da Borgonha, tais como Dominique Laurent e Verget, que lideram o campo no crescimento vinícola do tinto e do branco, respectivamente. Atualmente, um número crescente de produtores respeitados também tem empreendimentos próprios como negociantes de vinhos.

Há aproximadamente 100 *appellations contrôlées* na Borgonha. A maioria se refere às áreas geográficas e aparece detalhada nas páginas seguintes. Embutida nessas apelações geográficas está uma classificação de qualidade que é praticamente um trabalho de arte em si (explicado em detalhes na página 58). No entanto, as denominações a seguir podem ser aplicadas a vinhos produzidos de uvas cultivadas em qualquer parte da Borgonha, inclusive nos vinhedos das famosas comunas, cujo solo e situação estão abaixo da média: Bourgogne (para Pinot Noir ou Chardonnay), o raramente visto vinho tinto ou branco Bourgogne Grand Ordinaire (para uma mistura de uvas borgonhesas locais), e o vinho tinto e branco da casa da Borgonha, respectivamente. Bourgogne Passetoutgrains (para uma mistura de Gamay com pelo menos um terço de Pinot Noir) e Bourgogne Aligoté (para o branco relativamente ácido que é feito de outras uvas brancas da Borgonha). Há também mini-apelações recônditas como **Bourgogne Vézelay**, uma reverência a uma única vila abençoada tanto pela gastronomia quanto pela Igreja.

Mais uma vez os cavalos tornaram-se uma visão comum na Borgonha, onde vitivinicultores como estes aqui no Domaine de la Romanée-Conti apreciam muito o fato de eles deixarem o solo muito mais fofo e menos compacto do que o maquinário pesado.

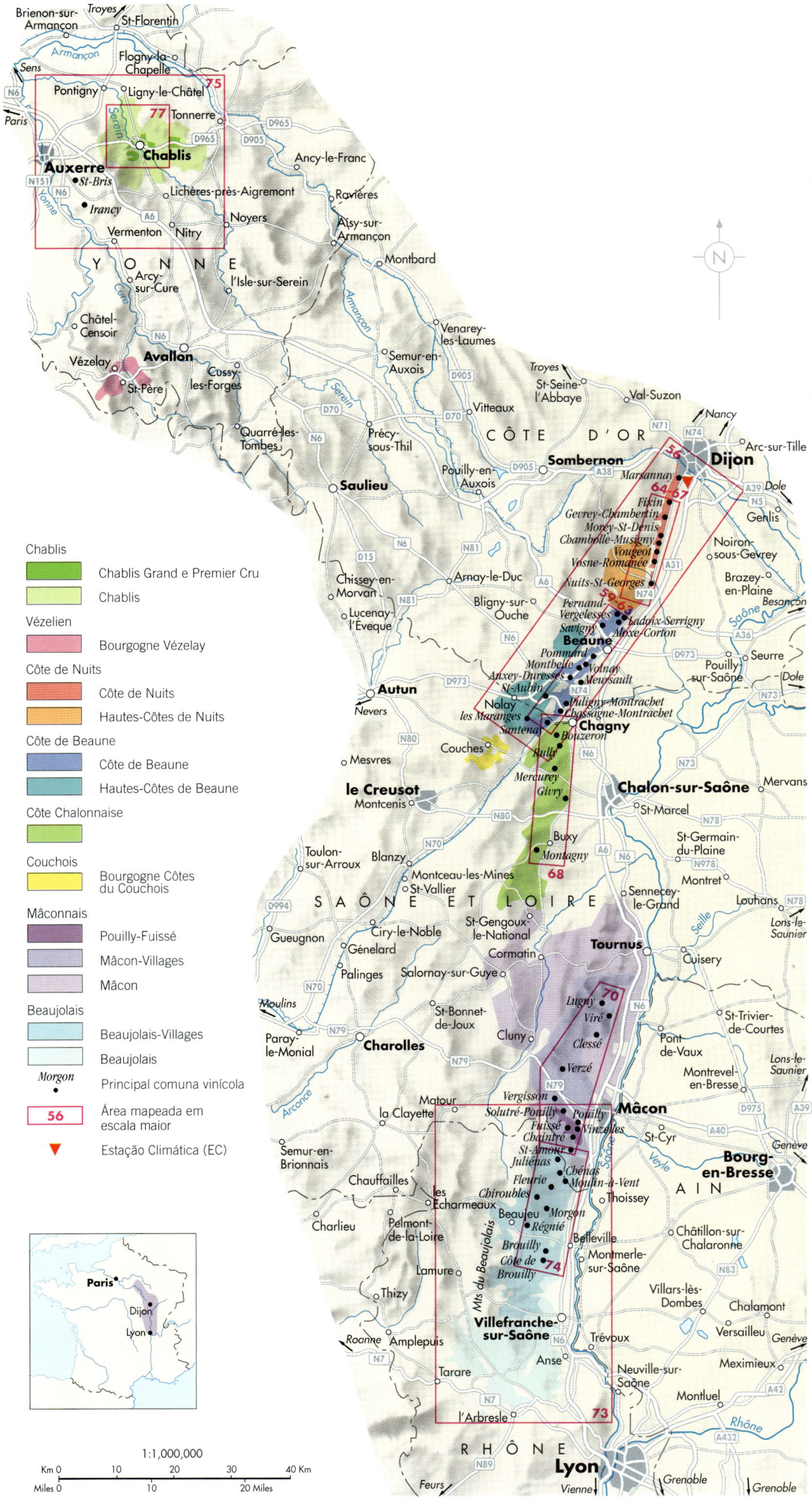

BORGONHA: DIJON

Latitude / Altitude da EC **47,15° / 220m**

Temperatura média da EC em julho **19,72°C**

Índice pluviométrico anual na EC **690mm**

Índice pluviométrico na EC no mês da colheita **Setembro: 55mm**

Principais perigos para a viticultura **Geada, doença (especialmente mofo), chuvas de outono**

Principais uvas **Pinot Noir, Chardonnay, Gamay, Aligoté**

Côte d'Or: o fator de qualidade

Um borgonhês compreensivelmente sente uma determinada reverência com relação à cadeia de montanhas de aparência comum da Côte d'Or — como os atenienses com relação a um deus desconhecido. É surpreendente o fato de que poucos e pequenos lotes de terra, nesta montanha, fornecem vinhos excelentes, cada um com uma personalidade própria, e com o fato de que outros não o fazem. Certamente pode-se descobrir os fatores que distinguem um lote de outro — dando para algumas uvas mais açúcar, peles mais grossas ou, em geral, mais personalidade.

Uns conseguem. Outros, não. O solo e o subsolo são analisados continuamente. A temperatura, a umidade e a direção do vento são registradas; os vinhos são analisados minuciosamente... Ainda assim, o mistério continua. Consegue-se apurar somente determinados fatores físicos e colocá-los ao lado das reputações dos grandes vinhos. Ninguém ainda provou conclusivamente como os dois estão conectados (mesmo que os geólogos amantes do vinho sejam atraídos pela Côte d'Or como mariposas pela luz).

As Côtes localizam-se ao longo de uma falha geológica, onde os depósitos do fundo do mar de diversas épocas geológicas, ricos em cálcio proveniente das conchas mortas, são expostos como um bolo fatiado em camadas. A exposição ao ambiente desintegrou suas rochas em solos de diferentes idades e texturas; os diferentes graus de inclinação os misturaram em proporções diferentes. As menores falhas locais, que estão em ângulo reto em relação à Côte, adicionam variações à mistura.

A altitude média da encosta é aproximadamente constante em 250m. Mais alto na colina, no cume rochoso de solo raso, o clima é mais rigoroso; as uvas amadurecem mais tarde. Mais abaixo, onde o solo é mais aluvial, a neblina do vale e as geadas fora de estação são mais comuns, e o completo amadurecimento é mais difícil de alcançar.

A Côte se situa ao leste, estendendo-se também ao sul, onde é direcionada (especialmente na Côte de Beaune) para exposição completa, que ocorre até mesmo a oeste. Ao longo de sua parte mais baixa, normalmente cerca de um terço do caminho da base, corre um estreito afloramento de marga, formando solo de argila com calcário. A marga em si já seria um solo muito rico para o vinho da mais alta qualidade, porém, combinada com as pedras e os cascalhos trazidos pela água das pedras calcárias mais altas, fica perfeita. A erosão continua a fazer a mistura abaixo do afloramento, a distância depende do ângulo de inclinação.

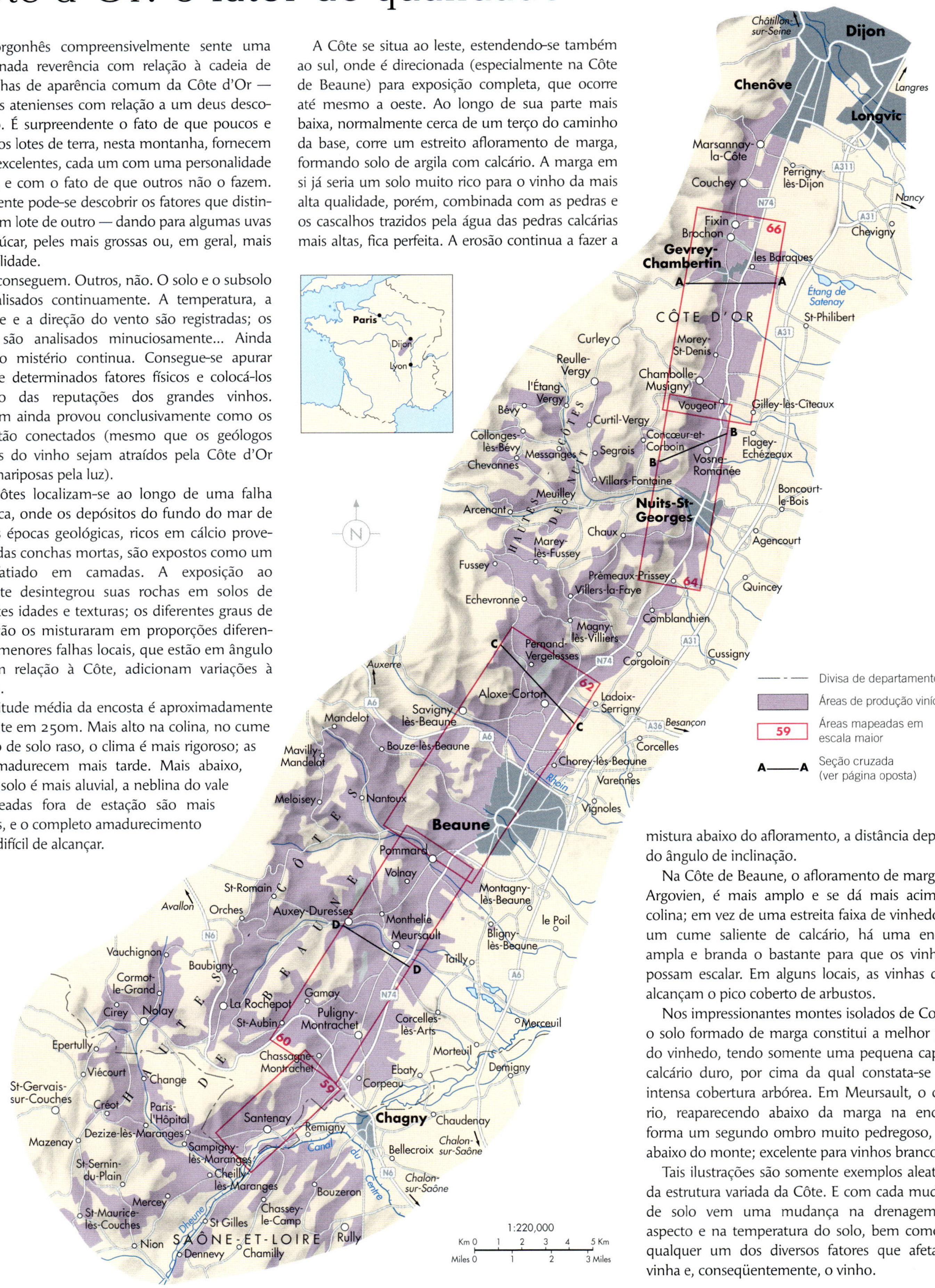

Na Côte de Beaune, o afloramento de marga, ou Argovien, é mais amplo e se dá mais acima na colina; em vez de uma estreita faixa de vinhedo sob um cume saliente de calcário, há uma encosta ampla e branda o bastante para que os vinhedos possam escalar. Em alguns locais, as vinhas quase alcançam o pico coberto de arbustos.

Nos impressionantes montes isolados de Corton, o solo formado de marga constitui a melhor parte do vinhedo, tendo somente uma pequena capa de calcário duro, por cima da qual constata-se uma intensa cobertura arbórea. Em Meursault, o calcário, reaparecendo abaixo da marga na encosta, forma um segundo ombro muito pedregoso, mais abaixo do monte; excelente para vinhos brancos.

Tais ilustrações são somente exemplos aleatórios da estrutura variada da Côte. E com cada mudança de solo vem uma mudança na drenagem, no aspecto e na temperatura do solo, bem como em qualquer um dos diversos fatores que afetam a vinha e, conseqüentemente, o vinho.

A Borgonha é a região européia setentrional que mais produz tintos excelentes. É vital que as vinhas de Pinot Noir amadureçam antes que o frio e a umidade do outono se estabeleçam. O clima característico de cada vinhedo, o famoso mesoclima (ver página 26), em combinação com a estrutura física da terra, tem o efeito mais decisivo. Os melhores vinhedos da Côte se encontram a leste; é do sol da manhã que eles precisam para aquecer a terra gradualmente e reter o calor durante todo o dia. Eles estão abrigados do vento sudoeste, o qual carrega mais chuva — porém não estão protegidos das geadas em noites tranqüilas.

O outro fator de qualidade, não mapeável, é a escolha de vinhas pelo produtor e a forma como elas são podadas e conduzidas. A qualidade fica inevitavelmente comprometida se, mesmo com enxertos relativamente vigorosos da variedade clássica, um produtor escolher erroneamente as podas mais produtivas ou fertilizar demais o solo. Atualmente, a busca por qualidade tem vantagens sobre a avareza e os produtores estão cada vez mais cientes da necessidade de revitalizar o solo após anos de entusiasmado uso de agroquímicos. As viticulturas orgânicas e biodinâmicas estão cada vez mais populares nesta área, especialmente com as gerações mais novas de viticultores.

A Côte d'Or está mapeada aqui mais detalhadamente do que qualquer outra região vinícola, em parte devido ao seu padrão único de mesoclimas e solos variáveis, mas também devido à sua história singular. De todas as regiões, esta é onde a qualidade vinícola tem sido estudada por mais tempo — certamente desde o século XII, quando os monges cistercienses e beneditinos ainda estavam ávidos por diferenciar um *cru* de outro e explorar seu potencial.

Nos séculos XIV e XV, os duques da Borgonha da Casa de Valois fizeram de tudo para encorajar e lucrar com os vinhos da região. Desde então, cada geração contribuiu para o conhecimento local, que é expresso nos *climats* e nos *crus* das colinas que se espalham de Dijon a Chagny.

O mapa na página anterior dá uma importante visão geral. Na parte de cima das modestas colinas está uma planície interrompida por escarpas abruptas (colinas íngremes), onde falhas geológicas sobressaem. São as **Hautes-Côtes**, divididas nas de Beaune e Nuits, elevando-se a mais de 400m e sujeitas a temperaturas mais baixas e à exposição, as quais colocam suas safras uma semana atrás das Côtes abaixo.

Isso não quer dizer que em seus vales mais protegidos, voltados para o leste e para o sul, as uvas Pinot Noir e Chardonnay não possam produzir vinhos geralmente leves, mas às vezes finos, bem característicos da Côte d'Or. Além disso, em anos excepcionalmente quentes como 2003 e 2005, as Hautes-Côtes, assim como as regiões mais arejadas da própria Côte d'Or, obtêm sucesso. As melhores comunas nas Hautes-Côtes de Beaune incluem Nantoux, Echevronne, La Rochepot e Meloisey; nas Hautes-Côtes de Nuits, onde os vinhos tintos predominam, Marey-lès-Fussey, Magny-lès-Villers, Villars-Fontaine e Bévy.

Na ponta meridional da Côte de Beaune, encontra-se **Maranges**, responsável por delicados tintos de três comunas, a oeste de Santenay, que usam o sufixo *-lès-Maranges*.

VARIAÇÕES NO SOLO SUPERFICIAL

Um corte transversal de quatro excelentes vinhedos da Côte d'Or está encartado no quadro ao lado. A superfície (solo) deriva da rocha tanto abaixo dela como da parte mais acima da colina. Em Gevrey-Chambertin, o solo imaturo ou rendzinas (ver legenda) predomina até a camada de marga. Acima e abaixo da marga há boa terra calcária marrom, em uma posição bem abrigada (Chambertin). Uma variedade de solos é constatada no vale, dando terra boa para vinhedos. Em Vougeot, a marga emerge duas vezes. Abaixo do afloramento mais alto está Grands Echézeaux; ainda descendo, o segundo Clos de Vougeot. O monte de Corton apresenta uma faixa mais ampla de marga quase até o cume; os melhores vinhedos se encontram nele. No entanto, neste declive íngreme os produtores constantemente têm de retirar solo do fundo e transportá-lo de volta para o cume. Onde os escombros de calcário repousam, os vinhos brancos são produzidos (Corton-Charlemagne). Em Meursault, o solo de marga está novamente alto e amplo, porém seu benefício é sentido mais abaixo, onde forma solo pedregoso a partir de um afloramento de calcário. Os melhores vinhedos estão nesta rampa convexa.

Solo

- Terra marrom calcária esquelética
- Terra marrom calcária normal
- Terra com argila marrom calcária esquelética
- Terra com argila marrom calcária normal
- Terra marrom
- Rendzinas (solos pouco desenvolvidos)
- Limites da área de vinhedo

Rocha

- Argovien (pedra marga)
- Bajocien Supérieur (pedra marga)
- Callovien e Bathonien Supérieur (calcário macio, argila ou xisto)
- Bathonien Moyen e Inférieur (calcário duro)
- Bajocien Inférieur (calcário arenoso)
- Oligocène Supérieur (diversos: calcários, arenitos e argila)
- Cristais de rocha quaternária
- Rauracien (calcário duro)
- Loess

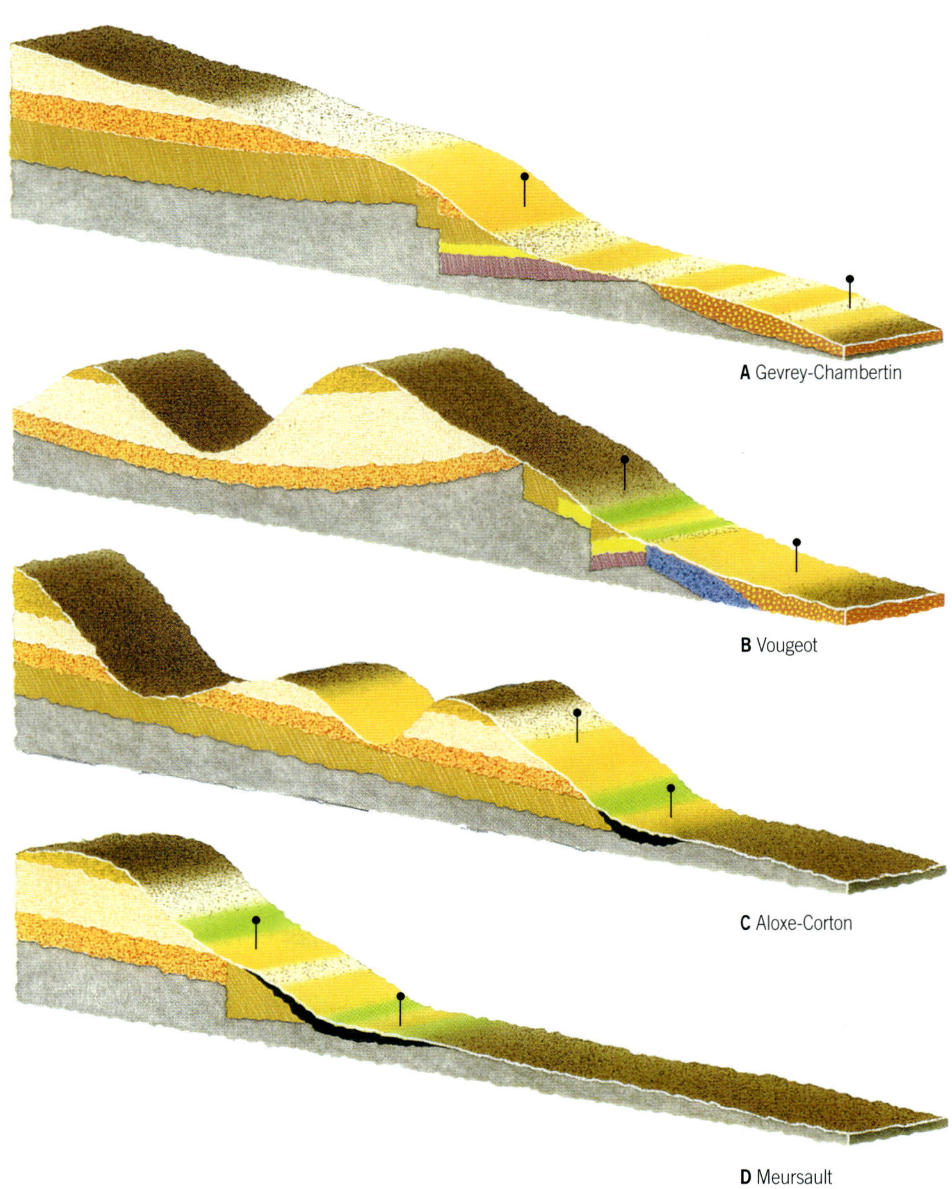

Côte d'Or

A Côte d'Or — a Côte de Beaune e a Côte de Nuits, separadas por apenas alguns quilômetros, onde as vinhas dão lugar às pedreiras de mármore — é uma escarpa irregular de aproximadamente 50km de comprimento. No cume, há um platô arborizado; a parte baixa é o início do vale pouco acidentado do rio Saône. A largura da encosta varia de algumas centenas de metros a 2,5km — mas todos os bons vinhedos estão situados nessa faixa estreita.

A classificação da qualidade da terra nesta faixa é a mais elaborada do planeta, refinada ainda mais pelas pequenas diferenças na nomenclatura e na forma de soletrar os diferentes produtores. Baseados em classificações que datam de 200 anos, os vinhedos são divididos em quatro classes e a rotulação precisa de cada vinho é estipulada apropriadamente.

Os Grands Crus pertencem à primeira classe, dos quais 30 estão efetivamente em produção atualmente, principalmente na Côte de Nuits. Cada um tem sua própria denominação. Apenas o simples nome do vinhedo — Musigny, Corton Montrachet ou Chamberlain (às vezes com prefixo "Le") — é uma amostra da exclusividade que marca a mais alta nobreza da Borgonha.

Os Premiers Crus, o próximo na classificação, usam o nome da sua comuna, seguido pelo nome do vinhedo (ou, se o vinho provém de mais de um vinhedo Premier Cru, o nome da comuna vem seguido pelas palavras "Premier Cru"). Os exemplos seriam, respectivamente, "Chambolle-Musigny (Les) Charmes" ou, se o vinho for uma mistura entre Charmes e outros vinhedos Premier Cru, o nome seria "Chambolle-Musigny Premier Cru".

Alguns Premiers Crus são melhores que outros, algo que não surpreende, já que há 622 no total. Perrières, em Meursault, e Rugiens, em Pommard, como também Les Amoureuses, em Chambolle-Musigny, e Clos St-Jacques, em Gevrey-Chambertin, podem alcançar preços mais altos que Grands Crus inferiores, como o Clos de Vougeot e o Corton.

A Appellation Communale é a terceira na classificação; permitindo, assim, que se use o nome de uma comuna como Meursault. Freqüentemente, esses vinhos são conhecidos como vinhos da "vila". O nome de um vinhedo específico, ou *lieu-dit*, é consentido — e cada vez mais usado — no rótulo destes vinhos, mas deve estar impresso em letras menores que o nome da comuna. Alguns vinhedos, embora não oficialmente Premiers Crus, podem ser considerados da mesma classe.

A quarta classificação sugere que há vinhedos situados não muito apropriadamente até mesmo em algumas comunas famosas (tipicamente nas terras mais baixas a leste da rodovia principal, a N74), que têm somente o direito de chamar seu vinho *Bourgogne* (Borgonha). Sua produção pode ser nitidamente inferior, porém nem sempre. Há produtores na região que oferecem verdadeiras e raras barganhas da Côte d'Or.

O consumidor deve se lembrar de distinguir o nome de um vinhedo do nome de uma comuna. Muitas vilas (Vosne, Chassagne, Gevry etc.) anexaram seu nome ao seu melhor vinhedo. A diferença entre Chevalier-Montrachet (de um vinhedo famoso) e o Chassagne-Montrachet (de qualquer lugar dentro de uma grande comuna) não é explícita, mas sim vital.

O Hospices de Beaune foi fundado em meados do século XV pelo chanceler do ducado da Borgonha Nicolas Rollin e sua terceira esposa Guigone de Salin. O hospital, ou Hôtel-Dieu, possui vinhedos em torno de Beaune, assim consegue oferecer seus serviços de graça.

OS MAIORES COMERCIANTES DE VINHOS DE BEAUNE

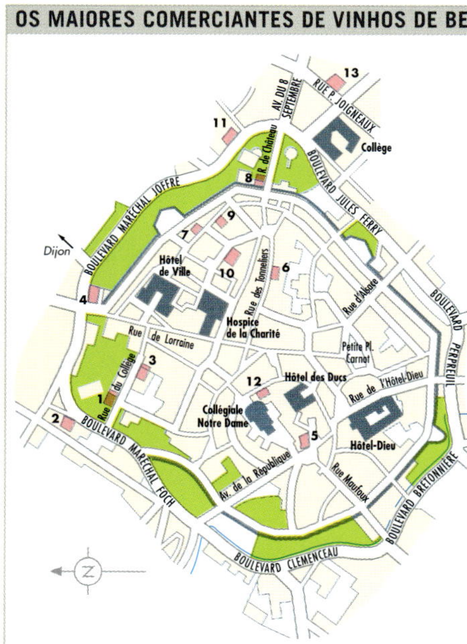

1 Chanson Père & Fils
2 Bouchard Aîné & Fils
3 Patriarche Père & Fils
4 Caves de la Reine Pédauque
5 Joseph Drouhin
6 Louis Latour
7 Remoissenet Père & Fils
8 Bouchard Père & Fils
9 Louis Jadot
10 Champy
11 Albert Bichot
12 Jaffelin
13 Camille Giroud

O mundialmente famoso leilão beneficente do Hospices de Beaune (abaixo) é realizado todo ano, no terceiro domingo de novembro.

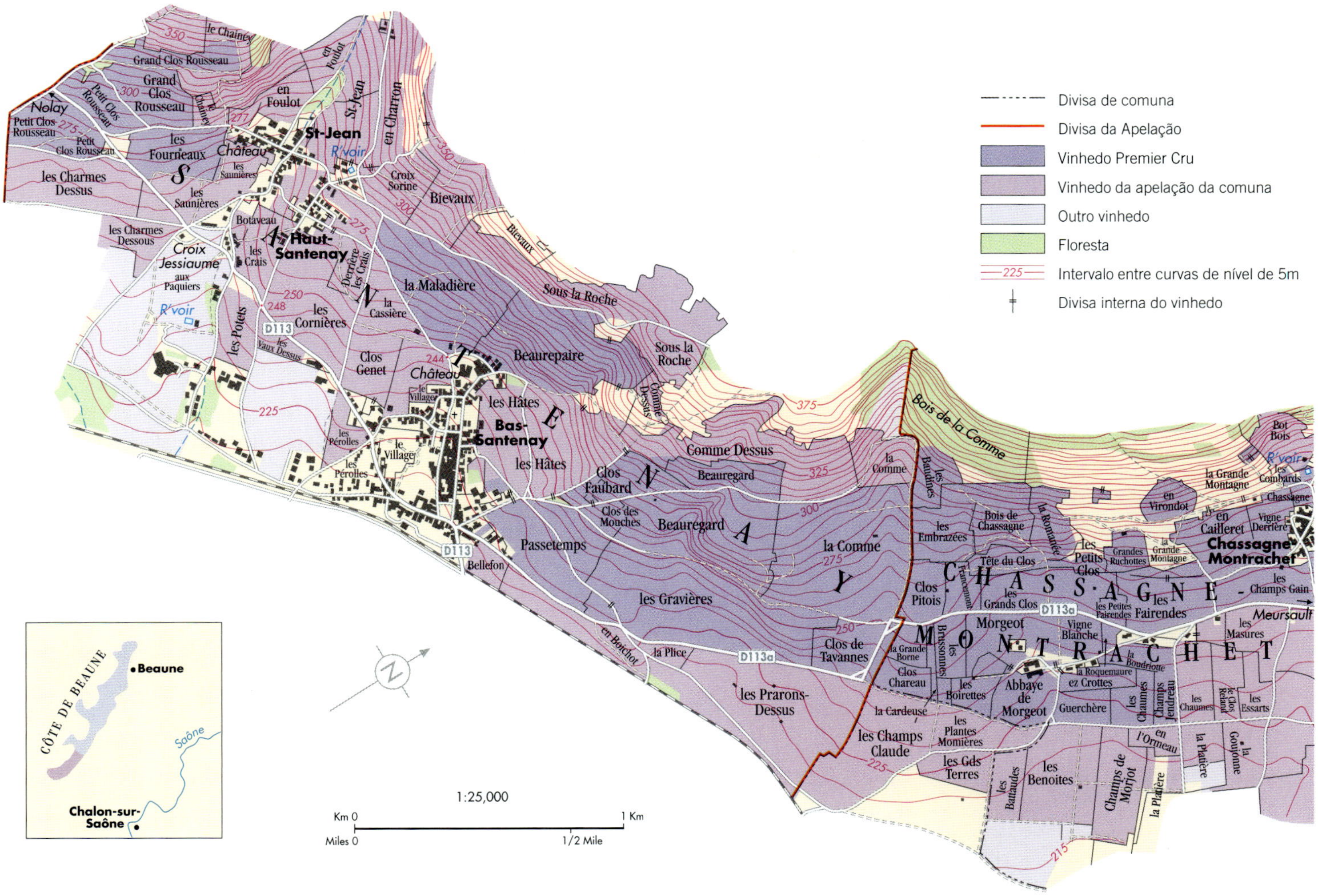

Côte de Beaune: Santenay

Os mapas, nesta e nas próximas oito páginas, descrevem os vinhedos da Côte d'Or de norte a sul. Para melhor visualização, eles foram alterados entre 45º e 90º de modo a que, em cada seção, as complexidades da Côte se mostrassem horizontais na página.

A Côte de Beaune inicia-se com uma explosão de nomes famosos. Partimos gradativamente das vilas um tanto obscuras de Sampigny, de Dézize e de Cheilly, que compartilham um famoso *cru* de Maranges (todas além dos limites deste mapa, ver página 56), para dentro da comuna de **Santenay**. Depois do pequeno vilarejo de Haut-Santenay e da pequena cidade de Bas-Santenay (um spa freqüentado por jogadores locais e *bons viveurs*), a Côte muda de direção para seguir sua inclinação característica para o leste.

A extremidade sul da Côte de Beaune é a mais confusa geograficamente e, de muitas maneiras, atípica da Côte como um todo. As complexas falhas na estrutura das colinas provocam alterações radicais no solo e no subsolo de Santenay. Parte da comuna é análoga a regiões da Côte de Nuits, produzindo um vinho tinto longevo, profundo, se não excelente. Outras partes fornecem vinhos leves, mais típicos da Côte de Beaune. Alguns dos vinhedos localizados em altitudes mais elevadas se mostram pedregosos demais para serem viáveis. Les Gravières (o nome já chama atenção para o solo pedregoso da mesma maneira que o Graves, em Bordeaux) e La Comme são os melhores *climats* de Santenay.

À medida que adentramos o **Chassagne-Montrachet**, a qualidade dos vinhedos dos excelentes vinhos tintos é confirmada. O nome Montrachet é tão associado a vinhos brancos que poucos peritos esperam encontrar qualquer vinho tinto aqui. No entanto, a maioria dos vinhedos ao sul da vila de Chassagne produz pelo menos algum vinho tinto: Morgeot, La Boudriotte e (no verso) Clos St-Jean são os mais famosos. Estes tintos são naturalmente ásperos, com sabor mais parecido com o rústico Gevrey-Chambertin do que, digamos, um Volnay, embora, atualmente, a tendência seja vinificá-los de forma a ressaltar sua fruta particularmente frágil.

Em uma visita, na época da Revolução Francesa, Thomas Jefferson relatou que os produtores de vinhos brancos tinham de comer pão de centeio duro, enquanto os vinicultores de tintos podiam comer pão branco e macio. No entanto, Le Montrachet (mapa no verso) era famosa por seu vinho branco desde o século XVI e, pelo menos, parte do solo da vila é melhor apropriado ao Chardonnay do que ao Pinot Noir. A vinicultura de vinho branco realmente predominou na segunda metade do século XX, quando o mundo se encantou pelo Chardonnay. Atualmente, Chassagne-Montrachet é mundialmente conhecida, principalmente por seu vinho branco dourado, seco, porém suculento, com fragrância de flores ou, às vezes, de avelãs.

▼ Não é nenhuma surpresa que existam dois Moreys aqui. As famílias são numerosas e estão fortemente enraizadas na Côte d'Or. Colin-Deleger também é parente de um grande número de Colins (ver no verso) e há até um Colin-Morey. A Borgonha não é fácil.

Côte de Beaune: Meursault

Este é o coração do Borgonha branco. Mas não somente dele — uma quantidade surpreendente de vinho tinto também é produzida aqui. Um vale nas colinas logo ao norte de Chassagne, que se dirige até o pequeno vilarejo de St-Aubin — lar de vinhos caros e levemente terrosos —, divide os vinhedos em dois. Ao sul, há um excelente vinho branco, porém a ênfase é no tinto. Ao norte, na fronteira de Puligny, há o melhor vinho branco da Borgonha, talvez do mundo.

O Grand Cru Montrachet ganha fama por sua incrível concentração das qualidades do Borgonha branco. Na sua melhor forma, tem (dados dez anos) mais aroma, um dourado mais brilhante, um sabor duradouro, mais suculência e ainda mais densidade; tudo nele é intensificado — a marca de um vinho verdadeiramente grande. A perfeita exposição para o leste, que ocorre em um ângulo tal que o sol ainda brilha sobre as vinhas às 21h como em uma tarde de verão, e uma faixa de solo calcário são fatores que lhe dão vantagens sobre seus vizinhos. A procura por esse ilustre vinho é tão maior que a oferta que existem casos de decepções dispendiosas.

Os outros Grands Crus agrupados ao redor são menos famosos e nem tão perfeitamente situados, no entanto seus vinhos podem, às vezes, ser feitos com mais esmero. Chevalier-Montrachet tende a ser menos profundo (seu solo é mais pedregoso; o melhor foi usado para renovar a produção de Le Montrachet). Bâtard-Montrachet fica em um terreno mais pesado e, freqüentemente, não consegue alcançar a mesma suavidade (embora possa levar o mesmo tempo para envelhecer). Les Criots (em Chassagne) e Bienvenues pertencem à mesma classe — como também, na sua melhor forma, pertencem os Puligny Premiers Crus, os Les Pucelles, os Les Combettes, os Les Folatières, além de os Le Cailleret (e os melhores Les Perrières de Meursault).

Há uma nítida distinção entre Puligny-Montrachet e Meursault, embora os vinhedos de um fluam direta e ininterruptamente para os vinhedos do outro. De fato, o pequeno vilarejo de Blagny — que produz excelente vinho em solo pedregoso — pertence aos dois vinhedos e ostenta uma denominação tipicamente complicada: Premier Cru, em Meursault; Blagny Premier Cru, em Puligny-Montrachet; e AC Blagny, quando o vinho é tinto, algo raro.

Os vinhos de Puligny tendem a ser mais delicados e refinados do que os de Meursault, não só porque o nível do lençol freático do primeiro é mais alto, como também pela dificuldade de cavar adegas profundas o suficiente para que os vinhos sejam intensificados por um segundo inverno no

◄ Somente os primeiros quatro destes grandes Borgonhas são oficialmente classificados como Grand Cru, porém muitos colocariam o Premier Cru Coche-Dury Perrères emparelhado com eles. Lafon e Leflaive foram os pioneiros da viticultura biodinâmica. Lafarge e d'Angerville produzem um excelente Volnay.

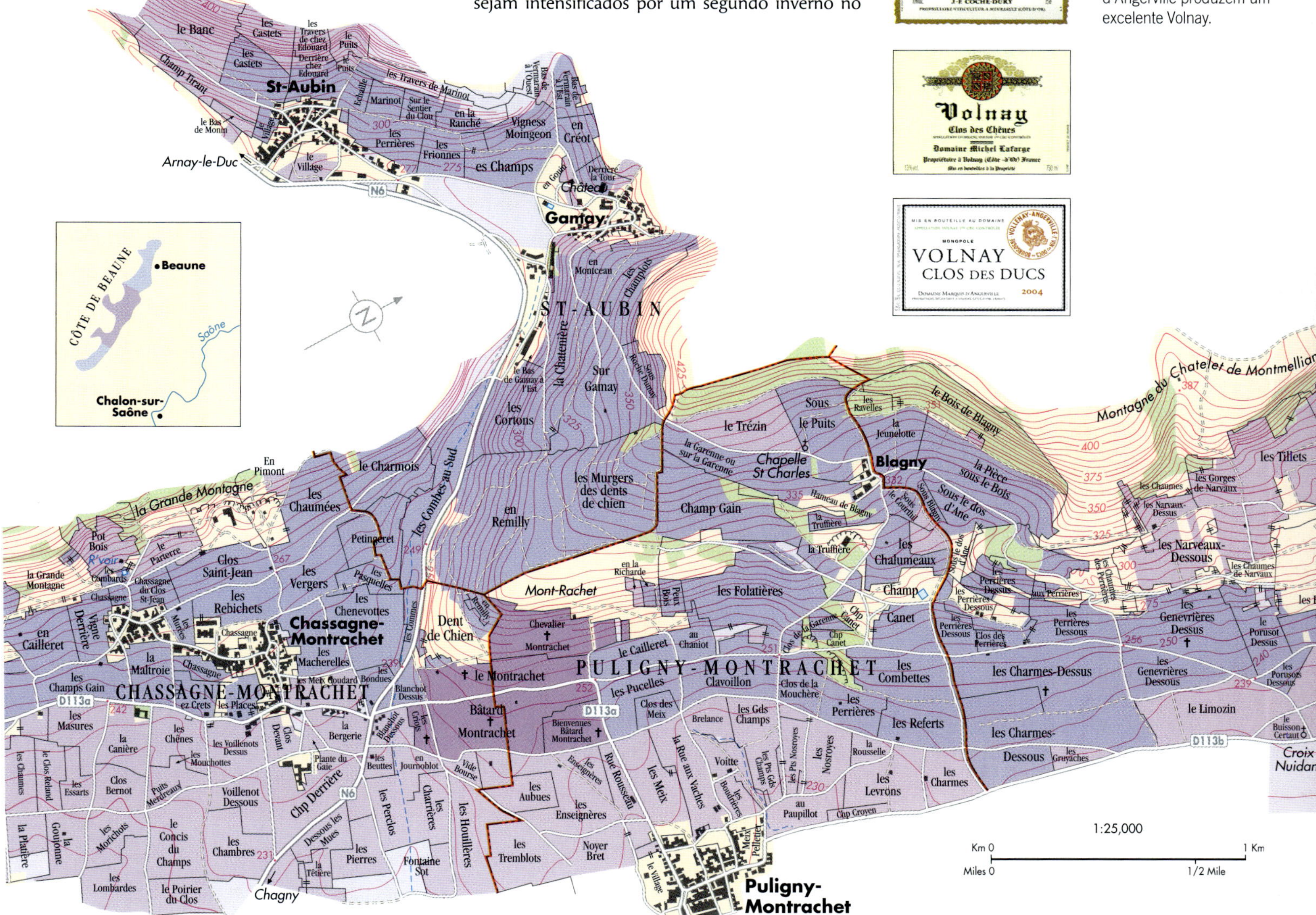

As videiras de Le Montrachet com a pequena e pedregosa vinícola Chevalier-Montrachet ao fundo. A altitude mais alta significa que Chevalier, normalmente, tem um sabor levemente menos rico que os lamentavelmente mais variáveis vinhos de Le Montrachet.

barril. No cômputo geral, Meursault tem uma distinção menos brilhante (e nenhum Grand Cru), porém um padrão alto e, geralmente, regular para uma grande área. As partes superiores de Les Perrières, Les Genevrières e Les Charmes oferecem os desafios mais severos para os melhores Premiers Crus de Puligny; Porusot e Gouttes d'Or, uma experiência importante de Meursault, mais abrangente e com maior sabor de nozes. Narvaux e Tillets, *climats* ainda mais altos, embora não sejam Premiers Crus, também podem produzir vinhos intensos e longevos.

A atribulada vila de Meursault fica em uma outra depressão nas colinas, onde as estradas levam até Auxey-Duresses e Monthelie, ambas produtoras de um tinto muito bom e de um pouco de brancos, que são menos valorizados do que Volnay (têm vida mais curta) e, por essa razão, muitas vezes são uma pechincha. Atrás deles está situada St-Romain, uma antiga vila de Hautes-Côtes, que produz um vinho tinto leve, porém refrescante, e também vinho branco. Meursault, por sua vez, flui para Volnay. Muito vinho tinto é cultivado neste lado da comuna, mas é chamado de Volnay-Santenots em vez de Meursault. O Volnay e o Meursault às vezes se aproximam, tanto quanto um tinto e um branco podem fazê-lo, sem que se tornem um *rosé*: ambos suaves, muito fragrantes, de um tinto meio pálido, porém com muita personalidade e um perfumado gosto residual.

Se Volnay produz um dos vinhos tintos mais leves da Côte, também pode produzir o mais brilhante. Os mais longevos são o Clos de Chênes e o Caillerets, os grandes nomes daqui. Champans, Bousse d'Or e Taille Pieds estão logo atrás, enquanto o pequeno e escarpado Clos de Ducs é o melhor *climat* do lado norte da vila. Para as riquezas do vizinho Pommard, ver o verso.

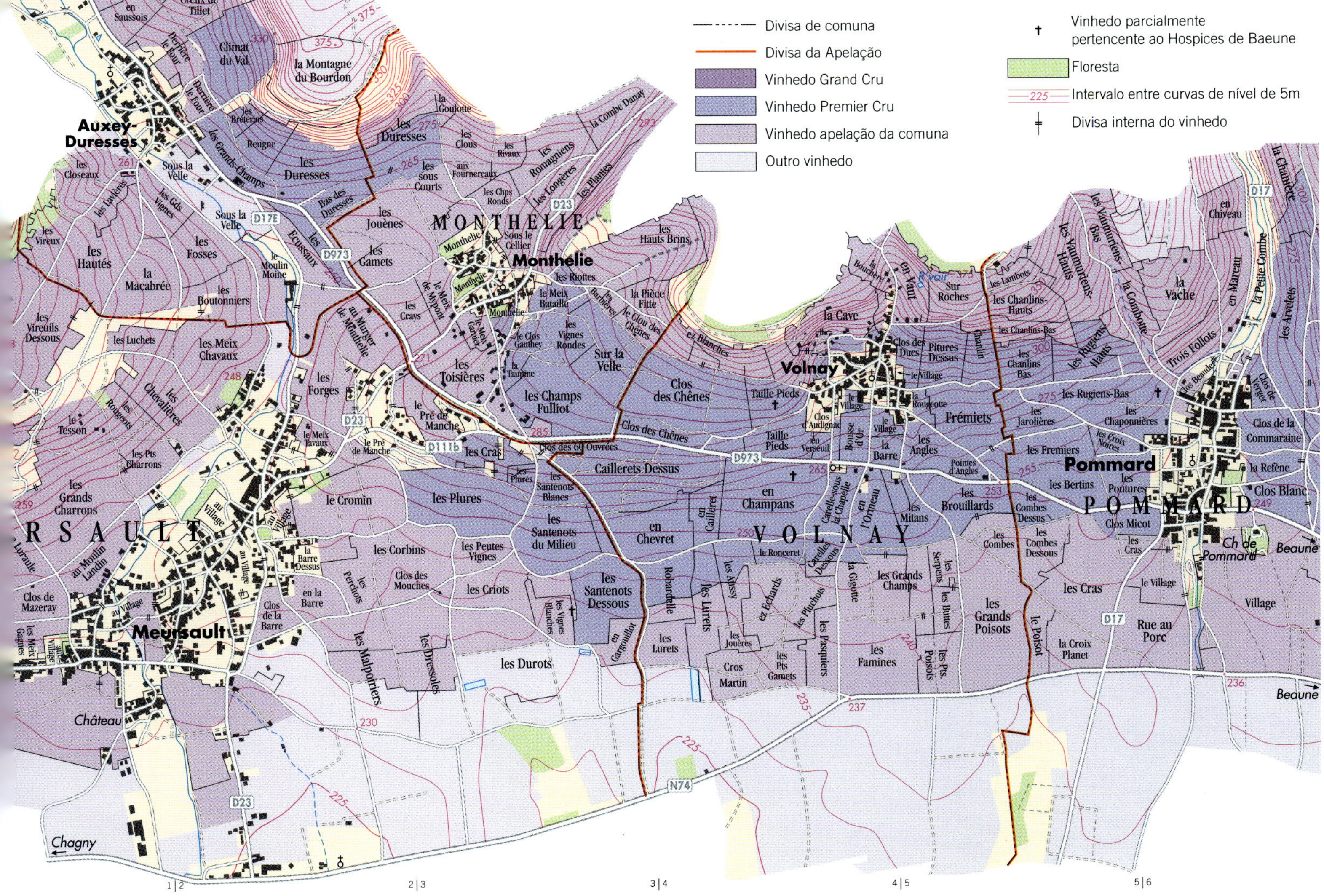

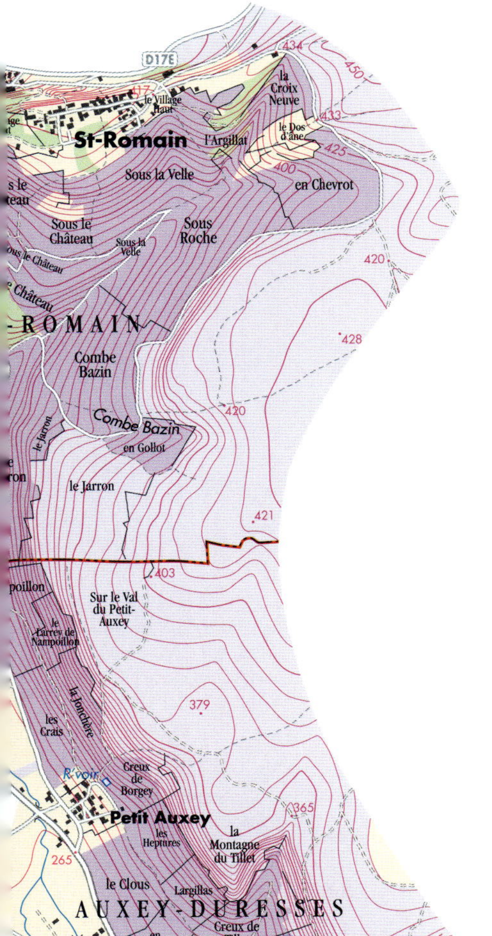

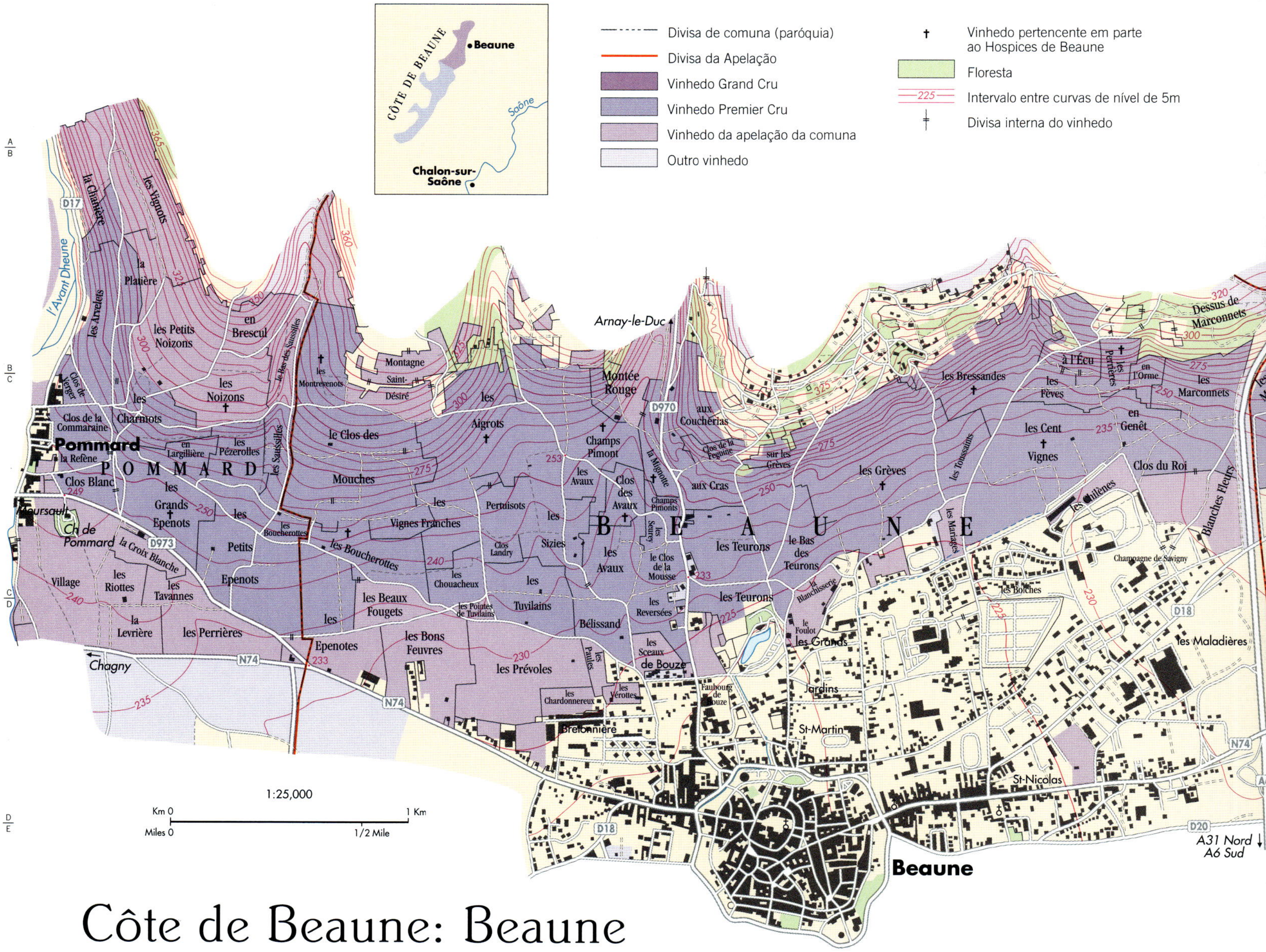

Côte de Beaune: Beaune

Você poderia esperar que os vinhedos Pommard, na fronteira com Volnay (mapeados na página anterior), produzissem vinhos mais parecidos com Volnay, etéreos e fragrantes. No entanto, a Borgonha, como sempre, engana as expectativas. A fronteira da comuna marca uma mudança de solo que faz do Les Rugiens (avermelhado, como sugere o nome, por conta da terra rica em ferro) o representante em Pommard de um estilo totalmente diferente: escuro, inebriante e rico em taninos. Muitos vinhedos com direito a usar a denominação da vila Pommard, o que corresponde a cerca de um terço da comuna, produzem vinhos nesse estilo que podem carecer de graça e distinção. No entanto, há três ou quatro Premiers Crus excepcionais — em especial, Rugiens e Epenots — e quatro ou cinco ótimos viticultores. Vale a pena lembrar que, na Borgonha, o produtor vale tanto quanto o vinhedo, e como diz o ditado: "Não há grandes vinhos, apenas grandes garrafas de vinho."

O vinhedo de maior prestígio de Pommard está na parte baixa de Les Rugiens (Les Rugiens-Bas, no mapa da página 61), um pouco acima do lado ocidental da vila. Um dos melhores *cuvées*, participante do leilão anual de caridade do Hospices de Beaune, o Dames de la Charité, é feito de uma combinação entre Rugiens e Epenots. O Clos de la Commaraine e os vinhos dos produtores Courcel, Comte Armand e Montille são alguns dos melhores de Pommard: vinhos vigorosos que necessitam de dez anos para desenvolver a personalidade agradavelmente saborosa do melhor Borgonha.

Na seqüência de vinhedos famosos que ocupam o que os borgonheses chamam de "o rim da encosta", a cerca de uns 250m acima de Beaune, uma grande parte deles pertence aos negociantes de vinhos da cidade: Droughin, Jadot, Bouchard Père et Fils, Chanson e Patriarche. A parte de Clos des Mouchet que pertence a Droughin é celebrada tanto pelo tinto quanto pelo seu excelente branco, enquanto uma parte de Les Grèves pertencente a Bouchard Père et Fils é conhecida como o Vigne de l'Enfant Jésus e produz outros vinhos maravilhosos. Nenhum Beaune é um Grand Cru; o melhor é, geralmente, um vinho delicado, relativamente longevo, mas que não exige ser guardado durante dez anos ou mais, o que seria o caso de um Romanée ou um Chambertin.

Viajando para o norte de Beaune, a estrada cruza uma planície, ficando as colinas e os vinhedos esparsos. Adiante, desponta a proa de Corton, a única colina isolada da Côte d'Or, com uma espessa cobertura florestal. Corton quebra o feitiço que impede a Côte de Beaune de ter um Grand Cru tinto. Sua enorme encosta lisa, com vinhedos até o topo, faceia o leste, o sul e o oeste: todas excelentes. De fato, não há apenas uma, porém duas denominações Grand Cru: uma para vinho branco e outra para tinto, que cobrem a maior parte da colina. O vinho branco, Corton-Charlemagne, é cultivado nas encostas mais altas ao sul e a oeste, onde os fragmentos de calcário do cume são trazidos pela chuva, o que embranquece o solo marrom de marga. O realmente estranho é que somente nos últimos 100 anos, aproximadamente, a Chardonnay foi plantada em Charlemagne. Este bom vinho branco, freqüentemente excelente, que consegue competir com o Montrachet, é uma conversão relativamente recente.

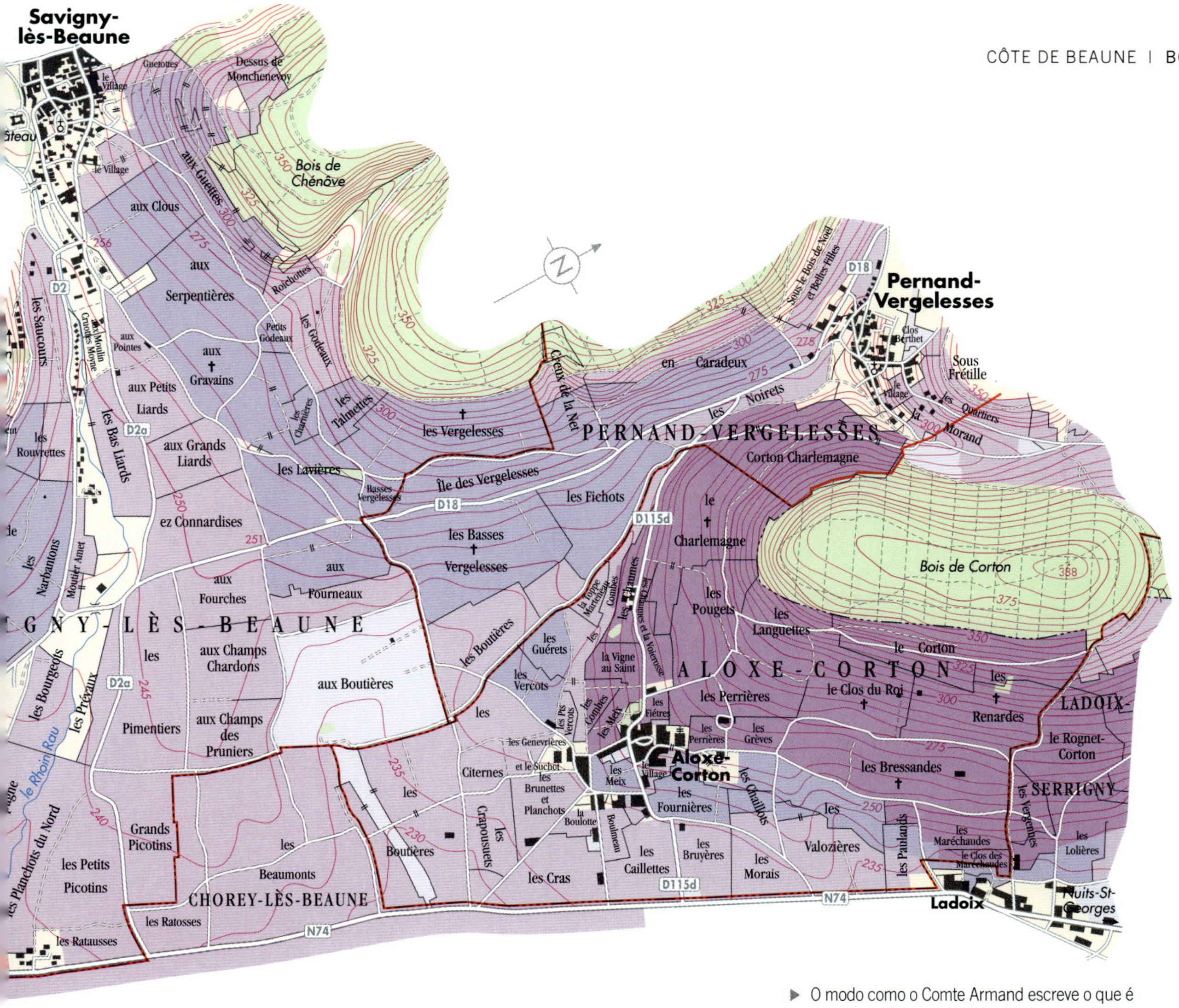

▶ O modo como o Comte Armand escreve o que é conhecido como Epenots em outros lugares é típico dos produtores orgulhosos e independentes da Borgonha, que se recusam a adotar regras unificadas.

O grande vinho rico em taninos é cultivado em uma ampla faixa em volta — ampla demais nas encostas voltadas para o leste, onde alguns dos terrenos na parte baixa do Grand Cru são, francamente, inferiores. Cortons tintos de alta qualidade vêm apenas de Le Corton, de Les Bressandes, de Les Clos du Roi e de Les Renardes. Para dificultar ainda mais, a parte marcada no mapa como Corton-Charlemagne cultiva tanto vinho branco (acima) como Corton tinto (abaixo). Há uma certa atmosfera de "Alice no País das Maravilhas" no que se refere às legalidades, porém nenhuma com relação ao vinho.

Se Savigny e Pernaud, em segundo plano, não estão tão evidentes, é apenas porque o primeiro plano é muito imponente. Os melhores produtores de ambos produzem vinhos do mais alto padrão de Beaune, atualmente refletido nos seus preços. Morro acima de um vale ao lado, Sauvigny, produzindo vinhos "*Nourrissants, Théologiques et Morbifuges*", de acordo com a publicidade local, pode ser de uma delicadeza maravilhosa. Chorey é o que se localiza mais para baixo dos flancos dessa magnífica colina.

A colina de Corton com sua espessa cobertura de árvores. A Pinot Noir é cultivada principalmente nas encostas viradas para o sul (no centro da foto), enquanto as vinhas de Chardonnay, produzindo Corton-Charlemagne, recebem menos sol direto nas encostas do lado oeste, à esquerda.

Côte de Nuits: Nuits-St-Georges

Mais "cheios", longevos e de cor mais profunda são características de um vinho Côte de Nuits quando comparado a um Volnay ou a um Beaune. Esta é a terra do vinho tinto; o branco é uma raridade.

A linha de Premiers Crus ao longo das colinas de Côte de Nuits é permeada por pequenos grupos de Grands Crus. Estes são os vinhos que expressam, com a maior intensidade, a rica e inimitável vivacidade da Pinot Noir. Esta linha segue o afloramento de pedra marga abaixo do cume de calcário da colina, porém a qualidade realmente atinge o auge onde o solo é uma mistura de silte e pedrinhas cobrindo a marga. Felizmente, isto corresponde, várias vezes, a áreas que gozam de uma boa proteção e de uma boa exposição ao sol.

Os vinhos de Prémeaux chegam ao mercado intitulados de Nuits-St-Georges. A qualidade é muito alta e consistente: vinhos excelentes e fortes que, na sua melhor forma, quase se aproximam do estilo do Chambertin. Como Clos de L'Arlot, Clos de la Maréchale é um monopólio que voltou para seu antigo dono, J.F. Mugnierde, a tempo para a safra de 2004, após um período nas mãos da família Faivley. Os vinhedos Les St-Georges e Vaucrains, do outro lado da fronteira da comuna, produzem vinhos com sabores audaciosos e positivos que exigem longo tempo de maturação na garrafa — o mesmo não pode ser dito sobre a maioria dos Côtes de Nuits-Villages, uma recente apelação para os extremos norte e sul da Côte de Nuits.

Diferente da agitada Beaune, Nuits não é uma cidade turística, sendo, porém, o lar de diversos comerciantes de vinhos. Os Premiers Crus, seguindo para o norte até Vosne-Romanée, são uma valiosa introdução a esta paróquia extraordinária.

Vosne-Romanée é uma pequena e modesta vila. Somente a concentração incomum de nomes famosos nas placas das ruas sugere que os vinhos mais caros do mundo são ali produzidos. A vila localiza-se abaixo de um longo declive de terra avermelhada, com o vinhedo de Romanée-St-Vivant bem próximo. O solo é profundo, rico em argila e em cal. No meio da encosta, está La Romanée-Conti, de solo mais pobre e raso. Mais para cima, o La Romanée fica mais inclinado, parecendo abrigar um solo mais seco e menos argiloso. À direita, o grande vinhedo de Le Richebourg contorna uma curva para se voltar ao leste-nordeste. Subindo o flanco esquerdo, corre uma faixa estreita do La Grande Rue, e, ao lado, a longa encosta de La Tâche. Estes estão entre os mais prestigiados de todos os Borgonhas.

Romanée-Conti e La Tâche são monopólios do Domaine de la Romanée-Conti, que também tem participação substancial em Richebourg e em Romanée-St-Vivant (e, além desses, Echézeaux e Grands Echézeaux). Pela delicadeza, pelo calor aveludado combinado com toques de condimentos e pela quase opulência oriental dos seus vinhos, o mercado parece aceitá-los independente do preço. Romanée-Conti é o mais perfeito de todos, porém o grupo todo guarda algumas semelhanças: a localização do vinhedo, os pequenos cultivos, as vinhas velhas, a colheita tardia e um cuidado extremado.

Evidentemente, pode-se procurar entre seus vizinhos os vinhos de personalidade similar, a preços mais baixos (embora, muitas vezes, a preços similares, como é o caso do Domaine Leroy). Todos os outros vinhedos de renome em Vosne-Romanée são esplêndidos. De fato, um dos livros mais antigos sobre a Borgonha comenta secamente: "Não há vinhos comuns em Vosne". O Premier Cru Malconsorts, ao sul de La Tâche, merece menção honrosa.

O enorme Grand Cru Echézeaux, alguns diriam excessivamente enorme, com 75 acres (35 hectares) — que inclui a maioria dos climats (em violeta) em torno da área denominada Echézeaux du Dessus no mapa —, e os menores Grands Echézeaux estão, na realidade, na comuna de Flagey, uma vila muito a leste para aparecer em nosso mapa, que foi absorvida (pelo menos do ponto de vista enológico) pela Vosne. O Grand Echézeaux tem mais constância, uma intensidade mais prolongada, característica dos grandes Borgonhas, e certamente preço mais alto.

Uma alta muralha de pedras cerca os 125 acres (50 hectares) do Clos de Vougeot: um sinal inconfundível de que é o vinhedo de um mosteiro. Atualmente está tão subdividido que é qualquer coisa, menos um rótulo confiável em uma garrafa. No entanto, é o climat como um todo que faz o Grand Cru. Os cistercienses costumavam misturar o vinho produzido com as vinhas do topo, do meio e da parte baixa das encostas para produzir o que acreditamos ser um dos melhores Borgonhas de todos. E também um dos mais consistentes, já que, em anos mais áridos, o vinho teria a parte baixa como vantagem e, nos anos chuvosos, teria as do topo como vantagem. Porém, de modo geral, é reconhecido que as vinhas do topo e as do meio são as que tendem a produzir os melhores vinhos atualmente. Há vinhos, em especial perto do topo (nas imediações do Clos), que podem ser tão bons quanto seu vizinho Musigny ao norte. O nome do produtor, como sempre, deve guiar suas escolhas.

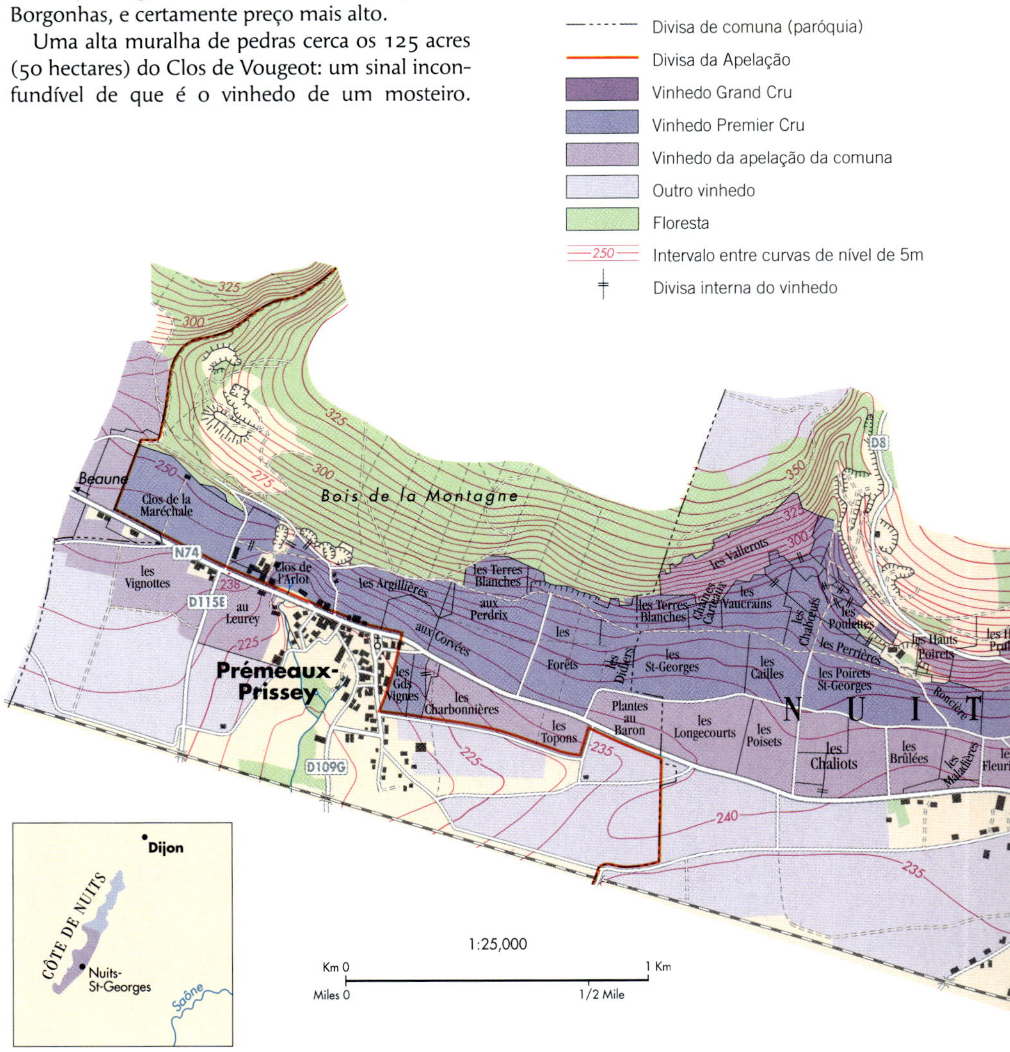

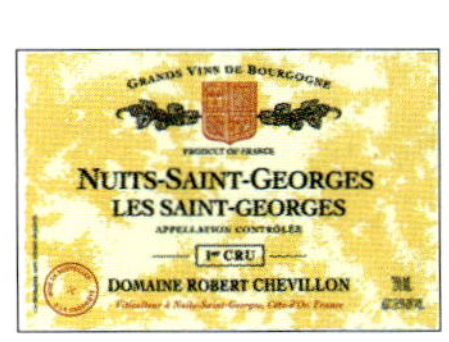

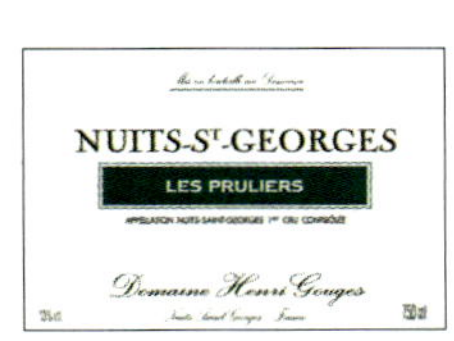

A igreja Prémeaux-Prissey, abaixo do vinhedo Argillières. Seu vinho é vendido com o nome da cidade mais famosa ao norte, Nuits-St-Georges, apesar da proximidade desta vila com o extremo sul da Côte de Nuits.

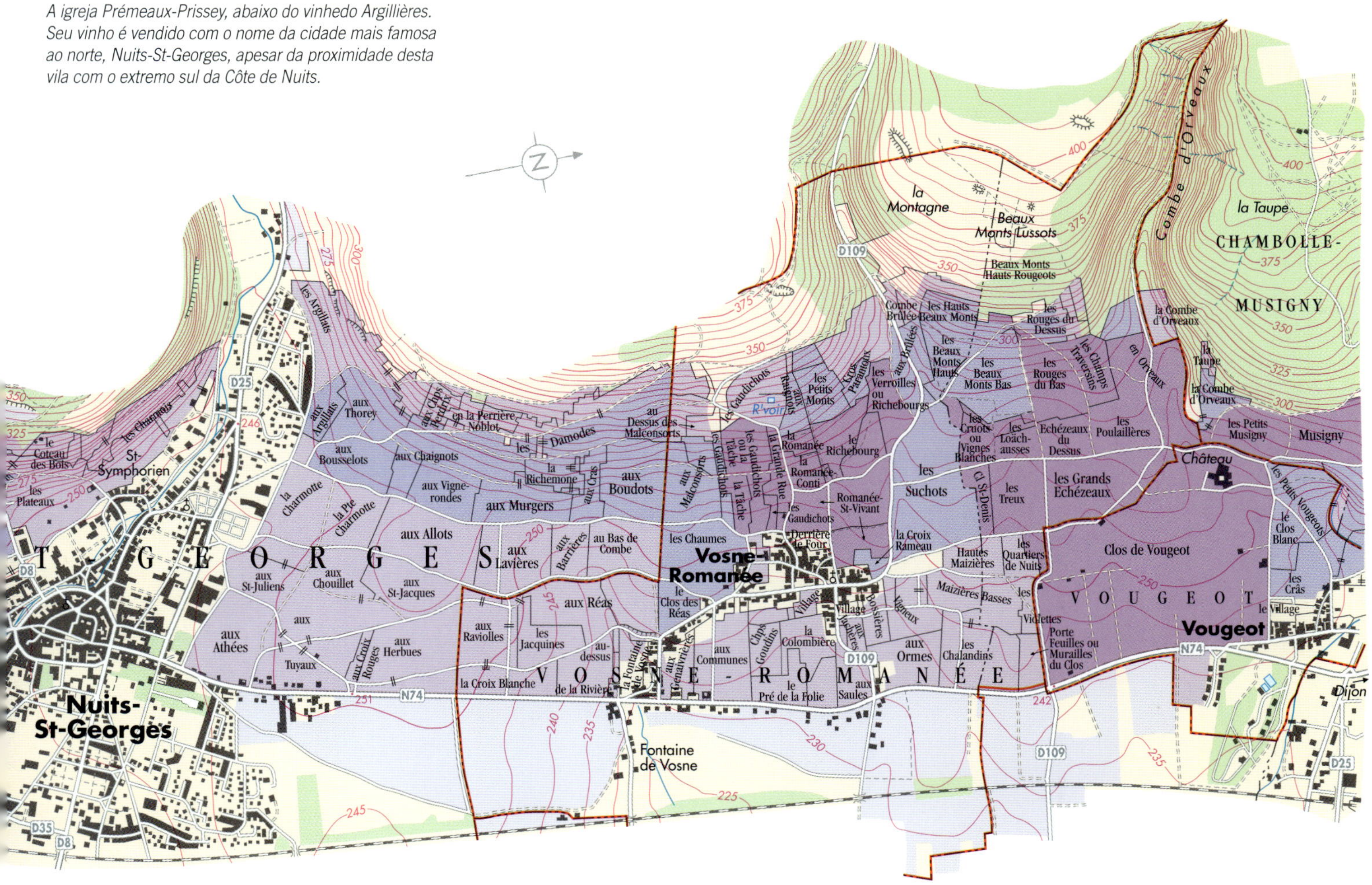

◄ Estes rótulos vão de norte a sul, assim como os vinhedos que representam, culminando, no meio, na mais extraordinária qualidade da Borgonha, em torno da extraordinária vila de Vosne-Romanée. Observe o número de vezes que aparece a palavra Romanée. Recentemente, esses vinhedos retornaram aos seus antigos proprietários.

C/D D/E E/F F/G

1|2 2|3 3|4 4|5 5|6

Côte de Nuits: Gevrey-Chambertin

Mais finos, longevos e conseqüentemente aveludados, os Borgonhas tintos são produzidos na extremidade norte da Côte d'Or. A natureza adiciona ao solo rico a perfeita combinação de proteção e exposição ao sol concedida pelas colinas. O afloramento estreito da marga, com cobertura de silte e pedrinhas, segue as encostas baixas. Destas encostas, o Chambertin e os Grands Crus de Morey e o Chambolle tiram sua força: excelentes vinhos fortes e persistentes quando jovens, porém os melhores oferecerão, quando maduros, uma inigualável complexidade e um sabor profundo.

O Grand Cru Musigny se situa em um outro patamar, logo abaixo da estéril crista de calcário, obviamente relacionado com o topo do Clos de Vougeot. A encosta é escarpada o suficiente para obrigar os vinicultores a carregar pequenos sacos de argila com calcário colina acima, após um longo período de chuvas. Tanto isso quanto o impermeável subsolo de calcário permitem uma excelente drenagem. As condições são perfeitas para um vinho bem encorpado.

A glória do Musigny é que ele soma a sua indiscutível força um misterioso e delicado perfume; um prazer sensorial único. Um grande Musigny floresce na boca, de modo a revelar sabores cada vez mais arrebatadores. Não é tão forte quanto o Chambertin nem tão condimentado quanto o Romanée-Conti — mas pode certamente envelhecer por 10 ou 15 anos. Bonnes-Mares é o outro Grand Cru de Chambolle. A princípio, trata-se de um vinho mais áspero que Musigny que talvez envelheça um pouco mais devagar, nunca atingindo totalmente a delicada graça do seu vizinho. Les Amoureuses e Les Charmes — nomes que expressam perfeitamente tais vinhos — estão entre os melhores Premiers Crus da Borgonha. No entanto, é provável que qualquer Chambolle-Musigny seja muito bom.

A fama da comuna de Morey-St-Denis é ofuscada por seus cinco Grands Crus. Clos de la Roche, com o pequeno Clos St-Denis (do qual a vila tira o nome), assim como o Chambertin, são vinhos de grande persistência, força e profundidade, auxiliados ainda pelo rico solo de calcário. O Clos de Lambrays é um monopólio promovido a Grand Cru em 1981, atualmente fazendo vinhos sedutores. Clos de Tart, monopólio da casa de Mommessin, é consistentemente excelente, intenso e exótico. Morey tem mais de vinte minúsculos Premiers Crus, poucos de renome, mas cujos padrões são, em geral, muito elevados. Os vinhedos sobem a colina, encontrando solos mais altos que qualquer outro lugar na área. Os altos e pedregosos Monts-Luisants produzem até mesmo alguns vinhos brancos.

Gevrey-Chambertin tem uma enorme quantidade de terra de boa qualidade. O solo adequado para vinhedos se estende para mais longe da colina

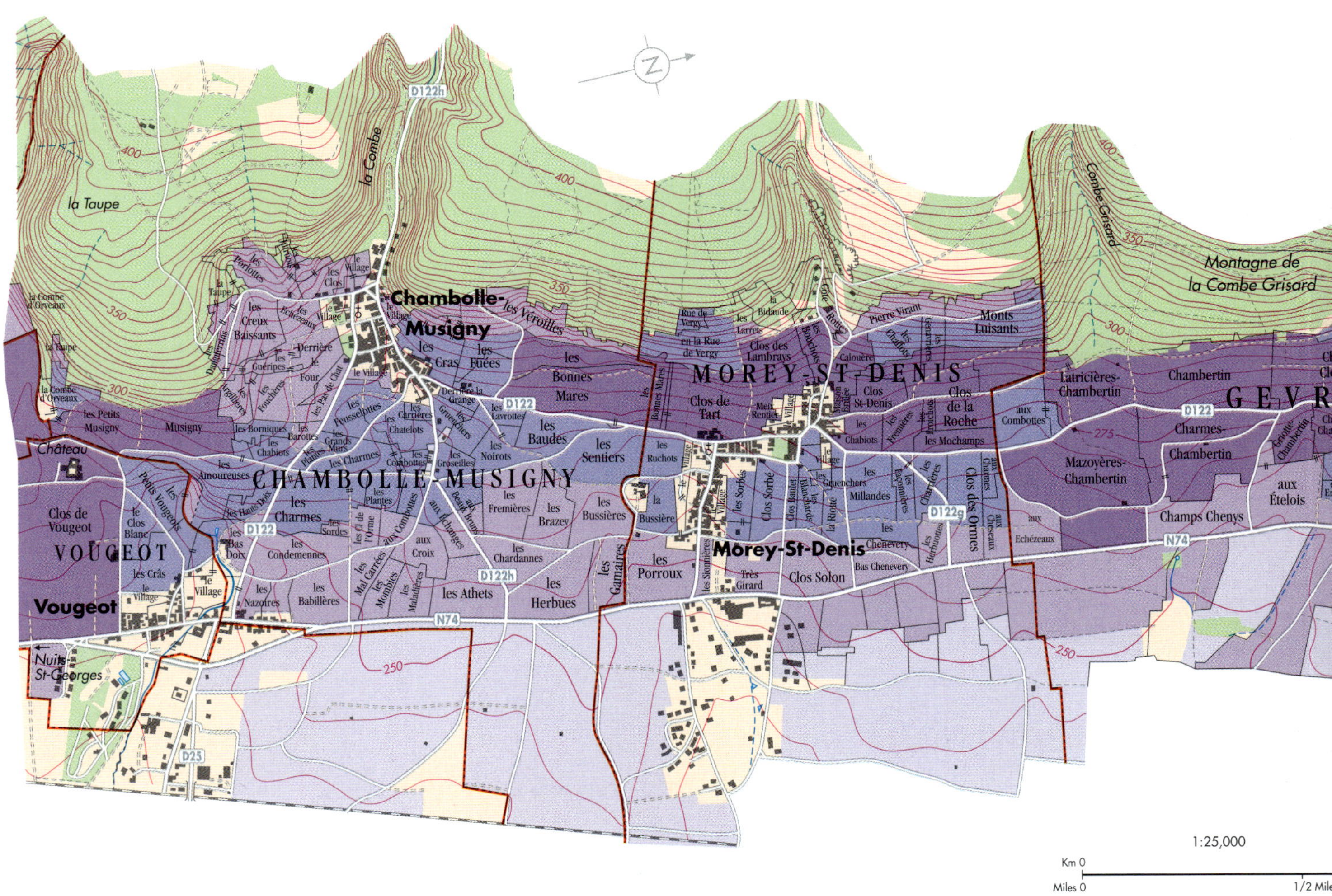

Esta rua de Chambolle-Musigny não poderia expressar melhor o charme das vilas da Borgonha, com suas pedras desgastadas pelo sol, sua limpeza mantida com orgulho e suas venezianas, sugerindo um verão ameno e benevolente. A Borgonha é um destino propício aos turistas gastronômicos, muitos deles passeiam a pé ou andam de bicicleta pelos famosos vinhedos.

do que em qualquer outro lugar. Um trecho a leste da estrada principal ainda é conhecido pela apelação Chevrey-Chambertin, mais do que simplesmente Borgonha. Seus dois maiores vinhedos, Chambertin e Clos de Béze, estão voltados para o leste em uma suave encosta debaixo do bosque. Foram reconhecidos como Grands Crus em uma época em que os cidadãos de Gevry brigavam com os dignitários de Beaune que distribuíam as honras. Se não fosse por isso, sua maravilhosa galeria de vinhedos — Mazis, Latricières e o restante — provavelmente também seria Grands Crus. Eles têm o direito de adicionar Chambertin após o nome, porém não antes (como Clos de Bèze). A legislação vinícola da Borgonha pode ser mais sutil que a teologia.

A comuna também apresenta uma encosta mais alta de 50m, com uma privilegiada exposição ao sudeste. Seus Premiers Crus — Cazetiers, Lavout St-Jacques, Varoilles e, especialmente, Clos St-Jacques — estão indiscutivelmente no mesmo nível dos Grands Crus. Nesta vila, há mais vinhedos individuais famosos do que em qualquer outra da Borgonha. As encostas ao norte, antigamente chamadas Côte de Dijon, foram, até o século XVIII, consideradas entre as melhores. No entanto, os produtores foram influenciados a cultivar vinho em larga escala para a cidade e a plantar a "desleal" Gamay. O Brochon ficou conhecido como um "poço de vinho". Atualmente, sua extremidade sul faz parte da Gevrey-Chambertin; o restante de seus vinhedos somente tem direito à denominação Côte de Nuits-Villages.

No entanto, a Fixin tem uma tradição de qualidade com os Premiers Crus La Perrière, Les Hervelets e Clos du Chapître, potencialmente no mesmo nível de Gevry-Chambertin. Marsannay, localizada fora do mapa, à direita, especializa-se em um *rosé* delicioso produzido a partir da Pinot Noir, também flertando um pouco com os tintos e com os brancos comuns.

Divisa de comuna (paróquia)
Divisa da Apelação
Vinhedo Grand Cru
Vinhedo Premier Cru
Vinhedo da apelação da comuna
Outro vinhedo
Floresta
Intervalo entre curvas de nível de 5m
Divisa interna do vinhedo

◄ Chambolle, Morey e Gevrey ostentam uma legião de vinhedos que podem gabar-se de expressar o apogeu do Borgonha tinto — embora a rotulação seja incompreensível até para os padrões da Borgonha. Os rótulos Bonnes-Mares e Clos de la Roche, na realidade, são vinhos produzidos em Chambolle ou em Morey. Outros grandes produtores de Gevrey incluem Rousseau e os Dugat.

Côte Chalonnaise

A parte norte da Côte Chalonnaise é tão próxima à ponta sul da Côte d'Or que é surpreendente que a maioria de seus vinhos tenha gostos tão diferentes e piores. As colinas de pastoreio ao sul de Chagny são, de muitas maneiras, a continuação da Côte de Beaune, embora a costumeira cumeeira seja substituída por uma miscelânea de encostas de calcário, nas quais os vinhedos se misturam com pastos e pomares. Estes vinhedos se localizam em altitudes superiores em relação aos da Côte de Beaune, resultando em uma colheita mais tardia e um processo de maturação mais precário. A Côte Chalonnaise, antigamente chamada "Région de Mercurey", foi nomeada dessa forma por sua proximidade com a Chalon-sur-Saône, a leste.

O mapa mostra somente a mais celebrada faixa central da *côte*, especificamente as cinco principais comunas que dão seus nomes a Rully, Mercurey, Givry, Montagny e Bouzeron, e a alguns dos seus melhores vinhedos situados principalmente nas encostas voltadas para o sul e para o leste.

No norte, **Rully** produz mais vinho branco do que tinto. O branco é refrescante e de alta acidez, o qual, em safras fracas, é material ideal para o espumante Crémant de Bourgogne e, em safras boas, para um Borgonha branco vivaz e ligeiro, evocando maçãs, que pode ter excelente valor. Os tintos de Rully também tendem a ser ligeiros — porém não são desprovidos de classe.

Mercurey é a apelação mais conhecida, perfazendo duas de cada três garrafas do Côte Chalonnaise tinto. Aqui, o Pinot Noir está no mesmo patamar que um Côte de Beaune menor: firme, sólido, quase rude quando jovem, porém envelhecendo bem. Os comerciantes de vinhos Antonin Rodet e Faiveley estão entre os mais importantes produtores.

Em Mercurey, observa-se ultimamente um grande aumento de Premiers Crus. O número total, apenas nessa região, aumentou de cinco, na década de 1980, para mais de 30, dispostos em mais de 250 acres (100 hectares) de vinhedos atualmente. Esta proporção significativamente maior de Premiers Crus do que na Côte d'Or ao norte é uma característica da Côte Chalonnaise; o resultado é um preço um pouco mais alto, mas que vale a pena pagar.

Givry, a vizinha de Mercurey, é a menor das quatro principais apelações e é quase tão dedicada ao vinho tinto quanto Mercurey. Freqüentemente é mais leve, fácil e prazerosa quando jovem que a Mercurey, embora a Clos Jus, recuperada de uma terra árida no fim da década de 1980, esteja produzindo um vinho forte, ainda melhor quando deixado para envelhecer na garrafa.

Montagny, ao sul, é uma apelação apropriada apenas para brancos, e inclui o vizinho Buxy, cuja cooperativa é provavelmente a mais bem-sucedida do sul da Borgonha. Aqui, os vinhos brancos são mais encorpados e os melhores exemplares são mais parecidos com os vinhos menores da Côte de Beaune do que com os Rullys. Há muito, a empresa de Louis Latour descobriu como eles podem ser valiosos e é responsável por uma parte significativa da produção total.

A vila **Bouzeron**, ao norte de Rully, tem sua própria denominação, exclusivamente para os vinhos de uma única uva. Na realidade, é a única denominação para um Aligoté branco de vila única na Borgonha; uma recompensa pela vinicultura perfeccionista de, entre outros, Aubert de Villaine, o co-proprietário do Domaine de la Romanée-Conti.

Toda a área, incluindo Bouzeron, é uma boa fonte de Borgonha genérico, branco e tinto, vendido sob a denominação Bourgogne.

Esta vista panorâmica de uma vila em Mercurey mostra bem como a Côte Chalonnaise está um tanto deslocada da rota consagrada, embora seus vinicultores estejam rapidamente alcançando o nível de ambição evidente na Côte d'Or atualmente.

▼ Estes produtores de excelentes vinhos Chalonnaise são parte de uma nova onda que inclui domínios como Stéphane Aladame, Vincent Dureuil-Janthial, François Lumpp, Saint-Jacques e Tupinier Baautista.

Mâconnais

A cidade de Mâcon, no Saône, a 55km ao sul de Chalon, empresta seu nome a uma vasta área rural montanhosa que está rapidamente sendo reconhecida como produtora de vinhos brancos próprios extremamente interessantes. Com o seu subsolo característico de calcário sobreposto por um argiloso ou um superficial aluvial, esta definitivamente é a terra do vinho branco. O clima, um pouco mais quente que o da Côte d'Or, agrada a uva Chardonnay, que se adaptou muito bem ao Mâconnais e, atualmente, representa quase 90% de todo o seu vinho.

A vinha Gamay de Beaujolais ainda é o principal sustento de Mâcon Rouge. Quando cultivada em calcário, diferente do cultivo em granito da parte sul do Beaujolais, o Gamay pode ser duro e rústico, de modo que o Mâcon Rouge raramente é excitante. No entanto, uma proporção cada vez maior de terra é reservada para o Pinot Noir, que é vendido como o mais valioso Bourgogne Rouge.

O mapa de localização no verso mostra a maior região do Mâconnais mapeada em detalhes. A área malva, ao norte e a oeste desta seção, é responsável pelo mais básico Mâcon Blanc Rouge e um pouco de *rosé*. As vilas de Mâcon deveriam, em teoria, garantir a qualidade superior das melhores vilas da região; porém, na prática, aplicam-se a quase toda a área de Mâcon branco. Um guia mais confiável para vinhos brancos de qualidade consiste em procurar os vinhos vendidos com o nome de uma das 26 vilas autorizadas a aparecer nos rótulos, algumas das quais estão marcadas no mapa. Destas, algumas também podem ter o direito à denominação de Beaujolais-Villages tinto, que se estende para o extremo sul do Mâconnais, na parte de baixo do mapa.

Nesta zona divisória, as vilas de Chasselas, de Leynes, de St-Vérand e de Chânes também se qualificam para a estranha denominação de conveniência **St-Véran**, a qual aplica-se à Chardonnay, cultivada nos extremos norte e sul da apelação Pouilly-Fuissé, mapeada em detalhe na página 71. Os solos ao sul de St-Véran tendem a ser vermelhos, arenosos e ácidos, produzindo vinhos bem diferentes e, geralmente, mais simples e menos encorpados que os instigantes vinhos produzidos no solo rico em calcário de Prissé e de Davayé; ao norte de Pouilly-Fuissé.

Pouilly-Vinzelles e Pouilly-Loché, um pouco a leste da zona central de Pouilly-Fuissé, são alternativas válidas para a prática, porém estão com estoque muito pequeno.

As vinhas se alternam com os pastos na comuna de St-Vérand, que, de certa forma, empresta seu nome a esta apelação bem diferente de St-Véran. Foi criada para o que pode ser chamado de periferia de Pouilly-Fuissé em 1971, ano em que este atlas foi publicado pela primeira vez.

◄ Não poderia haver maior elogio a esta vila longínqua do sul da Borgonha que a chegada de Lafon e de Leflaive, os mais admirados produtores de Meursault e de Puligny-Montrachet, da Côte d'Or, respectivamente. Thévenet é um velho conhecido, enquanto os novatos irmãos Bret já estabeleceram uma reputação admirável.

O Mâcon-Prissé, também cultivado em solos ricos em calcário, pode ter um bom valor; e a Lugny, a Uchizy, a Chardonnay (a vila de sorte com o nome da uva) e a Loché têm seus admiradores que as consideram as melhores provedoras do caro Chardonnay borgonhês encorpado. No entanto, duas das melhores vilas são Viré e Clessé, ambas situadas na faixa de calcário que segue de Pouilly-Fuissé, ao norte, envolvendo toda a região localizada paralelamente à rodovia principal A6, de sentido norte-sul, a qual se eleva para formar a espinha dorsal da Côte d'Or. Uma AC especial, **Viré-Clessé**, foi criada em 1999 para os vinhos dessas vilas e para algumas outras (ver o mapa).

Você não encontrará a força do Montrachet ou do Corton-Charlemagne no Mâconnais, porém não faltam respostas fortes, elegantes e aprimoradas aos Chardonnays do Novo Mundo, vinhos com um perceptível toque francês, o qual é acentuado a cada safra.

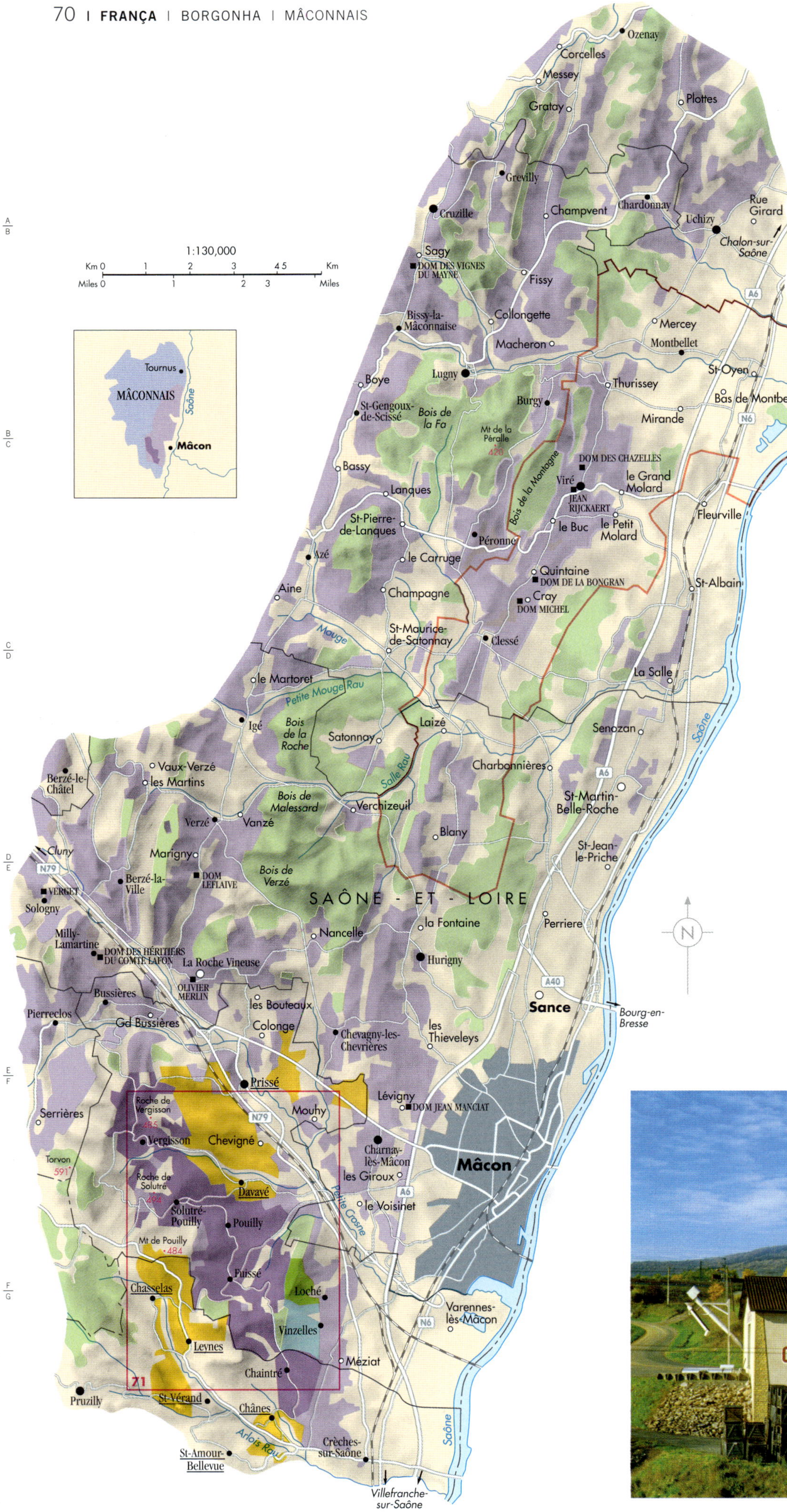

LESTE DE MÂCONNAIS

- Divisa de departamento
- Divisa de Canton
- Viré-Clessé
- • Azé — Vila pode adicionar seu nome a Mâcon e/ou tem o direito à AC Mâcon-Villages
- Leynes • — Comuna com direito à AC St-Véran
- DOM MICHEL ▪ — Produtor notável
- Pouilly-Fuissé
- Pouilly-Vinzelles
- Pouilly-Loché
- St-Véran
- Mâcon-Villages
- Floresta
- 71 — Área mapeada na página em escala maior

As cooperativas são especialmente importantes no Mâconnais, como a de Lugny, ao norte, responsável por um dos mais bem vendidos vinhos de Louis Latour, Les Genièvres. A cooperativa Sologny se localiza próxima tanto das operações de Lafon como das de Leflaive, no oeste da área aqui mapeada.

Pouilly-Fuissé

Tradicionalmente, os vinhos do Mâconnais foram associados à simplicidade e ao valor, mais do que à excelência. No entanto, próximo à fronteira de Beaujolais, há um grupo de vinicultores de vinho branco que se destacam diferentemente. O distrito de Pouilly-Fuissé é uma miscelânea de colinas onduladas, ricas em argila alcalina, que a Chardonnay adora.

O mapa mostra como as cinco vilas de Pouilly-Fuissé buscam abrigo nas encostas inferiores; só as curvas de nível já são suficientes para indicar a irregularidade da topografia e a variação dos vinhedos. As vinhas do lado sul das encostas abertas de Chaintré podem amadurecer até duas semanas antes das vinhas do lado norte em Vergisson, cujos vinhos podem ser alguns dos mais encorpados em uma safra longa e tardia. A vila de Solutré-Pouilly fica abaixo da pálida rocha rosa de Solutré, enquanto as vilas gêmeas de Pouilly e Fuissé são discretas e pacatas, exceto pelo constante burburinho dos turistas apreciadores de vinho.

O melhor Pouilly-Fuissé é encorpado a ponto de ser rico e suculento, qualidades estas ressaltadas pelo tempo de maturação. Talvez uma dúzia de pequenos vinicultores produza vinhos que atingem estes níveis, aplicando diretrizes extremamente maleáveis ao carvalho, mexendo a borra e, ocasionalmente, adicionando uma uva de segunda colheita para proporcionar acidez ao que pode ser um vinho exageradamente encorpado. Em comparação, outros podem ser brandos, praticamente indistinguíveis dos Mâcon Villages; seus produtores confiam cegamente na fama internacional do Pouilly-Fuissé.

Após um período de estagnação na década de 1980, a apelação está em pleno vapor atualmente, fluindo na direção certa de forma notável. O principal e óbvio catalisador foi o minúsculo Domaine Guffens-Heynen, de Vergisson, administrado pelo talentoso vinicultor Jean-Marie Guffens e por sua esposa, também vinicultora. O antigo líder de Pouilly-Fuissé, Château de Fuissé, foi obrigado a se esmerar, mas esta área agora pode se gabar de ter uma legião de empreendedores como os irmãos Bret J-A Ferret, Robert-Denogent, Daniel Barraud e Olivier Merlin (baseado precisamente em uma excelente terra ao norte desta zona, nas encostas de La Roche Vineuse, voltadas para o oeste).

Aqui o ciclo recente de popularidade, indiferença e recuperação dá uma lição universal. Na década de 1980, poucos vinhos estiveram mais na moda, especialmente nos Estados Unidos, do que o praticamente impronunciável "Pwee-Fwee-say". Como resultado, os produtores se tornaram complacentes e privilegiaram vinhos brancos altamente sulfurosos, ácidos e pouco encorpados sob este rótulo, com preços robustos. No final da década de 1990, estavam com suas adegas repletas de vinho indesejável. Portanto, a revolução da qualidade é bem-vinda atualmente.

Divisa de comuna (paróquia)

■ DANIEL BARRAUD Produtor notável

Em Servy Vinhedo notável

Vinhedos

Floresta

200 Intervalo do contorno de 10m

1:35,714

Km 0 — 1 Km

Miles 0 — 1 Mile

▼ Alguns dos destaques desta zona, muito facilmente confundível com a Pouilly Fumé, no Loire, onde a uva predominante é a Sauvignon Blanc em vez da Chardonnay. Jean Rijckaert já foi parceiro de Jean-Marie Guffens, porém atualmente é independente.

É difícil o Roche de Solutré passar despercebido. Ele marca o fim do planalto rico em calcário ao sul, onde todos os grandes Borgonhas são cultivados. Alguns dos mais ricos Pouilly-Fuissé são produzidos aqui.

Beaujolais

As vinhas Gamay, em Régnié, a mais nova adição às fileiras de Crus Beaujolais — sem arames, porém treinadas em estacas para subir en gobelet. Grosso modo, isto dá à vinha a forma de uma taça.

Em Beaujolais, no solo de argila arenosa sobre o granito, ocorre um casamento entre a uva e a terra considerado místico pelos franceses. A uva Gamay, sem muita distinção em outros lugares, produz aqui um vinho realmente fresco, vivaz, frutado e leve, porém de degustação excelente. *Gouleyant* é a palavra francesa para expressar a forma indescritível como o fino Beaujolais escorrega pela garganta.

Leveza não é uma característica muito bem-vinda atualmente, e até ardorosos apreciadores de vinho podem não se lembrar do Beaujolais, o que talvez se explique pela popularidade que o Beaujolais Nouveau conquistou a cada final de novembro nas décadas de 1970 e de 1980, francamente associada ao fluxo de dinheiro e que resultou numa certa complacência maléfica para a região. Atualmente, há um visível empenho para a produção de vinhos melhores.

A região de Beaujolais se estende por 55km das colinas de granito imediatamente ao sul de Maçom, no extremo sul da Borgonha, à planície a noroeste de Lyon. O Beaujolais, no total, produz quase tanto quanto o restante das regiões vinícolas da Borgonha juntas e, como era de se esperar, a região não é nada homogênea. Seu solo se divide nitidamente ao norte de Villefranche, a capital da região. Ao sul, em "Bas" [baixo] Beaujolais, o solo é de argila e o vinho, Beaujolais simples. Suas vilas permanecem obscuras: o máximo que seus vinhos podem ambicionar é um teor extra de álcool, que os habilitam à classificação de Beaujolais Supérieur. Deste poço profundo, quase 70 milhões de litros de vinhos são retirados e rapidamente consumidos.

Muito fresco, novo e natural, pode ser o vinho de bistrô por excelência, servido em potes nos autênticos e famosos *bouchons* (pequenos restaurantes de grelhados) de Lyon. No entanto, muitas vezes, o teor alcoólico aumenta pela adição de açúcar ao sumo, o que sacrifica sua fragância penetrante, quase pungente, e sua leveza fluida, para se transformar apenas em um vinho pesado e bruto. O simples "Bas" Beaujolais raramente é maturado para bom efeito. Mesmo em uma boa safra, seu solo argiloso é frio demais para enaltecer os sabores das uvas Gamay, embora existam notáveis exceções.

A parte norte da região, o "Haut" [alto] Beaujolais, tem base de granito, com vários tipos de solo de superfície arenosa, que drenam, aquecem e amadurecem a Gamay, muitas vezes à perfeição. Trinta e oito de suas comunas, dentro das áreas marcadas em azul e malva no mapa, têm o direito de usar a denominação **Beaujolais-Villages**. Seus vinhedos estão alocados acima de 450m, em uma área montanhosa e arborizada a oeste.

Quase sempre vale a pena pagar mais por um vinho *-Villages* por conta de sua concentração extra. Somente cultivadores independentes que também engarrafam (a minoria) costumam usar os nomes das comunas Beaujolais-Villages. A maioria dos Beaujolais é vendida por comerciantes, que misturam um *-Villages* de acordo com o gosto do cliente.

Os dez locais marcados em magenta dentro da área malva têm o direito de usar seus próprios nomes nos rótulos, e espera-se que mostrem uma personalidade própria. Estes são os Beaujolais Crus, mapeados detalhadamente no verso, localizados logo ao sul do Mâconnais, perto de Pouilly-Fuissé. Nesta região norte, uma pequena quantidade de Beaujolais Blanc também é produzida — na realidade, algumas vilas podem vender seu vinho tinto como Beaujolais-Villages e seu vinho branco como Mâcon-Villages.

A uva Gamay encontra aqui um local favorável. Cada vinha desta uva em Beaujolais foi tradicionalmente plantada com estacas (embora atualmente as treliças sejam permitidas nos melhores vinhedos). Suas plantas são quase como pessoas que levam uma vida independente: após dez anos não são mais treinadas, mas apenas amarradas no verão, ficando livres. Uma vinha Gamay é mais longeva do que um ser humano.

Atualmente, a grande maioria dos Beaujolais é produzida com maceração semicarbônica, na qual os cachos de uvas entram por inteiro em uma cuba selada, sem serem esmagados, e as uvas, pelo menos as de cima, começam a fermentar internamente — uma fermentação veloz, que enfatiza o aroma e o sabor característico da fruta e minimiza os taninos e o ácido málico. No entanto, há indícios de uma volta aos métodos mais antigos de vinificação da Borgonha, e alguns produtores até se mostram dispostos a reintroduzir barris de carvalho para produzir vinhos mais longevos.

Bem fora do mapa, a oeste, na bacia do Loire Superior, por cima de uma cadeia de montanhas, há três regiões bem menores também devotadas à uva Gamay (ver mapa da França na página 53). A **Côte Roannaise**, nas encostas voltadas para o sul e para o sudeste do Loire, perto de Roanne, também tem uma base de granito com vários domínios independentes que podem produzir vinhos com a mesma integridade refrescante que os mais puros Beaujolais. Mais ao sul, cultivando Gamay em solos parecidos, a **Côtes du Forez** é monopolizada por apenas uma única cooperativa superior. A **Côtes d'Auvergne** é ainda mais abrangente, situada bem no centro da França, perto de Clermont-Ferrand, e produz vinhos tintos leves e *rosés*, a partir de Gamay, e um pouco de brancos.

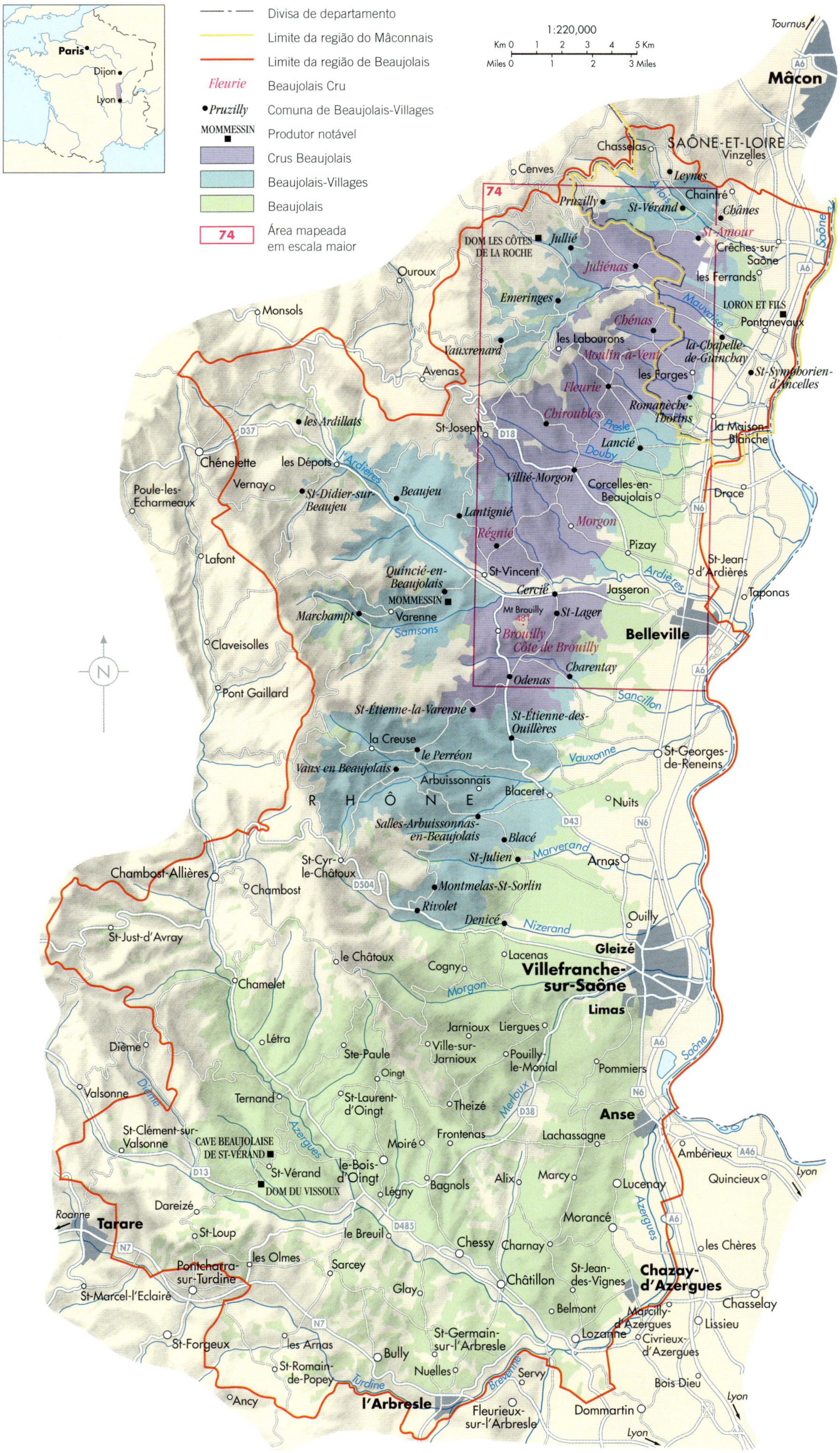

▲ Todos os rótulos, exceto o último, são das comunas dos Crus Beaujolais, mapeadas no verso. A maioria pertence a produtores independentes, porém o negociante de vinhos Louis Jadot é um dos mais importantes investidores na região de Beaujolais, enquanto Georges Duboef é seu principal engarrafador.

Os *crus* de Beaujolais

As nevoentas colinas azuis aqui mapeadas, comumente arborizadas nas partes mais elevadas, porém densamente plantadas com vinhas abaixo, são o lar dos 10 *crus* independentes de Beaujolais. Sua área é de 24km por aproximadamente 10km. Mesmo assim, na sua melhor forma, os vinhos mostram perfeitamente os efeitos do *terroir* em cada uva Gamay. Cada *cru* tem uma personalidade que bons produtores exploram e expressam com o máximo de vigor que a safra permitir. Eles variam de vinhos fragrantes e enérgicos, que devem ser consumidos jovens, a garrafas de cuidadosa elaboração, que necessitam de muitos anos para que sua pungência inebriante se revele.

Todos os vinhedos *cru* estão situados em uma altura suficiente para que os estragos por geadas sejam relativamente raros. Os melhores estão nas encostas dos lados leste e sul, abrigados dos fortes ventos que vêm do oeste. Os solos variam de basalto em decomposição (em Morgan) a calcário (em certos trechos de St-Amour). Debaixo de tudo isto está o granito de antigos vulcões — bem visível no Mont Brouilly, com seu solo arenoso e ácido.

Brouilly, sem escolher uma vila específica, é o maior dos Beaujolais Crus com seus 3.000 acres (1.200 hectares) de vinhas, cobrindo a maior parte do quadrante sul do mapa. Com uma produção de até 700.000 caixas, pode ser mais bem descrito como variável. A **Côte de Brouilly**, nas encostas do Mont Brouilly, pode alcançar apropriadamente alturas maiores, especialmente os vinhos das encostas ao sudeste.

Morgon, o segundo maior dos *crus*, é um dos mais distintos em matéria de solo e de sabor. Concentra-se no Mont du Py, cuja encosta Côte du Py, composta por xisto rico em manganês, fornece mais rigor que qualquer outro *cru* e quase tanta amplitude e substância quanto Moulin-à-Vent.

Régnié, a oeste, tem o status de *cru* apenas desde 1988. Seus solos são relativamente arenosos e, portanto, os vinhos tendem a ser suaves e a progredir com o tempo. Ao norte, **Chiroubles**, tanto o vinho quanto a vila, é Beaujolais em sua melhor forma.

Fleurie é essencial em todos os sentidos. Um bom jovem Fleurie resume o espírito da região: o vinho frutado, sedoso, límpido e de aroma forte; um prazer de degustar. A transição para a severidade do **Moulin-à-Vent** (como os Brouillys, trata-se de uma área e não de uma comuna) é uma história de *terroir* sobre a qual muito já se escreveu. Aqui o solo é rico em ferro e em manganês e, embora não se possa garantir, está provavelmente envolvido na concentração, mesmo na densidade, de seus vinhos jovens e na sua habilidade de envelhecer durante dez anos até atingir uma personalidade típica da Borgonha.

Chénas, o menor *cru*, perdeu grande parte de sua melhor terra para o Moulin-à-Vent. **Juliénas** é parecido com Fleurie na juventude, porém mais encorpado, substancioso e condimentado, apto a se manter por cinco anos. **Juliénas** é escarpado e tem abrigo e drenagem ideais. Nenhum *cru* tem um padrão geral superior. **St-Amour** fornece o estágio final de Beaujolais até St-Véran e os Mâconnais.

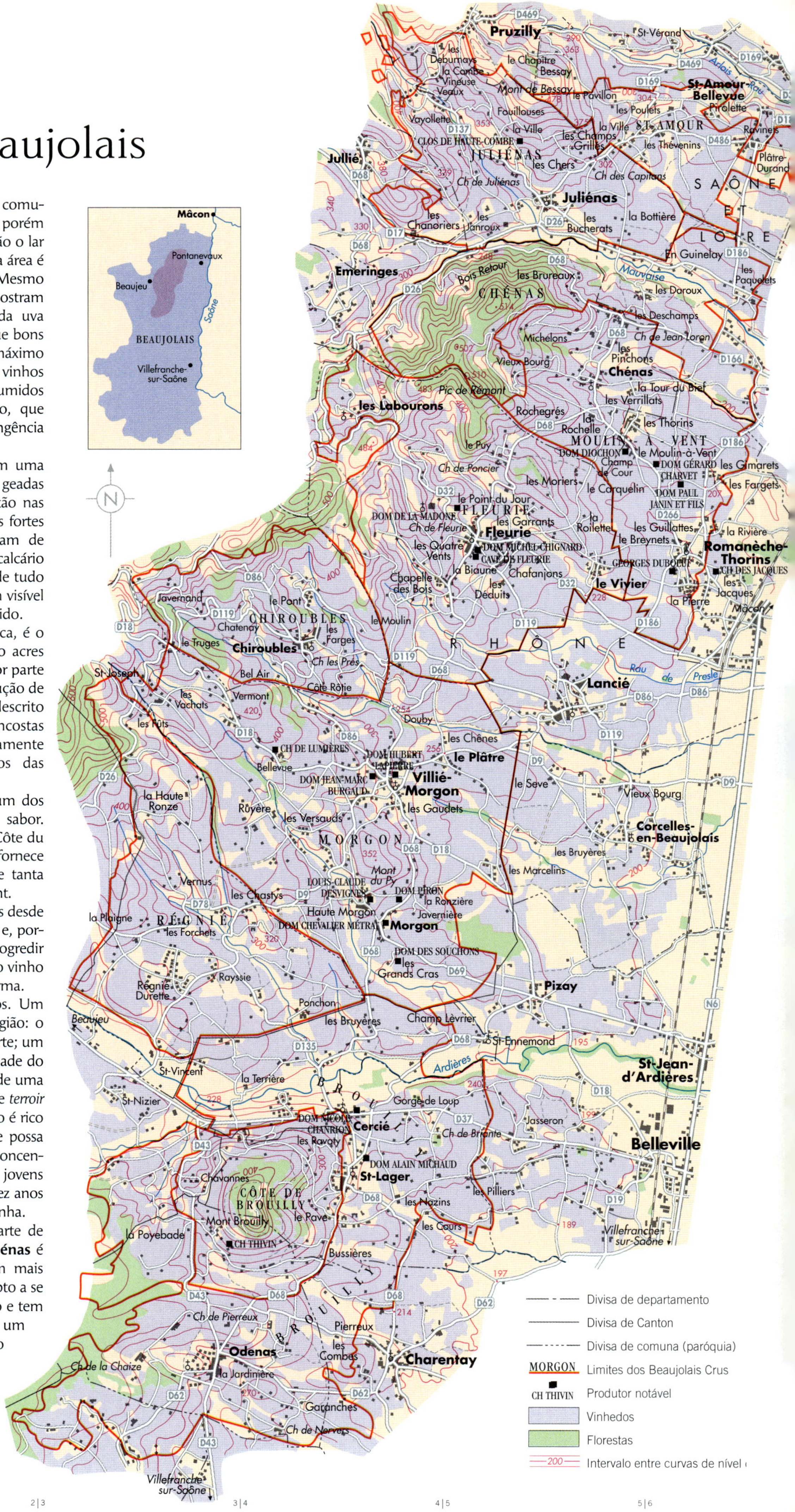

Chablis

Apesar de toda a sua fama, Chablis, um dos mais subestimados tesouros vitíferos mundiais, é praticamente o único sobrevivente do que antigamente era uma vasta região vitivinícola, principal fornecedora de Paris, a apenas 180km a noroeste. No final do século XIX, seu departamento, o Yonne, tinha 100.000 acres (40.000 hectares) de vinhas — muitas delas para produção de vinho tinto — e cumpriu o que seria a função de Midi. As vias fluviais de Chablis, que desaguam no rio Sena, eram abarrotadas de barcaças, exceto na primavera, quando eram liberadas para o transporte de lenha das florestas rio acima para a capital.

Primeiro, a filoxera atacou, depois as vias férreas se desviaram dos vinicultores de Yonne, transformando-a em uma das mais pobres regiões agrícolas da França. Na segunda metade do século XX, tal região passou por uma renovação e seu renome ganhou uma nova justificativa, já que Chablis é inimitável. A Chardonnay reage ao frio *terroir* de marga com sabores que ninguém consegue reproduzir, nem em condições mais favoráveis, bastante diferentes até do resto da Borgonha ao sul. Chablis é duro, mas não áspero, lembra pedras e minerais, mas, ao mesmo tempo, feno verde; quando jovem parece realmente verde, como muitos vinhos deveriam ser. O Grand Cru Chablis e até mesmo alguns dos melhores Premiers Cru Chablis têm gosto importante, forte, quase imortal. E realmente ele sobrevive um tempo consideravalmente longo; um tipo estranho e delicioso de gosto meio azedo penetra nele quando chega aos dez anos, e seu olho verde-dourado dá uma piscada significativa. (Os fanáticos por Chablis sabem que acontece de ele passar por uma fase menos excitante de lã úmida, o que pode afastar muitas pessoas. Pior para elas.)

Os vinhedos de clima frio necessitam de condições excepcionais para obter sucesso. Chablis fica a 160km ao norte de Beaune e, portanto, está mais próximo de Champagne que do resto da Borgonha. Seu segredo reside na geologia: o afloramento da borda de uma bacia de calcário e argila. A borda mais distante, atravessando o canal da Mancha em Dorset, empresta seu nome, Kimmeridge, a esta mistura especial de conchas de ostras pré-históricas. Ostras e Chablis, aparentemente, sempre estiveram juntos desde a criação. A variedade robusta de Chardonnay (conhecida aqui como a *Beaunois*, a vinha de Beaune) é a única vinha de Chablis. Nos locais onde a encosta fica exposta ao sol, ela amadurece esplendidamente.

Chablis e **Petit Chablis**, a grande área nos arredores, não são as únicas apelações do Yonne. Há muito tempo, **Irancy** cultiva Petit Noir para produzir um leve Borgonha tinto. A Sauvignon Blanc, cultivada em torno de St-Bris-le-Vineux, incomum nesta parte da França, tem sua própria apelação **St-Bris** (ganhou status de AC em 2001), enquanto a Chardonnay e a Pinot Noir lá cultivadas são vendidas como Bourgogne Côte d'Auxerre, exceto pelo que se encontra em torno de Chitry, que é rotulado **Bourgogne Chitry**. **Bourgogne Epineuil** provém daquela vila a oeste de Tonnerre. Estas distinções valem a pena? Mal elas não fazem.

A inclinação destes vinhedos para Bourgogne Chitry — uma das menores das muitas e relativamente recentes apelações regionais nas remotas fronteiras do condado de Chablis — ajuda a minimizar o risco de danos às vinhas jovens causados pela geada.

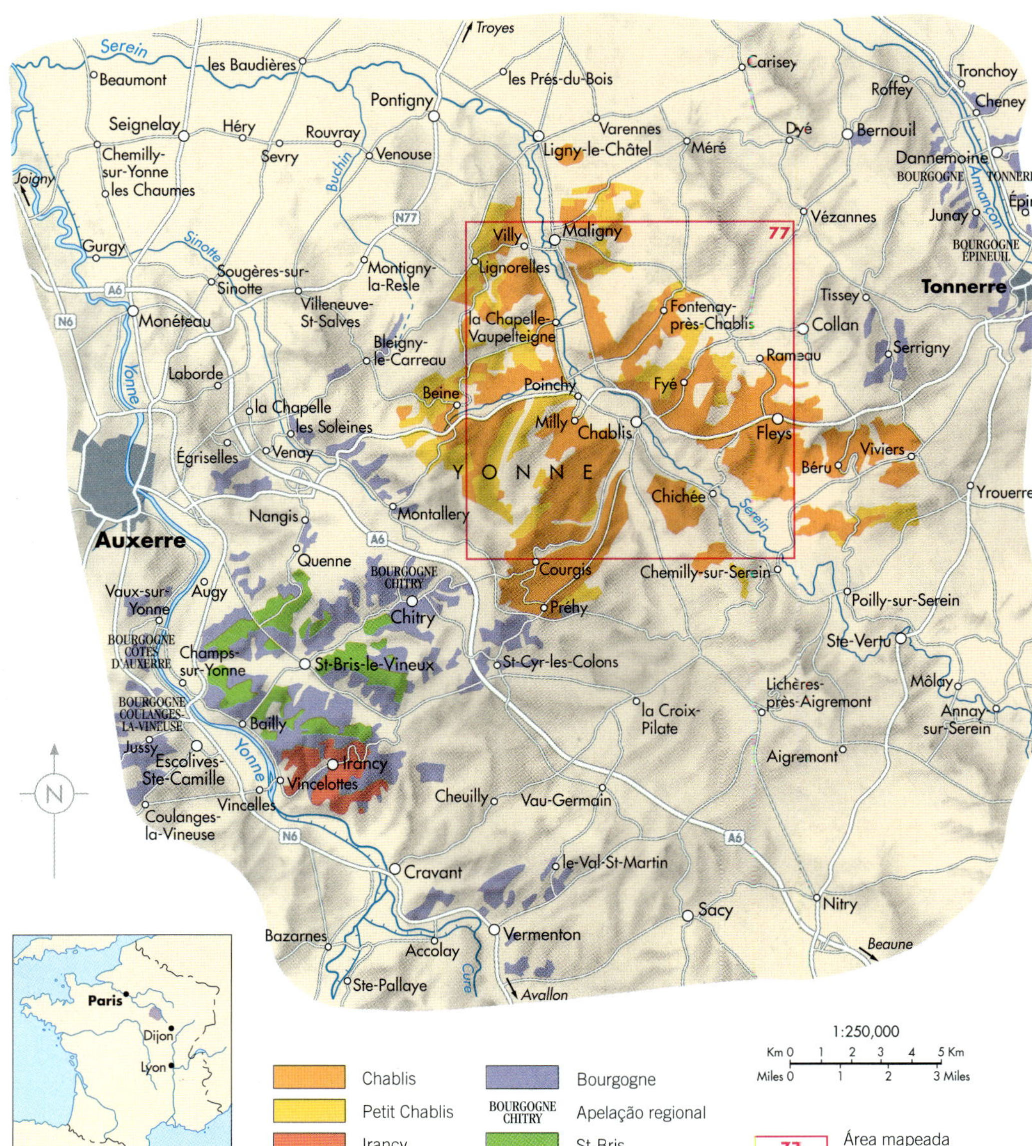

O coração de Chablis

A classificação do Chablis em quatro graduações é uma das mais claras demonstrações do hemisfério norte a respeito da importância das encostas ao sul: os vinhos Grand Cru sempre têm sabores mais ricos que os Premiers Crus; os Premiers Crus, mais que os Chablis simples; e os Chablis, mais que os Petit Chablis.

Todos os Grands Crus estão localizados em um único bloco, voltados para o sul e para o oeste, por cima da vila e do rio, de 247 acres (100 hectares), representando apenas 2% do total da área vinícola de Chablis. Em teoria, cada um dos sete tem seu estilo próprio. Muitos consideram Les Clos e Vaudésir os melhores. Certamente eles tendem a ser os mais saborosos. Entretanto, o mais importante é o que todos têm em comum: um sabor tão intenso quanto os melhores brancos da Côte de Beaune, porém mais audaciosos — o que, com o envelhecimento, atinge uma complexidade nobre. De preferência, o Grand Cru Chablis deve ser envelhecido por 10 anos e muitos exemplares ainda são majestosos com 20, 30 ou até 40 anos.

Les Clos é a maior, com 64 acres (26 hectares), e a mais conhecida; muitos também diriam que é a primeira em sabor, força e persistência. As safras finas de Les Clos podem desenvolver, com o tempo, um perfume semelhante ao de Sauternes. Les Preuses é muito maduro, redondo e talvez o de personalidade menos mineral, enquanto, normalmente, Blanchot e Grenouilles são muito aromáticos. Valmur representa o ideal para alguns críticos por ser rico e fragrante; outros preferem a definição e a leveza do Vaudésir. La Moutonne, um pequeno lote em volta de Vaudésir e Les Preuses, não é oficialmente classificado como Grand Cru, mas deveria ser, e o nome pode ser encontrado nos rótulos. Quase sempre Bougros vem por último, embora a marca do produtor seja, muitas vezes, mais importante do que o lote nesta encosta relativamente homogênea.

Há 79 Premiers Crus nomeados; no entanto, os menos conhecidos têm permissão para ser colocados no mercado sob a bandeira dos mais conhecidos. O mapa ao lado mostra tanto os nomes antigos como os novos, que atualmente são mais usados. Os Premiers Crus variam muito em exposição e em inclinação; certamente, aqueles na margem norte do rio Serein, ao lado dos Grands Crus ao noroeste (La Fourchaume, por exemplo) e a leste (Montée de Tonnerre e Mont de Milieu), estão em vantagem. Normalmente, um Premier Cru Chablis chega a ter meio grau de álcool a menos que um Grand Cru, e é menos impressionante e intenso em sabor e em aroma. Mesmo assim, ainda é um vinho com muito estilo e pode durar pelo menos o mesmo que um Premier Cru branco da Côte d'Or. Atualmente, seu pior defeito é ser diluído, como resultado de um excesso de produção.

Nas décadas de 1970 e de 1980, viu-se um aumento substancial da área de vinhedos autorizados, o que causou muita controvérsia entre os produtores. O assunto que os divide é o solo. Os conservadores atribuem propriedades únicas à marga de Kimmeridge; seus opositores reivindicam o mesmo para sua parente próxima, a de *Portland*, que se desenvolve mais intensamente na área. O INAO preferiu o segundo, permitindo dessa forma a expansão para um total de mais de 11.400 acres (4.600 hectares), em 2006. Em 1960, havia mais terra dedicada ao Chablis Premier Cru do que ao Chablis simples. Atualmente, embora a terra do Premier Cru tenha crescido consideravelmente, quase quatro vezes mais vinhedos são dedicados ao cultivo ilimitado do Chablis.

Há quase tantos aquecedores quanto videiras no vinhedo Grand Cru Bougros, com Les Preuses ao fundo. Eles são acesos para elevar a temperatura acima de 0ºC, quando a geada de primavera ameaça as primeiras mudas na estação de crescimento. Uma alternativa mais moderna é pulverizar as videiras com água, que se transforma numa camada de gelo protetora.

Alguns dizem que como resultado desta expansão a qualidade decresceu. Ela permanece, como sempre, por causa da distância do equador, muito irregular, ano após ano, como também variável (especialmente em estilo), de produtor para produtor. Atualmente, a maioria dos produtores prefere o vinho fermentado em cubas, não-amadeirado e fresco. Alguns produtores conseguiram demonstrar que o carvalho pode ter propriedades especiais a oferecer a alguns de seus melhores vinhos.

A quantidade de um ano para outro pode variar muito, pois os vinhedos de Chablis ainda são ameaçados por geadas.

O Chablis Grand Cru, muito ignorado pelos melhores negociantes de vinhos do mundo, continua, mesmo agora, custando metade do preço de um Corton-Charlemagne. Mais justo seria uma paridade.

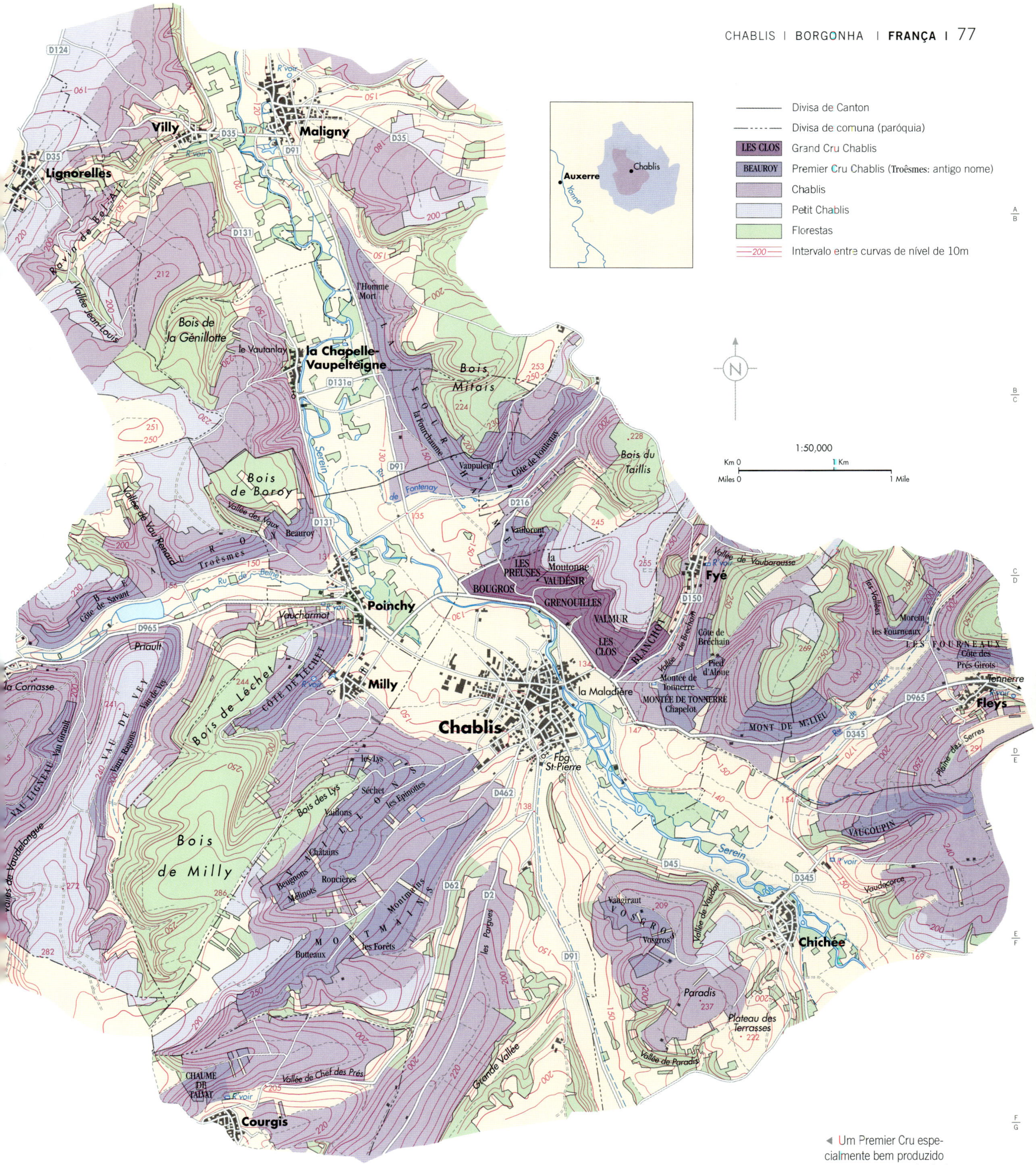

◄ Um Premier Cru especialmente bem produzido na margem esquerda do rio Serein e uma gama de Grands Crus suntuosos com porções de carvalho que variam desde o zero absoluto de Louis Michel a porções cuidadosamente elaboradas de carvalho novo e usado de William Fèvre.

Champagne

Para ser champanhe, um vinho deve fazer mais do que borbulhar. Deve originar-se da região de Champagne, no nordeste da França. Esta é uma doutrina básica da lei vinícola no país, por toda a Europa e, atualmente, graças à negociação persistente, na maior parte do resto do mundo. Seria muito exagero dizer que todo champanhe é melhor do que qualquer outro vinho espumante. Porém o melhor champanhe tem uma combinação de frescor, riqueza, delicadeza e adstringência e uma força gentilmente estimulante que nenhum vinho espumante de outro lugar já alcançou.

Parte do segredo de Champagne reside em sua combinação da latitude e da posição precisa. A latitude, no quadro de características principais, é maior do que qualquer outra região vinícola neste atlas (exceto para a Inglaterra — cujos melhores vinhos espumantes são cópias fiéis do champanhe).

AS CASAS DE CHAMPAGNE DE REIMS

1 Heidsieck Monopole
2 G H Mumm
3 Palmer
4 Krug
5 Lanson
6 Veuve Clicquot Ponsardin
7 Louis Roederer
8 Piper-Heidsieck
9 Charles Heidsieck
10 Taittinger
11 Ruinart
12 Vranken-Pommery
13 Henriot
14 Jacquart

AS CASAS DE CHAMPAGNE DE EPERNAY

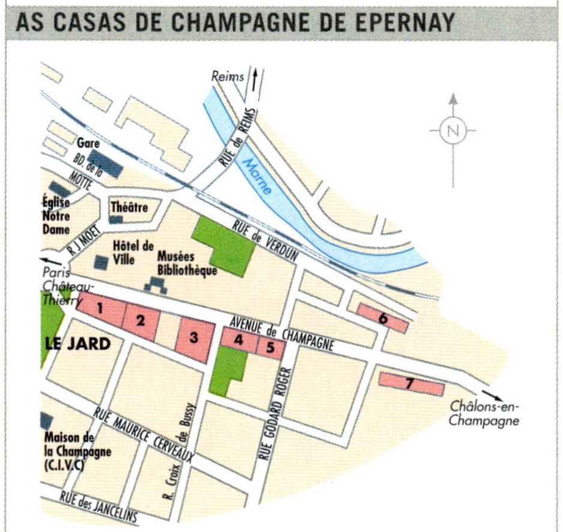

1 Moët & Chandon
2 Perrier-Jouët
3 de Venoge
4 Pol Roger
5 Demoiselle
6 de Castellane
7 Mercier

Mesmo antes do aquecimento global provocar uma aceleração no amadurecimento médio, a proximidade de Champagne com o mar ajudava a amadurecer estas uvas tão distantes do equador. Mas hoje as temperaturas, no mês de amadurecimento (julho), são mais altas do que na Francônia, na Alemanha, em Santa Maria, na Califórnia, e em Marlborough, na Nova Zelândia. Isso significa que as variedades relativamente mais precoces, cultivadas em Champagne, alcançam, de forma confiante, exatamente os níveis corretos de açúcar e acidez antes de o outono começar. No entanto, as temperaturas mais altas trouxeram safras perigosamente generosas, pois as vinhas se ajustam a estações de cultivo mais quentes.

Champagne, cujo solo e clima têm tanto a oferecer, está somente a 145km a nordeste de Paris, centrada em uma cordilheira de colinas emergindo de uma planície de greda e cortada em dois pelo rio Marne. O mapa no verso mostra o coração de Champagne, porém a região total é muito mais extensa. O departamento de Marne ainda produz mais do que dois terços de todo o champanhe, porém há vinhedos em Aube para o sul que se especializam em Pinot Noir vigoroso e frutado (cerca de 22% do total da região) e, principalmente, vinhedos de Pinot Meunier, nas margens do rio Marne, que se estendem para o oeste bem para o interior do departamento de Aisne (aproximadamente 9%).

A demanda por champanhe está mais alta do que nunca e, em 2004, toda área oficial de 81.191 acres (3.287 hectares), delimitados em 1927, que produz essa bebida foi plantada, e os champenois ainda discutem como expandir esse limite. Somente 10% deste precioso vinhedo pertence às grandes casas exportadoras responsáveis pela reputação mundial do champanhe, as quais tendem a misturar os ingredientes de todas as regiões para produzir seus vinhos. O restante é pertencente a mais de 19.000 produtores, muitos dos quais são temporários.

Cada vez mais esses produtores, bem mais de 2.000 contados ultimamente, estão fazendo e vendendo seus próprios vinhos em vez de vender uvas às *maisons*, embora às vezes também o façam. Os champanhes dos produtores, que estão cada vez mais bem conceituados, agora respondem por quase um quarto de todas as vendas. Pouco mais de um décimo de todo champanhe é colocado no mercado por uma das cooperativas estabelecidas em Champagne durante os dias quentes de verão, no início do século XX. Porém o segmento de champanhe ainda é dominado pelos nomes famosos, as grandes casas de Reims e Epernay mostradas à esquerda — junto com alguns, tais como Bollinger de Ay, baseados fora das duas cidades de Champagne.

Por ser obviamente tão bem-sucedida, a receita do champanhe tem sido muito copiada. Pegue as uvas Pinot Noir, Pinot Meunier e Chardonnay e aplique um processo delicado, atualmente chamado "método tradicional" (os champenois se opõem até ao encantador uso mundial do antigo termo "método champanhe").

As uvas são prensadas em lotes de quatro toneladas, de forma tão gentil que o suco fica muito pálido, até o da Pinot Noir e o da Meunier de pele

O champanhe super de luxe Cristal de Luois Roederer pode ser identificado em um restaurante lotado por causa de sua garrafa clara e seu rótulo dourado, mas também pode ser identificado por sua tradicional falta de uma picadura — corte convexo na base de uma garrafa que ajuda a servir e faz com que o empilhamento das garrafas torne-se muito mais seguro.

LINGUAGEM DO RÓTULO

A maioria dos nomes NV incluem Brut, Cuvée ou Reserve. Bollinger usa a ortografia inglesa Special.

Blanc de blancs todos os champanhes Chardonnay

Blanc de noirs champanhes feitos exclusivamente de uvas de pele escura

Cuvée uma mistura, o que todo champanhe é

Non-vintage (NV) champanhe que contém vinhos de mais de um ano

Réserve muito usado, porém um termo sem sentido

Vintage vinho de um único ano

NÍVEIS DE DOÇURA

Extra brut bem seco

Brut seco

Sec levemente seco

Demi-sec meio doce (apesar do nome)

Doux relativamente doce

CÓDIGOS DO ENGARRAFADOR

NM *négociant-manipulant*, produtor de champanhe que compra uvas

RM *récollant-manipulant*, produtor que faz seus próprios vinhos

CM *coopérative de manipulation*, uma cooperativa

RC *récollant-coopérateur*, produtor que vende vinhos produzidos por uma cooperativa

MA *marque d'acheteur*, marca própria do comprador

escura, e somente uma quantidade precisamente fixa de suco de cada lote pode ser usado para o champanhe. (A maioria do champanhe *rosé*, cada vez mais popular, é feita pela adição deliberada de algum vinho tinto ao branco.)

A princípio, o suco fermenta vigorosamente. No passado, ao diminuir a velocidade, as portas seriam escancaradas para deixar o frio outonal entrar e a fermentação parar. O vinho passava um inverno frio, com o potencial de mais fermentação latente ainda em si. Então era exportado. No século XVII, a Inglaterra foi um cliente ávido por barris deste vinho delicado, especialmente penetrante. Os ingleses o engarrafavam na chegada em garrafas que eram mais fortes do que qualquer uma conhecida na França. Ele refermentava na primavera: as rolhas estouravam e a sociedade francesa achava que eles haviam criado um vinho espumante. Se foram ou não os ingleses que o fizeram primeiro (e os habitantes de Limoux reivindicam terem feito o primeiro vinho espumante *brut*, no século XVI), o engarrafamento prematuro foi vital para o processo que transformou o vinho local favorito de Paris em uma prima-dona.

O vinho continuava a fermentar na garrafa e o gás liberado pela fermentação se dissolvia no líquido. Se o efeito natural fosse estimulado pela adição de um pouco de açúcar e um pouco mais de levedura, o que havia sido um vinho elegante, mas muito leve, desenvolveria-se imensuravelmente, ganhando força e personalidade por um período de dois ou mais anos. Acima de tudo, as bolhas inesgotáveis davam-lhe uma vivacidade miraculosa. Atualmente, o açúcar e a levedura são adicionados ao vinho seco completamente fermentado, de forma que a segunda fermentação ocorra na garrafa.

A principal diferença entre as marcas de champanhe reside na produção do *cuvée*, como é chamada a mistura de vinhos base secos. Tudo depende da experiência na montagem dos vinhos jovens — que são, às vezes, aprofundados por uma dose de vinho *réserve* mais velho — e em quanto a casa está preparada para gastar em matéria-prima. Como descrito no verso, a qualidade e a personalidade dos vinhedos até mesmo no coração de Champagne variam consideravelmente.

Um outro ingrediente crucial na qualidade do champanhe é o tempo que o produtor deixa o vinho na borra da segunda fermentação na garrafa. Quanto mais tempo melhor, e certamente mais que o mínimo obrigatório de 15 meses para champanhes não-*vintage* e três anos para champanhes *vintage*, pois o contato com este depósito, mais do que qualquer outra coisa, dá ao champanhe seu sabor sutil.

A reputação de uma casa estabelecida baseia-se em seus vinhos não-*vintage*, misturados de forma que nenhuma diferença seja notável de um ano para outro. Os estilos variam da concentração desafiadora de um Krug ou um Bollinger a uma delicadeza sedutora de um Taittinger, com Pol Roger e Louis Roederer como modelos de equilíbrio clássico.

A industrialização do champanhe começou com a viúva Clicquot no início do século XIX. Seu feito foi uma forma de limpar o vinho de seus depósitos (inevitável quando ele refermenta na garrafa) sem perder as bolhas, o que envolveu *remuage*, literalmente sacudir com a mão o depósito em direção à rolha com as garrafas colocadas gradualmente em pé. Atualmente, isso é feito com muita freqüência de forma mecânica em grandes paletes controlados por computador. Em seguida, o gargalo da garrafa é congelado, uma tampa de gelo escuro projeta-se quando a garrafa é aberta, deixando um vinho perfeitamente claro para ser atestado por vinho com *dosagens* variáveis de doçura.

—·— Divisa de département

Divisa da AC Champagne

Áreas produtoras de vinho

81 Área mapeada em escala ampliada na pág na indicada

CHAMPAGNE: REIMS

Latitude / Altitude da EC **49,19° / 90m**

Temperatura média da EC em julho **18,9°C**

Índice pluviométrico anual na EC **630mm**

Índice pluviométrico na EC no mês da colheita **Setembro: 45mm**

Principais perigos para a viticultura **Geada de primavera, fungos**

Principais uvas **Pinot Noir, Pinot Meunier, Chardonnay**

◄ Um verdadeiro alinhamento luxuoso, embora a maioria das outras casas tenha suas respostas para estes *cuvées de luxe*. Outros candidatos óbvios incluem RD, de Bollinger; Grande Siècle, de Laurent-Perrier; Grande Dame, de Veuve Clicquot; Belle Époque, de Perrier-Jouët e Sir Winston Churchill, de Pol Roger.

O coração de Champagne

O trunfo de Champagne é o que reside debaixo das vinhas. As frias e úmidas adegas não só podem ser facilmente esculpidas do giz, como também retêm a umidade e agem como um umidificador de vinhos perfeitamente regulado, que realmente aquece o solo e produz uvas ricas em nitrogênio — especialmente úteis para fazer com que a levedura funcione perfeitamente.

Atualmente, três uvas dominam. A Pinot Noir corpulenta é plantada em grande parte (38% dos vinhedos), tendo superado a Pinot Meunier, um tipo de prima rural que é mais fácil de crescer e amadurecer, obviamente frutada, mas não tão fina. As plantações da Chardonnay refrescante, potencialmente cremosa, também cresceram até 28% do total.

Embora atualmente um número crescente de tipos de champanhe esteja emergindo de vinhedos únicos, o método tradicional e ainda comumente usado é combinar as qualidades das melhores uvas das partes distintas da região. Neste clima marginal, o amadurecimento completo é a exceção, e pequenas variações na inclinação e no aspecto são cruciais.

A Montagne de Reims — a "montanha" (300m) coberta de árvores da cidade onde os reis da França eram coroados — está plantada com Pinot Noir e, em menor extensão, com Pinot Meunier. A Pinot plantada em tais encostas de frente para o norte, como as de Verzenay e Verzy, produz vinhos base notavelmente mais ácidos e menos fortes do que os produzidos nos lados muito mais adequados ao sul da Montagne de Reims, em Ay, porém podem trazer uma delicadeza especialmente refinada para uma mistura, como se esculpida a *laser*. Os vinhos de Montagne contribuem para o buquê, o poder inebriante e, com sua acidez firme, para o que os franceses chamam de "carpintaria" — a espinha dorsal da mistura.

A vila de Bouzy, cujas encostas mais baixas podem ser muito produtivas para o champanhe de primeira qualidade, é famosa entre os falantes de língua inglesa por razões óbvias, mas também porque faz uma pequena quantidade de vinho tinto não-espumante. Os vinhos não-espumantes comparativamente ácidos da região de Champagne — tanto o branco como ocasionalmente o tinto leve — são vendidos sob a denominação Coteaux Champenois.

O Vallée de la Marne, no oeste, tem uma série de encostas voltadas para o sul que capturam o sol e produzem os vinhos mais cheios, redondos e maduros, com abundância de aromas. Estes também são predominantemente vinhedos de uva tinta, famosos pela Pinot Noir nas localizações de melhor exposição, porém com a Pinot Meunier e, cada vez mais, a Chardonnay plantadas em outros lugares.

A encosta de frente para o sul de Epernay (de topografia semelhante à da Côte de Beaune) é a Côte des Blancs, plantada com Chardonnay, que dá frescor e fineza a uma mistura. O champanhe feito com 100% de Chardonnay é vendido como Blanc de Blancs. Cramant, Avize e Le Mesnill são três vilas com nomes tradicionalmente respeitados por seus vinhos (não misturados). (A Côte de Sézanne é, efetivamente, uma extensão ligeiramente menos distinta da Côte des Blancs.)

Estes vinhedos (e todos os da denominação Champagne) têm o que pode ser chamado de uma classificação oculta — porque nunca é mencionada nos rótulos. O *échelle* (escala) *des crus* dá às uvas de toda a comuna um percentual de classificação. Até este século, um preço indicativo era acordado para a colheita como um todo. Um produtor em uma das comunas Grand Cru receberia 100% do valor. Os Premiers Crus receberiam entre 99% e 90%, de acordo com seu lugar na escala, e assim por diante, até 80% para algumas das áreas afastadas. Atualmente, o preço das uvas é acordado em bases individuais entre o cultivador e o produtor, embora as avaliações do vinhedo ainda possam ser aplicadas — e alguns gostariam de ver as avaliações revisadas de forma a especificar mais precisamente os diversos potenciais dos vinhedos.

Tais marcas super-luxuosas "prestige", como Dom Pérignon, Krug, Sir Winston Churchill de Pol Roger, Roederer Cristal, Belle Époque de Perrier-Jouët, La Grande Dame de Veuve Clicquot e Comtes de Champagne de Taittinger, naturalmente, têm a média *échelle* mais alta em seus vinhos constituintes. Há muito, Krug e Bollinger são expoentes de fermentação em carvalho de seus vinhos base. Um número crescente de outros produtores, incluindo muitos dos mais ambiciosos, está fazendo o mesmo. Os vinhos resultantes — nunca se deve esquecer que o champanhe é um vinho — podem sofrer se forem servidos muito jovens ou muito frios. Os champanhes mais baratos têm pouco a oferecer em qualquer estágio.

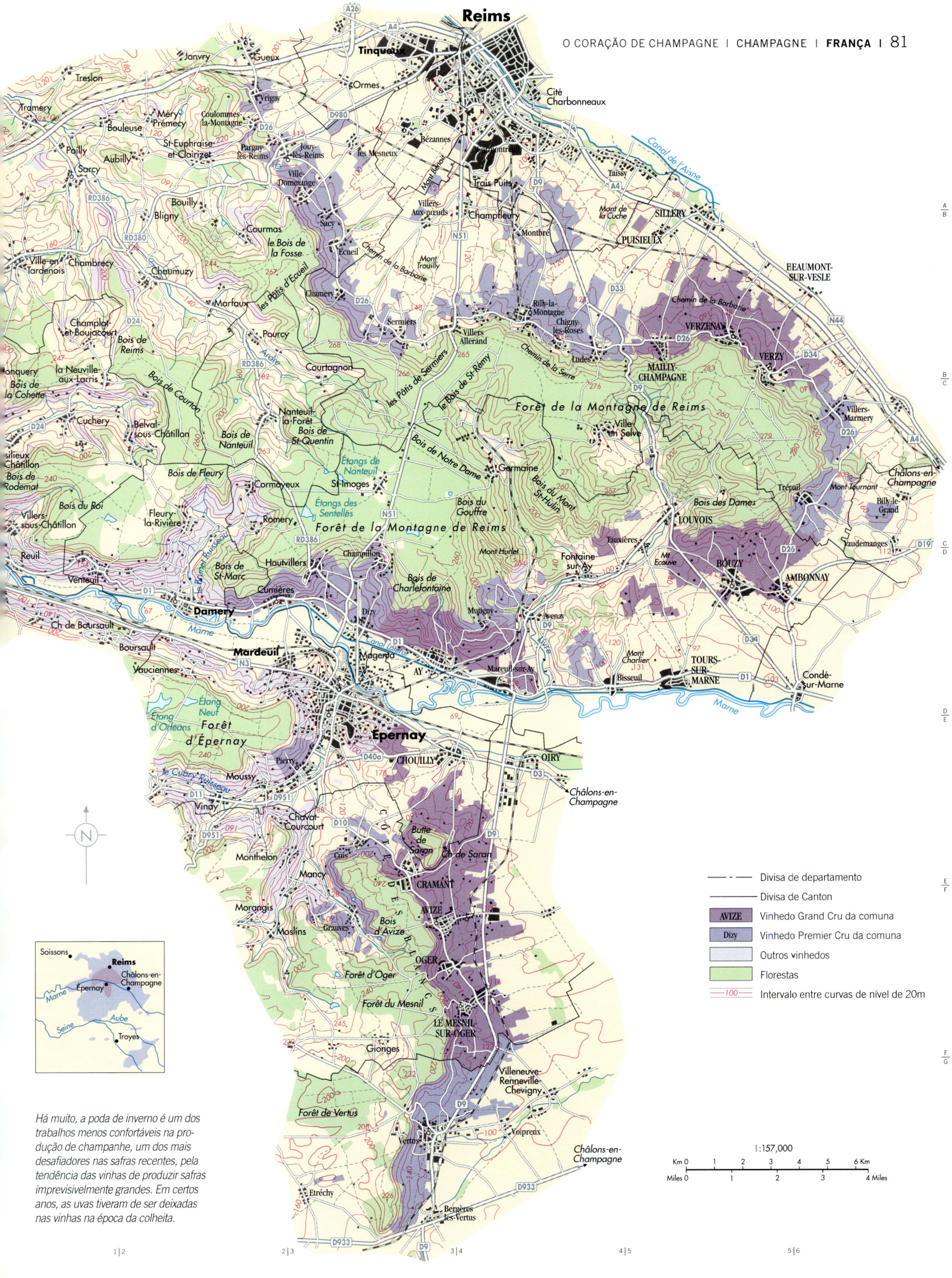

Há muito, a poda de inverno é um dos trabalhos menos confortáveis na produção de champanhe, um dos mais desafiadores nas safras recentes, pela tendência das vinhas de produzir safras imprevisivelmente grandes. Em certos anos, as uvas tiveram de ser deixadas nas vinhas na época da colheita.

Bordeaux

Assim como a atração da Borgonha é despudoradamente sensual, a de Bordeaux é mais cerebral. Por um lado, é a natureza do vinho em si; na sua melhor forma, indescritivelmente sutil na nuança e na complexidade. Por outro, é o puro desafio intelectual de tantas propriedades ou *châteaux*, como são chamadas aqui, em tantas regiões e sub-regiões.

Bordeaux é o maior distrito de vinho fino da Terra. O departamento inteiro do Gironde, nomeado em homenagem ao estuário mais importante, é dedicado à vinicultura. Todo o seu vinho é Bordeaux. Sua produção de 6 milhões de hectolitros, em 2005, faz com que toda a produção das regiões vinícolas francesas pareça pequena, exceto para a vasta Languedoc-Roussillon. Os vinhos tintos excedem os brancos numa razão de oito para um.

As grandes áreas de vinho tinto são o Médoc, ao norte da cidade de Bordeaux, e, em direção ao sul, os melhores do Graves, Pessac-Léognan, na margem oeste do Garonne. Estes são os chamados vinhos da "Margem Esquerda". A "Margem Direita" consiste de St-Émilion e Pomerol, ao longo da margem norte de Dordonha. A terra entre os dois rios é chamada Entre-Deux-Mers, um nome encontrado somente nas garrafas de seus vinhos brancos secos, embora esta região também produza três quartos de todos os vinhos tintos vendidos, como Bordeaux AC e Bordeaux Supérieur. No distante sul do mapa, na página oposta, localiza-se o centro da produção de vinho branco doce de Bordeaux.

Algumas apelações da extremidade mapeadas aqui raramente são vistas nos rótulos fora da região, embora os vinhos finos que carregam as denominações Côtes de Bourg (alguns bons vinhos brancos) e Côtes de Blaye, da Margem Direita ao norte, estejam ficando cada vez mais comuns, com a simples denominação Blaye, freqüentemente significando tintos bastante ambiciosos. Uma AC abrangente, Côtes de Bordeaux, é proposta para alguns desses nomes menos conhecidos (ver página 99).

As maiores glórias de Bordeaux são seus vinhos tintos mais finos (os arquétipos do mundo para as misturas de Cabernet e Merlot), a minúscula produção de Sauternes doces e dourados que podem viver até mais tempo, e alguns brancos secos exclusivos produzidos em Graves. Porém nem todo Bordeaux é glorioso; a região é muito grande e expandiu-se no final do século XX. As áreas mais favorecidas, pelas razões descritas no verso, podem ser capazes de produzir alguns dos melhores vinhos do mundo e possuir alguns dos preços mais altos. Nas áreas menos glamorosas, no entanto, há inúmeros vinicultores sem o incentivo, vontade ou, em alguns casos, a capacidade física para produzir vinhos interessantes.

A marginalidade do clima de Bordeaux tem como resultado que, em alguns anos, o Bordeaux tinto básico parece muito frágil ao lado dos Cabernet tão confiavelmente maduros em grande parte do Novo Mundo. A denominação Bordeaux simples, que é aplicada a mais vinhos tintos do que o total da safra sul-africana ou alemã a cada ano, muito raramente sustenta a glória desta região famosa do mundo. Após muito debate sobre como resolver este problema, incluindo o arrancamento dos vinhedos menos favorecidos, foi criado um Vin de Pays de l'Atlantique, em 2006, para vinhos das três cores.

Comparado com o da Borgonha, o sistema de denominação em Bordeaux é simples. O mapa mostra todas. Nelas, há os *châteaux* de vinhos (às vezes, propriedades grandes; às vezes, não mais do que uma pequena fazenda com adega anexa) que cuidam do seu próprio problema de identificação. Por outro lado, há uma forma de classificação de vinhedos pela qualidade inerente ao sistema da Borgonha que falta em Bordeaux. Aqui, em seu lugar, há uma variedade de classificações do *château* local, infelizmente sem um padrão comum.

De longe, a mais famosa é a classificação dos vinhos dos *châteaux* do Médoc — e Château Haut-Brion do Graves — que foi finalizada em 1855, baseada em seus valores, avaliados pelos corretores naquela época. Seus primeiro (*premier*), segundo (*deuxième*), terceiro (*troisième*), quarto (*quatrième*) e quinto (*cinquième*) "crescimentos" ou *crus* representam o grau mais ambicioso do produto agrícola já tentado.

Ela conseguiu identificar os solos com o potencial mais alto, como as páginas a seguir detalham. Onde os padrões atuais desviam-se dela, há usualmente uma explicação (um proprietário que trabalhou muito em 1855 e agora está desleixado; ou, o que é mais provável atualmente, o contrário). Enfatizando ainda mais, em muitos casos, a terra foi acrescentada ou trocada; o vinhedo não é mais exatamente o mesmo. Os vinhedos de um *château* raramente o cercam em um lote definido. Mais freqüentemente, agora, eles ficam espalhados e misturados com os de seus vizinhos. Anualmente, eles podem produzir algo entre 10 a 1.000 barris de vinho, cada um contendo o equivalente aproximado a 300 garrafas, ou 25 caixas. Os melhores vinhedos produzem um máximo de 5.000 litros de cada hectare de vinhas, os menos bons, consideravelmente mais (ver o quadro no verso).

Tradicionalmente, os *Premiers Crus* superluxuosos, que podem facilmente chegar a produzir 200.000 garrafas de seu vinho principal — ou *grand vin* — em oposição a um segundo vinho misturado a partir de barris menos bem-sucedidos — giram em torno de duas vezes o preço dos *Deuxième Crus*, porém, daí em diante, um *Cinquième Cru* pode alcançar mais do que, por exemplo, um segundo se for melhor administrado. O sistema adotado nos mapas que aparecem nas páginas a seguir serve simplesmente para distinguir entre os Crus Classés (em áreas onde eles existem) e os vinhedos que os circundam.

Um desenvolvimento notável no fim do século XX foi a emergência, especialmente na Margem Direita, de *microcuvées* — vinhos feitos por *garagistes*, assim chamados porque sua produção de uns poucos milhares de caixas por ano é pequena o suficiente para ser vinificada em uma garagem. Com exceção dos protótipos Le Pin de Pomerol e Château Valandraud de St-Émilion, poucos desses *microcuvées* estabeleceram mercado e reputação duráveis — fato que não parece ter desencorajado ninguém de tentar.

De maior significado a longo prazo para a região, há o grande desenvolvimento nas práticas viticulturais, que está em vigor desde meados da década de 1990. Atualmente, um número maior de produtores é capaz de colher uvas completamente maduras, não apenas por causa da mudança climática, como também graças à poda mais rígida durante o ano, à condução mais alta, à administração da fronde mais cuidadosa e ao uso cuidadoso de agroquímicos.

O Quai des Chartrons de Bordeaux já foi famoso como centro de seu comércio vinícola, depois adquiriu um ar de negligência, porém atualmente desempenha um papel importante na revitalização da cidade. Há ainda não menos que 400 comerciantes vinícolas dentro e, especialmente, em torno de Bordeaux.

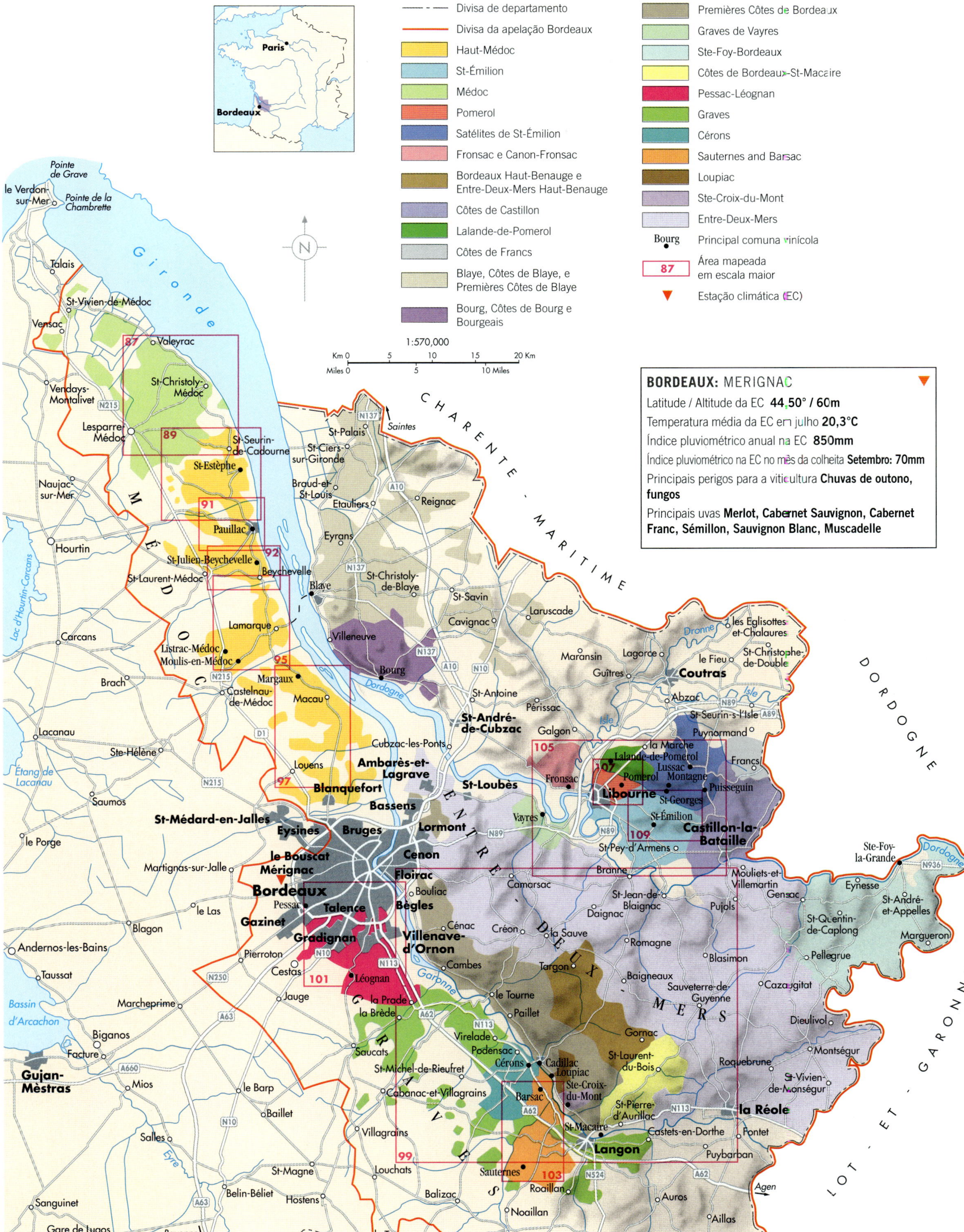

BORDEAUX: MERIGNAC

Latitude / Altitude da EC **44,50° / 60m**

Temperatura média da EC em julho **20,3°C**

Índice pluviométrico anual na EC **850mm**

Índice pluviométrico na EC no mês da colheita **Setembro: 70mm**

Principais perigos para a viticultura **Chuvas de outono, fungos**

Principais uvas **Merlot, Cabernet Sauvignon, Cabernet Franc, Sémillon, Sauvignon Blanc, Muscadelle**

Bordeaux: o fator de qualidade

A quantidade de vinho que a região de Bordeaux produz a cada ano e sua qualidade podem variar muito acentuadamente, porém, como a maior fonte de vinho fino do mundo, ela claramente tem algumas vantagens. A proximidade com o mar e o fato de ser atravessada por rios dá a ela um clima moderado e estável com relativamente poucas geadas severas o suficiente para matar as vinhas no inverno ou prejudicar os botões na primavera. A maior floresta da Europa, no lado oceânico e no departamento de Landes para o sul, a protege dos fortes ventos salgados e reduz as chuvas. O clima durante a floração, em junho, é variável, razão pela qual o tamanho da safra varia também, porém os verões e, especialmente, os outonos são seguramente quentes e ensolarados. Tanto a temperatura média como as chuvas são ligeiramente mais altas do que na Borgonha — compare as estatísticas nas páginas 83 e 55 —, o que significa que Bordeaux pode cultivar, com sucesso, variedades de amadurecimento tardio.

A Merlot, a Cabernet Sauvignon, a Cabernet Franc e a Petit Verdot são as principais uvas cultivadas para vinhos tintos, nesta ordem de importância decrescente, com um pouco de Malbec ainda cultivada no norte do Gironde. A Sémillon e uma porcentagem crescente de Sauvignon Blanc são as principais uvas viníferas brancas (suplementadas pela Muscadelle nos distritos de vinhos doces e uma certa quantidade de Ugni Blanc no condado de Cognac). Devido ao fato de que todas estas uvas florescem em momentos um pouco diferentes, cultivar uma mistura delas pode fornecer ao proprietário do *château* algum tipo de seguro contra dias de clima ruim, em momentos críticos de junho, e contra um outono especialmente frio, que pode fracassar em seduzir a Cabernet Sauvignon ao seu amadurecimento completo.

Conseqüentemente, quase todas as propriedades vinícolas de Bordeaux são plantadas com uma mistura de variedades de uvas — a proporção varia de acordo com as condições, tradições e, cada vez mais, com a moda local. Há muito, o frescor da Merlot fez dela uma substituta para a estrutura mais angular da Cabernet de Bordeaux, porém, no fim do século XX, ela era especialmente popular com os produtores e consumidores, talvez porque tanto as vinhas quanto os vinhos amadurecem convenientemente cedo. A Cabernet Franc, que floresce e amadurece após a Merlot, porém mais cedo do que a Cabernet Sauvignon, oferece cobertura de seguro adicional e, com freqüência, um aroma atraente. A Petit Verdot é a que amadurece mais tarde de todas, quando amadurece completamente, o que ocorre cada vez mais graças ao aquecimento global, que pode adicionar, com esplendor, notas de condimento de primeira qualidade a um Médoc.

É uma tradição da Margem Direita favorecer o amadurecimento prematuro da Merlot em detrimento da Cabernet Sauvignon, o que predomina no Médoc e em Graves. A Merlot carnuda é mais usualmente suplementada pela Cabernet Franc em vez da Cabernet Sauvignon no Pomerol e, especialmente, St-Émilion.

O QUE PRODUZ O VINHO

Alguns dos fatores que afetam as qualidades e a personalidade variáveis dos vinhos de Bordeaux são mostrados neste diagrama da bacia do Gironde.

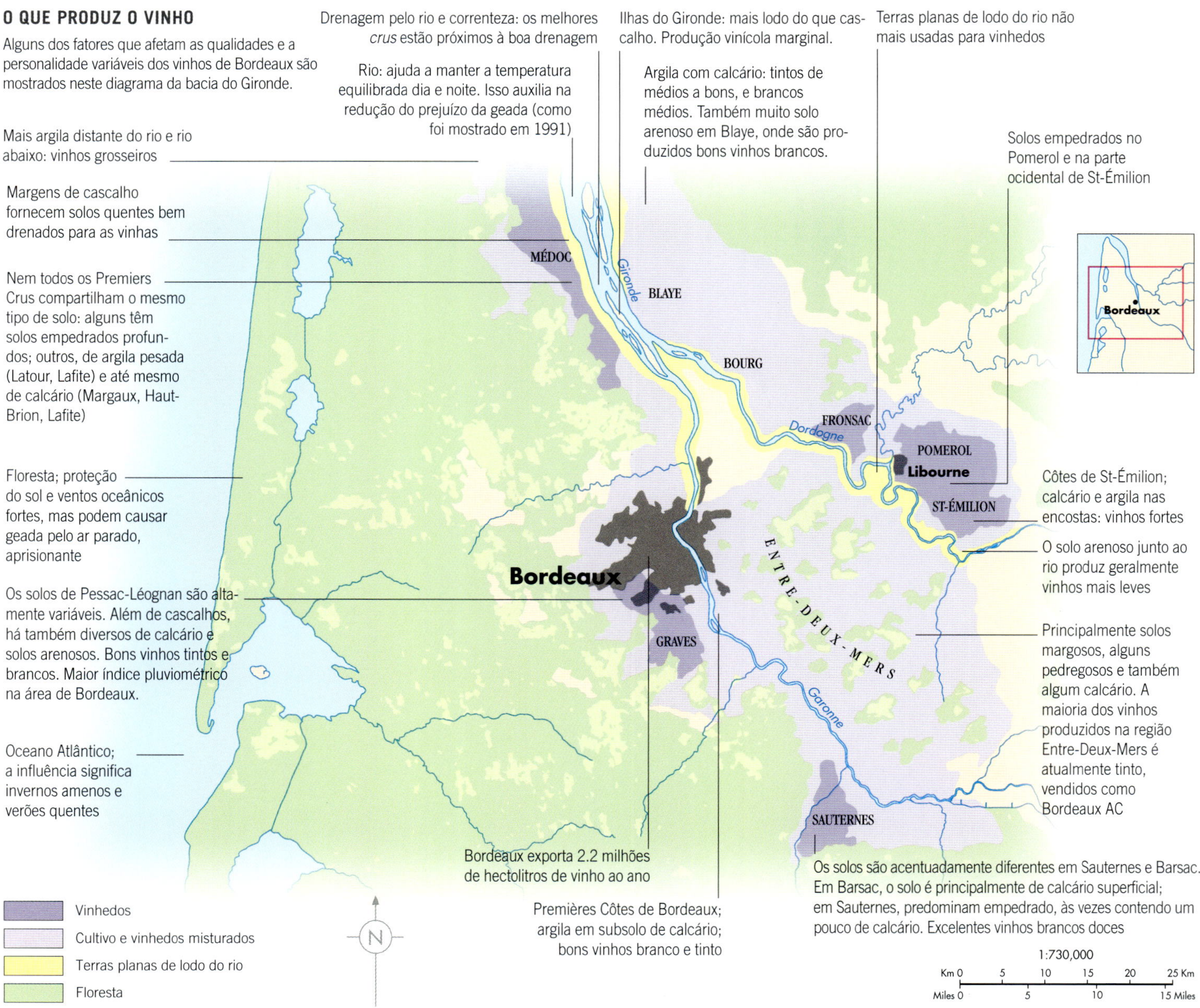

O Domaine de l'Ile de Margaux produz vinho que é elegível somente para a denominação Bordeaux Supérieur, uma vez que os vinhos são produzidos em lama aluvial plana — embora seu status de ilha a tenha mantido livre da filoxera durante todo esse tempo.

Na realidade, como o Château Figeac prova, a Cabernet Sauvignon pode, de fato, ser persuadida a amadurecer no planalto ocidental empedrado de St-Émilion, porém, se cultivada naquelas partes do planalto em que o calcário é o tipo de solo dominante, tende a produzir vinho tânico muito duro e, portanto, não é geralmente plantada na Margem Direita. Essa é uma das razões pelas quais as duas margens tendem a produzir estilos muito diferentes de vinho.

Esta diferença na mistura varietal, desconhecida na Borgonha, por exemplo, é apenas um dos fatores (importantes) na explicação das imensas diferenças que podem ser encontradas entre os vinhos de uma propriedade e outra. O status do vinhedo é um outro fator. Sucesso gera sucesso, significando mais dinheiro para gastar em cuidados dispendiosos no solo (ver quadro) — ou na compra de mais terra. As diferenças que eram originalmente marginais podem então aumentar com os anos, e isto certamente ajuda a explicar a vasta diferença na qualidade entre, digamos, um "crescimento" classificado e seu vizinho não-classificado.

No entanto, há diferenças nitidamente marcantes na estrutura e no tipo de solo por toda a região de Bordeaux — embora seja difícil identificar um que tenha precisamente, digamos, qualidade *Premier Cru* (ver as observações à esquerda do mapa oposto). Mesmo em uma parte de Bordeaux, sendo o Médoc talvez o exemplo mais intrigante, diz-se que o solo "muda a cada passo". E, se olharmos o mapa na página 83, veremos como uma parte dele, entre St-Julien e Margaux, é uma exceção à tendência da superlativa qualidade de vinhos, que por outro lado existe na direção norte, a partir de Margaux. O mapa também sugere que há algo muito especial sobre o planalto do Pomerol e de St-Émilion.

Em termos muito gerais, os solos de Bordeaux desenvolveram-se nos depósitos terciários ou quaternários; os primeiros, geralmente, dando caminho aos solos de argila ou calcário, os segundos constituídos de cascalhos arenosos aluviais deixados em colinas suaves, há centenas de milhares de anos, pelas geleiras derretidas do Maciço Central e dos Pireneus. Estes cascalhos, ainda completamente expostos, ao contrário de outros cascalhos depositados na maior parte do resto do sudoeste da França, são mais marcados no Graves (daí o nome), em Sauternes, que é efetivamente uma continuação dele, e no Médoc.

O dr. Gérard Séguin, da Universidade de Bordeaux, empreendeu alguns dos primeiros estudos principais de como os solos de Bordeaux se relacionavam com a qualidade do vinho. Ele estudou os solos empedrados do Médoc, onde vinhas enraizadas profundamente produziam excelentes vinhos porque os cascalhos regulavam cuidadosamente o fornecimento de água. Sua descoberta mais notável foi que um suprimento de umidade para a vinha que não fosse mais que moderado era muito mais importante do que a composição exata do solo.

Seu sucessor, Cornelis van Leeuwen, experimentou um pouco mais e descobriu que não há correlação absoluta entre a profundidade das raízes e a excelência do vinho. Vinhas velhas com cascalhos profundos resultam ser a receita perfeita em algumas partes do Médoc, em Margaux, por exemplo, porém as terras do Pomerol parecem ser perfeitamente capazes de produzir excelentes vinhos de vinhas que penetram menos de 1,5m na pesada argila do Château Pétrus. O fator importante para a qualidade é o ajuste de fornecimento de água — quase ligeiramente menor do que a vinha deseja — em vez da profundidade das raízes, que pode variar de 7m, em Margaux, 2m nas Côtes, as encostas de calcário escarpadas no cume das quais a cidade de St-Émilion assenta-se, tais como no Château Ausone, e apenas 40cm no planalto oeste de St-Émilion.

Uma observação geral sobre o relacionamento entre o solo e a qualidade do vinho, especialmente marcante em Bordeaux, é que as melhores localizações sobressaem-se, na maior parte das vezes, nitidamente em safras menores e são capazes de manter a qualidade de forma consistente. Outras localizações, superficialmente semelhantes e freqüentemente muito próximas, produzem vinho que é mais marcante pelas deficiências da safra, embora a viticultura cada vez mais sofisticada suavize isso. Talvez a explicação resida nas propriedades inalteráveis (e talvez invisíveis) do solo.

CUSTO DE PRODUÇÃO

A tabela abaixo fornece as estimativas de custos de produção em euros para um Bordeaux AC típico (A), um *château* do Médoc típico e bem administrado (B) e um *Cru Classé* (C). Muito mais carvalho novo, por exemplo, é usado para C do que B, e nenhum para A. Os *Premiers Crus* podem custar até mais para administrar, porém as recompensas podem ser maiores do que para um assim chamado "super segundo". Alguns dos *microcuvées*, basicamente um fenômeno da Margem Direita, recebem mais cuidados do que até mesmo os Premiers Crus, na esperança de atrair preços baseados na sua raridade.

A maioria das propriedades de Bordeaux é administrada com empréstimos bancários. No entanto, normalmente isso gira em torno de um valor aproximado de €1.8 milhão por hectare para um Cru Classé de primeira linha, que seria amortizado em 15 anos, com uma taxa de juros fixa de aproximadamente 4,5%. (Diz-se, às vezes, que o banco Crédit Agricole possui o *vignoble* inteiro da França.) Isto adicionaria pelo menos €100.000 por hectare aos custos a cada ano, e, conseqüentemente, quase €20 por garrafa para o número no final da coluna C. E, certamente, os custos na tabela deixam o vinho não engarrafado, não comercializado e não transportado. Os custos de produção parecem incrivelmente baixos comparados com o preço de venda do *grand vin*, porém isso representa somente uma proporção do vinho vendido pelo *château*.

	A	B	C
Número de vinhas por ha	3.330	6.500	7.800
Custos da colheita por ha	314	1.572	2.700
Custos totais da viticultura por ha	5.030	17.780	20.000
Produção média (hl por ha)	58	58	40
Custos totais da viticultura por ha	87	306	500
Envelhecimento em barril	–	182	550
Custos totais por hl	87	488	1.050
Custos totais por garrafa	0.65	3.66	7.88

Fonte: Conseil Interprofessionnel du Vin de Bordeaux (CIVB) e AXA Millésimes

Médoc Norte

Geograficamente, o Médoc é uma grande faixa de terra plana muito pouco ondulada, isolada do corpo da Aquitânia pelo amplo estuário marrom do Gironde. No uso comum, seu nome é dado para mais vinhos finos do que qualquer outro nome no mundo: Margaux, St-Julien, Pauillac, St-Estèphe, e as vilas que o envolvem são todas "Médoc" na localização e no estilo. Porém a denominação Médoc é mais limitada e menos prestigiosa. Pode ser mais bem compreendida por seu ex-nome de Bas (significando mais baixo) — Médoc. O termo Bas foi abandonado por razões de — digamos — cortesia. Porém o fato permanece. O Médoc mais baixo — a ponta da faixa, os alcances mais afastados da região — não tem nenhum dos pontos altos, tanto fisica como gastronomicamente, do Haut-Médoc ao sul.

As dunas bem drenadas do cascalho dão lugar à terra mais baixa, mais pesada, mais fria e mais dominada pela argila ao norte de St-Estèphe, com St-Seurin, a última comuna do Haut-Médoc, ancorada em uma corcova característica entre áreas de pântano canalizado. O norte e o oeste daqui são férteis, terra há muito assentada, com a cidade de mercado agitado de Lesparre como sua capital desde o tempo do governo inglês, há seis séculos.

Até recentemente, os vinhedos ocupavam seus lugares aqui com pasto, pomar e floresta, porém após uma orgia de plantações, espalharam-se para cobrir quase todos os terrenos mais altos onde o cascalho ilumina a argila, centrando-se nas vilas de St-Yzans, St-Christoly, Couquèques, By e Valeyrac, ao longo das margens do estuário do Gironde e cobrindo muito do interior de St-Germain-d'Esteuil, Ordonnac, Blaignan (Caussac) e (o maior) Bégadan. Dentro e em torno destas vilas estão alguns dos produtores de Bordeaux que foram duramente pressionados, encorajados a investir em vinhedos e adegas pelo que parecia ser um mercado flutuante no final da década de 1990, unicamente para descobrir que o mercado estava realmente apenas interessado nos *châteaux* mais famosos da parte sul. Não há Crus Classés aqui, porém há a maior concentração dos melhores do resto, Crus Bourgeois valiosos e até mesmo uma das somente nove propriedades avaliadas Cru Bourgeois Exceptionnels (por uma classificação controvertida em 2003, subseqüentemente anulada) junto com mais 13 Crus Bourgeois Supérieurs.

O Cru Bourgeois Château Potensac, classificado Exceptionnel em 2003, tem os mesmos proprietários perfeccionistas do Château Léoville-Las Cases, em St-Julien, e está situado no mesmo modesto planalto do La Cardonne e do bem administrado Tour Haut-Caussan. Outras propriedades temporariamente oficialmente classificadas Crus Bourgeois Supérieurs são os Châteaux Castéra em St-Germain; Loudenne, com vista panorâmica do Gironde, perto de St-Yzans-de-Médoc; o bem distribuído Greysac; o confiável porém leve Patache d'Aux; o Rolland de By (em aprimoramento); o sedutor La Tour de By e o empreendedor Vieux Robin de Bégadan; Bouranc e d'Escurac de Civrac-en-Médoc; Les Ormes Sorbet de Couquèques; e Les Grands Chênes de St-Christoly-Médoc.

Todavia, há muitos outros vinhos notáveis, tais como Châteaux Preuillac, Haut-Condissas, Laulan Ducos e o audaciosamente moderno Goulée desenvolvido pelo time do Château Cos d'Estournel, em St-Estèphe, que podem oferecer alguns dos melhores preços de vinhos tintos de Bordeaux.

A forma mais nítida de ver a diferença entre os Médocs Haut e Bas é comparar a carreira de um Cru Bourgeois, mapeado aqui, com um Cru Bourgeois de uma das páginas a seguir. Quando jovens, há pouco que os distingue: ambos são vigorosos (como os vinhos nos solos ricos de Bas-Médoc), tânicos, secos e "très Bordeaux". Aos cinco anos, contudo, o vinho Haut-Médoc encontra essa excelente personalidade esculpida, essa transparência clara de sabor, que continuará se desenvolvendo. O Bas-Médoc terá começado a amaciar, porém permanece um vinho vigoroso, bastante rústico, freqüentemente de cor profunda, satisfatório e saboroso, mas não iluminador e inspirador. Aos dez anos de idade, há mais maciez, porém habitualmente às custas da "estrutura"; não a refinação da personalidade que encontramos mais ao sul.

Este moinho de vento pertence ao Château Tour Haut-Caussan, onde o proprietário Philippe Courrian esbanja cuidados Cru Classé com este Cru Bourgeois Supérieur, muito embora possa ser difícil persuadir o mercado a pagar preços de Cru Classé por ele.

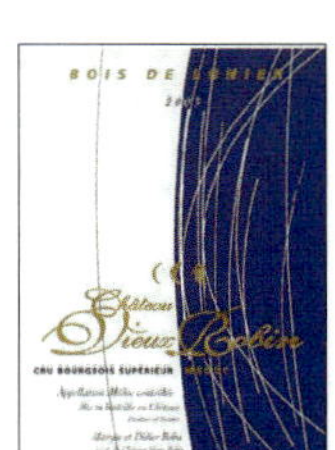

▶ Seis outras fontes de Bordeaux tinto com preço excelente, produzido com enorme cuidado — Médoc clássico exceto para Goulée, que é uma tentativa deliberada de ajustar a fruta do Médoc Norte a uma forma moderna.

Divisa de Canton
Divisa de comuna (paróquia)
Ch Greysac Cru Bourgeois
Ch Preuillac Outro château ou produtor notável
Vinhedos
Floresta
20 Intervalo entre curvas de nível de 10m
Lesparre-Médoc
Gironde
MÉDOC
Blaye
Bordeaux
1:65,000
Km 0 1 2 3 4 Km
Miles 0 1 2 Miles
Gironde
JAU-DIGNAC-ET-LOIRAC
St-Vivien-de-Médoc
la Mattе de Valeyrac
Valeyrac
VALEYRAC
Janton
Cantelaude
le Pointon
Sipian
Ch Sipian
l'Ardiley
Villeneuve
la Rivière
la Verdasse
le Moulin de la Verdasse
Ch le Bourdieu
Troussas
Bois de Troussas
Chenal de Troussas
l'Oustau Neuf
la Clède
Courbian
Ch le Temple
le Peyrat
la Caussade
Lassus
les Bertins
Ch la Clare
Condissas
Ch Haut-Condissas
Ch Greysac
Ch la Tour de By
By
la Lagune
la Tour de By
Port de By
Ch Rollan de By
BÉGADAN
Canissac
les Cabans
St-Jean Cave Co-op
Ch Vieux Robin
Ch Bégadanet
Petite Palu de By
Grande Palu de By
Grand Chenal de By
la Banche
Ch la Tour St-Bonnet
Laujac
Ch Laujac
la Lande
Meilan
Mahourat
Nouret
le Bourdieu
Ch Patache d'Aux
Bégadan
le Breuil
Ch le Boscq
le Fourneau
St-Christoly-Médoc
ST-CHRISTOLY
Ch les Grands Chênes
Ch Tour Blanche
le Sablonat
Castillon
le Sablona
Basse Terre
Escurac (Haras)
Cazot
Trembleaux
Bois de Gombeau
les Bernedes
Biars
Vieux Château Landon
la Tour
Ch les Ormes Sorbet
Couquèques
COUQUÈQUES
Mazails
la Pouyade
CIVRAC
Civrac-en-Médoc
Deguenon
la Lande
Canterane
la Metairie
Andron
Montignac
Ch d'Escurac
Ch Bournac
le Fourneau
les Petites Granges
Lamena
Queyzans
Co-op Agricole
Bodet
Prignac-en-Médoc
Bessan
Ch la Gorce
ST-YZANS
St-Brice Cave Vinic
le Moulin
la Colonne
la Pigotte
la Landette
BLAIGNAN
Cantemerle
Caussan
Ch Tour Haut-Caussan
Ch Grivière
Moulin de Courrian
Ch Blaignan
la Hourqueyre
St-Yzans-de-Médoc
Tallinet
Ch Loudenne
Uch
Ch la Tour Prignac
PRIGNAC
Gelade
le Moulin d'Uch
la Gravette
Coulon
Ch Chantelys
Co-op Vinic. l'Inclassable
Romefort
Hontane
Peyressan
ORDONNAC
St-Seurin-de-Cadourne
Centre Comm.
Lesparre-Médoc
Gautheys
Ch la Cardonne
Ch Potensac
Ordonnac
l'Abbaye de l'Ile
Chenal de la Maréchale
Ch Hourbanon
Ch Preuillac
Potensac
Plautignan
Cave Co-op. Vinic. Bellevue
St-Trelody
Gare
Hosp
Ch Vernous
Palus de Lussac
Lussan
Hourtin
Petit Bosq
LESPARRE
Fongrouse
les Marceaux
l'Hôpital
Barbehère
le Gay
Raynaud
Ste-Marie
Ch d'Escot
Ch Castéra
Marque
Houbit
Loquey
Couloumey
Garramey
Boyentran
Senillac
St-Seurin-de-Cadourne
Planque
Canquillac
Roque
St-Germain-d'Esteuil
ST-SEURIN
Lagunaeaussan
Caillou
Barbannes
Cassan
Doyac
Ch Liuran
Bénet
ST-GERMAIN-D'ESTEUIL
le Trale
Bayron
Brion
Miqueu
Palus de Doyac
Plassan
Lucbeil
Conneau
Brie
Estey d'Un
Chenal de la Calupeyre
Pillet
Lagunas
Artiguillon
Peyres
Liard
St-Laurent-Médoc
VERTHEUIL
A/B
B/C
C/D
D/E
E/F
F/G
1|2
2|3
3|4
4|5
5|6

St-Estèphe

Monsieur d'Estournel tomou tanto cuidado com os detalhes na construção do que é hoje o Château Cos d'Estournel quanto seu atual dono com a viticultura e vinicultura nessa imponente propriedade.

As margens de cascalho que dão ao Haut-Médoc e aos seus vinhos sua personalidade e qualidade, expandindo-se ao longo da costa do Gironde, protegidas do oceano a oeste pela floresta, começam a desaparecer em St-Estèphe. É a mais setentrional das quatro comunas famosas que estão no coração do Médoc. Um *jalle* — a palavra Médoc para um riacho — a divide de Pauillac, drenando em um lado os vinhedos do Château Lafite; no outro, três dos cinco Crus Classés de St-Estèphe: Châteaux Cos d'Estournel, Cos Labory e Lafon-Rochet.

Há uma diferença entre os solos de St-Estèphe e Pauillac ao sul: embora o cascalho trazido do Gironde pelas águas da chuva esteja diminuindo, há uma mistura mais forte de argila encontrada nele. Na parte mais alta, em Margaux, há muito pouco. Em St-Estèphe, o solo é mais pesado e drena mais vagarosamente. Esta é a razão por que as vinhas cultivadas em St-Estèphe parecem agüentar os verões especialmente quentes e secos, tais como os de 1990 e 2003, melhor do que as vinhas nos cascalhos bem drenados ao sul. Mesmo em clima menos extremo, os vinhos tendem a ter mais acidez, são mais cheios e mais sólidos e, freqüentemente, têm menos perfume — mas enchem a boca com sabor. Tradicionalmente, eles são claretes vigorosos, que podem se tornar respeitáveis sem perder o vigor. Nos últimos anos, no entanto, a tendência geral para produzir Bordeaux tinto com o mesmo modelo maior e mais ousado tem tido o efeito de tornar quase imperceptíveis algumas diferenças entre St-Estèphe e os vinhos de outras comunas.

Cos d'Estournel é o mais espetacular dos Crus Classés. Ele tem uma excêntrica edificação do tipo pagode chinês, coroando de forma impressionante a encosta escarpada para cima da fronteira de Pauillac, com vista panorâmica dos prados do Château Lafite. Juntamente com o Château Montrose, com vista panorâmica para o rio, ele faz o maior e melhor dos St-Estèphes; vinhos fortes com uma cor escura e uma vida longa. "Cos", como é quase sempre chamado (com o S pronunciado), tem força e carnosidade especiais, em parte por causa de uma proporção alta de Merlot no vinhedo, mas também por causa da determinação marcante em seu leme. A localização de Montrose em sua colina de cascalho com vista panorâmica para o Gironde precede a de Latour em Pauillac precisamente ao sul. Alguns encontram eco semelhante em seu vinho intenso, tânico, profundamente saboroso. As safras clássicas de Montrose levam 20 anos para amadurecer, embora recentemente os vinhos tenham sido mais fáceis de predizer na juventude.

Dos outros dois Crus Classés próximos ao Cos d'Estournel, o Château Cos Labory parece muitas vezes estar contente por ser cheio de sabor frutado em uma idade razoavelmente jovem. Lafon-Rochet, reforçado na década de 1960 por Guy Tesseron, um comerciante de conhaque, foi o primeiro *château* do Médoc a ser reconstruído no século XX e, atualmente, faz vinhos especialmente confiáveis. Calon-Ségur, ao norte da vila de St-Estèphe e o Cru Classé mais setentrional do Médoc, é usualmente muito mais robusto e sólido do que o Cos d'Estournel ou o Montrose quando jovens. Há uns 250 anos, o marquês de Ségur, proprietário de Lafite e Latour, pelo que dizem, declarou que seu coração estava em Calon. Ainda está, no rótulo (ver abaixo).

Acima de tudo, St-Estèphe é conhecida por seus Crus Bourgeois, que foram temporariamente reclassificados como Exceptionnels, Supérieurs e Crus Bourgeois, em 2003. Nada menos de quatro dos nove Exceptionnels estão no planalto sul e oeste da vila. Châteaux Phélan Ségur e de Pez são ambos produtores excelentes de vinhos muito finos. Pez tem um registro histórico extraordinário: como propriedade do Pontacs de Haut-Brion, seu vinho foi vendido como Pontac, em Londres, no século XVII — possivelmente antes de qualquer outro *cru* do Médoc. Atualmente, ele pertence à casa de champanhe de Louis Roederer. O Château Les Ormes de Pez, ao lado, beneficia-se do mesmo gerenciamento forte do Château Lynch-Bages, em Pauillac, enquanto o Château Haut-Marbuzet, ao sul, entre Montrose e Cos d'Estournel, produz usualmente vinho doce e amadeirado.

Entre as dezenas de Crus Bourgeois Supérieurs valiosos (mais do que qualquer outra comuna), o Château Meyney é raro no Médoc por ter origens monásticas. Sua localização próxima ao rio, vizinho de Montrose, pode fazer com que se procure vinho mais fino, com mais potencial de desenvolvimento. Na prática, ele é vigoroso e freqüentemente de bom preço, exatamente como os Châteaux Beau-Site, Le Boscq, Chambert-Marbuzet (do mesmo proprietário de Haut-Marbuzet), Clauzet, Le Crock, La Haye, a relativa recém-chegada Lilian Ladouys, Petit Bocq, Tour de Marbuzet, Tour de Pez e Tronquoy-Lalande — todos Crus Bourgeois Supérieurs que demonstram as virtudes sólidas da comuna, no entanto estão normalmente prontos para consumo muito mais cedo do que os Crus Classés.

Num grupo de nada menos que 20 Crus Bourgeois, o Château Marbuzet é notável por estar sob a mesma posse do Cos d'Estournel.

Na direção norte de St-Estèphe, a margem de cascalho diminui para um promontório saliente do *palus* — a terra plana de lodo do rio, ao lado do estuário, na qual nenhum vinho de qualidade é produzido. Em cima do promontório, na pequena vila de St-Seurin-de-Cadourne, faz-se um grupo de vinhos notáveis, tais como o gentil Château Coufran, o mais tânico Château Verdignan, o às vezes admirável Château Bel Orme Tronquoy de Lalande e, o mais notável de todos, em uma colina clássica próxima ao rio, Château Sociando-Mallet, cujos vinhos ambiciosos de forma exibicionista ficaram conhecidos por derrotar Premiers Crus em degustações às cegas. O proprietário opera fora do sistema Cru Bourgeois.

▼ Os magnatas da comuna, com os maiores vinhos de todos à direita. Os rótulos Montrose e Sociando-Mallet foram redesenhados a fim de transferir para os contra-rótulos todas as informações, exceto as que os proprietários vêem como as mais importantes.

O norte de St-Seurin é o fim do Haut-Médoc: qualquer vinho produzido além deste ponto qualifica-se para a denominação Médoc, comum e simples. O lindo Château Loudenne, com vista panorâmica para o Gironde e que hasteou a bandeira inglesa por mais de um século (até 1999), ocupa seu primeiro outeiro de cascalho. A oeste de St-Estèphe, mais distante do rio, Cissac e Vertheuil localizam-se no solo mais forte e menos empedrado na margem da floresta. Château Cissac é o que sobressai: há muito tempo vigoroso o suficiente para ser um Pauillac, embora, como tantos Bordeaux tintos, especialmente aqui, ele venha sendo suavizado desde o início da década de 1990.

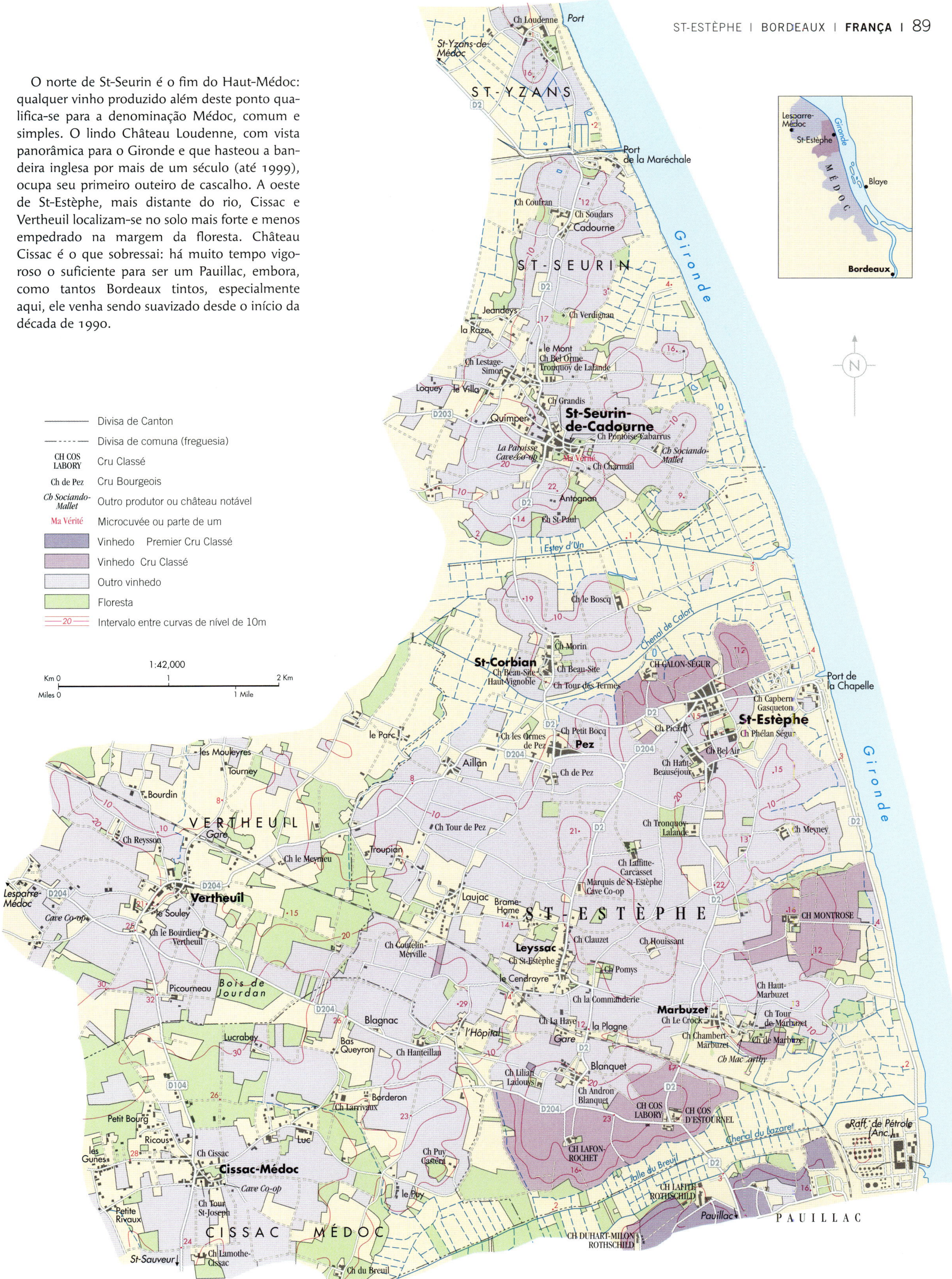

Pauillac

Se alguém tivesse de destacar uma comuna de Bordeaux para encabeçar a lista, não haveria discussão: seria Pauillac. Châteaux Lafite, Latour e Mouton Rothschild, três das primeiras cinco famosas classificações de 1855 do Médoc e do Graves, são reivindicações óbvias. Todavia, muitos entusiastas do Bordeaux tinto diriam que os vinhos de Pauillac têm o sabor perfeito que procuram — uma combinação de fruta macia fresca, carvalho, secura, sutileza combinada com substância, um toque de cedro, uma sugestão de doçura e, acima de tudo, vigor. Até mesmo os *crus* menores aproximam-se do ideal dos entusiastas.

Em Pauillac, os montes de cascalho, ou *croupes*, do Médoc, chegam muito próximo de ser colinas. A parte mais alta, com os Châteaux Mouton Rothschild e Pontet-Canet em seu pico, alcança 30m — um feito e tanto nesta área costal, onde uma mera protuberância do terreno fornece um ponto de observação.

A cidade de Pauillac é a maior do Médoc. Felizmente, sua refinaria de petróleo, há muito estabelecida, encerrou suas operações e tornou-se um mero (embora colossal) depósito. Seu antigo cais tornou-se uma marina; uns poucos restaurantes foram abertos. A família Cazes do Château Lynch-Bages doou ao pequeno lugarejo preguiçoso de Bages um restaurante classificado pelo *Guia Michelin*, Château Cordeillan-Bages, e uma lanchonete e uma padaria elegante. Até aqui, é isso. Pauillac dificilmente poderia ser considerada animada.

Os vinhedos dos *châteaux* de Pauillac são, no conjunto, menos subdivididos do que na maior parte do Médoc. Enquanto em Margaux (por exemplo) são agrupados na cidade e suas propriedades no campo são misturadas de modo insolúvel — uma rua aqui, outras acolá —, em Pauillac, todas as encostas, as colinas e o planalto pertencem a um único proprietário. Conseqüentemente, a expectativa de maiores variações no estilo em decorrência do *terroir* é correspondida.

Os três vinhos excelentes de Pauillac são radicalmente diferentes. Châteaux Lafite-Rothschild e Latour localizam-se em extremidades opostas da paróquia; o primeiro quase em St-Estèphe, o segundo quase em St-Julien. Por incrível que pareça, no entanto, suas personalidades tendem na direção bastante oposta: Lafite mais para a maciez e fineza de um St-Julien; Latour mais para a firmeza enfática de um St-Estèphe.

Em um ano típico, Lafite, que com 250 acres (100 hectares) é um dos maiores vinhedos do Médoc, produz cerca de 700 barris de seu vinho de primeira linha, ou *grand vin*, uma produção perfumada, refinada e perfeitamente elegante em um *chai* subterrâneo circular único. Produz-se até mesmo mais de seu segundo rótulo, Carruades.

O mais firme e mais sólido Latour (cujo funcionamento é ilustrado nas páginas 38 e 39) parece estimular a elegância, expressando sua situação privilegiada de forma suprema nas colinas próximas ao rio, nas profundidades robustas que podem levar décadas para revelar sua complexidade. Latour tem o grande mérito da uniformidade sobre safras desiguais. Até mesmo o segundo vinho do *château*, Les Forts de Latour, de lotes de terra separados, protegidos como para um Cru Classé, a oeste e a noroeste do *château*, é considerado e avaliado como um *Deuxième Cru*. Uma seleção mais jovem, muitas vezes ainda ricamente saborosa, é vendida simplesmente como Pauillac.

Mouton Rothschild é um terceiro tipo de Pauillac: forte, escuro, cheio do sabor de groselhas pretas e, na sua melhor forma, exótico. Nenhum visitante de Pauillac deve perder o pequeno museu de obras de arte relacionadas ao vinho — taças antigas, quadros, tapeçaria —, assim como os excelentes *chais*, que fazem do Château Mouton Rothschild a atração turística de todo o Médoc.

Ao inalar a riqueza e sentir a força da Cabernet Sauvignon nestes vinhos, é estranho pensar que há apenas 150 anos ela foi reconhecida como a melhor vinha para o Médoc. Até aquele momento, os Premiers Crus haviam estabelecido a superioridade de seus *terroirs* com uma mistura de variedades de uvas menos distintas — sobretudo Malbec. Todavia, o melhor Cabernet Sauvignon é notoriamente vagaroso para amadurecer. Se forem dados os 10 ou freqüentemente até mesmo 20 anos que necessitam (dependendo da qualidade da safra), estes vinhos penetram os domínios da perfeição, aonde raramente são seguidos. Porém os milionários tendem a ser impacientes: grande quantidade é bebida jovem demais.

Chegando a Pauillac pelo sul, a D2 é ladeada por duas metades rivais de Deuxième Crus da propriedade histórica de Pichon. Há anos, Pichon-Lalande (como Château Pichon Longueville Comtesse de Lalande é conhecida) teve o melhor nome, porém agora tem a concorrência forte do Château Pichon-Longueville, uma vez que a propriedade conhecida como Pichon-Baron está se estilizando atualmente. O principal ingrediente aqui tem sido investimentos em uma escala maciça pelo grupo de seguros AXA, que restaurou o *château* torreado, erguendo um surpreendente centro para visitantes e talvez a primeira construção no Médoc que naturalmente seria chamada de vinícola. (Geralmente, em Bordeaux, os *cuviers* estão cheios de tanques de fermentação e os *chais* estão amontoados de barris.)

Sim, o turismo está vivo e passando muito bem no Médoc. Aqui não é Paris e sim Bages, o povoado bem ao sul de Pauillac e o reino da família Cazes de Lynch-Bages. Repare que os fregueses podem checar seus e-mails além de aproveitar os croissants.

O Château Lynch-Bages, embora "somente" um Premier Cru, foi amado, durante muito tempo, especialmente na Grã-Bretanha, por seu vinho ricamente condimentado — um tipo de Mouton para os que não são exatamente milionários — juntamente com seu segundo vinho Château Haut-Bages-Averous. Enquanto isso, o *château* mistério tem sido o Pontet-Canet, o maior Cru Classé de todos. Soberbamente situado como um vizinho de Mouton, é, no entanto, completamente diferente: tânico e reservado, enquanto o Mouton é aberto e opulento. As safras recentes estão impressionantes.

O Château Duhart-Milon pertence aos Rothschilds de Lafite, e os Châteaux d'Armailhac e Clerc Milon, a Mouton. Nitidamente, todos os três beneficiam-se da abundância e do conhecimento tecnológico de seus proprietários e gerentes. Os Châteaux Batailley e o usualmente mais fino Haut-Batailley ficam afastados do rio na extremidade da

▼ Aqui, da esquerda para a direita, há um movimento ascendente no status e no preço. Embora depois de um período no qual os Premiers Crus lançaram seus vinhos ao mesmo preço de abertura, Latour está cada vez mais à frente dos outros dois Premiers Crus que o ladeiam.

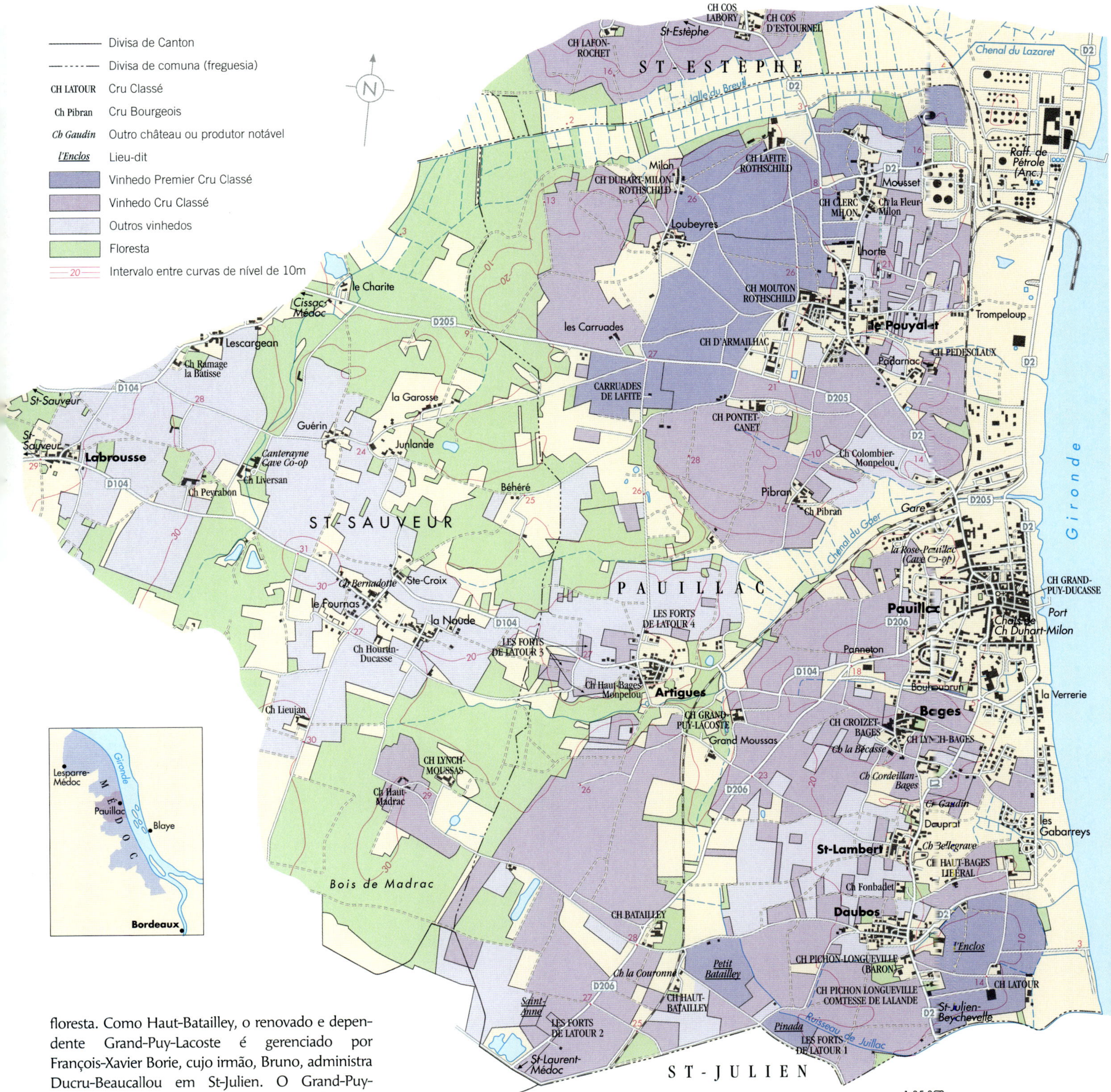

floresta. Como Haut-Batailley, o renovado e dependente Grand-Puy-Lacoste é gerenciado por François-Xavier Borie, cujo irmão, Bruno, administra Ducru-Beaucallou em St-Julien. O Grand-Puy-Ducasse também se expressa nos tons firmes e enérgicos de um fino Pauillac. Lacoste é um vinhedo contínuo em terreno alto, que circunda seu *château*, enquanto a propriedade Ducasse está espalhada em três lotes separados ao norte e a oeste de Pauillac, e seu velho *château* está situado bem no desembocadouro na cidade.

O Château Haut-Bages Libéral — seus vinhedos admiravelmente situados em St-Lambert — adquiriu novas instalações e um novo sopro de vida. O Château Lynch-Moussas, administrado junto com o Château Batailley, vende vinhos muito bons a preços modestos. Os Châteaux Croizet-Bages e Pedesclaux são Premiers Crus que têm sérios rivais nos quatro Crus Bourgeois Supérieurs de 2003 em Pauillac: Colombier-Monpelou, situado de modo propício próximo ao muito desenvolvido Château Pontet-Canet; Fonbadet em St-Lambert, com vinhas velhas e vinho sério; Haut-Bages Monpelou (do mesmo proprietário de Batailley); e o mimado Pibran, de propriedade do grupo AXA. A cooperativa local, sob o nome de La Rose-Pauillac, também está fazendo vinho louvável, embora em quantidades mínimas.

O mapa inclui parte da paróquia vizinha a oeste, St-Sauveur. Não há vinhos de qualidade excepcional aqui; os Crus Bourgeois marcados, no entanto, são respeitáveis e úteis. O Château Liversan pertence ao proprietário do Château Patache d'Aux e Le Boscq ao norte; o Château Peyrabon é um vinhedo grande e bem administrado; o Château Bernadotte foi adquirido pelo proprietário do Pichon-Lalande em 1993; e o vinho de Ramage la Batisse é fragrante e aproveitável.

St-Julien

Nenhuma outra comuna em Bordeaux tem tão alta proporção de Crus Classés como St-Julien. É uma comuna pequena, com a menor produção dos quatro famosos do Médoc. No entanto, quase todas as terras vinícolas de St-Julien são superlativas: colinas típicas de cascalho, não tão profundas quanto em Pauillac, porém todas próximas ao rio ou inclinando-se para o sul, para o importante vale (ou melhor, importante para os padrões do Médoc) drenado pelo Jalle du Nord e pelo Chenal du Milieu.

Dessa forma, o grande *château* divide-se em dois grupos: as propriedades ribeirinhas condensadas pelo Léovilles em torno da própria vila de St-Julien; e o grupo ao sul, concentrado na vila de Beychevelle, liderado por Château Beychevelle, Branaire-Ducru e Ducru-Beaucaillou, e prolongando-se para o interior com Châteaux Gruaud-Larose e Lagrange. Em torno de Beychevelle, há um grupo de *châteaux* superiores, porém não classificados, incluindo o sólido Gloria.

Se Pauillac faz o vinho mais impressionante e brilhante do Médoc, e Margaux, o mais refinado e delicado, St-Julien forma a transição entre os dois. Com comparativamente poucas exceções, seus *châteaux* produzem um vinho bastante redondo e gentil — isto é, gentil quando maduro: ele começa tão duro e tânico em um bom ano como qualquer um.

A principal glória da comuna é a vasta propriedade de Léoville, na divisa com Pauillac, antigamente a maior do Médoc, atualmente dividida em três. Château Léoville-Las Cases tem os mais extensos vinhedos dos três, com 240 acres (quase 100 hectares). Seu vinho denso, quase austero e longevo, é tão obviamente "clássico", e a família Delon o administra de forma tão astuta, que Léoville-Las-Cases é, às vezes, cobrado quase nos níveis de Premier Cru. Léoville-Barton o administra de perto. Pertence à antiga família irlandesa de Barton, que se mudou para Bordeaux como comerciante no início do século XVIII. Anthony Barton vive no belo vizinho Château Langoa Barton do século XVIII, e produz seus dois vinhos lado a lado no mesmo *chai.* Usualmente, Langoa é considerado o vinho um pouco menor dos dois, porém está entre os mais finos dos claretes de uma forma tradicional e nunca tem preço baixo, mesmo em anos difíceis. Léoville-Poyferré teve um passado mais cheio de altos e baixos, porém justificou seu grande nome com excelentes vinhos fortes, desde a década de 1980.

Ao sul do Léovilles, o Château Ducru-Beaucaillou de Bruno Borie, com sua mansão italianizada, estabeleceu um estilo próprio, distinto em enfatizar a fineza em um nível muito alto, enquanto seu vizinho Branaire-Ducru é de alguma forma um pouco menos refinado. Por outro lado, o Château Beuchevelle e seu vizinho St-Pierre transmitem fineza e elegância com uma franqueza natural que é intensamente sedutora.

O Château Gruaud-Larose começa a seção "interior" de St-Julien com vinhos cuja riqueza e iniciativa os colocam no nível mais alto. É difícil achar um *château* mais confiável em Bordeaux do

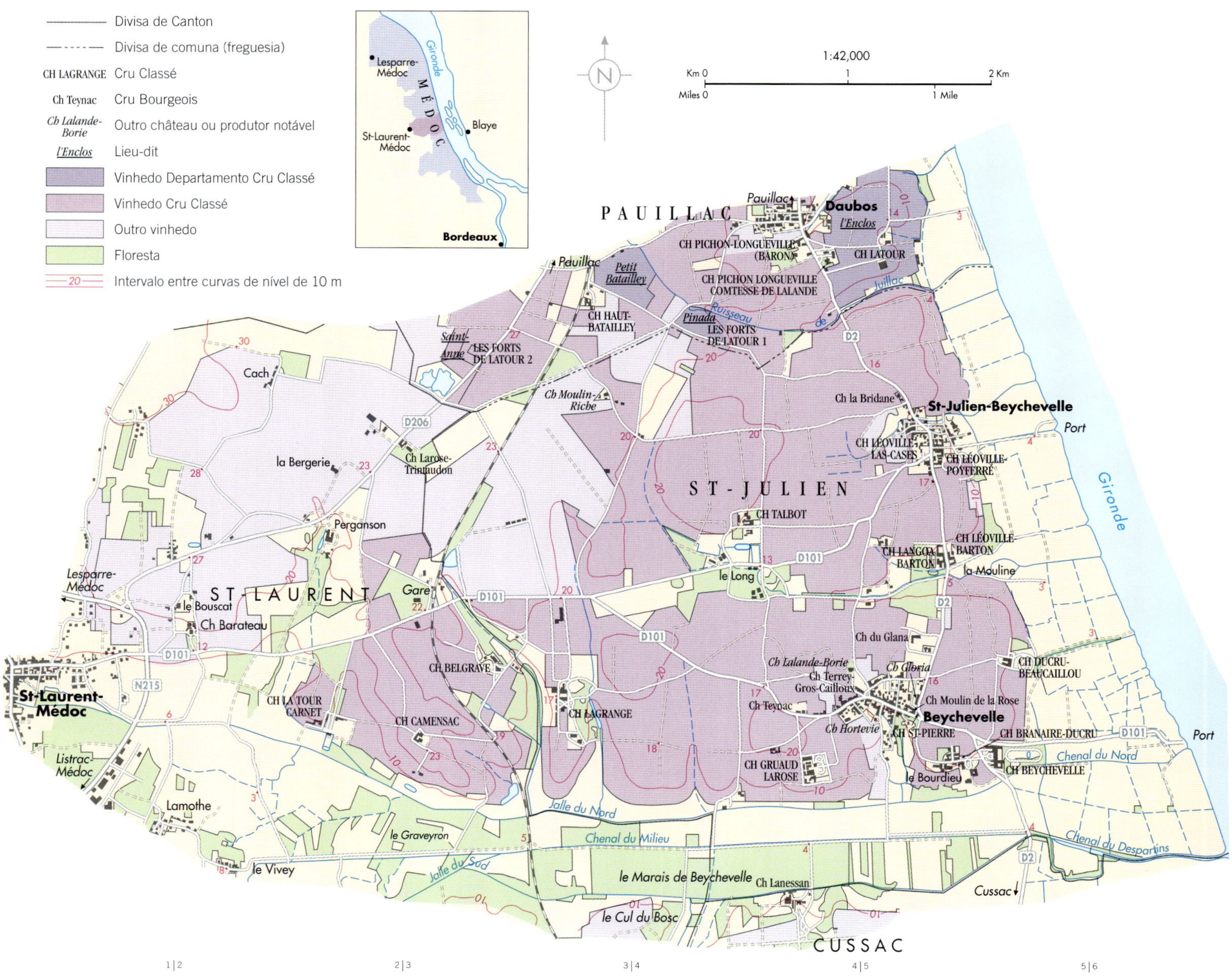

O chai de segundo-ano no Château Langoa Barton, onde o Château Léoville-Barton também é feito, mostra exatamente quanto vinho fica disponível a cada ano — porém o proprietário Anthony Barton, um dos poucos proprietários Cru Classé residentes no Médoc, nunca foi acusado de avareza em seu preço.

▲ Os três primeiros rótulos são fornecidos pelo que foi originalmente uma propriedade. Cada um deles oferece ao apreciador o clarete do tipo mais arquetípico — um tinto seco estimulante, projetado para a mesa após um período prolongado na adega.

que esta jóia, tradicionalmente produzida na coroa da família Merlaut. Château Talbot, que ocupa o terreno alto central da comuna, pode ser um pouquinho menos fino, porém é regularmente denso, macio e saboroso, talvez devendo quase tanto à habilidade da vinicultura como à sua localização.

O último dos Crus Classés, Château Lagrange, costumava ser altamente considerado por seu vinho rico e substancial. Suntory do Japão trouxe-o de volta ao foco desde que eles o adquiriram em 1984. Situa-se em terras remotas interioranas estagnadas na fronteira de St-Laurent (cuja denominação é Haut-Médoc) e em um grupo com três outros Crus Classés, todos em estágios diferentes de ressurreição. La Tour Carnet é o mais avançado e, atualmente, produz um vinho encantador. Camensac, que hoje pertencente à família de Gruaud-Larose, foi replantado poucos anos mais tarde pelo proprietário do imenso e popular Cru Bourgeois Larose-Trintaudon. Seu vinho está ganhando substância e reconhecimento. O Château Belgrave também foi, como muitos no Médoc, desde o início da década de 1980, restaurado, neste caso pelos *négociants* Dourthe — mas estas terras do interior nunca conseguem produzir a mesma classe dos vinhedos próximos ao Gironde.

St-Julien não é a terra de excelente Bourgeois, no entanto, Châteaux du Glana, Moulin de la Rose e Terrey-Gros-Cailloux foram todos classificados Crus Bourgeois Supérieurs em 2003.

Médoc Central

A movimentada cidadezinha de Lamarque. Seu significado principal para os vinhos do Médoc é indiscutivelmente a cidade natal do mais respeitado especialista em enologia da região, Jacques Boissenot, e seu filho e sucessor Eric.

Esta é a passagem-ponte do Médoc, o moderadamente forte entre o *andante* de St-Julien e o *allegro* de Margaux. Quatro vilas passam sem um único Cru Classé; sua denominação, simplesmente Haut-Médoc. Aqui as colinas de cascalho elevam-se menos orgulhosamente acima do rio e o nível d'água do lençol freático é muito mais alto, deixando as vinhas regadas mais prontamente e os vinhos que produzem geralmente menos complexos. A comuna de Cussac mantém algumas das forças de St-Julien — na realidade, há movimentos para que algumas das suas terras sejam reclassificadas como tal. Porém, este é o trecho da viagem na direção de Haut-Médoc durante o qual o turista de vinho dedicado (se for um passageiro) pode tirar uma pequena soneca.

Este, até mesmo mais do que St-Estèphe, é o Cru Bourgeois rural, com uma proporção significativa dos Crus Bourgeois Supérieurs de 2003, e nada menos do que dois dos nove Crus Bourgeois Exceptionnels em Moulis: Château Chasse-Spleen e Poujeaux. Ambos localizam-se nas periferias do pequeno vilarejo com o grande nome de Grand Poujeaux, bem a oeste de Arcins, onde as cadeias de cascalho se erguem e se espalham pelo interior, culminando em Grand Poujeaux e em Listrac. Essas duas comunas são honradas com denominações próprias em vez da mistura "Haut-Médoc". Nos últimos anos, Listrac e Moulis ergueram-se em estima de forma constante.

A qualidade sobressai com o cascalho e seus efeitos sobre a drenagem da água. Chasse-Spleen pode ser visto quase como um St-Julien honorário, por sua maciez, sua acessibilidade e ainda sua estrutura firme e envelhecida em carvalho. Château Poujeaux pode ser simplesmente impressionante mesmo se normalmente mais robusto e menos sutil. A vila de Grand Poujeaux é rodeada por um grupo de propriedades com "Grand Poujeaux" em seus nomes: Gressier, Dutruch, La Closerie e Branas (os últimos dois não Crus Bourgeois), todos confiáveis para tintos valentes e longevos, com o sabor que torna o Médoc único. Exatamente ao norte daqui, Château Maucaillou, no outro lado do trilho do trem que conduz para o Médoc, pode, às vezes, oferecer preço excepcional.

Listrac, ainda mais para o interior, tem um planalto mais alto de calcário sob seu cascalho e um nome para vinhos duros e tânicos que precisam de tempo. O nome aqui é Fourcas: dos três *châteaux* que ostentam o nome, Hosten e Dupré são os que se devem observar. Recentemente, muito replantio e construções novas ampliaram o vinhedo consideravelmente.

O Château Clarke, completamente modernizado, com 130 acres (53 hectares) de vinhas e localizando-se exatamente em Listrac, foi a criação do último barão Edmond de Rothschild. Os *châteaux* gêmeos, Fonréaud e Lestage, ao sul da vila de Listrac, têm 182 acres (74 hectares) entre si. Essas propriedades remodeladas abrandam a austeridade de Listrac e produzem vinhos mais redondos, que só ajudam a tornar a apelação melhor conhecida.

No norte da área mapeada, o Cru Bourgeois Supérieur Château Lanessan está em frente a St-Julien, do outro lado do canal que separa a paróquia. Lanessan e seu vizinho Caronne Ste-Gemme (principalmente em St-Laurent) são propriedades bem administradas, cujos donos podem arcar com altos padrões. Diferentemente, Cussac tem pouco do importante cascalho. Château Beaumont ocupa seu melhor afloramento. Seu vinho é fácil, fragrante, rápido para amadurecer — e de modo correspondente, popular. De forma estranha, Château Tour du Haut-Moulin, em Vieux Cussac, é exatamente o oposto: escuro, conservador, necessitando de anos — porém vale a pena esperar.

A margem do rio aqui vale uma visita para ver as lindas muralhas do século XVII do Fort-Médoc — uma precaução contra os ingleses, atualmente direcionado para fins pacíficos. Em Lamarque, uma fortaleza mais antiga, o esplêndido Château de Lamarque, estabeleceu um nome para, cuidadosamente, fazer vinhos satisfatoriamente bem encorpados com o verdadeiro selo do Médoc. Lamarque é o elo do Médoc com Blaye, do outro lado do Gironde: um serviço regular de balsa parte do píer.

Um boa quantidade de replantio deu à área uma aparência de mais propósito nos últimos anos. Château Malescasse foi um dos primeiros a ser restaurados. E, na comuna seguinte, ao sul, Arcins, as grandes antigas propriedades do Château Barreyres e do Château d'Arcins foram muito replantadas pelos Castels, cujo império espalha-se de Marrocos às lojas "Oddbins" da Grã-Bretanha. Eles e seu vizinho, o bem gerenciado Château Arnauld, estão fazendo, de forma constante, com que Arcins seja melhor conhecida. A principal reivindicação da vila à fama, no entanto, ainda é com relação à pequena Lion d'Or, a cantina de comércio de vinho do Médoc.

Além de Estay de Tayac, no canto mais ao sul da área, entramos na esfera de Margaux. O amplo Château Citran é atualmente propriedade da família Merlaut. Ela e o Villegeorge, de menores dimensões (fora deste mapa para o sul, porém um Cru Bourgeois Supérieur a observar), localizam-se na comuna de Avensan. Ambos são bem conhecidos e se aproximam de Margaux no estilo.

Soussans está entre as comunas cuja AC não é meramente Haut-Médoc, mas Margaux, um nome do qual alguns proprietários exatamente ao norte daqui gostariam de se apropriar. Châteaux La Tour de Mons e Paveil de Luze qualificam-se como Crus Bourgeois Supérieurs, o último tendo sido há um século a estação campestre de férias estilosa de uma das maiores famílias comerciantes de Bordeaux, que produz o tipo de vinhos fáceis e elegantes de que a família apreciava.

◄ Rótulos para aqueles que não são caçadores de rótulos, mas que apreciam o preço. Nos últimos anos, a especialidade vitivinícola nestas posições mais baixas melhoraram exatamente tanto quanto nas de primeira linha, embora os preços não tenham aumentado tanto quanto.

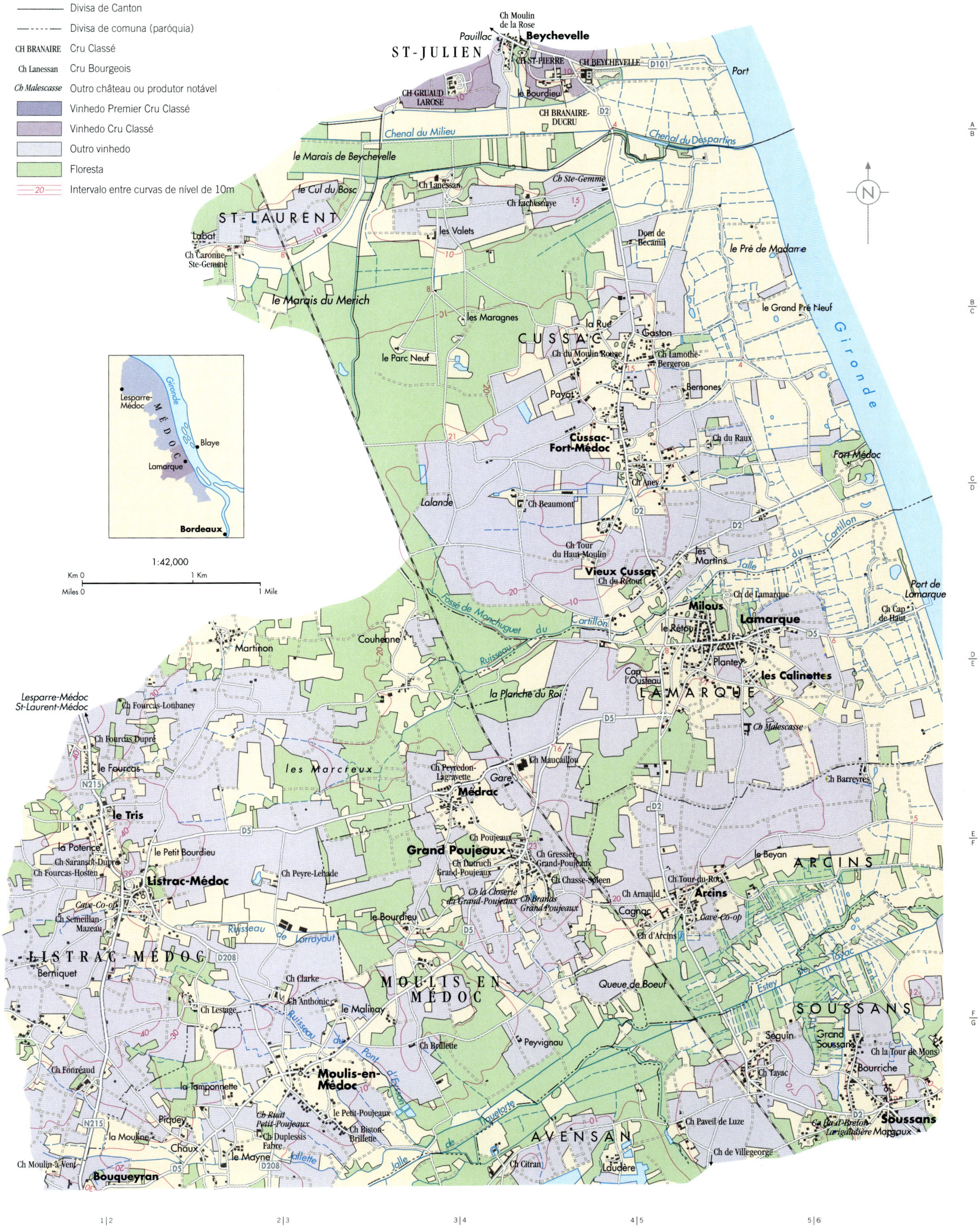
Divisa de Canton
Divisa de comuna (paróquia)
CH BRANAIRE Cru Classé
Ch Lanessan Cru Bourgeois
Ch Malescasse Outro château ou produtor notável
Vinhedo Premier Cru Classé
Vinhedo Cru Classé
Outro vinhedo
Floresta
20 Intervalo entre curvas de nível de 10m
1:42,000
Km 0 1 Km
Miles 0 1 Mile
Lesparre-Médoc
Gironde
MÉDOC
Blaye
Lamarque
Bordeaux
ST-JULIEN
Ch Moulin de la Rose
Pauillac
Beychevelle
CH ST-PIERRE
CH BEYCHEVELLE
D101
Port
CH GRUAUD LAROSE
le Bourdieu
CH BRANAIRE-DUCRU
D2
Chenal du Milieu
Chenal du Despartins
le Marais de Beychevelle
le Cul du Bosc
Ch Lanessan
Ch Ste-Gemme
Ch Lachesnaye
ST-LAURENT
Labat
Ch Caronne-Ste-Gemme
les Valets
Dom de Becamil
le Pré de Madame
le Marais du Merich
le Grand Pré Neuf
les Maragnes
la Rue
Gaston
CUSSAC
Ch du Moulin Rouge
Ch Lamothe-Bergeron
le Parc Neuf
Gironde
Payot
Bernones
Cussac-Fort-Médoc
Ch du Raux
Fort Médoc
Ch Aney
Lalande
Ch Beaumont
Ch Tour du Haut-Moulin
les Martins
Jalle du Cartillon
Vieux Cussac
Ch du Retout
Port de Lamarque
Ch de Lamarque
Ch Cap de Haut
Fossé de Monchuguet
Ruisseau du Cartillon
Milous
Lamarque
le Rétou
D5
Couhenne
Martinon
Plantey
Cap l'Ousteau
les Calinottes
la Planche du Roi
LAMARQUE
Lesparre-Médoc St-Laurent-Médoc
Ch Fourcas-Loubaney
Ch Malescasse
Ch Fourcas Dupré
Ch Maucaillou
le Fourcas
les Marcreux
Ch Peyredon-Lagravette
Gare
Ch Barreyres
N215
Médrac
le Tris
D5
Ch Poujeaux
la Potence
le Petit Bourdieu
Grand Poujeaux
Ch Gressier-Grand-Poujeaux
le Beyan
ARCINS
Ch Saransot-Dupré
Ch Fourcas-Hosten
Ch Dutruch Grand-Poujeaux
Ch Peyre-Lebade
Listrac-Médoc
Ch Chasse-Spleen
Ch Tour-du-Roc
Ch Arnauld
Arcins
Ch la Closerie du Grand-Poujeaux
Ch Brana Grand Poujeaux
Cave-Co-op
Cagnac
Cave-Co-op
Ch Semeillan-Mazeau
le Bourdieu
Ruisseau de Larrayaut
Ch d'Arcins
LISTRAC-MÉDOC
D208
Berniquet
Ch Clarke
MOULIS-EN-MÉDOC
Queue de Boeuf
Estey de Tayac
Ch Anthonic
Ch Lestage
le Malinay
SOUSSANS
Ruisseau du Pont d'Escanal
Ch Brillette
Peyvignau
Séguin
Grand Soussans
Ch la Tour de Mons
Ch Fonréaud
Bourriche
Moulis-en-Médoc
Ch Tayac
la Tamponnette
Ch Ruat Petit-Poujeaux
le Petit-Poujeaux
Ch Paveil de Luze
Soussans
Piquey
Ch Duplessis Fabre
Ch Biston-Brillette
Ch la Bé-Breton
Larigaudière
Margaux
N215
la Mouline
AVENSAN
Chaux
le Mayne
Jalle de Tiquetorte
Ch de Villegeorge
Ch Moulin-à-Vent
D5
D208
Jallette
Ch Citran
Laudère
Bouqueyran
1|2
2|3
3|4
4|5
5|6
A/B
B/C
C/D
D/E
E/F
F/G

Margaux e Médoc Sul

Margaux e a vila Cantenac, mais precisamente a região ao sul desta, são consideradas as produtoras dos vinhos mais refinados e fragrantes do Médoc. É o que atesta seu registro histórico e o que a realidade contemporânea vem aos poucos confirmando. Há mais *Deuxième* e *Troisième Crus* aqui do que em qualquer outro lugar e uma nova magia tem varrido todo o Médoc Sul.

O mapa mostra um quadro bastante diferente de Pauillac ou St-Julien. Em vez de estarem espalhados igualmente, os *châteaux* estão amontoados nas vilas. Um exame dos volumes imensos de mapas das comunas na *mairie* mostra um grau de mistura de uma propriedade com outra que é muito maior do que em, digamos, Pauillac. Seria, então, o caso de se observar as diferenças nas variedades de uvas, nas técnicas e nas tradições, mais do que nas mudanças de solo, para tentar explicar a diversidade entre os *châteaux*.

Na realidade, o solo de Margaux é o mais fino e com mais cascalho do Médoc, de forma que os vinhos podem enraizar-se até 7m de profundidade em busca de seus constantes, porém pouquíssimos, suprimentos de água. Disso resultam vinhos que começam a vida comparativamente generosos, embora em anos pobres possam revelar-se magros. Em anos bons e melhores, no entanto, todas as histórias sobre as virtudes do cascalho são justificadas: há uma delicadeza a respeito do arquetípico Margaux, e um perfume doce e persistente, que podem torná-lo o clarete mais refinado de todos.

A mansão do século XVII do Château d'Issan goza de uma das mais românticas paisagens de Bordeaux, totalmente circundada por um fosso de um antigo castelo fortificado. E o vinho? Quando é bom, é muito, muito bom.

Os vinhos dos Châteaux Margaux e Plamer são os que mais freqüentemente alcançam tais alturas. Château Margaux não é somente um Premier Cru do Médoc, é o que mais se parece com um: um frontão triangular no fim da avenida; o ar de palácio com *chais* para combinar. Após um período de pouco investimento no final da década de 1950, a família Mentzelopoulos o adquiriu, em 1978, e tem feito vinhos superlativos desde então. Seu Pavillon Blanc do Château Margaux branco, produtivo e amadeirado, produzido nos limites orientais do mapa, na página ao lado, por ser branco, qualifica-se apenas como um humilde Bordeaux AC. O *Troisième Cru* Château Palmer, no entanto, pode apresentar um desafio formidável e, ao contrário de muitos tintos de Bordeaux, atualmente expressa suas origens.

Château Lascombes (pertencente sucessivamente ao autor americano de livros sobre vinho Alexis Lichine, às cervejarias inglesas Bass e a um sindicato de investimentos americano) é um exemplo da década de 1970 e de 1980 de que comprar mais terra diluiu a qualidade do *Deuxième Cru*. No entanto, as coisas vêm evoluindo vagarosamente — sem nenhuma falta de ajuda externa. No vizinho, o recentemente renovado *Troisième Cru* Château Ferrière está produzindo Margaux convincente com fineza característica.

Do famoso par que costumava ser a grande propriedade Rauzan, tão famoso no século XVIII como Léoville foi em St-Julien, Rauzan-Ségla (antigamente Rausan-Ségla) é, atualmente, muito melhor, tendo sido reformado na década de 1980 e levado com pulso forte desde 1994 pela família por trás da elegante casa Chanel. O menor Rauzan-Gassies ainda fica bem atrás dos padrões do *Deuxième Cru* e mostra pouca inclinação para diminuir a distância.

Há vários pares distintos de *châteaux* em Margaux. Os dois *Deuxième Crus* Brane-Cantenac e Durfort-Vivens pertencem a membros diferentes da onipresente família Lurton, embora façam vinhos claramente diferentes: o Brane fragrante e suave, o Durfort muito menos generoso. Um pequeno vestígio do *Troisième Cru* Desmirall foi ressuscitado para juntar-se a eles como uma terceira corda do arco.

O *Quatrième Cru* Pouget é o irmão muitas vezes potente do *Troisième Cru* Boyd-Cantenac. O Malescot St-Exupéry (que pode ser miraculosamente aromático e um dos melhores de Margaux) e o pequeno *Troisième Cru* Château Marquis d'Alesme-Becker pertencem aos irmãos Zuger Roger e Jean-Claude, respectivamente, e algum instinto competitivo está em evidência atualmente.

Ainda em Margaux propriamente dita, o *Quatrième Cru* Château Marquis de Terme, embora raramente visto no exterior, atualmente produz muito bom vinho, e o *Troisième Cru* Château d'Issan (ver foto) tem uma das melhores situações, com seu vinhedo inclinando-se gentilmente na direção do rio.

Em Cantenac, o Château de Prieuré-Lichine foi merecidamente famoso por fazer alguns dos claretes mais consistentes de Margaux, quando pertencia a Alexi Lichine — e também por ter sido o primeiro a admitir pessoas de passagem, de uma forma que se tornou, notadamente, uma prática aceita atualmente. O Château Kirwan já esteve em eclipse, porém foi restaurado e começou a brilhar novamente em 1990. Outro local de restauração e qualidade renovada é o Château do Tertre, isolado em terreno alto bem no interior, em Arsac, da mesma propriedade holandesa dinâmica que o Château Giscours. O Château Cantenac-Brown, que concorre ao prêmio do mais feio *château* do Médoc (parece uma escola inglesa vitoriana), ladeia Brane-Cantenac e produz alguns dos vinhos mais sólidos de Margaux.

Há três Crus Classés mais importantes antes de os vinhedos de Haut-Médoc abrirem caminho para os subúrbios do norte de Bordeaux: Giscours, cujas construções da fazenda de alvenaria com vigas de madeira visíveis têm pela frente um leque de vinhos muito impressionantes e abrigam um estilo especialmente agradável de vinho; Cantemerle, um perfeito Château Sleeping Beauty [Bela Adormecida], enterrado em uma floresta de árvores imensas e poças calmas, cujo vinho é mais conhecido pela elegância; e Château La Lagune de primeira classe, uma construção elegante do século XVIII, pertencente aos mesmos proprietários de Paul Jaboulet Ainé, do vale do Rhône.

Dauzac, o quarto Cru Classé desta área ao sul e administrado pela família Lurton, aumentou sua visão. Seu vizinho Siran é um dos componentes do par Crus Bourgeois Exceptionnels de Margaux; o outro é Labégorce-Zédé, pertencente ao mesmo proprietário do vizinho Labégorce, desde 2005. Tanto Siran como o Château d'Angludet, pertencentes e habitados pela família Sichel, podem fazer vinho de qualidade Cru Classé.

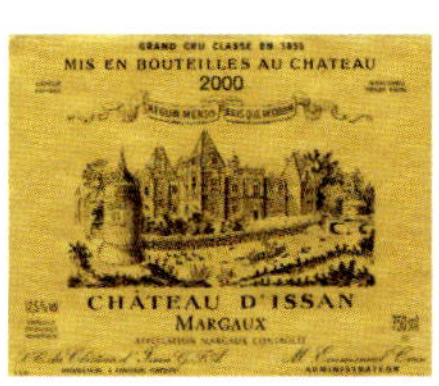

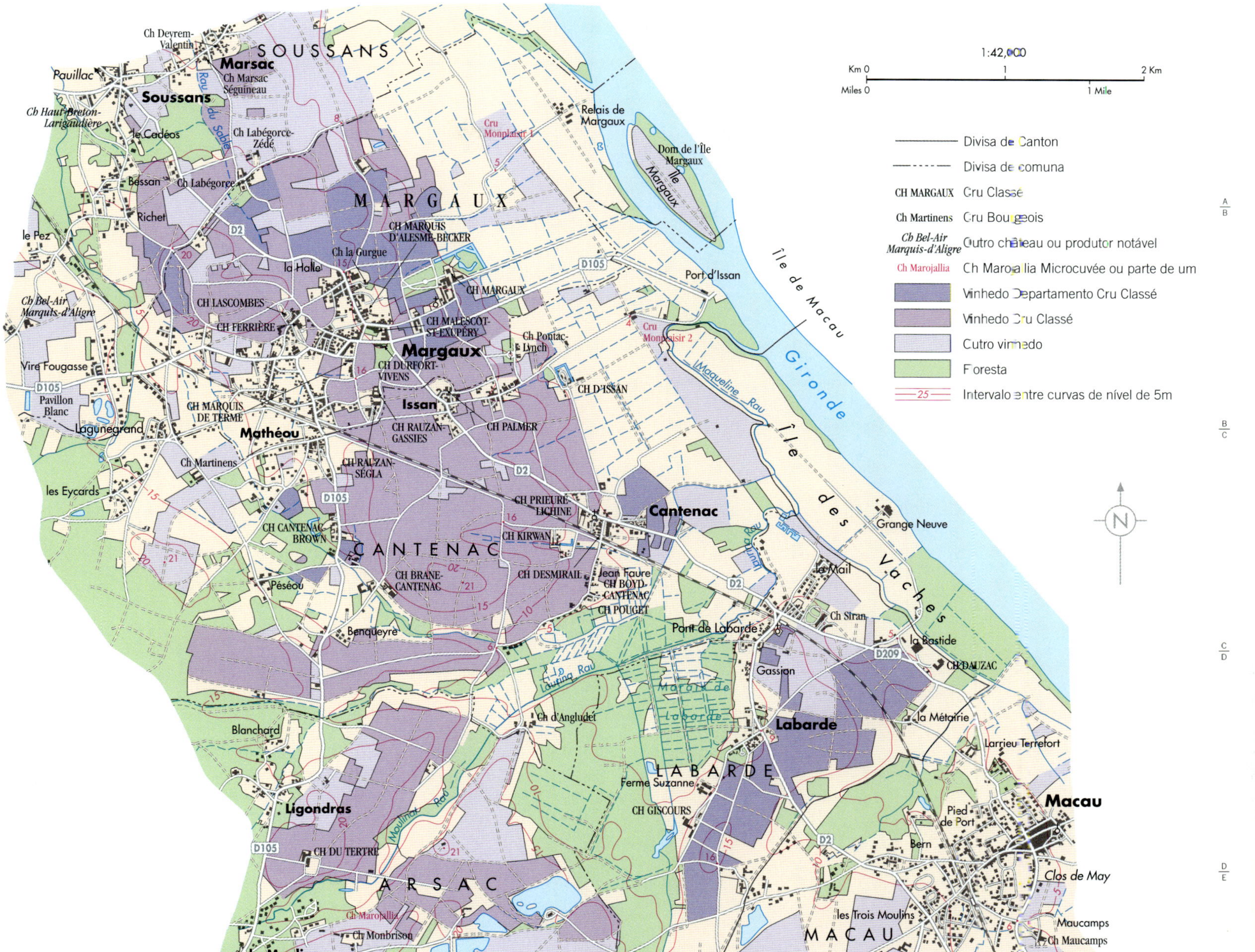

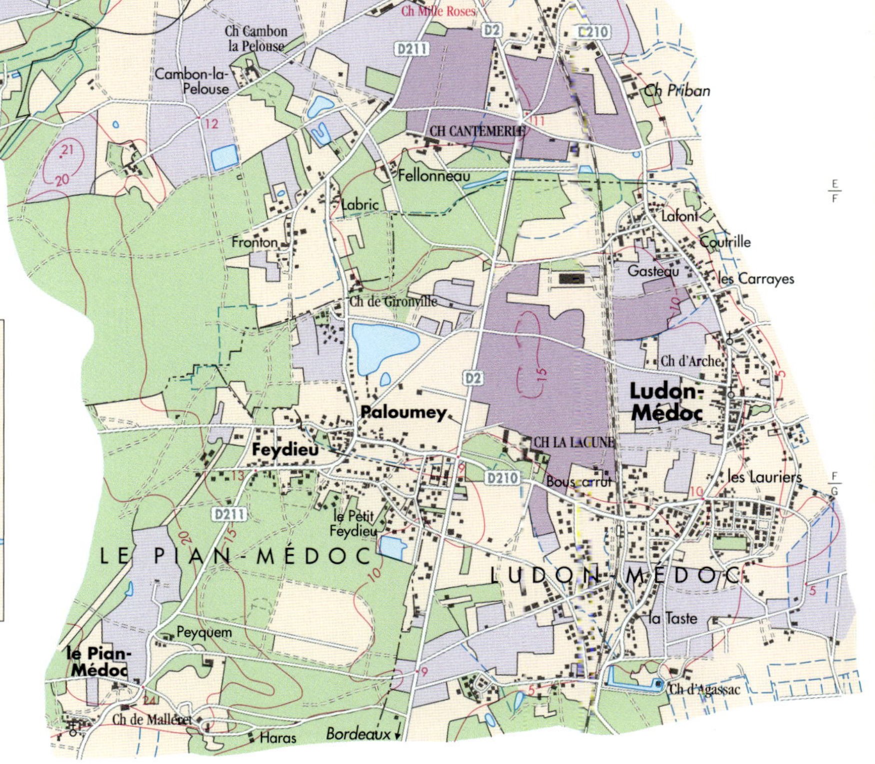

◀ A mudança é a idéia central de Bordeaux. Um novo proprietário ou apenas uma nova determinação pode mudar o estilo do vinho e o destino de um *château*. Dessas 11 propriedades, somente a maior de todas, Premier Cru Château Margaux, tem tido a mesma mão no leme, e este apontando exatamente na mesma direção, nos últimos 30 anos.

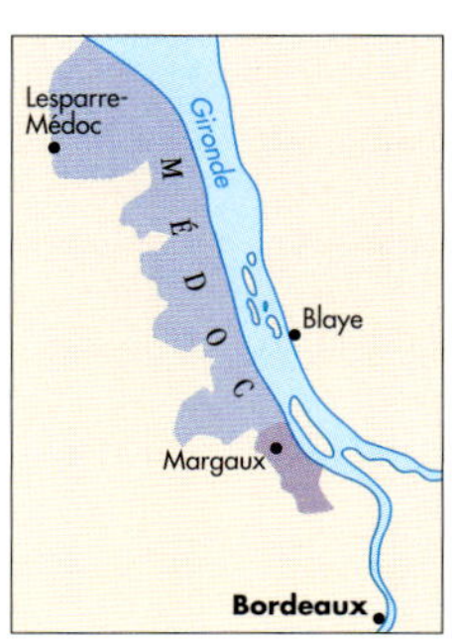

Aqueles que regularmente comutam entre os principais distritos vinícolas de Bordeaux conhecem a cidade de Sauveterre de Guyenne como um ponto médio na viagem entre a Margem Esquerda e a Margem Direita. Esta terra entre as duas margens é conhecida como Entre-Deux-Mers.

Graves e Entre-Deux-Mers

Há muito mais na região do Graves do que suas mais famosas comunas de Pessac e Leógnan, unidas em uma única apelação (mapeada no verso). A extremidade sul desta zona de vinhas espalhadas renasce também. Os vinhos brancos indefiníveis deram lugar a vinhos frescos, vivazes e secos — e a uma nova onda de tintos com fruta profunda, vigorosa, e taninos maduros. Atualmente, Langon é um refúgio regular para compradores que procuram sabor e preço. No centro e no sul do Graves, em um número de antigas propriedades, em especial nas outrora famosas paróquias de Portets, Landiras e St-Pierre-de-Mons, há novos proprietários e novas filosofias.

A habilidade do solo do Graves para fazer igualmente bem vinhos tintos e brancos é vista nos Châteaux de Chantegrive, em Podensac, de Rahoul, em Portets, e nas propriedades pontuadas em torno de Arbanats e Castres-Gironde. Clos Floridène, em Pujols-sur-Ciron, e Château du Seuil, como tantas propriedades bem-sucedidas situadas próximo ao Garonne, excedem em brancos sutis, envelhecidos em carvalho e secos, das uvas Sauvignon Blanc e Sémillon, que assim parecem em casa neste canto tranqüilo do sul do Gironde, até mesmo se a proporção de vinho branco produzido na AC do Graves for menor que um quarto e continuar a cair.

A extensão deste mapa para o norte e para o leste é testamento dos esforços feitos em algumas das áreas vinícolas até mesmo menos encantadoras de Bordeaux. A maioria dos vinhos vendidos, como o inferior AC Bordeaux, é feita em **Entre-Deux-Mers** — triângulo da linda terra entre os rios Garonne e Dordonha — em quantidades muito menores, mesmo se o nome Entre-Deux-Mers em si esteja reservado nos rótulos dos vinhos para os vinhos brancos secos produzidos lá.

Porém um número crescente de produtores de vinhos tintos que se qualificam para uma AC maior do que o Bordeaux ou o Bordeaux Supérieur levemente mais forte está tentando seriamente fazer vinhos para serem notados, administrando seus vinhedos muito mais cuidadosamente e reduzindo as produções. Muitos deles estão marcados neste mapa, que inclui as partes mais interessantes de Entre-Deux-Mers.

Um número de *châteaux* substanciais e a excepcional cooperativa ímpar mudaram o aspecto da região, especialmente das paróquias no norte deste mapa, na direção de Dordonha e St-Émilion: o que era fazenda e pomar misturados transformou-se numa monocultura vinosa. Alguns dos mais bem-sucedidos líderes foram o excelente Château Bonnet, ao sul de Grézillac, da família Lurton; o versátil Château Tour de Mirambeau, ao sul de Branne, da família Despagne; Château Thieuley, próximo de Créon, da família Courcelle; e Château Toutigeac, na pouco usada denominação **Haut-Benauge**. Muitos destes fazem até mesmo vinhos brancos mais bem-sucedidos (de uvas Sémillon e Sauvignon) do que tintos. O Château de Sours de St-Quentin-de-Baron tem até mesmo conseguido vender seu profundo Bordeaux rosa, *rosé en primeur.*

Todavia, há sinais até mais excitantes na arte de fazer vinhos em Entre-Deux-Mers, assim como também pode haver no norte distante, onde os solos de calcário podem ser misteriosamente semelhantes a partes da apelação St-Émilion. Os Despagnes criaram Girolate, um vinho Merlot *garagiste*, um dos vinhedos mais densamente plantados em toda Bordeaux. No noroeste deste mapa, Château de Reignac, próximo a St-Loubès (ver página 83), alcançou preços igualmente vertiginosos, graças à persistência do proprietário Yves Vatelot. Enquanto Pierre Lurton, vinicultor nos Châteaux Cheval Blanc e até mesmo em d'Yquem, traz um encanto para a região através de sua propriedade Château Marjosse, próximo a Grézillac.

Uma vez que as **Premières Côtes de Bordeaux** circundam as denominações brancas doces de Cadillac, Loupiac e Ste-Croix-du-Mont, não é surpresa que os bons vinhos doces sejam produzidos aqui também. Os feitos no sul são vendidos como **Cadillac**, enquanto os brancos secos são vendidos como Bordeaux fáceis. Um dos enólogos importantes de Bordeaux, Denis Dubourdieu, no Château Reynon, em Béguey, próximo à cidade de Cadillac, teve sucesso com o Sauvignon branco fresco e um tinto especialmente saboroso. Château Fayau em Cadillac está mantendo a tradição local dos brancos doces e frutados.

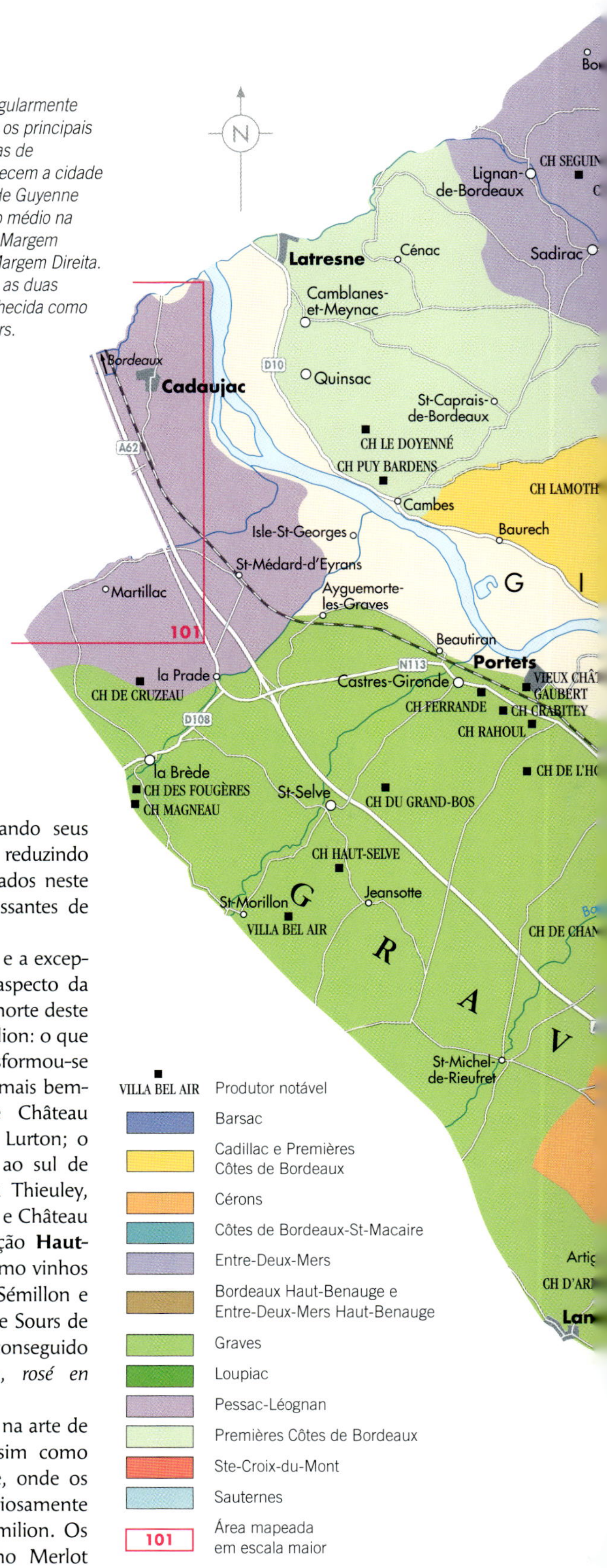

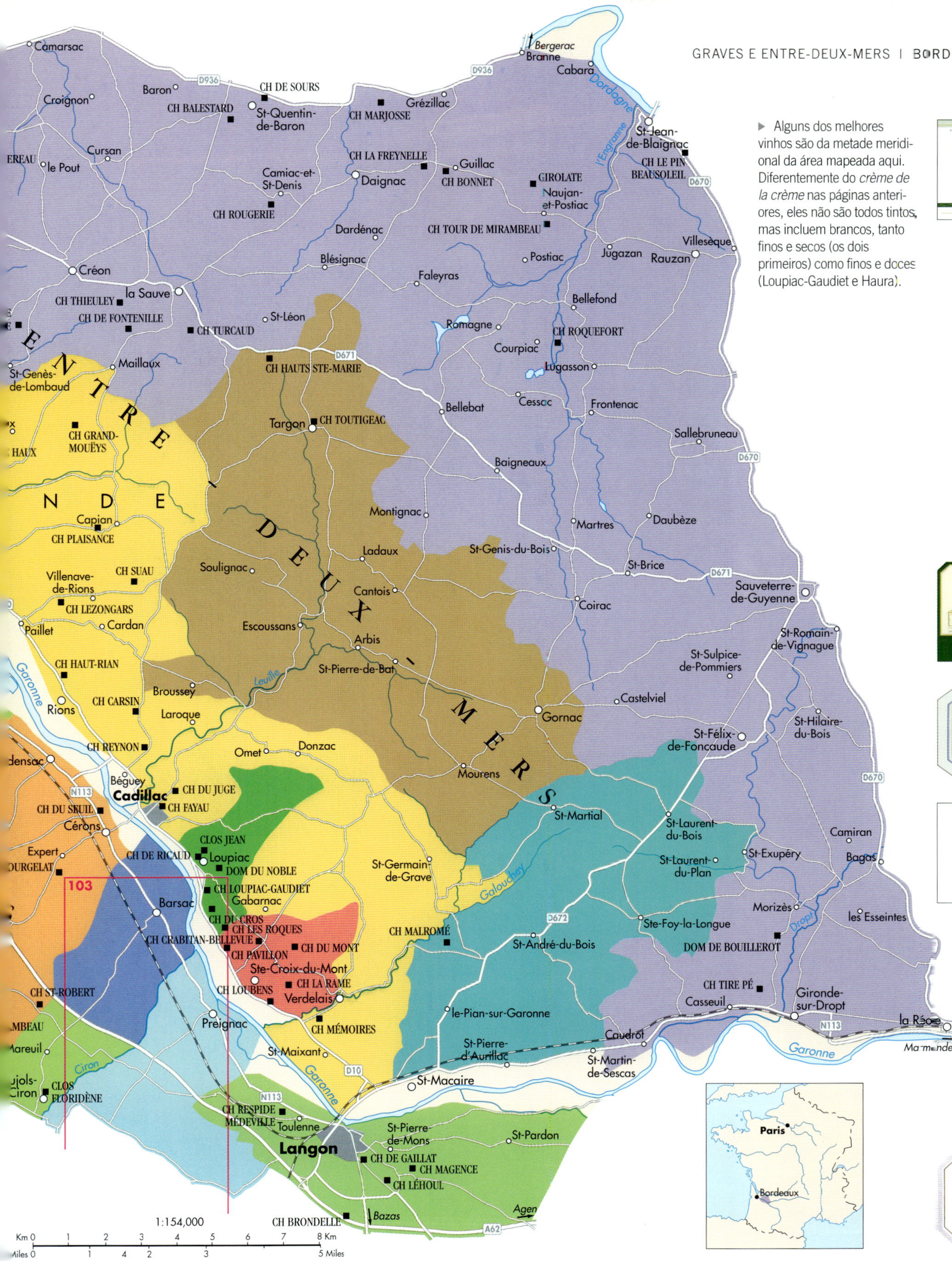

▶ Alguns dos melhores vinhos são da metade meridional da área mapeada aqui. Diferentemente do *crème de la crème* nas páginas anteriores, eles não são todos tintos, mas incluem brancos, tanto finos e secos (os dois primeiros) como finos e doces (Loupiac-Gaudiet e Haura).

Há planos para introduzir uma AC **Côtes de Bordeaux** abrangente para as duas apelações aqui, e três mais na Margem Direita (ver página 82), que incluem a palavra Côtes em seus nomes: Premières Côtes de Bordeaux (possivelmente com Côtes de Bordeaux-St-Macaire), Côtes de Bourg, Premières Côtes de Blaye, Côtes de Castillon e Côtes de Francs. A idéia é aumentar o reconhecimento, e não misturar estas diferentes denominações Côtes.

É demais reivindicar que o licoroso **Ste-Croix-du-Mont** tenha se tornado uma proposta de fazer dinheiro, como já foi uma vez, mas três *châteaux* — Loubens, du Mont, e La Rame — empregam grandes esforços; e no vizinho **Loupiac** ambos os Châteaux Loupiac-Gaudiet e de Ricaud estão prontos para correr os riscos inerentes de produzir vinhos verdadeiramente doces, em vez de apenas semidoces (ver página 102). **Côtes de Bordeaux-St-Macaire** é uma AC branca dessa zona, com pouca visibilidade.

Do outro lado do rio Garonne, ao norte de Barsac, no Graves, localiza-se **Cérons**, uma apelação separada, há muito esquecida (ela inclui Illats e Podensac), que descobriu uma nova prosperidade (no Château d'Archambeau, por exemplo) fazendo brancos e tintos simples sob a denominação Graves, abandonando, em geral, sua tradição de um estilo intermediário entre Graves Supérieures (o branco mais doce do Graves) e Barsac que era suave em vez de extremamente doce.

Pessac-Léognan

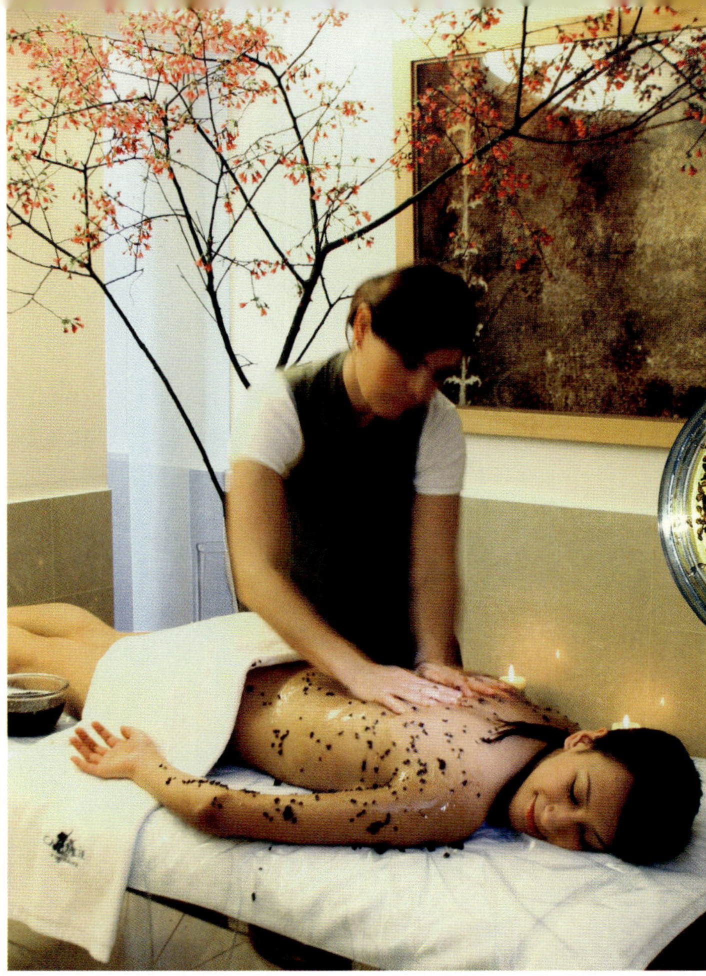

Quem haveria de pensar que a uva poderia ser parte essencial de um tratamento de beleza, como neste spa, hotel e restaurante ao lado do Château Smith Haut Lafitte? Há também uma gama de cremes e poções à base de uvas.

Foi aqui, nas cercanias do sul da cidade de Bordeaux, que o conceito integral de um fino Bordeaux tinto foi lançado, na década de 1660, pelo proprietário do Château Haut-Brion. Seu solo árido de areia e cascalho já fornecia à região e ao mercado de exportação o melhor vinho tinto desde 1300, quando o arcebispo, que depois se tornou o papa Clemente V (de Avignon), plantou o que hoje é chamado Château Pape Clément.

Pessac-Léognan é o nome moderno para o coração de Graves, totalmente mapeado nas duas páginas anteriores. Os pinheiros sempre foram o principal cultivo deste solo arenoso. Os vinhedos são clareiras, muitas vezes isoladas umas das outras, em terra coberta de florestas, cortada por pequenos vales. O mapa ao lado mostra como a cidade e seus vinhedos mais antigos estendem-se para dentro da floresta, que continua (como Landes) para o sul e oeste até o sopé basco dos Pireneus.

Atualmente, a cidade absorve todos os vinhedos no seu caminho, exceto um grupo superlativo nos solos de cascalho de Pessac: Haut-Brion e seus parceiros e vizinhos La Mission Haut-Brion, Les Carmes Haut-Brion e Picque Caillou (ao norte e a oeste de Haut Brion e fora deste mapa), e, mais longe da cidade, o arcebispal Pape Clément.

É difícil encontrar Châteaux Haut-Brion e La Mission no interior dos subúrbios, em lados opostos da antiga estrada Arcachon que atravessa Pessac. Haut-Brion é um verdadeiro Premier Cru, um suave equilíbrio entre a força e a fineza com a singularidade de um grande Graves: toques de terra, samambaia, tabaco e caramelo; um sabor não tão pomposo, porém muitas vezes mais intrigante que um Lafite ou Margaux. La Mission tem gosto mais denso, mais maduro, mais selvagem e, muitas vezes, igualmente esplêndido. Em 1983, os proprietários americanos de Haut-Brion compraram seu velho rival, incluindo o Château La Tour Haut-Brion, também produzido dentro da velha propriedade La Mission — não com a intenção de unir os vinhedos e, sim, para manter a rivalidade. A disputa continua todo ano, não apenas entre os dois tintos famosos, mas entre suas incomparavelmente ricas irmãs brancas também, Châteaux Haut-Brion Blanc e Laville Haut-Brion. Há mais alguns bons exemplos do que o *terroir*, a singularidade de cada pedaço do terreno, significa neste solo de Bordeaux.

Embora quase todos os vinhos produzidos nos vinhedos mapeados aqui sejam tintos, com uma receita bem semelhante à do Médoc, a maioria das propriedades de Pessac-Léognan também produz alguns brancos, às vezes com qualidade muito alta, dentro da mesma apelação. A comuna de Léognan, bem dentro da floresta, é o foco deste mapa. A despeito da sua modesta aparência, o domínio de Chevalier é uma propriedade excelente, mas nunca teve um *château*. Embora seus *chai* e *cuvier* tenham sido impecavelmente reconstruídos e seu vinhedo consideravelmente expandido, no fim da década de 1980 e início da de 1990, o vinhedo ainda retém o ar de uma fazenda numa clareira de pinheiros, porém os vinhos mais uma vez têm substância e fineza. Somente umas 1.000 caixas deste magnífico branco, longevo e fermentado em barris são produzidas a cada ano, a partir da Sauvignon e da Sémillon; portanto, nunca é barato.

O Château Haut-Bailly é o outro Cru Classé importante em Léognan; é atípico destas redondezas por produzir apenas vinho tinto, porém com muito esmero. O vinho tinto do Château de Fieuzal tem sido um desafio para os outros, e seu branco também é muito fino, se produzido em quantidades limitadas, como é a moda nas melhores propriedades de Graves. Malartic-Lagravière é parecido, e foi totalmente modernizado, desde a sua aquisição pela família belga Bonnie, em 1997.

Château Carbonnieux é diferente. Esse velho estabelecimento beneditino teve por muito tempo mais fama por seu branco confiável do que por seu tinto leve, embora, recentemente, este tenha ganhado peso. Château Olivier, certamente o mais antigo e misterioso *château* de Bordeaux, produz ambas as cores e também está sendo renovado a longo prazo (ver *terroir*, páginas 26 e 27).

Nenhuma propriedade de Graves teve uma renovação mais evidente recentemente que o Château Smith Haut Lafitte, na comuna de Martillac, a que marca o limite meridional de Pessac-Léognan. Ele não somente produz vinhos tintos e brancos de sucesso, como agora ostenta um hotel, restaurantes e um spa (ver acima), na cidade de Les Sources de Caudalie. Os aperfeiçoamentos no Château Latour-Martillac ao sul foram mais modestos.

O profeta e principal agitador na região é André Lurton: fundador da organização local de produtores; proprietário do Château La Louvière, de Rochemorin, o classificado Couhins-Lurton (quase todas as propriedades mencionadas aqui foram classificadas em 1959), e de Cruzeau (ao sul de Latour-Martillac e mapeada na página 99); e a força motriz de boa parte das renovações. O Château Bouscaut, também classificado, é de propriedade de sua sobrinha Sophie Lurton.

▼ Os quatro vinhos verdadeiramente excelentes, representados abaixo, à direita, pertencem à mesma família, descendente do americano Clarence Dillon, que comprou o primeiro Château Haut-Brion de Premier Cru em 1935, quando o Premier Cru Château Cheval Blanc de St-Émilion também estava à venda — tão pouco lucrativa estava a produção de Bordeaux.

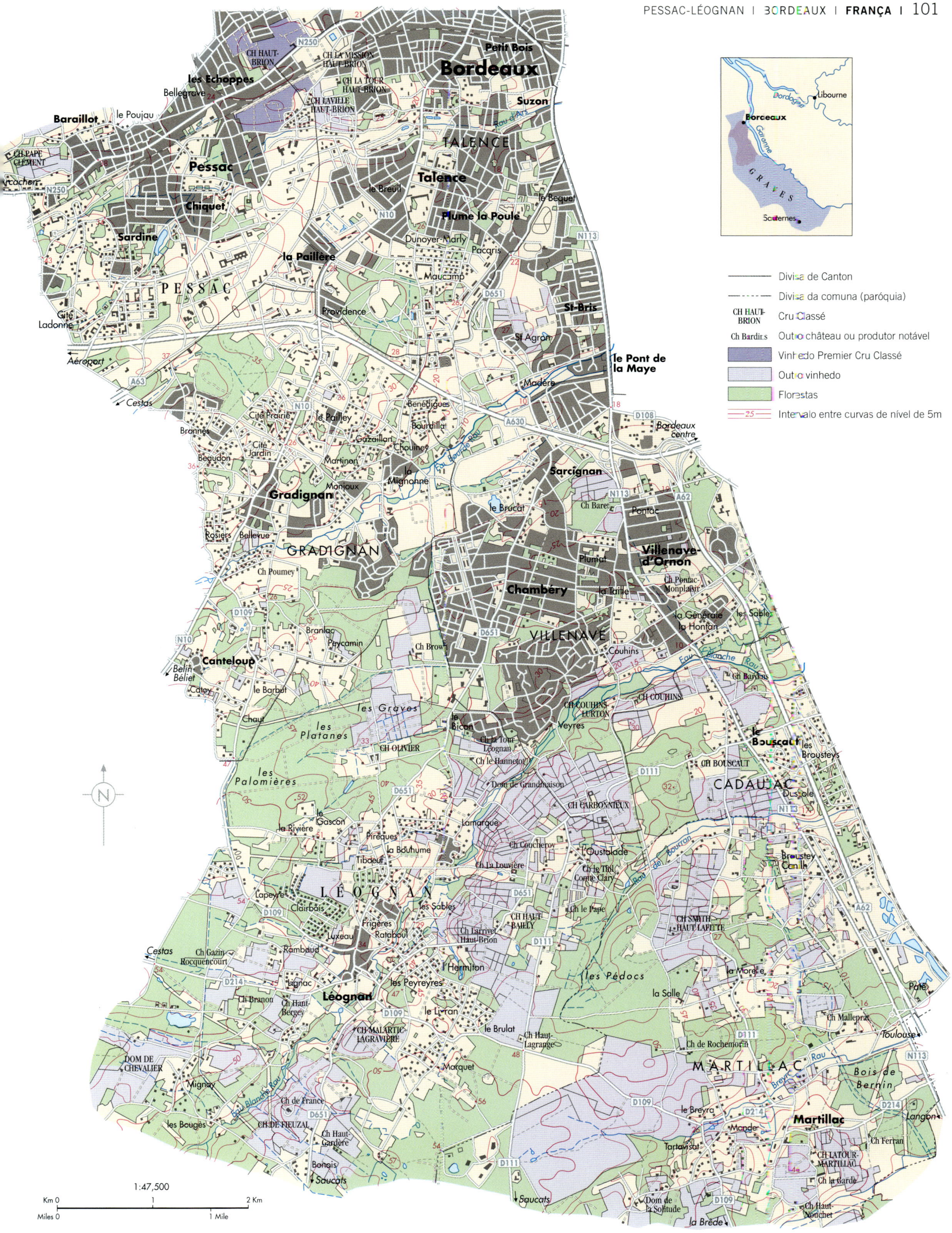
Bordeaux
Libourne
Dordogne
Garonne
GRAVES
Sauternes
Divisa de Canton
Divisa da comuna (paróquia)
CH HAUT-BRION
Cru Classé
Ch Bardins
Outro château ou produtor notável
Vinhedo Premier Cru Classé
Outro vinhedo
Florestas
25
Intervalo entre curvas de nível de 5m
1:47,500
Km 0
1
2 Km
Miles 0
1 Mile
Petit Bois
Bordeaux
Suzon
TALENCE
Talence
les Echoppes
Bellegrave
Baraillot
le Poujau
CH HAUT-BRION
CH LA MISSION HAUT-BRION
CH LA TOUR HAUT-BRION
CH LAVILLE HAUT-BRION
CH PAPE CLÉMENT
Pessac
Chiquet
Sardine
PESSAC
la Paillère
Providence
Plume la Poule
Dunoyer-Marly
Pacaris
Maucamp
St-Bris
St Agron
le Pont de la Maye
Madère
Aéroport
Cestas
Cité Prairie
le Pailley
Bénédigues
Bourdilla
Gazaillan
Chouiney
la Mignonne
Martinon
Monjoux
Sarcignan
Bordeaux centre
Ch Baret
Pontac
le Brucat
Gradignan
GRADIGNAN
Villenave-d'Ornon
Plumat
Chambéry
la Taille
Ch Pontac-Monplaisir
la Générale
la Honfan
les Sables
VILLENAVE
Couhins
Ch Poumey
Branlac
Peycamin
Ch Brown
Canteloup
le Barbot
Chaut
les Graves
les Platanes
CH OLIVIER
les Palomières
CH COUHINS-LURTON
CH COUHINS
Ch Bardins
le Bouscaut
CH BOUSCAUT
CADAUJAC
Ch la Tour Léognan
Ch le Hannetot
Dom de Grandmaison
CH CARBONNIEUX
Lamarque
Ch Coucheroy
Ch La Louvière
l'Oustalade
Ch le Thil Comte Clary
Ch le Pape
CH SMITH HAUT-LAFITTE
CH HAUT-BAILLY
Ch Larrivet Haut-Brion
Hermitage
le Gascon
la Rivière
Pirèques
la Bouhume
Tibdeuf
LÉOGNAN
Lapeyre
Clairbois
les Sables
Frigères
Rataboul
Luxeau
Rambaud
Ch Gazin Rocquencourt
Lignac
Léognan
Ch Branon
Ch Haut-Bergey
les Peyreyres
le Livran
le Brulat
Ch Haut-Lagrange
les Pédocs
la Salle
la Morelle
CH MALARTIC-LAGRAVIÈRE
DOM DE CHEVALIER
Mignoy
Morquet
Ch de Rochemorin
Ch Malleprat
Toulouse
MARTILLAC
Bois de Bernin
Ch de France
CH DE FIEUZAL
Ch Haut-Gardère
les Bouges
Bonnois
Saucats
le Breyra
Monde
Martillac
Langon
Tartavisat
CH LATOUR-MARTILLAC
Ch Ferran
Ch la Garde
Dom de la Solitude
Ch Haut-Nouchet
la Brède

1|2 2|3 3|4 4|5 5|6

Sauternes e Barsac

Todos os outros distritos de Bordeaux mapeados aqui neste atlas produzem vinhos que podem ser comparados entre si e preferidos uns aos outros. **Sauternes** é diferente: pode ser subestimado, porém é incomparável, uma especialidade que encontra poucos rivais verdadeiros. Potencialmente, um dos vinhos mais longevos do mundo, que depende das condições locais, de um fungo e de técnicas de vinicultura pouco comuns. Em safras notáveis, os resultados podem ser sublimes: um líquido muito doce, floral, com textura rica e brilho dourado. Em alguns anos, com toda a franqueza, ele pode deixar de ser um Sauternes.

Acima de tudo, ele é apenas o mais bem situado e administrado Château de Sauternes — e nisto estamos incluindo Barsac — que produz tal néctar. O Sauternes comum é apenas um doce vinho branco.

As condições locais neste canto morno e fértil da Aquitânia incluem as neblinas que se formam ao longo do rio Ciron, nas tardes de outono, permanecendo até depois do alvorecer. A técnica especial com que somente os bem financiados *châteaux* podem arcar é a de colher no vinhedo até oito ou nove vezes, começando em setembro e, às vezes, continuando até novembro. Isto serve para tirar toda a vantagem de uma forma peculiar de bolor (conhecida como *Botrytis cinerea* para os cientistas, ou *pourriture noble* — "podridão nobre" — para o poeta), que se forma com capricho nas uvas Sauvignon Blanc, Sémillon e Muscadelle, durante as moderadas noites de neblina e, depois, multiplica-se no calor do dia para reduzir as cascas das uvas a uma polpa marrom. Em vez de infectar as uvas deterioradas com o sabor de podridão, a botrítis engendra o escape da maior parte da água dessas frutas, deixando o sumo com uma concentração ainda maior de açúcar, ácidos e elementos de sabor. O resultado de cuidadosamente fermentar um sumo extremamente rico em pequenos barris é um vinho com uma intensidade de sabor, uma textura suave e untuosa e com grande potencial de envelhecimento, que não pode ser produzido de outra forma.

No entanto, isso significa ter de colher as uvas à medida que murcham, às vezes baga por baga — e os proprietários de pequenos *châteaux* somente conseguem custear uma única colheita e ter a esperança de que naquela data a botrítis esteja o mais concentrado possível.

A produtividade é absurdamente baixa, já que a evaporação é incentivada. De cada um dos cento e poucos hectares, Château d'Yquem, o maior dos produtores de Sauternes e hoje pertencente ao abastado, porém comercialmente astuto, LVMH, produz menos de 1.000 garrafas de vinho. Um Médoc de primeira classe produz cinco ou seis vezes mais.

O risco é muito grande, já que o tempo úmido em outubro pode transformar o bolor em um fungo nocivo conhecido como podridão cinza e tirar todas as chances de um produtor fazer um vinho doce e, às vezes, até de produzir qualquer vinho. Os custos são analogamente elevados, e o preço, até mesmo do Sauternes (com a exceção de Yquem), o faz um dos vinhos menos lucrativos para os produtores. Os preços têm subido gradualmente, porém poucos consumidores percebem como o deste Bordeaux branco está baixo, comparado com o tinto.

Sauternes foi a única área fora do Médoc a ser classificada em 1855. O Château d'Yquem foi classificado como Premier Cru Supérieur — uma classificação somente para Sauternes em toda Bordeaux. Curiosamente, por sua dominante posição no topo da colina, há um lençol freático com nível d'água alto, não muito comum, que mantém suas vinhas saudáveis mesmo na seca. Outros 11 *châteaux* foram classificados como Premiers Crus e 12 como Deuxième Crus.

Cinco comunas, incluindo Sauternes, têm o direito de usar o nome **Barsac**, a maior de todas, tem a alternativa de chamar seus vinhos Sauternes ou Barsac.

Os estilos de Sauternes variam tanto quanto seus padrões, mesmo que a maioria das melhores propriedades se aglomere em volta de Yquem. Château Lafaurie-Peyraguey pode ser tão floral quanto soa; o Château Suduiraut da AXA, em Preignac, é tipicamente exuberante e suntuoso; Château Rieussec (pertencente aos Rothschilds de Lafite) é, muitas vezes, rico e com cor profunda. Outros de primeira categoria incluem Clos Haut-Peyraguey e Château de Fargues (administrado pela família Lur-Saluces, que foi dona do Yquem), Raymond-Lafon e La Tour Blanche, que também é escola vinícola. Um vinho bem diferente, porém com um estilo de longevidade, característico de vinhos não amadeirados, é produzido no Château Gilette. Em Barsac, Château Climens, Coutet e Doisy-Daëne tomam a rédea com vinhos ligeiramente mais frescos que os de Sauternes. A crescente proporção de néctar produzido com esmero nesta parte do mundo do vinho merece mais admiradores.

Uvas como estas, concentradas pelo venerado fungo Botrytis cinerea, *são levadas para a cesta de uma tradicional prensa vertical em Yquem. Quando a cesta está cheia, as uvas são transportadas para uma prensa que as comprime muito, muito delicadamente, mas com muita firmeza.*

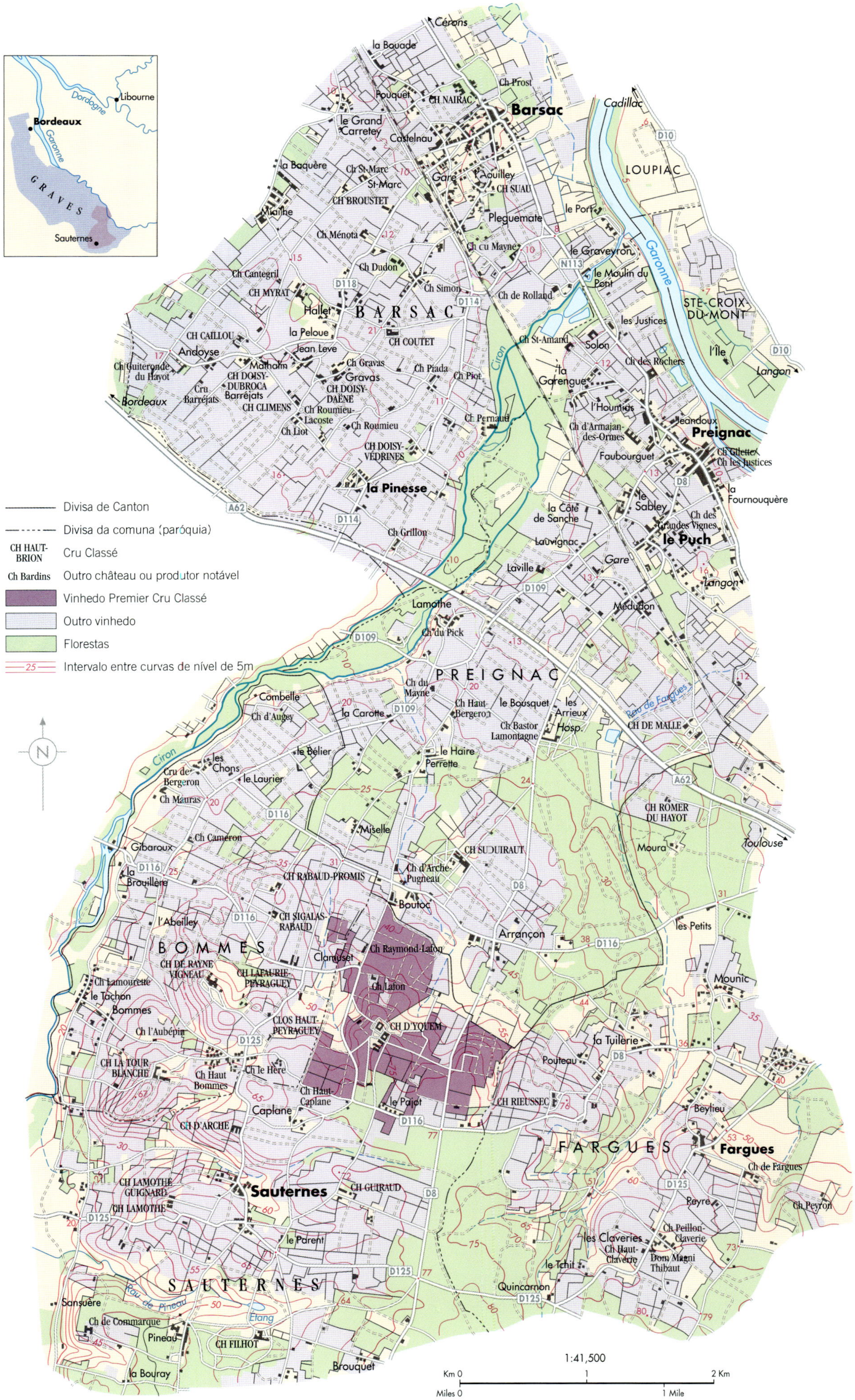

▲ Todas estas propriedades podem fazer um excelente Bordeaux branco doce, mas a equipe do Château Climens em particular se esforça tanto quanto sua contraparte Yquem. Uvas de partes diferentes do vinhedo são fermentadas e envelhecidas em lotes separados de barris e a mistura final é feita somente depois de muitos meses.

A Margem Direita

Este mapa fornece uma visão geral da região mais dinâmica de Bordeaux, conhecida pelos anglo-saxões como a "Margem Direita", em contraste com o Médoc e o Graves, na "Margem Esquerda" do Gironde. Os franceses a chamam de Libournais, em homenagem à sua antiga capital, Libourne, o segundo centro de comercialização de vinho em Bordeaux. Historicamente, Libourne abastecia o norte da Europa com vinhos simples e satisfatórios de seus vinhedos vizinhos, Fronsac, St-Émilion e Pomerol. O principal mercado de Libourne foi a Bélgica.

Atualmente, dois destes nomes são tão famosos quanto qualquer outro, e mais caros que a maioria. Pomerol e St-Émilion são descritos em detalhes nas próximas páginas, mas o que podemos observar aqui são as áreas vinícolas que as circundam, e a julgar pelo grande número de produtores notáveis mapeados, exatamente como elas estão cheias de vida neste século XXI.

Um bom exemplo, e o mais distinto, são as duas apelações de **Fronsac** e **Conon-Fronsac**, a oeste de Libourne. Quando o principal negociante de vinhos de Libourne, J-P Moueix, que até então era o mais importante proprietário, começou a vender suas terras, em 2000, para a família Halley — famosa no ramo dos supermercados franceses Carrefour —, muitos viram isso como o começo do fim. No entanto, na realidade, foi um sinal para este distrito arborizado, com suas colinas espalhadas, acordar e, com vários forasteiros abastados fornecendo os meios e a determinação, dar a Fronsac, em particular, um vigor que lhe tem faltado há séculos.

Houve um tempo em que Fronsac foi extraordinariamente admirada apenas como uma região histórica, e é verdade que seus melhores vinhos são reconhecidos não somente pelo fato de serem esplendidamente frutados, como é a característica da Margem Direita, mas também por serem mais rigorosos e mais tânicos quando jovens. Eles são rústicos em estilo, quando comparados com o brilho de, digamos, os melhores de Pomerol, porém estão melhorando ano após ano com os investimentos e a modernização. As encostas de calcário ao longo do rio são conhecidas como Cânon-Fronsac, embora até os nativos possam, às vezes, ficar perdidos tentando descrever o que diferencia as duas denominações.

Os vinhedos remotos de Pomerol estão aglomerados em torno das vilas de Néac e **Lalande-de-Pomerol** e qualificam-se para a apelação com o nome do segundo. Normalmente, são vinhos menos vivazes que os do planalto de Pomerol, porém a chave para a qualidade na área mapeada nestas duas páginas é o investimento numa propriedade mais majestosa por parte do dono. Por exemplo, La Fleur de Boüard, em Lalande-de-Pomerol, beneficia-se dos equipamentos e dos conhecimentos da família que é proprietária do Château Angélus, em St-Émilion.

Um fenômeno parecido é evidente nas apelações mais a leste da Margem Direita, **Côtes de Castillon** e **Côtes de Francs** (fora do mapa a leste). Tanto o Château Les Charmes Godard como o Château Puygueraud são partes de conglomerados da família belga Thienpont (outros incluem: Vieux Château Certan e Le Pin). Em Côtes de Castillon, somente o setor ocidental está mapeado aqui, o Château D'Aiguilhe tem o mesmo dono que o Château Cânon-la-Gaffelière, em St-Émilion, Château Joanin Bécot é parte de um grande conglomerado de proprietários talentosos da Margem Direita, e Clos Puy Arnaud é a propriedade-irmã de Troplong Mondot de St-Émilion.

Os chamados "satélites" de St-Émilion são quatro vilas ao norte da cidade, **Montagne**, **Lussac**, **Puisseguin** e **St-Georges**, as quais têm permissão

Os vinhedos perto de Cassoret nas Côtes de Francs, uma das muitas apelações remotas da Margem Direita, cujos destinos foram ressuscitados no fim do século XX. Muitas vezes, as vinhas são educadas para irem mais alto que a majestosa apelação St-Émilion a oeste, para que se possa colher com máquinas (mais barato) em vez de manualmente.

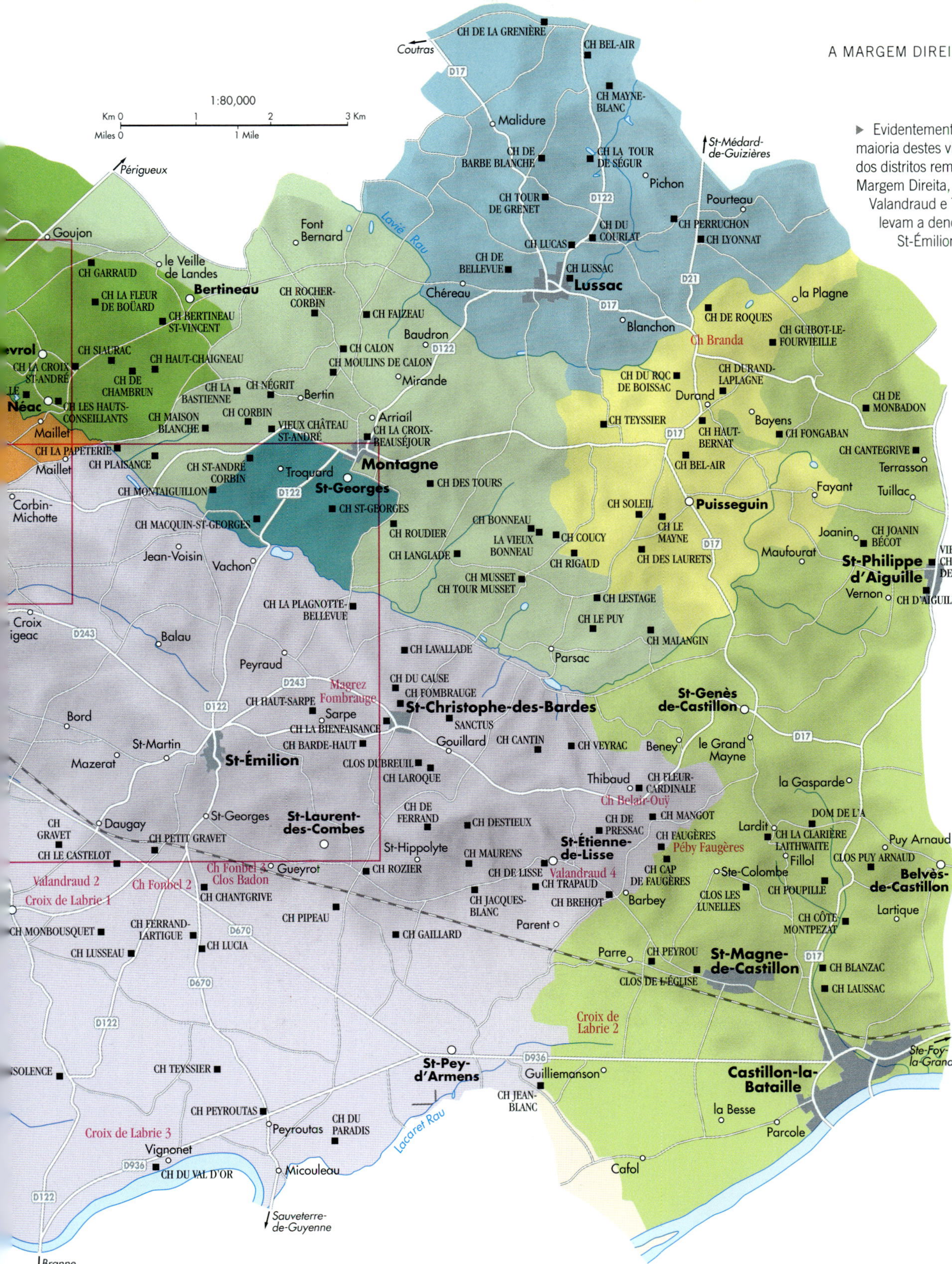

▶ Evidentemente, a maioria destes vinhos vem dos distritos remotos da Margem Direita, porém Valandraud e Teyssier levam a denominação St-Émilion.

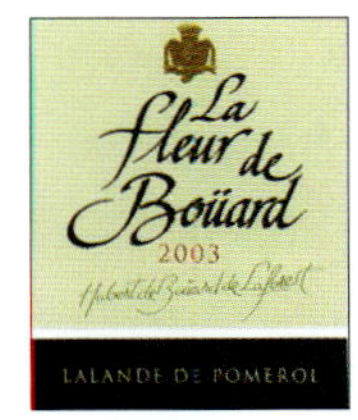

para anexar o nome St-Émilion ao seu. Seus vinhos, com demasiada freqüência, têm um gosto que parece meio cruzamento entre St-Émilion e os vinhos tintos de Bergerac que ficam imediatamente a leste (ver página 115); terra fértil para investimentos e melhorias?

O mais interessante é ver quantos *châteaux* conhecidos estão na zona púrpura de St-Émilion, porém bem fora do seu miolo clássico, mapeada nas páginas 108 e 109. Em nenhum outro lugar em Bordeaux despendeu-se recentemente tanto esforço para estender, em geografia e no estilo, os limites do que se considera como o grande Bordeaux tinto. Para mais detalhes ver páginas 108-111.

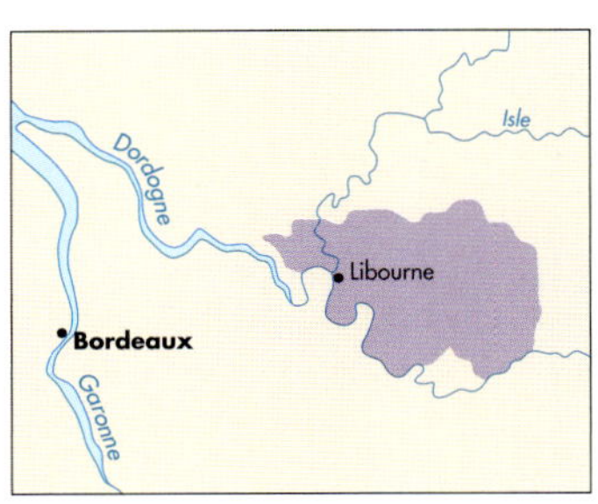

CH DE SELLE ■ Château notável
Valandraud — Valandraud Microcuvée ou parte de um
Fronsac
Canon-Fronsac
Lalande-de-Pomerol
Pomerol
St-Émilion
Côtes de Castillon
Montagne-St-Émilion
Lussac-St-Émilion
Puisseguin-St-Émilion
St-Georges-St-Émilion
107 — Área mapeada em escala maior

Pomerol

Embora o Pomerol seja relativamente um novo astro no firmamento de Bordeaux, seus mais procurados vinhos conseguem preços maiores que os Premiers Crus do Médoc, e um espantoso número de propriedades pequenas têm o consenso de estar entre as melhores de toda Bordeaux.

Pomerol é um canto curioso do mundo, onde é difícil orientar-se. Não existe um verdadeiro centro da vila. Pequenas estradas quase idênticas cruzam o planalto em todas as direções, aparentemente sem sentido. Cada família parece produzir um vinho, e todas as casas destacam-se entre suas vinhas. A paisagem é salpicada com casas modestas, cada uma regozijando-se com o nome de *château*. Estranhamente, até a igreja fica isolada, como se fosse outra propriedade vinícola. E este é o Pomerol, não há nada mais para se ver.

Geologicamente, é apenas mais uma grande margem de cascalho, subindo e descendo suavemente, mas em geral bem plana. Em direção a Libourne o solo costuma ser arenoso, enquanto para o leste e o norte, onde encontra com St-Émilion, é muitas vezes enriquecido com argila.

O que cresce aqui é a forma de Bordeaux tinto mais suave, mais rico, mais aveludado e em geral mais atraente. Bons Pomerol têm uma cor profunda sem a acidez marcante e os taninos que normalmente acompanham um vinho assim. Um aroma às vezes até meio cremoso que perpassa ameixas, e às vezes uma concentração de todas as suas qualidades, a essência de um grande vinho.

Pomerol é uma democracia, não tendo sistema de classes, e, realmente, seria muito difícil desenvolver uma. Não existe uma longa tradição de vendas consistentes em que se basear. Os *châteaux* são pequenos negócios familiares, sujeitos a mudanças com as indas e vindas de pessoas. Nem mesmo a complexidade do solo, que muda de cascalho para argila com cascalho ou para argila e cascalho, ou de cascalho arenoso para arenoso com cascalho, está exatamente refletida nas divisas dos vinhedos.

No entanto, existe um consenso sobre quais são os melhores vinhedos do Pomerol. Há anos, Château Pétrus obteve a permissão de todos para ser o primeiro, com talvez Trotanoy em segundo — embora se possa dizer que Vieux Château Certan (VCC) contestaria isto. Em seguida, veio Le Pin, minúsculo mesmo para os padrões de Pomerol (quase 3ha), a criação de Jacques Thienpont, um membro da família belga que também é proprietário do VCC.

O vinho, feito em tão pouca quantidade, permite que as etapas sejam realizadas manualmente, aplicando o que antigamente era uma técnica extremamente exigente, que é a de fazer a segunda fermentação, a malolática, em barris individuais. O resultado é um ultravinho, com um excesso de tudo, incluindo charme (e, claro, raridade), e isto está refletido nos preços, que podem ser, às vezes, superiores aos do Pétrus.

O mapa ao lado destaca em letras maiúsculas os cultivos cujos vinhos atualmente conseguem os preços mais altos. Clos l'Eglise e o Château Clinet, L'Eglise-Clinet (como estes nomes confundem!) e La Fleur de Gay são relativamente jóias novas na coroa de Pomerol. Château La Fleur-Pétrus, La Conseillante, L'Evangile, Lafleur e Latour à Pomerol, todos têm um longo histórico de excelência.

O agrupamento compacto desses *châteaux* no solo de argila é uma indicação da sua personalidade, como também da qualidade. Normalmente, essas terras produzem os mais densos, carnudos e opulentos vinhos. Ao invés de ficar estupefato com as complicações de Pomerol, vale a pena saber que o padrão médio aqui é muito alto. A vila tem um nome de confiança. Pechinchas, por sua vez, são raríssimas de se encontrar.

A mais potente influência no distrito são os *négoces* (casas de negociantes) de Libourne, conduzidas com maestria pela empresa familiar de Jean-Pierre Moueix, que ou é proprietária ou administra uma grande porcentagem das melhores propriedades. A família renomeou e reconstruiu Hosanna (antigo Château Certan Guiraud), ao lado de Pétrus e perto de Providence (antigo Château la Providence), relançado pela família Moueix com a safra de 2005.

Uma vantagem que certamente tem ajudado na popularidade dessa pequena região é o fato de que seus vinhos amadurecem relativamente cedo para Bordeaux. A uva principal aqui não é a casca dura Cabernet Sauvignon, cujos vinhos necessitam passar por uma juventude tânica. Em Pomerol, a Merlot é a vinha líder, secundária, no Médoc. Os Grands Crus têm aproximadamente 70-80% de Merlot com talvez 20% de Cabernet Franc, conhecidos aqui como Bouchet. O melhor Pomerol, Pétrus, é quase exclusivamente Merlot, cultivado em argila quase pura, com resultados impressionantes.

Mesmo o melhor Pomerol só produz todo o seu perfume e alcança sua fineza deslumbrante dentro de 12 anos, mas muitos já são atraentes com 5 anos.

Uma vista familiar para os que tentam percorrer o platô monocultural do Pomerol. Será possível que todos esses châteaux *realmente estejam tão próximos? Sim, porque eles são muito pequenos — o que não adianta nada para manter os preços baixos.*

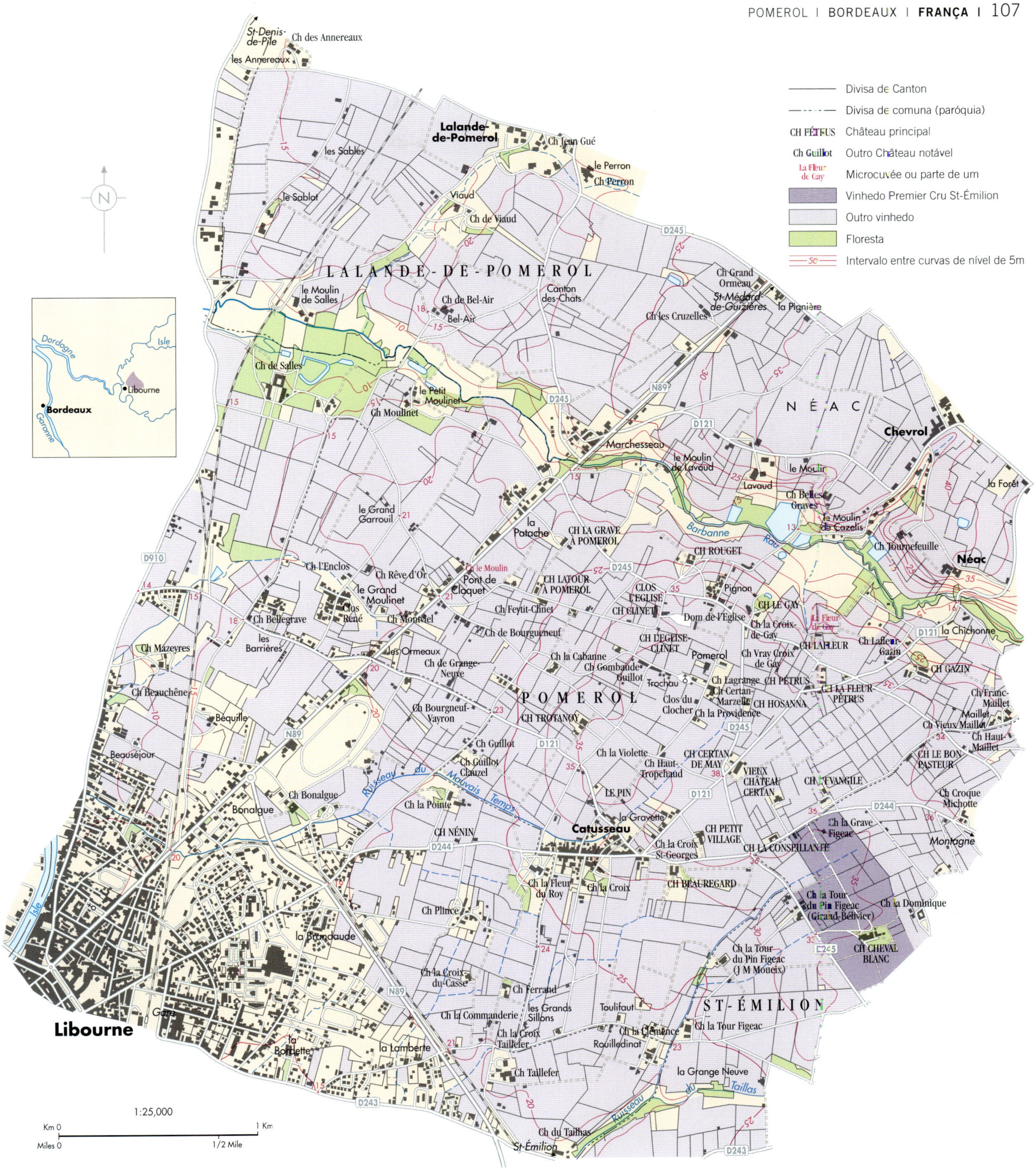

◄ A produção total média anual de cada uma destas propriedades do Pomerol varia de 600 a 3.000 caixas de vinho — e os preços têm uma tendência inversa. O truque é encontrar uma propriedade cujo tamanho seja tão grande quanto a ambição — mas isso não é nada fácil em uma apelação pequena, que já foi subdividida várias vezes.

A pequena cidade de St-Émilion é de longe o mais evidente centro turístico da região de Bordeaux, com dezenas de lojas de vinhos e cafés. As autoridades fazem o possível para minimizar o trânsito, porém não existe um anel rodoviário conveniente, e algumas propriedades ficam exatamente dentro da cidade.

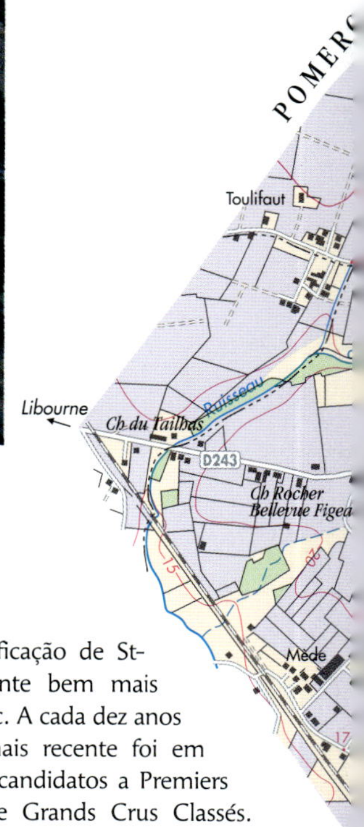

St-Émilion

A antiga e linda cidade de St-Émilion, epicentro do que é atualmente a região mais sísmica de Bordeaux, está apoiada em um canto da escarpa acima de Dordonha. Atrás, no planalto de areia e cascalho, as vinhas fluem para o Pomerol. Ao lado, ao longo da cumeeira, elas descem pelas íngremes encostas de cascalho (as *côtes*) para dentro da planície.

É a pequena porém muito visitada jóia rural da região de Bordeaux — interiorana e montanhosa em espírito, romana na origem, oca de tantas adegas e inebriante como o vinho. Até mesmo a igreja em St-Émilion é uma adega: esculpida como todas na rocha sólida. O restaurante do hotel fica na verdade no telhado da igreja e você se senta ao lado do campanário para saborear lampreias cozidas em vinho tinto *à la bordelaise*.

St-Émilion produz um rico vinho tinto. Antes de conseguirem se acostumar com os vinhos secos e ligeiramente ásperos do Médoc, as pessoas adoram a saborosa consistência do St-Émilion. Os melhores, produzidos em estações ensolaradas, tornam-se quase doces conforme amadurecem.

As uvas de St-Émilion são a Merlot corpulenta e a Cabernet Franc. A Cabernet Sauvignon pode ter problemas em amadurecer nesse tipo de clima, menos moderado pelo oceano, especialmente em seus solos mais frescos e úmidos. No conjunto, os vinhos daqui levam menos tempo para alcançar a perfeição que os vinhos do Médoc, um pouco mais tempo que os de Pomerol, digamos uns quatro anos para uma safra pobre e acima de oito anos para uma boa safra. Mas os melhores podem viver o mesmo tempo.

O sistema de classificação de St-Émilion é rigorosamente bem mais tópico que o do Médoc. A cada dez anos mais ou menos (a mais recente foi em 2006), ele revisa seus candidatos a Premiers Grands Crus Classés e Grands Crus Classés. Outros vinhos de St-Émilion podem ser descritos como Grand Cru sem o Classé (a inspeção cuidadosa do rótulo é necessária). Atualmente, há 13 vinhos do primeiro, mais o Cheval Blanc e Ausone em uma separada — aparentemente permanente — supercategoria de dois membros; e 46 do segundo. Os Grands Crus simples chegam a centenas. As mais recentes promoções a Premier Grand Cru Classé foram Château Pavie Macquin e Troplong Mondot, e até propriedades bem famosas podem ser rebaixadas.

◀ O admirável sistema de classificação de St-Émilion, atualizado a cada dez anos, promoveu o Troplong Mondot e o Pavie Macquin ao status de Grand Cru Classé, em 2006. La Mondotte, um lote especial mimado pelos proprietários do Château Cânon-la-Gaffelière, fica coincidentemente muito próxima do Château Tertre Roteboeuf, que também funciona fora da classificação oficial. Ausone e Cheval Blanc estão no topo.

MONTAGNE-ST-ÉMILION
ST-GEORGES-ST-ÉMILION
ST-ÉMILION
St-Émilion
ST-CHRISTOPHE
ST-LAURENT
Dordogne
Isle
Libourne
Bordeaux
Garonne
Barbanne
Guadeleyrat
Ch Franc Maillet
Maillet
Ch Vieux Maillet
Ch le Bon Pasteur
Ch Haut-Maillet
la Croix Chante-Caille
Ch l'Evangile
Ch Croque Michotte
Ch la Grave Figeac
Ch Grand-Corbin-Despagne
Ch Corbin Michotte
Ch Corbin
Ch la Dominique
CH CHEVAL BLANC
Ch Ripeau
Montagne
le Jura
Ch Haut Corbin
Vieux Château St-André
Ch Grand Corbin
Ch Jean Voisin
Maison Neuve
Chasteau
Vachon
Ch Chauvin
Clos Grand Faurie
CH FIGEAC
Petit Montlabert
Bézineau
Ch Petit-Figeac
la Croix Figeac
Ch la Marzelle
le Fougueyrat
la Rose
Ch Trimoulet
Sarrensot
Merissac
Ch la Fleur
Ch Dassault
Ch Rol Valentin
Ch Moulin du Cadet
Ch Haut-Segottes
Ch Cap-de-Mourlin
Ch Larmande
Clos de l'Oratoire
Peyreaud
Balau
Côte de Baleau
Ch Laniote
Ch Faurie de Souchard
Ch Yon-Figeac
Ch la Gomerie
Ch Fonroque
le Cadet
Magnan
Ch Laroze
Ch Clos des Jacobins
Ch Soutard
Ch Petit Faurie de Soutard
Ch Cadet-Piola
Ch Cadet-Bon
St-Christophe-des-Bardes
Jacquemeau
Ch Grand Mayne
Ch Franc Mayne
Ch Grand-Pontet
Ch Gaudet-St-Julien
Bord
Ch Grandes Murailles
Ch Balestard la Tonnelle
Sarpe
Clos de Sarpe
le Rivalon
CH BEAU-SÉJOUR BÉCOT
Ch Bellevue
le Dôme
CLOS FOURTET
Clos St-Julien
Ch la Couspaude
Ch Sansonnet
CH TROTTEVIEILLE
Ch Villemaurine
Couvent des-Jacobins
Ch la Serre
Gaubert
le Barrail
Ch le Prieuré
CH ANGÉLUS
CH BEAUSÉJOUR HÉRITIERS DUFFAU-LAGARROSSE
Clos St-Martin
CH CANON
Ch Bergat
Ch la Clotte
Valandraud 1
Ch Barde-Haut
Fonrazade
Ch Gracia
Mazerat
Ch Matras
Ch de Valandraud
CH PAVIE MACQUIN
Ch Roylland
Ch Berliquet
CH MAGDELAINE
Clos La Madeleine
CH BELAIR
CH AUSONE
Ch Moulin St-Georges
CH TROPLONG MONDOT
Pin de Fleur
Libourne
Ch Carteau Côtes Daugay
Ch Tertre-Daugay
Ch Fonplégade
CH LA GAFFELIÈRE
St-Georges
Ch St-Georges Côte Pavie
Ch Pavie-Décesse
les Carrières
la Mondotte
Ch Bellevue Mondotte
Godeau
Ch le Tertre Roteboeuf
Ch l'Arrosée
Cave Co-op
CH PAVIE
Ch Rochebelle
St-Laurent-des-Combes
Castillon-la-Bataille
Ch Canon-la-Gaffelière
Valandraud 3
Ch Larcis Ducasse
Ch Bellefont-Belcier
Ch Lassègue
vers D670
l'Arsis
Gueyrot
D244
D245
D243
D122
D670
Divisa de Canton
Divisa de comuna (paróquia)
CH AUSONE Premier Grand Cru Classé (2006)
Ch Laroze Grand Cru Classé
Ch la Fleur Outro château notável
Ch Rol Valentin Microcuvée ou parte de um
Vinhedo Premier Grand Cru Classé (A)
Outro vinhedo
Floresta
Intervalo entre curvas de nível de 5m
1:26,400
Km 0
1 Km
Miles 0
1/2 Mile

O Château Bélair é o vizinho do Premier Cru Château Asone e, da mesma forma, pode ostentar adegas extraordinárias criadas a partir do calcário, escavado para construir a cidade de St-Émilion acima.

No entanto, há um número crescente de vinhos, alguns muito procurados, que funcionam fora do sistema de classificação. No início da década de 1980, o Château Tetre Roteboeuf foi uma das primeiras propriedades a ser administrada radicalmente e levada aos limites da qualidade e do desejo, sem buscar a classificação oficial. Desde então, dezenas, se não centenas, de uns 800 *châteaux* dentro desta apelação foram modernizados e, em geral, seus vinhos ficaram mais suaves, menos rústicos e mais concentrados.

Uma outra onda, discutivelmente menos benevolente, começou no início da década de 1990, com o surgimento do Château Valandraud, um vinho ferozmente não filtrado e concentrado, concebido pelo negociante de vinhos Jean-Luc Thunevin, a partir de pequenos lotes de vinhas. Este foi o primeiro "*microcuvée*" ou "vinho de garagem" de St-Émilion (assim chamado porque como são produzidos em pequenas quantidades podem até ser feitos numa garagem) e gerou um exército de outros semelhantes, surgindo como mágica. Aqueles que conseguiram pelo menos um pouco de reconhecimento estão marcados no mapa em magenta, porém muitos vieram e foram sem colher os esperados lucros. A fórmula do sucesso é produzir vinhos extremamente óbvios em quantidades minúsculas (geralmente menos de 1.000 caixas), suficientes para gerar uma demanda. Muitas vezes funciona.

Enquanto isso, a extensa apelação de St-Émilion tem atraído uma quantidade razoável de novos investidores que compraram vinhedos, investiram pesadamente em equipamentos e contrataram um entre vários dos mais especializados enólogos. Michel Rolland, Stéphane Derenoncourt e Pascal Chatonnet são os mais conhecidos. Nesse aspecto e até no estilo de alguns dos seus vinhos modernistas, St-Émilion tem uma inesperada semelhança com o Napa Valley da Califórnia. A mão do homem e o dinheiro podem ser bem poderosos aqui.

Existem dois distritos distintos em St-Émilion, sem contar os vinhedos menores da planície ribeirinha e as paróquias a leste e nordeste, que têm a permissão de usar o nome (descrito e ilustrado no mapa nas páginas 104 e 105). Veja a figura ao lado para maiores detalhes sobre os vários tipos de solo presentes na apelação de St-Émilion.

Um grupo dos melhores *châteaux* fica na fronteira de Pomerol, na margem ocidental do planalto arenoso com cascalhos. O mais famoso desse grupo é o Cheval Blanc, uma bem cuidada casa pintada de creme em uma alameda de árvores que está longe de lembrar o esplêndido vinho tinto, um dos mais lindamente equilibrados do mundo, que é predominantemente uma produção das vinhas Cabernet Franc. Entre os vizinhos de Cheval Blanc, o Château Figeac é o que chega mais perto do seu nível, porém com um estilo mais reservado, reticente, embora muito fragrante, a partir de solo com ainda mais cascalho e uma proporção significativa de Cabernet Sauvignon.

O outro grupo maior, as Côtes St-Émilion, ocupa as escarpas para o leste da cidade em direção a St-Laurent-des-Combes. Uma encosta particularmente propícia, virada para o sul, flanqueia a ponta meridional da cidade desde Tertre Daugay, via as Pavies até Tertre Roteboeuf. O planalto termina tão abruptamente que fica fácil ver que uma fina camada de solo cobre o macio, porém sólido calcário em que as adegas são esculpidas (ver acima). No revitalizado Château Ausone, a jóia das Côtes, em uma situação privilegiada em Bordeaux, com uma vista panorâmica do vale Dordonha, pode-se entrar em uma adega com vinhas no andar térreo.

Os vinhos Côtes podem não ser tão doces quanto os "Graves" do planalto (o nome é dado a eles por causa do solo de cascalho (*gravier* em francês), porém, em sua melhor forma, são alguns dos vinhos mais perfumados e "generosos" de Bordeaux. São tipicamente mais alcoólicos do que o vinho do Médoc. As Côtes fornecem abrigo do norte e oeste, com uma encosta virada para o sol com relativa imunidade a geadas. Por outro lado, no planalto em volta do Château Cheval Blanc, uma pequena depressão no solo age como uma fossa, onde um ar congelante pode estagnar em noites de céu claro no inverno.

Em um tempo relativamente curto, St-Émilion transformou-se de um pacato desconhecido para um turbilhão de ambições e novos rótulos apregoados, porém seu conforto para o amante do vinho comum é o número de *châteaux* de fama moderada e alto padrão consistente, que fornecem vinhos prazerosos de beber e relativamente acessíveis.

OS *TERROIRS* DE ST-ÉMILION

O mapa do solo da apelação St-Émilion, abaixo, baseado na extensa pesquisa de Cornelis van Leeuwen, da Universidade de Bordeaux, para o Syndicat Viticole de St-Émilion, ilustra como são radicais as variações do terroir *nesta complexa apelação.*

Grande parte da terra ao sul da estrada principal para Bergerac parece claramente não oferecer muita promessa com seus depósitos aluviais do rio Dordonha, que têm mais cascalho perto da planície de alagamento do rio e solo arenoso mais afastado. Subindo a colina em direção a St-Émilion, encontramos solo arenoso que poderíamos esperar produzir um vinho relativamente leve, mas rapidamente ele muda para calcário, como é visível mesmo para aqueles que visitam a cidade. Macios molasses du Fronsadais *(mesmo tipo de solo encontrado em Fronsac) formam as encostas baixas, e o mais duro* calcaire à Asteries *forma o planalto com solo de superfície rico em argila. Não é de surpreender que tão bons vinhos possam ser produzidos das uvas cultivadas nas chamadas Côtes. Estas encostas em torno da cidade são o resultado da passagem dos rios Dordonha, Isle e Barbanne, pelos depósitos terciários do período quaternário. Observe também as ilhas mais ricas em greda do que argila, em especial a que fica ao norte de St-Hippolyte.*

No entanto, a noroeste da cidade, há uma faixa extensa de solo bem diferente, raso e arenoso que é aliviado radicalmente pelo monte de cascalho na divisa com Pomerol, onde os Châteaux Figeac e Cheval Blanc são encontrados.

Teoricamente, os terroirs *não mudam, porém o novo regime de Alain Vauthier no Château Ausone envolveu paisagismo das Côtes. Os vinhos certamente mudaram tremendamente — estão bem mais concentrados desde 1995.*

Este mapa explica com muita clareza por que Figeac e Cheval Blanc podem ter gostos tão similares, e por que os dois Premiers Grands Crus Classés A, Cheval Blanc e Ausone, são tão diferentes em estilo.

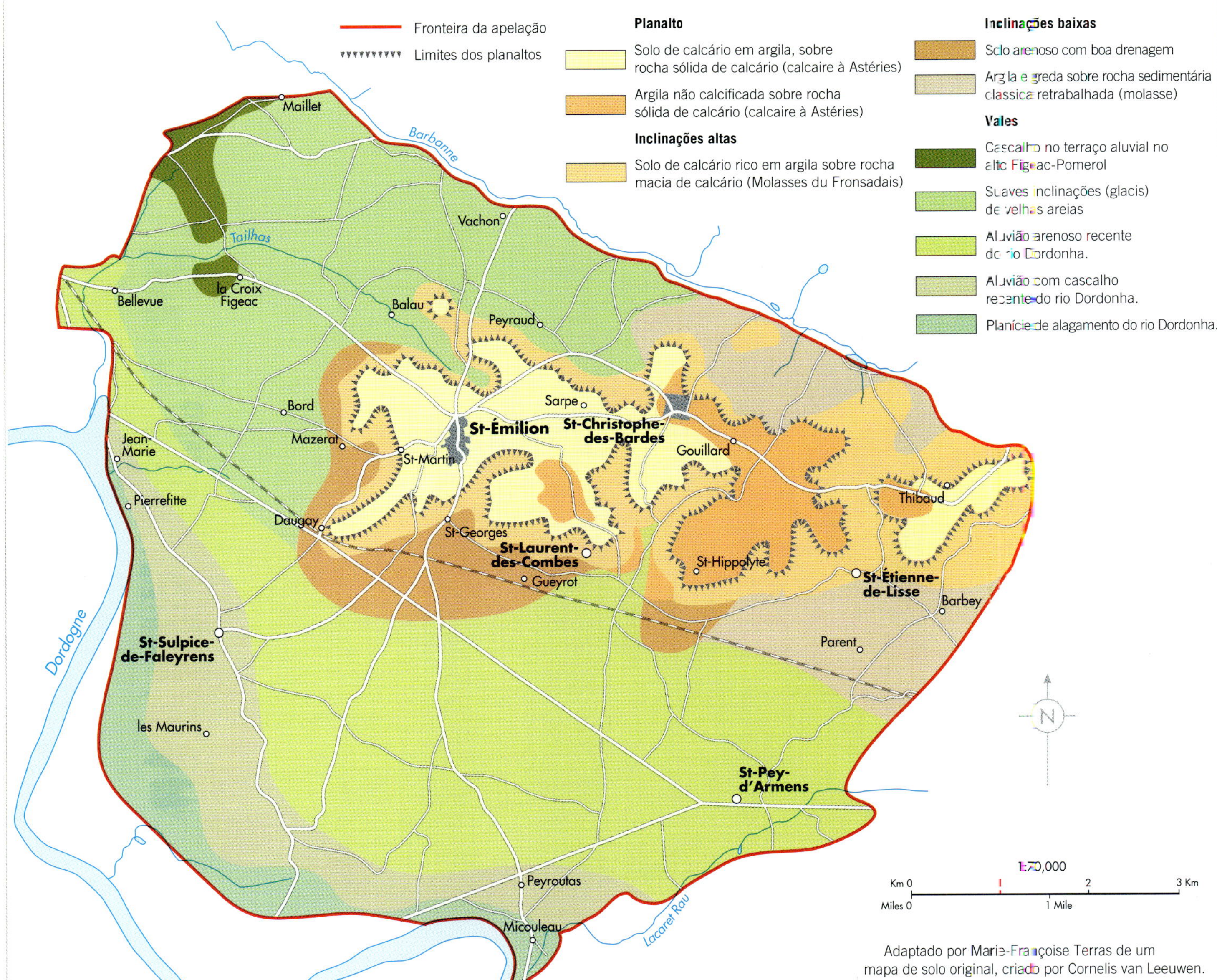

Adaptado por Marie-Françoise Terras de um mapa de solo original, criado por Cornelis van Leeuwen.

Vinhos do sudoeste

Ao sul dos grandes vinhedos de Bordeaux, a oeste do Midi e abrigados do Atlântico pelas florestas dos Landes, a vinha prospera em áreas espalhadas que ainda têm fortes tradições gastronômicas, cada uma perto de um rio — a antiga ligação das vinhas com o mercado distante. Esta era a "Terra Alta" que os invejosos mercadores de Bordeaux excluíam do porto até que seus próprios vinhos (às vezes para aumentar o estrago, incrementados com produtos mais fortificados rio acima) tivessem sido vendidos. As variedades das uvas de Bordeaux podem dominar as áreas nas periferias do departamento do Gironde, onde o vinho Bordeaux é produzido (incluindo vinhos da Dordonha, ver no verso), porém, em outras áreas deste canto a sudoeste, há a coleção das mais variadas uvas nativas da França, muitas das quais exclusivas da sua própria pequena apelação.

Famoso por seus vinhos longevos e profundos desde a Idade Média, **Cahors** é um exemplo típico. Embora muitas vezes suavizado com um pouco de Merlot, evita as Cabernet Sauvignon e Cabernet Franc, depositando sua alma e sabor em uma uva conhecida aqui como Côt; e na Argentina e em Bordeaux, como Malbec. Graças a esta uva e aos verões que normalmente são mais quentes que os de Bordeaux, Cahors tende a ser mais cheio e mais vigoroso, se não um pouco mais rústico que o típico Bordeaux tinto. No entanto, a filoxera literalmente dizimou os vinhedos da região, as ferrovias do Languedoc reduziram drasticamente a demanda por sua produção e o rigoroso inverno de 1956 acabou com os poucos vinhedos que restaram.

Atualmente, a vibrante cidade de Cahors encontra-se rio acima da maioria dos vinhedos. Hoje, como ilustrado na página 114, girassóis e milho também são encontrados nos três terraços aluviais acima do rio Lot, plantados com vinhas, dos quais os dois superiores são os mais reconhecidos por seus vinhos. Os vinhedos rememorativos dos jardins ingleses com sua grama arrumada e cercas vivas também foram plantados mais acima, nas *causses* rochosas. Cahors parece ter atraído mais do que seria justo em termos de investimentos de estrangeiros bem abastados, seja de Paris ou de Nova York, e os estilos de vinho têm evoluído de acordo, com alguns dos mais caros quase se igualando a Mendoza em corpo e influência do carvalho. Algumas dúzias de vinhos são selecionadas por um grupo de jurados para representar Cahors em cada safra.

Tão distante rio acima de Cahors quanto Cahors fica da fronteira do Gironde (e, portanto, mostrado no mapa da França na página 53, e não aqui) estão os vinhedos do departamento de Aveyron. Para o norte, em uma terra selvagem, estão os últimos vestígios do outrora produtivo vinhedo do Maciço Central. **Marsillac** é o mais importante vinho, um tinto apimentado feito de Fer Sevadou, potencialmente duro como ferro. Seus vizinhos multicoloridos, **Vins d'Entraygues et du Fel** e **Vins d'Estaing**, estão ficando cada vez mais raros em contraste com as **Côtes de Millau** ao sul, cujos tintos da montanha são feitos de um coquetel de uvas do sudoeste.

A terra de colinas em torno do rio Tam a oeste de Albi e o rio abaixo do magnífico desfiladeiro cortado pelo rio para dentro de Cévennes parecem pacatos em comparação. Seus campos ondulantes de pastos verdes são gentis, tanto no aspecto quanto no clima, salpicados com lindas cidades e vilas, das quais 73 ficam dentro da apelação **Gaillac**. Provavelmente, os vinhos foram produzidos aqui bem antes do cultivo de vinhas rio abaixo em Bordeaux, porém, como em Cahors, a filoxera aleijou o mercado de vinhos. Ele só foi revitalizado com real entusiasmo na última década. Uma boa parte disso deve-se ao aumento da sofisticação em combinar os vários *terroirs* de Gaillac com seus diversos tipos de vinhas. Os ingredientes mais característicos do vinho tinto são o Braucol local apimentado (Fer Servadou) e o mais leve Duras. A Syrah é uma intrusa bem-vinda, a Gamay nem tanto, sendo apenas toleradas para se beber cedo as uvas tintas do Bordeaux e o Gallac Primeur. Atualmente, as

Como a maioria das regiões vinícolas do sudoeste, os vinhedos de Irouléguy, nos Pireneus ocidentais, são plantados com variedades de vinhas nativas como Petit Courbu, as Mansengs e Tannat, um sinal de quanto tempo faz que se produzem vinhos aqui.

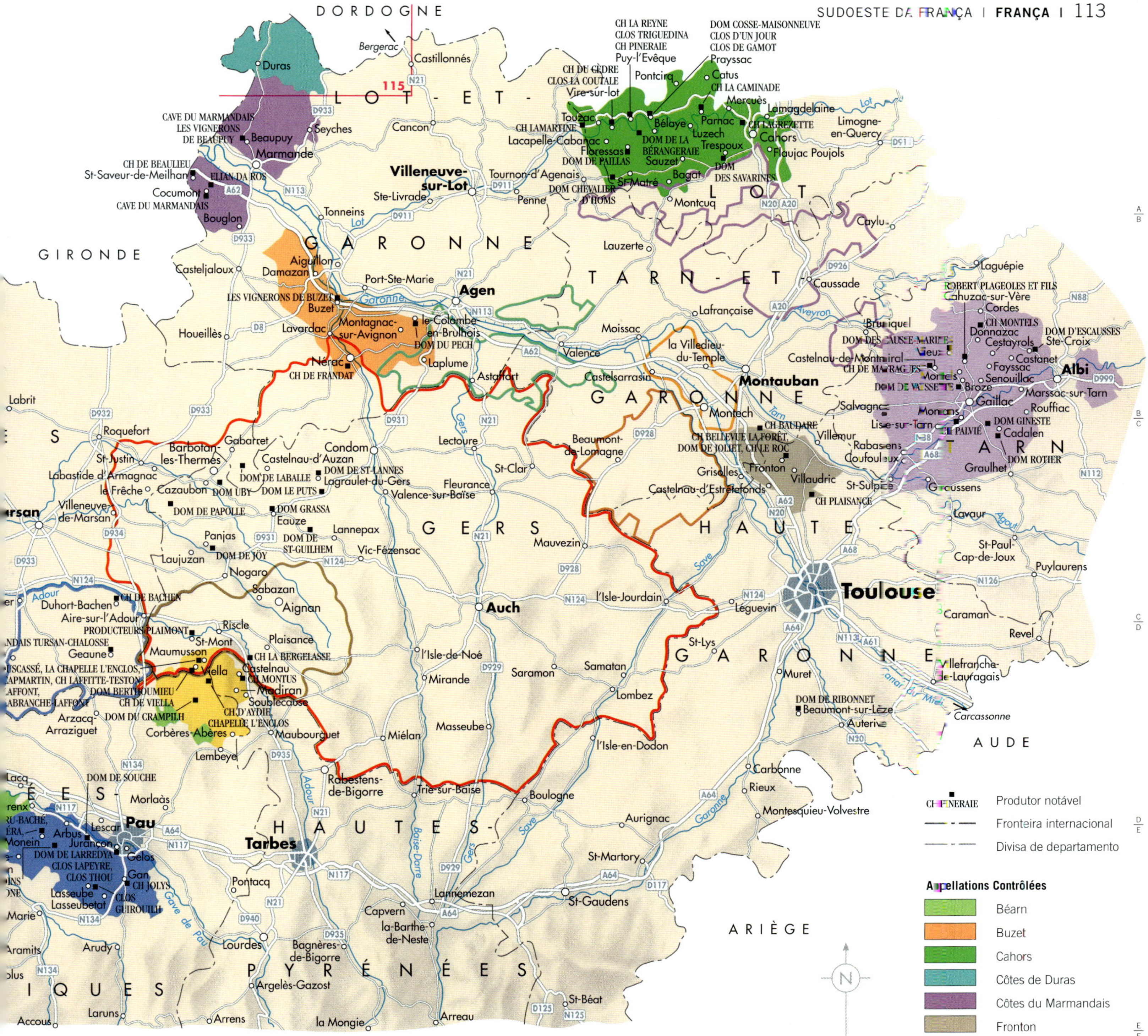

uvas de pele mais escura são predominantes e funcionam melhor nos solos de argila com cascalho ao sul do Tam e em volta de Cunac (fora do mapa a leste de Albi). As Premières Côtes voltadas para o sudeste e que estão na margem direita do rio são bem adequadas para os vinhos doces e meio-doces, pelos quais Gaillac, com seus outonos longos e secos, já foi famoso. Eles são produzidos com especialidades locais como Mauzac (cujos sabores de casca de maçã também são comuns em Limoux), Len de l'El Muscadelle, Sauvignon Blanc e o relativamente raro Ondenc. Os vinhos brancos modernos são tipicamente meio-secos e produzidos com vários graus de espumantes, incluindo o gentil Perlé, e são uma especialidade dos vinhedos de calcário ao norte, particularmente em torno da cidade de Cordes. Pessoas de fora podem achar essa proliferação de uvas e vinhos uma confusão, porém, para inovadores como Robert Plageoles — que tem uma gama de tintos, brancos e *rosés* não-espumantes, suplementados não só com um frisante turvo, doce, com pouco álcool, feito pelo tradicional *méthode gaillacoise*, mas também por um variante Gaillac de Xerez seco —, serve apenas como inspiração.

Imediatamente a oeste, entre o Tarn e o Garonne, **Fronton** é o vinho tinto e *rosé* de Toulouse. Atualmente, o Château Bellevue La Forêt não é o único produtor a fazer um tinto límpido e frutado com as uvas florais nativas Négrette, misturado com uma variedade de outros do sudoeste (e, às vezes, Syrah e Gamay). **Vins de Lavilledieu** e **Côtes du Brulhois** são vinhos semelhantes, produzidos rio abaixo, o segundo fortificado por Tannat.

O sonolento rio Lot ainda é ladeado por algumas vinhas de Cahors, porém os vinhedos mais admirados estão a 200m acima do rio, nos planaltos de calcário pedregoso, onde as produções são muito mais baixas e os vinhos têm mais estrutura.

Ao norte da vasta área de vinhedos dedicados a Armagnac (e cada vez mais desviados para o acessível branco enérgico Vin de Pays des Côtes de Gascone), na margem esquerda do rio Garonne, fica a apelação **Buzet**, cuja produção, a partir de vinhedos espalhados por 27 comunas de fazendas e pomares, está principalmente nas mãos de uma bem organizada cooperativa. Seu melhor vinho, Château de Gueyze, pode ser comparado a um bom Médoc.

As **Côtes du Mamandais,** ainda mais ao norte, têm uma excelente cooperativa. As uvas Abouriou animam as misturas Bordeaux características dessas partes.

Historicamente, as outras regiões vinícolas deste mapa dependem do porto de Bayonne em vez do de Bordeaux. A apelação geral **Béarn** e seu enclave **Béarn-Bellocq** englobam os vinhos tintos, brancos e *rosés*, produzidos fora das celebradas zonas de Madiran e Jurançon, as duas verdadeiras jóias do sudoeste.

Madiran é o grande vinho tinto de Gascony, plantado nas colinas de argila e calcário ao longo da margem esquerda do rio Ardour. A uva tinta local, Tannat, recebe o nome por seus vinhos escuros, tânicos e vigorosos, muitas vezes misturados com Cabernet e Pinenc (Fer Servadou). Os vinicultores dinâmicos desta região têm opiniões diferentes sobre se devem e como devem domar esses monstros, usando vários graus de carvalho novo e até deliberadamente (micro) oxigenação. Alguns desses vinhos podem ser consumidos jovens, porém após cinco ou sete anos o Madiran fino é realmente admirável; aromático, cheio de sabor, fluido e vivaz, pode ser comparado facilmente com um Bordeaux Cru Classé e acompanhar um *confit de canard.*

O talento desta região vinícola também tem dado atenção para os brancos locais, não somente para a cooperativa Plaimont, que domina a produção de **Côtes de St-Mont** e tem feito muito para salvar variedades locais da extinção. O **Pacherenc du Vic-Bilh** branco, seco e doce é produzido dentro da zona de Madiran usando as uvas Arrufiac, Petit Courbu, Gros e Petit Manseng e está, a cada ano, mais excitante, mas tende a ser ofuscado por seu colega ao sul de Pau, Jurançon.

Jurançon é um dos mais distintos vinhos brancos da França, uma essência picante de cor esverdeada, produzido em uma grande gama de níveis de doçura, na base dos escarpados Pireneus, em Béarn. As uvas Gros Manseng são responsáveis pelo Jurançon seco colhido cedo, enquanto as frutas menores de pele mais grossa, Petit Manseng, são mais adequadas para serem deixadas na vinha até novembro e, às vezes, até dezembro, para murchar e concentrar açúcares e acidez (a podridão nobre não é uma característica de Jurançon). Estes vinhos *moelleux* doces são vivazes o suficiente para serem consumidos, como fazem os franceses, no início da refeição, por exemplo, junto com o *foie gras* local, e talvez estejam mais próximos em estilo do Vouvray do que do peso de um bom Sauternes. Os vinhos rotulados *Vendange Tardive* são mais ricos, produzidos de frutas ainda mais murchas, colhidas durante pelo menos duas passagens pelo vinhedo.

Tursan, rio abaixo de Madiran, está sendo revitalizado, embora os vinhos tintos excedam em número os interessantes brancos produzidos a partir da uva Baroque.

A minúscula apelação de **Irouléguy** produz o único vinho basco da França: *rosés,* tintos e brancos firmes e refrescantes de uvas locais, incluindo Tannat, Petit Courbu e as Mansengs, cultivadas em terraços voltados para o sul, em altitudes até 400m acima do Atlântico, com rótulos fartamente adornados com muitos X.

◄ Rótulos bem variados para vinhos variados. O Rotier Gaillac é um vinho doce de intensidade extraordinária, enquanto o Le Faite é o melhor engarrafamento da inovadora cooperativa do grupo Plaimont, porém ambos são quase segredos locais. Outros candidatos óbvios seriam os vinhos Marmandais de Elian da Ros e Château de Beaulieu.

Dordonha

O lindo interior da terra fortificada do Dordonha, na margem direita de Bordeaux, que leva a um labirinto de vales verdes cortando o planalto pedregoso de Périgueux, é, há muito tempo, um favorito dos turistas. Para eles, a nova dedicação nos vinhedos e nas adegas da região é um bônus.

Mesmo a pequena apelação **Côtes de Duras**, no meio de Entre-Deux-Mers e Bergerac, produz, a partir de uvas Bordeaux, vinhos totalmente respeitáveis. Alguns tintos, alguns brancos doces, porém, em especial, um vigorante Sauvignon Blanc seco.

Tradicionalmente, os vinhos de **Bergerac** eram vistos como rústicos, quando comparados com os Bordeaux sofisticados. Os vinhos tintos e brancos mais extraordinários da apelação do departamento do Dordonha ainda parecem com os Bordeaux mais básicos, com as mesmas desvantagens, porém, atualmente, há uma multidão de produtores determinados a provar que Bergerac pode produzir vinhos mais sérios — nas três cores, e brancos com todos os níveis de doçura. Luc de Conti, do Château Tour de Gendres, um convertido à biodinâmica, merece considerável crédito, embora não seja o único. Graças a uma combinação de produtividade mais baixa, domínio na higiene das adegas e envelhecimento em carvalho, a nova onda de ambiciosos produtores de vinhos (nem todos franceses) está fazendo vinhos bem estruturados e saborosos para competir com algumas das melhores denominações de Bordeaux.

As uvas são as mesmas de Bordeaux. O clima é um pouco mais extremo que o do Gironde influenciado pelo Atlântico, e há pedra calcária em terras mais altas. A gama de vinhos brancos é extensa e confusa, mas vale a pena explorar. Bergerac Sec pode ser um branco forte e seco produzido de uma combinação de Sémillon e Sauvignon Blanc (embora alguns vinhos brancos sérios e doces sejam produzidos principalmente para consumo local). Côtes de Bergerac distingue tintos superiores produzidos na zona de Bergerac de acordo com regras mais rígidas.

Dentro da grande região de Bergerac há muitas apelações individuais — tantas, que algumas são até ignoradas. **Rosette**, por exemplo, ocupa um magnífico anfiteatro de vinhas ao norte da cidade de Bergerac, porém apenas um número limitado de produtores se dispõe a vender seus delicados brancos levemente doces com este nome. Na mesma área, a apelação **Pécharmant** é quase que exclusivamente celebrada pelos residentes por seus tintos encorpados e, às vezes, amadeirados.

Um pouco além da fronteira do departamento, depois das Côtes de Castillon (ver página 104) está a complexa zona de vinho branco, **Montravel**, onde **Côtes de Montravel** e **Haut-Montravel** são vinhos mais doces, vindos, respectivamente, do norte e do leste da área. O Montravel puro é produzido em toda a zona e é um vinho branco, feito com crescente confiança, muitas vezes usando tanto Sauvignon Blanc quanto carvalho, enquanto Sémillon é o rei dos vinhos doces, que são muito parecidos com os melhores desse tipo produzidos do outro lado da fronteira, em Côtes de Francs. Aqui, também se permite Muscadelle. Montravel tinto dominado por Merlot tem sua própria denominação, porém o vinho poderá ser desclassificado se não ganhar o aval do comitê local de degustação.

Os vinhos mais glamourosos desta parte da França são brancos suntuosamente doces e produzidos em pequenas quantidades em duas zonas a sudoeste da cidade de Bergerac. De fato, a produção total de Saussignac, vizinho ocidental de Monbazillac e lar de alguns realmente determinados produtores, é de apenas alguns milhares de caixas.

A produção total do vinho mais famoso de Bergerac, o **Monbazillac**, é trinta vezes maior e a qualidade média tem melhorado consideravelmente desde 1993, quando a colheita mecânica foi abolida para dar vez a colheitas seletivas feitas a mão. Doses menores de dióxido de enxofre são a norma atualmente. Como a região de Sauternes, Monbazillac fica a leste de onde um afluente corre para a margem esquerda de um grande rio (neste caso o Gardonette e o Dordonha). As uvas permitidas são as mesmas, porém os vinhos, não. Uma razão talvez seja a aptidão singular do Muscadelle em Monbazillac. A botrítis pode se espalhar pelos vinhedos de Monbazillac, enquanto o mesmo não ocorre em Sauternes. Os melhores Monbazillac jovens, como os do Château Tirecul la Gravière, são mais exuberantes, com mais espírito que os melhores Sauternes jovens, enquanto o Monbazillac maduro adquire uma cor âmbar e um toque de nozes que certamente não é característico do vinho branco doce mais famoso de Bordeaux.

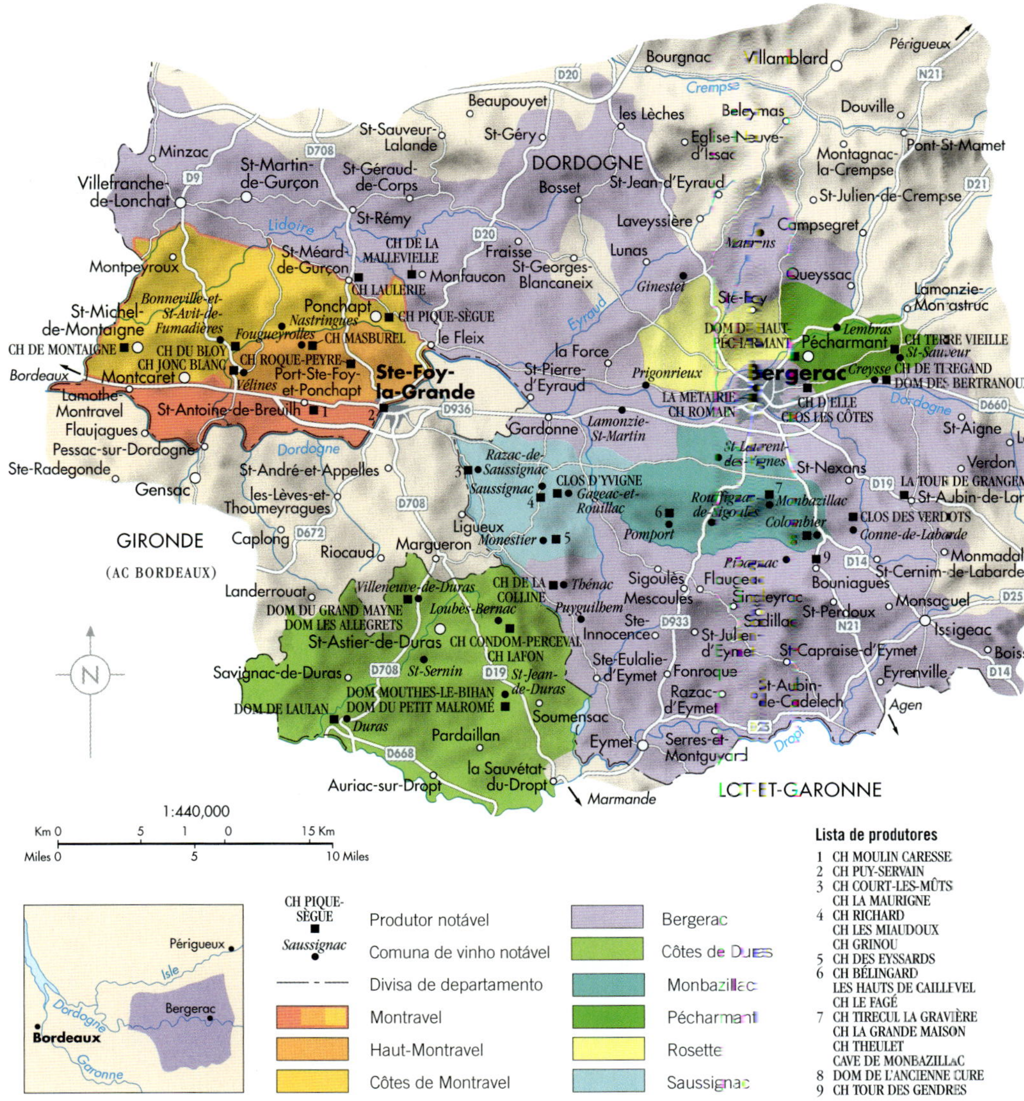

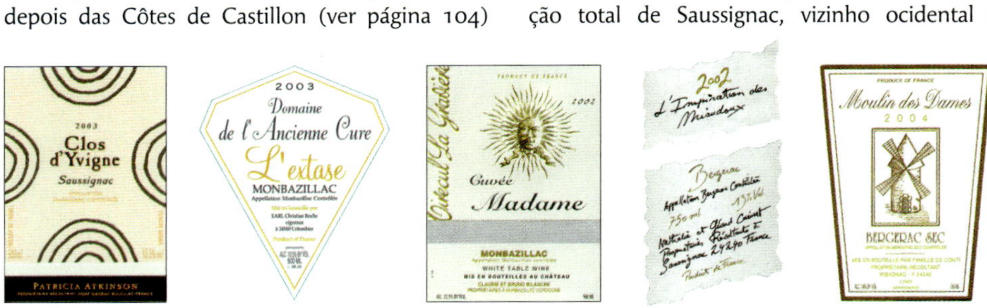

◄ Três excelentes vinhos brancos com o tinto mais delicioso de Miadoux e o principal branco seco de Luc de Conti, que agiu como um líder da nova geração de vignerons de Bergerac. Gloire de Mon Père é o equivalente tinto exuberante.

DOMAINE

Vinícolas entre o Loire e o Domaine Filliatreau, em Saumur-Champigny, construídas sobre o tuffeau de calcário que caracteriza esta popular apelação. Aqui o tuffeau é tipicamente mais amarelado, macio e arenoso do que mais adiante rio acima, nas redondezas de Bourgueil e Chinon, onde é geralmente branco.

Vale do Loire e Muscadet

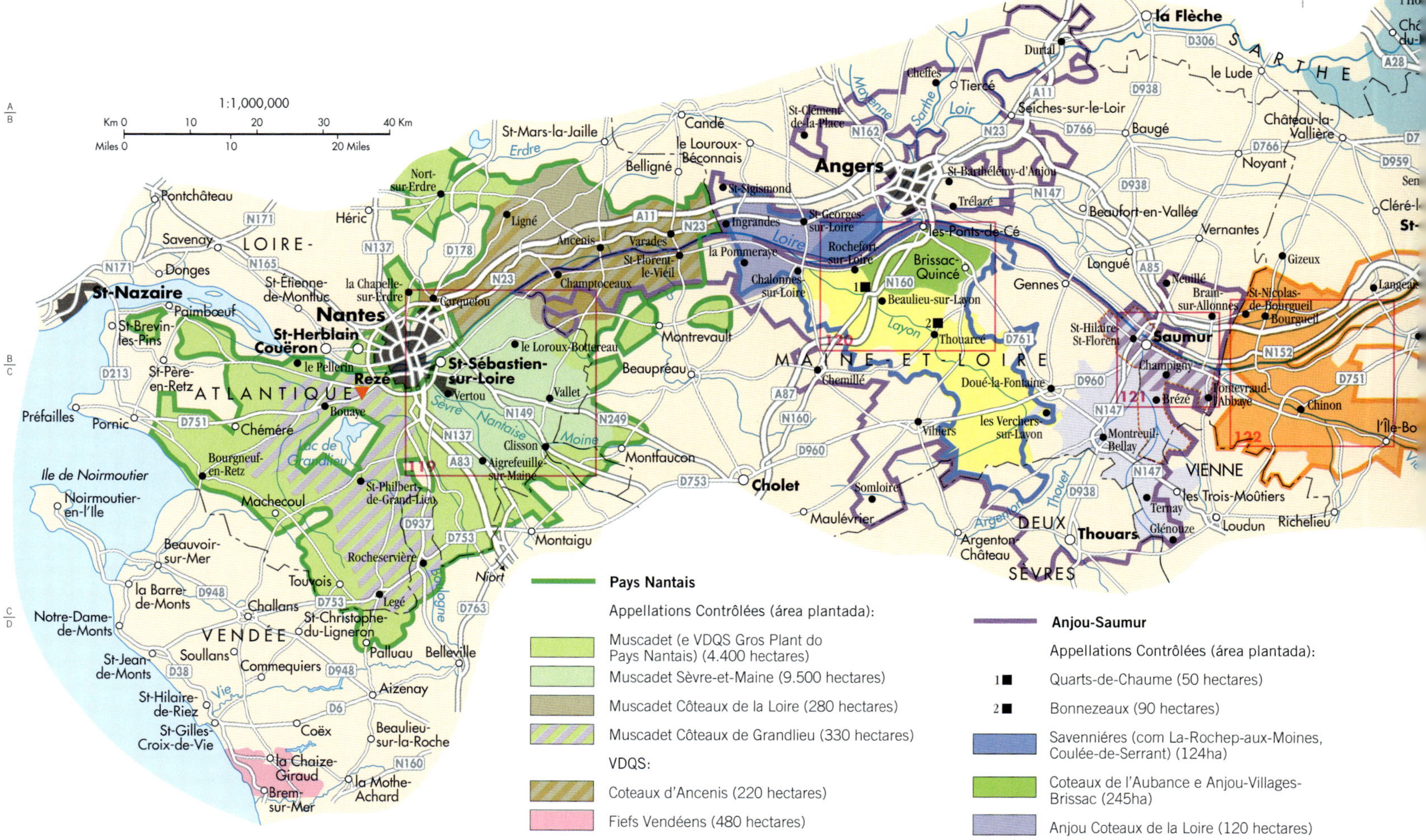

Variadas e complexas, as inúmeras regiões vinícolas da bacia do Loire merecem ser mapeadas como um todo, pois embora estejam amplamente distribuídas (confira o mapa da França na página 53 para ver as mais remotas), apresentando uma grande variedade de climas, solos e tradições — e quatro ou cinco importantes variedades de uvas — seus vinhos realmente possuem uma familiar semelhança entre si. Eles são leves e revigorantes, com uma palpável acidez. A palavra clássica para eles é encantadores; o mistério insondável é que eles não são mais amplamente apreciados fora do norte da França. Esses vinhos são vítimas injustificáveis da obsessão do moderno apreciador de vinho por corpo e vigor.

Não ajuda o fato de que mais da metade de todos os vinhos do Loire são brancos. Eles se dividem claramente entre os vinhos secos do leste (Sancerre e Pouilly) e oeste (Muscadet), com os vinhos freqüentemente mais doces de Touraine e Anjou, ao centro, feitos com a própria uva do Loire, a muito difamada Chenin Blanc. Entretanto, os melhores tintos de Touraine e Anjou possuem a fragrância e o encanto do Cabernet Franc. Carvalho (relativamente) novo é usado quase sempre, tanto para tintos quanto para brancos, sulfurando consideravelmente menos. Os mais conhecidos vinhos do Loire estão descritos e mapeados nesta e nas próximas seis páginas.

A região vinícola da Bretanha — pode-se quase dizer o vinhedo de Netuno —, é o Pays Nantais, o lar do **Muscadet**. O Muscadet foi a primeira história moderna de sucesso para o Loire. Em meados do século XX era uma pouco conhecida região vinícola, mas na década de 1970 seu vinho havia se tornado a bebida mais aceita para acompanhar os gloriosos frutos do mar do norte da França. Conseqüentemente, a área vinícola teve seu tamanho duplicado. Hoje, porém, está sendo reconduzida a dimensões mais apropriadas. O Muscadet não é caro e, ainda assim, é perfeito no contexto — muito seco, levemente salgado, mas firme em vez de ácido. Na verdade, em anos quentes, pode lhe faltar acidez. Ao lado de um prato de camarões, ostras ou mexilhões, ele se torna um dos mais convincentes clichês gastronômicos.

Muscadet é o nome do vinho, não de um lugar ou de uma uva (a qual, no caso do Muscadet, é uma prima da Chardonnay, a Melon de Bourgogne). A região de **Sèvre-et-Maine**, que está mapeada em detalhes na página oposta, possui 85% dos vinhedos do Muscadet, densamente plantados em suaves colinas de origens diversas, incluindo, em especial, a gnaisse e o granito. O coração da região vinícola situa-se nos arredores de Vertou, Vallet, Saint-Fiacre e La Chapelle-Heulin — a área na qual os vinhos são mais maduros, vigorosos e perfumados.

O **Muscadet Coteaux de la Loire**, produzido bem no interior, em declives escarpados de xisto ou granito, tende a ser um pouco mais seco, enquanto o **Muscadet Côtes de Grandlieu**, produzido em solos arenosos e pedregosos, é mais suave e maduro do que a maioria.

O Muscadet tem sido tradicionalmente engarrafado *sur lie* — diretamente do barril de fermentação, sem filtragem — com os sedimentos aprofundando tanto o sabor quanto a textura (como fazem, de modo diferente, no champanhe). Felizmente, os melhores produtores estão determinados a derrubar a reputação de vinho simples do Muscadet, extraindo cuidadosamente de suas vinícolas uvas muito mais saudáveis e maduras, experimentando com maturação de sedimentos mais prolongados, distinguindo diferentes tipos de solos e colocando alguns dos frutos mais concentrados para envelhecer em barris de carvalho em uma linguagem quase borgonhesa.

Fora das áreas mapeadas em detalhes, **Jasnières** produz um bom e desafiadoramente seco Chemin Blanc, e os necessariamente leves tintos e *rosés* das uvas Pineau d'Aunis locais, dentro da zona que, de forma um tanto confusa, é chamada de **Coteaux du Loir**.

O **Cheverny**, porém, floresce em uma miríade de formas, entre as quais um Sauvignon Blanc deveras penetrante é provavelmente a melhor. Brancos singulares e secos feitos de Romorantin são rotulados de **Cour-Cheverny**.

A qualidade irregular persegue os viticultores do extremo norte. Embora o aquecimento global esteja exercendo um efeito marcante, a maturidade de alguns vinhedos do Loire pode variar de modo tão acentuado de um ano para outro que eles dificilmente parecem produzir o mesmo vinho. Um bom outono amadurece as uvas quase a ponto de transformá-las em passas, mas um outono úmido pode resultar em um produto extremamente ácido. Daí a importância que a indústria de espumantes tem na região.

Touraine

Appellations Contrôlées (área plantada):

- Bourgueil, St-Nicolas-de-Bourgueil, e Chinon (4.450 hectares)
- Vouvray e Montlouis-sur-Loire (2.350 hectares)
- Torraine Noble-Joué (20 hectares)
- AMBOISE — Nome que pode ser adicionado à AC Touraine

Alto Loire

Appellations Contrôlées (área plantada):

- Coteaux du Loir e Jasnières (140 hectares)
- Coteaux du Vendômois (150 hectares)
- Cheverny e Cour-Cheverny (660 hectares)
- Reuilly e Quincy (320 hectares)
- Sancerre, Pouilly-sur-Loire e Pouilly-Fumé (3.650 hectares)
- Menetou-Salon (450 hectares)
- Coteaux du Giennois (150 hectares)

VDQS:

- Valençay (135ha)
- Orléans (100 hectares)
- Orléans-Cléry (40 hectares)

- Limite de département
- • Brézé — Importante comuna cultivadora de vinhedos
- 119 — Área mapeada em escala maior na página indicada
- ▼ — Estação climática (EC)

1:325,000

Km 0 5 10 Km

Miles 0 5 Miles

Muscadet Sèvre-et-Maine

- Divisa do département
- Divisa da Appellation Contrôlée Muscadet Sèvre-et-Maine
- ■ CHÉREAU-CARRÉ — Produtor notável
- Floresta
- 50 — Intervalo entre curvas de nível 25m

Vinhedos individuais não estão mostrados: Sèvre-et-Maine é densamente cultivado com vinhedos

LOIRE: NANTES ▼

Latitude / Altitude da EC 47,10° / 20m

Temperatura média da EC em Julho 19,2°C

Índice pluviométrico anual na EC 800mm

Índice pluviométrico na EC no mês de colheita Setembro: 70mm

Principais perigos para viticultura Geada da primavera, chuvas do outono

Principais uvas Melon de Bourgogne, Gros Plant Nantais (Folle Blanche)

LOIRE: TOURS ST-SYMPHORIEN ▼

Latitude / Altitude da EC 47,25° / 100m

Temperatura média da EC em Julho 19,4°C

Índice pluviométrico anual na EC 690mm

Índice pluviométrico na EC no mês de colheita Setembro: 60mm

Principais perigos para viticultura Frutos imaturos, doenças causadas por fungos

Principais uvas Cabernet Franc, Chenin Blanc

LOIRE: BOURGES ▼

Latitude / Altitude da EC 47,03° / 160m

Temperatura média da EC em Julho 19,2°C

Índice pluviométrico anual na EC 660mm

Índice pluviométrico na EC no mês de colheita Setembro: 55mm

Principais perigos para viticultura Geada da primavera, granizo

Principais uvas Sauvignon Blanc, Pinot Noir

▼ Muscadet não é mais uma commodity homogênea, mas pode variar de um branco seco com dramático sabor de carvalho, digno de ser envelhecido, a um mero saciador de sede. Dois exemplares evidentemente bons são o Folle Blanche superior, cultivado ao sul da foz do Loire, e um dos excepcionais vinhos envelhecidos na garrafa de Eric Nicolas, no afluente Loir.

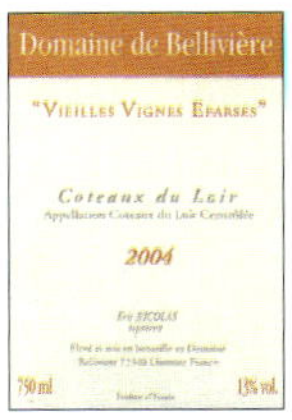

Anjou

Tradicionalmente, o ideal e o objetivo de Anjou são os vinhos brancos e doces, produtos do sol do outono e de uma podridão nobre. No passado, anos sem essa bênção resultaram em pouca coisa de valor. A última década, porém, testemunhou, aqui também, uma abordagem muito mais ambiciosa ao vinho branco seco — abordagem esta que beira uma revolução. Um branco sério, bom e seco é agora produzido a cada ano graças à colheita manual — em vez da onipresente colheitadeira mecânica —, à seleção precisa durante a colheita e ao sensível uso do carvalho.

A uva que nos dá tudo isso é a Chenin Blanc, localmente chamada de Pineau de la Loire. Ela pode chegar a uma estimulante maturidade e a uma doçura com equilíbrio ácido quase perfeito no sudeste da área aqui mapeada, no **Coteaux du Layon**. Aqui, a bacia parisiense expande-se em direção ao maciço Armoricano, criando montes cuja face su-sudoeste é amplamente exposta ao sol e aos ventos secos que vêm diretamente do Atlântico, o que ajuda a concentrar os açúcares da uva. Os especialmente bem protegidos **Quarts de Chaume**, com apenas 120 acres (menos de 50 hectares), e Bonnezeaux (com cerca do dobro do tamanho) destacam-se a ponto de possuírem suas próprias apelações, como Grands Crus na Borgonha.

O rio Aubance, paralelo ao Layon ao sul, também apresenta grandes vinhos brancos doces quando a natureza coopera. O **Coteaux de l'Aubance** foi invadido pelo que pode ser visto um exército de talentosos produtores de vinho.

Os **Savennières** situam-se ao norte do Loire, em um de seus raros desníveis escarpados voltados para o sul. Novamente é a Chenin Blanc, mas aqui o vinho é seco, tão denso e encorpado quanto rígido em estrutura. Essa combinação de concentração e acidez merece anos em uma garrafa. Dentre os Savennières, dois Grands Crus possuem suas próprias sub-apelações: **La Roche aux Moines**, com menos de 70 acres (quase 30 hectares) e **La Coulée de Serrant**, com meros 12 acres (5 hectares) impetuosamente biodinâmicos.

Esses são, historicamente, os mais singulares vinhos de Anjou. Porém, as denominações básicas desta região também estão em um estado de benevolente transformação. Hoje em dia, o **Anjou Blanc** pode ser firme e com muita personalidade. Até mesmo o enjoativo **Rosé d'Anjou** está sendo superado pelo delicadamente perfumado, semi-seco *rosé* **Cabernet d'Anjou**.

Embora aqui os solos sejam, em geral, mais apropriados para os brancos, o Cabernet Franc também tem o seu lugar. Os viticultores de Anjou estão aperfeiçoando seus vinhos e novos barris de carvalho a fim de se tornarem abalizados produtores de tintos aromáticos. O melhor deles, ocasionalmente encorpado pelo Cabernet Sauvignon, ganha a denominação de **Anjou-Villages**. Nas melhores safras, eles podem oferecer a sutil excitação de um grande Touraine tinto por metade do preço.

Saumur

Há muito tempo o dióxido de carbono tem sido vital para a economia vinícola da região de Saumur. Como no champanhe, ele faz da acidez uma virtude. O espumante Saumur (apelação de Mousseux) substitui o cultivo da Chenin Blanc (e mais de 10% da Chardonnay) em toda Saumur, e até em partes do Coteaux du Layon e Coteaux de l'Aubance em Anjou, muito ácido para ser desfrutado como vinho tranqüilo (não espumante).

A cidade de Saumur, situada a 48km de Angers, rio acima, é como Reims e Epernay do Loire reunidas num só local, com quilômetros de adegas encravadas no delicado *tuffeau* local. É da natureza da Chenin Blanc produzir uma efervescência mais volúvel do que a das uvas usadas para o champanhe, mas os melhores Saumurs espumantes — Brut e feitos pelo método tradicional — não deixam de ser ambiciosos. Eles podem ter um componente que foi fermentado no carvalho e outro que se beneficiou de um considerável envelhecimento. Em contraste, o Crémant de Loire pode conter uvas cultivadas literalmente em qualquer lugar da longa faixa oriental do Loire, mas as regras que regem sua produção são estritas e os vinhos são, em geral, melhores do que o Saumur Mousseux.

O Saumur tranqüilo, sem bolhas, vem nas três tonalidades. É, de maneira geral, muito mais maduro do que era há uma ou duas décadas. Hoje, porém, o vinho mais importante produzido na notável região de Saumur é o badalado Saumur-Champigny tinto, originário de um pequeno enclave de vinhedos na margem esquerda do rio Loire. As vinhas são densamente cultivadas ao longo dos penhascos brancos próximos ao rio, enquanto que no interior, ao redor do importante centro vinícola de St-Cyr-en-Bourg, com sua confiável cooperativa, o *tuffeau* local torna-se mais amarelo e arenoso e tende a produzir brancos ligeiramente mais leves. Essa é uma das mais refrescantes expressões do Cabernet Franc, originário de um local cujo solo predominante é *tuffeau*, e que é efetivamente uma extensão do melhor vinho tinto da região vinícola de Touraine, bem na divisa do *département*. Como em todo o Loire, os tintos são mais profundos e fortes graças ao muito aprimorado cultivo das vinhas e à mudança climática.

Boa parte das adegas, como as do Domaine des Vernes, na faixa central do vale do Loire, é talhada no tuffeau, *que fornece um controle de temperatura e de umidade que custaria uma fortuna para repetir em outro lugar.*

▼ Uma seleção de alguns dos melhores e mais representativos vinhos de Anjou e Saumur hoje: três excepcionais doces Anjou Chenins, um seco de Saumur, e um tinto delicioso (Saumur-Champigny), cujo fabricante, Philippe Vatan, não é adepto do carvalho para seus tintos.

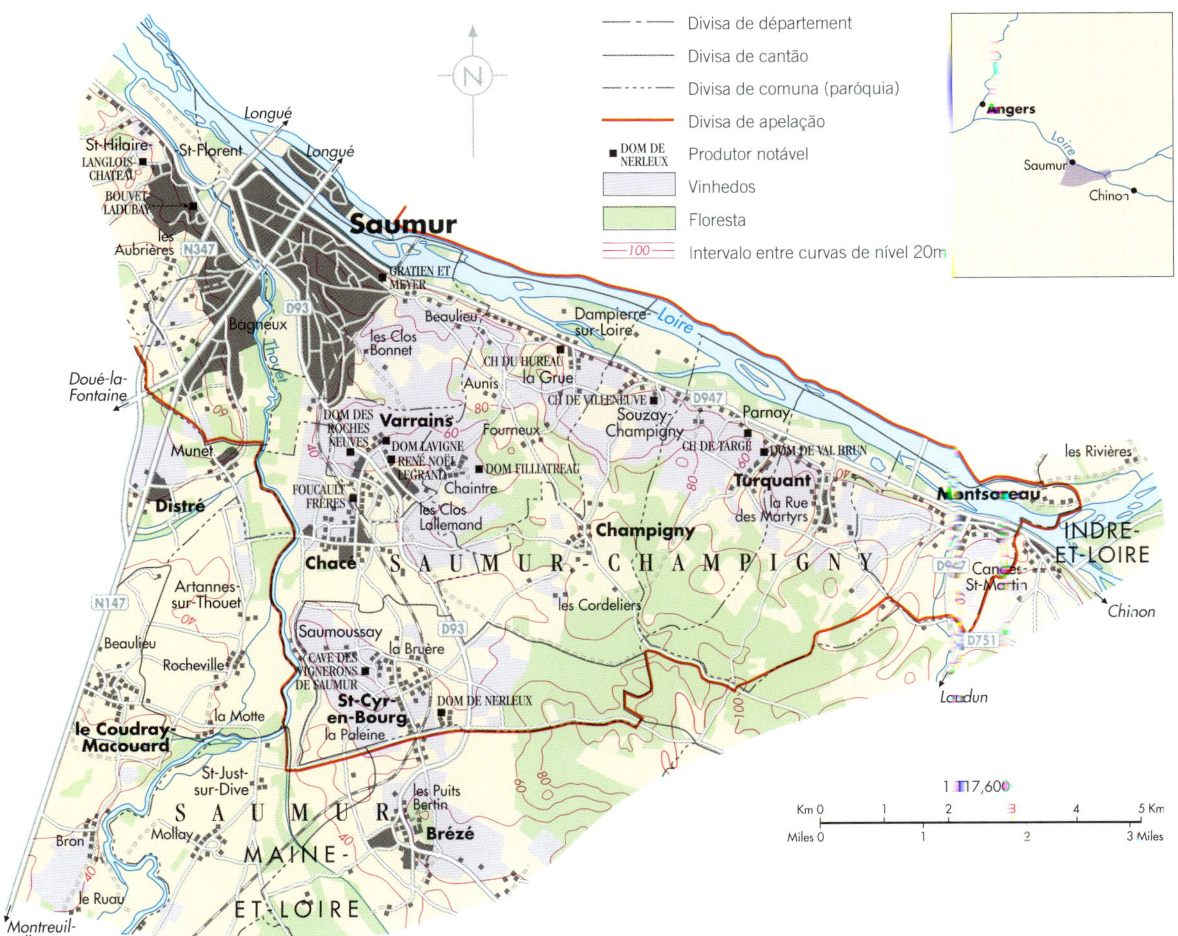

Chinon e Bourgueil

St-Nicolas-de-Bourgueil, Bourgueil e Chinon produzem os melhores vinhos tintos de Touraine e do Loire. O Saumur-Champigny (ver página anterior) é o único que deles se aproxima. Nessa extremidade ocidental de Touraine influenciada pelo Atlântico, a Cabernet Franc — aqui conhecida como Breton — rende um vinho vigoroso, com sabor de framboesa e o áspero odor de um lápis recém-apontado. Em um ano normal, o novo vinho de cor púrpura é excelente quando bebido frio, em safra de poucos meses. Em anos excepcionalmente maduros como 1977, 2003 e 2005, o vinho tem a substância e a estrutura — como um bom Bordeaux tinto — para envelhecer por uma década. Considerando-se sua qualidade, ele é extremamente subestimado.

Chinon faz o mais tenro e delicado vinho da região a partir de uma colcha de retalhos de vários tipos de solo, cujos frutos são vinificados separadamente. Vinhedos na areia e no cascalho da margem do rio produzem estilos de Chinon mais leves, para serem bebidos mais cedo. O *tuffeau*, em especial o da encosta sul de Cravant-les-Coteaux, a leste de Chinon, e o do platô acima de Beaumont, a oeste, tende a produzir vinhos com a estrutura de um bom **Bourgueil**, onde encostas escarpadas e mais calcário no solo fazem um vinho que pode aprimorar-se na garrafa por até dez anos. **St-Nicolas-de-Bourgueil** tem solos muito similares aos de Bourgueil.

Há 100 anos, o vinho de Chinon era classificado como equivalente ao Margaux. Em charme, se não em força e estrutura, hoje ele pode chegar surpreendentemente perto e, conseqüentemente, sua produção está se expandindo. Pouquíssimo vinho branco é produzido em Chinon.

A notável região de Touraine produz uma variedade de outros vinhos tintos, brancos e *rosés*, em geral menos sérios, todos chamados **Touraine**, mas algumas vezes com sufixos geográficos como Amboise, Azay-le-Rideau ou Mesland. O **Touraine Noble Joué** é um *rosé* — ou *vin gris* — extraordinariamente seco e com personalidade, feito de Pinots Meunier, Noir e Gris, nas cercanias ao sul de Tours, entre Esvres e Joué-lès-Tours. Uma estonteante variação de uvas é permitida, mas a leve Gamay é característica dos tintos, e a Sauvignon, às vezes de grande valor, dos cintilantes brancos.

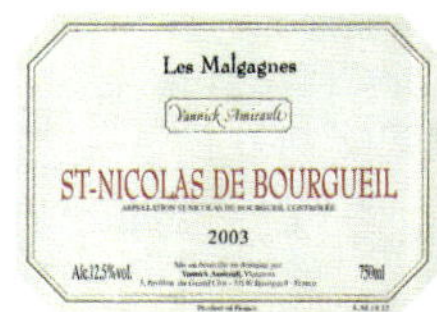

▲ Os rótulos de alguns dos melhores tintos de Touraine. Apesar de muitos cultivadores estarem agora produzindo frutos mais maduros através do plantio de grama para controlar o vigor, o escarceamento da plantação e a poda das folhas posteriores, o abismo entre os melhores e os piores está diminuindo. Cabernet Franc, e não a Sauvignon, predomina aqui.

Vouvray e Montlouis-sur-Loire

Tudo o que há de nobre e romântico na França é resumido nessa terra de *châteaux* renascentistas, cidades antigas e sedutores vinhos brancos, situada em um pequeno trecho do enorme, porém acolhedor, Loire.

Colinas baixas de um macio *tuffeau* margeiam o rio de Noizay a Rochecorbon. Durante séculos elas forneceram tanto adegas quanto abrigos em cavernas para os viticultores da região. Aqui, o Chenin Blanc, embora com freqüência mais ácido do que em Anjou, é, em sua melhor forma, doce e com um distinto gosto de mel. Entretanto, o que o distingue mais do que qualquer outra coisa é sua longevidade. Para um vinho relativamente leve, ela é espantosa. Você pode esperar que um Porto viva por meio século, mas para um vinho pálido, firme e um tanto delicado, sua capacidade de aprimorar-se e de continuar se aprimorando só é ocasionalmente igualada na Alemanha. A acidez é o segredo.

A primeira distinção em **Vouvray** é se determinado vinho é seco (*sec*), extra-seco (*sec tendre*, um estilo extra-oficial, mas cada vez mais popular), meio-seco (*demi-sec*), doce (*moelleux*) ou, ainda, espumante. Aqui, a influência do Atlântico soma-se à do continente e o clima é extremamente variável de ano para ano, assim como a maturidade e a saúde das uvas. Assim, a personalidade dos vinhos de Vouvray é dramaticamente alterada de safra para safra: alguns anos secos e austeros requerem muitos anos de abrandamento nas garrafas (embora menos agora, já que o enxofre é adicionado de forma mais econômica); de vez em quando, uma gloriosamente rica expressão da podridão nobre requer, ao longo do ano, várias colheitas diferentes em cada vinhedo. Safras não tão bem-sucedidas podem ser convertidas em vinhos espumantes muito bons, com uma característica adocicada e um potencial de envelhecimento que os colocam em uma categoria à parte do espumante Saumur.

De modo geral, apenas as safras mais ricas levam o nome de um dos poucos vinhedos famosos nas melhores encostas, nas quais a argila e o cascalho sobrepõem-se ao *tuffeau* nas margens dos rios. O produtor mais conhecido, Huet (desde 2005 tem como co-proprietária uma *holding* em Tokaj: sinal dos tempos?), possui três: Le Haut Lieu, em cima das adegas; Le Mont, cujos vinhos são os mais concentrados; e o Clos du Bourg, o favorito do vinicultor Noël Pinguet e o primeiro de suas experimentações com a viticultura biodinâmica no final da década de 1980.

Montlouis-sur-Loire possui condições muito similares às de Vouvray (até mesmo nativos podem achar difícil diferenciar os vinhos), sem a perfeita situação abrigada e voltada para o sul dos vinhedos de primeira classe de Vouvray situados ao longo do Loire. Os solos tendem a ser levemente mais arenosos e, por isso, Montlouis é, estereotipadamente, um pouco mais leve e menos intenso, razão pela qual seu destino é, em grande parte, ser transformado em espumante.

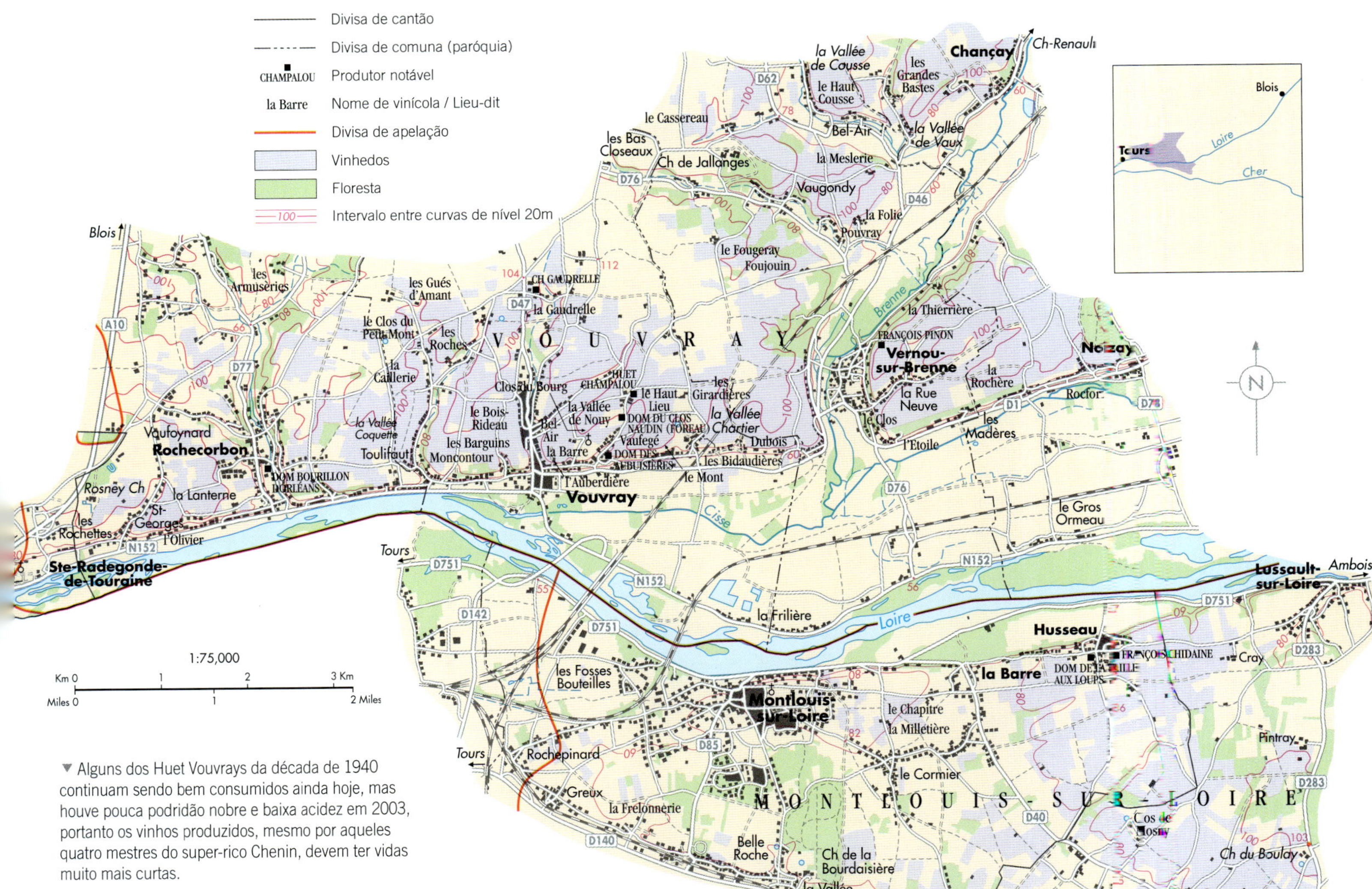

▼ Alguns dos Huet Vouvrays da década de 1940 continuam sendo bem consumidos ainda hoje, mas houve pouca podridão nobre e baixa acidez em 2003, portanto os vinhos produzidos, mesmo por aqueles quatro mestres do super-rico Chenin, devem ter vidas muito mais curtas.

Pouilly e Sancerre

Na França, os revigorantes vinhos brancos de Pouilly e Sancerre são, talvez, os mais facilmente reconhecíveis. Nessas colinas de calcário e argila, cortadas pelo curso superior do rio Loire, em um clima quase continental, a Sauvignon Blanc pode produzir um vinho melhor, mais admirável e mais complexo do que em qualquer outro lugar do mundo. Contudo, isso raramente acontece. A popularidade do **Sancerre** e do **Pouilly-Fumé**, produzidos do outro lado do rio, permitiu exemplares não muito empolgantes em nossas adegas e cartas de vinhos.

Pouilly-sur-Loire é a cidade. Seu vinho somente é chamado de Pouilly-Fumé quando é feito da uva Sauvignon Blanc, freqüentemente conhecida aqui como Blanc Fumé. Sua outra uva, a Chasselas, produz um vinho tão suave que sua sobrevivência nessa região é um mistério. (Nenhum dos dois tem qualquer relação com o Pouilly-Fuissé, o vinho branco de Mâcon descrito na página 71.)

Seria um degustador deveras destemido quem afirmasse que é sempre capaz de distinguir um Pouilly-Fumé de um Sancerre. Os melhores de cada um estão no mesmo nível; sendo o Sancerre, talvez, ligeiramente mais completo e óbvio, e o Pouilly-Fumé mais perfumado. Muitos dos vinhedos de Pouilly localizam-se em altitudes mais baixas que as do Sancerre, que se situa entre 200m e 350m de altitude, flanqueando a cidade no topo do monte, mas a maioria dos melhores estão ao norte de Pouilly. Aqui, os solos apresentam uma elevada concentração de sílex, o que lhes confere potencial para vinhos de respeitável envelhecimento e quase ácidos, descritos como tendo um caráter mineral, de pedra de isqueiro ou pederneira (*pierre à fusil*). O sílex também é comum nos vinhedos do Sancerre, nas encostas de Pouilly situadas do outro lado do rio e na parte leste da cidade, enquanto que aqueles situados a oeste da apelação de Sancerre tendem a ser *terres blanches* — solos brancos de calcário com grandes proporções de argila resultam em vinhos particularmente vigorosos. Entre essas duas zonas, o calcário mistura-se com freqüência aos seixos, e os vinhos são mais lineares e refinados.

Um total de 14 vilas e 3 vilarejos têm o direito de produzir o Sancerre. Os dois melhores vinhedos de Sancerre são, reconhecidamente, o rico em calcário e coberto de brita Chêne Marchand, na cidade de Bué, que resulta em um Sancerre especialmente mineral e primorosamente burilado, e os Monts Damnés, em Chavignol, onde gredas formadas no período kimmeridgiano, no final do Jurássico (argila-calcário), produzem vinhos mais amplos. O sílex de Ménétréol resulta em vinhos mais duros — desde que o produtor tenha um compromisso com a qualidade.

A área total dos vinhedos do Sancerre mais do que triplicaram nas últimas duas décadas do século XX, e por volta de 2005 chegaram a 6.700 acres (2.700 hectares), quase duas vezes e meia a extensão do Pouilly-Fumé *vignoble*.

No homogêneo Pouilly, a original arquitetura estilo Disneylândia do Château du Nozet, de Ladoucette, é talvez a maior e mais conhecida propriedade da região, mas Didier Dagueneau foi o verdadeiro pioneiro das pequenas produções e dos experimentos com carvalho (reproduzidos por Vincent Pinard, Henri Bourgeois, Alphonse Mellot e outros produtores de destaque de Sancerre).

É compreensível que esses ambiciosos produtores tenham interesse em provar que seus vinhos são talhados para o envelhecimento. Contudo, ao contrário dos grandes vinhos brancos de Vouvray, por exemplo, a grande maioria dos Sancerres e Pouilly-Fumés atinge seu estimulante e sedutor auge após um ou dois anos na garrafa. Entretanto, um projeto atual que favorece mudas provenientes de plantas anteriores a 1950 em vez dos modernos clones pode, no correr do tempo, resultar em vinhos de duração mais longa.

A outra paixão de Sancerre é seu Pinot Noir, vinho que, embora popular na região, é raramente visto fora dela. Sua rara forma *rosé* pode ser encantadora, mas algumas versões tintas podem ser perturbadoramente leves para os que esperam um Borgonha menos tinto. Ele representa, quando muito, um sétimo da produção total (mas não na apelação de Pouilly-Fumé). Alguns produtores mais ambiciosos, porém, estão determinados a provar que, em anos bons, esse vinho pode ser tão prazeroso quanto outros de preço similar da Côte de Beaune.

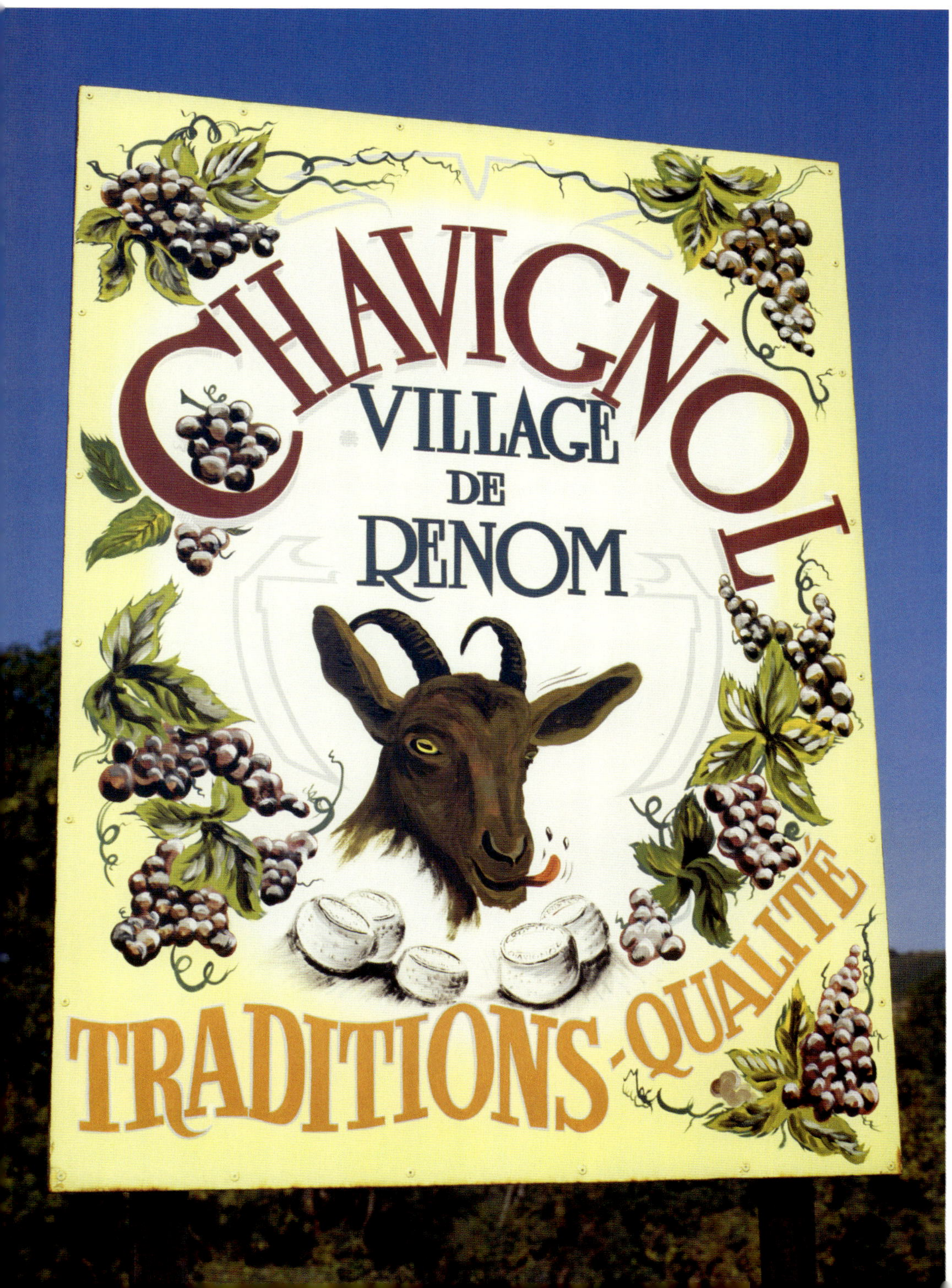

Há pouca dúvida sobre as tradições gastronômicas da vila de Chavignol, logo ao noroeste de Sancerre, o lar de mestres como os Cotats, que acreditam que um dia os vinhos de Chavignol foram mais importantes do que os de Sancerre.

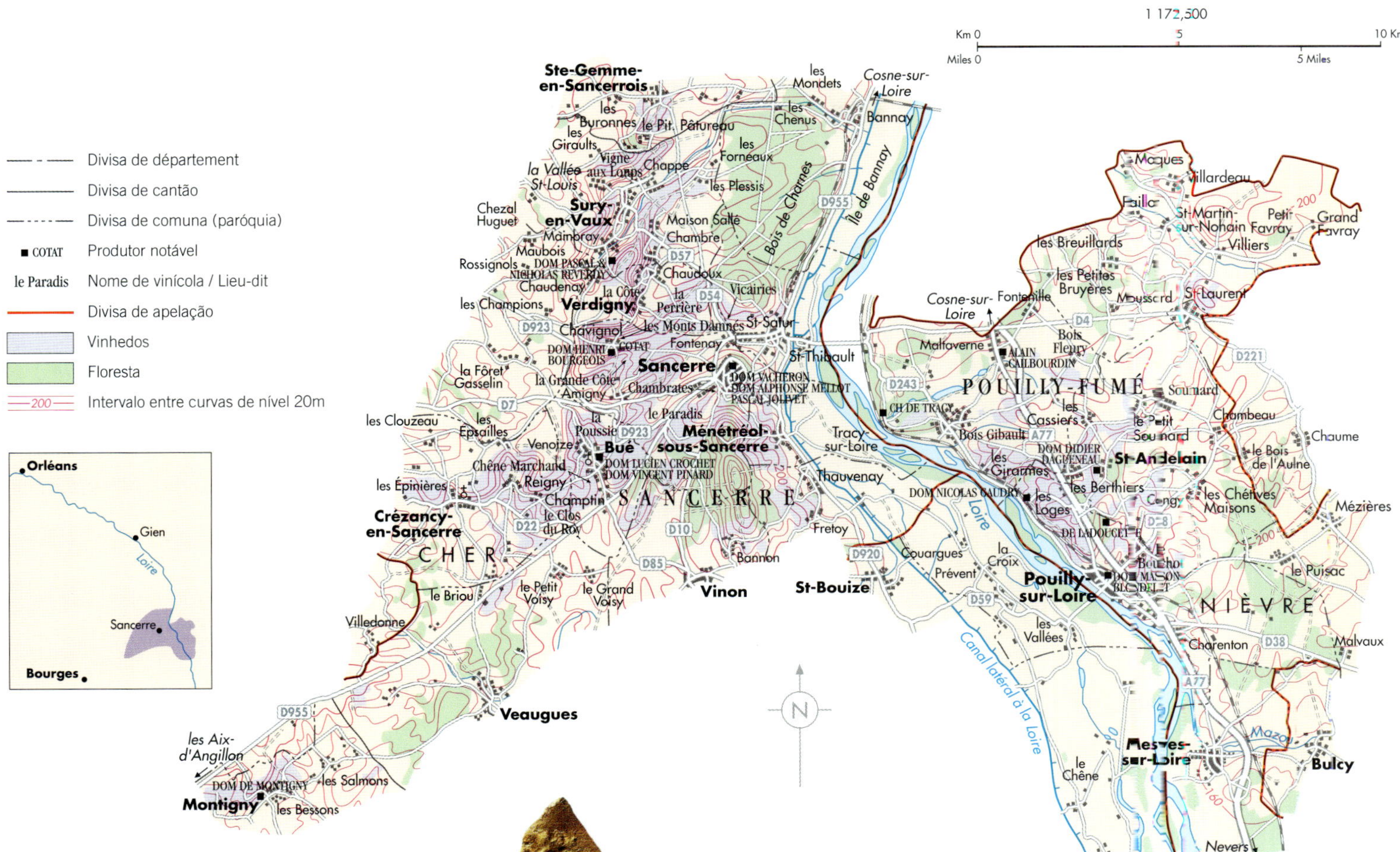

▲ Alguns rótulos inovadores da região, desde o *enfant terrible* de Pouilly, Didier Dagueneau, por seu calcedônico Silex cuvée, que deve ser um dos vinhos mais longevos da região, até o igualmente denso Sancerre, de solos de pederneira, de Henri Bourgeois.

Abrigados na grande curva do rio estão outros dos chamados Vignobles du Centre (veja o mapa do vale do Loire na página 119). Os históricos vinhedos de Quincy e Reuilly, e um fragmento em acelerada expansão em Menetou-Salon, também produzem frutados Sauvignon Blancs e pálidos Pinot Noir que competem com o Sancerre a preços mais animadores.

O **Quincy**, produzido em solos predominantemente arenosos, é o mais rústico dessas três denominações e aplica-se somente ao vinho branco. O **Reuilly** resulta em uma crescente soma das três cores nas bem expostas encostas de gredas calcárias (argila-calcário) e terraços de cascalho e areia. O **Menetou-Salon**, graças a uma elevada concentração de calcário, tem seu charme próprio. Os melhores podem sem dúvida rivalizar com os mais preguiçosos expoentes da vizinhança ao leste de Sancerre.

Crottins, *os pequenos cilindros do queijo de cabra local rico em acidez e sal, desde muito têm servido como teste para aqueles que vivem ao redor de Sancerre. Para outros, esta é freqüentemente a primeira combinação que demonstra o quão bem o vinho branco vai com todos os tipos de queijos.*

Alsácia

O vinho da Alsácia reflete a ambivalente situação de uma província de fronteira. Há dois limites físicos possíveis entre a França e a Alemanha: o Reno e o maciço dos Vosges, que correm paralelos por 25km a oeste do rio. O Reno tem sido a fronteira política ao longo de boa parte da história, mas as montanhas sempre foram a linha que define as grandes diferenças climáticas, estilísticas e até lingüísticas. A Alsácia nunca foi alemã, exceto em períodos de ocupação militar. Sua língua e seu mercado podem sê-lo, mas sua alma é inteiramente francesa. A Alsácia faz vinho germânico à moda francesa. O tom é estabelecido pelo clima, pelo solo e pela escolha das variedades de uvas, que em tudo é comparável às regiões vinícolas alemãs — a mais próxima das quais é Baden, logo ali, do outro lado do Reno.

Tradicionalmente, os vinicultores da Alsácia buscam vinhos totalmente secos e fortes, fermentando cada grama de açúcar produzido pelos longos e secos verões. Ocasionalmente, eles aumentam a adição de açúcar (chaptalização), de modo a deixar o vinho ainda mais forte. Cria-se, assim, um contraste com o modelo alemão de vinhos levíssimos, nos quais o açúcar natural da uva prolonga-se delicadamente. Recentemente, porém, esses dois estereótipos têm se aproximado um do outro. O teor médio de açúcar residual do vinho da Alsácia tem aumentado, enquanto os vinhos alemães estão se tornando mais secos e fortes. Os melhores produtores de ambos os lados do Reno orgulham-se do fato de que isso resulta das baixas produções e da preocupação em concentrar-se no que cada uva tem a oferecer. Os consumidores, no entanto, queixam-se de que está ficando cada vez mais difícil combinar o vinho da Alsácia com a comida, e que os rótulos lhes dão poucas indicações de quão doce o vinho poderá parecer ao paladar.

As principais pistas contidas nos rótulos dos vinhos da Alsácia são as varietais, o que é pouco usual na França. As uvas que dão seus nomes e suas qualidades especiais aos vinhos da Alsácia são Riesling do Reno — responsável aqui e na Alemanha pelo melhor de todos os vinhos —, Sylvaner, Muscat, Pinots Blanc, Gris e Noir e a singularmente perfumada Gewürztraminer. O vinho Gewürztraminer constitui a perfeita apresentação à província. Dificilmente se imaginaria que um aroma tão frutado pudesse ser proveniente de um vinho capaz de se mostrar tão límpido e seco. *Würze* significa tempero em alemão — embora uma descrição mais acurada devesse mencionar pétalas de rosa, toranja e, às vezes, lichia.

O Gewürztraminer tem seu lugar garantido ao lado de alguns dos mais saborosos pratos da deliciosa cozinha alsaciana, à base de ganso ou porco. No entanto, muitos alsacianos consideram o Riesling seu verdadeiro *grand vin*. Ele oferece algo muito mais elusivo: um equilíbrio entre dureza e suavidade e entre o florado e o forte que leva você a querer mais, sem nunca se saciar. Para aqueles que não são muito chegados à Pinot Gris — que já foi chamada de Tokay d'Alsace e que produz o mais encorpado, porém menos perfumado, vinho da região —, o Riesling possui um óbvio lugar na mesa como alternativa ao Borgonha branco.

O Clos St-Urbain, de Zind Humbrecht, na particularmente inclinada encosta voltada ao sul do Grand Cru Rangen, na extremidade meridional do coração alsaciano. A base vulcânica de seu solo é especialmente apropriada para o amadurecimento máximo da Gewürztraminer e da Pinot Gris.

O Alsace Muscat é, em geral, um corte das uvas Muscat Ottonel e Muscat Blanc. Em sua melhor forma, ele mantém o característico aroma de uva do Muscat, mas resulta num vinho seco, tão límpido quanto um sopro: um alegre aperitivo.

A uva Klevener de Heiligenstein é uma especialidade da região ao redor da vila de Heiligenstein, logo ao norte de Barr, em uma área predominantemente calcária que se estende tão ao norte que chega a Ottrott. Seu vinho, levemente temperado e às vezes ligeiramente amanteigado, possui teor alcoólico relativamente baixo e, em boas safras, pode envelhecer bem.

Muito mais importante é a Pinot Blanc — nome usado tanto para a Pinot Blanc propriamente dita, a típica uva da Alsácia que geralmente é capaz de transmitir um pouco da fumosidade característica dos brancos da região, quanto para a mais leve Auxerrois (as duas são freqüentemente combinadas). Para tornar as coisas ainda mais complicadas, a Auxerrois é às vezes rotulada como Klevner, ou até Clevner. Essa é, também, a base mais comum para o espumante Crémant d'Alsace, feito pelo método tradicional e que, em sua melhor forma, pode rivalizar com os Crémants da Borgonha e do Loire.

O Sylvaner está numa classe acima da dos vinhos mais comuns da região. O Sylvaner alsaciano é leve e, às vezes, sedutoramente áspero. Sem a aspereza, porém, ele pode ser um pouco monótono e tosco ao paladar. Ele é, com freqüência, o primeiro vinho a ser servido em um jantar alsaciano, para intruduzir o vinho principal, o Riesling.

As inferiores uvas Chasselas e Knipperlé (que podem resplandecer em pobres solos graníticos) não costumam ser identificadas no rótulo. Quando muito jovens, especialmente no verão após uma boa safra, elas são tão boas que os visitantes não deveriam desprezá-las pelos vinhos que ostentam

◄ René Muré possui uma das mais estimulantes plantações da freqüentemente subestimada uva Sylvaner, da mesma forma que a sua vinha velha Chasselas, como a de Schoffit de Nonnenberg, perto de Colmar (ver a proxima página), pode ser transformada de algo comum em algo admirável.

grandes nomes. O termo Edelzwicker (mistura nobre) costuma ser aplicado a uma combinação de variedades de uvas, mas raramente inclui as variedades nobres.

Dessas uvas, apenas Riesling, Pinot Gris, Gewürztraminer e Muscat — a fina flor das uvas alsacianas — costumam ser permitidas na controversa denominação de Alsace Grand Cru, discutida no verso, embora a qualidade de antigos vinhedos de Sylvaner em Zotzenberg, ao norte de Mittelbergheim, tenham ganhado status de Grands Crus. Esses vinhedos, que têm sido aprovados como Grands Crus e que não constam nas áreas mapeadas em detalhes no verso, encontram-se numerados no mapa ao lado. Muitos deles amontoam-se em uma faixa particularmente favorecida de argila e calcário situada a oeste de Estrasburgo, em alguns dos vinhedos localizados nas terras mais baixas do *département* do Baixo Reno. Steinklotz é especialmente conhecida pela Pinot Gris e pela Pinot Noir. Altenberg de Bergbieten é conhecida pela Riesling. No mapa, no canto de baixo, à esquerda, a 20km ao sul da principal concentração de Haut-Rhin Grands Crus, está o histórico vinhedo de Rangen, que se eleva abruptamente acima da vila de Thann. Schoffit e Zind-Humbrecht produzem vinhos soberbamente ricos, especialmente Riesling e Pinot Gris, em quentes solos vulcânicos. De modo geral, os vinhedos do Baixo Reno são menos protegidos pelo Vosges e produzem vinhos um tanto mais leves.

Uma das atrações que a Alsácia oferece aos vinicultores e aos *connoisseurs* mais intelectuais é o mosaico de diferentes tipos de solo contido na região e o desafio de combinar as uvas com ele. Mas o que distingue a Alsácia de outras regiões vinícolas da França é seu baixo índice pluviométrico (veja as estatísticas no verso). Uma rápida comparação com as outras páginas mostra que apenas Perpignan é mais seca do que Colmar, e até mesmo Toulon, na Provença, é mais úmida do que Estrasburgo. A seca às vezes pode atingir os vinhedos daqui, mas, em geral, o amadurecimento é garantido.

Como seus equivalentes do Loire e da Alemanha, o vinho alsaciano é, essencialmente, mais para a fruta do que para o carvalho. Se o carvalho chega a ser usado, é, em geral, sob a forma de velhos barris ovais, incapazes de transmitir sabor do mesmo. André Ostertag, de Epfig, é excepcional ao usar pequenos barris. Da mesma forma, muitos vinicultores alsacianos suprimiram deliberadamente a segunda fermentação malolática de seus vinhos brancos, mas ela costuma ser necessária para suavizar os cerca de 6% do vinho da Alsácia que são tintos e feitos de uvas Pinot Noir. Cores e estilos sofrem uma enorme variação, indo do tradicional *rosé* picante e escuro a alguns vinhos acarvalhados e profundamente avermelhados, feitos de frutas de baixa produção e envelhecidos em barris. Como na Alemanha, o santo graal do perfeito Pinot tinto é difícil de ser ignorado pelos vinicultores, mas mais difícil ainda de ser atingido.

Outro desafio para os vinicultores da região é tirar o máximo proveito de seus excelentes outonos, quando uvas bem amadurecidas podem ser colhidas para fazer vinhos Vendange Tardive ou mesmo os mais doces, raros e geralmente botritizados Sélection de Grains Nobles, produzidos com uvas provenientes de várias colheitas diferentes. Um Gewürztraminer de colheita tardia tem, talvez, um aroma mais exótico do que qualquer outro vinho do mundo, podendo ao mesmo tempo manter notável limpidez e sutileza no sabor.

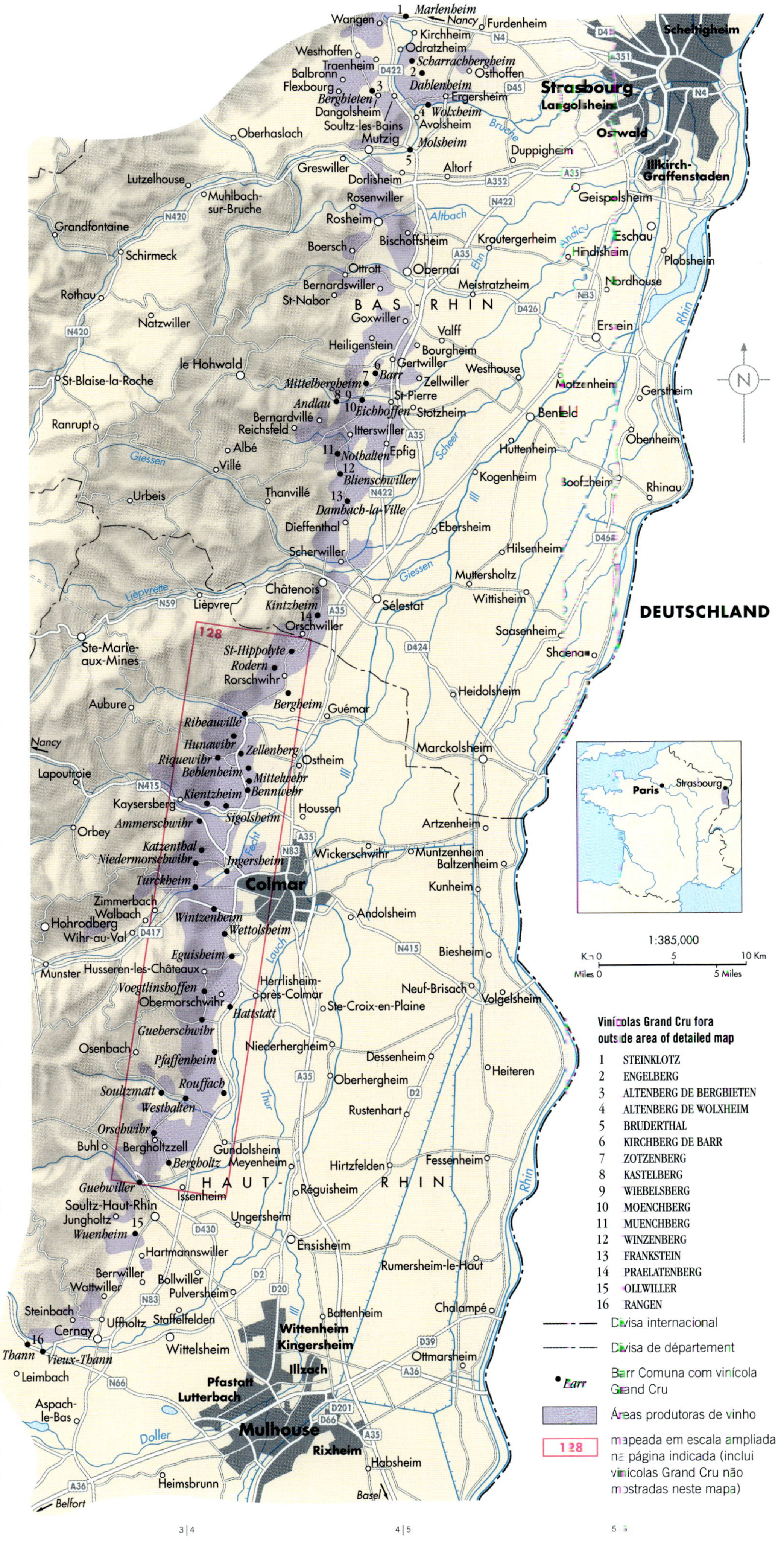

O coração da Alsácia

O mapa destas páginas traz o coração dos vinhedos da Alsácia de um lado, comparando-os diretamente com os mapas da Côte d'Or. O norte fica à direita. Como na Borgonha, uma série de colinas voltadas para o leste fornecem um ambiente ideal para o vinho. Desníveis e reentrâncias oferecem proteção extra e privilegiadas encostas banhadas pelo sol nos locais onde as vinhas estão voltadas para o leste, para o sudeste ou para o sul. Uma densa floresta de pinheiros situada nas cercanias pode baixar a temperatura média de um vinhedo em um grau centígrado, se comparado com um vinhedo nas proximidades de uma plantação de jovens carvalhos. Cada nuance da paisagem que se revela é refletida no alinhamento das fileiras de vinhedos a fim de aproveitar cada minuto de sol.

E a Alsácia é ensolarada. As elevações dos Vosges ao oeste são o segredo desses vinhedos, situados ao longo do flanco da montanha a uma altitude de 180m a 360m, em uma faixa verde que raramente ultrapassa um quilômetro e meio de largura. Os motoristas de caminhão forçando as marchas na subida através de Kaysersberg, em direção a St-Dié, invariavelmente deparam-se com espessos agrupamentos de nuvens quando atingem o cume do Vosges, que se tornam ainda mais densos a oeste. Quanto mais alta é a montanha, mais seca é a terra que ela abriga dos úmidos ventos do oeste. O mapa mostra o trecho central dos vinhedos do Alto Reno, agrupados sob declives cobertos de árvores ao norte e ao sul da cidade de Colmar — onde as montanhas podem manter o céu sem nuvens por semanas e mais semanas. Nesse clima protegido, o Riesling clássico e firme viceja.

Ironicamente, embora as condições para o desenvolvimento dos vinhedos sejam tão ideais, a Alsácia foi vista durante longos períodos de sua conturbada história como uma fonte de *vin ordinaire*, ou de confiáveis matérias-primas para misturas — da mesma forma como a Argélia era vista pela França no passado. Daí resulta a falta de uma tradicional hierarquia dos melhores vinhedos, a exemplo da que existe na Côte d'Or.

Em vez disso, a moderna indústria do vinho desenvolveu-se graças à ousadia dos fazendeiros (muitos dos quais trabalham terras pertencentes às suas famílias desde o século XVII). Eles se tornaram comerciantes e passaram a posicionar sua marca e a de seus vizinhos, distinguindo-as apenas por suas uvas. Nomes famosos como Hugel, Dopff, Trimbach, Humbrecht, Becker, Kuehn ou Muré resultam disso. A Alsácia também viu nascer, em 1895, a primeira cooperativa de adegas da França. Cooperativas como Eguischeim, Kientzheim, Beblenheim e Westhalten situam-se entre alguns dos melhores produtores da atualidade.

A denominação de Grand Cru (veja página 127), uma tentativa de designar os melhores vinhedos lançada em 1983, indica uma mudança na ênfase que não deixa de ter seus problemas. Os Grands Crus, marcados no mapa em violeta, estão lentamente modificando a forma como os vinhos da Alsácia são vistos. Suas produções restritas e seus crescentes níveis de maturidade oferecem, pelo menos teoricamente, um padrão de qualidade mais elevado. Os Grands Crus devem promover o status dos vinhos de meramente varietais (uma expressão de uma uva) ao de denominação em seu sentido mais pleno: a específica ligação entre *terroir* e variedade de uva baseada no solo, na situação e, até certo ponto, na tradição.

Contudo, até recentemente, o comércio do vinho alsaciano era organizado para vender combinações individuais de marcas e de variedades em

ALSÁCIA: COLMAR ▼

Latitude / Altitude da EC **47,55° / 210m**

Temperatura média da EC em Julho **19,1°C**

Índice pluviométrico anual na EC **590mm**

Índice pluviométrico na EC no mês de colheita **Setembro 60mm**

Principais perigos para a viticultura **Erosão do solo, ocasionais períodos de seca**

Principais uvas **Pinot Blanc, Riesling, Gewürztraminer, Pinot Gris, Sylvaner, Pinot Noir**

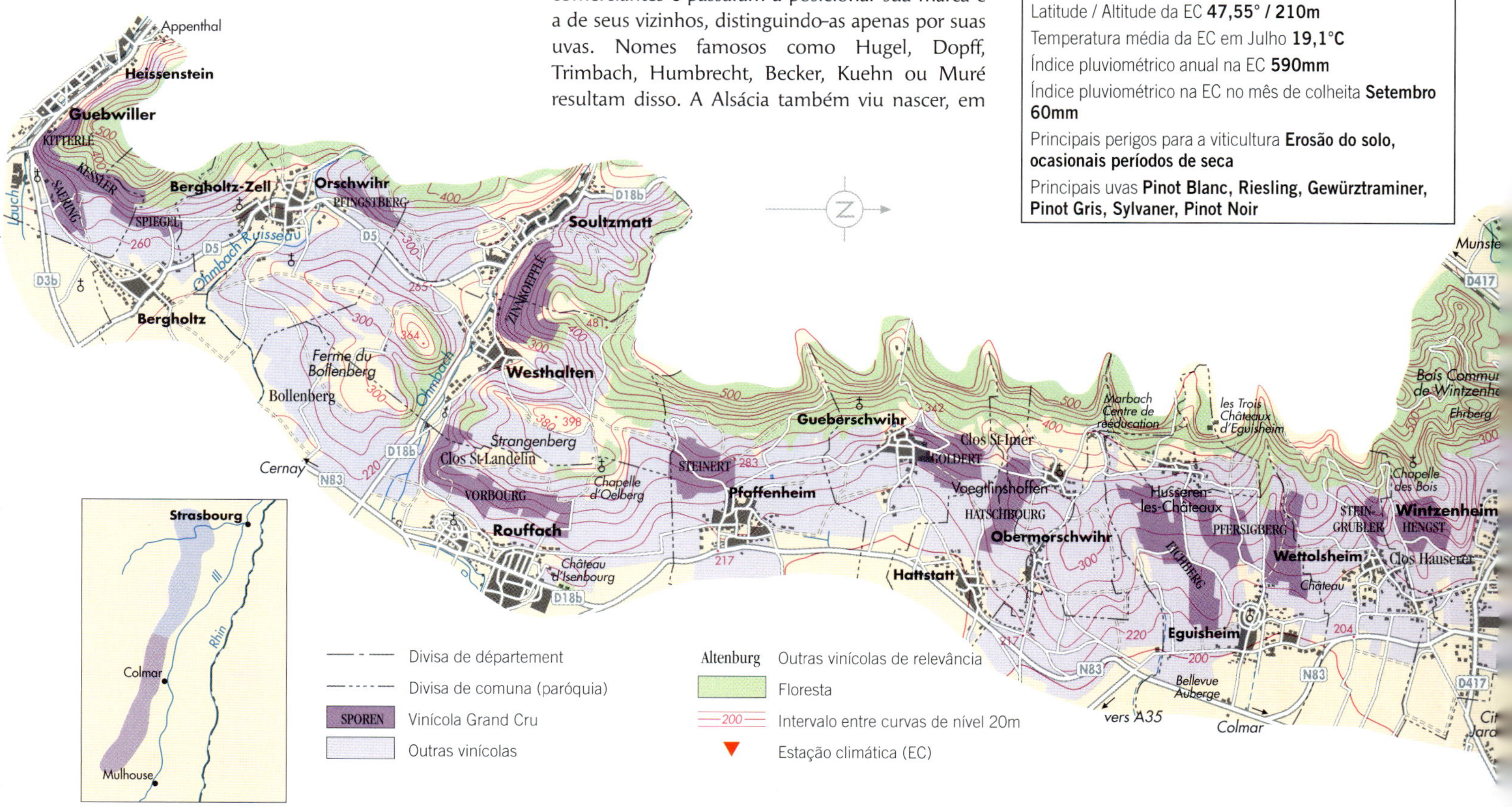

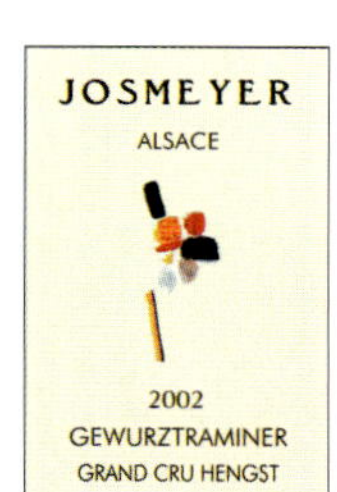

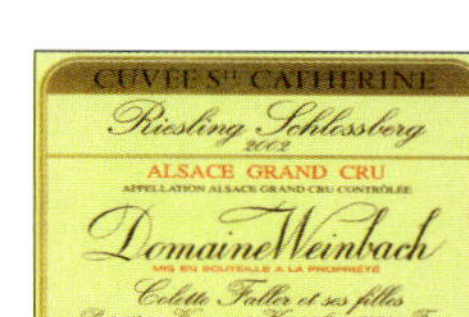

vez de vinhedos compartilhados, cujos limites exatos são, de qualquer forma, objetos de intensa disputa. Os nomes mais famosos fora da região, como Hugel e Trimbach, são primeiro comerciantes e depois produtores. Essa ênfase em vinhedos individuais tem como efeito a transferência de poder do comerciante para o produtor, razão pela qual não foi unanimemente bem-vinda.

O decreto do Grand Cru estipula quais uvas podem ser cultivadas em cada Grand Cru, e combinações, como as que são permitidas para Altenberg de Bergheim, podem ser sancionadas por cada comitê administrativo de Grand Cru. Muitas associações de local/variedade já estão bem estabelecidas com base na experiência relativa ao cultivo e ao sabor, que com freqüência revelam possuir alguma ligação geológica. Por exemplo, em Guebwiller, na extremidade sul desse trecho de vinhedos, o arenito de Kitterlé é famoso por seus atraentes vinhos provenientes de uma série de variedades de uvas, particularmente as que são cultivadas por Schlumberger. Ao norte, em Westhalten, as encostas mais calcárias de Zinnkoepflé voltam-se para o sul, elevando a Gewürztraminer e a Riesling a novos patamares, enquanto as gredas e o arenito de Vourbourg, em Rouffach, que é voltado para o sudeste, possuem uma especial afinidade com a Muscat.

Hatschbourg, em Voegtlingshofen, é um esplêndido vinhedo de greda e calcário que produz Pinot Gris e Gewürztraminer maduras e de textura densa, como Goldert, logo ao lado. Eichberg, em Eguisheim, cultiva excelentes Gewürztraminer e Riesling em greda e arenito, enquanto Hengst, em Wintzenheim, é famoso pelas mesmas variedades.

A base de granito do Vosges produz Rieslings muito ricos quando influenciam vinhedos como os Turckheim e o Kientzheim de Schlossberg. Em Riquewihr, as gredas de argila de Schoenenbourg também produzem uma maravilhosa Riesling, embora a argila de Sporen, ao sul da vila, seja mais adequada à Gewürztraminer.

Apesar de tudo, alguns produtores, especialmente os que possuem certa reputação, evitam o sistema Grand Cru. O melhor Riesling da Alsácia — ou do mundo, diriam alguns — é cultivado no Clos Ste-Hune de Trimbach, dentro do Rosacker Grand Cru, acima de Hunawihr. A palavra Rosacker nunca é mencionada no rótulo porque os Trimbach não acreditam que o restante desse vinhedo de calcário se iguale ao Clos Ste-Hune em qualidade.

De fato, a palavra Clos, que significa um vinhedo independente, em geral dentro de outro, pode ser um atalho para a qualidade, como no Clos de Capucins, de Domaine Weinbach, aos pés das escarpas de Schossberg, em Kientzheim; o Clos St-Landelin de Muré, dentro do vinhedo de Vorbourg; o Clos Hauserer de Zind-Humbrecht, perto do Hengst Grand Cru; o Clos Jebsal, perto de Turckheim; o Clos St-Urbain, no Grand Cru Rangen de Thann (no mapa da página 127); e o Clos Windsbuhl, próximo de Hunawihr.

Porém, enquanto os conceitos de Grand Cru e Clos atraem muitos produtores, outros podem produzir seleções igualmente boas apenas como *cuvées* de suas melhores uvas. A Alsácia, segundo parece, sempre estará em disputa.

Não que o turista ocasional não se sinta mimado. A estratégica Route des Vins serpenteia por toda a extensão da região vinícola da Alsácia, parando em algumas das mais belas vilas de vinho do mundo. Riquewihr e Kaisersberg são as mais bonitas, e a cidade de Colmar, a capital da Alsácia, tem uma magnífica coleção de casas com fachadas de madeira que datam do século XV.

Entre os povoados, as bem organizadas videiras bloqueiam a vista ao longo das estreitas fileiras, até que se chega ao topo e vê-se o cintilante mar esmeralda encrespando-se contra a montanha e desaparecendo em uma névoa distante.

Na alta temporada, as estreitas ruas de Riquewihr ficam tão cheias que é melhor olhar para o horizonte. Por sorte, as Vosges, às quais devemos agradecer por cada garrafa do delicioso vinho alsaciano, estão sempre à vista.

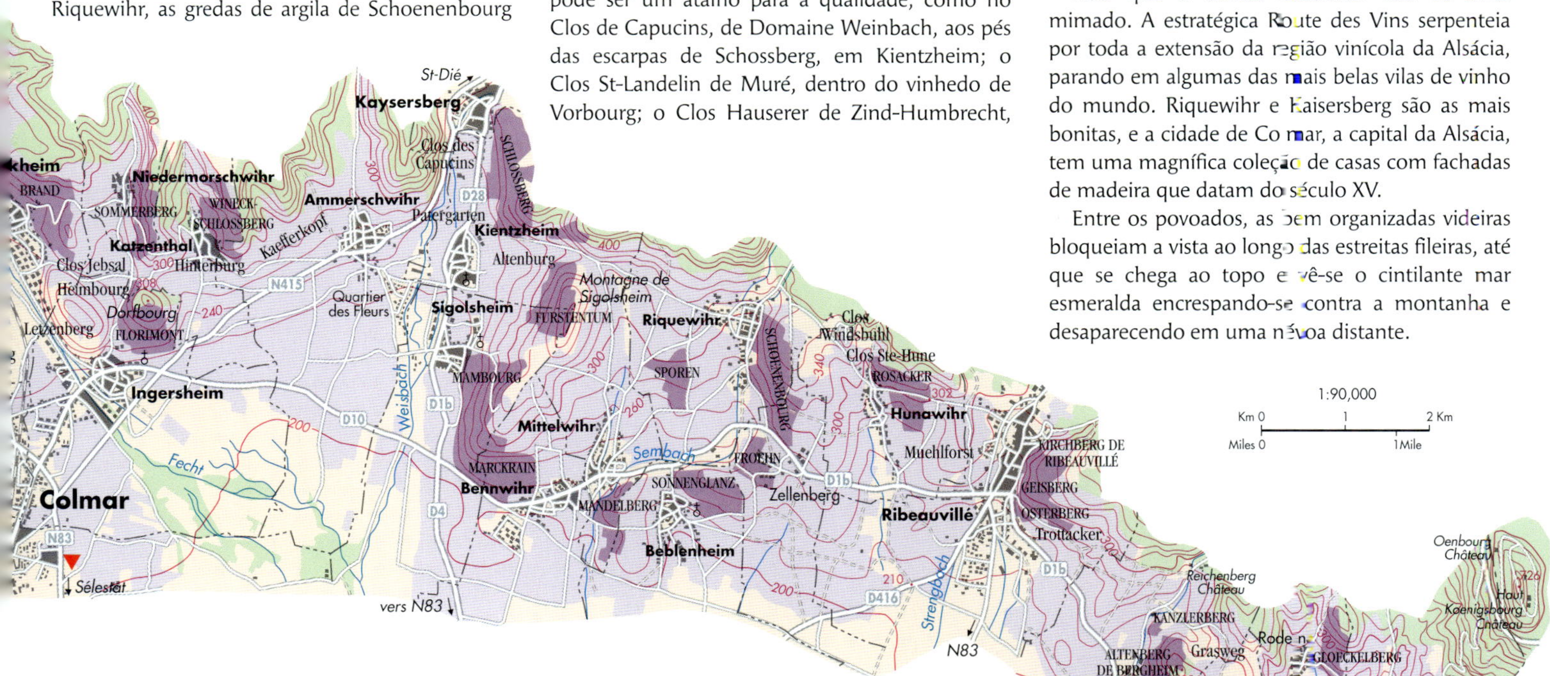

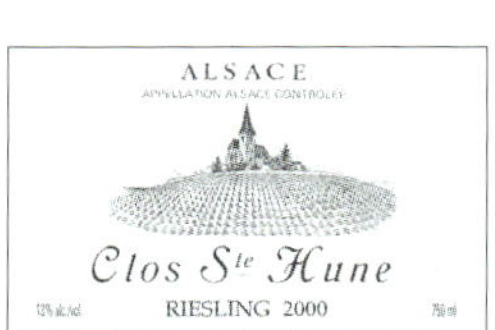

◀ Vinhos Grand Cru de cultivadores, além de três vinhos que efetivamente são marcas pertencentes aos mercadores Léon Beyer (um especialista em Gewürztraminer), Hugel e Trimbach. O modesto rótulo Clos Ste-Hune exagera sua reputação e preço. Mas é digno de ser envelhecido por uma ou duas décadas.

Rhône do Norte

O vale do Loire e o vale do Rhône são dois lados da mesma moeda. Grande parte do vinho do Loire é branco, e do Rhône, tinto. Em cada uma dessas regiões há uma ampla variedade de estilos de vinho, mas todos possuem algo em comum: no caso dos do Rhône, é a substância.

Os tintos do Rhône variam do vinho intensamente concentrado e tânico, rubi ou púrpura negros na juventude, ao relativamente simples, porém sólido, suco de fruta alcoólico. Os melhores têm profundidade, longevidade e amadurecem em uma prolongada harmonia, comparável à dos grandes vinhos de Bourdeaux. Vinhos brancos são minoria e tendem à pressa, mas graças aos aperfeiçoados processos de fabricação podem agora ser tão notáveis quanto outros, com exceção do melhor dos tintos.

Os vinhedos ao redor do vale do Rhône encaixam-se naturalmente em dois grupos: o do norte (*septentrionale*, como os franceses o chamam), que representa menos de um décimo da produção total, mas que é quase todo de vinhos excelentes, e o bem mais diversificado sul (*méridionale*), onde a paisagem é muito diferente. Ao longo do curso do Rhône, quando ele flui da Suíça pela França, o país muda de florestas de carvalho, onde as vinhas compartilham os campos com pessegueiros e castanheiras, para os pequenos arbustos e bosques de oliveiras da Provença. Uma rápida comparação dos índices pluviométricos nas duas regiões (veja os quadros com as características principais nas páginas 131 e 137) é suficiente para explicar por que o Rhône do Norte é muito mais verde e menos mediterrâneo que o do Sul. A ruptura ocorre perto de Montélimar, onde, em um pequeno trecho, a videira está ausente do amplo vale.

Ao norte, as videiras empoleiram-se em terraços nos penhascos de granito esfarelado, onde quer que encontrem a melhor exposição ao sol. A uva do Rhône do Norte é a Syrah, também conhecida como Shiraz. Mas o Rhône do Norte também pode vangloriar-se de três uvas viníferas extremamente distintas e que estão na moda — Marsanne, Roussanne e Viognier — ainda que, no total, elas produzam uma quantidade de vinho relativamente pequena.

Nas próximas páginas estão mapeadas em detalhes as melhores áreas do Rhône do Norte e do Sul. Côte-Rôtie, Condrieu e Hermitage, os mais majestosos vinhos do Rhône, pertencem ao setor norte. Ao seu redor estão vários outros, com fortes características locais, longas tradições e que estão desenvolvendo suas reputações.

Cornas, por exemplo, é o teimoso primo regional (Vin de Pays) do nobre Hermitage, feito com as mesmas uvas Syrah cultivadas no granito e com a mesma autoridade e poder, se bem que com menos sutileza. A denominação mostra, hoje, encorajadores sinais de rejuvenescimento graças a pessoas como Stéphane Robert, do Domaine du Tunnel, Vincent Paris e Eric e Joël Durand. Nos últimos anos, todas as plantações do anfiteatro de terraços de Cornas voltadas para o leste, tão protegidas da influência do rio que amadurecem bem mais cedo, tiveram sua área aumentada para 257 acres (104 hectares). Jean-Luc Colombo, com seus experimentos com um intenso envelhecimento em carvalho, e o venerável Auguste Clape são, talvez, os mais famosos produtores de Cornas, mas não são mais os únicos com reputação internacional.

A tentação de expandir um bom nome até um ponto de ruptura apoderou-se de **St-Joseph**, a apelação da margem oeste do norte de Cornas, que agora se estende por quase 60km, indo de Guilherand, da apelação de St-Péray, até bem ao norte da vila de Chavanay, em Condrieu. Tratava-se, antigamente, de um grupo de seis comunas. Pode-se argumentar que, dentre elas, Mauves, com seus solos graníticos similares aos da colina de Hermitage, do outro lado do rio, é a melhor. Desde 1969, porém, permitiu-se que St-Joseph se expandisse para um total de 26 comunas, e que sua área cultivada passasse de 240 para 2.445 acres (quase 1.000 hectares). Um St-Joseph deveria ser o tinto do Rhône do Norte mais vivaz e o de mais rápida maturação, sem, no entanto,

Os projetistas de novos vinhedos totalmente mecanizados, na Austrália, por exemplo, devem ficar completamente perplexos diante destes vinhedos em Côte-Rôtie, com inclinação de até 60%. É fácil perceber porque os vinhos produzidos no alto ou no sopé da colina são diferentes.

perder sua tipicidade de Syrah. Felizmente, desde a década de 1990, uma crescente porção tem sido cultivada nas escarpadas margens de granito do rio, em vez de nas bases dessas encostas ou no planalto, que é muito mais fresco. É difícil distinguir os vinhos provenientes desse último dos setentrionais **Côtes du Rhône**, a denominação genérica do vale do Rhône que se aplica a 50 comunas ao norte de Montélimar (e a 113 ao sul). Os nomes das seis comunas originais de St-Joseph — Glun, Mauves, Tournon, St-Jean-de-Muzols, Lemps e Vion, juntamente com Chavanay, na região de Condrieu, ao norte — permanecem sendo os indicadores dos melhores vinhos. Excelentes vinhos, às vezes designados pelos vinhedos, são feitos aqui por vinicultores como Jean-Louis Chave, Stéphane Montez, Chapoutier e Jean Gonon. St-Joseph também produz um dos menos conhecidos brancos do Rhône, mas que está entre os mais convincentes e que melhor acompanham uma refeição. Feito com as uvas Marsanne e Roussanne, do Hermitage, é com freqüência melhor do que sua versão tinta.

Vinhos feitos pelo método tradicional parecem um tanto deslocados nesse rústico ambiente sulista. **St-Péray**, porém, ao sul de Cornas, tem um antigo nome para seu pesado e dourado espumante (e às vezes vinho tranqüilo), feito com a Roussanne e a Marsanne. No rio Drôme, fora do mapa, a leste, uvas totalmente diferentes (Clairette e Muscat), originam, respectivamente, dois estilos distintos de espumantes: o substancial **Crémant de Die**, produzido principalmente com as uvas Clairette, e o levíssimo e com lembrança de uva **Clairette de Die Tradition** (assim chamado apesar do fato de que a Clairette representa, quando muito, um quarto do principal *blend* do Muscat). Leves, os vinhos tranqüilos são vendidos localmente nas três cores como **Châtillon-en-Diois**.

Por ser estreito, o vale do Rhône do Norte limitou quaisquer expansões da maioria de suas veneráveis apelações. Contudo, alguns cultivadores estão fazendo experimentações com áreas que não foram abençoadas com o status de AC (Appellation Contrôlée). Alguns dos mais enérgicos produtores de Côte-Rôtie e Condrieu (veja no verso) têm buscado encostas de granito especialmente favorecidas na margem oposta — a esquerda — do rio, como em Seyssuel, entre Vienne e Lyon, para recentes plantações de Syrah e Viognier. A produção desses vinhedos situados fora das áreas aprovadas deve ser vendida como Vins de Pays, nesse caso, freqüentemente como Collines Rhodaniennes (veja o mapa na página 153). Da mesma forma, mais ao norte, produtores bem financiados como Louis Latour, de Beaune, e Georges Duboeuf, de Beaujolais, estão capitalizando — por meio de Vins de Pays entusiasticamente valorizados — o potencial e o baixo preço das terras do Coteaux de l'Ardèche.

RHÔNE: VALENCE

Latitude / Altitude da EC **44,55° / 160m**

Temperatura média da EC em Julho **22,5°C**

Índice pluviométrico anual na EC **840mm**

Índice pluviométrico na EC no mês de colheita **Setembro 130mm**

Principais perigos para a viticultura **Clima ruim no período de floração, doenças causadas por fungos**

Principais uvas **Syrah, Viognier**

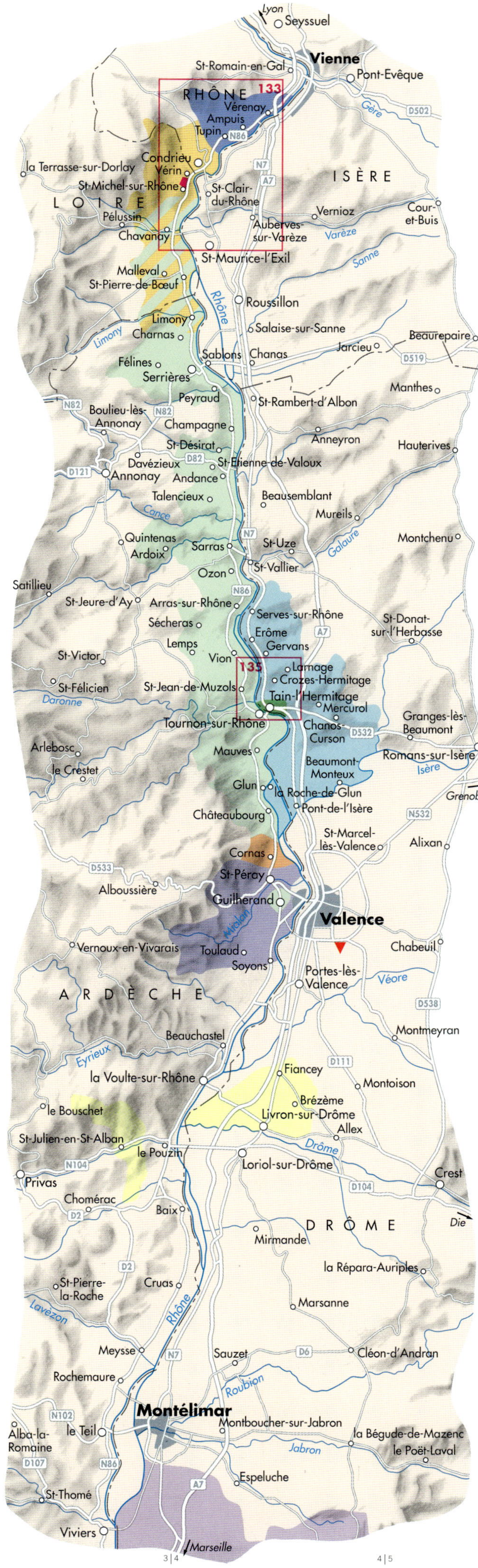

▲ O norte do Rhône não é uma região repleta de vinhos baratos, mas os saborosos Syrahs são alguns dos vinhos aqui produzidos que valem seu preço.

Côte-Rôtie e Condrieu

É fácil perceber por que um elaborado sistema de roldanas se faz necessário no cultivo destes centenários vinhedos de Syrah em Côte-Rôtie. Apenas algumas partes do vale do Mosela, no norte da Alemanha, se equiparam em dificuldade.

A faixa de vinhedos do **Côte-Rôtie**, que abraça as paredes de granito ocidentais do vale em Ampuis em perigosos terraços, apenas recentemente obteve reconhecimento internacional. Antes que os holofotes da fama iluminassem o obstinado Marcel Guigal e seus vinhos excepcionais na década de 1980, o Côte-Rôtie era um vinho restrito aos entendidos, surpreendendo a todos os que o descobriam com sua mágica sutileza suavemente frutada, meridional no que diz respeito ao entusiasmo, mas perto de um grande Borgonha tinto no modo como a firmeza do tanino suporta delicados sabores — em flagrante contraste com a magnitude do Hermitage, o mais famoso representante do Rhône do Norte.

Como o Hermitage, o Côte-Rôtie tem certamente uma origem romana, ou ainda mais antiga. Até o século XIX, seu vinho era vendido em galões de 76 litros, a medida de uma ânfora dupla. Por muito tempo ele se manteve em seu nicho quase secreto de um dos melhores vinhos da França. Quando este atlas foi publicado pela primeira vez, em 1971, a área total de vinhedos era de apenas 173 acres (70 hectares), e estava diminuindo. Seu preço dificilmente justificava o árduo trabalho de cultivá-lo em torturantes terraços escarpados. Mas desde que o mundo "descobriu" o Côte-Rôtie, os preços elevaram-se acentuadamente e, em 35 anos, a área dos vinhedos mais do que triplicou, chegando a 555 acres (225 hectares), superando definitivamente o Hermitage no que diz respeito à quantidade de vinho produzido.

Como o nome sugere, esse declive voltado para o sudeste (tão inclinado que em alguns pontos a inclinação pode chegar a 60%, e polias ou até mesmo monotrilhos têm de ser usados para transportar algo tão pesado quanto uma caixa de uvas) fica realmente tostado (*rôtie*) no verão. Muitos trechos dessa faixa de vinhedos, algumas mal chegando a 500m de largura, são expostas ao sol o dia inteiro. A rocha dura (xisto, ao norte) nos quais esses terrenos à margem do rio são talhados retém cada grau de calor, motivo pelo qual as plantações mais recentes no platô acima raramente amadurecem de modo tão completo, o que possivelmente contribuiu para diluir a reputação do Côte-Rôtie.

Pode parecer óbvio onde essas fronteiras devem estar: a noroeste no topo da famosa escarpa tostada pelo sol e a sudeste agora formada pela N86, a estrada que serpenteia pela margem direita do Rhône, ao sul de Lyon. Contudo, definir até onde se estende, a nordeste e a sudoeste, o verdadeiro *terroir* do Côte-Rôtie, é uma disputa que há séculos se desenrola. Todos concordam que os vinhedos originais concentram-se nas duas escarpas mais óbvias acima da pequena vila de Ampuis — o Côte Blonde numa protuberância voltada para o sul, ao sul da vila, e o desnível voltado para o sudoeste, que é o Côte Brune, ao norte. Por ser parte do grande Maciço Central, o Côte Blonde tem muito mais granito, às vezes visível na superfície, com camadas superficiais especialmente macias, contendo diferentes terrenos de solos arenosos e com ardósia, além de um leve toque de calcário. Esses terrenos produzem vinhos mais leves, charmosos e de desenvolvimento mais precoce do que os que são produzidos na quase igualmente extensa e ainda mais variada Côte Brune, onde o xisto e a argila mais pesada são escurecidos pelo ferro, e cujos vinhos são tradicionalmente mais duros. O calcário presente nos solos é, aqui, especialmente variável, embora não seja um elemento buscado pelos cultivadores da Syrah como seria, por exemplo, pelos que cultivam as uvas da Borgonha.

O mapa local dos vinhedos individuais lista um número ainda maior do que os que estão mapeados aqui, o que inclui aqueles que em geral costumam ser encontrados nos rótulos. Iguais em qualidade, mas não em estilo, os vinhos dos Côtes Blonde e Brune foram, no passado, misturados pelos comerciantes para a produção de um Côte-Rôtie unificado. Hoje, porém, vinhos com a designação do vinhedo estão na moda, moda essa que foi incentivada pela figura dominante dessa denominação, o perfeccionista Marcel Guigal. Ao engarrafar separadamente vinhos rotulados de La Mouline (Côte Blonde), La Landonne e La Turque (Côte Brune), após envelhecê-los em carvalho novo durante ousados e dramáticos 42 meses, ele chegou mais perto do que qualquer outro cultivador de criar um novo Romanée-Conti. Esses são vinhos para milionários, impressionados pelo poder e pela pungência, mas nem sempre para os amantes do clássico e gentil Côte-Rôtie, cujos próprios barris de amadurecimento são maduros. Tradicionalistas podem ficar mais satisfeitos com vinhos como Gangloff e Jasmin, e o Côte Blonde, de Rostaing.

A situação torna-se ainda mais complicada pela divergência entre os nomes nos rótulos Guigal, os mais famosos do Côte-Rôtie, e os que constam nos mapas locais. O mais duro e longevo de todos os vinhos Guigal vem do vinhedo de La Landonne, que também é engarrafado por Jean-Michel Gérin e René Rostaing. Mas esse é o único dos Guigals internacionalmente comercializados a fazer parte dos chamados vinhos "La La", que indica uma área oficialmente reconhecida. O La Mouline, uma marca Guigal, é um suntuoso monstro aveludado produzido em propriedades no Côte Blonde conforme assinalado no mapa. La Turque, outra marca Guigal, é feito de vinhas também marcadas no mapa logo acima do centro de Ampuis, enquanto que o mais tradicional Côte-Rôtie, engarrafado com o rótulo de Château d'Ampuis, a

◄ La Mouline de Guigal é o mais acessível dos chamados "La La" Côte-Rôties, e é produzido dos vinhedos mais antigos. Os produtores de Condrieu aqui são todos relativamente novatos que estabeleceram uma reputação sólida.

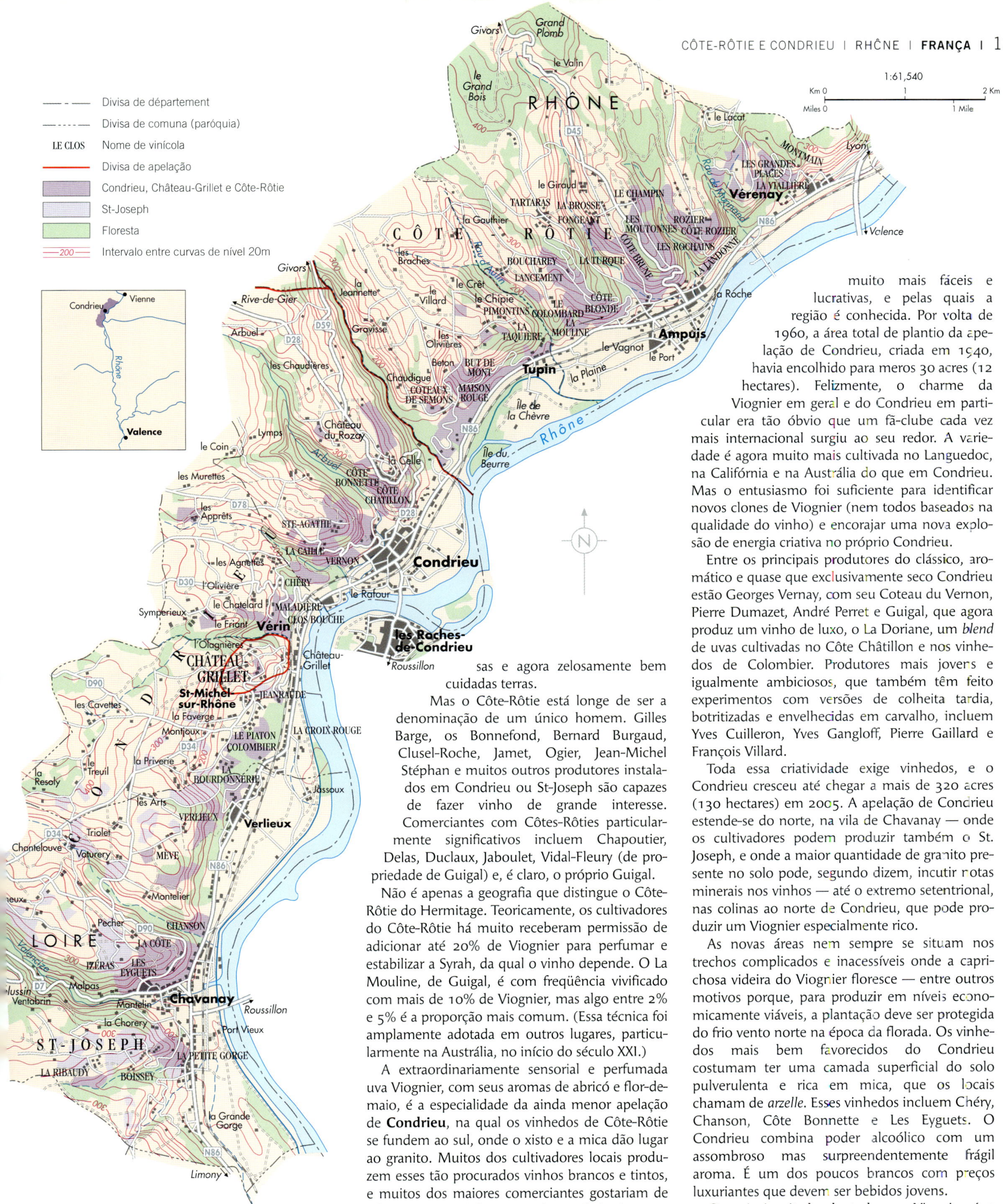

mais recente aquisição de Guigal, é um *blend* de sete vinhedos bem diferentes, dos Côtes Brune e Blonde. O domínio de Guigal na vila de Ampuis continua a se consolidar. Parecia inevitável que ele adquirisse e renovasse com *glamour* o decadente Château d'Ampuis, situado à beira do rio. Desde então, ele instalou sua própria tanoaria nas extensas e agora zelosamente bem cuidadas terras.

Mas o Côte-Rôtie está longe de ser a denominação de um único homem. Gilles Barge, os Bonnefond, Bernard Burgaud, Clusel-Roche, Jamet, Ogier, Jean-Michel Stéphan e muitos outros produtores instalados em Condrieu ou St-Joseph são capazes de fazer vinho de grande interesse. Comerciantes com Côtes-Rôties particularmente significativos incluem Chapoutier, Delas, Duclaux, Jaboulet, Vidal-Fleury (de propriedade de Guigal) e, é claro, o próprio Guigal.

Não é apenas a geografia que distingue o Côte-Rôtie do Hermitage. Teoricamente, os cultivadores do Côte-Rôtie há muito receberam permissão de adicionar até 20% de Viognier para perfumar e estabilizar a Syrah, da qual o vinho depende. O La Mouline, de Guigal, é com freqüência vivificado com mais de 10% de Viognier, mas algo entre 2% e 5% é a proporção mais comum. (Essa técnica foi amplamente adotada em outros lugares, particularmente na Austrália, no início do século XXI.)

A extraordinariamente sensorial e perfumada uva Viognier, com seus aromas de abricó e flor-de-maio, é a especialidade da ainda menor apelação de **Condrieu**, na qual os vinhedos de Côte-Rôtie se fundem ao sul, onde o xisto e a mica dão lugar ao granito. Muitos dos cultivadores locais produzem esses tão procurados vinhos brancos e tintos, e muitos dos maiores comerciantes gostariam de adquirir seus vinhos ou, de preferência, seus vinhedos. Houve uma época em que o Condrieu era mais comumente encontrado sob a forma de um vinho doce, mas relativamente obscuro. A dificuldade de cultivar uma videira não confiável, sujeita a doenças e de baixa produção como a Viognier nas escarpas por vezes quase inacessíveis que se elevam sobre a vila de Condrieu oferece uma comparação desfavorável com outras espécies muito mais fáceis e lucrativas, e pelas quais a região é conhecida. Por volta de 1960, a área total de plantio da apelação de Condrieu, criada em 1940, havia encolhido para meros 30 acres (12 hectares). Felizmente, o charme da Viognier em geral e do Condrieu em particular era tão óbvio que um fã-clube cada vez mais internacional surgiu ao seu redor. A variedade é agora muito mais cultivada no Languedoc, na Califórnia e na Austrália do que em Condrieu. Mas o entusiasmo foi suficiente para identificar novos clones de Viognier (nem todos baseados na qualidade do vinho) e encorajar uma nova explosão de energia criativa no próprio Condrieu.

Entre os principais produtores do clássico, aromático e quase que exclusivamente seco Condrieu estão Georges Vernay, com seu Coteau du Vernon, Pierre Dumazet, André Perret e Guigal, que agora produz um vinho de luxo, o La Doriane, um *blend* de uvas cultivadas no Côte Châtillon e nos vinhedos de Colombier. Produtores mais jovens e igualmente ambiciosos, que também têm feito experimentos com versões de colheita tardia, botritizadas e envelhecidas em carvalho, incluem Yves Cuilleron, Yves Gangloff, Pierre Gaillard e François Villard.

Toda essa criatividade exige vinhedos, e o Condrieu cresceu até chegar a mais de 320 acres (130 hectares) em 2005. A apelação de Condrieu estende-se do norte, na vila de Chavanay — onde os cultivadores podem produzir também o St. Joseph, e onde a maior quantidade de granito presente no solo pode, segundo dizem, incutir notas minerais nos vinhos — até o extremo setentrional, nas colinas ao norte de Condrieu, que pode produzir um Viognier especialmente rico.

As novas áreas nem sempre se situam nos trechos complicados e inacessíveis onde a caprichosa videira do Viognier floresce — entre outros motivos porque, para produzir em níveis economicamente viáveis, a plantação deve ser protegida do frio vento norte na época da florada. Os vinhedos mais bem favorecidos do Condrieu costumam ter uma camada superficial do solo pulverulenta e rica em mica, que os locais chamam de *arzelle*. Esses vinhedos incluem Chéry, Chanson, Côte Bonnette e Les Eyguets. O Condrieu combina poder alcoólico com um assombroso mas surpreendentemente frágil aroma. É um dos poucos brancos com preços luxuriantes que devem ser bebidos jovens.

O mais inusitado de todos os Viognier é o **Château-Grillet**: 9,4 acres (3,8 hectares) em um privilegiado anfiteatro de vinhas que criou sua própria apelação, um enclave dentro do território do Condrieu. Recentemente, o preço do vinho tem refletido mais a sua raridade do que a sua óbvia qualidade. Ele pode ser denso e grosseiro na juventude, mas surge como uma preciosidade após vários anos na garrafa.

Hermitage

A imponente colina de Hermitage pode ser famosa no mundo inteiro, mas na verdade é tão limitada quanto o mapa na página seguinte sugere. Com apenas 320 acres (130 hectares) de vinhas, toda a apelação de Hermitage não é muito maior do que, digamos, Château Lafite, em Pauillac. E, ao contrário do que ocorre com apelações do norte, tais como St-Joseph, sua expansão é limitada por um antigo decreto. O Hermitage, porém, há muito é celebrado como um dos mais gloriosos vinhos da França. A tal ponto que os registros de produtores de Bordeaux abastecendo-se de Hermitage para reforçar seus próprios vinhos são extensos e datam de meados do século XVIII, pelo menos. A célebre pesquisa dos melhores vinhedos do mundo feita pelo comerciante de vinho André Jullien, em *Topographie de Tout les Vignobles*, publicada em 1866 (veja página 15), lista os *climats* individuais — ou pequenos vinhedos — de Hermitage, juntamente com os de Château Lafite e Romanée-Conti, entre os melhores vinhos tintos do planeta. A cidade de Tain l'Hermitage, espremida na estreita margem do rio aos pés da colina de Hermitage, era conhecida como Tegna no tempo dos romanos e seus vinhos eram elogiados por Plínio e Marçal.

A principal artéria norte-sul da França, o Rhône, e as rodovias e ferrovias que o acompanham, serpenteiam sob seus estreitos terraços, tornando a magnífica posição dos vinhedos com vista para o rio, ao sul, acima de Tain, uma paisagem familiar para milhões de pessoas.

Ao contrário do que ocorre no Rhône do Norte, os declives de Hermitage situam-se na margem esquerda do rio e são voltados para o sul, sendo também bastante protegidos dos ventos frios do norte. Esse afloramento granítico foi, no passado, uma extensão do Maciço Central, até que o rio escavou seu curso ao redor de seu flanco ocidental, em vez do oriental. A área resume-se a apenas 331 acres (134 hectares), boa parte dos quais — especialmente a oeste, junto ao Maciço Central — composta por terraços de granito que retêm o calor e cuja altitude chega a quase 350m. As encostas podem não ser tão escarpadas quanto as de Côte-Rôtie, mas são suficientemente íngremes para banir a mecanização e fazer dos reparos dos estragos causados pela erosão uma torturante tarefa anual. A camada superficial do solo que desliza colina abaixo após as violentas tempestades é feita, em grande parte, de rochas decompostas e calcário com depósitos glaciais cuja origem, no extremo leste, é alpina.

Embora nada seja plantado além da Syrah para os vinhos tintos de Hermitage, cada *climat* é sutilmente diferente em termos de tipo de solo, exposição e altitude, sendo que alguns beneficiam-se do abrigo fornecido por um anfiteatro natural. Já no final do século XIX, Julien sentiu-se confiante para listar os *climats* de Hermitage por ordem de mérito: Méal, Gréffieux, Beaume, Raucoule, Muret, Guoignière, Bessas, Burges e Lauds. A grafia mudou, mas os *climats* permanecem e, embora o Hermitage seja tipicamente — e talvez em sua forma ideal — um corte de diferentes *climats*, seus nomes têm sido vistos em um número cada vez maior de rótulos de vinhos brancos, já que a compulsão de explorar as características de vinhedos individuais tem dominado tanto os produtores quanto os consumidores.

Em geral, os mais leves e aromáticos vinhos tintos vêm de *climats* mais elevados: Beaume e L'Hermitage, ao lado da capela no topo da colina (veja acima) que deu nome ao famoso Hermitage La Chapelle, de Jaboulet. Vinhos relativamente suculentos vêm de Péléat. Les Gréffieux, que pertence em sua maior parte a Chapoutier, faz vinhos elegantes e aromáticos, enquanto Le Méal pode produzir vinhos extremamente poderosos. Bessards, com seu solo especialmente granítico, volta-se para o sul-sudoeste em sua extremidade ocidental e tende a produzir os vinhos mais tânicos e longevos, como o excepcionalmente concentrado Pavillon Ermitage, de Chapoutier (com a velha grafia, que parece estar retornando).

O adjetivo "másculo" se prendeu ao Hermitage desde a primeira vez em que foi aplicado a ele (ainda que, em anos recentes, o supostamente feminino Côte-Rôtie pareça ter tomado uma dose de testosterona). O Hermitage, que já foi ampla-

Capela no alto de uma restrita apelação de Hermitage conhecida como L'Hermite. Em áreas muito mais elevadas do que essa, vinhedos de Syrah esforçam-se para amadurecer em alguns anos. O segredo do vigor de Hermitage é seu solo granítico, que armazena calor, e sua face sul.

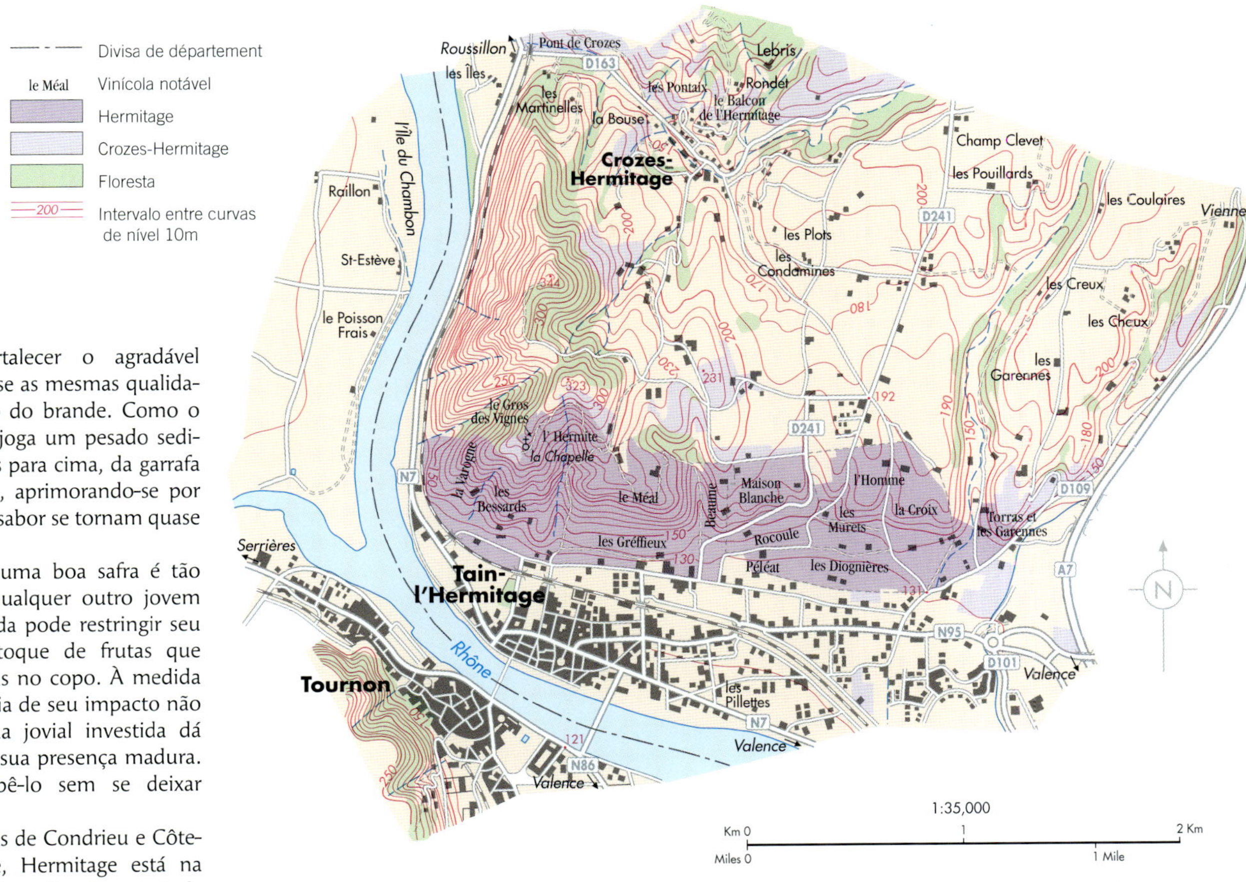

mente utilizado para fortalecer o agradável Bordeaux tinto, possuía quase as mesmas qualidades do Porto, sem a adição do brande. Como o Porto *vintage*, o Hermitage joga um pesado sedimento para baixo, e às vezes para cima, da garrafa (a decantação é necessária), aprimorando-se por vários anos até que aroma e sabor se tornam quase estupefantes.

O jovem Hermitage de uma boa safra é tão fechado e tânico quanto qualquer outro jovem tinto de qualidade, mas nada pode restringir seu abundante perfume e o toque de frutas que parecem ter sido espremidas no copo. À medida que ele envelhece, a urgência de seu impacto não diminui. Em vez disso, sua jovial investida dá lugar ao puro esplendor de sua presença madura. Você não conseguiria bebê-lo sem se deixar impressionar.

Ao contrário das apelações de Condrieu e Côte-Rôtie, localizadas ao norte, Hermitage está na moda há muito tempo. Por isso, literalmente toda a terra disponível foi plantada e há poucas chances de expandir a área dos vinhedos.

A apelação é dominada por apenas quatro produtores: Domaine Jean-Louis Chave, situado do outro lado do rio, em Mauves, ao sul de Tournon, cidade gêmea de Tain e as grandes casas comerciais de Chapoutier, Jaboulet e a menor, de Delas, cujos nomes, dirigidos ao tráfego dos veículos que correm abaixo, adornam os muros que sustentam seus terraços.

Mas houve outra oportunidade para entusiásticos recém-chegados a essa área de vinhedos, aos quais tem se juntado um crescente número de produtores locais ansiosos para engarrafar o fruto de seu próprio trabalho em vez de vendê-lo à excelente cooperativa, a Cave de Tain l'Hermitage. Como a maioria dos grandes vinhos, o Hermitage tem a sua sombra. **Crozes-Hermitage** é para o Grand Cru o que a vila de Gevrey-Chambertin é para Le Chambertin. Crozes, a vila atrás da colina, dá seu nome a uma apelação que se estende por quase 16km a norte e a sul de Tain e do próprio Hermitage, incluindo cerca de 250 acres (100 hectares) de vinhedos, dos quais apenas uma fração foi mapeada aqui (veja também o mapa na página 131).

Até a década de 1990, apenas um dos vinhos Crozes, o Domaine de Thalabert, de Paul Jaboulet, feito ao norte de Beaumont-Monteux — uma das mais bem-sucedidas áreas de Croze —, era regularmente comparado ao Hermitage, enquanto boa parte do restante era irrelevante. Hoje, porém, podemos escolher entre dois estilos básicos — um, cheio de vigorosas groselhas negras para ser bebido jovem, e outro mais sério, que imita a pura densidade do Hermitage e que pode ser mantido por até 10 anos. Os melhores comerciantes e cultivadores como Alain Graillot, Belle, Domaine Pochon, Domaine Marc Sorrel e Domaine du Colombier mostraram o caminho, mas novos comerciantes como Tardieu Laurent e a cooperativa de Tain também são responsáveis por alguns vinhos admiráveis. Domaines Yann Chave, Combier, des Entrefaux, des Remizières e Gilles Robin também estão produzindo Crozes-Hermitage, e alguns deles o próprio Hermitage, cada vez mais bem cotados.

Os Crozes-Hermitages também podem ser brancos. Historicamente, a colina de Hermitage era quase que igualmente famosa por seus vinhos brancos — de uvas Roussanne e, principalmente, de Marsanne — e que, mesmo nos dias de hoje, respondem por cerca de um quarto da área dos vinhedos. Julien elegeu o Raucoule, que ainda é conhecido pelo aroma de seus brancos, como o melhor vinhedo para o Hermitage branco. Hoje, o Chante-Alouette é o nome mais conhecido. Além de ser um vinhedo (embora não esteja entre os que são designados nos mapas tradicionais do Hermitage), é também uma marca registrada de Chapoutier e um vinho verdadeiramente notável, ainda que com freqüência mal compreendido. Dourado, seco e impregnado de um sabor especialmente delicado, com um leve toque de nozes no final, deve, de preferência, amadurecer durante pelo menos uma década, assim como o Hermitage tinto. Contudo, o atual encarregado, Michel Chapoutier, está tornando esse encorpado branco bem mais passível de ser consumido também na juventude.

Outro vinho branco que por muito tempo foi uma especialidade do Hermitage, e que foi ressuscitado por Gérard Chave na década de 1970, é o extraordinariamente longevo e doce *vin de paille* do Hermitage, feito em pequenas quantidades e de safras bem maduras, com uvas que são tradicionalmente postas para secar em esteiras de palha (*paille*). Garrafas do século XIX ainda existem como os mais antigos suvenires da apelação e, segundo dizem, seu vinho continua sendo espantosamente rico.

▼ O Chevalier de Sterimberg é o único vinho branco da região, extraordinariamente produzido com uvas Roussanne. Ele pertence à um dia dominante casa mercantil de Paul Jaboulet Aîné, que, depois de um período de estagnação, foi adquirida pelo proprietário do Bordeaux Château La Lagune no final de 2005.

Rhône do Sul

A extremidade afunilada do vale do Rhône, onde o tráfego para o Mediterrâneo é escoado, tem lugar garantido nas memórias afetivas de cada viajante. As histórias humana e natural combinam-se para fazer dessa região uma das mais ricas da França, em todos os aspectos. Quem não é capaz de visualizar a vasta engenharia dos romanos? E os lagartos alertas em suas pedras sonolentas, os trechos de vegetação precoce varridos pelo mistral, os pinheiros e as amendoeiras recuando ante os olivais ao sul — e sempre, nas encostas das colinas ou planícies, areia ou argila, o traçado dos vinhedos?

Esses vinhedos deixam-se expor ao sol em amplos terraços de pedras macias e redondas aquecidas pelo sol, e são compostos, quase constantemente, por uma rica mistura de variedades. Ao sul, a uva predominante para os vinhos tintos é a versátil Grenache, cada vez mais suplementada pela Syrah e pela Mourvèdre. O coração da região, o vinhedo que sintetiza todas as suas qualidades, é o Châteauneuf-du-Pape (veja no verso). Ao seu redor há um amontoado de vilas com sua própria história doce e picante para ser contada por um inflado grupo de ambiciosos produtores. Para as cidadezinhas vinícolas do Rhône do Sul, há um claro caminho para o triunfo. Uma vez que seus vinhos tenham estabelecido uma reputação, elas podem solicitar que seus nomes sejam oficialmente reconhecidos no rótulo.

A apelação mais comum é a de **Côtes du Rhône**, usada genericamente para o tinto, branco ou *rosé* do vale do Rhône, e que abrange mais de 100.000 acres (40.300 hectares). Sua colheita anual pode ser o triplo da do Beaujolais, e não muito menos do que toda a colheita do Bordeaux.

Dentro da apelação existe, é claro, uma ampla variedade de qualidade e estilo: solos mais leves e climas mais frescos resultam em vinhos mais leves. Alguns Côtes du Rhône são muito comuns, mas mesmo essa apelação tão heterogênea tem seus tesouros — às vezes, mas não sempre, os vinhos inferiores dos produtores de apelações mais grandiosas. O arquétipo era o Château de Fonsalette, do mesmo produtor do famoso Château Rayas, do Château-du-Pape. O Coudoulet de Beaucastel é a resposta do Château de Beaucastel. Mas também há destaques nas áreas mais afastadas, como aqueles cujos rótulos são mostrados na parte de baixo da próxima página.

A Grenache deve responder, agora, por pelo menos 40% de todos os Côtes du Rhône tintos; suas mais freqüentes — mas não únicas — parcerias nos vinhos de corte são a Syrah e a Mourvèdre. O branco e o *rosé* respondem, respectivamente, por apenas 2% e 4% da produção.

A denominação dos **Côtes du Rhône-Villages** representa uma distinta ascensão no *ranking*, e é capaz de oferecer uma das melhores relações custo-benefício da França. Das 95 comunas elegíveis para o sufixo Village, todas situadas no sul, as 20 melhores têm o direito de anexar seus nomes à já sobrecarregada denominação de Côtes du Rhône-Villages. Essas cidadezinhas favorecidas estão marcadas em itálico neste mapa e algumas das mais conhecidas encontram-se mapeadas em detalhe no verso. Outras que estabeleceram algum grau de fama fora de sua região incluem Valréas, Visan e, na margem direita do Rhône, Chusclan, que, juntamente com a vizinha Laudun, tem reputação de produzir excelentes *rosés*, bem como tintos. As mais setentrionais dos Côtes du Rhône-Villages, Rousset-les-Vignes e St-Pantaléon-les-Vignes, costumavam vender seus vinhos como Haut-Comtat, um nome pouco visto hoje em dia.

Entre essas vilas do norte e o Rhône, em uma árida paisagem varrida pelo mistral que no passado foi mais conhecida por suas trufas do que por seus vinhos, está o **Coteaux du Tricastin**. A Mourvèdre não irá amadurecer tão longe do Mediterrâneo, por isso, aqui, é a Cinsault que fortifica a frutada Grenache e endurece a Syrah. Vinhos feitos aqui, como Domaine Gramenon, podem envelhecer por mais tempo do que os usuais dois ou três anos.

O **Côtes du Ventoux** também reflete altitudes mais elevadas e condições mais frescas do que a maioria dos Côtes du Rhône. Aqui, a tradição era de tintos e *rosés* leves em todos os aspectos e vigorosos quando jovens, mas produtores como Fondrèche e Pesquié estão fazendo, agora, vinhos cada vez mais sérios.

Situado na margem direita do Rhône, o **Côtes du Vivarais** é quase que invariavelmente o peso-pena dos Côtes du Rhône, graças a condições excepcionalmente frescas para essa tórrida parte da França.

Muito mais quentes e influenciados pelo Mediterrâneo são os vinhedos do **Costières de Nîmes**, ao norte de Camargue, agora com razão considerados uma extensão ocidental dos vinhedos mapeados no verso em vez de parte do Languedoc.

Não é possível escutar as cigarras cantando neste final de tarde sonolento em Gigondas, sob o muito retratado Dentelles de Montmirail? Gigondas foi uma das primeiras vilas do Rhône do Sul a ter sua própria denominação.

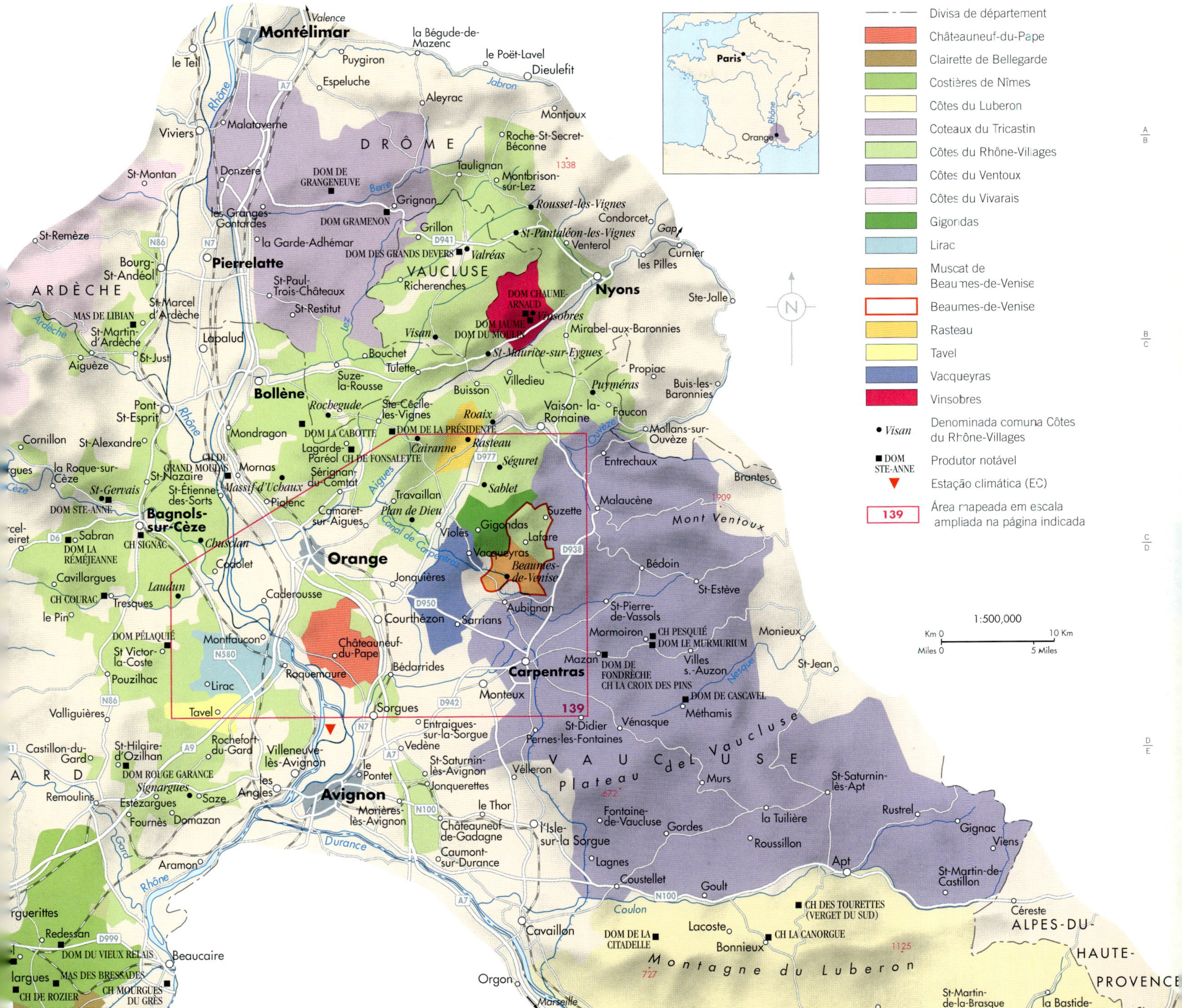

RHÔNE: AVIGNON

Latitude / Altitude da EC **44° / 50m**

Temperatura média da EC em Julho **23,3°C**

Índice pluviométrico anual na EC **610mm**

Índice pluviométrico na EC no mês de colheita **Setembro: 65mm**

Principais perigos para viticultura **Estiagem**

Principais uvas **Grenache Noir, Syrah, Carignan, Cinsault, Mourvèdre**

▼ Os vinhos de Costières de Nîmes, como aquele à esquerda, talvez não tenham a longevidade de alguns dos melhores Côtes du Rhône, mas geralmente são muito refinados e uma boa pedida, com um sabor intermediário entre um Rhône e um Languedoc.

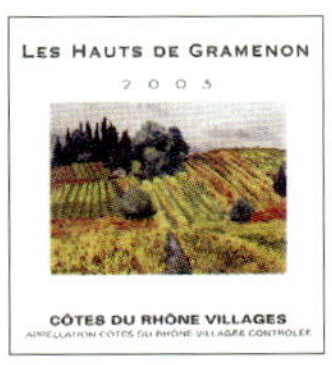

Châteauneuf-du-Pape e adjacências

Châteauneuf-du-Pape é, reconhecidamente, o coração do Rhône do Sul, situado ao norte de Avignon em colinas dominadas por um palácio papal de verão em ruínas. Ele é mapeado aqui com suas mais famosas vilas vizinhas, tanto do outro lado do Rhône quanto a leste de uma cunha de terra muito plana e fértil para produções de vinhos mais sérios. O suculento e picante vinho tinto de Châteauneuf tem a distinção de não apenas possuir o mais elevado teor alcoólico mínimo de todos os vinhos franceses (12,5% de álcool, embora na prática seja mais de 14%), mas também a de ser o primeiro a tornar-se tão regulado. Em 1923, seu famoso cultivador, o barão Le Roy, do Château Fortia, delimitou a terra que era árida o suficiente para suportar tanto a lavanda quanto o tomilho, deitando assim a pedra angular do famoso sistema francês de Appellation Contrôlée (AC).

Algo em torno de dez milhões de litros de vinho por ano são produzidos aqui, 95% dos quais são tintos mas com enormes variações no que diz respeito à qualidade. A maioria é, em média, boa. É também leve na cor (mas não no teor alcoólico) pelo aumento da proporção de uvas Grenache, podendo ser bebida depois de apenas um ou dois anos. Entretanto, muitas das áreas do Châteauneuf, como Bordeaux Châteaux, produzem clássicos vinhos escuros e profundos, cada qual usando seu próprio coquetel das 13 variedades de uvas permitidas para torná-los mais ou menos picantes, mais ou menos tânicos ou suaves e de curta ou de longa duração. A Grenache é a espinha dorsal da AC (Appellation Contrôlée), com freqüência misturada à Mourvèdre e à Syrah, juntamente com um pouco de Cinsault, Counoise (uma especialidade local) e pequenas quantidades de Vaccarèse, Picpoul Noir, Terret Noir e as de peles claras Grenache Blanc, Clairette, Bourboulenc, Roussanne (que é muito mais fácil de ser cultivada no Rhône do Sul do que no Rhône do Norte), e a neutra Picardan. O Château de Beaucastel e o Clos des Papes insistem em usar todas as 13, o que não é comum.

Modernos métodos de vinicultura e um gosto global por vinhos mediterrâneos compõem o cenário no qual aos vinhedos já estabelecidos como Châteaux de Beaucastel, Rayas e La Nerthe, Domaine du Vieux Télégraphe e Clos des Papes junta-se uma legião de indivíduos por vezes idiossincráticos como Henri Bonneau, André Brunel no Les Cailloux e os Féraud no Domaine du Pegau, cujas garrafas de edições limitadas encantam os grandes colecionadores de vinho. Seus tintos, sempre ricos e picantes, mas freqüentemente robustos na juventude, podem, ao envelhecer, adquirir suntuosas profundidades de sabor, às vezes levemente decomposto, e seus raros brancos, suculentos desde uma tenra idade, desenvolvem aromas exóticos — ocasionalmente remanescentes de casca de laranja —, após sete ou oito anos. Muitos produtores usam pesadas garrafas no formato de Borgonha, cujos relevos indicam a qual das várias facções rivais elas pertencem.

O clichê do Châteauneuf-du-Pape é a *galet*, a pedra arredondada que absorve o calor e que é encontrada quase que exclusivamente em alguns de seus vinhedos. Na realidade, porém, os solos nessa área relativamente pequena são muito mais variados. Os famosos vinhedos de Rayas, por exemplo, não têm quase nenhuma *galet*, mas possuem uma proporção razoavelmente alta de argila e areia. O vinho produzido nos vinhedos predominantemente voltados para o norte, entre Mont-Redon e Orange, tende a ser mais leve e elegante, com taninos muito mais suaves do que os vinhos de lugares mais quentes. O uso de madeira nova, o tamanho dos barris e a proporção de Mourvèdre no corte também são responsáveis pela extraordinária variação de estilo existente entre os Châteauneufs que são feitos hoje.

O Châteauneuf-du-Pape é cercado por mais de cem comunidades que produzem Côtes du Rhône; as comunas designadas como Côtes du Rhône-Villages estão marcadas em magenta, principalmente ao norte do mapa. Algumas, entretanto, ganharam sua própria denominação. Gigondas, produtor de um bem integrado e poderoso tinto que precisa de cinco ou seis anos de envelhecimento nos quentes vinhedos abaixo do Dentelles de Montmirail, rivaliza com o próprio Châteauneuf-du-Pape. Produtores ambiciosos como Domaine Santa Duc e Château de St-Cosme têm feito bem-sucedidos experimentos com carvalho novo, enquanto tradicionalistas como Domaine de Cayron ainda fazem vinhos suntuosamente precoces.

Vacqueyras ganhou sua própria denominação em 1990 e, embora geralmente mais restrita que o Gigondas, também pode oferecer o tempero e as ervas do Rhône do Sul por um preço justo. **Vinsobres** (veja mapa na página 137) e **Beaumes-de-Venise** ganharam status de AC (Appellation Contrôlée) por seus espessos tintos de 2004. **Cairanne** e **Rasteau** também demonstraram que merecem o status de AC, ainda que, até meados de 2006, tudo o que podiam exibir oficialmente era uma denominação para os fortes, doces e particularmente rústicos Vins Doux Naturels, de Rasteau (veja página 114). Beaumes-de-Venise há muito é famoso por seu forte, doce e dourado Muscat VDN.

Os vinhos chamados de Côte du Rhône-Villages possuem características dignas de um estudo mais

A adega de barris de Château de Beaucastel. Suas uvas e seu método de produção são tão particulares que alguns peritos consideram que os tintos lembram demasiadamente estábulos até alcançarem uma idade bastante madura.

4|5 5|6

profundo. Sablet, Valréas, St-Gervais, Puyméras, Signargues e Rochegude tendem a ser mais suaves e prontos para serem bebidos quando jovens. Plan de Dieu e Massif d'Uchaux requerem três ou quatro anos de envelhecimento.

O *rosé* é a especialidade histórica de Tavel e Lirac, as mais meridionais das verdadeiras apelações do Rhône. O potente e seco Grenache *rosé* de **Tavel**, tingido de laranja após um ou dois anos, tem seus admiradores fervorosos — embora seja melhor bebê-lo antes que a coloração laranja apareça. O **Lirac**, que antigamente também era mais conhecido pelo *rosé*, pode ser mais valorizado. Com baixas produções permitidas, hoje ele se inclina mais para tintos levemente frutados, menos dominados pela Grenache do que o Tavel. Seus brancos de mesa são misturados com pelo menos um terço de uvas Clairette.

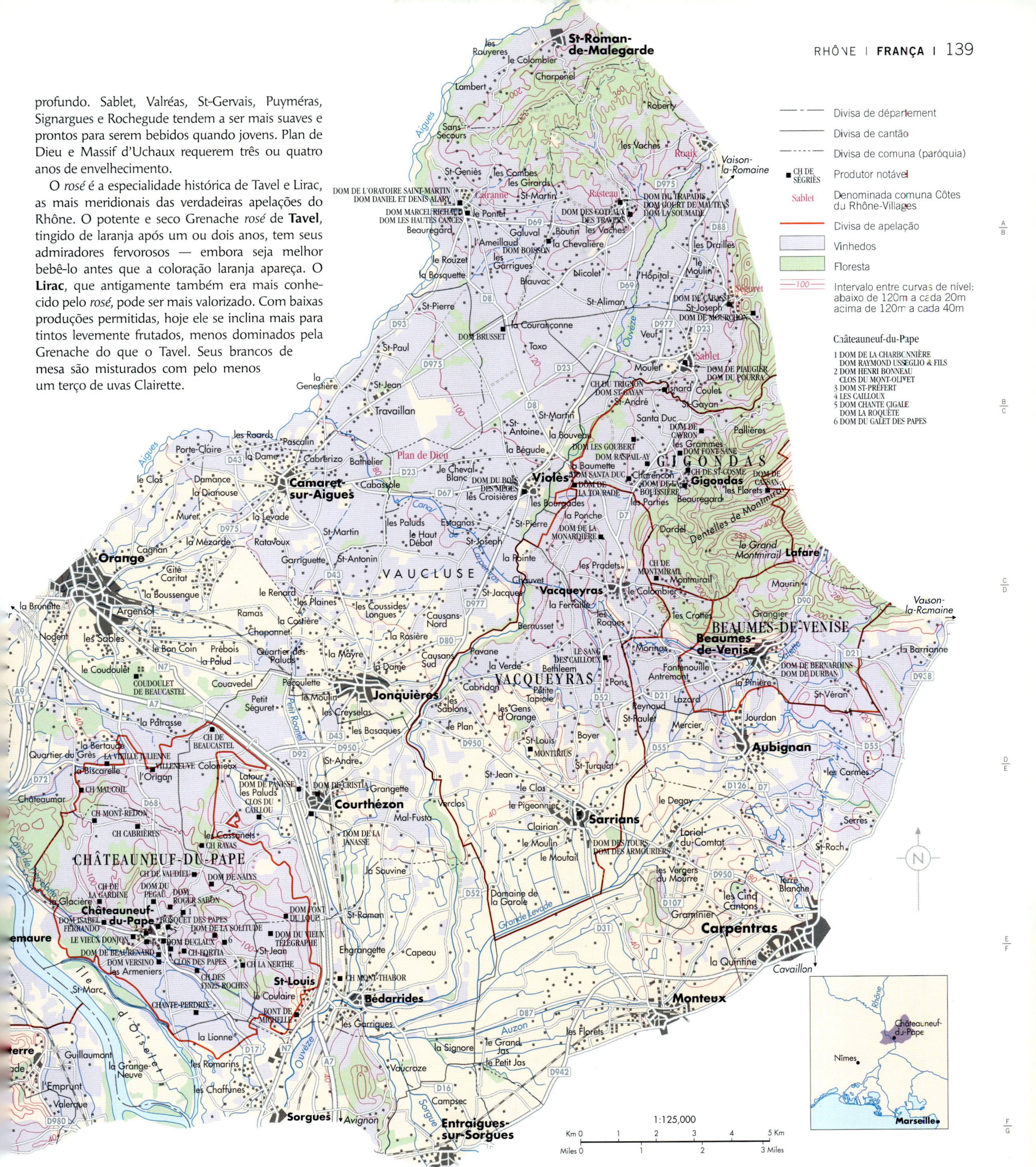

◄ Pode-se dizer que os três rótulos à esquerda representam a reconhecida nobreza de Châteauneuf. Todos eles são de tintos, mas cada nova vindima sugere cada vez mais fortemente que os brancos não podem ser ignorados.

A imponente (embora reconstruída há relativamente pouco tempo) muralha da cidadela de Carcassonne, onde influências do Atlântico e do Mediterrâneo se encontram.

Languedoc Ocidental

O Languedoc, descrito em mais detalhes no verso, é a porta dos fundos aberta da França, um ponto de fusão, elo com climas mais meridionais. Enquanto a maior parte da região é decididamente mediterrânea, seu extremo ocidental é influenciado pelo Atlântico. Todas as suas regiões vinícolas mais elevadas e selvagens estão mapeadas nestas páginas. O caráter de seus vinhos vai do estilo Rhône (ou, pelo menos, influenciado pelo Rhône) a leste, aos similares ao Bordeaux em estrutura, se não em sabor, nos vinhedos mais elevados a oeste.

Das duas mais importantes apelações do Languedoc Ocidental, **Minervois** é ligeiramente mais civilizada, mais polida. O terreno não é tão irregular quanto o de Corbières, embora em seus limites setentrionais, onde os vinhedos avançam pela região montanhosa aos pés da dominante Montagne Noie, sua posição nas elevações de Cévennes, rochosas e cobertas de *garrigue*, pareça tão precária quanto os vinhedos de Corbières, enroscados nas elevações que estão, efetivamente, aos pés dos Pirineus. Pendurados sobre a vila de Minerve encontram-se alguns dos vinhedos da apelação que estão entre os mais elevados e de amadurecimento recente, com vista panorâmica para um anfiteatro voltado para o sul. Descendo a colina, em um amplo espaço circular a oeste, o Petit Causse é um cinturão de argila e calcário nos melhores lugares desse círculo. Os vinhedos ao redor de La Livinière produzem tantos vinhos que parecem combinar os rudes aromas dos vinhedos elevados com a suave flexibilidade dos vinhos de baixa altitude que acabaram ganhando suas próprias denominações.

A sudoeste está Clamoux, onde a influência do Atlântico começa sob a forma de elevados níveis de acidez e um estilo ligeiramente mais leve. As sub-regiões de Argent Double, com terras mais quentes e secas descendo em direção ao rio Aude, e Serres, mais próximo do Mediterrâneo, fornecem boa parte do tristemente misturado Minervois encontrado a preços convidativos em todos os supermercados franceses. Os nomes dos produtores no mapa são os de indivíduos mais ambiciosos e de cooperativas que fazem um vinho especialmente flexível.

Embora mais de 94% de todos os Minervois sejam tintos, e 4% sejam agora *rosé*, a antiga uva Bourboulenc serve de base para alguns dos cada vez melhores brancos de corte de Maccabéo, Grenache Blanc, Marsanne, Roussanne e Rolle — e com carvalho, que hoje é, com freqüência, um bem integrado componente.

A Bourboulenc, comumente chamada de Malvoisie, floresce em um estranho posto avançado da apelação de Languedoc (descrito em detalhes no verso) chamado La Clape, um excêntrico e isolado maciço de calcário que, no tempo dos romanos, era uma ilha ao sul do porto de Narbo (hoje Narbonne). Esses brancos realmente possuem aroma marinho — para não dizer iodado. Um grupo cada vez maior de vinhos brancos doces também é feito em Minervois, o não menos aromático **Muscat de St-Jean-de Minervois**.

A paisagem de **Corbières** é ainda mais dramática: um caos geológico de montanhas e vales chegando a 60km do mar e voltando para o *département* de Aude. O calcário alterna-se com o xisto, argila, margas e arenito; a influência do Mediterrâneo somada à intermitente influência do Atlântico ressoa abaixo e sobre as colinas ocidentais do Vale do Aude.

Os Corbières tintos, exceto em suas formas mais mundanas, têm um gosto menos domesticado e mais concentrado, com freqüência muito mais duro do que o Minervois, cujos vinhedos desfrutam de verões menos extremos. A secura e os incêndios de verão são ameaças constantes em muitas partes da variada apelação de Corbières, que sempre foi um ponto nevrálgico para a política local. Uma grande reforma ocorrida em 1990 dividiu Corbières em nada menos do que 11 zonas climáticas. Porém, as de St-Victor, Quéribus e Termenès, no extremo sudoeste, foram desde então amalgamadas ao Hautes-Corbières, e as baixas e áridas colinas ao redor de Boutenac ganharam sua própria denominação: **Corbières-Boutenac**.

Fitou, que obteve a primeira denominação de Languedoc em 1948 e é um antigo produtor de Rivesaltes VDN (veja na página 144), consiste em dois enclaves diferentes dentro de Corbières: uma faixa de argila e calcário ao redor de lagoas salgadas na costa e um fragmento de xisto montanhoso de cerca de 24km no interior, separado por uma grande cerca de Corbières. Durante boa parte das décadas de 1980 e de 1990, Fitou esteve atrás de seus vizinhos do norte. Hoje, contudo, produtores como Domaine Maria Fita e Bertrand-Bergé estão dando a duas proeminentes cooperativas, Mont-Tauch e Cascatel, a chance de se tornarem mais competitivas. No Fitou Montagneux, a proporção de Grenache está crescendo às custas da Carignan, enquanto a Syrah e a Mourvèdre estão ganhando terreno no Fitou Marine.

Aqui, a extensão da refrescante influência do Atlântico é vista de uma maneira mais gráfica nas colinas ocidentais ao sul de Carcassonne, onde Limoux há muito tempo estabeleceu uma reputação no mínimo nacional para seu excelente espumante feito pelo método tradicional, seja o Blanquette, baseado na uva Mauzac original, ou o mais delicado **Crémant de Limoux**, feito de Chardonnay e Chenin Blanc. O tranqüilo branco

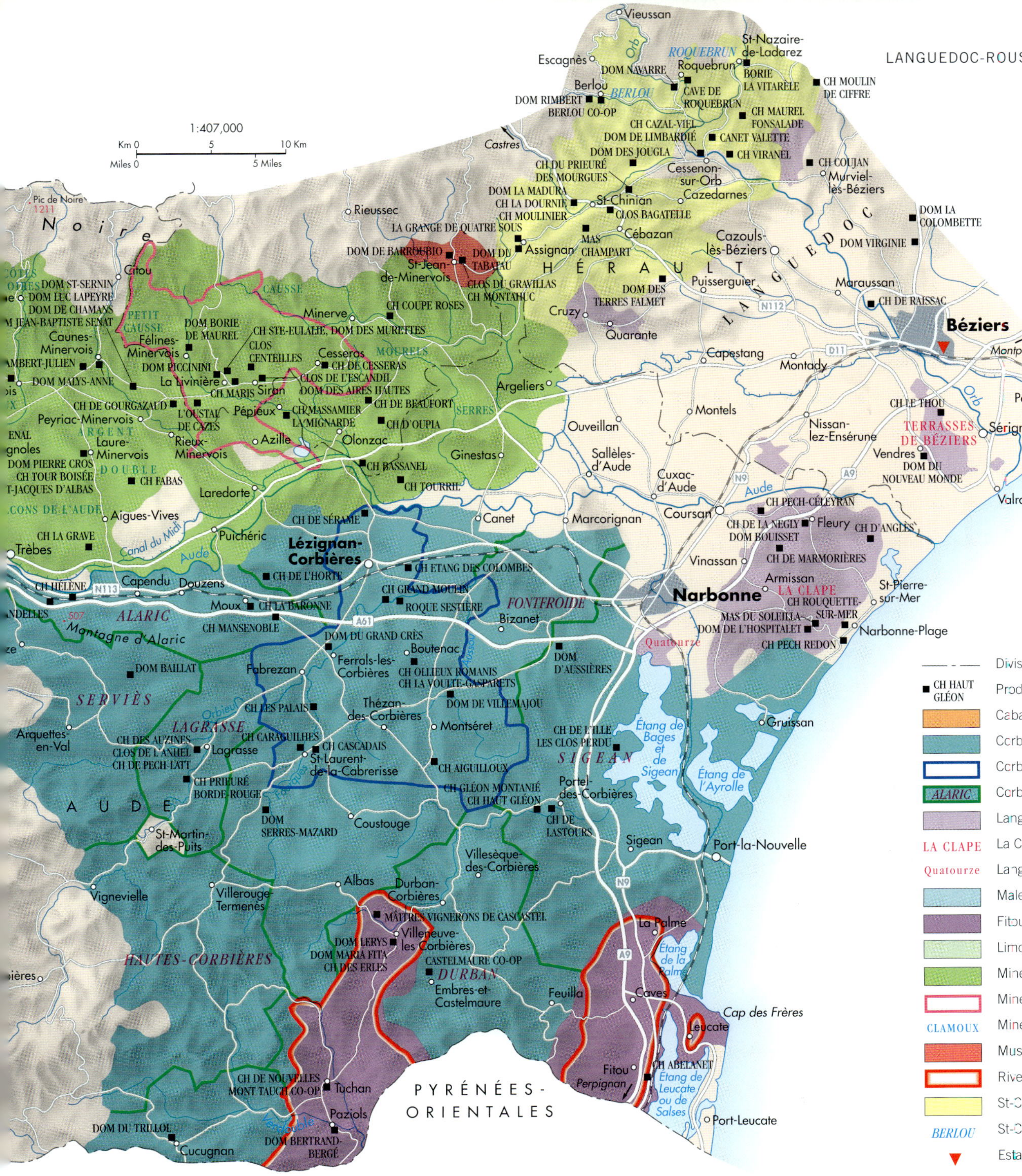

(não-espumante) Limoux é fermentado no carvalho, baseado na Chardonnay e, obviamente, cultivado em um ambiente muito mais fresco do que se espera encontrar tão ao sul. A relativamente recente denominação tinta do Limoux é para misturas acarvalhadas, das quais o Merlot deve continuar respondendo pela metade e o restante pode ser obtido de outras uvas Bordeaux, Grenache e Syrah.

Todos esses vinhos têm uma acidez muito mais delicada do que aqueles feitos na região mais quente do Languedoc Ocidental, como os de **Côtes de la Malepère**, logo ao norte. Os vinhos Malepère, nunca possantes, são dominados pela Merlot e pela Malbec (ou Côt). Ao norte de Carcassonne, **Cabardès** é a única apelação em que as uvas mediterrâneas e atlânticas (Bordeaux) são obrigatoriamente combinadas. Os vinhos cada vez mais bem-feitos são um reflexo disso.

St-Chinian está mapeada nesta página, mas é descrita no verso com sua vizinha Faugères.

▼ Uma seleção das muitas apelações aqui mapeadas, sendo Fitou a única anterior a 1985, além de Chloé, uma impressionante mistura de variedades de Bordeaux cultivadas nos vinhedos altos e relativamente frios próximos a Roquetaillade. Mansenoble é um Corbières suave.

LANGUEDOC: BEZIERS ▼

Latitude / Altitude da EC **43° / 80m**

Temperatura média da EC em Julho **23,3°C**

Índice pluviométrico anual na EC **710mm**

Índice pluviométrico na EC no mês de colheita **Setembro: 65mm**

Principais perigos para viticultura **Estiagem**

Principais uvas **Carignan, Grenache Noir, Cinsault, Syrah, Merlot, Cabernet Sauvignon**

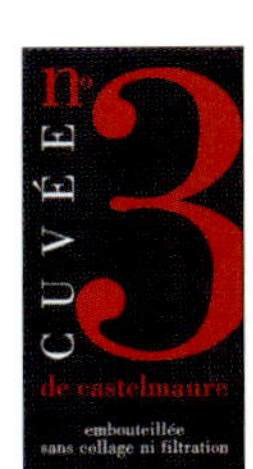

Languedoc Oriental

Os vinhedos ao redor da costa mediterrânea central da França apenas recentemente passaram a integrar a relação dos vinhos franceses de primeira linha. Durante anos, a região foi uma mera fornecedora de um pálido e tinto *vin ordinaire*, produto de vinhedos cuja terra se exauriu devido às semeaduras excessivas e que com freqüência pertenciam tanto às áreas de apelações sombreadas no mapa ao lado quanto às terras planas do interior próximo à costa. Hoje, porém, não faltam evidências da qualidade do vinho que pode ser extraído das zonas mais propícias, geralmente em terrenos mais elevados e solos pobres; vinhos com um genuíno caráter local, um forte sotaque francês e a preços bastante atraentes. Enquanto a maioria dos mapas deste livro mostra a extensão de todos os vinhedos em uma região em particular, aqui, os vinhedos têm sido plantados de forma tão ampla que apenas as áreas produtoras de vinhos de Appellation Contrôlée foram destacadas.

No início do século XXI, o grande desafio, não apenas para a França mas para a União Européia, é saber o que fazer com esses vinhedos do Languedoc que não se qualificam para o status de AC (Appellation Contrôlée), em especial aqueles plantados com variedades capazes de produzir apenas o mais básico Vin de Table. A Languedoc-Roussillon ainda é a maior região vinícola do mundo, com mais de 721.500 acres (292.000 hectares) de vinhedos em 2005 (Bordeaux tinha 375.000 acres, ou 151.600 hectares). No final da década de 1990, um total de 30.000 pessoas e suas famílias dependiam de seus próprios vinhedos como fonte de renda. Graças a um caro programa de subsídios e uma cuidadosa administração dos direitos de plantio, esse número foi reduzido para pouco mais de 24.000 pessoas em 2005, o que ainda representa uma poderosa força social — e com uma longa tradição de militância e protestos.

Relativamente poucos desses plantadores também produzem vinho. Dois terços deles — uma proporção mais alta do que em qualquer outra região vinícola francesa — levam suas uvas diretamente para a cooperativa local. Ainda existem mais de 200 cooperativas no Languedoc-Roussillon, quase metade delas no *département* de Hérault, mapeado ao lado. Essas cooperativas estão se fundindo cada vez mais na tentativa de reunir recursos e ganhar estatura no competitivo mercado moderno do vinho. Há, contudo, uma enorme variação entre elas no que diz respeito à capacidade de fazer e vender vinhos exportáveis. Uma proporção considerável do excedente de vinho europeu — que, segundo as previsões, chegará em 2010 à constrangedora casa dos 2,7 bilhões de litros, ou metade da produção total de vinho francês — ainda é produzida na área aqui mapeada.

Mas os entusiastas do vinho deveriam se concentrar naqueles que emergem das zonas coloridas das apelações do Languedoc Oriental. Os vinhos mais excitantes costumam ser feitos por indivíduos apaixonados, com freqüência da primeira geração de vinicultores que, em outras épocas, teriam optado por profissões mais convencionais. Em geral, eles atuam onde os romanos cultivavam vinhedos (alguns dos primeiros da Gália), nas encostas de colinas com solos tão pobres e superficiais que nada mais poderia florescer ali.

A apelação de Coteaux du Languedoc, que em 2006 foi rebatizada como a abrangente apelação regional de **Languedoc**, é, de longe, a mais importante e variada. Suas apelações sub-regionais e *terroirs* (veja os nomes em magenta) compreendem a maioria, mas não todos, dos locais mais propensos para uma vinicultura de qualidade no Languedoc Oriental — conforme mostra claramente a distribuição dos produtores notáveis.

Um dos mais evidentemente singulares *terroirs* do Languedoc é Pic St-Loup, no extremo norte da área aqui mapeada, nas elevações aos pés do majestoso Cévennes. Os vinhos produzidos nos flancos desse dedo rochoso que é o Pic-St-Loup, ao norte de Montpellier, por vinhedos como Clos Marie, Mas Bruguière, Domaine de l'Hortus e Châteaux de Cazeneuve, de Lancyre, e Lascaux, são obviamente os produtos do sol meridional. Eles refletem as ervas da região mas também a definição conferida pela altitude e pelas noites relativamente frescas. A apelação sub-regional de Terrasses du Larzac, que compreende os *terroirs* de Montpeyroux e St-Saturnin, ao norte de Clermont-l'Hérault, é ainda mais elevada e produz vinhos ainda mais intensos, com um pouco do caráter selvagem encontrado nas colinas de Corbières, ao sudoeste. O pioneiro, na década de 1970, foi o Mas de Daumas Gassac. Produtores como os Domaines l'Aiguelière, d'Aupilhac (com Cinsault e as velhas videiras Carignan), Font Caude e La Sauvageonne têm confirmado o grande potencial dessas colinas ventosas.

A zona de Grés de Montpellier incorpora uma larga faixa de vinhedos com solos variados ao sudoeste e ao norte dessa antiga cidade universitária. Todos, porém, beneficiam-se da influência moderada das brisas marinhas em meio ao calor do alto verão. A cidade medieval de Pézenas empresta seu nome a uma apelação sub-regional de vinho que se estende do norte da cidade até Cabrières, área rica em xisto que caracteriza tanto Faugères, a oeste, quanto seu vizinho imediato, St-Chinian, mapeados na página anterior.

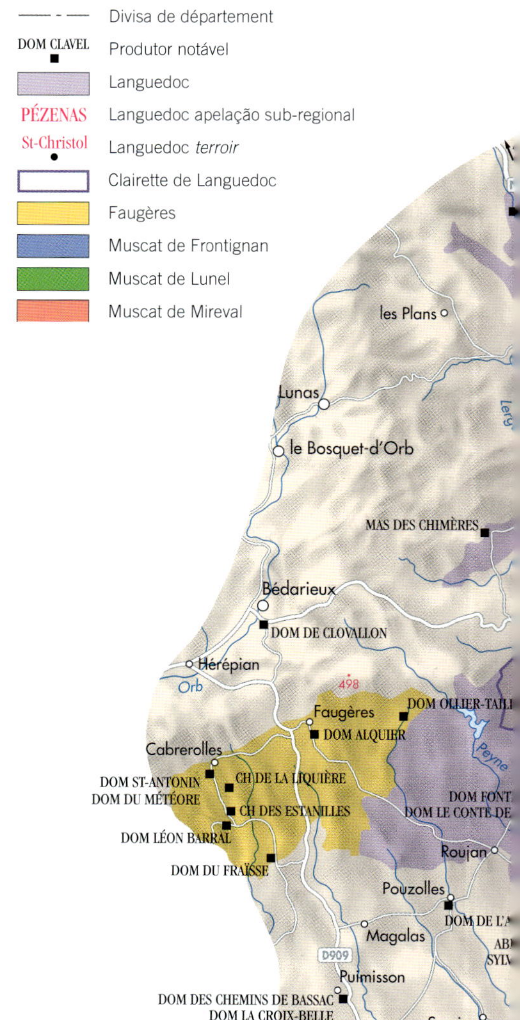

St-Chinian amealhou uma das mais distintas reputações entre os vinhos do Languedoc de todas as três cores, e cujo caráter mais intenso vem, talvez, dos xistos pedregosos ao norte e a oeste da região, em altitudes com freqüência acima de 600m, no interior espetacularmente montanhoso. Há excelentes brancos, tintos marcados pela Carignan de St-Chinian-Berlou e os tintos St-Chinian-Roquebrune, mais intensamente influenciados pelas variedades do Rhône, em especial a nitidamente ácida Syrah cultivada no xisto. Uvas cultivadas em baixas altitudes, nos bizarros solos de argila púrpura e calcário ao redor da vila de St-Chinian, tendem a ser mais macias e suaves. **Faugères** é feito quase que inteiramente de xisto e demanda um árduo trabalho em solos miseráveis e vinhedos que se elevam a até 700m acima da planície de Béziers, e os vinhedos bem menos promissores que se enfileiram em direção à costa.

Da vasta produção do Languedoc, mais de 80% é tinta, oriunda principalmente de cortes de varie-

▼ O enigmático rótulo de gargalo abaixo pertence ao Château Puech Haut, campeão de produção. Os Servières se baseiam na brilhante Cinsault com toques de cereja. Nenhuma outra região vinícola pode oferecer tantas variedades de uvas quanto as aqui apresentadas.

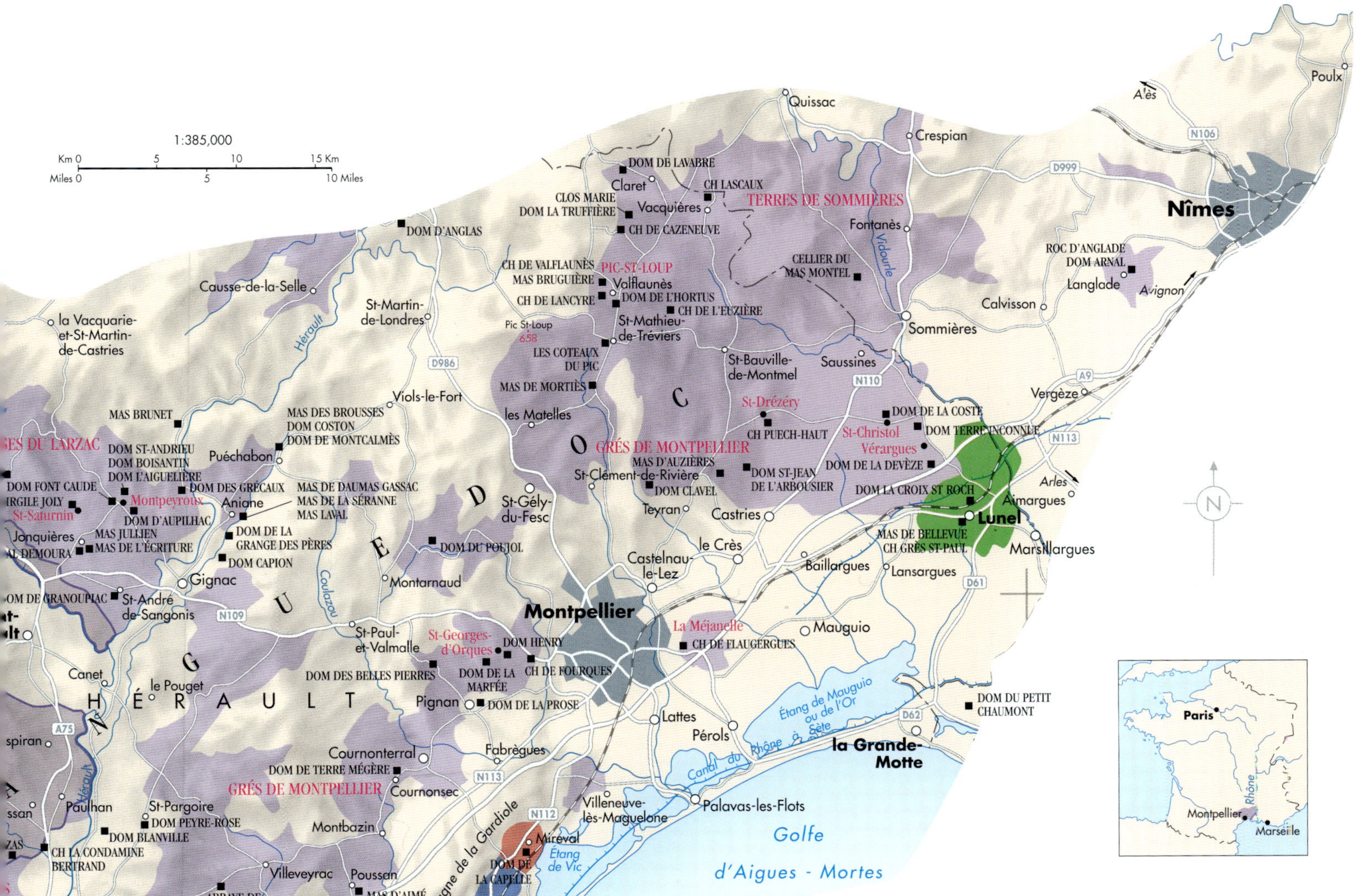

À primeira vista, o Pic St-Loup poderia ser com certeza um lugar na Provença, ao sul do Rhône. Os vinhos produzidos nas redondezas desta conhecida paisagem são totalmente confiáveis — talvez porque esta seja uma região de produtores independentes que zelam por sua reputação, ao contrário das cooperativas anônimas.

dades de uvas mediterrâneas como a Carignan (que ainda é a uva mais plantada na França, tradicionalmente vinificada pela maceração carbônica em um esforço para suavizá-la), com crescentes proporções de Grenache, Syrah, Mourvèdre ou Cinsault. Entretanto, a fabricação de vinho branco tem se sofisticado cada vez mais. Existem, agora, muitos intrigantes vinhos de corte, de uvas como a Grenache Blanc, Clairette, Bourboulenc, Picpoul, Roussanne, Marsanne e Viognier.

O **Clairette du Languedoc** e o **Picpoul de Pinet** são vinhos brancos englobados pelo sistema AC (Appellation Contrôlée). O primeiro, feito ao norte de Pézenas, é agora produzido em um estilo cada vez mais fresco para ressaltar o que pode ser considerada uma refrescante variedade de uva, enquanto o segundo é uma denominação varietal, o que é pouco comum na França, e depende da peculiar uva Picpoul, com seu aroma de limão, cultivada entre Pézenas e o mar. Esses representam a tradição do Languedoc tanto quanto os doces e dourados Vins Doux Naturels, baseados no Muscat, dos quais o Muscat de Frontignan foi, no passado, mundialmente famoso. Os Muscats de Mireval e o de Lunel, ao sul de Nîmes, raramente possuem o entusiasmo de um vinho Frontignan.

Essas são as principais apelações do Languedoc Oriental, mas a maioria dos produtores, sejam eles da zona AC ou das terras planas no meio, fazem uma variedade de Vin des Pays (mostrados em detalhes nas páginas 152 e 153). E muitos — em especial, mas não apenas, aqueles que estão fora das zonas oficiais das apelações — não fazem outra coisa além do Vin des Pays, seja sob o nome de alguma pequena zona local desse tipo de vinho ou do mais internacionalmente conhecido Vin de Pays d'Oc com o nome de uma uva. Os regulares verões quentes podem amadurecer uma gama ampla e proveitosa de variedades de uvas e, pelo menos aqui, o preconceito dos franceses em relação aos *vins de cépage* — que os anglo-saxões chamam de vinhos varietais — é bem menos acentuado.

O Languedoc provou que pode fazer um trabalho decente nessa arena horrivelmente nivelada, familiar aos produtores mais básicos do Novo Mundo. Felizmente para todos nós, o Languedoc também provou que pode produzir essências da França meridional mais sérias e orientadas pelo *terroir*.

O produto tradicional do vale do alto Agly é o Vin Doux Naturel, aqui visto envelhecendo não em barris, mas, seguindo uma tradição local, sob o sol forte em receptáculos de vidro — 3.024 deles em Mas Amiel, na apelação de Maury.

Roussillon

O Roussillon, cujos vinhos estão atualmente em um excitante estado de fluidez, é muito mais do que um sufixo. É também muito diferente do Languedoc, tanto do ponto de vista físico quanto do cultural. Seus habitantes consideram-se catalães que por acaso se encontram na França, mas é apenas desde 1659 que suas bandeiras com listras amarelas e vermelhas são vistas em toda a parte. Seu dialeto local, com seus "eles" duplos, lembra mais o espanhol do que o francês.

Aqui, a paisagem pode ser mais dramática — na extremidade oriental dos Pirineus, os picos do Canigou, cobertos de neve na maior parte do ano, descem mais de 2.500m em direção ao Mediterrâneo —, mas a região é mais suave, menos selvagem do que os rochosos contornos não tão elevados das colinas de Corbières, ao norte. O sol (que aparece, em média, 325 dias por ano) ajuda e explica as plantações e pomares (e vinhedos) de frutas e vegetais aos quais a planície de Perpignan e os vales de Agly, Têt e Tech se dedicam. O efeito desse sol é concentrado pelo anfiteatro voltado para o leste, criado pelas montanhas de Corbières, Canigou e Albères, que separam a França da Espanha.

Isso significa que, na França, os primeiros frutos da estação vêm daqui, e os vinhedos das planícies estão entre os mais secos e quentes do país — seus arbustos baixos produzem, já em meados de agosto, apenas modestas quantidades de uvas Grenache totalmente maduras e de todas as tonalidades. Elas têm sido tradicionalmente usadas para o mais básico dos famosos Vins Doux Naturels (VDN) de Roussillon. Esses *apéritifs* que já foram populares não são, na verdade, vinhos naturalmente doces, conforme o nome sugere. Trata-se de suco de uva parcialmente fermentado pela adição de álcool, num processo cujo tempo é ditado pela doçura e pela força desejadas.

Roussillon faz 90% de todos os Vins Doux Naturels da França, e o **Rivesaltes**, feito em uma vasta área do Roussillon principalmente de Grenache Noir, Blanc e Gris, é, de longe, o mais popular VDN francês. Ele é designado Ambré, Grenat ou Tuilé quando é feito, respectivamente, de uvas de casca pálida, escura ou principalmente de Grenache Noir e exposto deliberadamente ao ar.

O **Muscat de Rivesaltes** vem da mesma zona generosa, que incorpora tudo com exceção da mais elevada área de vinhedo do *département* dos Pirineus Orientais, juntamente com os dois enclaves de Fitou, no Aude, mapeados na página 141. As produções permitidas para a Muscat são baixas, e o vinho, feito da Muscat de Alexandria com um pouco de uvas Muscat Blanc, é geralmente melhor, embora a maioria deva ser bebida quando jovem.

Mas é a curiosa região interna na qual fica o vale do Agly, com seu característico xisto negro, situado ao redor de Maury, nas terras altas setentrionais de Roussillon, que se tornou o foco da mais excitante entre as recentes atividades vinícolas de Roussillon. A pura qualidade de seus tintos de sabor profundo e de seus brancos secos, firmes, longevos e com aroma mineral, atraíram uma legião de vinicultores de todo o mundo, levando-os a se juntarem ao pioneiro Gérard Gauby, um convertido à causa da vinicultura biodinâmica. Enquanto este livro estava sendo escrito, essa monumental paisagem nem sequer possuía sua própria apelação. **Maury**, entretanto, tem uma para o seu VDN, em sua maioria *rosé* ou tinto, e que pode ser tão nobre — e com certeza igualmente longevo — quanto um bom Banyuls.

Banyuls é o melhor VDN da França, e sua produção às vezes atinge uma média inferior a 2.000 litros. Ele é produzido nos vinhedos mais meridionais do país, em terraços escarpados de xisto marrom varridos pelo vento e que descem em direção ao mar, ao norte de um posto de fronteira espanhol muito pacato. As uvas variam bastante, mas são predominantemente oriundas de antigas videiras de Grenache Noir cujos frutos amadurecem em níveis quase recordes, com freqüência murchando nas videiras até tornarem-se uvas-passas. Para o Grand Cru Banyuls, feito apenas em anos particularmente bons, 30 meses de envelhecimento em barril e 75% de Grenache Noir são obrigatórios. Técnicas de envelhecimento e, portanto, de tonalidades e estilos de vinho, variam de forma tão ampla quanto as do Porto (ver página 221), e às vezes por razões semelhantes. Pálidos vinhos impetuosos com gosto de ranço podem ser o resultado de um longo envelhecimento em velhos barris de madeira em condições relativamente quentes, enquanto os vinhos Rimages são envelhecidos como o Porto *vintage*, em garrafas, em um ritmo muito veloz.

Brancos secos feitos dos vinhedos dedicados ao Banyuls levam o nome do bonito Porto de pesca de **Collioure**, famoso lar de artistas e de embaladores de anchovas. Essências de um carmesim profundo, mais espanholas do que francesas, também atestam os robustos teores alcoólicos atingidos pelas videiras, principalmente a Grenache, mas que está sendo cada vez mais complementada pela Syrah e pela Mourvèdre. O poderoso Collioure branco também é feito de Grenache Blanc e Gris.

Os vinhos secos de Roussillon, mesmo que estejam evoluindo em estilo e composição a cada ano, são certamente mais fáceis de serem entendidos pelos forasteiros do que o VDN local. O **Côtes du Roussillon** é a base. Ele ainda é, em grande medida, feito de velhas videiras Carignan com Grenache, Cinsault e, em especial, Syrah e Mourvèdre, que desempenham um papel cada vez mais importante. Muitos tintos e brancos, incluindo o melhor de Agly, são vendidos como Vin de Pays des Côtes Catalanes. Roussillon pode se gabar de uma exótica paleta de variedades de uvas de cascas pálidas que podem ser transformadas em impetuosos e perfumados vinhos secos de mesa (veja o quadro).

Os **Côtes du Roussillon-Villages** são vinhos arrojados e mais positivos (apenas tintos) graças a

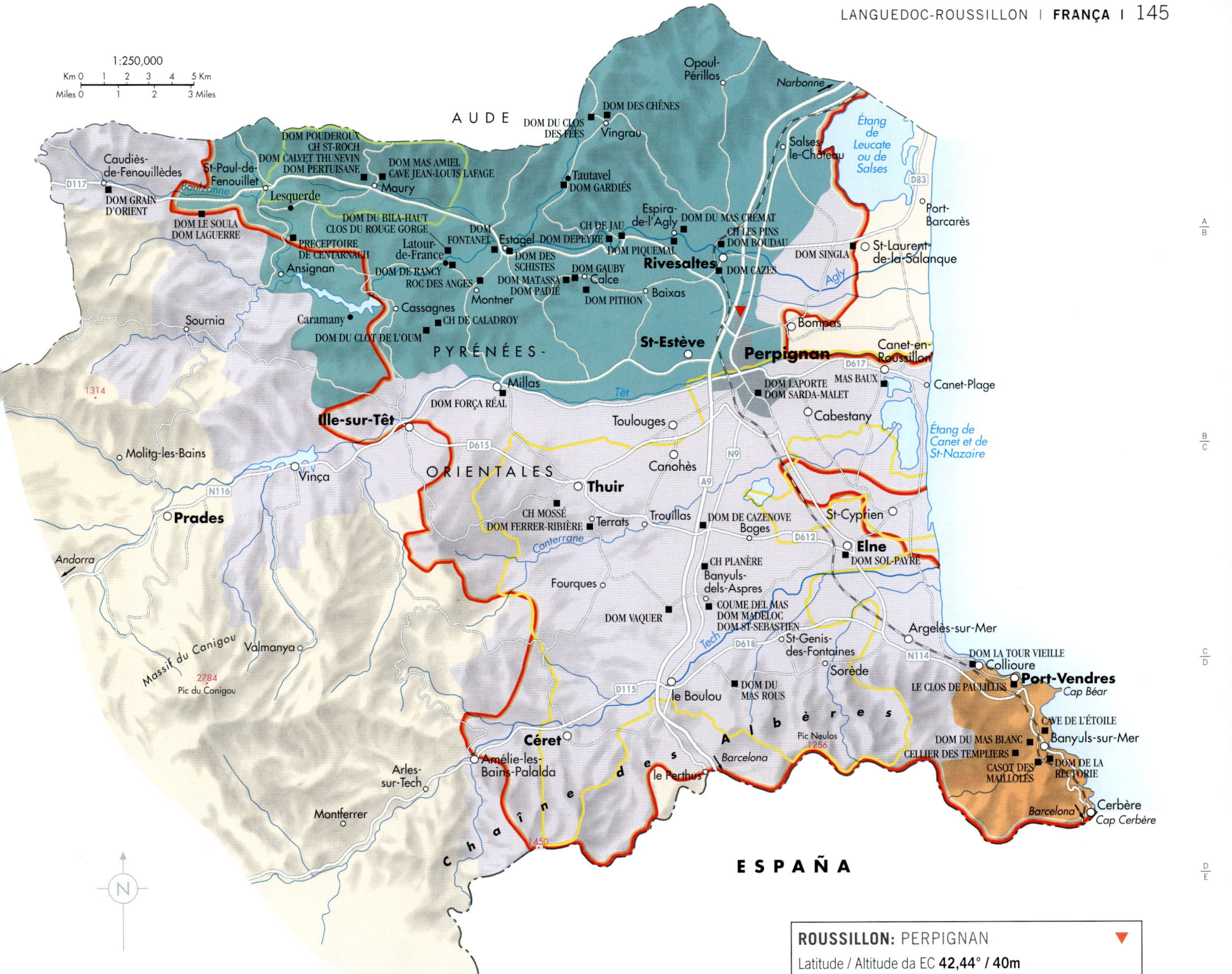

—·—	Divisa internacional	(laranja)	Banyuls e Collioure
-----	Divisa de département	(amarelo)	Côtes du Roussillon Les Aspres
■ DOM CAZES	Produtor notável	(lilás)	Côtes du Roussillon
• Lesquerde	Vilas que podem anexar seus nomes à AC Côtes du Roussillon-Villages	(azul)	Côtes du Roussillon-Villages
		(verde)	Maury
▼	Estação climática (EC)	(vermelho)	Rivesaltes e Muscat de Rivesaltes

ROUSSILLON: PERPIGNAN ▼

Latitude / Altitude da EC **42,44° / 40m**

Temperatura média da EC em Julho **23,3°C**

Índice pluviométrico anual na EC **570mm**

Índice pluviométrico na EC no mês de colheita **Setembro: 50mm**

Principais perigos para viticultura **Estiagem**

Principais uvas **Carignan, Grenache Noir, Maccabeu, Syrah, Grenache Blanc, Muscat, Grenache Gris, Mourvèdre, Lladoner Pelut, Cinsault, Rolle, Marsanne, Roussanne, Malvoisie du Roussillon**

produções ainda mais baixas e a uma força ainda maior. Essa apelação é restrita ao terço norte da área e permite que as vilas de Latour-de-France, Lesquerde, Tautavel e Caramany tenham suas próprias sub-apelações. Muitas dessas vilas oferecem um bom preço por vinhos firmes, sólidos e com envelhecimento respeitável, cujos aromas vêm do solo em vez de seguirem a moda internacional.

A apelação de **Côtes du Roussillon Les Aspres**, do início do século XXI, foi expressamente criada para vinhos superiores provenientes das vilas não incluídas na Côtes du Roussillon-Villages. Não tem faltado trabalho para os burocratas do vinho na mais meridional região vinícola da França.

▼ Uma amostra de algumas das mais novas estrelas da França inteira — brancos e tintos secos, realmente excitantes e singulares, junto com dois dos melhores produtos das vinícolas ao redor de Collioure: um forte, o outro muito forte e doce.

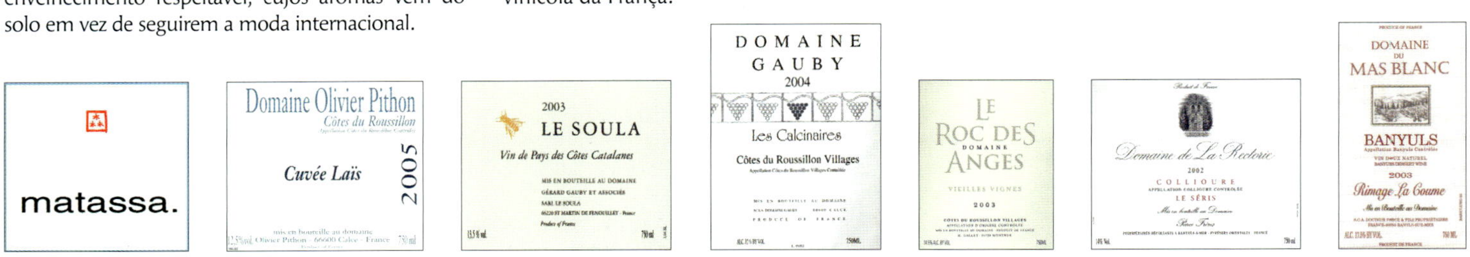

Provença

Provença! O nome, para não falar do lugar, tem tanta ressonância que os visitantes apreciadores de vinho estavam bem preparados para perdoar uma região cujas ofertas costumavam resumir-se a um excesso de *rosé* extraforte com um sabor que deixava a desejar.

Felizmente a Provença, que é a quintessência da região mediterrânea, foi invadida pelo mesmo tipo de indivíduos determinados a elevar a qualidade que tem feito suas reputações em outros lugares. Proporções cada vez maiores de *rosé* — o vinho local mais importante e que está cada vez mais na moda — são feitas gentilmente, possuem um perfume intrigante e são secas o suficiente, a ponto de se tornarem o perfeito acompanhamento para o alho e o azeite de oliva, que caracterizam a cozinha da região. Tintos verdadeiramente interessantes também estão sendo feitos por toda a Provença.

Uma olhada no mapa explica por que o caráter desses tintos pode variar consideravelmente. A clássica apelação de **Côtes de Provence**, a mais extensa da França, abrange, sozinha, os arredores setentrionais de Marselha, os flancos meridionais de Montagne-St-Victoire, as ilhas mediterrâneas, a quente hinterlândia de *resorts* como Le Lavandou e St-Tropez, os retiros subalpinos de clima mais fresco ao norte de Draguignan e até um bolsão de vinhedos ao redor de Villars, bem ao norte de Nice.

O enclave calcário de **Coteaux Varois**, em geral com clima mais arejado e recentemente alçado ao status de AC, é protegido de uma suavizante influência marítima pelo maciço de la St-Baume, de forma que alguns vinhedos nas arbóreas colinas ao norte de Brignoles às vezes não são colhidos até o início de novembro, ao passo que, no litoral, a época de colheita é no início de setembro. (O *négociant* da Borgonha Louis Latour tem obtido notável sucesso com uvas Pinot Noir cultivadas ainda mais ao norte, perto de Aups, dando uma pista de como aqui é fresco.)

No oeste, a paisagem do **Coteaux d'Aix-en-Provence** (em cuja fronteira sudeste está a cidade universitária) é menos dramática, assim como seus vinhos tendem a ser, embora as uvas Counoise adicionem interesse a alguns *rosés*. Na encosta da colina, os vinhedos do **Côtes du Luberon**, do outro lado do rio Durance, desfrutam de noites mais frescas e de um ambiente semelhante ao do Rhône. Eles estão mapeados em toda a sua extensão na página 137. O **Coteaux de Pierrevert** (veja o mapa da França na página 53) faz vinhos perceptivelmente mais leves.

Entre Coteaux d'Aix-en-Provence e o rio Rhône está a ramificada apelação criada em 1995 e que leva o nome do extraordinário cume da colina — e inevitável atração turística — de **Les Baux-de-Provence**. Aquecida pelo mar e açoitada pelo famoso mistral da Provença, essa área é ainda mais adequada à viticultura orgânica do que a maior parte do restante da região. Ela também oferece uma notável ilustração das atuais tensões entre a fraternidade de vinhos provençais e o INAO, o quartel-general do sistema AC francês em Paris. O assunto em questão diz respeito às variedades de uvas: deve-se encorajar a "tradição" ou puramente a qualidade? Após ter sido governada por sucessivas ondas de invasores do leste, norte, oeste e sul

(sardenhos, durante boa parte do século XIX), a Provença se gaba de um excelente e variado legado de variedades de uvas — algumas, como a Tibouren e a Calitor (Pécoui Touar), aparentemente desconhecidas em outros lugares. A atual preocupação do INAO parece ser a de reduzir e, em algum momento no futuro, eliminar a Carignan, que foi plantada aqui, assim como ocorreu no Languedoc, para fornecer tintos baratos e leves para o norte da França no início do século XX, enquanto encoraja a Grenache e a Cinsault (muito útil para os *rosés*), e as mais robustas Mourvèdre e Syrah, que as precederam. A Cabernet Sauvignon é vista oficialmente como uma intrusa indesejável, cuja influência deve ser rigorosamente controlada.

Muitos excelentes tintos provençais (e alguns brancos) são, por esse motivo, vendidos hoje como Vin de Pays, incluindo todos os de Domaine de Trévallon, de Les Baux, indiscutivelmente o melhor de todos os produtores da região. O pioneiro da combinação Cabernet/Syrah na Provença foi Georges Brunet, que chegou ao dilapidado Château Vignelaure, a nordeste de Aix-en-Provence, vindo do Château La Lagune, em Bordeaux. (Vignelaure está agora nas mãos de um treinador irlandês de cavalos de corrida.)

Como poderia se esperar de uma região com uma história de vinicultores que remonta à época dos romanos, a Provença abriga algumas bem-estabelecidas zonas vinícolas individuais. Talvez a mais histórica de todas seja **Palette**, situada na margem do rio Arc, voltada para o norte e rica em calcário, logo a leste de Aix, onde a família Rougier, do Château Simone, tem feito um vinho extraordinariamente denso nas três tonalidades por mais de 200 anos, de uma paleta (daí o nome?) de variedades locais de uvas, mais numerosas até do que as que são permitidas para o Châteauneuf-du-Pape.

Cassis, localizado no pequeno porto a leste de Marselha, também empreende um sério esforço com seus brancos, nesse caso, especialmente herbosos e, *de rigueur*, com *bouillabaisse*. No extremo oriental da Provença, um punhado de *vignerons* continuam a resistir à intrusão de Nice nos vinhedos de **Bellet**, refrescados pelos ventos do mar e dos Alpes e enriquecidos por uvas italianadas como Braquet (Brachetto), Folle Noir (Fuella) e Rolle (Vermentino). Vinhos feitos em áreas próximas a centros turísticos raramente são baratos.

▶ Em sua maioria tintos vigorosos nos quais o sol obviamente marcou sua presença, a não ser pelos dois últimos rótulos, que representam um rosado muito pálido, que evoca o Rimauresq (de proprietários escoceses, mas muito respeitado na França), e um branco surpreendente de muita personalidade feito de Rolle, conhecido na Córsega como Vermentino.

Estes vinhedos próximos de Eygalières, perto de St-Rémy-de-Provence, no département de Bouches-du-Rhône, deixam claro como aqueles que jamais pensaram em investir na produção de vinho podem ser persuadidos a fazê-lo.

Bandol

Em terraços inclinados para o sul, em meio aos pinheiros, afastando-se do porto turístico pelo interior adentro, mas aberta às brisas do Mediterrâneo, a apelação de Bandol sente de maneira intensa tanto o seu isolamento quanto o seu status singular. No tamanho, é apequenada pelo oceano de Côtes de Provence, que perfazem o grosso do vinho produzido nesse canto excepcionalmente ensolarado do sudeste da França. Em estatura, porém, é o vinho mais importante da Provença e que, ademais, satisfaz os critérios de prazer de muitos apreciadores atuais dessa bebida.

O vinho é principalmente tinto, feito com quantidades substanciais da uva da moda, a Mourvèdre (o único nessa apelação francesa), com uma intensa e quase selvagem característica herbosa, extremamente fácil de ser apreciada. Graças a um clima suficientemente benigno para amadurecer uma variedade de vinha cujo ciclo de crescimento está entre os mais longos de todos, a maior parte do Bandol tinto é voluptuosamente madura, podendo com facilidade ser desfrutada em apenas seis ou sete anos. Um *rosé* seco, substancial e com freqüência dominado pela Cinsault, é muito consumido na região, e pequenas quantidades de um encorpado Bandol branco também são produzidas, principalmente de Clairette, Bourboulenc e Ugni Blanc.

Nessa apelação relativamente pequena, os *terroirs* variam muito. Nos predominantes solos de argila vermelha os taninos da Mourvèdre podem ser bem marcantes, razão pela qual o vinho é habitualmente misturado com um pouco de Grenache e de Cinsault, que também são cultivadas. Aqui, a Grenache pode atingir com facilidade teores alcoólicos tão elevados que se torna uma escolha comum em qualquer vinhedo voltado para o norte. Os solos no canto noroeste são especialmente cobertos de brita; os solos jovens que se estendem de St-Cyr a Le Brûlat tendem a produzir vinhos melhores e mais suaves, enquanto os solos mais antigos da apelação ficam ao sul de Le Beausset. Aqueles situados em altitudes mais elevadas, como os que estão mais ou menos a 300m, ao redor do Château de Pibarnon, tendem a ser visivelmente menos férteis e, aqui, a colheita pode estender-se até meados de outubro.

Se o Bandol está lutando para adaptar-se às mudanças do mundo (o barril de carvalho novo e as associadas *cuvées* especiais são um tema contencioso; barris mais largos de carvalho antigo ainda são a norma na região), ele pode se gabar de um encorajador padrão geral de qualidade. As produções estão entre as mais baixas da França, e as uvas Mourvèdre devem estar totalmente maduras antes que seu uso na fabricação do vinho seja permitido. Felizmente, as chuvas costumam ser seguidas por um cortante mistral que sopra para longe o perigo da podridão. A Mourvèdre, com sua baixa acidez, pode não ser a uva mais fácil de ser vinificada, pois possui a tendência de desenvolver um cheiro nada apetitoso se não for exposta a uma quantidade suficiente de ar na adega. Contudo, as técnicas de vinicultura estão se tornando, no Bandol, cada vez mais sofisticadas.

▶ A mais óbvia ausência desta seleção de produtores de Bandol é o Domaine de Tempier, da família Peyraud, que acolheu um novo vinicultor, Daniel Ravier, na aurora do novo século. O conde Henri de St-Victor e sua família administram o Château de Pibarnon, com sua vista para o mar para além dos vinhedos.

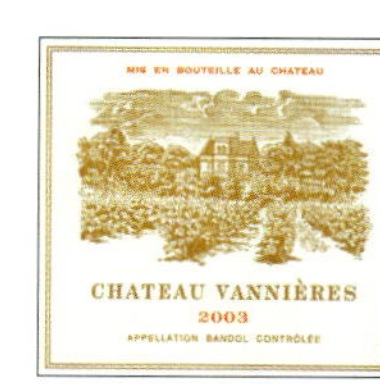

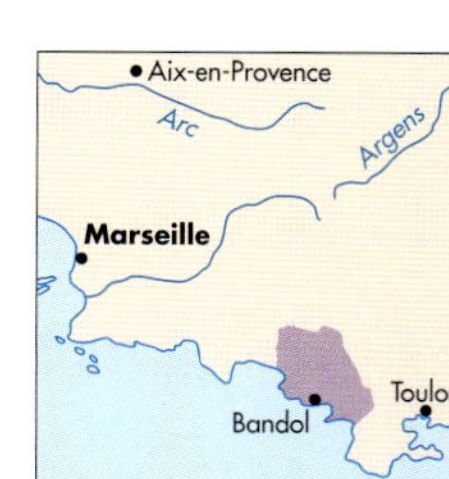

Córsega

A Córsega é mais ensolarada e seca do que qualquer outro lugar do território continental francês, mas seu terreno montanhoso é sinal de que a colcha de retalhos formada por seus *terroirs* tem em comum apenas a extraordinária secura dos meses de julho e agosto. A ilha é mais próxima da Itália do que da França em muitos aspectos, incluindo, obviamente, a distância. Todavia, a França tem sido a principal influência em sua recente história vinícola. Quando a França perdeu o domínio colonial da Argélia na década de 1960, um exército de hábeis cultivadores emigrou para a então malárica costa leste. Por volta de 1976, a área de vinhedos da Córsega havia quadruplicado, tornando-se quase inteiramente coberta de videiras de produção em larga escala.

A contribuição corsa ao vinho europeu tem sido estimulada desde então e, graças a vastos subsídios de Bruxelas e Paris, as adegas da ilha estão agora bem equipadas, seus vinicultores treinados em um dos institutos tecnológicos do continente e seus vinhedos, muito reduzidos, plantados apenas com variedades de uvas que possuem, no mínimo, o potencial de produzir vinhos capazes de cair no gosto dos consumidores modernos. Ainda assim, a grande maioria de todo o vinho produzido na ilha é também consumida nela, com uma reverência que não é maior do que a que ele merece. O vinho mais comumente exportado é o básico Vin de Pays, abençoado apenas pelo sedutor *nom de verre* corso Lîle de Beauté, sob o qual quase metade de todo o vinho feito na ilha hoje viaja.

Entretanto, uma proporção cada vez maior de vinho corso é coisa séria, posto que redescobriu seu direito de primogenitura em robustas e tradicionais variedades de uvas e nas colinas rochosas onde elas melhor se desenvolvem. Particularmente impressionante é a generalizada ausência de barris de carvalho nas adegas.

A pesquisa continua nas videiras que compõem a herança corsa. Niellucio, a Sangiovese toscana que pode ter sido importada pelos genoveses que governaram a ilha até fins do século XVIII, responde por mais de um terço dos vinhedos da ilha e domina a apelação setentrional de Patrimonio, situada no interior a partir do porto de Bastia. Única área nessa ilha majestosamente áspera que possui solo calcário, **Patrimonio** produz alguns dos melhores e mais longevos vinhos da Córsega: tintos firmes ao estilo do Rhône, brancos bem balanceados e ricos Muscat Vins Doux Naturels (ver página 144) de alta qualidade. No passado, os tintos eram particularmente duros e herméticos quando jovens, mas estão começando a mostrar taninos maduros graças a um cuidado maior com os vinhedos e com a vinicultura.

A Sciacarello, uva bem mais suave cultivada em cerca de 15% dos vinhedos da ilha, é associada principalmente à região vinícola mais antiga da Córsega, na granítica costa oeste perto da capital, Ajaccio, em Calvi e na área de Sartène, próxima de Propriano. Ela produz tintos altamente consumíveis, leves e, ainda assim, picantes, e um *rosé* que permanece vivaz, apesar de seu elevado teor alcoólico.

Vinhos doces, de Muscat ou da Vermentino local (conhecida no norte da ilha como "Malvoisie de Corse"), são também a especialidade de Cap Corse, o longo trecho setentrional da ilha. Rappu, um tinto forte e doce que é feito aqui, perto de Rogliano e com uvas Aleatico, possui fãs fiéis, e não apenas na Córsega. Vinhos feitos nessa extremidade setentrional da ilha são rotulados de **Coteaux du Cap Corse**. Vermentino, a principal uva branca de todas as ACs corsas, também produz singulares vinhos secos, cujo estilo varia do intensamente aromático ao aceradamente cítrico.

A apelação de **Calvi**, no noroeste, usa Sciacarello, Nielluccio e Vermentino, bem como algumas uvas mais internacionais, para produzir encorpados vinhos de mesa; **Figari** e **Porto Vecchio** fazem o mesmo ao sul. Os vinhos dessa ilha sedenta dificilmente poderiam ser considerados capazes de saciar a sede, embora Figari e Sartène pareçam ter chegado mais perto de produzir vinhos, em especial os brancos, com um toque de uma moderna e frutada vivacidade.

Em comparação com os vinhos concentrados, de caráter tradicional, os regulares Vins de Corse sem nenhum sufixo geográfico adicional, tipicamente os que são feitos ao redor de Aléria e Ghisonaccia, na planície costeira oriental, não possuem qualquer interesse especial. Misturar variedades locais com outras internacionais mostrou-se um sucesso comercial para algumas das melhores cooperativas da Córsega.

Uma nova geração de cultivadores está ansiosa para aproveitar ao máximo seus *terroirs*, e um mercado local — alguns diriam cativo — está apreensivo para encontrar em seus vinhos os elusivos aromas da ilha.

A ilha é impressionantemente bela e o clima tão mais seco do que o que os locais chamam de "continente" que todos os sabores, incluindo os dos vinhos bons e ruins, são intensificados.

Vin de Corse

Vin de Corse-Coteaux du Cap Corse/Muscat du Cap Corse

Vin de Corse-Calvi

Vin de Corse-Sartène

Vin de Corse-Figari

Vin de Corse-Porto-Vecchio

Ajaccio

Patrimonio/ Muscat du Cap Corse

▼ Estação climática (EC)

CÓRSEGA: BASTIA ▼

Latitude / Altitude da EC **42,33° / 10m**

Temperatura média da EC em julho **23,3°C**

Índice pluviométrico anual na EC **730mm**

Índice pluviométrico na EC no mês de colheita **Setembro: 65mm**

Principal perigo para a viticultura **Estiagem**

Principais uvas **Nielluccio, Merlot, Vermentino, Grenache Noir, Sciaccarello**

◄ Os Muscats que crescem no extremo norte da Córsega são reconhecidos por alguns como os mais singulares vinhos da ilha. Antonio Arena é baseado na vila mostrada à esquerda.

Jura

O Jura *vignoble*, um pequeno enclave de vinhedos espalhados em meio à floresta e ao prado do que parecem ser as colinas mais remotas da França, pode ter encolhido desde que a parasita filoxera o invadiu no final do século XIX. Ainda assim, seus vinhos são variados e inteiramente originais. Suas denominações — Arbois, Château-Chalon, l'Étolie e Côtes du Jura — são extremamente individuais e oferecem um atrativo especial para estudantes da arte de combinar vinho e comida.

Essa é uma verdejante terra de pessoas afeitas aos prazeres da mesa, influenciadas pelas tradições gastronômicas e pelos solos e bom clima da Borgonha, logo a oeste, exceto nas colinas, onde os invernos podem ser bastante severos. Como no Côte d'Or, os melhores declives de vinhedos inclinam-se, às vezes de forma íngreme, para o sul e para o sudeste a fim de aproveitar o sol. Não é de surpreender que o calcário jurássico seja característico de Jura, bem como da Borgonha (a AC **l'Étoile** tem seu nome derivado dos minúsculos fósseis em formato de estrelas encontrados no solo).

O Jura cultiva as uvas da Borgonha — algumas Pinot Noir e uma boa porção de Chardonnay, que cada vez mais é feito no estilo não oxidante importado da Borgonha, que os locais chamam de *floral*. Contudo, os mais intrigantes vinhos do Jura são feitos de variedades locais, em especial a Savagnin, de amadurecimento tardio, e com freqüência são deliberadamente expostos ao oxigênio durante o envelhecimento, sendo chamados de *typé* ou *tradition*. A Savagnin, muitas vezes animada com Chardonnay, acrescenta rigor e um toque de avelã aos vinhos brancos de mesa, que podem ser ao mesmo tempo prazerosos e distintos.

Essa nobre uva é também inteiramente responsável pelo famoso e forte vinho amarelo de Jura, o *vin jaune*. Para fazer a resposta francesa ao Xerez, as uvas Savagnins são colhidas tão maduras quanto possível, fermentadas e depois deixadas em velhos barris de Borgonha por pouco mais de seis anos, ao longo dos quais o vinho evapora e oxida. Em sua superfície, porém, cresce uma película de levedura, semelhante, mas de forma alguma idêntica, à famosa flor (ou véu de flor) da região de Jerez (ver página 206). Esse vinho firme e com intensas características de noz coloca em sua assinatura *clavelin*, garrafa de 620 ml, supostamente o volume que sobra de um litro original posto no barril. Ele não é para neófitos. É um vinho que pode durar décadas e que fica melhor se for aberto bem antes de começar a ser bebericado, de preferência com uma *poulette de Bresse* local. A AC **Château-Chalon** limita-se a esse estranho mas potencialmente excelente vinho, embora o *vin jaune*, de qualidade distintamente variada, seja feito por toda a região.

A uva de casca escura mais comum do Jura é a perfumada Poulsard, freqüentemente chamada de Ploussard, em especial ao redor de Pupillin (uma sub-apelação do **Arbois**), onde é mais popular. Os tintos produzidos raramente possuem uma coloração profunda, mas podem ser interessantes: suaves, macios e satisfatórios com a caça local.

Estas vinhas de Savagnin crescendo nos terraços do vinhedo Puits-Saint-Pierre, de Jean-Pierre Salvadori, logo abaixo da vila de Château-Chalon, parecem quase selvagens, ou no mínimo um feliz acidente.

Uma considerável proporção de um sedoso *rosé*, efetivamente um tinto leve, também é feita. A Trousseau é uma rara uva de coloração mais escura do Jura. Ela pode ser encontrada ao norte, em Arbois, e é cada vez mais vendida sob a forma varietal. A Pinot Noir tende a render melhor perto de Arlay, em direção ao oeste do Château-Chalon e ao sul deste mapa, no canto sudoeste da segunda mais importante apelação regional depois de Arbois, o **Côtes du Jura**, que é usado principalmente para vinhos brancos, incluindo o *vin jaune*.

O Jura sempre produziu excelentes espumantes e a denominação relativamente nova para o tradicional método do espumante é a de **Crémant de Jura**. Mas isso é bem menos distintivo do que o untuoso *vin de paille* do Jura, também produzido em toda a região com as uvas Chardonnay, Savagnin e/ou Poulsard, geralmente colhidas e postas para secar em condições cuidadosamente ventiladas até janeiro, quando então essas uvas-passas são fermentadas (para mais de 15% de teor alcoólico) e envelhecidas em barris antigos durante dois ou três anos. Assim como o *vin jaune*, esses vinhos são guardados por muito tempo.

Uma última especialidade é o Macvin du Jura, uma fragrante mistura de suco e aperitivo de uva que na região é bebido como *apéritif*.

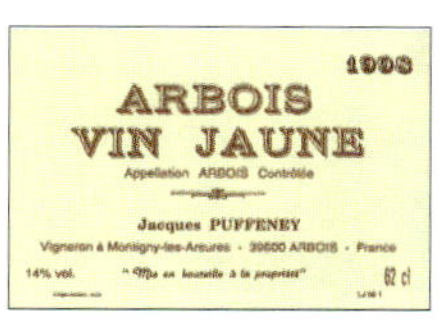

◄ Uma região tão pequena com tal variedade de estilos de vinho, desde o *vin jaune* e Château-Chalon, que lembram o Xerez, ao superdoce *vin de paille*, com singulares tintos leves e brancos secos com características de noz.

Savóia

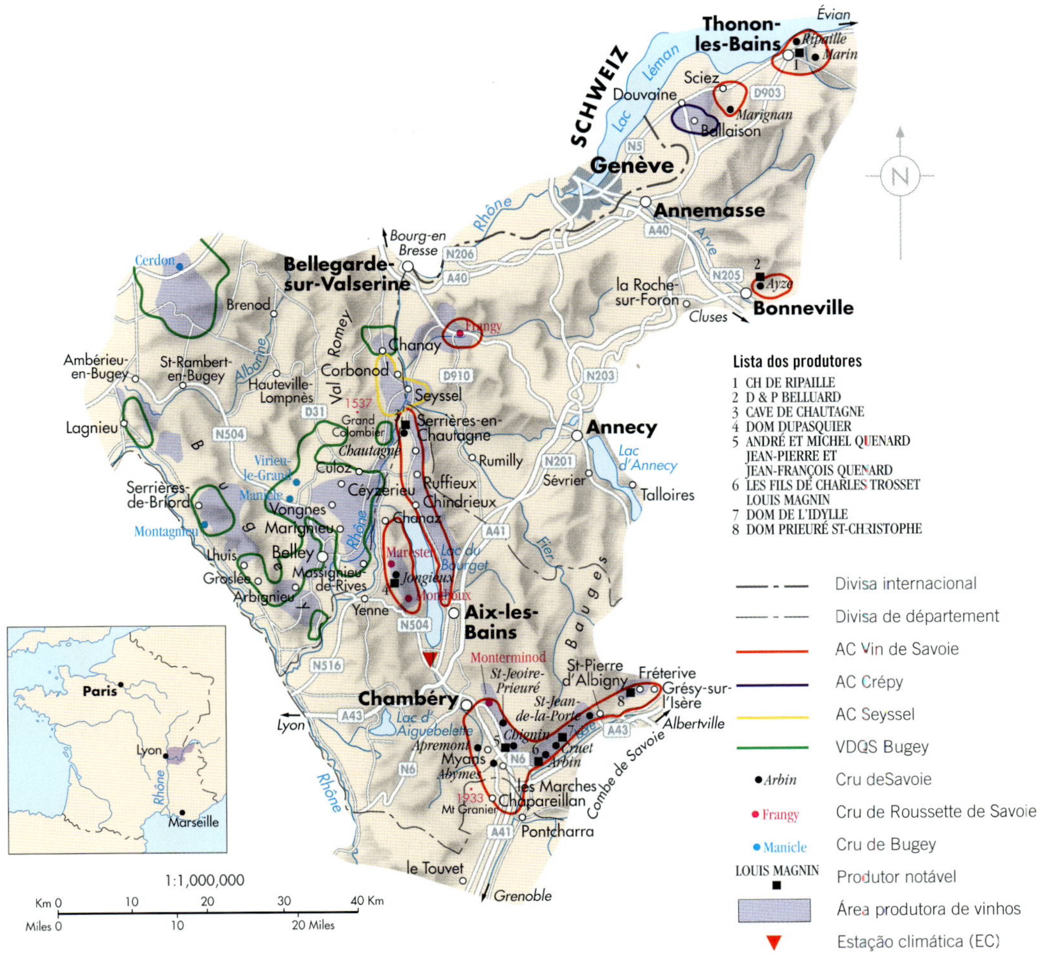

A área da França aqui mapeada é quase tão grande quanto toda a região vinícola de Bordeaux na página 83. Ainda assim, a Savóia produz menos de um quinto do vinho feito em Bourdeaux — efeito da ampla dispersão de suas áreas vinícolas e até mesmo de seus vinhedos individuais. As montanhas freqüentemente se interpõem no caminho. A terra cultivável é supervalorizada. Essa é a França alpina, completa, com todas as demandas do turismo: invernos frios o suficiente para atrair hordas de esquiadores e lagos que aquecem os vinhedos vizinhos no verão.

Uma pequena porém crescente área da Savóia é agora dedicada às videiras, mas suas produções de vinhos são tão variadas em virtude de uma rica mistura de especialidades locais de uvas, que aos forasteiros parece extraordinário o fato de que quase todas elas sejam abarcadas pela mesma denominação básica, **Vin de Savoie**.

A Vin de Savoie tem o dobro de chances de ser branca do que de ser tinta ou *rosé*. É também dez vezes mais propensa a ser leve, límpida e fresca — o que está de acordo com as montanhas, o ar, os lagos e os riachos savoianos — do que ser escura e impetuosa, embora alguns produtores tenham experimentado extrair mais da valiosa uva de casca escura da região, a picante Mondeuse. Alguns fazem sua Mondeuse como o Beaujolais, outros lhe dão barris para endurecer; os melhores vinhos mantêm um suculento toque de ameixa e um traço de tanino extremamente apetitoso. A grande maioria do vinho vendido como um correto Vin de Savoie é feita da uva Jacquère, e o resultado é um leve e moderado branco seco, como um Muscadet alpino.

Mas dentro da grande região de Savóia, 14 *crus* individuais têm permissão de adicionar seus nomes ao rótulo, desde que certas exigências, diferentes para cada *cru* mas mais estritas para os Vins de Savoie básicos, sejam cumpridas. Nas margens meridionais do lago Léman (lago de Genebra), por exemplo, apenas as uvas Chasselas, tão apreciadas pela vizinha Suíça, são permitidas para vinhos rotulados com os Crus Ripaille (que podem ser vinhos bastante ricos e dourados), Marin e Marignan. (**Crépy**, um vinho similar feito nessa área, tem sua própria e pequena apelação.)

Ao sul daqui, no vale do Arve, está o *cru* de Ayze, que produz brancos tranqüilos e espumantes do Gringet, o seu próprio local relativo ao Savignin do Jura.

A terceira apelação individual do Savoie é a **Seyssel**. Ela é conhecida por seus vinhos espumantes de Altesse com algumas Molettes nativas. Os vinhos tranqüilos da apelação são feitos principalmente de Altesse. Ambos possuem certa reputação histórica.

Logo ao norte de Seyssel está Frangy, um *cru* isolado especializado, nesse caso, na local e cheia de personalidade Altesse. A superioridade da uva Altesse, ou Roussette, é reconhecida por uma denominação especial para qualquer vinho savoiano que seja feito dela, dentro de certas condições: Roussette de Savoie. (Esses *crus* autorizados apenas para a produção de Roussette de Savoie estão marcados em magenta no mapa acima.)

Ao sul de Seyssel estão os extensos vinhedos de Chautagne, um *cru* mais conhecido por seus tintos, especialmente o granuloso Gamay. A oeste do lago de Bourget está Jongieux. Um vinho rotulado apenas de Jongieux é feito exclusivamente de uvas Jacquère, mas um pouco de Altesse também é cultivada aqui.

Situado ao sul da cidadezinha de Chambéry, cujo vermute herboso é agora muito difícil de encontrar, está a mais extensa área vinícola da Savóia, voltada para o sul e para o sudoeste, nas encostas mais baixas do monte Granier. Essa área inclui os populares *crus* de Apremont e Abymes, onde, indiscutivelmente, mais sabor é extraído da reticente uva Jacquère.

Seguindo o rio Isère acima, o Combe de Savoie é um aglomerado de *crus* nos quais todas as variedades de uvas savoianas são cultivadas — em especial a Jacquère e um pouco da Altesse. Desses *crus*, o Chignin é responsável por um dos mais conhecidos embaixadores do bom vinho da Savóia. Sua especialidade, o Chignin-Bergeron, feito exclusivamente de uva Roussanne do Rhône, é um dos mais poderosos e intensamente perfumados brancos da Savóia. Chignin e Arbin também podem amadurecer bem a Mondeuse.

Delicados vinhos espumantes feitos fora de Seyssel e Ayze, mas também pelo método tradicional, são vendidos simplesmente como Vin de Savoie.

SAVÓIA: CHAMBERY

Latitude / Altitude da EC **45,39° / 230m**

Temperatura média da EC em julho **20°C**

Índice pluviométrico anual na EC **1.220mm**

Índice pluviométrico na EC no mês de colheita **Setembro: 105mm**

Principais perigos para a viticultura **Não amadurecimento, umidade em setembro**

Principais uvas **Jacquère, Gamay, Altesse, Chasselas, Mondeuse**

Em direção ao oeste do lago de Bourget, os vinhedos de **Bugey**, que cultivam basicamente as mesmas uvas da Savóia, com alguma Chardonnay (embora não Chasselas) especialmente bem-sucedida, são delineados com igual precisão e complexidade. Bugey é especializado em leves vinhos espumantes, brancos e rosados, e uma Roussette de aroma suave, especialmente valorizada em Montagnieu e Virieu-le-Grand.

▼ Apenas olhar para estes rótulos tem um efeito descongestionante, tanto que eles estão associados com o ar fresco e limpo da montanha, com seus sabores descomplicados. Bergeron é o sinônimo de Chignin para a uva da moda, Roussanne, plantada no vale do Rhône e em todo o sul da França.

O modernismo combina com Skanlli de Sète. Seu empreendimento Fortant de France tem produzido representantes de primeira ordem da face contemporânea dos Vins de Pays, reunindo uma enorme quantidade de Languedoc-Roussillon na produção de variedades de vinhos fáceis de compreender no idioma moderno, com nomes e rótulos apropriados. Abaixo, há algo bem diferente: Domaine de Baron'Arques, perto de Limoux, em Aude. Aqui a equipe do Château Mouton-Rothschild produz, entre outras coisas, Vin de Pays de la Haute Vallée de l'Aude, confiando plenamente no seu parentesco com o Bordeaux.

Vins de Pays

A categoria Vin de Pays é uma criação relativamente recente e tremendamente bem-sucedida dos órgãos oficiais que zelam pelo vinho francês. Se a categoria VDQS (ver página 52) foi criada para distinguir os que esperavam por se tornar AC, a categoria Vin de Pays foi criada em 1973 (e formalizada apenas em 1979) como um estímulo para o vasto âmbito da categoria vinho de mesa, ou Vin de Table. O Vin de Pays — literalmente vinho do país, vinho regional — é considerado pelos franceses um vinho de mesa de qualidade superior, fornecendo ao mais humilde dos vinhos franceses a oportunidade de receber o maior dos elogios: um contexto geográfico. Qualificando-se como um Vin de Pays, um vinho de mesa se torna um Vin de Pays de algum lugar específico. Os nomes de cada zona de Vin de Pays foram cuidadosamente escolhidos para evitar qualquer possibilidade de confusão com as ACs, com deliciosos resultados criativos. Os mais de 150 nomes de Vin de Pays soam como poesia para qualquer um com ligações afetivas com o interior da França: Vals, Coteaux e Monts, Gorges e Pays, Marches e Vicomtés, Balmes e Fiefs. Quem consegue resistir a Vallée du Paradis (uma zona ao norte de Corbières) ou a L'Ile de Beauté (nome de um Vin de Pays da Córsega)?

Os Vins de Pays são organizados em três níveis: quase 100 pequenos distritos ou zonas, 54 *départements* (mas especificamente sem incluir os *départements* de "vinho superior" da Alsácia, Bordeaux e Côte d'Or), e 6 grandes regiões: todo o vale do Loire (Vin de Pays du Jardin de la France — outro nome bonito); toda a Bordeaux, a região de Cognac e a Dordonha (Vin de Pays de l'Atlantique); a maior parte do restante do sudoeste da França (Vin de Pays du Comté Tolosan); uma boa parte da França ocidental (Vin de Pays des Comtés Rhodaniens); toda a região sudeste da França e da Córsega (Vin de Pays Portes de Méditerranée); e toda Languedoc e Roussillon (Vin de Pays d'Oc). A última é de longe a área mais importante de Vin de Pays, subdividida em quase 60 regiões locais, pequenas demais para serem mostradas individualmente no mapa — e cujos nomes são menos usados do que a denominação universal Vin de Pays d'Oc.

Houve planos, muito discutidos e controversos, para um tipo de super Vin de Pays — Vin de Pays des Vignobles de France — no qual poderiam ser misturados vinhos de praticamente todas as regiões da França que cumpriam os requisitos para Vin de Pays. Apesar de o conceito à primeira vista ser uma ofensa à devoção francesa pela geografia local, tais vinhos seriam bem diferentes dos inferiores vinhos de mesa, que também podem ser uma mistura de vinhos de qualquer lugar da França.

Os critérios dos Vins de Pays são consideravelmente mais rigorosos do que os dos Vins de Table, que podem não lograr, ao contrário dos Vins de Pays, num ano de vindima. O regulamento dos Vins de Pays estipula uma precisa área de produção, um relativamente generoso rendimento máximo de 90hl/ha (85hl/ha para tintos e *rosés*), níveis alcoólicos naturais mínimos, e quais variedades de uva são oficialmente permitidas para um determinado Vin de Pays — normalmente uma

As áreas de Vin de Pays estão distinguidas por cor

vasta gama de uvas locais acrescida de uma seleção apropriada das principais variedades internacionais.

É abertamente admitido o fato de que alguns Vins de Pays têm maior validade do que outros. Certos nomes têm sido raramente usados, ao passo que a produção anual de Vins de Pays d'Oc aproxima-se de 350 milhões de litros, ou mais de 5% do total da colheita anual francesa. (Isso explica por que cerca de 70% de todo o Vin de Pays é tinto: o sul da França produz essencialmente vinho tinto.)

O Vin de Pays dá aos vinicultores uma rota de escape da camisa-de-força imposta pelas regulamentações da AC. A gama de variedades de uvas permitidas é mais ampla, as produções são mais elevadas, não há idade mínima para os vinhedos e a área geográfica é muito menos restrita. Sendo assim, um cultivador do Rhône do Norte, por exemplo, pode vender a produção de um vinhedo muito jovem para fazer o Condrieu, ou uma Syrah plantada em terras sem o status de AC como Vin de Pays des Collines Rhodaniennes. Comerciantes como Louis Latour, da Borgonha, e Georges Duboeuf, de Beaujolais, conseguiram expandir-se em direção ao sul, em novas áreas, vendendo, respectivamente, Pinot Noir e Viognier como Vins de Pays des Coteaux de l'Ardèche. E os produtores de Muscadet que desejam lucrar com o apreço que a Chardonnay tem por sua região podem vender o vinho como Chardonnay, Vin de Pays du Jardin de la France.

Também poderia ser dito que a categoria Vin de Pays veio para resgatar centenas, senão milhares, de vinicultores do sudoeste da França. Muito do constrangedor excedente de uvas, originalmente destinado aos tranqüilos armanhaque e conhaque (ver mapa na página 53), já foi direcionado para o branco crocante Vin de Pays des Côtes de Gascogne e para o Charentais, respectivamente. Espera-se que os recentes Vin de Pays de l'Atlantique e o Vin de Pays des Gaules ofereçam a mesma rota de escape comercial para os *vignerons* que têm cultivado uvas para o Bordeaux básico e para as denominações de Beaujolais, respectivamente, e cujo fracasso em encontrar mercado para os vinhos resultantes é ostensivo.

O Vin de Pays responde hoje por mais de um terço de todo o vinho produzido na França, aproveitando boa parte do vinho que antes teria sido classificado como um humilde Vin de Table. E seu sucesso em mercados exportadores em muito se deve, sem dúvida, a um aspecto nada francês do apelo desses vinhos: mais de 40% deles são agora vendidos não com base em sua geografia, mas como vinhos varietais, vinhos com palavras internacionalmente conhecidas como Chardonnay e Merlot em seus rótulos. Os Vins de Pays oferecem aos vinicultores franceses um meio de combater o Novo Mundo em sua própria arena. Muitos consumidores franceses ainda podem ver os Vins de Pays como inferiores, mas em vários mercados exportadores, em especial Alemanha e Reino Unido, as versões varietais são vistas, no mínimo, como sendo encorajadoramente familiares, e bem mais fáceis de entender do que as complexidades do sistema AC.

Itália

Castiglione Falletto, cujos vinhos majestosos são o epítome de Barolo, "rei dos vinhos e vinho dos reis" da Itália, mesmo que atualmente haja uma multidão de pretendentes ao trono.

Itália

A genialidade francesa não se encontra apenas no gosto: organização também é importante. A Itália não tem menos gosto, mas organização vem no final da lista de prioridades, muito abaixo de criatividade. A Itália possui a mais rica variedade de tipos de vinhos, climas e, acima de tudo, tipos nativos de uvas de todos os produtores de vinho do mundo. E as está usando ao máximo. A França continua sendo a matriarca dos vinhos superiores, mas a Itália possui uma personalidade em termos de vinho igualmente válida, quando não exasperante. Por um lado, seus vinhos possuem vivacidade e estilo próprio. Por outro, como todo grande produtor europeu de vinho, a Itália talvez ainda tenha uma quantidade demasiadamente alta de vinhas insossas e sobrecarregadas, mas elas têm rapidamente se tornado minoria e é a qualidade do que está sendo produzido no intervalo entre as colheitas que tem melhorado de forma impressionante, sem mencionar os vinhos brancos.

Alguns diriam que não pode haver desculpas. Os gregos colonizadores chamavam a Itália de Oenotria — a terra do vinho, ou, literalmente, vinhas suspensas —, um claro sinal de potencial para a viticultura. O mapa nos lembra que há pouco na Itália que não seja, pelo menos perifericamente, uma região de vinho. Apenas a França — e não em todo ano — produz mais vinho do que a Itália.

Em termos de geografia, seria impossível a Itália não produzir bom vinho em grande variedade, já que encostas, luz solar e clima temperado são fundamentais. Seu aspecto físico peculiar, com uma longa cadeia de montanhas que desce dos Alpes em direção ao sul chegando quase ao norte da África, significa que dificilmente há uma combinação de altitude, latitude e exposição que não seja encontrada. A maior parte dos solos é de origem vulcânica; há muito calcário, *tuffeau* e laterita. Mas o terreno é tão variado que é praticamente impossível generalizar sobre seus vinhos.

Por ser a Itália tão apropriada para a vinha e hoje produzir vinhos tão maravilhosos e tão surpreendentemente singulares, é fácil esquecer o quão recente é este fenômeno. Há apenas cerca de uma geração atrás, somente uma pequena proporção do vinho italiano era engarrafada pelo produtor. A grande maioria era enviada para as cidades para consumo doméstico, e os vinhos exportados eram em sua maioria misturas feitas pelos grandes comerciantes.

Não é, portanto, surpreendente que os rótulos pareçam pouco elaborados ao olhar estrangeiro, sendo que sua principal inconveniência é uma praticamente impenetrável confusão de nomes. Porque o vinho é onipresente, fazendo parte da vida cotidiana do italiano, e produzido por tantas pessoas orgulhosas e independentes, todo tipo de nome imaginável é utilizado para conferir originalidade. Assim, uma garrafa pode levar não apenas o nome da apelação oficial e do produtor, mas também o nome da propriedade, uma parte dela, ou qualquer outra coisa que dê na telha do produtor. Úteis rótulos estão sendo colados na parte de trás denominando regiões raramente incluídas em rótulos onde o nome de uma obscura cidade é freqüentemente a única referência geográfica. A Itália ainda precisa de um sistema rotulador (o que não é necessariamente a mesma coisa do que uma nova legislação para o vinho) que deixe claro quem produziu o vinho, onde ele foi produzido e qual é o seu nome mais significativo.

A partir da década de 1960, o governo italiano tomou para si a monumental tarefa de conceber um equivalente ao sistema francês de Appellation Contrôllée, a DOC (Denominazione di Origine Controllata), completa com suas fronteiras (freqüentemente por demais generosas), produção máxima (idem) e específicas variedades de uvas e métodos de produção. Uma forma superior de DOC, a DOCG (para a qual a origem não era apenas controlada, mas garantida — uma boa distinção) foi também criada, e em 1980 outorgada a alguns vinhos obviamente superiores como Barolo, Barbaresco, Vino Nobile di Montepulciano, Brunello de Montalcino, e, como um estímulo à melhoria, a um muito comentado Chianti. (Veja o quadro para a muito mais extensa lista atual de DOCG.)

Através dos anos, no entanto, uma séria deficiência do sistema DOC se tornou evidente. O que ele fez foi efetivamente fossilizar as práticas correntes da maioria das

Uma estátua numa propriedade de Vignamaggio, Chianti Classico. A arte continua tendo um papel mais evidente no vinho da Itália do que em qualquer outro lugar, como testemunham seus elegantes vinhedos e garrafas.

vinícolas de cada região, em especial as produções supergenerosas, indiferentemente se isso levava ou não aos melhores resultados. De fato, ele penalizou vinicultores progressistas que sabiam que algumas mudanças — por exemplo, nas variedades de uvas ou nas técnicas de amadurecimento — poderiam aprimorar em muito seus vinhos. O resultado foi a proliferação, nas décadas de 1970 e de 1980, de Vini da Tavola com mais autoridade e preços mais altos do que muitos dos vinhos DOC.

Em 1992, uma nova lei foi aprovada para reestruturar todo o sistema de classificação com restrições, incluindo produção máxima permitida, trabalhando paulatinamente a partir dos vinhos DOCG, passando para os DOC e até a inclusão de uma nova categoria, a IGT (Indicazione Geografica Tipica), criada para os Vini da Tavola inovadores. Assim como os Vins de Pays da França, os IGTs podem usar o nome geográfico e o da variedade.

Em teoria, um IGT não tem o mesmo status de um DOC, mas o mercado diz o contrário sobre muitos deles — em especial aqueles produzidos com variedades de uvas não-tradicionais que agora estão sendo plantadas por toda Itália. A Cabernet Sauvignon (que foi introduzida no início do século XIX) e a Chardonnay lideram essa nova invasão, mas a Merlot, a Syrah e outras são agora quase lugar-comum. Dos mais de 60 IGTs, os mais comuns são aqueles que levam o nome de uma das 19 regiões da Itália. Os IGTs estão aparecendo em uma crescente proporção de rótulos — mesmo porque muitos dos nomes (Úmbria e Sicília, por exemplo) têm mais ressonância no mercado do que os DOCs individuais.

O mapa é dado como um lembrete da localização das regiões e como uma chave para os subseqüentes mapas mais detalhados. Todos as DOCs e DOCGs atuais aparecem nas quatro páginas que recortam o país entre noroeste, nordeste, centro e sul, com exceção daquelas nos complexos centros de produção de vinho superior, que têm seus próprios mapas em escala maior.

E o vinho? Todos os melhores vinhos da Itália continuam sendo tintos? A maioria, mas de jeito nenhum todos. A Itália aprendeu a fazer vinho branco "moderno" (ou seja, fresco e enérgico) na década de 1960. Na década de 1980, ela começou a adicionar novamente a característica que havia perdido neste processo, e obteve êxito no final da década de 1990. Soave, Verdicchio e Pinot Grigio não são os únicos brancos que hoje em dia podem ser encontrados em formas frutadas e até mesmo complexas.

E os vinhos tintos italianos continuam a se tornar cada vez melhores. Eles variam do sedoso e frágil ao roxo e potente, em todo tipo e aroma, desde as mais duvidosas variedades nativas até o padrão Cabernet internacional. A extraordinária e rápida revolução na qualidade do vinho foi lograda em parte pelo afluxo financeiro do euro e em grande parte pelo conselho de um grupo, e alguns diriam um grupo por demais reduzido, de consultores viajados, inicialmente especialistas na produção do vinho, mas agora assumindo um papel cada vez mais ativo na muito necessária revitalização dos vinhedos da Itália. Muito do interior da Oenotria, assim como suas adegas, está sendo transformado para concentrar-se na qualidade em vez de na quantidade, com o tremendamente saturado sistema viticultor *tendone*, mais apropriado para vinhos de mesa, gradualmente desaparecendo da paisagem.

No entanto, para ser justo com o espírito da Itália, a qualidade de seu vinho deve ser considerada no contexto da incrivelmente variada e sensual mesa italiana. O verdadeiro gênio da Itália encontra-se no festejar. Na grande festa italiana, o vinho tem papel fundamental.

VINHOS DOCG

PIEMONTE
Asti e Moscato d'Asti; Barbaresco; Barolo; Brachetto d'Acqui ou Acqui; Dolcetto di Dogliani Superiore ou Dogliani; Gattinara; Gavi ou Cortese di Gavi; Ghemme; Roero

LOMBARDIA
Franciacorta; Sforzato della Valtellina ou Sfursat della Valtellina; Valtellina Superiore

VÊNETO
Recioto di Soave; Soave Superiore; Bardolino Superiore

FRIULI
Picolit; Ramandolo

EMILIA ROMAGNA
Albana di Romagna

MARCHES
Conero; Vernaccia di Serrapetrona

TOSCANA
Brunello di Montalcino; Carmignano; Chianti; Chiant Classico; Morellino di Scansano; Vernaccia di San Gimignano; Vino Nobile di Montepulciano

ABRUZZO
Montepulciano d'Abruzzo Colline Teramane

ÚMBRIA
Montefalco Sagrantino; Torgiano Rosso Riserva

CAMPANIA
Fiano di Avellino; Greco di Tufo; Taurasi

SICÍLIA
Cerasuolo di Vittoria

A LINGUAGEM DO RÓTULO

De um produtor relativamente novo, um dos rótulos mais claros da Itália, embora não haja nele nenhuma pista da região onde foi produzido.

DENOMINAÇÕES DE QUALIDADE

Denominazione di Origene Controllata e Garantida (DOCG) estes vinhos são reconhecidos como os melhores da Itália, ou apoiados pelos políticos mais habilidosos.

Denominazione di Origine Controllata (DOC) a primeira resposta da Itália à AC francesa (ver página 52)

Indicazione Geografica Tipica (IGT) a relativamente recente resposta italiana ao Vin de Pays francês (ver página 150)

Vino da Tavola vinho de mesa, a mais básica categoria italiana

OUTRAS EXPRESSÕES COMUNS

Abbocato levemente doce

Amabile semidoce

Annata ano da vindima

Azienda agrícola propriedade viticultora que não adquire uvas ou vinho, ao contrário de uma *azienda* vinícola

Bianco branco

Cantina adega ou vinícola

Cantina sociale, cantina cooperativa vinícola cooperativa

Casa vinicola empresa vinícola

Chiaretto tinto muito pálido

Classico zona original, em vez de expandida

Consorzio associação de vinicultores

Dolce doce

Fattoria fazenda

Frizzante semi-espumante

Gradi (álcool) teor alcoólico percentual por volume

Imbottigliato (all'origine) engarrafado (na origem)

Liquoroso forte, geralmente fortificado

Metodo classico, metodo tradizionale vinho espumante fermentado na garrafa

Passito vinho forte e geralmente doce feito de uvas-passas

Podere propriedade agrícola muito pequena, menor que uma *fattoria*

Recioto vinho feito de uvas semi-secas, uma especialidade do Veneto

Riserva seleção especial e longamente envelhecida

Rosato *rosé* (relativamente raro na Itália)

Rosso tinto

Secco seco

Spumante espumante

Superiore vinho mais envelhecido que um DOC médio e que contém 0,5%-1% a mais de álcool

Tenuta pequena *holding* ou propriedade

Vendemmia vindima, colheita

Vendemmia tardiva colheita tardia

Vigna, vigneto vinhedo

Vignaiolo, viticoltore viticultor

Vino vinho

Noroeste da Itália

Noroeste da Itália significa Piemonte para qualquer amante de vinhos, mas as montanhas de Langhe e Monferrato nas redondezas de Alba e Asti (mapeadas em detalhe na página seguinte) não são os únicos grandes vinhedos do noroeste. Sua uva mais nobre, a Nebbiolo, oferece resultados excelentes, e também diferentes, em vários cantos da região, principalmente nas montanhas além de Novara e Vercelli (famosa por seu arroz), onde, sob o nome de Spanna, ela se deleita em não menos do que seis DOCs diferentes, cada uma para um tipo diferente de solo.

A DOCG **Gattinara** (sobretudo da Le Colline Monsecco) é considerada a mais nobre forma de Spanna, com **Ghemme** (também DOCG) e **Lessona** como consortes e **Bramaterra** não muito atrás. Todas se beneficiam de um clima subalpino, uma exposição meridional ao sol e um solo glacial de rápida drenagem, notadamente mais ácido do que os solos de Langhe. Na prática, tudo depende do cultivador e da quantidade de adição permitida de uvas Bonarda ou Vespolina. O peso e a intensidade do Barolo não se fazem completamente presentes, mas não falta perfume. Spanna, que nos velhos tempos podia ficar distintamente carnudo nas garrafas, tem se beneficiado tanto quanto os outros vinhos da nova onda que tem surgido em relação às adegas italianas. Produtores como Proprietà Sperino, em Lessona, e Le Piane, em Boca, estão fazendo tudo o que podem para restaurar a reputação que a região tinha 150 anos atrás, quando seus vinhos eram bem mais considerados do que os de Langhe.

Nebbiolo também cresce no canto nordeste do mapa ao lado, onde a Lombardia se encontra com a Suíça. Em Valtellina, em ensolaradas encostas voltadas para o sul nas margens norte do rio Adda, a uva, aqui conhecida como Chiavennasca, produz tintos sinuosos. No coração da região, **Valtellina Superiore** DOCG, que inclui as subzonas de Grumello, Inferno, Sassella e Valgella, produz um vinho infinitamente melhor do que aquele vendido simplesmente como **Valtellina**. Algum Sfursat (Sforzato) seco é produzido com uvas semi-secas.

Ao norte de Turim, na estrada para o Valle d'Aosta e no túnel Mont Blanc que dá na França, existem mais dois Nebbiolos, de elevada reputação mas pequena produção: Carema e Donnaz. **Carema** ainda existe em Piemonte (mas tem seu próprio nome para Nebbiolo: Picutener). **Donnaz** é feito em Donnas, na fronteira entre províncias no Valle d'Aosta, a menor região vinícola da Itália. As condições alpinas talvez tornem esses Nebbiolos menos potentes e mais intensamente tingidos do que aqueles de latitudes menores, mas eles possuem sua própria *finesse* — e seus seguidores fiéis.

A uva vermelha própria da região da Aosta é a Petit Rouge, cujo gosto não está longe do Mondeuse de Savoie: escura, fresca, revigorante e com aromas de frutas silvestres. Ela forma a base do Enfer d'Arvier e Torrette, entre outros vinhos incluídos na DOC **Valle d'Aosta**. A uva Fumin produz tintos mais longevos. O ativo vale também produz brancos a partir de uvas importadas: os muito leves Blancs de la Salle e de Morgex; alguns pesados para o inverno Malvoise e Petite Arvine da Suíça; e algum Chardonnay muito apreciado no local.

Na periferia de Sóndrio, a igreja de São Pedro levanta-se sobre as íngremes encostas do vinhedo Inferno, que não tem nada de infernal. Esta subzona de Valtellina é o ponto norte mais extremado das vinhas Nebbiolo, já quase na Suíça.

Onde a turbulência montanhosa de Piemonte se encontra com o platô da Lombardia no leste, as condições se tornam menos alpinas e extremadas. O fulcro da viticultura lombarda está em **Oltrepó Pavese**, a parte da província de Pavia que fica além do rio Pó. Muito da melhor Pinot Nero e alguma Pinot Bianco para a produção de vinhos espumantes são produzidas aqui sem que se mencione esse fato.

A DOC **Oltrepó Pavese Rosso** demanda dois terços de Barbera, molificado com uma variedade de uvas locais, entre as quais a Bonarda (que em Oltrepó Pavese é o pseudônimo local para a uva Croatina) é a mais prevalecente e cheia de personalidade, muito embora a Uva Rara possa adicionar tempero à mistura. A principal vinícola da zona é Frecciarossa, "seta vermelha", de Castèggio. Buttafuoco e Sangue di Giuda são tintos com bolhas mais memoráveis por seus nomes do que por seus sabores. Os vinhos brancos de Oltrepó incluem "Pinot", que pode ser Bianco, Nero (feito branco), Grigio, ou todos esses. Riesling italiano (ou melhor, escocês) não é insuportavelmente insosso em Oltrepó Pavese (embora o Riesling Renano, "real" Riesling, seja melhor); os Moscatos são excelentes e até mesmo Müller-Thurgau produz vinhos respeitáveis. Veja a página 166 para detalhes sobre a crescente indústria lombarda de vinhos espumantes nas redondezas de Brescia.

Colli Piacentini, ao sul de Piacenza, aposta no reconhecimento com garrafas de variedades internacionais e um freqüentemente borbulhante tinto feito de Barbera e Bonarda.

Ao sul de Piemonte, sobre as rebarbas finais dos Alpes, conhecidas como Apeninos Ligurianos, encontramo-nos no Mediterrâneo, com quase nenhum espaço suficiente para cultivar vinhas entre as montanhas e o mar. A produção da Ligura é escassa, mas muito singular e merecedora de ser investigada. De suas uvas, apenas a Vermentino (também conhecida por Pigato aqui) e a Malvasia são conhecidas em outros lugares; as brancas Albarola, Bosco e Buzzetto são tão esotéricas quanto seus nomes. **Cinque Terre** é o vinho branco servido com peixe na costa escarpada perto de La Spezia. Sua versão licorosa é conhecida como Sciacchetrà. Outros brancos menos conhecidos devem ser provados numa visita a Gênova, você não os encontrará em nenhum outro lugar.

Potencialmente, no entanto, o vinho liguriano mais memorável é o tinto **Rossese**, também **di Dolceacqua** perto da fronteira com a França ou **di Albenga**, perto de Gênova. Sem parecer com nada produzido na região costeira ao longo dos Alpes Marítimos, o Rossese pode ser realmente fresco, frutado no sentido de "fruta leve" ou frutas silvestres do Bordeaux, convidativo ao olfato e refrescante ao paladar. E, ao contrário da maioria dos vinhos famosos do noroeste da Itália, ele não necessita de nenhum envelhecimento.

◄ Os vinhos do fresco e alpino Valle d'Aosta, como este tinto de uvas Fumin, são bastante diferentes do normal italiano. O rótulo do meio, de um bom Pigato (Vermentino) do oeste de Gênova, é um bom exemplo da típica inescrutabilidade italiana. Note a forma como a safra está escrita.

Divisa internacional

Divisa de Regione

CAREMA Vinho tinto

LANGHE Vinhos tinto e branco

Cinque Terre Vinho branco

DOCG Divisas entre DOCG/DOC estão assinaladas por linhas coloridas

Terreno acima de 600m

161 Área mapeada em escala ampliada na página indicada

▼ Estação climática (EC)

NOROESTE DA ITÁLIA: TURIM

Latitude / Altitude da EC **45,13° / 280m**

Temperatura média da EC em Julho **22°C**

Índice pluviométrico anual na EC **850mm**

Índice pluviométrico na EC no mês de colheita **Outubro: 85mm**

Principais perigos para a viticultura **Sub-amadurecimento, granizo, míldio**

Principais uvas **Barbera, Dolcetto, Moscato Bianco, Nebbiolo**

Piemonte

A comida e o vinho do Piemonte são tão inseparáveis quanto os da Borgonha. Os vinhos são fortes, ricos, singulares, maduros e, de certa forma, outonais. As trufas desempenham um importante papel. Não deve ser por mera coincidência que essa é a província italiana mais próxima da França. Piemonte significa aos pés da montanha — nesse caso, dos Alpes. Os Alpes quase circulam essa região montanhosa, de modo que, a partir do coração piemontês, as colinas onduladas de Monferrato, ao redor de Asti, eles formam um contínuo horizonte escuro — ou de um branco cintilante, no verão e na primavera. Menos de 5% dos vinhedos piemonteses são oficialmente classificados como planos. Cada declive de vinhedos, ao que parece, é voltado para uma direção ligeiramente diferente e é governado por aspectos e altitudes ligeiramente distintos. Se cada vinhedo é caracterizado por seu próprio mesoclima, a região do Piemonte tem seu próprio macroclima, com uma estação de cultivo muito quente seguida por um outono nebuloso e um inverno frio, com freqüência nebuloso.

Na época da colheita em Barolo, as colinas ficam semi-ocultas. Rampas com uvas acobreadas ou douradas, os pessegueiros e as avelãs, que inspiraram a indústria local de chocolate, descem para o vale de Tanaro, perdido na névoa. É uma experiência mágica visitar Serralunga ou La Morra e ver as uvas escuras surgindo em meio à neblina.

Os dois melhores vinhos tintos do Piemonte — Barolo e Barbaresco — extraíram seus nomes das cidadezinhas mapeadas em detalhes nas próximas páginas. A maior parte do restante dos mais famosos vinhos piemonteses é nomeada de acordo com as uvas com as quais são feitos — Barbera, Brachetto, Dolcetto, Grignolino, Freisa, Moscato, Nebbiolo. Se à uva for adicionado o nome de um lugar (por exemplo, Barbera d'Asti), significa que o vinho é proveniente de uma área limitada e teoricamente superior. As notáveis exceções a esse formato são os relativamente recentes Langhe, Roero, Monferrato e denominações genéricas do Piemonte, criadas para evitar o que os piemonteses vêem como a infâmia dos vinhos IGT. O mapa mostra a intercessão das *denominazione* mais importantes do Piemonte central — embora existam muitas, muitas mais, e uma perene tendência a surgir outras.

A assombrosa Nebbiolo não tem rival como a melhor uva vermelha do norte da Itália. Ela não precisa seguir as especificações do Barolo ou do Barbaresco para produzir um vinho límpido e fragrante — na verdade, alguns sérios e dignos Nebbiolo d'Alba, Langhe Nebbiolo e **Roero** tinto são feitos atualmente. Esse último, promovido a DOCG em 2004, é 95% feito de Nebbiolo cultivada nas colinas de Roero, a noroeste de Alba, nos solos arenosos da margem esquerda do Tanaro, juntamente com 5% de Arneis, a antiga e fragrante uva branca local com aroma de pêssego que cresce com sucesso aqui — uma resposta piemontesa às combinações de Syrah/Viognier de Côte-Rôtie. **Roero Arneis** é a DOCG para 100% dos brancos varietais.

A DOC **Langhe**, por outro lado, estende-se ao sul de Alba, na margem oposta do rio. Ela foi desenvolvida como uma varietal de Nebbiolo, Dolcetto, Freisa, Arneis, Favorita e Chardonnay, cultivadas nos solos mais pesados de marga argilosa da margem direita do Tanaro. Os inúmeros vinhos geograficamente específicos produzidos nas colinas de Langhe, incluindo o Barolo e o Barbaresco, podem ser rebaixados como DOC Langhe, em versão varietal, ou apenas como Rosso ou Bianco.

Monferrato tem sua própria DOC, com limites muito similares aos do Barbera d'Asti, enquanto que o Piemonte DOC é especificamente planejado para Barbera, Brachetto, Chardonnay, Cortese, Grignolino, Moscato, Uva Rara e as três Pinots — nada que pareça com um clube seleto.

Outrora desprezada por ser comum demais para inspirar respeito, a Barbera é agora a segunda uva vermelha mais glamorosa do Piemonte, e indiscutivelmente a que mais está na moda. A Nebbiolo exige tempo e atenção; a Barbera, tratada para envelhecer em novos barris franceses de carvalho (boa parte dela segue hoje esse processo), adapta-se mais ao estereótipo do vinho tinto moderno: grande, ousado, de um púrpura profundo e facilmente apreciável quando jovem. Tradicionalmente, as uvas Barbera são colhidas mais cedo do que as Nebbiolo, mas necessitam de lugares relativamente quentes e a colheita tardia pode reduzir a acidez a níveis mais palatáveis, conforme demonstraram os cultivadores de Asti e Alba. O **Barbera d'Asti**, que em geral representa a quintessência da Barbera, tem três subzonas oficiais: Nizza, Tinella e Colli Astini ou Astiano. O **Barbera d'Alba** é tipicamente sólido e com potencial de envelhecimento, enquanto a maioria do **Barbera Del Monferrato**, produzido na mesma área do Barbera d'Asti, é o oposto.

A terceira uva vermelha do Piemonte é a Dolcetto, que amadurece até mesmo nos lugares mais frescos e elevados. Suave onde a Barbera às vezes é arredia, mas capaz de mostrar um maravilhoso equilíbrio entre o suculento, o densamente residual e o seco com um toque amargo que cai perfeitamente com a rica culinária local. A melhor Dolcetto vem de Alba, Diano d'Alba, Dogliano e Ovada (em seu estilo mais potente).

Grignolino é consistentemente um peso-pena, um tinto acerejado que pode ser muito bom e picante. Em sua melhor forma (de Asti ou de Monferrato Casalese) é extremamente límpido e estimulante. Todos eles são vinhos para serem bebidos relativamente jovens.

A Moscato é a marca registrada do Piemonte em termos de uva branca, responsável pelo espumante Asti e pelo distintamente superior e borbulhante **Moscato d'Asti**, a epítome das doces uvas Muscat em sua forma mais enaltecedora. Ele também tem o considerável mérito de conter menos álcool — apenas cerca de 5% — do que literalmente qualquer outro vinho. Ele pode encantar e surpreender os convidados após um jantar pesado.

As uvas Cortese, de pele clara, são cultivadas ao sul de Alessandria (veja a página 159) para produzir o **Gavi**, que desde a década de 1980 é um dos vinhos que mais estão na moda entre os brancos secos italianos. Naquela época, a demanda pelos vinhos brancos também ajudou a promover a Arneis, que de mero veículo da Nebbiolo passou a produzir vinhos leves, macios porém aromáticos, não muito diferentes do Pinot Blanc. O Arneis pode ter colonizado Roero, mas esses solos arenosos também são especialmente propícios para a picante Favorita, a variante local da Vermentino.

Outras especialidades dessa prolífica região incluem mais um espumoso e doce vinho tinto, o Brachetto d'Acqui; o leve tinto Verduno, de uvas Pelaverga; o doce tinto ou rosado Malvasia di Casorzo d'Asti; o interessante vinho amarelo com a denominação de DOC Erbaluce di Caluso (sua forma doce, o Caluso Passito, é feito de uvas semi-secas); e o Freisa, com freqüência feito em Asti, um borbulhante e às vezes doce vinho tinto semelhante a um Lambrusco mais ácido e menos frutado. Ou você o ama, ou você o odeia. Ninguém jamais acusou o Piemonte de parcimônia no que diz respeito a uvas, sabores ou nomes.

Cães brancos são usados para localizar as famosas trufas brancas de Alba. Eles são brancos para que possam ser facilmente visíveis à noite (nenhum caçador de trufas gosta de revelar seu local preferido de busca à luz do dia). De acordo com a tradição local, as trufas são servidas com pratos simples, e excelente Barolo ou Barbaresco.

▸ Os rótulos aqui formam um rico coquetel de italiano e do dialeto local piemontês, que deve muito ao francês. A região foi dominada pelo reino francófono de Savóia até meados do século XIX, o que deu aos piemonteses uma sofisticação desconhecida no restante da Itália rural.

Torino
Chieri
Asti
Alessandria
Casale Monferrato
Alba
Bra
Acqui Terme
GRIGNOLINO DEL MONFERRATO CASALESE
GRIGNOLINO D'ASTI
BARBERA D'ASTI
ROERO
NEBBIOLO D'ALBA
BARBARESCO
MOSCATO D'ASTI
DOLCETTO D'ASTI
BRACHETTO D'ACQUI
BARBERA D'ALBA
DOLCETTO DI DIANO D'ALBA
BAROLO
DOLCETTO D'ALBA
LANGHE
DOLCETTO DI DOGLIANI
165
163
Po
Tanaro
Novara
Genova
Savona
DOCG Barbaresco
DOC Barbera d'Alba
DOC Barbera d'Asti
DOCG Barolo
DOCG Brachetto d'Acqui
DOC Dolcetto d'Alba
DOC Dolcetto d'Asti
DOC Dolcetto di Diano d'Alba
DOCG Dolcetto di Dogliani
DOC Grignolino d'Asti
DOC Grignolino del Monferrato Casalese
DOC Langhe
DOCG Asti e Moscato d'Asti
DOC Nebbiolo d'Alba
DOCG Roero e Roero Arneis
1:365,000
Km 0 5 10 Km
Miles 0 5 10 Miles
Divisa de província
Vinhedos
Floresta
Intervalo entre curvas de nível 100m
Área mapeada em escala ampliada na página indicada
Milano
Torino

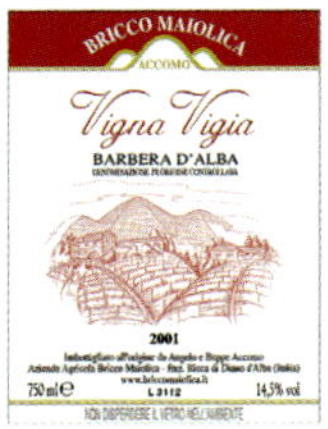
BRICCO MAIOLICA
Vigna Vigia
BARBERA D'ALBA
2001

LaCourt
MICHELE CHIARLO

DOLCETTO DI DOGLIANI
2004

Hilberg

CaViola
LANGHE
ROSSO
BRIC DU LUV 2004

LANGHE
2003
PODERI
LUIGI EINAUDI

Bric Valdiana
2004
ROERO
GIOVANNI ALMONDO

Barbaresco

A Nebbiolo encontra sua mais fascinante expressão nas colinas de Langhe, nos solos de argila calcária na margem direita do rio Tanaro, a nordeste de Alba, na zona do Barbaresco, e a sudoeste da cidade próxima à vila de Barolo (mapeada e comentada no verso). A uva Nebbiolo possui um amadurecimento especialmente tardio, de modo que os melhores vinhos costumam vir de encostas inclinadas para o sul e não muito elevadas, com altitudes que oscilam entre 150m e 350m.

Hoje, o viticultor e seu vinhedo (os termos *sorì* e *bricco* são uma referência constante a lugares ilustres) detêm o segredo do Barolo e do Barbaresco. Os sabores revelam tantas diferenças consistentes quanto à qualidade, ao aroma, à potência e à elegância que, se fosse no Côte d'Or, seria justificado o termo *cru*. Ainda assim, a emergência desses grandes vinhos do limbo das lendas para os holofotes da crítica só começou a ocorrer a partir da década de 1980.

Foi a segunda vez em 150 anos que a região sofreu uma revolução. Até a década de 1850, suas Nebbiolos eram vinificadas como vinhos doces, e sua fermentação nunca era satisfatoriamente concluída. Um enólogo francês, Louis Oudart, recrutado por um reformista proprietário de terras de Barolo, mostrou como a fermentação deveria ser finalizada para produzir potentes tintos secos. Suas técnicas do século XIX de colheita tardia, extração longa e um interminável envelhecimento em enormes barris antigos permaneceram quase inalteradas até as décadas de 1970 e de 1980. Por volta dessa época, um novo público, mais crítico, que tinha o "frutado" firmemente estabelecido em sua preferência, começou a dar as costas aos vinhos extremamente tânicos e avassaladoramente fortes, mas que com freqüência simplesmente secavam ao esperarem demais por uma maturidade que nunca vinha.

A moderna vinificação não teve problemas para encontrar as soluções: escolher o momento certo da colheita (que hoje empurra a maturação fenólica ao limite); fermentação em aço inoxidável sob temperaturas controladas; períodos de envelhecimento menores em grandes barris de carvalho velho ou, o que é mais controverso, em barris pequenos, novos ou quase novos; e, para aqueles que investiram em bugigangas como fermentadores rotatórios em meados da década de 1990, apenas alguns dias de maceração, em vez de semanas ou meses, conforme mandava a tradição.

Os resultados ainda são vinhos tânicos que precisam envelhecer, mas cujo tanino apenas emoldura uma estonteante gama de sabores assombrosos. Grandes Barolos e Barbarescos podem sobrepor esfumaçados toques amadeirados a uma doçura profunda, o sabor de framboesa ao couro e aos temperos, uma leveza herbácea a uma densa concentração. Vinhos mais velhos avançam para sabores animalescos, tardios, às vezes sugerindo cera ou incenso, às vezes cogumelos ou trufas. O que os une é a estimulante diluição de seus taninos, que refrescam em vez de inundar o paladar.

Embora tenha havido um número considerável de novos plantios, o Barbaresco, com 1.600 acres (680 hectares), possui menos da metade das áreas de vinhedos do Barolo. É uma grande vila de apenas 600 pessoas, em um espigão que oscila para o oeste, em direção a Alba, flanqueado em toda a sua extensão por vinhedos de renome. Asili, Martinenga e Sorí Tildin são sinônimos para os melhores tintos. Um pouco mais abaixo, a leste, está Neive, em cujo castelo Oudart fez experimentos com a Nebbiolo e em cujos vinhedos Barbera, Dolcetto e, especialmente, Moscato ainda são mais importantes do que a Nebbiolo. Os melhores locais de Neive incluem Bricco di Neive e Santo Stefano. Tão emocionantes eram os poderosos vinhos produzidos em alguns dos melhores locais de Neive na década de 1990 que as atenções têm se voltado cada vez mais para essa área, e um número cada vez maior de vinicultores está agora engarrafando o vinho produzido sob seus próprios rótulos.

Ao sul, em escarpas mais elevadas — algumas das quais demasiadamente arejadas para amadurecer a Nebbiolo e, por isso, mais apropriadas para a Dolcetto —, fica a comuna de Treiso, cuja Nebbiolo tende a ser especialmente elegante e perfumada. Pajorè era, historicamente, o *cru* mais importante. Roncagliette produz vinhos com o tipo de equilíbrio característico dos que são feitos perto da vila de Barbaresco, ao norte. As autoridades dividiram toda a zona de Barbaresco em subzonas contíguas, algumas de qualidade muito melhor do que outras. Apenas os melhores vinhedos de Barbaresco estão assinalados no mapa que está no verso. Seu número é consideravelmente maior do que na edição anterior deste atlas e eles foram nomeados da forma com que mais provavelmente serão encontrados em um rótulo (embora mais uma vez, assim como na Borgonha, as grafias variem — principalmente porque o Piemonte tem seu próprio dialeto).

As graduações da monocultura subalpina do Barbaresco são em geral menos drásticas do que as do Barolo, mostradas nas páginas 154, 155 e 164. O vigor da personalidade de Angelo Gaja foi o fator responsável pela elevação desta segunda vila a um nível equivalente ao do Barolo.

O Barbaresco já foi um coadjuvante do bem mais famoso Barolo, até que Angelo Gaja, em um deslumbrante suéter Missoni, fez sua aparição no palco mundial. Gaja não tem inibições: seus vinhos — sejam eles o clássico Barbaresco (embora não mais rotulado dessa forma agora que esse *showman* optou por abandonar as restrições da DOCG), Cabernet, Chardonnay ou Sauvignon Blanc experimentais, ou o Barbera, tratado como clarete de primeira colheita — falam por si mesmos e custam uma fortuna.

Bruno Giacosa mostrou, na década de 1960, que o Barbaresco pode ter a intensidade, embora nem sempre o vigor físico, do Barolo, mas foi Gaja quem, sem pensar duas vezes, modernizou essa mensagem ao importar novos barris e novas idéias para essa que é uma das regiões mais tradicionais. Em 2000, Gaja anunciou que iria renunciar ao nome que tornara tão famoso e vender todo o vinho anteriormente comercializado como Barbaresco DOCG — incluindo seus fabulosamente caros vinhedos individuais Sorí San Lorenzo, Sorí Tildin e Costa Russi —, como DOC Langhe Nebbiolo, a denominação genérica para o Barolo e o Barbaresco desclassificados e para vinhos contendo até 15% de variedades "estrangeiras" como Cabernet, Merlot e Syrah.

Com essa notável exceção, e também com a exceção de produtores de destaque como Giacosa e Marchesi di Gresy, os padrões gerais da vinicultura ainda são menos desenvolvidos no Barbaresco do que no Barolo e, historicamente, uma proporção muito mais elevada das uvas era vendida aos muitos engarrafadores e às cooperativas da região.

Os vinhedos de Barbaresco são, em geral, ligeiramente mais baixos e quentes do que os do Barolo, de forma que a colheita com freqüência é feita mais cedo. O Barbaresco também costuma ser comercializado após dois anos de envelhecimento, em vez dos três anos do Barolo, motivo pelo qual falta aos vinhos em geral o poder de permanência que o Barolo apresenta em sua melhor forma — o que pode ser uma vantagem para os frenéticos consumidores de vinho de hoje em dia. É difícil argumentar que eles não são tão bons.

◄ Três dos mais proeminentes Barbarescos, todos oriundos de vinhedos favorecidos e individuais, além de um vinho cultivado no vinhedo Cerequio de Bartolo, mas vinificado nas adegas de Gaja em Barbaresco. Seus produtos não levam mais nenhuma das duas palavras com B.

Barolo

O Barbaresco é um grande exemplo de Nebbiolo, mas o Barolo é o maior. A zona do Barolo começa a pouco mais de 3km a sudoeste de Barbaresco, com os vinhedos de Dolcetto de Dario d'Alba no meio, e está sujeita a muitas das influências características já descritas na página 162. Dois pequenos tributários do Tanaro, o Talloria dell'Annunziata e o Talloria di Castiglione, dividem o Barolo nos três principais grupos de colinas altamente convolutas mapeadas na página ao lado, que se elevam quase 50m a mais do que a zona do Barbaresco.

Graças a um aumento de mais de 40% da área dos vinhedos desde a década de 1960, há agora mais de 4.200 acres (1.700 hectares) de vinhedos de Barolo, embora seja possível que alguns dos novos estejam em locais frescos demais para que a Nebbiolo amadureça por completo. Todos os vinhedos do Barolo estão concentrados nessa zona, que é grande o suficiente para apenas 11 comunas nas relativamente populosas colinas de Langhe. Compare o mapa da página ao lado com o da muito mais plana região de Pessac-Léognan na página 101, que está mais ou menos na mesma escala. Tantas formas de exposição, altitudes e mesoclimas diferentes, assim como dois principais tipos de solo têm fornecido interminável combustível para discussões quanto às possíveis subzonas.

Em direção ao oeste da estrada de Alba, perto de La Morra, os solos são muito similares aos do Barbaresco — margas calcárias de um período que os geólogos chamam de tortoniano. Essas colinas ocidentais das comunas de Barolo e La Morra costumam oferecer vinhos ligeiramente menos tensos e mais abertamente fragrantes. Aqui, os grandes vinhedos incluem Brunate, Cerequio, Le Rocche in La Morra e La Serra in La Morra e o local mais famoso de Barolo, Cannubi, em terreno ligeiramente mais baixo.

Entretanto, a leste, nos vinhedos de Castiglione Falletto, Serralunga d'Alba e nos que ficam ao norte de Monforte d'Alba, os solos são helvéticos, bem menos férteis e com mais arenito. Eles tendem a produzir vinhos ainda mais concentrados, os mais carnudos de Barolo, que exigem um envelhecimento extremamente longo e que adquirem com os anos uma singular borda laranja em suas profundezas de tinta negra. Alguns vinhedos em Castiglione Falletto produzem vinhos nitidamente mais suaves do que os de Serralunga, enquanto que o pedaço de terra que divide os vales de Serralunga e Barolo produz vinhos distintos, que combinam o poder do Serralunga e o perfume do Barolo feitos em Castiglione Falletto e no norte de Monforte. Os principais exemplos incluem Bussia e Ginestra, em Monforte, e, em Castiglione Falletto, o Villero de Vietti e o vinho que Scavino chama, no dialeto piemontês, de Bric dël Fiasc (Bricco Fiasco, em italiano). Tais exemplos de variação e flexibilidade lingüísticas são abundantes. A única exceção à dureza dos Barolos de Castiglione Falletto talvez seja Bricco Rocche, que, com solos relativamente arenosos, pode produzir vinhos especialmente perfumados.

Serralunga d'Alba é o lar da ex-propriedade real de Fontanafredda, uma companhia que ajudou a desenvolver o status do Barolo de "vinho dos reis, rei dos vinhos". A comuna tem alguns dos mais elevados vinhedos de Barolo, mas o estreito vale que separa Serralunga de Monforte d'Alba, a oeste, acumula calor suficiente para compensar a altitude, de forma que a Nebbiolo pode ser amadurecida em locais mais apropriados na maioria dos anos. Foi em Serralunga que Angelo Gaja expandiu-se do Barbaresco para a zona do Barolo em fins da década de 1980, sendo que ambos os vinhos receberam o status de DOCG já em 1980.

Entretanto, mesmo antes disso, o Barolo podia se gabar de possuir dúzias de dedicados cultivadores-engarrafadores (*domaines* parece ser uma palavra melhor do que "propriedade" para essa que é a mais borgoniana das regiões vinícolas italianas). Aqui, assim como na Borgonha, a tradição determina que a mesma família que cultiva as videiras produza o vinho — apesar de, nas últimas duas ou três décadas, ter havido uma considerável evolução na forma como vinhos vivazes, expressivos, quase borgonianos são feitos. O Barolo é, indiscutivelmente, o vinho mais intransigente do mundo, dependendo de décadas de envelhecimento na garrafa para mostrar sua verdadeira sedução, seu buquê etéreo. Alguns poucos tradicionalistas possuem admiradores tão fiéis e entendidos que podem se dar ao luxo de continuar fazendo um vinho como esse. Outros adaptaram o Barolo aos tempos modernos em maior ou menor grau, reduzindo a fermentação e o tempo de envelhecimento em barris de modo que os vinhos podem ser abertos mais cedo. Ninguém está certo, e apenas aqueles que decidiram ignorar as qualidades únicas dessa uva e de seu lugar é que poderiam estar errados.

Serralunga d'Alba, uma das principais vilas da zona do Barolo, com a neblina (nebbia) *do outono que dá o nome à uva Nebbiolo, que cresce extraordinariamente bem aqui. Até agora, sua performance fora do Piemonte é menos do que convincente.*

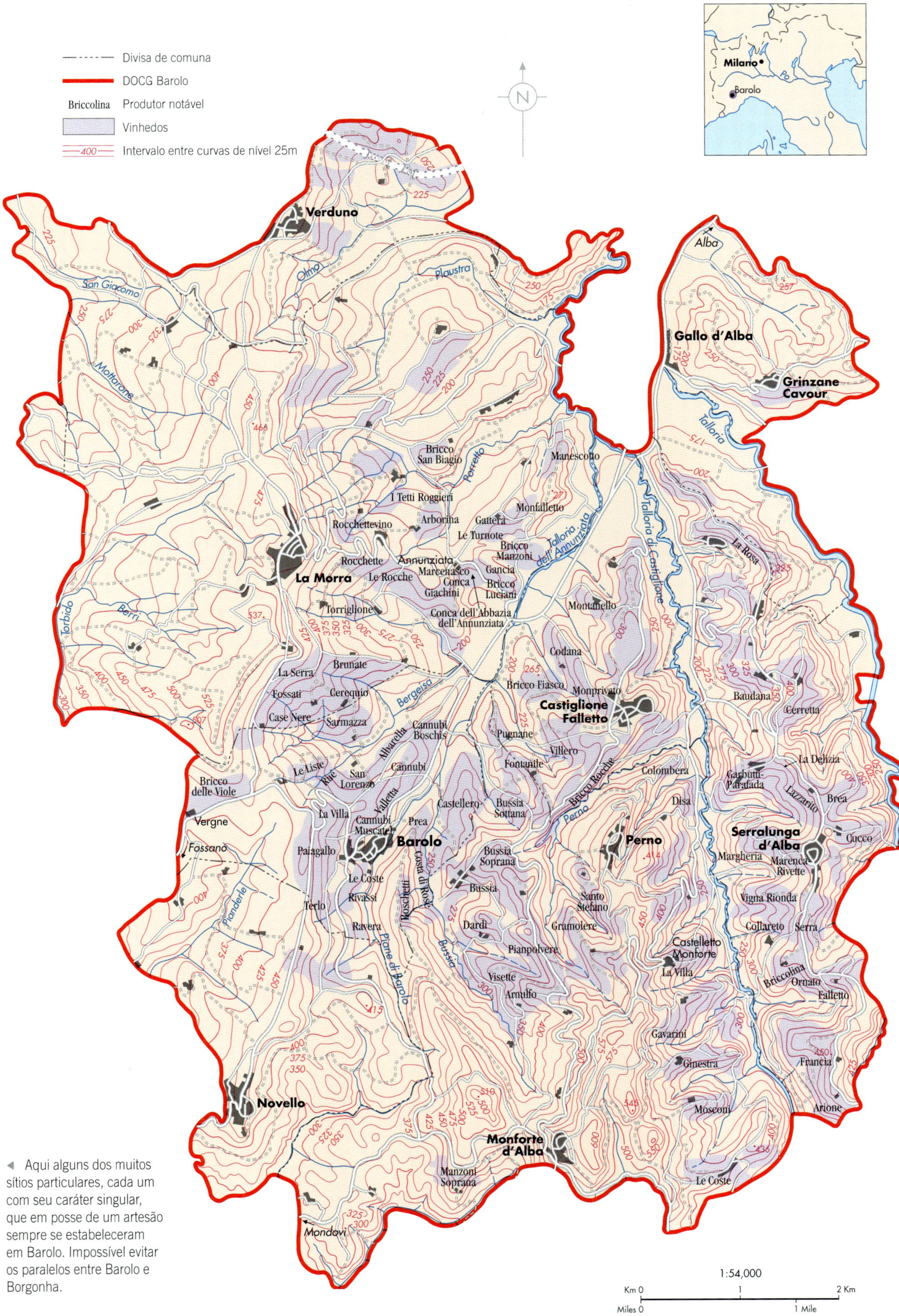

◄ Aqui alguns dos muitos sítios particulares, cada um com seu caráter singular, que em posse de um artesão sempre se estabeleceram em Barolo. Impossível evitar os paralelos entre Barolo e Borgonha.

Nordeste da Itália

Esta loja na capital gastronômica de Bolonha mostra para que servem os vinhos italianos, especialmente o ácido, bem seco e levemente espumante Lambrusco verdadeiro, produzido na região. Versões adocicadas, destinadas à exportação para o norte da Europa e Estados Unidos, são propostas bem diferentes.

Houve uma época em que Sicília e Puglia foram o poço de vinho da Itália. Nas décadas de 1980 e de 1990, vastas extensões de vinhedos foram arrancadas de forma dramática e deliberada. Desde então, o nordeste da Itália em geral, e o Vêneto em particular, tornaram-se a zona mais prolífica da Itália. O nordeste sempre reverenciou mais as idéias modernas e menos a tradição do que o restante do país, seja devido ao realismo dos venezianos, à pressão da influência austríaca ou ao clima moderado.

No extremo oeste da área mapeada aqui, **Franciacorta** adquiriu a reputação de fazer o melhor vinho *metodo classico* da Itália. A grande história de sucesso dos espumantes do país começa na década de 1970, na propriedade da família Berlucchi, numa imitação direta do champanhe, e foi adotada por fazenda após fazenda da região sul do lago Iseo. A Chardonnay e a Pinot Noir são perfeitamente apropriadas a um clima moderado. Os melhores vinhos, tanto espumantes quanto tranqüilos (incluindo vinhos moldados com sucesso em Bordeaux e na Borgonha), são do carismático Maurizio Zanella, de Ca' Del Bosco, cujo Cuvée Annamaria Clementi exibe uma elegância encontrada apenas nos melhores vinhos de Champagne. Mas outros como Bellavista, Ferghettina, Gatti, Majolini, Monte Rossa e Uberti estão em seu encalço. Seus varietais tintos e brancos são vendidos como **Terre di Franciacorta**.

O cinturão de vinho Vêneto é descrito em detalhes nas páginas 170 e 171. Seu extremo ocidental produz, no sul do lago de Garda, um atraente branco seco baseado na parente local da uva Verdicchio, conhecida simplesmente como Lugana. Ca' dei Frati mostrou que pode até ser envelhecido, e que esse território talvez também possa ter potencial para tintos totalmente maduros, bem como para o leve **Bardolino** e para o Chiaretto *rosé* tradicional nesse *resort* junto ao lago. Os dois, produzidos com a mesma uva que o Valpolicella, são feitos para serem bebidos jovens, de preferência em um terraço, à sombra das videiras, embora o **Bardolina Superiore** DOCG seja designado para cortes mais substanciais. O nome **Garda** foi dado ao genérico Garda, que permite combinações entre as convencionais zonas vênetas de Soave, Valpolicella e **Bianco di Custoza**. Feito ao sul, o Bianco di Custoza pode, assim como o **Gambellara**, a leste de Soave, ser muito similar ao Soave comum, mas com certeza é uma aposta mais garantida.

O vinho mais popular do extremo oriental do Vêneto é o combustível do turista da região, o espumante **Prosecco**. Cartizze, de Valdobbiane, é sua melhor e mais seca encarnação, desenvolvendo-se bem o tempo todo em um clima competitivo. Verduzzo é a uva branca da hinterlândia do Vêneto, enquanto que a leve Cabernet (principalmente a Franc) e a Merlot, suplementadas pela austera Raboso local, dominam as planícies de Piave e Lison-Pramaggiore.

Conforme pode ser visto claramente no mapa, o vale do rio Pó, em sua descida da planície ao sul de Milão para o Adriático, é amplo e plano — o que não o coloca entre as mais atraentes regiões vinícolas. Apenas um nome de vinho do vale do Pó é famoso, ou, para alguns, infame: o espumante tinto **Lambrusco**, da área próxima a Módena, principalmente Sorbara. Há algo decididamente apetitoso nesse vinho vívido e com gosto de uva, com sua bizarra coroa de espuma vermelha. Ele rebate a riqueza da culinária bolonhesa de forma admirável. Com sua débil porém inequívoca semelhança com a Coca-Cola, fez fortuna nos Estados Unidos (em um ano, Riunite, a cooperativa de Reggio nell'Emilia, embarcou 11 milhões de caixas para o país, ultrapassando, por exemplo, Castello Banfi, em Montalcino), transformando-se em um dos sucessos mais extraordinários da história do vinho.

Os vinhos tornaram-se muito mais variados no Vêneto e em direção ao leste. Em verdes ilhas vulcânicas nas planícies estão os cada vez mais bem-sucedidos **Colli Berici** e **Euganei**, perto de Vicenza e Pádova. As uvas vermelhas são as Cabernet de Bordeaux e, principalmente, a Merlot, de amadurecimento precoce. Uvas brancas são uma mistura do tradicional: Garganega de Soave, Prosecco, a leve e cortante Verdiso, a sólida Friulano (veja a página 172) e Sylvaner, Riesling, Sauvignon Blanc e Pinot Bianco. As DOCs da região são uma série de áreas definidas que dão seus nomes a todo um grupo de vinhos tintos e brancos, geralmente rotulados como varietais.

Breganze, ao norte de Vicenza, é um caso de DOC que ganhou proeminência (como Franciacorta) graças a um fanático vinicultor. Fausto Maculan superou os tradicionais brancos de Tocai e Vespaiolo (embora ele os faça) ao ressuscitar o velho gosto vêneto pelos vinhos doces de uvas secas com seu Torcolato dourado, e ao mostrar que uvas Bordeaux vermelhas — e agora até mesmo a Pinot Noir — também podem florescer aqui. Para detalhes dos vinhos feitos ao leste, no Vêneto oriental, veja a página 172.

A reputação de produtora de vinho da Emilia Romagna está subindo regularmente. As colinas ao redor de Bolonha, as **Colli Bolognesi**, agora produzem Cabernet, Merlot e Sauvignon Blanc muito respeitáveis. A região ao sul de Bolonha e Ravenna ainda produzem oceanos do vinho varietal Romagna, sendo o Trebbiano di Romagna o menos notável. **Albana di Romagna** foi o primeiro vinho branco a ser elevado ao status de DOCG, em 1986, para surpresa de todos, exceto dos políticos locais. Como tantos outros vinhos italianos, o Albana vem em todos os níveis de doçura, embora os únicos vinhos interessantes sejam provenientes das colinas a leste de Forli, onde a característica de casca de maçã das peles das uvas adiciona um certo charme tanto aos vinhos doces quanto aos secos.

Mais confiável que o Albana é, de longe, a extensa zona tinta de **Sangiovese di Romagna** — embora também seja altamente variável. Ela pode ser estreita e cultivada em excesso, mas também pode ser ousada e sofisticada o suficiente para mostrar por que alguns dos clones de Sangiovese mais populares entre os experientes produtores toscanos vêm da Romagna. Produtores como Stefano Berti, Leone Conti, Tre Monti e Zerbina estão mostrando o caminho.

▼ Com exceção do frisante Bellavista mostrado abaixo e dos dois singulares brancos doces na extrema direita da página oposta, todos são vinhos produzidos em Trentino ou Alto Adige, descritos em detalhe na próxima página, mas em espaços restritos como estes estreitos vales subalpinos.

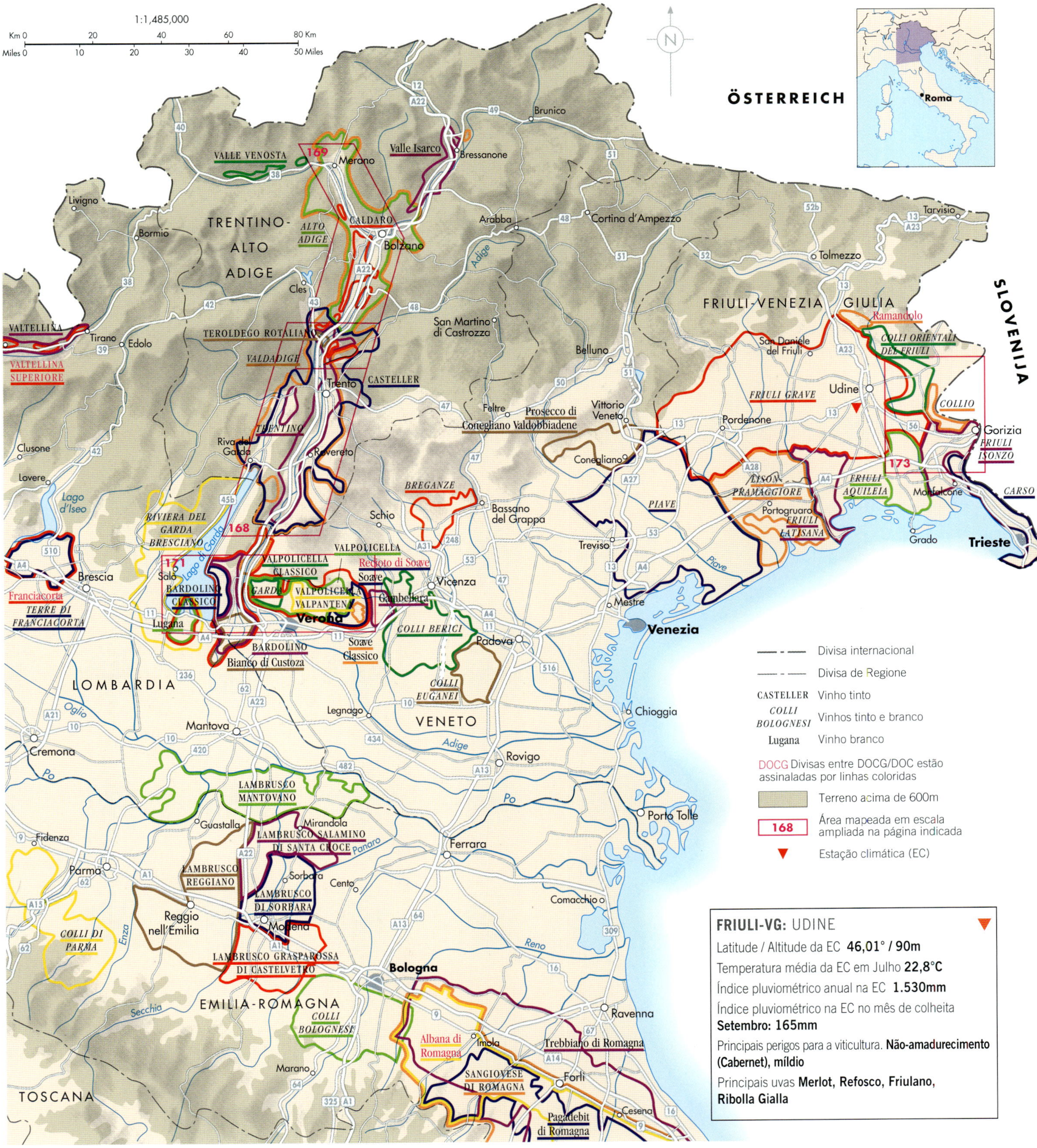

FRIULI-VG: UDINE

Latitude / Altitude da EC **46,01° / 90m**

Temperatura média da EC em Julho **22,8°C**

Índice pluviométrico anual na EC **1.530mm**

Índice pluviométrico na EC no mês de colheita **Setembro: 165mm**

Principais perigos para a viticultura. **Não-amadurecimento (Cabernet), míldio**

Principais uvas **Merlot, Refosco, Friulano, Ribolla Gialla**

Trentino

O vale do Adige forma o majestoso corredor nos Alpes que liga a Itália à Áustria, acima do Passo de Brenner. É uma trincheira com muros de pedra, que se alarga em alguns pontos permitindo a visão de picos distantes. Porém, assim como o vale do Rhône, é um ponto de ligação entre o norte e o sul inevitavelmente movimentado, e o excesso de congestionamentos e de indústrias faz parte do pacote.

Os vinhedos oferecem um adorável contraste ao tonitruante tráfego que corre abaixo. Eles se amontoam em cada escarpa disponível, do rio às paredes de pedra, em um padrão pergolado que, visto de cima, parece com degraus recobertos de folhas.

A DOC genérica para todo o vale é **Trentino**. Mas cada parte do vale tem suas próprias especialidades — na verdade, possui suas próprias uvas nativas. As condições de cultivo são boas para quase qualquer uva branca, cuja participação em todos os vinhedos de Trentino tem subido, desde 1980, de 20% para quase 60%. Chardonnay é, de longe, a variedade mais cultivada, principalmente por causa da importância que o Trento DOC *metodo classico* tem para os apreciadores de vinhos espumantes da Itália. Ferrari e Cavit fazem alguns dos melhores. As plantações de Pinot Grigio também cresceram muito, juntamente com a sede mundial por esse vinho, enquanto que a Merlot é a uva vermelha mais plantada.

Mas as uvas vermelhas nativas também são muito apreciadas (além de serem bastante produtivas) para serem depostas por uma maré de variedades importadas. Ao norte, em direção a Trento, o serpenteante desfiladeiro conhecido como Vallagarina é o lar do Marzemino, um tinto de matiz escura e corpo leve que conquistou muitos admiradores. O extremo norte do Trentino é o lar exclusivo do vigoroso tinto Teroldego, extraído da uva homônima cultivada na planície cascalhenta, circundada por penhascos e acarpetada de pérgolas conhecida como Campo Rotaliano, situado entre Mezzolombardo e Mezzocorona. **Teroldego Rotaliano** é um dos vinhos com mais personalidade de toda a Itália. É uma bebida densa e púrpura, de alto extrato e boas qualidades de envelhecimento, suave e que chega a deixar um gentil sabor de bagas na boca, mas que com muita freqüência é marcado, pelo menos quando jovem, pela pouco palatável acidez elevada que é o sinal revelador dos abarrotados vinhedos Teroldego. Elisabetta Foradori é a rainha da excelente e plenamente madura Teroldego Rotaliano, graças ao trabalho pioneiro de melhorar os clones disponíveis.

Schiava ou Vernatsch, do Tirol (também conhecida na Alemanha como Trollinger), foi no passado amplamente cultivada, mas por sorte está perdendo terreno rapidamente. A Schiava é, talvez, melhor apreciada como o *rosato* produzido na vila de Faedo, na extremidade norte deste mapa.

As escarpas orientais de Adige, perto de San Michele, são especialmente propícias para as uvas brancas e, em anos recentes, também para as variedades internacionais vermelhas. Alguns dos pouquíssimos Müller-Thurgaus interessantes são produzidos aqui.

O braço ocidental do vale, perto de Trento, que o liga com três pequenos lagos, cultiva a mesma gama ampla de variedades de uvas (todas essas zonas cultivam um bom vinho de base para o *spumante*), mas se especializou no doce Vino Santo de alta qualidade, feito de mais uma variedade nativa, a Nosiola.

Alto Adige

O Alto Adige, a extremidade sul do Tirol austríaco, é a mais setentrional das regiões vinícolas italianas, e também uma das mais vigorosas. Seus picos alpinos representam um cadinho cultural e vinícola. A língua alemã é mais comum do que a italiana, mas, apesar disso, as variedades de uvas francesas são mais disseminadas do que as teutônicas. Seus vinhedos produzem tanto os estimulantes varietais brancos que atualmente embasam a moderna reputação do Alto Adige, quanto as variedades que irão produzir sérios vinhos tintos em áreas mais quentes. A maioria dos vinhos é vendida sob o manto da DOC **Alto Adige** (Südtiroler) mais o nome da uva.

A produção está centrada nos terraços e nas baixas escarpas do vale do Adige. As altitudes dos vinhedos variam de 200m a quase 1.000m, mas alturas entre 350m e 550m são melhores para evitar geadas e otimizar o amadurecimento.

Vinhedos mais elevados, com freqüência íngremes e aterraçados como no **vale de Venosta**, a noroeste, e no **vale de Isarco** (Eisack), que se alonga por 20km ou 30km a nordeste de Bolzano (ver mapa na página 167 para ambos), são especialmente bons para a Riesling, cujos aromas se beneficiam da grande flutuação que ocorre entre temperaturas diárias e noturnas.

Em escarpas ligeiramente mais baixas, Chardonnay, Pinot Bianco e Pinot Grigio são frutadas e vigorosas, enquanto que a vila de Terlano, ao norte, em direção a Merano, é altamente propícia para a Sauvignon Blanc. Aqui, em vez dos habituais afloramentos brancos de solos calcários movidos por antigos glaciares, há o duro pórfiro granítico, anunciado com alarde nos rótulos como os que são mostrados na página 167. As uvas Gewürztraminer devem seu nome à sua suposta origem, a vila de Tramin (Termeno, em italiano), 19km ao sul de Bolzano. O renomado produtor Hofstätter mostra por quê.

A uva vermelha mais usada é a Schiava (também conhecida como Vernatsch), cujos vinhos são pálidos, suaves e simples. A Lagrein local, originalmente cultivada perto de Bolzano, produz coisas muito mais sérias, incluindo o *rosé* profundamente frutado Lagrein-Kretzer e o mais escuro Lagrein-Dunkel, os dois com potencial de envelhecimento e um crescente número de adeptos pelo mundo afora.

Variedades vermelhas importadas no século XIX — Pinot Noir, Merlot e Cabernet — também podem ser muito boas, especialmente se forem cultivadas por viticultores que trocaram as pérgolas tradicionais por videiras sustentadas por fios de arame mais baixos. Todas essas, juntamente com a Lagrein, estão substituindo a Schiava nos locais mais quentes da região, a leste do lago Caldaro e nas escarpas acima de Bolzano, embora estejam sendo beneficiadas pelas brisas vespertinas do lago de Garda e pela noites frescas. A irrigação costuma ser essencial.

Cooperativas locais, ou *cantine*, são uma força valiosa e importante no Alto Adige. As de Bolzano, Caldaro, Colterenzio, Cortaccia, San Michele Appiano, Terlano e Termeno podem fazer vinhos tão bons quanto os melhores produtores particulares como Franz Haas, Hofstätter, Kuenhof (em Bressanone), Lageder e Elena Walch.

DOC Meranese di Collina (Meraner Hügel)
DOC Santa Maddalena (Sankt Magdalener)
DOC Caldaro (Kalterer)
DOC Teroldego Rotaliano
DOC Trentino
DOC Terlano (Terlaner)
DOC Colli di Bolzano (Bozner Leiten)
Divisa de província
FRANZ HAAS Produtor notável
Vinhedos
Floresta
1000 Intervalo entre curvas de nível 200m
Estação climática (EC)

ALTO ADIGE: BOLZANO

Latitude / Altitude da EC **46,28° / 230m**

Temperatura média da EC em Julho **21,7°C**

Índice pluviométrico anual na EC **650mm**

Índice pluviométrico na EC no mês de colheita **Outubro: 50mm**

Principais perigos para a viticultura **Geada de primavera**

Principais uvas **Schiava, Pinot Grigio, Pinot Bianco, Chardonnay, Lagrein, Gewürztraminer, Pinot Noir**

A cooperativa de Mezzocorona, na fronteira entre Trentino e Alto Adige, não é tão grande quanto as de Colterenzio ou San Michele Appiano, mas é com certeza uma das mais ativas nesta região fronteiriça entre a Itália e as culturas teutônicas.

Verona

As colinas de Verona, que se estendem de Soave em direção ao oeste, para o lago de Garda, têm solos vulcânicos tão férteis que a vegetação cresce incontrolavelmente; as videiras espalham-se loucamente em cada terraço e pérgola, em meio a vilas e ciprestes que são a imagem do encanto italiano. Mas nem toda garrafa de vinho produzida aqui é cheia de encanto, pois o Vêneto é a mais produtiva região vinícola italiana. Altas produções, com um limite oficial de 10.500 litros por hectare, são a maldição da qualidade na **Soave** DOC, a mais importante região vinícola do Vêneto. Quase 80% são cultivadas por vinicultores que entregam suas uvas diretamente à cooperativa local, sem reputação pessoal de qualidade a ser mantida.

Em uma tentativa de distinguir a Soave comum ou de jardim da verdadeira Soave — com sua persistente combinação de amêndoas e limões —, as autoridades locais criaram duas denominações superiores. **Soave Classico** DOC, da original zona de produção histórica, e **Soave Superiore** DOCG, cultivada em fios de arame em vez de em pérgolas que se esparramam por encostas de colinas menos férteis, têm produções máximas de 9.800 litros por hectare e de 7.000 litros por hectare, respectivamente. Essas generosas produções são muito maiores do que as praticadas pelos produtores de primeira linha de Soave. A Pieropan e Anselmi uniu-se a um novo grupo de produtores conscienciosos como Cantina di Castello, La Cappuccina,

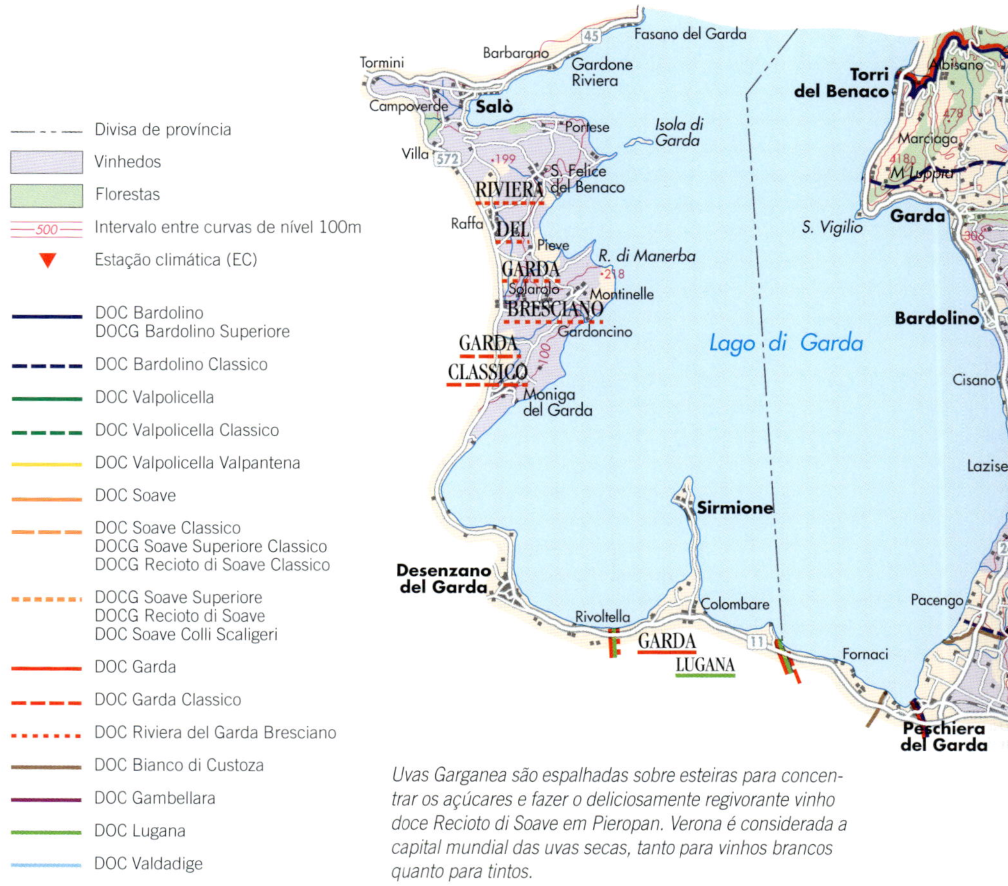

Uvas Garganea são espalhadas sobre esteiras para concentrar os açúcares e fazer o deliciosamente regivorante vinho doce Recioto di Soave em Pieropan. Verona é considerada a capital mundial das uvas secas, tanto para vinhos brancos quanto para tintos.

VERONA: VERONA

Latitude / Altitude da EC **45.28° / 90m**

Temperatura média da EC em julho **23.6°C**

Índice pluviométrico anual na EC **860mm**

Índice pluviométrico na EC no mês de colheita: **setembro 75mm**

Principais perigos para a viticultura **Granizo, doenças causadas por fungos**

Principais uvas **Garganega, Corvina, Pinot Grigio, Merlot**

Fattori & Graney, Gini, Inama, Pra e Tamellini. Todos operam na original, clássica área do Soave Classico, centrada no extremo oriental das colinas de Lessini, a nordeste da vila de Soave.

As uvas importantes são a Garganega e uma espécie local de Trebbiano. Elas fazem vinhos de uma intensidade e de uma textura que enchem a boca, o que alude ao significado de Soave (suave). A Pinot Blanc e a Chardonnay também são permitidas, desde que a Garganega responda por, no mínimo, 70% do vinho.

Os melhores produtores fazem uma gama de vinhedos únicos ou engarrafados *cru*, que expressam áreas locais cheias de personalidade como Vigneto La Rocca e Capitel Foscarino, bem como experimentações com envelhecimento em carvalho e uma maravilhosamente vívida, histórica e doce versão DOCG feita de uvas secas, o **Reciotto di Soave**.

O Soave coabita com o **Valpolicella**, cuja zona DOC foi expandida muito além da zona do Classico original, até atingir as fronteiras do Soave. A cada vez melhor Valpantena é uma subzona autorizada, até agora dominada por Bertani e pela cooperativa local. O Valpolicella simples deve ter uma adorável cor e sabor de cereja, um delicado cheiro doce e apenas um toque do amargor da amêndoa. O que é produzido em massa pode com freqüência desapontar, mas agora há aqui tantos produtores quanto no Soave que reconhecem a necessidade de fazer vinhos verdadeiramente distintos, em vez daqueles que são comercialmente viáveis — assim como a última década do século XX viu o retorno de algumas áreas montanhosas difíceis de serem trabalhadas, mas cuja qualidade é melhor.

O **Valpolicella Classico**, proveniente de quatro elevações de vinhedos de maior altitude que abrigam Fumane, San Ambrogio e Negrar, tem as mesmas qualidades do vinho feito fora dessa área central, mas em um formato mais intensificado (embora existam produtores excepcionais como Dal Forno e Trabucchi fora da zona do Classico). Os principais vinhedos são extremamente ambiciosos em relação ao Valpolicella Classico, vendo-o, com justiça, como um dos produtos italianos com maior potencial de promoção, em todos os sentidos.

As videiras estão sendo plantadas em terraços recobertos de pedregulhos brancos em densidades muito mais elevadas e com suportes verticais para extrair mais sabor de cada uva — principalmente a Corvina de amadurecimento tardio, a melhor da região. Na verdade, alguns produtores, como Anselmi, têm preferido operar fora da regulamentação da DOC, que impôs um limite máximo de 70% de Corvina como componente e que, até pouco tempo atrás, exigiu a inclusão da ácida e obviamente inferior uva Molinara, bem como da tradicional porém neutra Rondinella. Também há alguns experimentos com uvas nativas mais raras, como a Oseleta.

A forma mais potente de Valpolicella é como Recioto ou Amarone, que são, respectivamente, os resultados doce (de vez em quando borbulhante) e seco (também amargo) do processo de secagem de uvas selecionadas das videiras para fazer vinhos altamente concentrados e potentes, o clímax de todos os banquetes veronenses. Eles são descendentes diretos dos vinhos gregos com os quais os venezianos enchiam os navios na Idade Média, adaptados à hinterlândia de Veneza. A velha prática do *ripasso* fortalece o Valpolicella ao refermentá-lo em peles de uvas prensadas, de preferência a Corvina, depois que um Amarone concluiu sua fermentação — situação na qual ele pode se qualificar como Valpolicella Superiore. Costuma-se tomar cuidado para evitar qualquer indício de podridão, e o resultado é um vinho da moda, freqüentemente com teores alcoólicos superiores a 15%, que merece o título de *vino de meditazione*, vinho nobre ou algo semelhante.

▼ Três excelentes tintos e três excelentes brancos — demonstrando a nata da agora excepcionalmente grande produção do Vêneto, maior do que qualquer outra região italiana. Vinhos de ambas as cores são oferecidos numa ampla variedade de níveis de doçura e teor alcoólico.

Friuli-Veneza Giulia

O nordeste da Itália é o celeiro de produção de excelentes vinhos brancos. Sua fabricação pode ter progredido enormemente em todo o país ao longo da última década, mas Friuli — ou, para dar à região seu nome completo, Friuli-Veneza Giulia — tem sido famosa por seus brancos insinuantes e modernos desde o início da década de 1970. Agora, ela pode oferecer alguns dos melhores brancos do mundo, tipicamente varietais, perfumados, acentuadamente talhados, límpidos como uma brisa e que de forma alguma são rotineiramente postos no carvalho.

As mais reverenciadas DOCs para vinhos brancos do país são a **Colli Orientali del Friuli**, ou "COF", na metade norte deste mapa, e a **Collio Goriziano**, que leva o nome da província de Gorizia, mas que freqüentemente é chamada apenas de "Collio", na metade sul. Os vinhedos ocidentais de Primorska também foram incluídos porque, embora politicamente sejam parte da Eslovênia (e, por isso, estão descritos na página 271), geograficamente eles pertencem ao Friuli. Alguns produtores chegam até mesmo a possuir vinhedos em ambos os lados da fronteira. Como em todo o restante da Itália, há cooperativas de vinho, porém, ao contrário da outra fonte italiana de refrescantes brancos secos, Trentino-Alto Adige, Friuli é essencialmente dominada por produtores de vinho individuais e familiares.

Os vinhedos do Colli Orientali — embora protegidos dos implacáveis ventos do norte pelos Alpes Julianos a noroeste, na Eslovênia — são em geral mais frescos e com certeza mais continentais do que os vinhedos do Collio, mais próximos da moderadora influência do Adriático. Essas "colinas orientais", ou Colli Orientali, que atingem altitudes de 100m a 350m acima do nível do mar, estiveram submersas no passado, e seus solos ainda apresentam traços de depósitos de marga e de arenito, com freqüência dispostos em camadas que compõem um característico tipo de solo conhecido como "flysch de Cormons", cujo nome vem da cidade no centro deste mapa.

A principal uva cultivada aqui, agora conhecida como Friulano (os húngaros se opuseram ao antigo nome, que era Tocai Friulano), é idêntica a Sauvignonasse, ou Sauvignon Vert. Ela pode ser demasiado crua em outros lugares, especialmente no Chile, onde por muito tempo foi mais comum do que a Sauvignon Blanc, mas parece desenvolver-se muito bem nesse canto da Itália. Sauvignon Blanc, Pinot Grigio, Pinot Bianco e Verduzzo, a especialidade local, também são cultivadas, porém um terço dos vinhedos de Colli Orientali são dedicados à produção de um vinho tinto cada vez mais completo. "Cabernet" e, em especial, Merlot predominam, mas Refosco, Schioppettino e Pignolo também podem ser encontradas em refrescantes e límpidos varietais, e numa gama cada vez maior de combinações geralmente acarvalhadas. Há muito costumava-se pensar que a maioria da Cabernet plantada em Friuli era a Cabernet Franc (às vezes grafada como Frank), mas recentemente descobriu-

Os vinhedos de Collio, uma corruptela de colli, a palavra italiana para colinas. Cerca de 85% das uvas são destinados à produção de vinhos brancos secos, fragrantes e superlimpos, com (na maioria das vezes) um bom âmago frutoso. A Pinot Grigio ultrapassou a Friulano como a variedade mais plantada.

se que algumas delas eram a velha variedade de Bordeaux, Carmenère (que no passado foi confundida no Chile com a Merlot). Quando plantada em excesso, como ainda acontece rotineiramente, a Carmenère pode adquirir uma nota distintamente animal. Partes do Colli Orientali del Friuli parecem mais alpinas do que marítimas, mas a extremidade sudoeste, entre Búttrio e Manzano, é quente o suficiente para amadurecer até mesmo a Cabernet Sauvignon. Aqui, o aquecimento global e o aumento da competência na vinicultura contribuíram para a elevação contínua da qualidade do vinho em geral, embora alguns produtores menos ilustres possam se sentir tentados a cultivar mais variedades de uva do que é apropriado ao seu terreno, assim como tentar aumentar sua produção.

No extremo norte do Colli Orientali, perto de Nimis, a noroeste da área mapeada aqui (veja a página 167), as escarpas de **Ramandolo** DOCG são particularmente íngremes e frescas, podendo também ser úmidas. A doce e âmbar Verduzzo é a especialidade daqui. Boa parte do orgulho local é também investido no **Picolit**, um forte vinho branco varietal de sobremesa que poderia ser descrito como o Jurançon italiano: um vinho florado e com um toque de feno, mas com notas de mel menos intensas do que o Sauternes.

A pequena **Collio** DOC, ao sul do Colli Orientali, faz vinhos muito similares, incluindo a maioria dos melhores brancos friulanos, mas muito menos tintos. Esses tintos também podem ser, com freqüência, leves e imaturos, pois as chuvas de outono chegam tão cedo que impedem a maturidade plena. Tamanha é a demanda mundial por Pinot Grigio que essa variedade há muito superou a Friulano. A Sauvignon Blanc também tem se tornado cada vez mais popular. Como no Colli Orientali, a Chardonnay e a Pinot Bianco mostram-se mais propensas a serem levemente acarvalhadas do que outras varietais de vinhos brancos. Outras especialidades de uvas de pele clara incluem Ribolla Gialla, Traminer Aromatico, Malvasia Istriana e Riesling Italico (Welschriesling), todas encontradas também na fronteira eslovena.

Em geral, a "Cabernet" de Friuli-Veneza Giulia é mais intensa no oeste dessa região, especialmente em **Lison-Pramaggiore** (veja a página 167), onde a Merlot pode ser um pouco seca e sem intensidade para a uva que faz Pomerol. Em direção ao leste, a Merlot de amadurecimento precoce parece ser mais adequada para as grandes colheitas e para o clima meio fresco dessa parte da Itália. A Merlot domina as Friuli DOCs de **Grave** e **Isonzo**. As áreas costeiras, com seus vinhedos planos, extraem vinhos menos concentrados dessas uvas do que os vinhedos de plantações mais limitadas nas encostas das colinas do Colli Orientali Del Friuli, embora alguns produtores de Isonzo, nos vinhedos mais bem drenados ao norte do rio Alte, estejam agora conseguindo fazer vinhos tão bons quanto seus equivalentes das áreas de colinas mais conhecidas de Friuli. Na verdade, por muitos anos alguns produtores do Colli Orientali discretamente obtiveram seus vinhos tintos dos cultivadores de Isonzo. Os vinhos feitos na terra mais baixa, plana e fértil situada entre o rio e o mar lembram muito os que são produzidos na fecunda planície de Grave Del Friuli, a oeste. Competentes vinhos brancos, especialmente Friulano e Pinot Grigio, também são produzidos em Isonzo.

A especialidade de **Carso**, ao longo da costa perto de Trieste, é a Refosco, conhecida aqui como Terrano e amplamente cultivada também logo depois da fronteira, na Eslovênia.

▼ A maioria destes rótulos representa a aristocracia dos vinhos brancos produzidos na área mapeada, embora sejam suplementados por um dos melhores Proseccos feito mais a oeste. A incomumente bem-sucedida Merlot vermelha é produzida apenas na Eslovênia por Le Due Terre, que também cultiva a uva roxa local Schioppettino.

Uma tempestade é iminente acima dos montes verdejantes de Montecarotto, na zona Verdicchio dei Castelli di Jesi Clássico, em Marche, na costa adriática. "Clássico" deveria indicar um termo superior, mas foi associado indiscriminadamente a essa região de vinhos brancos para ter muita significância.

Itália Central

O coração e talvez a alma da Itália situam-se nesse trecho central e levemente oblíquo da península, com cidades que são as mais conhecidas pelos turistas, como Florença e Roma, o icônico interior de Chianti, os túmulos dos etruscos... Soa previsível? É qualquer coisa, menos isso. Altitudes, terrenos e, acima de tudo, idéias variam enormemente. Antigas identidades estão firmemente revestidas com criatividade. Nada pode ser considerado garantido. Se a espinha dorsal dos Apeninos italianos impõe estritos limites superiores ao terreno onde as uvas amadurecem, os mares de ambos os lados salpicam as regiões vinícolas marinhas com uma boa variedade de características.

Com exceção das regiões vinícolas da costa adriática, essa é a terra da Sangiovese, a variedade de uva mais plantada na Itália, cujos vinhos podem variar do pálido e ácido enxágüe bucal às expressões mais suntuosas do brio gastronômico italiano em um copo. Nas altitudes mais elevadas deste mapa, a videira tem de ser escorada para amadurecer plenamente. Isso é particularmente verdadeiro em relação aos clones selecionados na década de 1970 por suas enormes produções, independentemente da qualidade. O processo de substituí-los por clones melhores revolucionou nossas expectativas quanto ao vinho toscano, em especial. A Sangiovese da Itália Central é agora passível de ser muito mais profunda, tanto na cor quanto no sabor, mas não retém o entusiasmo estrutural que faz esses vinhos ficarem tão bem à mesa do jantar. Quanto mais baixo e protegido for o vinhedo, de preferência voltado para o sul, mais maduros são os sabores. Porém, muitos tintos bons e mais delicados são cultivados em altitudes de até 500m, e os vinhos brancos podem se dar bem mesmo em altitudes maiores que essa. Mas a Trebbiano Toscano, a uva branca mais usada que tem sido cultivada no interior de Sangiovese por mais de um século, é, no melhor dos casos, uma escolha pobre. Seu propósito mais útil, pode-se argumentar, é fortalecer a doce uva seca que é a especialidade da Itália Central, a Vino Santo.

Os solos nessas terras altas aos pés dos Apeninos variam, mas os dois tipos mais característicos são o *galestro*, uma variação local especialmente farelenta de argila e calcário, e o mais sólido e pesado *albarese*. Os lagos e rios locais são influências quentes e bem-vindas, assim como, é claro, os dois mares.

A linha costeira do Adriático pode ser relativamente plana, mas as bonitas colinas verdes da hinterlândia podem produzir vinhos com cada vez mais caráter e verve, como demonstram os que são feitos na notável comunidade de reabilitação de usuários de drogas San Patrignano, nas colinas acima de Rimini. Ao sul daqui está a uva Verdicchio, responsável pelos vinhos brancos mais excitantes. A zona do **Verdicchio di Castelli di Jesi** é extensa e o chamado coração do Classico perfaz 90% da área, mas produtores como Umani Ronchi

▶ Estes rótulos representam o leque de vinhos feitos na periferia da Itália central fora das zonas mais famosas. Exceto pelas estruturantes Poggio valente Morellino di Scansano e Carmignano, a ubíqua Sangiovese não está representada aqui, mas sim várias uvas Bordeaux, Vernaccia, Syrah, Montelpulciano d'Abruzzo e Verdicchio.

EMILIA-ROMAGNA
TOSCANA
UMBRIA
MARCHE
LAZIO
ABRUZZO
MOLISE
SAN MARINO
COLLINE LUCCHESI
COLLI BOLOGNESI
MONTECARLO
CHIANTI MONTALBANO
CARMIGNANO
CHIANTI COLLINE PISANE
CHIANTI COLLI FIORENTINI
CHIANTI MONTESPERTOLI
CHIANTI RUFINA
POMINO
Vernaccia di San Gimignano
CHIANTI CLASSICO
CHIANTI COLLI SENESI
CHIANTI
CHIANTI COLLI ARETINI
MONTESCUDAIO
BOLGHERI
SASSICAIA
VAL DI CORNIA
ELBA
Val d'Arbia
MONTEREGIO DI MASSA MARITTIMA
BRUNELLO DI MONTALCINO
SANT'ANTIMO
MONTECUCCO
Moscadello di Montalcino
VINO NOBILE DI MONTEPULCIANO
VIN SANTO DI MONTEPULCIANO
VALDICHIANA
CORTONA
COLLI DEL TRASIMENO
MORELLINO DI SCANSANO
Bianco di Pitigliano
Ansonica Costa dell'Argentario
PARRINA
SOVANA
Est! Est!! Est!!!
Orvieto
Orvieto Classico
LAGO DI CORBARA
COLLI PERUGINI
TORGIANO
TORGIANA RISERVA
ASSISI
MONTEFALCO SAGRANTINO
COLLI MARTANI
COLLI AMERINI
Albana di Romagna
Trebbiano di Romagna
SANGIOVESE DI ROMAGNA
Pagadebit di Romagna
COLLI PESARESI
Falerio dei Colli Ascolani
Bianchello del Metauro
LACRIMA DI MORRO D'ALBA
Verdicchio dei Castelli di Jesi
CONERO
ROSSO CONERO
Verdicchio di Matelica
ROSSO PICENO
VERNACCIA DI SERRAPETRONA
COLLI MACERATESI
ROSSO PICENO SUPERIORE
MONTEPULCIANO D'ABRUZZO COLLINE TERAMANE
MONTEPULCIANO D'ABRUZZO
Trebbiano d'Abruzzo
CERVETERI
Marino
Frascati
Colli Albani
Colli Lanuvini
VELLETRI
CASTELLI ROMANI
CESANESE DI AFFILE
CESANESE DEL PIGLIO
PENTRO DI ISERNIA
BIFERNO
Lucca
Pisa
Pistoia
Livorno
Prato
Pontedera
Firenze
Borgo San Lorenzo
Cecina
Volterra
Poggibonsi
Figline Valdarno
Portoferraio
Isola d'Elba
Piombino
Massa Marittima
Siena
Arezzo
Montalcino
Montepulciano
Cortona
Grosseto
Scansano
Isola del Giglio
Argentario
Orbetello
Porto Ercole
Lago Trasimeno
Perugia
Umbertide
Assisi
Foligno
Spoleto
Orvieto
Lago di Bolsena
Montefiascone
Tuscania
Viterbo
Terni
Narni
Civitavecchia
Civita Castellana
Lago di Bracciano
Bracciano
Rieti
Roma
Tivoli
Subiaco
Fiuggi
Aprilia
Anzio
Latina
Frosinone
Sora
Priverno
Terracina
Pontecorvo
Cassino
Formia
Gaeta
Imola
Lugo
Faenza
Ravenna
Forlì
Cervia
Cesena
Cesenatico
Rimini
Cattolica
Pesaro
Fano
Urbino
Sansepolcro
Città di Castello
Gubbio
Senigallia
Ancona
Jesi
Fabriano
Macerata
Fermo
Norcia
Ascoli Piceno
Teramo
L'Aquila
Loreto Aprutino
Pescara
Chieti
Celano
Avezzano
Sulmona
Lanciano
Vasto
Isernia
Arno
Tevere
Reno
Santerno
Lamone
Marecchia
Metauro
Esino
Chienti
Tronto
Nera
Pescara
Sangro
Sacco
Sisto
Biferno
Cecina
Ombrone
Fiora
Arbia
Roma
Divisa internacional
Divisa de Regione
BIFERNO Vinho tinto
TORGIANO Vinhos tinto e branco
Zagarolo Vinho branco
DOCG Divisas entre DOCG/DOC estão assinaladas por linhas coloridas
Terreno acima de 600m
177 Área mapeada em escala ampliada na página indicada
1:1,500,000
Km 0 20 40 Km
Miles 0 10 20 30 Miles
VILLA GEMMA
la Monacesca

e Fazi Battaglia tiraram todos os truques do chapéu para seus principais engarrafados, que combinam refrescância com substância. A área menor de Verdicchio di Matelica tende a produzir vinhos com mais personalidade em seu terreno particularmente mais elevado e montanhoso.

Os tintos de Marche têm se mostrado mais vagarosos em encontrar sua identidade, mas o **Rosso Conero**, baseado nas suculentas uvas Montepulciano, tem apresentado algum caráter. O **Rosso Piceno**, feito de Sangiovese com Montepulciano, geralmente com produções mais baixas e um consciencioso envelhecimento em carvalho, pode valer a pena.

Montepulciano é a uva vermelha dessa parte da costa adriática, e o **Montepulciano d'Abruzzo** raramente tem preço elevado, mesmo que seja extremamente variável (Cerasuolo d'Abruzzo é sua satisfatória e encorpada versão *rosé* seca). A melhor área da Montepulciano cultivada nas selvagens colinas de Abruzzi fica nas redondezas da vila de Téramo. Em 2003 foi premiada com a DOCG **Montepulciano d'Abruzzo Colline Termane**. Produtores de qualidade superior incluem Illuminati e Villa Medoro. **Trebbiano d'Abruzzo** é também extremamente variável, mas pode atingir grandes alturas, e um dos motivos é uma certa confusão quanto à variedade exata das uvas que estão envolvidas. O quixotesco Eduardo Valentini, já falecido, de Loreto Aprutino, criou uma reputação internacional para sua versão selecionada até a exaustão, encorpada e com magnífico potencial de envelhecimento, baseada na Bombino Bianco di Puglia, em vez da mais comum e decididamente insípida Trebbiano Toscano.

Na costa ocidental, a região romana do Lazio é estranhamente inerte em termos de vinho. Um punhado de produtores estão esforçando-se ao máximo, tanto com variedades internacionais importadas quanto com especialidades locais como a vermelha e leve Cesanese, mas Roma é, essencialmente, uma cidade de vinho branco. **Marino** e **Frascati**, de Castelli Romani, que não pára de crescer, são bebidos em quantidades abundantes.

Seguindo para o norte, Cerveteri parece bem mais importante no mapa do que é na realidade. Foi ao norte daqui, em direção à costa toscana e em sua hinterlândia, que aconteceram as mudanças mais profundas na paisagem dos vinhos em anos recentes. Mais detalhes da área central perto de Bolgheri estão no verso, mas uma das regiões de crescimento mais rápido é **Morellino di Scansano**, agora DOCG. Morellino é nome local da Sangiovese, cultivada aqui em agradáveis condições logo acima do nível do mar. Uma legião de forasteiros tem investido aqui em anos recentes, com efeitos dramáticos nos preços das propriedades. Estão incluídas as mais antigas famílias de vinicultores florentinos, tais como Antinori e Frescobaldi, juntamente com Barbi e Biondi-Santi (mais famosos por seu Brunello di Montalcino) e os produtores de Chianti, como Badia a Coltibuono, Cecchi, Fonterutoli e Rocca della Macie. Assim como na propriedade individual de La Parrina, na costa, os vinhos resultantes são muito mais suculentos e dóceis do que qualquer outra coisa feita no interior das colinas do Chianti Classico.

Entre Scansano e o trecho muito em voga que vai de Val di Cornia a Montescudaio está **Monteregio di Massa Marittima**. Ele é dominado por outro M, o competente Moris Farms, que abriu suas asas em direção ao sul de Scansano.

Costa Toscana

É questão a ser debatida se qualquer outro vinicultor desde "Chianti" Ricasoli causou tamanho impacto no vinho italiano como o que foi provocado pelo fundador de Sassicaia, o pequeno vinhedo perto da costa toscana, que perturbou todo o sistema DOC. Sassicaia era completamente não tradicional, inequivocamente soberbo — e, na época, foi classificado como um inferior Vino da Tavola apenas porque não havia outros vinhedos aqui e, portanto, nenhuma regulamentação DOC.

Na década de 1940, o Marchese Incisa della Rocchetta escolheu um pedregoso hectare da grande propriedade de San Guido para plantar Cabernet. Ele desejava algo como o Médoc. Os vinhedos mais próximos ficavam a quilômetros de distância. Bolgheri era um negligenciado pomar de pessegueiros e uma plantação de morangos abandonada.

A propriedade fica a 10km do mar, nos primeiros declives da apropriadamente denominada Colline Metallifere, um conjunto de colinas ricas em minerais que forma um anfiteatro e possui um clima maravilhosamente favorável. As videiras florescem em maio e as uvas amadurecem no final de setembro, antes que as chuvas de outono ponham fim aos longos e secos primavera e verão. Quando os primeiros vinhos do Marchese começaram a perder seus taninos, revelaram sabores nunca antes provados na Itália.

Seus sobrinhos, Piero e Lodovico Antinori, experimentaram os vinhos. Piero falou com o professor Peynaud em Bordeaux. Antinori começou a engarrafar e a comercializar o Sassicaia a partir da safra de 1968. Em meados da década de 1970, ele já era mundialmente famoso. Então, na década de 1980, Lodovico Antinori começou a plantar Cabernet Sauvignon, Merlot e, com menos sucesso, Sauvignon Blanc, em uma seleção de pequenos terrenos com solos variados em sua propriedade, Ornellaia. Os terrenos mais altos e pedregosos revelaram ser os melhores, juntamente com um trecho de argila cujo Merlot é usado em seu Masseto.

Na década de 1990, seu irmão Piero produziu um corte de Cabernet/Merlot chamado Guado al Tasso, de um pequeno vinhedo em terreno mais elevado a sudoeste. Aqui, o solo é mais arenoso, e o vinho, mais leve. Esse pode ser o extremo mais ocidental dos grandes tintos.

Novas propriedades vinícolas proliferaram, conforme mostra o mapa; muitas, incluindo o Campo di Sasso, empreendimento ao norte de Bolgheri estabelecido pelos irmãos Antinori, ainda têm de construir suas reputações. Gaja, do Barbaresco, criou o Ca' Marcanda. Ruffino, do Chianti, também está aqui. Cabernet e alguma Merlot são as escolhas habituais, e os prognósticos são todos positivos.

A DOC **Bolgheri** está evoluindo rapidamente (Sassicaia tem sua própria DOC dentro dela). Todos os outros vinhos devem ser de corte (de Cabernet, Merlot ou Sangiovese para os tintos), o que significa, por exemplo, que todo o Sangiovese Cavaliere de Michele Satta e todo o Merlot Masseto são vendidos como IGTs.

Se o Bolgheri mostrou-se um perfeito território para a Cabernet, a Merlot pode ser a uva ideal para a zona vinícola que cobre grandes porções da metade meridional deste mapa, a **Val di Cornia** DOC. Os solos possuem, com certeza, proporções mais elevadas de argila do que os de Bolgheri. O proprietário de Bellavista, em Franciacorta (veja

A vinícola Ca'Marcanda, de Ângelo Gaja, é apenas uma nova e relativamente discreta propriedade construída em Bolgheri por um empreendedor vindo de uma região bem diferente. Tomou-se muito cuidado para enterrar as vinhas o máximo possível no solo raso do terreno.

página 166), tem a Merlot como o foco de sua propriedade, Petra. O mesmo ocorre com San Luigi, propriedade situada em Piombino, no que hoje pode ser chamado de costa dourada da Toscana.

O Castello Del Terriccio, na **Montescudaio** DOC, ao norte da área mapeada, com seu mentolado vinho de corte Lupicaia Bordeaux, foi um sucesso desde o início. Lodovico Antinori perdeu o controle de Ornellaia e agora comprou terras em Bibbona, onde ele e seu irmão Piero produzem Campo di Sasso.

- - - Divisa de província
Divisa de comuna
DOC Bolgheri
DOC Bolgheri Sassicaia
DOC Val di Cornia
DOC Suvereto
■ORNELLAIA Produtor notável
Aia Nuova Vinhedos notáveis
Florestas
500 Intervalo entre curvas de nível 100m

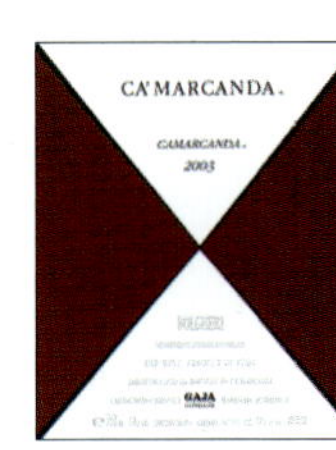

▲ Variedades de Bordeaux predominam em todos os vinhos aqui apresentados em ordem cronológica, com o produtor mais consagrado no topo. A primeira safra de Ornellaia se deu apenas em 1985, algo muito recente para os históricos padrões vinícolas italianos.

Chianti

As colinas entre Florença e Siena aproximam-se mais da idéia que o poeta romano tem da cavalheiresca vida no campo do que qualquer outro lugar na Terra. A combinação de paisagem, arquitetura e agricultura é antiga e profunda. As vilas, os ciprestes, as oliveiras, as videiras, as rochas e os bosques compõem uma imagem que poderia ser romana, renascentista ou do *risorgimento* — não há como dizer, a não ser que todos os turistas estacionem seus carros discretamente.

Nesse cenário atemporal, que no passado foi um confuso emaranhado de plantações consideradas necessárias à vida camponesa toscana, os vinhedos agora avançam colinas acima e vales abaixo, tipicamente possuídos e administrados por forasteiros endinheirados.

A zona original do Chianti, que está entre as primeiras de todas a serem delimitadas em 1716, ficou restrita ao território ao redor das vilas de Radda, Gaiole e Castellina, sendo que Greve foi posteriormente adicionada. A linha vermelha no mapa do verso mostra a zona histórica expandida que hoje produz um dos melhores vinhos italianos, o **Chianti Classico**.

Das outras seis subzonas do Chianti, a **Chianti Rufina**, a leste de Florença e parcialmente mapeada aqui, é a mais distinta, fazendo alguns vinhos especialmente elegantes para um longo envelhecimento. Uma passagem aberta nos Apeninos, ao norte daqui, permite que as brisas marítimas refresquem os vinhedos, o que, em grande parte, é responsável pelo charme do Chianti Ruffina e pelo fato de que ele pode precisar de tempo para mostrar o que tem de melhor. Algumas propriedades muito bem-sucedidas perto de San Gimignano, na subzona do **Chianti Colli Senesi**, nas colinas acima de Siena, também estão emergindo. O Chianti feito nas colinas acima de Florença, Pizza e Arezzo (respectivamente, as subzonas de **Chianti Colli Fiorentini**, **Colline Pisane** e **Colli Arentini**), tende a ser menos distinto, assim como os vinhos da subzona de **Chianti Montalbano**, a noroeste de Florença.

O mapa da página 175 mostra como é grande a área — quase 160km de norte a sul, mais extensa do que a região vinícola de Bordeaux — com permissão para produzir um vinho rotulado simplesmente de Chianti, que no melhor dos casos é um gole muito palatável de fruta, pronto para ser bebido um ou dois anos após a fabricação, mas que é uma bebida muito menos ambiciosa do que o Chianti Classico, feito sob condições muito mais restritas.

Já em 1872, o ilustre barão Ricasoli (que foi primeiro-ministro da Itália), em seu castelo de Brolio, distinguiu essas duas formas de Chianti: uma simples, para ser bebida jovem, e uma versão mais ambiciosa, destinada à adega. Para o Chianti que

A mesa de seleção é tão comum quanto crucial para a significante melhoria da qualidade do vinho das principais propriedades de Chianti Classico, assim como de Bordeaux. Esta se encontra numa abadia do século X, Badia a Coltibuono, em Gaiole, dirigida pela família Stucchi. Aqui, menos de 10% da propriedade é apropriada para a viticultura.

TOSCANA: FLORENÇA

Latitude / Altitude da EC **43,45° / 40m**

Temperatura média da EC em Julho **24,2°C**

Índice pluviométrico anual na EC **830mm**

Índice pluviométrico na EC no mês de colheita **Outubro: 100mm**

Principais perigos para a viticultura **Não amadurecimento, míldio, esca**

Principais uvas **Sangiovese, Trebbiano, Canaiolo Nero**

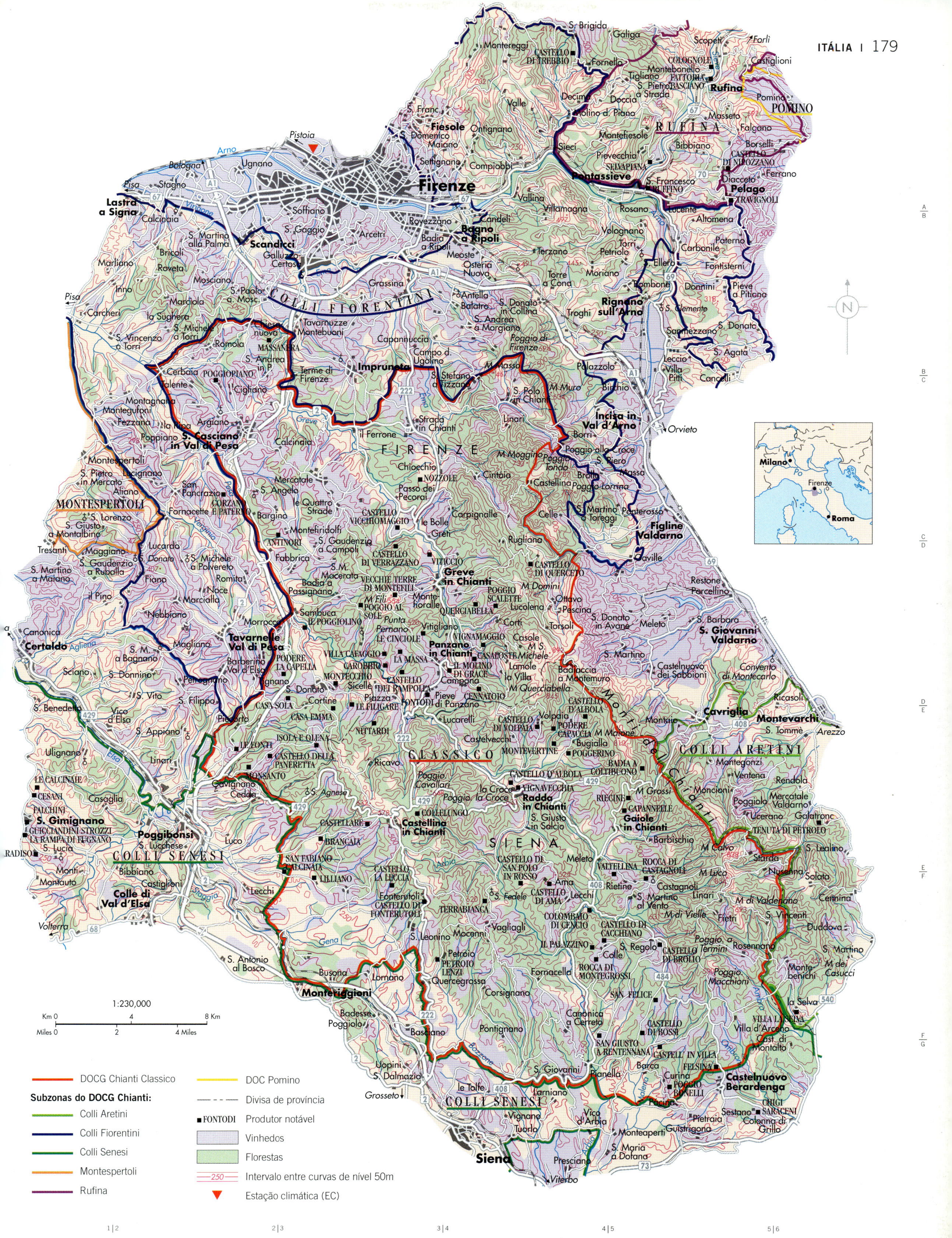

Firenze
Siena
FIRENZE
CLASSICO
SIENA
COLLI FIORENTINI
COLLI ARETINI
COLLI SENESI
MONTESPERTOLI
RUFINA
POMINO
Monti del Chianti
Greve in Chianti
Radda in Chianti
Gaiole in Chianti
Castellina in Chianti
Castelnuovo Berardenga
S. Casciano in Val di Pesa
Tavarnelle Val di Pesa
Poggibonsi
S. Gimignano
Colle di Val d'Elsa
Monteriggioni
Impruneta
Incisa in Val d'Arno
Figline Valdarno
S. Giovanni Valdarno
Montevarchi
Pontassieve
Pelago
Rufina
Fiesole
Scandicci
Bagno a Ripoli
Rignano sull'Arno
Lastra a Signa
Certaldo
Cavriglia
Milano
Firenze
Roma
1:230,000
Km 0 4 8 Km
Miles 0 2 4 Miles
DOCG Chianti Classico
Subzonas do DOCG Chianti:
Colli Aretini
Colli Fiorentini
Colli Senesi
Montespertoli
Rufina
DOC Pomino
Divisa de província
FONTODI Produtor notável
Vinhedos
Florestas
250 Intervalo entre curvas de nível 50m
Estação climática (EC)

As torres de San Gimignano estão entre as mais notáveis paisagens da Toscana. San Gimignano cultiva a uva Vernaccia para produzir brancos potentes; uma exceção na região dominada por tintos.

pode ser bebido cedo, ele permitiu que um pouco de Malvasia, a uva branca que então prevalecia, fosse adicionada à mistura com as uvas vermelhas cultivadas na época, a Sangiovese e a Canaiolo. Infelizmente, a proporção de úteis e produtivas uvas de vinho branco cresceu e o lúgubre Trebbiano Toscano surgiu arrastando-se no cenário. Quando as regulamentações da DOC definiram o Chianti em 1963, elas insistiram em 10%, mas permitiram até exagerados 30% de uvas brancas em todos os estilos de Chianti. O Chianti pálido (com demasiada freqüência fortalecido com o tinto importado do sul da Itália) tornou-se a regra, e ficou claro que, ou as normas deveriam mudar, ou os produtores da região deveriam fazer seu melhor vinho à sua própria maneira, dando-lhe um novo nome.

Em 1975, a tradicional família Antinori lançou a sua bandeira rebelde, o Tignanello, feito, assim como o Carmignano ao norte de Florença, de Sangiovese com uma pequena proporção de Cabernet. Em poucos anos, quase não havia um *castello* ou *villa* no Chianti que não o seguisse, com um "Super Toscano" (vendido inicialmente como um desafiador Vino da Tavola, mas hoje abrangido pela categoria IGT) de fabricação própria, muitos deles excelentes e alguns originais.

Mas à medida que o caráter desses vinhos rebeldes tornou-se cada vez mais distante de qualquer coisa obviamente toscana, e novos e melhores clones de Sangiovese, bem como formas mais eficientes de cultivá-la, foram identificados, o conceito do Chianti Classico — e da versão Riserva, que hoje representa cerca de 20% da produção — emergiu como sendo o de um excelente vinho. Ironicamente, mas de um jeito tipicamente italiano, isso ocorreu algum tempo depois de toda a zona de produção do Chianti ter sido elevada ao status de DOCG em 1984 (uma das piores safras da história). Hoje, o Chianti Classico é um vinho extremamente sério, feito com partes substanciais (de 80% a 100% da combinação) de uvas Sangiovese de baixa produção e alta qualidade, envelhecido em madeira — em grandes ou pequenos barris de carvalho — e com expectativa de vida de dez anos ou mais. As outras variedades agora permitidas no Chianti Classico, numa proporção máxima de 20%, são a tradicional Canaiolo, a profundamente escura Colorino e variedades internacionais, principalmente Cabernet e Merlot. A partir de 2006, as uvas de pele clara foram totalmente banidas.

Os vinhedos do Chianti Classico estão em altitudes que vão de 250m a 500m ou até mais. Nessas altitudes, e em um clima com outono bastante úmido, o desafio, exceto nos anos mais quentes e secos, é amadurecer não apenas os açúcares mas também os taninos da Sangiovese, cujo amadurecimento é relativamente tardio, a pele é um tanto escura e o nível de acidez é alto. Um número cada vez maior de produtores obtém esse resultado com um brio italiano, criando vinhos complexos, firmes e saborosos em vez de voluptuosos. O restante de seus produtos geralmente inclui azeite de oliva; um Riserva Chianti Classico para beber após um longo envelhecimento na garrafa (embora um crescente número de produtores tendam ao engarrafamento único, assim como as linhas de Bordeaux *grand vin*); um deveras inconseqüente branco seco local; talvez um Vino Santo (o famoso vinho toscano doce e branco, ou, mais exatamente, castanho-amarelado, feito de uvas secas e com envelhecimento longo; ver página 182); e possivelmente um ou dois Super Toscanos IGT. Entretanto, esse último estilo de vinho definha, enquanto o Chianti Classico, que agora não pode ser feito de outra coisa senão de Sangiovese, a mais toscana de todas as uvas, ganha força.

Esses vinhos costumam ser feitos de forma meticulosa. Hoje em dia, porém, tonéis de carvalho maiores, conhecidos como *botte*, são tão comuns quanto os barris franceses de qualidade que eram a última moda na década de 1980.

O mapa na página anterior mostra, além das caóticas colinas do interior do Chianti e dos vinhedos (e olivais) espalhados em meio às florestas, as adegas da maioria dos principais produtores do Chianti Classico.

▼ Uma comparação entre estas ofertas modernas de algumas das mais admiradas propriedades de Chianti Classico e seus equivalentes de 10 e especialmente de 20 anos atrás mostra que a proporção de Sangiovese nestas garrafas de ponta aumentou em muito. Em alguns casos em 100%.

Montalcino

Na década de 1970, Montalcino era a mais pobre vila montanhosa do sul da Toscana. Pouco se ouvia falar dessa parte da Itália. Apenas os habitantes locais sabiam que o clima aqui era mais moderado do que ao norte — o mar fica a apenas 50km de distância — e que os verões eram regularmente quentes e muito secos. O monte Amiata, que se eleva a 1.700m ao sul, interpõe-se às tempestades de verão provenientes dessa direção. Montalcino tem a dupla vantagem do clima quente e seco da costa toscana (veja a página 176) e de possuir, em seus melhores vinhedos, os solos mais rochosos e menos férteis da fresca zona do Chianti Classico. Isso pode resultar nas mais concentradas e longevas formas de Sangiovese do planeta.

Ao mesmo tempo em que Ricasoli estava criando uma fórmula ideal para o Chianti, Clemente Santi e sua família (hoje chamada Biondi-Santi) estabeleciam um modelo para o que vieram a rotular de **Brunello di Montalcino**. Garrafas esporádicas de safras antigas desse vinho eram tão impressionantemente poderosas que, por fim, outros produtores surgiram. A partir da década de 1980, Montalcino acabou sendo engolfado por uma onda de interesse internacional voltado para aquilo que era, sem sombra de dúvida, a resposta toscana ao Barolo.

O velho método consistia em submeter esse forte vinho escuro a uma longa e vagarosa fermentação, para depois envelhecê-lo por anos em antigos e grandes tonéis de carvalho eslavo e mais outras tantas décadas em garrafas. O resultado era um vinho para heróis, ou melhor, para milionários heróicos, uma bebida extremamente carregada de sabor, extrato e impacto.

Entretanto, até mesmo em Montalcino as leis do vinho foram adaptadas ao gosto moderno. O envelhecimento mínimo de quatro anos em carvalho, que era obrigatório, foi reduzido para apenas dois (sendo que o vinho não pode ser liberado até atingir a idade de quatro anos). Assim, é bem mais provável que o Brunello de hoje tenha sido engarrafado enquanto ainda possuía fruta suficiente para contrabalançar seu poder. Montalcino foi a primeira DOC a ser agraciada com uma "DOC júnior", o Rosso di Montalcino, um vinho (relativamente) mais leve que pode ser liberado com apenas um ano de idade. Com isso, a fruta menos concentrada é absorvida, o que permite ao Brunello reter um nível médio de qualidade que é, em geral, admiravelmente alto.

O que torna isso ainda mais admirável é o fato de que sua zona sofreu uma enorme expansão — de apenas 150 acres (60 hectares) em 1960, para mais de 5.000 acres (2.000 hectares) nos dias de hoje. As altitudes variam de 150m acima do nível do mar em Val d'Orcia, ao sul, onde os vinhos mais potentes costumam ser provenientes de pesados solos argilosos, a 500m de altura ao sul de Montalcino, onde as uvas cultivadas em margas *galestro* produzem vinhos mais elegantes e aromáticos, razão pela qual alguns produtores misturam deliberadamente lotes de áreas diferentes. Algumas áreas com certeza são melhores do que a maioria, mas a classificação individual dos sítios há muito tem sido vista como uma delicada questão política.

O único ponto de interrogação que pesa sobre o futuro do Brunello di Montalcino é a invasão de novos tonéis de carvalho, cujo efeito é aprofundar a cor e, ao mesmo tempo, esfumaçar o caráter extremamente singular dessa zona — e que é mais óbvio na Sangiovese do que nas uvas internacionais, agora amplamente cultivadas em Montalcino. Os vinhos resultantes podem ser vendidos sob a Sant'Antimo DOC — mesmos limites do Brunello, mas com nome diferente.

Divisa de província

DOCG Chianti Colli Senesi

DOCG Brunello di Montalcino
DOC Rosso di Montalcino
DOC Moscadello di Montalcino
DOC Sant'Antimo

■ LISINI Produtor notável

Vinhedos

Florestas

500 Intervalo entre curvas de nível 100m

▼ O preto parece ser a cor preferida para os rótulos Brunello, e também pode ser considerada a cor dos vinhos. Brunello é supostamente uma seleção local de Sangiovese, muito embora as seleções de vinhas plantadas na zona de Montalcino variem enormemente hoje em dia.

Montepulciano

Os vizinhos ocidentais de Montalcino, do outro lado de um enclave divisório de "mero" Chianti, há muito possuem pretensões próprias, encarnadas em sua *denominazione* de **Vino Nobile di Montepulciano** DOCG. Montepulciano é uma vila montanhosa muito charmosa, cercada de vinhedos nos quais é cultivada uma mistura de clones locais da Sangiovese, aqui chamada de Prugnolo Gentile, e algumas variedades do local e de Bordeaux. O Vino Nobile deve conter um mínimo de 70% de Sangiovese — alguns produtores preferem 100%, enquanto outros optam por vinhos de corte — de modo que a constituição de seu varietal está mais para o Chianti Classico do que para o Brunello.

Como em Montalcino, o período mínimo de envelhecimento em carvalho foi reduzido para apenas um ano em madeira tanto para a versão normal quanto para a versão Riserva. Se o jovem Vino Nobile é com freqüência pesado, a versão júnior **Rosso di Montepulciano**, de amadurecimento precoce, pode ser quase que surpreendentemente leve.

As altitudes dos vinhedos podem variar menos do que em Montalcino, e a maioria dos melhores lugares situam-se entre 250m e 600m de altura. A média pluviométrica anual, por volta de 740mm, é também ligeiramente mais elevada. Isso, combinado a solos mais arenosos, tende à produção de vinhos mais acessíveis, embora o penetrante calor do sul da Toscana não dê margem a problemas com o amadurecimento.

Guiados pela elegante casa de Avignonesi, um grupo cada vez maior de consumados vinicultores tem flertado com várias fórmulas de Super Toscano, e vários deles fizeram incursões na área da **Cortona** DOC, a leste. Indiscutivelmente, porém, o maior triunfo de Montepulciano é o seu Vino Santo, o luxo esquecido de muitas partes da Itália, principalmente da Toscana. Ele tem cor laranja, aroma esfumaçado, extraordinariamente doce, intenso, persistente, e costuma ser feito de Malvasia Bianca, Grechetto Bianco e Trebbiano Toscano — uvas que são cuidadosamente postas para secar em instalações bem ventiladas no mínimo até dezembro, antes de serem fermentadas e envelhecidas por três anos em pequenos barris achatados chamados de *caratelli*. As uvas para o Vino Santo di Montepulciano Riserva têm período de secagem e de envelhecimento ainda maior, enquanto que o Avignonese Prugnolo Gentile, especialidade do Vino Santo di Montepulciano Occio de Pernice (olho de perdiz), costuma ser envelhecido por oito anos antes do engarrafamento.

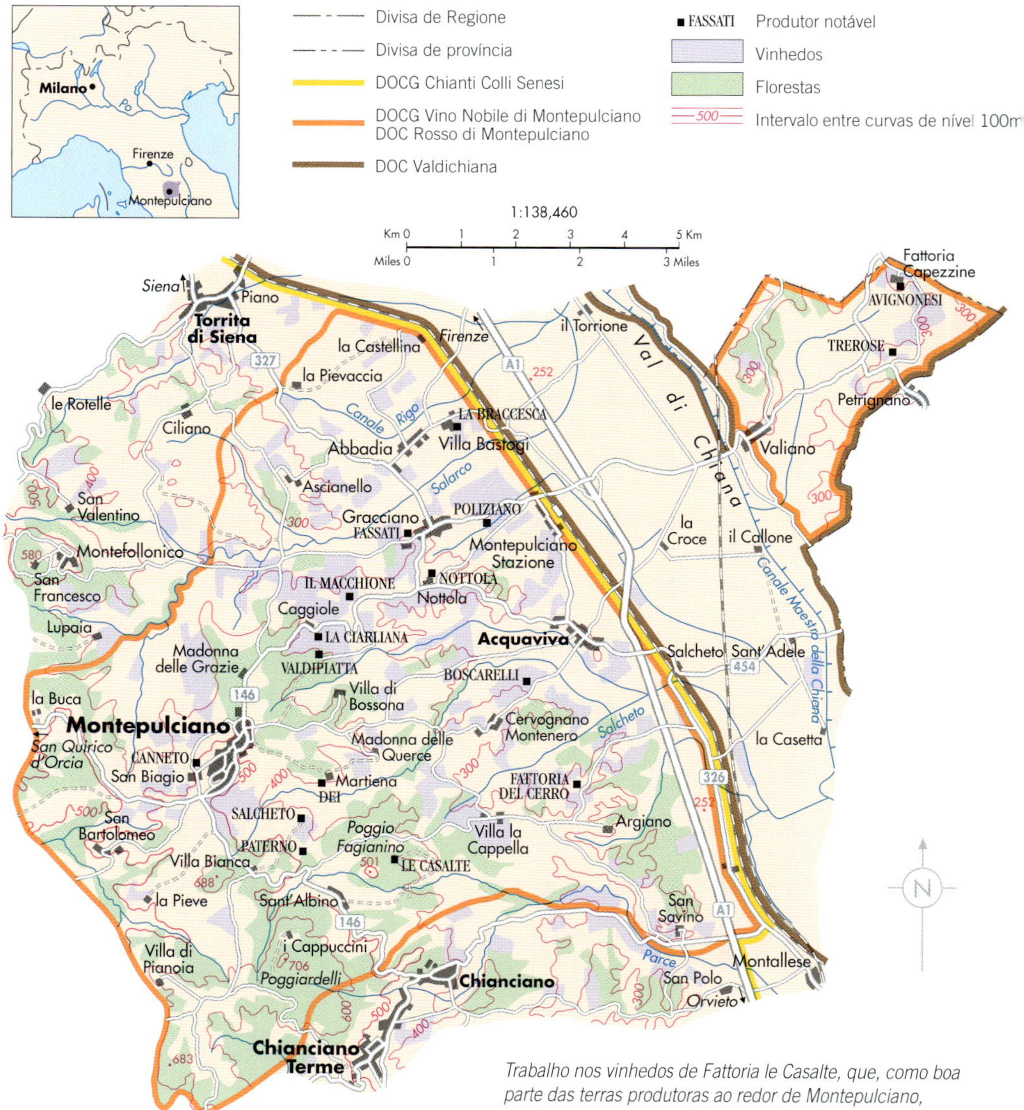

Trabalho nos vinhedos de Fattoria le Casalte, que, como boa parte das terras produtoras ao redor de Montepulciano, produz vinhos brancos, tintos e um Vino Santo doce de uvas secas.

▼ É incrível a maior quantidade de produtores notáveis que surgiram na zona Brunello di Montalcino (ver os rótulos na página 181) em comparação com aqueles que produzem Vino Nobile di Montepulciano.

Úmbria

Os grandes presentes da Úmbria ao mundo dos vinhos são a uva Grechetto para encorpados vinhos brancos, capazes de apresentar intensas notas de noz, e, em especial, a Sagrantino para os tintos. A Sagrantino é uma uva de pele grossa, carregada de sabor e de potencial para a longevidade. Durante muito tempo, ela foi um segredo limitado aos arredores da vila de Montefalco, onde era usada na produção do doce e tinto *passito*. Mas no início da década de 1990, Marco Caprai atraiu para ela a atenção internacional ao criar dramáticos vinhos secos extraordinariamente frutados e com vigorosos taninos. Hoje, **Montefalco Sagrantino** é uma DOCG com mais de 1.235 acres (500 hectares), produzindo vinhos em mais de 40 propriedades e com outros 740 acres (330 hectares) jovens demais para fazer um vinho sério. O sabor da Sagrantino é uma nova nuance na paleta italiana.

A única região italiana sem saída para o mar, ao sul do rio Pó, tem tradições vinícolas tão antigas quanto quaisquer outras regiões. Orvieto foi uma importante cidade etrusca. As magníficas adegas cortadas na rocha vulcânica dos impressionantes topos de suas colinas, há 3.000 anos, são exemplos singulares de tecnologia pré-histórica, especificamente projetadas para uma longa e fresca fermentação de um doce e *amabile* vinho branco. Infelizmente para Orvieto, a moda dos brancos secos das décadas de 1960 e de 1970 transformou-se em mais vinhos de corte da Itália Central baseados na Trebbiano Toscano (aqui chamada de Procanico), com proporções mínimas da Grechetto que lhes dava personalidade. Com isso, o sucesso desse suposto líder do vinho umbriano declinou.

Entra em cena o dr. Giorgio Lungarotti, que, em sua propriedade em Torgiano, perto de Perugia, foi a primeira pessoa nos tempos modernos a provar, no final da década de 1970, que a Úmbria podia produzir um vinho tinto tão bom quanto o da Toscana. Foi também o primeiro a explorar o que poderia ser chamado de Super Umbrianos. Suas filhas, Teresa e Chiara, continuam a manter **Torgiano**, cujo Riserva é agora DOCG e está no mapa.

Foi no sudoeste, em Castello della Sala, propriedade de Antinori, que a história do vinho umbriano mudou outra vez. A propriedade foi inicialmente projetada para produzir Orvieto, mas a partir da década de 1980, o vinicultor Renzo Cotarella, irmão do famoso enólogo Riccardo, criou uma revolucionária gama de vinhos brancos não tradicionais. Um Chardonnay fermentado em barril talvez pudesse ser esperado, mas Cervaro della Sala tinha, quase que do começo, uma pureza e uma singularidade que o alçou à categoria de um dos melhores vinhos brancos italianos. O botritizado Muffato, feito de uma gama de variedades internacionais mais a Grechetto, mostrou outras possibilidades.

A Úmbria está no caminho do sucesso, produzindo hoje um verdadeiro *farrago* italiano de tintos e brancos feitos tanto de uvas locais quanto importadas, dando mais uma vez a Orvieto algum interesse real. Padrões de combinação de uvas e lugares ainda estão emergindo, mas o papel dos enólogos consultores, os semideuses da moderna cena vinícola italiana, continuará a ser vital. De sua base em Montefiascone, na fronteira com Lazio, os irmãos Cortarella têm feito incursões especialmente bem-sucedidas na Úmbria. Inovadores que são, eles estão mais propensos a rotular seus vinhos de IGT **Úmbria** em vez de recorrer a DOCs locais como Colli Perugini, Colli Del Trasimeno, Colli Martani (especialmente bom para a Grechetto) ou Colli Amerini. A Úmbria, cujos climas variam enormemente — de temperaturas mais frescas do que as das terras altas do Chianti ao norte, perto do lago Trasimeno, a temperaturas mais mediterrâneas em Montefalco e Terni, ao sul — está entrando em cena.

—·— Divisa de Regione

—··— Divisa de província

MONTEFALCO SAGRANTINO — DOCG

ORVIETO — DOC

■ LA FIORITA — Produtor notável

DOCG Divisas entre DOCG/DOC estão assinaladas por linhas coloridas

▼ Estação climática (EC)

ÚMBRIA: PERUGIA ▼

Latitude / Altitude da EC **43,07° / 510m**

Temperatura média da EC em julho **23,1°C**

Índice pluviométrico anual na EC **910mm**

Índice pluviométrico na EC no mês de colheita **Setembro: 70mm**

Principais perigos para a viticultura **Alguma esca em vinhedos mais velhos**

Principais uvas **Sangiovese, Ciliegiolo, Sagrantino, Trebbiano, Grechetto**

◄ A uva Sagrantino, da Úmbria, produz tintos particularmente firmes. O Cevaro é uma mistura branca seca de Chardonnay e da local Grechetto. A exceção aqui é o Montiano feito por Ricardo Cotorella na fronteira com o Lazio, um Merlot sensual num desafiador estilo internacional.

Sul da Itália

Historicamente eram as regiões interioranas da Campânia, particularmente a província de Avelino ao leste de Nápoles, que comandavam os verdadeiramente singulares vinhos do sul da Itália. A Aglianico (uma corruptela de Ellenico, ou grego, como é a civilização aqui) é considerada a melhor das uvas de pele escura do sul da Itália, que produz vinhos de uma personalidade obviamente nobre, poderosa e permanente. As vinhas amadurecem tão tarde que praticamente não poderiam ser cultivadas mais ao norte. Nas montanhas da zona DOCG **Taurasi**, onde ela encontra sua expressão mais sofisticada, é às vezes colhida em meio à neve, e é naturalmente tão rica em acidez que a fermentação malolática é um acontecimento raro. Como em toda Itália, no entanto, a Aglianico está sendo domesticada, e ocasionalmente suavizada pela aplicação de técnicas vinícolas superdelicadas e modernas.

O nome de **Greco di Tufo**, um relevante branco do interior da Campânia de aroma original notável — fragrância de casca de maçã e profundezas minerais — divide suas glórias entre suas há muito assumidas origens gregas e as ásperas rochas nas quais cresce. Na mesma província montanhosa, Avelino, a clássica uva Fiano produz um vinho mais delicado e sutil, que combina ênfase com firmeza e um fascinante aroma floral. Suas qualidades são tão evidentes que a variedade foi exitosamente importada pela Sicília. Tanto Greco di Tufo quanto **Fiano di Avellino** são agora DOCG.

Estes são os nomes consagrados entre os vinhos atuais da Campânia, mas alguns promissores bons vinhos estão surgindo em áreas menos óbvias. Nos até então desconhecidos vinhedos litorâneos, nas redondezas dos templos de Paestum, produtores

Os característicos trulli *de Puglia, ainda usados como moradias em partes da região. Estes se localizam no DOC Martina, entre Taranto e Brindisi. As vinhas se esforçam para sobreviver sob o sol e os ventos que prevalecem na região meridional da península de Salento.*

como Montevetrano, De Conciliis e Maffini estão fazendo vinho de qualidade, quase exclusivamente a partir do rico legado de variedades de uvas nativas da Campânia. Villa Matilde ao norte, na zona de **Falerno del Massico**, assim denominada em honra a Falerno, o mais celebrado vinho do mundo antigo (ver página 12), também faz o melhor deles, com sofisticados tintos baseados na Aglianico e na Piedirosso e brancos cada vez melhores feitos a partir de uvas Falanghina. Terra di Lavoro de Fontana Galardi é um impressionante e muito singular tinto feito neste canto norte da Campânia.

Basilicata, a região ao sul, possui apenas uma DOC: **Aglianico del Vulture**, que cresce (com uma habilidade incomum para esta parte do mundo) nas encostas de um vulcão extinto a até 760m usando uma seleção diferente de Aglianico do que aquela cultivada em Taurasi. Menos famosa do que a Taurasi, ela pode freqüentemente ser um negócio melhor, muito embora o padrão das vinícolas varie muito. Os principais produtores são Paternoster e D'Angelo, que obteve algum sucesso adicionando uma suavizante dose de Merlot. Aglianico também é cultivada na costa adriática do sul da Itália, na pouco conhecida região de **Molise**, onde Di Majo Norante faz um trabalho excepcional — como este produtor orgânico faz também com Montepulciano e Falanghina.

O interior da Calábria é mais conhecido por suas misteriosas casas semiconstruídas do que pelo vinho (muito embora certa excitação tenha sido produzida pela descoberta em 2004 de que um dos parentes da Sangiovese era uma obscura variedade encontrada na Campânia, mas chamada Calabrese Montenuovo, e portanto presumidamente de origem calabresa). Há apenas um tinto forte com reputação, o Cirò da costa oriental. O produtor mais conhecido é a empresa familiar de Librandi. Ela tem trabalhado duro para recuperar uvas locais como a Magliocco Canino, da qual produz o aveludado Magno Megonio. O vinho mais original da Calábria, no entanto, deve ser o forte, ácido e docemente perfumado **Greco di Bianco**, feito ao redor de uma vila também chamada Bianco, perto da ponta da bota da Itália.

Se os produtores de vinho da Calábria e Basilicata podiam se beneficiar do impulso que suas costas inevitavelmente inspiram, o cenário do vinho de Puglia foi sendo radicalmente transformado. Graças aos generosos investimentos da União Européia para o incremento das vinícolas, a produção anual de vinho deu um salto. Freqüentemente isso se deu às custas dos vinhedos baixos que produzem um vinho concentrado e interessante, em oposição às variedades menos singulares da região cultivadas nos solos mais férteis. Puglia está situada na parte plana da região sul, o que torna o trabalho mais fácil, se comparado com os seus vizinhos, mas fornece pouca altitude para aliviar o implacável calor do verão.

Três quartos da produção da região ainda são vinho de mistura para o norte (incluindo a França) ou matéria-prima para os produtores de concentrados de uva, vermute ou os vinhos de mesa não efervescentes que se utilizam dos piores vinhos da Europa. No entanto, a proporção de vinho de Puglia feito especialmente para conhecedores com certeza tem aumentado. As terras planas ao redor de Foggia, no norte, misturam de forma indiscriminada Trebbiano, Montelpulciano e Sangiovese, mas algumas garrafas mais ambiciosas têm surgido de produtores estabelecidos em **San Severo**. Uma promissora Uva di Troia está sendo produzida na DOC **Castel del Monte**, a oeste de Bari, e mais ao sul alguns produtores têm tido sucesso com a Montelpulciano de Abruzzi.

Mas a maior parte do vinho de interesse de Puglia é produzida na plana península de Salento, onde talvez não exista uma grande variação em exposição e mesoclima, mas as vinhas se beneficiam enormemente dos ventos refrescantes que sopram tanto do Adriático quanto do mar Jônico. Hoje em dia, graças ao progresso da viticultura, as melhores uvas são rapidamente colhidas antes do final de setembro.

No final da década de 1990, era a habilidade da península de produzir tantos vinhos anódinos como o IGT Chardonnay del Salento que chamava a atenção internacional, mas um perceptível aumento de interesse pelas singulares uvas locais de Salento tem ocorrido. Negroamaro é o apropriado nome da principal uva vermelha do leste de Salento. Ela produz tintos assados quase similares ao Porto em DOCs como Squinzano e Copertino. Malvasia Nera, com diferentes qualidades identificadas respectivamente por Lecce e Brindisi, é a mais comum parceira de mistura da Negroamaro, e pode adicionar uma qualidade aveludada à textura. Mas a mais famosa variedade pugliana é Primitivo — idêntica à Zinfandel californiana e com suas raízes históricas agora estabelecidas como croatas — tradicionalmente uma especialidade da Salento ocidental, particularmente Gioia del Colle e Manduria. Ela pode atingir níveis alcoólicos altíssimos, muito embora nas mãos certas possa produzir vinhos positivamente voluptuosos.

SUL DA ITÁLIA: BRINDISI ▼

Latitude / Altitude da EC **40,39° / 10m**

Temperatura média da EC em Julho **24,6°C**

Índice pluviométrico anual na EC **550mm**

Índice pluviométrico na EC no mês de colheita **Agosto: 25mm**

Principais perigos para a viticultura **Amadurecimento precoce, escassez de água, queimadura solar**

Principais uvas **Negroamaro, Primitivo, Malvasia Nera, Uva di Troia**

◄ Um maior uso do preto e certa criatividade na tipografia são características desta seleção de alguns dos mais admirados rótulos da extremidade meridional da Itália continental. Apenas 25% do vinho produzido aqui é engarrafado e rotulado, a grande maioria é enviada de forma não envasada para mistura, e às vezes destilação compulsória.

Sicília

Depois de um longo período de estagnação e superprodução, esta bela ilha mediterrânea pode agora dizer que é a região vinícola mais vital e aprimorada da Itália. A Sicília talvez não tenha sido palco de mais influências culturais do que qualquer outro lugar, mas ela retém os vestígios visíveis de mais civilizações de forma mais evidente do que qualquer outro lugar do mundo do vinho — desde o praticamente intacto templo grego de Agrigento aos mosaicos romanos da Piazza Amerina, os castelos do tempo das Cruzadas e as capelas mouriscas de Palermo ao esplendor barroco de Noto e Ragusa, e, mais recentemente, as gigantescas fábricas de vinho que surgiram no final da década de 1980 e início da de 1990. Esta é a Sicília, tão rica e variada em termos culturais quanto em termos viticultores — com tantos diferentes *terroirs* e solos que se poderia sugerir que ela fosse tratada como um continente e não uma simples ilha.

O extremo meridional está mais ao sul do que Túnis; a distante ilha de Pantelleria, cujos Muscats são merecidamente famosos, está na mesma latitude que esta cidade no norte da África e mais perto dela do que de Palermo. A Sicília pode ser muito quente, e as vinhas do mar de Catarratto plantadas na província ocidental de Trapani, com suas uvas pálidas originalmente destinadas a produtores de Marsala, são freqüentemente aquecidas de forma intensa pelos ventos que vêm da África. A irrigação é uma necessidade para pelo menos metade dos vinhos sicilianos — tão seco é o clima que as vinhas precisam ser borrifadas; a ilha é particularmente ideal para a viticultura orgânica. Mas no interior a paisagem pode ser mais verde, e as montanhas do nordeste ficam usualmente cobertas de neve durante muitos dos meses de inverno.

A geografia é um elemento onipresente, mas a recente e complexa política da indústria do vinho da ilha não fica muito atrás.

Em meados da década de 1990, a Sicília competia apenas com Puglia pelo título de região vinícola mais produtiva da Itália, gerando anualmente mais do que dez milhões de hectolitros de um vinho geralmente forte para ser misturado no norte. Dez anos depois, a colheita anual estava perto dos sete milhões de hectolitros (muito menos do que a produção do Vêneto), produzidos numa área apenas parcialmente reduzida. Diante do cenário econômico do século XXI, a ilha se tornou de forma decidida e sensata mais preocupada com a qualidade do que com quantidade. A empresa familiar Tasca d'Almerita tomou a liderança, compartilhando os frutos de sua extensa pesquisa em vinhedos e adegas. Mais recentemente, o instituto de vinho local, sob a direção de Diego Planeta e através da inovadora e inteligente vinícola da família Planeta, colocou o atual vinho da Sicília no mapa do mundo. Inicialmente isso foi alcançado pela demonstração de que a Sicília era capaz de produzir variedades internacionais de alto padrão.

É significativo que a Planeta esteja agora muito mais interessada em variedades de vinhas nativas do que na Merlot e na Chardonnay, que originalmente chamaram sua atenção. Decerto, toda a ilha pode perceber que este é o futuro, com um legado viticultor tão variado quanto seus diversos recursos regionais.

A uva que construiu a reputação da Sicília no exterior é a Nero d'Avola (Avola é no sudeste), que produz tintos suntuosos com estrutura e sabor de frutas vermelhas maduras, notadamente

A vinícola Planeta foi construída às margens do lago Arancio, perto de Samuca di Sicilia, em 1995. Além de seus excelentes vinhos tinto e branco, a Planeta é também produtora de azeite de oliva de alta qualidade.

◄ Aqui estão três brancos e três tintos, tudo o que é possível numa ilha há muito dominada por variedades de pele pálida. O Vecchio Samperi Marsala seco *manqué* pode ser comparado com um Sercial Madeira em termos de frescor. O Cometa é feito com a uva Fiano de Campânia.

na região de Agrigento perto do litoral sul-central, e também no extremo oeste. A uva pode ter dificuldade de amadurecimento nos vinhedos mais altos da ilha, mas produtores habilidosos (Abbazia Santa Anastasia é um deles) lograram transplantá-la para a costa norte, onde a misturam com Syrah e Merlot.

De potencial interesse entre as uvas de vinho tinto, no entanto, é a Nerello Mascalese, tradicionalmente cultivada nas encostas do monte Etna, onde um crescente número de viticultores ambiciosos estão desafiando os portentosos roncos e reais erupções do vulcão. A Nerello pode sobreviver lá até a 1.000m. Encontrada mais comumente como a levemente picante **Etna Rosso**, ela pode produzir vinhos tão delicados que a firma de Murgo, por exemplo, possui um tradicional método frisante com ela. Frappato, um importante ingrediente na mistura para a DOCG **Cerasuolo di Vittoria**, é outra uva cada vez mais apreciada por seu vívido sabor de cereja.

A Catarratto foi por muito tempo a uva branca mais usada no oeste, mas o enorme influxo de viticultores em 1990 acabou logrando produzir vinhos interessantes com ela, e também com toda certeza com sua parceira Inzolia (a Ansonica da Toscana). A Grecanico também pode fazer um branco delicioso e tem ganho terreno nos últimos anos. Mas se julgarmos pelo Grappoli di Grillo de De Bartoli e pelo Gruali de Rallo, deverá ser a fragrante e elegante Grillo, uma outra variedade da Marsala tradicional, a mais querida para brancos secos finos. Alguns produtores do Etna têm conseguido demonstrar que sua vinha Carricante, cujos vinhos são os mais ácidos da ilha, pode envelhecer com elegância até dez anos. Tudo isso é novo; estimulante para os viticultores da Sicília, estimulante para nós, mas ainda de importância desconhecida para o mundo como um todo.

Moscato não é novo, mas pode ser para a Sicília a mais promissora entre todas as uvas de pele pálida. A Planeta recuperou o **Moscato di Noto** do quase esquecimento. Nino Pupillo fez o mesmo em relação ao singular **Moscato di Siracuso** — ambos feitos de uvas Moscato Bianco/Muscat Blanc, mas em ambientes bem distintos. Os Moscatos sicilianos, talvez mais conhecidos fora da ilha, no entanto, são feitos da Muscat de Alexandria, freqüentemente chamada de Zibbibo aqui. Cultivada na elegante ilha vulcânica de Pantelleria no litoral sudoeste, ela produz o suntuoso **Moscato di Pantelleria**. Nas ilhas Eólicas, no entanto, é a Malvasia a responsável pelos vinhos doces com gosto de laranja. O melhor exemplo de **Malvasia delle Lipari** é produzido pela Barone di Villagrande.

Embora não imune, a Sicília é menos dominada pelos itinerantes consultores enólogos que dirigem tantas das mais famosas vinícolas da Itália. As cooperativas são ainda extremamente importantes, e freqüentemente benevolentes. Settesoli é uma das que, ao lado da Planeta, esforçou-se para importar variedades apropriadas como a Fiano da Campânia para a ilha.

Marsala, como uma prima distante do Xerez, é famosa desde os tempos de Nelson, que a usou para fortificar a Marinha Real. Durante a maior parte do século XX, ela pareceu destinada ao esquecimento, mas Buffa demonstra uma fé renovada neste vinho único, Pellegrino persiste com habilidade, e De Bartoli está mostrando novos sinais de vida, mesmo se evitando a DOC, e todas as regras que a acompanham, para seus melhores vinhos, como Vecchio Samperi Riserva 30 Anni e Vigna La Miccia.

Sardenha

A principal ilha italiana do Mediterrâneo norte, Sardegna, em italiano, tem experimentado através dos séculos influências similares às da Sicília, mas, com algumas exceções cada vez mais estimulantes, tem sido lenta ao participar da moderna festa de produção de vinhos.

O vinho nunca teve papel fundamental nem na cultura nem na agricultura sardenha, muito embora tenha havido uma onda de plantações fortemente subsidiadas em meados do século XX para a produção de tintos, tão alcoólicos que eram quase doces, para mistura no continente. Os tintos sardenhos eram um dia fermentados com a função expressa de deixar um açúcar residual no vinho. Tintos doces como o Anghelu Ruju de Sella & Mosca continuam essa tradição e até hoje muitos dos melhores (embora pouco exportados) vinhos da Sardenha são doces — ricos e raros Moscatos, Malvasias e **Vernaccia di Oristano**. Durante a década de 1980, no entanto, os subsídios para a plantação de vinhas se tornaram subornos para destruí-las, e o número total de vinhedos da ilha caiu de três quartos para menos de um terço do total siciliano, a maioria concentrada nas terras planas de Campidano, ao sul.

Durante quatro séculos (até 1708) a Sardenha foi governada por Aragón, e a maioria de suas vinhas vem da Espanha. Algumas foram introduzidas pelos governantes subseqüentes, os Savóia. Bovale Sardo e Bovale Grande (respectivamente o Bovale sardenho e o grande) são considerados primos dos Bobal espanhóis. Ambos fazem vinhos tintos encorpados. Red Monica e Girò e as brancas Nuragus e Nasco são típicas uvas sardenhas de origem mais obscura, muito embora uma análise de DNA certamente esclarecerá a questão.

Cannonau, a forma local da Garnacha espanhola (Grenache), um camaleão com potencial de alta qualidade, doce ou seco, responde por 20% da produção. Sua zona de produção DOC foi generosamente expandida para incluir toda a ilha, como também é o caso da **Vermentino di Sardegna**, que pode produzir até 130 hl/ha e ainda assim ser apta para o status DOC. Vermentino, leve e com um toque de limão, é a mais característica uva branca da Sardenha. Pode produzir vinhos realmente refrescantes, e pode ser encontrada no litoral como Pigato e por todo sul da França como Rollo ou Rolle. No árido e rochoso nordeste da Sardenha, no interior da famosa Costa Smeralda, a combinação de Gallura de calor e ventos marinhos concentra tanto a Vermentino que **Vermentino di Gallura** é a primeira DOCG da ilha.

O vinho tinto DOC de maior sucesso da Sardenha é o **Carignano del Sulcis**, produzido no sudoeste da ilha como produto das muito anciãs vinhas baixas Carignan (a Cariñena espanhola), apesar de mesmo aqui produções de 105 hl/ha serem consideradas aceitáveis. Alguns dizem ser este o território mais promissor para o vinho Carignan. Esta é a crença de Giacomo Tachis, o famoso enólogo por trás da Barrua, uma *joint venture* entre os produtores de Sassicaia no litoral toscano e Santadi, na Sardenha, que baseou o vinho novo mais prestigioso da ilha em 85% Carignan. Ele agora supervisiona uma nova plantação de mais de 270 acres (110 hectares) desta velha variedade espanhola na região de Sulcis Meridionale. Santadi já faz algumas garrafas concentradas e aveludadas de Carignano del Sulcis, como Terre Brune e Rocco Rubia. Enquanto isso, ao norte da capital, em Cagliari, também nas terras planas no sul da ilha, Argiolas estava construindo sua reputação com Turriga, uma mistura envelhecida em barris, combustivelmente concentrada das velhas vinhas Cannonau e Carignano — outro projeto de Tachis.

Sem dúvida a Sardenha possui um leque extraordinariamente variado de matéria-prima — sem mencionar os rústicos tintos feitos nas montanhas ao redor de Nuoro, nos quais um cientista, atraído pela alta concentração de centenários na região, descobriu conter altos índices de fenólicos que prolongam a vida. Os amantes do vinho podem apenas esperar que o potencial desta ilha, com tantos vinhedos anciãos de interessantes variedades locais e um clima mediterrâneo ideal para a produção de vinho, possa ser cada vez mais concretizado.

▲ Por trás de ambos estes rótulos altamente apreciados está Giacomo Tachis, o renomado fabricante de vinhos da empresa toscana Antinori, que conhece a Sardenha e seus vinhedos há décadas.

O excesso de vigor nunca é um problema nos vinhedos castigados pelo vento do sudeste da Sardenha. Quebra-ventos de bambu foram construídos para proteger este vinho arenoso da Isola di Sant Antioco. A predominância é de vinhas baixas e a produção é geralmente baixa.

Espanha

A "Cidade do Vinho" de Marqués de Riscal, projetada por Frank O. Gehry, em Elciego, na região de Rioja.

Espanha

Resumir a Espanha? Mais fácil mapear os movimentos de uma colméia. Na virada do século, os vinhedos espanhóis zumbiam. Ainda mais agora, com os investimentos sem precedentes feitos na área e especialmente nas bodegas — palavra espanhola para qualquer lugar onde o vinho é feito, envelhecido ou vendido. Muitos dos desenvolvimentos mais interessantes continuam a acontecer fora das denominaciónes oficiais: 61 DOCs (neste momento, mas isso com certeza mudará), mais duas DOCas, Rioja e Priorat (idem).

O vinho espanhol vive um surto de popularidade internacional antes desconhecida — em parte, talvez, porque os vinhos do Novo Mundo acostumaram o gosto dos apreciadores de vinho do mundo aos feitos no clima quente do Mediterrâneo. Os cultivadores espanhóis raramente se preocupam com que suas uvas amadureçam completamente, e os custos em muitas regiões são tão baixos que a Espanha já tem uma pechincha em mãos. Mas esse produtor prolífico parece estar num caminho particularmente promissor: depois de um período de francofilia e de um excesso de tecnologia, o país também redescobre suas forças nativas e práticas tradicionais. As variedades de uvas nativas da Espanha podem não ser tão numerosas quanto as de Portugal, mas elas estão sendo outra vez valorizadas e entrando no jogo.

Na Espanha, as grandes vantagens para a vinha surgem de uma combinação de altitude e latitude. Suas majestosas e inabitadas montanhas podem ser muito inóspitas, e em partes do norte demasiado expostas, mas o resto combina perfeitamente com as vinhas: elevada altitude e latitude pouco acima dos 40º. Uns bons 90% de todos os vinhedos espanhóis se encontram em altitudes mais altas do que qualquer uma das principais regiões de vinho francesas: a maior parte da Velha Castela — Castilla y León e Castilla-La Mancha —, para começar.

Os invernos frios e os verões muito quentes, com um sol muitas vezes tão implacável que as vinhas se fecham e as uvas param de amadurecer, podem fazer do começo do outono uma luta para acumular açúcar e aroma antes de as temperaturas caírem. O grande problema no sul, no leste e em algumas partes do norte do país é a estiagem no verão. Solos secos não suportam muitas vinhas e, por isso, na maior parte das regiões, elas são, de modo incomum, plantadas longe umas das outras. A Espanha, conseqüentemente, tem mais terra com vinhedos do que qualquer outro país — e domesticados (se esta é a palavra) como arbustos apenas um pouco acima do chão.

Desde 2003 os viticultores espanhóis receberam permissão oficial para irrigar, embora apenas após uma análise caso a caso: para eles, uma ino-

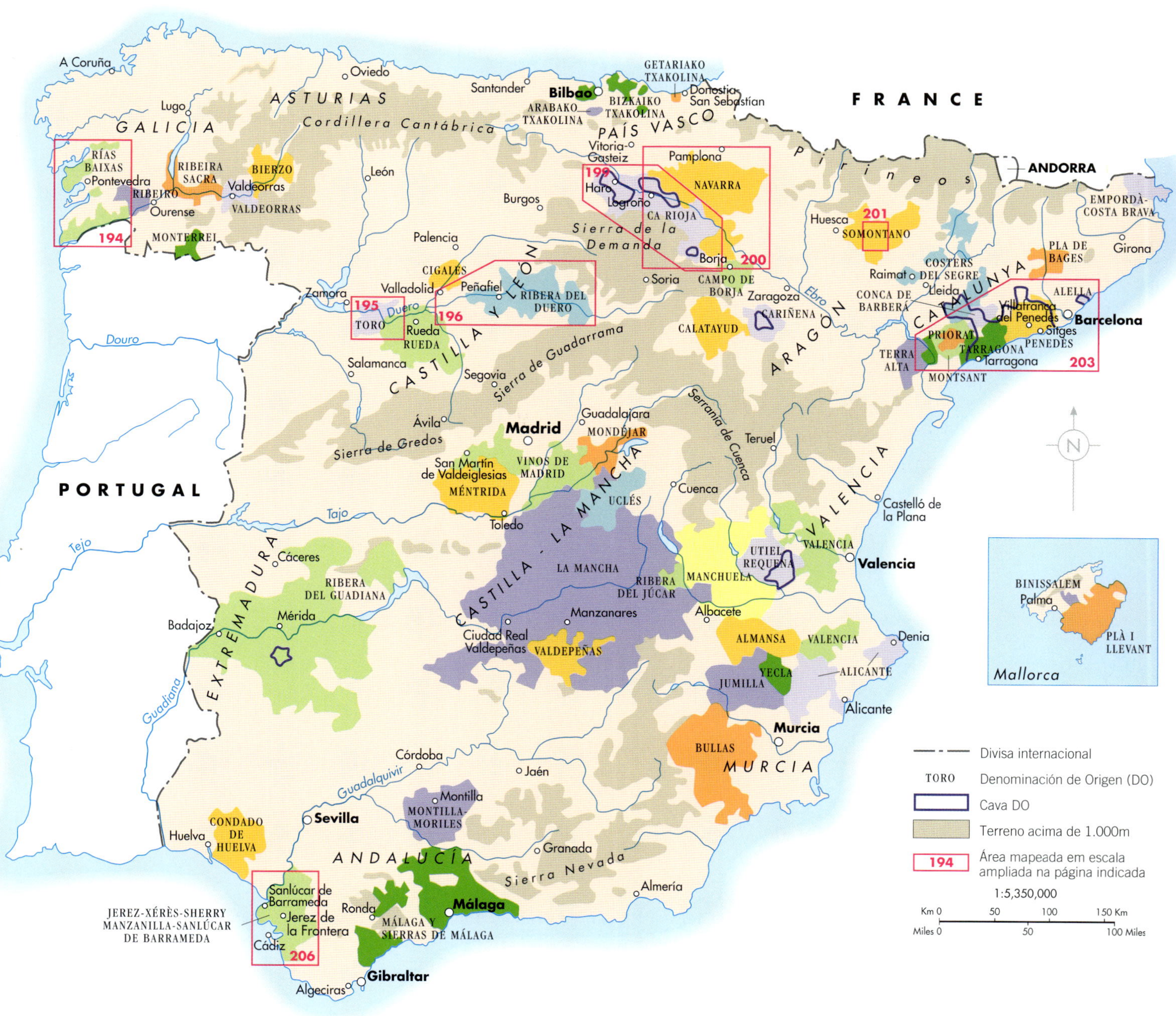

vação importante — ainda que só os ricos tenham recursos para perfurar a terra e instalar os sistemas de distribuição da água. Apesar de alguns anos perigosamente secos, a irrigação aumentou drasticamente a produção. Em regiões como La Mancha, onde é feita a colheita mecânica, a instalação de arames para conduzir as vinhas também fez uma boa diferença.

O sistema DO é muito menos complicado do que a hierarquia francesa AC — ou mesmo do que as DOCs da Itália. A maioria das DOs são tão grandes que incluem vários tipos de terrenos e condições diferentes. E também há mais do que uma verve de anarquismo latino (ver Itália) na atitude dos espanhóis frente a essas regulamentações, especialmente no que se refere às variedades de uvas, em que pode haver alguma disparidade entre o que é permitido e o que é plantado. Na maior parte dos casos, o resultado disso é bom, pois muitos produtores de vinhos estão somente ansiosos em melhorar a qualidade. Uma característica definidora, porém, é que comprar uvas, e às vezes vinhos, é ainda muito mais comum na Espanha do que a prática de engarrafamento na propriedade. Dito isso, a Espanha já pode se orgulhar de três DO Pagas, ou denominações de uma única propriedade: Domínio de Valdepusa (ver página 193), Finca Elez, em Albacete, e Deheza del Carrizal, perto de Madri.

Tradicionalmente, bodegas espanholas são lugares onde o vinho é envelhecido, muitas vezes por bem mais tempo do que o costume, ou, em alguns casos, do recomendável. Contudo, o hábito espanhol de liberar o vinho quando ele está pronto para ser bebido e não quando ele está pronto para ser vendido é no mínimo atraente. Mas as coisas têm mudado nas bodegas. Durante séculos, o carvalho norte-americano era a madeira preferida para os barris, graças à qualidade transatlântica do país. Mas desde 1980 os vendedores franceses de barris encontraram fregueses ávidos na nova onda de produtores de vinhos espanhóis, mesmo que a maior parte dos barris seja tanoada na Espanha, notavelmente em Logroño, em Rioja. Não apenas a fonte do carvalho, mas também o tempo no barril está se tornando mais francês. As categorias Reserva e Gran Reserva foram implicitamente planejadas para honrar o prolongado envelhecimento no carvalho, mas um número cada vez maior de produtores agora valorizam mais a intensidade do que a antiguidade e estão abandonando ou desvalorizando suas Gran Reservas.

Um dos mais famosos vinhedos da Espanha, o íngreme L'Ermita, perto de Gratallops, em Priorat, e para o qual Alvaro Palacios trouxe a atenção internacional. Ele não é o único produtor de vinho espanhol inspirado pelos grandes vinhos da França e pelos métodos tradicionais de viticultura.

A menor zona de produção de vinho, dentre muitas e variadas regiões, é a Galícia, no noroeste verde. As tradições aqui são celtas (como o nome galego sugere) e cristãs, com bem pouca influência moura. O Atlântico, os morros, o vento e um bom bocado de chuva (ver o pequeno mapa azul abaixo) são os principais fatores físicos. Os vinhos são em geral leves, secos e refrescantes, com as vinhas tipo Palomino e a carnuda Alicante Bouschet, que foram usadas aqui depois que a filoxera foi sendo gradualmente substituída pelas uvas nativas Godello, Treixadura e Mencía. Os vinhos que deixam a região representam uma proporção relativamente pequena e são principalmente brancos, mas os locais também parecem saborear os vermelhos ácidos da Galícia. Quase todos os vinhos brancos da Espanha precisam de acidez adicional para ganhar vigor, mas não aqui. Rías Baixas é descrita com detalhes na página 194, mas merecem mais atenção os brancos de um punhado de produtores sérios na região próxima de **Ribeiro**, misturas dos naturalmente enérgicos Albariño, Treixadura, Loureira e, cada vez mais, Godello de Valdeorras. A região quase abandonada do Ribeiro exportava vinho para a Inglaterra muito antes do vale do Douro, ao sul. **Ribeira Sacra**, mais para dentro do território, ainda faz o vinho tinto potencialmente mais interessante da Galícia, em condições arcaicas e em terraços aparentemente íngremes demais. O aroma frutado da uva Mencía de Ribeira Sacra é também cultivado na pequena, porém revitalizada região de **Monterrei** (que é quente o suficiente para amadurecer a Tempranillo) e em **Valdeorras**, cujo grande bem é a uva branca Godello, a qual pode produzir vinhos extremamente finos que valem a pena ser envelhecidos.

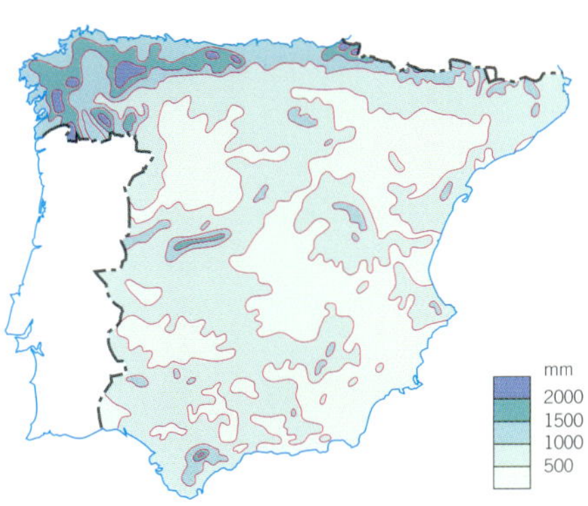

ÍNDICE PLUVIOMÉTRICO ANUAL MÉDIO

A cor azul explica o verde do campo da Galícia, mas note quantas regiões recebem menos do que os 500mm de chuva por ano tidos como necessários para a viticultura.

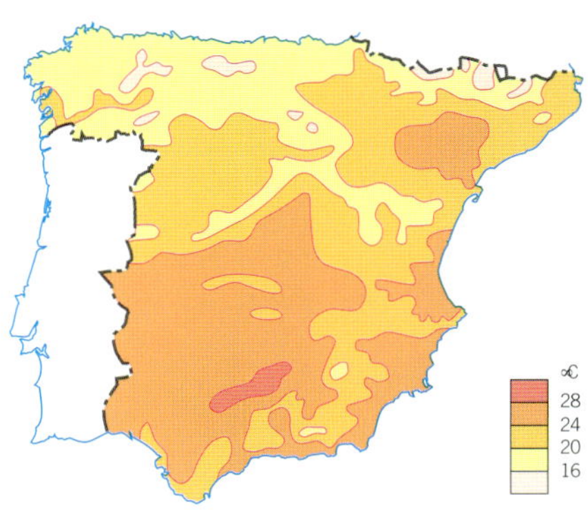

MÉDIA DIÁRIA DE TEMPERATURA EM JULHO

A maior parte da Espanha, especialmente La Mancha e Levante, é muito quente no verão, e esse mapa é baseado em estatísticas que precedem as recentes mudanças climáticas.

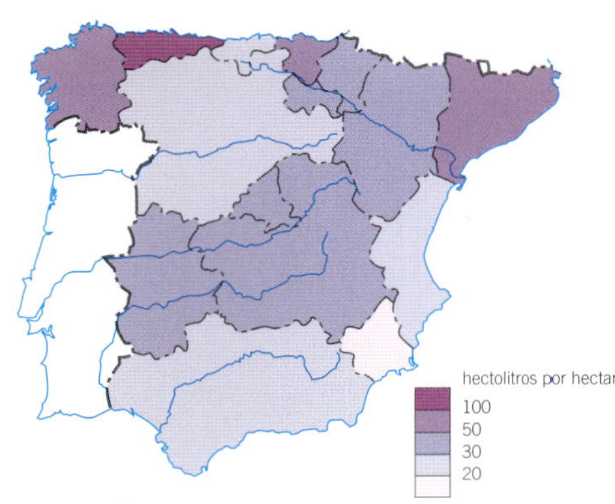

PRODUÇÃO DE VINHO

Esses números são baseados na produção média para produtores de cada região em 2006. Presumimos que o número catalão aumenta com todas as uvas cultivadas para a indústria da CAVA.

Os áridos e quentíssimos vinhedos de Valdepeñas, em La Mancha, onde por muito tempo a uva Airén, de casca pálida e resistente à seca, predominou. Hoje, dois terços do vinho produzido aqui são vermelho com Cencibel (Tempranillo), a variedade de vinha mais bem-sucedida.

Mencía é a inspiração para o popular **Bierzo**, um dos vinhos tintos espanhóis mais frutado, aromático e claramente refrescante. Alvaro Palacios, famoso pelo seu Priorat, colocou Bierzo no mapa, intrigado por seus terrenos de ardósia em contraste com a argila predominante. (O estabelecimento desse lugar se deve originalmente ao fato de estar no caminho dos peregrinos que iam a Santiago de Compostela.) Para Palácios, Bierzo produz a resposta espanhola ao Borgonha, fazendo um contraste dramático aos vinhos concentrados e envelhecidos em carvalho, que a geração emergente de *connoisseurs* espanhóis apreciava inicialmente.

A maioria dos vinhedos de Castilla y León ficam no alto e fechado vale Duero. As regiões de vinho tinto sérias do Toro e da Ribeira del Duero estão mapeadas com detalhes nas páginas 195, 196 e 197, respectivamente, mas **Cigales**, logo ao norte do Duero, já está produzindo vinhos tintos sérios (assim como tintos baratos e rosados). O branco mais famoso de Castilla y Léon vem de **Rueda**, onde a uva local Verdejo, que acreditam ter sido importada do sul da Espanha, pode produzir vinhos tão refrescantes quanto o Sauvignon Blanc, que foi plantado aqui mais recentemente. O tinto Rueda normalmente é feito com Cabernet e Tempranillo, apesar de produtores de vinho manterem suas opções abertas ao usar o rótulo Vino de la Tierra Castilla y Léon.

Lá em cima, na baía de Biscay, ao redor das cidades de Bilbao e Santander, estão os fortes vinhos brancos bascos de, respectivamente, **Bizkaiako Txakolina/Chacolí de Vizcaya** e **Getariako Txakolina/Chacolí de Guetaria** (a cortesia política espanhola incorpora quatro línguas: galego, basco, catalão e castelhano). **Arabako Txakolina/Chacolí de Alava** é produzido em quantidades pequenas na província de Araba/Alava. Notavelmente, assim como os vinhos bascos produzidos do outro lado da fronteira francesa, eles são servidos localmente em delicados copos de vidro sem pés.

O rio Ebro segue em direção ao sudeste, vindo da cordilheira Cantábrica, na costa norte, até o Mediterrâneo, na Catalunha. A parte de cima do Ebro abarca Rioja e Navarra (ver páginas 198, 199 e 200), onde Tempranillo e Garnacha se encontram, mas também **Campo de Borja**, em cujos campos velhas vinhas de arbustos Garnacha produzem uns tintos extremamente suculentos e baratos. Agora também são moldados para vinhos mais ambiciosos, envelhecidos no carvalho e concentrados, feitos especificamente para exportação aos Estados Unidos. O clima extremamente continental e o *cierzo* local, um vento seco do noroeste, ajudam. O clima é muito similar a **Cariñena** ao sul, mas Garnacha agora é dominante e recém-chegados de lugares como Rioja fazem sucesso com misturas de Tempranillo e Cabernet. A vizinha **Calatayud** é a casa de algumas das mais bem-sucedidas cooperativas de exportação.

Mas de algum modo os vinhedos atrás da costa central do Mediterrâneo têm progredido ainda mais rápido nos primeiros anos do século. Por muito tempo Manchuela, Valencia, Utiel-Requena, Almansa, Yecla, Jumilla, Alicante e Bullas eram vistas como apropriadas apenas para prover vinho potente e em grande quantidade para o minguante mercado de exportação. Mas muitas dessas DOs estão colocando mais dinheiro e idéias para um bom fim, resultando em tintos frutados e mesmo estilosos. Ainda há vinho feito deliberadamente forte e doce, mas o melhor pode

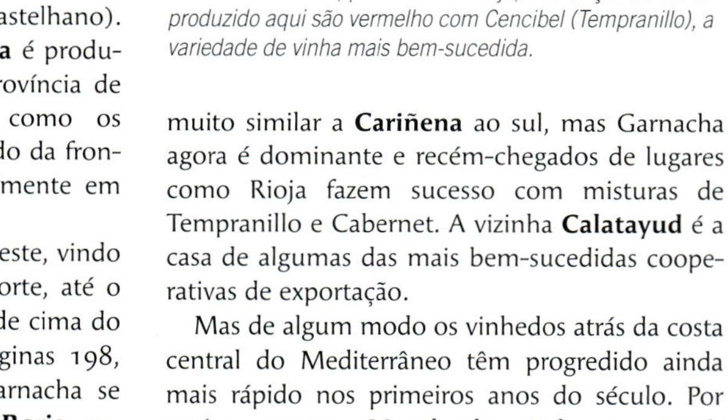

▶ Alguns dos novos e ousados vinhos de Valdeorras, Bierzo, Castilla-La Mancha, Campo de Borja, Manchuela, Jumilla e dois de Mallorca. Apenas o Finca Coronado e o San Bordils dependem de vinhas importadas. E apenas As Sortes, feito com Godello fermentada em barris, é branco.

competir com os tintos *premium* supermaduros da Califórnia e Austrália. Variedades de uvas locais são normalmente misturadas com importações internacionais, mas cultivadores como Julia Roch em **Jumilla** mostraram como domesticar a variedade Monastrell (Mourvèdre). Em **Alicante**, Enrique Mendoza liderou o caminho, com vinhos variando consideravelmente em níveis de açúcar residual, quando não em teores alcoólicos. Outros o seguiram. A DO **Manchuela**, em um platô alto com depósitos de calcário, foi justificada por Finca Sandoval ao misturar Syrah com Monastrell. O carnudo Bobal (o Bovale da Sardenha) é característico dessa região e da vizinha **Utiel-Requena**, também a mais de 600m acima do nível do mar.

Mais importante de tudo para a Espanha é a *meseta*, o platô alto ao sul de Madri cujos vinhedos planos e infindáveis chegam a cansar os olhos. A extensão de **La Mancha**, sua principal DO, fica clara no mapa. Apenas os seus vinhedos classificados como DO, menos da metade do total, cobrem mais território do que todos os vinhedos da Austrália postos juntos. A cidade de **Valdepeñas** tradicionalmente dava o seu nome a uma grande parte de sua produção: forte mas pálido vinho tinto feito historicamente de Airén (a uva branca mais plantada na Espanha, da qual depende o Brande de Jerez) tingido com algum vermelho. Os vinhedos de La Mancha têm mudado tão drasticamente quanto o resto da paisagem de vinícolas da Espanha, com uma conversão acentuada de variedades de uvas de casca clara para uvas de casca escura desde a década de 1990. Em 2005, mais do que dois terços de todo o vinho produzido nesta vasta região era tinto, em grande parte barato e feito com Cencibel, o tipo local de Tempranillo. Alguma Garnacha há muito tempo é plantada na região, mas variedades internacionais também a invadiram com força. Cabernet, Merlot, Syrah e mesmo uvas de vinho branco como Chardonnay e Sauvignon Blanc podem ser encontradas aqui, apesar de poder ser difícil imbuí-las de personalidade nessa região, onde a colheita tem que começar em meados de agosto. Porém, há muitas novas idéias: em 2005, uma mistura espumante de Viura e Airén de La Mancha conseguiu ganhar uma medalha numa competição internacional significativa.

Entre aqui e Madri estão as DOs de **Méntrida**, **Vinos de Madrid** e **Mondéjar**, presumivelmente maduras para transformação similar. Mas de longe o vinhedo mais inovativo é o Marqués de Griñon na primeira DO Paga (ver quadro) **Dominio de Valdepusa**, perto de Toledo, onde há uma variedade de uvas importadas (incluindo as populares Syrah e Petit Verdot) e novos métodos de crescer e regar as vinhas.

Ao oeste de La Mancha, em Extremadura, perto da fronteira portuguesa está a extensa e relativamente nova DO **Ribera del Guadiana**. Aqui também há potencial considerável para vinhos robustos e maduros, similares aos do Alentejo, ao lado português da fronteira.

As regiões em rápido desenvolvimento em Andaluzia, no extremo sul da Espanha, são comentadas em mais detalhes nas páginas 205-207.

Apesar de estarem a mais de 1.150km da costa da Espanha, as **Ilhas Canárias** entraram no jogo de denominações controladas com entusiasmo. As ilhas de La Palma, El Hierro, Lanzarote e La Gomera têm, cada uma, uma DO; Gran Canaria tem duas, enquanto a orgulhosa ilha de Tenerife tem nada menos do que cinco (ver mapa abaixo). No momento, os melhores vinhos são os brancos cítricos, feitos com variedades de uvas locais, como Marmajuelo (Bermejuela) e Güal (o Boal da Madeira).

Nem as ilhas Baleares, no Mediterrâneo, podem ser deixadas de fora. Os locais se orgulham de seus vinhos e as variedades nativas de vinha Manto Negro e Callet estão sendo justificadamente revividas na forma das DOs **Binissalem** e **Plà i Llevant**, resistindo bravamente aos desenvolvimentos desta ilha de veraneio.

ILHAS CANÁRIAS
Estas ilhas vulcânicas ao largo da costa do Marrocos têm como herança uma singular viticultura — vinhas que nunca conheceram a filoxera — e uma longa história de produção de singulares brancos doces de vinhas baixas e varridas pelo vento. O governo regional está tentando colocá-las novamente no mapa.

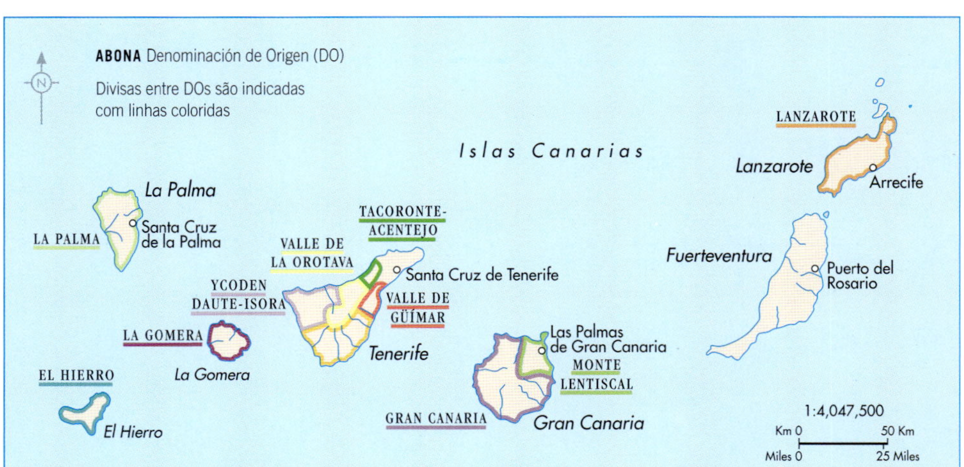

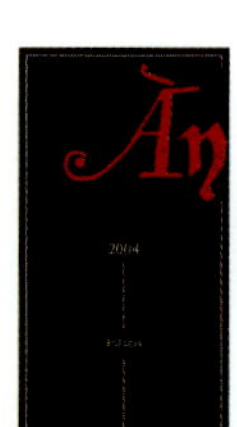

A LINGUAGEM DO RÓTULO

DENOMINAÇÕES DE QUALIDADE

A maior parte das denominaciónes *tem seus próprios selos especiais, como esse para a DOCa Rioja, logo acima do volume e teor alcoólico.*

Denominación de Origen Calificada (DOCa) A mais alta distinção para os vinhos espanhóis, até agora concedida apenas ao Rioja e ao Priorat, onde é conhecido como DOQ

Denominación de Origen (DO) A resposta da Espanha para a AC da França (ver página 52)

Denominación de Origen Pago (DO Págo) reservada para propriedades únicas, que produzem vinhos particularmente louváveis

Vino de Calidad com Indicación Geográfica (VCIG) para vinhos VdIT que se aproximam do status DO

Vino de la Tierra (VdIT) A resposta da Espanha para o Vin de Pays da França (ver página 152); **Vi de la Terra**, em catalão.

Vino de Mesa (VdM) vinho de mesa, o vinho espanhol mais básico; **Vi de Taula** (VdT), em catalão

OUTRAS EXPRESSÕES COMUNS

Año ano

Blanco branco

Bodega vinícola

Cava vinho espumante feito pelo método tradicional

Cosecha ano de vindima

Crianza vinho envelhecido por um mínimo de 2 anos depois da colheita, dos quais pelo menos seis meses (12 em Rioja e Ribera del Duero) devem ser em carvalho

Dulce doce

Embotellade (de origem) engarrafado (engarrafado na propriedade)

Espumoso espumante

Gran Reserva vinho selecionado envelhecido por pelo menos 18 meses em carvalho e 42 em garrafa

Joven vinho vendido no ano seguinte à colheita, tendo passado por pouco ou nenhum carvalho

Reserva vinho envelhecido por pelo menos três anos, dos quais ao menos um em carvalho e o outro em garrafa

Rosado *rosé*, rosado

Seco seco

Tinto tinto

Vendimia vindima

Vino vinho

Viña, viñedo vinhedo

Costa da Galícia

Os vinhos mais conhecidos da Galícia estão tão distantes do estereótipo espanhol quanto é possível imaginar: brancos delicados, vivos e aromáticos que caem perfeitamente bem com os mariscos, que são a dieta tradicional galega. Seu nome, Rías Baixas, é seu único ligeiro defeito.

Tudo no vinho galego é em pequena escala. Alguns dos melhores produtores fazem somente centenas de caixas por ano; a maioria dos produtores tem menos do que alguns hectares de vinhedos. Esta área verde e úmida no canto da Espanha (compare o índice pluviométrico anual de Vigo com o de qualquer outra região da Espanha) foi até recentemente muitíssimo pobre e praticamente ignorada pelo resto do país. Qualquer galego com alguma determinação emigrava, mas tendia a se prender ferozmente à propriedade de qualquer minúscula parcela de terra herdada. Isso, além do isolamento físico da Galícia, significou que só na década de 1990 estes vinhos singulares encontraram um mercado pronto e animado fora da região.

Assim como os vinhos, a paisagem é excepcional para a Espanha: canais irregulares do Atlântico chamados *rías*, na verdade fiordes rasos, alinhados com morros densamente florestados com pinheiros locais e eucaliptos invasivos importados na década de 1950. Mesmo as vinhas têm um aspecto diferente.

Como na região muito parecida de Portugal chamada Vinho Verde, do outro lado do rio Miño, as vinhas são tradicionalmente erguidas por pérgulas, treliças horizontais bem acima da altura dos ombros. Os troncos espaçados e longos são condicionados para subir postes de granito, tão comuns nessa parte do mundo. Pois, para os milhares de pequenos fazendeiros que cultivam vinhas simplesmente para consumo próprio, essa cobertura de vegetação permite que usem todo precioso pedaço de terra, mas também pode ajudar a ventilar as uvas, algo a se considerar aqui, onde a maresia regularmente invade os vinhedos, mesmo no verão. Alguns vinhedos mais planos agora são condicionados a ficar como duas cortinas de folhagem pendentes, presumivelmente com a colheita mecânica em mente.

Val do Salnés é a subzona mais importante, e a mais fresca e mais úmida, sendo tanto ao norte como bem na costa — apesar de os verões serem secos. Em **O Rosal**, ao sul, os melhores vinhedos são esculpidos em clareiras nos terraços dos morros voltados para o sul e produzem vinhos notavelmente menos ácidos do que os de Val do Salnés. **Condado do Tea** (Tea é um pequeno afluente do Miño) é a subzona mais quente, sendo mais distante do litoral, e seus vinhos tendem a ser mais poderosos e menos refinados. Granito também pode freqüentemente ser encontrado em vinhedos aqui e em **Soutomaior**, ao sul de Pontevedra, enquanto os solos de **Ribeira do Ulla**, logo ao sul de Santiago de Compostela, são mais aluviais.

As uvas de casca grossa Albariño dominam, pois elas são as que resistem melhor ao míldio que persistentemente ameaça, e a variedade jovem de Albariño tem uma freguesia fiel. Há crescentes experimentações com misturas, carvalho e vinhos deliberadamente envelhecidos.

Divisa internacional

Divisa de províncias

Rías baixas DO

Subzonas de Rías Baixas:

- Condado do Tea
- O Rosal
- Ribeira do Ulla
- Soutomaior
- Val do Salnés

FILLABOA ■ Produtor notável

400 Intervalo entre curvas de nível 200m

▼ Estação climática (EC)

RÍAS BAIXAS: VIGO

Latitude / Altitude de EC **41,13° / 250m**

Temperatura média da EC em julho **19,3°C**

Índice pluviométrico anual na EC **1.520mm**

Índice pluviométrico na EC no mês de colheita **Setembro: 90mm**

Principais perigos para a viticultura **Doenças de fungo, ventos fortes**

Principais uvas **Albariño, Treixadura, Loureira Blanca**

◄ Tipos modernos e antigos destes essencialmente marinhos vinhos brancos secos estão representados aqui. Nora da Neve é uma das marcas do ubíquo importador americano Jorge Ordoñez.

Toro

Toro pode muito bem ser chamado de o *El Dorado* do cenário de vinhos da Espanha. Em 1998, esta cidade medieval no extremo oeste de Castilla y León tinha oito bodegas. Apenas dois anos depois existiam 25, e, em 2006, 40. Durante anos, o vinho Toro era visto como rústico e provinciano, mas a mera exuberância de seu tipo local de Tempranillo, *Tinto de Toro*, era evidente demais para ser ignorada — especialmente numa área que procurava, cada vez mais, tons dramáticos, e não sutileza, numa garrafa.

Houve um tempo em que toda bodega de valor no norte da Espanha, baseada em Rioja ou em Ribera del Duero, parecia farejar ao redor da região do Toro, rio abaixo da Ribera, o Duero. Mas talvez o selo definitivo de aprovação tenha vindo quando Vega Sicilia anunciou seus planos de estabelecer uma bodega para produzir o Pintia, um dos vinhos mais sofisticados e ambiciosos do Toro. Outros investidores espanhóis de gabarito incluem Alejandro Fernández e Mariano García, também da Ribera del Duero, e o vinicultor itinerante Telmo Rodriguez. Mesmo forasteiros de alto nível se mudaram para a região, incluindo os irmãos Lurton de Bordeaux, com Michel e Danny Rolland (responsáveis pelo Campo Eliseo); Mahler-Besse, negociante de Bordeaux cuja marca é a Oro; e o ator francês Gérard Depardieu, através de seu patrocinador Bernard Magrez, de Bordeaux.

O segredo da qualidade do Toro é, como sempre na Espanha, sua altitude. Aos 600m-750m acima do nível do mar, os cultivadores da região podem depender de noites frescas para "fixar" a cor e o sabor nas uvas amadurecidas durante os verões tórridos, nesses solos de argila vermelha particularmente arenosos.

A idade média das vinhas do Toro é relativamente alta e a maioria ainda é plantada em forma de arbusto, com espaçamento de até 3m, um recorde de densidade de vinhas baixas imposto pela pouca chuva nas condições de quase deserto do Toro — menos de 400mm por ano, consideravelmente menos do que a convenção acredita suficiente para uma bem-sucedida viticultura.

Parte do Tinto de Toro que constitui 85% de todas as plantações na região é vinificada rapidamente por maceração carbônica e vendida jovem e suculenta, mas a grande maioria do vinho é envelhecida em carvalho, por pelo menos 12 meses no caso das Reservas. O vermelho profundo e forte dos vinhos que daí resultam são tão explosivamente frutados que o Tinto de Toro está sendo cultivado em outras partes da Espanha também. Outras variedades plantadas são Garnacha, que é às vezes misturada com Tinto de Toro, e um pouco de Malvasia e Verdejo para os raros vinhos brancos bem encorpados da região.

Uma ponte romana leva à antiga cidade vinícola do Toro. O clima é extremamente continental nesta região de elevada altitude, onde vinhedos chegam de 600m a 750m acima do nível do mar.

Divisa de Províncias
Toro DO
Rueda DO
• Venialbo Centro de vinho
PINTIA ■ Produtor notável
Florestas
500 Intervalo entre curvas de nível 100m

1:416,000
Km 0 5 10 15 20 Km
Miles 0 10 20 30 Miles

◄ Nenhuma das bodegas que produz esses vinhos, hoje em dia entre os mais admirados na Espanha, existia antes de 1998. A primeira vindima de Pintia foi em 2001, apesar de já fazerem experiências na Vega Sicilia, em Ribeira del Duero, alguns anos antes.

Ribera del Duero

Ribera del Duero é o milagre moderno dos vinhos tintos do norte da Espanha. Praticamente desconhecida no começo da década de 1980, ela agora compete com o Rioja para ser a região mais importante de produção de vinho tinto.

O platô da Velha Castela, que se estende por quilômetros desde Segóvia e Ávila até o velho reino de León, é atravessado pelo rio Duero, que em Portugal se torna o Douro, casa do vinho do Porto (ver páginas 216-221). O amplo vale do Duero e seus tributários, de Valladolid, rio acima, à Aranda de Duero, têm uma tradição antiga de produção de vinho — e poderíamos sugerir que isso acontece mais devido a uma população sedenta (Valladolid, enquanto capital da Espanha no século XVII, formulou rígidas legislações vinícolas) do que pelo fato de que o clima feroz do continente favorece as vinhas. A 850m, as noites são marcadamente frescas: no final de agosto registra-se 35ºC ao meio-dia e 12ºC à noite. Geadas de primavera são muito comuns. As uvas normalmente são colhidas no final de outubro. Aqui, a luz e o ar têm uma secura e um brilho típicos de altitudes elevadas, assim como os vinhos, que têm uma acidez particularmente vivaz, graças a essas noites frescas. Esses tintos são concentrados, e de cor, fruta e sabor intensos — bem diferentes em estilo do produto típico de Rioja, a menos de 100km a noroeste.

Vega Sicilia deu a primeira prova de que vinhos tintos finos poderiam ser feitos aqui. Essa propriedade foi inicialmente plantada na década de 1860, em parte com variedades de Bordeaux, ao mesmo tempo que Rioja estava sendo invadida por negociantes e influências de Bordeaux. O vinho Unico, de Vega Sicilia, feito apenas em boas vindimas, envelheceu mais no carvalho do que quase qualquer vinho de mesa, e, vendido aos dez anos (hoje em dia, depois de alguns anos em garrafa), é um vinho de personalidade penetrante e surpreendente. Mas aqui as uvas Bordeaux eram usadas, adicionando um *glamour* cosmopolita à nativa Tempranillo (uma versão adaptada no local conhecida como Tinto Fino ou Tinto del País).

Mais do que plantar Cabernet, Merlot e Malbec (ainda usada por Vega Sicilia, mas apenas como complemento ao Tinto Fino), a região ganhou reconhecimento com as uvas locais quase sem ajuda, mesmo que um pouco dessas três variedades de Bordeaux, Garnacha e mesmo Albillo branco também sejam plantadas. Rinera ficou muito na moda na década de 1990 e, enquanto havia apenas 24 bodegas na região em 1982, quando a DO foi criada, em 2005 já existiam 215 delas (muitas das quais, aliás, não sobrecarregadas de vinhedos). Este platô alto e amplo já teve sua terra muito transformada. Áreas que antes eram de plantações de cereais e beterraba agora têm mais de 49.400 acres (20.000 hectares) de vinhedos. Muitas das plantações novas não dependem do tipo de Tempranillo da Ribera, mas de enxertos importados de outras regiões, portanto de valor mais duvidoso.

Viticultores podem facilmente ser confundidos pelos solos extremamente variados da Ribera, pois

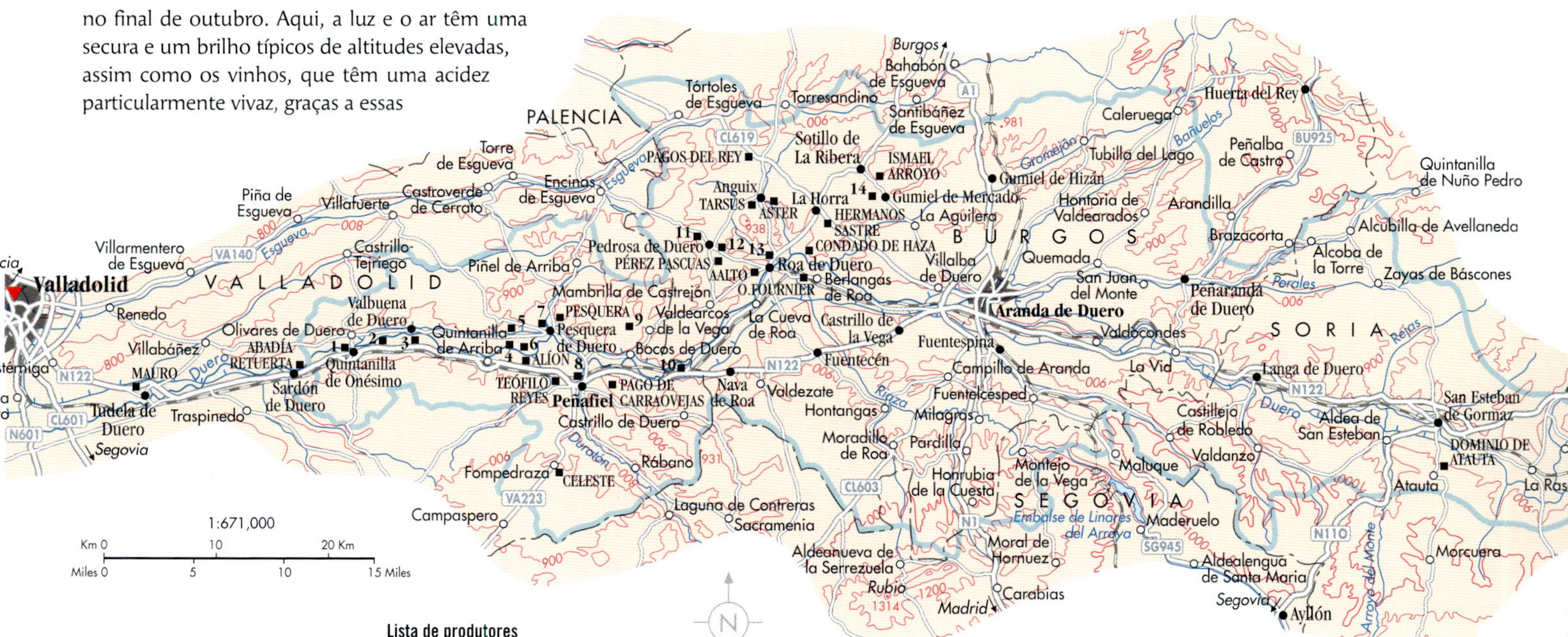

Lista de produtores
1 DOMINIO DE PINGUS
2 ARZUAGA NAVARRO
3 VEGA SICILIA
4 DEHESA DE LOS CANÓNIGOS
5 HACIENDA MONASTERIO
6 MATARROMERA
7 EMILIO MORO
8 CONDE DE SAN CRISTÓBAL
9 LEGARIS
10 MONTECASTRO
11 PAGO DE LOS CAPELLANES
12 RODERO
13 ALONSO DEL YERRO
14 REAL SITIO DE VENTOSILLA

Divisa de províncias
Ribera del Duero DO
• La Horra Centro de vinho
PESQUERA ▪ Produtor notável
1000 Intervalo entre curvas de nível 100m
▼ Estação Climática (EC)

RIBERA DEL DUERO: VALLADOLID ▼
Latitude / Altitude da EC **41,43° / 840m**
Temperatura média da EC em **julho 21,4°C**
Índice pluviométrico anual na EC **410mm**
Índice pluviométrico na EC no mês de colheita **Outubro: 45mm**
Principais perigos para a viticultura **Geadas de primavera, chuva de outono**
Principais uvas **Tinto Fino/Tinto del País (Tempranillo)**

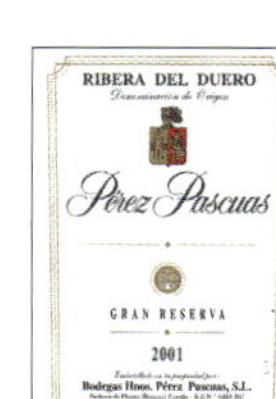

As vinhas de pouca altura da Hacienda Monasterio, em Pesquera de Duero, fazem da colheita destas uvas Tinto Fino um trabalho duro. Graças às noites frescas provocadas por esta elevação, a colheita pode não acontecer até meados de outubro.

mesmo dentro de um único vinhedo, as uvas podem amadurecer em ritmos irritantemente diferentes. Pedras de calcário, mais comuns ao norte de Duero, ajudam a reter a chuva, que não é nada generosa.

A tradição de comprar uvas aqui é tão forte quanto em Rioja — mesmo Vega Sicilia, com mais de 500 acres (200 hectares), tem contratos com outros cultivadores —, e muitas destas novas bodegas competem umas com as outras para conseguir frutas. Algumas das melhores vêm da região ao redor de La Horra, mas os principais vinicultores, como Peter Sisseck, o dinamarquês que fez de Domínio de Pingus o vinho espanhol mais raro e caro, são discretos sobre as suas fontes — invariavelmente as mais velhas, verdadeiras e retorcidas vinhas baixas de Tinto Fino.

Dois dos mais bem-sucedidos produtores da região não se localizam sequer dentro dos limites da DO. Abadía Retuerta, uma ampla propriedade fundada em 1966 pela companhia farmacêutica suíça Novartis, está logo ao oeste do limite oficial. (Em 1982, quando as regulamentações da DO estavam sendo elaboradas, não havia vinícolas aqui, mas elas existiam quase continuamente desde o século XVII. A abadia era um dos principais fornecedores para Valladolid até o começo da década de 1970.) Mesmo mais longe ao oeste, em Tudela, está Mauro, fundado em 1980 e agora estabelecido numa bela construção antiga de Mariano García, outrora o vinicultor de Vega Sicilia. García também está envolvido na fabricação de Aalto, apenas um dos nomes relativamente novos em Ribera del Duero, onde, ao que parece, reputações podem ser feitas com uma única vindima.

Recentemente, novos investidores incluem Felix Solis (Pagos del Rey), Alonso del Yerro, Marqués de Vargas (Conde de San Cristóbal), Torres (Celeste), Faustino — muitos deles já bem estabelecidos em outras regiões de vinho, especialmente na vizinha Rioja. Sobre outros, incluindo um proeminente editor de Madri, Alfonso de Salas, o marquês de Montecastro, pode-se dizer que estão diversificando (no seu caso, com um tinto notavelmente macio, radicalmente atípico na região).

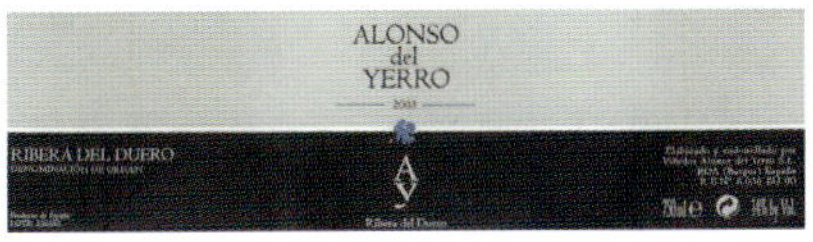

◄ As influências nesta demonstração dos principais vinhos da Ribera não são de forma alguma espanholas. Por exemplo, o Pingus, de preço altíssimo, foi feito pelo dinamarquês Peter Sisseck; e Stéphane Derenoncourt, consultor com origem em Bordeaux, faz vinhos para o recém-chegado Alonso del Yerro.

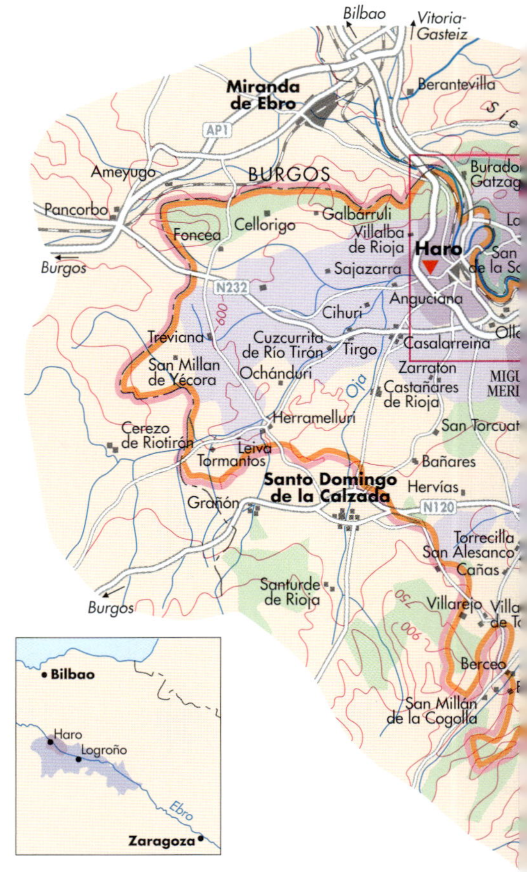

Rioja

Rioja antes tinha o mercado de vinhos finos para si. Esses dias chegaram ao fim. E sempre teve que lidar com os problemas climáticos de uma região marginal. A esses problemas, soma-se hoje em dia uma incerteza sobre o estilo de seus vinhos. Mas sua variedade interna, suas tradições e sua adaptabilidade a mantêm na linha de frente. Poucas das grandes regiões vinícolas têm em seu espaço terras tão difíceis e reunidas com um caráter tão reconhecível.

Sem a muralha de pedras gigantesca da Sierra de Cantabria, Rioja seria tomada pelos ventos do Atlântico e as vinhas não poderiam sobreviver. No longínquo noroeste da região, algumas das vinhas mais altas acima de Labastida podem lutar para ao menos amadurecer. Ao leste, por outro lado, vinhas amadurecem completamente em alturas muito elevadas, como 800m, graças ao aquecimento que vem do Mediterrâneo e que chega ao oeste até Elciego. Cultivadores em Alfaro, ao leste, podem colher de quatro a seis semanas antes da região ao redor de Haro, onde as últimas uvas podem chegar a ser colhidas só no final de outubro.

A região é dividida em três zonas. **Rioja Alta** é ao oeste, na parte alta — ao sul do sinuoso rio Ebro — com álamos nas margens, bem como a terra não-basca ao redor de San Vicente de la Sonsierra, ao norte do rio. **Rioja Alavesa**, a parte de Rioja na província de Alava, é basca e, hoje em dia, quase literalmente um outro país, com sua própria língua, sua própria força política e, como o resto da Espanha, seus próprios investidores. Neste caso, investimentos encorajaram uma grande quantidade de novas bodegas na margem norte do rio Ebro. **Rioja Baja**, extensa e mais quente, ao leste, tem seu próprio encrave anômalo conquistado logo ao leste da capital industrial da região, Logroño. A bodega histórica Marqués de Murrieta Castillo Ygay, como as de outros dois marqueses, Vargas e Romeral, não tinha permissão para pertencer à Rioja Baja, com freqüência considerada, e nem sempre corretamente, inferior.

Rioja tem atraído algumas das mais ambiciosas arquiteturas vinícolas, como aqui, em Bodegas Ysios, ecoando, logo atrás, o contorno da serra Cantábrica. Marquês de Riscal seduziu o arquiteto Frank Gehry, do Museu Guggenheim de Bilbao, para Elciego.

Os solos de Rioja Baja são ainda mais variados do que os de Rioja Alta, e suas vinhas são cultivadas de forma mais escassa. Nas duas subzonas ao oeste, as vinhas são praticamente o único plantio: a paisagem parece uma colcha de retalhos de pequenos pedaços de vinhedos de arbusto baixo em solos variados de argila vermelha mole e calcário branco, tingidos de amarelo pelos depósitos aluviais. Estes terrenos, erodidos em diferentes níveis pelo rio (quanto mais alto melhor) tendem a ser dominados por argila, em Rioja, e por calcário, em Rioja Alavesca. Os solos vermelhos ao redor de Fuenmayor são alguns dos mais produtivos de Rioja, e argila é tão importante ali que incitou a criação de uma enorme fábrica de cerâmica.

Tempranillo é de longe a uva mais importante de Rioja. Ela se mistura bem com a mais gorda Garnacha (Grenache), melhor em Rioja Alta, rio acima de Nájera, e em Rioja Baja, nos vinhedos altos de Tudelilla. Graciano (conhecido em Languedoc como Morrastel e, em Portugal, como Tinta Miúda) é uma fina porém difícil especialidade de Rioja que agora parece estar salva da extinção. Mazuelo (Carignan) é permitida, e a experimentação com Cabernet Sauvignon é tolerada, mas não estimulada.

Estranhamente, o vinho mais famoso e mais importante da Espanha entrou no século XXI com uma busca por seu verdadeiro caráter. A reputação da região nasceu no final do século XIX, quando negociantes de Bordeaux vieram aqui para preencher os vazios embaraçosos em seus tanques de mistura deixados pela filoxera ao norte dos Pireneus. Eles tiveram a prova do potencial de Rioja nos vinhos dos dois marqueses, De Riscal e Murrieta, que tinham estabelecido suas propriedades respectivamente em 1860, em Elciego, e em 1872, logo a leste de Logroño.

Haro, com suas ligações ferroviárias para a costa do Atlântico, era o centro ideal para misturar vinhos trazidos por carroças oriundas de tão longe quanto Rioja Baja. Os mercadores de Bordeaux mostraram como envelhecê-los em barris pequenos, e assim nasceram muitas das bodegas mais importantes de Haro, todas fundadas perto de 1890 e agrupadas perto da estação de trem — algumas até com suas próprias plataformas.

Até a década de 1970, a maior parte da produção de Rioja era algo suculento feito por cultivadores de pequeno porte (em vilarejos como San Vicente é possível ver *lagares* de pedra, ou tinas, atrás de portas meio abertas e com o aviso escrito à mão *Se Vende Rioja*). Nem mistura, nem *élevage*, nem mesmo vinicultura — sem falar na geografia — eram a chave. Rioja era rapidamente fermentado e então envelhecido por muitos anos em carvalho antigo norte-americano. O resultado eram vinhos pálidos, adoçados com baunilha, que poderiam ser charmosos, desde que as uvas fossem de qualidade impecável. Mas com o controle de garrafas tão perigosamente deixado para os cultivadores, a tentação de pular etapas e aumentar a produção foi por vezes muito forte.

Recentemente, isso levou a uma revisão das técnicas de vinicultura em muitas bodegas (a maioria das

▼ Contino é de longe a marca mais antiga desta página, pertencente à propriedade CVNE, em Rioja Alavesa, estabelecida em 1973. Fernando Remírez de Ganuza estabeleceu sua bodega em 1989. As outras marcas muito bem vistas são bem mais recentes.

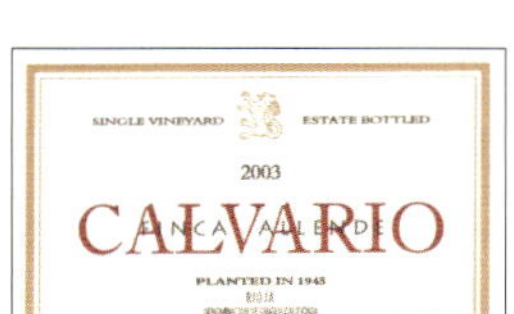

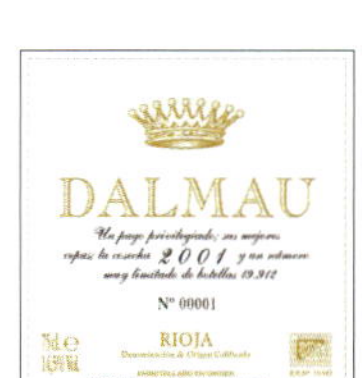

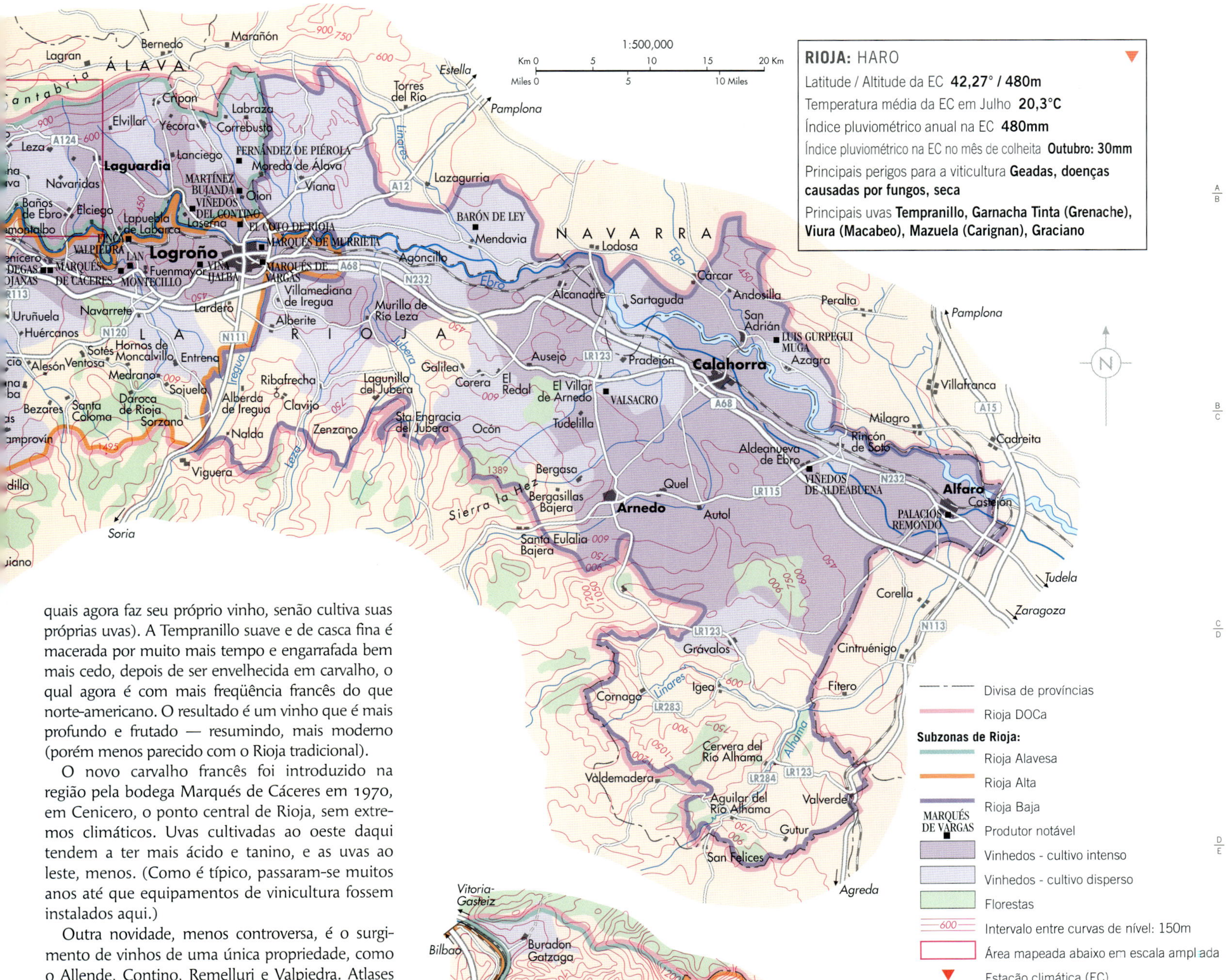

quais agora faz seu próprio vinho, senão cultiva suas próprias uvas). A Tempranillo suave e de casca fina é macerada por muito mais tempo e engarrafada bem mais cedo, depois de ser envelhecida em carvalho, o qual agora é com mais freqüência francês do que norte-americano. O resultado é um vinho que é mais profundo e frutado — resumindo, mais moderno (porém menos parecido com o Rioja tradicional).

O novo carvalho francês foi introduzido na região pela bodega Marquês de Cáceres em 1970, em Cenicero, o ponto central de Rioja, sem extremos climáticos. Uvas cultivadas ao oeste daqui tendem a ter mais ácido e tanino, e as uvas ao leste, menos. (Como é típico, passaram-se muitos anos até que equipamentos de vinicultura fossem instalados aqui.)

Outra novidade, menos controversa, é o surgimento de vinhos de uma única propriedade, como o Allende, Contino, Remelluri e Valpiedra. Atlases se tornam vagarosamente mais relevantes para Rioja, enquanto as funções de cultivo e engarrafamento são crescentemente combinadas.

Cerca de um sétimo de todas as vinhas cultivadas em Rioja produz uvas brancas, quase invariavelmente a ácida Viura (Macabeo), suplementada por quantidades bem limitadas das tradicionais Malvasía Riojana e Garnacha Blanca. Um vinho que se beba facilmente, neutro, com um bom corte fresco é a meta da maioria — uma pena, porque o Rioja branco envelhecido em carvalho, enriquecido e refinado por uma ou duas décadas em barril ou garrafa, pode desafiar os melhores Bordeaux brancos. López de Heredia é o nome importante, e o seu Tondonia é um dos originais do mundo do vinho.

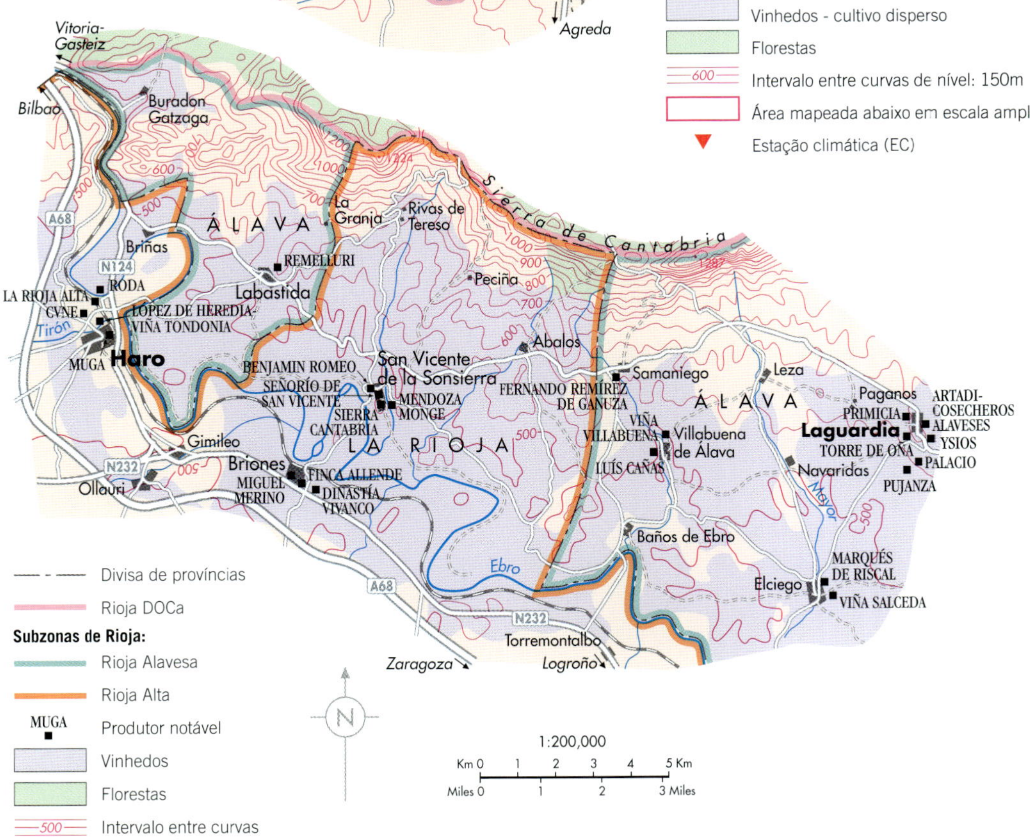

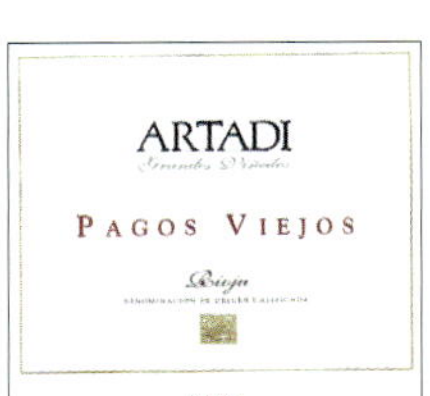

Observe quanto espaço é necessário para armazenar todos os barris de vinho envelhecidos, para orgulho de Chivite, a relativamente nova propriedade Señorío de Arínzano, ao norte de Navarra. Desenhada pelo chefe da Escola de Arquitetura de Havard, Rafael Moneo, a propriedade abrange as três construções originais no sítio de 750 acres (300 hectares).

Navarra

Várias partes da Espanha têm ajudado Bordeaux durante séculos. Benicarlo, de Valência, foi certa vez um ingrediente importante do vinho clarete. Rioja e Navarra, sua vizinha a nordeste, eram um apoio importante a Bordeaux nos anos escassos de filoxera. A ligação por trem com Haro foi decisiva: a fértil Navarra, terra verde do aspargo e de hortas, perdeu o negócio para a relativamente infértil Rioja.

Na maior parte do século XX, os vinhedos escassos de Navarra eram dedicados principalmente à Garnacha, aos úteis rosados e tintos fortes e profundos que produziam. Mas então houve uma revolução na forma da Cabernet, Merlot, Tempranillo e Chardonnay. A Tempranillo agora ultrapassou a Garnacha em termos de área total plantada, sendo Cabernet Sauvignon a terceira uva mais plantada na região. As cooperativas mais importantes sugam boa parte das ordinárias Garnacha, mas vinhas antigas desta potente variedade têm seu valor. Você vê isso em vinhos como o Gran Feudo Viñas Viejas Reserva de Chivite e em Lautus de Guelbenzu, uma bodega que desde então se retirou da DO de Navarra.

Os vinhos mais exportados de Navarra podem ser vistos como uma ponte entre Rioja e Somontano: obviamente envelhecidos em carvalho, mas usando toda uma gama de variedades, tanto espanholas como internacionais. O carvalho francês é bem mais comum do que em Rioja, talvez porque o envelhecimento em carvalho tenha chegado bem depois em Navarra, mas também porque há bem mais hectares voltados para vinhas francesas.

Porém, Navarra não é mais homogênea do que Rioja. Há um mundo de diferenças entre as subzonas quentes, secas e planas de **Ribera Baja** e **Ribera Alta** ao sul, que se localizam às margens do rio Ebro e precisam ser irrigadas (com um sistema de canais iniciado pelos romanos), e as regiões menos cultivadas, de clima mais fresco e de solos mais variados do norte. A persistência dos que vêm do oeste deu início ao uso indiscriminado de geradores de energia eólica nas *mesas* acima dos vinhedos. Ribera Alta é um pouco mais quente e mais exposta à influência do Mediterrâneo do que a Ribera Baja, que é protegida pela Sierra del Moncayo ao sul. As melhores Garnachas da Ribera Baja vêm de Fitero, porque seus solos pobres, ao estilo Châteauneuf, são totalmente expostos. Corella ganhou a reputação de excelente Moscatel de Grano Menudo (Muscat Blanc) com botrítis — outra vez o trabalho da admirável Bodega Chivite. Vinhos produzidos em direção ao norte de Ribera Alta tendem a ser mais pálidos e menos alcoólicos do que os do sul.

Um dia de calor fulminante no sul pode ser bem fresco no norte montanhoso, mais perto do Atlântico. Como em Rioja, a altitude norte de Navarra significa que variedades Bordeaux de uvas são colhidas até mais tarde do que em Bordeaux — às vezes em dezembro, como nos vinhedos mais altos. **Baja Montaña** produz principalmente rosados. Argila com algum calcário é a norma aqui, mas os solos, os aspectos e as elevações são tão variados nas subzonas do norte **Tierra Estella** e **Valdizarbe** que os cultivadores pioneiros precisam selecionar lugares com extremo cuidado. Geadas de primavera e outonos frios esperam por eles.

◄ Guelbenzu se retirou do Consejo Regulador oficial de Navarra e vende seus vinhos com o nome do local Vino de la Tierra, Ribera del Queiles. Como tantos outros tintos de Navarra, Lautus é uma mistura das uvas espanholas Tempranillo e Garnacha, com variedades de Bordeaux: Cabernet e Merlot.

Somontano

Somontano quer dizer "aos pés da montanha". Num dia claro, é possível ver os Pireneus cobertos de neve à distância. Mas não são os Pireneus que tornam a vinicultura possível nessa região de vinho bem cuidada e coesa, mas a Sierra de Guara e a Sierra de Salinas. Essas montanhas protegem Somontano de uma influência fria do norte e produzem um leve anfiteatro virado para o sul de terras adequadas para vinhedos entre 350m e 650m acima do nível do mar. A região é centrada nos vilarejos de Barbastro, Salas Bajas e Salas Altas, e espalhada ao longo das margens de Vero e Cinca.

Esta é uma jovem DO cuja existência foi iniciada não pela natureza ou por um indivíduo em particular, mas pelo governo local. No final da década de 1980, o governo encorajou Viñas del Vero a plantar Tempranillo e variedades internacionais para dar um *glamour* cosmopolita aos vinhedos locais Moristel e Parraleta. A área de plantio total mais do que duplicou, desde o final da década de 1990, para quase 11.000 acres (4.500 hectares).

Aragón tem orgulho de sua história, mas, em termos de desenvolvimento de viticultura, fica bem atrás das vizinhas Catalunha e Navarra. Boa parte dessa região para o oeste é muito extrema ou desprotegida para vinhas florescerem; e ao sul há um deserto. Mas Somontano oferecia o potencial de um clima ameno e de consideravelmente mais chuva do que a maior parte do platô do centro da Espanha, mesmo que a média histórica de 500mm por ano seja apenas adequada.

Hoje, Somontano pode não ter atingido os níveis do melhor que Ribera del Duero, Rioja e Priorat puderam produzir, mas seus vinhos estão entre os mais confiáveis e de melhor valor na Espanha. Grosseiramente, três em cada quatro garrafas são de Viñas del Vero, de propriedade particular, ou da cooperativa modelo Pirineos, mas juntaram-se a elas muitas outras bodegas orientadas pela qualidade. Blecua é uma vinícola estadual particularmente ambiciosa, num idioma completamente no estilo Napa Valley, construída por Viñas del Vero. Laus é um recém-chegado estiloso, enquanto Idrias de Sierra de Guara e Castillo de Monesma de Dalcamp também podem impressionar.

Os vinhos são atrativamente encorpados, mas não pesados, graças aos solos predominantemente arenosos (apesar de haver um pouco de cascalho nas partes mais baixas do rio Vero, e de algum calcário ao sul de Barbastro, a cidade principal). Uma acidez enérgica natural é marca distintiva, em boa parte porque os solos aqui têm pouco potássio, o que é útil ao manter o pH baixo também. Há tintos que são variedades do Bordeaux de encher a boca; algum Tempranillo aromático; um Chardonnay muito mais convincente do que o do resto da Espanha; e alguns raros, mas refrescantemente secos Gewürztraminer. A Bodega Pirineos é a que trabalha mais arduamente para manter as variedades nativas da região, retirando todo o sabor possível das uvas Moristel, que são leves e com aroma de framboesa, ao encorajar fermentação malolática no barril. Pireneus também é perseverante com a Parraleta, de baixa produtividade, porém mais estruturada e com aroma mineral. Ambas valem a pena serem conservadas. Um vinho seco, sério, das vinhas velhas Macabeo, de colheita tardia, também é experimentado. Garnacha era outra variedade de vinha tradicional na região; os locais ainda fazem suas próprias versões *rancio*, envelhecidas em barril.

▲ Viñas del Vero, um dos primeiros de uma nova onda de colonos, produz tanto Secastilla toda de Garnacha como, em uma propriedade menor e separada, a mistura Blecua de uvas da Espanha e de Bordeaux. Bodegas Laus é outro produtor admirável.

O cultivo de vinhedos se estende até mesmo às ruas de trás do vilarejo de Graus, perto de Barbastro. O cenário um tanto rústico esconde a recente chegada em Somontano de bodegas muito bem-sucedidas, como Bestué, Estada, Meler e Monesma. Todas provam que os que duvidam de Somontamo estão errados.

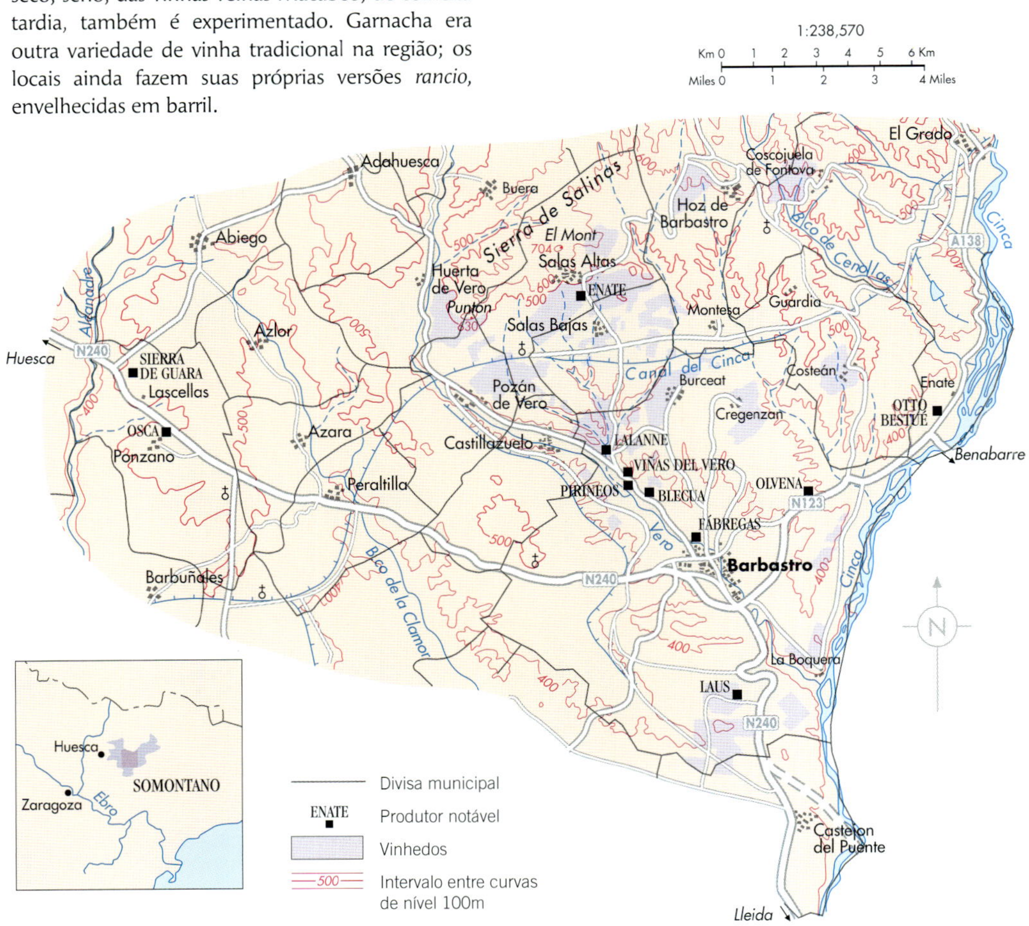

Catalunha

Os catalães são espanhóis? Não é uma questão para um livro sobre vinhos, mas tudo deste reino costeiro parece diferente. Barcelona é uma cidade movimentada; gastronomicamente é uma das mais dinâmicas da Europa. É fácil esquecer a fronteira que separa a *Catalunya* (seu nome local) de Roussillon, na Catalunha francesa. Os vinhedos mapeados aqui se estendem da costa quente do Mediterrâneo até altitudes onde o frio é um fator de qualidade útil. Eles produzem uma gama de estilos de vinhos mais ampla do que qualquer outro trecho comparável da Espanha — do mais refinado frisante ao mais rico dos xaropes.

Para começo de conversa, mais obviamente nas prateleiras e listas de vinhos em toda a Espanha está **Cava**, a resposta espanhola ao champanhe, dos quais 95% são produzidos na Catalunha, principalmente nos vinhedos do platô fértil dentro e ao redor da capital do vinho Penedès de Sant Sadurni d'Anoia. A indústria, pois isso é o que ela é, é dominada pelos arqui-rivais Codorníu e Freixenet. O método de vinicultura pode ser o mesmo de Champagne; as uvas são muito diferentes. A neutra Macabeo domina a maior parte das misturas de Cava, seu brotamento tardio promete boas garantias contra geadas de primavera nos vinhedos relativamente frios de Penedès. Sabor, às vezes demasiado, vem da local Xarel-lo, melhor cultivada em altitudes baixas. Parellada é vista como o mais refinado ingrediente de Cava, produzindo um vinho com toque de maçã realmente enérgico, ao menos no norte de Penedès, se não se permitir produzir demais. Chardonnay constitui cerca de 5% de todas as plantações, enquanto Pinot Noir é permitida pela cada vez mais popular Cava rosa. Produções menores e mais tempo de envelhecimento em garrafa estão gradualmente melhorando a qualidade da melhor Cava. O grande presente da Catalunha para os produtores de vinho espumante do mundo — além de sua rolha nativa — é a giropaleta, um engradado gigante que substitui o processo doloroso e variável de sacudir o sedimento com as mãos pela remoção controlada por computadores.

Para vinhos não-espumantes, que tendem a ter sabores particularmente francos e diretos, **Penedès** é a DO mais importante. Variedades internacionais de vinha são mais espalhadas em Penedès do que em qualquer outro lugar da Espanha; foi aqui que eles começaram, na década de 1960, com pioneiros tais como Miguel Torres, o gigante catalão produtor de vinhos não-espumantes. Tendo mostrado a que veio com Cabernet e Milmanda Chardonnay (Milmanda fica na região interior um tanto distinta de **Conca de Barberá**, nos morros de calcário ao norte de Tarragona, conhecidos pela Cava), Torres agora cuida das uvas catalãs para seu tinto mais fino, Grans Muralles. A cada vez mais comum DO **Catalunya**, que abrange todas as regiões catalãs e aprova misturas entre elas, foi introduzida em 1999, em grande parte porque o empreendimento crescente de Torres achava a apelação de Penedès muito pequena.

Os vinhedos mais quentes e mais baixos de Baix-Penedès, na costa, tradicionalmente abasteciam uvas Moscatel bem amadurecidas e Malvasía, para vinhos de sobremesa. Mais recentemente, eles produzem Monastrell, Garnacha e Cariñena para tintos (mais ou menos) secos, que de outra forma lutariam para amadurecer na parte mais alta, embora mais interessante, de Penedès, em altitudes de até 800m. Em altitudes médias, Cava predomina, mas cultivadores mais ambiciosos, freqüentemente com vinhedos talhados no cerrado e nos pinheiros mediterrâneos de terra mais alta, estão dando o melhor de si para conseguir um caráter local sério de vinhas de produtividade relativamente baixa, tanto de variedades nativas como importadas.

A DO **Tarragona**, imediatamente ao oeste da cidade de nome Penedès, também fornece matéria-prima para Cava em seus morros, mas a planície da costa leste, El Camp de Tarragona, ainda produz um vinho tinto tradicionalmente doce e pesado, que por vezes é envelhecido por mais tempo em barris para adquirir um caráter *rancio*.

Desde 2001, os vinhedos mais altos e mais ao oeste, na região que foi outrora Tarragona, têm sua própria DO, a **Montsant**, que circunscreve a excepcional DOCa Priorat descrita no verso da página. A mais alta concentração de bodegas notáveis fica ao redor de Falset, uma cidade de elevada altitude e sem grande importância que é portal para Priorat, mas que fica logo fora dela. Tintos seriamente concentrados podem ser produzidos aqui a partir de uma ampla gama de variedades de uva, apesar de não se beneficiarem de um solo distinto em Priorat. A área chamou atenção internacionalmente na década de 1990 pelo Celler de Capçanes, que continua a dar o ritmo.

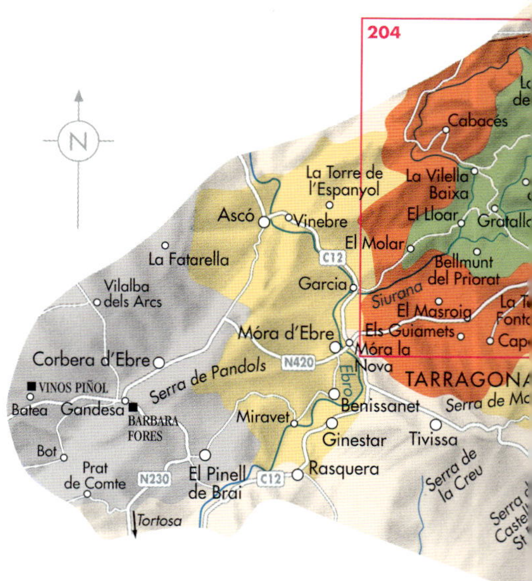

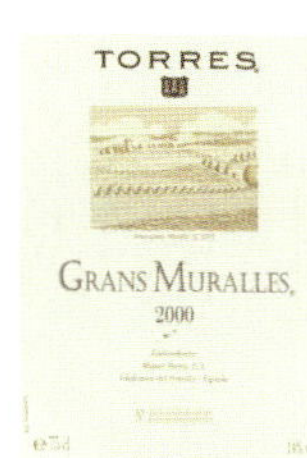

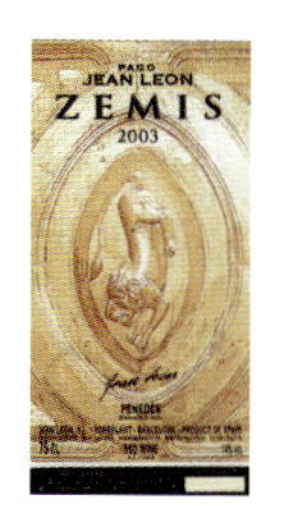

Ao sul e ao oeste, na terra alta da DO ensolarada e quente **Terra Alta**, variedades tintas importadas estão substituindo a Garnacha Blanca da região, que produz brancos de personalidade e cheios.

A DO **Costers del Segre** é apenas sugerida neste mapa. Ela abrange pelo menos quatro subzonas bem espalhadas (ver o mapa da Espanha na página 190). Les Garrigues fica logo do outro lado da cordilheira de Montsant do popular Priorat, em terrenos similares, embora um pouco menos selvagens. As vinhas de Velha Garnacha e Macabeo, em altitudes de até 750m, têm um potencial considerável, mas agora é a Tempranillo, e outras variedades internacionais, que são cultivadas em treliças, entre amendoeiras e oliveiras. Brisas vindas do Mediterrâneo minimizam o risco de geada. Leves e apimentadas, variedades externas são feitas em terreno baixo, no nordeste, nas zonas de Segre e Vall de Riu Corb, enquanto Artesa, ao norte, é mais parecida com Somontano, em Aragón (ver página 201). Em seguida, há a propriedade Raimat, quase que literalmente um oásis, na região semidesértica de Lleida, graças ao sistema de irrigação desenvolvido pela família Raventós, de Codorníu, nesta propriedade que pratica a agricultura. Os vinhos produzidos aqui são mais do Novo Mundo do que catalães.

Vinhas em forma de arbusto na primavera dedicadas à produção de Cava, a resposta espanhola muito bem-sucedida ao champanhe, que ainda domina o cenário do vinho catalão, apesar da explosão recente de excelentes vinhos não-espumantes. A região se beneficia de uma gama de variedades de uva mais diversificada e numerosa na Espanha.

Na costa de Barcelona imediatamente ao norte, os cultivadores de vinha de **Alella** brigam com os agentes imobiliários e também embarcaram na onda das variedades internacionais.

Fora deste mapa detalhado, mas no mapa introdutório da Espanha, está a DO **Pla de Bages**, centrada na cidade de Manresa, ao norte de Barcelona. Apesar de terem algum Picapoll (o Picpoul de Languedoc) interessante e antigo, lá também estão cultivando Cabernet e Chardonnay. A DO mais ao norte da Catalunha, **Empordà-Costa Brava**, era conhecida apenas por seu rosado turístico feito de vinhas Cariñena. Hoje em dia, oferecem uma excelente gama de misturas, tanto de tinto como branco. Considerando-se tudo, poderíamos dizer que a Catalunha está a todo vapor.

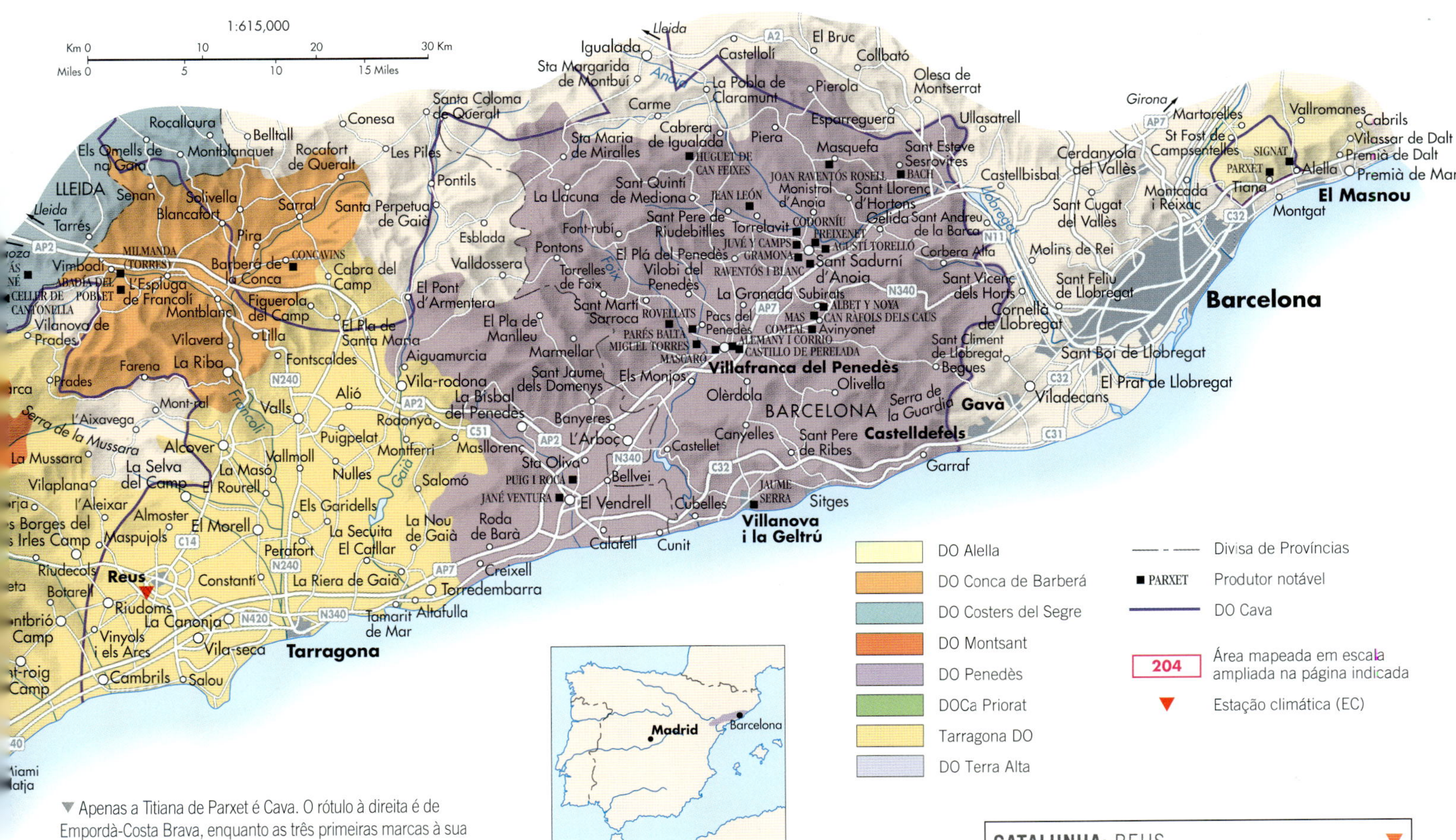

▼ Apenas a Titiana de Parxet é Cava. O rótulo à direita é de Empordà-Costa Brava, enquanto as três primeiras marcas à sua esquerda são todas de Penedès. As outras vêm de Terra Alta, Montsant, Monsant, Costers del Segre e Conca de Barberá (onde o notório Chardonnay Milmanda de Torres também é feito).

CATALUNHA: REUS

Latitude / Altitude da EC **41,08° / 70m**

Temperatura média da EC em julho **23,9°C**

Índice pluviométrico anual na EC **590mm**

Índice pluviométrico na EC no mês de colheita **Setembro: 65mm**

Principais perigos para a viticultura **Seca, doenças fúngicas**

Principais uvas **Tempranillo, Garnacha Tinta, Cabernet Sauvignon, Parellada, Xarel-lo, Macabeo**

Priorat

Recentemente, em 1990, o governo da Catalunha publicou um volume substancial sobre os 1.000 anos do vinho catalão, no qual Priorat (Priorato em castelhano) não foi sequer mencionada. Ao final da década de 1990, esta pequeníssima região já estava produzindo o vinho mais empolgante e mais caro, e essa mudança foi inspirada por um homem.

Antes da chegada da filoxera, havia 12.350 acres (5.000 hectares) de vinhedos nesta paisagem confusa, de morros cheios de vincos (esta não é uma terra para um motorista nervoso). Em 1979, quando René Barbier previu o potencial desta região histórica de vinho, só sobravam 1.500 acres (600 hectares) de vinhas, principalmente Cariñena (Carignan). Em 1989, Barbier formou um grupo de cinco amigos que lançariam cinco novos "Clos". Inicialmente, eles dividiam terrenos e uvas no vilarejo de Gratallops. Seus vinhos eram bem diferentes dos vinhos comuns de Priorat, que são rústicos e têm uma fermentação com tons de passas — vinhos, sem dúvida, muito diferentes da norma espanhola de envelhecimento em carvalho. Os cinco eram muito aptos tecnicamente, mas com inspirações locais, e logo estabeleceram bodegas próprias. Enquanto isso, a firma da família de Barbier foi vendida para Freixenet e divorciada de Priorat. Sua própria bodega Priorat agora é chamada Clos Mogador.

Tal foi a apreciação internacional destes vinhos concentrados (a escassez deles também ajudava), que a região foi então invadida e quase reformulada por recém-chegados — alguns de Penedès, e alguns vindos de muito longe, como da África do Sul. Na virada do século, havia 2.500 acres garantidos para o direito de cultivar. Agora são 70 bodegas, e toda essa atividade foi sobreposta numa região onde pastores e carroças puxadas por burros eram até bem pouco tempo um lugar-comum, e o vilarejo de Gratallops tem menos de 200 residentes permanentes.

Então por que os vinhos são tão especiais? Priorat, é claro, é protegida no noroeste pela Sierra de Montsant, uma longa serrania de pedras pontudas. Porém, é seu particularmente pouco comum solo *llicorella* — composto de uma ardósia marrom escura, cujas faces pontiagudas, coberta com quartzitos, brilham ao sol — que faz o melhor Priorat, com uma essência carregada de minerais.

O índice pluviométrico anual é com freqüência mais baixo que 400mm, o que, na maioria das regiões, faria a irrigação necessária. Porém, os solos de Priorat são estranhamente frescos e úmidos, e portanto as raízes das vinhas penetram, ao estilo do Douro, pelas falhas do *llicorella* e encontram água. O resultado disso é que nos melhores lugares, embora a produção seja ridiculamente pequena, produzem-se vinhos notavelmente concentrados.

Cariñena ainda é, de longe, a vinha mais cultivada, mas apenas a Cariñena mais velha produz vinho de real qualidade. A velha Garnacha, plantada em lugares mais frescos e de amadurecimento mais lento, como o vinhedo de L'Ermita mostrado na página 191, é a base do Priorat mais sério. A muitos outros vinhos, menos concentrados, são adicionadas Cabernet Sauvignon, Syrah e Merlot.

1:146,000

Km 0 1 2 3 4 5 Km

Miles 0 1 2 3 Miles

Divisa de municípios

DOCa Priorat

DO Montsant

MAS MARTINET ■ Produtor notável

Gran Clos Vinícola nomeada

Vinhedo

500 Intervalo entre curvas de nível 100m

◄ Todos esses rótulos representam os sobreviventes dos colonos originais "Clos", na Priorat moderna, exceto por Vall Llach, que foi fundada no começo da década de 1990, e não em meados da década de 1980. Hoje em dia existem cerca de 70 bodegas produzindo Priorat, enquanto no começo da década de 1980, Scala Dei, nas terras do mosteiro do século XII que lhe dá o nome, era praticamente o único.

Andaluzia: terra do Xerez

Durante séculos, vinho em Andaluzia significou *vinos generosos*, um termo que se autotraduz: Xerez acima de tudo, mas também os similares-porém-diferentes vinhos de Montilla-Moriles e Málaga. Xerez ainda é, de longe, o produto mais famoso da Andaluzia — e, possivelmente, o maior vinho da Espanha —, mas a história moderna daqui tem caminhado em outras direções. Um desenvolvimento avassalador na Costa del Sol foi igualado pela rápida expansão de vinhedos destinados a vinhos com pouco álcool, tanto secos, como, o que é mais surpreendente, doces.

O segredo para se produzir vinhos refrescantes, e também com um amadurecimento sulista, é outra vez a altitude. As montanhas nascem logo acima das *villas*, dos campos de golfe e das áreas de construção. Um vinhedo plantado a apenas alguns quilômetros do Mediterrâneo pode estar bem uns 800m acima da água brilhante e azul, e suas noites são tão frescas como os seus dias são quentes.

Em 1998, a DO Málaga dedicou-se exclusivamente a quantidades de vinhos realmente menores, adoçados ou fortificados pela adição de aguardente vínica durante a fermentação ou pela secagem das uvas. Em 2001, a DO se transformou em Málaga e Sierra de Málaga (ver mapa na página 190). Em 2005, a área total de vinícolas tinha aumentado em 50%, em parte graças à adição de duas novas subzonas.

A mais dinâmica dessas subzonas fica ao redor de Ronda, topo que é como um ímã para turistas, e onde, recentemente, houve consideráveis cultivos de variedades internacionais, incluindo Petit Verdot, mas também Tempranillo e a especialidade local de uva tinta Romé. Para vinhos brancos, são permitidas as uvas Montilla-Moriles de Pedro Ximénez, Moscatel e Maccabeo, assim como Sauvignon Blanc e Chardonnay, que os parecidos com F Schatz transformaram em algo um tanto surpreendente, considerando-se a altitude.

O nome **Sierras de Málaga** é usado para denotar esse tipo de vinho seco com menos de 15% de teor alcoólico. **Málaga**, hoje em dia, quer dizer ou um vinho fortificado com 15% a 22% de álcool, ou um vinho naturalmente doce com mais de 13%, dependendo inteiramente do sol andaluz para sua doçura ou teor alcoólico.

Há outras subzonas: as da costa, bem ao oeste daqui, em direção a Cádiz, onde a Moscatel reina e as influências vêm tanto do Mediterrâneo como do Atlântico; o grande platô bem ao norte da cidade de Málaga, em direção a Montilla-Moriles, onde o calcário de baixo de um solo marrom avermelhado amadurece a Pedro Ximénez e a local Doradilla, de uma surpreendente *finesse*; as montanhas enrugadas de Axarquia ao leste, mais conhecidas pela Moscatel e Romé cultivadas sobre ardósia; e os históricos, embora quase extintos, vinhedos nos morros ao redor de Málaga.

Enquanto os vinhos de Sierras de Málaga são notáveis por sua existência, é Málaga mesmo, em suas duas formas, por um lado leve, por outro pegajosa, que tem uma personalidade única (mesmo que dupla). Scholtz Hermanos, o mais renomado expoente da versão pegajosa, faliu perto do final do século passado. Parecia o fim. Mas Lopez Hermanos (renomado Bodegas Málaga Virgen) aparentemente continua a florescer com uma ofuscante gama de *vinos generosos*. Ao mesmo tempo, Telmo Rodriguez, originalmente de Rioja, mas forte em várias partes da Espanha, reviveu o Málaga Moscatel como o Molina Real, vinho fresco e cheiroso, mas delicado com seu sabor ácido e de tangerina. Coube ao criativo importador de vinhos espanhóis, Jorge Ordoñez, baseado nos Estados Unidos — embora ele mesmo seja um nativo de Málaga — triunfar com um néctar feito com vinhas antigas de Moscatel, cultivadas no alto dos morros. O Jarel de Almijara é outro exemplo notável.

Tão rápido quanto DOs são criadas, elas são ultrapassadas por vinicultores criativos. A hinterlândia da Costal del Sol, a parte mais montanhosa da Espanha, já foi até descrita como a nova La Mancha, em termos de expansão. Alguns dos Vinos de la Tierra feitos ao redor de Granada, em altitudes de até 1.300m, sugerem que esta pode, no final das contas, ser a melhor região de vinhos não fortificados da Espanha. M Valenzuela e H Calvente são nomes que devem ser guardados.

E quanto ao Jerez-Xérès-Sherry e ao Montilla-Moriles, que são o coração da indústria do vinho da Andaluzia há 2.000 anos? Para frente é que eles não vão, com um excesso de uvas e uma queda de consumidores, o que é chocante para os que valorizam qualidades únicas em um vinho. A região do Xerez, a maior das duas, está possivelmente sentindo a pressão, ainda mais do que a de Montilla-Moriles, cujo produto mais glamoroso, o vinho escuro, doce de estragar os dentes, que tem como base a uva Pedro Ximénez, atualmente está bastante em voga na Espanha. Dito isso, e apesar da apatia geral e malposta em relação ao Xerez fora da Andaluzia, **Jerez** viu, recentemente, o surgimento de algumas novas bodegas excepcionais para o seu rol de grandes nomes. Fernando de Castilla, Tradición e Valdivia são três exemplos.

A grande distinção do Xerez é a *finesse*. É uma questão de cal, da qualidade da uva Palomino Fino, de muito investimento e habilidades herdadas de longa data. Nem toda garrafa de Xerez, nem de longe, tem essa qualidade — de fato, pode-se dizer que a aristocracia do Xerez foi arruinada devido à alta proporção de vinho pobre exportado de Jerez nas décadas de 1970 e de 1980. Mas um Fino de verdade, o produto avaliado com refinamento, vindo das dunas de cal branco de Macharnudo ou Sanlúcar de Barrameda, é uma expressão de vinho e madeira, tão vívido e bonito como qualquer um no mundo.

A terra do Xerez, entre as cidades de Cádiz e Sevilha, que soam românticas, é quase uma caricatura da gloriosa Espanha. Aqui estão os pátios, os violões, os dançarinos de flamenco, a noite que vira

Vinhas dedicadas à Málaga, quase com certeza Moscatel, se arrastam pelo chão abaixo das montanhas Axarquia. Mesmo esta região sonolenta, bem ao sul da Espanha, viveu uma inesperada revolução em seus vinhedos, suas adegas e estilos de vinho — em grande parte devido ao esforço de pessoas que não vivem aqui.

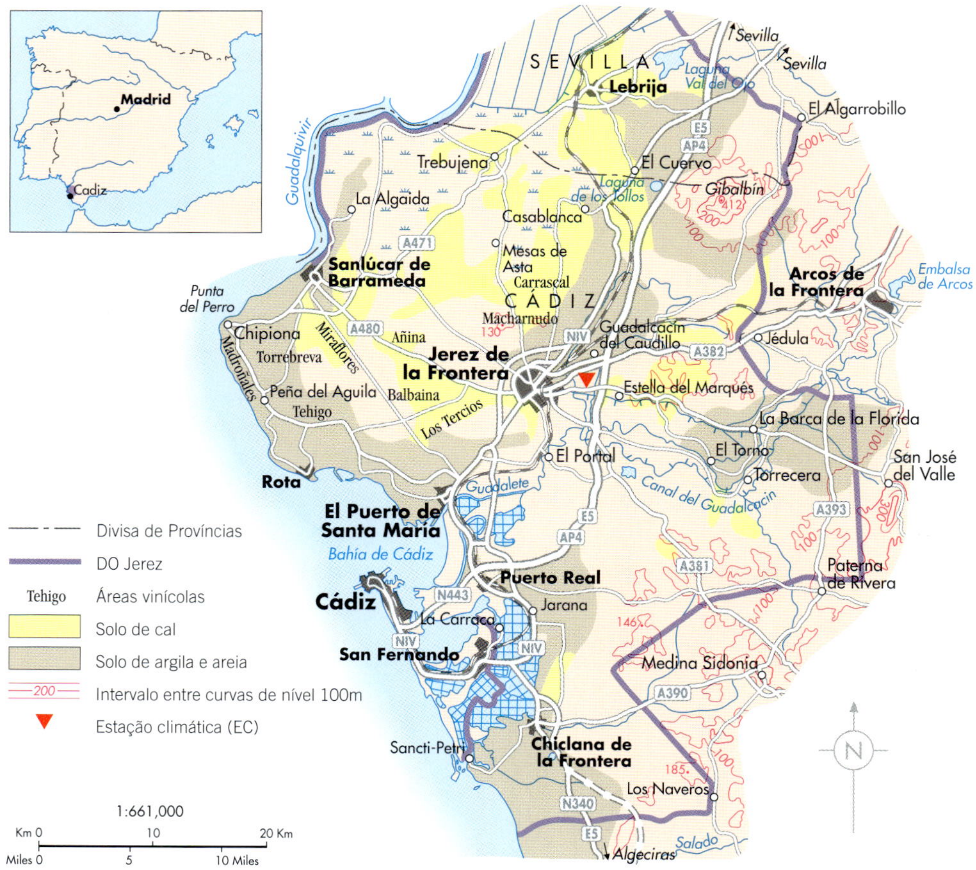

JEREZ: JEREZ DE LA FRONTERA

Latitude / Altitude da EC **36,45° / 30m**

Temperatura média da EC em Julho **25,5°C**

Índice pluviométrico anual na EC **477mm**

Índice pluviométrico na EC no mês de colheita **Agosto: 3mm**

Principal perigo para a viticultura **Seca**

Principais uvas **Palomino Fino, Pedro Ximénez**

dia. Jerez de la Frontera, a cidade que dá o seu nome ao Xerez, vive e respira Xerez, como Beaune faz com Borgonha e Epernay com champanhe — mesmo que a consolidação, o fechamento e a ocupação tenham significado existir bem menos produtores de Xerez do que há 20 anos.

A comparação de Xerez com champanhe pode ser levada bem longe. Ambos são vinhos brancos diferenciados por causa do solo de cal e ambos precisam de um longo tratamento, nos moldes tradicionais, para alcançar suas características especiais. Ambos são aperitivos renovadores, dos quais é possível beber grandes quantidades em suas terras natais e se sentir mais vivo do que nunca. Eles são as interpretações do extremo norte e do extremo sul da mesma equação, ou do mesmo poema: a uva branca da terra branca.

Nem toda a terra é branca. As áreas de cal (*albarizas*) são melhores; os pagos (*distritos*) de Carrascal, Machamudo, Añina e Balbaina são os mais famosos. Alguns vinhedos são em *barros* (terras escuras) e areia e produzem vinhos de segunda categoria para mistura — apesar de os vinhedos arenosos da costa combinarem bem com uvas Moscatel.

Os escritórios e as bodegas dos exportadores ficam nas cidades do Xerez de Sanlúcar, El Puerto de Santa María e, especialmente, Jerez. Há pequenos bares em cada uma dessas cidades onde *tapas*, as porções de comida sem as quais nenhum andaluz bebe um copo, constituem verdadeiros banquetes.

A copita, um copo que não se impõe mais do que uma tulipa que se abre, é cheio e depois esvaziado com um vinho mais pálido, mais fresco, e delicioso como você nunca experimentou.

Mas os locais mais celebrados de Jerez são as bodegas tradicionais das casas de embarcação. Seus corredores pintados de branco, permeados por raios de sol, se parecem, irresistivelmente, com uma catedral. Neles, em filas de barris, normalmente de três níveis, o vinho novo é colocado para amadurecer. A maior parte do vinho não sai até que tenha passado pelo processo elaborado de mistura do sistema *solera*, apesar de vinhos notáveis e distintos poderem ser vendidos sem mistura, seja o vinho *vintage* único, algo revivido recentemente para dar início ao mercado de conhecedores de Xerez, ou o que vem direto de um *almacenista*, ou acionista.

Quando um vinho novo já passou pela fermentação ele é dividido em categorias: melhor ou pior, mais leve ou mais encorpado. Então cada vinho começa sua trajetória dentro do sistema *solera*, que é simples: barris mais velhos são preenchidos com um vinho mais novo do mesmo tipo, e assim são continuamente misturados, eliminando variações.

O vinho novo é colocado no nível mais jovem de uma *criadera* ou creche (o termo espanhol reflete a idéia de criar crianças) de acordo com sua categoria. A cada ano, uma proporção do vinho da *solera*, o mais antigo e na fase final da *criadera*, é engarrafado para que os vinhos mais novos possam passar para a próxima turma da creche a fim de continuar sua educação. Quanto mais fases, mais refinado é o vinho.

Todo Xerez novo é classificado ou como um vinho leve e delicado o suficiente para ser um Fino, ou como um vinho mais encorpado que é classificado como um Oloroso. Um Fino, leve em álcool, vai amadurecer numa camada protetora, que se parece com um pão, de um estranho fermento de Jerez chamado flor. (Flor pode ser vulnerável a mudanças climáticas, o que é preocupante.) Olorosos são amadurecidos em contato com o ar e deliberadamente fortificados até mais de 15,5% de teor alcoólico, normalmente 17,5%, para prevenir o crescimento de flor.

Os vinhos da *solera* são como a paleta de tintas dos exportadores para fazer suas misturas locais. Os espanhóis (e os escritores) bebem Xerez direto da *solera*. É triste, mas o mercado de exportação de massa se baseou em misturas adocicadas ou fortificadas que obscurecem sua personalidade — o verdadeiro Xerez ninguém (exceto, no folclore, os tiozinhos) quer mais.

Xerez engarrafados como Finos são os mais refinados e pálidos; vinhos distintos e extremamente secos que precisam de um mínimo de mistura. Eles desaparecem rápido; uma garrafa aberta deve ser bebida como qualquer outro vinho branco, dentro de algumas horas, e não dias ou semanas. Ainda mais leves e secos são os Manzanillas de Sanlúcar de Barrameda, feitos exatamente como um Fino e abençoados com um discreto gosto de sal que dizem vir do mar. Um manzanilla envelhecido (o termo é *pasado*) é sublime quando acompanhado de frutos do mar.

Amontillado, um vinho mais escuro e mais complexo, é a categoria seguinte. Os melhores Amontillados são Finos velhos, aos quais faltava

▼ Da esquerda para a direita: um vinho de mesa muito respeitável feito logo ao leste da zona do Xerez, dois vinhos doces de Málaga, três Xerez, e dois vinhos muito doces de Montilla-Moriles. O mais seco e leve é La Gitana Manzanilla, um dos tipos de vinho mais original e refrescante do mundo.

Um Fino na bodega de Gonzáles Byass, um dos grandes nomes do Xerez a permanecer nas mãos da família de origem, que seguiu a moda corrente de diversificação e foi para outras regiões de vinho. Os resultados incluem Beronia Riojas e uma co-administração no Chile, Conde de Aconcagua.

um toque perfeito para beber enquanto novos, mas que não deixavam de encorpar com a idade. O nome Amontillado é mais freqüentemente usado para misturas de exportação, medianos em todos os sentidos da palavra.

O verdadeiro clássico Oloroso, seco, escuro e gelado, é menos comum, mas um grande favorito dos moradores de Jerez. Tais vinhos podem envelhecer divinamente, mas são pesados demais para um Fino *solera.* Marcas comerciais rotuladas como oloroso ou cremoso são exemplares mais novos e grosseiros misturados com vinhos adocicados; o creme pálido é parecido, mas sem cor. Palo Cortado, por outro lado, é uma verdadeira raridade, clássica, algo entre o Amontillado e o Oloroso.

Numa posterior tentativa de atrair bebedores de vinhos finos aos seus vinhos negligenciados, produtores de Xerez criaram uma forma de assinalar e certificar envelhecimento notável e qualidade: os Xerez VOS e VORS têm mais do que 20 ou 30 anos, respectivamente. E designações de envelhecimento de 12 e 15 anos também foram implementadas.

Nenhuma mistura, medianamente doce ou doce como é a maioria das misturas, pode ser comparada com o melhor Xerez natural. Eles são artigos de colecionador tanto quanto os vinhos de Borgonha engarrafados no local.

A região de **Montilla-Moriles**, logo ao sul de Córdoba (seu nome incorpora duas de suas cidades), também está encolhendo. Até 50 anos atrás, seu produto era misturado em Jerez como se as duas regiões fossem uma só. Ela ainda tinha mais de 20.000 acres (8.000 hectares) de vinícolas em 2005, a melhor delas em vinhedos de cal parecidos com os do Fino e do Oloroso de Jerez, mas normalmente mais arenosos.

Mas Montilla é diferente. A uva de Montilla não é a Palomino, mas a Pedro Ximénez, que é regularmente embarcada para Jerez, a fim de fazer vinho doce. O clima mais quente de Montilla resulta necessariamente numa grande vantagem natural, que sempre permitiu que ele fosse embarcado sem ser fortificado, contrastando com o Xerez. Findo o período mínimo de dois anos de envelhecimento, mais pesado porém mais macio do que o Xerez, o vinho desce suave como um de mesa apesar do seu teor alcoólico. As pessoas dizem que encontram neles o cheiro de azeitonas pretas (que são, é claro, o acompanhamento perfeito). Alvear e Pérez Barquero são as bodegas que ditam a norma.

AS BODEGAS DE XEREZ DE JEREZ DE LA FRONTERA

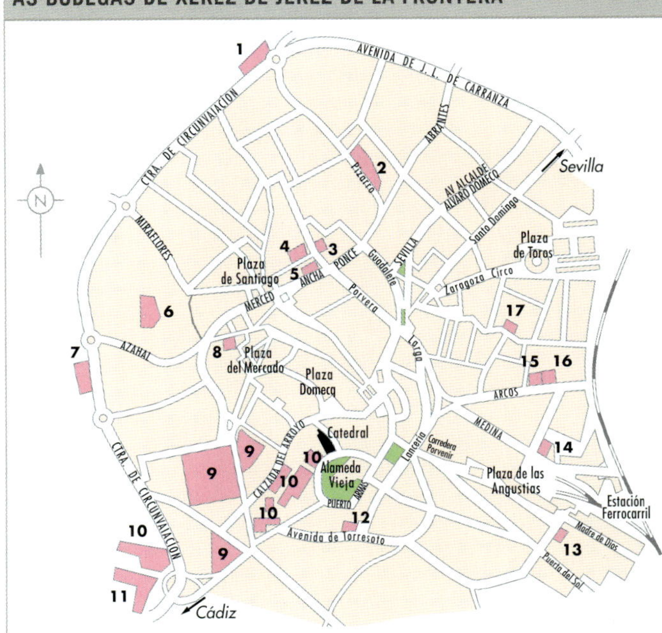

1 Garvey
2 Sandeman
3 Sanchez Romate
4 Rey Fernando de Castilla
5 Almocaden
6 Valdivia
7 Valdespino/Real Tesoro
8 Tradición
9 Domecq
10 González Byass
11 Williams & Humbert
12 Maestro Sierra
13 Alvaro Domecq
14 Dios Baco
15 Emilio Lustau
16 John Harvey
17 Emilio Hidalgo

Jerez pode ser um ótimo lugar para fazer turismo, desde que você mude seus horários de refeições para três ou quatro horas mais tarde do que o normal.

Portugal

Painel de azulejos, na estação ferroviária de Pinhão, retratando a colheita das uvas no vale do Douro.

Portugal

O isolamento de Portugal, separado na orla atlântica da Europa atrás da Espanha, deu-lhe um Ponto de Venda Único que nenhum marqueteiro mais ávido poderia imaginar. Enquanto outros países estavam ocupados cultivando uvas francesas ou se juntando a uma cultura do "eu-também", Portugal manteve-se com suas vinhas nativas e seus gostos não reconstituídos. Essas vinhas, porém, incluíam muitas com qualidades capazes de seduzir um mundo bem mais amplo.

A Touriga Nacional, por exemplo, nunca foi transformada em nada exceto Porto. Uma nova forma de pensar já a tinha transformado em ótimos vinhos de mesa, não só em cima no Douro, mas além-mar. As Touriga Franca e Tinto Cão são outras uvas de Porto claramente capazes de fazer a transição de vinhos mais fortificados para vinhos menos potentes, enquanto a Trincadeira (a Tinta Amarela do Porto) tem muita riqueza e a Jaen (a Mencía da Galícia na Espanha) pode fazer vinhos distintos e suculentos. E esses não são os únicos. A uva conhecida como Tempranillo na Espanha é também muito bem-sucedida em Portugal, chamada de Tinta Roriz no norte e Aragonês no sul. Arinto é provavelmente a uva branca mais nobre de Portugal, mas Bical também envelhece bem, e Encruzado, nativa da região do Dão, tem um grande potencial para brancos muito encorpados. Tudo isso sem levar em consideração as ótimas uvas brancas da ilha vinícola de Portugal, a Madeira (ver página 222).

Todos estes sabores agora são mais acessíveis a quem é de fora, porque Portugal está produzindo vinhos mais suaves e voluptuosos, mesmo que a acidez e o tanino sejam ainda bem pronunciados se comparados com os vinhos da Espanha, por exemplo. Portugal manteve sua individualidade, mas finalmente se juntou ao grande mundo do vinho, como a próxima página demonstra.

Durante anos, Portugal era conhecido, pelos bebedores de vinho do mundo, apenas por seu grande e doce vinho fortificado, o Porto (examinado em detalhes nas páginas 220 e 221), e os outros tipos de vinho eram produzidos apenas para exportação — vinhos nem branco nem tinto, nem doce nem seco, nem espumante ou não-espumante —, dos quais Mateus e Lancers eram os principais embaixadores no meio do século XX.

Os portugueses sempre foram bebedores pródigos de seu próprio vinho, e não conhecendo outros, estavam acostumados aos tipos de vinho feitos, como sempre foram, freqüentemente com uma característica extremamente ácida no norte e

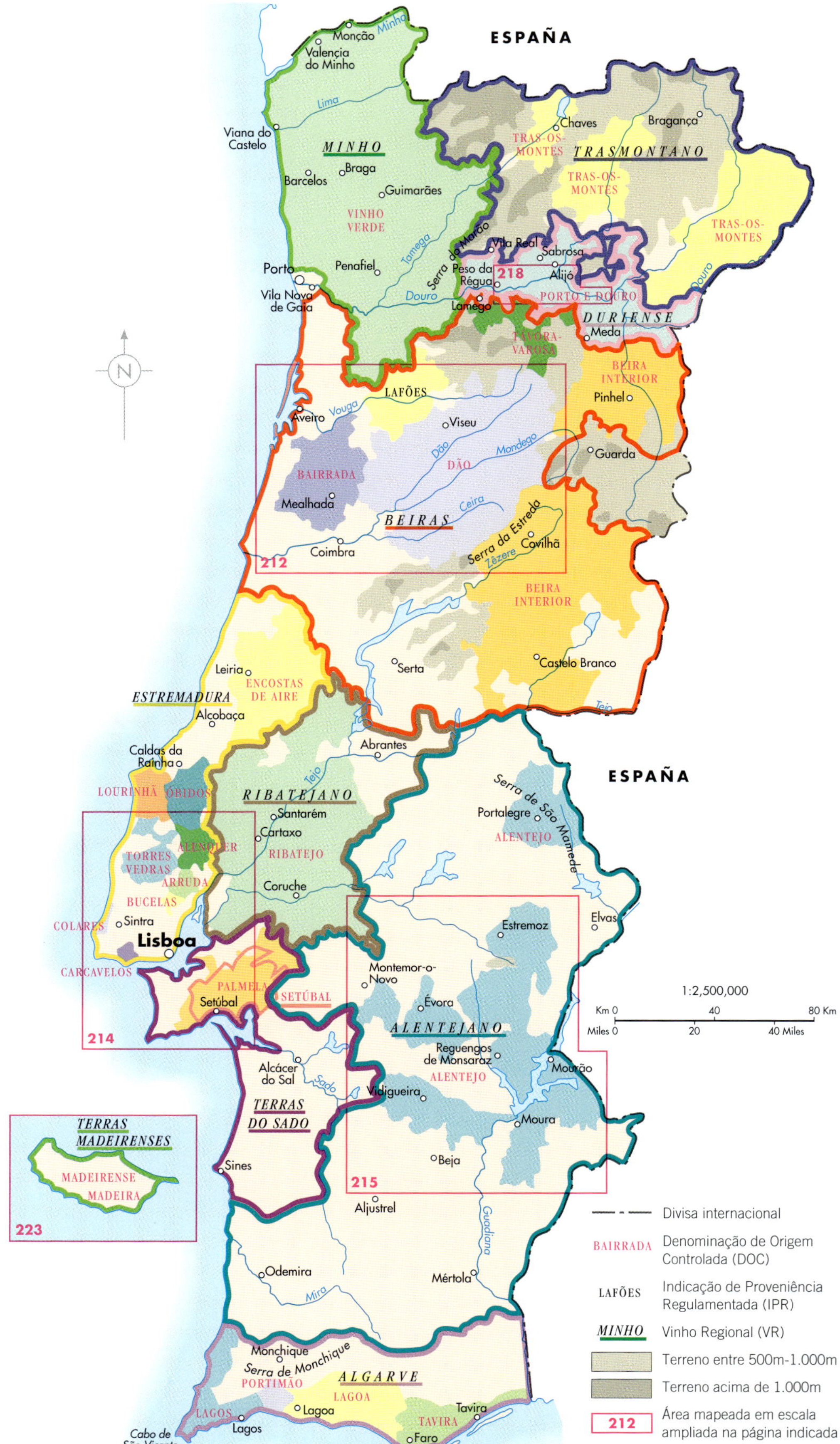

◄ Rótulos do extremo norte e do extremo sul do país: três do Minho, um de Beiras e outro de Algarve, ignorada como região vinícola até que o pioneiro britânico *Sir* Cliff Richard lançou seu tinto Vida Nova, produzido pelo australiano David Baverstock, baseado no Alentejo.

Vinhedos perto de Amarante, no Minho, cultivados em terreno muito similar às terras de Rías Baixas, na Espanha, do outro lado do rio, conhecido como Miño em espanhol. Uma gama maior de variedades de uvas é cultivada do lado português, um fenômeno que mostra as diferenças típicas entre os dois países vizinhos.

singularmente rústica no sul. O país não é vasto, mas regiões diferentes estão sujeitas às influências muito diversas do Atlântico, do Mediterrâneo, e mesmo de climas continentais. Os solos também variam muito. Ao norte e no interior, encontram-se granito, ardósia e xisto. Ao sul e na costa, calcário, argila e areia.

Desde o começo da década de 1990, os vinhos de mesa de Portugal, em especial os seus tintos altamente individualizados, alcançaram rápido a evolução da produção de vinho moderna. Controle de temperatura, máquinas usadas para separar as uvas dos caules, novos barris de carvalho, maior compreensão das qualidades especiais dos contêineres de fermentação rasa, lagares — todos fizeram sua parte para capturar o fruto das diferentes variedades em uma garrafa, e produziram vinhos que não precisam ser envelhecidos por uma década antes de serem bebíveis. Apesar de agora Portugal ter muitos enólogos locais, forasteiros como David Baverstock e Peter Bright, com treinamento na Austrália, podem reclamar também algum crédito por este trabalho pioneiro, respectivamente em Esporão e em JP Vinhos (agora chamada de Bacalhôa Vinhos).

Não que o vinho português não tenha tido leis e regulamentações. O Douro proclama ser a primeira região demarcada de vinho (de 1756) e, muito tempo antes da entrada de Portugal na União Européia, em 1986, muitos outros distritos tinham sido demarcados e todos os aspectos de seus vinhos eram controlados. Nem sempre a qualidade dos vinhos era beneficiada por isso, nem era do gosto de mercadores ou de clientes locais, que rotineiramente ignoravam o que a lei prescrevia para misturar as variedades que preferiam, rotulados Garrafeira.

Quando entrou na União Européia, no mapa dos vinhos de Portugal, assim como no da Espanha, surgiram muitas novas regiões demarcadas. As regulamentações das DOCs de Portugal, copiando as da Appellations Contrôlées francesas, dão as regras para as variedades de uvas nativas. Cada vez mais importante, porém, é a categoria Vinho Regional de regiões bem maiores, e com regras bem mais flexíveis. Em 2006, havia quatro IPRs (Indicações de Proveniência Regulamentada), DOCs em espera, uma categoria que deve desaparecer. O mapa mostra os nomes dos vinhos aprovados; a legenda mostra o seu status. Enquanto algumas das regiões têm caráter autêntico e potencial importante, outras provavelmente são apenas fogo de palha. Só o tempo dirá.

No extremo nordeste, **Trasmontano** é um Vinho Regional, geralmente usado para desclassificar vinhos Douro, feitos de variedades de uva internacionais, apesar de alguns vinhos de mistura serem feitos em cooperativas, nas terras altas de granito na beira norte do vale do Douro, muito bonito no auge da época de colheita.

Beiras, praticamente toda a metade norte da região ao sul do vale do Douro, é um Vinho Regional cada vez mais importante usado para esses bebidas que não se qualificam como Dão nem Bairrada, geralmente porque contêm muitas ou algumas variedades de uvas importadas. Luís Pato, por um longo tempo o líder da DOC Bairrada, agora vende seus vinhos como Beiras, assim como o particularmente notável Campolargo e o Quinta de Foz de Arouce.

O produtivo **Ribatejo** é nomeado em função das margens do rio Tejo, que corre para o sudoeste, da fronteira espanhola a Lisboa. As margens férteis produziam abundantes quantidades de um vinho decididamente leve, mas, no final das décadas de 1980 e de 1990, subsídios da União Européia persuadiram centenas de cultivadores da região a plantar vinhas. A produção total encolheu e o foco da produção de vinho do Ribatejo agora se distanciou da margem do rio e, em alguns casos, se direcionou para variedades de uvas internacionais como a Cabernet Sauvignon e, mais recentemente, a Syrah (que parece ter um futuro promissor em Portugal). Castelão é a uva tinta local mais importante, apesar de Trincadeira também ser cultivada. Vinhos brancos são tipicamente baseados em uvas Fernão Pires, atrativamente perfumadas.

No sul de Portugal, a categoria Vinho Regional é muito mais importante do que a DOC, por isso a maior parte do vinho da Algarve, por exemplo, é vendida como Vinho Regional **Algarve**, e não sob o nome de uma das quatro DOCs.

Dos tipos de vinho absolutamente singulares de Portugal, o melhor continua a ser o **Vinho Verde**, o jovem vinho "verde" (em oposição a maduro, ou a envelhecido) da província mais ao norte, o **Minho**, que produz a sexta maior colheita. O nome verde descreve seu estilo fresco, às vezes submaturado, e não sua cor, que é vermelha (tipicamente adstringente e mais vendido em Portugal) ou quase branco-água.

Neste clima úmido (com índice pluviométrico médio de 1.200mm), as vinhas são extremamente vigorosas, o ácido málico extraordinariamente alto, e os níveis de açúcar natural da uva relativamente baixos, o que resulta em tintos e brancos com baixo teor alcoólico e definitivamente ácidos, um sabor local. Apesar de a maioria do branco Vinho Verde ser feito de uma mistura de uvas, que normalmente inclui Azal, Loureiro, Trajadura, Avesso e alguma Padernã (Arinto), alguns dos melhores são feitos exclusivamente de uva Alvarinho (Albariño na Espanha), cultivadas ao redor de Monção.

A uva não é a única planta em Portugal que interessa aos bebedores de vinho. A metade sudoeste do país tem a maior concentração de sobreiros, e por isso Portugal é o principal fornecedor mundial de rolhas de garrafa de vinho.

LINGUAGEM DOS RÓTULOS

Num tempo incrivelmente curto, o Douro se tornou o vinho de mesa líder em Portugal, e é também o lar do vinho (fortificado) mais famoso do país.

DESIGNAÇÕES DE QUALIDADE

Denominação de Origem Controlada (DOC) a resposta portuguesa à AC da França
Indicação de Proveniência Regulamentada (IPR) DOCs em espera, como as VDQS da França
Vinho Regional (VR) amplamente usado, contendo variedades de uvas importadas
Vinho de Mesa vinho de mesa básico

OUTRAS EXPRESSÕES COMUNS

Adega adega
Armazém armazém
Branco branco
Colheita colheita
Doce doce
Garrafado (na origem) engarrafado na propriedade
Garrafeira reserva especial de comerciantes
Maduro velho ou maduro
Quinta fazenda ou propriedade
Rosado rosé
Séco seco
Tinto tinto
Verde jovem
Vinha vinhedo

Bairrada e Dão

Bairrada e Dão, as regiões de vinhos mais antigas de Portugal, estão atualmente passando pelas dificuldades, totalmente benéficas, de transição. Bairrada é um distrito absolutamente rural que liga Lisboa e Porto (conveniente para os que arriscam experimentar a especialidade da região, porco aleitado), preenchendo a maior parte da região entre os morros de granito do Dão e da costa do Atlântico. A proximidade do Atlântico faz dessa região uma das mais chuvosas, e cultivadores aqui têm os mesmos problemas de amadurecer as uvas e de mantê-las livre de doenças provocadas por fungo que suas contrapartes em Bordeaux.

Os morros baixos de Bairrada englobam alguns *terroirs* expressivos, mas argila pesada de calcário predomina, encorpando e dando um toque típico português a este vinho predominantemente tinto (85%). O ingrediente definidor é a uva Baga de Bairrada. Luís Pato foi um dos expoentes mais apaixonados de Bairrada, mesmo que ele seja um dos que deixou a DOC para vender seu vinho como Vinho Regional Beiras. Ele aproxima Baga a Nebbiolo de Piemonte, com sua carga pesada e imutável de ácidos e taninos. Baga produz vinhos de caráter considerável que pedem paciência (alguns dos engarrafamentos tradicionais precisam de 20 anos de envelhecimento) e simpatia — que não são qualidades que marcam o típico apreciador de vinho moderno. Alguns produtores têm uma política de envelhecer eles mesmos os seus melhores vinhos e é possível encontrar uma venerável e deliciosa Bairrada vermelha em adegas como Casa de Saima e Quinta de Baixo. Toda a Bairrada tinta se beneficia da decantação.

Muitos dos 7.000 cultivadores pertencem a cooperativas que, junto com o centro de vinificação Sogrape, formam as maiores vinícolas. Mas os pequenos produtores mais ambiciosos são admiravelmente bem organizados, e um programa de pesquisa sério está ajudando a preparar Bairrada para o século XXI. A separação dos caules das uvas agora é mais comum e alguns produtores estão cuidadosamente afinando o plantio e aparando a vegetação para empurrar a uva ao limite de amadurecimento. Recentemente, um investimento considerável foi feito para melhorar as vinícolas daqui.

Vinhos brancos cada vez mais complexos são feitos com a uva local Bical que, como a Baga, é notável por sua acidez. A Bical faz vinhos espumantes eminentemente respeitáveis, assim como não-espumantes cada vez mais bem encorpados. Maria Gomes (Fernão Pires) é uma outra variedade tradicional, menos distinta. Porém, desde 2003, Bairrada pode ser feita com variedades que não são locais, como Touriga, Nacional, Tinta Roriz, Verdelho (para vinhos brancos), e mesmo Cabernet Sauvignon, Merlot e Syrah.

A DOC Dão é inteiramente portuguesa em termos de variedades de uvas permitidas. Até a década de 1990, esse nome era associado a tintos escuros, com um tanino agressivo, produto do estatuto ridículo que mandava todas as suas uvas para cooperativas de mão pesada. Felizmente, a União Européia vetou deste monopólio e o resultado são vinhos bem mais suculentos, mais amigáveis, incluindo alguns dos mais finos de Portugal. O Dão tinto mudou mais, e para melhor, do que qualquer outro vinho português da década de 1990.

Nomeado em homenagem ao rio que passa pela região, o Dão é efetivamente um platô de granito, onde pedras nuas se revelam através do solo predominantemente arenoso — apesar de haver algum xisto nas terras mais planas do sul e do oeste. Vinhedos são apenas sublotes na paisagem, aparecendo aqui e ali em clareiras na floresta de aroma doce de pinheiros, idealmente em altitu-

A própria fachada do Buçaco Palace Hotel sugere que é pouco provável que ele se renda a modismos correntes. Os vinhos feitos, ou ao menos misturados e envelhecidos, nas adegas aqui retratadas são únicos — tanto brancos como tintos (ver rótulo, o segundo no topo a direita).

des de 400m-500m, mas algumas podem ser encontradas a até 800m. A capital, Viseu, é uma das cidades mais bonitas de Portugal. A serra do Caramulo protege a região do Atlântico, e as montanhas da serra da Estrela a protegem pelo sudeste. Isso significa que, no inverno, Dão é frio e chuvoso; no verão, quente e seco — muito mais que Bairrada.

Como é comum em Portugal, uma gama imensa de uvas é cultivada na região do Dão para produzir tintos cada vez mais frutados — apesar de ainda com certa substância granítica — e vinhos brancos potencialmente firmes e perfumados, adequados para o envelhecimento. Esta afinidade para a adega, tanto nos tintos como nos brancos, já era óbvia para os Dão tradicionais, engarrafados por comerciantes que compravam, misturavam e envelheciam os vinhos das cooperativas antes de vendê-los como seus próprios Reservas ou Garrafeiras.

As propriedades individuais mais finas, como a Quinta dos Roques/Quinta das Maias e a Quinta da Pellada/Quinta de Saes, têm produzido variedades únicas, assim como misturas, à medida que experimentam com suas próprias uvas. A Touriga Nacional se revelou uma grande promessa para longo envelhecimento; a Jaen (a Mencía da Galícia), frutada para ser bebida cedo; e a Tinto Cão, para perfume. A de cor profunda Alfrocheiro também promete, com misturas equilibradas tornando-se cada vez mais comum. A encorpada Encruzado já provou ser uma das uvas brancas mais finas de Portugal. Sogrape, pioneira de vinhos varietais na região, investiu

pesadamente na sua seleção Quinta das Carvalhais. A fruta foi redescoberta no Dão.

O potencial desta parte do mundo para vinhos de mesa verdadeiramente notáveis sempre foi claro, graças a um exemplo excêntrico, misterioso e muito peculiar. Bem no limite leste de Bairrada, o Buçaco Palace Hotel selecionou e amadureceu seus próprios vinhos tintos e brancos, de forma totalmente tradicional. Os tintos normalmente vinham do norte da bela cidade universitária de Coimbra, enquanto os brancos eram colhidos à mão em Bairrada e Dão, misturados e envelhecidos por anos em barril nas adegas do Palace. Tanto os tintos como os brancos da lista de vinhos do hotel voltam atrás por décadas, e os *vintages* "atuais" para ambas as cores na virada do século eram das décadas de 1960 e de 1970. Eles se parecem e têm gosto de relíquias de outra época, no sentido mais fascinante.

▸ Luís Pato usa o rótulo de cima exclusivamente para os vinhos que produz nas terras de vinhas de Baga não enxertadas, pré-filoxera, dentro da zona Bairrada, mas vendidas como Vinho Regional Beiras, porque Pato acredita que as regras da Bairrada não são mais puras o suficiente. A oferta mais comercial é representada pelo rótulo de baixo, o Dão principal de Sogrape.

Estremadura e Península de Setúbal

ESTREMADURA: LISBOA ▼
Latitude / Altitude da EC **38,47° / 120m**
Temperatura média da EC em Julho **22,5°C**
Índice pluviométrico anual na EC **670mm**
Índice pluviométrico na EC no mês de colheita **Setembro: 35mm**
Principais perigos para a viticultura **Chuva durante a frutificação, chuva de outono**
Principais uvas **Castelão, Camarate, Trincadeira, Fernão Pires, Arinto**

— - — Divisa de distritos
■ PEGOS CLAROS Produtor notável
ARRUDA DOC
Divisas de DOCs são marcadas por linhas coloridas
▼ Estação climática (EC)

Duas regiões de vinho muito diferentes estão mapeadas aqui. **Estremadura**, uma vez chamada simplesmente de "Oeste", é a região de vinho mais produtiva de Portugal, mesmo que a média de posse de seus maior de 55.000 cultivadores de uvas não seja muito mais do que um hectare. Esta região ultramarina fez por muito tempo pouco mais do que vinhos baratos, alguns bons, em suas muitas cooperativas, de solos de areia e argila. Porém, agora pode se orgulhar de pequenas propriedades de real ambição e interesse. As DOCs Torres Vedras, Arruda e Alenquer estão mapeadas, mas veja o mapa da página 210 para a completa extensão da parte norte de Estremadura.

Durante muito tempo esta parte de Portugal foi famosa por três vinhos históricos, todos ameaçados de extinção. **Bucelas** é a menos ameaçada. Sua Quinta da Romeira é suficientemente bem-sucedida para atrair investidores para a região. As uvas Arinto, naturalmente enérgicas e cítricas, retêm uma acidez útil e podem prover vinhos realmente finos por toda Estremadura, seja varietal ou misturado.

Colares, bem na costa do Atlântico, é uma das zonas de vinho mais estranhas do mundo. Vinhas não enxertadas de Ramisco são cultivadas nos topos dos despenhadeiros, onde os fortes ventos abraçam tanto a areia imune à filoxera, seus velhos galhos, como madeira boiando, carregando pequenos cachos de uvas intensamente azuis. Hoje, o único investidor privado que faz este vinho histórico está lutando contra o que parece ser uma expansão imobiliária inexorável. Ao sul, uma batalha similar para salvar **Carcavelos**, cujo sensual vinho âmbar ficou famoso durante a Guerra da Península, foi perdida.

Muito mais importantes hoje do que esses nomes outrora famosos são os vinhedos bem separados da península Setúbal, entre Tagus (Tejo) e os estuários do Sado, ao sudeste de Lisboa, divididos entre os morros muito diferentes de argila e calcário da serra da Arrábida, cujas ladeiras são resfriadas pelos ventos do Atlântico, e a planície arenosa do interior, bem mais quente e fértil, do rio Sado, ao leste de **Palmela**. O Vinho Regional local Terras do Sado se estende bem para o sul deste mapa, em direção ao Alentejo.

Os produtores mais importantes de Setúbal, Bacalhôa Vinhos e José Maria da Fonseca, eram também pioneiros da nova onda portuguesa de vinhos de mesa modernos. Bacalhôa Vinhos poderia autoproclamar-se o produtor mais experiente de vinhos brancos modernos, seja de Chardonnay ou da local Fernão Pires, enquanto ambas companhias fizeram por muitos anos tintos extremamente acessíveis, de peso médio, com a dominante uva vermelha local Castelão, que se adapta muito bem aos solos arenosos logo ao leste de Palmela. As uvas Syrah, Aragonês (Tempranillo) e tintas do Douro estão ganhando terreno aqui.

O vinho mais tradicional da região é o Moscatel de Setúbal, um suculento, laranja-pálido Muscat que é ligeiramente fortificado e perfumado por longa maceração com a poderosa e aromática casca da uva Muscat de Alexandria.

▸ Certa tendência à retratística é evidente nesses rótulos de dois dos vinhos mais finos produzidos nesta região peculiar. Chocapalha é um novo e promissor vinho feito na propriedade familiar de um importante vinicultor do Douro.

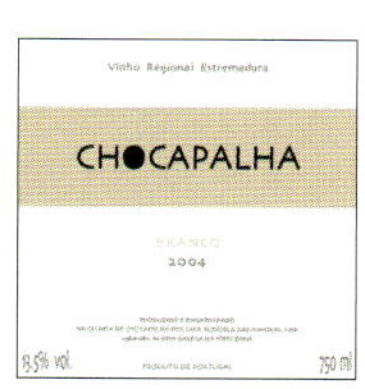

Alentejo

Em comparação com a tapeçaria de vinhedos que parece sufocar o norte de Portugal, no Alentejo, terço ao sul do país, as vinícolas estão concentradas em quatro principais encraves: Borba, Redondo, Reguengos e Vidigueiras. Seus espaços amplos, queimados de sol, estão pontilhados com oliveiras prata e sobreiros escuros, partes nuas por causa das ovelhas, mas apenas ocasionalmente verde com vinhedos. Pequenas posses são raras. Propriedades que se assemelham a ranchos, desconhecidos no densamente povoado norte, são a norma.

Mesmo no meio do inverno esta é uma terra de sol e vistas abertas. O visitante fica ciente de que a árida Espanha está logo do outro lado da fronteira; os vinicultores fazem suas compras lá. A chuva é pouca e as temperaturas, rotineiramente tão altas que a colheita começa na terceira semana de agosto. Solos ricos e margosos são entremeados com granito e xisto, com os quais a maioria das vinhas combina bem.

Seis das oito subzonas do Alentejo têm como base uma cooperativa importante, nenhuma mais importante do que a localizada em **Reguengos**, que, em Monsaraz, produz um vinho campeão de vendas em Portugal. Uma proporção significativa do vinho da região é vendida como Vinho Regional Alentejano, com freqüência rotulado de forma variada. **Évora** pode se orgulhar de uma história particularmente longa de engarrafamento de vinho, notadamente o Cartuxa e o rebuscadamente rotulado Pêra Manca de Eugénio de Almeida.

Mas foram recém-chegados que levaram os vinhos do Alentejo à atenção internacional. Quando José Roquette, dono de um dos times de futebol rivais de Lisboa, abençoou sua propriedade em Reguengos, Herdade do Esporão, com um vinicultor australiano e uma vinícola dos sonhos quase ao estilo das de Napa, no final da década de 1980, os portugueses notaram. Quando os Lafite-Rothschilds investiram na Quinta do Carmo, em **Borba**, em 1992, o mundo notou (mesmo que os vinhos levassem tempo para brilhar). O enólogo João Portugal Ramos tem energizado toda a região, provendo-a com uma marca popular e facilmente exportável, Marquês de Borba.

Aqui existem poucas tradições de vinho e esta é uma excelente terra pioneira com a vantagem adicional, até a recente chegada dos holofotes da moda, de preços relativamente baixos. Por volta de 2006, a região podia se gabar de 160 produtores de vinhos, não apenas na área aqui mapeada, mas também em **Portalegre** ao norte, onde a terra sobe até 1.000m de granito e xisto, e ao sul, na fronteira com a Algarve, onde também houve investimentos significativos.

Uvas vermelhas são agora mais populares do que as florais brancas Roupeiro. Aragonês (Tempranillo) e a especialidade local Trincadeira assumiram a frente, assim como a Alicante Bouschet, de polpa vermelha, que parece assumir certa desacostumada nobreza no Alentejo. Touriga Nacional, Cabernet Sauvignon e Syrah foram inevitavelmente importadas.

▲ Os cortes de cima tiveram um particular sucesso com sua Syrah, claramente adaptada no clima quente e seco do Alentejo, enquanto os outros produtores se concentram mais em variedades portuguesas.

Divisa internacional
Divisa de distritos
DOC Alentejo
Subzonas do Alentejo:
Borba
Évora
Granja-Amareleja
Moura
Redondo
Reguengos
Vidigueira
CORTES DE CIMA — Produtor notável
400 — Intervalo entre curvas de nível 200m
▼ Estação climática (EC)

ALENTEJO: ÉVORA ▼

Latitude / Altitude da EC **38,34° / 320m**

Temperatura média da EC em Julho **23,1°C**

Índice pluviométrico anual na EC **620mm**

Índice pluviométrico na EC no mês de colheita **Agosto: 5mm**

Principais perigos para a viticultura **Seca, geadas isoladas de primavera**

Principais uvas **Aragonês (Tempranillo), Trincadeira, Castelão, Alicante Bouschet, Roupeiro, Antão Vaz**

Sobreiros são ceifados (seu tronco removido para que as rolhas possam ser socadas para fora) com muito menos freqüência do que as vinhas, apesar de alguns vinicultores reclamarem que a freqüência está aumentando com a demanda mundial.

Douro: terra do Porto

Não surpreende que as uvas colhidas de cada trecho, cada altitude, cada declive do vale do Douro produz vinhos muito diferentes (muito como o Mosela, na Alemanha). Levou tempo para que técnicas modernas de viticultura fossem aplicadas a esta região de vinhos histórica e fragmentada.

O vale do Douro, a casa do Porto, abraçou uma nova vocação. Depois de séculos sendo conhecido por vinhos fortificados rotulados Porto, ele está estabelecendo rapidamente uma reputação internacional por seus vinhos não-fortificados rotulados Douro. Vinhedos e vinícolas baseados no fornecimento ilimitado de mão-de-obra barata têm sido redesenhados para combinar com uma região que recebeu grandes somas de capital do Banco Mundial em 1980. Mais de 6.280 acres (2.500 hectares) de vinhedos foram replantados como parte do programa de investimento, tipicamente com uma ou duas variedades aprovadas, e não conforme a tradicional bagunça. Tão significativos quanto, a qualidade de vida e os salários melhoraram notavelmente na região, aumentando drasticamente os custos de produção e fazendo do tipo de Porto barato, vendido em quantidade (especialmente para a França), uma produção nada econômica. A economia do Douro — onde certos cultivadores, muitos dos quais com posses pequenas, têm garantido o direito de produzir uma definida quantidade de Porto a cada ano — está mais frágil do que nunca.

O clima da região sempre foi excepcional. Entretanto, de todos os lugares onde se plantaram vinhedos, o Douro Superior é o mais improvável. Para começar, quase não havia solo algum: somente declives de 60° de xisto, flocados e instáveis, submetidos a um sol de verão de 38°C e contaminados pela malária. Esta foi uma terra verdadeiramente desolada e os locais tinham cuidado para se estabelecerem bem acima do alcance dos mosquitos do rio, como pode ser visto pela localização da maioria dos vilarejos no mapa, no verso.

A vinha, porém, é uma das poucas plantas não muito desencorajadas por estas condições. O clima severo, variando de influências do Atlântico ao leste e mais continental conforme se afasta da costa, combina bem com a vinha. O que se fez necessário foi o avanço da engenharia para se construir muros ao longo dos lados da montanha, milhares deles, como se fossem curvas de nível, a fim de sustentar os trechos de chão (mal se poderia chamá-lo de solo), nos quais as vinhas poderiam ser cultivadas. Uma vez que o piso foi estabilizado e a água da chuva não mais ia toda embora — um empreendimento assumido logo no século XVII —, oliveiras, laranjeiras, carvalhos, castanheiras e videiras floresceram.

Muito tempo depois de a filoxera causar um estrago nos vinhedos da região, na prolífica década de 1970, alguns dos velhos terraços com muros de pedra foram substituídos por terraços terraplanados mais largos (*patamares*), apoiados mais por bancos de xisto do que por paredes. A grande vantagem desses terraços é que eles são largos o suficiente para tratores e mecanização (apesar de terraços estreitos também terem os seus defensores). Sua desvantagem é a redução na densidade de vinhas. Hoje, os velhos terraços de pedra estão preservados, mantendo-se o status da região como um Patrimônio Mundial, mesmo que os velhos postes de ardósia estejam sendo rapidamente substituídos por estacas de metal mais eficientes, senão decididamente menos pitorescas. Ao longo dos terraços (patamares), e onde quer que o ângulo de elevação permita, cultivadores estão cada vez mais plantando filas de vinhas acima, e não através do declive, o que também permite a mecanização — desde que o declive tenha menos de 40% — mas encoraja o cultivo mais denso. O cultivo vertical também tende a oferecer mais homogeneidade e, portanto, amadurecimento mais regular dentro de um único trecho, porque há menos aspectos diferentes.

Muitos dos terraços originais, datados do século XVII, sobrevivem nas montanhas acima de Régua, na zona original de vinho do Porto que então se estendia apenas até o afluente do Tua. Quando a região obteve os seus limites oficiais, em 1756, estes eram os primeiros limites já dados a qualquer vinho. Hoje, esta área de Cima Corgo permanece a maior produtora de vinho do Porto, mas a busca por qualidade a conduziu mais e mais rio acima.

O Douro alcança Portugal a partir da Espanha, numa região selvagem que tem sido acessível por estrada apenas desde o final da década de 1980, quando se investiu em Portugal. O rio esculpiu um desfiladeiro titânico ao longo das camadas de pedra das terras altas, o chamado Douro Superior, a parte mais seca, mais plana e menos desenvolvida do Douro (ver mapa regional, página 219), que pode, mesmo assim, produzir uvas muito finas. Esta parte mais ao leste do vale apenas recentemente foi cultivada, mas vinhedos, no clima extremamente continental, podem ser bem mais fáceis de se trabalhar do que aqueles nas margens íngremes do Cima Corgo.

Ao oeste, a serra do Marão, de 1.400m, impede as atlânticas nuvens de chuva do verão de refrescarem os xistos do coração da terra do Porto, Cima Corgo, mapeada em detalhes no verso. A chuva média anual varia de 500mm, no Douro Superior, a 650mm, em Cima Corgo, e 900mm, no densamente cultivado Baixo Corgo, com o clima mais fresco e úmido rio abaixo do afluente do Corgo e fora do mapa principal ao oeste, de onde vêm Portos básicos e baratos, tipicamente cultivados por pequenos proprietários e produzidos em cooperativas. Veja o mapa na página 219 para uma explicação de por que a chuva em Vila Real, bem ao norte da zona oficial do Douro, é tão mais intensa do que mesmo na do Baixo Corgo.

Acreditam que o Baixo Corgo é úmido demais para vinhos do Porto de alta qualidade. Para se produzir ótimos vinhos do Porto, as vinhas devem ser forçadas a insinuar suas raízes o mais profundamente possível no xisto em sua busca por água, até 8m de profundidade, como em Quinta do Vesuvio, ao leste da seção mapeada.

Os vinhedos convencionalmente reconhecidos como os melhores para o Porto são aqueles ao redor e acima da cidade ferroviária do Pinhão, incluindo os vales do Tedo, Távora, Torto, Pinhão e afluentes do Tua. Como a orientação e a altitude variam tão drasticamente, o caráter do vinho produzido, mesmo em vinhedos vizinhos, pode ser bem diferente. No vale do Tedo, por exemplo, o vinho tende a ser particularmente tânico, enquanto o feito do outro lado do rio, ao redor da Quinta do Crasto, já famosa pelo seu vinho de mesa Douro, é relativamente leve e frutado. O clima ameno do afluente do Torto é particularmente bom para vinhos de mesa, uma vez que a maturação é mais lenta e os níveis de açúcar tendem a ser mais baixos do que no principal vale do Douro. Vinhedos mais altos, onde quer que estejam, tendem a amadurecer mais tardiamente e a produzir vinhos mais leves, ao passo que aqueles voltados para o sul e/ou oeste recebem mais luz do sol e produzem os mostos mais fortes.

Cada vinhedo do Porto é classificado de A a F, de acordo com suas vantagens naturais — altitude, local, produção, solo, inclinação, orientação — e a idade, a densidade, a condução e a variedade de vinhas cultivadas. Quanto melhor a classificação, mais dinheiro será pago pelas uvas no mercado altamente regulamentado que governa as relações entre cultivadores de uva e produtores de Porto. Até o trabalho pioneiro, na década de 1970, de José Ramos Pinto Rosas e João Nicolau de Almeida, pouco se sabia sobre as vinhas que crescem no Douro, tipicamente uma confusão de diferentes arbustos de vinha. Eles identificavam Touriga Nacional, Touriga Franca, Tinta Roriz (vários clones da Tempranillo da Espanha), Tinto Cão e Tinta Barroca como aquelas variedades que mais regularmente faziam Porto de alta qualidade. Estas constituem a maioria dos vinhedos do Douro, agora bem mais disciplinados, mas a Sousão é cada vez mais valorizada, bem como a Tinta Amarela, no Cima Corgo e no Douro Superior, mesmo que seja muito propensa ao apodrecimento para ser útil no Baixo Corgo.

◄ Quatro particularmente notáveis vinhos de mesa do Douro. Eles variam em estilo, o que é apenas esperado quando mal faz uma geração que o único vinho de mesa do Douro, com qualquer tipo de reputação, era o Barca Velha do Ferreira.

Para fazer vinho do Porto branco — um favorito local — Viozinho, Gouveio, Malvasia e Rabigato são algumas das melhores uvas de casca clara que, anualmente, lutam contra os verões escaldantes e os invernos muito frios. Uma proporção cada vez maior delas está sendo usada para vinhos de mesa brancos do Douro tais como o pioneiro Redoma, de Dirk Niepoort.

A época da vindima em qualquer lugar é o clímax do ano, mas colher estas uvas no Douro, talvez devido à dureza da vida de lá, pode ser quase dionisíaco. Há um frenesi antigo com o ritual, com as canções, com as músicas do tambor e da gaita (ou, o mais provável hoje em dia, caixas de som em volume alto), as longas noites de pisa e dança — à luz de lampiões até o relativamente recente advento da eletricidade.

As famosas firmas de exportação têm as suas próprias quintas, ou vinícolas, no alto dos morros, onde ficam para supervisionar as vindimas. Elas são casas brancas, espaçadas, arborizadas com vinhas, com chão de taco, frescas, num mundo de poeira e luminosidade. A maioria das quintas de Porto mais famosas é mostrada no mapa nestas páginas, nomes que se tornaram bem mais familiares desde o fim da década de 1980, com o crescimento de vinhos do Porto de uma única quinta. A AXA-renovada Quinta do Noval, acima de Pinhão, tem sido, por anos, mundialmente famosa, mas agora há muito mais "Porto de uma única quinta", os produtos de uma única propriedade em um único ano, tipicamente em *vintages* que não são finos o suficiente para serem geralmente declarados como tais. Taylor, por exemplo, vende o vinho produzido em sua Quinta de Vargellas em *vintages* menores. Mas muitos outros vinhos do Porto de uma única quinta são agora produzidos, ano sim ano não, mais como um Bordeaux Château. Quinta do Vesuvio e Quinta de La Rosa são exemplos proeminentes. A principal fonte de uvas e vinhos para o Porto, no entanto, não são as grandes propriedades, mas, ainda, uma multidão de pequenos cultivadores, ainda que mais e mais deles estejam sendo tentados a vender sob o nome de suas próprias quintas.

Isto é particularmente verdadeiro para os vinhos de mesa — a maioria tinto, todos rotulados Douro — que emergem do Douro desde que investimentos externos se transformaram em cuidados para a vinicultura, como controle de temperatura, uma moda encorajada pelos numerosos enólogos treinados em Vila Real. Tradicionalmente, os vinhos de mesa Douro vieram de uma idéia posterior, feitos com as uvas que sobravam na safra do Porto, mas vinhos leves se tornaram tão importantes para produtores como Sogrape (agora dono de Ferreira e Quinta da Leda), Ramos Pinto, Quinta de La Rosa, Quinta do Crasto, Quinta do Côtto, Quinta do vale Meão, Quinta do vale Dona Maria, Quinta de Roriz, Quinta do Vallado e Quinta da Gaivosa (no Baixo Corgo), que alguns deles têm cultivado vinhedos especialmente para vinhos de mesa. Vinhos de mesa, eles notam, pedem uvas que sejam particularmente adequadas para vinhos não-fortificados, e não simplesmente as sobras da produção de vinho do Porto. O Bordelais tem até mesmo entrado: Chryseia é uma cooperação entre a família Symington, produtora de vinho do Porto, e Bruno Prats (uma vez dono do Château Cos d'Estournel); Xisto, uma outra entre os Roquettes da Quinta do Crasto e a família Cazes do Château Lynch Bages. Em *vintages* menores, há agora uma competição real pelas uvas adequadas para vinhos Douro.

Esses vinhos variam enormemente em tipo de acordo com a proveniência das uvas e as intenções dos vinicultores — do quase borgonhês Charme de Niepoort, passando pela intensidade sofisticada de Pintas, até a solidez xistosa da Quinta da Gaivosa, porém há um ar real de entusiasmo no Douro que este terreno extraordinário pode agora se expressar em dois tipos tão diferentes de vinho.

DOURO: VILA REAL

Latitude / Altitude da EC **41,19° / 480m**

Temperatura média da EC em julho **21,3°C**

Índice pluviométrico anual na EC **1.130mm**

Índice pluviométrico na EC no mês de colheita **Setembro: 55mm**

Principais perigos para a viticultura **Chuva durante a frutificação, seca, erosão**

Principais uvas **Touriga Franca, Touriga Nacional, Tinto Cão**

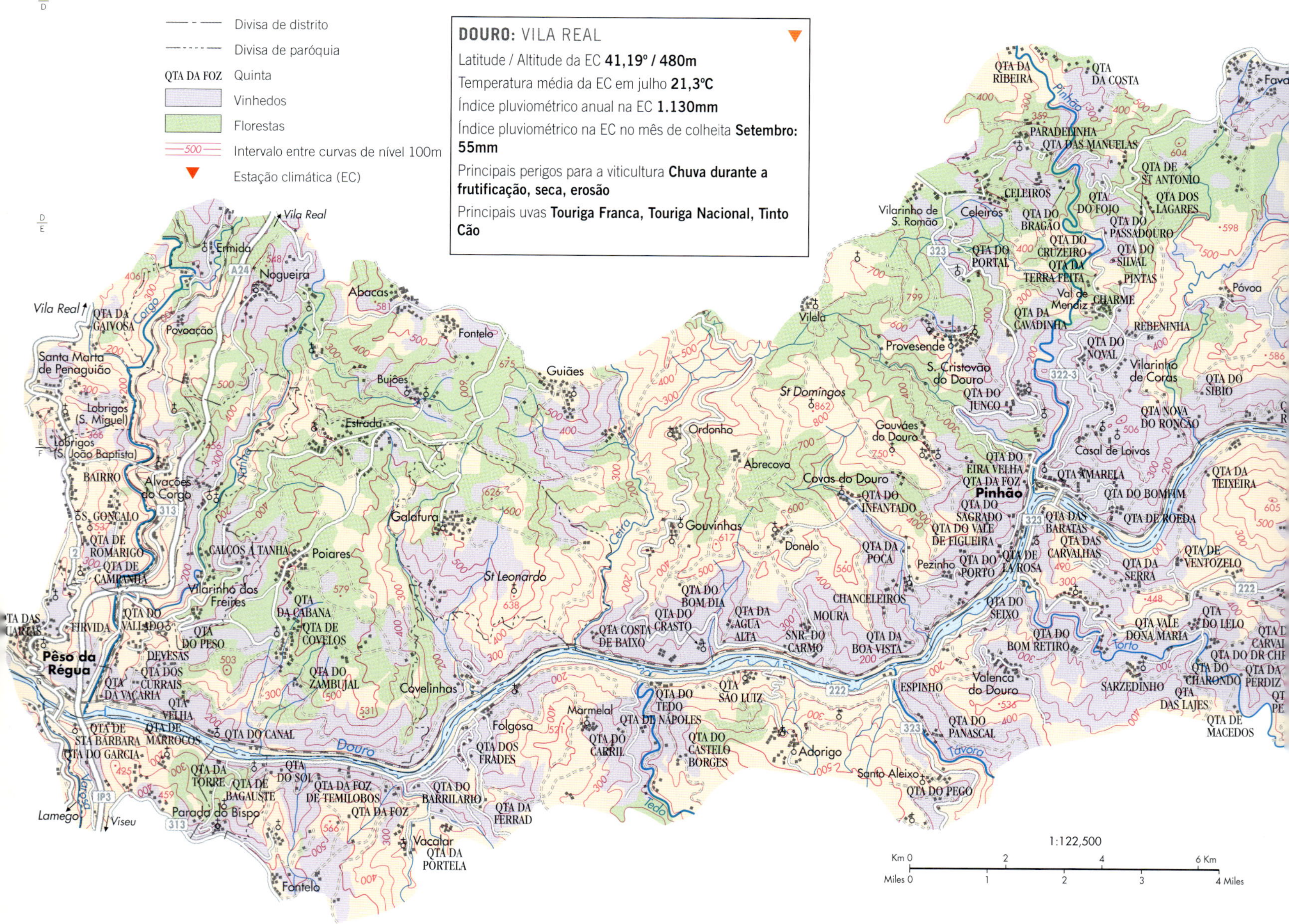

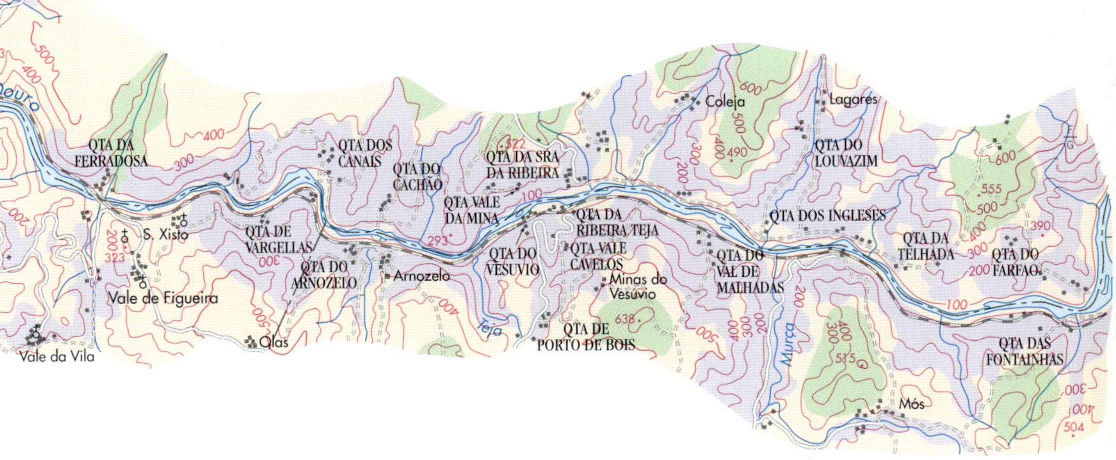

A família Symington, uma das principais produtoras do Porto, está particularmente orgulhosa de seus "lagares automatizados", uma forma computadorizada de reproduzir a ação suave de pés humanos em uvas frescas recém-colhidas, a fim de extrair o máximo de cor e sabor. "Pés" de silicone passam para cima e para baixo na bandeja de mosto, na Quinta da Cavadinha, em Warre.

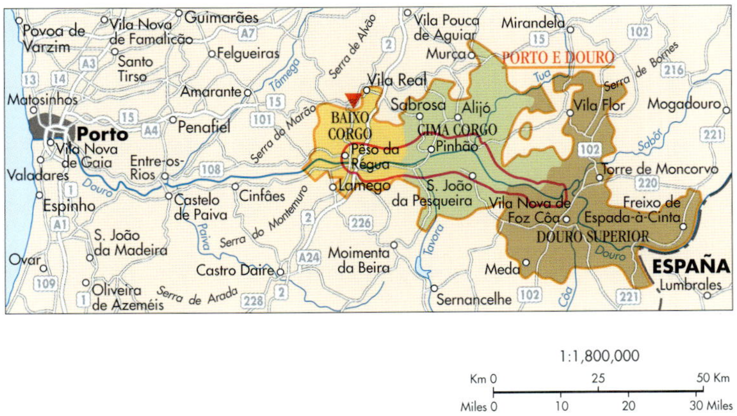

As estalagens do Porto

As uvas para o Porto podem ser cultivadas no selvagem vale do Douro, mas a maior parte do vinho é ainda envelhecida nas amontoadas estalagens dos embarcadores, retratadas acima, em Vila Nova de Gaia, do outro lado do rio da recentemente revitalizada cidade do Porto, da qual o vinho recebeu o seu nome. No entanto, antes de o vinho poder ser expedido rio abaixo — antigamente por barco e hoje em dia por cargueiros barulhentos —, estas uvas devem ser transformadas no singular vinho doce e forte que é o Porto (um nome protegido).

O Porto é feito escoando-se parcialmente o tinto fermentado, enquanto ele ainda contém metade do açúcar da uva, em um recipiente com um quarto de conhaque (geralmente esfriado). O conhaque pára a fermentação de modo que a mistura resultante é tanto forte como doce. Mas o vinho também requer a pigmentação das cascas das uvas para adquirir cor, e de seus taninos para preservá-la. Nos vinhos comuns, estes são extraídos durante o curso da fermentação, mas, uma vez que com o Porto a fermentação é extraordinariamente rápida, a pigmentação e os taninos devem ser adquiridos de outra maneira — o que tradicionalmente, no Douro, significa amassar as uvas com os pés.

Pisar as uvas é um meio de macerar as cascas das uvas no seu suco de modo a extrair delas todo o seu valor fenólico. O pé descalço é o instrumento perfeito para isso, sendo quente e preservando as sementes, as quais tornariam o suco mais amargo caso fossem esmagadas. Triturar ritmicamente na mistura que vai até a altura das coxas, feita de suco e cascas numa ampla cavidade de pedra (*lagar*), é o tradicional tratamento que dá ao Porto sua cor, seu sabor de uva e sua habilidade para durar e melhorar por muitos anos.

Como a qualidade de vida cresceu em Portugal, mesmo no vale do Douro, a maioria dos produtores do Porto ou dos distribuidores introduziu algum tipo de substituto mecânico para a pisa, mais propriamente um autovinificador, um tonel fermentador, fechado, especialmente adaptado, o qual automaticamente bombeia vinho novo sobre as cascas — embora alternativas mais recentes e mais autênticas, tais como "lagares robóticos", incluam várias operações controladas por computador (ver página 219). Alguns dos Portos mais refinados, entretanto, são ainda tratados com a muito mais cara e velha pisa, e este ritual de

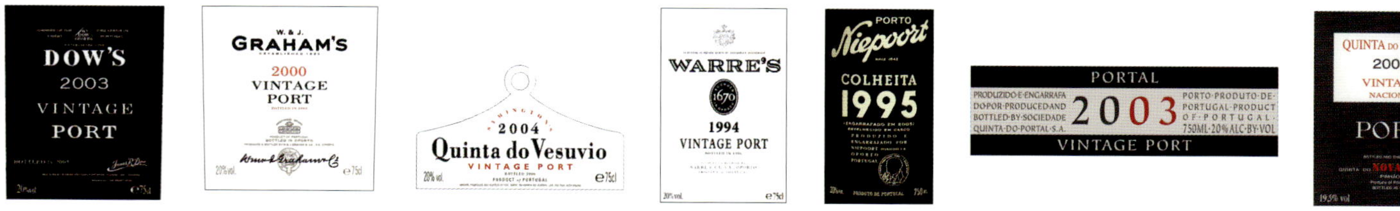

As apinhadas estalagens de Vila Nova de Gaia ao amanhecer, vistas do outro lado do rio, no Porto, que é, hoje em dia, um ponto turístico completamente moderno. A cidade se orgulha de um grande número de restaurantes, bares e cafés atraentes, como o retratado abaixo, à direita, pesadamente rotulado por um dos muitos expedidores do vinho do Porto, os quais não são mais de qualidade inferior, mesmo que eles (ainda) não tenham adquirido reputação internacional.

AS ESTALAGENS DO PORTO DE VILA NOVA DE GAIA

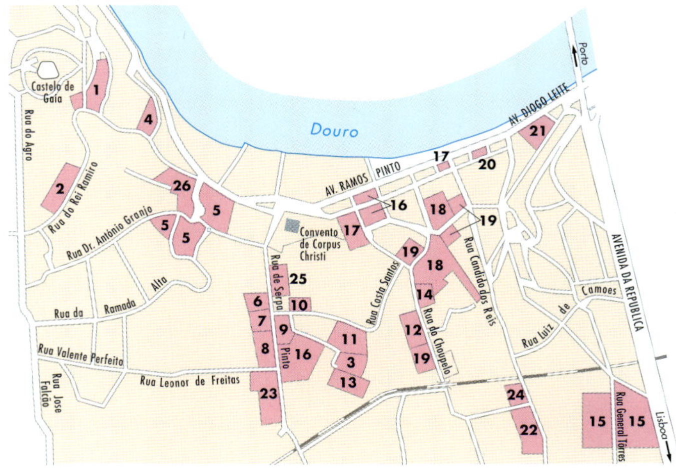

Cada uma das duas grandes marcas de grandes empresas ainda tem as suas próprias hospedarias, testemunhando, ainda hoje, o seu caráter único.

1 Fonseca
2 Graham
3 Smith Woodhouse
4 Churchill
5 Ferreira
6 Niepoort
7 Martinez
8 Cockburn
9 Warre
10 Burmester
11 Quarles Harris
12 Taylor
13 Silva & Cosens (Dow)
14 Delaforce
15 Borges
16 Ramos Pinto
17 Sandeman
18 Croft
19 Offley Forrester
20 Noval
21 Cálem
22 Osborne
23 Barros
24 Rozès
25 Kopke
26 Wiese & Krohn

colheita ainda acontece em algumas quintas, particularmente na melhor área, a Cima Corgo (mapeada nas duas páginas anteriores).

A maior parte do Porto é embarcada rio abaixo, na primavera, para Vila Nova de Gaia, antes que o calor intenso do verão possa dotar o jovem vinho de um caráter conhecido como "Douro bake". Porém, conforme o tráfego pelas ruas estreitas se torna pior, e a eletricidade para o ar-condicionado se torna mais confiável Douro acima, mais e mais vinhos do Porto são mantidos guardados e amadurecidos no mesmo local onde são feitos.

A cidade do Porto e Vila Nova de Gaia foram, outrora, ricas em influência inglesa, com o comércio do Porto sendo dominado pelas famílias inglesas e anglo-portuguesas. A bela Georgian Factory House era o lugar de encontro semanal para os exportadores ingleses do Porto durante séculos.

Ao longo do rio, as estalagens do Porto, com seus amontoados de velhos barris poeirentos e escurecidos, têm muito em comum com as bodegas de Xerez. Um superior Porto castanho é amadurecido em barris denominados pipas, contendo 550-600 litros (uma pipa, como unidade nacional de medição comercial, corresponde a 534 litros), para algo em torno de 2 a 50 anos. Portos de melhor qualidade, nos quais o distribuidor conta com menos sinais de oxidação e sabor de madeira, são envelhecidos em tonéis mais largos.

Talvez 3 a 10 anos ofereçam condições quase perfeitas para se fabricar o Porto. O melhor vinho desses anos não precisa de mistura: nada pode melhorá-lo a não ser o tempo. Ele é engarrafado aos dois anos, como o Bordeaux tinto, rotulado apenas com o nome do distribuidor e a data. Este é o Porto *vintage*, e ele é feito em quantidades pequenas, porém muito aclamadas. Depois, talvez após 20 anos, ele ganhará alguma gordura e fragrância, riqueza e delicadeza incomparáveis — embora uma proporção crescente de Porto *vintage*, hoje, esteja sendo bebida muito mais cedo do que isto e sem nenhum mau efeito visível.

Um ótimo Porto *vintage*, de preferência plenamente amadurecido, está incontestavelmente entre os melhores vinhos do mundo. Os demais Portos, do padrão quase *vintage* ao meramente moderado, passam por um processo de mistura para surgir como um vinho de marca com um dado caráter. Este vinho, envelhecido em madeira, amadurece de um modo diferente, mais rapidamente, até ficar mais macio. Um Porto de madeira muito velho é comparativamente pálido ("*tawny*", ou dourado, é o termo), mas particularmente suave. Os melhores *tawny* envelhecidos, em geral rotulados 10 ou 20 anos (ainda que outras reivindicações de idade permitida sejam 30 ou mais de 40 anos), podem custar tanto quanto Portos *vintage*. Muitos preferem sua suavidade ao ardor abundante que o Porto *vintage* pode reter por décadas. O Porto *tawny* resfriado é a bebida padrão dos distribuidores do Porto.

Os vinhos do Porto rotulados Colheita são de um único ano, envelhecidos em madeira; são Portos *tawny* expressivos os quais podem ser degustados a qualquer momento após a data de engarrafamento, que deve constar no rótulo.

Os vinhos do Porto ordinários, "de madeira", rotulados simplesmente Ruby, não são guardados por muito tempo, e nem o envelhecimento revelaria neles quaisquer qualidades maiores. Vinhos baratos rotulados *tawny*, com nenhuma indicação de idade, são, geralmente, uma mistura de jovens vinhos do Porto rubis particularmente amaciados. O vinho do Porto branco é feito exatamente da mesma maneira, mas de uvas brancas. A França é o grande mercado para esses vinhos, embora o Porto, em sua forma mais grosseira e abundante, seja o grande vendedor onde quer que seja vendido.

Dignos de nota sobre esses Portos básicos são os chamados Reserve, jovens rubis com algum conteúdo real e acastanhados engarrafados antes dos dez anos.

Como a fatura do Porto *vintage* não alcança o seu fim até o engarrafamento, o sedimento forma uma "crosta" nos lados da garrafa, geralmente um sedimento mais grosso do que o encontrado no Bordeaux tinto e algo que precisa ser separado do vinho por decantação. Um Porto vendido como encrostado é uma mistura de anos diferentes engarrafados cedo o bastante para estar certo de ter lançado um pesado sedimento na garrafa. Como o Porto *vintage*, ele demanda um decantador.

O compromisso mais comum entre o *vintage* e o Porto de madeira é a muito variada categoria Late Bottled Vintage (LBV) — vinho do Porto mantido em barril de quatro a seis anos, e engarrafado uma vez que liberado de sua crosta. Acelerado e limpo desta forma, ele é o vinho do Porto do homem moderno. A grande parte dos LBVs comerciais não tem nada do caráter do Porto *vintage*, mas tanto Warre como Smith Woodhouse produzem um LBV sério, feito exatamente como o Porto *vintage*, porém engarrafado após não dois, mas quatro anos. Ambos demandam decantação.

◄ Os dois grandes exportadores de vinho do Porto de alta qualidade são a família Symington, representada pelos primeiros quatro rótulos à esquerda da página anterior, e a Taylor Fladgate Partnership, cujos rótulos aparecem nesta página. Em meio a esses dois rivais estão os rótulos de três outros grandes exportadores.

Madeira

Os antigos conheciam estes velhos vulcões no mar como as Ilhas Encantadas. Elas estão reunidas a 640km de distância da costa do Marrocos, bem no caminho de navios a vela cruzando o Atlântico. Seus nomes atuais são Madeira, Porto Santo e Desertas. Madeira (a única aqui mapeada) é a mais extensa do pequeno arquipélago e uma das ilhas mais bonitas do mundo, tão escarpada quanto um *iceberg* e tão verde quanto uma clareira.

A história conta que, quando os portugueses aportaram na ilha (em 1419, em Machico, ao leste), eles puseram fogo nos densos bosques que davam à ilha o seu nome. O fogo queimou por anos, deixando o solo já fértil enriquecido com as cinzas de uma floresta inteira.

Certamente a ilha é fértil hoje. Da orla até mais de meio-caminho rumo ao pico de 1.800m, ela é regularmente aterrada a fim de criar espaço para trechos de vinha, cana-de-açúcar, milho, feijões, tomates, bananas, além de pequenos jardins de flores. À maneira do norte de Portugal, as vinhas são cultivadas em caramanchões, abrindo terreno para ainda mais cultivo abaixo. Centenas de quilômetros de levadas, pequenos canais de irrigação, distribuem água dos cumes para as colheitas.

O vinho tem sido o principal produto da ilha da Madeira por 400 anos. De início, os colonos viam-na como uma extensão de vinhedos de vinho doce encontrados bem além, ao leste, em Creta e nas ilhas Egéias, fontes de Malmsey que estavam sendo sitiadas pelo Império Otomano. Porto Santo, baixa, arenosa e com um clima como o do norte da África, parecia muito mais promissora do que a alta, verde e chuvosa Madeira.

Os colonos plantaram, em Porto Santo, a uva Malvasia (que, por causa do porto mais ao sul da Grécia, é denominada Monemvasia), concentrando o seu açúcar no verão, e assim encontraram um mercado pronto para o vinho doce daí resultante — mesmo na corte de François I da França.

O plantio da ilha da Madeira propriamente — tanto de vinhas como de cana-de-açúcar — veio mais tarde. O estabelecimento das colônias na América significou tráfico e comércio maiores e a ilha maior, com o seu vinho do Porto de Funchal, tornou-se o lugar de abastecimento para navios rumando para o oeste. As condições aqui são muito diferentes daquelas de Porto Santo; a chuva é freqüente, especialmente na costa norte, desprotegida dos ventos vindos do Atlântico; Malvasia, Verdelho e outros vinhos ali introduzidos freqüentemente lutaram para amadurecer. O casamento de açúcar com vinhos ácidos e adstringentes foi um óbvio expediente.

O resultado agridoce era mais do que adequado como lastro em navios a vela e, de quebra, uma efetiva proteção contra o escorbuto. Foi viajando como lastro em navios que se fez o Madeira. Um ou dois baldes de conhaque (ou destilado de cana) o fortaleciam para as suas longas viagens pelo mar. Cruzar o equador acabaria com qualquer vinho normal, mas descobriu-se que isso suavizava o Madeira maravilhosamente — e atravessar o equador duas vezes ainda mais. No século XVIII, ele se tornou o vinho favorito das colônias norte-americanas. Savannah, na Georgia, era famosa por seus comerciantes e *connoisseurs* de vinho Madeira.

Em vez de longas viagens quentes pelo mar, o Madeira, hoje, sujeita-se à (suave) provação pelo aquecimento. Um efeito similar para o calor tropical é produzido aquecendo-se o vinho até 45°C em estufas quentes por pelo menos três meses. (Temperaturas mais moderadas para períodos maiores de tempo são melhores; o melhor é nenhum aquecimento artificial, e sim muitos anos inicialmente num sótão banhado pelo sol e então numa quente estalagem de vinho.) Quando ele sai, possui então o tênue paladar caramelo pelo qual todos os vinhos Madeira podem ser reconhecidos. Um gosto um tanto forte de açúcar queimado significa que a estufa era muito quente.

Hoje em dia os exportadores misturam o seu vinho em marcas consistentes, a maioria deles usando o processo de estufagem. Mas alguns dos vinhos mais finos ganham complexidade somente pelo envelhecimento no barril, um processo denominado "canteiro" por conta das prateleiras sobre as quais os barris eram empilhados. O Madeira era originalmente misturado por meio do sistema *solera*, à semelhança do Xerez, prática uma vez mais permitida pela União Européia. Alguns vinhos *solera* de engarrafamento mais antigo são muito finos, se você puder encontrá-los, mas a maior qualidade do Madeira, bem como do Porto, tem sido, tradicionalmente, o vinho reserva de uma única vindima — e, no caso do Madeira, de uma única variedade de uva.

Cada vez mais comercialmente populares são os Madeira Colheita, feitos do produto de um único ano e engarrafados após passarem cinco anos na madeira. Se não há variedade de uva indicada no rótulo, significa que ele foi feito de Tinta Negra Mole, a variedade que invadiu a ilha após o desastre do oídio, na década de 1850, e da filoxera, na década de 1870. A Revolução Russa e a Lei Seca norte-americana quase acabaram com o Madeira e, por um longo tempo, foi interrompido o fluxo de vinho de boa qualidade. As vinícolas eram largamente transformadas em híbridos norte-americanos (Black Spanish, o principal deles, é conhecido na Madeira como Jacquet), enquanto as variedade clássicas se tornaram raridades. A vinha vinífera mais cultivada era a Tinta Negra Mole, que hoje responde por mais ou menos 90% de todas as uvas cultivadas na ilha.

A prática, até Portugal se juntar à União Européia, em 1986, era citar, nos rótulos, as variedades clássicas de vinha da Madeira, caso os vinhos fossem — ou não (o mais provável) — de fato feitos a partir delas. Atualmente, a não ser que sejam feitos de alguma das variedades tradicionais, eles devem ser rotulados simplesmente de acordo com a idade (três, cinco, dez e quinze anos) e tipo (seco, médio e rico, por exemplo), hoje em dia geralmente determinado, como na produção do Porto, pelo momento em que a fermentação é contida pela adição de álcool.

As variedades tradicionais de uva estão associadas a um nível particular de doçura. A mais doce das quatro e a que amadurece mais cedo é Malmsey ou Malvasia: vinho marrom-escuro, muito perfumado e rico, com uma textura suave e quase gordurosa, mas com um sabor agudo que todos os Madeiras possuem. O Madeira feito de Bual (a uva branca mais plantada na ilha) é mais leve e ligeiramente menos doce do que o Malmsey — mas, ainda assim, definitivamente um vinho para a sobremesa. Um tom fumacento penetra para modificar a sua riqueza. Verdelho é feito menos doce e mais macio

MADEIRA: FUNCHAL

Latitude / Altitude da EC **32,41°C / 50m**

Temperatura média da EC em julho **21,6°C**

Índice pluviométrico anual na EC **640mm**

Índice pluviométrico na EC no mês de colheita **Setembro: 30mm**

Principais perigos para a viticultura **Doenças causadas por fungos**

Principais uvas **Tinta Negra Mole, Verdelho, Sercial, Malvasia, Bual**

◄ Os vinhos Madeira mais estimulantes freqüentemente possuem garrafas talhadas em vez de rótulos. Vinhos Madeira datados como *vintage*, como os de Blandy, são um fenômeno relativamente recente, e os que levam os nomes das tradicionais variedades de uvas representam a elite.

do que Bual. O esmaecido mel e o defumado distinto do seu sabor o fazem bom para antes ou depois das refeições. As plantas pequenas da vinha Sercial (Cerceal, no continente), que fazem o vinho mais seco e revitalizante da Madeira, estão nos vinhedos mais altos da ilha e têm colheita tardia. O vinho Sercial, de todos o que se desenvolve mais lentamente, é leve, perfumado e distintamente agudo — de fato, desagradavelmente adstringente quando jovem —, mas maravilhosamente apetitoso quando velho. Ele é mais substancial do que um Xerez fino, mas ainda assim um aperitivo perfeito. Um renascimento pequeno, embora notável, da histórica variedade da vinha Terrantez está a caminho.

Para ser rotulado *vintage*, um vinho Madeira deve ser de um único ano, de uma única variedade, e envelhecido em tonel por pelo menos 20 anos. Na prática, os vinhos mais refinados podem levar um século passando pela mais lenta das oxidações no barril, ou decantado em garrafões empalhados de gargalho curto (*demijohns*) antes de serem engarrafados. Em garrafas, eles se desenvolvem em ritmo vagaroso.

O Madeira *vintage* é um vinho que a idade parece incapaz de exaurir ou diminuir. Quanto mais velho, melhor — e uma garrafa aberta de quase qualquer Madeira pode reter seu frescor por meses, mesmo anos.

Apesar de seu terreno íngreme, a ilha da Madeira pode oferecer ótimos passeios pelas curvas de nível entre os pequenos trechos de agricultura variada, incluindo a viticultura — como aqui, nos morros com patamares típicos, em Garachico, Câmara de Lobos, a oeste da capital Funchal.

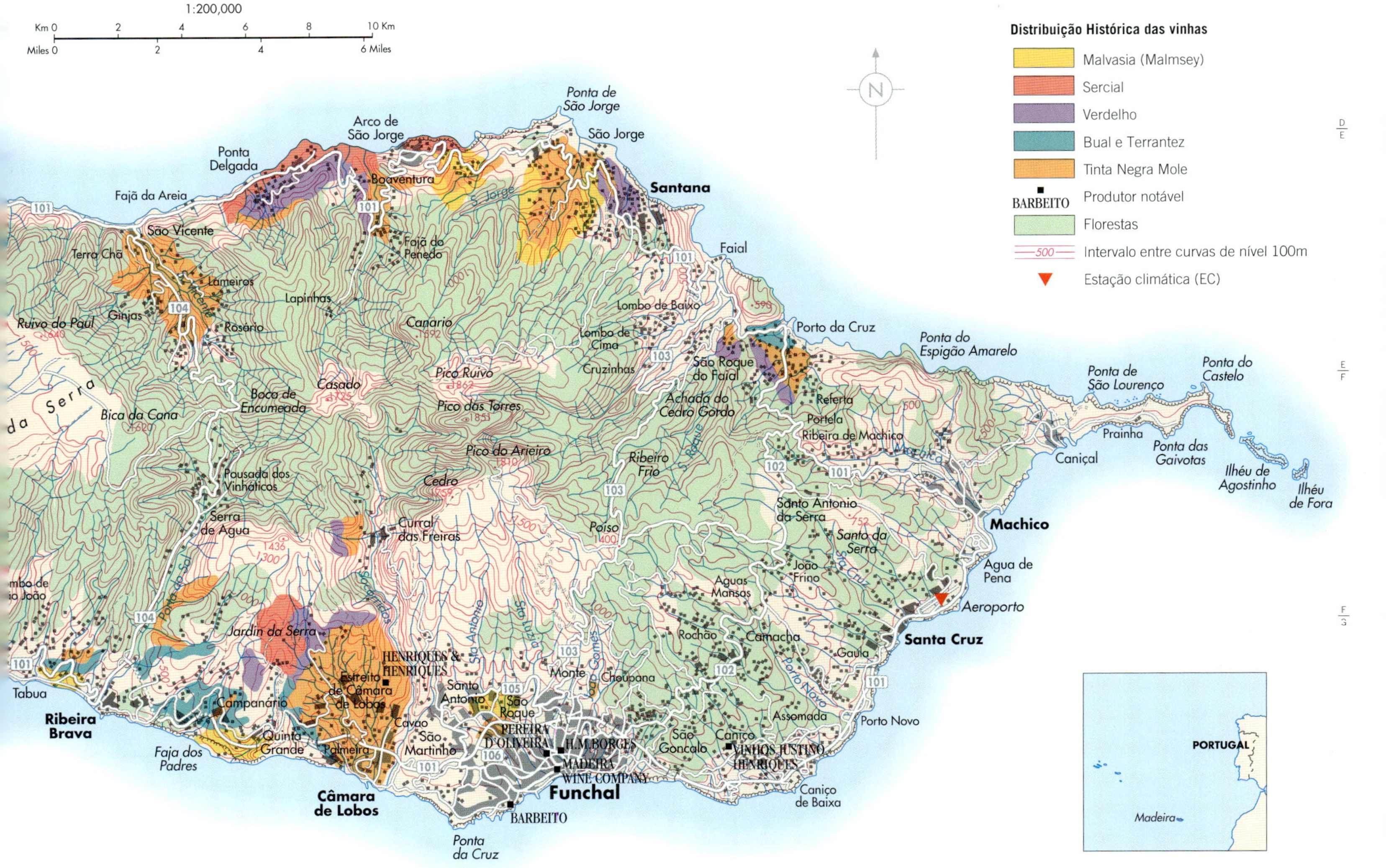

Alemanha

Uvas Riesling recém-colhidas sendo suspensas pelas ladeiras íngremes do vinhedo Doctor, da Weingut Dr. H Thanisch, localizado logo acima da cidade de Bernkastel-Kues, no Mosela.

Alemanha

Seja qual for a razão, a indústria vinícola da Alemanha tem atravessado uma crise de ânimo que já dura uma geração. Há 40 anos, os vinhos brancos de suas uvas Riesling eram reconhecidos como os melhores do mundo. Hoje, os vinhos da Austrália ou Nova Zelândia estão mais na moda para algumas pessoas, mas o vinho alemão vem recuperando a preferência internacional graças a um trabalho perseverante. Uma nova geração de viticultores tomou as rédeas e a sua interpretação das grandes tradições de seu país está fazendo a maré virar novamente em favor da Alemanha.

A maioria dos melhores vinhedos da Alemanha localiza-se na máxima latitude norte em que é possível fazer as uvas amadurecerem. Muitos se encontram em terra não apropriada para a agricultura normal: se não houvesse vinhas, haveria apenas floresta e montanhas sem vegetação. Levando-se em consideração todos esses fatores, pareceria improvável que terras como essas conseguissem oferecer o melhor vinho branco do mundo. Mas elas conseguem, e com uma característica de original elegância que nenhum vinho de outro lugar é capaz de imitar.

O segredo está no equilíbrio entre dois ingredientes que não parecem atraentes, ao menos à primeira vista: açúcar e acidez. Açúcar sem acidez daria um vinho chato; com acidez e sem açúcar, o vinho seria acre. Acontece que, em anos bons, eles estão tão delicadamente equilibrados que têm a inevitabilidade das belas-artes. Estes fatores compõem o cenário para uma sensacional fusão de essências da uva e do solo que é mais notória em vinhos alemães do que em quaisquer outros, talvez porque, em geral, eles não são adornados por etapas do processo de vinificação, como fermentação malolática, agitação dos sedimentos e envelhecimento em carvalho novo, sendo portanto de transparência mais límpida. Graças a essa acidez toda, os melhores também envelhecem magnificamente, bem melhor que a maioria dos outros vinhos brancos.

À diferença da maioria dos vinhos, os vinhos alemães mais doces são melhor desfrutados em toda a sua glória sozinhos, e não acompanhando comidas. Eles têm fermentação delicada, freqüentemente com teor alcoólico de apenas 8%, retendo boa parte do açúcar natural da uva. Todavia, isso tem sido visto como uma desvantagem comercial. O resultado? Vinhos alemães muito mais secos; viticultores fazendo muitos de seus vinhos — às vezes todos — completamente ou quase completamente secos e oferecendo-os como vinhos de mesa como quaisquer outros. Em 2005, uma safra no mínimo favorável aos vinhos mais frutados, 59% do total de vinhos alemães foram classificados como *trocken* (secos) ou *halbtrocken* (meio-secos).

Desde que a moda dos vinhos *trocken* começou, no início da década de 1980, esse estilo evoluiu, partindo de produtos pouco encorpados (os primeiros exemplares de Mosel Kabinett absolutamente seco eram ácidos demais) e chegando a obter vinhos de firme e convincente elegância, principalmente Spätlese secos ou vinhos denominados Grosses Gewächs (Erstes Gewächs no Rheingau). Estes inspiram imenso respeito e alcançam altos preços na própria Alemanha, enquanto vão conquistando adeptos mundo afora.

Inspirada pelo potencial de zonas vinícolas de glória histórica e influenciada com freqüência por seus pares de países muito distantes, a nova e determinada geração de viticultores alemães também teve a ajuda dos efeitos da mudança climática. Enquanto esta influência tem sido geralmente nociva em regiões mais próximas ao equador, na Alemanha os efeitos foram benéficos até agora. As uvas amadurecem plenamente com muito mais facilidade e a ameaça de podridão e de outras doenças das videiras deixou de ser rotineira. Hoje são comuns os vinhos alemães secos com 12% a 14% de álcool, e o resultado disso — quando em boas mãos — é uma bebida com muito mais personalidade e sabor, ainda que

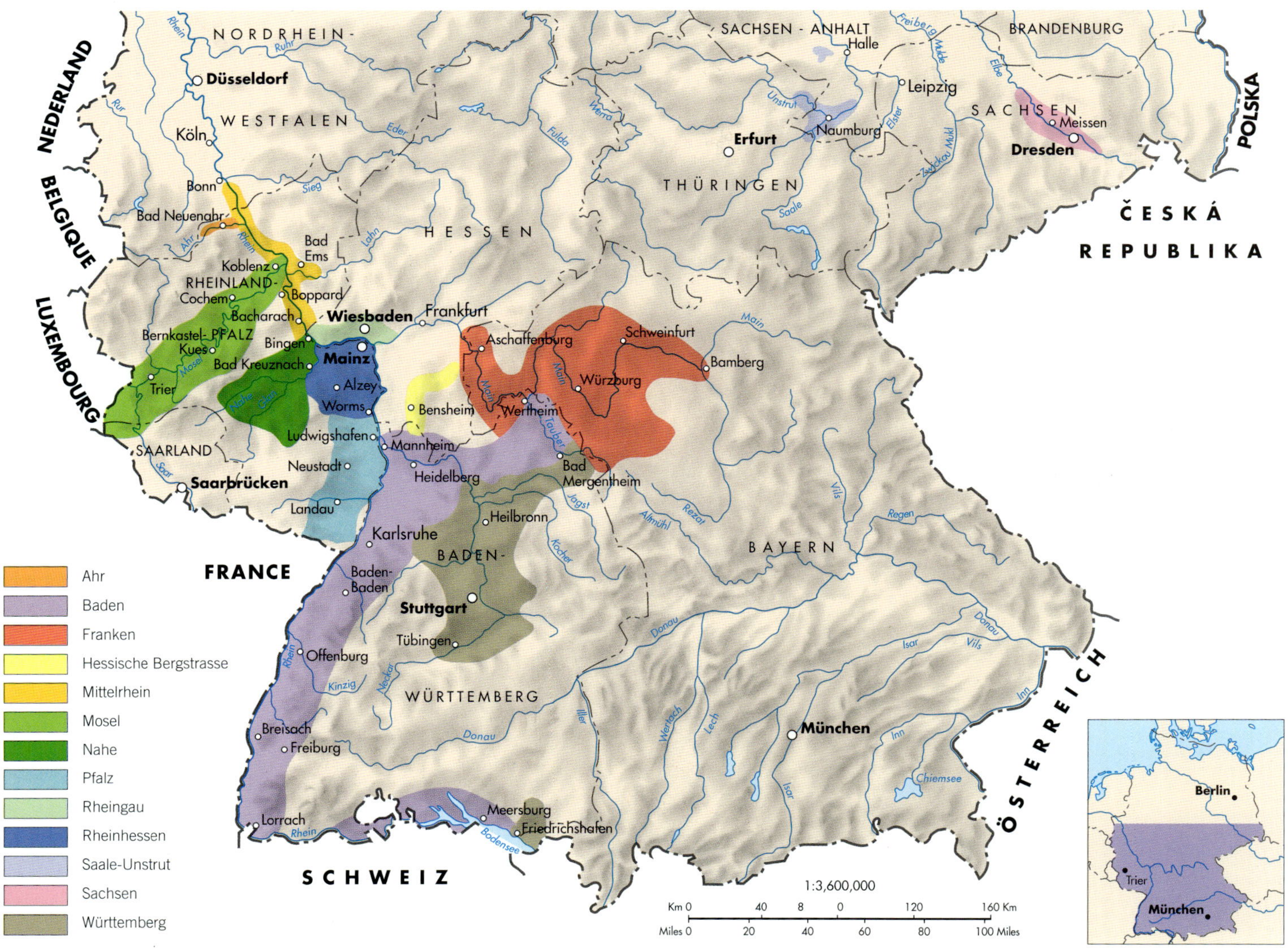

muitos viticultores estejam cientes de que o excesso de álcool pode desequilibrar o produto, deixando-o com sabor perigosamente quente ou oleoso.

A imagem do vinho alemão no exterior foi extremamente prejudicada durante muito tempo pelos enormes volumes de água adocicada exportados pela Alemanha com nomes como Liebfraumilch e Niersteiner Gutes Domtal, mas este tipo de vinho a granel está hoje em decadência, e já não é sem tempo.

O rótulo do vinho alemão (ver quadro) é, ao mesmo tempo, um dos mais explícitos e mais confusos do mundo, tendo sido tanto causa quanto instrumento de alguns dos problemas no setor. O engano mais lamentável foi a criação por lei das Grosslagen, grandes unidades geográficas comercialmente úteis cujos nomes são indistinguíveis — para a maioria dos consumidores de vinho — dos nomes dos Einzellagen, vinhedos individualizados. Mas estes vêm desempenhando um papel cada vez menor no dinâmico cenário do vinho alemão. Produtores progressistas estão descobrindo métodos mais aceitáveis no âmbito internacional (e mais exatos) de rotular seus vinhos.

A uva Riesling (ver página 20) é a mais importante da Alemanha. Ela é a matéria-prima de uma parte considerável dos melhores vinhos alemães e praticamente a única variedade plantada nos melhores locais de Mosela-Sarre-Ruwer, Rheingau, Nahe e Palatinado. Em locais não tão bons e em anos pouco favoráveis, não há probabilidade alguma de esta uva amadurecer.

Buscando uma produção maior e menos sujeita a riscos, em meados do século XX a Alemanha se voltou para a Müller-Thurgau, um cruzamento mais produtivo e que amadurece muito mais cedo, criado em 1882. Embora tenha havido um certo renascimento limitado desta variedade na Francônia e nas proximidades do Bodensee (lago de Constança), no extremo sul da Alemanha, a uva Müller-Thurgau resulta geralmente em vinhos um tanto fracos e insípidos, sem a deliciosa firmeza de acidez frutada da uva Riesling. Em 1996, os amantes do bom vinho alemão tiveram a satisfação de ver a Riesling recuperar seu legítimo posto de variedade mais plantada na Alemanha, e em 2005 a participação da Müller-Thurgau no total da área vinícola no país tinha caído para pouco mais de 14%. Todavia, pode-se supor que os vinhos comuns alemães de baixo preço e sem menção da uva no rótulo sejam feitos principalmente com Müller-Thurgau.

A terceira variedade mais plantada para vinho branco é hoje a Silvaner, bem atrás das duas anteriores mas historicamente importante, sobretudo na Francônia, onde essa uva produz melhor vinho que a Riesling. A uva Silvaner traz um toque de terra e vegetação que pode ser grosseiro, mas no tipo de solo que lhe é mais favorável, o de argila calcária, ela parece absorver os minerais necessários para se tornar quase uma Chablis. A variedade Silvaner ocupa 21% dos vinhedos plantados na Francônia e 10% em Rheinhessen.

Em muitos lugares de Baden e alguns do Palatinado, as variedades Grauburgunder (Pinot Gris) e Weissburgunder (Pinot Blanc) são mais apreciadas que qualquer outra. Seus brancos mais encorpados têm desfrutado de enorme popularidade na Alemanha no fim do século XX e início do XXI, entre outras razões porque os verões mais quentes produziram vinhos cheios o bastante para suportarem o envelhecimento em barricas de carvalho, uma novidade bem-vinda.

Mas a evolução mais notável na criação de varietais na Alemanha nos últimos dez anos foi o crescimento da popularidade do vinho tinto alemão. No decorrer de uma geração, mais ou menos, o plantio de Spätburgunder (Pinot Noir) triplicou, não ficando muito atrás da Müller-Thurgau no que se refere à porcentagem do total plantado. E a quarta variedade mais plantada na Alemanha é o cruzamento Dornfelder, de 1956, que dá um vinho tinto singularmente saboroso no Palatinado. Na atualidade, cerca de 40% dos vinhedos da Alemanha produzem uvas para vinho tinto. Uma revolução.

Estas novas plantações de uvas para vinho tinto resultaram principalmente de cruzamentos que, efetuados para elevar os níveis de amadurecimento nos vinhos brancos, tiveram grande aceitação no início da década de 1980, em especial em Rheinhessen e no Palatinado. Dois fatores refrearam o entusiasmo inicial por eles: seus sabores estridentes, demasiadamente óbvios, e a experiência de invernos muito frios, em que sua resistência se mostrou menor que a da uva Riesling. Isto encorajou os infatigáveis selecionadores de videiras da Alemanha a incorporarem genes de videiras mongóis resistentes ao frio para criar cruzamentos ainda mais novos.

Dos cruzamentos de uvas brancas já estabelecidos, os tipos Kerner e Scheurebe são os mais difundidos e refinados. Mas a Alemanha também está plantando videiras de uva tinta de recente criação, como a Regent, resistente à podridão e já com mais de 2.000 hectares de área plantada em 2005. Outra variedade é a Cabernet Cubin, um cruzamento de Cabernet Sauvignon e Lemberger realizado na escola de enologia de Weinsberg e que já está obtendo algum sucesso no Palatinado e em Württemberg.

Durante muitos anos, a legislação alemã sobre vinhos não tentou de forma alguma limitar os rendimentos (que são dos mais altos do mundo) nem classificar os vinhedos, como fazem os franceses. Mas isto já mudou, ao menos na influente VDP (Verband Deutsches Prädikatsweingüter), associação formada pelos 200 maiores viticultores. A VDP impõe a seus membros rigorosos limites de rendimento permitido e até tomou para si a tarefa — extremamente delicada do ponto de vista político — de classificar as Erste Lagen (principais propriedades) quanto às variedades de uva especificadas para cada região. É claro que estão incluídas apenas as terras pertencentes aos membros da associação e, como toda classificação desse tipo, a lista de principais propriedades vinícolas e combinações de variedades da VDP tem sido alvo de críticas. Neste livro, nós continuamos indicando nossa própria seleção da pequena porcentagem de vinhedos que consideramos constantemente superiores marcando-os em lilás e, no caso dos melhores, em roxo. Esta audaciosa classificação de vinhedos foi feita em colaboração com a sociedade de produtores de vinhos de alta qualidade, com organizações locais de vinicultura, com especialistas da Alemanha e, em certa medida, também com a VDP, mas ela difere da classificação feita por esta associação em 2000.

▼ Duas regiões que não foram mapeadas em nossa abrangente cobertura das áreas vinícolas da Alemanha são o Mittelrhein (Médio Reno) e a região de vinho tinto do Ahr, aqui representados por dois dos seus expoentes mais capacitados. Toni Jost estendeu seus domínios e agora, além do Médio Reno, também possui vinhedos em Walluf e no leste do Rheingau.

A LINGUAGEM DO RÓTULO

Os rótulos deste irrepreensível produtor de Nahe optam por um meio-termo entre o ultratradicional, com seu escudo de armas, e as fontes mais modernas e fáceis de ler. A escrita em estilo gótico está desaparecendo.

DESIGNAÇÕES DE QUALIDADE

Qualitätswein mit Prädikat (QmP) vinhos feitos com as uvas naturalmente mais maduras. Os melhores vinhos doces alemães são QmP, mas, dependendo do caráter da safra, esta categoria pode compreender, na atualidade, entre 24% (1995) e 64% (2003) da colheita. Não se permite a chaptalização (adição de açúcar). As classificações (Prädikat) adicionais estão em ordem crescente de maturação:

Kabinett vinhos leves e refrescantes, ideais como aperitivos.

Spätlese literalmente "colheita tardia", isto é, mais maduro que o Kabinett. Os vinhos podem variar do seco e razoavelmente cheio ao doce e mais leve. Pode envelhecer bem.

Auslese produzido com uvas mais maduras que o Spätlese, às vezes botritizado, geralmente com algum açúcar residual. O envelhecimento é fundamental.

Beerenauslese (BA) vinhos raros, doces, feitos com uvas botritizadas (*beeren*).

Eiswein vinhos feitos de uvas com alto teor de açúcar e acidez concentrada pelo congelamento na videira. São menos raros que os TBAs.

Trockenbeerenauslese (TBA) vinhos muito raros, muito doces e caros, feitos com uvas colhidas à mão completamente "secas" (*trocken*) na videira pela botrítis.

Qualitätswein bestimmter Anbaugebiete (QbA) literalmente, "vinho de qualidade de uma região vinícola escolhida". É o nível de qualidade inferior ao QmP e varia enormemente. Permite-se a chaptalização.

Grosses Gewächs (Erstes Gewächs in the Rheingau) designação da VDP para vinhos secos da mais alta qualidade, com maturação igual ou superior à do Spätlese, e provenientes de uma determinada propriedade vinícola (Erste Lage).

Classic vinhos de sabor seco (máximo 15g/l de açúcar residual) para consumo no dia-a-dia, produzidos com uma única variedade de uva.

Selection vinhos superiores de sabor seco (máximo 12g/l de açúcar residual), de uma única variedade.

Landwein resposta indiferente da Alemanha aos Vins de Pays. Designação com escassa aceitação, uma vez que a QbA está amplamente disponível.

Deutscher Tafelwein categoria muito inferior para o vinho mais leve e simples (vinho de mesa).

OUTRAS EXPRESSÕES FREQÜENTES

Amtliche Prüfungsnummer (AP Nr) todo lote de vinho tem de ser "testado" oficialmente e recebe este número. O primeiro dígito identifica a estação do teste e os dois últimos, o ano do teste.

Erzeugerabfüllung or Gutsabfüllung engarrafado na propriedade

Halbtrocken meio-seco

Feinherb sinônimo usual mas não oficial de meio-seco

Trocken seco

Weingut propriedade vinícola

Weinkellerei empresa vinícola

Winzergenossenschaft/Winzerverein cooperativa de viticultores

Mosela

O sinuoso rio Mosela está familiarizado com o reflexo das vinhas em suas águas desde sua nascente nos montes Vosges até a confluência com o Reno, em Coblença. Na França, e depois em Luxemburgo, ele é conhecido como *la Moselle*. Os dois grandes vales viníferos transversais são os do Sarre e do Ruwer (ver páginas 228, 229 e 234), famosos por suas uvas Riesling produzidas em solo de ardósia cinza. As outras sub-regiões do Mosela são o **Alto Mosela**, onde se produz Eilbling seco, e tanto Grauburgunder quanto Weissburgunder em calcário; o **Médio Mosela**, onde no solo de ardósia cinza se planta Riesling e, em outros tipos de solo, outras variedades, principalmente Müller-Thurgau; e, a jusante, **Terrassenmosel**, que vem sendo revitalizada com videiras Riesling mais robustas plantadas em solos mais duros, em muitos casos quartzíticos.

Nesta latitude norte, somente em locais quase ideais a uva Riesling pode amadurecer. Em cada curva e meandro do rio ocorre uma forte mudança no potencial dos vinhedos. Em geral, as melhores propriedades vinícolas estão voltadas para o sul, com escarpado declive em direção ao espelho do rio. Mas a inclinação que faz delas a fonte de alguns dos melhores vinhos do mundo também as torna quase impossíveis de se trabalhar. Muitas estão seriamente ameaçadas pela escassez de mão-de-obra, pois os jovens alemães não estão dispostos a trabalhar ao relento, lutando contra a gravidade, debruçados sobre videiras indóceis. Nos últimos anos, lançou-se mão da importação de trabalhadores de viticultura da Europa Oriental, geralmente — mas não exclusivamente — da Polônia, muitas vezes com nível de qualificação acima do necessário, mas esta alternativa pode não trazer uma solução de longo prazo para este perpétuo problema.

Todos os grandes vinhos Mosela são produzidos com uva Riesling, fato cada vez mais reconhecido e evidenciado pela generalizada extirpação da Müller-Thurgau e a conversão dos vinhedos situados em terras planas e menos propícias para esse fim, que passam a ser destinadas a outros propósitos, de modo que a área total de vinhas na região reduziu-se em quase um terço entre meados da década de 1990 e meados da década de 2000.

A maior parte do vinho de qualidade é produzida entre Zell e Serrig nas zonas mapeadas detalhadamente nas páginas seguintes, mas na página 233 damos detalhes da paisagem vitícola entre Zell e Cochem, cada vez mais empolgante. Rio abaixo, a partir de Cochem, há a produção de Riesling em proporção especialmente elevada.

▼ Dois rótulos da cidade de Winningen, pouco ao sul de Coblença, bem longe das zonas tradicionais mapeadas no detalhe. Os vinhos das íngremes ladeiras de ardósia daqui voltaram a figurar no mapa graças a produtores como Heymann-Löwenstein, mais conhecido por Rieslings secos de alto teor mineral, e Knebel, que consegue fazer ótimos Trockenbeerenauslesen.

Videiras descem a encosta até a aldeia de Hatzenport, bem a montante da cidade de Löf, na Terrassenmosel. Aqui o processo de maturação é beneficiado por parte da luz refletida na superfície do rio.

O mesmo acontece em sua virtual continuação, a região do **Médio Reno**, onde a plantação está bem mais dispersa às margens do Reno e com centro em Coblença.

A montante de Trier, as terras agrícolas de suave ondulação e periodicamente ameaçadas por geadas de primavera são dedicadas quase por inteiro ao cultivo da vigorosa e histórica — embora rústica — videira Elbling. A uva Elbling dá um vinho leve e ácido, tanto espumante (ligeiramente, em geral) como não-espumante, tanto no Alto Mosela quanto em **Luxemburgo**, do outro lado do rio. Chaptalizadores costumeiros, os viticultores luxemburgueses dependem ainda mais da variedade Rivaner (Müller-Thurgau) e estão cada vez mais plantando uvas de acidez inerentemente baixa, como a Auxerrois. O forte deles é o vinho espumante.

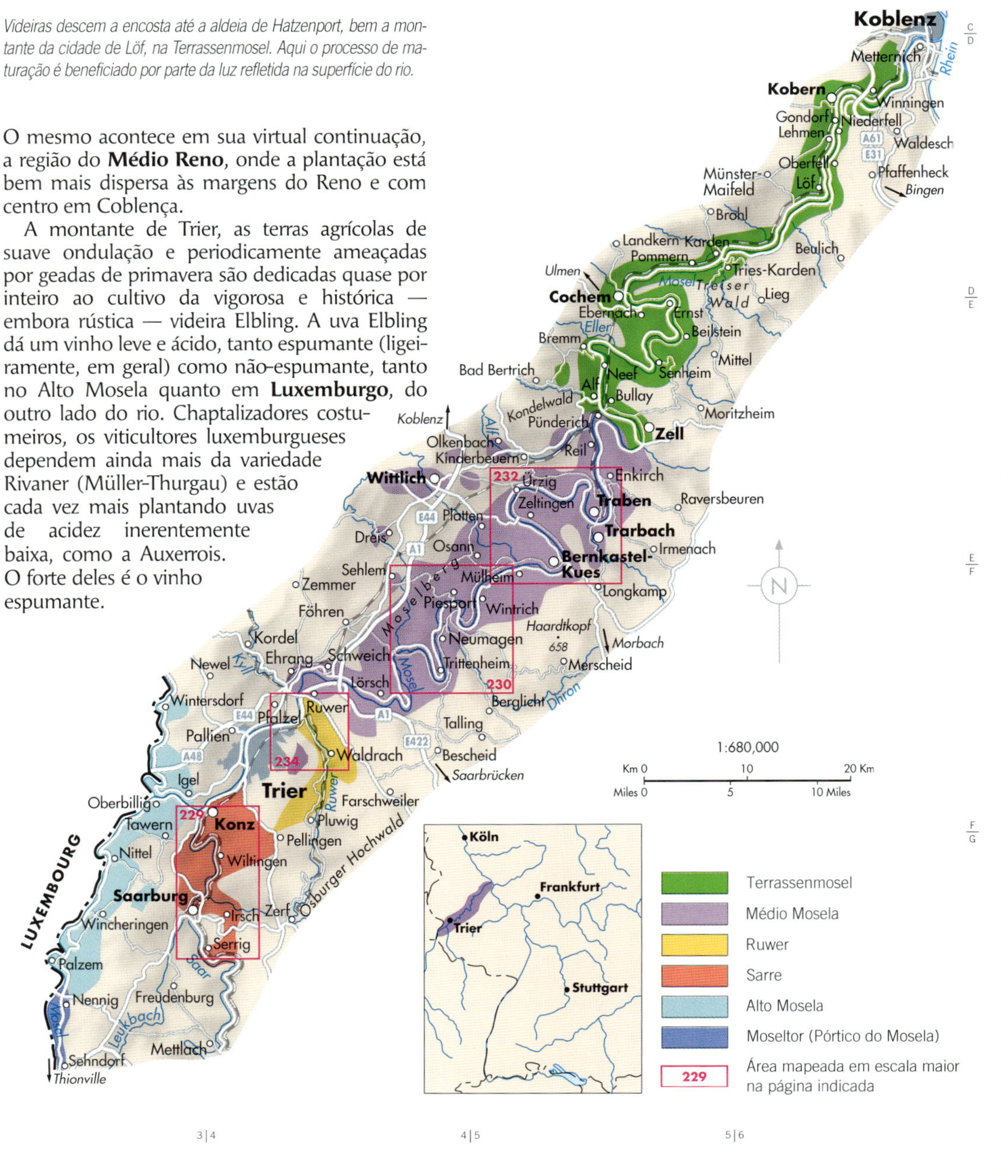

Sarre

Nenhum lugar resume melhor o vinho alemão, seus problemas e seus triunfos que o vale do tributário do Mosela, o Sarre. A batalha pelo açúcar nas uvas é mais encarniçada neste canto frio do país. Certamente, até o advento do aquecimento global ela só foi vencida talvez em três ou quatro de cada dez anos, e mesmo hoje a seqüência das safras de 1995, 1997, 1998, 2001, 2003, 2004 e 2005 é considerada excepcional. No entanto, esses anos deram um dos vinhos brancos mais sublimes e inimitáveis do mundo, cada gole do qual é causa de deleite e admiração.

Apenas 750 hectares de vinhas existentes dividem o vale com pomares e pastagens. São terras agrícolas calmas e amplas. O mapa na página seguinte mostra mais claramente como as ladeiras voltadas para o sul — aqui quase todas em colinas íngremes que se aproximam do rio — oferecem aos vinicultores a maior oportunidade de disporem de sol suficiente para lograr uma completa maturação. À diferença do Médio Mosela, o vale do Sarre está em muitas partes exposto aos ventos frios do leste. Dá para sentir o frisson resultante nos vinhos.

Assim como nas melhores partes do Mosela, o solo no Sarre é principalmente composto de ardósia e a uva é Riesling. As virtudes do vinho Mosela — frescor e agrura de maçã, uma maravilhosa mistura de mel no perfume e aço no final de boca — podem atingir seu apogeu no vinho do Sarre. Ele é mais seco aqui do que no Ruwer, o que resulta em menores rendimentos e aromas mais discretos. Se há algo mais acentuado aqui, é o toque acerado e não o mel.

Em safras malsucedidas (cada vez menos freqüentes), até os melhores viticultores podem ter de vender seu produto aos fabricantes de Sekt espumante, que precisam de uma matéria-prima com elevada acidez. Mas quando há sol e a uva Riesling amadurece e continua a amadurecer já no mês de outubro, e mesmo em novembro, o intenso odor de flores e mel que ela emana seria até excessivo não fosse pela aguda acidez. Então o Sarre mostra o que realmente é. Ele produz um vinho doce do qual ninguém se cansa: o equilíbrio e a profundidade nos fazem inspirar fundo, beber um gole e inspirar mais uma vez.

São poucos os sítios excelentes. A maioria deles pertence a ricas e antigas propriedades que podem se dar ao luxo de esperar a chegada de anos bons e aproveitá-los ao máximo. A propriedade mais famosa do Sarre é a de Egon Müller, cuja casa aparece no mapa com o nome Scharzhof no sopé do Scharzhofberg, em Wiltingen, que aparece na foto acima. Os vinhos mais finos de Müller estão entre os brancos mais caros do mundo.

Geltz Zilliken demonstrou sozinho a grandeza do vinhedo Rausch, na margem do rio oposta a Saarburg, enquanto entre as estrelas em ascensão estão o ultratradicionalista Van Volxem (vizinho de Müller em Wiltingen, ele só faz o que chama de vinhos secos "harmônicos"), Herrenberg em Schoden, e Von Othegraven em Kanzem. Von Kesselstatt é proprietário de parte do vinhedo de Scharzhofberg, enquanto St Urbanshof, em Leiwen (ver página 230) também faz Rieslings do Sarre de qualidade superior. Egon Müller gerencia também a propriedade Le Gallais, com o famoso vinhedo Braune Kupp, na outra extremidade de Wiltingen.

Muitos dos vinhedos do Mosela, e particularmente os do Sarre, pertencem a um grupo de sociedades religiosas e beneficentes de Trier. O Friedrich-Wilhelm-Gymnasium (antiga escola de Karl Marx), o Bischöfliches Konvikt (um internato católico), o Bischöfliches Priesterseminar (um seminário eclesiástico), o Vereinigte Hospitien (um asilo de pobres) e a catedral são importantes viticultores. Os dois Bischöfliches e a catedral exploram seus 260 acres (105 hectares) de vinhedos localizados aqui e no Médio Mosela de forma conjunta, mediante a Vereinigte Bischöfliches Weingut. Em suas adegas profundas e úmidas na cidade, tem-se a impressão de que o próprio vinho é um ato de caridade e não um reles produto de consumo.

Vista sul do vinhedo de Scharzhofberg, que atualmente produz uma grande variedade de estilos de Riesling, desde Auslesen frutados clássicos e vinhos ainda mais doces e com baixo teor alcoólico até os vinhos secos e fortes de Van Volxem, que remetem a uma época passada, que ele chama de "Montrachet da Alemanha".

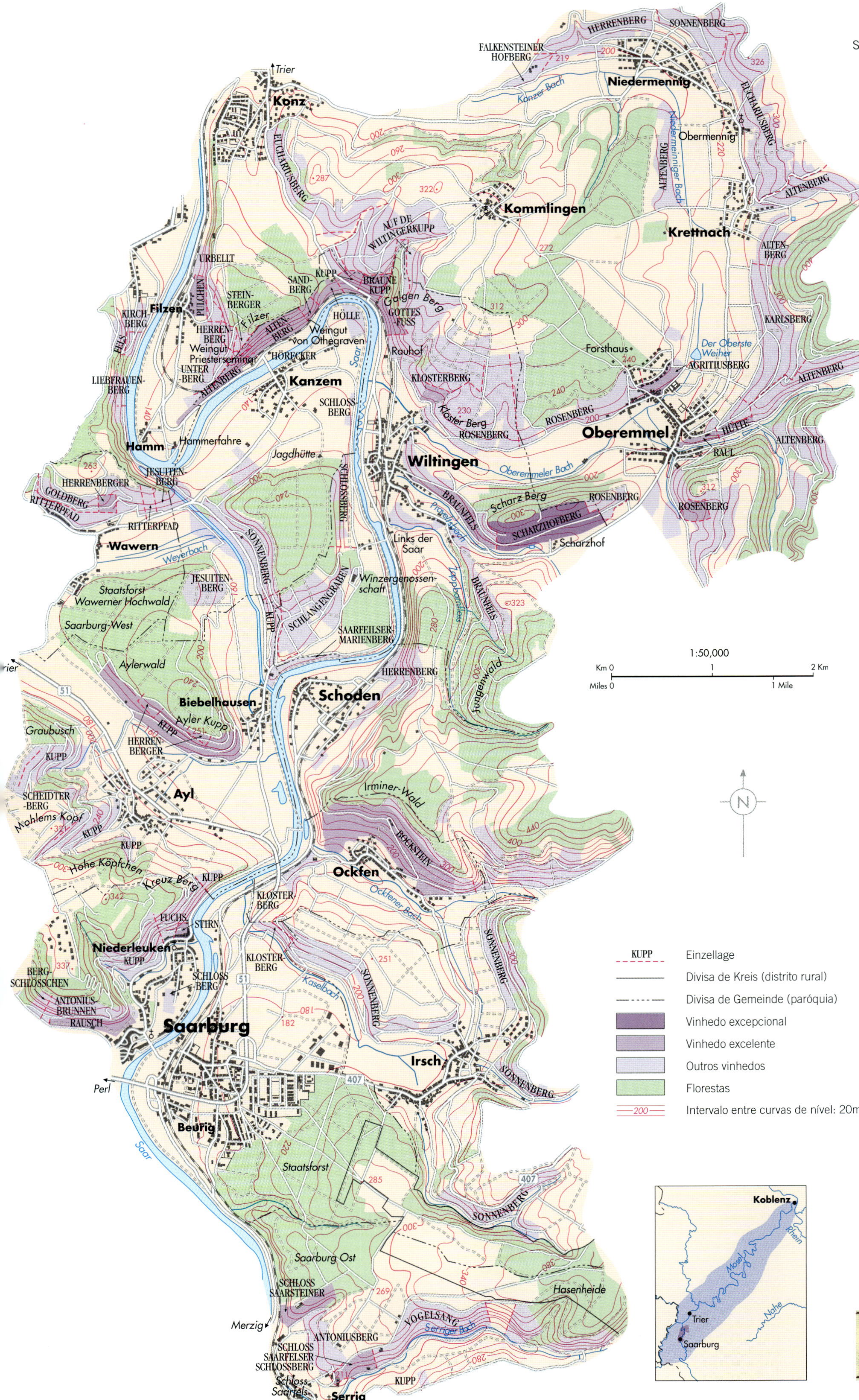

▼Embora os Rieslings Kabinett e os Spätlese do Sarre sejam maravilhosamente delicados e refrescantes, é o Auslesen que representa mais justificadamente a delicada tarefa de equilibrar fruta e acidez com uma intensidade etérea de sabor e obter o melhor resultado possível. Todavia, esses vinhos precisam de muitos anos nas garrafas para mostrar sua excelência.

Médio Mosela: Piesport

Nas espetaculares muralhas de ardósia que margeiam o rio e elevam-se acima de 200m em alguns lugares, como vemos no mapa nesta página, os primeiros plantios foram feitos pelos romanos no século IV. Elas oferecem condições perfeitas para a videira Riesling, aqui introduzida no século XV e firmemente arraigada nos melhores sítios no curso do século XVIII.

Ao longo das margens do rio Mosela, as videiras variam talvez ainda mais do que as da Borgonha ao longo da Côte d'Or. Mas as melhores propriedades estão voltadas para o sul, sem exceção, expostas ao sol como fatias de pão torrando diante das brasas. No alto verão faz tanto calor nesses vinhedos que é incogitável trabalhar neles depois do meio-dia. Eles também se beneficiam da existência da colina situada ao norte de Minheim, que protege esta faixa do vale dos ventos frios do leste, e das florestas que cobrem as ladeiras mais acima, que emitem ar frio durante a noite, provocando acentuadas diferenças de temperatura entre o dia e a noite, retendo a acidez e o aroma nas uvas.

Não há consenso formal quanto aos limites do Médio Mosela. Nos mapas apresentados nestas páginas, nós o estendemos (onde o espaço disponível permitiu) para além das aldeias centrais e mais famosas, incluindo várias outras cujas videiras são freqüentemente menosprezadas.

Uma candidata óbvia é Thörnich, onde Carl Loewen fez renascer o vinhedo Ritsch. Outra nesta categoria é Klüsserath, a curta distância a jusante, onde a Weingut Kirsten vem fazendo vinhos excepcionais do vinhedo

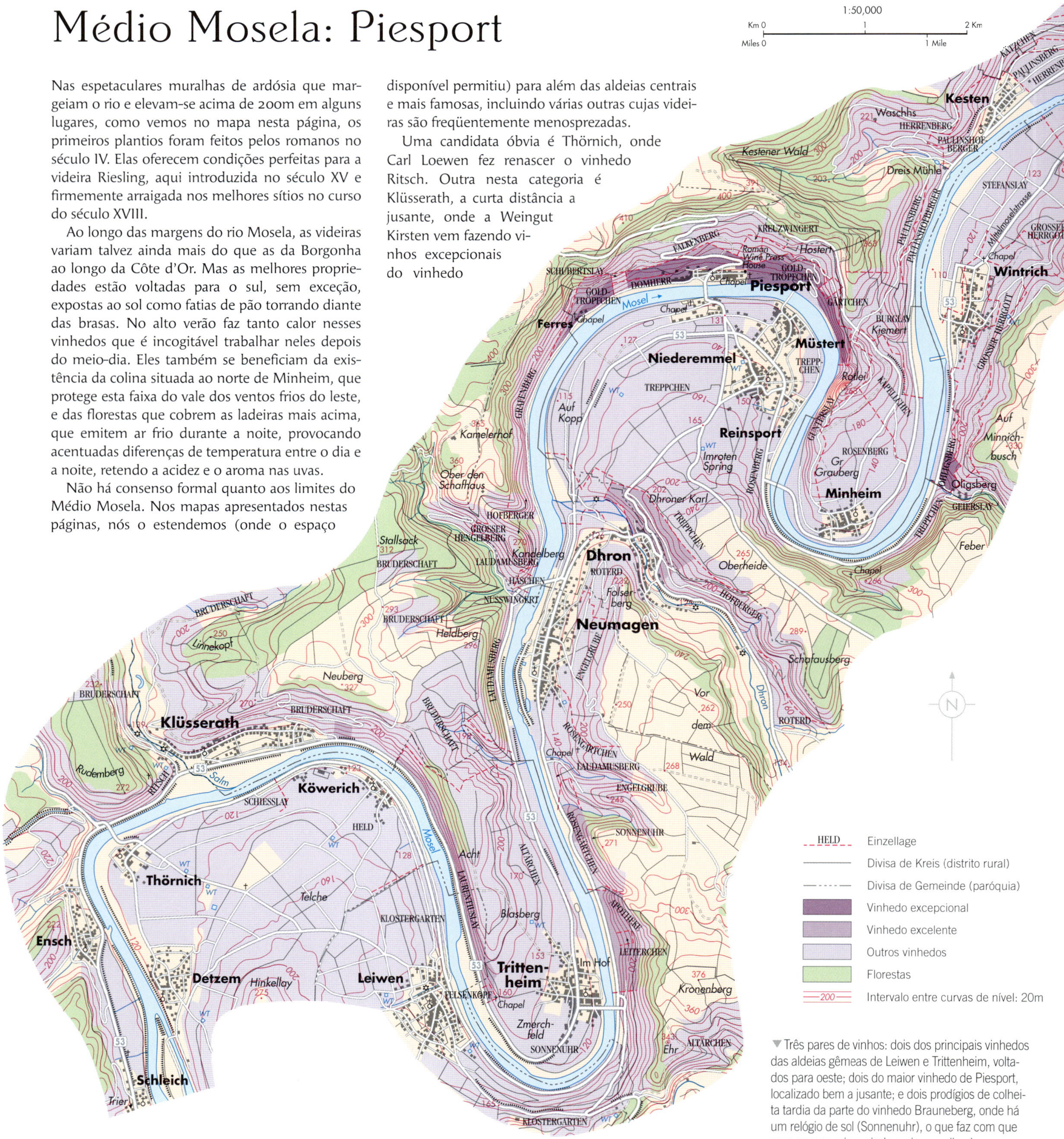

▼ Três pares de vinhos: dois dos principais vinhedos das aldeias gêmeas de Leiwen e Trittenheim, voltados para oeste; dois do maior vinhedo de Piesport, localizado bem a jusante; e dois prodígios de colheita tardia da parte do vinhedo Brauneberg, onde há um relógio de sol (Sonnenuhr), o que faz com que seus nomes sejam ainda mais complicados que o habitual em alemão.

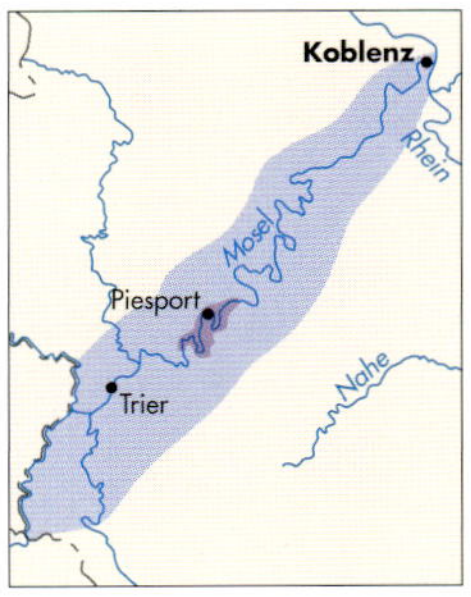

Bruderschaft, uma típica ribanceira escarpada do Mosela que descreve uma curva sul-sudoeste. A extensa faixa de terra que acaba em Trittenheim é quase um despenhadeiro, onde a aldeia de Leiwen atravessa o rio para reivindicar o vinhedo de Laurentiuslay, do qual há ótimos exemplos em abundância, graças à concentração de jovens e ambiciosos adegueiros no lugar.

O sítio mais bem exposto de Trittenheim é o vinhedo Apotheke, que se localiza do outro lado da ponte próximo a Leiterchen, um monopólio da Weingut Milz. Como em muitos sítios daqui, os vinhedos são tão íngremes que é preciso um monotrilho para se trabalhar neles. Trata-se dos primeiros vinhedos do Mosela, em direção a jusante, que há muito tempo produzem vinho de incontestável linhagem, sempre delicado mas sem ser fraco.

Na cidade de Neumagen, forte e desembarcadouro romano, ainda se preserva na pracinha coberta de folhas uma notável escultura romana entalhada de um barco de vinho do Mosela, carregado com tonéis e escravos de galé extenuados. Os vinhos de Dhron, cidade vizinha da anterior, são um pouco mais conhecidos, especialmente o Dhroner Hofberger de algumas das ladeiras mais íngremes da aldeia. Reinhold Haart é o produtor mais destacado daqui, com excelentes propriedades no anfiteatro voltado para o sul e coberto de vinhas que é Piesporter Goldtröpfchen. Essa impressionante arquibancada confere a Piesport ampla preeminência em relação às cidades vizinhas. Seus vinhos com sabor de mel têm fragrância e estirpe mágicas, que podem exalar aromas quase barrocos em razão do solo de ardósia argiloso e especialmente profundo deste lugar. Segundo a nossa classificação, metade das ladeiras pode ser considerada excepcional, e a outra metade, excelente.

Michelsberg é o nome do Grosslage (conjunto de vinhedos) para esta parte do rio, de Trittenheim até Minheim. Daí que o "Piesporter Michelsberg" não tem em geral nada de Piesporter, sendo um exemplo típico da confusão a que o consumidor tem sido levado pelos nomes de Grosslagen, felizmente em declínio.

Tanto Wintrich quanto Kesten podem produzir ótimos vinhos. Porém, não há ladeiras perfeitamente alinhadas neste trecho até o início da grande rampa, que atinge sua altura máxima em frente à aldeia de Brauneberg. Em Kesten ela se chama Paulinshofberg; em Brauneberg é a Juffer e a Juffer Sonnenuhr (a pequena parte da Juffer com o relógio de sol). Cem anos atrás, este vinho era tido como o melhor do Mosela porque satisfazia inteiramente o gosto por vinhos bem encorpados e dourados — aliás, um gosto que felizmente está voltando.

Um típico cenário do Mosela: vinhedos íngremes com uma fina camada de solo arável com tendência à erosão. No primeiro plano o Goldtröpfchen de Piesport, tendo em frente terras planas e mais férteis, nas quais só se pode fazer um vinho bem mais insípido. Apesar de serem bem mais fáceis de trabalhar, os vinhedos em terras planas estão sendo abandonados aos poucos.

Médio Mosela: Bernkastel

O panorama visto do castelo em ruínas (destruído pelas tropas de Luís XIV) sobre Bernkastel é uma parede verde coberta de vinhas, de 200m de altura e 8km de extensão. Em toda a geonímia de rios aos quais a videira está ligada, somente o Douro tem um panorama com o qual se possa comparar.

Entre Brauneberg e Kues, nas redondezas de Bernkastel, muitas das colinas são de aclive relativamente suave. Um dos vinhos mais notáveis produzidos neste trecho é o Eiswein da uva regularmente colhida por Max Ferd Richter no vinhedo Helenenkloster, sobre Mülheim. Contudo, os principais sítios são extraordinariamente escarpados em Lieser, uma aldeia talvez mais conhecida pela fama da soturna mansão pertencente à excelente Schloss Lieser, propriedade de Thomas Haag, no sopé do Rosenlay. No Niederberg-Helden, a Schloss Lieser tem uma ladeira perfeita voltada para o sul. A uma pequena distância rio abaixo, a propriedade Bastgen localizada em Monzel, próximo a Bernkastel-Kues, produz um vinho muito bom das videiras de Weisenstein.

O vinhedo mais famoso do Mosela começa de repente, elevando-se quase perpendicularmente sobre as arestas da meca turística que é Bernkastel — ardósia escura predominando sobre a ardósia. No extremo da colina, na sua única elevação voltada diretamente para o sul, encontra-se o vinhedo Doctor. A partir desse flanco, os nomes mais orgulhosos do Mosela se sucedem em ininterrupta seqüência. É um jogo fascinante comparar os melhores produtos de Bernkastel com os de Graach e Wehlen, muitas vezes com vinhos dos mesmos viticultores nos três lugares. A marca registrada de Bernkastel é um toque de sílex. Cultivados em solo de ardósia pedregoso e pouco profundo, os vinhos de Wehlen são ricos e filigranados, ao passo que os cultivados no solo de ardósia mais profundo e pesado de Graach têm uma característica mais terrosa, mineral.

Destes vinhos, alguns deveriam ter personalidade muito óbvia: pálidos, com um lampejo de verde e dúzias de pequenas bolhas no fundo da taça, com forte cheiro de uvas, enchendo e parecendo revestir a boca com aspereza, doçura e aroma. Os melhores deles, de longa vida, cor ouro pálido, picantes, frívolos ainda que profundos, são vinhos que pedem que os comparemos com música e poesia.

Muitos produtores de fama mundial concentram-se aqui, embora um passeio escalando os vinhedos (íngremes demais para uma simples caminhada) mostre logo que nem todos os viticultores são igualmente conscienciosos. J.J. Prüm é o principal viticultor de Wehlen há muito tempo; Emi (Dr.) Loosen, de Bernkastel, que se tornou conhecido mais recentemente. Selbach-Oster e Willi Schaefer também inspiram respeito internacional, enquanto Von Kesselstatt prossegue com seu excelente trabalho também neste ponto do rio, mais a jusante.

Zeltingen assinala o fim da Great Wall. É a maior comuna vinífera do Mosela, e uma das melhores. Em Urzig, na margem oposta do rio, a ardósia vermelha em bolsões pedregosos em vez de uma ribeira suave dá aos vinhos do Würzgarten (jardim de especiarias) um sabor diferente, mais penetrante e vigoroso que o dos Zeltingers. O melhor vinhedo de Erden é o Prälat, provavelmente o mais quente de todo o vale do Mosela, imprensado entre enormes e escarpadas colinas de ardósia vermelha e o rio. Loosen produz alguns

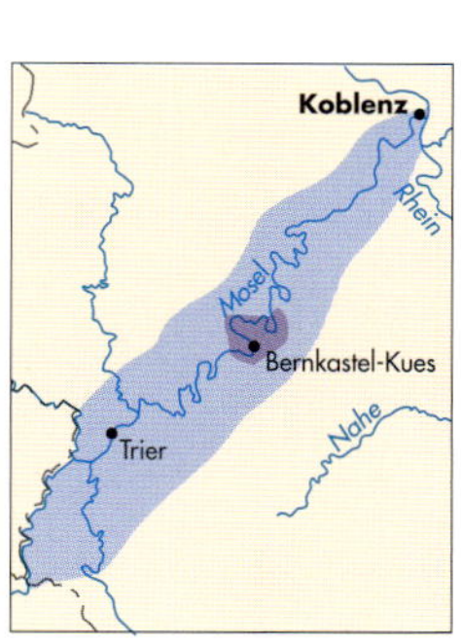

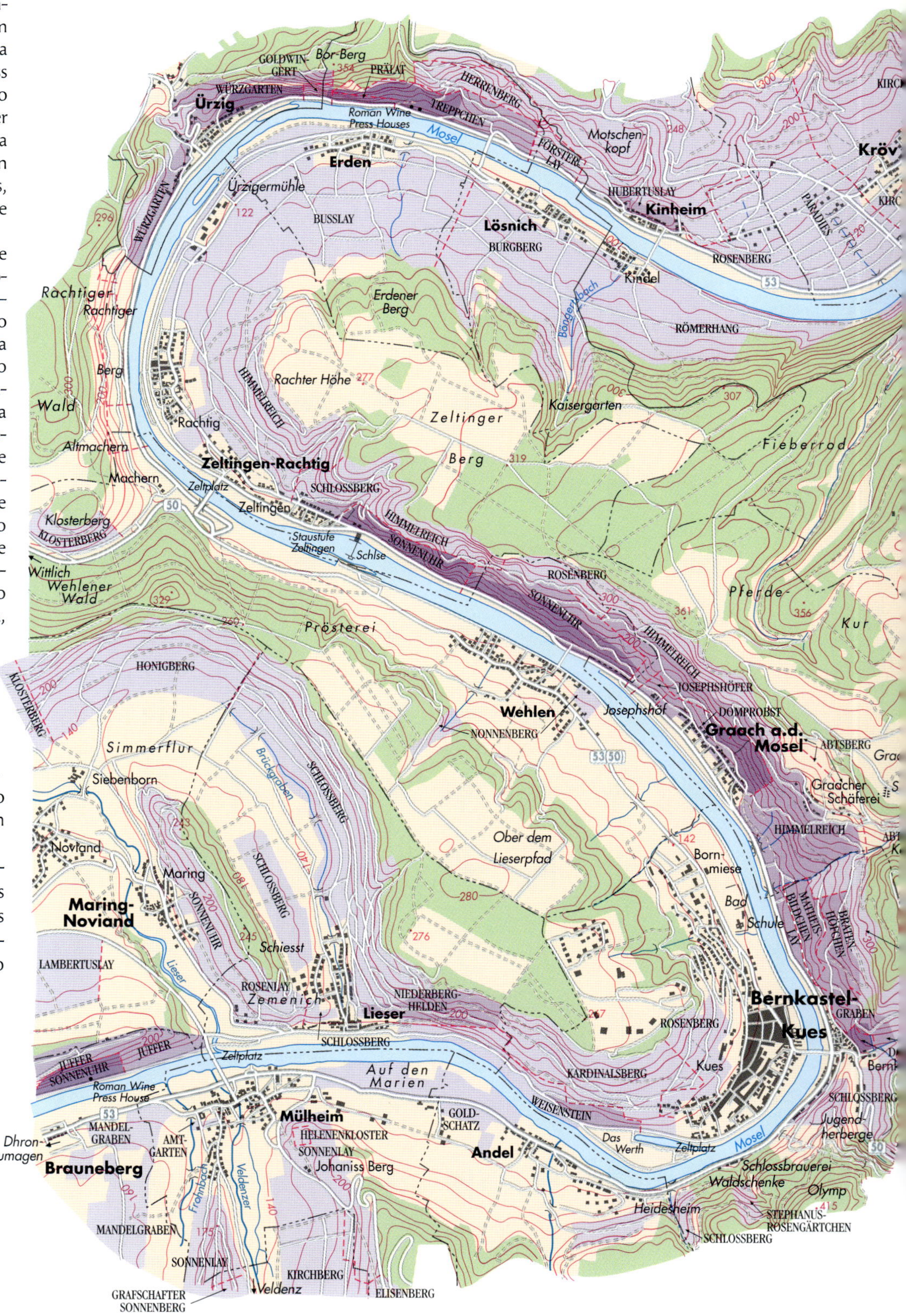

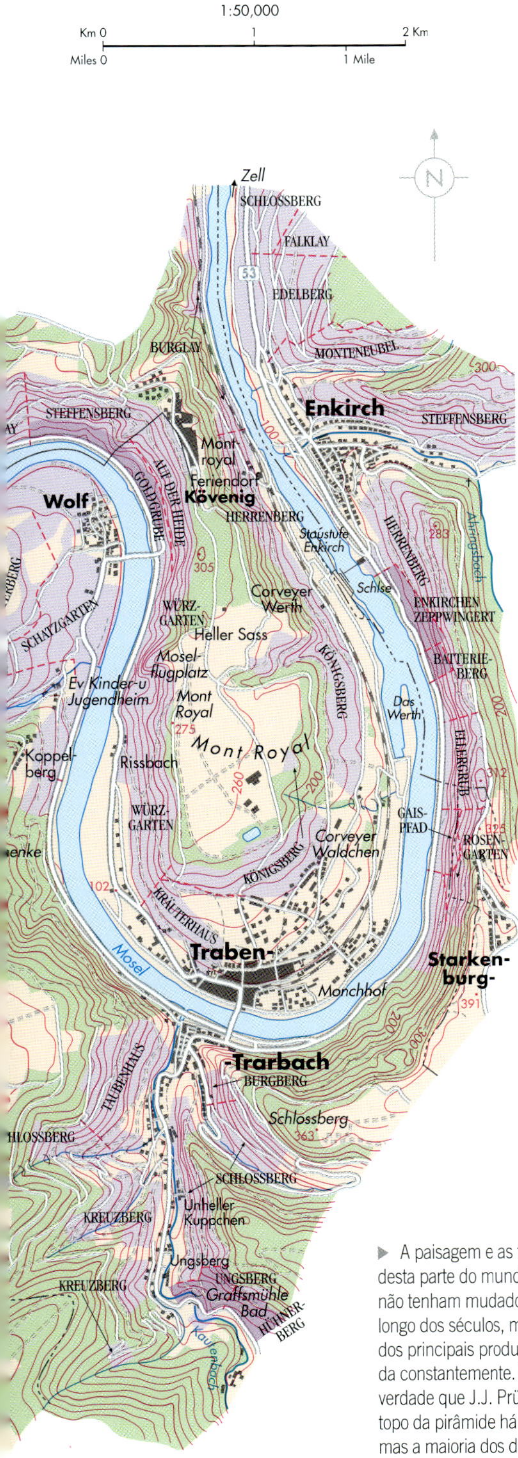

UNGSBERG Einzellage

Divisa de Kreis (distrito rural)

Divisa de Gemeinde (paróquia)

Vinhedo excepcional

Vinhedo excelente

Outros vinhedos

Florestas

200 Intervalo entre curvas de nível: 20m

1|2 2|3

dos melhores vinhos da região. Os vinhos do vinhedo Treppchen são geralmente mais austeros. Costumava-se pensar que a epopéia do vinho do Mosela terminava em Kinheim, mas uma nova geração de produtores como o suíço Daniel Vollenweider, de Wolf; Martin Müllen, de TrabenTrarbach; Thorsten Melsheimer, de Reil; e Clemens Busch, de Pünderich (os dois últimos fora do mapa na direção norte), está mostrando de maneira deliciosa e realmente dramática que não é bem assim.

Por convenção, o Médio Mosela termina pouco a jusante daqui, em Zell (ver mapa na página 227). Neste ponto a paisagem muda bruscamente, pois a maioria dos vinhedos está plantada em terraços estreitos, o que inspira o nome de Terrassenmosel, como se conhece esta seção inferior do vale do Mosela. Dos muitos sítios excelentes deste lugar, os mais importantes na atualidade são Frauenberg em Neef, Calmont em Bremm, Gäns em Gondorf e Uhlen (um sítio excepcional) e Röttgen em Winnigen. Produtores destacados como Heymann-Löwenstein e Knebel em Winningen, Franzen em Bremm, e Lubentiushof em Niederfell fornecem a prova em garrafas de Riesling, tanto doce quanto seco.

Esta fonte ornamental em Bernkastel faz referência ao consumo de vinho na Idade Média, mas o cultivo de videiras nas margens íngremes do Mosela remonta pelo menos à época romana, como descreveu o poeta Ausônio em sua obra Mosella, *do século IV.*

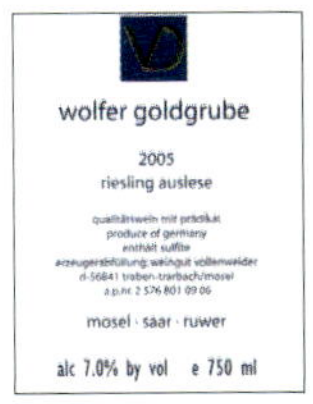

▶ A paisagem e as tradições desta parte do mundo talvez não tenham mudado muito ao longo dos séculos, mas a lista dos principais produtores muda constantemente. É bem verdade que J.J. Prüm está no topo da pirâmide há décadas, mas a maioria dos demais produtores que aqui apresentamos construiu sua reputação muito mais recentemente.

Ruwer

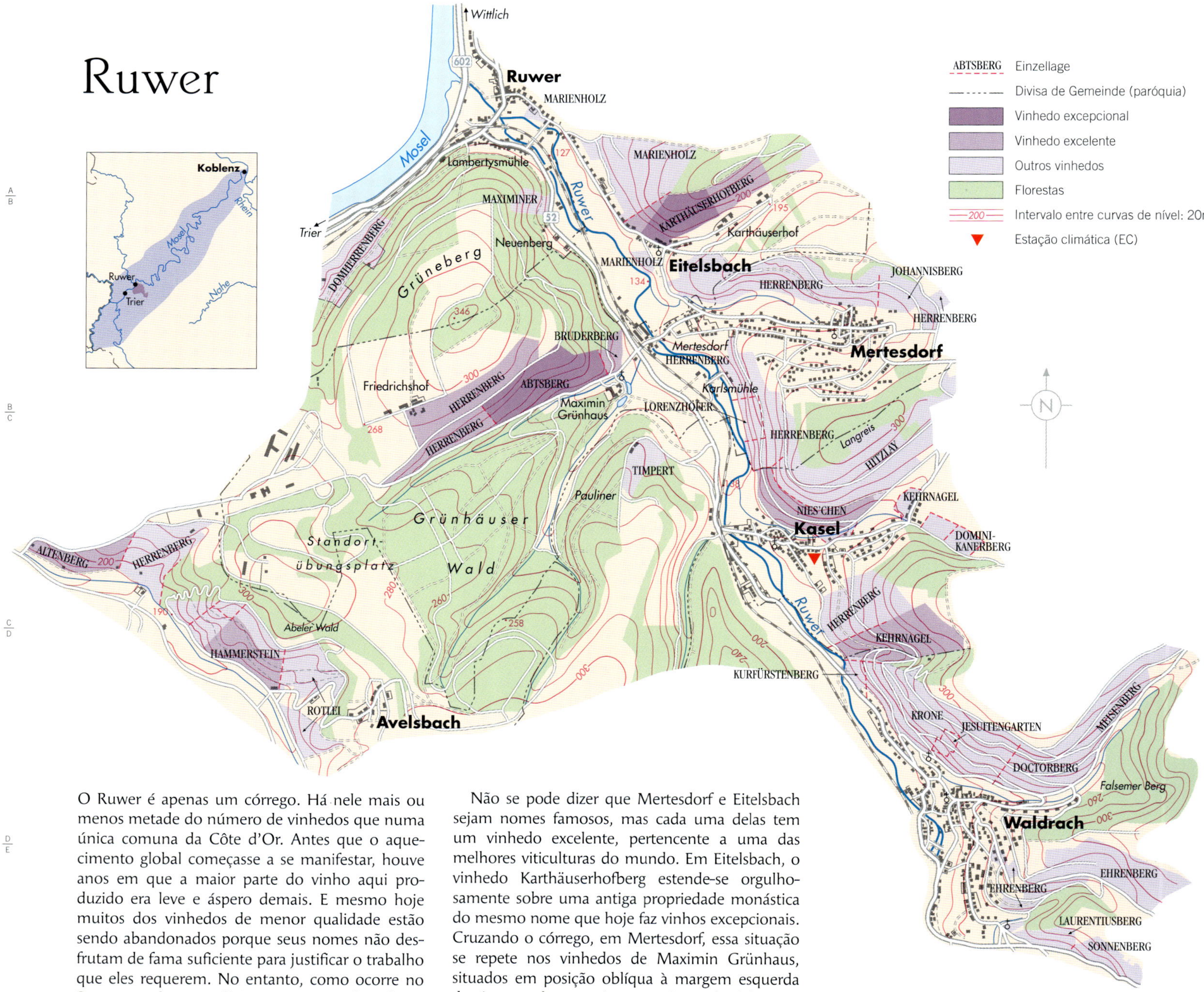

O Ruwer é apenas um córrego. Há nele mais ou menos metade do número de vinhedos que numa única comuna da Côte d'Or. Antes que o aquecimento global começasse a se manifestar, houve anos em que a maior parte do vinho aqui produzido era leve e áspero demais. E mesmo hoje muitos dos vinhedos de menor qualidade estão sendo abandonados porque seus nomes não desfrutam de fama suficiente para justificar o trabalho que eles requerem. No entanto, como ocorre no Sarre, quando as condições são apropriadas o lugar consegue realizar um milagre: seus vinhos são os mais delicados da Alemanha; suaves mas infinitamente finos e plenos de sutileza.

Primeira aldeia vinícola do rio, Waldrach faz um bom vinho leve, mas raramente mais do que isso. Kasel é bem mais importante. A vasta propriedade Von Kesselstat e a Bischöfliches Weinguter Trier têm terras aqui. Há notáveis Kaselers em anos quentes. Diferentemente de tantos produtores de vinho alemães, as grandes firmas do Ruwer tendem a monopolizar os melhores sítios. Por exemplo, os Karlsmühle de Mertesdorf são os únicos proprietários do Lorenzhöfer e conseguem fazer vinhos de inspiradora precisão.

Não se pode dizer que Mertesdorf e Eitelsbach sejam nomes famosos, mas cada uma delas tem um vinhedo excelente, pertencente a uma das melhores viticulturas do mundo. Em Eitelsbach, o vinhedo Karthäuserhofberg estende-se orgulhosamente sobre uma antiga propriedade monástica do mesmo nome que hoje faz vinhos excepcionais. Cruzando o córrego, em Mertesdorf, essa situação se repete nos vinhedos de Maximin Grünhaus, situados em posição oblíqua à margem esquerda do rio e tendo aos pés a mansão senhorial, antes também propriedade monástica. A parte maior de sua colina de vinhas chama-se Herrenberg, a parte de máxima qualidade é Abtsberg (referente ao abade) e a menos bem-situada é Bruderberg (referente aos irmãos). Um aqueduto subterrâneo, que ainda pode ser percorrido a pé, liga a propriedade Grünhaus a Trier, a capital romana (e atual) do Mosela, 8km a montante.

Dentro dos limites da cidade, a sudoeste, encontra-se a isolada clareira de Avelsbach, pertencente à Vitícola do Estado e à catedral de Trier, e o velho, famoso Thiergarten. O vinho de Avelsbach é parecido com o do Ruwer: superlativamente delicado, às vezes até mais perfumado e afável.

RUWER: KASEL

Latitude / Altitude da EC **51,19° / 200m**

Temperatura média em julho na EC **17,5°C**

Índice pluviométrico anual na EC **590mm**

Índice pluviométrico no mês da colheita na EC **Outubro: 55mm**

Principais perigos para a viticultura **Podridão, maturação incompleta**

Principais uvas **Riesling, Müller-Thurgau**

◄ Ainda hoje os nomes de muitos dos principais produtores evidenciam que a Igreja e os mosteiros eram os que mantinham as tradições da viticultura nesta região. Aliás, tanto Maximin Grünhaus — com um novo vinicultor no novo século — quanto Karthäuserhof têm origens monásticas, e os Bischöfliche Weingüter são obviamente propriedade da Igreja.

Rheingau

Se o Reno é um dos grandes rios viníferos do mundo, historicamente coube ao Rheingau, com seus castelos e abadias, representá-lo de modo mais majestoso. O fato de a coroa ter passado aparentemente para o Palatinado e Rheinhessen de modo algum diminui a potencialidade destes magníficos vinhedos. Em sua melhor época, o Rheingau consegue unir profundidade, sutileza e austeridade para oferecer o vinho mais nobre do rio.

No extremo oeste do Rheingau, voltado para o sul e sendo de longe a ladeira mais íngreme da região, o Rüdesheimer Berg Schlossberg desce quase verticalmente para o rio. O Rüdesheimer Berg distingue-se do resto da paróquia porque a palavra Berg antecede os nomes de todos os seus vinhedos.

Nos seus melhores momentos (que nem sempre são os anos mais quentes, pois às vezes a drenagem é demasiadamente boa), estes vinhos são de qualidade superlativa, plenamente frutados e fortes, mas delicados em nuanças. Em anos mais quentes, os vinhedos localizados atrás da cidade de Rüdesheim mostram seu real valor. Georg Breuer, Johannishof e Leitz são os nomes que se destacam aqui.

Embora a produção de vinho branco do Rheingau esteja ainda mais dominada pelo Riesling que a do Mosela, atualmente 13% dos vinhedos têm plantações de Spätburgunder (Pinot Noir). Assmannshäusen, situada a noroeste depois da curva do rio, já não é o único posto avançado de vinho tinto.

Viticultores ambiciosos e cosmopolitas como August Kesseler revolucionaram a cor e a estrutura desses vinhos, que de pálidos e suspeitamente enfumaçados passaram a ser profundos, robustos e envelhecidos em barricas. O tinto seco Spätburgunbder de Assmannshauser produzido por gente como Krone e Robert König continua a ser o mais famoso vinho tinto da Alemanha, enquanto a Staatsweingut (Vitícola do Estado) e Von Mumm também mantêm um alto padrão de qualidade. O extraordinário rosado Trockenbeerenauslese de Assmannshäusen é uma raridade muito reverenciada.

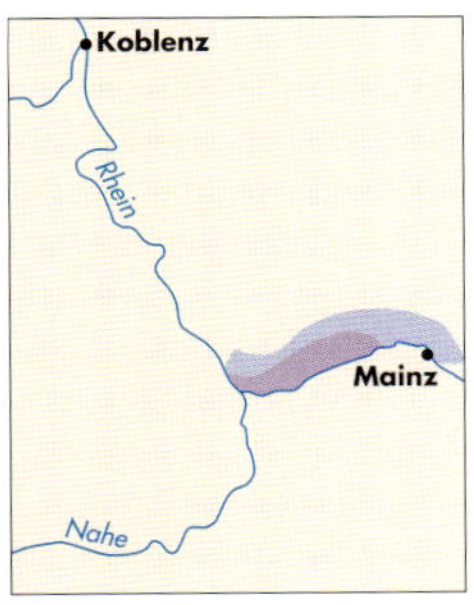

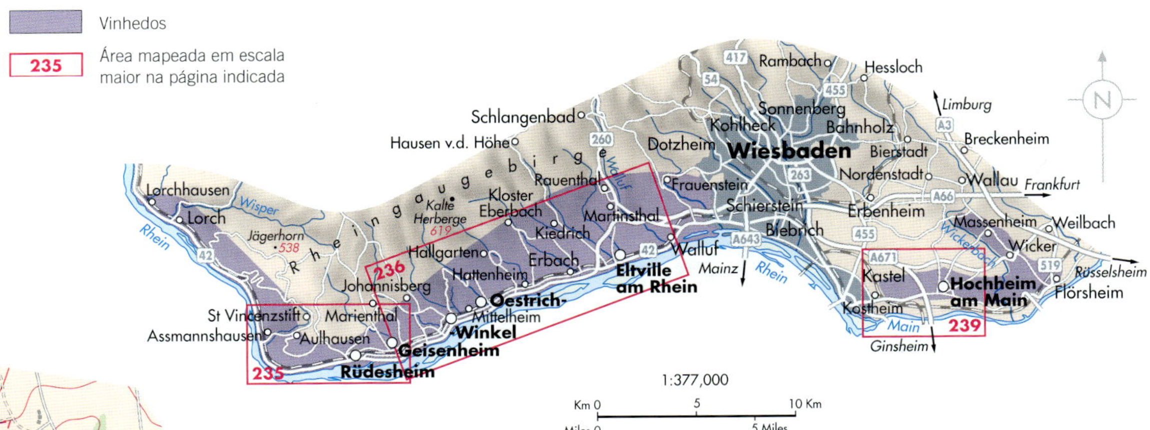

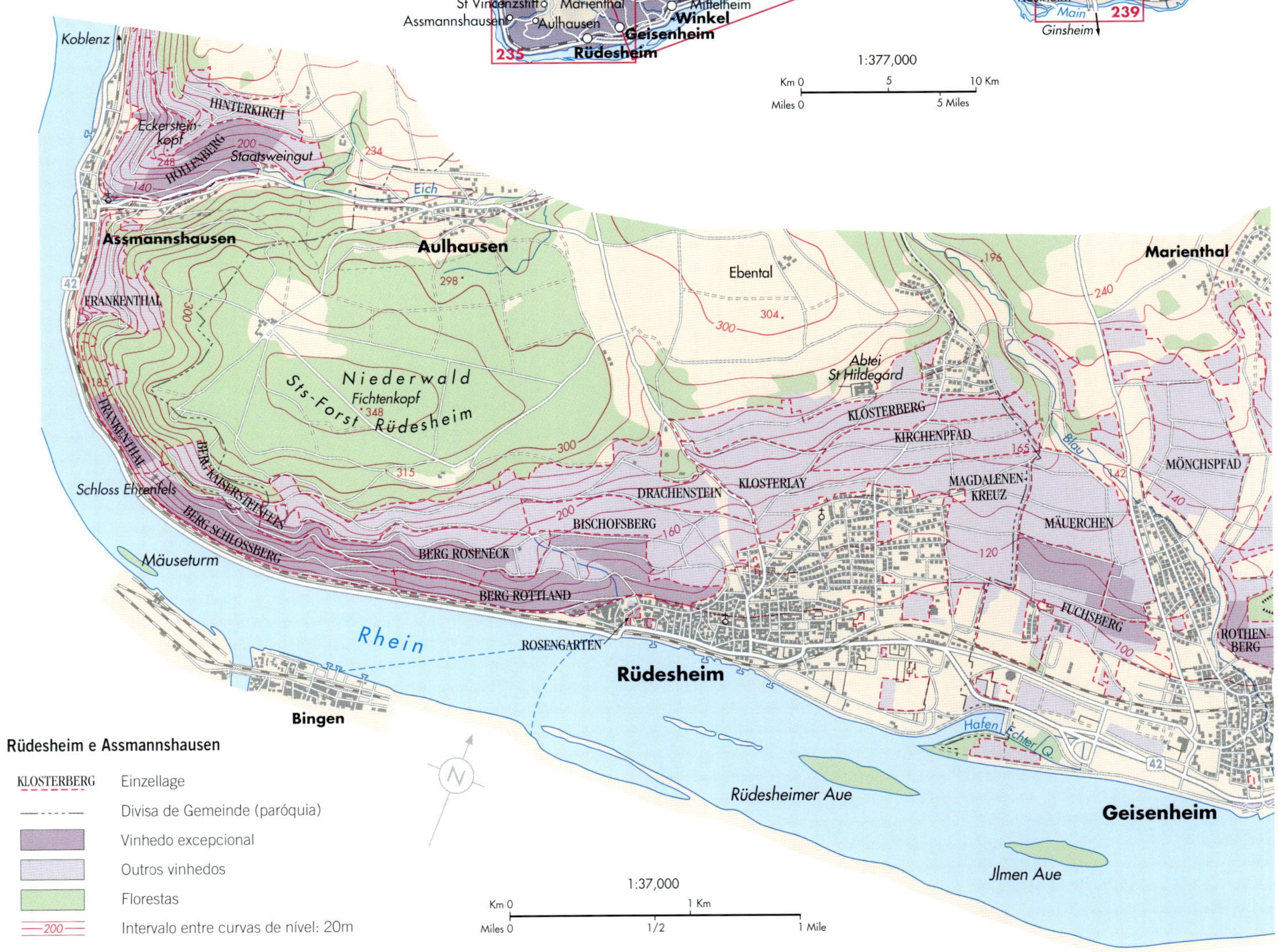

O coração de Rheingau

Os vinhos do Rheingau que alcançam preços mais altos são os Beerenauslesen extradoces e os Trockenbeerenauslesen, vinhos que não se destinam a acompanhar comidas. Seus vinhos menos raros também passaram a ser doces antes que seus atuais líderes, como muitos de seus equivalenets no sul, se afastassem propositalmente dessa tradição. Em 2005, cerca de 84% da produção do Rheingau eram de vinhos secos, como 100 anos atrás. A organização Charta, formada pelos principais viticultores, liderou a mudança na década de 1980, recomendando baixos rendimentos e vinhos secos de qualidade Spätlese. Desde 1999 esta bandeira vem sendo carregada pela associação de viticultores VDP, que dá a designação de Erstes Gewächs aos melhores nesse estilo, com base em sua classificação de vinhedos feita em 2000, que generosamente considerou 35% dos vinhedos do Rheingau como Erste Lagen, isto é, de primeiro nível. Em lugar de adotarmos esta classificação, neste e noutros mapas da Alemanha indicamos os vinhedos que consideramos superiores a outros (lilás) e os que verdadeiramente se destacam (roxo).

RHEINGAU: GEISENHEIM

Latitude / Altitude da EC **49,59° / 115m**

Temperatura média em julho na EC **18,8°C**

Índice pluviométrico anual na EC **537mm**

Índice pluviométrico no mês da colheita na EC **Outubro: 45mm**

Principais perigos para a viticultura **Doenças fúngicas**

Principais uvas **Riesling, Spätburgunder**

A ampla faixa de encosta voltada para o sul que aqui está mapeada, protegida ao norte pelas colinas Taunus e aquecida ao sul pelo reflexo do rio Reno, é um lugar obviamente apto para o cultivo da videira. Com quase 1km de largura e intenso trânsito de enormes barcaças pretas, o rio também contribui para as neblinas que estimulam a botrítis quando as uvas amadurecem. Os solos acentuadamente mistos contêm diversas formas de ardósia e quartzito, bem como marga.

No extremo oeste, Geisenheim é a sede do ensino e da pesquisa de enologia e, sobretudo, de viticultura, com renome internacional. A pouca distância a montante e subindo a colina está o Schloss Johannisberg, que sobranceia um grande leque de vinhas e domina a paisagem entre Geisenheim e Winkel. Credita-se a esta propriedade a introdução de doces raridades com podridão nobre na Alemanha, no século XVIII, apesar de seus vinhos não mais fazerem sombra a vizinhos, como os da propriedade Johannishof.

Acima de Winkel, Schloss Vollrads é outra propriedade imponente e histórica cujas vinhas ainda se esforçam para atingir todo o seu potencial. Até mesmo a segunda melhor propriedade de Winkel, chamada Hasensprung (salto de lebre), é capaz de produzir um vinho aromático ricamente matizado.

Mittelheim vive à sombra de suas vizinhas. As melhores videiras de Oestrich estão nos vinhedos Doosberg e Lenchen e têm verdadeira personalidade e sabor, quer doce, quer seco. Peter Jakob Kühn, Spreitzer e Querbach fazem ambos com excelência.

Os vinhedos do Rheingau alcançam seu ponto mais alto em Hallgarten. No Würzgarten e no Schönhell, o solo de marga dá vinhos fortes e de longa vida, apesar de muitos acharem que Jungfer é o melhor sítio. Fürst Löwenstein e Fred Prinz são produtores destacados.

Os limites de Hattenheim estendem-se em linha reta em direção às colinas e abrangem o elevado cume do Steinberg, o Clos de Vougeot da Alemanha, fundado e murado no século XII pelos cistercienses. Embaixo, num vale coberto de árvores, ergue-se o mosteiro destes frades, Kloster Eberbach, que no seu tempo era considerado o centro operacional do vinho alemão. Com o propósito de restituir ao Steinberg toda sua glória, seu proprietário (a Vitícola do Estado) está construindo um estabelecimento vinícola totalmente novo.

Como Hallgarten, Hattenheim tem marga no solo. No seu limite leste está Mannberg, com 90% de sua área pertencente a Langwerth von Simmern. Nussbrunnen e Wisselbrunnen dão vinhos de qualidade equivalente. Montada sobre a divisa com

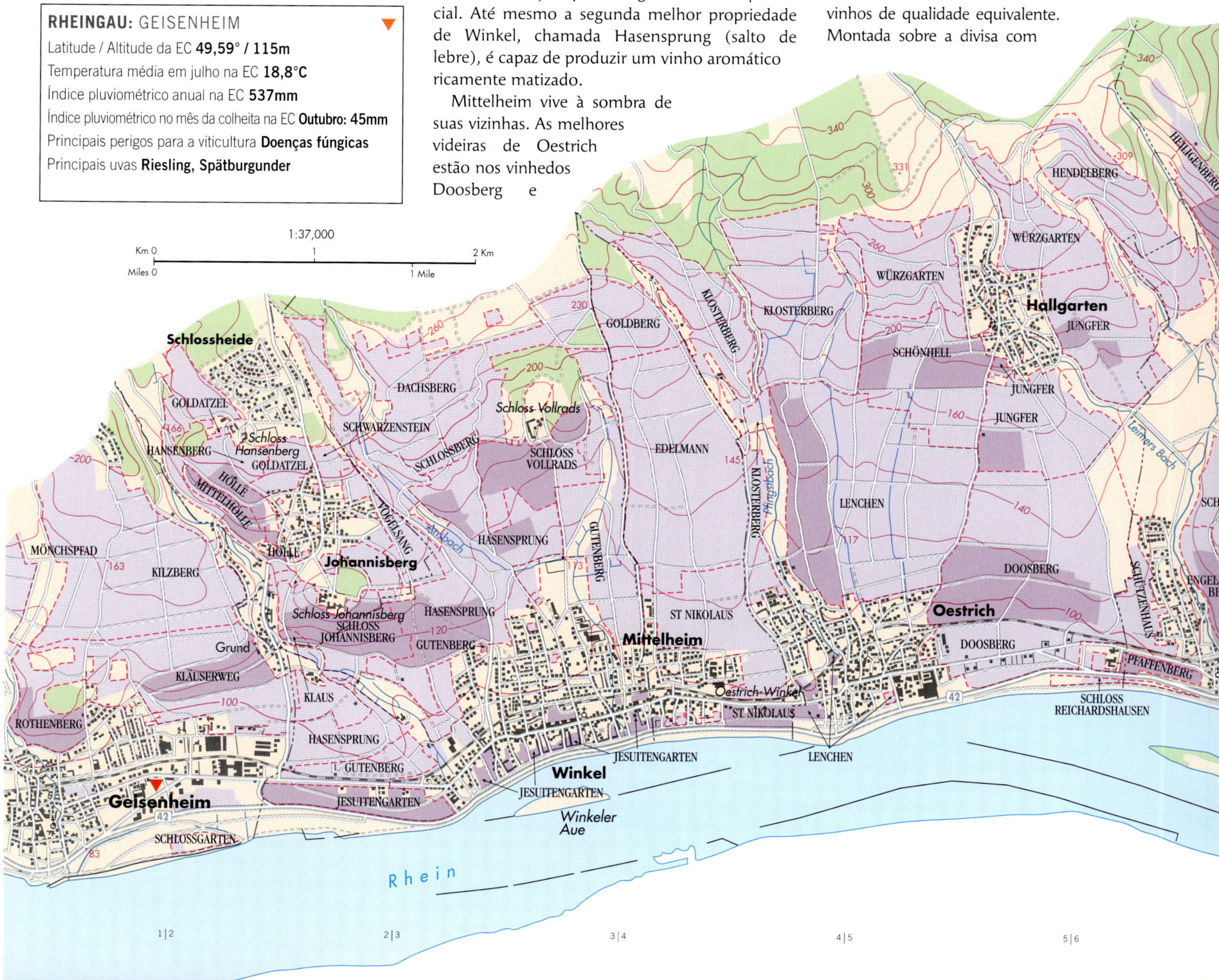

O vinhedo Kläuserweg estende-se em suave declive até a aldeia de Geisenheim, muito mais famosa por seu instituto acadêmico que por seus vinhos. A mudança climática é um foco de interesse atual dos pesquisadores de Geisenheim, e a videira Müller-Thurgau, um de seus resultados precoces.

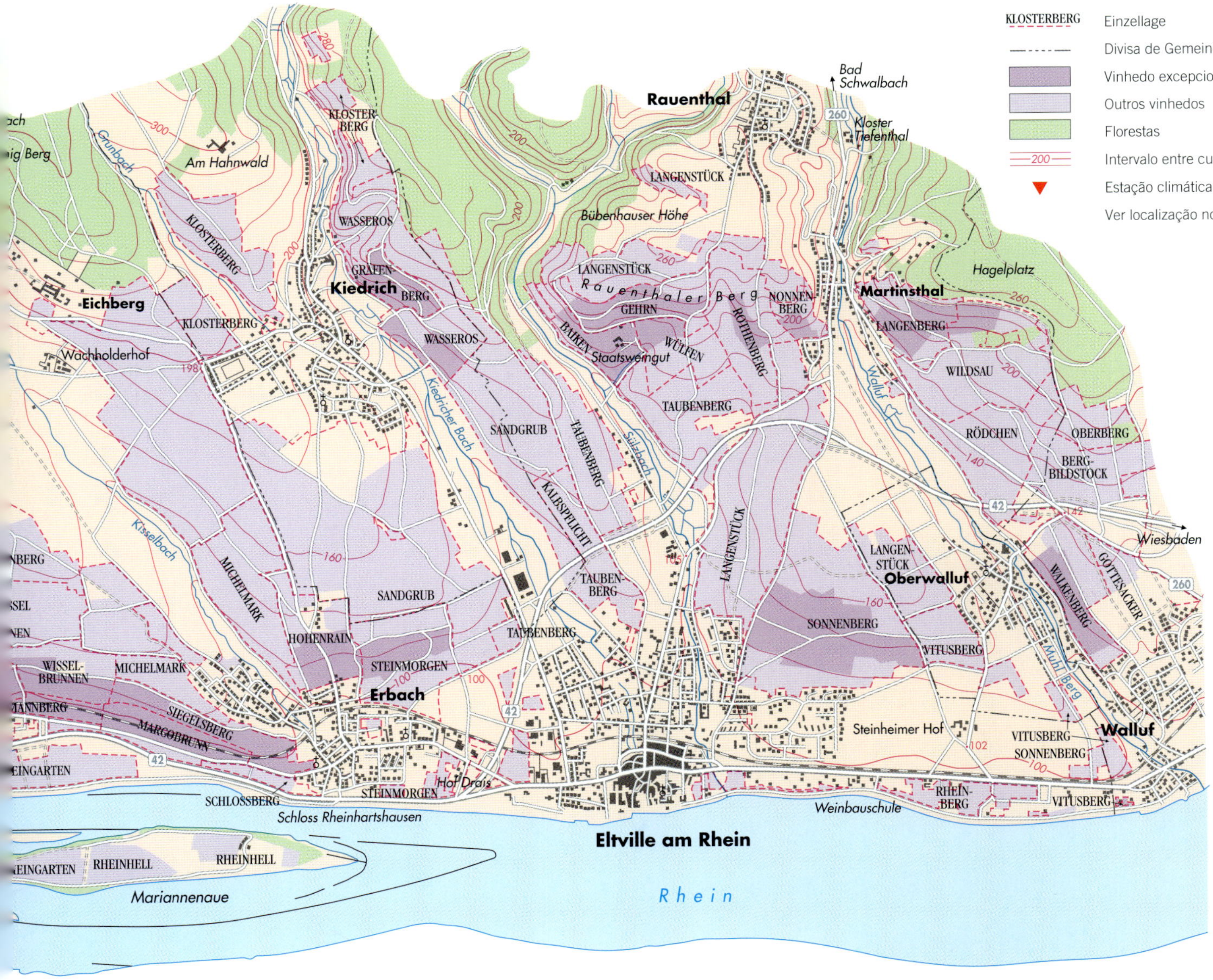

KLOSTERBERG	Einzellage
	Divisa de Gemeinde (paróquia)
	Vinhedo excepcional
	Outros vinhedos
	Florestas
200	Intervalo entre curvas de nível: 20m
▼	Estação climática (EC)
	Ver localização no mapa da página 235

O Kloster Eberbach foi uma abadia cisterciense no passado e ainda se beneficia do ótimo isolamento na floresta localizada sobre Hattenheim, tendo permanecido praticamente intocado em seus formidáveis quase nove séculos de história. Uma de suas adegas é conhecida pelo nome Cabinet, o que deu origem ao termo "Kabinett".

Erbach encontra-se Marcobrunn, muito mais próximo ao rio do que o habitual, onde parece que a drenagem está longe de ser perfeita. O vinho de ambos os lados da divisa da paróquia é de sabor muito pleno e, com freqüência, rico, frutado e picante. Com grande influência da marga, Marcobrunn pertence a Schloss Schönborn, a Schloss Reinhartshausen, à Staatsweingut e à propriedade Knyphausen. Em localização paralela à de Marcobrunn está Erbacher Siegelsberg, de qualidade próxima à daquele.

A bela igreja gótica de Kiedrich é o marco seguinte, construída afastada do rio e 120m mais alto. Kiedrich faz um vinho excepcionalmente bem equilibrado e delicadamente picante. Robert Weil (em parte pertencente a japoneses) é a maior propriedade da paróquia e faz hoje muitos dos vinhos doces mais esplêndidos do Rheingau. Gräfenberg é considerado a melhor parte do vinhedo, embora Wasseros esteja quase no mesmo nível. Weil concentra-se em suas extensas propriedades em Gräfenberg e consegue produzir Trockenbeerenauslesen convincentes em quantidades invejáveis.

Última das aldeias das colinas e a mais afastada do rio, Rauenthal pode fazer um vinho de qualidade superlativa de diferente tipo. Os Rauenthalers complexos da propriedade do falecido Bernhard Breuer ainda estão entre os mais procurados da Alemanha. Os Auslesen de dois viticultores aristocratas, o barão Langwerth von Simmern e o conde Schönborn, bem como os de diversos viticultores de menor porte no Rauenthaler Berg, são prezados pela combinação de potência e delicadeza em seu aroma floral e seu final de boca picante.

Eltville produz quantidades maiores de vinho, mas sem o selo de excelência. A cidade foi a sede do Staatweingut, cujos vinhos (especialmente Steinbergers) já estiveram entre os melhores.

Sem a fama de suas vizinhas, Walluf e Martinstahl não estão longe delas em qualidade. As estrelas de Walluf são J.B. Becker e Toni Jost, o produtor mais renomado do Médio Reno.

▼ O topo do ranking de produtores de vinho do Rheingau deixou de ser exclusivamente ocupado por antigas propriedades aristocráticas e agora acolhe também um grupo de produtores muito esforçados. Repare, na base do rótulo de Spreitzer, os arcos triplos da organização Charta, fundada por Bernhard Breuer para vinhos secos.

Hochheim

No extremo leste do Rheingau, separado do trecho principal de vinhedos mapeado nas páginas anteriores pelos subúrbios do sul da vasta Wiesbaden, surge Hochheim, um inesperado posto avançado. Os vinhedos de Hochheim ocupam terra de suave declive, imediatamente ao norte do quente rio Main, isolados numa área que não tem outras vinhas. Os bons Hochheimers têm a qualidade dos melhores Rheingauers e o estilo dos Nackenheim-Nierstein em Rheinhessen, com sua vibrante terrosidade plenamente encorpada, em virtude de solos profundos e de um mesoclima inusitadamente quente.

Viticultores como Franz Künstler e Domdechant Werner injetaram vida numa região até então associada mais facilmente com a rainha Vitória, cuja visita notoriamente popular à fonte produtora de vinhos com seus súditos é lembrada pelo nome do vinhedo Königin Victoriaberg e pelo respectivo rótulo.

Kirchenstück faz os vinhos mais elegantes, ao passo que Hölle e Domdechaney produzem vinhos tão ricos que são nitidamente atípicos da elegante marca registrada do Rheingau.

Reiner Flick não só faz excelentes vinhos secos e doces com os vinhedos de Hochheim como está colocando novamente no mapa os históricos vinhedos de Wicker (ver mapa do Rheingau, página 235).

Esta igreja (assinalada no mapa abaixo) domina o vinhedo Kirchenstück. Suas paredes brancas e arestas de arenito vermelho são típicas do sólido estilo gótico do Rheingau.

▼ Künstler também faz alguns dos Rieslings secos mais admirados do Rheingau com uvas de vinhedos como o Kirchenstück, mostrado nesta página, cujos vinhos são absoluta e fascinantemente diferentes dos feitos no vinhedo Domdechaney, situado bem ao lado.

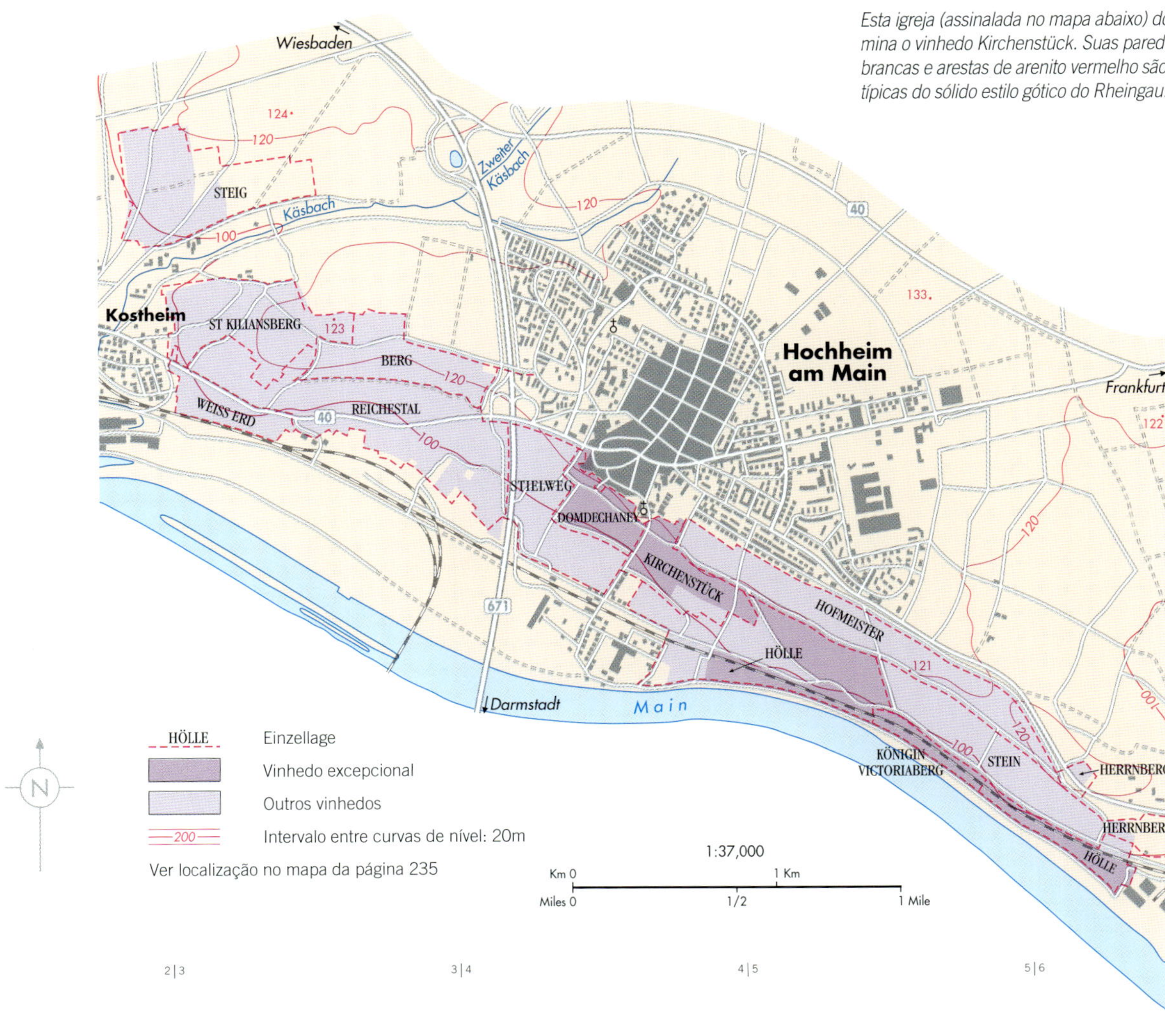

Rheinhessen

Por muitos anos, a mais extensa região vinífera da Alemanha, na curva do Reno cercada pelo rio a leste e ao norte, pelo rio Nahe a oeste e pelo Palatinado ao sul, Rheinhessen parecia adormecida. Havia um pequeno número de bons produtores na famosa cidade vinícola de Nierstein e nas suas redondezas, bem como grande quantidade de vinho mole feito no resto da região que compunha misturas sem brilho vendidas como Liebfraumilch, Niersteiner Gutes Domtal e semelhantes.

Hoje Rheinhessen disputa com o Palatinado o título de mais empolgante região vinífera da Alemanha. Na virada do século, era evidente que muita coisa estava começando a mudar nas mais de 150 aldeias de Rheinhessen, espalhadas sobre uma área de 30km por 50km, praticamente todas com nomes terminados em heim, onde a vide é apenas um cultivo entre muitos. Um grupo de jovens vinicultores altamente capacitados, motivados e invejavelmente viajados (muitos ainda com vinte e poucos anos) demonstrou que não só nos íngremes terraços sobre o Reno, mas também na monótona e fértil campina ondulada de agricultura mista no interior é possível produzir vinhos de vibrante integridade e qualidade para competir com os melhores que regiões historicamente mais afamadas conseguem oferecer. Muitos desses vinicultores mais jovens pertencem a organizações como Message in a Bottle, Rheinhessen Five, e Vinovation, inspirada em especial por uma notável dupla de vizinhos, Philipp Wittmann e Klaus Peter Keller, nos arredores de Flörsheim-Dalsheim, no sul.

Se a Rheinterrasse (antes chamada Rheinfront) em torno de Nierstein costumava ser a única parte de Rheinhessen que nós (como todo mundo) não nos preocupávamos em mapear em detalhe, agora esta revolução está acontecendo em aldeias das quais ninguém tinha ouvido falar.

Dittelsheim deve a chegada dessa mudança a Stefan Winter; Siefersheim (bem a oeste, na região conhecida como Suíça de Rheinhessen), a Wagner-Stempel; Hohen-Sülzen, a Battenfeld-Spanier; Bechtheim, a Dreissigacker; e Weinheim, a Gysler. Em muitos casos, eles estão mais recuperando sítios históricos do que desbravando, porque a videira tem sido cultivada em Rheinhessen desde os tempos romanos. Já no ano 742, o tio de Carlos Magno presenteou a diocese de Würzburg com vinhedos localizados em Nierstein. O Riesling (como "Russling") foi mencionado aqui em 1402.

De modo geral, essa nova geração de vinicultores está voltando aos métodos tradicionais de fabricação de vinho, inclusive, é claro, à opção por baixos rendimentos e pelo uso de fermentos do ambiente em lugar do acréscimo de fermentos cul-

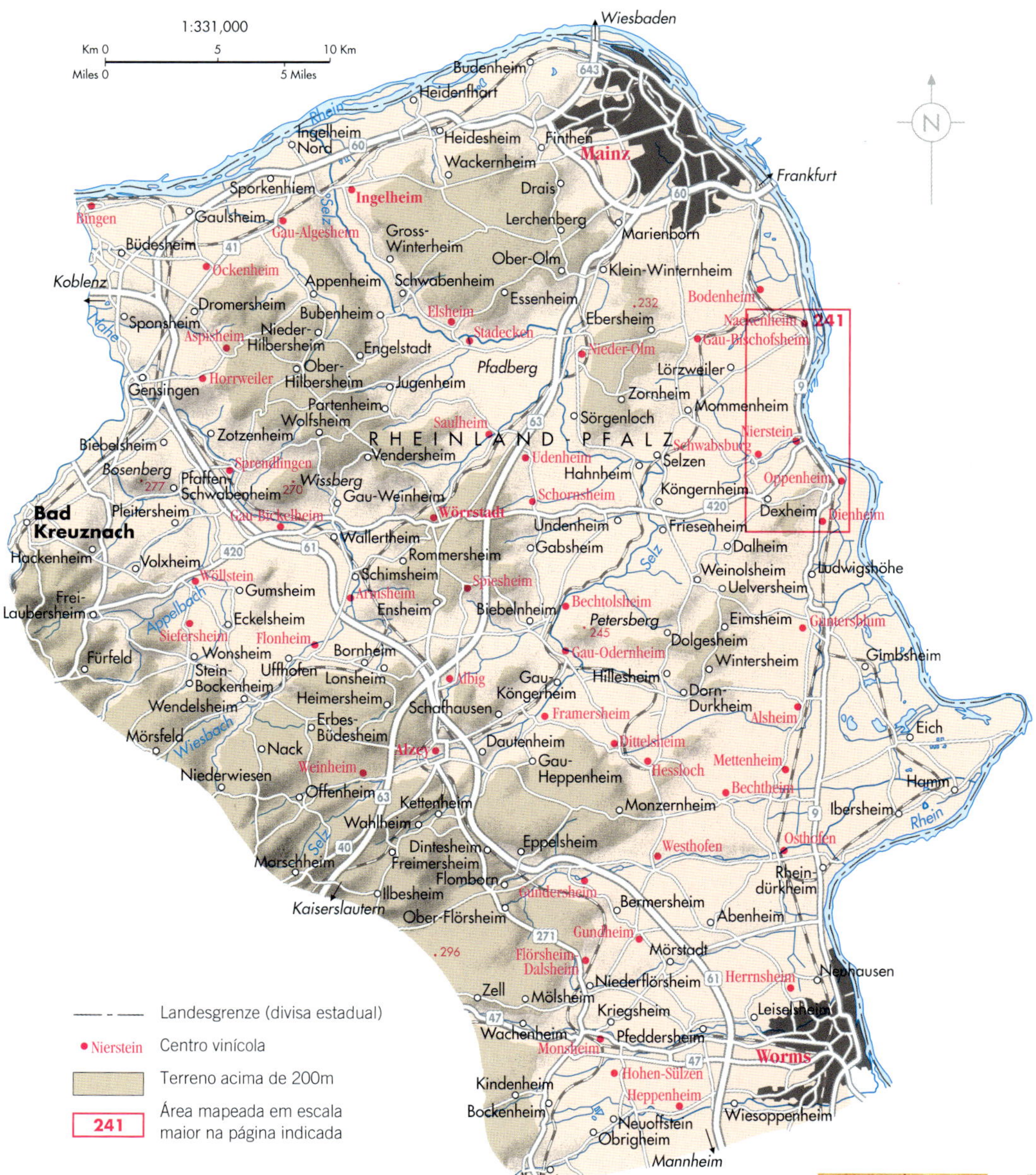

▶ Muitos destes produtores mal eram conhecidos poucos anos atrás. Keller, de Flörsheim-Dalsheim, e Wittmann, da vizinha Westhofen, foram os primeiros vinicultores da nova leva de Rheinhessen a mostrar que era possível produzir grandes vinhos bem longe da imponente Rheinterrasse, mapeada detalhadamente na página seguinte.

A cobertura de palha entre as fileiras de videiras Riesling em Freiherr Heyl zu Herrnsheim indica que, como tantas outras numa Alemanha com consciência ecológica, esta propriedade histórica foi convertida à viticultura orgânica.

tivados. Obtêm-se assim vinhos mais intensos, mas que revelam seus aromas um pouco mais lentamente do que é habitual no vinho alemão. E não apenas Rieslings.

Nenhuma região vinícola alemã planta tamanha variedade de videiras. Mesmo a antes ubíqua Müller-Thurgau mal responde hoje por 16% dos vinhedos de Rheinhessen. Esta região era a principal fornecedora de ingredientes para marcas e misturas alemãs baratas, mas mesmo estas tendem agora a incluir muito mais Riesling — e portanto menos Müller-Thurgau — do que costumavam em outros tempos. A uva Riesling é atualmente a terceira variedade mais plantada em Rheinhessen, atrás da Dornfelder, muito difundida para a produção de vinhos tintos frutados. Quanto às variedades Silvaner, Portugieser, Kerner, Spätburgunder (Pinot Noir), Schereube e Grauburgunder, pode-se atribuir entre 4% e 9% da área plantada na região a cada uma delas.

Persiste uma característica tradicional: a maior parte do vinho de Rheinhessen ainda é mais doce que halbtrocken. Somente o Mosela e o Nahe produzem uma porcentagem de vinho seco menor que Rheinhessen, embora muitos dos vinhos mais finos da nova geração de vinicultores da região sejam absolutamente secos.

O vinho Silvaner tem uma história especialmente longa e nobre em Rheinhessen, sendo encontrado hoje em dois estilos diferentes. Em sua maior parte, ele é leve, fresco e razoavelmente frutado, para ser bebido cedo (sobretudo com os aspargos brancos do início do verão, que os habitantes locais adoram). Todavia, Keller e Wagner-Stempel dão uma versão seca, potente e terrosa, forte tanto em extrato quanto em possibilidade de envelhecimento.

Worms foi por muitos séculos uma das grandes cidades das margens do Reno, sede da famosa "Dieta" de 1521 que excomungou Martinho Lutero, tradutor da Bíblia para o alemão. Seu vinhedo Liebfrauenstift-Kirchenstück, nos arredores de Liebfrauenkirche, tem o duvidoso mérito de haver dado nome ao Liebfraumilch, o recife em que o vinho alemão de qualidade esteve perto de afundar. Mas agora os viticultores Schembs e Valckenberg estão fazendo um vinho respeitável com uvas desse vinhedo.

No confim oposto de Rheinhessen, defronte a Rüdesheim no outro lado do Reno, a cidade de Bingen (ver página 235) tem excelentes vinhedos de Riesling, nas íngremes ladeiras de seu Scharlachberg, de máxima qualidade.

Ao sul, Wonnegau abriga hoje vários bons produtores, não apenas de Silvaner, pelo qual a cidade era tradicionalmente conhecida, mas também de Riesling. Entretanto, historicamente os vinhedos de maior renome de Rheinhessen concentram-se no curto trecho da Rheinterrasse mapeado nesta página.

A cidade de Nierstein é talvez tão famosa quanto Bernkastel. Isto se deve em parte a seu tamanho e seu número de viticultores (trezentos em outros tempos, hoje diminuindo rapidamente), originalmente pela sua qualidade, mas agora principalmente porque seu nome é descaradamente usado para o Niersteiner Gutes Domtal, vinho que é de qualquer lugar menos de Nierstein. A ironia é que a própria Nierstein tem alguns excelentes vinhedos, como provam com eloqüência produtores como Heyl zu Herrnsheim, Kühling-Gillot e Georg Gustav Huff de Schwabsburg.

As duas cidades que a flanqueiam, Oppenheim e Nackenheim, possuem vinhedos tão bons quanto os de Nierstein, mas Oppenheim sofre com a falta de ambição vinícola. A faixa de vinhedos mais famosa daqui é a colina ondulada da cor de areia vermelha, a Roter Hang (encosta vermelha), que se estende na direção norte tendo o rio a seus pés. Hipping, Brudersberg, Pettenthal e Rothenberg (que fica em Nackenheim) produzem um vinho delicioso e maravilhosamente perfumado, apesar de muitas viticultores se contentarem em deixar que o nome do vinhedo venda sua mercadoria. O principal expoente do delicioso Nackenheim-Rothenberg de colheita tardia é o Gunderloch, da família Hasselbach.

Todo Niersteiner autêntico usa um dos nomes marcados no mapa detalhado. Os melhores são Rieslings, embora aqui também tenham sido feitos alguns ótimos Weissburgunder e Grausburgunder por muitos anos.

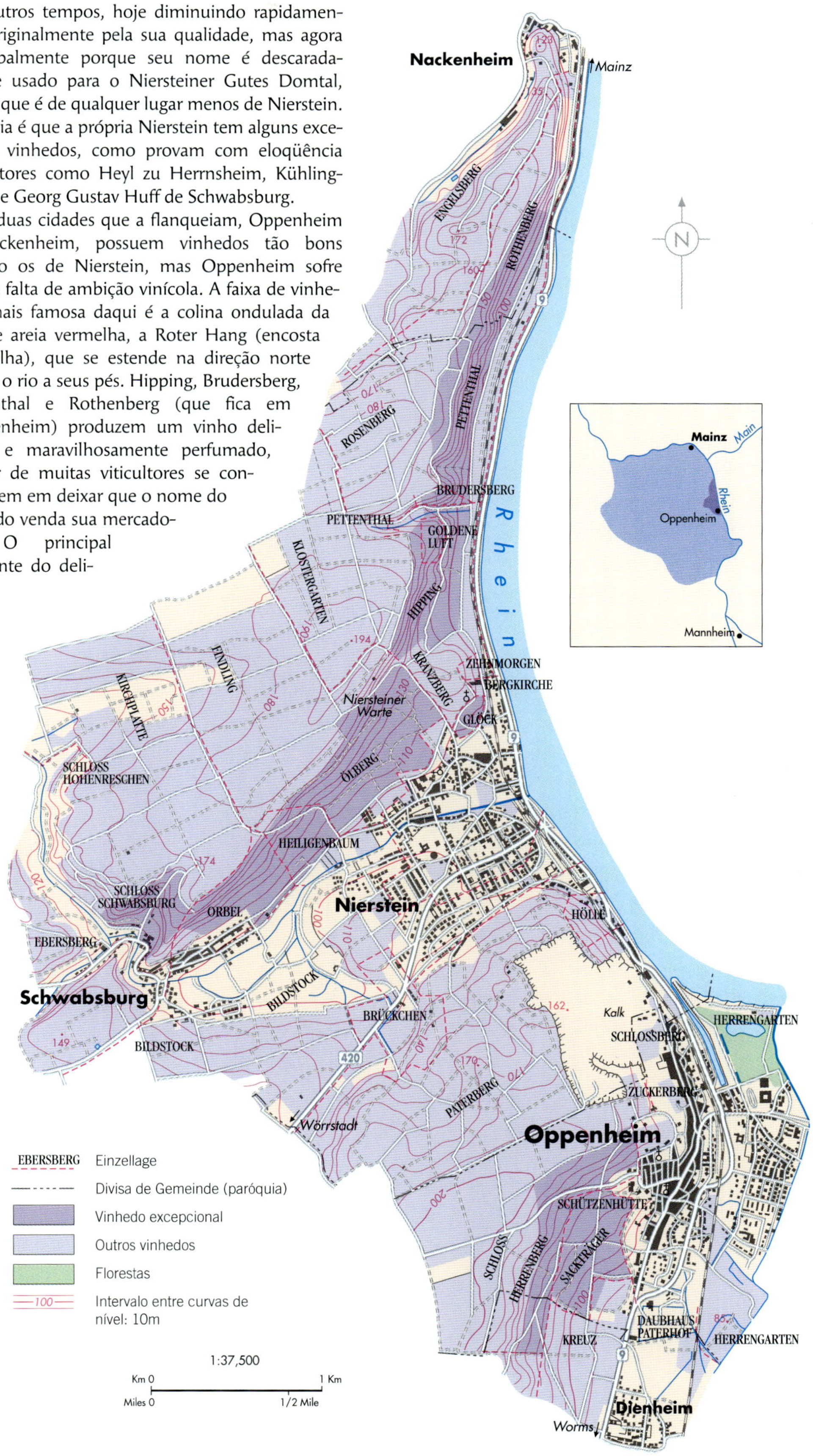

Nahe

O que se deveria esperar de uma região inserida exatamente entre o Mosela, Rheinhessen e o Rheingau? Exatamente isso. No seu melhor momento, os vinhos do Nahe repetem a intensidade própria da uva dos do Mosela e têm vida tão longa quanto a deles, mas também revelam o corpo e a mineralidade dos vinhos do Reno. Depois há um ingrediente a mais: um toque de ouro alquímico.

O rio Nahe corre em direção ao norte, paralelo ao Mosela, partindo de Hunsrück Hills para desaguar no Reno em Bingen. Ao passo que o Mosela é a genuína coluna vertebral de seus vinhedos, o Nahe é rodeado por pontos dispersos de viticultura, onde suas margens ou as de seus afluentes voltam-se para o sul. No mapa ao lado vemos o coração da região, localizado nas colinas a montante de sua única cidade de porte considerável, Bad Kreuznach, que foi mas já não é mais seu nome principal. Muitos de seus melhores vinhos de hoje vêm de zonas estabelecidas recen-

Landesgrenze (divisa estadual)

Norheim — Centro vinícola

Terreno acima de 300m

243 — Área mapeada em escala maior na página indicada

Todo mês de agosto desde 1987 Johannes Helle volta ao Schlossgut Diel em Burg Layen para pintar rostos diferentes nos tanques das adegas. Esta foi a arte-final para 2006, mais uma safra bem-sucedida de uma seqüência atipicamente longa para boa parte da Alemanha.

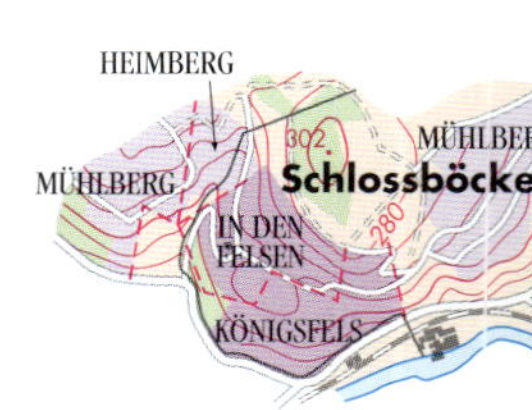

temente a oeste, no alto Nahe, alguns de vales transversais a jusante e quase todos de talentosos vinicultores que só em tempos relativamente recentes passaram a desfrutar de fama internacional. Porém, trabalhar nos melhores vinhedos não é mais fácil que nos do Mosela, e o número de viticultores vem diminuindo.

Aqueles que permaneceram na região plantam a nobre uva Riesling em cerca de 25% da área total de vinhedos, enquanto a parcela de Müller-Thurgau caiu para apenas 13%. A Dornfelder é a terceira variedade mais plantada; cerca de um quarto da produção da região é de vinho tinto, vendido quase exclusivamente dentro da Alemanha. Se a maioria do vinho branco do Nahe ainda é feita no estilo frutado mais doce, gente como Helmut Dönnhoff, de Oberhausen, tem mostrado que é possível fazer vinhos secos excelentes com uva de vinhedos como o Hermannshöhle, de Niederhausen.

Os sítios mais famosos a montante do mapa detalhado ficam 10km a oeste, ao redor de Monzingen, com dois vinhedos de primeira classe no Halenberg, de solo de ardósia pedregoso, e Frühlingsplätzchen, com mais terra argiloso-calcária vermelha e um certo tempero. O produtor mais destacado de vinhos secos e doces daqui é Emrich Schönleber, talvez o mais talentoso vinicultor de Nahe depois de Dönnhoff. A Schäfer-Fröhlich é outra viticultura notável.

O trecho de maior concentração de grandes vinhedos do Nahe — aqui mapeado em detalhe — está na margem esquerda, voltada para o sul, onde o rio serpeia passando por Schloss Böckelheim, Oberhausen, Niederhausen e Norheim. Eles foram classificados pelo agrimensor real prussiano em 1901 (em mapa que a VDP trouxe novamente à tona na década de 1990 como modelo de qualidade de vinhedos). O Niederhäuser Hermannshöle foi incluído na categoria mais alta, o que levou o governo prussiano a fundar aqui uma nova Staatsweingut (Vitícola do Estado) no ano seguinte. Encostas áridas cobertas de matagais e velhas minas de cobre foram roçadas, usando mão-de-obra de presidiários, para criar vários sítios de vinhedos, incluindo os altos muros e os vinhedos em terraços da Schlossböckelheimer Kupfergrube (mina de cobre). Desde então, seus vinhos têm disputado a supremacia em Schlossböckelheim com os Felsenberg, de antiga reputação.

A partir da década de 1920, a Nahe Staatsweingut e várias vinícolas grandes sediadas em Bad Kreuznach mas com vinhedos aqui começaram a produzir vinhos de brilho e pungente mineralidade não menos espetacular que a paisagem rochosa. Em 1930, finalmente, o Nahe foi reconhecido como região vinícola independente, mas a fama dos viticultores mais importantes sempre foi maior que a da própria região. A partir de fins da década de 1980, a Staatsweingut não conseguiu desempenhar o papel de liderança que motivou sua fundação, estando hoje em mãos

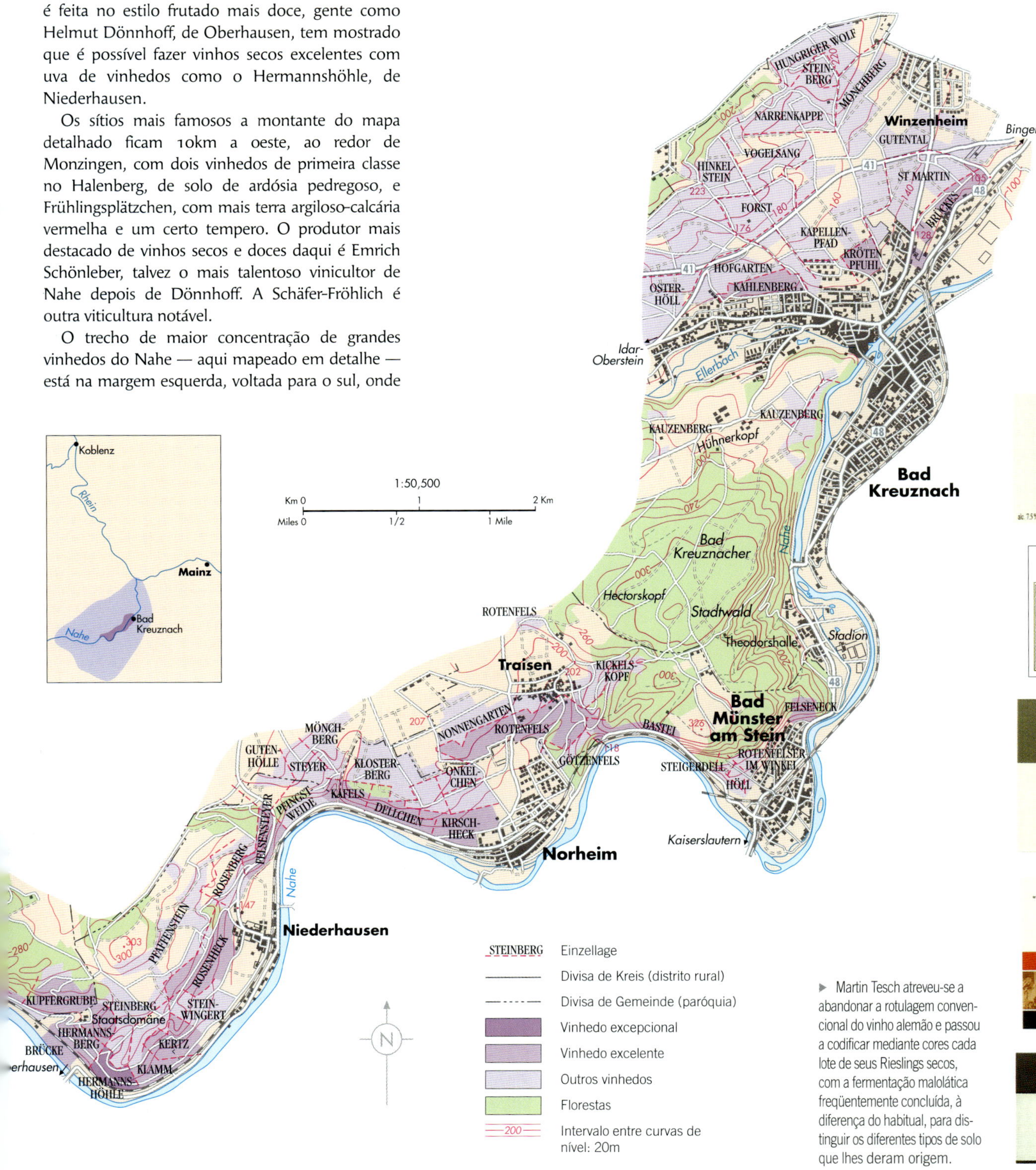

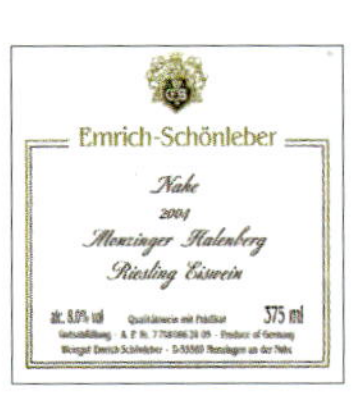

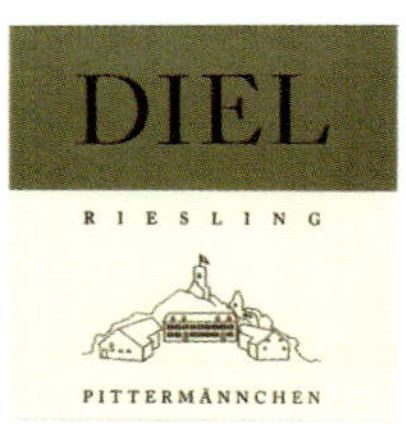

▶ Martin Tesch atreveu-se a abandonar a rotulagem convencional do vinho alemão e passou a codificar mediante cores cada lote de seus Rieslings secos, com a fermentação malolática freqüentemente concluída, à diferença do habitual, para distinguir os diferentes tipos de solo que lhes deram origem.

de vinícolas privadas, como a do persistente Gutsverwaltung Niederhausen-Schlossböckelheim. As outrora grandes vinícolas de Bad Kreuznach também ficaram pelo caminho, vendendo muitos de seus vinhedos. A maior beneficiária desta reviravolta foi a excepcional vinícola Hermann Dönnhoff, de Oberhausen, dirigida pelo filho Helmut, que tem assumido o posto preponderante fazendo excelentes Rieslings de todos os níveis de doçura.

Um pouco a montante da curva de Bad Münster está o precipício vermelho dos Rotenfels, tido como o paredão de rocha mais alto da Europa ao norte dos Alpes, que obstrui a passagem do rio. Ele é capaz de produzir ótimo vinho, em especial do dr. Crusius. No sopé do rochedo há uma área de 30m de seixos nus caídos, a curta rampa de um solário de terra vermelha que é o antes venerado Traiser Bastei.

A jusante daqui e ao norte da área mapeada em detalhe há um distrito vinícola cada vez mais palpitante. Em Langenlonsheim, Martin Tesch captura a essência de vinhedos de invejável maturidade em garrafas magnificamente rotuladas de vinho seco ultramoderno de um único vinhedo. O autor de livros sobre vinho Armin Diel, da Schlossgut Diel, pôs Dorsheim no mapa com uma variedade de vinhos às vezes estonteantes, enquanto a Kruger-Rumpf faz vinho notável com uva de propriedades situadas em Münster-Sarmsheim, quase nos arredores de Bingen, onde o Nahe encontra o Rheingau.

Os Dönnhoffs reformaram este depósito dos trabalhadores do vinhedo, a Türmchen ou "pequena torre", transformando-a em sala de degustação com vista para o protegido extremo leste do vinhedo Felsenberg em Schloss Böckelheim. Em 2006 foi feita pela primeira vez uma seleção especial Türmchen de Riesling.

Palatinado

O Palatinado (Pfalz em alemão) é a maior região vinífera da Alemanha, e hoje indiscutivelmente a mais empolgante. É uma faixa de 80km de vinhedos ao norte da Alsácia, ao abrigo da continuação alemã dos Vosges, as montanhas Haardt.

Como a Alsácia, esta é a parte mais ensolarada e seca deste país e tem o infalível encanto de aldeias com construção do tipo enxaimel, ornadas com flores e cercadas de pomares, parecendo fazer parte de um mundo melhor, cheio de sol, como que de conto de fadas. Nas portas da Alemanha (literalmente, pois há um enorme portal na fronteira, em Schweigen) começa uma estrada labiríntica, a Deutsche Weinstrasse (Estrada do Vinho da Alemanha), como a Route du Vin da Alsácia, que serpenteia em direção norte através de vinhas e aldeias, culminando no Mittelhaardt, a área mapeada em detalhe na página posterior. Grande parte do vinho da área tem sido feita por eficientes cooperativas, que revolucionaram antigos métodos rústicos informais e deram ao distrito a fama de produtor de vinhos de valor, mas o Palatinado é mais famoso por um crescente número de produtores individuais realmente ambiciosos. Muitos dos mais jovens fazem parte de organizações como Junge Pfalz, Freunde, Pfalzhoch e Südpfalz Connexion, que contribuem para aumentar a consciência, as vendas e a confiança.

A uva mais plantada é a Riesling, mas a febre do vinho tinto também varreu o Palatinado. Em 2005,

mais de 40% de todo o vinho produzido na região era tinto e a segunda variedade mais plantada (Dornfelder) superara com folga a Müller-Thurgau. Em virtude da queda na demanda do Liebfraumilch, a variedade Müller-Thurgau caiu para quase exatamente a mesma área que a uva tinta Portugieser, ainda menos prestigiosa. Até 45% das vinhas da região contam com uma rica combinação de outras variedades. O Palatinado é a oficina da Alemanha para uma variedade de brancos e tintos dos mais diversos tipos, incluindo toda a família Pinot, com ênfase em vinhos de mesa secos, com freqüência envelhecidos em tonéis. Estão firmemente estabelecidos os Pinots de todas as três cores (Weissburgunder, Grauburgunder e Spätburgunder), com e sem influência de carvalho, e consegue-se até amadurecer o Cabernet Sauvignon. Duas de cada três garrafas do Palatinado são de vinho seco.

Pouco ao sul da área mapeada em detalhe, Neustadt an der Weinstrasse costumava assinalar uma nítida linha divisória entre vinhos regionais de escassa pretensão no sul e o mundo bem diferente do Mittelhaardt, sede de algumas das maiores e mais famosas vinícolas da Alemanha, já com firme posição nos mercados de luxo e de exportação.

No entanto, tudo isso mudou nas décadas de 1980 e de 1990. Vinhos verdadeiramente interessantes, transbordando fruta, começaram a surgir de produtores como Rebholz (especialmente famoso pelas variedades de Borgonha) em lugares bem ao sul de Neustadt-Haardt, como Siebeldingen e Müller-Catoir, que no velho regime haviam mostrado que uvas não-clássicas como Scheurebe, Rieslaner e Muskateller também podiam ser ótimas. Felizmente, esta tendência teve continuidade com uma nova geração, como em Rheinhessen. Estes jovens viticultores optam decididamente por baixos rendimentos e estilos secos e se propõem a obter o máximo de cada variedade e cada vinha, por menos experimentada e renomada que seja. Hoje, o consumidor de vinho que busca qualidade pode achar vinhos do Palatinado de real interesse, feitos com variedades semelhantes à Viognier e à Sangiovese, bem como com as mais tradicionais, em lugares tão ao norte como Laumersheim, tão ao sul como Schweigen e tão a leste como Ellerstadt, nas proximidades de Ludwigshafen.

No Mittelhaardt, porém, o Riesling ainda é rei. A qualidade especial do Riesling do Mittelhaardt é a suculenta riqueza com sabor de mel e corpo, equilibrados por uma vibrante acidez, mesmo quando o final de boca é trocken ou halbtrocken. Está bem distante do vigor de aço de um vinho como, por exemplo, o do Sarre, além de ter mais álcool.

Historicamente, esta região, que é o âmago do Palatinado, foi dominada por três produtores: Bürklin-Wolf (recentemente convertido à viticultura biodinâmica e trabalhando fora dos padrões da VDP, que hoje considera menos conscienciosos), Von Basserman-Jordan e Von Buhl. Mas qualquer monopólio de qualidade que eles porventura tiveram já desapareceu num surto de vinicultura original e ambiciosa em toda parte.

Os Einzellagen do lado oeste escarpado das aldeias são os que atingem os níveis mais altos de suculência com maior freqüência. No sul, Ruppertsberg é uma das primeiras aldeias do Mittelhaardt; seus melhores sítios (Linsenbusch, Hoheburg, Reiterpfad, Nussbien, Spiess) estão bem expostos, em declives moderados, e são cultivados na sua maior parte com Riesling.

◄ De cima para baixo, estes ótimos vinhos são cada vez mais encorpados e ricos. Primeiro os cinco Rieslings — um Kabinett, três versões secas e um Auslese —, depois um dos deliciosos Rieslane de Müller-Catoir, um dos muitos popularíssimos Pinot Blancs e um Pinot Noir de primeira linha.

Como se poderia esperar de uma região tão seca, o vinho tinto está se tornando cada vez mais importante no Palatinado. Cruzamento inteiramente alemão de 1956, a variedade Dornfelder tem sido plantada com tamanho entusiasmo que já é a segunda variedade de uva mais plantada na região.

Forst tem reputação de ser o berço do vinho mais elegante do Palatinado. Os habitantes do local gostam de compará-lo à alta e graciosa cúspide da igreja da aldeia. Os melhores vinhedos de Forst encontram-se em solo argiloso, que tem a vantagem de reter a água, enquanto um afloramento de basalto negro sobre a aldeia fornece solo escuro e quente, rico em potássio, às vezes extraído e espalhado em outros vinhedos, sobretudo em Deidesheim. Logo atrás da igreja estão o Jesuitengarten, o vinhedo mais famoso de Forst, e o Kirchenstück, tão excelente como aquele. Da mesma classe são Freundstück (na sua maior parte pertencente a Von Buhl) e, acima dele, parte de Ungeheuer. Georg Mosbacher é um viticultor destacado de Forst.

Historicamente, Forst era respeitada como a mais excelente aldeia vinícola do Palatinado, tendo seus melhores sítios — primeiro Kirchenstück, depois Jesuitengarten — incluídos na mais alta categoria na classificação de 1828. Em épocas mais recentes, muitos têm considerado a aldeia de Deidesheim, de

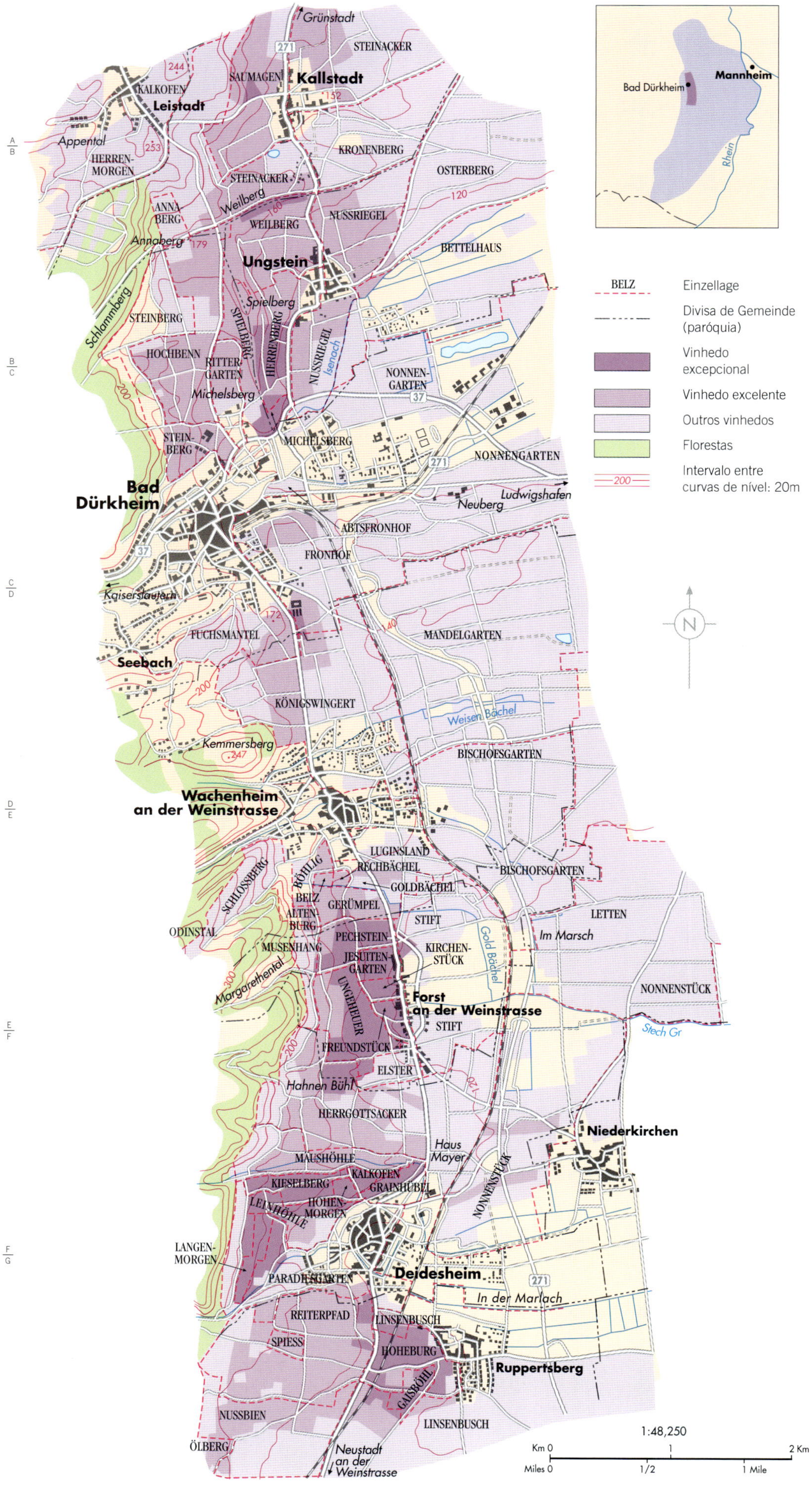

maior tamanho, como a melhor de toda a área, além de ser uma das mais bonitas da Alemanha (mais do que qualquer outro, este é um país de gerânios e jardineiras nas janelas). Os melhores vinhos daqui têm um tipo muito especial de suculência. Von Basserman-Jordan e Von Buhl têm suas adegas aqui, e mais recentemente Josef Biffar ganhou bem merecida reputação. Os melhores vinhedos são Hohenmorgen, Langenmorgen, Leinhöhle, Kalkofen, Kieselberg e Grainhübel.

A aldeia de Wachenheim — onde a Bürklin-Wolf tem sua sede e Erni Loosen, do Mosela, comprou a antiga vinícola J.L. Wolf — marca o ponto final do núcleo histórico do Mittelhaardt com um conjunto de pequenos vinhedos famosos. Belz, Rechbächel, Goldbächel e Gerümpel são os de primeira linha. A riqueza não é característica acentuada de Wachenheim, cujas grandes qualidades são a doçura finamente equilibrada e a pureza de sabor.

Bad Dürkheim é a maior comuna vitícola da Alemanha, com 800 hectares de vinhedos. Realiza-se aqui uma Wurstmarkt (feira da salsicha) antes da colheita. Há Dürkheimer tinto (muitas vezes feito com a popular uva Dornfelder) assim como branco para acompanhar as salsichas. A uva Riesling é minoria, exceto nos melhores sítios vinícolas de Herrenberg e Spielberg. Durante muito tempo Bad Dürkheim teve desempenho aquém da sua capacidade, mas, nos últimos anos, produtores como Thomas Hensel e Karl Schaefer mostraram que se pode produzir vinhos apaixonantes com uva dos terraços de Spielberg e Michelsberg. Até mesmo produtores de lugares distantes de Bad Dürkheim estão fazendo ótimos vinhos com uvas daqui, como é o caso de Markus Schneider, de Ellerstadt, e a Schäfer-Fröhlich, de Bockenau, no Nahe.

Daqui para o norte estamos no Unterhaardt, cujas paróquias mais renomadas são Kallstadt, onde a estrela é Koehler-Ruprecht, e Ungstein. Seus sítios vinícolas mais prestigiosos são Saumagen, situado no que foi uma pedreira de extração de giz dos romanos, e Annaberg, famoso pelo rico Scheurebe. A Knipser de Laumersheim tem feito uma ampla variedade de vinhos vibrantes, de brancos e tintos envelhecidos em tonéis a Rieslings secos Grosses Gewächs realmente vigorosos.

Agora há vinhos verdadeiramente excelentes bem ao norte do que antes era esta linha categórica de separação, assim como os há bem ao sul de Ruppertsberg. Em suma, hoje se faz ótimo vinho, às vezes impetuoso e muitas vezes seco, em toda esta dinâmica região.

Entretanto, por ser a região mais ensolarada e seca da Alemanha, o Palatinado vem sentindo os efeitos do aquecimento global com maior intensidade. Como a média pluviométrica anual é de apenas 400mm, menos da metade do total de chuva no Mosela, as videiras daqui sempre sofreram com a seca. Em anos realmente quentes, como 2003 e 2005, os argumentos em favor de que se permita a irrigação parecem irrefutáveis.

Não é o Palatinado, mas a região vinícola do Kaiserstuhl, em Baden, cuja paisagem foi peculiarmente modificada e que também sofre alguns efeitos prejudiciais da mudança climática. Com o Flurbereinigung, o programa alemão de racionalização de vinhedos aplicado na segunda metade do século XX, terras como estas ficaram muito mais fáceis de trabalhar.

Baden Württemberg

Seria de se esperar que o extremo sul da Alemanha, com seu clima cada vez mais quente, fosse uma região mais vitícola que a do limite norte do mapa do vinho alemão. Por certo, o estilo de vinho aqui produzido dificilmente poderia ser mais diferente daquele dos Rieslings etéreos do Mosela, por exemplo. Separado da Alsácia pelo Reno, Baden produz vinhos invariavelmente secos, muito encorpados (em 2003 não foram raros os níveis de álcool de 15%) e freqüentemente envelhecidos em tonéis de carvalho. Sem dúvida, trata-se de vinhos para acompanhar comidas, e os melhores deles são muito procurados nas mesas bem-servidas da Alemanha, embora raramente sejam exportados.

Talvez a França tenha fornecido os modelos originais para Spätburgunder, Grauburgunder e Weissburgunder, que são respectivamente a primeira, terceira e quinta variedades de videira mais plantadas em Baden. No entanto, há uma nova geração de vinicultores ousada o bastante para empenhar-se na criação de seus próprios estilos locais de vinho.

Das regiões vinícolas alemãs, só o Ahr tem maior porcentagem de vinho tinto que Baden e Württemberg, onde 44% e 77% da área total de vinhedos possuem cultivos de variedades de casca escura, respectivamente. Em Baden, mais de uma videira em cada três é de Spätburgunder.

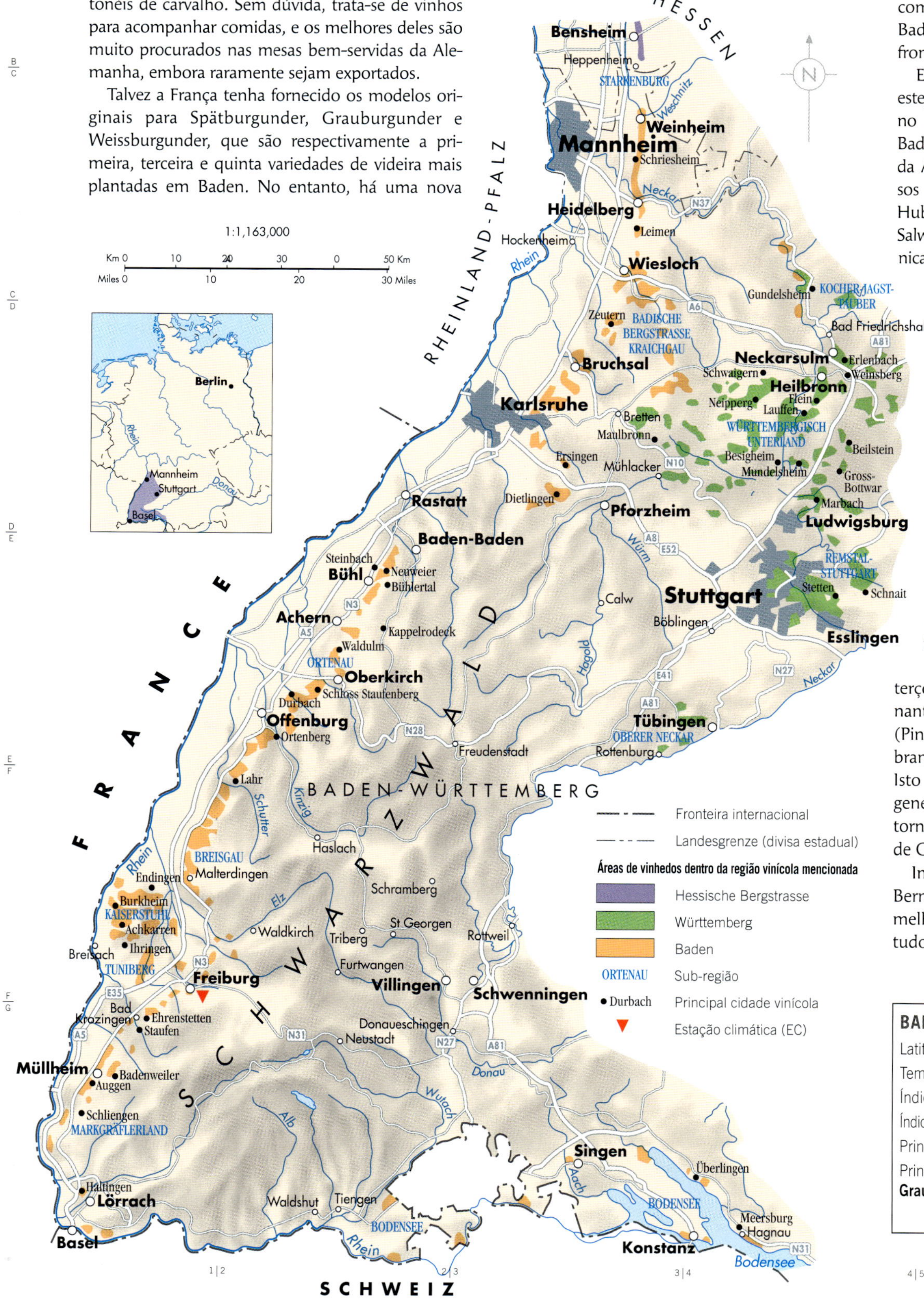

A segunda metade do século passado assistiu a uma ampla reestruturação da paisagem vinícola de Baden, tanto do ponto de vista físico, mediante a modificação da paisagem de ladeiras íngremes difíceis de serem trabalhadas (ver página 247), quanto no aspecto social, por meio do domínio exercido pelas eficientíssimas cooperativas da região, que em certa época manejaram 90% de cada colheita. Mesmo que essa proporção tenha caído hoje para 70%, a principal organização de comercialização de Baden ainda é a gigantesca Badischer Winzerkeller, de Breisach, cidade na fronteira do Reno, entre a Alsácia e Freiburg.

Embora a qualidade da produção das cooperativas esteja melhorando constantemente, o que acontece no outro extremo da escala é que transformou Baden numa das mais respeitadas regiões vinícolas da Alemanha. Pequenos produtores muito talentosos — como dr. Heger, em Kaiserstuhl; Bernhard Huber, em Breisgau; Andreas Laible, em Durbach; e Salwey, em Oberrotweil — foram pioneiros em técnicas da Borgonha ou assemelhadas. O trabalho deles é complementado pelo de produtores como o ex-sommelier holandês Jakob Duijn, de Bühl e, em Kaiserstuhl, Karl Heinz Johner (mais influenciado pela Califórnia do que pela Alemanha) e Fritz Keller (filho de Franz), cuja prática de importação de vinhos e gastronomia tem maciça influência francesa.

Baden é um pouco mais úmido e enevoado que os vinhedos alsacianos bem ao abrigo dos Vosges. Seus vinhedos contornam a evocativa Floresta Negra, concentrando-se em sua maior parte numa estreita faixa de 130km entre a floresta e o vale do Reno; os melhores deles encontram-se em ladeiras privilegiadas no sul, no maciço da floresta ou no Kaiserstuhl, restos de um vulcão extinto que formam uma ilha de terra alta no vale do Reno.

O Kaiserstuhl e o Tuniberg fornecem um terço de todo o vinho de Baden. O solo predominante é de loess, mas os melhores Spätburgunders (Pinot Noir) e Grauburgunders (Pinot Gris) brancos encorpados provêm de solos vulcânicos. Isto lhes dá um caráter tão forte — positivamente generoso e com sabor — que o Grauburgunder se tornou a especialidade da região. Há um Simpósio de Grauburgunder todo mês de maio.

Imediatamente a leste daqui está Breisgau, onde Bernhard Huber, de Malterdingen, faz alguns dos melhores Spätburgunders da Alemanha, sobretudo com uva da perigosa ladeira de Bienenberg.

BADEN: FREIBURG

Latitude / Altitude da EC **48° / 280m**

Temperatura média em julho na EC **19,2°C**

Índice pluviométrico anual na EC **880mm**

Índice pluviométrico no mês da colheita na EC **Setembro: 85mm**

Principais perigos para a viticultura **Geada de primavera**

Principais uvas **Spätburgunder, Müller-Thurgau, Grauburgunder**

Ao norte, em Lahr, a família Wöhrle infundiu nova vida à Weingut Stadt Lahr, que agora está fazendo vinhos brancos notavelmente puros e prístinos (Chardonnays e também Pinots).

Seguindo para o norte, pouco ao sul da luxuosa estação de águas de Baden-Baden, na Floresta Negra, o Ortenau é o segundo mais importante bolsão de vinhedos, com especial ênfase no vinho tinto desde longa data. Em Durbach, as vinícolas do Margrave de Baden (Schloss Staufenberg) e do conde Wolff Metternich fazem um valioso Klingelberger (nome local do Riesling), mesmo que sua reputação local tenha sido superada por Andreas Laible e a Schloss Neuweier.

Bem mais ao norte, o Kraichgau e o Badische Bergstrasse formam uma área oficialmente considerada uma única região, a despeito de serem lugares tão distintos, e seus vinhos mais finos são feitos com uvas das variedades menos plantadas, Riesling e Grauburgunder, cultivadas nos melhores sítios.

Na área mais ao sul, no Markgräflerland, a esquina da Alemanha entre Freiburg e Basiléia, a uva preferida tem sido a Gutedel, nome local da Chasselas plantada na Suíça, no outro lado da fronteira. Ela dá um vinho refrescante, ainda que discreto. A uva Chardonnay também está muito à vontade aqui, e produtores como Fritz Wassmer, de Bad Krozingen-Schlatt, puseram o Spätburgunder em posição de destaque.

No extremo sul, nas proximidades de Meersburg à beira do Bodensee (lago Constança), o Seewein (vinho do lago) é tradicionalmente o Weissherbst de Spätburgunder de coloração rosada e quase seco. Kress de Hagnau, Stiftskeller Konstanz e Staatsweingut Meersburg estão fazendo aqui um Müller-Thurgau (a principal uva) notável, bem como ótimo Weissherbst e alguns Pinots brancos de acentuada elegância.

Apesar da amplidão de seus vinhedos (é a quarta maior região vitícola da Alemanha), Württemberg é bem mais conhecido no próprio país do que no exterior, embora produtores como Rainer Schnaitmann, em Fellbach (arredores de Stuttgart), sugiram que está destinado a passar por uma revolução igual à que Rheinhessen acaba de experimentar. Esta região estende-se, como Baden, muito além dos limites deste mapa (ver página 225), e produz Weissherbst tinto ou rosado principalmente leve. A variedade Trollinger é a mais importante aqui, mas a Lemberger — a quarta mais plantada depois de Riesling e Schwarzriesling (Pinot Meunier) — produz um tinto de Württemberg totalmente convincente e característico. Como o clima é mais continental e nem sempre benigno para os viticultores, a escolha dos sítios é feita com cuidado, seguindo o rio Neckar e seus afluentes, de maneira que três quartos dos vinhedos da região localizam-se ao norte da capital do estado, Stuttgart. Como em quase todo canto da Alemanha, a uva Riesling é sem dúvida a que faz os melhores vinhos brancos, mas Württemberg é realmente uma terra de vinho tinto e aqui houve alguns experimentos convincentes com Frühburgunder e mesmo com algumas variedades tintas de Bordeaux.

No extremo norte, ao norte de Mannheim, encontra-se a pequenina região vinícola de Hessische Bergstrasse (que aparece em toda a sua extensão na página 225), onde se produz sobretudo Riesling seco e principalmente destinado ao consumo local.

▶ Estes rótulos contam como o estilo e o perfil varietal da Alemanha têm mudado. Todos os oito primeiros rótulos de cima para baixo são de Baden e correspondem a diversos Pinots (Burgunder) tintos e brancos, enquanto o Simonroth de Württemberg é uma combinação de Merlot e Cabernet Franc.

Colheita em meio à névoa matinal nas ladeiras reestruturadas do Kaiserstuhl, que mostramos na página 247. Na comparação com o declive que vemos na foto da página 224, parece evidente que os trabalhadores dos vinhedos têm de dar graças pela reformulação da paisagem.

Francônia

A Francônia (Franken em alemão) está fora da corrente predominante do vinho alemão tanto geograficamente quanto por suas tradições tão distintas. Politicamente, ela fica no antigo reino da Bavária, em geral adepto da cerveja, o que confere a suas adegas estatais uma grandeza que não se encontra em nenhum outro lugar da Alemanha, além de gerar maiores expectativas em seus consumidores. A Francônia se distingue pelo fato de fazer melhores vinhos com uva Silvaner do que com Riesling. E, em termos de paladar e força, a região nunca foi um reduto do estilo leve e frutado preferido no resto da Alemanha, o que faz com que seus vinhos estejam entre os melhores para acompanhar comidas.

Desde a crise de identidade que atravessou na década de 1990, quando os vinhos pareciam perder vantagem na Alemanha (eles nunca foram importantes na pauta de exportação), a Francônia recuperou-se com acentuado incremento de qualidade, tanto no nível cooperativo quanto no das maiores vinícolas, graças a uma erupção de empresas totalmente novas ou reativadas.

O nome Steinwein já foi usado imprecisamente para todo e qualquer vinho da Francônia. Na verdade, Stein é o nome de um dos dois vinhedos famosos da cidade de Würzburg, capital do vinho da Francônia no Main. O outro é Innere Leiste. Ambos destacavam-se no passado por fazer vinhos de incrível longevidade. Um vinho Stein da grande safra de 1540 ainda era bebível na década de 1960. Esses vinhos eram no mínimo Beerenauslesen — extremamente doces. A Francônia faz poucas raridades desse tipo na atualidade; de fato, apenas 6% da produção é de vinhos que não sejam trocken ou halbtrocken.

A Francônia planta suas vinhas em terras de clima decididamente continental, mas a mudança climática resolveu em grande parte o problema decorrente da curta duração da estação de crescimento. Com efeito, a safra de 1996 foi a última em que se viu Riesling com maturação insuficiente, e hoje a Silvaner, a variedade de maior sucesso individual na região, dá vinhos altamente concentrados e alcoólicos, como os mais fortes do Wachau austríaco.

O formato de garrafa tradicional da Francônia é o de Bocksbeutel verde atarracado. Esta pilha de Vinum Benedictum Riesling foi feita especialmente no Schloss Saaleck, de Hammelburg, para comemorar a visita do papa em julho de 2005.

Mas mesmo na Francônia, infelizmente, a Müller-Thurgau parece oferecer melhor retorno, ao menos em sítios não tão ideais. Ela é a variedade mais plantada, ocupando cerca de um terço da área total de vinhedos, mas quem reina é a Silvaner (cultivada em mais de um quinto do total), conseguindo magicamente produzir aqui vinhos de atraente intensidade, ainda que para isso precise ser plantada nos vinhedos mais favoráveis. Os vinhos da Francônia podem também ser feitos com variedades de uvas muito aromáticas como Kerner e, especialmente, Bacchus.

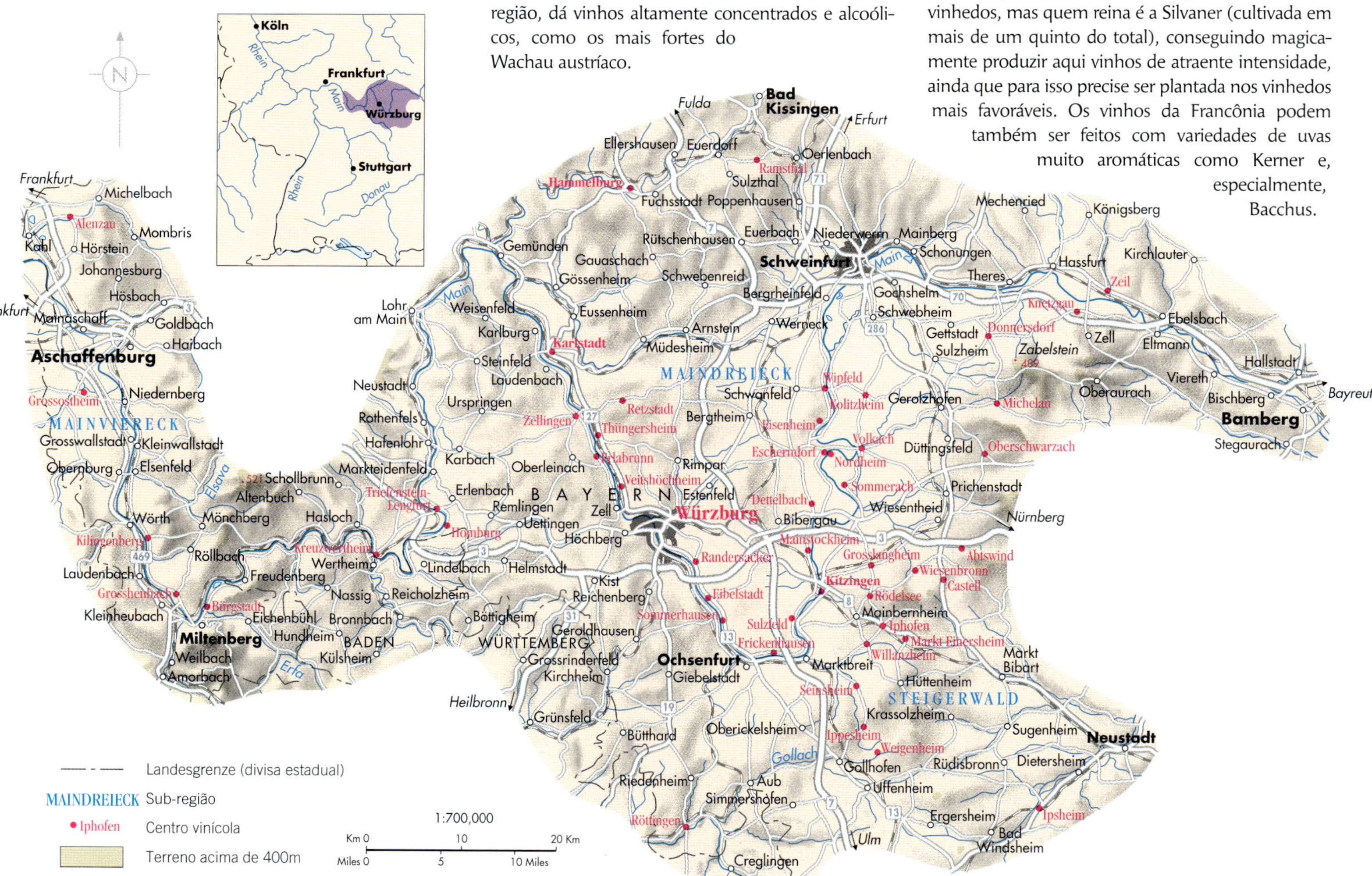

Scheurebe e Rieslaner (cruzamento de Silvaner e Riesling cuja maturação é ainda mais tardia) podem produzir vinhos de sobremesa notavelmente bons e vinhos secos vigorosos, desde que atinjam sua plena maturação.

O coração da Francônia vitícola está em Maindreieck, seguindo o atordoante meandro de três quinas do Main a partir de Escherndorf (com seu renomado vinhedo Lump e produtores talentosos como Horst Sauer e seu vizinho Rainer Sauer) e Nordheim, a montante de Würzburg, para o sul até Frickenhausen, depois outra vez para o norte passando pela capital, incluindo todo o seguinte trecho do rio e o distrito externo ao redor de Hammelburg. O que caracteriza todas estas encostas voltadas para o sul é um tipo de calcário conhecido como Muschelkalk (cujas origens não são muito diferentes das da argila do Kimmeridgiano de Chablis, ou mesmo de Sancerre). Isto dá aos vinhos um elegante vigor, em especial no caso do famoso Würzburger Stein e também, de forma não menos perceptível, nos vinhos com mais sabor de mel da Eschendorfer Lump.

Visitar Würzburg é essencial. É uma das grandes cidades vinícolas, com três esplêndidas adegas no centro, pertencentes respectivamente ao estado da Bavária (Staatliche Hofkellerei) e a duas instituições de caridade, uma da Igreja (o Juliusspital, recentemente revigorado) e uma civil (o Bürgerspital). A cidade é também a sede da excepcional vinícola de 22 hectares Weingut am Stein, de Knoll.

O Staatliche Hofkellerei está sob a grandiosa Residenz dos príncipes-bispos do passado, onde os tetos pintados por Tiepolo constituem razão suficiente para visitar a cidade. Há também o nobre Castelo Marienburg no topo de sua colina de vinhas, a grande ponte barroca sobre o rio e os movimentados Weinstuben (bares de vinho) pertencentes a essas antigas fundações, onde se pode experimentar todos os vinhos que elas produzem com comidas adequadamente saborosas.

Mais a jusante na direção oeste, Mainviereck tem solo argiloso-calcário mais leve sobre uma base de arenito. Aqui há muito menos terra dedicada à viticultura, mas vinhedos antigos como o Homburger Kallmuth (mais ao sul e fora do mapa) produzem vinhos extraordinários e merecedores de envelhecimento. Esta é também a zona de vinho tinto da Francônia, onde os terraços escarpados e excepcionalmente áridos de arenito vermelho podem produzir Spätburgunders e Frühburgunders (uma linhagem de Pinot Noir de maturação precoce) de verdadeiro interesse. Estrelas como Rudolf Fürst e Fürst Löwenstein têm suas sedes aqui.

No Steigerwald, ao leste, a videira é quase forasteira no panorama de campos aráveis com florestas de esplêndidos carvalhos coroando as esporádicas colinas. As ladeiras muito íngremes são de gesso e marga, o que resulta em vinhos de sabor especialmente forte. Alguns dos melhores vinhos vêm das paróquias de Iphofen (terra de Hans Wirsching e Johann Ruck) e Rödelsee, bem como do principado de casa de boneca (e vinícola) da Castell.

◄ Os rótulos ovais são especialmente adequados para *Bocksbeutel*. Aqui há três ótimos exemplos da uva mais característica da Francônia, a Silvaner, com diversos níveis de doçura. As outras uvas representadas são a Scheurebe, que pode dar bons resultados aqui, a Pinot Blanc, e a tão em moda Frühburgunder tinta.

O vinhedo Herzoglicher, em Freiburg, é a sede da Rotkäppchen, produtora de vinho espumante e por muito tempo a empresa vinícola mais importante da Alemanha Oriental. Estes magníficos ornamentos de vinhedo são típicos da região.

Saxônia e Saale-Unstrut

Com a reunificação da Alemanha, mais duas pequenas regiões viníferas foram incluídas no apertado cerco da burocracia do vinho alemão. A **Saxônia** fica às margens do Elba, na região produtora de porcelana fina entre Dresden e Meissen, enquanto **Saale-Unstrut** é a área que circunda a confluência desses dois rios a sudoeste de Leipzig, juntamente com um enclave de vinhedos próximo ao Süsser See, perto de Halle (ver mapa da Alemanha na página 225).

Ambas as regiões estão mais ou menos na mesma latitude que Londres, mas seu clima é muito mais continental e por isso, com freqüência, elas são abençoadas com esplêndidos verões, mesmo que o risco de geadas de primavera devastadoras seja alto. Na década de 1990, um vasto replantio aumentou a área total de vinhedos para mais de 600 hectares em Saale-Unstrut, e, em 2005, perto de 400 na Saxônia.

Em finais da década de 1990, tanto vinícolas reativadas como a Lützkendorf, em Bad Kösen (Saale-Unstrut), e a Schloss Proschwitz, em Meissen (Saxônia), quanto outras novas como a Günter Born, em Höhnstedt, a oeste de Halle (Saale-Unstrut), e a Zimmerling, em Pillnitz (Saxônia), provaram que ambas as regiões podem produzir vinhos brancos com substância e caráter notáveis tratando-se de uma localização tão setentrional. Depois de ter mais de 100.000 hectares de vinhas na Idade Média, atualmente Saale-Unstrut produz unicamente vinhos secos, enquanto a Saxônia faz uma pequena porcentagem de vinhos doces.

Muito embora o cavalo de batalha de ambas regiões seja a ubíqua uva Müller-Thurgau, as uvas Weissburgunder, Grauburgunder, Riesling e Traminer dominam os muitos sítios íngremes e voltados para o sul com que cada região foi abençoada. Aliás, a Schloss Proschwitz distinguiu-se com seu premiado Spätburgunder (Pinot Noir). O cruzamento Goldriesling é uma especialidade própria da Saxônia. Costuma-se comparar estes vinhos com os da Francônia, apesar de serem mais leves, mais aromáticos e menos terrosos.

▼ Neste clima supercontinental, onde as vinhas lutam para atingir a plena maturação, os vinhos mais untuosos são os que tradicionalmente têm sido mais aclamados, embora os vinhos secos estejam ganhando qualidade e atraindo maior atenção.

Restante da Europa

Vinhedos suíços impecavelmente bem-cuidados nas proximidades de Chamoson, no Valais, o cantão vitícola mais importante do país.

Inglaterra e País de Gales

Os vinicultores de países situados mais ao sul gostam de fazer piadinhas sobre o vinho inglês. Geada, verões inconstantes e tempo ruim durante a floração podem tornar difícil colher uvas maduras tão longe do equador, como bem sabem os vinicultores da Irlanda, Bélgica, Holanda e Dinamarca. No entanto, o fato é que na Alta Idade Média os vinhedos monásticos da Inglaterra eram vastos e, segundo todos os relatos, bem-sucedidos. Não fosse pela aquisição de Bordeaux por parte da Inglaterra (com o casamento de Henrique II com Eleonora da Aquitânia, em 1152), talvez esses vinhedos tivessem continuado a produzir ininterruptamente. Mas eles desapareceram até o moderno renascimento começar na década de 1950 em Hambledon, Hampshire.

Tanta é a confiança da Inglaterra (e do País de Gales) hoje que há cerca de 1.000 hectares de vinhedos espalhados pela metade sul do país, com maior concentração no sudeste — nos condados de Kent, East Sussex, West Sussex e Surrey —, mas também com grande número de vinhedos menores (mais de 360, ao todo) no sul até a região oeste, ao longo dos vales do Tâmisa e do Severn e na Ânglia Oriental, a parte mais seca da Inglaterra. O maior vinhedo é Denbies, em Surrey, com 107 hectares — uma absoluta exceção num setor em que a média é de 2,3 hectares, embora mesmo em muitos dos menores as vendas dependam em alto grau do turismo. Bem mais de 100 estabelecimentos vinícolas processam a safra, que flutua amplamente mas produz em média 2,5 milhões de garrafas por ano.

De arquitetura muito incomum para a maioria dos estudiosos do vinho, a Nyetimber foi instalada no início da década de 1990 em Sussex por um casal norte-americano que procurava especificamente condições similares às de Champagne.

A maior parte da produção é de vinho branco que, como seu modelo original alemão, está se tornando cada vez mais seco. As videiras mais cultivadas são Seyval Blanc, Reichensteiner, Müller-Thurgau e Bacchus, mas também estão difundidas na atualidade as uvas de Champagne: Chardonnay, Pinot Noir e, em menor escala, Pinot Meunier. Também tem sucesso em misturas a variedade Madeleine x Angevine 7672, exclusiva do Reino Unido e criada por Georg Scheu na Alemanha na década de 1930. Plantam-se cada vez mais variedades de maturação precoce como a Dornfelder e a Rondo, de mais recente criação. O forte da Inglaterra é a produção de vinhos espumantes fermentados em garrafa, dos quais uma proporção cada vez maior baseia-se em Chardonnay e Pinot; os melhores deles competem com o champanhe pelo mesmo preço. Não há diferença entre o solo de giz de Champagne e o dos Downs ingleses e, além disso, a mudança climática tem sido muito favorável para a Inglaterra nos últimos tempos. Até pouco tempo atrás, os vinhos necessitavam de chaptalização bastante pesada na maioria dos casos, mas o clima e as técnicas têm melhorado desde o início ainda vacilante, e agora há vinicultores experientes capazes de fazer bons vinhos brancos e tintos quase todo ano. Os importados podem (facilmente) ser mais baratos, mas os vinhos feitos hoje na Inglaterra e no País de Gales têm seu estilo singularmente enérgico, aromático e vivaz, e podem envelhecer melhor que muitos brancos mais encorpados.

Os vinhos ingleses e galeses são classificados oficialmente como vinhos de qualidade, vinhos regionais ou vinhos de mesa do Reino Unido, sendo completamente diferentes do assim chamado "vinho britânico", confusa denominação do concentrado de uva reconstituído e fermentado importado pela Grã-Bretanha, em geral de quem quer que possa fornecê-lo pelo menor preço.

INGLATERRA: ODIHAM

Latitude / Altitude da EC **51,14° / 120m**

Temperatura média em julho na EC **16,9°C**

Índice pluviométrico anual na EC **700mm**

Índice pluviométrico no mês da colheita na EC **Outubro: 60mm**

Principais perigos para a viticultura **Maturação incompleta, chuva no outono, formação irregular do cacho**

Principais uvas **Seyval Blanc, Reichensteiner, Müller-Thurgau, Bacchus**

▼ Dois dos primeiros produtores a estabelecerem reputação de primeira classe para seus frisantes, feitos à imagem e semelhança do champanhe. Ridgeview deu o nome Merret a seu produto em homenagem ao inglês do século XVII, que supostamente ensinou aos champanheses como reter as borbulhas dentro da garrafa.

Suíça

O vinho suíço costumava se pautar totalmente por suas próprias inclinações, mas este é um privilégio de que nem mesmo a Suíça pode desfrutar no mundo moderno. Após décadas de isolamento vínico, o país se despiu das capas que o protegiam e, por conseqüência, hoje faz mais vinho tinto do que branco. O mercado do vinho foi totalmente aberto em 2001 e, a partir de 2006, ficou proibida a prática antes rotineira de batizar vinho suíço com vinho importado.

Os suíços são entusiásticos bebedores de vinho. Apenas cerca de 2% de seus vinhos saem do país. Fabricar qualquer tipo de vinho num país com a estrutura de custos da Suíça é inevitavelmente caro. Uma vez que a terra do chocolate e dos bancos nunca vai conseguir produzir pechinchas para o mercado de massa, os vinicultores suíços concentram-se cada vez mais em fazer vinho com verdadeira personalidade. Isto não deve ser muito difícil porque cada vinhedo — quase cada uva — é tratado como e por uma pessoa. Os 14.900 hectares de vinhedos do país estão divididos entre milhares de viticultores que trabalham em período integral ou parcial e garantem que seus impecáveis (e muitas vezes espetaculares) terrenos de videiras sejam esmeradamente cuidados como se fossem jardins, em lugar de cultivados comercialmente.

Com o minucioso cuidado de suas videiras e utilizando irrigação, sobretudo nas partes mais secas do Valais, os suíços têm obtido rendimentos habituais do nível dos da Alemanha. Ao produzir tamanhas quantidades, acrescentando açúcar quando necessário, eles fazem com que o cultivo de vinhas compense, apesar do terreno difícil e dos custos de um alto nível de vida. E, nas vinícolas, a fermentação malolática rotineira (à diferença da Alemanha ou da Áustria) corrige qualquer excesso natural de aspereza.

A Suíça tem as vinhas plantadas em maior altitude da Europa e os primeiros vinhedos nas margens de dois dos grandes rios ligados à viticultura do mundo, o Reno e o Rhône, que nascem no maciço de São Gotardo e, curiosamente, muito perto um do outro.

Todo cantão suíço cultiva uvas para produção de vinho. Nos últimos anos, mais de 80% do vinho do país têm vindo dos cantões ocidentais da suíça francófona — *la Suisse romande*. Valais é o mais produtivo, seguido de Vaud e depois, um pouco mais atrás, de Genebra. O quarto é Ticino, onde se fala italiano e se produz quase exclusivamente vinho tinto.

Típico panorama suíço sobre o Thunersee, onde o vinho desempenha um papel na economia, mas não de importância tão significativa como os Alpes e o turismo. Por muito tempo, quase todo turista comprava Fendant e Dôle em garrafas de tampa roscada, mas a Suíça não ficou imune à tendência global de melhoria da qualidade do vinho.

Uma vez que os suíços consomem duas vezes mais vinho tinto do que branco, no início do século XXI houve maciça conversão de vinhedos de uvas brancas, que antes predominavam, para variedades tintas, principalmente Pinot Noir.

A uva para vinho branco mais plantada é a Chasselas pálida, que consegue alcançar verdadeira personalidade nos sítios mais favoráveis da Suíça (ver página seguinte). Esta uva predomina na produção de vinho em Vaud e ainda desempenha um importante papel no Valais, em Genebra e Neuchâtel. Há bolsões de Pinot Gris, Pinot Blanc, Sylvaner, Marsanne, Chardonnay, Sauvignon Blanc e Viognier no Valais e em muitos outros lugares da Suíça francesa. No leste, na Suíça germanófona, a principal uva para vinho branco é a Müller-Thurgau, criada originalmente pelo dr. Müller, um suíço de Thurgau, mas hoje ela está perdendo terreno para variedades tintas.

Para os vinhos tintos finos e cada vez mais notáveis da Suíça, planta-se a videira aqui conhecida por diversos nomes — Pinot Noir, Blauburgunder ou Clevener — em todo o país, com exceção de Ticino, que se concentra na produção da uva Merlot, trazida de Bordeaux e introduzida em 1906 depois que a filoxera por pouco não destruiu a indústria vinícola da região.

Contudo, os vinhos mais característicos do país provêm da sua extensa lista de históricas variedades próprias: por exemplo, no Valais, Petite Arvine, Amigne, Humagne Blanc, Païen (Heida) e Reze para vinhos brancos, Cornalin e Humagne Rouge para os tintos; na Suíça germanófona, Completer e as antigas videiras alemãs Räuschling e Elbling; em Ticino, Bondola tinta. Destas, Petite Arvine, Completer e as variedades tintas Cornalin e Humagne Rouge podem produzir alguns vinhos realmente ótimos. Planta-se também uma série de novos cruzamentos suíços de pares de variedades viníferas populares, em especial Gamaret, Garanoir, Diolinoir e Carminoir para vinho tinto. Alguns viticultores vêm plantando híbridos resistentes a doenças, sobretudo no leste do país.

O **leste da Suíça** responde por cerca de 17% da produção total de uvas do país, geralmente em sítios isolados e com boa exposição solar que possibilitam a maturação da Pinot Noir, aqui chamada Blauburgunder, introduzida pela França no curso das guerras do século XVII. A qualidade segue melhorando, havendo exemplos especialmente bons provenientes de Schaffhausen, Thurgau e Bündner Herrschaft, onde o amadurecimento é beneficiado pelo vento quente do outono, o *föhn*. A especialidade branca desta privilegiada região é a austera mas antiga Completer.

Ainda mais amplo é o leque de qualidade na outra região de vinho tinto da Suíça, **Ticino**, onde o Merlot varia entre os que francamente são dignos de escárnio e alguns que, cultivados nas ladeiras mais ensolaradas, estão à altura dos Super Toscanos da Itália.

No oeste da Suíça, as vinhas das ladeiras voltadas para o sul sobre o lago Neuchâtel são dedicadas ao cultivo de Pinot Noir e Chasselas, para produzir vinhos delicados de todas as três cores, que amiúde ganham a vivacidade das leves borbulhas resultantes do contato prolongado com as borras. Todos os produtores de **Neuchâtel** entregam seu Chasselas não-filtrado (uma variação bem-vinda da receita habitual) na terceira quarta-feira de janeiro. Produz-se vinho muito similar ao de Neuchâtel no norte do Bielersee, imediatamente a nordeste, onde se obtém um Pinot Noir especialmente bom vindo de pequenos lotes de terra sobre as aldeias de Schafis, Ligerz e Twann.

▸ Um dos dois rótulos de Neuchâtel é um exemplo da especialidade rosada local Oeil-de-Perdrix, ou "olho de perdiz". Os outros três rótulos vêm da região germanófona do leste da Suíça — um Räuschling branco seco flanqueado por dois Pinot Noirs de especial interesse.

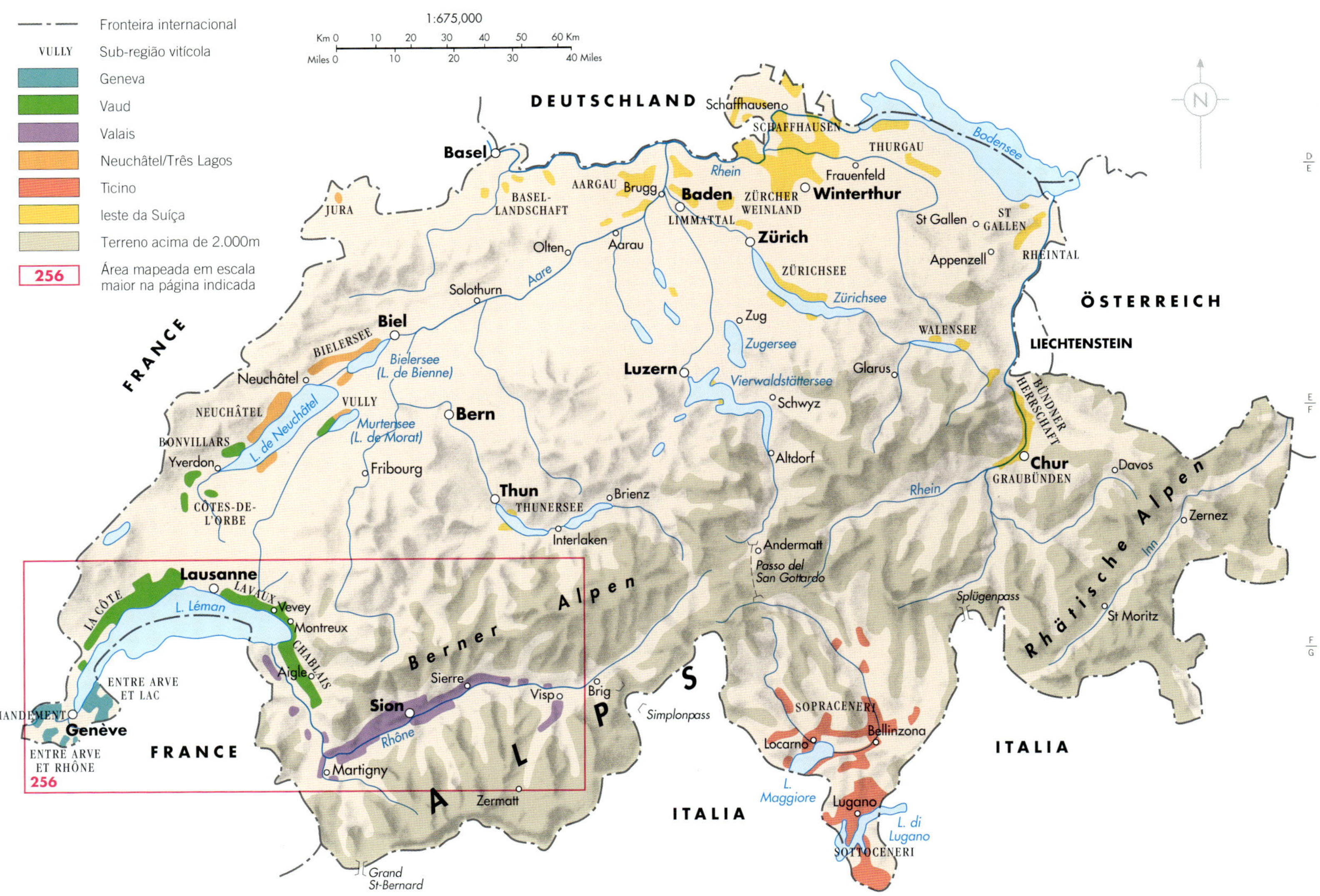

Valais, Vaud e Genebra

Após as escarpadas laterais do Valais, o vale que o jovem rio Rhône cavou através dos Alpes, seguem-se ladeiras mais suaves em Vaud, onde o espelho d'água se alarga no lago Léman (lago de Genebra). Uma faixa de vinhas quase contínua e voltada para o sul abarca inteiramente a margem norte do rio e depois a do lago. O Valais é um viveiro (literalmente) de experimentação com vinhos. Vaud é o coração tradicional do vinho suíço, onde monges cistercienses introduziram a viticultura trazida da Borgonha mais de 850 anos atrás. Genebra tem trabalhado com muito empenho para melhorar seus vinhos.

No alto **Valais**, as condições caracteristicamente alpinas — sol brilhante e seca no verão — podem dar vinhos concentrados e sumamente maduros. O índice pluviométrico médio no grande centro vinícola de Sion corresponde a menos de dois terços do da Borgonha, e, por isso, muitos viticultores do Valais constroem *bisses* (canais especiais para conduzir água da montanha) para irrigar suas videiras.

As primeiras videiras do Rhône crescem perto de Brig: variedades históricas como Lafnetscha, Himbertscha, Gwäss (Gouias Blanc) e Heida remetem à época anterior à transformação que o Túnel do Simplon e sua ferrovia causaram na economia do Valais. Um pouco a sudoeste daqui estão as vinhas de maior altitude da Europa, em Visperterminen, a 1.100m, quase à sombra do Matterhorn (*Mont Cervin* em francês, *Cervino* em italiano).

A produção de vinho em grande escala começa pouco antes de Sierre (o lugar mais seco da Suíça) e segue a jusante até Martigny, sede de muitas das empresas que fabricam os principais produtos do Valais: o branco Fendant (nome que a uva Chasselas recebe aqui) e o tinto Dôle. Este vinho de peso médio é geralmente uma mistura de Pinot Noir com Gamay, mas alguns Dôles são 100% Pinot. Muitos dos melhores vêm das ladeiras calcárias próximas a Sierre, contendo uva Gamay apenas suficiente para ganhar um certo toque frutado.

Aproximadamente 25% das uvas do Valais são cultivadas por pequenos viticultores e processadas pela Provins, a cooperativa mais importante. Mesmo tendo a Provins adotado medidas para fomentar a qualidade, coube a pequenos produtores de espírito inovador indicar o rumo, sobretudo com os vinhos tintos, que hoje respondem por mais de 60% da produção total do Valais. Variedades tradicionais como a frutada Cornalin e a rústica Humagne Rouge estão sendo complementadas cada vez mais não só com Pinot Noir e Gamay como também com a tânica uva Syrah, que se ambientou notavelmente bem após a viagem a montante desde seu lar no vale do Rhône.

Das 30 variedades de casca clara cultivadas no Valais, a Petite Arvine é a videira nativa de maior sucesso. Sua combinação de acidez atrevida e extrato considerável é especialmente vitoriosa no clima árido das imediações de Sion e Martigny. Os brancos do Valais são em geral sumamente potentes, quer seja Johannisberg (Sylvaner), Ermitage (Marsanne), Malvoisie (Pinot Gris, às vezes *flétri*, forte e doce, tradicionalmente obtido a partir de uvas-passas), Chardonnay, Amigne (especialidade da aldeia de Vétroz), Humagne Blanc (sem relação com a Humagne Rouge) ou Païen (Heida). A uva Rèze é cultivada em Sierre e envelhecida na parte alta dos Alpes, no Val d'Anniviers, para produzir o excelente Vin de Glacier, com características de Xerez.

SUÍÇA: GENEBRA

Latitude / Altitude da EC **46,15° / 410m**

Temperatura média em julho na EC **19,4°C**

Índice pluviométrico anual na EC **880mm**

Índice pluviométrico no mês da colheita na EC **Setembro: 90mm**

Principais perigos para a viticultura **Geada de primavera**

Principais uvas **Gamay, Chasselas**

Os vinhedos de **Vaud** são muito diferentes, favorecidos pelo clima temperado graças ao efeito do grande volume de água do lago Léman. Em 63% deles cultiva-se unicamente a uva Chasselas, mas mesmo aqui as variedades tintas estão ocupando espaços rapidamente. A produtividade continua muito alta (até 100hl/ha em média) para conseguir um vinho vibrante, mas há bolsões de vinhedos dos quais se consegue obter regularmente os exemplares desta uva peso-leve de mais caráter do mundo — o que chama a atenção, porque em muitas zonas ela se destina à cesta de frutas e não à vinícola.

Chablais é a região vitícola mais ao leste de Vaud e a uva Chasselas pode atingir níveis recorde de maturação nas proximidades de Aigle, Ollon e Yvorne. Com seus vinhedos em terraços, a bela orla norte do lago compreende as regiões de Lavaux (abrangendo a área entre Montreaux no leste e Lausanne, onde são produzidos alguns dos vinhos brancos suíços mais famosos e caros) e La Côte, que se estende num arco que é menos glorioso e espetacular do oeste de Lausanne até a cidade de Genebra.

Em Lavaux, aldeias vinícolas como Chardonne, Rivaz, Epesses e St-Saphorin (em ordem crescente de qualidade) vivem com fartura dos benefícios de uma reputação adquirida na Idade Média, mas há dois Grands Crus especialmente designados (Calamin e Dézaley) que desfrutam de ainda maior respeito e preços ainda mais altos. Todos os 16 hectares de Calamin encontram-se dentro da aldeia de Epesses, enquanto os 55 hectares de Dézaley compreendem propriedades como Clos des Abbayes e Clos des Moines, ambas pertencentes hoje à cidade de Lausanne. Dentro destes dois *crus*, Chasselas pode ser uma expressão atrevida, fumegante e pétrea de diferentes solos e exposições, dos quais os melhores beneficiam-se da luz refletida pelo lago e do calor irradiado pelos terraços pedregosos cuja construção foi iniciada pelos cistercienses. Os melhores vinhos de La Côte vêm, em geral, de aldeias como Féchy, Bougy-Villars, Mont-sur-Rolle e Morges.

Os vinhedos de **Genebra** mudaram mais do que quaisquer outros da Suíça nos últimos anos. A principal uva atualmente é a Gamay, que superou a Chasselas. Seguem-se as variedades Pinot Noir, Gamaret e Garanoir. Muito poderosa no passado, a cooperativa faz principalmente vinhos de mesa e conta com três áreas, das quais a maior é Mandement (Satigny é a maior comuna vinícola da Suíça), que tem a uva Chasselas mais madura e saborosa. Os vinhedos entre o Arve e o Rhône dão um vinho relativamente suave, enquanto o produto daqueles entre o Arve e o lago é bastante seco e pálido.

Os famosos vinhedos de grande altitude de Visperterminen, no Valais, vistos de um teleférico de esqui. Os suíços têm habilidade para superar quaisquer obstáculos práticos e assim aproveitar cada metro quadrado das ladeiras, até mesmo nos cumes das montanhas.

Como no Valais, quem dita o rumo aqui é um pequeno grupo de pessoas empreendedoras que mostraram que a inovação (por exemplo, plantar Merlot e Sauvignon Blanc) pode compensar mais que o apego ao costume local. Um exemplo é a típica e pitoresca aldeia de Dardagny, que ficou conhecida por seu Pinot Gris extraordinariamente vigoroso.

Fronteira internacional
Divisa cantonal
CHABLAIS Sub-região vitícola
VINZEL Principal comuna vinícola
CALAMIN Grand Cru especial
Vinhedos
Florestas
1000 Intervalo entre curvas de nível: 200m
Estação climática (EC)

▼ A Petite Arvine reproduzida no rótulo azul é, provavelmente, o maior tesouro varietal do Valais, embora ambos os Cornalins representem outra especialidade em uva nativa dessa região. Chasselas (segunda da direita à esquerda) é o carro-chefe de Vaud.

Áustria

Os apreciadores de vinho que tiveram a sorte de experimentar a moderna variedade de vinhos austríacos intensamente puros e secos (*trocken*) sabem que em muitos sentidos eles têm mais em comum com a Alsácia do que com a Alemanha, mas também uma personalidade peculiar e finamente desenhada. Há algo do frescor do Reno neles, talvez mais do ímpeto e do intenso sabor do Danúbio, mas em quase nada lembram os vinhos da Áustria de 25 anos atrás, antes da revolução vinícola (benfazeja em todo aspecto) por que o país passou.

A maior parte do vinho austríaco é produzida, em condições muito diversas, na assim chamada Weinland Osterreich, no extremo leste do país em torno de Viena, onde os Alpes descem para a grande planície da Panônia, que continua até a Hungria. Há solos de ardósia, areia, argila, gnaisse, terra preta e loess fértil, campos ressequidos e outros de perpétuo verdor, precipícios alcantilados sobre o Donau (Danúbio) e o mar calmo e raso do Neusiedler See (lago de Neusiedl).

Com seu clima implacavelmente continental e safras relativamente modestas, a Áustria consegue fazer vinhos mais fortes que a Alemanha. Os sabores de fruta que aparecem com mais freqüência são os da uva branca própria da Áustria, a Grüner Veltliner, cultivada em mais de um terço da área de vinhedos do país. Embora não seja uma uva de longa história na Áustria, nos últimos 50 anos ela demonstrou se adaptar muito bem aqui. O vinho de "Grüner" tem um frescor e um sabor frutado capazes de matar a sede, com abundante acidez e um sabor que oscila entre a toranja e o endro (tipicamente no extenso Weinviertel). Em mãos e lugares certos (em especial a montante de Viena), ele pode perfeitamente merecer também o envelhecimento em garrafas.

O campo ondulado e coberto de bosques do fértil **Weinvertel** ao norte de Viena é, com suas igrejas barrocas e belas aldeias, a verdadeira essência da Mitteleurop (Europa Central). As colinas da Eslováquia formam uma barreira entre ela e a influência cálida da planície da Panônia a sudoeste, razão pela qual os vinhos daqui são os mais frescos e leves da Áustria. Mailberg produz alguns dos melhores tintos, com sua cálida combinação de loess e areia e um vale notavelmente bem protegido. A Blauer Portugieser é a uva tinta mais usada, mas a Zweigelt da Áustria é ainda melhor.

A contrapartida da Áustria às Appellations Contrôlées da França foi introduzida com o Grüner Veltliner produzido no Weinvertel. Como a AC da França, a DOC da Itália e a DO da Espanha, o DAC (Districtus Austriae Controllatus) privilegia a rotulagem geográfica em detrimento da varietal. Traisental (para Grüner Veltliner e Riesling) e Mittelburgenland (para Blaufränkisch) já adotaram o sistema e outras regiões estão prestes a fazê-lo.

Até não muito tempo atrás, quase 70% de todo o vinho austríaco era branco. O Grüner Veltliner predominava (e ainda predomina); Welschriesling e Riesling também são importantes, mas o que o mercado pede hoje é vinho tinto. As variedades Zweigelt, Blauer Portugieser e Blaufränkisch perfazem juntas cerca 20% das plantações. A revolução do vinho na Áustria atingiu também a geografia vinífera, com inúmeras mudanças de limites e novas denominações de regiões. Na página seguinte abordamos em detalhe as quatro mais importantes, isto é, Wachau, Kremstal, Kamptal e Burgenland.

Embora a agricultura mista predomine em **Traisental** e **Donauland**, estas regiões produzem uva Grüner Veltliner magnífica e a Roter Veltliner, de casca vermelha e sem parentesco com a anterior, sobretudo na sub-região de Wagram, na Donauland. Entre os viticultores mais admirados do país estão Markus Huber von Reichersdorf, de Traisental, Bernhard Ott, de Feuersbrunn, e Karl Fritsch, de Oberstockstall, na Donauland. Nas imediações de Viena, mas tecnicamente ainda na Donauland, localizam-se as adegas monásticas e a influente escola nacional de vinicultura de Klosterneuberg.

Os vinhos tintos fáceis de beber são a especialidade de **Carnuntum**, a área vitícola da Niederösterreich (Baixa Áustria) situada mais ao sul e de clima mais quente, onde a Zweigelt é também a melhor uva. Protegida ao norte pelas montanhas e pelos famosos bosques de Viena, Carnuntum está totalmente aberta à influência da planície da Panônia, da mesma forma que Burgenland, ao sul. Göttlesbrunn e Höflein são as aldeias mais bem localizadas; todos os demais pontos podem ser fatalmente frios no inverno ou perigosamente secos no verão. O melhor produtor da área é Gerhard Markowitsch.

Nenhuma capital tem tanta intimidade com o vinho como **Viena** (Wien), onde mais de 700 hectares de vinhedos ainda se mantêm firmes, disputando espaço com as linhas de bondes no centro dos distritos residenciais, subindo pelas colinas circundantes e penetrando nos bosques. Viena também tem sua feira bienal de vinhos, a VieVinum, de elegância

▼ Seguindo os passos da França com a AC, o rótulo de DAC, primeiro da esquerda para a direita, omite propositalmente o nome Grüner Veltliner, como também faz o do Reserva da Ott de Donauland. Precedendo os três Sauvignon Blancs de primeira qualidade da Estíria, há uma especialidade austríaca em vinho tinto, um St. Laurent da Thermenregion

Perto de Leutschach, no sul da Estíria, os vinhedos da Weingut Sepp Muster procuram a proteção divina — não que precisem dela em geral estando tão ao sul, onde o clima continental garante verões especialmente quentes.

incomum e realizada no esplêndido palácio imperial, na qual não podem faltar os finos cálices de cristal que são uma das especialidades da Áustria, tão próxima da Boêmia. Quase todo o vinho de Viena é bebido como *Heurige*, em *Heurigen* — pois esta palavra intraduzível designa tanto o vinho novo quanto a taverna coberta de folhas de árvores onde o público o bebe, numa atmosfera que pode variar entre a corriqueira armadilha para turistas e o ambiente idílico. Todo vinicultor parece ser também taverneiro e escreve com giz num quadro-negro o nome dos vinhos oferecidos e seus (módicos) preços, para quem quiser beber no local ou levar a bebida. O bom *Heurige* é sensacional, algo vivaz e jovial que vai direto para a cabeça da gente. Na sua maior parte é Grüner Veltliner; o restante é Weissburgunder (Pinot Blanc), Traminer e Müller-Thurgau. Há também um pouco de Riesling, embora esta seja a uva com maior probabilidade de fornecer vinhos de Viena para adega.

Os vinhedos estendem-se para o sul da cidade na **Thermenregion**, assim chamada por suas fontes de água quente, contornando a última dobra dos contrafortes alpinos voltados para a ardente planície húngara. Diferentemente dos vinhedos de Viena, os da Thermenregion estão longe demais do rio Danúbio para se beneficiarem de sua refrescante influência. Todavia, a Thermenregion também tem a tradição de *Heurigen*, mas nem de longe tantos turistas. Atualmente ela concentra sua produção na uva Pinot Noir e na sua parente austríaca, St Laurent, além de Chardonnay, Pinot Blanc e, das uvas brancas locais, a vivaz Zierfandler e as Rotgipfler e Neuburger, mais pesadas.

No sul, **Steiermark** (Estíria) tem pouco em comum com as regiões do norte da Áustria. Por décadas, aqui tem sido produzido unicamente vinho seco, como do outro lado da fronteira, na Eslovênia. Trata-se de apenas 7% dos vinhedos do país, e mesmo assim muito espalhados, mas a fama de seu Sauvignon Blanc intenso e penetrante (às vezes envelhecido em carvalho), seu Chardonnay e seu Welschriesling é inigualável na Áustria. Às vezes se apresentando insolitamente sob uma alcunha local, Morillon, a uva Chardonnay está bem enraizada aqui. A Südsteiermark tem a maior concentração de produtores prestigiosos, com nomes como Gross, Polz, Sattlerhof, Tement e Wohlmuth. A uva Traminer é a especialidade dos solos vulcânicos de Klöch, também no sul, enquanto o rosado Schilcher, feito da rara uva Blauer Wildbacher, é a da Weststeiermark.

ÁUSTRIA: VIENA

Latitude / Altitude da EC **48,04° / 180m**

Temperatura média em julho na EC **19,8°C**

Índice pluviométrico anual na EC **665mm**

Índice pluviométrico no mês da colheita na EC **Setembro: 40mm**

Principais perigos para a viticultura **Geada de primavera**

Principais uvas **Grüner Veltliner, Zweigelt, Blauer Portugieser, Welschriesling, Riesling, Blaufränkisch**

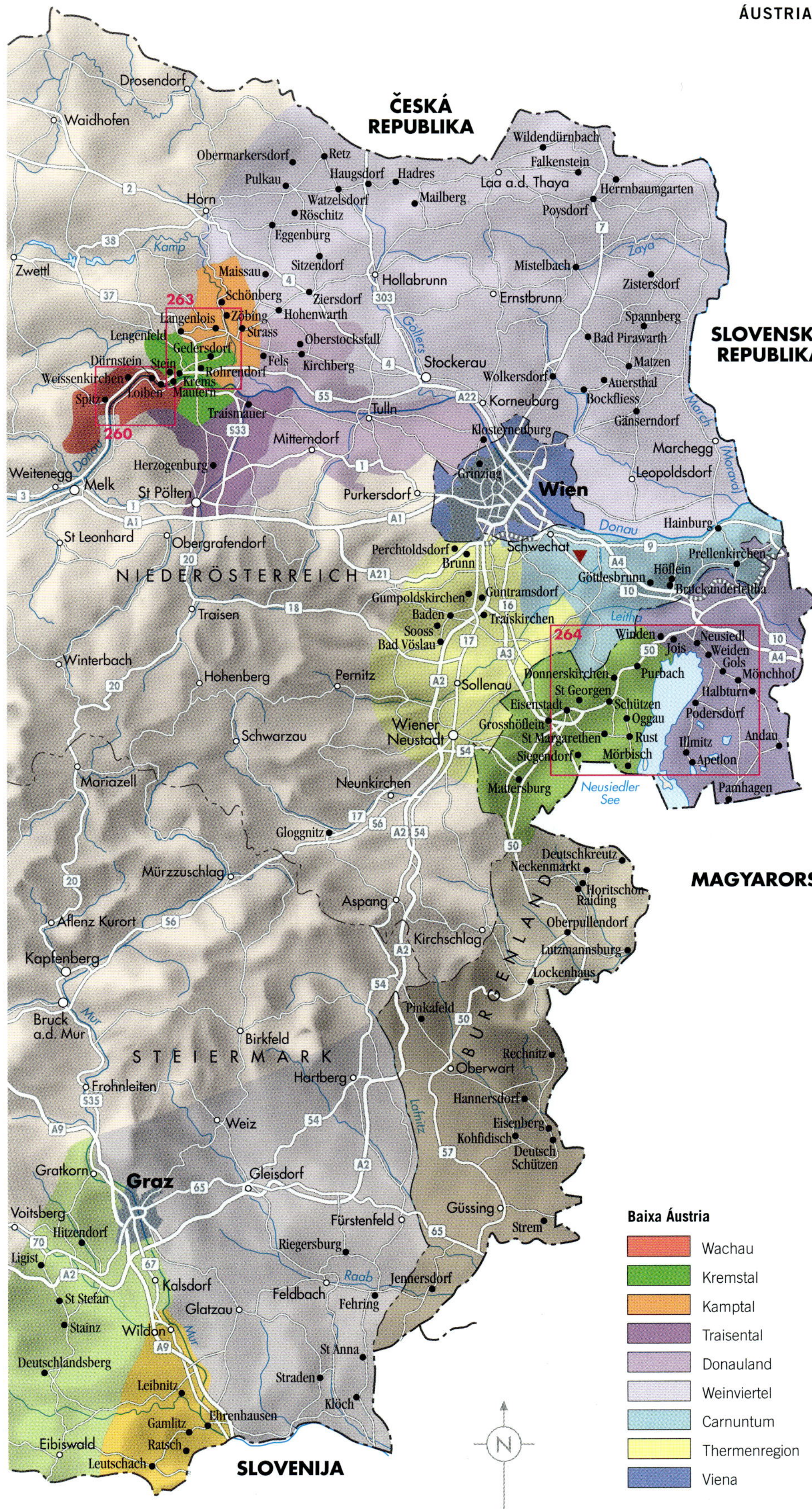

1:1,225,000

Km 0 25 50 Km

Miles 0 25 Miles

— · — Fronteira internacional

- - - Divisa da província

• Strem Principal comuna vitícola

▼ Estação climática (EC)

260 Área mapeada em escala maior na página indicada

Baixa Áustria

- Wachau
- Kremstal
- Kamptal
- Traisental
- Donauland
- Weinviertel
- Carnuntum
- Thermenregion
- Viena

Burgenland

- Neusiedlersee
- Neusiedlersee-Hügelland
- Mittelburgenland
- Südburgenland

Steiermark

- Südoststeiermark
- Südsteiermark
- Weststeiermark

Wachau

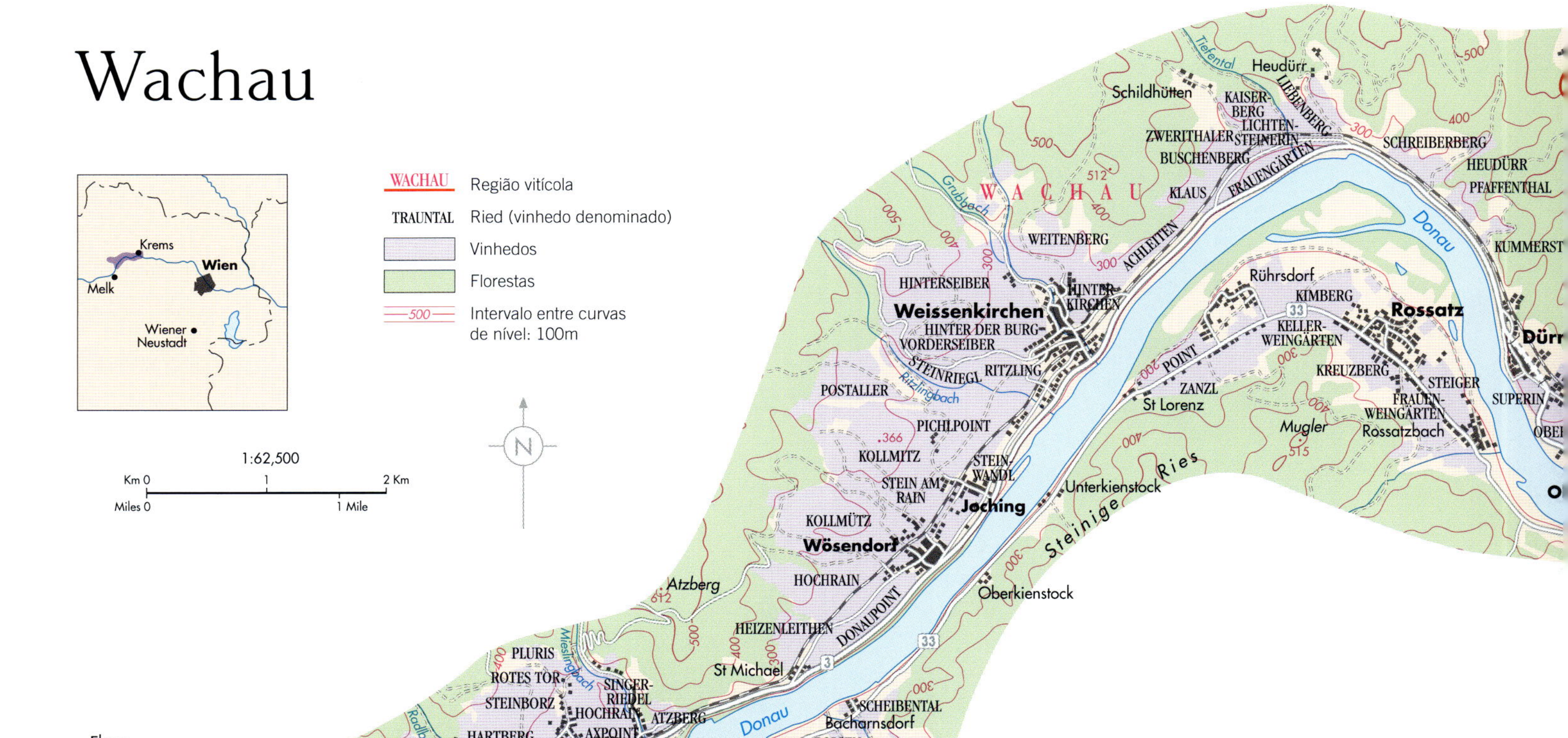

Se há uma região que precise de um atlas para contar a sua história, essa região é o Wachau, ponto de encontro de climas do norte e do sul e rico mosaico de solos e rochas. Sessenta e cinco quilômetros antes de chegar a Viena, o Danúbio, largo e cinzento, abre uma brecha numa cadeia de colinas de quase 500m de altura. Por um curto trecho, na escarpada margem norte do rio, tão íngreme quanto a do Mosela ou da Côte-Rôtie, estende-se uma miscelânea de vinhas sobre saliências e afloramentos ao longo de sendas estreitas que sobem do rio em direção aos bosques no cume.

Há lotes de solo profundo e outros onde basta raspar um pouco para encontrar a rocha; pequenas áreas que recebem a luz do sol o dia inteiro e outras que parecem ficar sempre à sombra. Isto é o Wachau, a mais famosa região vitícola da Áustria, muito embora tenha, com 1.500 hectares, apenas 3% da área de vinhedos do país.

A razão da excelência dos vinhos (quase invariavelmente brancos secos ou meio-secos) do Wachau é a localização geográfica. Esta é a região mais ocidental atingida pelos verões quentes da planície da Panônia, que aquecem o vale do Danúbio até o extremo oriental do Wachau. Nestes vinhedos de baixo rendimento as uvas podem chegar a ter níveis de álcool de 15% ou mais. Contudo, os vinhos estão longe de ser monstros flácidos, pois a aragem refrescante do norte que desce da floresta esfria os vinhedos à noite. Os terraços íngremes destes vinhedos podem necessitar de irrigação no alto verão (com freqüência, o índice pluviométrico anual é inferior ao mínimo natural prático de 500mm), mas as noites frias ajudam e o Danúbio age como um regulador natural da temperatura.

A uva Grüner Veltliner era a variedade tradicional do Wachau e dá os vinhos mais vigorosos daqui, que no seu ápice têm um matiz verde, muita vivacidade e sabor quase apimentado. Os melhores mostraram-se capazes de envelhecer tanto quanto os Borgonhas brancos finos, e com resultados não menos interessantes. Uma vez que a variedade Grüner Veltliner pode vicejar nas margens mais baixas, em marga e areia, os viticultores têm destinado suas áreas mais íngremes e próximas do topo da colina, com solo menos fértil de gnaisse e granito, ao plantio de Riesling, deliciando a sua clientela.

Os Rieslings de alta qualidade do Wachau podem ter um toque acerado do Sarre numa estrutura que enche a boca e é tão cheia como a de um Riesling de Gran Cru alsaciano. Entre os viticultores que fazem vinhos como esses estão Hirtzberger em Spitz, Prager em Weissenkirchen, FX Pichler em Oberloiben, Emmerich Knoll, a família Tegernseerhof e Leo Alzinger em Unterloiben, Johann Schmelz e Josef Jamek em Joching e Rudi Pichler em Wösendorf, bem como a famosa cooperativa Freie Weingärtner Wachau, em Dürnstein. O carvalho novo não é um recurso utilizado aqui, mas houve experimentos com uvas botritizadas.

Os viticultores do Wachau têm seu sistema próprio de denominação de vinhos — na reali-

◄ Apenas alguns dos principais produtores do Wachau, pois há muitíssimos entre os quais escolher. É muito difícil achar vinhos decepcionantes ou feitos com desleixo neste distrito coeso e muito organizado. Mesmo o da cooperativa é indubitavelmente superior.

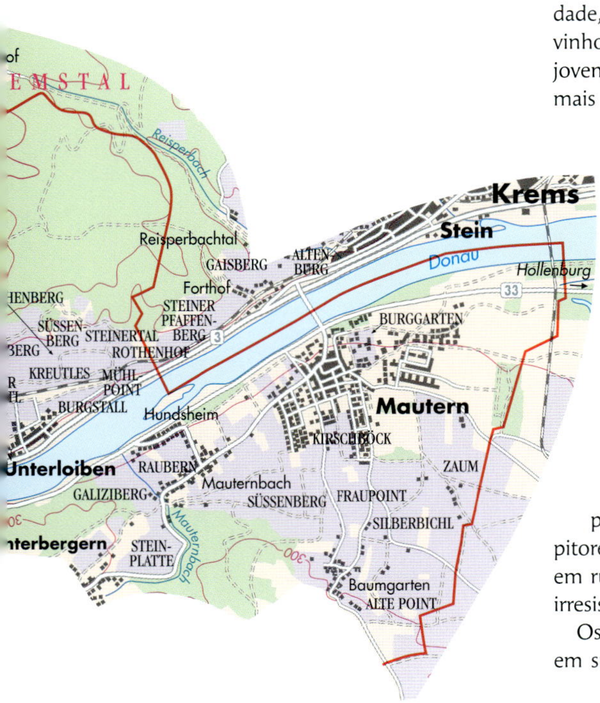

dade, codificado ao gosto local. O Steinfeder é um vinho leve com até 11% de álcool para ser bebido jovem. O Federspiel é feito com uvas ligeiramente mais maduras, tem teor alcoólico de 11,5% a 12,5% (mais forte do que em épocas anteriores) e é bom nos primeiros cinco anos. Os vinhos rotulados como Smaragd (nome de um lagarto verde da região) são realmente encorpados, com teores de álcool acima — muitas vezes bem acima — de 12,5%; vale a pena envelhecê-los por seis anos ou mais.

A influência fria do norte é mais forte a oeste de Spitz, ao passo que os Loibens — Unter (Baixo) e Ober (Alto) — gozam de clima sensivelmente mais temperado, até mais que Weissenkirchen. Dürnstein, em cujo castelo Ricardo Coração de Leão esteve preso, é a capital natural do Wachau e o ápice pitoresco do vale. O campanário barroco, o castelo em ruínas e os vinhedos em declive da aldeia são irresistivelmente românticos.

Os melhores vinhos do Wachau são produzidos, em sua maioria, na margem norte do rio, mas há pelo menos um viticultor, Nikolaihof, que faz alguns vinhos biodinâmicos consistentes nas redondezas de Mautern, na margem sul. Raramente se recorre a fungicidas neste clima seco, bom para a viticultura orgânica.

Não surpreende saber que este mosaico de 20km de vinhedos tem nada menos do que 900 sítios com nomes diferentes, ou *Rieden*. Os limites entre eles ainda são demasiadamente discutíveis para serem mapeados aqui, mas se há um que se deve destacar é Achleiten, a nordeste de Weissenkirchen. Ardósia e gnaisse combinam-se para dar a seus vinhos uma característica mineral que quem faz degustação às cegas deve perceber — ou pendurar sua taça. Por meio de sua associação, a Vinea Wachau, os produtores de vinho locais fazem um juramento, o Código Wachau, se comprometendo a que todos os seus vinhos tenham o máximo de pureza e expressão possível.

Em primeiro plano, o Schreiberberg, vinhedo acentuadamente íngreme debruçado sobre o largo e azul Danúbio e seu movimento turístico; a jusante, a encantadora Dürnstein. É fácil compreender por que quase todas as vinhas estão plantadas na margem norte do rio.

Kremstal e Kamptal

Se o Wachau marcou o rumo na investida inicial da Áustria sobre os amantes de vinhos brancos finos do mundo inteiro, estes não demoraram a perceber que as regiões vizinhas de Kremstal e Kamptal produziam vinhos de qualidade e estilo semelhantes e, em muitos casos, de preços mais convidativos.

As belas cidadezinhas gêmeas de Stein e Krems sinalizam o extremo leste do Wachau e o início de **Kremstal**, muito parecido mas um pouco menos impressionante. Os vinhedos de solo argiloso e calcário daqui, inclusive o famoso (Steiner) Hund, podem conferir densidade singular tanto ao Riesling como ao Grüner Veltliner.

A região de Kremstal estende-se para o norte e o sul do Danúbio, em grande parte sobre um loess estranhamente macio — metade solo, metade rocha —, que gera alguns Grüner Veltliners famosos mas também tintos bem encorpados. Kremstal é uma zona de transição entre a intensa concentração do Wachau e a maior variedade de Kamptal, analisada a seguir. Partes desta região são elevadas e íngremes o bastante para precisar de plantio em terraços, como no Wachau.

Entre os produtores talentosos, Malat e Nigl fazem brancos estimulantes não menos concentrados que muitos vinhos do Wachau. Outra vinícola notável com alguns produtos de bom valor é a Salomon-Undhof, que tem um estabelecimento vinculado em South Australia. A vinícola e os vinhedos Stadt Krems (pertencentes à cidade) estão sob o controle de Fritz Miesbauer, que assumiu em 2003 depois de trabalhar como vinicultor na cooperativa Freie Weingärtner Wachau. Entre as antigas propriedades da municipalidade está o vinhedo Wachtberg, do século XII.

Em Rohrendorf, nas colinas mais baixas e arenosas do leste de Kremstal, localiza-se a ampla vinícola do maior produtor da Áustria, Lenz Moser, que enche 18 milhões de garrafas por ano (volume ainda pequeno para os padrões globais).

Produtiva zona-tampão entre Kremstal e Weinviertel, **Kamptal** é fonte de vinhos tão destacados que foi chamada de K2 da Áustria (sendo Wachau o Everest). Seus vinhedos voltados para o sul e com freqüente predomínio do loess são protegidos do frio do norte pelas montanhas e beneficiam-se de quase o mesmo clima e paisagem que Kremstal e Wachau a oeste. Cerca de 1°C mais quente que o Wachau e com menor altitude, Kamptal produz Riesling e Grüner Veltliner de similar densidade, bem como um leque um pouco maior de outras variedades, em muitos casos inferiores. A principal influência fluvial não é a do vasto Danúbio, que flui para o leste, mas a de seu afluente que corre para o sul, o Kamp, que pode trazer queda de temperatura à noite. Isto resulta em versões um tanto mais vivazes das duas variedades mais famosas de uvas brancas secas da Áustria.

Os centros vinícolas mais importantes são Langenlois, que produz vinhos há séculos, Zöbing, famosa por seu vinhedo Heiligenstein, e Gobelsburg, onde o majestoso Schloss Gobelsburg vem sendo esplendidamente restaurado desde 1996 por Michael Moosbrugger, antecessor de Fritz

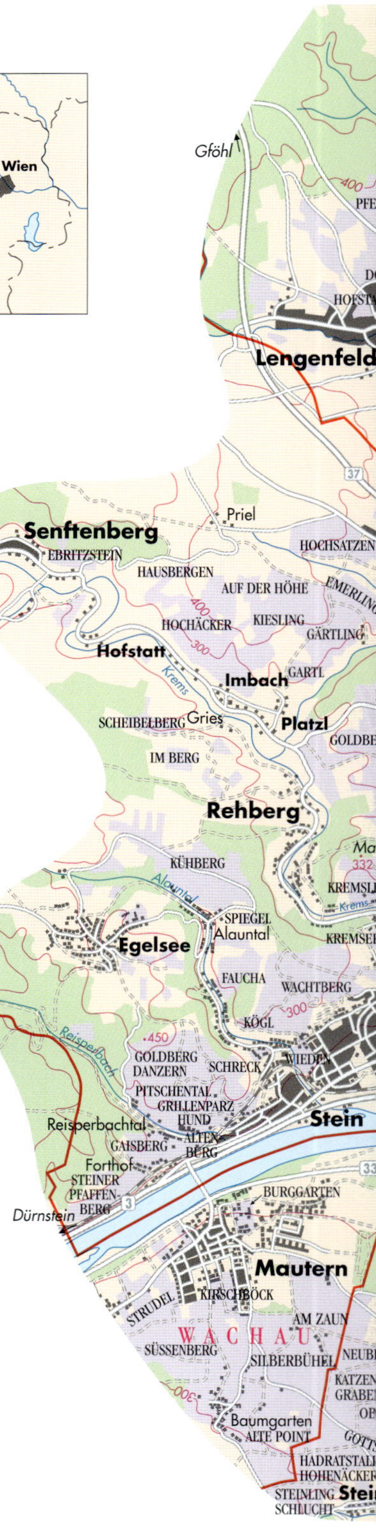

Uma presença totalmente inesperada em meio às videiras em Langenlois, Kamptal: o famoso Centro de Visitantes Loisium, projetado pelo arquiteto Steven Holl em 2003. O Hotel Loisium oferece vinhos (especialmente os locais), um restaurante, um spa com tratamentos à base de vinho e este museu de vinicultura.

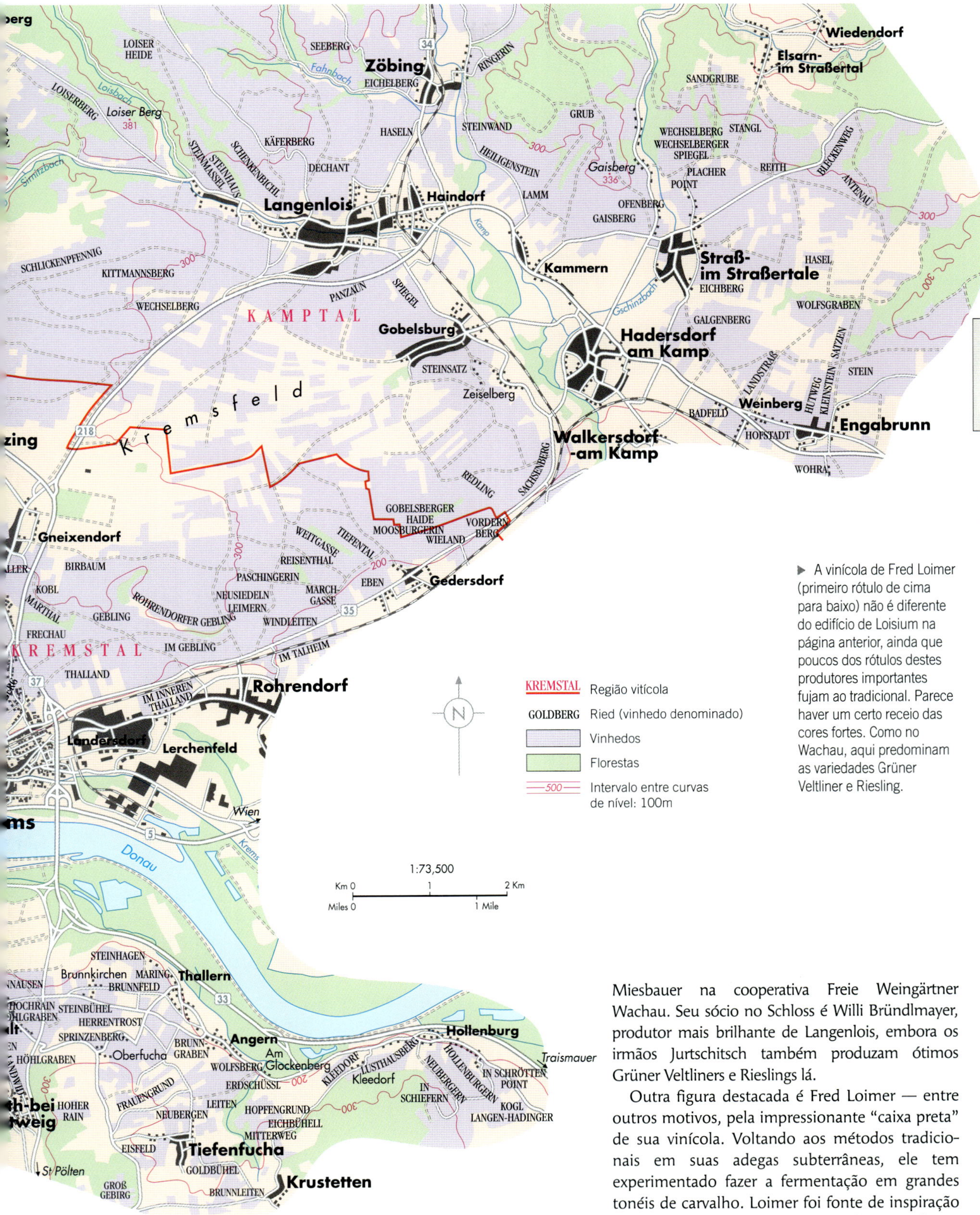

▶ A vinícola de Fred Loimer (primeiro rótulo de cima para baixo) não é diferente do edifício de Loisium na página anterior, ainda que poucos dos rótulos destes produtores importantes fujam ao tradicional. Parece haver um certo receio das cores fortes. Como no Wachau, aqui predominam as variedades Grüner Veltliner e Riesling.

Miesbauer na cooperativa Freie Weingärtner Wachau. Seu sócio no Schloss é Willi Bründlmayer, produtor mais brilhante de Langenlois, embora os irmãos Jurtschitsch também produzam ótimos Grüner Veltliners e Rieslings lá.

Outra figura destacada é Fred Loimer — entre outros motivos, pela impressionante "caixa preta" de sua vinícola. Voltando aos métodos tradicionais em suas adegas subterrâneas, ele tem experimentado fazer a fermentação em grandes tonéis de carvalho. Loimer foi fonte de inspiração para toda uma nova geração de vinicultores jovens e dedicados.

Para turistas apaixonados por vinhos, é de real interesse em Kampal o extraordinário Hotel Loisium de Langenlois, dedicado ao tema com seu museu do vinho, um "spa de vinho" e um restaurante cuja carta de vinhos inclui Grüner Veltliners magistralmente bem conservados da década de 1930.

Burgenland

Durante muito tempo, Burgenland parecia fazer parte de uma era anterior da Europa Central. Esta região fica na fronteira com a Hungria — de fato, o distrito húngaro de vinho tinto de Sopron é um entalhe feito nela. Mas as margens planas e com freqüência arenosas do Neusiedler — uma gigantesca lagoa pantanosa com mais de 32km de comprimento e apenas um metro de profundidade — são hoje a um tanto improvável fonte dos maiores vinhos brancos e tintos doces da Áustria: **Neusiedlersee**.

Este recanto pouco atraente do mundo do vinho conquistou fama internacional com extraordinária rapidez. Após a Segunda Guerra Mundial, havia menos de 100 hectares de vinhas plantados entre os brejos da costa leste do lago e nas redondezas de aldeias como Illmitz e Apetlon, que à época só contavam com estradas de terra e não tinham eletricidade. Nas largas ruas das aldeias ainda se enfileiram cabanas singelas de um só pavimento, com telhado de junco do lugar. Não é raro ver veículos puxados a cavalo. Sendo o campo muito plano e estando o lago circundado por juncos até a cintura do observador, os pontos com vista para o lago são poucos e distantes uns dos outros. Uma simples elevação de 25m é reverenciada como se fosse uma colina.

Esta descrição pode não parecer adequada a uma grande região vitícola. O segredo reside no lago pouco profundo que é coberto pela neblina durante os outonos longos e quentes, favorecendo muito a ação da botrítis (podridão nobre), tanto que os cachos de uva vão ficando com aspecto de terem sido mergulhados em cinzas. Tratando-se da região vitícola mais quente da Áustria (quente demais para a uva Riesling de maturação precoce), escancarada ao calor da planície da Panônia, as uvas tintas (cultivadas numa paisagem não muito diferente da do Médoc) amadurecem sem dificuldade todo ano, mas a cerração matinal ajuda a mantê-las razoavelmente viçosas. O ingrediente final é o trabalho de vinicultores que estão entre os mais ponderados, curiosos e viajados do mundo.

Os dois Alois Kracher (pai e filho) contribuíram muito para colocar Illmitz no mapa mundial do vinho com uma extraordinária gama de brancos doces (em muitos casos, misturas cuidadosamente preparadas) criados no vinhedo e numa singela combinação de vinícola e laboratório. A cada ano é feita uma série de seleções segundo a profundidade da botrítis — quanto mais alto o número do Cuvée, mais extraordinariamente doce o vinho. Chardonnay e Welschriesling combinam-se com especial êxito no Trockenbeerenauslesen de fama mundial da Kracher, que também produz vinho na Califórnia (K&K) e Málaga. Angerhof-Tschida é outro notável produtor de Illimitz, e Willi Opitz também está na onda. Estes vinhos intensamente doces e surpreendentes são feitos, tradicionalmente, tanto em velhos tonéis de carvalho como no estilo moderno e mais concentrado, que inspira um sorriso nos rostos dos tanoeiros franceses.

Burgenland produz mais variedades de uva que qualquer outra região austríaca, sendo a produção atual das uvas para vinho tinto Blauränkisch e Zweigelt consideravelmente maior que a de Grüner Veltliner. Welschriesling, Chardonnay e Weissburgunder (Pinot Blanc) também estão muito difundidas para vinhos brancos de todos os níveis de doçura. A gama de vinhos de Burgenland também abrange Neuburger, Muskateller (Muscat Ottonel), St. Laurent, Sämling 88 (Scheurebe) e Cabernet Sauvignon, mas os vinhos doces sempre foram a especialidade da região.

Os melhores vinhos tintos do Neusiedlersee costumam vir de terras um pouco mais altas a certa distância do lago, nas proximidades das aldeias de Frauenkirchen, Mönchhof e Gols. Também aqui o uso de tonéis novos de carvalho francês deu mais rigor às uvas locais Zweigelt e St. Laurent, que não têm alto teor natural de tanino. Produtores como Paul Achs, Gernot Heinrich, Hans e Anita Nittnaus, Juris, Umathum, Josef Pöckl e Schloss Halbturn parecem fazer vinhos tintos de melhor qualidade a cada safra.

No lado oposto do lago, em Neusiedlersee-Hügelland, há verdadeiras colinas (que com freqüência propiciam verdadeiras chuvas) que formam a cadeia Leithaberg — que, por sua vez, dá nome a um grupo de produtores de Burgenland especialmente concentrados no *terroir*—, uma arquitetura barroca muito mais grandiosa e um histórico considerável de produção de ótimos vinhos. O vinho historicamente mais famoso de Burgenland vem de Rust, onde Feiler-Artinger é o principal produtor. Costumava-se comparar o Ruster Ausbruch com o Tokaji (ver página 268), apesar de ser menos ácido, mais alcoólico e ter doçura entre Beerenauslese e Trockenbeerenauslese.

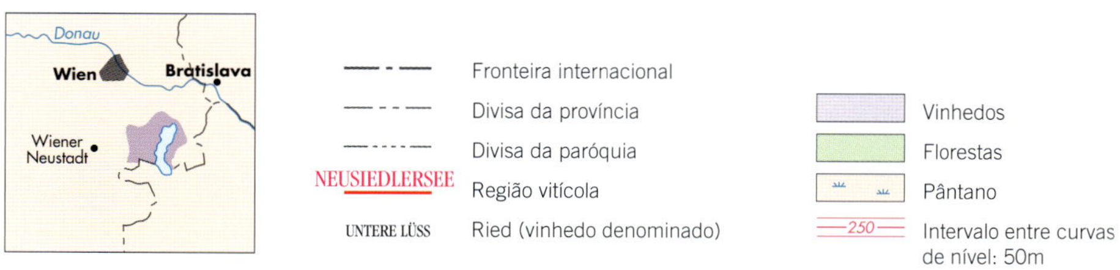

‹ Os vinhos mais famosos de Burgenland são os brancos doces de notável riqueza, frescos e vibrantes de Alois Kracher, mas também se faz branco doce no outro lado do lago, em Rust, enquanto os vinhedos localizados no nordeste do mapa são melhores para tintos gordos. A Velich ganhou fama com seu Chardonnay cheio e seco, feito com uva do vinhedo Tiglat, em Illmitz.

Os vinhedos descem pelas ladeiras para o leste em direção às aldeias de Purbach, Donnerskirchen, Rust e Morbisch e, sendo a sua altitude maior que a dos localizados a leste do lago, são um pouco menos propensos à botrítis. Há produção de grandes quantidades de vinho tinto aqui e nos vinhedos que se estendem a oeste quase até Wiener Neustadt e, ao sul, além de Mattersburg. Andi Kollwentz, da vinícola Römerhof, de Grosshöflein, é considerado o melhor e mais versátil adegueiro da Áustria.

Imediatamente ao sul, em **Mittelburgenland** (Burgenland Central), uma de cada duas videiras é de Blaufränkisch, que aqui faz verdadeiro sucesso. Aqui têm-se produzido versões cada vez mais sofisticadas desta uva tinta revigorante, obtidas com o uso de carvalho à maneira proposta pelo falecido Hans Igler. Graças a uma série de excelentes safras no começo deste século, houve aqui um volume considerável de investimentos em modernos prédios para vinícolas, entre outras áreas importantes, como no caso de Albert Gessellman, Johann Heinrich, Paul Kerschbaum e Franz Weninger.

A variedade Blaufränkisch também reina na **Südburgenland** (Burgenland do Sul), uma região vitícola muito mais isolada, bem ao sul do lago. Os vinhos são mais leves que os da Burgenland Central, com mineralidade e tempero singulares decorrentes do alto teor de ferro no solo. Os melhores produtores são a família Krutzler, cujo vinho mais conhecido é o Perwolff. Também é notável o único vinhedo de Uwe Schiefer, Reihburg Blaufränkisch.

Infecções de podridão nobre (ou botrítis) seguras e em grande escala concentram os açúcares nestas uvas das videiras cuidadosamente tratadas de Alois Kracher pai. Uma vez que os pássaros da região estão bem a par disto, a quantidade de riquíssimos vinhos de Burgenland obtida depende da eficiência do produtor para proteger os frutos nas últimas semanas da estação de crescimento.

Os vinicultores austríacos não param de inovar.

Hungria

Budapeste voltou a ser uma cidade vibrante; a Hungria renasceu, liderando o ansiado despertar da Europa Oriental de seu pesadelo comunista. Há séculos, a Hungria tem tido a cultura gastronômica e vinícola mais distinta, as variedades de uvas nativas mais desenvolvidas, e, no que tange ao vinho, leis e costumes mais precisos do que qualquer país a leste da Alemanha. Por isso foi visto como uma ameaça o flerte com varietais internacionais baratas e bastante medíocres ocorrido no fim do século XX, mas agora há sinais claros de que a extraordinária paleta de variedades de uva branca nativas da Hungria começa a ser reconhecida como um trunfo e não como uma desvantagem. Hoje, os vinicultores húngaros oferecem, orgulhosamente, vinhos leves, aromáticos e frescos, especialmente no norte do país, bem como vinhos muito mais cheios e mais picantes, reminiscentes de estilos tradicionais, além de exemplares envelhecidos em carvalho de variedades internacionais e da Europa Central.

O vinho húngaro tradicional característico é branco — ou melhor, calidamente dourado — e picante. Sendo bom, ele tem sabor nitidamente rico, não necessariamente doce mas cheio de fogo e até um pouco impetuoso. É um vinho para comidas mais temperadas, apimentadas e gordurosas do que as que um vinho leve poderia acompanhar. São pratos para os impiedosos invernos da Hungria. As uvas amadurecem em outonos mais quentes que em muitos lugares da Europa continental, embora o clima seja relativamente frio e a estação de crescimento dure menos que na maioria das regiões mediterrâneas. As temperaturas médias anuais são mais altas no sul, chegando a 11,4°C nas proximidades da cidade de Pécs, e mais baixas no norte, em torno de 9,5°C em Sopron. (Ver Tokaj no respectivo mapa.) Quase todas as regiões vitícolas históricas do país evoluíram ao abrigo de terras altas; a variedade de terrenos resulta num leque de mesoclimas que se reflete na diversidade dos vinhos de cada região. O mapa na página seguinte mostra as 22 regiões vitícolas definidas por lei em 1997, várias das quais têm nomes diferentes agora.

A lista de grandes variedades de uvas húngaras começa com a Furmint, forte e ácida, e a Hárslevelq, mais suave e perfumada. São as uvas de Tokaji, mas não apenas de Tokaji. São bem diferentes — mais leves — a aromática e vivaz Leányka (a Feteascǎ Albǎ da Romênia) e a Királyleçnyka (Feteascǎ Regalǎ), com sabor de uva ainda mais acentuado. Para vinhos brancos revigorantes, mais leves e não-envelhecidos, outras variedades cultivadas são a Sauvignon Blanc e o difundido cruzamento Irsai Olivér, enquanto a Furmint, a Hárslevelű, a Olasz Rizling (Welschriesling), a Chardonnay, a Szürkebarát (Pinot Gris) e alguma Viogner recentemente plantada têm maior probabilidade de ser bem encorpadas e envelhecidas em carvalho.

Entre as variedades propriamente húngaras, na maioria dos casos raras na atualidade, podemos mencionar a Kéknyelű ("caule azul"), do lago Balaton; Ezerjó, de Mór, fresca e até acre; Mézesfehér ("mel branco"), que é rica, de encher a boca e geralmente doce; e, finalmente, a Juhfark, de Somló, que tem aroma contido e precisa de tempo em madeira para suavizar. Zeta, Zeus, Zenit e Zefír são outros cruzamentos húngaros que podem ser vistos com muita freqüência.

Típicos telhados muito inclinados junto aos vinhedos na aldeia de Markaz, a leste de Gyöngyös, protegida dos ventos frios do norte pelas colinas Mátra. Esta é indiscutivelmente uma região de vinhos brancos, localizada na mesma latitude que Chablis.

As variedades tintas húngaras ainda estão em minoria e crescem sobretudo em Eger, Villány, Sopron e na Grande Planície ou Alföld. Clones tradicionais da esmerada variedade Kadarka (chamada Gamza na Bulgária) dão vinhos de mesa agradáveis de maturação precoce, em especial em Szekszárd, no sul, sendo também usadas para sazonar misturas de Bikáver. Kékfrankos é a Blaufränkisch da Áustria e tem sucesso em Szekszárd e em Sopron. A uva Pinot Noir parece promissora nas redondezas de Eger, ao passo que as Cabernets adaptam-se melhor aos solos e ao clima da ensolarada Villány. Também há produção de Merlot e de Portugieser (antes chamada Kékoporto), muito mais leve.

Metade da área de vinhedos da Hungria encontra-se nas terras fáceis de mecanizar da Grande Planície, entre o Duna (Danúbio) e o Tisza, no centro-sul do país, nas regiões hoje conhecidas como **Kunság** e **Csongrád**, com solo arenoso que quase não serve para nada além de videiras. Os vinhos da Grande Planície — principalmente o tinto Kadarka e os brancos Olasz Rizling ou Ezerjó — são os de consumo diário nas cidades húngaras, embora produtores como Frittmann Testvérek mostrem que é possível fazer vinhos de melhor qualidade.

Os melhores vinhedos húngaros estão espalhados entre as colinas que cruzam o país de sudoeste a nordeste, culminando na região de Tokaj (antigamente conhecida como Tokajhegyalja, ou contrafortes do Tokaji).

No sul, os distritos de Szekszárd, Villány, Pécs, Tolna e Hajós-Baja produzem vinhos tintos e brancos no clima mais quente da Hungria. Kadarka é a uva histórica, enquanto a Kékfrankos está bem arraigada. **Villány**, mais ao sul, é mais quente e mostra o rumo com tintos bem encorpados de interesse e complexidade cada vez maiores; junto com a região de Eger, no norte, Villány é a que se destaca no radar dos estrangeiros e nos rankings dos melhores vinhos de Budapeste. Viticultores como Attila Gere, Ede Tiffán e Vylyan têm considerável número de apreciadores de seus Cabernet Sauvignon, Cabernet Franc (especialmente) e Merlot, às vezes misturados com Kékfrankos ou Zweigelt ou mesmo Portugieser para dar um toque magiar. Nas ladeiras de **Szekszárd**, o loess avermelhado e profundo produz Kadarka tânico, Merlot e os Cabernets. Os nomes a se procurar aqui são Vesztergombi, Ferenc Takler e Péter Vida. A Antinori, da Toscana, investiu em Tolna, nas proximidades. Szekszárd também produz uma mistura Bikavér de Kékfrankos (geralmente) com Cabernet e Merlot. Quanto ao mais, a apelação está limitada a Eger.

O Egri Bikavér já foi o vinho húngaro mais famoso no Ocidente, um tinto áspero vendido como Bull's Blood (Sangue de Touro). No extremo leste das colinas Mátra, no nordeste do país, **Eger** é um dos centros vinícolas mais importantes da Hungria, uma cidade barroca com enormes adegas, magníficas cavernas escavadas no tufo brando e escuro das colinas. Ao longo de 13km de túneis, enfileiram-se centenas de tonéis de carvalho de 3m de diâmetro, cingidos com arcos de ferro de cor vermelha brilhante e enegrecidos pelo tempo. A antigüidade destes tonéis e seu estado nada impecável foram fatores que causaram, junto com a substituição da uva Kékfrankos por Kadarka, um aparente "afinamento do sangue" deste histórico vinho, mas no século XXI assiste-se aqui a um renascimento da produção de vinho tinto. György Lőrincz, Gróf Buttler e a GIA (que continua com a família de Tibor Gal depois que ele morreu em um acidente de carro) são a face moderna de Eger, da qual o Bikavér é apenas parte de uma diversidade muito maior de tintos e brancos, inclusive alguns Pinot Noir muito promissores. Entre as uvas para vinho branco, a ganhadora é a perfumada e fascinante Leányka. O branco doce Hárslevelű foi o grande vinho histórico de Debrő, um distrito de Eger.

A oeste de Eger e ao longo das ladeiras da cadeia Mátra voltadas para o sul encontra-se a segunda maior região de vinhedos da Hungria, **Mátra**, com a cidade de Gyöngyös no centro. Os vinhos brancos perfazem 80% da produção daqui; Olasz Rizling, Tramini e Chardonnay têm sucesso, mas os padrões de qualidade não são muito altos.

No extremo oeste e quase na fronteira com a Áustria, **Sopron** é um posto avançado na produção de Kékfrankos, variedade revitalizada por produtores como o austríaco Franz Weninger, de Burgenland, no outro lado da fronteira. Seu trabalho de reaproveitamento dos melhores sítios teve continuidade com os produtores locais Luka, Pfneiszl e Ráspi.

A leste de Sopron, **Aszár-Neszmély** foi uma região conhecida por seus brancos secos de uvas tradicionais, mas hoje produz um leque de varietais totalmente internacionais de várias vinícolas novas e ultramodernas (dentre as quais Hilltop é a mais conhecida) visando à exportação. Um pouco a oeste de Budapeste, **Etyek-Buda** é outra próspera fonte de vinhos brancos de estilo mormente internacional — inclusive espumantes, produzidos em quantidades muito grandes nas adegas de Budafok, ao sul da capital. O Château Vincent é provavelmente o melhor.

Os pequenos distritos montanhosos isolados de **Somló**, ao norte do lago Balaton, onde se cultiva Furmint e Olasz Rizling em solo vulcânico, bem como os de **Mór** a nordeste, que produzem Ezerjó em calcário, também têm personalidades muito distintas: Mór pelo vinho ácido, fresco e de intenso sabor; Somló por sabores mais firmes e minerais, especialmente no hoje raro Juhfark. Ambas estão entre as "regiões vitícolas históricas" da Hungria.

O lago Balaton tem especial importância para os húngaros, além de ser o maior lago da Europa. Num país sem litoral, ele é o mar e o principal ponto de beleza natural. As margens do Balaton estão repletas de vilas de veraneio e *resorts*, que atraem com os aromas de sua excelente gastronomia. O clima é bom e a vida social é agitada. A orla norte do lago Balaton tem todas as vantagens da boa exposição ao sul e abrigo dos ventos frios, bem como o efeito refrescante de uma grande massa de água. É, inevitavelmente, um vinhedo.

As suas qualidades especiais resultam do clima e da combinação de um solo arenoso e morros de vulcões extintos (o monte Badacsony é o mais famoso) que brotam em terras mormente planas. As ladeiras íngremes de areia rica em basalto garantem boa drenagem e absorvem e retêm o calor. Salvo nos anos excepcionais em que se produzem vinhos doces botritizados — sobretudo Szürkebarát —, os vinhos feitos aqui são em sua maioria secos e podem beneficiar-se da aeração por seu forte componente mineral. A uva branca mais comum é a Olaszrizling. Seu vinho pode ser muito bom, desde que tenha até um ano: seco, porém fresco e limpo, além de não muito forte. O Riesling Renano também pode ser excelente.

A região do lago Balaton foi dividida em quatro apelações. No litoral norte está a clássica **Badacsony**, onde Szent Orban, de Huba Szeremley, e József Laposa são os produtores mais renomados, e a **Balatonfüred-Csopak**, onde Mihály Figula e István Jásdi se notabilizam. No litoral sul, **Balatonboglár** é conhecido nos mercados de exportação pela marca Chapel Hill. O melhor viticultor é János Konjári. No oeste, onde o produtor mais destacado é Lászlo Bussay, há diversos vinhedos distantes agrupados como **Zala**.

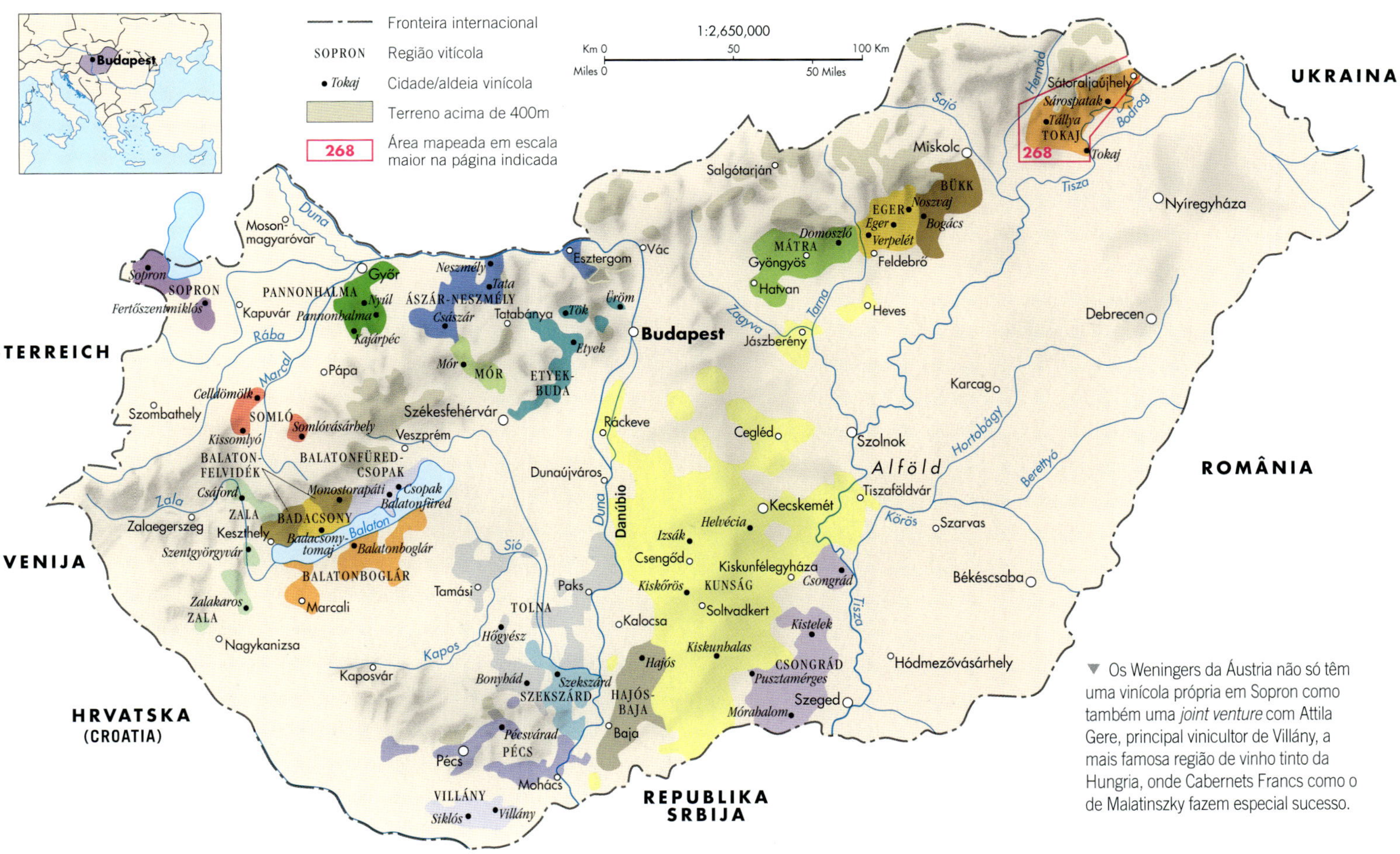

▼ Os Weningers da Áustria não só têm uma vinícola própria em Sopron como também uma *joint venture* com Attila Gere, principal vinicultor de Villány, a mais famosa região de vinho tinto da Hungria, onde Cabernets Francs como o de Malatinszky fazem especial sucesso.

Tokaj

Usa-se a palavra "lenda" com maior freqüência com relação ao Tokaji do que a qualquer outro vinho. (A cidade que inspirou o nome é Tokaj, na área mais ao sul do mapa abaixo). E há boas razões para isso. Quando a Hungria se tornou comunista, em 1949, a qualidade do vinho que na opinião de todos era o melhor da Europa Oriental ficou comprometida. Os famosos vinhedos e as grandes propriedades vinícolas da cadeia de colinas Tokaji (Tokajhegyalja), baluarte do extremo sul do Tatra, a extensão ocidental dos Cárpatos, perderam sua identidade. A maioria foi confiscada e seus vinhos acabaram homogeneizados pelas grandes empresas de adegas coletivas que assumiram o controle. Os vinhedos trocaram as ladeiras íngremes pelas terras planas, reduzindo-se a densidade de plantio de 10.000 para meras 2.500 plantas por hectare, forçadas a produzir uva em quantidades absurdas. Permitia-se que o vinho oxidasse. Era como se todas as vinícolas do Médoc mandassem seus vinhos para serem engarrafados numa única adega, que depois iria pasteurizá-los. Passados 50 anos, nem mesmo de Lafite e Latour restaria nada além de uma vaga lembrança.

Ocorre que o Tokaji é lendário há 400 anos. Só o champanhe gerou mais anedotas. A história conta como foi produzido pela primeira vez o suntuoso Tokaji Aszú com uvas botritizadas, de maneira metódica e não por acaso, por Szepsy, capelão da familia Rákóczi no vinhedo chamado Oremus, em 1650. Conta também que, em 1703, o príncipe patriota Rákóczi da Transilvânia usou o Tokaji para adular Luís XIV e obter apoio contra seus senhores feudais Habsburgos. Que Pedro e Catarina (ambos Grandes) mantiveram cossacos em Tokaj para escoltarem seus suprimentos de vinho e que as propriedades fortificantes da bebida levaram potentados a terem sempre uma garrafa junto à cabeceira da cama.

O Tokaji foi o primeiro vinho do qual se sabe ao certo que foi feito com uvas botritizadas ou "nobremente apodrecidas", mais de um século antes que o vinho do Reno e talvez dois antes do Sauternes. As condições que causam a podridão, a murchidão das uvas e a intensa concentração do açúcar, do ácido e do sabor nelas são endêmicas em Tokaj.

A cadeia de montanhas Zemplén é vulcânica e surge repentinamente na forma de cones a partir da borda norte da Grande Planície. Os rios Bodrog e Tisza convergem na ponta sul da cadeia, onde o monte Kopashegy se eleva sobre as aldeias de Tokaj e Tarcal. A planície é fonte de quentes ventos de verão; as montanhas dão abrigo e os rios geram neblinas que pairam no outono e favorecem a ação da botrítis. O mês de outubro costuma ser ensolarado.

Das três variedades de uva hoje cultivadas em Tokaj, cerca de 70% são de Furmint, que tem pele fina, sabor penetrante e maturação tardia, sendo sumamente propensa à infecção da botrítis. Aproximadamente 20% a 25% são de Hárslevelű ("folha de lima"), menos propensa mas rica em açúcar e aromas. Com freqüência, uvas Furmint e Hárslevelű são colhidas, prensadas e fermentadas juntas. Cerca de 5% a 10% são de Muscat Blanc à Petits Grains, aqui conhecida como Sárgamuskotály e usada quer como uva de corte, como a Muscadelle no Sauternes, quer sozinha, como suntuosa especialidade.

Os vinhedos de Tokaj (antes chamada Tokajhegyalja) foram classificados pela primeira vez em 1700 pelo príncipe Rákóczi. Em 1737, eles foram divididos em quatro categorias: primeira, segunda e terceira classes e fora de classe. O mapa mostra as principais aldeias da região (há 27 ao todo) cujas encostas formam um amplo "V", estando portanto voltadas para sudeste, sul ou sudoeste. As do

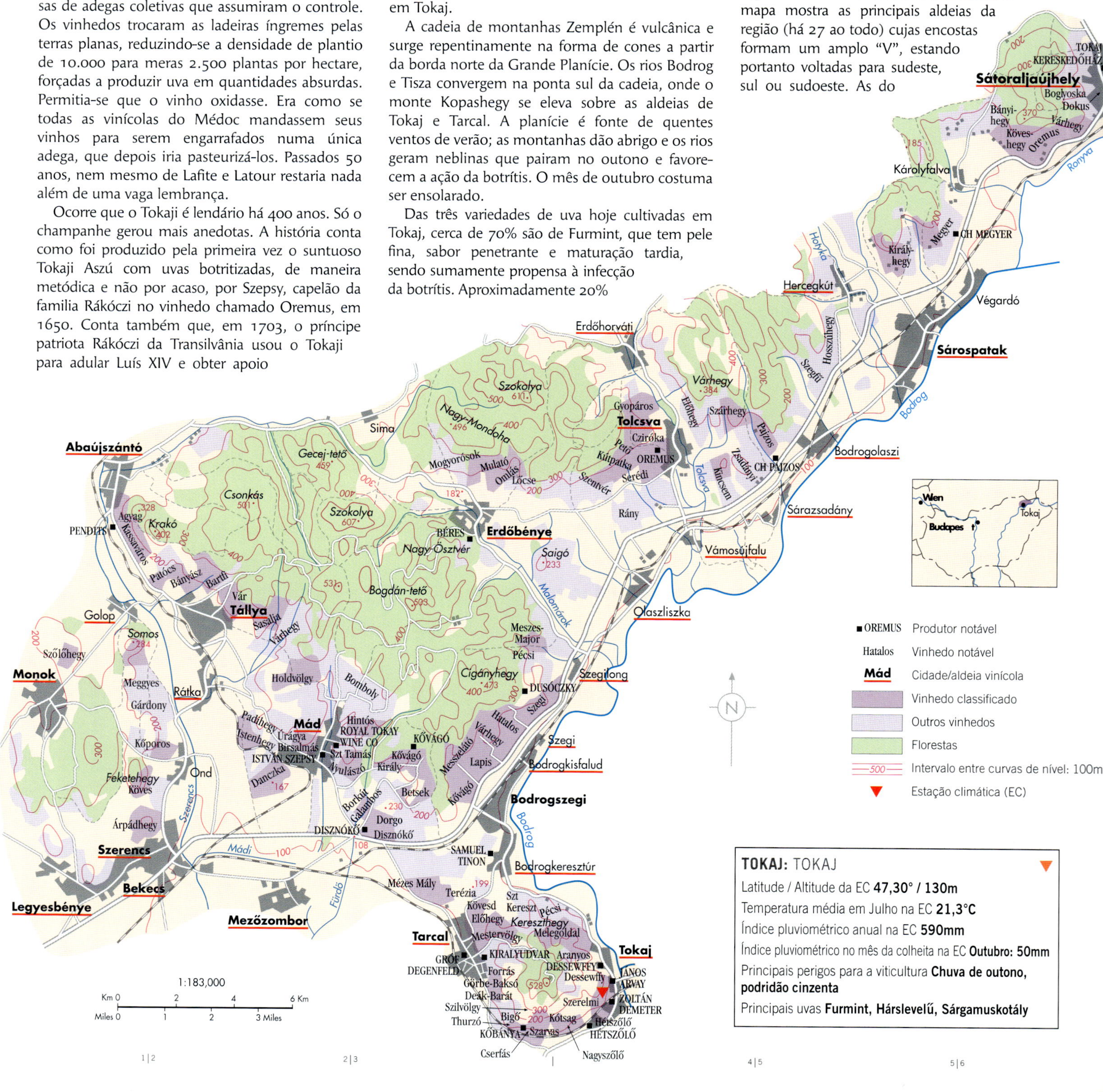

TOKAJ: TOKAJ

Latitude / Altitude da EC **47,30° / 130m**

Temperatura média em Julho na EC **21,3°C**

Índice pluviométrico anual na EC **590mm**

Índice pluviométrico no mês da colheita na EC **Outubro: 50mm**

Principais perigos para a viticultura **Chuva de outono, podridão cinzenta**

Principais uvas **Furmint, Hárslevelű, Sárgamuskotály**

Não é o galpão para tratores mais bonito do mundo? Ao assumir o controle da vinícola Disznókő na década de 1990, o grupo segurador francês AXA contratou o arquiteto húngaro Dezsö Ekler e transformou a propriedade, deixando-a irreconhecível.

extremo norte produzem Aszús finos e delicados em solo arenoso. Foi aqui que o vinhedo Oremus original dos Rákóczis deu o primeiro vinho Aszú. A nova adega Oremus pertence a Vega Sicialia, da Espanha, e foi transferida para Tolcsva, mais ao sul.

Em Sárospatak, com um esplêndido castelo Rákóczi sobre o rio, os vinhedos Megyer e Pajzos estiveram entre os primeiros a ser privatizados. Kincsem é o grande vinhedo de Tolcsva, e seu nome homenageia o mais famoso cavalo de corrida da Hungria. As antigas adegas imperiais de Tolcsva ainda pertenciam à cooperativa estatal no início deste século, mas foram parcialmente privatizadas em 2006 sob o velho nome de Tokaji Kereskedőház. Esta empresa continua a ser a maior produtora da região.

Olaszliszka ("Olasz" significa italiano) é um povoamento italiano do século XIII; segundo uma lenda, os italianos trouxeram a vinicultura. O solo daqui é argiloso e com pedras, e produz vinhos mais fortes. Erdőbénye fica no alto, junto à floresta de carvalhos, fonte de madeira para os tonéis. Szegilong tem vários vinhedos classificados e hoje passa por um reflorescimento. Em Bodrogkeresztúr e na própria Tokaj, à beira do rio, é onde a ação da botrítis ocorre com maior regularidade.

A partir de Tokaj, contornando o lado sul do monte Kopashegy e entrando em Tarcal, os vinhedos íngremes e protegidos constituem a Côte d'Or da região, uma série de sítios que já foram famosos (o maior é Szarvas), e prossegue através de Tarcal pela estrada para Mád, com Terézia e o grande vinhedo Mézes Mály. Em Mezőzombor, Disznókő foi um dos primeiros vinhedos privatizados e espetacularmente restaurados pela companhia francesa AXA. Antigo centro do comércio de vinhos, Mád tem os famosos vinhedos de primeira classe Nyulaszó, Szt Tamás, Király e Betsek, bem como o Kővágó, íngreme e abandonado.

Se o atual renascimento do Tokaji tem um precursor é István Szepsy, um viticultor de empolgante espírito inovador. Se há uma líder de mercado, ela é a Royal Tokaji, também sediada em Mád e fundada em 1989 por Hugh Johnson e outros, sendo a primeira companhia independende do novo regime.

O Tokaji é feito mediante um exclusivo processo de duas etapas. A safra começa no fim de outubro. As uvas Aszú murchas e outras não afetadas pela botrítis e carregadas de suco são colhidas ao mesmo tempo, mas ficam separadas. Depois, estas últimas são prensadas e fermentadas para produzir diversos tipos de vinho seco ou semi-seco, inclusive um poderoso vinho base. Enquanto isso, as uvas Aszú ficam armazenadas formando uma pilha quase seca, vertendo aos poucos a fabulosa Eszencia, um suco com até 850g/l de açúcar que é reverenciado como o maior tesouro da região.

Quando a colheita chega ao fim, o vinicultor embebe as uvas Aszú esmagadas durante 16 a 36 horas em mosto fresco ou vinho base parcial ou totalmente fermentado, na proporção de um quilo para cada litro, antes da prensagem. A fermentação começa e é controlada por uma combinação do teor de açúcar e da temperatura da adega (quanto mais alto o primeiro e mais baixa a segunda, mais lenta é a fermentação). Os vinhos mais ricos e finos mantêm o mais alto grau de açúcar natural e, por conseqüência, o mínimo teor de álcool (10,5% é o habitual).

O nível de doçura ainda é expresso pelo número de *puttonyos* (baldes de 20kg usados no vinhedo) de *aszú* adicionados a 137 litros (um barril *gönci*) de vinho base, embora na atualidade a medição convencional seja feita em gramas de açúcar residual por litro e a fermentação dos vinhos ocorra em barris de diversos tamanhos, às vezes até mesmo de aço inoxidável. O vinho vendido como Aszú de 6-*puttonyos* deve ter mais de 150g de açúcar por litro; a Eszencia de Aszú é na verdade vinho de 7-*puttonyos* no qual a segunda fermentação é mínima e a intensidade, extraordinária. Com três *puttonyos*, o vinho é mais ou menos equivalente a um Auslese alemão (pelo menos 60g/l); com quatro ou cinco ele entra na classe Beerenauslese de doçura e concentração. O envelhecimento mínimo para estes vinhos Aszú é de três anos, sendo dois no tonel e um na garrafa. Tradicionalmente eles eram envelhecidos por muito mais tempo, mas a moda atual é antecipar o engarrafamento para acelerar a rotatividade nos estoques, produzindo vinhos com sabores de fruta mais frescos mas menor complexidade. Sem o acréscimo de *aszú*, o vinho é Szamorodni (literalmente, "do jeito que vem"), desenvolvendo-se na verdade como um Xerez leve que pode ser *száraz* (seco) ou *édes* (razoavelmente doce). O uso não-regulamentado do termo Colheita Tardia (*Késői szüretelésű*) nos rótulos complicou ainda mais uma situação já confusa. Trata-se de vinhos doces, não afetados pela podridão nobre e que só passam por um breve envelhecimento.

Mais duas peculiaridades dão ao Tokaji Aszú seu caráter tão singular. A primeira é que a tradição é (ou era) deixar um pequeno espaço vazio nos tonéis; a segunda, que os furinhos pretos de diâmetro muito pequeno estão recobertos por um mofo especial das adegas chamado *Cladosporium cellare*. Logo, esse rico depósito de leveduras e bactérias pode alimentar-se do oxigênio contido no vinho, como a flor faz no Xerez "fino" mas de maneira muito mais lenta, tecendo uma complexa trama de sabores.

O Tokaji mais exuberante é o Eszencia, tão doce que dificilmente chega a fermentar. De todas as essências da uva, esta é a mais aveludada, oleosa, penetrante e similar ao pêssego. A sua fragrância permanece na boca como incenso. Antigamente, o Eszencia era estabilizado com brande. Hoje ele é o vinho com menor teor alcoólico — se é que pode mesmo ser chamado de vinho. Nenhum envelhecimento é longo demais para o Eszencia — nem para qualquer grande vinho Aszú.

O que nos reserva o futuro? A privatização de terras e adegas está quase concluída; algumas foram devolvidas a seus antigos proprietários históricos, outras foram compradas por recém-chegados. Em 1993, seis novos empreendimentos foram iniciados, três deles pertencentes a empresas de seguros francesas. Houve maciços investimentos em modernização de vinhedos, renovação de equipamento e pesquisa das melhores características da terra. Os Tokajis engarrafados na origem estão novamente no mercado e os nomes dos vinhedos de primeira qualidade voltam a ser conhecidos.

A segunda carta na manga do Tokaji é a descoberta das virtudes da uva Furmint tratada como Chardonnay. O resultado é um vinho seco, intenso, perfumado e com boa carga mineral.

▼ Estes rótulos representam toda a gama de vinhos que vem surgindo na região de Tokaj mais ou menos desde 2003, indo (da esquerda para a direita) do bem encorpado e seco até o quase inacreditavelmente doce que mal pode ser vinho. As uvas Furmint têm acidez tão alta que as destinadas a vinhos secos às vezes são colhidas depois das uvas para os vinhos mais doces.

República Tcheca e Eslováquia

A República Tcheca e a Eslováquia, situadas ao norte de países incorrigivelmente vinícolas como a Áustria e a Hungria, parecem destinadas a fazer bom vinho. Todavia, durante muito tempo essa potencialidade foi muito mais uma promessa que uma realidade, manifestada com demasiada freqüência em indistinguíveis litros de Müller-Thurgau fraco. O mercado tcheco de vinhos é dominado por duas empresas misturadoras e engarrafadoras de capital alemão pouco interessadas nos padrões de qualidade perseguidos pelas famílias de viticultores, cujos produtos cultuados só podem ser encontrados nas melhores lojas de bebidas do país. Mas a qualidade e o consumo do vinho continuam crescendo, graças ao domínio da fermentação malolática, do envelhecimento em carvalho, do contato com borras e da fabricação de *icewine* e vinho de palha (de uvas secas).

No outro lado da fronteira leste da Alemanha, em Sachsen, a **Boêmia** tem cerca de 720 hectares de vinhas, principalmente ao longo da margem direita do Elba, ao norte de Praga, onde se produzem vinhos leves de estilo alemão, sobretudo em Mělník, Roudnice (famosa pelo Sylvaner), Most e Velké Zernoseky, que se notabiliza por seu Ryzlink Rýnský (Riesling).

Com 18.000 hectares de vinhedos, a **Morávia** é de longe a região que faz a maior parte do vinho tcheco, produzido em vinhedos situados ao sul de Brno, sua capital, próximo à fronteira com o Weinviertel austríaco. Eles se estendem a leste a partir de Znojmo por cerca de 110km ao longo das tranqüilas colinas Pálava. As cálidas ladeiras de calcário daqui são localmente famosas por sua flora. Os vinhos de maior sucesso da sub-região de Znojmo são os Sauvignons Blancs (com autêntica vivacidade mas sem aromas exagerados) de adegas bem-equipadas em Nový Saldorf e Nové Bránice, bem como Veltlinské Zelené (Grüner Veltliner) e Riesling de Satov. Os vinhos mais importantes da sub-região de Mikulov são Ryzlink Vlašký (Welschriesling), Chardonnay e os dois Pinots brancos. A parte norte de Slovácko produz Riesling, enquanto o sul é melhor para tintos como o Frankovka (o Blaufränkisch da Áustria). O branco aromático Pálava (de Rakvice, Lechovice e Satov) e o Muškát Moravský (moscatel morávio) também têm certa aceitação.

Em geral, os tintos morávios não são tão interessantes assim, mas as uvas mais satisfatórias da atualidade são a Svätovavfiinecké (St. Laurent) e a Zweigeltrebe (Zweigelt), da sub-região de Velké Pavlovice, e a Frankovka, de Kobylí, Bofietice e Dolní Kounice. A variedade Pinot Noir tem dado resultados geralmente melhores que a Cabernet Sauvignon, ao passo que a Dornfelder é promissora em Velké Bêlovice e Pavlovice.

A **Eslováquia** tem a maior região vitícola do território que formava a antiga Tchecoslováquia, com cerca de dois terços da área e da produção. Os vinhedos eslovacos estão concentrados ao redor de Bratislava e dispersos a leste, ao longo da fronteira com a Hungria, desfrutando de um clima um pouco mais quente e somando as variedades húngaras Ezerjó, Leányka e Cserszegi Füszeres ao seu repertório.

Na fronteira com a República Tcheca, Skalica é conhecida pelo tinto robusto Frankovka, por St Laurent e André. Pezinok faz bons Veltliners e Rieslings de todo tipo, além de uma mistura com Silvaner muito popular (Limbach), enquanto Modra tem mais fama por Riesling, Alibernet e Cabernet Sauvignon. Nitra produz uma variedade de uvas brancas, além de Cabernet Sauvignon. Mais ao sul, Sered' vem produzindo vinho espumante Hubert desde o início do século XIX. No extremo leste, na fronteira com a Hungria, há até um pequeno enclave produtor de Tokaji.

Dos vinhos exportados pela Eslováquia, porém, o mais notável é o Kastiel Belá Riesling, feito perto de Stúrovo por Egon Müller, do Sarre.

▼ O Riesling de Egon Müller, abaixo à direita, atingiu a qualidade do Auslese em sua primeira safra (2001), embora na maioria dos anos ele seja fresco como uma maçã verde crocante. O Modrý Portugal (Portugieser) é uma relativa raridade — um tinto suficientemente frutado.

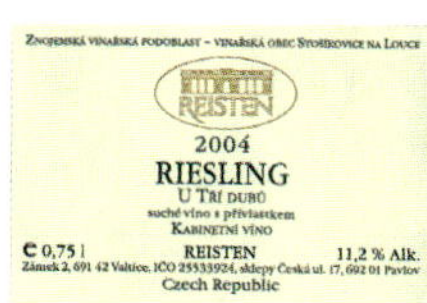

Eslovênia

Mesmo durante o regime socialista, era difícil determinar onde a Itália acabava e a Eslovênia começava. Foi o primeiro país da Iugoslávia a declarar sua independência (em 1992) e o único cujos vinhos sempre foram reconhecidos e bebidos na Europa Ocidental. Esta nação relativamente próspera (mapeada em sua totalidade na página 273) estende-se para o leste a partir do Adriático até a planície da Panônia. Os contrafortes ondulados daqui proporcionam alguns lugares excelentes para a maturação da uva, e se agrupam em três regiões vitícolas diferenciadas: Primorska (no litoral), Posavje (ao longo do rio Sava) e Podravje (ao longo do rio Drava), mapeada nesta página.

Os vinhos feitos em **Podravje**, que é a região vitícola mais importante e continental da Eslovênia, são ainda quase exclusivamente brancos, predominando as variedades Laški Rizling (Welschriesling) e Sipon (Furmint) com algum Renski Rizling (Riesling renano). Há produção de outras variedades internacionais como Chardonnay, Sauvignon Blanc e Pinots de todas as três cores nas proximidades de Ljutomer, Ormož, Maribor e Radgona, onde Ranina (Bouvier da Áustria) e Dišeči Traminec (Gewürztraminer) merecem especial apreço. Os vinhos tendem a ter teor alcoólico relativamente baixo e acentuada acidez, muitas vezes disfarçada pela presença de açúcar não-fermentado, havendo alguns vinhos botritizados muito doces e até mesmo *icewines*, fabricados em anos favoráveis. Radgona é a capital do vinho espumante da Eslovênia desde 1852.

Sendo a menor região vitícola do país, embora muito variada e com forte influência francesa na vinicultura, **Posavje** produz vinhos até mais leves e ácidos, destacando-se o Rumeni Plavec branco, que é uma especialidade da sub-região de Bizeljsko Sremič. O produto padrão de Posavje é o rosado Cviček, uma resposta local ao Schilcher austríaco. Na sub-região de Bela Krajina, o clima é influenciado em parte pelo golfo de Kvarner, de modo que os vinhos produzidos aqui tendem a ser mais fortes e até uvas tintas conseguem amadurecer, como é o caso da Modra Frankinja (Blaufränkisch).

A região vitícola eslovena mais ocidental e hoje mais empolgante é **Primorska**, parte da qual está mapeada com o Friuli na página 173. Como era de se esperar, aqui se prefere o estilo friulano de brancos varietais secos aromáticos e tintos firmes que, à diferença do habitual na Eslovênia, representam metade da produção. Em alguns casos, de fato, as regiões eslovenas são simplesmente uma continuação de suas vizinhas do outro lado da fronteira com o Friuli. A uva para vinho branco que aqui predomina é a Ribolla Gialla, embora as misturas de Bordeaux tintas impressionem cada vez mais. O áspero planalto de calcário cárstico acima de Trieste chama-se Kras, tem solos vermelhos e ricos em ferro e é a extensão oriental de Carso, famoso por seu Teran escuro e ácido feito com uvas Refošk (Refosco), também cultivadas nas proximidades de Koper, na costa da Ístria.

Os verões daqui são quentes, mas as chuvas do outono chegam cedo. A maioria dos vinhedos de Primorska recebe a influência tanto do mar quanto dos Alpes, e tende a produzir vinhos fortes e muito aromáticos. Como no Friuli, é amplo o leque de variedades locais e internacionais produzidas, inclusive Sauvignonasse (anteriormente conhecida por Tokaj aqui e por Tocai Friulano no Friuli).

-·-·- Fronteira internacional
Limite de Okoliš (Apelação)
■ VINAG Vinícola notável
Vinhedo
600 Intervalo entre curvas de nível: 150m

◄ Aleš Kristančič é o embaixador mais conhecido da Eslovênia e um fervoroso adepto da biodinâmica. Como tantos vinhos da região da fronteira do Friuli com a Eslovênia, seu Veliko é um branco que combina grande número de variedades, mas seu Pinot Noir varietal (Modri) também é uma revelação.

Os apreciadores de vinho mais velhos da Grã-Bretanha talvez associem a aldeia de Ljutomer com as enormes quantidades de Laski Riesling excessivamente sulfuroso exportadas para lá a granel nas décadas de 1960 e de 1970, mas o vinhedo Jeruzalem, lá situado, é um dos mais veneráveis da Eslovênia.

Bálcãs Ocidentais

As tradições vinícolas dos países deste canto da Europa dilacerado pelas lutas internas são tão diversas quanto caberia esperar de um mosaico de culturas de tamanha complexidade, embora haja semelhanças entre as histórias vinícolas da Croácia e da Eslovênia (tratada em separado na página anterior).

A **Croácia** (Hrvatska) é um importante produtor de vinhos e um país repleto de preciosidades originais, ainda que esquivas, com claras diferenças entre a maioria dos vinhos feitos na costa adriática e dálmata e aqueles provenientes do interior continental. Os vinhos brancos predominam, exceto no sul da região litorânea dálmata.

A Ístria (Istra) é em muitos sentidos mais próxima do litoral esloveno e do nordeste italiano. Ela produz principalmente tintos Merlot, Cabernet e Teran (Refosco), bem como brancos com a muito característica Malvasia local, chamada Malvazija Istarska. Estes brancos bem encorpados freqüentemente têm um sabor forte de cascas de maçã e são produzidos, geralmente com muita competência, em grande variedade de níveis de doçura. Podem ser não-envelhecidos em carvalho ou mesmo envelhecidos com certo sucesso em barris de acácia. Produz-se também algum Muskat Momjanski.

As belas ilhas espalhadas ao longo da costa adriática e dálmata em direção ao sul são um tesouro de videiras nativas. A variedade Crljenak Kăstelanski, descoberta em Kaštela perto de Split, ganhou fama internacional nos primeiros anos deste século quando o mapeamento de seu DNA mostrou que era nada mais nada menos que a Zinfandel da Califórnia. Mais difundido é o plantio de sua parente próxima Plavac Mali, entre cujas manifestações mais vigorosas estão a densa e adocicada Dingač e a pungente Postup dos terraços íngremes da costa da península Pelješac, ao norte de Dubrovnik.

Entre as uvas para vinho branco mais notáveis daqui estão as Pošip e Grk, na ilha de Korčula; Vugava, na ilha de Vis; Bogdanuša, na ilha de Hvar e Maraština, cultivada ao longo de todo o litoral. A Pošlip e a Bogdanuša produzem vinhos brancos cítricos como os feitos por Mike Grgich, que voltou do Napa Valley para sua Croácia natal em 1996. A especialidade da ilha de Krk é a Zlahtina. Com a comida dálmata — ostras diminutas, presunto cru, peixe grelhado, carnes defumadas e aceboladas assadas na grelha, montes de uvas e figos doces —, o ardor e o sabor desses vinhos locais podem parecer ambrosíacos.

No interior, a Croácia continental produz vinhos menos característicos, principalmente brancos e em geral da uva Graševina (Welschriesling), que é o carro-chefe local e tende a seguir as tradições da Europa central. Ao norte da capital, Varaždin e Sveti Ivan Zelina produzem vinhos similares aos feitos no interior da região limítrofe da Eslovênia. A maioria dos melhores Chardonnays croatas vem daqui.

A Eslavônia (Slavonija) tem mais fama no mundo do vinho em geral por fornecer carvalho para os prezados *botte* (grandes barris) da Itália, mas aos poucos está tentando restabelecer suas tradições vinícolas. As variedades Traminac (Traminer) e Riesling parecem ser as melhores apostas, embora também haja produção de Silvaner e da uva tinta austríaca Zweigelt. A região de Kutjevo é uma importante produtora de Graševina.

A montanhosa **Bósnia-Herzegóvina** foi importante produtora de vinhos no passado. Os austro-húngaros desenvolveram vinhedos no fim do século XIX nas proximidades de Trebinje, sobretudo a singularíssima videira Vranac (ver abaixo) para vinhos tintos e a Zilavka, que ainda dá alguns brancos secos memoráveis de intenso sabor e aroma adamascado perto de Mostar. Todavia, a uva hoje predominante é a Blatina de casca escura, bem mais comum e que tende a dar vinhos com pouca estrutura. A Bósnia-Herzegóvina exportou consideráveis quantidades de vinho até a Segunda Guerra Mundial. A indústria vinícola nacional ficou muito reduzida após a guerra civil do início da década de 1990, mas está sendo reconstruída com ajuda oficial dos EUA, da Suíça e da União Européia. Os vinhedos e as mais de 30 vinícolas da república estão concentrados na Herzegóvina e há planos ambiciosos para aumentar a área plantada total de 4.000 hectares em 2006 para 10.000 em 2010.

Na **Sérvia** (Srbija), a produção de vinho teve uma história variegada em razão da presença de seus diversos conquistadores. Os turcos muçulmanos fizeram o que puderam para extirpar o cultivo da videira, enquanto os Habsburgos o fomentaram ativamente. Segundo dados da OIV, hoje a Sérvia tem até mais vinhedos que a Croácia, concentrados nos vales do Danúbio e do Morava, seu afluente.

No norte, a província autônoma de Voivodina compartilha as características tórridas da planície da Panônia com a Hungria ao norte e com a Romênia a leste. Suas uvas e estilos de vinhos evidenciam a maciça influência magiar em brancos adocicados geralmente cheios, além de alguns Pinot Noir bastante promissores. Os vinhedos com melhor potencial estão nas Fruška Gora, colinas que quebram a planura de Voivodina no curso do Danúbio, ao norte de Belgrado.

Aqui, o campo às margens do Danúbio é muito parecido com o do interior da Croácia no outro lado da fronteira, a oeste, ao passo que, no extremo norte, as regiões vitícolas de solo arenoso de Subotica-Horgoš e Cõka são mais húngaras que sérvias, tanto geográfica como culturalmente, sendo seus vinhos de definido caráter magiar. Ao sul de Belgrado, a cidade de Smederevo dá nome à uva branca Smederevka, produzindo brancos semi-secos pouco memoráveis, mas em grande parte do sul da Sérvia há produção de vinhos tintos mais revigorantes feitos com a uva local Prokupac. Esta variedade pode ser misturada com Pinot Noir ou Gamay cultivadas no vale do Morava, sendo também possível amadurecer Cabernet e Merlot de intrigante potencial, em especial no sul, em Vranje, Niš e Leskovac. A leste, em direção à fronteira com a Bulgária, Timok também mostra potencial para se tornar uma região de vinho tinto, embora esteja muito menos desenvolvida.

Até a desintegração da Iugoslávia, a indústria vinícola de **Kosovo** mantinha-se fundamentalmente com a exportação de Amselfelder, uma mistura de tintos doces destinada expressamente ao mercado alemão. A antiga indústria vinícola da **Albânia** passa por similar perturbação, mas certamente tem um potencial que alguns consultores italianos esperam que se concretize. A histórica uva albanesa Kallmet dá vinhos de cor profunda e perfume característico na região de Shkroda (Shkodër), sendo provavelmente a origem da uva

Uso das técnicas de cultivo mais elementares no viveiro de videiras Fidal, em Lezhe, na Albânia, onde se diz haver no mínimo 140 variedades nativas disponíveis. O gerente da Fidal assessora os donos de vinhedos quanto à variedade a plantar em cada lugar.

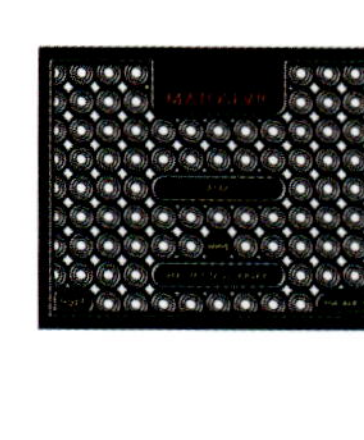

Kadarka da Hungria, da Scadarca da Croácia e da Gamza da Bulgária.

Das centenas de uvas tintas nativas desta parte do mundo, uma das melhores é sem dúvida a Vranac, variedade predominante em **Montenegro**, inebriante mas com estrutura e até classe se tiver três ou quatro anos de envelhecimento. A vinícola estatal de Podgorica exporta um bom exemplar desse vinho. Mais ao sul, na fronteira com a Grécia, as tépidas terras da **ARIM** (Antiga República Iugoslava da Macedônia) também são evidentemente mais adequadas à produção de vinho tinto, embora ainda tenham que mostrar do que são capazes — ao menos nos tempos modernos. A principal produtora é Tikveš, de Kavadarci.

▼ Como se poderia esperar, estes rótulos representam a mais extraordinária diversidade: croatas à esquerda, inclusive dois de seus característicos Malvasias; abaixo, um da Albânia e três da Bósnia-Herzegóvina, dois deles feitos com a singularíssima uva Zilavka para vinho branco.

Bulgária

Dos países produtores de vinho do bloco soviético, a Bulgária foi o que com maior determinação orientou sua indústria vinícola para a exportação visando a ganhar moeda forte. Seu Cabernet tornou-se sinônimo de valor. Na década de 1980, porém, o país perdeu o rumo. Agora, por fim, há sinais de que a Bulgária está voltando à ativa, com o propósito de oferecer vinhos de bom valor produzidos com variedades internacionais e nativas.

Na década de 1950, as plantações em grande escala, em terras férteis, de variedades internacionais visaram a fornecer uma grande quantidade de vinho de mesa comum para a União Soviética (e depois para o Ocidente). Por um tempo, o sucesso do plano superou as expectativas até dos mais otimistas. No final da década de 1970, a Bulgária começara realmente a impressionar os apreciadores britânicos do clarete em busca de pechinchas. As exportações de vinhos atingiram o máximo em 1996 e ainda hoje constituem quase metade da produção total.

No fim da década de 1990, as vinícolas búlgaras começaram a beneficiar-se de um programa de investimento em tecnologia de vinificação da União Européia que resultou em modernizações como estes tanques de aço inoxidável da Sliven, a gigantesca vinícola do leste da Trácia.

Entretanto, a campanha contra o alcoolismo lançada por Gorbachev na década de 1980 afetou a Bulgária profundamente. À medida que a economia afundava e o mercado para seu produto encolhia, os vinhedos do país deixaram de receber bom cuidado ou foram simplesmente abandonados. Embora seja difícil saber exatamente a quantidade de vinho que é consumida ou vendida diretamente pelos produtores, segundo dados oficiais a área plantada em 2005 era de apenas 90.000 hectares e o rendimento médio caíra para menos de 30hl/ha, metade da média da França. Hoje há indícios de que novos vinhedos estão sendo plantados e mantidos conforme padrões internacionais, e que muitos vinhedos antigos estão recebendo melhores cuidados.

As vinícolas e empresas de engarrafamento de propriedade estatal foram privatizadas na década de 1990 e algumas das melhores delas atraíram investidores da Europa Ocidental e fundos de investimento da União Européia. Com isso, milhões de dólares foram aplicados. Até hoje não faltam investidores dispostos a tirar vantagem financeira do vinho búlgaro barato, mas o país está no processo de aproximar as atividades de vinicultura e viticultura para recuperar a antiga reputação com seus vinhos robustos e frutados. A maioria dos produtores de vinho compreende que o controle das uvas é essencial e está trabalhando com esse propósito. As primeiras empresas de maior porte a fazerem grandes investimentos em vinhedos foram Suhindol, Stork Nest Estates e Haskovo.

As antigas grandes vinícolas sobreviventes do regime comunista ainda são compradas e vendidas, divididas e fusionadas. Da lista de investidores confiantes da Bulgária e principalmente do exterior faz parte o magnata têxtil italiano Edoardo Miroglio, que possui novas e promissoras plantações de Pinot Noir numa propriedade seleta situada nas montanhas em Elenovo, enquanto a distribuidora francesa Belvedere tem sido uma força muito importante. O vale de Bessa recebeu investimento da Château Canon-la-Gaffelière, de St-Émilion, e a Château de Val pertence a uma empresa de robótica dos EUA.

Na expectativa do ingresso do país na União Européia em 2007, funcionários búlgaros elaboraram um complexo plano de qualidade com 47 regiões vinícolas reconhecidas (usa-se às vezes o termo associado Controliran no rótulo). Apenas as mais importantes aparecem no mapa da página seguinte. O termo Reserve (Reserva) aplica-se a vinhos feitos com uma só variedade de uva e envelhecidos por pelo menos um ano antes de serem comercializados.

Se confiarmos nos dados divulgados sobre a Bulgária, ela ainda tem 13.000 hectares de vinhedos de Cabernet. Foi o Cabernet Sauvignon puro, franco e de vigor incomum que construiu a reputação de valor do país no final da década de 1970 e início da década de 1980. Depois veio a contribuição do Merlot e, no início deste século, graças ao investimento longamente adiado em controle de temperatura e ao aporte de conhecimento vinícola estrangeiro, alguns produtores búlgaros finalmente conseguiram, ainda que com atraso, obter tintos frescos e frutados e Chardonnays. Entre outras variedades importadas com pequeno volume de produção estão a Riesling e a Sauvignon Blanc.

Todavia, a atenção dos vinicultores búlgaros volta-se cada vez mais para as variedades nativas sumamente merecedoras de respeito. A Mavrud é uma uva tinta fina, de maturação tardia e cheia de caráter que pode dar tintos robustos e picantes capazes de envelhecer por muito tempo. Esta uva está sendo cada vez mais apreciada e cultivada, sobretudo no sul, nas imediações de Plovdiv e Assenovgrad, uma vez que necessita de um longo tempo de amadurecimento. A Melnik é outra espe-

▼ Como exemplo da medida com que a indústria vinícola búlgara tem atraído o investimento externo, os donos destes rótulos residem nos EUA, na Alemanha, na Itália, na França... e na Bulgária. O Enira é produzido pela Bessa Valley, e a Maxxima é uma firma negociante relativamente nova de propriedade búlgara.

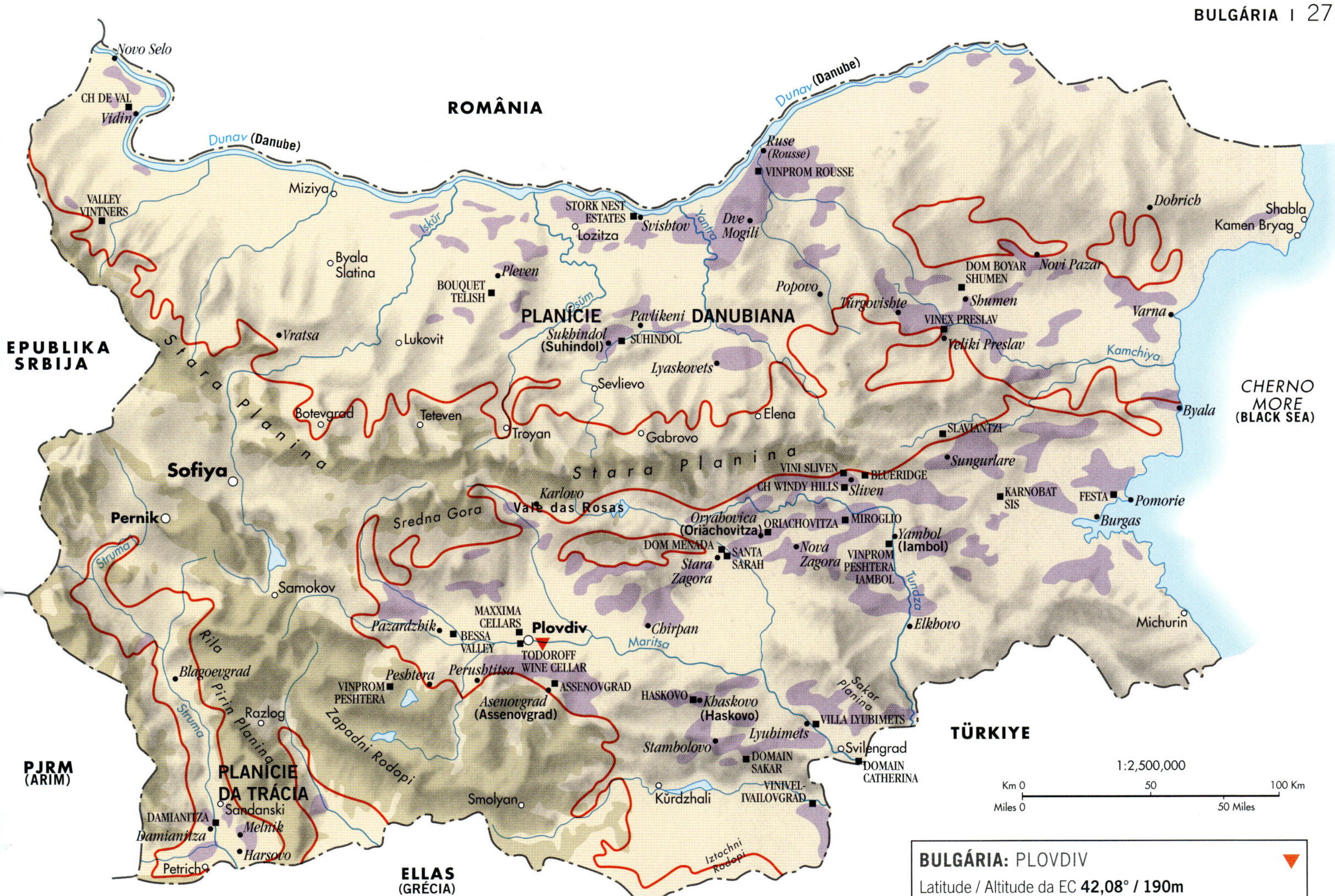

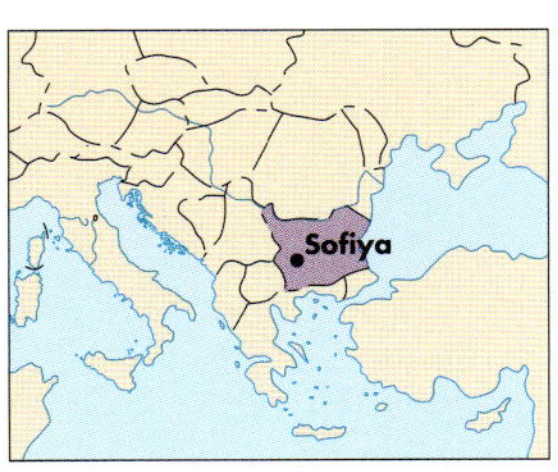

— · —	Fronteira internacional
DANUBIAN PLAIN	Principal região vitícola
•*Varna*	Cidade/aldeia vinícola
■ BLUERIDGE	Vinícola notável
(roxo)	Regiões vitícolas de alta qualidade
(bege)	Terreno acima de 1000m
▼	Estação climática (EC)

BULGÁRIA: PLOVDIV

Latitude / Altitude da EC **42,08° / 190m**

Temperatura média em julho na EC **23,6°C**

Índice pluviométrico anual na EC **520mm**

Índice pluviométrico no mês da colheita na EC **Setembro: 30mm**

Principais perigos para a viticultura **Doenças fúngicas, geada de inverno, granizo**

Principais uvas **Pamid, Merlot, Cabernet Sauvignon, Rkatsiteli, Melnik, Red Misket, Chardonnay**

cialidade do sul cultivada unicamente no quente vale do Struma, próximo à fronteira com a Grécia (ver abaixo). Ela dá vinhos potentes e aromáticos, alguns dos quais são estranhamente doces, mas sobrevivem muito bem ao envelhecimento prolongado em carvalho antigo. Mais comum ainda do que qualquer das anteriores é a Pamid, que dá um vinho pálido e palatável. A Rubin é um cruzamento búlgaro de Nebbiolo e Syrah muito promissor, e seus melhores exemplares conseguem exibir mais que um leve perfume de Nebbiolo e textura aveludada. A grande maioria das uvas Cabernet, Merlot e Pamid da Bulgária é cultivada no sul do país, onde os vinhos são geralmente mais maduros e estruturados, enquanto os tintos produzidos nos melhores sítios do norte têm mais sutileza.

Os vinhos tintos predominam em todas as regiões, exceto nas do mar Negro. A maioria dos melhores vinhos brancos da Bulgária vem das proximidades de Shumen e Veliki Preslav, na parte nordeste do país, a mais fria, embora Belvedere tenha demonstrado que suas novas plantações nas montanhas Sakar podem dar um Sauvignon Blanc bastante aromático (ver último rótulo à direita). Quanto aos brancos, as variedades locais predominantes são a Dimiat e a enérgica Rkatsiteli, da Geórgia. A Misket tinta (cruzamento local de Dimiat e Riesling) e a Muscat Ottonel estão difundidas, assim como a Aligoté.

O vale das Rosas, entre os Bálcãs e as montanhas Sredna Gora, é famoso por suas rosas damascenas — que fornecem óleos essenciais ou *atar* —, mas também produz vinhos perfumados — tanto Misket como Muscat, bem como algum Cabernet Sauvignon.

No outro lado das montanhas Rhodope e Pirin (Zapadni Rodopi e Pirin Planina), no quente sudoeste do país, perto das fronteiras com a Grécia e a Macedônia, o vale do Struma produz pequenas quantidades de vinho. A vinícola Damianitza, em Melnik, é famosa pela Shiroka Melnishka Losa ("videira de folhas largas de Melnik") e pela variedade de maturação mais precoce conhecida simplesmente por Melnik, que dá vinhos tintos de intensa acidez que são certamente os mais originais da Bulgária.

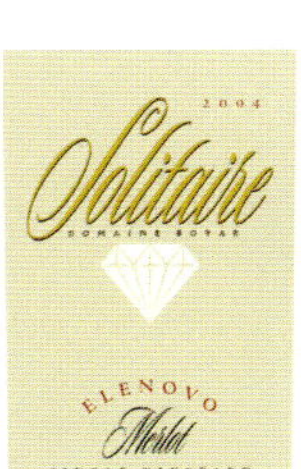

Romênia

Certamente a Romênia voltará a exportar algum grande vinho um dia. Não é só questão de localização — o país está na mesma latitude que a França —, mas também de temperamento. A Romênia é um país latino num sanduíche eslavo. Há uma antiga e natural afinidade romena com a cultura francesa — e também a França tem um fraco pela Romênia. Sua literatura sobre vinhos mostra o mesmo tipo de lirismo realista que caracteriza boa parte da literatura gastronômica francesa.

Admite-se que há grande diferença entre a influência do Atlântico, que determina o clima úmido e temperado da França, e a influência continental, que predomina na Romênia e em seus verões quentes e secos. Contudo, há influências moderadoras locais: o mar Negro e a altura dos montes Cárpatos.

Os Cárpatos encaracolam-se como uma concha no meio da Romênia. Eles ocupam quase a metade do país, elevando-se da planície circundante até cerca de 2.400m em seus picos e cercando o planalto da Transilvânia. Cruzando a Valáquia, região sul do país, o Danúbio (Dunărea) atravessa uma planície arenosa, virando para o norte em direção ao seu delta e isolando a província de Dobrogea, debruçada sobre o mar Negro.

Na Romênia, como na antiga União Soviética, um grande programa de plantio realizado na década de 1960 transformou imensas extensões de terra agricultável em vinhedos, mas em meados da década de 2000 a área total de vinhas (180.000 hectares) voltava a diminuir, apesar de ainda fazer do país o sexto maior plantador e produtor de vinho da Europa e o mais importante do antigo bloco soviético. À diferença da Bulgária e da Hungria, que já foram importantes exportadoras de vinho, a Romênia ainda consome a maior parte da sua produção, mesmo que esteja entrando capital para modernizar e ampliar suas vinícolas.

Setenta por cento do vinho consumido na Romênia é branco, produzido principalmente com variedades de videiras locais. As uvas Fetească Albă (famosa na Hungria como Leányka) e Fetească Regală (um cruzamento da década de 1930 entre Grasă de Cotnari e Fetească Albă) são as variedades mais plantadas e, com a Tămâioasă Românească, também as apostas para o futuro, mas a Welschriesling e a Aligoté também são comuns, assim como Merlot. Cabernet Sauvignon, Sauvignon Blanc, Pinot Gris e Muscat Ottonel são outras variedades internacionais de uva com certa trajetória na Romênia. Também há um pouco de Chardonnay e Pinot Noir. Das variedades tintas romenas, a Babească Neagră dá vinhos frutados leves, enquanto a Fetească Neagră dá um produto mais sério.

Como a Hungria, a Romênia tem um vinho cujo nome já foi famoso na Europa inteira. Mas enquanto o Tokaji sofreu durante o socialismo e depois ressurgiu com esplendor, o Cotnari, que era descrito como "verde" e conhecido em Paris como "Perle de la Moldavi", acabou sumindo. Agora, ele está sendo ressuscitado. Tradicionalmente, o Cotnari era um vinho branco natural de sobremesa feito no nordeste do país. É parecido com o Tokaji, mas apenas meio-doce e sem influência de carvalho: pálido, delicado e aromático; resultado do ataque da botrítis à "gorda" Grasă e à ácida Frâncusa, aromatizado com a perfumadíssima Tămâioasă (a uva do olibano) e Fetească Albă. O envelhecimento em barris é breve: a complexidade se desenvolve na garrafa. O Cotnari provém da parte da Moldávia que ficou para os romenos depois que os czares — e depois os soviéticos — anexaram a metade norte, anexação esta que resultou em intenso plantio mais ao sul.

Hoje o país está dividido em sete regiões vitícolas, das quais a **Moldávia** romena, situada a leste dos Cárpatos, é a maior por ampla margem, com mais de um terço de todos os vinhedos. Depois vêm Muntênia e Oltênia, bastiões montanhosos do sul da Transilvânia, com cerca de quarta parte.

O norte da Moldávia é uma região de vinhos brancos, sendo o Cotnari sua pedra mais preciosa. Contudo, a maior concentração de produção ocorre mais ao sul, nos montes Moldavos centrais: Vrancea, com capital em Focflani e 20.000 hectares de videiras. Coteflti, Nicoreflti, Panciu (conhecida pelo vinho espumante) e Odobeflti (centro produtor de brande) são os nomes melodiosos de suas cidades vinícolas. O solo varia, mas é em grande parte arenoso, como na Grande Planície da Hungria. É preciso plantar as videiras em covas profundas o bastante para as raízes atingirem o subsolo, às vezes a até 3m de profundidade. Parece tratar-se de um recurso desesperado, considerando que a videira leva algum tempo para crescer até o nível do chão e começar a dar frutos. Mas hoje se faz bom vinho leve onde antes nada crescia. Seguindo a curva dos Cárpatos, saímos da Moldóvia para entrar na **Muntênia** e depois na **Oltênia**, sendo a primeira mais conhecida pelo nome de seus vinhedos mais famosos em Dealu Mare. Nestas colinas bem irrigadas, com declive na direção sul e as maiores temperaturas médias da Romênia, a produção dedica-se mormente à Cabernet, Merlot e Pinot Noir, bem como à encorpada Fetească Neagră, Burgund Mare (a Blaufränkisch da Áustria) e, mais recentemente, à

Este alto-relevo em estuque numa típica casa transilvana de Hogilag, na região de Târnave, lembra-nos da importância que a produção e o consumo de vinho tiveram (e ainda têm) na Romênia. Até agora, porém, isto tem sido uma espécie de segredo nacional.

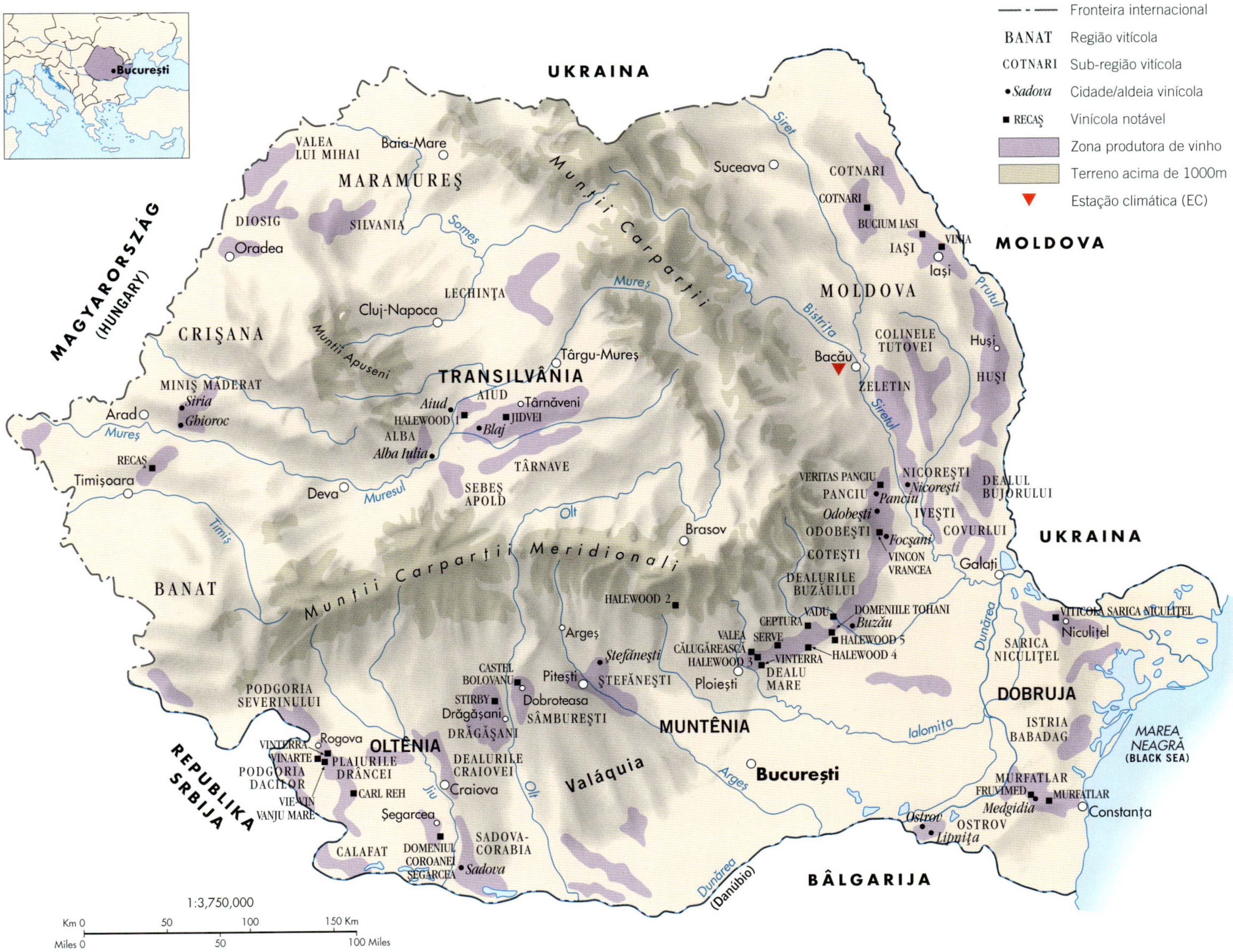

deliciosa Sangiovese. Nos tempos soviéticos, os vinhos tintos fabricados aqui eram geralmente doces para atender à preferência do mercado russo, mas isto vem sendo corrigido graças às exportações para o Ocidente, sobretudo de Pinot Noir e Cabernet, que auferem bons preços. Destaca-se uma especialidade em vinho branco: o untuoso e aromático Tămâioasă de sobremesa, de Pietroasa (nordeste de Dealu Mare).

O curto litoral da Romênia no mar Negro faz da região de **Dobrogea**, situada a leste do Danúbio, a de clima mais ensolarado e menos chuvoso do país. Murfatlar é conhecida por seus vinhos tintos suaves e seus brancos deliciosos, até mesmo Chardonays doces, de uvas excepcionalmente maduras cultivadas em solos calcários sob a carícia da brisa marinha.

Os afloramentos de contrafortes dos Cárpatos dispersos na Muntênia e na Oltênia têm suas próprias especialidades. Piteşti é conhecida pelos vinhos brancos aromáticos (em especial de Stefăneşti); Drăgăşani por Cabernet Sauvignon, Merlot e Pinot Gris, especialmente de Sâmbureşti. A oeste, Vânju Mare tem nome firmado pelo Cabernet e está a caminho de consegui-lo pelo Pinot Noir.

No canto ocidental da Romênia, a influência húngara manifesta-se claramente; muitos dos vinhos tintos de **Banat** são feitos com uvas Pinot Noir, Merlot e Cabernet Sauvignon. Os melhores vêm de Recaş. As principais uvas brancas são Feteascǎ Regalǎ, Welschriesling e Sauvignon Blanc.

Enquanto isso, a **Transilvânia** ainda é uma ilha no centro do país: um planalto a mais de 460m acima do nível do mar, local frio e relativamente chuvoso, favorecendo brancos muito mais frescos e ácidos que os produzidos no resto da Romênia. Târnave faz o melhor Feteascǎ seco e Alba Iulia, o Muscat Ottonel e o Gewürztraminer mais aromáticos.

Ainda não se sabe como o ingresso da Romênia na União Européia afetará sua indústria vinícola.

ROMÊNIA: BACAU ▼

Latitude / Altitude da EC **46,35° / 190m**

Temperatura média em julho na EC **19,9°C**

Índice pluviométrico anual na EC **540mm**

Índice pluviométrico no mês da colheita na EC **Setembro: 45mm**

Principais perigos para a viticultura **Geada de primavera, seca, chuva de setembro, frio intenso no inverno**

Principais uvas **Feteascǎ Regalǎ, Merlot, Welschriesling, Feteascǎ Albǎ, Bǎbeascǎ Neagrǎ, Aligoté, Cabernet Sauvignon**

▼ Tradicionalmente, a Romênia tem exportado bem menos de 10% de sua considerável produção de vinhos. Portanto, o detalhe incomum nestes rótulos é que todos se destinam a mercados de exportação; La Cetate, por exemplo, pertence à Carl Reh, da Alemanha.

Ex-repúblicas da União Soviética

Na década de 1970, a União Soviética era o terceiro maior produtor de vinho do mundo. No fim do século XX, ela produzia apenas 3% do total global. A campanha do presidente Gorbachev para reduzir o consumo de álcool não poupou os produtores de vinho nacionais (nem seus fornecedores vizinhos), causando efeitos devastadores.

Quando a União Soviética se dissolveu no início da década de 1990, as videiras de muitos vinhedos já haviam sido arrancadas e outros estavam abandonados por falta de mercado. Ainda há muitas dificuldades crônicas e aparentemente contraditórias: um ambiente comercial anacrônico aliado a um excesso de burocracia; normas de análise ultrapassadas e obstrutivas e, ao mesmo tempo, uma perigosa ausência de controle do que de fato entra na composição de cada vinho — tanto que alguns dos comercializados na Rússia simplesmente não contêm sequer vestígios de uvas. Em 2006, o presidente russo Vladimir Putin valeu-se deste último problema como pretexto para proibir a importação de vinhos da Moldávia e da Geórgia, desferindo um golpe esmagador nas indústrias vinícolas de ambos os países.

Produtores vinícolas responsáveis vêm cobrando algum tipo de regulamentação capaz de combater a fraude generalizada, e pelo menos em algumas empresas existe autêntico interesse no investimento nas regiões que no passado forneceram à Rússia seus melhores vinhos. Sem exceção, elas se localizam na ampla faixa mapeada abaixo, contornando o litoral norte do mar Negro e seguindo em direção leste até o mar Cáspio.

No extremo oeste, a **Moldávia** é a ex-república soviética com mais vinhas e mais óbvio potencial. Isto se deve em grande parte aos esforços dos colonos franceses, que cuidaram, no fim do século XIX, de que a imensa maioria das videiras plantadas aqui — como na vizinha Romênia — fosse das variedades mais vendáveis do mundo: Cabernet Sauvignon e Merlot.

As adegas dos czares no Kremlin recorriam à Moldávia (antigamente Bessarábia) para abastecer-se dos vinhos de mesa mais finos. A história do país foi um cabo-de-guerra entre a Rússia e a Romênia. Felizmente para seu povo (mormente romeno), nenhum dos lados venceu e a Moldávia conquistou sua independência em 1991. (Ver detalhes da produção de vinho na Moldávia romena na página 276.)

Nos anos do poder soviético, a natural vocação vitícola moldava recebera a duvidosa homenagem de um colossal programa de plantio indiscriminado, totalizando quase 240.000 hectares e cobrindo, no início da década de 1980, 20% da demanda de vinho da União Soviética. Apesar da combinação de invernos particularmente severos com a campanha antialcoolismo de Gorbachev, a Moldávia ainda tinha 150.000 hectares de vinhas em meados da década de 2000, isto é, uma incrível área que representa 1/12 do país.

Os fatores que contribuem para produzir uvas de primeira qualidade na Moldávia são a latitude igual à da Borgonha, solos relativamente pobres, as ladeiras dos muitos vales e um clima temperado pelo mar Negro. Embora alguns invernos sejam frios o bastante para matar videiras desprotegidas, os vinhedos antigos localizados nos melhores sítios têm clima quase ideal.

A grande maioria das videiras está plantada no sul e no centro da Moldávia, em torno de Chisinău, a capital do país. O vinhedo mais famoso da Moldávia na atualidade está em Purcari, no sudeste, onde se produz uma excelente mistura do tipo clarete com Cabernet e Saperavi, a esplêndida uva tinta georgiana que dá vinhos escuros, acídulos e com toques de ameixa para longo envelhecimento. A falta de um ambiente comercial estável é que tem frustrado por enquanto a maioria das tentativas estrangeiras de capitalizar o mais evidente ativo moldavo. A Cricova Acorex é uma notável exceção, exportando varietais internacionais produzidas com muita competência, especialmente Pinot Gris.

O segundo produtor vitícola mais importante entre as ex-repúblicas soviéticas é a **Ucrânia**, vizinha da Moldávia pelo leste, embora sua indústria vinícola ainda não tenha atraído muito investimento externo. Mesmo havendo vinhedos importantes nas proximidades de Odessa e Kherson, portos do mar Negro, a região vitícola mais interessante é indiscutivelmente a Criméia (Krym).

A Criméia passou a fazer parte do Império Russo sob o poder de Catarina, a Grande, no fim do século XVIII. O clima mediterrâneo de seu litoral sul não demorou a fazer dela o balneário preferido pela aristocracia mais aventureira. Ela foi desenvolvida na década de 1820 pelo conde Mikhail Vorontzov,

UCRÂNIA: SIMFEROPOL

Latitude / Altitude da EC **45,01° / 210m**
Temperatura média em julho na EC **21,1°C**
Índice pluviométrico anual na EC **520mm**
Índice pluviométrico no mês da colheita na EC **Setembro: 35mm**
Principais perigos para a viticultura **Frio intenso no inverno**
Principais uvas **Muscat, Rkatsiteli, Magarach Ruby**

anglófilo refinado e famoso por sua riqueza. Apaixonado por vinho, Vorontzov construiu uma vinícola e depois seu palácio em Alupka, a sudoeste de Ialta, fundando também perto dali, em Magarach, um instituto de vinicultura que continua a ser o mais importante das ex-repúblicas soviéticas.

Num paralelo exato com o que se passava na Austrália ao mesmo tempo (e o acontecido na Califórnia uma geração mais tarde), Vorontzov começou imitando o melhor possível os grandes vinhos da França. Seu êxito foi tão limitado como seria o de quem pretendesse fazer vinho Borgonha em Barossa. O litoral sul era quente demais. Por outro lado, apenas a 10km dali, no interior, fazia frio demais. A temperatura cai para -20°C no inverno e é preciso enterrar completamente as videiras viníferas para elas sobreviverem. Apesar disto, os soviéticos fizeram enormes plantações no interior, e não só da uva branca georgiana Rkatsiteli como também de cruzamentos resistentes ao frio criados especialmente para suportar os rigores do clima de Magarach.

Uma geração após Vorontzov, o príncipe Lev Golitzin agiu de maneira mais científica. Depois da Guerra da Criméia, de 1853 a 1856, o czar construiu um palácio de verão chamado Livadia entre Alupka e Ialta. Golitzin teve considerável sucesso fazendo a segunda bebida preferida na Rússia, o espumante "shampanskoye", produzido em sua propriedade vinícola Novy Svet ("Novo Mundo"), localizada 50km a leste pelo litoral sul. Aliás, uma tradição que se mantém.

Contudo, o destino da Criméia estava certamente nos vinhos de sobremesa. Em 1894, o czar construiu "a melhor vinícola do mundo" em Massandra, próximo a Livadia, com Golitzin no comando, com o propósito de desenvolver o potencial do litoral sul, isto é, da estreita faixa de 130km entre as montanhas e o mar, para a produção de vinhos doces e fortes de todo tipo.

Esses vinhos firmaram extraordinária reputação na Rússia pré-revolucionária. Chamavam-se "Port", "Madeira", "Sherry", "Tokay", "Cahors" (vinho de importância histórica na Igreja Ortodoxa Russa) ou mesmo "Yquem", bem como Muscat, Branco, Rosado e Negro. A vinícola de Massandra ainda guarda quase um milhão de garrafas deles, que deve ser a maior, e certamente a mais notável, coleção de vinhos antigos do mundo.

A **Rússia** propriamente dita tem menos terra dedicada às videiras do que a Ucrânia, segundo dados oficiais da OIV. A maioria das videiras russas está plantada em algum lugar deste mapa, não muito longe da influência temperada dos mares Negro e Cáspio no rigoroso clima continental do país, o que geralmente significa que é preciso enterrar as plantas meticulosamente a cada inverno, a fim de protegê-las.

Com uma próspera cultura vinícola, Krasnodar é a região produtora de vinhos mais importante da Rússia, seguida de Rostov-on-Don. As vinhas de Stavropol, Chechênia e Daguestão destinam-se principalmente à produção de brande.

Enquanto as velhas vinícolas industriais do regime soviético tornavam-se rapidamente obsoletas demais até na confiabilidade do engarrafamento, sem falar na vinificação, já em meados da década de 2000 surgiam sinais de crescente interesse na moderna produção de vinho, evidenciado na reestruturação de antigas empresas como Myskhako e Fanagoria e em outras novas, com influência francesa, como Château Le Grand Vostock e Château Tamagne. A Myskhako já está exportando Chardonnay para o Ocidente e desenvolvendo possibilidades de enoturismo no litoral do mar Negro.

Em sua maioria, as videiras plantadas na atualidade são importadas da França, mas alguns viticultores estão explorando as potencialidades de variedades nativas como Pinot Franc, Golubok e Krasnostop (que significa o mesmo que Piedirosso — pé vermelho — em italiano). A variedade Saperavi da Geórgia também se desenvolve bem no sul da Rússia. As principais variedades para vinho branco são Chardonnay, Sauvignon Blanc, Aligoté e Rkatsiteli.

Seguindo antiga tradição soviética, estabelecimentos semi-industriais próximos às grandes cidades processam vinhos e concentrado de uva importados a granel do mundo inteiro, visando especialmente a atender o gosto histórico dos russos pelo vinho espumante. Todavia, ainda se pode achar exemplos puramente russos de métodos tradicionais na vinícola Abrau Durso (também fundada por Golitzin), em Krasnodar, enquanto o estabelecimento Tsimlianskiy em Rostov-on-Don trabalha na produção de vinhos espumantes bem menos sofisticados.

No passado, o adoçamento em pesadas doses, tanto em vinhos tintos como em brancos, encobria inúmeros pecados da vinificação, mas à medida que os russos vão ficando mais expostos a influências e gostos ocidentais, inclusive no dinâmico cenário gastronômico de Moscou e São Petersburgo, é de se esperar que o gosto russo em matéria de vinho tenda a se inclinar por bebidas mais secas.

A diáspora armênia fez com que o vinho rotulado como "armênio" tenha desde longa data um certo prestígio na Rússia, apesar de a **Armênia** ter apenas 13.000 hectares de vinhas que na sua grande maioria fornecem matérias-primas para a aguar-

Contar com uma moderna linha de engarrafamento talvez não seja uma vantagem distintiva na maioria das vinícolas do mundo, mas na Rússia ainda é raro ver equipamentos relativamente novos e eficientes como este da vinícola Fanagoria, instalada na península de Taman entre os mares Negro e de Azov, a noroeste de Anapa.

A 520m acima do nível do mar, próximo à aldeia de Ikalto em Kakheti, na Geórgia, o vinhedo Chandrebi foi completamente reformado em 2001 e agora está dividido em blocos que são submetidos a monitoração, colheita e vinificação separadamente. A produção de uvas (mormente Saperavi) é adquirida pela Orovela (ver rótulo abaixo).

dente nacional, ainda mais popular. Os vinhedos daqui encontram-se em altitudes de até 1.600m e, mesmo que venham atraindo o interesse de investidores armênios residentes no exterior, em meados da década de 2000 ainda havia pouco equipamento moderno de vinificação e a maior parte das uvas ainda era processada em velhas fábricas de vinho ao estilo soviético. A uva nativa Areni é especialmente promissora e pode dar alguns tintos quase borgonheses, delicados e de impressionante frescor na região de Yeghegnadzor, a sudeste de Erevan, a capital da Armênia.

O **Azerbaidjão** também produz vinho, em grande parte tinto doce feito com sua uva Matrassa.

A **Geórgia** é um caso muito diferente do das outras ex-repúblicas soviéticas. Talvez os georgianos não sejam o único povo a achar que inventou o vinho, mas eles têm melhores indícios arqueológicos para isso. Achados de sementes de uva parecem indicar a prática da vinificação há pelo menos 5.000 anos no país, além de artefatos dessa época que demonstram extraordinário respeito pelos enxertos de videiras. Eles tiveram tempo e motivação para desenvolver pelo menos 500 variedades de videira e são os únicos que ainda utilizam métodos pré-clássicos de vinificação. Experimenta-se uma sensação homérica ao visitar um *marani* georgiano, a "adega" ao ar livre onde o vinho é fermentado em *kwevri*, vasos de cerâmica enterrados no solo até a borda.

Tudo vai para os *kwevri*: uvas esmagadas, cascas, talos e tudo mais. Lá fica até alguma comemoração tornar necessário o abastecimento. Seja ele fermentado seco ou não, o resultado é intensamente tânico, um gosto com o qual é preciso se acostumar, mas no melhor dos casos é um vinho de notável qualidade. Não é assim que os vinhos industrializados são feitos e só um milagre daria a este vinho chance de sobreviver, mas os sabores das melhores uvas da Geórgia não precisam desse tipo de intervenção: a Mtsvane de casca clara, a excelente Saperavi, com sua polpa vermelha, e a inconfundível Rkatsiteli, de constante vigor. Juntamente com a doce e efervescente Shampanskoye, elas azeitam uma animada vida social.

Os georgianos são conhecidos pelo apreço que dedicam ao vinho e por sua capacidade de consumo da bebida, haja vista a ligação natural entre a sua famosa longevidade e a energia e o valor nutritivo da Saperavi. O vinho georgiano tem feito jus a um preço mais alto na Rússia desde os tempos de Pushkin. Infelizmente, a tentação de falsificá-lo tem sido forte demais. Pelo menos essa foi a razão dada pelo Kremlin (nada amigável com a Geórgia) em 2006 para proibir essa importação, mesmo que os moscovitas considerem o Saperavi georgiano o tinto mais confiável do antigo império. O Kremlin desferiu este golpe na mesma época em que proibiu os vinhos potencialmente excelentes da Moldávia.

A Geórgia tem três regiões vitícolas históricas. Kakheti é a mais seca, estende-se pelos contrafortes do extremo leste do Cáucaso e produz mais de dois terços das uvas georgianas; Kartli, onde o uso do *kwevri* não é comum, abrange as terras mais planas que circundam Tblisi, a capital do país, enquanto Imereti, no oeste, tem clima mais úmido.

Ao norte daqui, Racha-Lechkumi tem clima bem mais úmido e suas uvas locais Alexandreuili e Mujuretuli dão sobretudo vinhos naturalmente doces. Também predominam as variedades locais e os vinhos naturalmente doces na zona úmida e subtropical em torno da costa do mar Negro.

A vinificação moderna chegou à Geórgia através dos colonos russos no início do século XIX. Como Pushkin dava preferência ao Borgonha, propriedades vinícolas como Tsinandali ficaram famosas. A decadência foi inevitável sob o poder dos sovietes, mas houve progressos vagarosos desde a independência. A empresa mais ativa na exportação de vinho georgiano é uma *joint venture* entre a Georgian Wine & Spirit Company e a Pernod Ricard, baseada numa combinação de técnicas tradicionais de vinificação e modernos métodos de controle de qualidade aplicada na cidade de Telavi, na região de Kakheti.

A uva tinta Saperavi é uma variedade sumamente promissora num contexto global e dá os melhores vinhos disponíveis — muitos deles doces, mas certamente não todos, porém com taninos vivazes e uma acidez que os mantém frescos na boca. A uva Rkatsiteli mostrou-se útil e adaptável em toda a zona do mar Negro e inclusive no Novo Mundo. Os vinicultores georgianos são muito autoconfiantes e, a despeito da falta de equipamento (e às vezes até de garrafas), competem para apresentar vinhos cada vez melhores, tanto no estilo antigo quanto no moderno. Se por enquanto a política é um empecilho ao verdadeiro avanço, ninguém duvida que as uvas, o clima e o temperamento da Geórgia têm um imenso potencial.

▼ Da esquerda para a direita: dois rótulos moldavos, um (de 1929) da Criméia, um Merlot russo da Fanagoria (provavelmente colocado pela máquina mostrada na página anterior), um Cabernet russo e três especialidades georgianas. A Teliani Valley, de Tsinandali (Kakheti), é a sucessora moderna da vinícola construída pelos Romanovs na década de 1880.

As extraordinárias videiras rasteiras de Santorini, onde as plantas têm que se agarrar aos benéficos solos vulcânicos porosos em busca de umidade nesta ilha excepcionalmente seca. O vinhedo e a capela ficam de frente para a baía de Mesa Pigadia, perto de Akrotiri.

Grécia

O panorama atual da vinicultura da Grécia é ainda mais empolgante que o da maioria dos países em razão de seu potencial tanto para recuar como para avançar no tempo. A Grécia conquistou na última década um nome respeitado, valendo-se não de uvas internacionais importadas — ainda que também as produza, claro — mas de variedades nativas. No caso de algumas delas (predominantemente brancas), talvez se possa rastrear sua ascendência até a Grécia Antiga, berço da moderna cultura do vinho como nós a conhecemos.

Esta nova era do vinho grego começou em 1985, quando um grupo de agrônomos e enólogos retornou ao país após treinamento na França. Recursos da UE e de pessoas ambiciosas permitiram que esses profissionais atualizassem sua tecnologia com alguns dos negociantes de maior porte (especialmente Boutari e Kourtakis) e estabelecessem novas vinícolas muito menores em regiões mais frias, onde a terra era relativamente barata. Seus sucessores tanto podem ter aprimorado suas habilidades em Adelaide (Austrália), em Davis (Califórnia), como na própria Atenas. Uma classe média de poder aquisitivo cada vez mais alto colocou no mercado consumidores dispostos a comprar estes novos vinhos de preço bem salgado e livres dos fermentos oxidados que já foram típicos do vinho grego.

Um vinhedo em terraços na ilha de Sámos, onde quase todas as videiras foram substituídas pela variedade Moscatel após a devastação causada pela filoxera em fins do século XIX. A fabricação de vinho está totalmente nas mãos da cooperativa, que produz uma boa variedade de estilos e níveis de doçura.

Muitos observadores de fora podem supor intuitivamente que a Grécia seja quente e seca demais para fazer vinho de boa qualidade, mas o cultivo de variedades vínicas capazes de suportar as condições locais foi fator fundamental para o sucesso da vinicultura, embora a altitude e a exposição ao sol também influam. De fato, alguns vinhos feitos em safras mais frias no planalto de Mantinia, no interior do Peloponeso, têm de ser deacidificados e em Naoussa, na Macedônia (norte da Grécia), algumas safras têm sido gravemente prejudicadas pela chuva e a podridão, ao passo que em alguns vinhedos pode ser difícil as frutas amadurecerem.

A Grécia conta agora com um sistema de denominação de qualidade baseado no modelo francês, com oito OPEs, equivalentes às ACs, e um generoso conjunto de 25 OPAPs, supostamente equivalentes aos VDQSs. Ao elaborarem o sistema, as autoridades designaram como OPE aqueles produtos que consideraram mais necessitados de proteção, motivo pelo qual todos os oito são moscatéis ou Mavrodaphnes doces. Aliás, os vinhos doces gregos da atualidade são feitos em sua maioria como Vins Doux Naturels (ver página 144) e não com uvas secas, como se fazia tradicionalmente.

O norte da Grécia é a região cujo potencial está menos concretizado e foi lá onde a revolução do vinho grego foi anunciada de forma mais patente na década de 1960, no Château Carras.

Por suas características geográficas, a **Macedônia** tem mais a ver com o maciço territorial balcânico que com os braços do Egeu da Grécia. Trata-se de uma região de vinho tinto dominada pela variedade Xinomavro, cujo nome ("negra ácida") denota acidez, embora seus vinhos de lenta maturação sejam dos mais notáveis do país. **Naoussa** é a apelação mais importante e a primeira do país (1971). Com o envelhecimento, os vinhos mais bem feitos podem adquirir um *bouquet* cuja persistência só não se iguala à do melhor Barolo, embora muitas vinícolas do norte ainda estejam pobremente equipadas. As ladeiras do monte Vermio são cobertas de neve no inverno mas seus verões são tão quentes que a irrigação é imprescindível. A terra é suficientemente variada e extensa para os *crus* merecerem identificação individual.

Nas altitudes ligeiramente menores das ladeiras do monte Piako, **Gouménissa** produz uma versão um tanto mais gorda de Naoussa. No lado voltado para o norte do monte Vermio, o clima de **Amindaio** é tão frio que é possível produzir brancos aromáticos, um *rosé* denominado Xinomavro e bom vinho espumante. Existe mesmo um Xinomavro fino, denso e de clima frio, como Boutari demonstrou.

Há cada vez mais Vins de Pays internacionais feitos nas imediações de Kavála. Biblia Chora faz misturas bem cítricas e, em Drama, no extremo nordeste de Lazaridi, há um exemplo da confiança dos gregos de hoje em seus vinhos, que se percebe em empreendimentos isolados em todo o norte da Grécia. Em Epanomí, pouco ao sul de Tessalônica, Gerovassiliou está experimentando o cultivo de Petite Sirah e Viognier, bem como a variedade nativa Malagousia.

Zitsa é a única apelação existente em **Épiro**, no noroeste, sendo a Debina a uva branca mais plantada para vinhos secos espumantes e não-espumantes. Épiro tem em Métsovo as videiras plantadas em maior altitude da Grécia, a cerca de 1.200m acima do nível do mar, bem como a Cabernet Sauvignon mais antiga, plantada em Katogi Averoff em 1963. A uva Rapsáni é a principal variedade tinta da região.

A **Grécia Central** é dominada por negociantes e cooperativas. O vinho ateniense tradicional é o Retsina, o estranho fermento resinado que por muito tempo perseguiu a reputação vínica da Grécia, produzido em **Ática** (Attiki), o quintal da capital. Ática é individualmente a maior região vitícola do país, com 11.000 hectares de videiras, na sua maior parte na planície árida e infértil de Mesogia. Hoje estão sendo produzidos em Ática cada vez mais vinhos não-resinados, embora 95% das plantações sejam da variedade Savatiano, a

▼ Desta variada seleção de vinhos de todas as regiões da Grécia e suas ilhas, só o Merlot Hatzimichalis baseia-se numa variedade de uva internacional importada, embora o outro vinho notável da propriedade Alpha (localizada perto da fronteira com a Albânia) tenha como base um Sauvignon Blanc de qualidade especialmente boa.

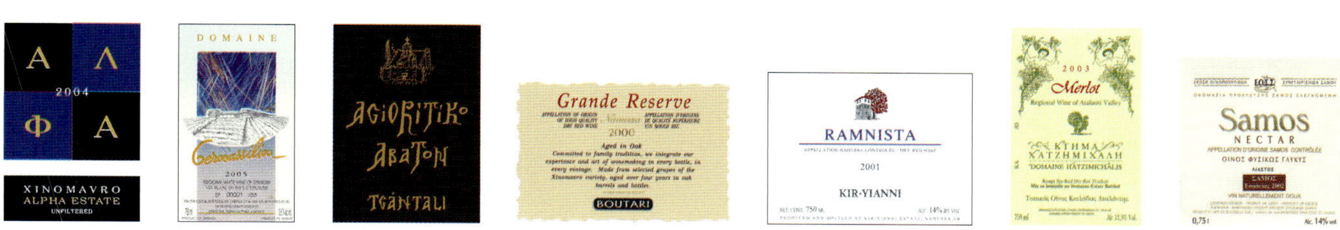

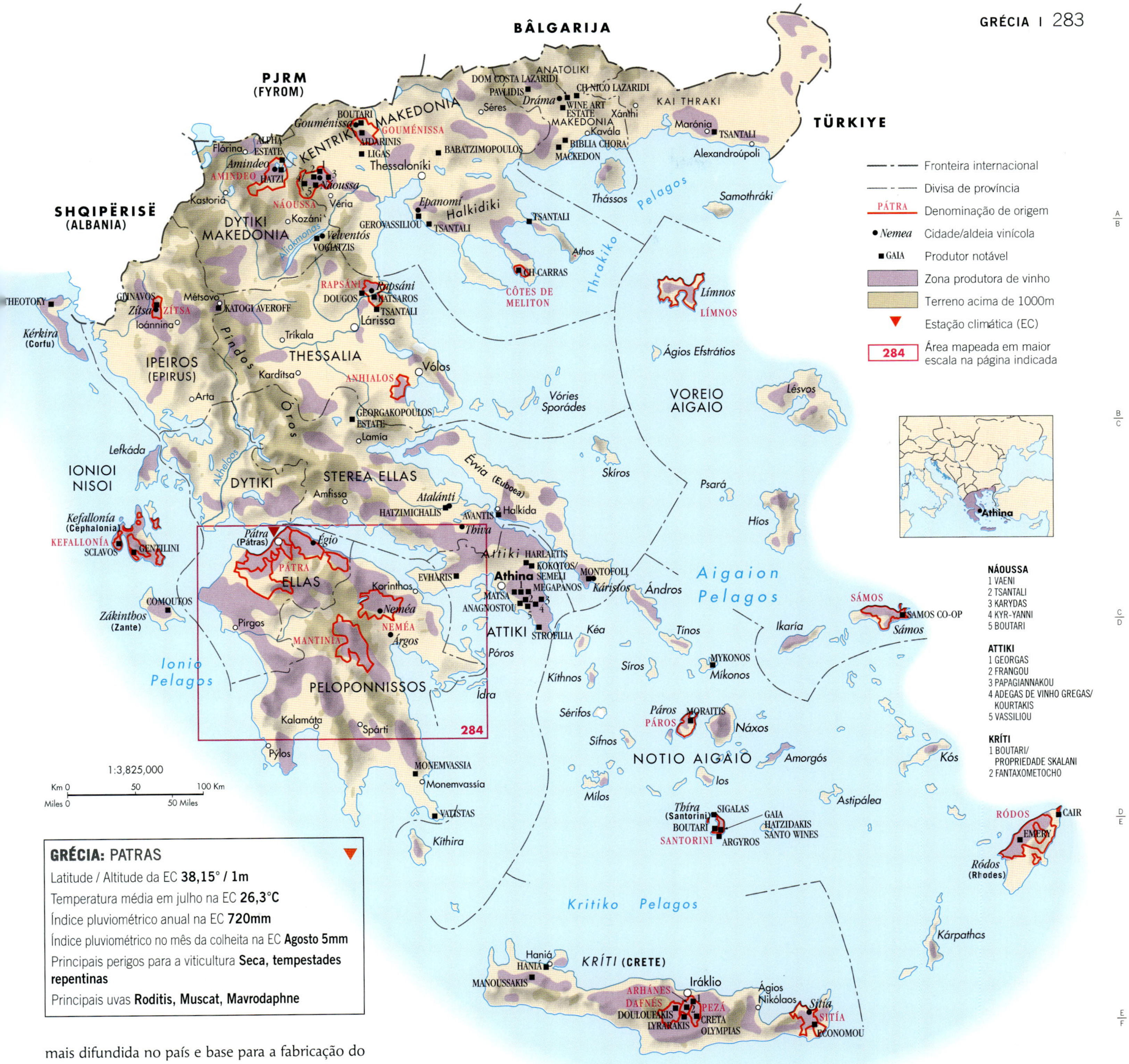

GRÉCIA: PATRAS

Latitude / Altitude da EC **38,15° / 1m**

Temperatura média em julho na EC **26,3°C**

Índice pluviométrico anual na EC **720mm**

Índice pluviométrico no mês da colheita na EC **Agosto 5mm**

Principais perigos para a viticultura **Seca, tempestades repentinas**

Principais uvas **Roditis, Muscat, Mavrodaphne**

mais difundida no país e base para a fabricação do Retsina.

Creta (Kríti) é a maior produtora de vinhos dentre as ilhas gregas, tendo sido famosa nos tempos venezianos por seus Malmseys doces — que, aliás, parecem ter desaparecido, mesmo que ultimamente a moribunda indústria vinícola da ilha tenha atraído investimentos e entusiasmo muito necessários. Nas redondezas de Heráclion (Iráklio), a propriedade vinícola Fantaxometocho, da Boutari, é um sinal auspicioso. Os melhores vinhedos estão em altitude relativamente grande. Uma tendência recente nesta ilha tem sido o cultivo de variedades de uva do Rhône, em muitos casos para misturas com variedades locais como a Kotsifali.

Seguem-se em importância a **Cefalônia** (Kefallonia) e sua vizinha jônica **Zante** (Zákinthos) — com sua vigorosa uva tinta Avgoustiatis —, especialmente pelas variedades brancas frescas Robola e Tsaoussi, bem como por outras importadas. Corfu não é uma ilha interessante para enoturistas.

No Egeu, várias ilhas fazem vinhos doces com uva Moscatel. **Samos** é a melhor e mais famosa, além de principal exportadora, com vinhos jovens absolutamente limpos e outros envelhecidos em carvalho, muito tentadores, quase todos feitos com Muscat Blanc de pequenas bagas. **Lemnos** (Límnos) produz moscatéis tanto secos como doces. **Páros** cultiva sua própria variedade, a Monemvasia, que teria parentesco com pelo menos uma Malvasia. A Mandilaria é outra uva tinta forte presente em Páros, Creta e Rodes.

Em **Rodes** (Rodos), o vinho branco é mais importante que o tinto: a variedade Athiri é bem-encorpada e ultimamente tem dado vinhos brancos de notável elegância quando cultivada em grandes altitudes.

Todavia, **Santorini** é a mais original e cativante de todas as ilhas. Seus vinhos potentes e intensos, brancos com aroma de limão e minerais e (muito) secos, são feitos principalmente com frutos de antigas videiras Assyrtiko, conduzidas em pequenos ninhos acaçapados nas alturas varridas pelo vento deste vulcão dormente. Sigalas, Hatzidakis e Thalassitis (de Gaia) são excelentes exemplos. A ilha também produz um Vin Santo branco especialmente rico. O problema de Santorini não é falta de entusiasmo e inventividade na vinicultura, mas a alta do preço das terras puxada pelo florescimento do negócio turístico, pondo em risco até a própria subsistência de seus incomparáveis vinhedos (ver foto na página 281).

Peloponeso

Este mapa destaca a metade setentrional do Peloponeso, a parte que tem mais energia e atividade que qualquer outra da Grécia nos últimos anos. É também a região vinícola mais conhecida do país, graças à beleza de seu litoral, à facilidade de acesso a partir de Atenas e à atração de seus sítios históricos.

Neméia, perto de Micenas, é a apelação mais importante e faz vinhos tintos deliciosos exclusivamente com a variedade de uva Agiorgitiko (São Jorge), cultivada em terrenos tão diversos que áreas como Koútsi, Asprókambos, Gimnó, Antiga Neméia e Psari já começam a conquistar sua própria reputação. A Neméia tem invernos mais amenos e verões mais frescos do que se poderia esperar graças à influência do mar (e de chuvas que podem ameaçar a colheita em alguns pontos). Pode-se dividir a região em três zonas. As férteis argilas vermelhas do solo do vale da Neméia produzem os vinhos talvez menos interessantes. A zona de altitude média parece mais adequada para os vinhos mais modernos, ricos e intensos, ainda que mesmo aqui haja ampla variação de características. Já os vinhedos da zona mais alta — alguns a até 900m — que eram considerados aptos apenas para a produção de *rosés*, hoje estão produzindo ótimos e elegantes tintos. Será preciso mais de um simpósio para estabelecer um sistema justo de sub-regiões.

No norte do Peloponeso, **Patras** é sobretudo uma região de vinhos brancos e fonte dos mais finos Roditis, sua principal variedade. A redescoberta uva branca Lagorthi de aroma mineral também está dando o que falar, graças ao vinho engarrafado pela Antonopoulos, o Adoli Ghis (significa "terra sincera"). Oenoforos é outro produtor que compra uva do frio planalto de Aighialia, voltado para o norte. Eles estão acelerando o ritmo da mudança numa região que há muito tempo é associada apenas ao viscoso Moscatel e ao Mavrodaphne — que têm condições de ser tão bons quanto o Moscatel de Samos, desde que recebam mais cuidado.

No sul da área mapeada, a planície de **Mantinia** é o lar da videira Moschofilero, cujo vinho com intenso sabor de uvas também é produzido hoje nas ilhas jônicas de Cefalônia e Zante, a oeste. Produtores como Tselepos fazem tanto versões envelhecidas em carvalho quanto espumantes desta delicada variedade de uva. Como tantos gregos ambiciosos, eles também cultivam diversas variedades internacionais.

Localizados obviamente na Antiga Neméia, os Vinhedos Papaioannou são orgânicos, sendo Thanassis Papaioannou um viticultor nato. Quando começou, em 1984, ele foi um dos primeiros da nova geração grega de produtores de vinho urbanos que privilegiavam a qualidade. Seu filho Giorgos dá continuidade à tradição.

▶ Se a cor preta parece ser a preferida por Gaia e Driopi, vizinhas da Neméia, o branco certamente combina com a delicada varietal branca Moschofilero de Yiannis Tselepos, desenvolvida na Borgonha. Moschofilero é a uva por excelência dos vinhedos de grande altitude de Martinia. O histórico italiano de Mercouri trouxe a cítrica uva tinta Refosco para a região noroeste do Peloponeso.

Lista de produtores
1 VASSILIOU
2 DOM HELIOS/KOKOTOS
3 AIVALIS
4 HARLAFTIS
5 GAIA
6 DRIOPI
7 LAFAZANIS
8 PAPAIOANNOU PALIVOS

— - — Divisa da província
PÁTRA Denominação de origem
• *Neméa* Cidade/aldeia vinícola notável
■ TSOLIS Produtor notável
▭ Terreno acima de 1.000m

1:1,390,000
Km 0 10 20 30 40 50 Km
Miles 0 10 20 30 Miles

Mediterrâneo Oriental

Quer o primeiro vinho tenha sido feito na Turquia, na Geórgia ou na Armênia, sem sombra de dúvida o Oriente Médio foi o berço da vinicultura. O Mediterrâneo Oriental foi a França e a Itália do vinho no mundo antigo, até o século VIII e o advento do Islã. Atualmente, a **Turquia** tem a quarta maior área de vinhedos do mundo, mas no máximo 3% das uvas são transformadas em vinho. As restantes são comidas como fruta fresca ou seca. Neste país muçulmano, a indústria vinícola foi contida pela falta de mercado interno, mas isto está mudando com o turismo, a queda da proibição às importações e a privatização do monopólio estatal Tekel, agora chamado Mey, no início do século XXI. O fundador da república secular Kemal Atatürk construiu vinícolas estatais na década de 1920 no intuito de convencer seu povo das virtudes do vinho, tendo assegurado a sobrevivência de variedades de uva nativas anatolianas, que talvez possam fornecer indícios sobre as origens da própria viticultura. Os turcos mais jovens começam a mostrar maior interesse no vinho que no *raki*, a aguardente de anis típica do país.

O clima da Turquia varia enormemente. Na Trácia, no interior de Istambul, Mármara é a região mais importante quanto ao volume de vinho produzido. Trata-se da parte mais européia do país em todos os sentidos, inclusive por seus solos bons para a vide e seu quente clima litorâneo, semelhantes aos da costa búlgara do mar Negro e da parte nordeste da Grécia. Aqui são produzidos mais de 40% do vinho turco, e a proporção de variedades de uva importadas cultivadas aqui é maior do que nas demais regiões, sendo a Syrah uma interessante recém-chegada. O primeiro produtor turco a se dedicar exclusivamente a uvas internacionais é a Sarafin, inspirada pelo Napa Valley e com vinhedos próprios em Mármara (a maioria dos produtores compra a maior parte da uva de terceiros). Também está aqui a Gülor, que tem Pascal Delbeck, de St. Émilion, como consultor.

Cerca de 20% do vinho turco são feitos com uvas de videiras produtivas cultivadas nas proximidades de Izmir, cidade rica em relíquias e ruínas clássicas, à beira do mar Egeu. Os vinhos brancos são geralmente melhores que os tintos, em especial os feitos com uvas Misket (Moscatel) e Sultaniye. O melhor produtor é Pamukkale, próximo a Denizli, no sudoeste.

Há alguns vinhedos na região nordeste perto de Tokat, mas o restante da produção de vinho turca provém em sua maioria de vinhedos de maior altitude na Anatólia Central, onde os invernos são muito frios, os verões sumamente secos e os rendimentos bastante baixos. As variedades mais promissoras daqui são a Kalecik Karasi, para tintos, e a Emir, para brancos.

Doluca e Kavaklidere são os maiores e mais conhecidos produtores turcos. A Doluca está estabelecida em Mármara e sua marca Villa Doluca é confiável. A Kavaklidere localiza-se perto de Ancara e se concentra em videiras nativas da Anatólia: as brancas Narince, Emir e Sultaniye (inclusive uma Primeur muito fresca) e as tintas Bogzkere, Oküzgözü e, sobretudo, Kalecik Karasi. Mesmo produzindo uvas tintas de qualidade promissora, o sudeste da Anatólia praticamente não tem vinícolas e, portanto, sua produção tem de ser transportada para o oeste. O mapa da vinicultura turca ficará definido com mais precisão quando o ingresso do país na União Européia receber sinal verde.

O **Chipre** ingressou na UE em 2004 e, como resultado, sua indústria vinícola passa por uma revolução. Quem antes recebia subsídios para exportar enormes quantidades de vinho indefinível a granel para fabricantes de bebidas baratas (os soviéticos eram grandes clientes), hoje tem fundos à sua disposição para abandonar os piores vinhedos e plantar no interior montanhoso. Todo o lado voltado para o sul dos montes Troodos é uma região produtora de vinho em potencial; ao atraírem a chuva, as montanhas tornam possível a agricultura no que de outra maneira seria uma ilha seca demais. Os vinhedos localizam-se onde as chuvas caem, em vales situados nas colinas entre 600m e quase 1.500m de altitude.

As quatro grandes vinícolas estão mudando as instalações de vinificação de Limassol e Pafos, no litoral, para mais perto das regiões vitícolas mais promissoras, por enquanto ainda dominadas por pequenos produtores sem conhecimentos tecnológicos modernos. Contudo, em 2006 havia cerca de 50 vinícolas tipo *boutique* em Chipre e, além disso, já está sendo desenvolvido um sistema de denominação de origem.

A mudança chegou de repente a uma das culturas vitícolas mais antigas do mundo, iniciada em 3500 a.C. ou talvez antes, segundo recentes descobertas arqueológicas.

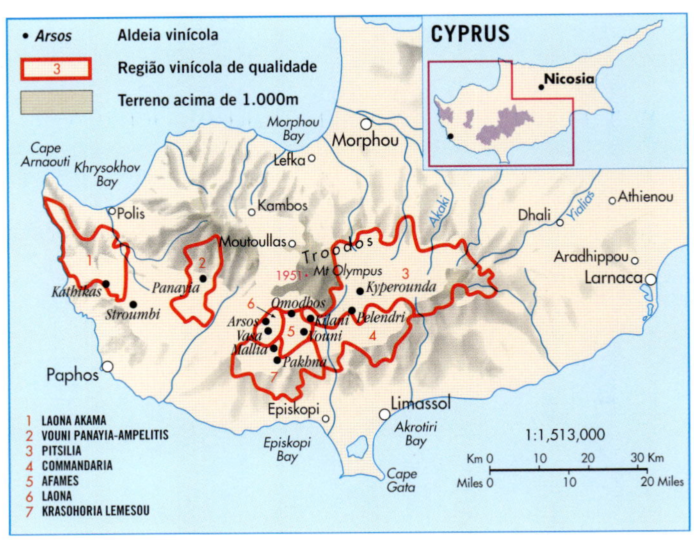

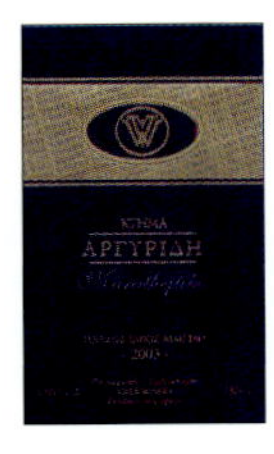

▲ O Chipre moderno (acima) é representado pela recriação de uma videira nativa da Vasa, e a moderna Turquia, por um dos Cabernets da Sarafin.

Como o Chipre nunca foi invadido pela filoxera, suas videiras não enxertadas têm sido protegidas por rigorosa quarentena, retardando a introdução de variedades internacionais. Em mais de 70% dos vinhedos viníferos da ilha (pois o Chipre é também importante produtor de uvas de mesa) a variedade plantada é a uva nativa Mavro, bastante sem graça e tão comum que seu nome significa simplesmente "negra". A uva local Xynisteri, a Moscatel de Alexandria e agora a Palomino são usadas para vinhos brancos tanto fortificados como leves, sendo que a Xynisteri em particular produz brancos secos delicados se cultivada em grande altitude. As principais variedades importadas para vinho tinto são Cabernet Sauvignon, Syrah e Grenache, mas as nativas Maratheftiko e Lefkada estão dando tintos cada vez mais interessantes e vigorosos. Aos poucos, a colheita precoce está permitindo fazer vinhos mais frutados.

O vinho cipriota mais característico é o licoroso Commandaria, feito com passas de uvas Mavro e Xynisteri colhidas em 14 aldeias designadas nas encostas mais baixas dos Troodos. Este vinho deve ser envelhecido em carvalho por no mínimo dois anos, podendo ser simplesmente viscoso ou extremamente concentrado, com quatro vezes mais açúcar que o vinho do Porto. Entretanto, os melhores exemplares têm sabor de uva de persistente frescor.

O progresso técnico e a demanda moderna fizeram bem às indústrias vinícolas libanesa e israelense. Se urgidos a citar um vinho do Mediterrâneo Oriental, muitos apreciadores mencionariam o Château Musar, do **Líbano**, que um homem notável como Serge Hochar conseguiu seguir produzindo durante os 20 anos de guerra civil que o país atravessou no século passado. Com uvas Cabernet Sauvignon, Cinsault e Carignan cultivadas em sequeiro, ele produziu vinhos extraordinariamente aromáticos, dentre os quais um rico e exótico Bordeaux bastante envelhecido antes da venda e capaz de envelhecer décadas depois.

Várias outras vinícolas libanesas também trabalham com videiras do vale do Beqaa ocidental arrasado pela guerra e nas colinas sobre Zahlé, onde altitudes de aproximadamente 1.000m ajudam a produzir vinhos frescos de sabor não afetado pela exposição ao sol. A Château Kefraya faz um rosado refrescante, bem como uma respeitável combinação de tintos de Bordeaux/Rhône. A empresa mais antiga e de maior porte é Château Ksara, enquanto Massaya (fundada por três pessoas notáveis de Bordeaux e do Rhône), Domaine Wardy e Clos St. Thomas são firmas importantes, mas muito mais novas.

No lado oposto dessa fronteira tão conflagrada, **Israel** é o outro cenário da revolução da vinicultura nesta parte do mundo. Mesmo tendo apenas um quarto da extensão plantada com videiras do Líbano, Israel exporta muito mais, mormente para satisfazer a demanda mundial de vinho *kosher*. Por muito tempo, os vinhos tintos doces para *kidush* foram o produto padrão das vinícolas cooperativas originais da Carmel, em Rishon le Zion, e Zichron Yaacov, nas regiões litorâneas de Samária (Shomrom) e Sansão (Shimshon), um presente do barão Edmond de Rothschild para Israel. Elas ainda controlam pouco menos de metade da produção de uvas nas áreas vitícolas mais tradicionais, sendo cada dia mais complementadas por vinhedos modernos no norte do deserto do Negev, perto de Ramat Arat e na Alta Galiléia.

Até a década de 1980, os vinhos israelenses eram de interesse unicamente litúrgico. No final da década de 1970, porém, as plantações em solos vulcânicos das colinas de Golan, entre 400m acima do nível do mar da Galiléia a até 1.200m em direção ao monte Hermon, marcaram um novo rumo. A empresa Golan Heights Winery trouxe tecnologia e conhecimento prático da Califórnia e, com os rótulos Yarden e Gamla, seus melhores vinhos da Galiléia estabeleceram um novo padrão de qualidade internacional.

Hoje há uma cultura do vinho autenticamente firmada em Israel; uma cultura que celebra o vinho israelense e não apenas o vinho *kosher*, incluindo revistas sobre o tema, cartas de vinhos internacionais nos restaurantes, regiões vitícolas reconhecidas e muitas vinícolas novas pequenas mas ambiciosas. A Castel e a Flam estão situadas no frio clima mediterrâneo das colinas da Judéia, próximo a Jerusalém; a Margalit fica na planície de Sharon e a Yatir, no norte do Negev. Desde meados da década de 1990 houve notável melhoria de qualidade e consistência.

A diversidade de condições climáticas é sumamente ampla para um país tão pequeno, mas a região com potencial mais evidente é a Galiléia (Galil). As três vinícolas principais estão fomentando a revolução na qualidade do vinho mediante cuidadosa escolha da localização dos vinhedos e investimento em tecnologia. Em *joint venture* com o *kibbutz* Yiron, a Golan Heights construiu a nova vinícola Galil Mountain na fronteira com o Líbano; a Carmel construiu três vinícolas de alta tecnologia perto de vinhedos-chave e a Barkan, segundo maior produtor depois da Carmel, construiu uma moderna vinícola perto de Rehevot, na região costeira de Sansão já densamente plantada, bem como plantios nos solos semi-áridos do Negev. A perícia e a determinação da agricultura israelense conseguem superar desafios do clima e obter vinhos que se saem bem na comparação internacional. As variedades Cabernet, Merlot, Chardonnay e Sauvignon Blanc estão certamente ambientadas, a Shiraz está ganhando terreno e a Cabernet Franc promete. Estão em andamento tentativas de conferir uma identidade israelense aos vinhos do país sem contar com variedades de uva nativas.

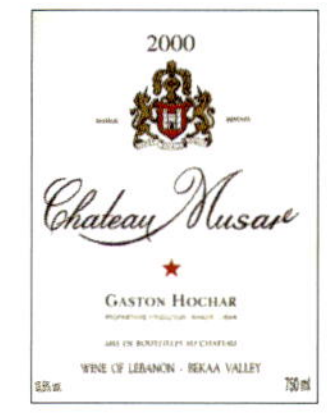

▲ Os vinhos da Flam são produzidos pelo filho de Israel Flam, formado na Itália e na Austrália e enólogo-chefe na maior vinícola do país, a Carmel; já no Líbano, os Hochar, da Château Musar, inspiraram-se originalmente numa visita a Bordeaux.

Ver localização no mapa da página 285

Norte da África

Finalmente, o norte da África — ou mais especificamente o Marrocos — está despertando de um período de inatividade que durou 50 anos, desde que a França se retirou. Em meados do século XX, Argélia, Marrocos e Tunísia tinham no mínimo dois terços do comércio mundial de vinhos. A maior parte deste enorme volume ia para a Europa (principalmente França) na forma de um vinho tinto escuro convenientemente forte para misturas. Com a falta de demanda interna nestes países majoritariamente muçulmanos, o declínio veio de imediato após a independência. Nos três países (bem como no **Egito**, onde a Gianiclis tem um monopólio virtual mas não especialmente virtuoso) o Estado assumiu o controle da indústria vinícola que definhava, resultando em quase nenhum investimento.

O **Marrocos** já está a caminho da retomada por meio de diversas *joint ventures* e da chegada de equipamentos modernos tão necessários, embora o investimento pesado da Castel, de Bordeaux, esteja sendo destinado ao plantio em novos vinhedos mecanizáveis. O senso comum leva a pensar que, dos três produtores de vinho mais importantes do norte da África, o Marrocos deve ter os melhores vinhedos, beneficiando-se da altitude e da influência do Atlântico. Principal produtor e de propriedade marroquina, a Celliers de Meknès abriu em 2003 uma vinícola de alta tecnologia, a Château Roslane.

O Marrocos tem 14 *Appellations d'Origine Garantie* (AOG) e agora uma *Appellation d'Origine Contrôlée* (AOC), Les Coteaux d'Atlas, cada uma com suas variedades de uva especificadas. Contudo, apenas quatro delas — Guerrouane, Beni M'Tir, Berkane e Coteaux d'Atlas — são muito utilizadas. Os vinhedos de melhor reputação são os das proximidades de Meknès — com cerca de 60% da produção marroquina — e Fèz, pois estão em altitude de aproximadamente 600m, que garante uma benfazeja queda de temperatura durante a noite.

A maioria do vinho é tinto, mas bem mais popular que os brancos cada vez mais enérgicos é o *vin gris* rosado pálido do Marrocos, seu "*rosé*" prototípico feito com uvas tintas brevemente maceradas, com freqüência da variedade Cinsault. Ao sul de Casablanca, a aldeia fortificada de Boulaouane, dentro da AOG Doukkala, dá nome a uma das marcas de *vins gris* mais conhecidas na França, que a Castel está modernizando.

O insólito salvador da acossada indústria vinícola argelina pode ser o ator francês Gérard Depardieu, aqui no vinhedo St. Augustin, do qual ele e Magrez, de Bordeaux, obtêm um tinto muito encorpado.

A **Tunísia** também está tentando melhorar a qualidade de seus vinhos para gerar exportações. O Estado tem incentivado ativamente *joint ventures*, que trazem capital e conhecimento especializado da Europa. Pelo menos sete estavam em andamento na virada do século, sendo as mais notáveis Château St Augustin, Domaine Neferis e um projeto levado adiante pela Calatrasi, da Sicília. Entre os resultados está a aplicação do necessário controle de temperatura em vinícolas e a modernização de vinhedos, a maioria dos quais conta hoje com irrigação. A Tunísia tem boas fontes de água. As variedades tintas típicas são Carignan, Grenache, Mourvèdre e Syrah.

As regiões do litoral são as mais frias. As brisas marinhas e os solos argilosos inusitadamente frios do norte de Bizerte podem resultar em vinhos brancos razoáveis, tintos bem equilibrados e ótimos Moscatéis doces, uma especialidade tunisiana que provavelmente data dos tempos cartagineses. O moscatel seco e freqüentemente oxidado é a especialidade dos solos arenosos do Cap Bon, também conhecido por Kelibia, na costa leste.

Os vinhedos mais a oeste de Jendouba, ao sul de Béja, são os de clima mais quente da Tunísia. As vinícolas desta região estão mais propensas aos defeitos decorrentes de equipamento obsoleto e falta de sistemas de refrigeração. Há contudo reais potencialidades para tintos fortes e de sabor profundo nas vinícolas mais bem equipadas de Grombalia, nas colinas de terra roxa daqui até Túnis, na marítima Mornag, a sudoeste de Túnis, e em Tébourba, a oeste da cidade, cuja especialidade é o rosado muito pálido Gris de Tunis.

Tendo sido por ampla margem o maior exportador de vinho do mundo, hoje a **Argélia** está bem atrás de seus vizinhos em termos de modernização. Foi tamanha a quantidade de vinhedos abandonados ou que tiveram suas videiras arrancadas que, entre 1966 e 1997, quando 80% de suas videiras tinham mais de 40 anos, a safra despencou de 16 milhões de hectolitros de vinho para menos de meio milhão. Isto não quer dizer que o vinho argelino seja de baixa qualidade — o problema é de infra-estrutura. A produção continua sob o estrito controle do monopólio estatal, que afirma ter plantado 10.000 hectares de variedades internacionais de uva em meados da década de 1990, sobretudo nas zonas tradicionais de Tlemcen, Médéa e Zaccar, enquanto tenta, em meio a dificílimas condições sociais, desenvolver as vinícolas de que precisa para transformar a uva em vinho exportável.

▶ Ambos os rótulos marroquinos são de propriedade francesa — Bernard Magrez e Castel —, ao passo que a Selian (à direita) usa Carignans de antigas videiras do norte da Tunísia, finalizando a fabricação do vinho em sua vinícola na Sicília. Existe na França uma antiga tradição de consumo de vinhos norte-africanos graças à criatividade das misturas feitas entre o início e meados do século XX.

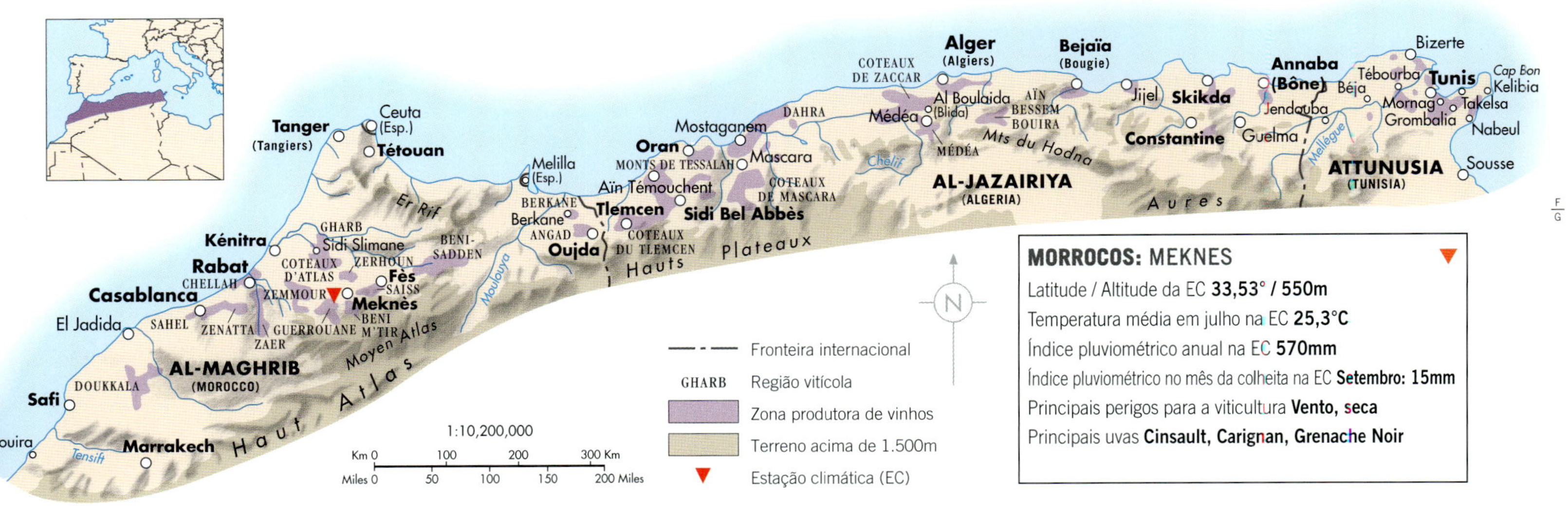

MORROCOS: MEKNES

Latitude / Altitude da EC **33,53° / 550m**

Temperatura média em julho na EC **25,3°C**

Índice pluviométrico anual na EC **570mm**

Índice pluviométrico no mês da colheita na EC **Setembro: 15mm**

Principais perigos para a viticultura **Vento, seca**

Principais uvas **Cinsault, Carignan, Grenache Noir**

Vinícola Bien Nacido, ao lado do rio Cuyama na cordilheira de San Rafael, com Au Bon Climat ao fundo, na Califórnia.

América do Norte

América do Norte

A videira deve ser uma planta muito obstinada para teimar em arraigar-se num continente como a América do Norte, onde ela tem estado tão exposta a pragas, doenças, extremos climáticos e desastres. Os Estados Unidos são hoje os produtores e consumidores de vinho mais importantes do mundo depois da Europa. Só França, Espanha e Itália produzem mais vinho. A indústria vinícola do Canadá passa por uma dinâmica transformação e é possível que o México não fique para trás por muito tempo.

Quando aportaram pela primeira vez, os primeiros colonos impressionaram-se com as videiras viçosas, cujos frutos enfeitavam as florestas como grinaldas. As uvas eram doces, embora de sabor esquisito. Era natural supor que aquele vinho viria a ser uma das benesses do Novo Mundo.

Todavia, os mais de 300 anos de história americana são uma saga de esperanças frustradas de aspirantes a viticultores. O vinho feito com videiras americanas tinha sabor muito estranho, enquanto as videiras viníferas européias plantadas nas novas colônias murchavam e morriam. Mas os colonos não desistiram. Sem fazerem idéia do que estava matando suas videiras, acharam que a culpa era deles e experimentaram diferentes variedades e métodos.

Ainda na época da Revolução, o presidente George Washington tentou, e Thomas Jefferson, grande apreciador de vinho e um dos primeiros enoturistas da França, fez uma tentativa muito determinada. Não deu em nada. O solo americano estava infestado pelo pior inimigo das videiras européias: a filoxera. Os verões quentes e úmidos do sul e do leste favoreciam doenças desconhecidas na Europa. Já no norte, as videiras européias eram vítimas dos invernos inclementes. As videiras nativas americanas haviam desenvolvido resistência a todas essas ameaças.

Este vinhedo chega quase até a base de Grand Mesa, em Palisade, próximo ao rio Colorado. O Colorado não é o hábitat mais previsível para a videira, mas hoje todos os estados americanos produzem vinho.

Conhecemos hoje bem mais de uma dúzia de espécies de videira nativas da América do Norte, muitas das quais (e especialmente a *Vitis labrusca*) produzem vinho tão silvestre que há muito tempo seu sabor é descrito como *foxado* (de raposa molhada), algo que agora é habitual em sucos e geléias de uva mas que desagrada apreciadores acostumados com a única espécie de videira da Europa, a *Vitis vinifera.*

Agora, com a coexistência das videiras americanas e européias neste continente novo para o vinho, seus genes misturaram-se em combinações aleatórias e espontâneas que fizeram surgir variedades de uvas com sabor menos *foxado.* O primeiro destes híbridos americano-europeus acidentais foi a variedade Alexander, descoberta na Pensilvânia e cultivada em Indiana; depois vieram Catawba, Delaware e Isabella. A uva Norton é inteiramente americana e ainda produz tintos de vigorosa personalidade.

Os colonos tentaram praticar viticultura e vinificação em todos os lugares onde se estabeleceram, especialmente em Nova York (onde os invernos eram terrivelmente frios), na Virgínia (onde os verões eram escaldantes) e em Nova Jersey (onde o clima era intermediário). Mas foi em Cincinnati, Ohio, que nasceu o primeiro vinho americano com sucesso comercial: o famoso Catawba espumante de Nicholas Longworth. Em meados da década de 1850, este vinho era louvado em ambos lados do Atlântico e, com 485 hectares de vinhedos, seu criador estava fazendo fortuna.

O sucesso durou pouco. A podridão negra, a Guerra Civil e finalmente a morte de Longworth em 1863 puseram fim ao desafio que Cincinnati lançara a Reims. Todavia, o objetivo fora atingido. Os fabricantes do "champanhe" de Longsworth logo acharam novo empregador: a nova Pleasant Valley Wine Co, de Hammondsport, em Finger Lakes, Nova York. Desta vez, o vinho americano encontrara um lar permanente, aliás importante até hoje (e descrito na página 320).

Na época da Guerra Civil, o cruzamento de videiras tornara-se uma atividade proposital, resultando em inúmeras novas variedades especialmente adaptadas às condições americanas, inclusive a Concord, quase rudemente resistente mas extremamente *foxada*, introduzida em 1854 e hoje principal esteio do grande cinturão de viticultura que contorna a orla sul do lago Erie nos estados de Ohio, Pensilvânia e Nova York, fornecendo suco e geléia de uvas aos Estados Unidos.

No sul, as Carolinas do Norte e do Sul e a Georgia tinham suas videiras nativas Muscadine (sobretudo a Scuppernong), cujo suco viscoso dava vinho ainda mais distante do modelo europeu que aqueles híbridos americanos, embora elas ao menos sejam resistentes à doença de Pierce, que hoje é uma grave ameaça para algumas das videiras viníferas dos Estados Unidos.

A vinificação chegou à costa oeste por vias muito diferentes. Os primeiros colonizadores espanhóis do México haviam importado viníferas no século XVI com aceitável sucesso. Eles plantavam uma videira primitiva chamada Misión, idêntica à Criolla Chica da Argentina e que vicejou na Baixa Califórnia. Mas os frades franciscanos somente se deslocaram para o norte pela costa da Califórnia 200 anos depois. Acredita-se que frei Junípero Serra plantou o primeiro vinhedo da Califórnia ao fundar a Missão de San Diego em 1769.

Com a notável exceção da doença de Pierce, originalmente denominada doença de Anaheim (ela apareceu perto de Los Angeles em meados do século XIX), não houve aqui nenhum dos problemas que se apresentaram na costa leste. A *Vitis vinifera* tinha encontrado sua Terra Prometida. De nome muito apropriado, Jean-Louis Vignes trouxe videiras melhores que a Misión da Europa para Los Angeles. A Corrida do Ouro trouxe imigração em massa. Na década de 1850, o norte da Califórnia já tinha sido real e totalmente conquistado pelo vinho.

Assim, em meados do século XIX, os Estados Unidos contavam com duas indústrias vinícolas em extremos opostos. A Califórnia, onde a vinífera substituíra a variedade Concord no fim do século XIX, desfrutou de uma precoce era de prosperidade nas décadas de 1880 e de 1890, mas viu sua indústria vinícola ser atacada pelo flagelo do míldio e da filoxera, do mesmo modo que a Europa.

Então veio um golpe muito pior do que qualquer um desses: a proibição do álcool em toda a América do Norte entre 1918 e 1933. Viticultores do oeste e do leste sobreviveram a duras penas, fazendo vinho supostamente para uso litúrgico e abastecendo uma nação que de repente descobrira a vinificação caseira com enormes quantidades de uvas, suco e concentrado com a advertência "Cuidado — não adicione levedura pois o conteúdo fermentará".

O legado duradouro da cultura que gerou essa irrestrita proibição de tudo que fosse alcoólico se reflete, já tanto tempo depois da Revogação ocorrida em 1933, no fato de a indústria vinícola enfrentar empecilhos como uma organização desnecessariamente complexa, legislação obstrutiva e extrema desconfiança por parte da considerável porção de norte-americanos do século XXI que é abstêmia e daqueles que bebem apenas destilados ou cerveja.

Apesar disso, da filoxera e da doença de Pierce, hoje o vinho desfruta de um brilho de moda e de um entusiasmo beirando a obsessão entre os americanos — cada vez mais numerosos — possuidores de saca-rolhas. Isto resultou num frenesi de atividade e experimentação de aspirantes a produtores de vinho em todos os cantos do continente. Desde o advento das ferrovias, uvas e vinhos têm sido despachados de estados bem equipados em termos de viticultura, em especial a Califórnia, para mistura e engarrafamento em vinícolas nem tão bem localizadas, algumas das quais cultivam relativamente poucas videiras. Todos os 50 estados (inclusive o Alasca) têm atualmente alguma produção de vinho, ainda que em 15 deles haja menos de 10 vinícolas,

e mais ou menos 20 deles possuam acima de 400 hectares de vinhas, nível que indica considerável atividade vitícola.

Nas páginas seguintes veremos em detalhe as indústrias vinícolas que proliferam no Canadá, no México, no Texas, em Nova York e nos demais estados norte-americanos a oeste das Rochosas, mas há centenas de vinícolas (algumas das quais produzindo vinhos de outras frutas além de uvas) e milhares de hectares de videiras por todo lado. Elas podem produzir suco, geléia ou bebidas de sabor intenso com base em frutas de videiras americanas ou, em cada vez mais casos, fermentados mais finos e sofisticados de outras viníferas ou dos assim chamados híbridos franceses. Esta nova geração de variedades, como as brancas Vidal, Seyval Blanc e Vignoles e as tintas Baco Noir e Chambourcin, foi criada na Europa pós-filoxera com videiras americanas e viníferas e introduzida na América do Norte — onde fez bem mais sucesso que na Europa — por Philip Wagner, da Boordy Vineyards, Maryland, em meados do século XX.

Os híbridos franceses dominam a viticultura no Meio-Oeste, embora a variedade americana Norton também prospere nessa região. O **Missouri** é o único estado com longa história de viticultura e foi o único sério concorrente de Ohio no século XIX a leste das Rochosas. Augusta logrou esse intento em 1980 ao tornar-se a primeira AVA (American Viticultural Area) dos Estados Unidos e segue aperfeiçoando-se em vinhedos e adegas. Estas mais de 180 áreas de viticultura (com freqüência demarcadas atendendo mais a limites políticos do que naturais, e à sensibilidade do produtor mais do que à do consumidor) são os primeiros passos para um sistema de denominação controlada do vinho norte-americano.

Rodeado pelos Grandes Lagos, **Michigan** é hoje o quarto mais importante produtor de uvas entre todos os estados (depois de Califórnia, Washington e Nova York). A maioria das videiras é da variedade Concord, mas são também promissoras as viníferas, especialmente Chardonnay, além de uma minoria cada vez menos significativa de híbridos franceses nas penínsulas lacustres Old Mission e Leelanau.

A **Pensilvânia** tem quase a mesma área de vinhedos (mais que o Oregon, na verdade) e **Ohio** também é importante. No entanto, depois de Nova York, o estado do leste que hoje inspira mais entusiasmo é sem dúvida a **Virgínia**, que abriga mais de cem pequenas vinícolas com grandes ambições, sendo Merlot e os Cabernets seus produtos de maior sucesso. A indústria do vinho de **Nova Jersey** tem história quase tão antiga, mas é muito menor, sendo a de **Maryland** de porte mais reduzido. Ambas apostam tanto em viníferas como em híbridos franceses.

Nos demais estados do sul, isto é, aqueles que circundam o golfo do México até o Texas, há uma indústria vinícola pequena, mas em crescimento, que está indo além das videiras Muscadine de frutos convenientemente desagregados, nativas de suas florestas quentes e úmidas, para produzir híbridos franceses, viníferas e híbridos de Muscadine mais recentes capazes de proporcionar sabores do tipo preponderante. As zonas mais altas e mais frias do sul podem apresentar condições muito similares às da Virgínia.

Em toda a extensão deste grande e vibrante continente percebe-se uma tendência entusiasmante: produzir vinhos que serão apreciados fora da sua região sendo real expressão de suas origens.

▶ O Riesling seco da Wollersheim é feito em Wisconsin com frutas que atravessam o país vindo do estado de Washington — o que não é incomum no panorama do vinho americano, também representado, da esquerda para a direita, por um frisante de Michigan, o Linden do "terroiriste" da Virgínia e um excelente Norton do Missouri.

Califórnia

Os quatro protagonistas do aclamado filme *Sideways: entre umas e outras*, de 2004, baseado no livro homônimo, uma celebração lírica das virtudes da uva Pinot Noir (californiana) cultivada não em Napa ou Sonoma, mas na Costa Central. Mais perto de Hollywood, afinal.

"Se a Califórnia ainda não é a região vitícola preferida do mundo, certamente está destinada a sê-lo e também a se tornar uma das mais vastas." Assim escreveu Ben Truman no *The New York Times* em 1868. Em 2008, a importância da Califórnia no mundo do vinho não é menor que a importância do vinho na Califórnia. Noventa por cento do vinho americano são produzidos neste estado, isto é, mais vinho que em qualquer outro país fora da Europa. E o plantio continua.

Não há generalidades geográficas nem truísmos físicos neste limite ocidental dos vinhedos. Por exemplo, das dezenas de cultuados vinhos californianos que custam centenas ou milhares de dólares por garrafa, poucos existiam na década de 1980. O vinho desfruta hoje do fulgor da aceitação social e de uma economia que lhe é favorável, mas nem por isso os problemas acabaram. Os viticultores da Califórnia os tiveram além da conta.

Na década de 1990, a filoxera voltou um século depois para assombrar vinhedos de lugares em moda como Napa e Sonoma. Agora, a doença de Pierce, ainda mais mortífera, ameaça vinhedos em todas as zonas do estado (ver página 19). Enquanto isso, a produção de vinho está inextricavelmente envolvida em controvérsias sobre desenvolvimento agrário, questões trabalhistas e uso da água.

A geografia vitícola da Califórnia traz uma série de surpresas e apresenta muito mais diversidade do que o observador externo lhe atribui. A potencialidade de um vinhedo quase não tem relação alguma com a latitude, mas depende inexoravelmente do que existe entre o lugar e o Pacífico. Quanto mais montanhas houver entre a propriedade e o mar, menores as possibilidades de o ar marinho — e muitas vezes a neblina — chegar até ela para moderar o clima.

As águas do Pacífico são tão frias neste litoral que isso resulta na formação de um banco de neblina permanente durante o verão a pouca distância da costa. Nos dias em que a temperatura em terra aproxima-se de 32°C, a massa de ar quente ascendente puxa a neblina para dentro do território a fim de preencher o espaço. A ponte Golden Gate escancha-se ao longo de seu famoso percurso, mas em todos os pontos do litoral em que as Cordilheiras da Costa descem abaixo da cota de 460m, a neblina — ou pelo menos o ar frio do Pacífico — espalha-se e esfria a terra. Certos vales transversais ao oceano funcionam como funis, permitindo que o ar marinho penetre até 120km no território. Os ventos frios são sugados com tamanha eficácia do Pacífico sobre a baía de San Francisco que chegam a influenciar o clima nos Sierra Foothills (contrafortes de Sierra), cerca de 240km a leste do litoral.

Uma vez que a neblinosa baía de San Francisco é o principal refrigerador de ar do norte da Califórnia, vinhedos próximos às suas águas também podem ser bastante frios, como é o caso dos de Carneros, que contornam o sul dos condados de Napa e Sonoma. No Napa Valley, situado no interior e resguardado da influência do Pacífico pela quase ininterrupta serrania que o limita a oeste, os vinhedos mais meridionais localizados imediatamente ao norte da cidade de Napa é que são mais frios, devido às brisas provenientes da baía, enquanto os que circundam Calistoga, no limite norte do vale, são os mais quentes.

Por razões semelhantes (embora resultantes de diferente topografia), muito mais ao sul pela costa, no condado de Santa Barbara e 225km a noroeste de Los Angeles, os vinhedos do Santa Maria Valley são dos mais frios do estado.

Por outro lado, o vale Central (ou de San Joaquin), com suas terras planas agricultáveis que ainda fazem da agricultura a mais importante atividade econômica da Califórnia (e produzem 75% das uvas para vinho do estado), está demasiado distante do litoral para receber influência direta da neblina do Pacífico. É uma das regiões vitícolas mais ensolaradas do mundo, com clima mais quente e seco que o de todas as mencionadas neste livro. Portanto, embora cada vez mais cara, a irrigação é indispensável. O cultivo de sequeiro é o sonho de viticultores que priorizam o solo em todo lugar, mas é um sonho muito distante na Califórnia.

As tabelas de dados mostram que os verões na Califórnia são muito mais secos que os da maioria das regiões vitícolas européias. O índice pluviométrico anual não é extraordinariamente baixo, mas as chuvas tendem a concentrar-se nos primeiros meses do ano, enchendo represas utilizadas para irrigação ao longo do verão. Entretanto, uma vez que se trata da Califórnia, um ciclo de cerca de uma década de enchentes e secas danosas resultou respectivamente em erosão dos vinhedos mais prestigiosos situados em encostas e, depois, em escassez de água e — em razão da espessura das cascas e da falta de suco — vinhos ásperos. E no calor típico de setembro na Califórnia, uma chuva inesperada pode ser devastadora. Contudo, as chuvas de outono são muito raras, permitindo aos viticultores prolongarem a permanência das uvas no pé pelo tempo que quiserem ou que seus clientes produtores de vinho pedirem. Esta é apenas uma razão importante pela qual os vinhos da Califórnia tendem a ser especialmente fortes.

Nas páginas seguintes estão mapeadas as AVAs mais importantes das cerca de 100 existentes na Califórnia, mas não se deve dar grande importância sequer às que estão marcadas. Algumas das áreas vitícolas são tão pequenas que há nelas apenas uma vinícola, ao passo que a costa norte, por exemplo, abrange os condados de Lake,

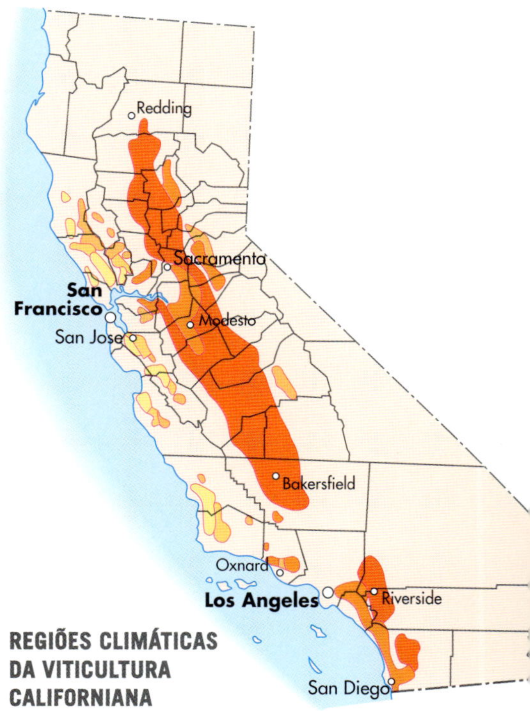

REGIÕES CLIMÁTICAS DA VITICULTURA CALIFORNIANA

O acadêmico de viticultura Winkler classificou as regiões vitícolas da Califórnia numa escala de "graus-dia" que mede quanto tempo o termômetro fica acima de 50°F (10°C) entre 1° de abril e 31 de outubro. Assim, se a temperatura média num período de cinco dias foi 70°F (21°C), a "soma" de calor seria (70 – 50 = 20) x 5 = 100 graus-dia.

- Região I 2.500 graus-dia ou menos
- Região II 2.501 a 3.000 graus-dia
- Região III 3.001 a 3.500 graus-dia
- Região IV 3.501 a 4.000 graus-dia
- Região V Acima de 4.000 graus-dia

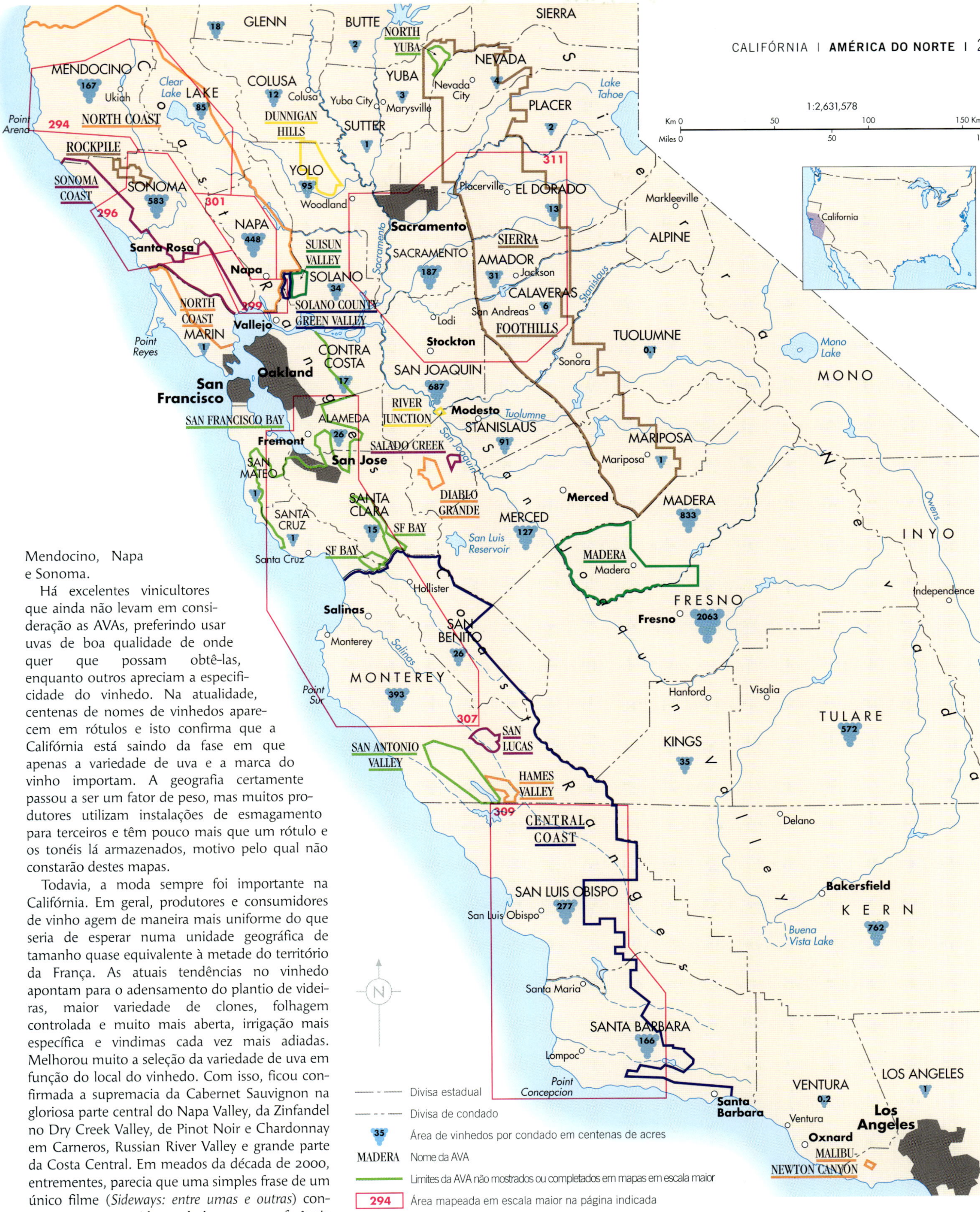

Mendocino, Napa e Sonoma.

Há excelentes vinicultores que ainda não levam em consideração as AVAs, preferindo usar uvas de boa qualidade de onde quer que possam obtê-las, enquanto outros apreciam a especificidade do vinhedo. Na atualidade, centenas de nomes de vinhedos aparecem em rótulos e isto confirma que a Califórnia está saindo da fase em que apenas a variedade de uva e a marca do vinho importam. A geografia certamente passou a ser um fator de peso, mas muitos produtores utilizam instalações de esmagamento para terceiros e têm pouco mais que um rótulo e os tonéis lá armazenados, motivo pelo qual não constarão destes mapas.

Todavia, a moda sempre foi importante na Califórnia. Em geral, produtores e consumidores de vinho agem de maneira mais uniforme do que seria de esperar numa unidade geográfica de tamanho quase equivalente à metade do território da França. As atuais tendências no vinhedo apontam para o adensamento do plantio de videiras, maior variedade de clones, folhagem controlada e muito mais aberta, irrigação mais específica e vindimas cada vez mais adiadas. Melhorou muito a seleção da variedade de uva em função do local do vinhedo. Com isso, ficou confirmada a supremacia da Cabernet Sauvignon na gloriosa parte central do Napa Valley, da Zinfandel no Dry Creek Valley, de Pinot Noir e Chardonnay em Carneros, Russian River Valley e grande parte da Costa Central. Em meados da década de 2000, entrementes, parecia que uma simples frase de um único filme (*Sideways: entre umas e outras*) convenceu o consumidor a deslocar sua preferência do Merlot, tão entusiasticamente plantado em fins da década de 1990, para o Pinot Noir.

▶ Estes vinhos muito diversos são feitos fora das regiões vinícolas mais famosas, em (da esquerda para a direita) North Yuba, Dunnigan Hills, Marin County, Contra Costa e, centenas de quilômetros mais ao sul, em Malibu, num cânion a oeste de Los Angeles, que é seguramente uma das terras para vinhedo mais caras do mundo.

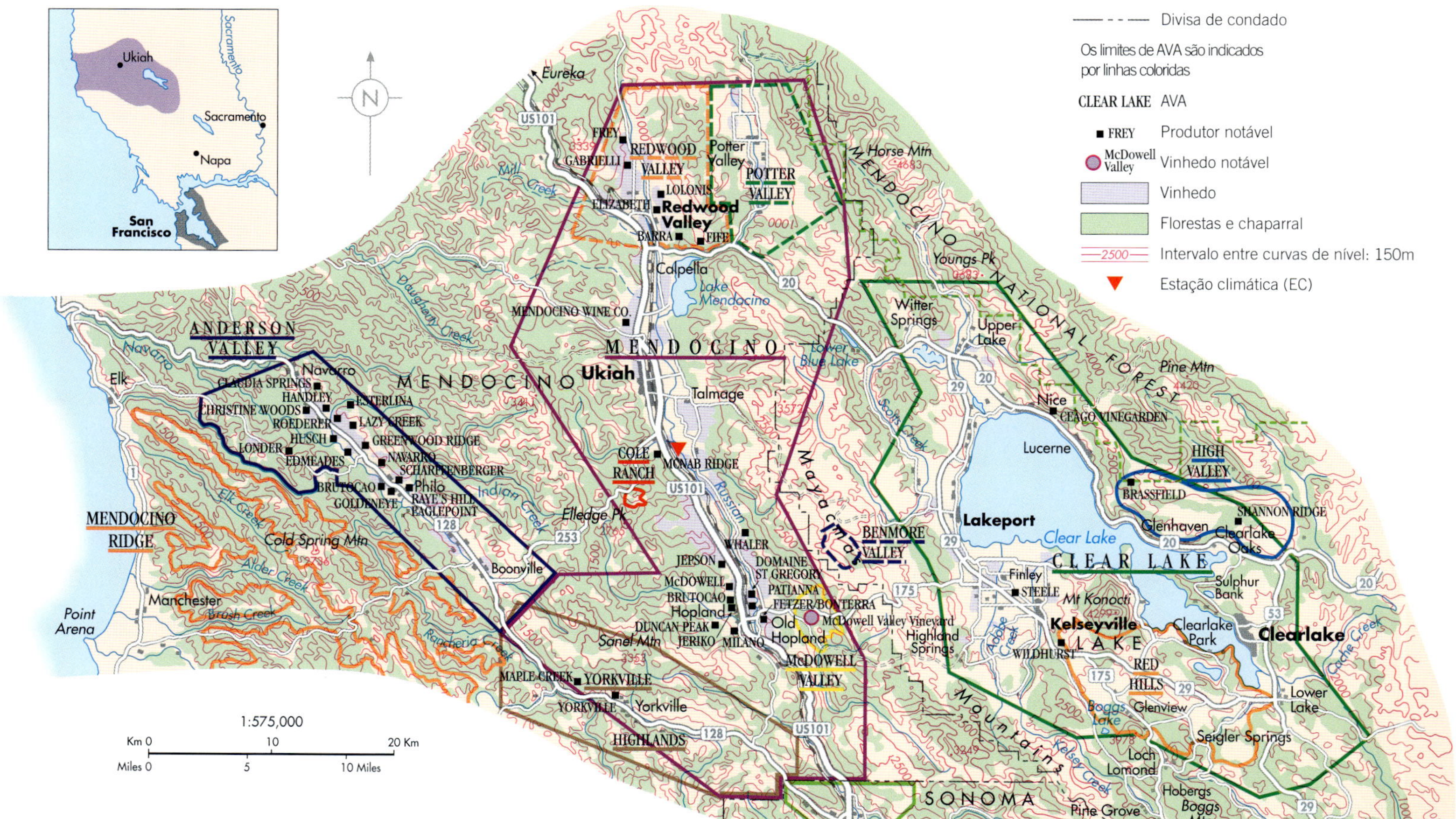

Mendocino e Lake

O condado de **Mendocino** é o posto avançado mais setentrional da vide na Califórnia. Sua região vitícola mais característica é o **Anderson Valley**, onde as brumas do oceano podem esgueirar-se com facilidade entre as colinas costeiras e pairar espessas a baixa altura. O pequeno rio Navarro corre vale abaixo entre sequóias com aroma de resina. Algumas famílias italianas isoladas há muito descobriram que a variedade Zinfandel amadurece esplendidamente em encostas bem acima da linha da neblina, mas a maior parte do Anderson Valley tem uma estação de maturação muito fria, às vezes fria demais, sobretudo em suas zonas abaixo de Philo. Como a Navarro Vineyards ainda está demonstrando, Riesling e Gewürztraminer combinam perfeitamente com o clima — ainda que não com o mercado —, mas foi preciso uma companhia francesa chegar para colocar o Anderson Valley no mapa. Em 1982, a Roederer, de Champagne, optou por instalar-se aqui em lugar de em Carneros, como faziam tantas de suas concorrentes. A qualidade dos vinhos espumantes da Roederer Estate justifica a escolha; o mesmo ocorre com o Pinot Noir, especialmente o da vinícola Goldeneye, da Duckhorn, em Philo.

Também de boa acidez natural são os vinhos de **Yorkville Highlands**, a sudeste, mas a maior parte das plantações de Mendocino encontra-se bem aconchegada atrás das colinas costeiras que se erguem até 900m ao norte de Cloverdale e da divisa com o condado de Sonoma, protegido da influência do Pacífico e, portanto, em condições de clima muito mais quente e seco. As brumas não chegam a Ukiah nem são muito freqüentes no Redwood Valley, cujos vinhos (de alguns solos aluviais profundos) são tintos em geral bem encorpados e muitas vezes bastante suaves feitos com uvas Cabernet, Petite Sirah ou Zinfandel picante, estas últimas de videiras muito antigas plantadas acima de Ukiah. Podem-se fazer excelentes vinhos botritizados também no Potter Valley, notavelmente mais frio e ainda pouco conhecido.

A vinícola mais antiga de Mendocino é a Parducci, fundada em 1932 com espírito claramente visionário, pois a Lei Seca ainda estava em vigor (hoje ela pertence à Mendocino Wine Co.). A Fetzer estabeleceu-se em 1968 e se tornou merecidamente respeitada como fonte de valor certo e voz clara e confiante em defesa da produção de vinho orgânico num estado tão adequado para ela. Hoje a vinícola pertence à destilaria Brown-Forman, enquanto a família Fetzer produz volumes cada vez maiores de uva orgânica para marcas como Patianna e Ceàgo.

O **McDowell Valley** é uma apelação pequenina, um encantador recanto do interior de Mendocino que leva o nome de pioneiros especialistas em variedades de uva do Rhône. Em 1919, aqui foi feito o primeiro plantio de Petite Sirah.

A leste, o condado de **Lake** é outra região quente, comparável à cabeceira do Napa Valley e muito estimada por seus Cabernet Sauvignon, Zinfandel e Sauvignon Blanc frutados e de preços convidativos. Steele e Langtry são vinícolas de primeira linha da região.

MENDOCINO: UKIAH
Latitude / Altitude da EC **39,09° / 180m**
Temperatura média em julho na EC **23,2°C**
Índice pluviométrico anual na EC **964mm**
Índice pluviométrico no mês da colheita na EC **Setembro: 20mm**
Principais perigos para a viticultura **Seca no inverno, chuva na colheita**
Principais uvas **Chardonnay, Zinfandel, Cabernet Sauvignon, Merlot**

▼ Os dois rótulos à esquerda, de vinhos feitos com Pinot Noir e Riesling, comprovam o frescor do Anderson Valley, enquanto o rótulo relativamente novo do Ceàgo enfatiza suas qualidades orgânicas — o que tem sido mais comum nesta parte da Califórnia do que em qualquer outra.

Norte de Sonoma

Pela regra climática da Califórnia (litoral significa frio), é previsível que Sonoma seja mais frio que Napa, seu vizinho do interior. De modo geral, é o que acontece. O condado de **Sonoma** produz muito mais uvas que o de Napa em condições mais diversas, com bem maiores possibilidades de plantio em áreas novas e mais frias. Foi também em Sonoma que os bons vinhos começaram a surgir na Califórnia no início do século XIX, mesmo que tenha sido superado, no fim do século XX, pelo papel pioneiro de Napa no renascimento vinícola do estado.

Como em todo lugar da Califórnia, o clima é resultado da penetração das brumas do Pacífico e da decorrente nebulosidade. Pouco ao sul da área mapeada na página seguinte, existe, na cordilheira da costa, um intervalo de grande largura chamado *Petaluma Gap* (Brecha de Petaluma). Graças a esta abertura, os vinhedos do sul são mais frios, sendo comum que fiquem cobertos pela cerração até as 11 horas da manhã e a partir das 4 da tarde. O limite da AVA do **Russian River Valley** — uma das mais frias de Sonoma — foi estendido na direção sul em 2005 para incluir dentro da zona de neblina todos os vinhedos ao sul de Sebastopol, sendo alguns dos situados no canto sudoeste os mais afetados pelas incursões de ar marinho. Pode ser mesmo uma luta para conseguir a maturação de uma safra comercial aqui, como verificaram Marimar Torres e Joseph Phelps do Napa Valley em seus novos vinhedos nas proximidades de Freestone.

Conforme nos afastamos da Brecha de Petaluma, o Russian River Valley vai aquecendo e, com isso, alguns dos primeiros a chamar atenção para esta singular região, como Williams Selyem, Rochioli e Gary Farrell, todos concentrados na West Side Road nos solos mais pesados das margens do próprio rio Russian, contam com um clima mais quente que muitos dos recém-chegados. Aliás, a maioria dos produtores do Russian River está ainda na etapa de planejamento de suas instalações. Eles iniciam seus trabalhos em um estabelecimento de esmagamento para terceiros montado em galpões de antigas indústrias de processamento de maçã. Até pouco tempo atrás, a cultura ao longo do sinuoso vale, com seus velhos carvalhos e ribanceiras floridas, era a da maçã, não a da uva. Como acontece em toda parte, e não apenas na Califórnia, é perfeitamente viável montar uma empresa de vinhos sem vinícola nem videiras, uma vez que há viticultores profissionais, como é o caso da família Dutton aqui, cujo negócio consiste especificamente em fornecer uvas bem cultivadas a terceiros.

Sobre a bruma matinal, nas alturas das colinas na cabeceira do vale de Sonoma, a leste de Santa Rosa, é fácil ver que a topografia das terras compreendidas entre cada vinhedo e o Pacífico é um fator crítico para o ritmo de maturação das uvas.

Sendo ainda a variedade mais plantada no condado de Sonoma por ampla margem, a uva Chardonnay foi no início a mais renomada aqui, plantada durante o *boom* do vinho branco nas décadas de 1970 e de 1980, mas o que atraiu decisiva atenção para a região foi a riqueza do Pinot Noir do Russian River com seus sabores de frutas vermelhas. Esta é uma das fontes de Pinot Noir de qualidade da Califórnia e aqui os melhores produtores adotaram uma tradição borgonhesa de lotes engarrafados denominados segundo o vinhedo, ainda que em estilo claramente diferente do da Borgonha: fruta aberta, brilhante como uma jóia e não desprovida de alguma promessa de longevidade. Graças ao manto de neblina que paira aqui com regularidade, em geral os níveis de acidez se mantêm notavelmente altos e refrescantes, a menos que picos de calor em agosto apressem a maturação; portanto, o Russian River pode oferecer vinhos estruturados de ambas variedades da Borgonha. Os vinhedos situados a menor altitude tendem a ser os mais frios, porque é neles que a neblina paira por mais tempo. Vinhedos localizados acima da linha da neblina — por exemplo, Jack Ass Hill e Morelli Lane — fornecem há muito tempo uva Zinfandel notável de videiras plantadas por italianos que aqui se estabeleceram para derrubar sequóias e transformá-las em dormentes para estradas de ferro. Os vinhedos localizados em maiores altitudes estão se revelando promissores com a uva Syrah.

Enquanto a West Side Road (às vezes chamada de Northern Reach) é a sub-região mais quente e antiga do Russian River Valley, a mais fria é o **Green Valley**, uma AVA usada opcionalmente dentro do próprio Russian River Valley e originada pela Iron Horse na década de 1970, quando a empresa se especializou na produção de vinho espumante. A área vizinha é Sebastopol Hills, que às vezes é chamada de Sebastopol do Sul e hoje está incluída na AVA do Russian River, sendo quase tão fria quanto a anterior, pois se interpõe de súbito no caminho da bruma que entra pela Brecha de Petaluma. Estas duas sub-regiões têm solos Goldridge arenosos, enquanto a de Laguna Ridge, a leste do Green Valley, é a que tem os solos mais arenosos e de mais rápida drenagem.

A nordeste, **Chalk Hill** tem sua própria AVA e, de certa forma, sua inclusão no Russian River Valley é anômala, pelo fato de ser muito mais

—·—·— Divisa de condados

Os limites de AVA são indicados por linhas coloridas

CHALK HILL AVA

■ KORBEL Produtor notável

● Hirsh Vineyard Vinhedo notável

Vinhedos

Florestas e chaparral

800 Intervalo entre curvas de nível: 120m

▼ Estação climática (EC)

NORTE DE SONOMA: HEALDSBURG

Latitude / Altitude da EC **38,37° / 30m**

Temperatura média em julho na EC **21,9°C**

Índice pluviométrico anual na EC **1.073mm**

Índice pluviométrico no mês da colheita na EC **Setembro: 15mm**

Principais perigos para a viticultura **Chuva de outono**

Principais uvas **Chardonnay, Zinfandel, Pinot Noir**

quente e ter solos vulcânicos. Trata-se do feudo de uma única vinícola chamada Chalk Hill, cujo maior trunfo é seu Chardonnay medianamente encorpado e bastante direto, embora também tenha feito um bom Sauvignon Blanc, ainda que menos cítrico que a versão de Merry Edwards nas áreas mais frias do vale. Igualmente difícil de justificar é, do ponto de vista climatológico, a inclusão na AVA do Russian River do laço norte deste rio em volta de Healdsburg, em um ponto distante da influência resfriante da neblina.

Neste mapa, entre o Russian River Valley e o oceano encontram-se alguns dos produtores mais notáveis nas zonas mais frias da AVA de **Sonoma Coast** (ver página 293), que, com sua absurda extensão, abrange ao todo 200.000 hectares, desde Mendocino até a baía de San Pablo. A AVA foi criada a princípio para permitir que produtores como a Sonoma-Cutrer, hoje pertencente à destilaria Brown-Forman, vendessem como vinho engarrafado na origem o produto resultante da mistura de uvas de suas muito diversas propriedades nesta região. Todavia, hoje há pressão visando à criação de AVAs de maior especificidade geográfica dentro daquela. É provável que a de Fort Ross-Seaview seja a primeira.

A escolha do local é fundamental aqui, sendo fatores cruciais a exposição à influência marinha, a altitude e a orientação. Se parte das frutas de melhor qualidade vem de vinhedos voltados para leste, onde o risco de as uvas virarem passas é mínimo, a orientação para o sul ajuda a maximizar a maturação mesmo nas condições ainda mais frias daqui. Os pioneiros destacados são Marcassin, Littorai, Flowers e Fort Ross State. O vinhedo Hirsch fornece há muito tempo excelentes frutas a produtores do Russian River Valley e outros.

O clima é notoriamente mais quente nas AVAs de alta densidade de plantio ao norte do Russian River Valley, mesmo que, como em Chalk Hill, o fundo do **Dry Creek Valley** seja mais frio que as encostas. Por vezes pode ser realmente úmido, sobretudo no extremo sul. (Compare o índice pluviométrico anual de Healdsburg com a de um ponto próximo, como a cidade de Sonoma.) Como se deu no Russian River Valley, isso encorajou os colonos italianos do século XIX a plantarem uma uva propensa à podridão como a Zinfandel acima da linha da neblina e cultivá-la sem irrigação, conferindo assim ao Dry Creek Valley duradoura reputação por produzir alguns dos melhores exemplares dessa melindrosa variedade. Em todos estes vales do norte da Califórnia, o lado leste tende a dar vinhos mais encorpados que o oeste, pois os raios do sol poente mantêm a temperatura mais alta por mais tempo. Os melhores terrenos no cânion que circunda o Dry Creek Valley com considerável platô destacam-se por uma mistura de pedregulho e argilas vermelhas, com ótima drenagem e conhecida como "conglomerado do Dry Creek Valley". Zinfandels e Cabernets desenvolvem-se muito bem aqui, enquanto o fundo do vale fica para as variedades brancas, sobretudo Sauvignon Blanc. A Dry Creek Vineyards foi um dos primeiros expoentes; e mais recentemente convertida desde cedo à viticultura biodinâmica, como a Phelps, a Quivira faz bom Sauvignon Blanc nos vinhedos do fundo do vale e um ótimo Zinfandel de encosta. Seguindo a tendência lançada pelo vinicultor inconformista Lou Preston, de Dry Creek, a combinação de variedades ganhou também algumas do Rhône. Há produção de algum Cabernet Sauvignon interessante também nas encostas.

Mais amplo e aberto, o **Alexander Valley** é ainda muito mais quente graças à proteção oferecida por algumas colinas baixas um pouco a nordeste de Healdsburg. Em seus solos aluviais, a uva Cabernet amadurece uniformemente até atingir riqueza peculiar, quase achocolatada, enquanto o terreno mais baixo próximo ao rio pode proporcionar deliciosas Sauvignon Blanc e Chardonnay. Há até algumas velhas videiras Zinfandel e Sangiovese — estas bem mais raras — no norte do Alexander Valley. Antes conhecida como Gauer Ranch, a propriedade Alexander Mountain, da Stonestreet, fornece algumas das uvas Chardonnay mais elogiadas da Califórnia e tem clima mais frio, bastante diferente do fundo do vale, situado 140m abaixo.

Uma típica imagem de Sonoma: um carvalho nativo do norte da Califórnia sob o sol da manhã no Knight's Valley, na propriedade do empresário britânico Sir Peter Michael. Seus Chardonnays, Cabernets e agora Pinot Noir e Sauvignon Blanc conquistaram sucesso considerável.

Mais quente que o Dry Creek Valley porém mais frio (por ser mais alto) que o Alexander Valley, o **Knight's Valley** é ramificação daquele em direção a Napa e quase uma extensão da cabeceira do Napa Valley. A Peter Michael é a única vinícola na AVA, com vinhedos de Chardonnay e Cabernet em solos vulcânicos a até 600m e 450m acima do nível do mar, respectivamente. A Beringer foi a pioneira em Cabernet do Knights Valley e agora também faz uma mistura de Bordeaux branco com uma uva de seu vinhedo chamada Alluvium, em referência aos solos aluviais deste lugar relativamente quente.

▼ Todos estes produtores estão solidamente estabelecidos, ainda que o Dutton, de Dutton Goldfield, seja mais conhecido como viticultor em grande escala do que como vinicultor. O nome "Dutton Ranch", mencionado nos rótulos de muitos produtores, não se refere a um só vinhedo mas a muitos, todos no norte de Sonoma.

Sul de Sonoma e Carneros

Foi aqui onde se fez o primeiro vinho fino — ou a primeira tentativa de fazê-lo — na Califórnia, nos arredores de Sonoma, antiga missão, praça-forte e capital do estado por breve período. Foi na Missão San Francisco de Solano, fundada em 1832, que os frades franciscanos vindos do sul pela costa do Pacífico plantaram seu último vinhedo, e o mais setentrional, introduzindo a videira num dos ambientes mais favoráveis que ela conhece no mundo.

A cidade de Sonoma tem toda a atmosfera de uma pequena capital do vinho — aliás, da capital de uma república muito pequena: a original mas fugaz República da Bandeira do Urso (Bear Flag Republic) da Califórnia. Sombreada pelas árvores, com seus velhos prédios da missão e quartéis, sua prefeitura de pedra e o ornamentado teatro Sebastiani, a praça de Sonoma tem algo do estilo pitoresco de um imaginário reino europeu e muitas camadas de história.

Nas colinas que dominam a cidade localizava-se a famosa propriedade vinícola pioneira de Agoston Haraszthy nas décadas de 1850 e de 1860. Parte de suas adegas Buena Vista ainda está no vale lateral a leste, mas a vinícola mudou-se para Carneros. Outra vinícola famosa do século XIX, a Gundlach-Bundschu foi reativada na década de 1970 nas mesmas ladeiras do sul. Aqui começou a vinificação no norte da Califórnia, muito embora em tempos modernos as atenções se voltem muito mais para o Russian River Valley e Sonoma Coast, ao norte.

Como o Napa Valley, mas em menor grau, o **Sonoma Valley** recebe no sul o efeito de esfriamento trazido pelas brumas e o vento da baía de San Pablo, ficando gradativamente mais quente na direção norte, neste caso graças ao abrigo do monte Sonoma, que resguarda o vale das tempestades do oeste e das frias brisas marítimas. Os montes Mayacama formam a borda oeste do Napa Valley e constituem o limite leste do Sonoma Valley. A produção local da Landmark Vineyards, o Durell da Kistler e o vinhedo Les Pierres da Sonoma-Cutrer (pouco a oeste da cidade de Sonoma) comprovam que esta AVA pode produzir excelente Chardonnay. Hanzell fez história aqui com Pinot Noir e Chardonnay envelhecidos em carvalho, que Joseph Heitz engarrafou com espetacular sucesso.

A primeira evidência de excelente Cabernet veio do famoso vinhedo Monte Rosso de Louis Martini, a cerca de 335m de altitude nas colinas do leste, e mais recentemente dos notáveis Cabernets Laurel Glen de **Sonoma Mountain**, uma importante apelação de terras altas no oeste cujos melhores vinhos parecem beneficiar-se do solo pedregoso e notavelmente raso, da altitude e das longas horas de exposição solar. Também aqui, o segredo da qualidade das uvas Cabernet e Zinfandel é o terreno estar acima da linha da neblina. A Benziger está agitando Sonoma Mountain com seu entusiasmo pela viticultura biodinâmica.

Pouco ao norte de Sonoma Mountain, a Matanzas Creek é a vinícola mais conhecida da nova AVA do **Bennett Valley**, que tem solos semelhantes aos do Sonoma Valley mas muito maior influência refrescante marinha, em razão da proximidade do vento que passa pelo Crane Canyon (a oeste deste mapa). Como a área é fria demais para a maturação confiável da uva Cabernet, a variedade dominante aqui é a Merlot. À diferença de Napa, a vindima nos vinhedos de Sonoma Mountain é feita geralmente antes que nos do fundo do vale.

Dentro da AVA e no extremo sul do Sonoma Valley encontra-se a parte do badalado distrito de **Carneros**, que se localiza no condado de Sonoma. Politicamente, Carneros atravessa a divisa de condados Napa-Sonoma. Aqui estão mapeados Carneros de Sonoma e Carneros de Napa, uma vez que ambos têm tanto em comum entre si quanto com o resto de cada condado ao norte.

Nas colinas baixas e onduladas ao norte da baía de San Pablo, Los Carneros (comumente chamado de Carneros) era campo de gado leiteiro até ser repentinamente colonizado pela vide em finais da década de 1980 e na de 1990. Os vinicultores Louis Martini e André Tchelistcheff já haviam comprado fruta de Carneros na década de 1930 e Martini plantou Pinot Noir e Chardonnay lá pela primeira vez no fim da década de 1940. Sendo bem menos férteis que, por exemplo, o fundo do Napa Valley, os solos pouco profundos de argila e marga ajudam a regular o vigor e a produtividade das videiras. Os ventos fortes da baía agitam as folhas quando o tempo mais quente do norte suga ar frio, sobretudo à tarde. Eles retardam tanto o processo de maturação que Carneros produz alguns dos vinhos mais delicados da Califórnia, considerados entre os melhores vinhos base para misturas de espumantes do estado. Houve aqui grande investimento de esperanças e capitais, especialmente por parte de produtores de espumantes, muitos dos quais vindos de Champagne (notoriamente o Domaine Carneros de Taittinger) e da região espanhola de Cava (Artesa e Gloria Ferrer pertencem respectivamente a Codorníu e Freixenet). Seguindo as tradições do champanhe, as variedades predominantes são Pinot Noir e sobretudo Chardonnay, cultivadas em vinhedos que as vinícolas saqueiam regularmente em terras mais cálidas do norte.

Os melhores vinhos não-espumantes de Carneros também podem ser deliciosos e os Chardonnays

O posto avançado Domaine Carneros da Taittinger na Califórnia é assustadoramente parecido com o Château de la Marquetterie da empresa em Champagne. Acompanhando o mercado, o foco da produção em Carneros mudou do vinho espumante para o Pinot Noir.

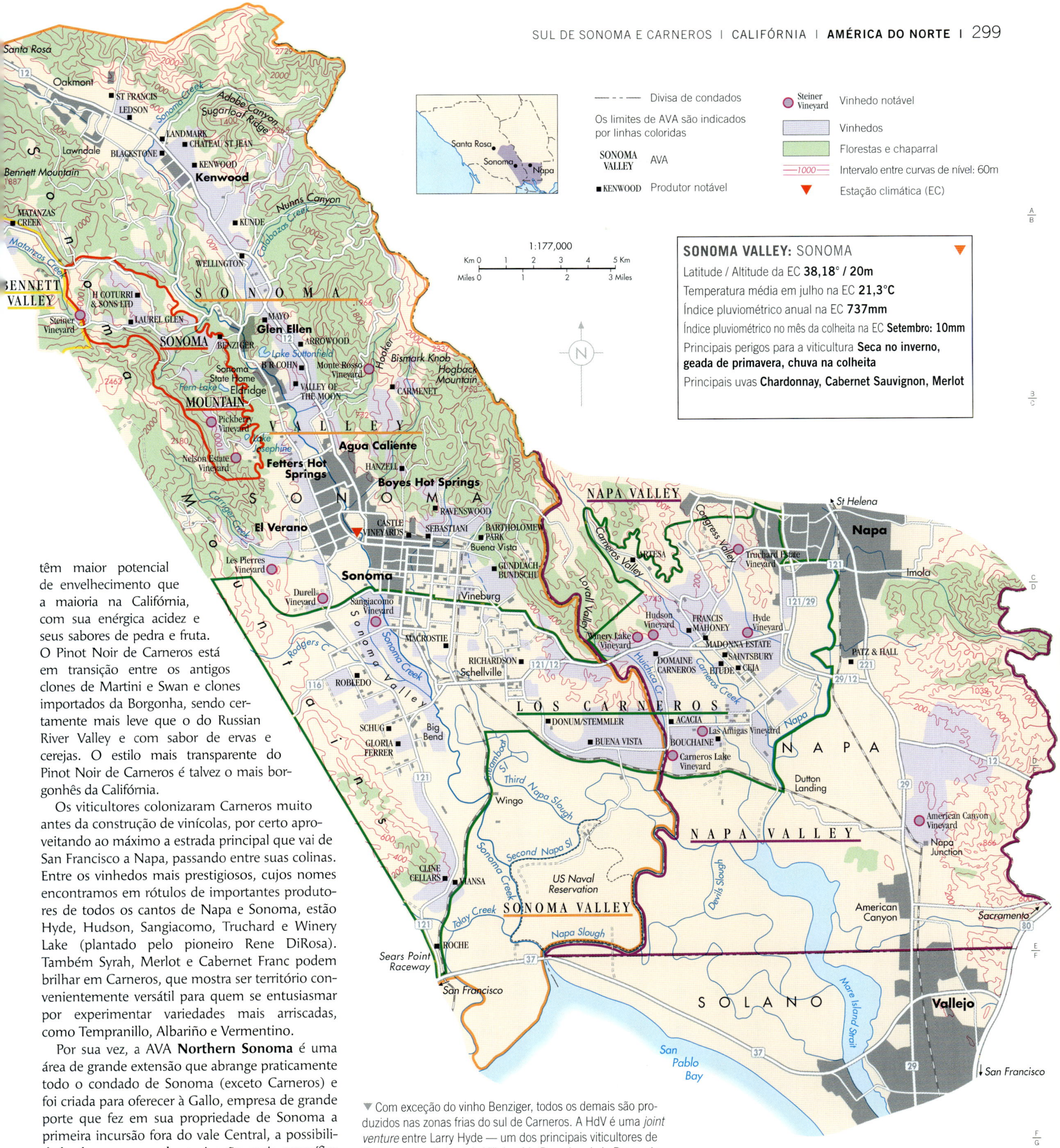

SONOMA VALLEY: SONOMA

Latitude / Altitude da EC **38,18° / 20m**

Temperatura média em julho na EC **21,3°C**

Índice pluviométrico anual na EC **737mm**

Índice pluviométrico no mês da colheita na EC **Setembro: 10mm**

Principais perigos para a viticultura **Seca no inverno, geada de primavera, chuva na colheita**

Principais uvas **Chardonnay, Cabernet Sauvignon, Merlot**

têm maior potencial de envelhecimento que a maioria na Califórnia, com sua enérgica acidez e seus sabores de pedra e fruta. O Pinot Noir de Carneros está em transição entre os antigos clones de Martini e Swan e clones importados da Borgonha, sendo certamente mais leve que o do Russian River Valley e com sabor de ervas e cerejas. O estilo mais transparente do Pinot Noir de Carneros é talvez o mais borgonhês da Califórnia.

Os viticultores colonizaram Carneros muito antes da construção de vinícolas, por certo aproveitando ao máximo a estrada principal que vai de San Francisco a Napa, passando entre suas colinas. Entre os vinhedos mais prestigiosos, cujos nomes encontramos em rótulos de importantes produtores de todos os cantos de Napa e Sonoma, estão Hyde, Hudson, Sangiacomo, Truchard e Winery Lake (plantado pelo pioneiro Rene DiRosa). Também Syrah, Merlot e Cabernet Franc podem brilhar em Carneros, que mostra ser território convenientemente versátil para quem se entusiasmar por experimentar variedades mais arriscadas, como Tempranillo, Albariño e Vermentino.

Por sua vez, a AVA **Northern Sonoma** é uma área de grande extensão que abrange praticamente todo o condado de Sonoma (exceto Carneros) e foi criada para oferecer à Gallo, empresa de grande porte que fez em sua propriedade de Sonoma a primeira incursão fora do vale Central, a possibilidade de usar uma denominação mais específica que Sonoma para as marcas de sua propriedade.

▼ Com exceção do vinho Benziger, todos os demais são produzidos nas zonas frias do sul de Carneros. A HdV é uma *joint venture* entre Larry Hyde — um dos principais viticultores de Carneros — e Aubert de Villaine (da Domaine de la Romanée-Conti), marido de sua prima.

O destaque na agenda social de Napa Valley é o leilão beneficente de vinhos realizado todo mês de junho. Ele já arrecadou milhões de dólares para programas de saúde e de habitação para trabalhadores de vinhedos e suas famílias. Na foto, lotes do leilão na vinícola St. Supéry.

Napa Valley

Vinte por cento do valor de todos os vinhos da Califórnia vêm do Napa Valley — cuja produção representa apenas 4% do volume total. Tal é a reputação da região vitícola mais charmosa, paparicada e maciçamente capitalizada do mundo. A sua história moderna começa em 1966, com a construção da vinícola de Robert Mondavi. O arco de adobe no estilo da Missão e as ambições globais desta adega que se tornou ícone sinalizaram o início da transformação de uma sonolenta comunidade rural produtora de nozes e uvas-passas. Contudo, sua área de 18.000 hectares de videiras equivale a 1/7 da área de Bordeaux. Mesmo com tanta fama, a região é realmente bastante pequena e ainda assim bem mais variada do que a maioria dos observadores de fora percebe.

Pesquisas detalhadas feitas nos últimos anos determinaram que é possível encontrar no Napa Valley metade dos tipos de solos existentes no planeta. Em termos gerais, o vale resultou da erosão causada pelo rio Napa, hoje um preguiçoso fio d'água, ao abrir passagem entre os montes Mayacama no oeste e a cordilheira Vaca no leste. Os respectivos cumes destas cadeias montanhosas são o Mount Veeder e o Atlas Peak, responsáveis em diversas épocas por uma ampla gama de depósitos minerais. (Encontramos uma evidência de que essa atividade vulcânica continua na cabeceira do vale em Calistoga, onde os turistas se divertem em banhos de lama e fontes de águas termais.) Por conseqüência, os solos dos lados do vale são os de menor profundidade, mais antigos e menos férteis, ao passo que no fundo do vale predominam solos argilosos aluviais profundos e férteis. Há solos profundos mas com boa drenagem nos piemontes de ambos os lados do vale.

Quanto ao clima, como em todo o norte da Califórnia, a parte aberta (neste caso o sul) deste vale estreito é muito mais fria que o norte, com uma diferença de pelo menos 6,3°C no verão. Na verdade, Carneros (ver página anterior) está praticamente no limite mais frio para a produção de vinho fino, enquanto Calistoga é quente como qualquer produtor de vinho fino gostaria. Grande parte da terra entre esses dois extremos é simplesmente adequada, sobretudo para Cabernet Sauvignon, de maturação tardia. O ar aquecido pelo longo período de verão sobe, aspirando correntes refrescantes de ar marinho quer do Russian River Valley de Sonoma, através da brecha de Chalk Hill (ver página 297) nas proximidades de Diamond Mountain e Spring Mountain, quer de Carneros, de maneira mais constante, chegando a penetrar em direção norte até Stags Leap. As ladeiras do leste recebem a luz solar nas tardes mais cálidas e isso permite obter vinhos mais suaves do que os feitos no lado oeste com uvas amadurecidas pelo sol da manhã. Em geral, estas últimas têm maior definição.

Quanto mais ao norte, mais os vinhos tendem a ter sabor mais rico e com taninos mais maduros. Subindo pelas colinas, achamos vinhos com mais estrutura e concentração que os similares produzidos logo embaixo, no fundo do vale. Embora menos férteis e cultivadas em sequeiro, as encostas têm sido ocupadas pela vide em certa medida, apesar de problemas de erosão e disputas pelo uso da terra. Os vinhedos de grande altitude tanto a leste quanto a oeste do vale beneficiam-se com freqüência de forte sol matinal sobre um fundo de vale imerso em neblina. Depois, brisas frias banham os cumes no fim da tarde, enquanto o fundo do vale irradia o calor retido sob uma camada de inversão.

Isso é a teoria. O que torna difícil estabelecer a correspondência entre geografia e garrafa é nem tanto o capricho da natureza — embora aqui as safras variem bem mais do que muitos bebedores de vinho percebem — quanto o modo de organização do Napa Valley. Para os milhões de turistas atraídos para "O Vale" todo ano, parece haver uma infinidade de vinícolas contornando a congestionada Highway 29 e, a leste, a Silverado Trail, similar mas menos agitada. Na verdade, há menos de 400 vinícolas, mas mais de 700 produtores de uvas. Aqui, as funções simbióticas de vender vinho e cultivar videiras estão mais diferenciadas do que na maioria dos distritos de vinhos de qualidade. Algumas vinícolas têm só uma fileira de videiras ornamentais próprias. Elas compram fruta e às vezes vinho, portanto é muito provável que misturem diferentes lotes e, com isso, as nuanças expressivas acabem se perdendo. Mesmo que o vinho seja rotulado com uma AVA mais específica que Napa Valley, o que não é habitual, se o rótulo não mencionar o nome do vinhedo pode ser difícil determinar com precisão a origem da uva.

A Cabernet Sauvignon é a uva do Napa Valley. Os melhores Cabernets de Napa estão incontestavelmente entre os de maior sucesso no mundo. Eles têm opulência e exuberância incomparáveis, mas os exemplares mais finos também têm rigor. Tirante alguns dos exemplares mais austeros produzidos em encostas, estes Cabernets podem ser bebidos com prazer após apenas três ou quatro anos de envelhecimento, embora as grandes safras de meados do século XX de pioneiras como a Beaulieu e a Inglenook tenham envelhecido maravilhosamente por 50 anos. O futuro dirá quanto durarão nas garrafas os Cabernets sumamente maduros e alcoólicos que resultam do prolonga-

NAPA VALLEY: ST HELENA

Latitude / Altitude da EC **38,3° / 60m**

Temperatura média em julho na EC **21,7°C**

Índice pluviométrico anual na EC **894mm**

Índice pluviométrico no mês da colheita na EC **Setembro: 10mm**

Principais perigos para a viticultura **Seca no inverno, geada de primavera**

Principais uvas **Cabernet Sauvignon, Merlot, Chardonnay**

Divisa de condados

Os limites de AVA são indicados por linhas coloridas

NAPA VALLEY AVA

■ TITUS Produtor notável

● Hudson Vineyard Vinhedo notável

Vinhedos

Florestas e chaparral

1000 Intervalo entre curvas de nível: abaixo de 30m: 6m acima de 30m: 60m

303 Área mapeada em escala maior na página indicada

▼ Estação climática (EC)

◄ Pode-se ganhar fama com relativa rapidez no Napa Valley. Tanto Kongsgaard como Long Meadow Ranch tiveram sua primeira safra ainda em 1996, embora em 1968 o falecido Al Brounstein tenha fundado a Diamond Creek, com seus revolucionários vinhos de um só vinhedo.

mento do tempo de permanência das uvas no pé, uma tendência na atualidade.

A maior parte do Chardonnay rotulado como proveniente de Napa agora vem das zonas mais frias de Carneros, mas há bons Sauvignon Blanc produzidos pouco ao norte de Yountville. Planta-se Syrah em algumas propriedades em encostas, principalmente no Mount Veeder, e também se produz Zinfandel fino em diversos vinhedos de Napa, especialmente nas proximidades de Calistoga e do Mount Veeder, mas Napa não apresenta uma resposta coesa ao Dry Creek Valley de Sonoma.

Isso posto, o conjunto de AVAs do condado de Napa é um dos mais desenvolvidos e convincentes e certamente mais lógico que o de Sonoma. Napa Valley é a AVA geral, que abrange não só o vale principal de fama mundial com sua extraordinária concentração de restaurantes da moda, galerias de arte e lojas de presentes, além de vinícolas, como também uma área considerável de terra bastante afastada. É certo que o quente Pope Valley, a nordeste, e a AVA do **Chiles Valley** serão colonizados por aspirantes a vinicultores, como já aconteceu com o American Canyon, a sudeste da cidade de Napa (mapeado com Carneros na página 299). Este território do sul em direção à cidade de Vallejo mostrou-se quente o bastante para a viticultura intensiva em terra bem mais exposta e, portanto, mais fria que a maior parte do Napa Valley, mas ele faz jus ao nome.

Na faixa central do vale, Rutherford, Oakville e Stags Leap são descritos em detalhes na página seguinte. Uma AVA relativamente nova, **Oak Knoll District** é o mais frio e mais meridional e tem a peculiaridade de produzir ótimos Riesling e Cabernet de longa vida, como a Trefethen pode confirmar. Imediatamente ao norte daqui, **Yountville** é ligeiramente mais quente e tem boa afinidade com Merlot, que viceja em alguns dos cones aluviais ricos em argila existentes nesta AVA, caracterizada por enormes blocos de rocha intata que formam os outeiros típicos da zona.

Um pouco mais quente que Rutherford, **St. Helena** não é só a maior e mais movimentada das cidades vinícolas do Napa Valley, como também a sede de muitas das maiores vinícolas do vale. Muitas delas enviam vinho ou uvas para locais bem distantes da área. A fortuna da Sutter Home foi embasada no Zinfandel "branco" rosado extremamente pálido comprado no vale Central. A Beringer produz desde longa data tintos e brancos finos com designação geográfica e hoje pertence ao grupo cervejeiro australiano Foster's; a V. Sattui faz sucesso entre os turistas, como também a outrora grande Louis Martini. St Helena também pode se gabar dos vinhedos de alguns dos rótulos mais cultuados e de menor porte, como Grace Family, Vineyard 29 e Colgin Herb Lamb, embora Spottswoode e Corison, entre outros, mostrem que esta região também pode produzir vinhos realmente contidos e sutis.

No extremo norte do vale e agora com sua própria AVA, **Calistoga** é quase toda cercada por montanhas — como o monte St. Helena ao norte — que retêm o ar frio do inverno durante a noite e causam geadas de primavera, que são uma ameaça permanente a todos os vinhedos do fundo do vale. Os sistemas de irrigação por aspersão e ventiladores contra geadas são um detalhe local que chama a atenção nos vinhedos de solos vulcânicos das proximidades de Calistoga. A maioria dos turistas desiste bem antes de chegar a este extremo do vale.

Sendo assim, uma região característica como o distrito de **Diamond Mountain**, a sudoeste da cidade, não recebe grande quantidade de gente. A Diamond Creek Vineyard foi um dos primeiros expoentes de vinhos com denominação por vezes incompreensível produzidos em seu solo extremamente misto, que contém inclusive elementos vulcânicos. A pioneira do vinho espumante Schramsberg (hoje fazendo praticamente todos seus vinhos base com uvas de zonas bem mais frias) é um vizinho improvável.

Os vinhedos de montanha tornaram-se cada vez mais importantes no Napa Valley. Ao longo de toda a serrania oeste há pessoas obstinadas que são consideradas — e elas próprias se consideram — criaturas muito diferentes das do fundo do vale. O distrito de **Spring Mountain** beneficia-se não só da altitude como do ar frio do Pacífico. A Stony Hill tornou-se o protótipo dos vinhos cultuados do Napa Valley com seus Chardonnays longevos na década de 1960 e continua firme até hoje. Atualmente, muitos dos vinhos mais generosos da Spring Mountain têm o rótulo da Pride Mountain. Ainda dentro da AVA do distrito de Spring Mountain, a York Creek faz excelentes Zinfandel e Cabernet.

Ao sul, **Mount Veeder** produz vinho muito mais áspero mas muito característico a partir de solos muito rasos, ácidos e com fortes elementos vulcânicos, semelhantes aos encontrados sobre a serrania no oeste do Sonoma Valley (por exemplo, Monte Rosso).

No lado leste e mais propício do vale, o plantio de videiras e a construção de vinícolas avançam com a rapidez que os planejadores locais permitem. Dunn, La Jota e Liparita estão entre as que obtiveram os melhores resultados nas terras altas frias, calmas e geralmente isentas de neblina da **Howell Mountain**. Apenas poucos metros fora da AVA de Howell Mountain, a Delia Viader faz ótimos exemplares de Cabernet Franc e Sauvigon das montanhas de Napa.

O Conn Valley é protegido, tem a vantagem dos solos em terraço e é certamente adequado para a variedade Cabernet. A Chappellet foi a pioneira aqui, em Pritchard Hill. Mais ao sul, **Atlas Peak** é ainda mais alto e frio, com brisas que vêm direto da baía. A Antinori plantou muitas variedades de uvas italianas em seus solos rasos, na propriedade Atlas Peak Vineyards. Todavia, a especialidade de Atlas Peak é hoje Cabernet, com frutos especialmente brilhantes e boa acidez natural. De ponta a ponta, a uva Cabernet é a variedade própria do Napa.

VARIAÇÃO DE TEMPERATURA NO NAPA VALLEY

Os dois diagramas abaixo à esquerda e no centro, fornecidos pela consultoria vitícola californiana Terra Spase, mostram as temperaturas reais pela manhã e à tarde num determinado dia, indicando a variação típica entre os dois lados do Napa Valley. Note-se que o sul do vale é sempre mais frio que o norte e que as terras acima do nível da neblina são bem mais quentes do que o fundo do vale no início da manhã.

TEMPERATURAS DO INÍCIO DA MANHÃ

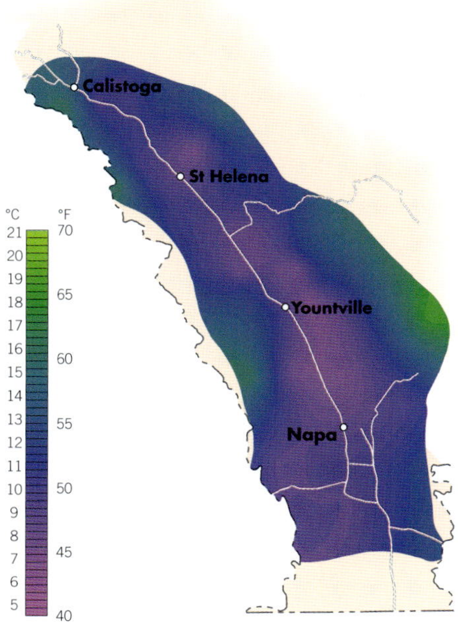

TEMPERATURAS DO FIM DA TARDE

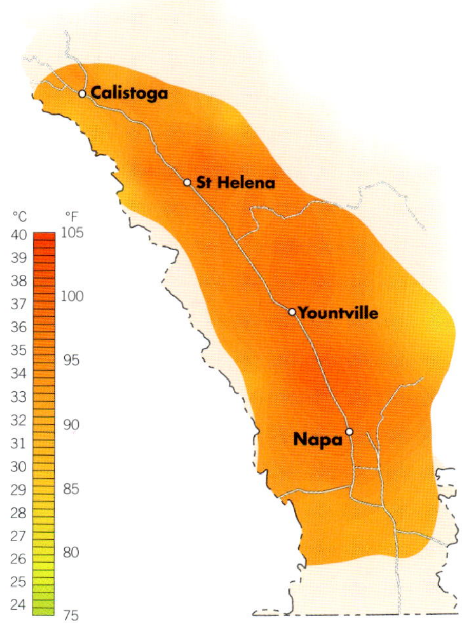

GRAUS-DIA CUMULATIVOS

(ver p. 292)

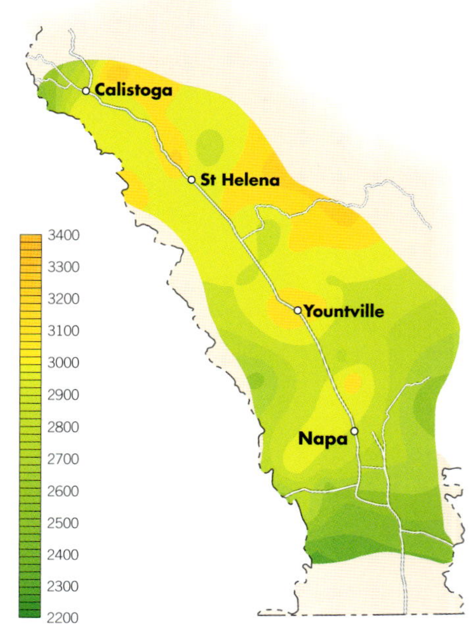

Rutherford

Uma forma de explicar Rutherford a um visitante entendido em vinho francês é descrevê-la como a Pauillac da Califórnia. É uma região de Cabernet por excelência. Perto de dois terços dos 1.600 hectares de videiras daqui são da variedade Cabernet Sauvignon, e quase todo o restante é de outras uvas de casca escura de Bordeaux, cultivadas para complementá-la.

Não que a uva Cabernet amadurecida nos quentes verões de Rutherford fique com alguma das lacunas no paladar que pode ser preciso preencher com Merlot e Cabernet Franc no Médoc. O Cabernet de Rutherford está no máximo nível em termos de maturação, mesmo tendendo em geral a ter mais estrutura, firmeza e longevidade que quase todos os demais Cabernets da Califórnia.

Rutherford já produzia ótimo Cabernet digno de envelhecimento desde a primeira metade do século XX, quando nomes como Inglenook e Beaulieu construíram a reputação da Califórnia. A prova ainda está lá, nos rótulos impressos na década de 1940. Entre outros famosos vinhedos específicos estão Bosché, Bella Oaks e, com reputação um pouco mais recente mas merecida, o vinhedo Moffett, da Livingston. Em Rubicon Estate, o diretor de cinema Francis Ford Coppola reativou a Inglenook, em outros tempos vinícola e vitícola mais famosa do distrito.

Todos os anteriores estão no que se conhece como Rutherford Bench, no lado oeste do vale, uma faixa ligeiramente elevada de areia cascalhosa sedimentar e cones aluviais escavados pelo vigoroso rio Napa. Trata-se de solos profundos e especialmente bem drenados, sendo portanto úteis para volumes de colheita menores, maturação precoce e sabor mais intenso que o normal no vale. Muitos degustadores detectam nos vinhos produzidos aqui um elemento mineral conhecido coloquialmente por "terra de Rutherford", mas em alguns casos a tendência a prolongar o tempo no pé tem esmaecido esta característica de Rutherford.

A AVA de Rutherford é mais homogênea que a maioria porque a altitude (de até 180m) é quase uniforme, embora outro distrito de notável sucesso dentro de Rutherford esteja situado no lado leste entre o rio Napa e Conn Creek, onde os raios solares da tarde incidem por mais tempo. Os depósitos cascalhosos arrastados para baixo da cordilheira Vaca deram origem a um conjunto de vinhedos com boa drenagem, como o utilizado pela Caymus para abastecer-se de uva para seu Cabernet Seleção Especial. Mesmo neste ponto tão ao norte há certo efeito refrescante do ar marinho da baía, mas nem tanto como em distritos mais meridionais.

A famosa "terra de Rutherford", aqui com fileiras de videiras em típico espaçamento amplo no distrito de Rutherford Bench. É bem verdade que muitos dos sublimes Cabernets deste lugar — e esta é por certo uma região de Cabernet — têm um certo toque terroso.

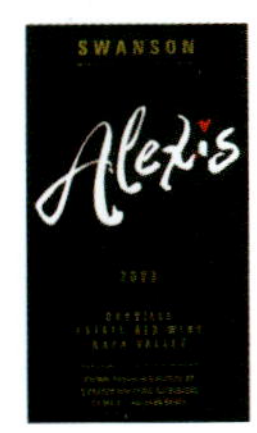

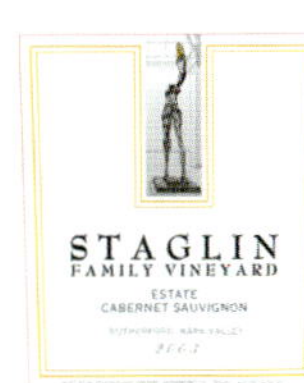

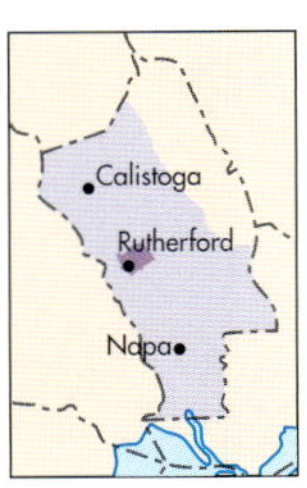

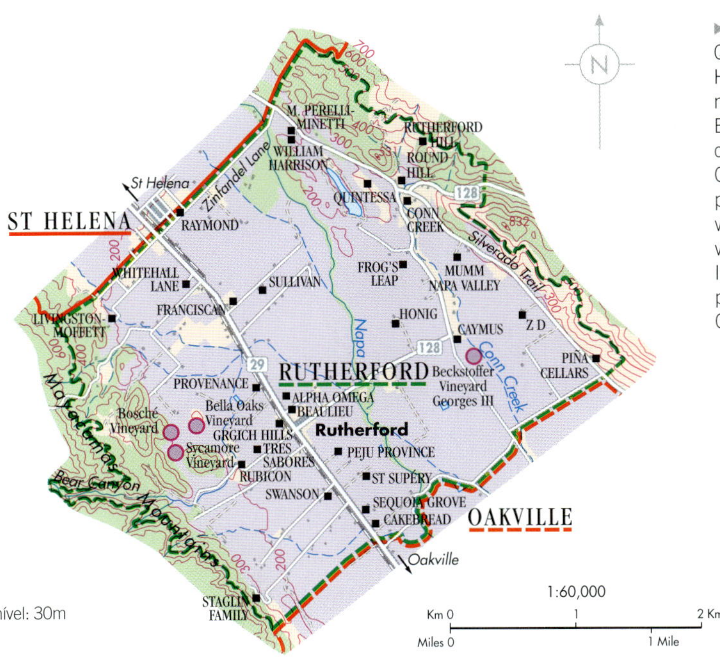

Os limites de AVA são indicados por linhas coloridas

RUTHERFORD AVA

■ CAYMUS Produtor notável

● Bosché Vineyard Vinhedo notável

Vinhedos

Florestas e chaparral

—500— Intervalo entre curvas de nível: 30m

▶ A família Staglin e a Quintessa de Agustín Huneeus são relativamente novos no Rutherford Bench, mas o diretor de cinema Francis Ford Coppola produz Rubicon praticamente nos mesmos vinhedos que produziam os vinhos mais lendários da Inglenook quando a propriedade pertencia a Gustave Niebaum.

Oakville

Talvez não haja em Oakville muito mais do que o admirável Armazém Oakville (um dos melhores lugares para se comprar vinho e comida para piquenique no Napa Valley) e da Napa Wine Company (conhecidíssima empresa de esmagamento para terceiros). Mas foi em Oakville, em 1966, que a revolução do vinho californiano começou quando Robert Mondavi construiu sua sensacional vinícola. Infelizmente, ela já não é uma empresa familiar, mas apenas uma das centenas de subsidiárias da Constellation, a maior companhia de vinhos do mundo.

Indo para o norte pelo vale, Oakville é onde o Cabernet autêntico e carnudo começa a aparecer. Os vinhos podem não ter o peso e a firmeza dos melhores que Rutherford pode oferecer, mas certamente têm a opulência que é a quintessência do Napa Valley. Oakville também consegue produzir Chardonnays e Sauvignon Blancs bem cotados, até mesmo Sangioveses convincentes, mas o Cabernet é sua essência.

A AVA está suficientemente próxima da baía de San Pablo, ao sul, para receber alguma influência marinha, embora o outeiro a sudeste de Cardinale fique exatamente no percurso dessas brumas e brisas refrescantes.

Como em Rutherford, em Oakville há acentuada diferença entre os lados oeste e leste. No oeste predominam os cones aluviais, com grandes partículas arrastadas das montanhas Maycacamas nas áreas mais próximas às encostas, de modo que o solo tem relativamente boa drenagem e um nível de fertilidade não demasiado elevado. Mais perto do fundo do vale predomina o rico solo de marga de Bale. As uvas amadurecem com facilidade aqui.

É ainda mais fácil no lado leste; aliás, o calor do sol da tarde nas ladeiras mais baixas da cordilheira Vaca, no leste, pode ameaçar o frescor da fruta. (O limite da AVA sobe até a curva de nível de 180m, ao passo que boa parte do fundo do vale está a uma altitude inferior a 60m.) Os solos do leste são mais pesados e têm maior influência vulcânica.

O vinhedo To Kalon localiza-se no oeste e começou a ser plantado em 1870. Tão pura e exuberante é a qualidade de seu Cabernet que ainda há disputas quanto a seus limites exatos, sua propriedade e seu nome. Parte dele pertence hoje aos viticultores Beckstoffer, e parte à vinícola Robert Mondavi.

O primeiro vinhedo do Napa Valley a conquistar fama internacional nos tempos modernos foi o Martha's Vineyard, cujo vinho é engarrafado e tem rótulo designado por Joe Heitz, que sempre negou que o toque mentolado do produto tivesse algo a ver com os eucaliptos plantados na beira do terreno.

Hoje, o nome de Oakville é tão poderoso que vários produtores locais alocam seus vinhos em vez de vendê-los, depois doam uma pequena parte para leilões beneficentes nos Estados Unidos e maravilham-se com o altíssimo faturamento. A Screaming Eagle, no leste, e a crescente variedade de vinhos do estábulo Harlan, no lado oposto, são os exemplos mais patentes, mas não os únicos.

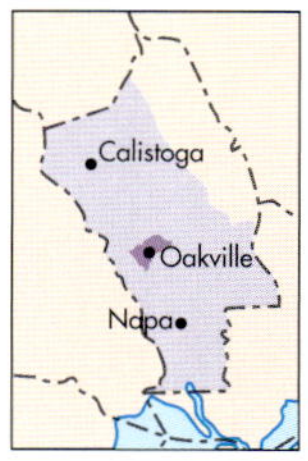

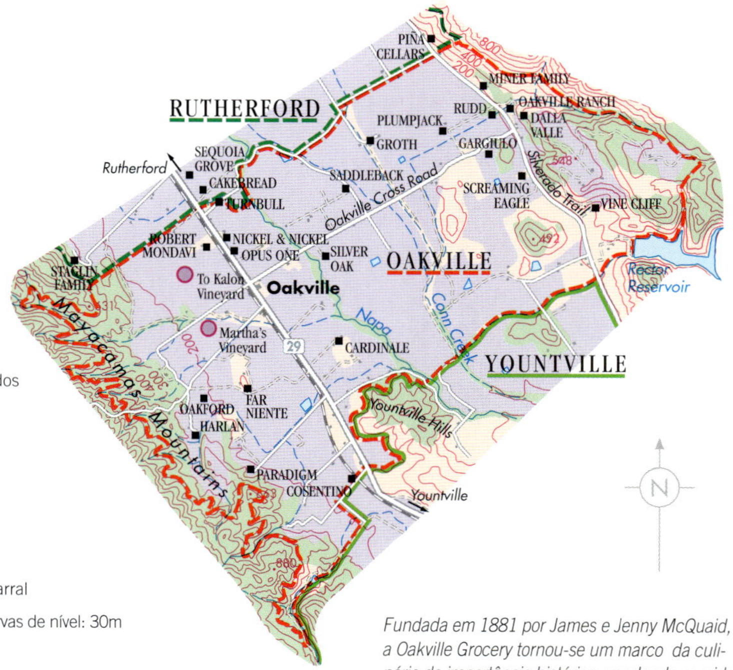

Fundada em 1881 por James e Jenny McQuaid, a Oakville Grocery tornou-se um marco da culinária de importância histórica, vendendo comida caseira e excelentes vinhos, assim como seu famoso refrigerante.

▶ A *joint venture* Opus One da Mondavi/Mouton e este vinho de Paul Hobbs (que marcou um novo recorde de preços de uvas) baseiam-se no célebre vinhedo To Kalon, enquanto o Cabernet Maya, da Dalla Valley, vem de videiras voltadas para o *oeste*.

Stags Leap

Colheita de uvas Cabernet Sauvignon no vinhedo da Stag's Leap Wine Cellars, cujo nome remete a uma lenda local. Segundo a tribo Wappo, um esplêndido cervo era perseguido por caçadores nos penhascos íngremes que dominam o vale mas conseguiu salvar-se, pulando sobre uma fenda profunda nas rochas.

Stags Leap é o equivalente de Yountville no leste, a AVA para um terreno localizado atrás de um outeiro elevado, ocupando o fundo do vale e galgando as colinas do lado leste. Sua fama talvez faça a gente esperar algo mais imponente ou de maior extensão. A fama veio da noite para o dia em 1976, quando um Cabernet da adega Stag's Leap Wine Cellars ficou em primeiro lugar numa degustação em Paris que ainda dá o que falar 30 anos depois. No evento, alguns dos vinhos mais conhecidos da Califórnia à época concorreram com alguns dos melhores de Bordeaux. Para surpresa de todos, inclusive dos autores deste livro, que faziam parte do júri, os vinhos californianos repetiram o desempenho numa reprise exatamente 30 anos depois. Se a vinícola tivesse o nome de seu ponderado proprietário, Warren Winiarski, talvez o nome do distrito Stags Leap não estaria tão na ponta da língua.

Mas ele merece a fama. De todos os Cabernets de Napa, os de Stags Leap (o distrito e também a vinícola de Winiarski) têm por certo o caráter mais reconhecível: uma textura sedosa, um certo aroma de violetas ou cerejas, taninos que sempre têm sido generosos, força com mais delicadeza do que é habitual no Cabernet de Napa. Há quem o compare com o Margaux.

Com menos de 5km por 2km, o distrito recebeu esse nome por causa de uma carreira de rochas nuas, uma paliçada de basalto no lado leste do vale que acumula calor do sol da tarde e depois irradia, aquecendo o ar. Outro fenômeno vespertino modera este efeito: as brisas marinhas, que se afunilam na ponte Golden Gate, varrem a baía de San Pablo e, desviadas pelas colinas detrás de Berkeley, sobem direto para Chimney Rock e Clos du Val. O outeiro que domina a Stag's Leap Wine Cellars protege alguns vinhedos desta influência refrescante. Aliás, a série irregular de colinas e serras da AVA torna as generalizações ainda mais difíceis que em qualquer outro lugar do Napa Valley. Contudo, a zona é quente o bastante para as videiras começarem a dar folhas duas semanas antes que em pontos mais setentrionais, embora o processo de maturação seja mais vagaroso, de modo que a colheita tende a acontecer mais ou menos ao mesmo tempo que, por exemplo, em Rutherford.

Os solos são moderadamente férteis, vulcânicos, de marga e cascalho no fundo do vale, com terreno mais pedregoso e especialmente bem drenado nas encostas mais protegidas. Outro dos principais produtores do distrito, Shafer tem a vantagem de seu respeitadíssimo vinhedo ter sido escavado nas ladeiras do leste antes que as restrições começassem a vigorar.

O Merlot de Stags Leap também é notável, mas a área parece quente demais para a uva Chardonnay.

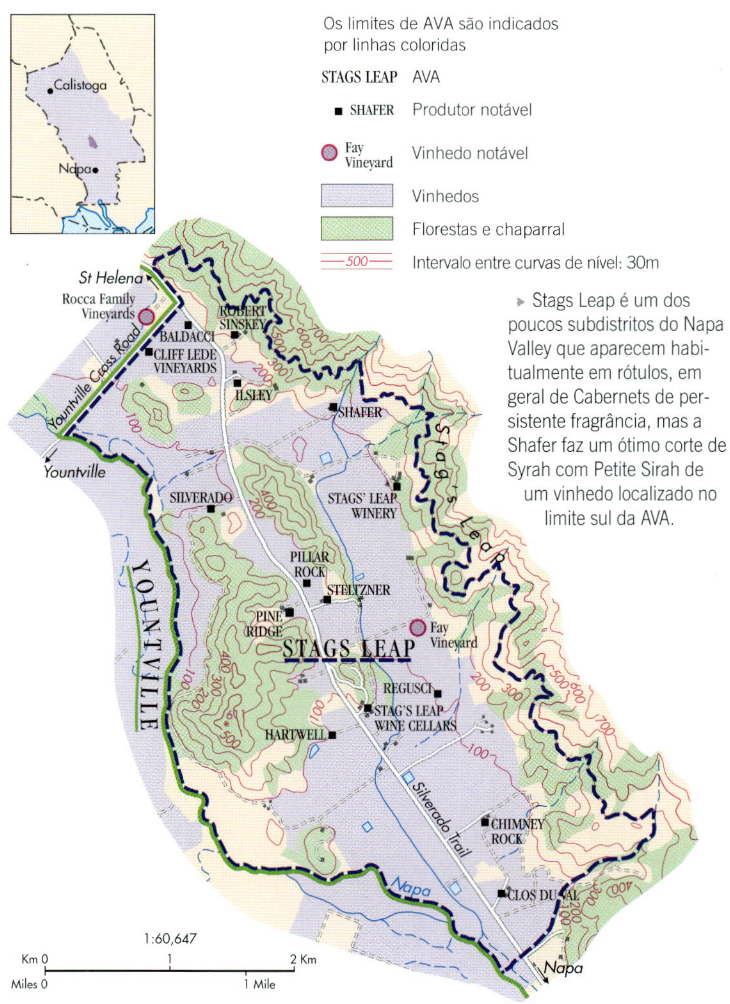

▸ Stags Leap é um dos poucos subdistritos do Napa Valley que aparecem habitualmente em rótulos, em geral de Cabernets de persistente fragrância, mas a Shafer faz um ótimo corte de Syrah com Petite Sirah de um vinhedo localizado no limite sul da AVA.

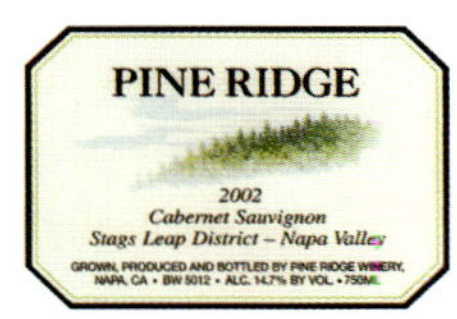

Sul da Baía

Seguindo o ditame da moda, a Ridge tem preferido sempre o carvalho americano de grão fino ao da França, mas ainda assim consegue fazer alguns dos tintos com sabor mais francês do estado. A escolha baseia-se em pesquisa em arquivos centenários e atenção obsessiva à secagem do carvalho antes da fabricação dos tonéis.

Os outros lados da baía de San Francisco — leste e sul — não são nada parecidos com os vales do Napa e de Sonoma, quer nos vinhos que produzem, quer em sua história social. Eles também não são similares entre si. A leste, os solos pedregosos varridos pelo vento do **Livermore Valley** são famosos pelo vinho branco, especialmente o Sauvignon Blanc de estilo talvez mais singular do estado, desde que mudas de Château d'Yquem, nada menos, foram plantadas ali em 1869. A criativa família Wente domina os 650 hectares de videiras sob ameaça constante do desenvolvimento urbano e carrega sem reconhecimento a tocha do Sauvignon Blanc de Livermore há bem mais de um século. Este vinho continua a ser um branco jovem mas firme, que merece envelhecer dois ou três anos e é o mais próximo do Graves que a Califórnia chega a produzir.

A área cinza de desenvolvimento urbano no mapa avançou rapidamente ao sul de San Francisco quando o Vale do Silício estava na onda de um período de crescimento extraordinário. A grande altura sobre essa área, por mais incongruente que pareça, as **Santa Cruz Mountains** abrigam uma região vitícola mais antiga que o Napa Valley. Suas vinícolas esparsas são bem menos numerosas e o número de vinhedos é ainda menor, mas vários deles estão entre os nomes mais famosos da Califórnia.

Na década de 1950, Martin Ray, da Mount Eden, foi o primeiro vinicultor da época moderna a conferir renome a estas belas montanhas arborizadas. Com seus vinhos caros e excêntricos, como os de seu ex-adegueiro David Bruce, ele proporcionou discussões e diversão em proporção exatamente inversa às causadas por seu sucessor espiritual, Randall Grahm, da Bonny Doon, cujos vinhedos refrescados pela brisa do mar, pouco a noroeste da cidade "alternativa" de Santa Cruz, sucumbiram à doença de Pierce em 1994. Não importa. Grahm é um agente provocador e um improvisador inspirado que esquadrinha não só o estado como, agora, o mundo inteiro, em busca dos ingredientes naturais para suas originalíssimas misturas, com nomes como Le Cigare Volant e Il Fiasco.

A líder inconteste na região é a Ridge Vineyards, bem acima da linha da neblina numa serrania que domina o oceano num lado e a baía no outro. O Cabernet da parte mais alta (Monte Bello) é com freqüência um vinho tinto tão fino e de vida tão longa quanto qualquer outro na Califórnia, graças ao conjunto de velhas videiras e aos solos inférteis destas ladeiras escarpadas. Envelhecido quase exclusivamente em carvalho americano seco, ele pode ter sabor desconcertantemente similar ao de Bordeaux com o tempo em garrafa que exige. A Ridge também traz caminhões e mais caminhões de uva de diversos lugares do estado, especialmente de antigas videiras Zinfandel, para ser processada com o mesmo rigor na sua vinícola, a 790m de altura. Santa Cruz tem centenas e não milhares de hectares, mas conta com viticultores cheios de determinação. Um pequeno grupo deles tem liderado um renascimento do Pinot Noir reservado cultivado nas montanhas.

Pouco a leste da AVA das Santa Cruz Mountains está o **Santa Clara Valley**, uma região vitícola que a revolução eletrônica quase extinguiu, mas mesmo assim, um pouco mais para o sul, perto de Gilroy, "capital mundial do alho", no distrito extra-oficial de Hecker Pass, ainda sobrevivem antigas videiras do Rhône. As vinícolas locais podem vender tudo o que fazem na porta da adega. Portanto, como pouca gente sabe que o vinho deste lugar pode ser muito bom, a sombra do crescimento urbano paira ainda mais ameaçadora.

A razão pela qual o condado de **Monterey** produz quase tanto vinho quanto todo o condado de Napa reside no fundo do vale, do sul de Gonzáles até além de King City, um monumento à loucura empresarial da década de 1970. Encorajados pela Universidade da Califórnia, em Davis, e por sua preocupação com os níveis de graus-dia, grandes companhias da época (várias já passaram desta para melhor) e investidores privados em busca de isenções tributárias plantaram no que prometia ser uma zona de clima maravilhosamente frio. Com grande abertura para o oceano na baía de Monterey, o Salinas Valley forma um funil sumamente eficiente para o acesso regular de ar frio do mar na parte da tarde. Após seu breve histórico de cultivo de verduras e legumes e sua longa história de exploração (você se lembra de Steinbeck?), o vale foi entusiasticamente transformado em vinhedo num frenesi de plantio que cobriu quase 16.200 hectares, ou seja, bem mais do que o Napa Valley.

Infelizmente, ao menos no curto prazo, o funil acabou sendo eficiente demais. Em dias quentes no interior, o ar frio e úmido do litoral atravessa o vale com tamanha força que chega a arrancar os brotos das videiras. O vale é extremamente seco (com abundante água para irrigação do rio subterrâneo Salinas), mas impiedosamente frio. As videiras florescem em geral duas semanas antes do habitual na Califórnia e as uvas são colhidas pelo menos duas semanas depois, de modo que o Salinas Valley tem um dos períodos de crescimento mais longos do mundo da viticultura.

Estas imensas fazendas de videiras estendem-se por quilômetros entre a parte inferior do mapa ao lado e a parte superior do seguinte. O vinhedo mais notável é o San Bernabe, com 5.100 hectares, dos quais 2.200 estão plantados; Scheid e Lockwood são outros vinhedos colossais. Os vinhos excessivamente herbáceos obtidos no início mancharam seriamente o nome e a reputação de Monterey. Mesmo hoje, com métodos viticulturais muito aperfeiçoados, uma parte considerável da produção do Salinas Valley é vendida a granel às gigantes do vale Central, para ser misturada com vinho de regiões mais cálidas e comercializada sob a denominação básica de Califórnia. No melhor dos casos, com adaptações meticulosas no vinhedo, a região pode produzir varietais de qualidade média que cer-

◄ Enquanto a maioria das uvas representadas nesta variada fila de rótulos foram cultivadas em algum lugar do mapa da página ao lado, a proveniência do Cigare Volant de Randall Grahm mudou com os anos. O nome faz referência a um disco voador supostamente avistado em Châteauneuf-du-Pape, que serviu de inspiração para este vinho.

tamente não alcançam altos preços. Como é comum na Califórnia, a variedade Chardonnay predomina por ampla margem.

Arroyo Seco tem um período de crescimento ainda mais prolongado porque suas temperaturas médias durante o dia são notavelmente baixas. A parte ocidental está mais protegida dos ventos e as videiras Riesling e Gewürztraminer plantadas em seus vinhedos pedregosos foram induzidas a apodrecer nobremente todo ano, dando vinhos botritizados com acidez particularmente refrescante.

Atualmente há videiras bem mais ao sul, até mesmo no clima quente do **Hames Valley** (ver página 293) próximo à divisa do condado de San Luis Obispo e subindo as ladeiras ocidentais do vale, nas **Santa Lucia Highlands**. Graças a seus solos aluviais glaciais, aos terraços orientados para sudeste e à exposição às brumas e brisas do Pacífico, elas dão Pinot Noirs e Chardonnays de verdadeira qualidade. Por exemplo, a Caymus do Napa Valley acabou achando aqui seu vinhedo Mer Soleil. Em geral, esta é uma região de viticultura mas não de vinificação.

O vinhedo **Chalone**, com sua própria AVA, fica num cume de calcário abrasado pelo sol a 600m de altura, na estrada que vai de Soledad a lugar nenhum, exceto o Pinnacles National Monument (Monumento Nacional dos Pináculos). A Chalone tem produzido Chardonnay e Pinot Noir com graus variados de sucesso, na convicção de que, de alguma maneira, o Corton da Borgonha migrou para o oeste. Foi a Borgonha, ou mais exatamente o calcário, a inspiração para a Calera de Josh Jensen, fundada em local isolado igualmente esplêndido e árido para produzir Pinot Noir apenas 32km ao norte na mesma cadeia montanhosa (AVA de **Mount Harlan**). O solo é bom, mas o índice pluviométrico anual chega a ser catastroficamente baixo. Desde muito tempo atrás, os vinhos da propriedade Calera são complementados por importações da região da Costa Central, no sul, que cresce aceleradamente. Depois de ser adquirida pela Diageo, em 2005, a Chalone tende a utilizar mormente fruta mais barata de Monterey.

Costa Central

Existem vestígios dos antigos vinhedos da Missão na badalada Costa Central, mas a vida moderna do local só começou no início da década de 1990, como alternativa mais barata à expansão de vinhedos em Napa e Sonoma. O nome aplica-se a toda a área entre os vinhedos ao sul de San Francisco, no norte (ver na página anterior o mapa dessa região e do condado de Monterey), e o clima subtropical da Grande Los Angeles (cuja zona vitícola é descrita na página 312).

Entre um e outro extremo estão os condados de San Luis Obispo e Santa Barbara, mapeados na página seguinte e hoje na crista da onda do crescimento da viticultura. A vista da Highway 101, que serpenteia cruzando ambos condados, foi transformada no fim do século XX, quando as moitas de carvalho-anão e o pasto cederam lugar a uma ondulante sucessão de vinhedos que segue por quilômetros a fio.

Esta parte da Califórnia é peculiar do ponto de vista geológico: a falha de San Andreas corre sob o lado leste da região; os solos de seus vinhedos são muito diferentes, mais influenciados pelo mar e impregnados de carbonato, o que segundo alguns estudiosos seria uma das razões pelas quais seus vinhos têm uma certa voluptuosidade. Há uma similaridade nas diferenças de textura e nos níveis de acidez entre os vinhos da Costa norte e Central e entre os de Chianti Clássico e da Costa Toscana.

O clima daqui também é fundamentalmente marítimo, com invernos bem amenos (nem sempre as videiras podem desfrutar de um sono restaurador) e verões muito mais frios que o normal na Califórnia (ver o quadro de características principais, que indica uma temperatura média em julho quase igual à do vale do Mosela).

O condado de **San Luis Obispo** tem pelo menos três zonas distintas, duas delas em **Paso Robles**, apelação toscamente delimitada que abrange uma enorme extensão de terra. A zona de pastagens onduladas a leste da Highway 101 é decididamente quente e sem acesso direto às brisas refrescantes do oceano. Seus solos profundos e férteis acolhem agora uma área de vinhedos de bom tamanho que fornece varietais generosas e frutadas mas pouco exigentes, sobretudo destinadas a vinícolas da costa norte e engarrafadoras contratadas. Grandes empresas como a Constellation (Mondavi e outras), a Foster's (Beringer e outras) e a J. Lohr (sediada na região) são grandes nomes no distrito. A vinícola

Videiras no Edna Valley, onde o gado costumava pastar antes de os Estados Unidos se tornarem um país produtor e consumidor de vinho e de grande parte de sua costa oeste trocar outras formas de agricultura pela viticultura. Graças à proximidade do oceano Pacífico, esta é uma das regiões vitícolas mais úmidas da Califórnia.

COSTA CENTAL: SANTA MARIA

Latitude / Altitude da EC **34,53° / 70m**
Temperatura média em julho na EC **17,3°C**
Índice pluviométrico anual na EC **314mm**
Índice pluviométrico no mês da colheita na EC **Setembro: 10mm**
Principais perigos para a viticultura **Maturação tardia**
Principais uvas **Chardonnay, Pinot Noir**

Meridian, da Beringer (antes chamada Estrella River), se destaca por sua propriedade no topo de uma colina, um ponto do qual se avista a paisagem de viticultura cada vez mais intensa a sudeste.

O terreno de colinas arborizadas da parte oeste de Paso Robles no outro lado da rodovia tem solo muito mais interessante e, por ser refrescado pelo ar marinho (ainda que raramente pela bruma), tem um pouco mais em comum com o Santa Clara Valley, a oeste da falha de San Andreas. A fama histórica de Paso Robles decorre em grande parte das vigorosas Zinfandels, que são cultivadas em sequeiro seguindo a tradição dos imigrantes italianos e têm sabor parecido com o da Zinfandel de Amador Foothill (ver página 311). Foi esta a zona escolhida pela família Perrin, proprietária do Château de Beaucastel, em Châteauneuf-du-Pape, para plantar diversos clones franceses de uvas do Rhône em seu viveiro e estabelecimento vinícola em Tablas Creek. Larry Turley, da Turley Wine Cellars, e a Château Potelle são notáveis investidores do Napa Valley.

Também é diferente o **Edna Valley**, ao sul para além do Paso Cuesta. O ar marinho entra através da baía Morro, criando condições ideais para o desenvolvimento de doenças fúngicas, além de deixar o vale tão frio quanto qualquer região vitícola californiana. De alguma forma, aqui se consegue produzir Chardonnays muito exuberantes, embora com um leve toque de lima que os mantém vivazes. A Edna Valley Vineyards (vinculada à Chalone) já foi o principal estabelecimento vinificador do lugar, mas agora tem a companhia de outras vinícolas, dentre as quais se destaca a Alban, um dos expoentes mais competentes em variedades tintas e brancas do Rhône na Costa Central e capaz de levar a uva Syrah até níveis de maturação inimagináveis no vale do Rhône.

Logo a sudeste está **Arroyo Grande**, que é mais diversificado mas geralmente ainda mais frio, sendo cada vez mais reconhecido como fonte de Pinot Noir e Chardonnay de especial qualidade fornecido por firmas como a Talley e a Laetitia, que já foi o empreendimento californiano da casa de champanhe Deutz.

Seguindo para o sul, cruzando a divisa de condados, entramos em Santa Barbara, resposta do sul da

▼ Temos aqui todos os tipos de uvas, mas nem sinal da Cabernet Sauvignon que é o carro-chefe do norte da Califórnia. Ela teria muita dificuldade em amadurecer nestes vinhedos refrescados pela bruma. O Fess Parker vem da nova apelação de Sta (*sic*) Rita Hills.

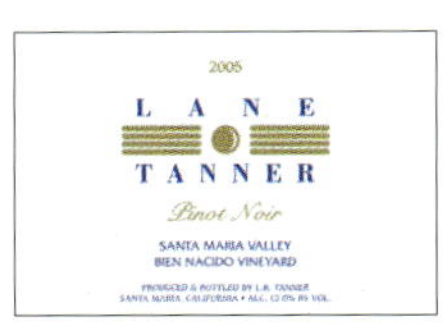

O edifício da Au Bon Climat era um estábulo de gado leiteiro e sempre teve essa atrevida deselegância, bem fora do estilo Napa. Além disso, por muitos anos a empresa não contou com vinhas próprias e limitou-se a trabalhar por contrato com os vários vinhedos do condado de Santa Barbara.

Califórnia à Côte d'Or e com clima até mais frio. Seu rio corre em direção ao mar sobre terra plana que não apresenta oposição alguma ao ar do Pacífico. Parte de sua área de vinhedos é tão baixa que a bruma marinha penetra ao meio-dia, de modo que as uvas em cachos sobrecarregados podem não amadurecer completamente e ser ácidas demais. Esta campina é em tudo diferente do estereótipo do sul californiano e mesmo da própria Santa Barbara aprazível e florescente. Santa Barbara está ao abrigo das montanhas que se estendem para o canto sudeste do mapa na página 309, protegendo-a das frias brumas oceânicas que influenciam o clima nos vales de Santa Maria e Santa Ynez. Mas o que é de fato comum a todo o condado de Santa Barbara, em contraste com a região de Pinot de Sonoma, é o índice pluviométrico notavelmente baixo (como mostra o quadro de características principais na página a seguir). Portanto, aqui não há pressa em colher antes das chuvas do outono. Como ocorre com as uvas cultivadas mais ao norte, em Monterey e San Luis Obispo, as de Santa Barbara beneficiam-se da longa duração do período de crescimento, acumulando sabor por muitos meses.

Como a maior parte dos milhares de hectares de videiras do Santa Maria Valley pertence a produtores rurais e não a vinícolas, aqui os nomes dos vinhedos ganham especial relevância. Um exemplo é Bien Nacido, que aparece nos rótulos de diversas vinícolas; por sua vez, muitas vinícolas da região compram uvas em toda a Costa Central. Cambria (parte do império Kendall-Jackson) é bem mais quente que Bien Nacido porque está mais distante da influência do litoral. Rancho Sisquoc é o mais protegido, sendo superado apenas pelo vinhedo Foxen, realmente escondido no seu próprio cânion. As melhores uvas — principalmente Pinot Noir e Chardonnay, mas também Syrah — são cultivadas em ladeiras suficientemente elevadas (acima de 180m) sobre o fundo do vale para estarem acima do cinturão de neblina. A alta acidez natural é compensada por uma intensidade frutada que tem algo em comum com os melhores vinhos da Nova Zelândia. A vinícola mais interessante em Santa Maria é, de longe, a da Au Bon Climat e sua parceira Qupé, que compartilham as mesmas modestas instalações, com seu ambiente de frenética experimentação somente comparável ao da Bonny Doon, em Santa Cruz. Muito influenciado pela Borgonha, Jim Clendenen, da Au Bom Climat, faz uma ampla variedade de estilos de Chardonnay e Pinot Noir (comprando parte das uvas em Oregon), mas também de Pinot Gris, Viognier e muitos tipos varietais italianos.

Um pouco ao sul de Santa Maria, também com clima frio e características acentuadamente rurais, estende-se a região (extra-oficial) de Los Alamos, onde vários milhares de hectares de vinhedos produzem Chardonnays vivazes. O clima é um pouquinho mais quente e estável no outro lado de Solomon Hills, em especial (como em Paso Robles) a leste da Highway 101. No **Santa Ynez Valley**, ao alcance fácil dos enoturistas e incorporadores imobiliários de Los Angeles, o panorama não é típico, mas os vinhedos se espalham por colinas suaves pontilhadas de carvalhos em torno e ao norte de Solvang, cidade tão caracteristicamente dinamarquesa quanto seu nome. A leste da rodovia há alguns locais especialmente favorecidos, com dias quentes e noites frias que podem proporcionar ótimos vinhos tintos, tanto da variedade Syrah como Bordeaux, bem como a Roussanne, de Andrew Murray.

As coisas ficam ainda melhores na AVA de Santa Rita Hills (oficialmente **Sta Rita Hills** em deferência à poderosa vinícola chilena Santa Rita), relativamente recente e de clima bem mais frio, uma série de colinas arredondadas no extremo oeste do Santa Ynez Valley entre Lompoc e Buellton, onde uma curva do rio Santa Ynez marca o fim da acentuada influência oceânica. Os solos são uma miscelânea de areia, limo e argila. A principal variedade de uva aqui é Pinot Noir, tendo a Chardonnay como apoio. Os limites da AVA foram fixados tendo a uva Pinot Noir em mente, mas Bryan Babcock demonstrou que a alta acidez comum nesta região combina bem com Sauvignon Blanc, Riesling e Gewürztraminer. Kathy Joseph também obtém bons resultados com seu Sauvignon Blanc, que leva o nome de Fiddlehead.

O primeiro vinhedo a atrair atenção para Santa Rita Hills foi o Sanford & Benedict, localizado num recanto protegido e voltado para o norte que é perfeitamente adequado para Pinot Noir. Quem deu nome à propriedade foi Richard Sanford, pioneiro no uso da tampa roscada que hoje cultiva variedades borgonhesas orgânicas em Alma Rosa, nas imediações.

Sierra Foothills, Lodi e o Delta

O vale Central é uma vasta planície agroindustrial extremamente fértil e com abundante irrigação; um dos mais importantes produtores de cítricos, frutos drupáceos, tomate, algodão, gado, arroz, nozes e uvas do mundo. No seu extremo norte, as uvas são mais interessantes.

O delta do Sacramento tem características e estilo muito diferentes do resto do vale. A baía de San Francisco fica próxima e sua influência se manifesta em noites bem mais frias do que ao sul ou ao norte dali. Na parte noroeste do Delta, **Clarksburg** consegue produzir um Chenin Blanc bom e doce como mel.

Lodi localiza-se em terras mais altas e tem solos regados pela água que desce da Sierra — dois fatores importantes para vinhos de melhor qualidade. Como resultado do intenso trabalho de pesquisa dos viticultores — muitos deles com história centenária —, visando a determinar o distrito mais adequado para cada variedade, nada menos que sete AVAs foram aprovadas em Lodi em 2006. A variedade Cabernet daqui é boa, mas o forte de Lodi sempre foi a Zinfandel de videiras velhas.

Sendo frescos, fragmentados e diferenciados, os **Sierra Foothills** (contrafortes de Sierra) são justamente o oposto do Vale Central. Nos contrafortes de Sierra, onde a Corrida do Ouro deu notoriedade à Califórnia pela primeira vez, a indústria vinícola que saciava a sede dos mineiros está sendo retomada com serenidade e determinação. No final do século XIX havia mais de cem vinícolas muito promissoras nestas colinas. Durante a Lei Seca restava apenas uma, e as videiras, muitas delas Zinfandel, foram completamente abandonadas. No entanto, a terra era — e ainda é — relativamente tão barata que não valia a pena arrancar grande parte das videiras. Por isso a Califórnia tem aqui seu tesouro de plantas Zinfandel de uma história muito longa, uma história que hoje se expressa em alguns vinhos com forte personalidade a preços razoáveis.

Os vinhos do condado de **El Dorado**, cujo nome é uma referência otimista ao recurso natural mais cobiçado das colinas, têm em comum um traço de acidez natural que decorre, entre outros fatores, do fato de seus vinhedos em rápida expansão estarem localizados a mais de 730m de altitude, sendo portanto os mais altos da Califórnia. Chuva e até neve são habituais aqui; as temperaturas são baixas e os vinhos destes solos pouco profundos tendem a ser relativamente (e misericordiosamente, na opinião de alguns) leves.

Os vinhedos do condado de Amador estão a alturas menores (300m-490m) e em clima notavelmente mais quente, num platô onde a altitude tem pouca chance de moderar o calor. Isso ocorre especialmente no **Shenandoah Valley**, a oeste da outra AVA de Amador, **Fiddletown**. Cerca de três quartos das videiras do condado são da variedade Zinfandel, e algumas delas anteriores à Lei Seca. Velho ou jovem, seco ou rico, quase mastigável, o Zinfandel de Amador costuma ter sabor de bebida despejada do balde de um mineiro, mas nem por isso deixa de ser ótimo. A variedade Syrah também se dá bem aqui, como a Sangiovese e a esporádica Sauvignon Blanc. Ao sul, o vinhedo do condado Calaveras tem altitude — e portanto clima — que fica entre a de El Dorado e a de Amador, embora em alguns lugares os solos sejam mais férteis que nestes condados.

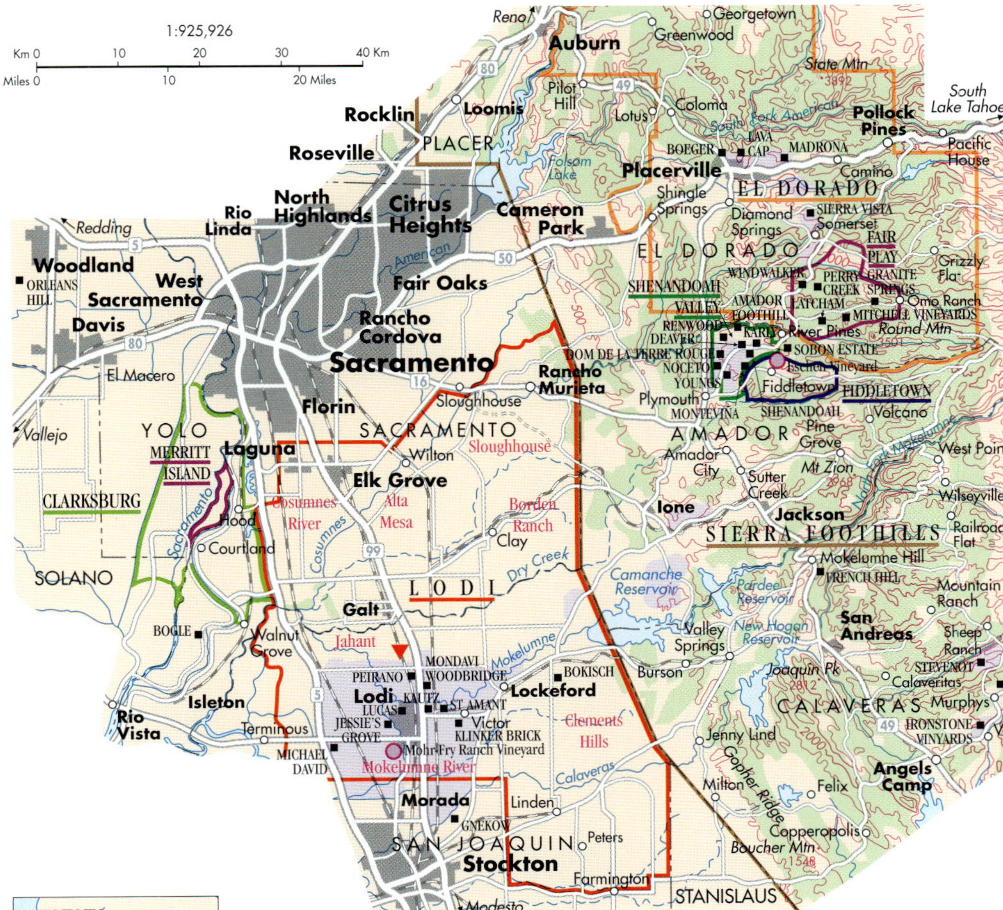

Divisa de condados

Os limites de AVA são indicados por linhas coloridas

LODI AVA

Jahant Sub-apelação de Lodi

■ LATCHAM Produtor notável

Eschen Vineyard Vinhedo notável

Vinhedos

Florestas e chaparral

2000 Intervalo entre curvas de nível: 150m

▼ Estação climática (EC)

LODI: JAHANT WOODS

Latitude / Altitude da EC **38,12° / 16m**

Temperatura média em julho na EC **23,3°C**

Índice pluviométrico anual na EC **432mm**

Índice pluviométrico no mês da colheita na EC **Setembro: 10mm**

Principais perigos para a viticultura **Botrítis, oídio**

Principais uvas **Zinfandel, Chardonnay, Cabernet Sauvignon**

▼ Da esquerda para a direita, estes vinhos vêm de lugares cada vez mais distantes do mar. O Chenin de Clarksburg tem verdadeira adstringência; seguem-se dois dos melhores de Lodi. O Zinfandel de Amador é um original da Califórnia que em sua época foi feito no estilo do vinho do Porto.

Estados do sudoeste e México

As primeiras videiras Mission da Califórnia foram plantadas entre o que hoje é o centro de Los Angeles e a cidade de Pasadena, ao norte. A Mission San Gabriel ainda está de pé, mas a subdivisão e a poluição há muito tempo expulsaram os vinhedos de sua localização original no estado. As videiras de Los Angeles migraram para leste, para o que então era a área desértica de Cucamonga. No início do século XX, Cucamonga era um extenso e próspero vinhedo que produzia "vinhos de mesa comuns e vinhos de sobremesa finos". Os mapas rodoviários ainda lhe atribuem o título de "Vinícola mais antiga da Califórnia".

Desde 1650, porém, muito antes de chegar à Califórnia, a uva Mission era fermentada para atender às necessidades dos missionários espanhóis no Arizona, em Novo México, e perto de El Paso, no Texas. O **Texas** tem um lugar especial na história da videira, ainda que não na do vinho. É o coração botânico dos Estados Unidos e pode se gabar de ter mais espécies nativas de videira que qualquer outra região do mundo. Das 36 espécies do gênero *Vitis* espalhadas pelo mundo, pelo menos 15 são nativas do Texas, sendo este um fato que prestou importante serviço durante a epidemia de filoxera. Thomas V. Munson, natural de Denison, Texas, fez centenas de híbridos de *Vitis vinifera* e uvas nativas em busca de uma variedade com rizoma resistente. Trabalhando com o professor Viala, da Universidade de Montpellier, ele obteve muitos dos raizames resistentes que salvaram a indústria vinícola não só da França como do mundo inteiro.

Já a do próprio Texas foi marcada profundamente pela Lei Seca. Em 1920 o estado tinha uma vintena de vinícolas. A reativação após a Revogação foi lenta e árdua. Em 25% dos 254 condados do estado ainda vigora a proibição de bebidas alcoólicas na atualidade. No início da década de 1970, houve um recomeço com plantios, experimentais de videiras viníferas e híbridas na região dos Planaltos, perto de Lubbock, a cerca de 1.200m de altitude, no que daria origem às vinícolas Llano Estacado e Pheasant Ridge. A escolha foi acertada. Apesar da exposição infinita e da desoladora planura da região, seu solo é profundo, calcário e fértil, a luz solar é abundante, as noites são frias e os invernos, gélidos. Água em abundância do aqüífero de Ogalala garante a irrigação por gotejamento e ajuda a proteger as videiras de extremos climáticos, como geadas, granizo e altas temperaturas. O vento incessante afasta doenças e ajuda a refrescar os vinhedos à noite. Llano Estacado é hoje a segunda maior vinícola do Texas, fazendo tintos corretos e de brilhante sabor que têm algo em comum com os melhores do estado de Washington.

A maior empresa de vinhos do Texas é, de longe, a que se localiza 320km ao sul, próximo a Fort Stockton, onde a Universidade do Texas, dona de imensas extensões de terra, plantou um vinhedo experimental no fim da década de 1970. O vinhedo de 400 hectares já foi explorado pela Domaines Cordier, de Bordeaux, mas agora é arrendado pela Mesa Vineyards, uma companhia texana. Seus vinhos varietais baratos constituem mais da metade do volume total produzido no estado e levam o rótulo Ste Genevieve. O Peregrine Hill é seu produto mais ambicioso.

▶ De cima para baixo, exemplares especialmente respeitáveis do Arizona, Novo México, Texas e, depois, dois da Baixa Califórnia, no México, onde tudo parece estar por fazer.

Mais promissor no que diz respeito à qualidade é o Hill Country, a oeste de Austin, no coração do Texas, que delimitou três AVAs: Texas Hill Country, Fredericksburg e Bell Mountain (a última por uma vinícola homônima com uma única propriedade especializada em Cabernet). Estas três AVAs abrangem talvez 405.000 hectares, dos quais apenas aproximadamente 200 são plantados, onde cerca de 20 vinícolas funcionam. Embora a doença de Pierce e a umidade castiguem diversas partes do estado, o Texas apresenta todos os sintomas da febre do vinho e agora ostenta mais de 100 vinícolas. Muitas delas estão concentradas nas proximidades das cidades, processando uvas transportadas por caminhão de vinhedos distantes, e com freqüência vinho produzido ainda mais longe. Graças a uma iniciativa adotada pelo estado no início deste século, agora as vinícolas podem fabricar e vender vinho mesmo em áreas "secas", desde que o produto contenha no mínimo 75% de uva cultivada no Texas.

As Rochosas é que não permitem ao **Novo México** pensar em produzir vinho: a altitude refresca tanto o clima que, no norte do estado, somente videiras híbridas francesas conseguem sobreviver. O vale do rio Grande oferece quase a única terra agricultável, descendo de mais de 2.000m em Santa Fe para 1.300m em Truth or Consequences. Suas três AVAs são Middle Rio Grande Valley, abaixo de Albuquerque, e Mimbres Valley e Mesilla Valley, quase na fronteira com o México. Se o Novo México tem alguma reputação nacional em termos de vinho, ela deve ser creditada, surpreendentemente mas com justa razão, ao fino espumante feito pela vinícola Gruet.

Com só uma AVA, a de Sonoita, o sudeste do **Arizona** compartilha boa parte das características do sul do Novo México, embora a região vitícola extra-oficial de Sulphur Springs Valley, a cerca de 80km a leste de Tucson, seja ainda mais quente. A vinícola Callaghan tem feito algum sucesso com Cabernet e Merlot.

No norte surgiram vinícolas no **Colorado**, a maioria ao abrigo da AVA do Grand Valley do rio Colorado, próximo a Grand Junction a uma altitude de 1.200m. O frio intenso no inverno e a filoxera ameaçam as videiras daqui, mormente viníferas, sendo Chardonnay, Merlot e Riesling as variedades mais comuns, ainda que Viognier e Sangiovese não cheguem a ser surpresa num estado que segue a moda como este.

Enquanto isso, no **sul da Califórnia**, as videiras estão mais ameaçadas que nunca pela doença de Pierce, embora a maioria dos viticultores que ficaram tenha melhorado os clones e o projeto do vinhedo para combatê-la. Temecula é a principal AVA, subindo entre saliências e pequenas colinas até altitudes de 450m, a apenas 32km do oceano e ligada a ele pelo corredor vital chamado Rainbow Gap. Todas as tardes, as brisas oceânicas fazem a temperatura desta área basicamente subtropical cair para níveis não maiores que os do Napa Valley. As noites frias também podem contribuir.

Graças aos colonizadores espanhóis, o **México** tem a indústria vinícola mais antiga do Novo Mundo, fundada nos anos 1530, quando o governador Hernán Cortés decretou que todos os fazendeiros plantassem dez videiras por ano por cada escravo índio que tivessem em suas propriedades. Porém, em 1699 o rei da Espanha proibiu novos vinhedos no México por temer a concorrência com a indústria vinícola espanhola, e com isso paralisou o desenvolvimento de uma cultura do vinho no país por três séculos. As primeiras videiras foram plantadas em Veracruz, que se mostrou tropical demais para a viticultura de longo prazo, do mesmo modo que muitos dos locais de maior altitude experimentados depois eram úmidos demais para produzir uvas sadias. Entretanto, no vale de Parras, no sul, havia videiras nativas em abundância, e aqui a Casa Madero pode se auto-intitular a vinícola mais antiga das Américas, pois foi fundada em 1597, mesmo que hoje produza tintos tipo Rhône e brancos jovens absolutamente modernos. Mas ela é uma exceção. Apenas 10% dos 40.000 hectares de videiras do México produzem uvas para vinho de mesa, enquanto a imensa maioria produz uvas de mesa, uvas-passas e especialmente brande.

No século XVIII, imigrantes bascos trouxeram para Parras as variedades equivalentes a Grenache, Carignan e Pedro Ximénez, que juntamente com outras variedades viníferas seguiram depois até o extremo norte da comprida extensão de terra arejada pelo Pacífico conhecida como Baixa Califórnia. Se bem que a primeira vinícola moderna na Baixa Califórnia foi a Santo Tomás, fundada em 1888, enquanto a pioneira do vinho de mesa mexicano moderno foi a L.A. Cetto, estabelecida por imigrantes italianos em 1926. A L.A. Cetto possui atualmente 1.000 hectares de vinhedos no vale de Guadalupe, cultivados em partes iguais com variedades de uva tintas e brancas para vinho. A Cetto faz vinhos de notável sucesso com uva Nebbiolo do Piemonte, terra natal da família, bem como Cabernet e um Petite Sirah muito gostoso. Os vinhos brancos são bons, mas nem tão frescos e frutados como os da Casa Madero.

Por muitos anos a L.A. Cetto foi fornecedora da Pedro Domecq, a maior produtora de brande do México e a segunda maior de vinho, depois da própria L.A. Cetto. A firma espanhola Pedro Domecq investiu maciçamente em meados do século XX, como a Martell, na produção de brande, em resposta à imposição de controles sobre a importação, comprando uvas e vinho em lugar de vinhedos. Hoje a companhia é controlada pela Pernod Ricard.

O vale de Guadalupe é o cenário da primeira "vinícola butique" do México, a Monte Xanic, fundada em 1988, mas hoje são os tintos intensos da Casa de Piedra e do Château Camou que oferecem a inspiração mais influente para as novas vinícolas pequenas mas ambiciosas que estão despontando na Baixa Califórnia.

Também foram plantadas variedades viníferas em vinhedos do planalto mexicano, especificamente na província de Querétaro, ao norte da Cidade do México, em altitudes de até 2.000m. Aqui e na província de Zacatecas, mais ao norte, os dias são quentes e as noites frias, mas os vinhos podem ser prejudicados por chuvas fortes na época da vindima. Por enquanto, os tintos envelhecidos em carvalho são melhores, mas a Freixenet e outras vinícolas acreditam poder fazer vinho espumante respeitável nestas províncias.

Desde muito tempo atrás os gostos e hábitos de bebida dos mexicanos não têm acompanhado os avanços cada vez mais empolgantes da indústria vitivinícola do país, mas isso vem mudando aos poucos nas grandes cidades e em pontos

Inicialmente, o entusiasta da world music *John R. Calvin montou a Casa Rondeña perto de Albuquerque, no Novo México, com a intenção de que fosse um centro de artes, fazendo vinho com uvas cultivadas em outros lugares do estado. Hoje, ele cultiva suas videiras viníferas na sua propriedade, cada vez mais influenciada pela Itália*

Noroeste do Pacífico

Esta escultura impressionante indica a entrada das adegas Nk'Mip (pronuncia-se "in-ka-mip"), dominando o lago Osoyoos no Okanagan Valley. O vinhedo foi plantado pela primeira vez pelo grupo indígena Osoyoos em 1968, sendo a Nk'Mip a primeira vinícola pertencente a indígenas e por eles operada na América do Norte.

Oregon, Washington, Idaho e a Colúmbia Britânica no outro lado da fronteira do Canadá estão plantando videiras viníferas com extraordinária rapidez e fazendo alguns vinhos sensacionais com as uvas que elas produzem. Os do norte de Oregon são talvez os mais singulares. A cordilheira da costa ergue-se como um quebra-mar protetor, como o faz nas regiões vitícolas do norte da Califórnia, mas aqui a corrente cálida do Pacífico norte traz chuva em vez de neblina, modificando temperaturas que, de outra maneira, seriam mais rigorosas. O Willamette Valley, o centro da produção de vinho de Oregon, sofre com o mesmo tipo de clima desconcertante que a Borgonha, ao passo que o sul do estado é mais quente, seco e, em geral, mais semelhante a Bordeaux.

Tanto a indústria vinícola de Oregon como a de Washington cresceram prodigiosamente desde o fim do século XX, embora Oregon tivesse apenas 5.700 hectares de videiras viníferas no início de 2006 contra um total de mais de 20.000 hectares em Washington. Mas Oregon sempre foi a terra do vinicultor artesanal, que vinifica uvas cultivadas em pequenos vinhedos administrados pessoalmente e geralmente próprios, em muitos casos orgânicos. O leste de Washington, por sua vez, funcionou no princípio em escala quase industrial, em vinhedos intensivamente irrigados, onde agricultores que tanto poderiam produzir cereais ou maçãs colhiam uvas mecanicamente e as enviavam para Seattle.

As origens dessa diferença estão no terreno. A viticultura de Oregon concentra-se sobretudo nos vales colonizados a oeste e sul de Portland, que produziram carne, frutas, nozes e grande variedade de culturas por mais de um século. Os vinhedos inseriram-se aos poucos nesta paisagem ativa e bem explorada. No caso de Washington, a videira chegou e foi diretamente para as terras com características de estepe do leste, para além da cadeia montanhosa Cascade, onde a principal forma de exploração agrícola era a monocultura irrigada. No entanto, Washington (descrito em detalhe nas páginas 318 e 319) está mudando rapidamente e a produção artesanal já é muito mais comum, dedicada tanto a cultivar excelentes variedades de uvas, ou ao menos a descobri-las, quanto a produzir vinho.

Enquanto isso, o Oregon está se tornando menos simplório na sua organização, com a injeção de capital e estratégias de marketing do vasto mundo exterior. Uma das maiores firmas é a King Estate, montada em estilo *château* francês nada característico deste estado mas com um viveiro vinculado, o Lorane Grapevines, que, junto com outros, tem contribuído para introduzir clones muito mais adequados na indústria vitivinícola de Oregon.

A AVA do Willamette Valley, nos arredores e ao sul de Portland, é de longe a mais desenvolvida (ver mais detalhes na página seguinte). Mais ao sul, o **Umpqua Valley** beneficia-se de maior abrigo, verões mais quentes e outonos mais secos. Pinot Noir, Pinot Gris, Cabernet Sauvignon e Syrah são as principais variedades. O passado está representado pelo vinhedo HillCrest, fundado em 1961, enquanto o futuro talvez esteja mais próximo da vinícola Abacela, que tem feito deliciosos Tempranillos, Albariños, Cabernets Francs e Syrahs. De nome desastrado, a AVA de **Red Hill Douglas County** é uma sub-apelação de clima relativamente úmido.

Seguindo para o sul, perto da divisa com a Califórnia, o **Rogue Valley** tem densidade de plantação um pouco maior e é ainda mais quente, sendo o índice pluviométrico anual no leste da região quase tão baixo (cerca de 300mm) quanto o do extremo leste de Oregon. As variedades Cabernet Sauvignon e Merlot geralmente amadurecem aqui (o que não acontece no Willamette Valley) e são as uvas tintas preferidas. Chardonnay e Syrah também estão difundidas, sobretudo no **Applegate Valley**, que é o vale do meio dos três que compõem o Rogue Valley e tem sua própria AVA. Cultiva-se um pouco de Gewürztraminer e Riesling no oeste do Rogue Valley, onde o clima é mais semelhante ao do Willamette Valley.

Southern Oregon (sul de Oregon) é uma grande AVA destinada a dar uma identidade à região vitícola mais quente e seca do estado, bem como a demonstrar que Oregon não se reduz apenas a Pinot Noir e Gris.

Uma das regiões vitícolas mais surpreendentes dos Estados Unidos é a do **Snake River Valley**, que tem sua maior parte no território de Idaho mas abrange também um pouco do leste de Oregon. Como no leste de Washington, seu clima é continental, muito mais extremo por ser mais meridional e também de altitude consideravelmente maior, cerca de 900m. Os dias de verão podem ser muito quentes e as noites convenientemente frias, mas o inverno começa cedo. No momento, quase 30 vinícolas prosperam em Idaho e existe considerável tráfego interestadual de uvas e vinhos com o leste de Washington, embora a área de vinhedos do próprio estado de Idaho seja de mais de 600 hectares.

A Colúmbia Britânica tem hoje quase 2.800 hectares de videiras viníferas e 130 vinícolas. O centro da florescente indústria vitivinícola do oeste do Canadá é o **Okanagan Valley**, 320km a leste de Vancouver, onde o longo, estreito e profundo lago Okanagan impede o frio intenso no inverno. Sendo esta uma zona turística, o preço da terra é mais alto, mas as condições naturais são muito similares às do leste de Washington — na verdade, o sul do Okanagan Valley é tão seco que às vezes é classificado como deserto. A irrigação é indispensável; a variação de temperatura diurna é extraordinária no verão; uvas de maturação precoce são preferidas (pelas mesmas razões que em Idaho) e a acidez é naturalmente alta. A pungência e a acidez dos vinhos de Okanagan lembram a Nova Zelândia em refrescância e imediata atração. Chardonnay e Merlot são as variedades mais difundidas e, mesmo sendo difícil a uva Cabernet Sauvignon amadurecer no norte de Okanagan, há produção de algumas misturas de Bordeaux muito bem-sucedidas, nem todas de vinhos tintos. Também aqui se faz *icewine*, mas em muito menor quantidade que em Ontário (descrito na página 321).

A sudoeste de Okanagan, o **Similkaneen Valley** é a segunda mais importante região vitícola da Colúmbia Britânica e dá preferência às variedades para vinho tinto. No extremo oeste, na **Vancouver Island** (ilha de Vancouver) e nas **Gulf Islands** (ilhas do Golfo), o clima pode ser bem mais frio e úmido que o de Okanagan, mas isso não diminui o entusiasmo pela vinicultura.

▼ Parte da interessante diversidade de excelentes vinhos que estão surgindo, sendo o primeiro à esquerda um solitário representante do sul de Oregon. Veja-se nas páginas seguintes o restante sobre Oregon e, na página 321, o referente às regiões do Canadá muito mais estabelecidas na atividade vitivinícola.

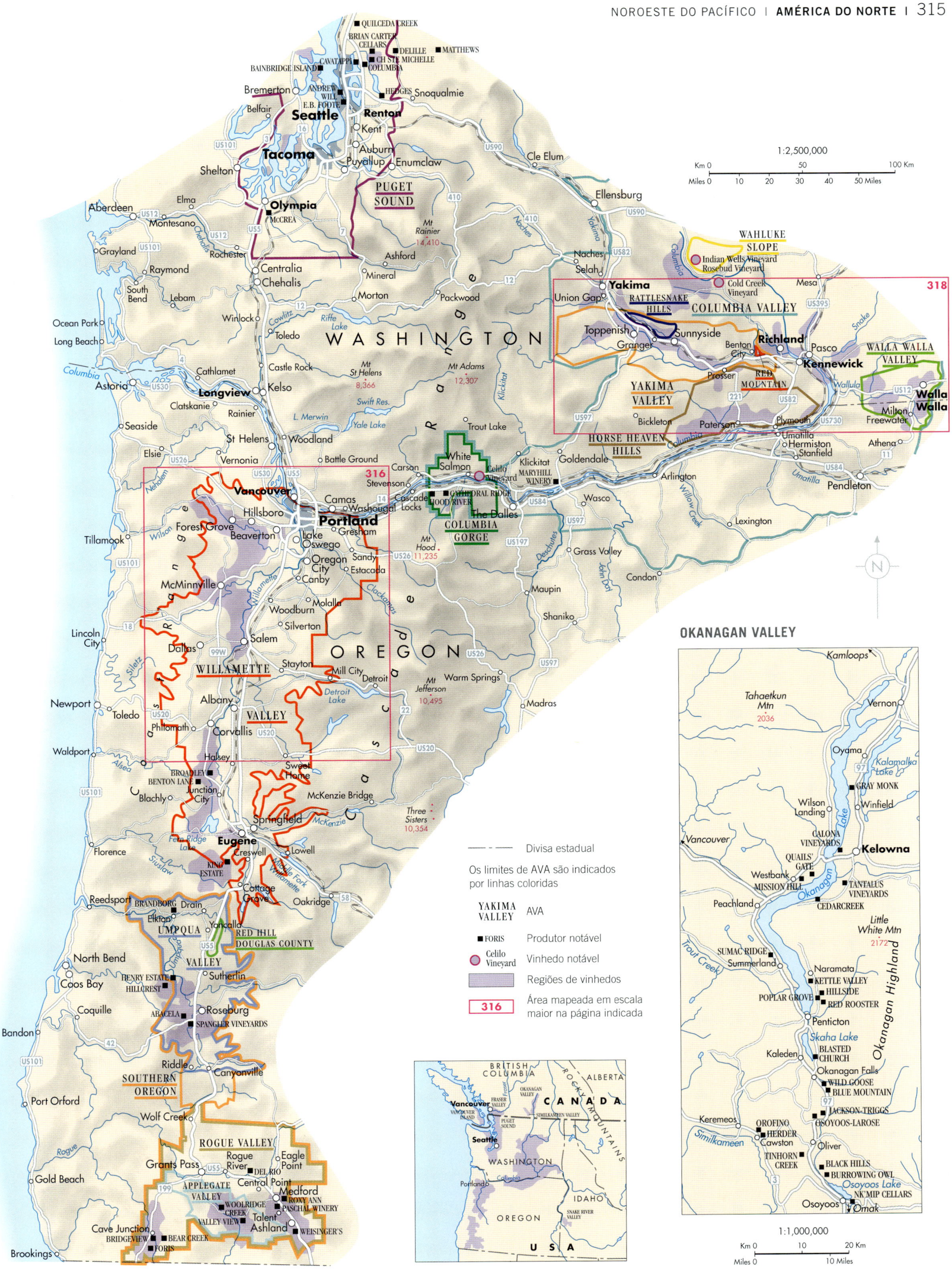

Divisa estadual

Os limites de AVA são indicados por linhas coloridas

YAKIMA VALLEY — AVA

■ FORIS — Produtor notável

● Celilo Vineyard — Vinhedo notável

Regiões de vinhedos

316 — Área mapeada em escala maior na página indicada

Willamette Valley

O Oregon orgulha-se de ser muito diferente da Califórnia. Contudo, a maior parte do estado — inclusive o **Willamette Valley**, certamente — também é muito diferente de Washington, situado ao norte. Se os verões são bem mais frios e nublados que os do estado ensolarado mais ao sul (ver o quadro das características principais do local), seus invernos são bastante mais amenos que os da região vitícola acentuadamente continental bem no interior de Washington. A influência do Pacífico penetra na terra vitícola de Oregon, em especial no norte do Willamette Valley, através de brechas na cordilheira da costa, de modo que os verões frios e outonos úmidos são as constantes ameaças, em lugar do frio intenso no inverno.

A descoberta (ou invento) do Willamette Valley como moderna região vitícola se deu no final da década de 1960 por iniciativa de David Lett com seus Eyrie Vineyards em Dundee, no condado Yamhill. Se Lett tivesse plantado Chardonnay e Cabernet, a fama teria demorado a vir, sobretudo porque a segunda dessas variedades dificilmente teria chegado a amadurecer de forma adequada. Mas ele acertou a mão com a Pinot Noir. Desde 1970, Oregon e Pinot Noir estão inextricavelmente ligados. Os céus cinzentos desta rica região pastoril podem fazer o que a Califórnia achara quase impossível: tornar realidade a ilusão de beber um fino Borgonha tinto, mesmo que as uvas Pinots de Oregon sejam em geral mais suaves, de sabor frutado mais evidente e maturação mais precoce que suas similares européias.

Como se fosse assim que a variedade Pinot Noir gostasse de ser cultivada, a viticultura no Willamette Valley continua sendo mormente de pequena escala. A região atraiu um tipo de aspirante a vinicultor diferente dos grandes apostadores que rumaram para Napa ou Sonoma. Pequenos recursos e grandes idéias geraram um leque de vinhos imprevisíveis, do fascinante ao seriamente imperfeito. Em sua maioria, os primeiros vinhos eram fragrantes mas etéreos. Mas em meados da década de 1980 ficou evidente que alguns dos Pinots tinham força duradoura.

Se foi isso o que o convenceu ou não, um grupo de estrangeiros de alto nível começou a chegar: da Califórnia, uma série de produtores de vinho à procura de um temperamento no Pinot que os céus ensolarados não podiam lhes dar; da Austrália, Brian Croser de Pelatuma, que começou a fazer vinhos Argyle espumantes e não-espumantes num velho estabelecimento de secagem de avelãs próximo ao quartel de bombeiros de Dundee; e, da própria Borgonha — fundamentalmente importante para o orgulho do Oregon —, Robert Drouhin e sua filha Véronique, no Domínio Drouhin. Os Pinots feitos na atualidade variam entre o estilo suave e amavelmente contido do Drouhin (que se saiu bem na comparação com os vinhos feitos pela casa na França) e o estilo ricamente amadeirado adotado inicialmente na Beaux Frères, a vinícola que tem como um de seus proprietários outro investidor externo

Lista dos produtores

1 ADELSHEIM
2 BRICK HOUSE
3 PENNER-ASH
4 DUCK POND
5 LEMELSON
6 CARLTON STUDIO
7 ERATH
8 CAMERON
9 DOM DROUHIN
10 ARGYLE
11 DOM SERENE

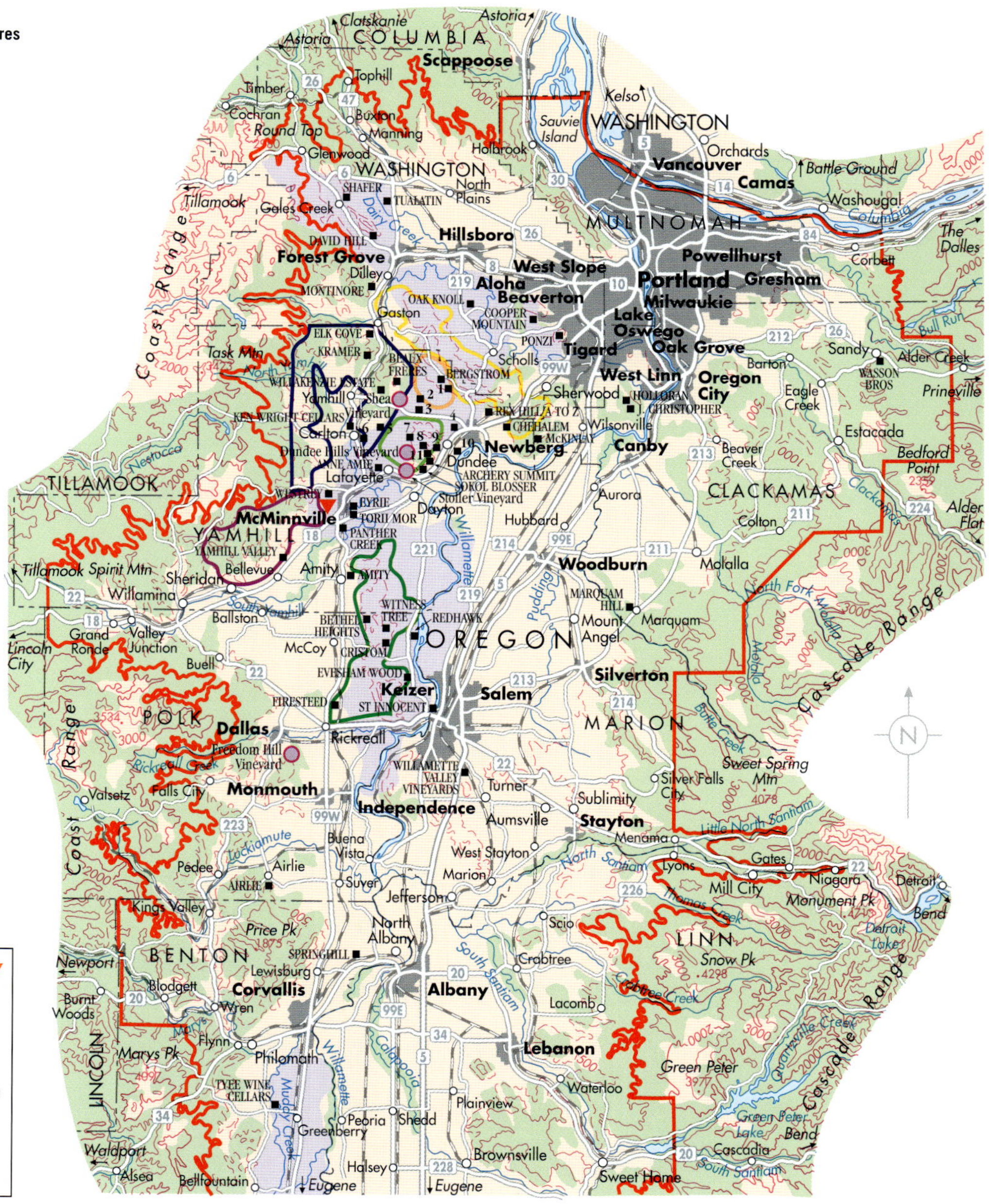

- ·—·— Divisa estadual
- ·-·-· Divisa de condados
- AVA do Willamette Valley
- AVA de Dundee Hills
- AVA de Chehalem Mountains
- AVA de Ribbon Ridge
- AVA de Yamhill-Carlton
- AVA de McMinnville
- AVA de Eola-Amity Hills
- ■ AMITY Produtor notável
- ● Shea Vineyard Vinhedo notável
- Vinhedos
- Florestas
- 2000 Intervalo entre curvas de nível: 300m
- ▼ Estação climática (EC)

1:993,000

Km 0 10 20 30 Km

Miles 0 10 20 Miles

WILLAMETTE VALLEY: MCMINNVILLE ▼

Latitude / Altitude da EC **45,14° / 40m**

Temperatura média em julho na EC **18,8ºC**

Índice pluviométrico anual na EC **1.097mm**

Índice pluviométrico no mês da colheita na EC **Setembro:40mm**

Principais perigos para a viticultura **Doenças fúngicas, maturação incompleta**

Principais uvas **Pinot Noir, Pinot Gris, Chardonnay**

de fama internacional, o especialista em vinhos Robert Parker.

De modo geral, o verão de Willamette é mais frio e úmido nos vinhedos do condado de Washington, que são mais expostos à influência do Pacífico e, portanto, especialmente favoráveis para variedades aromáticas. Aqui o Pinot Noir tende a ser fino e não gordo. Todavia, a família Ponzi provou que esses vinhos podem durar.

Depois de muito debate e degustação, agora há diversas sub-apelações oficialmente reconhecidas dentro dos 240km de longitude do Willamette Valley. **Dundee Hills**, baseada nas famosas Red Hills de solo argiloso-calcário Jory pesado e avermelhado de Dundee, é a combinação mais consolidada de boa drenagem e exposição favorável à chuva e à luz que é tão decisiva em Oregon, com sua nebulosidade. O distrito de **Yamhill-Carlton** é um pouco mais quente, mas sofre maior incidência de geadas, motivo pelo qual o plantio das videiras é feito bem acima do fundo do vale (mais exposto a geadas), sendo ideais as ladeiras orientadas para o leste no lado oeste do vale, em altitude entre 60m e 210m. **McMinnville** leva o nome da cidade universitária que é centro da indústria vinícola de Oregon, enquanto **Ribbon Ridge** fica no nordeste, logo acima de Dundee Hills. Tanto **Eola-Amity Hills**, a nordeste de Salem, como **Chehalem Mountains**, ao norte do Willamette Valley, adquiriram status de AVA em 2006.

Em um encontro do "Everybody's a Critic" de 2005, sumidades como o francês Michel Bettane e o britânico Michael Broadbent participaram da Celebração Internacional do Pinot Noir (International Pinot Noir Celebration), aplicando seus métodos pessoais ao degustarem a uva característica do Oregon.

O êxito na produção de uva no Willamette Valley consiste em fazer os frutos amadurecerem completamente e no tempo certo para serem colhidos antes da chegada das chuvas do outono. O momento exato em que elas chegam e o prejuízo que ocasionam variam amplamente de um ano para outro. Muitas variedades de uva têm maturação tardia demais para serem viáveis aqui, como é o caso de Cabernet Sauvignon e Sauvignon Blanc. Contudo, mesmo para variedades de maturação precoce, o padrão de safra do Willamette Valley é caprichoso como qualquer um na França e comprovadamente mais variado que o de qualquer outra região vitícola dos Estados Unidos. Os consumidores de vinho de fora de Oregon apaixonam-se ou perdem o amor pelos Pinots Noirs do estado conforme o sucesso da safra oferecida, ou pelo menos de seu óbvio sabor frutado.

Mas há outro problema que parece surpreendente à primeira vista: a seca de verão. Mesmo que as chuvas possam chegar em setembro ou outubro, em geral isto acontece só depois de um verão frio, cinzento mas com freqüência muito seco. Logo, muitos vinhedos mais velhos podem começar a ficar desagradavelmente amarelados bem antes que a fotossíntese necessária para a maturação tenha se concluído. Portanto, costuma-se equipar os vinhedos mais novos com sistemas de irrigação para que as videiras sofram apenas se e quando o viticultor achar conveniente.

Pelo fato de disporem em muitos casos de orçamentos limitadíssimos, os primeiros pioneiros optavam por montar vinhedos com o mínimo custo possível, mas hoje se sabe que uma maior densidade de plantio é um luxo que compensa. Outra mudança mais ou menos recente nos vinhedos do Oregon é o uso de raizames. Desde que a filoxera foi detectada pela primeira vez aqui, em 1990, viticultores sensatos têm plantado videiras enxertadas em rizomas que não só resistem ao fatal mastigador de raízes como limitam a quantidade de vegetação que perturba o processo de maturação da uva.

Assim, a produção nestes vinhedos tende a ser mais regular e as videiras amadurecem mais cedo, mas o fator cuja contribuição tem sido mais importante para a incessante melhoria da qualidade das uvas Pinot Noir e Chardonnay no Oregon foi a introdução de clones borgonheses de ambas variedades.

Pelo menos durante as duas primeiras décadas, a maior parte do Pinot Noir do Oregon foi feita com o clone Wädenswill originário da Suíça e/ou o clone conhecido como Pommard, muito difundido na Califórnia. Estas variedades davam vinhos frutados e encantadores (em anos bons) mas nem sempre estruturados e sutis. Com a introdução de clones de videiras com cachos menores tais como (para quem adora detalhes) 113, 114, 115, 667, 777 e 882, chamados clones Dijon no Oregon, o Pinot do estado ganhou nova dimensão, ainda que na maioria dos casos eles entrem como componentes de uma mistura.

Uma das razões da relativa decepção causada pelo Chardonnay do Oregon reside provavelmente no principal clone plantado, o Davis 108, cuja característica mais notória na Califórnia era seu longo período de crescimento antes da maturação. Na maioria dos anos isto é uma clara desvantagem no Oregon, e muitos Chardonnays têm sido magros e ásperos. Atualmente a escolha recai nos clones Dijon 76, 95 e 96, mais adequados e sutis, mas as expectativas quanto a vinhos brancos estão, em geral, firmemente centradas em Pinot Gris. O Pinot Gris do Oregon está mais para um Chardonnay aromático do que para um rico Pinot Gris alsaciano, mas isso está mudando aos poucos.

A viticultura do Oregon tem o mérito de caracterizar-se hoje, em que pese o clima úmido demais, pelo compromisso generalizado com práticas sustentáveis, com freqüência orgânicas e às vezes biodinâmicas.

Uma instituição pouco convencional tem contribuído muito para o Willamette Valley figurar no mapa mundial do vinho e ressaltar a singularidade do Oregon: a Celebração Internacional do Pinot Noir realizada todo mês de julho. Neste festival de três dias, admiradores (ver foto acima) e produtores do mundo inteiro reúnem-se na cidade de McMinnville para inclinar-se ante o altar do Pinot e resmungar sobre as iniqüidades da mania do Cabernet e do Merlot.

◄ Alguns paradigmas de excelência da produção vinícola do Oregon. O ex-repórter Doug Tunnell foi um dos primeiros a adotar, na Brick House, as práticas viticulturais mais naturais que distinguem o estado, apesar de sua umidade relativamente alta e do risco de doenças fúngicas da videira.

Washington

Mesmo estando aqui quase toda a área plantada com videiras do estado (apenas 30 hectares não têm cultivo), o leste de Washington não tem aspecto de região vitícola. A maioria dos visitantes chega aqui vindo da cidade de Seattle, nos arredores da qual ainda se concentram muitas das vinícolas do estado. Eles atravessam as úmidas florestas de pinheiros do Oregon e pinheiros amarelos, cruzam a imponente cordilheira das Cascades e descem de repente no semideserto, onde no verão o sol brilha por até 17 horas por dia e, no inverno, um frio ártico instala-se por meses a fio.

Ao longo da estação de crescimento relativamente curta do leste de Washington, os trigais áridos que parecem ondular sem interrupção até Kansas estão pontilhados de oásis de verdor nos quais crescem macieiras, cerejeiras, lúpulos e cada vez mais videiras. É terra agricultável de baixo custo (bem mais barata que a da Califórnia, por exemplo) irrigada com água da bacia do rio Columbia. Muitas das videiras podem ser da variedade Concord para suco e geléia, mas a área total de videiras viníferas tem crescido rápido e já passava de 20.000 hectares em 2005. Washington é certamente o segundo maior viticultor e produtor de vinho de viníferas dos Estados Unidos, embora sua produção total represente apenas uma pequena porcentagem da obtida na Califórnia.

O clima continental daqui mostrou-se excelente para a maturação de uvas para vinho fino, numa latitude entre as de Bordeaux e Borgonha, com a condição muito importante de que haja água acessível para irrigação — de rios, represas ou poços, sendo esta última opção muito mais cara. Os verões e outonos sem chuva reduzem ao mínimo a incidência de doenças, enquanto os dias quentes e as noites frias do deserto propiciam uma boa coloração e sabores notavelmente definidos em algumas variedades (não em todas). Os invernos são gelados e podem matar as videiras, mas ao menos ajudam a afastar a filoxera (praticamente todas as videiras são plantadas nas próprias raízes), no que também colaboram os solos arenosos de rápida drenagem e relativamente uniformes.

No princípio, a viticultura era aqui uma atividade ainda mais diferenciada da vinificação do que na maioria dos estados norte-americanos, mas isso está mudando. Por exemplo, a principal companhia de vinhos, dona das marcas Château Ste. Michelle, Columbia Crest, Snoqualmie e muitas outras, produz na atualidade quase dois terços das uvas de que necessita. Contudo, a grande maioria das vinícolas compra parte das uvas de terceiros, em muitos casos trazendo-as de caminhão do outro lado das Cascades para o oeste, embora o número de vinícolas — e vinhedos próprios — no leste de Washington esteja crescendo nos últimos tempos. Essas empresas também costumam comprar uvas de diversos viticultores e fazem misturas com muita freqüência, de modo que a localização da vinícola raramente diz grande coisa quanto à origem do vinho. Em parte com o intuito de deixar todas as opções de corte abertas, a gigantesca AVA do **Columbia Valley** (que abrange AVAs mais limitadas do leste de Washington aqui mapeadas) e o flexível termo "Washington State" são amplamente usados em lugar de denominações mais específicas como **Yakima Valley**.

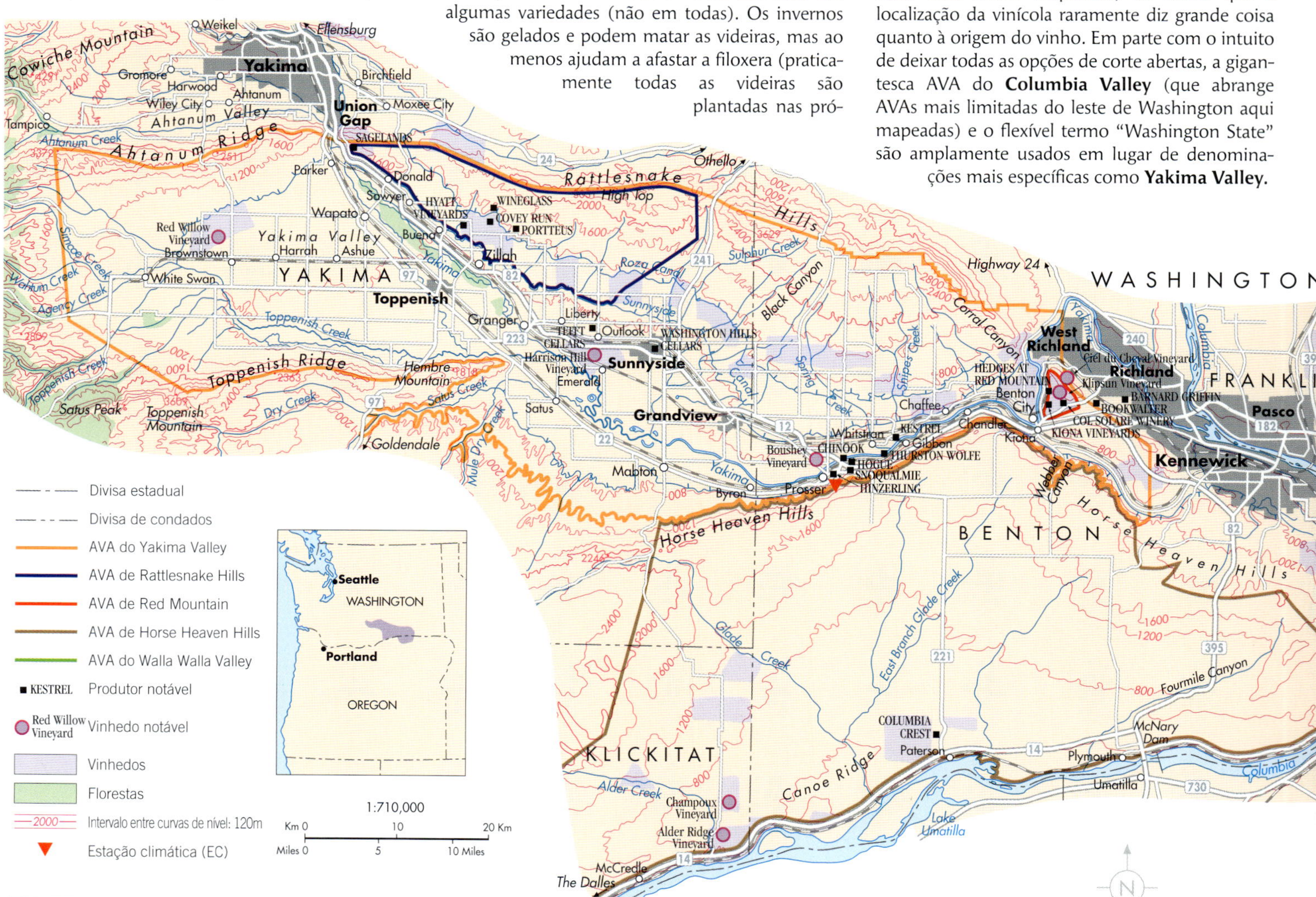

WASHINGTON: PROSSER

Latitude / Altitude da EC **46,15° / 270m**

Temperatura média em julho na EC **21°C**

Índice pluviométrico anual na EC **199mm**

Índice pluviométrico no mês da colheita na EC **Setembro: 11mm**

Principais perigos para a viticultura **Frio intenso no inverno**

Principais uvas **Chardonnay, Merlot, Riesling, Cabernet Sauvignon, Syrah**

▶ Eis alguns dos vinhos interessantes que estão surgindo no estado de Washington. Quilceda Creek e Leonetti são vinhos de primeira qualidade, como o Woodward Canyon, mas Cayuse e K Vintners estão entre os líderes no caminho do Syrah, e o Chardonnay Abeja também é digno de nota.

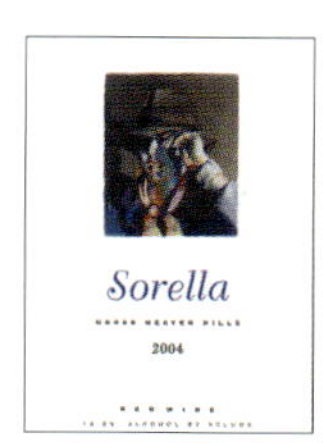

Este vale de vegetação rasteira, dominado pelo nevoso monte Adams e escavado pelo rio Yakima no seu curso leste para desaguar no Columbia, é a região vitícola mais fria e antiga de Washington. A Chardonnay é a variedade de uva mais difundida entre os produtores do Yakima Valley, mas os resultados são insípidos em muitos casos. O vinhedo Red Willow foi um dos primeiros a provar que a variedade Syrah, que hoje é plantada a torto e a direito no estado todo e no resto do noroeste do Pacífico, tem considerável potencial como acréscimo saboroso mas frutado à lista tradicional de uvas do estado. **Rattlesnake Hills** é uma nova AVA situada na faixa ocidental da serrania do mesmo nome dentro do Yakima Valley. No extremo sudeste do mesmo vale, a cidade de Prosser está se transformando no centro da indústria vitivinícola do estado, como sede do novo Walter Clore Wine and Culinary Center.

Entre o Yakima Valley e o rio Columbia, as **Horse Heaven Hills** são especialmente promissoras. As partes mais altas são de solo predominantemente argiloso, como no rancho Champoux. A parte baixa da ladeira voltada para o sul da Canoe Ridge produz fruta para a vinícola Canoe Ridge Vineyard, do grupo Chalone, localizada em Walla Walla (típico exemplo do descaso de Washington com a exatidão geográfica) e muitos dos melhores tintos do Château Ste. Michelle. Está também bastante próximo do largo curso do rio Columbia, que na realidade é uma série de lagos represados como reserva de irrigação e geração hidrelétrica para os piores extremos climáticos, sobretudo o frio intenso no inverno.

Ao norte e a leste do Yakima Valley estão alguns dos vinhedos de clima mais quente do estado, incluindo o famoso **Wahluke Slope** (ver mapa na página 315), que desce das montanhas Saddle para o rio Columbia. Nele, as videiras ficam orientadas para o sul para receberem máxima radiação solar no verão e fazendo com que o ar frio se afaste delas no inverno. E exatamente ao norte das cidades de Richland, Pasco e Kennewick localizava-se o vinhedo Sagemoor, que forneceu uvas para vários dos primeiros vinhos do estado. A variedade mais plantada aqui é a Merlot, mas a pequena AVA de **Red Mountain**, cercada por água, é famosa por produzir um Cabernet Sauvignon generoso. Esta AVA abriga a Col Solare ("colina do sol"), a *joint venture* muito bem estabelecida formada pela Château Ste. Michele e a Antinori da Itália.

Avançando para o interior, já no **Walla Walla Valley**, os verões também são muito quentes, os invernos são perigosamente frios e o índice pluviométrico anual é alto para o leste de Washington. É na elegante cidade universitária de Walla Walla onde é feita boa parte dos tintos mais procurados do estado, e o fato de muitos deles serem elaborados com uvas produzidas fora da AVA não parece ter prejudicado a sua reputação. Os vinhos daqui costumam ser intensamente frutados, mas com taninos vigorosos. Fomentada no início da década de 1980 pelas vinícolas Leonetti e Woodward Canyon, esta AVA estende-se para o sul, entrando no Oregon e abrangendo o vinhedo Seven Hills.

No sudoeste do Columbia Valley (ver mapa na página 315), a nova AVA de **Columbia Gorge** também abrange um bom pedaço do Oregon e é especialmente adequada para Chardonnay, variedades brancas aromáticas, Lemberger (também conhecida como Blue Franc, em referência a seu nome austríaco Blaufränkisch), Merlot e Zinfandel. No norte do Columbia Valley, o Chelan Valley é uma zona promissora e destacada, desbravada pela CR Sandidge e na qual se espera a criação de uma AVA.

Como a cada 15 dias surge uma nova vinícola em Washington, o número total quase quadruplicou nos seis primeiros anos do século, chegando a quase 400, bem maior que o número de viticultores. Este rápido crescimento acontece porque muitas videiras são jovens, plantadas em solos leves e novos, sendo muitas vezes de clones únicos. Como quem cultiva as videiras e decide quanto aos rendimentos é na maioria dos casos um fruticultor, e não um vinicultor, em alguns vinhos pode faltar nuança, mas os melhores têm, além da cor escura, a acidez enérgica e os sabores francos e esplêndidos que caracterizam o vinho de Washington, uma admirável intensidade de fruta suave e rica que pode durar na garrafa por até oito anos, embora tenda a desaparecer com rapidez depois disso.

As variedades mais plantadas em Washington são Chardonnay e depois Merlot, mas o plantio de Riesling aumentou tão rápido nos últimos anos para abastecer produções como a do popular Eroica (uma *joint venture* entre a Château Ste. Michele e a Erni Loosen de Bernkastel) que esta variedade deixou a Cabernet Sauvignon para trás, tornando-se a terceira mais plantada no estado. Em meados da década de 2000, a variedade Syrah estava claramente em quinto lugar, mas crescendo rápido.

Neste clima continental, somente em algumas propriedades se consegue a maturação completa de Cabernet Sauvignon, enquanto a variedade Merlot, que tem identidade bem mais clara aqui do que na Califórnia, é mais flexível, embora tenha o inconveniente de ser suscetível ao frio intenso no inverno. A variedade Cabernet Franc tem seus adeptos, e não só por ser mais áspera. A Lemberger é uma especialidade local há muito tempo por sua acidez naturalmente baixa e porque pode dar deliciosos vinhos púrpura com fragrância de amoras. O Sauvignon Blanc pode ser realmente estimulante, e Semillones, como o da L'Ecole 41, mostra que a uva poderá mesmo brilhar se tiver oportunidade.

São completamente diferentes as uvas produzidas no oeste, na AVA de **Puget Sound**, nos arredores de Seattle: variedades de maturação precoce como Müller-Thurgau, Madeleine Angevine e Siegerrebe (cada vez mais complementada por Pinot Noir e Pinot Gris) — uma turma conhecida de quem mora em clima frio e chuvoso.

É impossível não reconhecer em que país fica este vinhedo de Walla Walla, embora talvez se esperasse ver mais mecanização nessa área.

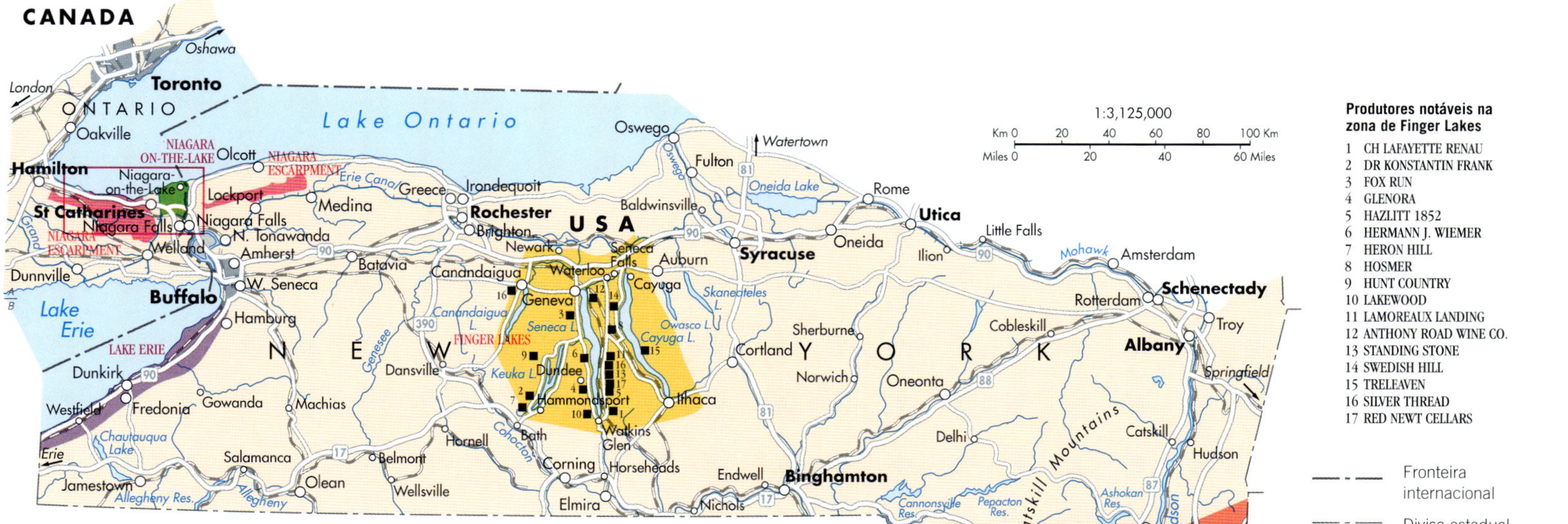

Nova York

Nova York é o terceiro maior estado da América do Norte em viticultura, embora 8.100 de seus 12.550 hectares plantados sejam de uvas da espécie *labrusca* destinados à produção de suco e geléia. Esse é o propósito do cinturão vitícola junto à margem sul do lago Erie, onde se localizam menos de vinte das 234 vinícolas do estado (fazendo vinhos sobretudo com variedades híbridas francesas, descritas na página 290). No entanto, do mesmo modo que Ontário no outro lado da fronteira, o estado de Nova York está empenhado em reinventar-se como importante produtor de vinho, e por isso quase todos os novos plantios são de viníferas, que hoje ocupam 2.000 hectares.

Mais de dois terços das vinícolas têm menos de 15 anos de existência, sendo todas empresas pequenas mas ambiciosas que surgem especialmente em Finger Lakes (cerca de 100 vinícolas), em Long Island (mais de 30) e nas regiões do Hudson River (quase 40).

Fresca e por vezes castigada pelo Atlântico, **Long Island** é a resposta de Nova York a Bordeaux, tanto por seu clima marítimo quanto pelo caráter amável e refrescante de seus vinhos. A influência oceânica torna indistintas as estações e mantém o clima ameno por tanto tempo que a estação de crescimento daqui é muito mais longa que no interior. Long Island tem atualmente 1.000 hectares de videiras, todas elas viníferas (principalmente Chardonnay, Merlot e Cabernets). A ilha tem três AVAs: a original de North Fork, a mais fria (e menor) dos Hamptons (ou South Fork), e a abrangente de Long Island. Todas as vinícolas incluídas no mapa têm bons históricos, embora tenha havido muitas mudanças de donos e nomes nos últimos tempos.

O cultivo comercial da videira começou na década de 1850 no norte do estado de Nova York, ao redor das profundas valas glaciais conhecidas em conjunto como **Finger Lakes**, imediatamente ao sul do imenso lago Ontário. Os Grandes Lagos moderam o clima, que mesmo assim é acentuadamente continental: em muitas zonas, há menos de 200 dias por ano sem geada e os invernos são longos, com temperaturas de até -20°C. As videiras americanas foram a opção óbvia no início e ainda ocupam cerca de um terço dos 4.000 hectares da região, destinando-se sobretudo a vinhos de sobremesa. Na década de 1950 começaram a ser plantadas variedades híbridas francesas como Seyval Blanc e Vignoles, que ainda representam outro terço da área total. A partir da década de 1960, porém, o dr. Konstantin Frank, um viticultor ucraniano acostumado aos invernos frios, demonstrou que videiras viníferas de maturação relativamente precoce tais como Riesling e Chardonnay podiam vicejar em Finger Lakes, desde que enxertadas em raizames adequados. Hoje, Red Newt Cellars, Standing Stone, Hermann J. Wiemer e a Vinifera Wine Cellars do dr. Frank são produtores que fazem alguns Rieslings especialmente finos, secos quase como os do Sarre e merecedores de envelhecimento. A estação de pesquisa de Geneva tem prestígio internacional por seu trabalho com condução de videiras e variedades resistentes ao inverno, enquanto Finger Lakes continua sendo o centro comercial do setor vitivinícola de Nova York, em grande medida porque aqui está, desde 1945, a matriz original da companhia que hoje é a maior do ramo no mundo, a Constellation. A empresa chamava-se Canandaigua e atualmente é conhecida como Centerra Wine Company.

Foi no **Hudson River** que a primeira safra comercial registrada teve lugar em Nova York, em 1829, no que hoje é a vinícola Brotherhood. Trata-se também de uma região de pequenas vinícolas. Aqui as videiras viníferas podem ser vulneráveis a

um clima que não é amenizado pelo oceano nem por lagos, e até recentemente a maior parte dos quase 400 hectares tem sido de videiras híbridas francesas. Todavia, empresas como a Millbrook provaram que as viníferas também têm futuro nesta região tão setentrional do estado, bem como a Clinton Cellars mostrou que a diversificação com outras videiras frutíferas pode dar bons resultados.

Junto à fronteira do estado com a principal região vitícola de Ontário, a nova AVA de **Niagara Escarpment** já conta com dez vinícolas.

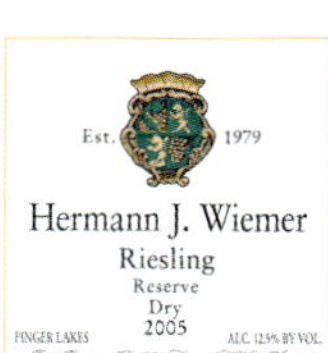

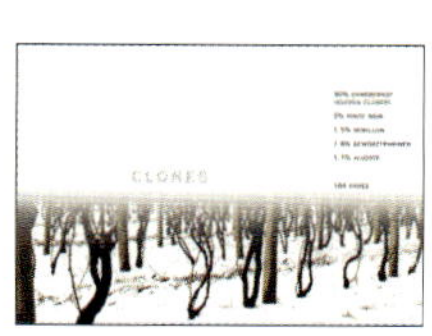

◄ Dois Rieslings de primeira linha de Finger Lakes, região que se mostrou extraordinariamente adequada para esta variedade, e uma seleção dos melhores vinhos de Long Island: um Chardonnay da Channing Daughters, flanqueado por Merlot, variedade que amadurece muito bem neste clima moderado e temperado pelo Atlântico.

Ontário

Colheita de uvas congeladas para a produção de Icewine *(ouro líquido em vários sentidos) nos vinhedos Henry of Pelham em St Catharines. Talvez o aquecimento global comece a afetar o volume anual produzido desta especialidade canadense, mas seguramente a quantidade ainda fará a produção de Eiswein da Alemanha parecer nanica.*

Uma vez que uma área considerável do seu território permanece congelada durante boa parte do ano, o Canadá parece ser um lugar frio demais para se plantarem videiras. No entanto, lá se faz vinho cada vez com mais entusiasmo em quatro províncias. (Ver na página 314 detalhes da próspera indústria vitivinícola da Colúmbia Britânica no noroeste do Pacífico.)

No canto sudeste do país, a Nova Escócia tem algumas centenas de hectares de vinhedos, principalmente de variedades híbridas resistentes ao inverno (algumas criadas na União Soviética a partir de cepas da Mongólia), plantadas em recantos mais protegidos do litoral atlântico. Québec também tem uma pequena indústria de vinhos, igualmente dependente de híbridos resistentes ao inverno; as melhores vinícolas estão nas imediações da cidade de Dunham, na fronteira com os Estados Unidos.

Ontário é muito mais importante já que, mesmo sem conseguir produzir vinho em quantidade suficiente para abastecer o mercado interno, sua indústria está despontando no cenário mundial, entre outros fatores graças às fabulosas quantidades de *Icewine* produzidas a cada ano. A região vitícola mais importante do Canadá é a **Niagara Peninsula** (península do Niágara), mapeada em detalhe abaixo. Uma combinação de peculiaridades geográficas torna a viticultura possível no clima semicontinental daqui. Este estreito mosaico de depósitos glaciais recebe a proteção de grandes lagos ao norte e ao sul, bem como do profundo rio Niágara a leste. Essas grandes massas de água retardam a floração na primavera devido ao frio acumulado no inverno, além de prolongarem a maturação no outono armazenando calor solar no verão. O lago Ontário, em especial, ameniza o efeito das massas de ar do Ártico no inverno, enquanto a diferença de temperatura entre as águas frias deste lago e as mais quentes do Erie (ao sul) gera brisas refrescantes no verão. As brisas da orla do lago ficam circulando pelo efeito do escarpamento do Niágara (que origina as famosas cataratas), o que ajuda a minimizar os danos causados por geadas e doenças fúngicas. Como as terras daqui têm ligeira inclinação para o norte, os vinhedos beneficiam-se ainda mais da influência do lago Ontário.

Mesmo sendo os verões no Niágara cada vez mais quentes e longos, Ontário ainda consegue fazer em média meio milhão de litros de *Icewine* picantemente doce por ano, quer de Riesling, quer, com maior freqüência, do híbrido francês Vidal, com seu sedutor aroma de groselha e cujas videiras tendem a amadurecer cedo. A variedade Riesling é reconhecida cada vez mais como o forte do Niágara para vinhos totalmente secos, embora alguns produtores tenham mostrado brilhantismo com Chardonnays e até Syrahs. A maioria das videiras do Niágara está plantada na planície do lago Iroquois, mas os bancos bem protegidos, com seus solos calcários, são muito apropriados para Rieslings e Pinot Noirs delicados. Já está em vigor uma série de 12 sub-apelações da península do Niágara.

As demais apelações de pequena extensão de Ontário localizam-se longe demais da península do Niágara para serem mapeadas aqui. **Lake Erie North Shore** conta apenas com o lago Erie para temperar seu clima, como também acontece na **Pelee Island**, ponto mais meridional do Canadá e completamente rodeado pelo lago. As esperanças estão sendo depositadas na nova região vitícola de **Prince Edward County**, na costa norte do lago Ontário, entre outros motivos porque seus solos calcários pouco profundos são ótimos para os integrantes da família Pinot, mesmo que seja preciso enterrar as videiras para protegê-las durante o inverno.

Os vinhos feitos exclusivamente com uvas de boa qualidade cultivadas no Canadá recebem a designação VQA (Vintners Quality Alliance), mas é tradição de longa data as grandes adegas canadenses também engarrafarem vinhos importados.

NIAGARA PENINSULA: ST CATHARINES ▼

Latitude / Altitude da EC **43,1° / 90m**

Temperatura média em julho na EC **21,7°C**

Índice pluviométrico anual na EC **860mm**

Índice pluviométrico no mês da colheita na EC **Outubro: 65mm**

Principais perigos para a viticultura **Frio intenso no inverno, maturação incompleta, joaninhas asiáticas**

Principais uvas **Chardonnay, Cabernet Franc, Riesling, Cabernet Sauvignon, Merlot, Pinot Noir**

▼ A Inniskillin e a empresa familiar Cave Spring estão entre as mais antigas pioneiras, ao passo que a Le Clos Jordanne é uma joint venture relativamente nova entre Vincor e Boisset da Borgonha. O Cabernet Franc de Lailey é maturado em carvalho canadense.

Uma alpaca espia através das videiras de Viña Carmen, no vale do Rapel, Chile. Esta é uma vinícola orgânica e o estrume da alpaca é usado como fertilizante.

América do Sul

América do Sul

Depois da Europa, a América do Sul é o continente produtor de vinhos mais importante do mundo. Aqui foram plantadas videiras européias em 1531, no Peru, muito antes que elas chegassem a outros lugares do Novo Mundo, à exceção do México. Do mesmo modo que a cultura do continente, suas indústrias vitivinícolas ainda estão fortemente influenciadas pelos imigrantes e seus descendentes, no princípio espanhóis e portugueses, e mais recentemente italianos, franceses e alemães.

O principal produtor sul-americano de vinhos em termos de quantidade é, de longe, a Argentina (ver página 330), embora o Chile (ver páginas seguintes) a precedesse no cenário internacional e ainda seja mais importante como exportador.

Desconhecido para o resto do mundo, o Brasil é o terceiro mais importante produtor de vinhos do continente em termos de quantidade. A indústria local concentrou-se até pouco tempo atrás em fornecer frisante italianizado leve e adocicado ao mercado interno. O maior estímulo à produção de vinho de melhor qualidade veio no início da década de 1990, quando o Brasil abriu seu mercado. Assim que as tarifas de importação caíram, mesmo os consumidores de gosto menos apurado perceberam de imediato que muitos vinhos importados — embora não todos — eram de qualidade superior e tinham preço razoável. Os produtores começaram a investir em vinhedos e em vinícolas e contrataram respeitados enólogos estrangeiros.

O Brasil ainda não tentou exportar vinho de maneira realmente séria, mas já há sinais indicando que isso pode mudar, precisamente quando o interesse por vinhos finos importados é maior do que nunca. Sua população de mais de 180 milhões de habitantes constitui um enorme mercado em potencial, ainda que o consumo médio de vinho seja de apenas dois litros por ano e a cachaça (aguardente de cana) e a cerveja sejam muito mais populares.

O tamanho do mercado doméstico atraiu a Chandon (como em Moët) para o Brasil já em 1973. Todavia, a viticultura esteve tradicionalmente dividida entre milhares de pequenos agricultores, sobretudo na região montanhosa e úmida da Serra Gaúcha, no estado do Rio Grande do Sul, onde o índice pluviométrico anual é excepcionalmente alto (1.750mm por ano) e os solos têm, em geral, drenagem deficiente. Daí que variedades híbridas como a Isabella sejam a escolha comum, em vista de sua resistência à podridão e ao míldio. Com efeito, em 2005, mais de 80% do vinho foi feito com híbridos americanos. A produtividade costuma ser alta demais para resultar em vinho de qualidade exportável, e as uvas têm dificuldade em amadurecer completamente. (A região do Vale dos Vinhedos obtém melhores resultados.) Entretanto, geralmente é possível colher a uva Merlot antes da chegada das chuvas, no fim de março, e a afinidade desta variedade com os solos argilosos da Serra Gaúcha faz com que ela seja a estrela em ascensão.

A região mais promissora é a Fronteira (antes chamada de Campanha), no extremo sul, onde há quase 1.000 hectares de videiras viníferas plantados em solos arenosos menos férteis que oferecem boa drenagem, como os do Uruguai, no outro lado da fronteira. Aqui o índice pluviométrico é mais baixo e o maior número de horas de luz solar facilita a maturação.

Há também considerável desenvolvimento ao longo da divisa entre os estados da Bahia e Pernambuco, no quente e seco vale do São Francisco, no nordeste do país. O vale está a menos de dez graus ao sul da linha do equador e historicamente estava fora de cogitação para a viticultura. No entanto, com pequena flutuação de temperatura, a indispensável irrigação e maior compreensão das exigências da viticultura tropical, as videiras dão duas colheitas por ano. A uva mais comum aqui é a Moscatel, para vinhos muito doces e espumantes frescos, mas as variedades Syrah e Cabernet Sauvignon também parecem promissoras.

A mais nova região vitícola é o vale do rio do Peixe, área montanhosa no estado de Santa Catarina, onde a maioria das videiras é plantada entre 400m e 600m acima do nível do mar. Vinícolas modernas e ousadas estão atraindo turistas, e os primeiros resultados são Cabernets e Syrahs de surpreendente qualidade, além de aromáticos Sauvignons e Chardonnays.

O equivalente brasileiro do sistema Appellation

Colheita de uvas cultivadas no tradicional sistema de pérgula na Fazenda Santa Maria, na nova região vitícola do vale do São Francisco, só nove graus ao sul da linha do equador. Aqui é preciso impedir que as videiras produzam safras com demasiada freqüência.

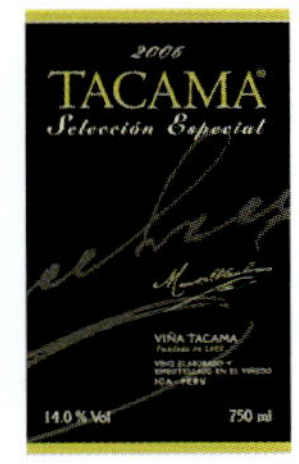

▶ De cima para baixo: um dos raros vinhos de interesse do Peru; três brasileiros, dos quais o Quinta do Seival, da Miolo, tem notável semelhança com um rótulo português; e depois três do Uruguai, começando pelo inovador licor Tannat da Pisano.

Contrôlée da França é a Indicação de Procedência, atribuída unicamente ao Vale dos Vinhedos até o momento da redação deste livro, embora o vale do São Francisco e Pinto Bandeira tenham solicitado essa condição oficial.

À diferença dos brasileiros, os habitantes do **Uruguai** estão entre os maiores consumidores de vinho da América do Sul (só perdem para os argentinos), fazendo da incomum indústria vitivinícola do país a quarta maior do continente. A era moderna começou em 1870, com a imigração basca e a importação de variedades européias superiores como a Tannat, chamada de Harriague em homenagem ao pioneiro de seu plantio. Em processo similar ao da transformação que suaviza a variedade Malbec sob os céus luminosos da Argentina, o Tannat produzido no Uruguai é muito mais gordo e aveludado que o da sua terra natal no sudoeste da França e pode ser bebido com apenas um ou dois anos de envelhecimento, diferentemente do original de Madiran.

Não que o clima e a topografia do Uruguai tenham muito em comum com os das regiões vitícolas da Argentina. É ensolarado mas bem mais úmido, e durante a noite a temperatura diminui nos distritos vitícolas mais importantes do Uruguai, no sul do país, não pela influência da altitude — pois a maior parte do território tem apenas ondulações muito suaves —, mas pelas correntes antárticas do Atlântico Sul. As tardes freqüentemente são ventosas e frias, tornando a maturação das uvas lenta e gradual. Exceto nos anos em que as chuvas outonais chegam cedo, os níveis de acidez são agradavelmente refrescantes. Este frescor de aromas e sabores é uma das características bem-vindas dos vinhos uruguaios equilibrados de todos os matizes. É evidente que há condições e vontade de produzir vinhos elegantes e com personalidade.

Cerca de 90% do vinho do Uruguai é produzido no clima marítimo dos departamentos meridionais de Canelones, San José (em ambos houve investimento francês recentemente), Florida e Montevidéu, cujas coxilhas oferecem diversos tipos de terreno com solos em geral argiloso-calcários. No departamento de Colônia, no sudoeste do país, separado de Buenos Aires pelo estuário do rio de la Plata, os solos aluviais chegam a ser tão férteis que as videiras têm vigor demais para as uvas amadurecerem completamente. Considerável porcentagem dos vinhedos uruguaios utiliza a condução com treliça tipo lira para compensar essa tendência, aumentando o acesso do sol a mais cachos, mas a manutenção da saúde e da abertura dessas latadas é trabalhosa e leva muito tempo. Também se usam com bom resultado culturas de cobertura que dividem a água e outros nutrientes com as videiras. Embora o clima temperado, geralmente ensolarado mas também úmido, torne a viticultura orgânica praticamente impossível, viticultores muito dedicados e instruídos se viram sem herbicidas ou fungicidas (em geral muito necessários e usados para combater a podridão e o míldio), como é o caso de Reinaldo de Lucca.

As plantas originais importadas por Harriague sucumbiram a doenças viróticas e foram substituídas, em sua maioria, por videiras importadas da França mais recentemente, chamadas de Tannat para distingui-las. Mas Gabriel Pisano, da geração mais jovem desta família de vinicultores, desenvolveu um licor Tannat de rara intensidade valendo-se de velhas videiras Harriague. Há também Viognier, Trebbiano e Torrontés, além dos habituais suspeitos "internacionais" como Chardonnay, Sauvignon Blanc, Cabernet, Syrah e Merlot, que servem de suculento parceiro para cortes com a Tannat predominante. E há plantações isoladas de Pinot Noir que produzem um ou dois excelentes vinhos de estilo tipicamente uruguaio.

No extremo nordeste, o departamento de Rivera é uma zona relativamente nova viticulturalmente, indistinguível da promissora região brasileira da Fronteira. Aqui está umas das duas vinícolas da firma Bodegas Carrau, associada numa *joint venture* com a Freixenet da Espanha. A videira também invadiu campos de plantação de cana-de-açúcar no noroeste e no centro do país, onde os solos pobres e a boa variação de temperatura diurna podem dar resultados interessantes. Neste clima mais quente, mais seco e menos marítimo no qual a variedade Harriague foi plantada pela primeira vez, H. Stagniari produz um Tannat de estilo rico e redondo no departamento de Salto.

Os uruguaios estão fazendo um esforço planejado para ingressar no mercado internacional de vinhos, do qual o Chile e a Argentina já obtêm evidente proveito. Acontece que os volumes produzidos por estas companhias de propriedade familiar são bastante pequenos e apenas uns 10% dos cerca de 270 produtores estão exportando seus vinhos. Iniciantes em pequena escala, como a família Bouza, voltam-se para a exportação e a alta qualidade, assim como firmas familiares mais antigas de pequeno ou médio porte, tais como Marichal, Pizzorno, De Lucca, Castillo Viejo, Pisano e Juanico (que tem uma *joint venture* com a Bernard Magrez de Bordeaux). Por sua vez, companhias familiares de maior porte, como a Traversa, também visam a expandir seu campo de atuação para além da produção interna em grande escala.

A **Venezuela** possui uma vinícola que produz suas próprias uvas, mas talvez a maior surpresa nesta lista de regiões é o vinho de notável qualidade do **Peru**, berço do pisco, que é a aguardente nacional chilena. Situados na província de Ica, os vinhedos de Tacama beneficiam-se do frio do Pacífico, que se situa bem próximo, do mesmo modo que os da Costa Central da Califórnia. Eles dão mais uma amostra daquilo que os lugares mais imprevisíveis do planeta podem ser levados a produzir.

Chile

O Chile parece reconfortantemente familiar ao visitante europeu do ponto de vista cultural, mas do ponto de vista geográfico ele é o isolamento por excelência. É este isolamento, decorrente da presença dos inóspitos Andes a leste, do Pacífico a oeste, das areias do deserto de Atacama ao norte e das terras ermas da Antártica ao sul, o que garantiu aos vinhedos chilenos sua característica outrora mais elogiada: estarem livres do parasita da filoxera. As videiras podem crescer com segurança sobre suas próprias raízes, de maneira que para plantar um novo vinhedo basta fincar mudas diretamente na terra, sem precisar investir tempo e dinheiro fazendo enxertia em raizames resistentes.

O Chile tem clima decididamente mediterrâneo, com dias a fio de luz solar ininterrupta numa atmosfera seca e mormente isenta de poluição, e é graças às características especiais deste ambiente de viticultura, bem como à importação de videiras propícias no século XIX, que o país é hoje um fornecedor tão valioso de vinho barato, frutado e de constante maturidade. Além do mais, seu vinho é feito com variedades de uva que estão entre as mais conhecidas no mundo, tanto tintas como, mais recentemente, brancas. O turbilhão de plantios de clones de qualidade superior e novas variedades ampliou a diversidade de sabores oferecida por estes vinhedos tão notavelmente sadios. Aos Cabernet, Merlot e Carmenère que dominaram as exportações no final do século XX somaram-se agora Syrah, Pinot Noir, Malbec, Sauvignon Blanc, Chardonnay e até Viognier, Gewürztraminer e Riesling muito respeitáveis e de preço médio. A podridão e o míldio até existem no Chile, mas são muito menos freqüentes que na maior parte da Europa e mesmo na Argentina, no outro lado dos Andes.

As latitudes do Chile podem parecer um tanto baixas para a produção de vinho de boa qualidade (mais ou menos iguais às do norte da África, por exemplo), mas, como se observa comparando os dados de Meknès (ver página 287) e de Santiago (ver páginas seguintes), a faixa central do país em que se pratica a viticultura não é excessivamente quente e tanto o Pacífico como os Andes influem no clima (ver o quadro de características principais nesta página). A amplitude térmica ao longo do dia é muito grande e este fator certamente contribui para a clareza dos sabores da fruta.

Durante décadas, os vinhedos estiveram concentrados num corredor de planície fértil entre os Andes e a Cordilheira da Costa, esta de bem menor altitude (1.000m no máximo), mas os incansáveis empreendedores da viticultura do Chile experimentam muito mais hoje em dia. Embora o mapa oficial do vinho chileno esteja dividido em apelações distribuídas politicamente de norte a sul, é cada vez mais evidente que o solo e as condições climáticas variam muito mais de oeste a leste, conforme a geologia do local e sua proximidade da influência refrescante do Pacífico e dos Andes.

O vale de Casablanca, frio e quase costeiro, desenvolveu-se em ritmo rápido na década de 1990 e é só uma das várias regiões vitícolas influenciadas pela costa no Chile na atualidade, uma vez que o mapa do vinho estende-se ao norte até Limarí e Elqui, em latitudes que antes eram consideradas baixas demais para a produção de vinhos de qualidade (ver página 324). No extremo sul do país, o mais comprido e estreito do mundo, a fria sub-região de Bío Bío está sendo colonizada pela vide, com as plantações mais meridionais feitas até hoje localizadas em Osorno, no distrito dos Lagos Chilenos, 320km ao sul do vale do Malleco. E, no longo Vale Central intermediário, as videiras sobem aos poucos, não só a oeste da cordilheira da costa, mas especialmente a leste, pelas ladeiras mais ensolaradas e secas dos contrafortes dos Andes.

A única desvantagem natural da região vitícola do Chile é que praticamente não chove no verão. Os primeiros produtores rurais notaram esse possível problema e cavaram uma incrível rede de canais e regos para alagar a terra com a água da neve que cobre os Andes todo ano (embora com menor abundância hoje em dia). Este tipo de irrigação admirável mas incerto está sendo substituído em vinhedos mais novos pelo sistema de gotejamento, que pode aplicar fertilizante (muitas vezes necessário nos solos chilenos) e atender de maneira mais precisa às necessidades de cada fileira de vides. Com solo leve mas fértil e controle completo do fornecimento de água, produzir uvas é absurdamente fácil, e mesmo assim os produtores mais preocupados com a qualidade estão procurando solos mais pobres — como os de Apalta, em Colchagua — para seus melhores vinhos.

A irrigação é imprescindível na maioria dos vinhedos localizados ao norte dos mapeados nestas páginas, nas regiões de Atacama e Coquimbo, cujos principais produtos têm sido uvas de mesa e pisco, a aguardente chilena feita à base de Moscatel que vicia com curiosa facilidade. Hoje, porém, esses vinhedos estão produzindo alguns vinhos notáveis. Ao longo do rio Limarí, por exemplo, onde vinhedos situados de 15km a 25km do litoral são refrescados por sistemáticas investidas da brisa marinha, consegue-se produzir Chardonnay e Syrah de qualidade especial. Principal empresa vitivinícola do Chile, a Concha y Toro investiu pesado em **Limarí** em 2005, e a Tamaya tem planos ambiciosos para o lugar. Planta-se atualmente no vale de Choapa, pouco ao sul de Limarí, e a Viña Falernia demonstrou que **Elqui**, ainda mais ao norte,

— — — Divisa entre regiões
Vale do Aconcágua
Vale de Casablanca
Vale do Maipo
Vale de San Antonio
Vale de Leyda
■ VILLARD Produtor notável
● Seña Vinhedo notável
1200 Intervalo entre curvas de nível: 400m
▼ Estação climática (EC)

CHILE: SANTIAGO

Latitude / Altitude da EC **33,23° / 470m**
Temperatura média em janeiro na EC **20,8°C**
Índice pluviométrico anual na EC **330mm**
Índice pluviométrico no mês da colheita na EC **Março: 5mm**
Principais perigos para a viticultura **Nematóides**
Principais uvas **Cabernet Sauvignon, Chardonnay, Merlot, Carmenère**

também pode produzir vinho fino em terras acima de 2.000m de altitude.

A região compreendida entre aqui e Santiago é a de Aconcágua (que recebeu o nome do pico mais alto dos Andes, com quase 7.000m). Ela está mapeada em separado na página 329, mostrando claramente os contrastes entre as condições locais no leste e no oeste. A região se compõe de três sub-regiões distintas, a saber, o quente vale do Aconcágua propriamente dito e os vales de Casablanca e de San Antonio, ambos notavelmente frios.

O clima quente do amplo e aberto **vale do Aconcágua** é moderado por ventos que carregam regularmente o ar frio das montanhas em direção à costa no início da tarde e afunilam o ar oceânico da foz do rio para refrescar os contrafortes dos Andes voltados para o oeste. No final do século XIX, a propriedade da família Errázuriz em Panquehue era considerada a maior propriedade vitícola individual do mundo. Hoje há cerca de 1.000 hectares cultivados com videiras viníferas no vale do Aconcágua e as encostas estão sendo transformadas em vinhedos por iniciativa da Errazuriz. Também há plantações consideráveis a oeste de Colmo, a apenas 16km do oceano (e tão frio quanto Marlborough, na Nova Zelândia). Em Panquehue foi feito o primeiro plantio de Syrah no Chile, em 1993, seguido logo depois pelo Montes muito mais ao sul, em Apalta.

O **vale de Casablanca**, situado entre Santiago e o porto de Valparaíso, tornou-se quase sinônimo de vinho branco chileno. Ele sempre fora considerado frio demais para a viticultura, mas em 1982 Pablo Morandé, o então vinicultor da Concha y Toro, converteu seu vinhedo de uva de mesa para uva vinífera e substituiu a tradicional pérgula por treliças, demonstrando que Casablanca podia produzir vinhos brancos de sutileza quase sem precedentes no Chile.

Hoje dezenas de *bodegas* — entre elas quase todas as grandes — compram ou produzem uvas aqui. O vale é demasiado distante dos Andes para receber o ar frio da montanha ao anoitecer e mesmo para contar com água de degelo para irrigação, sendo portanto necessário furar caríssimos poços profundos na fina camada superficial do solo, de modo que o acesso à água é o fator que limita o desenvolvimento da região para a viticultura. No entanto, o mar está tão próximo que se pode contar com as brisas frias para reduzir as temperaturas da tarde em até 10ºC, fato que, juntamente com os invernos amenos do vale, determina que o período de crescimento de Casablanca seja até um mês mais longo que na maioria dos vinhedos do Vale Central. Isto resulta em brancos enérgicos e aromáticos produzidos em cerca de 4.000 hectares plantados até meados da década de 2000. O vale é um ambiente natural para uvas Sauvignon Blanc cada vez mais finas, mas a demanda de Chardonnay é tão grande que esta variedade ainda predomina nos vinhedos de Casablanca, sem que tenha aqui necessariamente um estilo peculiar.

A geada de primavera é uma ameaça constante e inconveniente, e não é raro que os vinhedos situados no fundo aberto do vale (área mais exposta) sejam afetados por geadas uma semana antes da colheita. Como a água é escassa, o uso de aspersores para combater a geada torna-se um luxo. As videiras naturalmente pouco vigorosas também são vítimas de vermes nematóides, de modo que é

CLIMA DO VALE CENTRAL

A faixa de 1.400km de vinhedos do vale Central é refrescada pela influência da corrente de Humboldt, que se origina na Antártica e penetra no território vinda de águas muito mais frias do que, por exemplo, as da Califórnia na mesma latitude. Outra importante influência refrescante nos vinhedos do Chile e especialmente acentuada na metade leste do vale Central é a do ar frio que desce toda noite dos Andes. Os vinicultores chilenos precisam usar casaco, mesmo que suas uvas amadureçam bem mais que as semelhantes na França.

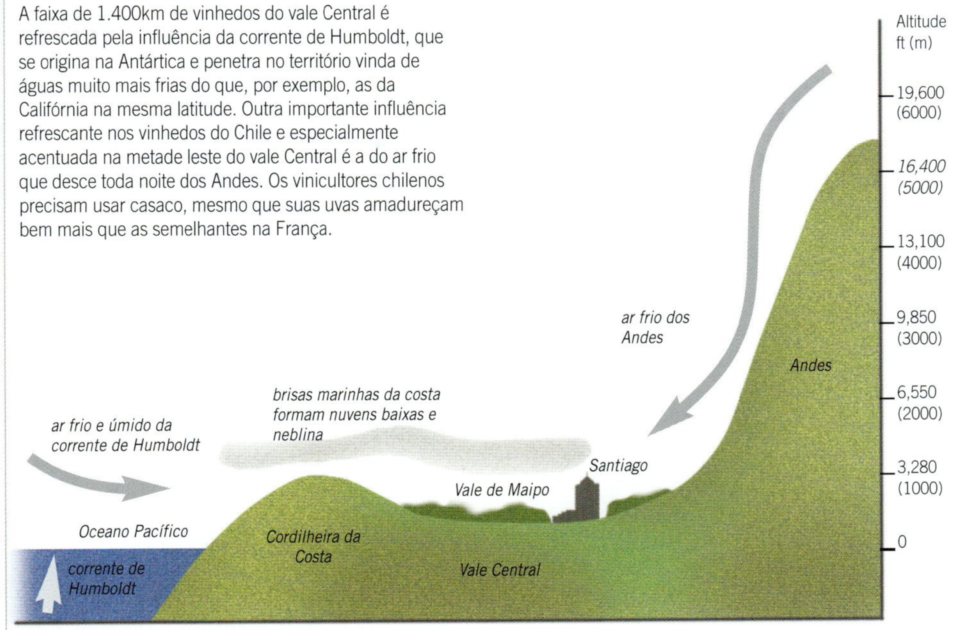

preciso enxertá-las em raizames resistentes. Mesmo com custos mais altos que os de qualquer outra região, Casablanca, resposta do Chile a Carneros, ampliou inquestionavelmente a gama de vinhos oferecidos por este ambicioso país exportador.

O sucesso de Casablanca encorajou o desenvolvimento das colinas arredondadas da costa do **vale de San Antonio**, região onde a Viña Leyda começou a plantar em 1997 e que foi oficialmente reconhecida em 2002. A topografia variada torna San Antonio ainda mais suscetível à influência do frio e da umidade vindos do oceano do que o oeste de Casablanca. Além da Viña Leyda, os pioneiros mais importantes foram Casa Marín, Matetic e Amayna, mas muitas outras empresas se abastecem de uvas aqui, especialmente Sauvignon Blanc, Chardonnay e Pinot Noir. Também é possí-

onde a Matetic está sediada. Os solos inférteis consistem sobretudo em finas camadas de argila ou granito, como na parte mais ocidental de Casablanca, e a água para irrigação é igualmente escassa. O **vale de Leyda** é uma zona oficialmente reconhecida no sul do vale de San Antonio.

O mapa da página 329 mostra a área vitícola sem dúvida mais importante das cinco existentes no Chile: o Vale Central, com suas quatro regiões denominadas em alusão aos vales do Maipo, Rapel, Curicó e Maule que atravessam a planície central, como as marcas da graduação de um termômetro, penetrando na cordilheira da costa e encontrando o mar.

Maipo tem o clima mais quente, uma atmosfera às vezes poluída pelo nevoeiro de fumaça de Santiago e a menor área de vinhedos das regiões do Vale Central, mas uma grande concentração de *bodegas*. A sua proximidade com a capital gerou uma tradição de grandes plantações e enormes propriedades rurais pertencentes aos ricos fazendeiros chilenos do século XIX, alguns dos quais fundaram companhias vitivinícolas tão antigas e importantes como a Concha y Toro, a Santa Rita (que pertence ao mesmo grupo que a única fabricante de garrafas do Chile) e a Santa Carolina.

Aqui, a pouca distância de Santiago na direção sul, é que foi feita a primeira geração de vinho de qualidade do Chile. Não com a uva País comum (Criolla Chica na Argentina, Mission na Califórnia), ainda produzida em grandes volumes para o vinho em embalagem *tetrapak* tão popular no Chile, mas com mudas importadas diretamente de Bordeaux em meados do século XIX, antes que a filoxera devastasse os vinhedos da Europa.

Eis a razão pela qual o Chile é um rico repositório de variedades de uva de Bordeaux adaptadas há muito tempo: Cabernet Sauvignon (que superou a uva País em área total plantada no final da década de 1990), "Sauvignon Blanc" (que em grande parte era na verdade Sauvignon Vert ou

Uma videira Carmenère florida no início do verão, quando o cheiro das flores recende nos vinhedos. Até meados da década de 1990, quando um especialista em videiras

uma linhagem de Merlot e rotulada como tal.

O magnífico anfiteatro de Apalta em Colchagua, com o rio Tinguiririca em primeiro plano. As uvas para o Montes Folly e o Clos Apalta da Casa Lapostolle (ver rótulos abaixo) são cultivadas nestas ladeiras orientadas para su-sudoeste.

Sauvignonasse), Merlot e Carmenère, antiga variedade notavelmente vigorosa de Bordeaux que em geral é mais adequada para solos pobres e como ingrediente em cortes do que como varietal. Maipo é basicamente uma região de vinho tinto onde as variedades de Bordeaux vicejam e podem, quando se restringe seu rendimento, dar vinhos que lembram alguns dos produzidos no Napa Valley. Em Maipo Alto, os vinhedos estão se alastrando pelos contrafortes andinos e a influência da montanha é mais acentuada. Suas manhãs de frio relativamente intenso e seus solos pobres já resultaram em tintos que estão entre os mais admirados do Chile, como Almaviva, Aurea Domus, Casa Real (Santa Rita), Haras de Pirque (Quebreda de Macul) e Viñedo Chadwick (Errazuriz).

Bem ao sul, a borbulhante e variada região de Rapel abrange os vales de **Cachapoal**, no norte (que inclui as zonas de Rancagua, Requínoa e Rengo, cujos nomes às vezes encontramos em rótulos), e **Colchagua**, muito na moda, ao sul, incluindo San Fernando, Nancagua, Chimbarongo, Marchigüe (Marchihue) e Apalta. Cachapoal e sobretudo Colchagua são nomes que aparecem em rótulos com mais freqüência do que Rapel, em geral reservado a cortes de ambas as sub-regiões. Colchagua, onde Luis Felipe Edwards plantou a nada menos que 1.000m de altitude, ganhou fama por produzir o Merlot mais carnudo e concentrado do Chile. Os solos variam enormemente no Chile, mesmo em pequenas zonas como Colchagua, mas há aqui um pouco de argila, clássica parceira do Merlot, bem como o habitual coquetel chileno de marga, calcário e areia com algumas áreas vulcânicas. Misturas de tintos e brancos, como a da Anakena Ona, são um produto cada vez mais respeitado de Cachapoal.

Descendo um trecho pela rodovia Pan-Americana, com seus caminhões velhos e sua fauna imprevisível, deparamo-nos com os vinhedos de **Curicó**, que incluem a sub-região de Lontué, cujo nome também aparece em muitos rótulos de vinhos. Aqui o clima é um pouco mais temperado e é menos provável que a irrigação seja necessária. O índice pluviométrico anual aqui é dez vezes maior do que no Vale de Elquí; o risco de geada é muito maior e a cordilheira da costa estende-se tanto a leste que bloqueia eficazmente a influência do Pacífico. Miguel Torres, da Catalunha, fez um famoso investimento em uma vinícola daqui em 1979 (mesmo ano em que o barão Philippe de Rothschild fechou outro acordo pioneiro com Robert Mondavi da Califórnia), e esse ato de fé na região vitícola que já foi considerada excessivamente meridional foi seguido por muitos outros. A vinícola San Pedro, em Molina, foi totalmente modernizada e ampliada na década de 1990, com recursos da principal cervejeira do Chile e o conhecimento prático de Jacques Lurton, de Bordeaux. Ela está rodeada pelo maior campo de videiras da América do Sul (1.200 hectares) e é administrada, como boa parte do setor vitivinícola chileno, com uma precisão técnica muito distante de qualquer estereótipo latino-americano.

Maule é a região mais meridional do Vale Central e a mais antiga produtora vinícola do Chile, com índice pluviométrico três vezes maior que o de Santiago (embora com os mesmos verões secos), e a maior área de videiras em solos substancialmente vulcânicos do país. Muitas são da variedade básica País, mas agora a mais plantada é a Cabernet Sauvignon, seguida de Merlot e depois Carmenère. Muitas destas uvas entram em vinhos rotulados simplesmente como "Valle Central". Depois de muito explorar, Torres descobriu uma terra com predominância de ardósia e similar à do *Priorat* em Empredado, no oeste de Maule.

Ao sul da zona mapeada na página seguinte, com menor proteção da cordilheira da costa e clima ainda mais frio e úmido que favorece uvas como Riesling, Gewürztraminer, Sauvignon Blanc, Chardonnay e Pinot Noir, estão as três sub-regiões do Sur ("sul" em espanhol): **Itata**, **Bío Bío** e **Malleco** (ver mapa na página 324). Nelas ainda predominam as uvas País e (especialmente em Itata) Moscatel, mas tem havido um sério trabalho de pioneirismo de produtores como Viña Gracia, Viña Porta e Concha y Toro em Mulchén. A qualidade do Chardonnay Sol de Sol da Viña Aquitania, de Malleco, encoraja aqueles que pretendem estender o mapa da viticultura chilena ainda mais para o sul.

Desde as primeiras e muito divulgadas incursões de Torres e o investimento de Lafite-Rothschild na propriedade Peralillo de Los Vascos, dezenas de estrangeiros têm investido no vinho chileno e muitos vinificadores visitantes vieram e se foram. Mas o mais animador é que os viticultores e enólogos chilenos, em muitos casos itinerantes, são muito qualificados, viajados e competentes, contando muitas vezes com o respaldo de empresas que dispõem de muitos recursos financeiros e que têm experiência em fruticultura em geral.

A escolha da localização e a adequação das variedades ao ambiente têm sido muito mais cuidadosas. Houve a tentação de abusar do uso de

▼ Uma seleção de alguns dos melhores vinhos de Chile, ordenados da esquerda para a direita e do norte para o sul, segundo o local de colheita das uvas e não onde o vinho foi produzido. (O Sol de Sol Chardonnay, por exemplo, é feito perto de Santiago com uvas da região vitícola mais meridional do país.)

fertilizantes e irrigação nos vinhedos, mas isso acontece cada vez menos em videiras sobrecarregadas por latadas naturalmente densas como as do Chile. Muitas uvas têm o irritante costume de não amadurecer como devem. De mais a mais, a força do peso chileno exige um nível de qualidade ainda melhor dos vinhos do país.

O uso de raizames é muito mais habitual na atualidade, tanto pela resistência a problemas como os nematóides quanto pelo caso de o recente afluxo de visitantes de outras regiões vitícolas — sobretudo durante a vindima, quando os vinicultores do hemisfério norte têm pouco a fazer em suas terras — acabar por importar o parasita da filoxera inadvertidamente. Graças ao clima geralmente benigno, o número de videiras cultivadas organicamente está aumentando no Chile, embora poucos viticultores se dêem ao trabalho de requerer a certificação. No entanto, a Concha y Toro pode dar-se ao luxo de investir o tempo e o dinheiro necessários e sua subsidiária Viñedos Orgânicos Emiliana (VOE) explora o maior vinhedo biodinâmico do mundo, a propriedade Los Robles, localizada em Colchagua e gerenciada pelo pioneiro da viticultura orgânica chilena Álvaro Espinoza.

Nas adegas, desde o surgimento de uma economia voltada para a exportação — o Chile exporta uma porcentagem de sua produção equivalente à da Austrália (cerca de 60%) — houve extraordinário investimento em equipamento de vinícolas, e hoje se tende mais a utilizar o carvalho do que apenas fazer o seu alarde. A produção média caiu e o preço da uva subiu nos últimos anos. Em geral, embora nem sempre, a fruta é robusta o bastante para receber considerável influência do carvalho, quer de tonéis novos e caros, quer de lascas ou aduelas internas dessa madeira, uma solução muito mais barata. O Chile tem feito, nos últimos tempos, um maciço esforço visando ao domínio da tecnologia. Aqui não é preciso muito para domar a natureza.

Divisa entre regiões
Vale do Maipo
Vale de Casablanca
Vale de San Antonio
Vale de Leyda
Vale do Cachapoal (dentro do Vale do Rapel)
Vale de Colchagua (dentro do Vale do Rapel)
Vale do Curicó
Vale do Maule
Lolol — Sub-região vitícola
■ CANEPA — Produtor notável
Vinhedos
1200 — Intervalo entre curvas de nível: 400m

Argentina

Só recentemente a Argentina, promissora combinação de paisagens sublimes com uma ampla diversidade de influências culturais, ocupou um lugar no mapa internacional do vinho. Abençoada com um invejável número de variedades de uva graças à imigração espanhola e italiana a partir de meados do século XIX, a Argentina tinha pouca ou nenhuma aspiração de exportar até meados da década de 1990; nenhuma consciência de pertencer a um mundo maior e, ao menos no que tange ao vinho, contentava-se em produzir enormes quantidades de vinho medíocre, muitas vezes oxidado e envelhecido por anos em imensas cubas velhas.

Na década de 1990, houve uma mudança de ritmo notavelmente rápida no país que é hoje o quinto maior produtor de vinho do mundo. Após longo período de instabilidade econômica, velhas adegas foram reformadas, outras mais glamourosas foram criadas por investidores de todo o mundo, e o plantio de novos vinhedos se deu em ritmo frenético cada vez a maior altitude. Os próprios argentinos passaram a beber menos vinho, porém mais frutado, enquanto no exterior os tintos argentinos, muito encorpados e de intenso sabor, bem como alguns brancos, tornaram-se primeiro mais conhecidos e depois admirados.

A crise econômica de 2001-2002 provocou uma drástica desvalorização da moeda, reduziu o investimento interno, elevou muito os preços de tonéis e outros equipamentos de vinificação importados e aparentemente não resultou em preços mais baixos para os vinhos argentinos exportados. Entretanto, estes fatores externos não parecem ter refreado o incessante avanço da qualidade do vinho argentino, cuja concorrência continua a pressionar o vinho chileno, seu rival de longa data.

A cidade de Mendoza, de ruas flanqueadas por árvores e oficialmente considerada uma das oito Grandes Capitais do Vinho, fica a apenas 50 minutos de avião de Santiago, capital do Chile, tão perto que é comum ver sacolas de compras nos vôos lotados. Todavia, o avião tem de atravessar o trecho mais alto dos Andes, uma lâmina serrilhada de rocha e gelo. Os centros do vinho argentino e chileno podem até estar muito próximos, mas eles são pólos opostos no que diz respeito às suas condições naturais. A latitude é baixa para a viticultura em ambos os casos, mas enquanto as regiões vitícolas do Chile devem suas condições ideais de cultivo a seu isolamento (pois estão presas entre os frios Andes e o Pacífico), os vinhedos argentinos são tipicamente oásis de verdor em meio a um semideserto de implacável aridez e existem em razão da altitude.

As altitudes em que os vinhedos argentinos vicejam seriam impensáveis na Europa: entre 700m e 1.400m, chegando até a 3.015m na província de Salta, no norte do país. De fato, a altitude média dos vinhedos argentinos é superior a 900m acima do nível do mar. Assim, as temperaturas noturnas são geralmente baixas o bastante para dar uvas com bom sabor e cor escura para vinhos tintos, bem como brancos aromáticos nas zonas mais frias, sobretudo no norte. Com pouca ou nenhuma incidência de doenças no ar seco da montanha e geralmente em raízes sem enxerto, desde que haja água em abundância, as colheitas podem atingir

resultados nunca vistos em lugar algum. Aos poucos, a viticultura argentina vai adotando de forma mais generalizada o uso de arames e o posicionamento de brotos, e seu desafio atual é valer-se da irrigação para obter qualidade em lugar de quantidade. Os vinhedos e canais de irrigação tradicionais estavam localizados de modo a assegurar que as videiras fossem alagadas pela água de degelo dos Andes. Hoje, quando parece estar caindo cada vez menos neve nas montanhas e aumenta o número de vinhedos localizados em distritos totalmente novos, o abastecimento de água é muito mais restrito. Pode ocorrer que as autoridades locais limitem a irrigação a certos períodos e que seja necessário incluir os altos custos de poços profundos na contabilidade da vitivinicultura. A tradicional irrigação por alagamento está sendo substituída pelos sistemas de sulcos ou gotejamento, cujos méritos relativos são motivo de muita discussão.

A maioria dos novos plantios é feita em raizames, pois a filoxera não poupa os vinhedos argentinos — fato que preocupa os viticultores chilenos, agora que empresas chilenas estão investindo em vinhedos em terra argentina, mais barata que a do Chile —, ainda que não tenha representado grande ameaça por enquanto. O fato de a irrigação por alagamento ser tão comum e os solos serem relativamente arenosos talvez seja relevante. As plantas afetadas parecem recuperar-se, deitando novas raízes, ao contrário do que mostra a experiência de viticultores de outros lugares. Um estudo feito pela OIV em 1990 confirmou o índice notavelmente baixo de incidência de doenças nas videiras argentinas, que quase não tinham desenvolvido resistência aos produtos agroquímicos comuns para vinhedos.

Contudo, as condições não são perfeitas nos vinhedos argentinos e o clima está longe de ser previsível. Em altitudes como essas, os invernos são frios (suficientemente frios para a dormência da videira), mas as geadas de primavera podem ser um perigo real. Em algumas das regiões de menor altitude e latitude, como partes das províncias de San Juan e La Rioja e o leste de San Rafael no sul de Mendoza (ver mapa na página 324), os verões chegam a ser quentes demais para a produção de vinho fino. Além disso, como vemos na tabela de dados, o índice pluviométrico anual pode ser muito baixo na Argentina (inclusive em anos de El Niño), mas as chuvas concentram-se na estação de crescimento. Em algumas áreas, especialmente na província de Mendoza, onde estão plantadas quase 70% das videiras da Argentina, a chuva tem uma inconveniente tendência a cair como granizo, capaz de arrasar a safra de um ano inteiro. A área a leste de San Rafael, entre os rios Diamante e Atuel, é mais propensa ao granizo. Alguns viticultores investiram em redes antigranizo que também podem diminuir o risco de queima pelo sol decorrente da intensa radiação solar na Argentina. Outro perigo é o *zonda*, temível vento quente e seco do nordeste, sobretudo em grandes altitudes e na época da floração.

Vinhedo La Pirámide da Catena, em Agrelo, onde o primeiro pequeno lote de Catena Alta, baseado na Cabernet Sauvignon, foi produzido em meados da década de 1990. Ele também serviu como terreno de testes para a escolha de clones superiores de Malbec, que hoje são responsáveis pelo melhor vinho da Catena.

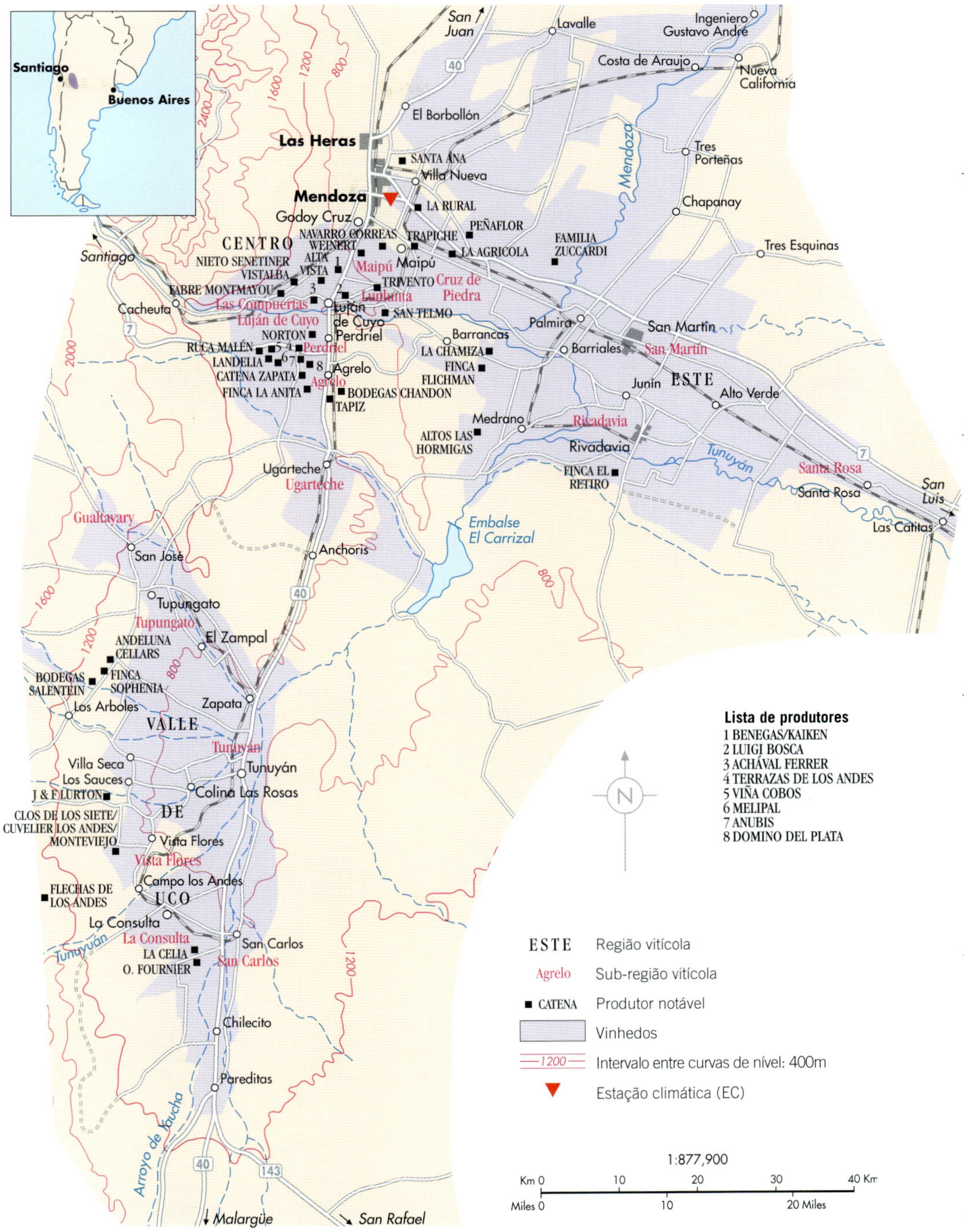

Os solos são em geral relativamente jovens e aluviais, com alta proporção de areia em muitas áreas. A intensidade do sabor dos melhores vinhos não vem de baixo, mas de cima, da intensa luz solar, do ar seco e das diferenças de temperatura diurna nestas altitudes. A amplitude térmica nos vinhedos argentinos é de até 20°C, portanto maior que em praticamente qualquer outro lugar do mundo. Isto se deve muitas vezes à altitude, mas na Patagônia o fenômeno é causado pela elevada latitude. Exceto nos vinhedos das zonas mais meridionais da Patagônia, em Neuquén e Río Negro, a plena maturação é fácil de se atingir. Aliás, os viticultores mais dedicados até retardam a maturação propositalmente mediante o controle da irrigação por gotejamento, com o intuito de extrair mais sabor de cada videira. As altas temperaturas da Argentina podem ser percebidas em taninos de especial suavidade nos vinhos tintos, bem como no álcool às vezes um tanto agressivo nos brancos.

A reputação do vinho argentino está alicerçada em grande parte na uva Malbec, variedade para vinho tinto mais plantada no país, introduzida em Mendoza em meados do século XIX, provavelmente por meio das importações de videiras de Bordeaux

ARGENTINA: MENDOZA

Latitude / Altitude da EC **32,5° / 760m**

Temperatura média em janeiro na EC **23,9°C**

Índice pluviométrico anual na EC **200mm**

Índice pluviométrico no mês da colheita na EC **Março: 30mm**

Principais perigos para a viticultura **Granizo no verão, vento zonda**

Principais uvas **Bonarda, Malbec, Criolla Grande, Cereza, Cabernet Sauvignon, Barbera, Sangiovese**

feitas pelo Chile antes da filoxera. (A variedade Malbec era predominante em Bordeaux no século XVIII.) A opulenta uva Malbec produzida hoje na Argentina não só tem um sabor muito diferente da que predomina nos vinhedos de Cahors, no sudoeste da França, como tem aparência também diferente, pois seus cachos são muito menores e densos, com frutos de menor tamanho. Os primeiros viticultores sul-americanos devem ter selecionado plantas que pareciam dar bom resultado e, desde então, elas se adaptaram perfeitamente às condições locais, mesmo que para manter a acidez e intensidade de sabor da uva Malbec seja melhor cultivá-la em altitudes um pouco maiores do que, por exemplo, a Cabernet Sauvignon.

Em invejável contraste com a do Chile, a paleta de variedades de uva da Argentina é diversificada e colorida. A uva Bonarda, de cor escura e provavelmente idêntica à Charbono, é a segunda mais plantada no país para vinho tinto e quiçá seu recurso vinícola menos desenvolvido (embora a Catena e a La Agrícola tenham introduzido versões de boa qualidade). Outras uvas tintas importantes são, em ordem decrescente de área plantada, Cabernet Sauvignon, Syrah (que parece especialmente promissora), Merlot, Tempranillo, Sangiovese, Pinot Negro (*sic*) e Barbera, todas capazes de produzir vinhos ricos, deliciosos, com sabores maduros fortes e muitas vezes distantes daqueles dos arquétipos europeus, mas nem por isso piores. A variedade Pinot Negro/Noir está limitada por enquanto à Patagônia ou às áreas de maior altitude de Mendoza, mas já começam a surgir alguns exemplos promissores.

Fora esse caso bastante óbvio, por muito tempo houve pouca disciplina na adaptação de uvas às condições locais. No entanto, são cada vez mais os produtores que, seguindo a esteira da Alta Vista, da Achával Ferrer e especialmente da renomada Catena, têm começado a lançar vinhos de um só vinhedo visando a expressar as características de uma variedade — habitualmente a Malbec — em distintas zonas vitícolas.

A uva de casca clara mais peculiar do país (exceto a Criolla Grande, a Cereza e a Criolla Chica ou Misión, toscas e de casca rosada, e a Pedro Giménez, de casca clara, todas produzidas unicamente para o consumo local) é a Torrontés. Aplica-se este nome a três variedades diferentes. A mais fina é a Torrontés Riojana (intitulada assim por causa da província de La Rioja), que alcança seu apogeu, embora num tipo de vinho que não está bem na moda neste momento, nos vinhos de altitude da província de Salta, sobretudo nas proximidades de Cafayete. A origem deste vinho de perfume floral mas naturalmente enérgico é ainda desconhecida, mas é provável que seja espanhola.

Também são cultivadas em grande escala as uvas para "vinho branco fino" — como as autoridades argentinas chamam todas as que forem pálidas e concebivelmente exportáveis — Chardonnay (plantada com especial entusiasmo nos últimos tempos), Chenin Blanc, Ugni Blanc e, em área cada vez maior, Sauvignon Blanc, o que talvez mostre como alguns novos plantios estão em zonas cada vez mais altas e frias. A peculiar Viognier também entrou em cena.

A mais setentrional das províncias vitícolas argentinas é **Salta**, cujos vinhedos são considerados os de maior altitude no mundo. Eles produzem o vinho de montanha Colomé, de Donald Hess, no Valle de Calchaquíes, embora Raúl Dávalos, que o precedeu nessa primitiva propriedade e hoje é seu vizinho nesta terra agreste próxima da fronteira com a Bolívia, continua a disputar com ele esse título concreto. Em altitudes bastante menores, a localidade turística de Cafayete tem ótima fama pelo branco aromático Torrontés, e San Pedro de Yacochuya mostrou que o segredo da qualidade do vinho tinto daqui está na idade das videiras e na baixa produtividade. Imediatamente ao sul, **Catamarca** é mais conhecida pelas uvas de mesa do que pelo vinho.

A província de **La Rioja** é conhecida em primeiro lugar, claro, pela uva Torrontés Riojana, geralmente conduzida em pérgulas e vinificada pela cooperativa local. A região vitícola mais conhecida da província é o Famatina Valley, seco e ventoso.

A única província que produz vinho em quantidade comparável à de Mendoza é **San Juan**, sua vizinha ao sul e ainda mais quente e seca (só 90mm de chuva por ano, em média). Quase um quarto de todo o vinho argentino é feito aqui, sendo boa parte baseada em Moscatel de Alexandria, a uva Moscatel que predomina na Argentina. A variedade Syrah está cada vez mais difundida aqui, apesar de grande parte da terra ser quente demais para produzir vinhos com boa definição varietal. Assim como em Mendoza, contudo, produtores preocupados com a qualidade começaram a plantar videiras cada vez a maior altitude nos vales de Ullum, do Zonda, de Calingasta e do Pedernal, com resultados promissores.

Baseada na dinâmica cidade do mesmo nome, **Mendoza** é de longe a principal província vitivinícola Argentina, englobando regiões muito diferentes.

Mendoza Central tem a tradição mais antiga de vinho fino e boa parte dos produtores mais famosos do país tem sua sede aqui. Os vinhedos que se estendem em ambos os lados das avenidas que nascem na cidade, no departamento de Luján de Cuyo (que tem sua própria apelação), ganharam fama por seu Malbec de especial qualidade. Nesta zona, entre os distritos de vinhedos que conseguiram construir reputação por seus Malbecs estão Vistalba, Perdriel, Agrelo e Las Compuertas, onde os solos são mais pobres. Um fator que tem contribuído para a qualidade do vinho daqui é a idade média das videiras, muitas das quais sobreviveram aos entusiásticos programas de arranque do fim do século XX. Talvez o departamento de Maipú seja melhor para Cabernet Sauvignon.

O clima de Mendoza Central é temperado (quase frio em Agrelo) e os solos são pedregosos em grau incomum para a Argentina (especialmente em Maipú), uma vez que o solo do resto de Mendoza é geralmente aluvial e arenoso. E não há nenhum dos problemas de salinidade que podem causar dificuldades nos distritos mais baixos, que produzem litros e litros de vinho de mesa das variedades Cereza, Criollas, Pedro Giménez, Moscatel Alejandría e Bonarda, esta de alto rendimento.

O leste de Mendoza é mais conhecido pela quantidade do que pela qualidade. Os vinhedos estão aqui a menor altitude e a influência refrescante dos Andes é mínima. Os rios Mendoza e Tunuyán sempre forneceram irrigação abundante para inchar as uvas nas videiras conduzidas em pérgulas que jorravam vinho para o mercado local.

Cerca de 100km a sudeste de Mendoza, San Rafael tem similar reputação, e sua menor altitude, até inferior a 500m, implica a necessidade de adição de ácido, habitual em todos os vinhedos da Argentina salvo nos mais altos.

A parte mais interessante de Mendoza do ponto de vista do amante do bom vinho é o vale de Uco, cujo nome não é de um rio mas de um chefe índio pré-colombiano a quem se atribui o início da irrigação neste lugar. Embora as primeiras videiras tenham sido plantadas só na década de 1980, o vale de Uco já tem bem mais de 10.000 hectares de vinhedos, grande parte deles muito jovens, em altitudes entre 1.000m e 1.700m. Produtores como a Catena e a Terrazas de los Andes da LVMH especificam as altitudes exatas em seus rótulos frontais.

Os vinhedos situados a maior altitude são os da sub-região de Tupungato, onde se produz boa parte das uvas Chardonnay surpreendentemente finas da Argentina. Tupungato foi alvo de avançado desenvolvimento de vinhedos modernos e algumas vinícolas mais antigas estão localizadas a certa distância deles. O frio noturno é suficientemente intenso para produzir delicados sabores de fruta e os níveis de acidez são altos o bastante para fazer com que a fermentação malolática seja conveniente. Todavia, como o período sem ocorrência de geadas não dura mais do que na região de Finger Lakes de Nova York, as geadas tardias são uma ameaça concreta no leste do vale de Uco, nas ladeiras um pouco mais baixas da sub-região de San Carlos.

Entre outras plantações notáveis cabe mencionar a Clos de los Siete, uma vasta propriedade produtora de vinho tinto localizada próximo a Vista Flores e projetada por Michel Rolland, de Pomerol, com amigos investidores, bem como diversos vinhedos nas imediações de La Consulta, San Carlos e Tunuyán.

Embora os limites máximos de altitude para o cultivo da vide em Mendoza ainda estejam sendo testados, a escassez de água para irrigação é outro risco em potencial. Em compensação, considera-se importante a intensidade da luz solar nesta zona

Carlos Pulenta ampliou a propriedade original da sua família acrescentando uma vinícola de última geração com diversas atrações para visitantes, inclusive o moderníssimo restaurante La Bourgogne. Tudo é sintomático da transformação de Mendoza em destino turístico de alto nível — o Napa Valley sul-americano, talvez?

isenta de poluição nas alturas dos Andes, pois ela parece agir como fator indutor da fotossíntese e amadurece fenóis como os da cor, do sabor e dos taninos. É um caso raro de vinho argentino que, embora jovem, é desagradavelmente adstringente. A textura que predomina nos tintos de Mendoza é aveludada.

Os vinhos da **Patagônia**, no sul do país, da província de Neuquén e especialmente da de Rio Negro, têm em geral personalidade própria, sendo mais carnudos mas não menos intensos. As influências antárticas mantêm as temperaturas baixas, mas os ventos fortes barram as doenças da videira. São vinhos brilhantes, nitidamente esculpidos, fortes em estrutura e caráter. Das relativamente poucas vinícolas da Patagônia, várias têm alguma ligação fora da Argentina: a Infinitus pertence à Fabre Montmayou, inspirada em Bordeaux; a Noemia tem capital da Cinzano e é gerenciada por um dinamarquês; a Bodega Família Schroeder tem origens na Europa; finalmente, a Bodega Chacra, que está desenvolvendo em Rio Negro um velho vinhedo de Pinot Noir antes abandonado, é propriedade do toscano Piero Incisa della Rocchetta.

A Peñaflor é o maior produtor do país, com sua bodega Trapiche associada, enquanto o dr. Nicolas Catena, dono de Catena Zapata, Alamos, Gascon e La Rural, é talvez o produtor argentino mais conhecido no exterior, com uma *joint venture* com os Rothschild da Lafite e preferência cada vez maior pela variedade Malbec do que pela Cabernet Sauvignon. Não tem faltado investimentos externos para acompanhar o da casa Moët, produtora de champanhe que explora a firma Bodegas Chandon há décadas, e agora tem o Cheval de los Andes feito por Pierre Lurton, da Cheval Blanc, como seu vinho principal em Terrazas de los Andes. A família austríaca Swarovski comprou a Norton em 1989. Estão também Donald Hess (Colomé) e Paul Hobbs (Viña Cobos), da Califórnia; os Lurton (em terras altas perto de Tunuyán), Jean-Michel Arcaute (Alta Vista), Hervé Joyaux (Fabre Montmayou), Michel Rolland (Clos de los Siete), a família Cuvelier (Cuvelier de los Andes), Catherine Péré-Vergé (Monteviejo) e Rothschild-Dassault (Flechas de los Andes), de Bordeaux; Codorníu (Septima) e O Fournier, da Espanha; Sogrape, de Portugal (Finca Flichman); Alberto Antonini (Altos las Hormigas), da Itália; e finalmente, Pernod Ricard (Etchart, Balbi, Graffigna) e Seagram (San Telmo), da estratosfera empresarial. Do outro lado dos Andes vieram cada vez mais investidores chilenos, tais como Montes (Kaiken), Viña San Pedro (Finca La Celia) e Concha y Toro (Trivento).

Não que os argentinos tenham estado inativos. Entre as expansões recentes mais importantes estão as de Susanna Balbo e Pedro Marchevsky (Domínio del Plata), Patricia Ortiz (Tapiz), Santiago Achával Becú e sócios (Achával Ferrer) e Roberto de la Mota (Mendel). A Argentina continuará disputando com o Chile o título de principal inovador vinícola da América do Sul.

◄ Os seis rótulos mais próximos à esquerda são de alguns dos melhores Malbecs e cortes de Malbec (cada vez mais sofisticados e elegantes nas últimas safras) de Mendoza, enquanto os três primeiros a partir da esquerda provêm respectivamente da Patagônia, de San Juan e de Salta. O Bramare Chardonnay exprime a admiração do californiano Paul Hobbs por Perdriel, em Mendoza, como território de Chardonnay, ao passo que o Chardonnay de Lindaflor vem de Tunuyán.

Flores roxas nascem entre as videiras da vinícola orgânica de Penfold, localizada no Clare Valley, em South Australia, anunciando a primavera.

Austrália

Austrália

Em 1996, a Austrália estabeleceu um objetivo: fazer as vendas anuais de vinhos (tanto as de exportação como as domésticas) atingirem o valor de AU$4,5 bilhões até 2025. O objetivo foi alcançado em 2003. Logo depois, a Austrália superou a França, tornando-se a maior exportadora de vinhos para o Reino Unido — e parecia pronta para fazer o mesmo com os Estados Unidos. Em menos de uma década, tornou-se uma das forças mais poderosas no mundo vinícola.

A estabilidade foi mais difícil de se alcançar. Enquanto as vendas decolavam, a confiança e os incentivos fiscais que haviam encorajado os australianos a dobrar a área de vinhedos do país para 410.000 acres (167.000 hectares) nos últimos dez anos até 2006 tiveram suas conseqüências. Os produtores australianos foram atingidos por um excesso de uvas. Vastos vinhedos ficaram sem ser colhidos. Na Austrália, as vendas de *cleanskins* — grupos de vinhos excedentes de origem indeterminada — a preços baixíssimos decolaram. Com sua população doméstica relativamente pequena, a Austrália depende das exportações para 60% de suas vendas de vinhos, uma proporção que é improvável diminuir, já que cada vez mais companhias vinícolas australianas, grandes e pequenas, caem nas mãos de estrangeiros.

Enquanto isso, a cada ano, as universidades vinícolas da Austrália continuam a formar novas safras de especialistas em vinhos, nem todos australianos, lançando-os, todo setembro, em adegas por todo o hemisfério norte. Lá (durante a estação inativa das vinícolas do hemisfério sul), eles espalham o evangelho da vinificação australiana super-higiênica e ultra-eficiente, resultando em elos úteis por todo o equador. Sua ciência é altamente vendável; o Commonwealth Scientific & Industrial Research Organization (CSIRO) e o Australian Wine Research Institute (AWRI) ganharam respeito internacional.

Um dos aspectos mais notáveis da Marca Austrália — como todo australiano consciente do mercado a chama — é sua consistência. Toda garrafa de vinho australiano alcança um determinado nível mínimo de qualidade perfeitamente aceitável, com frutas exuberantes e às vezes envelhecidas, mesmo que, como é mais provável estatisticamente, provenha de vinhedos intensamente irrigados no interior do país. Quase dois terços da colheita de uvas de todo o ano são cultivados em uma das três maiores áreas irrigadas, onde a água canalizada do rio transforma arbustos em pomares e vinhedos. São elas em ordem decrescente de volume produzido: **Murray Darling**, que, com Swan Hill, ultrapassa as fronteiras de Victoria-New South Wales; **Riverland**, em South Australia; e **Riverina**, em New South Wales (ver mapa, abaixo à direita).

A indústria vinícola australiana é extremamente dependente da água de irrigação em geral e do rio Murray em particular. A indisponibilidade de água de irrigação de boa qualidade é a principal restrição para aqueles que converteriam o país mais seco da Terra em um grande vinhedo. As preocupações atuais incluem a poluição do rio, a seca e o perigoso nível elevado de sal nas águas subterrâneas da Austrália, legado da devastação da terra por colonizadores durante dois séculos.

As grandes áreas irrigadas do interior, com sua fácil produção em massa de vinhos do dia-a-dia, cada vez mais frescos e varietalmente distintos (e até mesmo algumas especialidades particularmente distintas, como o Riverina Botrytis Sémillon, da Griffith), tornaram-se um centro de poder industrial. A marca mais bem-sucedida do século XXI na Austrália [yellow tail] (*sic*), por exemplo, pertence a Casella Wines de Riverina. Ela seduziu o mercado americano com um começo promissor, quando foi absorvida pelos distribuidores americanos da outrora importante Chardonnay australiana, Lindeman's Bin 65, produzido em Karadoc, Murray Darling. Por enquanto, Riverland é o lar de marcas famosas como Banrock Station e Oxford Landing — e até mesmo de outras garrafas de rótulo próprio.

TEMPERATURA DE SUPERFÍCIE (JANEIRO)

A norte e a oeste da linha verde, a evaporação é maior do que 1.500mm por ano, colocando pressão nos escassos fornecimentos de água da Austrália.

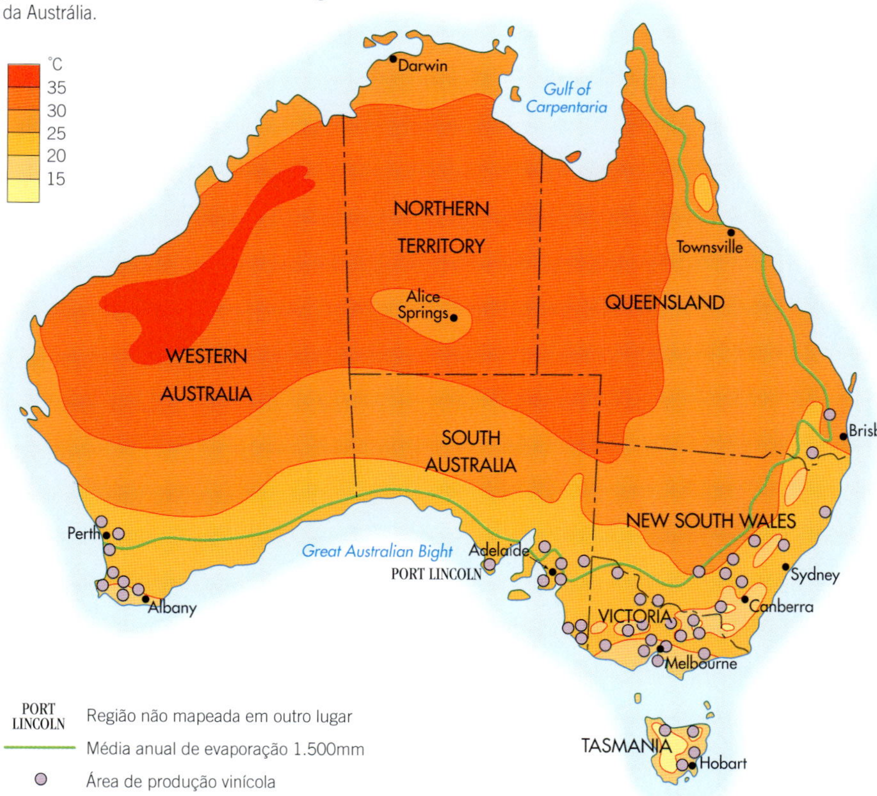

Os australianos acreditam na economia de escala. Entre 1996 e 2006, o número de vinícolas aumentou de 900 para 2.000, porém nem mesmo isso foi suficiente para acompanhar o ritmo das quase frenéticas plantações de vinhas no final do século XX e começo do XXI. Muitos rótulos novos não têm vinícolas de verdade por trás deles. Nenhum problema: exportar uvas ou mosto dos vinhedos para adegas de empresas distantes é uma tradição australiana.

A produção de vinhedos geograficamente muito distintos é freqüentemente misturada em um único vinho, uma das diversas marcas cuidadosamente divididas que foram muito preciosas para o plano de comercialização internacional australiano. Embora quase todas as vinícolas na Tasmânia e em Queensland sejam minúsculas, esmagando pouco menos de 100 toneladas de fruta a cada outono, a paisagem comercial é essencialmente dominada por cinco companhias vinícolas — Hardy's, Foster's, McGuigan Simeon, Pernod Ricard Pacific e Casella — que respondem por 64% do sumo anual e 75% das exportações. À medida que o número de pontos-de-venda foi encolhendo mundialmente, essas companhias foram caindo na armadilha de uma orgia de cortes nos preços doméstico e internacional.

Dito isso, há um sentimento de geografia permeando todo o comércio de vinhos australianos e certamente os ávidos consumidores de vinhos da Austrália — a ponto de adquirir seu próprio termo: regionalidade. Isso é oportuno, pois o mapa vinícola australiano vem mudando muito rápido, e a Austrália tem planejado sua resposta para o sistema de denominação de origem controlada. As Indicações Geográficas, inevitavelmente chamadas IGs, certamente não tentam indicar nada mais do que uma fronteira, às vezes ardentemente disputada. Não há nexo, no entanto, se ninguém estiver interessado.

As regiões vinícolas (assim como os consumidores de vinhos) abraçam a costa meridional da Austrália, que pode oferecer uma combinação de chuvas e temperaturas relativamente baixas. **Queensland** é a exceção, desenvolvendo pacientemente sua própria indústria vinícola cada vez mais dinâmica, atualmente até mesmo mais ao norte do que as encostas ocidentais mais frias e mais altas da Great Dividing Range (grande cordilheira divisória).

Muito da **South Eastern Australia** (uma IG usada generosamente para vinhos feitos de produto misturado de praticamente qualquer lugar diferente de Western Australia) tem o clima do tipo mediterrâneo ao qual as vinhas vicejam. Melbourne

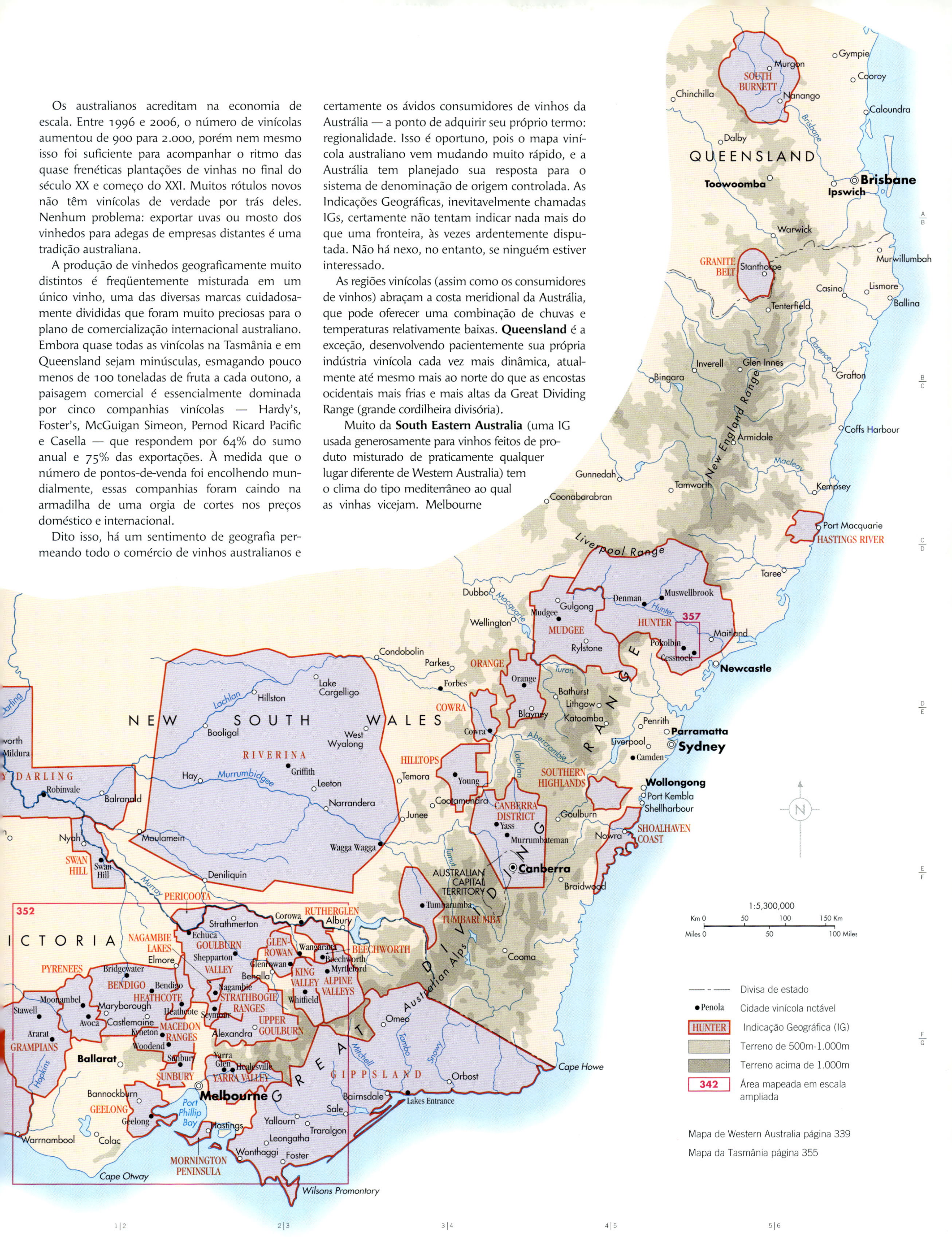

Mapa de Western Australia página 339
Mapa da Tasmânia página 355

está na mesma latitude de Córdoba, na Espanha. O Hunter Valley está na mesma latitude de Rabat, capital do Marrocos. Vinhos fortes cheios de açúcar, porém carecendo de acidez, são o que se esperaria — e o que a Austrália, por mais de um século, foi feliz em produzir, até que os vinhos tônicos e robustos saíram do gosto e as vinícolas do país rapidamente se equiparam com refrigeração e mudaram para vinhos de mesa. Atualmente, a vinha está cada vez mais colonizando novas áreas mais frias, incluindo muitas que nunca conheceram a viticultura antes. Aproximadamente metade de todos as IGs da Austrália qualificam-se como regiões de clima frio. Sauvignon Blanc, Pinot Noir e Pinot Gris, variedades que sofrem com o calor, estão se tornando um lugar-comum.

Com a exceção nobre de algumas vinhas antigas em Barossa e McLaren Vale, a idade média das vinhas na Austrália é notavelmente jovem. As plantações tendem a mudar de acordo com os caprichos da moda. Por exemplo, nenhuma vinha Chardonnay era conhecida em South Australia em 1970, mas na década de 1980 e início da década de 1990, às vezes parecia que nada mais era plantado. Em meados da década de 1990, o pêndulo oscilou novamente, a loucura do vinho tinto foi oficialmente reconhecida, e tantas Shiraz e Cabernet Sauvignons foram plantadas que, no início do século XXI, houve uma escassez de Chardonnay. Imediatamente isso estimulou tal alvoroço de plantações de uvas para vinho branco que um excesso delas já está previsto. Entre as uvas para vinho branco, Sémillon, Riesling e Verdelho já eram todas estabelecidas como as favoritas australianas muito antes de a Chardonnay ser plantada pela primeira vez em New South Wales.

A variedade mais plantada da Austrália, Shiraz, beneficiou-se de uma reabilitação completa na década de 1990. Anteriormente desprezada por sua onipresença, às vezes até mesmo usada como vinho base para vinhos brancos, espumantes e fortificados baratos, foi finalmente reconhecida como o que a Austrália faz de melhor, pelo menos em vinho tinto. Margaret River e Coonawarra (ver páginas 340, 341 e 350) podem ter um jeito especial com a Cabernet Sauvignon, porém a nação havia coletivamente abandonado sua crença na superioridade absoluta de coisas importadas e francesas na década de 1990. Atualmente, até mesmo vinícolas com considerável história estão abandonando tais termos afrancesados como Château.

A indústria vinícola australiana sempre foi notável por sua flexibilidade e, no início do século XXI, havia abraçado variedades de uvas de todo o mundo. Pinot Gris, Viognier e Sangiovese já são lugares-comuns, enquanto os produtores lutam por mudas (necessariamente quarentenadas) de vinhas exóticas como Aglianico, Albariño, Fiano, Graciano e Lagrein. Misturas, normalmente de duas variedades raras, são comuns.

Atualmente, a Austrália está compreensivelmente orgulhosa de sua identidade cultural própria, da vibrante *cuisine* de influência asiática e dos vinhos característicos do país, que se completam com as embalagens de papelão barato no mercado, além do sistema de espetáculo muito badalado com suas medalhas e troféus para a melhor marca.

Raramente pode haver uma outra imagem que represente tanto o que Sydney tem a oferecer hoje: a Harbour Bridge ao fundo e a Opera House, com seu restaurante tipicamente inovador Bennelong, oferecendo comida e vinho superlativos. Bennelong foi o primeiro australiano nativo a fraternizar-se com os colonizadores europeus e viveu exatamente neste local.

A Austrália também foi o primeiro grande país vinícola a abraçar as tampas de rosca para vinhos tintos e brancos, estimulada inicialmente pela indústria das pequenas vinícolas da Nova Zelândia. Os exportadores podem oferecer a escolha de cortiça tradicional ou tampas de rosca, porém a grande maioria dos produtores australianos e os juízes dos todo-poderosos espetáculos estão completamente convertidos às virtudes de Stelvin, referindo-se a ele pelo nome da marca dominante.

◄ Dois dos mais impressionantes vinhos de Queensland, juntamente com um exemplo da gama muito bem-sucedida [yellow tail], para a qual nenhuma região vinícola específica é mencionada. Em 2004, um de seus estabelecimentos até ganhou o cobiçado prêmio Jimmy Watson Trophy para o melhor vinho tinto jovem da Austrália.

Western Australia

Este atlas viaja do oeste para o leste. "WA" é nosso destino. Não é a primeira em importância das regiões vinícolas da Austrália, com menos de 5% de produção vinícola do país, mas em termos de qualidade está muito próxima do topo, com uma leveza distinta de toque combinado com o amadurecimento da fruta — uma combinação pouco comum na Austrália. Margaret River, sua região mais importante, está mapeada no verso.

Os primeiros colonizadores de Western Australia (ou Austrália Ocidental) foram quase tão rápidos para começar a vinicultura quanto os de New South Wales. O Swan Valley, exatamente rio acima da capital do estado, Perth, viu sua primeira safra em 1834. No calor abrasador do verão, com ventos secos do interior mantendo temperaturas próximas aos 38°C por semanas, os primeiros vinicultores perceberam que sua força por muitas décadas seria produzir vinhos de sobremesa.

No entanto, foi um lote experimental de vinho branco seco, feito de Chenin Blanc em 1937, que colocou Western Australia no mapa vinícola nacional. O White Burgundy de Houghton (renomeado White Classic de Houghton para os mercados de exportação sensíveis em relação à apropriação dos nomes de lugares europeus) tornou-se um artigo de consumo australiano até mesmo no leste do continente, reconhecido por todos sempre como um ótimo negócio. Originalmente, foi um grande vinho dourado de sabor intenso. Desde então, foi adestrado para ser macio, mas vivaz e seco, embora ligeiramente adocicado com mel na personalidade; uma mistura de Chenin Blanc com todo o jeito de outras uvas, incluindo Muscadelle, Sémillon, Verdelho e (recentemente) Chardonnay, que tem permanecido ano após ano como o vinho branco seco mais vendido da Austrália. O bônus extraordinário para tal vinho de preço competitivo é que, há muitos anos, ele tem sido até mais delicioso depois de seis ou oito anos na garrafa.

É difícil imaginar técnicas primitivas produzindo um vinho branco melhor em uma região tão quente. Talvez tenha sido por isso que Western Australia levou outros 30 anos para perceber o potencial que reside nas partes mais frias deste vasto e quase vazio estado. Quando a mudança para áreas de clima frio começou, no final da década de 1960, Western Australia tinha muito para oferecer. E ainda tem. Perth, em torno da qual ainda está agrupada uma pequena indústria vinícola de clima quente, tem verões abrasadores, mas para o sul da costa a influência das correntes da Antártica e dos ventos do oeste da costa é sentida em condições muito mais temperadas.

A grande região meridional (**Great Southern**), primeira estabelecida em Mount Barker, na década de 1960, e progressivamente prolongada, oferece algumas das áreas mais frias e chuvosas da Austrália, com algumas uvas ainda na vinha por maio adentro. Plantagenet foi o proeminente pioneiro, porém a região desde então tem sido invadida por um exército de pequenos produtores, muitos dos quais dependem de uma das diversas e grandes instalações vinícolas de contrato. Extraordinariamente para a Austrália, Great Southern foi dividida em sub-regiões: Albany, Denmark, Frankland River, Mount Barker e Porongurup.

Os pontos fortes mais óbvios de Mount Barker (não confundir com o Mount Barker de Adelaide Hills) têm sido até então o Riesling fino e algum Shiraz atraentemente apimentado. O vinhedo de Forest Hill, plantado em 1966, recentemente renovado e abastecendo a vinícola do mesmo nome em Denmark, qualifica-se como um dos pontos de referência histórica da indústria vinícola de Western Australia. Goundrey, através de uma série de aquisições, atualmente é parte de Constellation.

Na costa, Denmark é até mesmo mais úmida, porém freqüentemente mais quente. O grupo de pequenos vinhedos nesta sub-região cultiva, principalmente, variedades de amadurecimento precoce. As mais promissoras são a Pinot Noir e a Chardonnay, embora a Merlot possa funcionar também. O vinicultor renomado John Wade e o substancial empreendimento Howard Park estão ambos baseados aqui.

Albany é o principal centro populacional da região e o primeiro assentamento europeu na Austrália. A Shiraz e a Pinot Noir parecem estar em casa aqui. Porongurup ostenta uma série de vinhedos que produzem excelentes Riesling e Pinot Noir. Mas ainda é cedo.

O progresso chegou em Frankland River no final da década de 1990, provocado principalmente pelos incentivos fiscais. Esta sub-região, no

O oceano Austral, visto aqui banhando Isthmus Bay ao sul de Albany, traz correntes frias direto da Antártica, refrigerando a zona sul de Great Southern, sendo responsável pela acidez do Plantaganet Riesling, cujo rótulo aparece logo abaixo.

interior e a oeste de Mount Barker, atualmente tem a maior concentração de vinhedos de Great Southern e uma propriedade de oliva de 1.000 acres (400 hectares), embora com poucas vinícolas. O relativamente jovem Ferngrove é de longe o maior empreendimento; Alkoomi tem uma reputação estabelecida para Sauvignon Blanc (e óleo de oliva). O ponto forte de Frankland Estate é Riesling e uma mistura de Bordeaux conhecida como Olmo's Reward, em reconhecimento ao professor californiano que primeiro sugeriu, na década de 1950, que a área seria adequada à viticultura. Há muito, o vinhedo de Westfield fornece fruta para a mistura tinta superlativa de Houghton, nomeada em homenagem a Jack Mann, mesmo que, como ocorre muito freqüentemente, Great Southern não seja reconhecida no rótulo.

As vinhas estão penetrando de todas as maneiras em áreas entre aqui e Margaret River, na costa do oceano Índico. As plantações mais significativas são as localizadas em Manjimup e Pemberton. Certamente, **Manjimup** é mais quente, longe da influência refrescante das correntes da Antártida na costa, e pode produzir um pouco de Verdelho fino em Chestnut Grove. Terras até mesmo mais distantes no interior, em torno de Perup, também estão sendo plantadas. Em **Pemberton**, produtores como Picardy e Salitage concentram-se nas variedades da Borgonha com alguns bons resultados, enquanto Smithbrook substituiu sua Pinot Noir pela Merlot.

O setor mais importante da extensa região **Geographe** é a faixa costeira entre Bunbury e Busselton, que é dominada pelo Capel Vale. Como em Margaret River, o clima é totalmente influenciado pelo oceano Índico, porém os solos aqui são muito mais férteis, particularmente o solo cinza empoeirado conhecido como Tuart Sands. A área do interior em torno de Donnybrook, com suas noites frias, tem potencial considerável, enquanto Willow Bridge, ao norte, vem mostrando que uma ampla gama de variedades de uvas pode florescer aqui. **Blackwood Valley** é essencialmente a terra entre Geographe e Manjimup, mas sofre com a falta de água dessalinizada para irrigação; a indisponibilidade de água é um obstáculo à expansão nesta região da Austrália. A água subterrânea de Western Australia é naturalmente rica em sal (a terra tem sido devastada vigorosamente) e uma represa é pré-requisito para a irrigação.

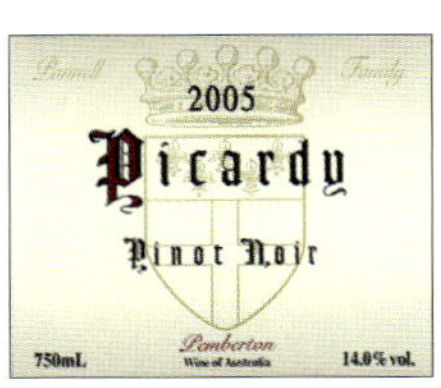

◄ A gama de variedades de uvas representadas nestes três vinhos muito bons mostra apenas quão variados são os mesoclimas no canto sudoeste de Western Australia. As exigências de amadurecimento das variedades na mistura Jack Mann Bordeaux são altas, enquanto a Pinot Noir tem quase a delicadeza da Borgonha.

Margaret River

A Austrália tem poucas paisagens tão verdes ou florestas tão esplêndidas quanto os bosques altivos de *karri* (eucaliptos australianos) e *jarrah* (uma variedade gigante de eucaliptos) da região vinícola mais famosa, salpicada com pássaros brilhantemente coloridos e cangurus preguiçosos. As ondas quebram de forma contundente no litoral rochoso e a introdução de vinhedos certamente colocou o pacote todo em um paraíso. Os turistas parecem concordar.

Os primeiros vinhos surgiram no início da década de 1970, com Vasse Felix, seguido por Moss Wood e, em seguida, Cullen — todos, como é comum na história vinícola australiana, criados por especialistas. Imediatamente, os críticos perceberam uma qualidade bastante extraordinária nos vinhos, especialmente nos Cabernets. Sandalford, vizinho e rival de Houghton no Swan Valley, rapidamente mudou-se para o local com uma grande plantação. Robert Mondavi, da Califórnia, ficou entusiasmado e incentivou Denis Horgan a desenvolver o ambicioso Leeuwin Estate, que rapidamente tornou-se tão famoso por seu Chardonnay respeitado e cremoso como por seus concertos anuais de primeira classe ao ar livre.

Atualmente, há mais de 100 produtores e outros 60 cultivadores em solos extremamente variados, dos quais as vermelhas margas inférteis são as mais valorizadas. Se Margaret River tem um problema climatológico é que, graças à influência daquele lindo oceano Índico, os invernos são tão brandos que as vinhas podem custar a alcançar o descanso útil e fortalecedor. Na primavera, pode ventar muito a ponto de afetar a floração e reduzir a safra, uma das razões para a concentração de sabor em vinhos das terras centrais de Margaret River. Os verões são secos e quentes, temperados pelo vento em terra firme conhecido como Fremantle Doctor. As uvas podem ser colhidas cedo como em fevereiro.

A área central de Cabernet do Willyabrup Valley é particularmente plantada de forma expressiva e, atualmente, a vinha estende-se para o sul, para além de Margaret River até a costa sul, onde a influência dominante é a Antártica em vez do oceano Índico. Esta é a terra do vinho branco clássico, embora Suckfizzle, McHenry Hohnen e outros tenham demonstrado que os tintos finos também podem ser produzidos na metade meridional deste mapa.

As plantações também estão aumentando para o norte de Willyabrup, onde o clima é mais moderado e mais controverso, e para o interior, em uma área conhecida como Jindong, onde Evans & Tate construíram uma vinícola ampla e ambiciosa. Margaret River tem visto mais do que sua cota justa de investimento especulativo nos últimos anos e a era de amadores entusiastas parece muito distante.

A fama de Margaret River foi construída em cima do Cabernet Sauvignon. Ela se junta às outras regiões vinícolas da costa oeste como Bordeaux, Bolgheri, Napa Valley e Limestone Coast (ver página 349) em sua propensão a transformar os raios do sol em alguns dos vinhos tintos de bom envelhecimento que causam mais

Os habitantes de Perth costumavam dizer que seus bons restaurantes mais próximos, fora da cidade, ficavam em Singapore. Não mais, graças aos gostos de Leeuwin Estate, que tem desempenhado um papel vital em transformar Margaret River na atração turística que é atualmente.

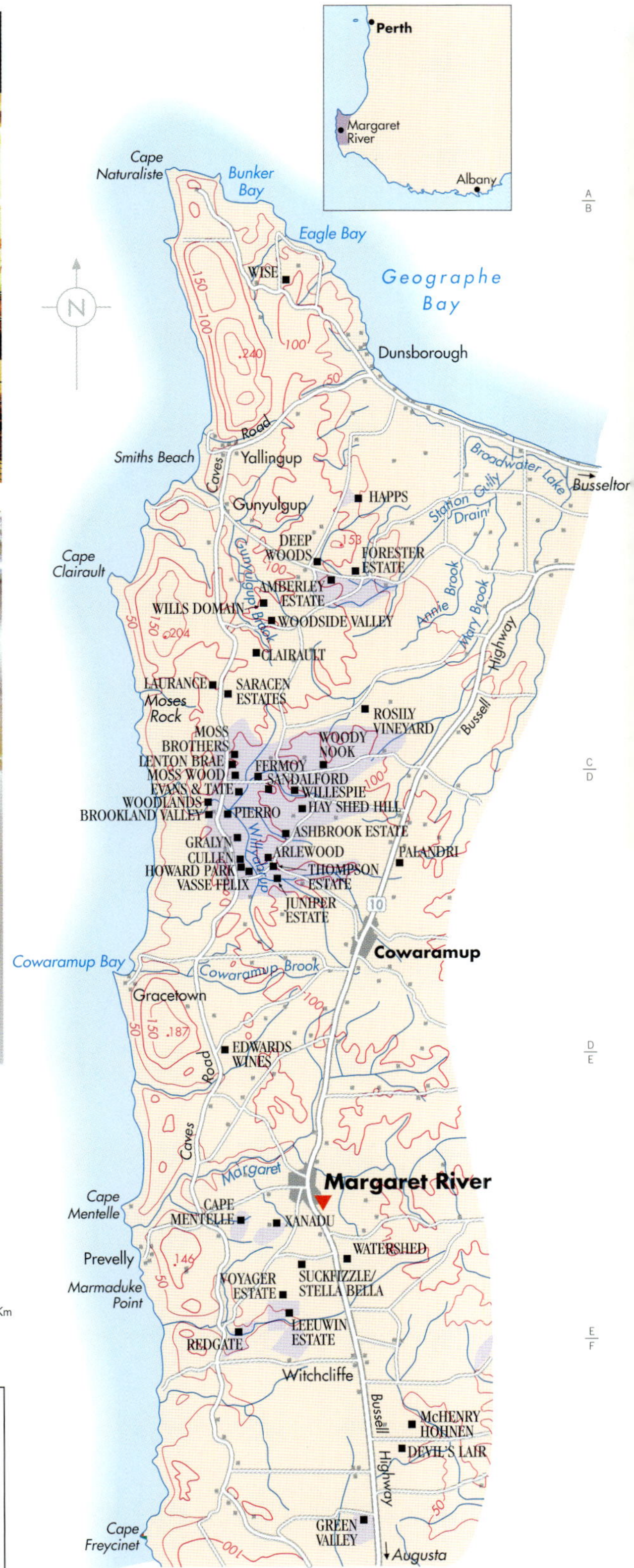

■ CULLEN produtor notável

Vinhedos

100 Intervalo entre curvas de nível 50m

▼ Estação climática (EC)

frisson no mundo. Há tanta fineza quanto amadurecimento nos Cabernets mais admirados de Margaret River, embora a maioria dos produtores também faça uma mistura Bordeaux, usualmente Cabernet/Merlot (da qual Cullen é o principal expoente).

A afinidade óbvia da região de Margaret River com o Cabernet não impediu as plantações de Shiraz, as quais são da mesma forma importantes e tipicamente alcançam um estágio até certo ponto apetitoso de amadurecimento entre o peso do Barossa e a pimenta-branca. A Chardonnay brilha aqui igualmente, não apenas em Leeuwin Estate, mas principalmente em Pierro, Moss Wood e outras. A região também estabeleceu uma reputação nacional, se não internacional, para sua própria mistura de Sémillon e Sauvignon Blanc muito vibrante, com sabor de frutas tropicais. As variedades de uvas plantadas e levadas a sério têm se expandido tão rapidamente em Margaret River quanto em qualquer outro lugar.

MARGARET RIVER: MARGARET RIVER ▼

Latitude / Altitude da EC **33,57° / 90m**

Temperatura média em janeiro na EC **20,4°C**

Índice pluviométrico anual na EC **1.150mm**

Índice pluviométrico no mês da colheita na EC **Março: 25,4mm**

Principais perigos para a viticultura **Ventos, pássaros**

Principais uvas **Cabernet Sauvignon, Shiraz, Chardonnay, Sémillon, Sauvignon Blanc**

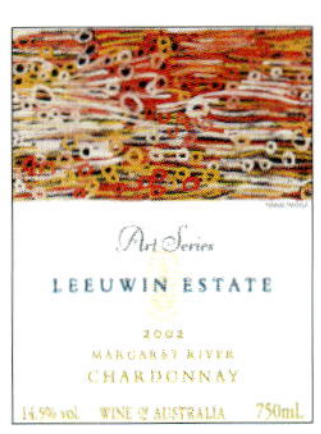

◀ Margaret River, embora pequena, é uma região de vinhos finos tão consagrados que tem até sua própria aristocracia, cujos rótulos aparecem aqui. Os três primeiros à esquerda foram fundados por especialistas com um pressentimento e muita sede.

South Australia: Barossa Valley

South Australia é para a Austrália o que a Califórnia é para os Estados Unidos: o estado vinícola. Ele esmaga uma parcela crescente — já quase a metade — de toda a safra e abriga todas as mais importantes organizações de pesquisa de vinhos e vinhas. Adelaide, a capital do estado, está apropriadamente cercada por vinhedos. A paisagem nos 55km de viagem em direção a nordeste até Barossa Valley (a resposta de South Australia para o Napa Valley) está repleta de vinhas. Fundado por imigrantes de língua alemã da Silesia, onde atualmente é a Polônia, muito no Barossa Valley é alemão até hoje, incluindo um sentido de comunidade e um apetite por trabalho pesado e salsichão.

Barossa é o maior distrito vinícola de qualidade da Austrália. Ele segue o rio North Para por quase 30km plantados com pouco espaçamento e espalha-se na direção leste para dentro do próximo vale, o Eden Valley (ver verso), da altitude de 230m de Lyndoch a 550m no leste de Barossa Ranges. Barossa Zone (zona de Barossa) inclui essas duas regiões contíguas, portanto um vinho rotulado apenas "Barossa" pode ser feito de uma mistura de uvas do Eden Valley e do Barossa Valley.

Os verões de Barossa são quentes e secos, e as vinhas irrigadas necessitam ser abastecidas com água suficiente para compensar uma taxa de evaporação violenta — um feito cada vez mais difícil. As vinhas não irrigadas eram tradicionalmente a norma e algumas delas datam do século XIX, parcialmente graças a um mal-estar na década de 1970 e início da década de 1980, quando a indústria vinícola australiana desprezou as vinhas velhas Shiraz de Barossa e adotou a Cabernet da moda. Devido a uma quarentena rigorosamente imposta, South Australia ainda não foi invadida pela filoxera, portanto as vinhas não enxertadas são plantadas diretamente no solo (pé franco), muitas das quais são enxertos de vinhas velhas.

Tais vinhas podem produzir a forma mais concentrada do que se transformou num dos estilos de vinho mais distintos do mundo, Barossa Shiraz. Ricos e achocolatados, condimentados e nunca tímidos, esses vinhos podem variar de essências fascinantes a elixires oleosos alcoólicos. As uvas amadurecem rápido sob o sol abrasador, tão rápido que a acidez freqüentemente cai antes de as uvas serem colhidas, embora haja uma sensibilidade crescente com relação a isso. Atualmente, alguns produtores estão, de forma deliberada, colhendo as uvas mais cedo em busca de aromas mais frescos e mais acidez natural. No entanto, alguns vinicultores de Barossa adicionam taninos, assim como ácido, para que o típico Shiraz de Barossa tenha um sabor exigente, especialmente na juventude. Em vez da longa maceração pós-fermentação que os produtores de Bordeaux dão a seus vinhos enquanto extraem cor e taninos, os tintos de Barossa são tipicamente incentivados a terminar sua fermentação nos barris de carvalho americanos, enchendo-os com doçura e maciez inebriantes. Aqui, novamente, a busca constante dos vinicultores australianos pela evolução pode ser vista no crescente uso do carvalho francês para a fruta supe-

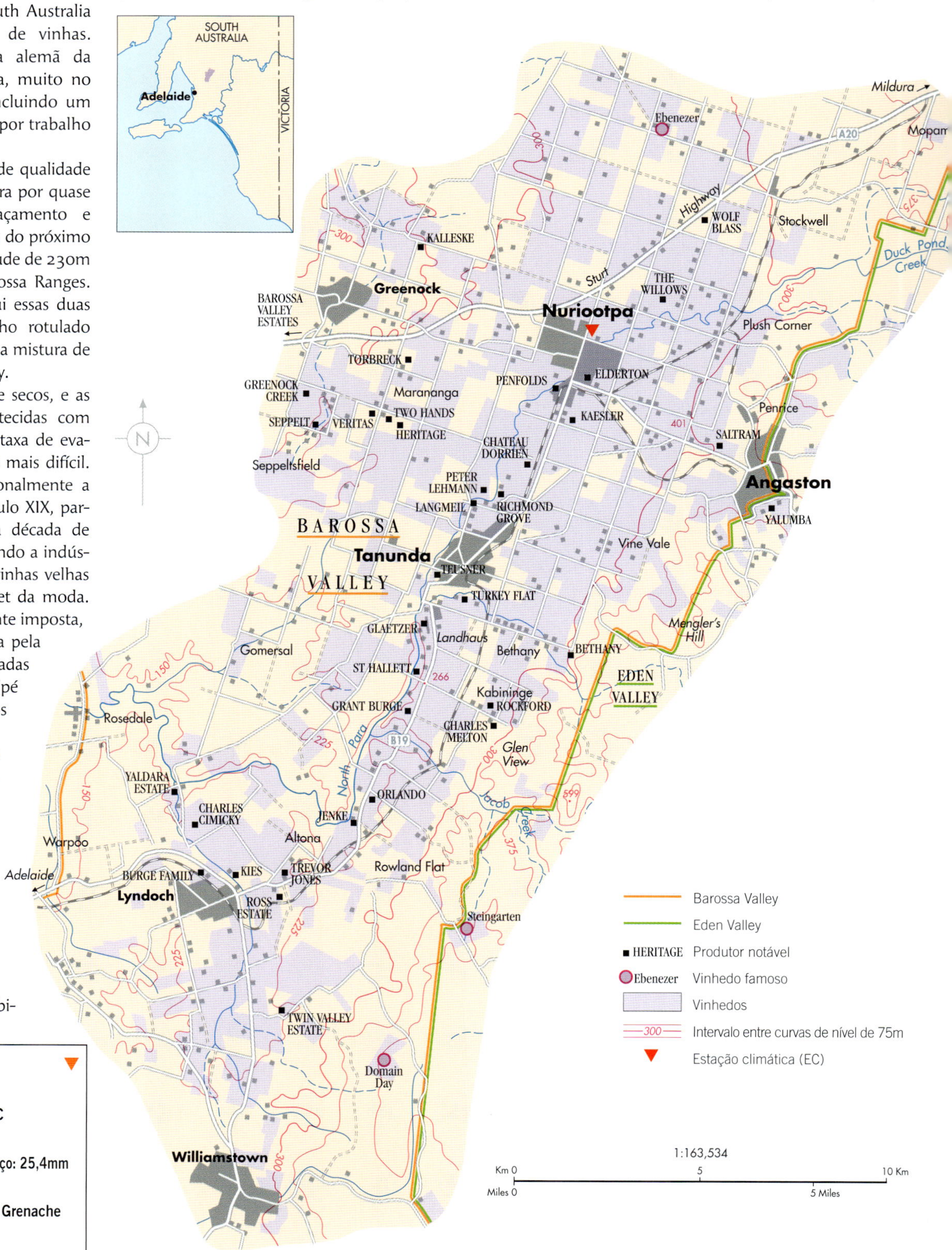

BAROSSA VALLEY: NURIOOTPA ▼

Latitude / Altitude da EC **34,29° / 274m**

Temperatura média em janeiro na EC **21,1°C**

Índice pluviométrico anual na EC **501mm**

Índice pluviométrico no mês da colheita na EC **Março: 25,4mm**

Principais perigos para a viticultura **Seca**

Principais uvas **Shiraz, Cabernet Sauvignon, Grenache Noir, Semillon, Chardonnay**

ramadurecida do Barossa Valley. Uma outra moda de vinicultura atual, aparentemente por toda a Austrália, mas especialmente predominante aqui, é a Shiraz co-fermentada com uvas Viognier, para mais perfume e estabilidade de cor.

Em volume absoluto, Barossa é dominada pelas grandes subsidiárias até mesmo das maiores corporações globais. A empresa de cerveja Forster's, por exemplo, é proprietária de Penfolds (que aqui mistura seu importante Grange, de vinhos produzidos por toda South Australia), Wolf Blass, e um grande número de outras marcas. Os produtores de pastis franceses, Pernod Ricard, são proprietários do velho Orlando, cuja marca mais famosa de longe é Jacob's Creek, nomeada em homenagem a uma corrente próxima de Rowland Flat. A maior empresa familiar, Yalumba, está baseada em Angaston, na fronteira entre Barossa e Eden Valley, porém há várias outras, de diversos tamanhos. Elas variam de Peter Lehmann, que praticamente recuperou sozinho a reputação da Shiraz de vinhas velhas de Barossa no final da década de 1980 (mas cuja empresa foi, com o tempo, arrebatada por Donald Hess da Suíça em 2003), até um grande número de ambiciosos vinicultores jovens que podem produzir somente umas poucas centenas de caixas por ano a partir de uvas compradas e somente em seus dias de folga do trabalho em grandes empresas.

Há vinhas velhas de Grenache também (capazes até de níveis de álcool mais elevados) e velhas Mourvèdre, há muito chamadas Mataro. As misturas "GSM" de ambas as uvas com a onipresente Shiraz são populares. A Sémillon — algumas delas clones de pele rosa, própria de Barossa — é mais comum do que a Chardonnay e pode produzir vinhos brancos espetacularmente ricos. A Cabernet Sauvignon pode brilhar quando plantada nos mais favoráveis solos cinza marrom-escuros, porém a Shiraz é mais dependente, em todos os verões, dos solos de argila e calcário do vale.

Algumas das Shiraz mais admiráveis vêm das cercanias de Ebenezer no nordeste do vale, onde os antigos estoques de Shiraz cultivada com pouca água podem produzir vinhos de real complexidade. No entanto, grande parte das vinhas pertence aos produtores e não aos vinicultores, o que resulta em uma tensão particularmente delicada entre os preços da uva e sua qualidade. E aqui pode ser mais importante a habilidade dos produtores em colocar suas mãos nos estoques de vinhas mais velhas e menos ambiciosamente tendenciosas do que as pequenas distinções geográficas entre diferentes partes do vale. A maior parte dessas vinhas antigas foi cultivada por toda a vida pelas mesmas famílias, e muitas estão escondidas da vista de milhares de turistas que inundam o vale toda semana.

▼ Alguns dos vinhos mais finos produzidos em Barossa estão representados abaixo, mesmo que a produção de Grange tenha retornado de Nuriootpa para Magill, na periferia de Adelaide, em 2001, a única safra a ser composta completamente de fruta do Barossa Valley.

Vinhedos de Shiraz solenemente antigos como esses em St. Hallett são uma especialidade de Barossa — na realidade há provavelmente mais centenários aqui do que em qualquer outro lugar no mundo. Seu produto concentrado é procurado por um grande rol de vinicultores ambiciosos, jovens e não tão jovens.

Eden Valley

O Eden Valley está em terras mais altas e bonitas do que a terra do Barossa Valley. Seus vinhedos estão espalhados pelas colinas rochosas, pelas vielas empoeiradas e bosques de eucaliptos. Historicamente, no entanto, é uma extensão ocidental do Barossa Valley. O capitão Joseph Gilbert estabeleceu o vinhedo Pewsey Vale já no início de 1847; o lugar pertence atualmente à Yalumba de Angaston, empresa familiar que desempenha um grande papel no desenvolvimento do potencial do Riesling no Eden Valley.

Quando os tempos modernos exigiram vinhos de mesa em vez de vinhos de sobremesa fortificados (dos quais a Yalumba ainda tem um estoque impressionante de museu, apesar de ter liquidado seu comércio de vinhos fortificados em 1993), estranhamente era o Riesling do Reno que Barossa fazia melhor. Com os colonizadores de Silsian veio o apego pela uva, e os produtores descobriram que quanto mais alto eles entravam pelas colinas para o leste, mais finos e vivamente mais frutados os vinhos se tornavam. No início da década de 1960, a Yalumba mudou o foco de sua produção de Riesling do quente Barossa Valley para o Eden Valley, e Colin Gramp (cuja família era proprietária de Orlando até 1971) plantou um trecho do topo da colina xistosa, onde uma ovelha dificilmente descansaria, e chamou-o Steingarten, dando uma nova dimensão à Riesling australiana. Atualmente, o produto deste vinhedo adiciona resplendor à gama de vinhos de Jacob's Creek e certamente mostra habilidade para o envelhecimento.

Um Riesling notável e relativamente novo do Eden Valley é o Mesh, uma associação entre Yalumba e Jeffrey Grosset, o rei do Riesling australiano de uma outra potência de Riesling em South Australia, o Clare Valley. Desde o início, o objetivo com esse engarrafamento, usando arrolhamento de rosca, é apresentar as características do Riesling do Eden Valley de forma forte, mas de amadurecimento precoce. O Riesling do Eden Valley, na sua melhor forma, tem um toque de primeira classe, floral e às vezes mineral, quando jovem. Como o Riesling do Clare Valley, com o qual é inevitavelmente comparado, torna-se cada vez mais tostado com o tempo na garrafa. De acordo com Grosset, o Riesling do Eden Valley tende para a toranja, enquanto o Riesling do Clare Valley é mais caracterizado pela lima.

Entretanto, o Eden Valley oferece mais do que Riesling, especialmente em altitudes mais baixas. Na realidade, a Shiraz é a principal uva da região, e Henschke produz alguns exemplares australianos muito bons: Mount Edelstone, bem acima nas colinas, e sobretudo vinhas de um século de idade no vinhedo de Hill of Grace, ao sul de Moculta. A Chardonnay produzida aqui também pode ser muito boa, e Mountadam foi um dos primeiros a demonstrar isto na sub-região de **High Eden** no sul do vale. O Eden Valley é uma das muitas raras regiões da Austrália a ter estabelecido qualquer tipo de reputação para a Merlot, principalmente graças ao Irvine Wines.

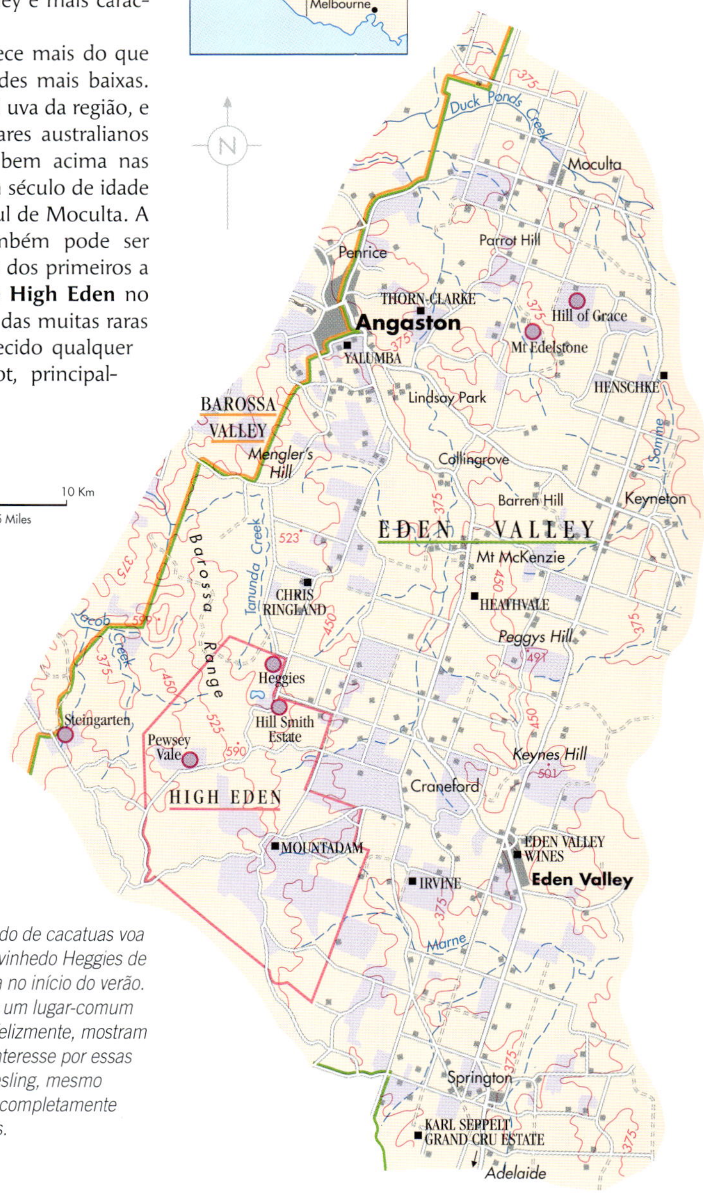

1:217,500
Km 0 — 5 — 10 Km
Miles 0 — 5 Miles

Barossa Valley
Eden Valley
Sub-região do Eden Valley
Éden alto
■ IRVINE — Produtor notável
Pewsey Vale — Vinhedo famoso
Vinhedos
300 — Intervalo entre curvas de nível de 75m

Um bando de cacatuas voa sobre o vinhedo Heggies de Yalumba no início do verão. Elas são um lugar-comum aqui e, felizmente, mostram pouco interesse por essas uvas Riesling, mesmo quando completamente maduras.

▼ Embora os Rieslings, como os da esquerda, sejam alguns dos vinhos mais característicos do Eden Valley, o vale também produz um dos mais procurados Shirazes da Austrália no vinhedo Hill of Grace, de Henschke, plantado na década de 1860. Os de Irvine são um dos raros Merlots da Austrália com reputação.

Clare Valley

A Riesling é até mesmo melhor estabelecida no Clare Valley agradavelmente pastoral — bem mais ao norte do limite setentrional de Barossa — do que no Eden Valley, porém Clare tem a distinção singular de produzir Shiraz e Cabernet de primeira classe assim como um dos excelentes arquétipos de Riesling.

O Clare Valley é, na realidade, uma série de vales estreitos indo de norte a sul, em um planalto elevado com muitos tipos de solos diferentes em cada um. Nas terras centrais da região meridional entre Watervale e Auburn, consideradas a terra da Riesling clássica, há algumas das famosas terras rossas com base em calcário (ver página 350), enquanto alguns quilômetros ao norte, em torno de Polish Hill, as rochas são muito mais macias e a marga vermelha cobre os solos de argila. O norte, a parte mais devassada do Clare Valley, é influenciado por ventos ocidentais que sopram do golfo Spencer, enquanto a parte mais ao sul, desde Watervale do Sul, está sujeita a brisas mais frias do golfo St. Vincent. Clare é apenas um terço do tamanho do Barossa Valley, porém, com sua excelente altitude mais elevada, tem um clima mais extremo. As noites especialmente frias ajudam a preservar a acidez; em muitas safras, rotinas de ajustes de acidez são desnecessárias.

Há uma forte rivalidade entre os vinicultores do Clare Valley e os do Barossa Valley, muito mais visitado e visível. Sua história é tão longa quanto a de Barossa — as vinhas foram primeiro plantadas por John Horrocks da Inglaterra, em 1840, e ele foi logo seguido por silesianos luteranos que fugiam da perseguição (daí o nome Polish Hill).

Clare é isolada, e gosta de ser assim. Os produtores vinícolas locais estão orgulhosos de estarem distantes da influência da moda e das políticas das grandes empresas. Somente Leasingham e Annie's Lane, atualmente controlada pela Foster's, têm alguma conexão com corporações maiores. Clare é uma terra agrícola nas mãos de pequenos fazendeiros, que em sua maioria formam um grupo extraordinariamente coeso de produtores de vinho. Eles foram os primeiros na Austrália a concordar em mudar para tampas de rosca, num esforço para preservar a especial pureza acerada de seus Rieslings.

Nas mãos de literalmente dezenas de produtores de Riesling tão capazes quanto Grosset, Kilikanoon, Tim Knappstein (TK Wines), Leasingham, e Petaluma (proprietário de Knappstein Wines), o Clare Riesling estabeleceu-se como o mais diferenciado da Austrália: firme e seco, quase sempre austero na juventude, porém freqüentemente com uma contracorrente rica de lima que pode amadurecer, a ponto de ficar tostado após anos na garrafa. Estes são os vinhos para os quais a famosa *fusion cuisine* da Austrália certamente foi planejada.

Excelentes vinhos tintos com toques de ameixa, de acidez e estrutura especialmente boas, são produzidos, gerando o debate se Shiraz ou Cabernet é a expressão escura mais eloqüente do Clare. Cabernet e Shiraz especialmente suaves vêm de Jim Barry, Grosset, Kilikanoon, Leasingham e Skillogalee, enquanto os tintos do pioneiro Wendouree continuam a ser positiva e distintamente mastigáveis.

A ardósia no vinhedo Polish Hill de Grosset lembra o vale do Mosela, na Alemanha, e pode ajudar a explicar por que as Rieslings produzidas aqui, como no Mosela, necessitam de muito tempo para se desenvolver na garrafa.

▲ O vinhedo Florita, atualmente sob patrocínio de Jim Barry, produziu alguns dos mais finos Rieslings da Austrália sob o rótulo Leo Buring, vencedores constantes de troféus em todos os concursos de vinhos mais importantes.

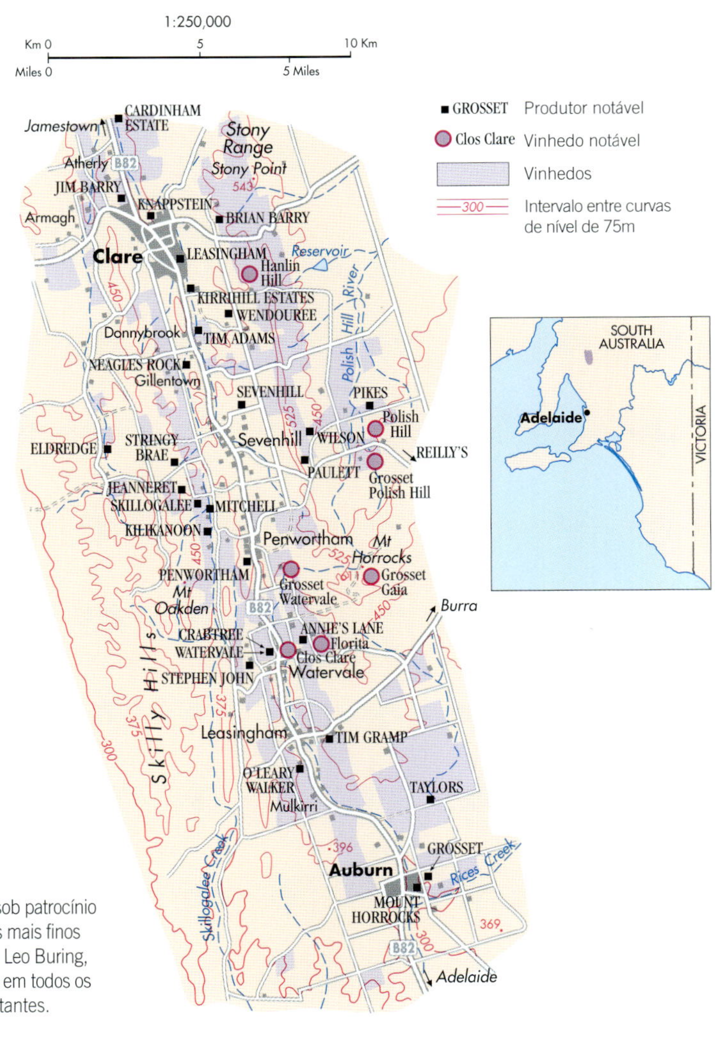

McLaren Vale e além

Fleurieu Zone, nomeada em homenagem à península Fleurieu, aponta para o sudoeste a partir da cidade vinícola de Adelaide, pelo McLaren Vale e Southern Fleurieu para Kangaroo Island, que tem uma reputação crescente para turismo e gastronomia. Ela também se estende para o sudeste para incluir Langhorne Creek e Currency Creek (ver mapa na página 336). À medida que o mundo esquenta, podemos esperar ver mais operações vinícolas germinando tanto na **Kangaroo Island**, onde o vinicultor voador francês Jacques Lurton é o produtor mais renomado, quanto em **Southern Fleurieu**, que tem atraído o indivíduo notável Brian Crose, ex-Petaluma.

No entanto, no momento, de longe a região vinícola mais importante e histórica em Fleurieu Zone é o **McLaren Vale**, tão popular para os trabalhadores que se deslocam para Adelaide que a estrada aqui é de mão única e muda de sentido no meio do dia. John Reynell, que cedeu seu nome para o Château Reynella, plantou as primeiras vinhas de South Australia em 1838, e o McLaren Vale pode ainda se orgulhar de muitas vinhas velhas, algumas com mais de 100 anos de idade. Na maioria das décadas intermediárias, claretes e vinhos fortificados de Reynella foram nomes respeitados, e a adega subterrânea original que Reynell construiu é um dos marcos históricos do vinho australiano. Atualmente, é a matriz da quase igualmente antiga firma de Thomas Hardy & Sons (atualmente parte da maior empresa vinícola do mundo, Constellation) juntamente com a vinícola Tintara, comprada pelo criativo Thomas Hardy em 1876. Ryecroft (estabelecido em 1888) e os vinhedos de Amery (adquiridos pelos irmãos Kay em 1890) também estão localizados na cadeia de montanhas de calcário cobertas de marga e minério de ferro que dominam o norte da região. Os tipos de solo variam amplamente por todo o McLaren Vale, como também a qualidade e o estilo do vinho.

Em torno de Blewitt Springs, solos arenosos profundos sobre argila podem produzir Grenache especialmente boa. Kangarilla, para o leste, produz Shiraz mais elegante e mais ácida do que a norma do McLaren Vale. A área norte da pequena cidade do McLaren Vale tem algumas das mais finas camadas superficiais de solo, resultando em produções baixas e sabores intensos. Willunga, localizada ao sul da cidade, produz fruta de amadurecimento relativamente tardio, graças a uma forte influência do mar.

As condições meteorológicas naturais dificilmente poderiam ser melhores para a vinha do que nesta zona litorânea, uma faixa estreita entre as alturas do Mount Lofty Ranges e o mar temperado. Há uma longa estação quente de cultivo, boa drenagem de ar para previnir geadas, e cerca de 20% de vinhedos sobrevivem sem a água de irrigação, que está cada vez mais escassa. O oceano fornece alguma influência refrescante, especialmente na forma de brisas vespertinas, que ajudam a reter a acidez. Até mesmo alguns vinhedos têm uma história de cultivo de excelente Sauvignon Blanc, graças a um clone de baixa produtividade.

Há muita confiança nos tintos brilhantemente sedutores do McLaren Vale, com Grenach, Shiraz, Cabernet Sauvignon de vinhas velhas e, mais recentemente, Merlot desempenhando com brio. Chapel Hill, d'Arenberg, Pirramimma, Tatachilla, Wirra Wirra e Woodstock, todas fazem bons exemplares. E Coriole e Kangarilla Road demonstraram, há muito tempo, que a gama de variedades poderia ser ampliada para incluir Sangiovese e Zinfandel, respectivamente. Pelo menos 80 vinícolas estão baseadas no McLaren Vale, embora mais da metade da fruta cultivada aqui seja roubada por outras — algumas localizadas tão longe de casa quanto o Hunter Valley — para adicionar cascalho às misturas. Diz-se que a Shiraz do McLaren Vale contribui com uma personalidade *mocha* e de terra quente.

Se os campos ondulados do McLaren Vale têm uma praga, é na forma desagradável do duplo e, ocasionalmente, até mesmo triplo sistema de encordoamento para o direcionamento das vinhas adotado pelos produtores insaciáveis e todos muito visíveis na terra plana fértil. As plantações recentes, muitas das quais estão no plano setor sudeste da região (embora algumas amontoem-se, ascendendo para as montanhas Sellicks, que têm uma vista panorâmica da costa), evitaram este defeito na paisagem. As uvas aqui tendem a amadurecer mais rápido do que o normal e freqüentemente têm um toque de ervas. A colheita começa em fevereiro e pode continuar por maio adentro para algumas das vinhas de Grenache e Mourvèdre clássicas.

Langhorne Creek, poder-se-ia argumentar, é o grande segredo do vinho de South Australia. Menos de um quinto do vinho produzido aqui é vendido com o nome da região no rótulo, muito embora seja tão produtivo quanto o McLaren Vale. A maioria dos vinhos desaparece em misturas feitas pelas grandes empresas, as quais construíram grandes vinícolas aqui para obter van-

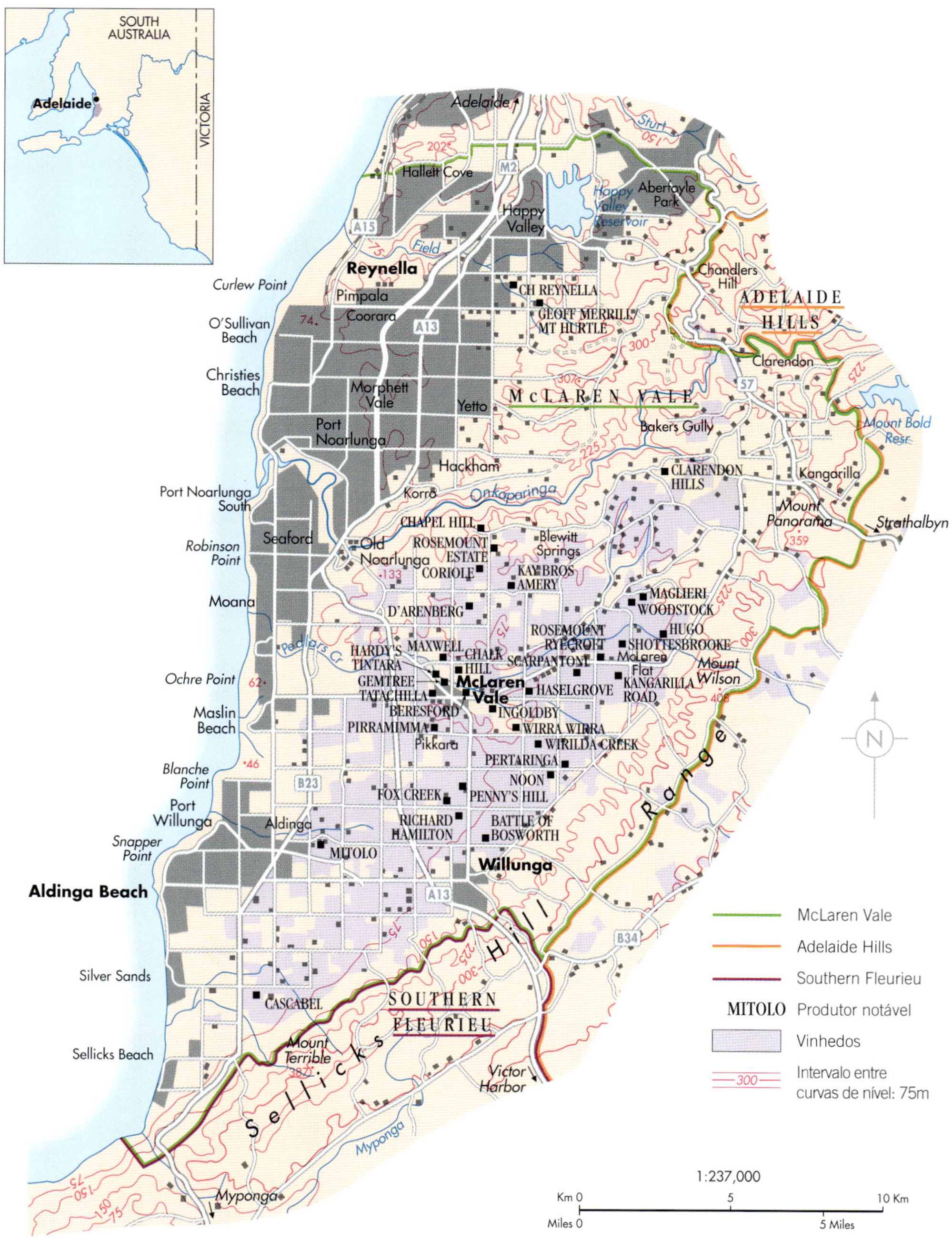

tagem da Shiraz macia, gentil e de muitos sabores, e, especialmente, da fruta Cabernet. Originalmente, esta camada de depósito de cascalho profundo foi irrigada no fim do inverno pelas enchentes propositais dos rios desviados Bremer e Angas, um abastecimento de água não confiável que limitou a expansão. Foi somente após o início da década de 1990, quando as licenças foram concedidas para transportar água para a irrigação do lago Alexandrina na foz do poderoso rio Murray, que Langhorne Creek viu um desenvolvimento rápido.

As vinhas mais velhas tendem a estar mais perto das margens do rio. Elas incluem o famoso vinhedo Metala pertencente à família Adams, de Brothers in Arms, desde 1891, e os plantados por Frank Potts em Bleasdale, uma vez que ele derrubou as gigantescas árvores de goma que cresciam próximas ao rio Bremer. No entanto, plantações ambiciosas como as de Step Road e Angas Vineyards canalizam a água para sistemas de irrigação de alta tecnologia via uma rede complexa de canais nesta terra plana.

O chamado Lake Doctor, uma brisa vespertina constante vinda do lago, retarda o amadurecimento de forma que as uvas são tipicamente colhidas duas semanas mais tarde do que as do McLaren Vale.

Currency Creek e a região a oeste também dependem crucialmente da irrigação, mas até então o domínio é de vinícolas pequenas e relativamente discretas. É um pouco mais quente do que Langhorne Creek, porém o clima é mais marítimo.

Frank Potts, fotografado abaixo, navegou no HMS Victory *e com o tempo construiu a vinícola original Bleasdale, que, tanto dentro como fora, quase não mudou desde então — exceto pelos vinhos fortificados que outrora constituíram a produção total, atualmente respondem por cerca de 1%. Apenas Yalumba está na mesma família e por mais tempo, e o tataraneto de Potts e sua equipe oferecem alguns dos melhores vinhos da Austrália.*

▼ Embora há muito a minúscula vinícola Noon esteja no McLaren Vale, a fruta para o Cabernet Reserve vem de alguns setores particularmente valiosos no vinhedo da família Borrett, em Langhorne Creek. Mitolo é um empreendimento relativamente novo, cujos vinhos são feitos por Ben Glaetzer, do Barossa Valley, enquanto os dois rótulos totalmente de Langhorne Creek estão à direita.

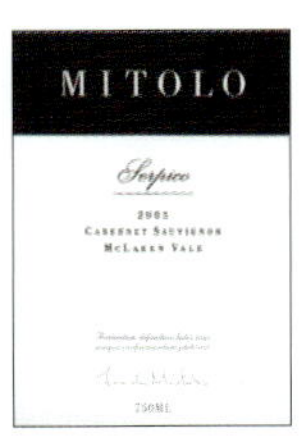

Adelaide Hills

Quando Adelaide esquenta no verão, há sempre algum lugar por perto para refrescar: as cordilheiras Mount Lofty, precisamente a leste da cidade. As nuvens do oeste juntam-se aqui para fornecer um clima frio o suficiente para vinhos muito diferentes. A extremidade sul da região de Adelaide Hills pode ultrapassar a fronteira nordestina do McLaren Vale, porém elas são mundos à parte. Adelaide Hills foi a primeira região australiana a estabelecer uma reputação para Sauvignon Blanc confiavelmente fresca e cítrica. As curvas de nível de 400m determinam a fronteira da apelação, exceto para o norte. Em altitudes acima disto, a névoa cinza é comum, assim como a geada de primavera e as noites frias, até mesmo no verão. O índice pluviométrico é relativamente alto (ver o quadro de características principais abaixo), porém as chuvas concentram-se no inverno. As generalizações são difíceis, sobretudo para uma região vinícola que se expande 80km do nordeste para o sudoeste.

O **Piccadilly Valley**, no Mount Lofty, foi originalmente estabelecido, na década de 1970, por Brian Croser, fundador de Petaluma, como uma área definitivamente fria para as vinhas Chardonnay, na época uma novidade na Austrália. Atualmente, as colinas reflorestadas a leste de Adelaide estão sendo plantadas rapidamente para suprir as necessidades das corporações que exigem ingredientes misturados de clima frio. No entanto, apenas poucos indivíduos foram autorizados a construir vinícolas no que é efetivamente um subúrbio ocidental da cidade.

Somente o canto sudoeste de Adelaide Hills é mapeado em detalhes aqui. Para o norte, os vinhedos em torno de Gumeracha são quentes o suficiente para amadurecer a Cabernet Sauvignon, e algumas Shiraz especialmente do tipo Rhône vêm do Mount Barker, a sudeste de Stirling. Na realidade, muito embora a característica dominante dos vinhos de Adelaide Hills seja a acidez suave, quase metade de todas as uvas plantadas na região são de pele escura. A Cabernet e, especialmente, a Merlot são variedades importantes aqui, embora não amplamente cultivadas, enquanto a Pinot Noir é muito mais importante, como os produtores Jeffrey Grosset, Tim Knappstein (TK Wines), Henschke, Nepenthe e Leabrook Estate mostraram.

A região é fria o suficiente para fornecer aos produtores de vinho espumante suas matérias-primas, e até mesmo as Chardonnays, ingredientes comuns em algumas das misturas mais admiradas da Austrália, podem ser do tipo Sauvignon com seus sabores de nectarina picante e construção flexível. Produtores como Nepenthe e The Lane vêm experimentando uma ampla gama destas variedades aromáticas, como Viognier e Pinot Gris, e tendo um sucesso considerável. A Riesling tem sucesso nítido aqui também, embora não falte Riesling em South Australia.

Piccadilly Valley e **Lenswood** são as únicas duas sub-regiões oficiais de Adelaide Hills até hoje, porém muitos nativos consideram que Birdwood, Charleston, Echunga, Hahndorf, Kuitpo, Macclesfield, Mount Barker e Paracombe, todas tenham características perceptíveis e diferentes.

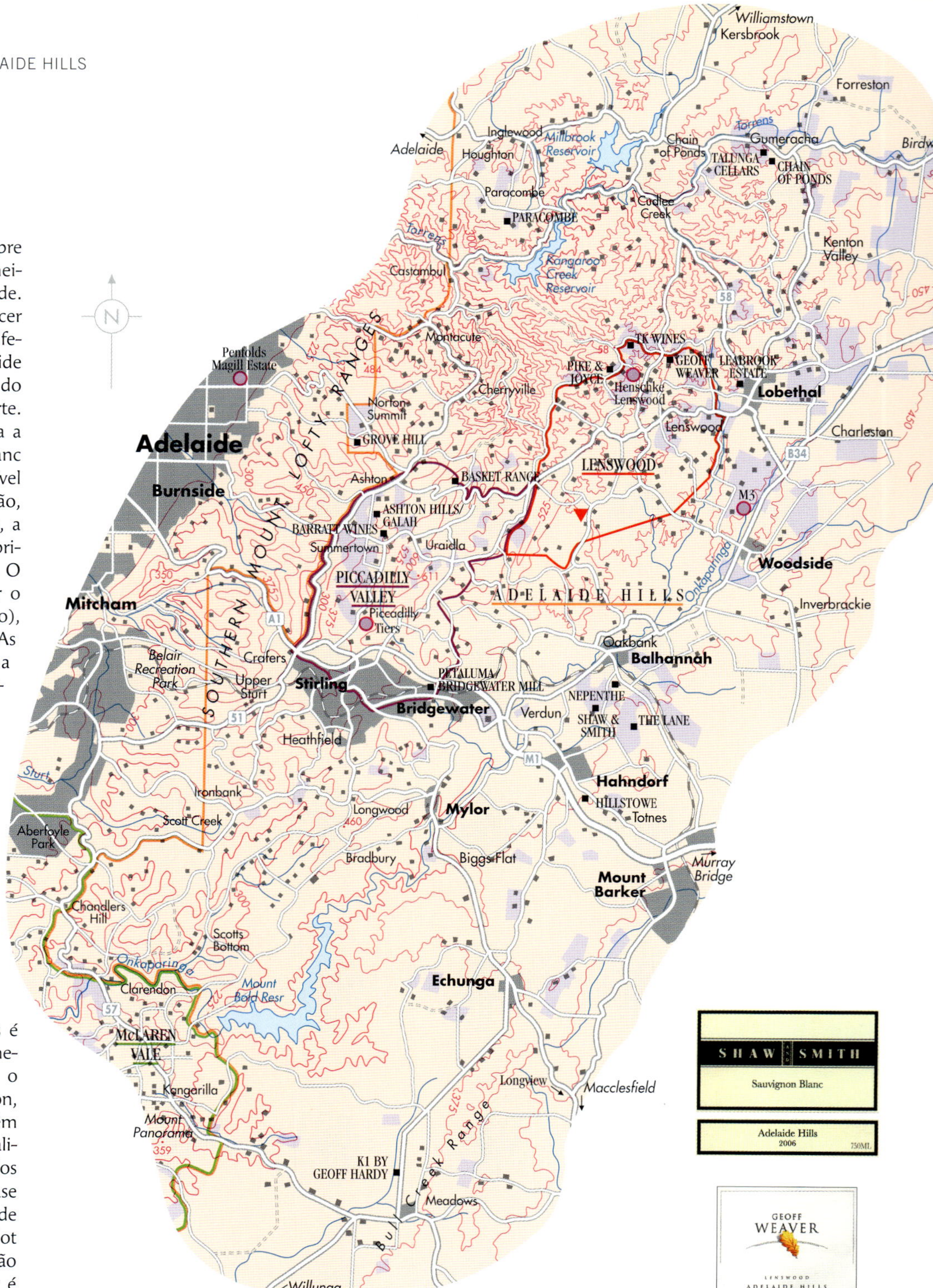

Adelaide Hills
McLaren Vale
Sub-regiões de Adelaide Hills
Piccadilly Valley
Lenswood

■ THE LANE Produtor notável
Henschke Lenswood Vinhedo famoso
Vinhedos
300 Intervalo entre curvas de nível 75m
▼ Estação climática (EC)

ADELAIDE HILLS: LENSWOOD ▼

Latitude / Altitude na EC **34,57° / 480m**

Temperatura média em janeiro na EC **19,05°C**

Índice pluviométrico anual na EC **1.030mm**

Índice pluviométrico no mês da colheita na EC **Abril: 73mm**

Principais perigos para a viticultura **Conjunto pobre de frutas, geada de primavera**

Principais uvas **Chardonnay, Pinot Noir, Sauvignon Blanc, Shiraz, Merlot, Semillon**

▶ Shaw and Smith colocou o Sauvignon Blanc australiano em evidência, e, com esse vinho, Adelaide Hills, outrora mais associada com o Petaluma e o Chardonnay.

Limestone Coast

Há pouca dúvida sobre o que deixa os produtores desta região sudoeste de South Australia mais orgulhosos: calcário. Os resíduos do fundo do mar antigo servindo de base ao famoso solo de terra rossa é a característica mais especial das regiões vinícolas que juntas constituem esta zona vinícola. As regiões oficiais de **Limestone Coast**, que é delimitada geometricamente, são Coonawarra (mapeada no verso), Padthaway, Mount Benson, Wrattonbully e Robe, porém Bordertown e Mount Gambier são áreas de viticultura distintas que ainda têm de buscar reconhecimento individual.

De todas as duas dúzias de zonas vinícolas delineadas pela classificação oficial, **Limestone Coast** é a mais provável de ser vista nos rótulos de vinhos — talvez por causa do seu nome evocativo; talvez porque, com exceção de Coonawarra, os nomes de seus constituintes careçam de magia; e talvez principalmente porque ela normalmente permite, de forma proveitosa, misturas entre elas.

Padthaway foi a primeira alternativa rica em calcário para Coonawarra a ser explorada neste canto remoto do estado vinícola da Austrália. Apesar dos solos não serem diferentes dos de Coonawarra, o clima era beneficamente mais quente, embora as grandes empresas que dominavam a propriedade de vinhedos aqui tenham levado algum tempo para concluir em que aspecto a região era melhor e como denominá-la. A maioria das frutas cultivadas aqui é vinificada longe dos vinhedos, porém, em 1998, Hardy's construiu a vinícola Stonehaven exatamente ao lado da estrada — absolutamente um sinal de fé na região. Inicialmente irrigada, produziu Chardonnay, Cabernet, Shiraz e Riesling satisfatórias, com serventia para misturas em quantidades ainda mais satisfatórias, habitualmente combinadas com frutas de outras regiões.

Wrattonbully, exatamente ao norte de Coonawarra, é mais fria e mais homogênea do que Padthaway e pode ainda provar ser até mesmo mais interessante — desde que se resista à tentação da irrigação em excesso — embora ela tenha menos da metade da área de vinhedos de Coonawarra e muito menos do que o mais consagrado Padthaway. Alguma Shiraz de vinhas de vigor deliberadamente reduzido despertou expectativa especial.

Algumas plantações em torno de Mount Gambier provaram que este posto avançado ao sul é muito frio para amadurecer as uvas Bordeaux, porém mostram potencial para Pinot Noir.

Há vários vinhedos amplos, os mais quentes de Limestone Coast, a oeste de Bordertown, para o nordeste de Padthaway e, em Elgin, próximo à costa, exatamente a oeste de Coonawarra, assim como plantações espalhadas em Mundulla e Lucindale. No entanto, talvez a nova terra vinícola mais promissora esteja no calcário mais jovem na costa oeste, ao sul de Cape Jaffa. **Mount Benson** tem um grande número de produtores individuais, enquanto **Robe**, região notavelmente semelhante ao sul, foi praticamente colonizada pela Foster's. O vinho feito de frutas cultivadas bem aqui na costa é muito suculento, ainda que menos concentrado do que os fermentos vigorosos de Coonawarra, embora reconhecidamente a idade média da vinha seja muito mais baixa. Os solos possuem exatamente o tipo de inclinações suaves e estéreis adoradas pela vinha. As brisas do mar esfriam os vinhedos quase constantemente, embora eles possam ficar perigosamente salgados com essa proximidade do mar. Pelo menos, o nível d'água do lençol freático é livre de salinidade, e as perspectivas, mais ou menos uma geada ou duas, são boas tanto para os vinhos brancos quanto para os tintos.

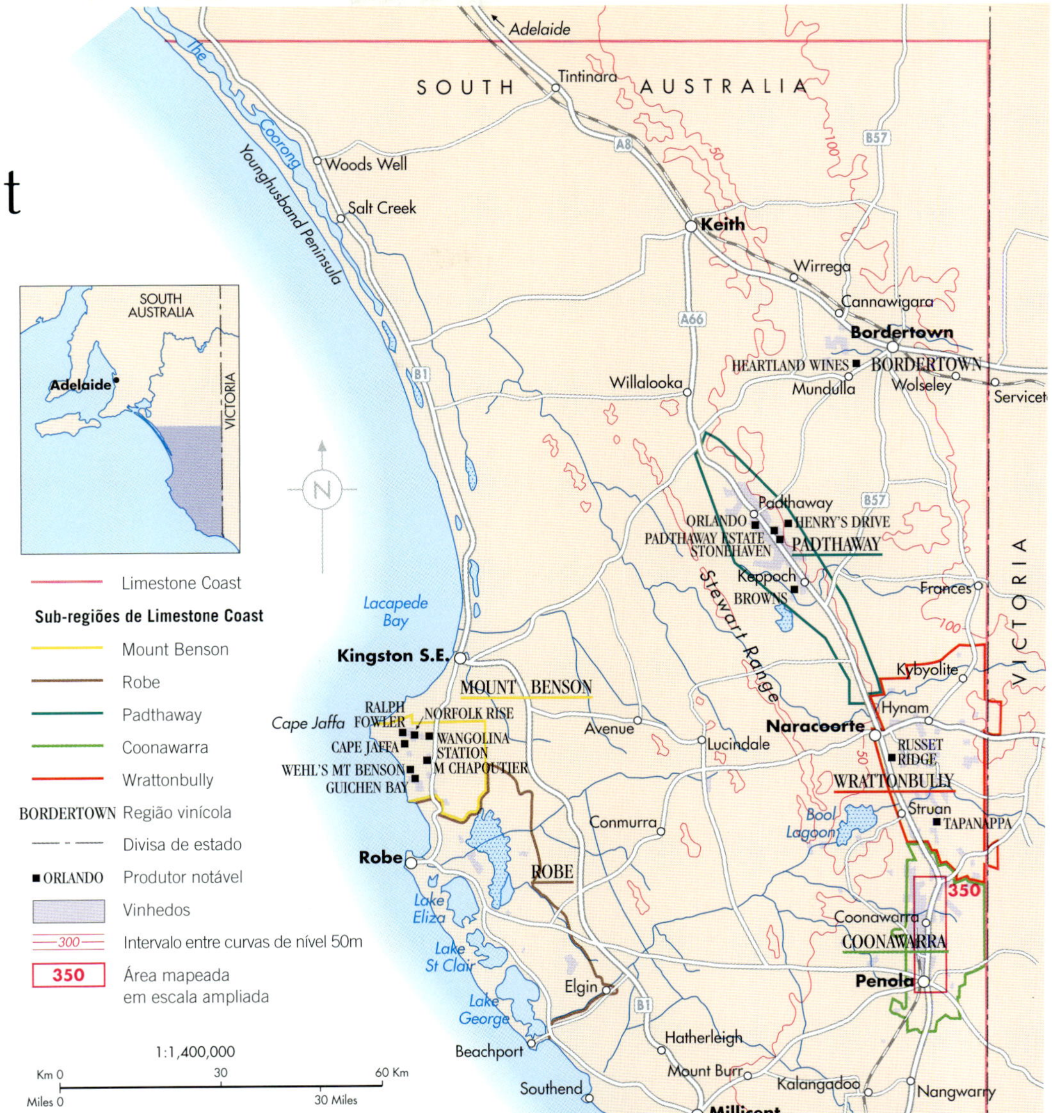

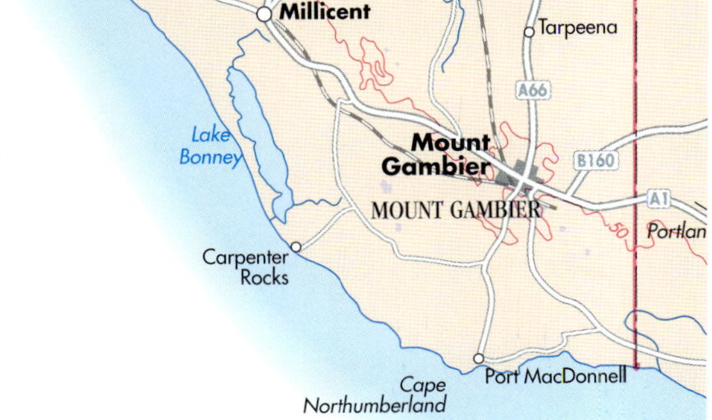

As preparações biodinâmicas 502-507 (milefólio, camomila, urtiga, cortiça, dente-de-leão e valeriana pré-preparadas) são adicionadas ao composto em Cape Jaffa, no Mount Benson.

▼ Limestone Coast é tão nova que foi desenvolvida por estrangeiros como (da esquerda para a direita) Chapoutier, do vale do Rhône; Kreglinger, da Bélgica; Fowler's, do Hunter Valley; e um triunvirato que inclui as famílias Bollinger e Lynch-Bages.

1|2 2|3 3|4

Coonawarra

A história de Coonawarra é, em grande parte, a história da terra rossa. Na década de 1860, os primeiros colonizadores tomaram ciência de um trecho muito estranho de terra, 400km ao sul de Adelaide, e de seu clima essencialmente mediterrâneo. Precisamente ao norte da vila de Penola, um retângulo estreito e longo (somente 15km por 1,5km) de solo completamente nivelado é notavelmente vermelho na cor e farelento no tato. Apenas 45cm abaixo, o solo vermelho muda para puro calcário de excelente drenagem, e somente 2m abaixo há um nível d'água do lençol freático relativamente puro e constante.

Nenhuma terra pode ser melhor desenhada para o cultivo da fruta. O empresário John Riddoch começou a Penola Fruit Colony e, em 1900, a área, sob o nome de Coonawarra, estava produzindo grandes quantidades de um tipo desconhecido de vinho, na maior parte Shiraz, porém enérgico e frutado com álcool moderado. Na realidade, bem parecido com o de Bordeaux.

Essa excelente fonte, um vinhedo australiano produzindo vinhos com uma estrutura bem diferente da maioria, foi por bastante tempo apreciada por muito poucos. Somente com o progresso do vinho de mesa, na década de 1960, seu potencial foi completamente percebido e os grandes nomes da indústria vinícola começaram a se mudar para cá. Wynns é de longe o maior proprietário vinicultor, embora seu proprietário Foster's controle quase metade de todos os vinhedos de Penfolds, Lindeman's, assim como Jamieson's Run. Parcialmente por causa disto, quantidades consideráveis de fruta de Coonawarra terminam em vinhos misturados e engarrafados a muitos quilômetros de distância. Produtores como Balnaves, Bowen, Hollick, Katnook, Leconfield, Majella, Parker, Penley, Petaluma, Rymill, e Zema, por outro lado, oferecem algo muito mais próximo ao modelo de propriedade.

A Shiraz foi a especialidade original de Coonawarra, porém desde que Mildara demonstrou, no início da década de 1960, que as condições estavam também próximas do ideal para a Cabernet Sauvignon, a Cabernet de Coonawarra tem sido uma das poucas combinações criteriosas de variedade e lugar. E, posto que quase seis vinhas em cada dez em Coonawarra são Cabernet Sauvignon, os destinos de Coonawarra tendem a ter altos e baixos com a popularidade da Cabernet australiana.

O solo de Coonawarra não foi a única razão para esse casamento aparentemente realizado no paraíso. A área é consideravelmente distante ao sul, portanto mais fria do que qualquer outra região vinícola australiana ao sul, e somente 80km de uma costa exposta, banhada pelas correntes antártidas e arejada pelos ventos ocidentais durante todo o verão. A geada é um problema na primavera e a chuva, no momento da colheita — o suficiente para tornar um produtor francês muito nostálgico. Na realidade, Coonawarra é mais fria do que Bordeaux e a irrigação por pulverização é mais provável de ser usada contra a ameaça de geada do que para aumentar a produção, que diminuiu desde um surto na década de 1980 causado por proporções altas de novas vinhas produtivas. Se houver força de vontade, o vigor pode ser aperfeiçoado na terra rossa, ao contrário das rendzinas mais escuras e naturalmente mais úmidas a oeste.

Coonawarra, limitada pela extensão de seu solo excêntrico (em si mesmo uma questão de controvérsia), tem um outro problema: seu isolamento. A população é escassa, para dizer o mínimo. Penola não é mais do que um pequeno vilarejo. A mão-de-obra é escassa. Isto significa que muitas vinhas são podadas, ou pelo menos pré-podadas, e colhidas mecanicamente, e a região toda pode também facilmente parecer fria e desumana, embora haja mais de 20 pontos-de-venda nas portas das adegas bravamente direcionadas para os turistas que conseguem chegar tão longe ao sul — uma verdadeira façanha, considerando que há somente 16 vinícolas em funcionamento e uma outra em construção na região neste momento.

As máquinas são inevitáveis em Coonawarra com sua crítica escassez de mão-de-obra, porém elas fizeram pouco pela qualidade ou reputação de seus vinhos. Em um estágio, a "poda mínima", que deixa as vinhas como uma mata, foi estimulada para combater este problema.

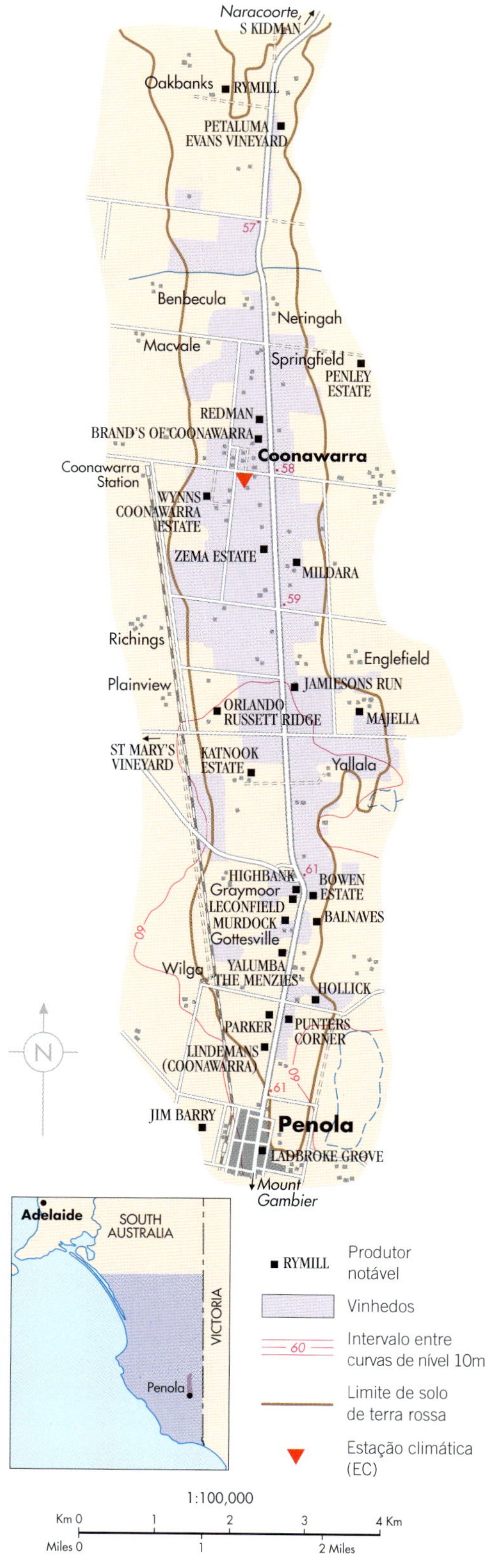

COONAWARRA: COONAWARRA

Latitude / Altitude da EC **37,17° / 50m**

Temperatura média em janeiro na EC **18,9°C**

Índice pluviométrico anual na EC **570mm**

Índice pluviométrico no mês da colheita na EC **Abril: 35mm**

Principais perigos para a viticultura **Falta de amadurecimento, geada de primavera, chuvas na colheita**

Principais uvas **Cabernet Sauvignon, Shiraz, Merlot, Chardonnay**

◄ A vinícola comprada e renomeada por David Wynn, no início da década de 1950, foi materialmente responsável por estabelecer a reputação do estilo distintamente longevo da Cabernet Sauvignon de Coonawarra, embora o Shiraz de primeira linha da empresa, Michael, também seja muito fino.

Victoria

De muitas formas, Victoria é o mais interessante, o mais dinâmico e certamente o mais variado dos estados vinícolas da Austrália, mesmo que atualmente ele não seja nem de perto tão importante em quantidade quanto foi no final do século XIX, quando tinha tantos vinhedos quanto New South Wales e South Australia juntos. A Corrida do Ouro, em meados do século XIX, ajudou a estabelecer uma indústria vinícola (exatamente como se fez na Califórnia), porém, em seguida, a filoxera chegou na década de 1870 e foi fatalmente destrutiva. Em pânico, o governo incentivou a ampla destruição de vinhedos de forma que atualmente Victoria produz menos da metade de vinhos que South Australia, que nunca conheceu a filoxera, mesmo que Victoria tenha quase duas vezes mais vinícolas. Trezentos — quase a metade — de todos os produtores vinícolas de Victoria esmagam menos de 25 toneladas de uvas.

O estado é o menor e o mais frio do continente australiano, porém pode se orgulhar de ter as condições mais diversas para a viticultura. Estas variam do interior árido e pesadamente irrigado da região de Murray Darling, em torno de Mildura, que escancara a fronteira Victoria-New South Wales e cultiva 80% de todas as uvas vitorianas por volume, até regiões vinícolas tão frias quanto as cordilheiras Macedon e Henty na remota costa sudoeste. Os desenvolvimentos recentes mais excitantes em Victoria resultaram, quase totalmente, da procura por boas terras para vinhedos em regiões mais frias. O movimento foi para o sul, em direção ao mar, ou para as áreas montanhosas.

O sobrevivente mais importante da filoxera, no entanto, foi a zona nordeste de Victoria, indiscutivelmente quente, que continua a especializar-se em vinhos de sobremesa fortificados, diferentemente de qualquer coisa produzida em qualquer outro lugar. A maioria destes elixires difíceis estão baseados na Muscat de pele escura com característica de passa e a mais caramelizada "Takay" (ou Muscadelle de Sauternes e Bergerac). Após anos de envelhecimento em barris de madeira velha, freqüentemente sob telhados de estanho em condições de calor abrasador, elas podem atingir riqueza espantosamente sedosa, mas nenhuma maior do que a dos Muscats raros de Rutherglen. Alguns tintos verdadeiramente desenvolvidos também são produzidos em torno de **Rutherglen** e **Glenrowan**, o Xerez e o Porto da Austrália, com a antiga variedade do Rhône, Durif, uma especialidade de Rutherglen.

Atualmente, a zona inclui mais três regiões vinícolas muito mais altas e mais frias: King Valley, Alpine Valleys e Beechworth — todas de interesse potencial para esquiadores que se dirigem esperançosamente para os campos de neve da Great Dividing Range. O Brown Brothers, de propriedade familiar de Milawa, é de longe a empresa dominante de **King Valley** e tem desempenhado um papel importante na experimentação, com uma gama ampla de variedades de uvas até recentemente consideradas exóticas na Austrália, porém atualmente de tendência cada vez mais predominante. As variedades italianas tornaram-se uma especialidade particular aqui, principalmente graças ao trabalho pioneiro da família Pizzini, que veio dos alpes italianos, na década de 1950, para cultivar tabaco. Dal Zotto tem uma herança italiana semelhante.

Muitos destes produtores se abastecem de uvas dos vinhedos ainda mais altos da região de **Alpine Valleys**. As vinhas são plantadas em altitudes de mais de 300m e os vinhos resultantes podem ter sabores especialmente penetrantes, brilhantes, na realidade alpinos. Gapsted é o rótulo da Victorian Alps Wine Company, uma vinícola contratada muito usada pelas empresas de fora da região — sobretudo porque esta região ainda é atormentada pela filoxera.

Em altitudes especialmente mais baixas em torno da cidade da mina de ouro histórica de **Beechworth**, um superlativo Chardonnay influenciado pela Califórnia é feito por Giaconda, que está rapidamente construindo uma reputação para Roussanne e seus tintos, enquanto alguns Shiraz ambiciosos são produzidos por Uvagna. Algumas uvas gloriosamente intensas, incluindo algumas Gamays raras, são cultivadas em Sorrenberg, uma das primeiras ondas modernas de vinhedos, que ainda cobrem apenas uma minúscula fração da área plantada no início do século XIX.

Assim como a região vinícola do nordeste, Great Western, o distrito que se tornou famoso pelo "champanhe" Seppelt's, nunca desistiu também.

Quem comeu todas as uvas? Um canguru cinza e seu filhote no cume de um dos vinhedos escarpados da colina de Coldstream no Yarra Valley, capturados na foto pelo viticultor. Cangurus são uma ameaça constante para os vinhedos australianos.

Agora denominada **Grampians**, a região fica 335m acima no extremo oeste da Great Dividing Range, com solo rico em cal. Seppelt e Best's (sua miniatura, em comparação) têm um longo registro de produção de bons vinhos, espumantes e não espumantes, em cavernas profundas e frias. As uvas para os oceanos de efervecência produzidos em Seppelt Great Western vêm em parte de Padthaway, pela fronteira de South Australia (extremamente patrulhada, por causa da filoxera) e, em parte, de vinhedos irrigados ao longo de Murray. Mas aquelas que se destinam a seu Shiraz espumante, merecidamente celebrado, são cultivadas no local. O Shiraz oficialmente apimentado do Mount Langi Ghiran eloqüentemente explica por quê.

Pyrenees é o nome (irônico?) da paisagem ondulante para o leste dos Grampians. Esta região não é particularmente fria (exceto, às vezes, à noite) e seus vinhos exemplares são grandes tintos de Redbank e Dalwhinnie, mas também tem feito um excelente Chardonnay.

Henty, a terceira região da Western Victoria Zone, é a mais fria e talvez a mais excitante. Seppelt desbravou a região, chamando-a Drumborg, e foi, por vezes, tentado a desistir, porém a mudança climática trabalhou em favor de Henty. Crawford River, plantado em 1975 por um ex-criador de gado, tem mostrado que a Riesling excepcionalmente fina e de bom envelhecimento pode ser produzida aqui, enquanto Tarrington tem demonstrado extraordinária devoção à responsabilidade com variedades borgonhesas.

Voltando para o interior, **Bendigo**, na Central Victorian Zone, é muito mais quente. Seus vinhos são epitomados (e foram lançados) pelos tintos suntuosos de Balgownie. Em seguida, Jasper Hill e outros mostraram o que poderia ser feito em uma terra levemente mais fria ao leste com seus próprios solos cambrianos vermelhos especiais. Eles adicionaram tanto resplendor ao **Heathcote** como um endereço de vinho que atualmente é reconhecida como uma região separada que produz Shiraz freqüentemente rico de vinhas cultivadas a seco.

Nesta zona também está **Goulburn Valley**, onde David Traeger, Mitchelton e Tahbilk, antiga-

A distância notavelmente ampla entre as videiras e o céu sombrio no alto das montanhas Grampian em um dos vinhedos que pertencem à Mount Langi Ghiran, agora parte do grupo Rathbone, que inclui a Yering Station, no Yarra Valley, e a Xanadu, em Margaret River — verdadeira diversidade geográfica.

mente o único sobrevivente da região e chamado Château Tahbilk, agruparam-se no extremo sul. As qualidades especiais aqui ganharam o status de uma sub-região chamada **Nagambie Lakes**, onde a escassez de água é permanente. Como em boa parte da Austrália, a irrigação é essencial. Tahbilk é velho o suficiente para ser classificado um monumento nacional — ele ainda tem alguns vinhos que foram plantados em 1860.

Upper Goulburn é uma outra região vinícola com uma área de esqui mais acima. Suas altitudes mais elevadas (em Delatite, por exemplo) podem fazer vinhos extraordinariamente excelentes. A memorável região denominada **Strathbogie Ranges** situa-se entre as duas regiões Goulburn. Inclui alguns extensos vinhedos de até 600m, onde a acidez é tão alta que Domaine Chandon cultiva Pinot Noir e Chardonnay como vinhos base para frisantes.

Atualmente, o Porto Phillip Zone é o nome para as regiões reunidas em torno da cidade epicurista de Melbourne. A despeito de todo o encanto de outros lugares em Victoria, este é o epicentro. O histórico Yarra Valley é considerado separadamente no verso, porém o famoso **Sunbury**, nas planícies exatamente ao norte do aeroporto de Melbourne, está até mesmo mais próximo do centro da cidade. Há muito, seu carro-chefe tem sido Craiglee, cujo estilo particular de Shiraz, audaciosamente seco, tem permanecido há décadas admiravelmente constante, saboroso e longevo.

No norte de Sunbury, na direção de Bendigo, localiza-se o **Macedon Ranges**, que inclui algumas das condições de vinicultura mais frias da Austrália — e pode ser frio demais. Os esforços de Bindi, próximo de Gisborne, e de Curly Flat's, próximo a Lancefield (o que faz você pensar que os australianos têm um ouvido insensível para nomes?), mostram que esta é uma boa terra tanto para Chardonnay como para Pinot Noir.

A Pinot Noir também é a uva escolhida por muitos produtores nas novas regiões vinícolas litorâneas de Victoria, especialmente na terra vinícola estéril, mais quente e com muito vento de **Geelong**, onde a influência marítima é suprema, e By Farr, Bannockburn e Scotchman's Hills amadurecem a presunçosa Pinot. Shadowfax é uma outra vinícola ambiciosa na margem ocidental de Melbourne que compra fruta neste distrito.

Ao sul de Melbourne, o definitivamente marítimo **Mornington Peninsula** é o lar para muitos produtores admiravelmente ambiciosos e produtores de Pinot Noir, Gris e Chardonnay — tantos que não cabem no mapa. Os vinhos feitos aqui têm estrutura cristalina e bem-definida, nenhum excesso de corpo e acidez excelente e pura. Muitos vinhedos estão sujeitos a ventos quase constantes, vindos do Port Phillip Bay ou do leste, porém a localização exata pode determinar mais variação do que o mapa sugere. Durante boa parte do final do século XX, Mornington Peninsula foi um tipo de playground para os habitantes de Melbourn que gostavam de ficar com seus dedos pegajosos de suco de uva, porém, à medida que as uvas amadureciam e as pessoas que as cultivavam iam ficando absorvidas pelas minúcias interessantes da cultura vinícola, a qualidade aumentava de forma perceptível, de modo que esta é uma das fontes mais recompensadoras do vinho artesanal australiano.

Finalmente, **Gippsland** é tão grande que é tanto uma zona quanto uma região que se expande para bem distante deste mapa, para o leste (ver página 337), e que contém uma outra vasta gama de ambientes diferentes — tantos que a região é perfeita para ser subdividida. O vinho mais convincente, mesmo que altamente variável, até então é o Pinot Noir Bass Phillip, produzido precisamente no sul de Leongatha.

◄ Os vinhos por trás destes rótulos estão em ordem crescente de imponência, da esquerda para a direita. Porém a progressão do mais acerado dos Rieslings para o mais pegajoso dos pegajosos mostra apenas quão ampla gama de sabores e estilos o estado mais frio do continente pode oferecer. O Chambers Muscat é comprovadamente o estilo de vinho mais diferente de todos da Austrália.

Yarra Valley

De longe, a região vinícola mais conhecida a uma curta distância dos restaurantes e salas de concertos de Melbourne é o Yarra Valley, que com determinação atrai os visitantes da cidade, que fica a apenas 45km de distância, e hospeda muitos que trabalham lá. O mapa, salpicado de pequenos quadrados, mostra apenas quantas habitações há aqui, comparadas com outras regiões vinícolas da Austrália. A topografia do vale é complexa, com encostas íngremes e profundas, de altitude que varia de 50m a 470m e apontando para todos os pontos da bússola. As encostas mais altas são frias e noites frias seguem os dias quentes aqui. As chuvas também são relativamente intensas (ver o quadro de características principais), embora nos últimos anos o clima tenha sido mais seco do que os números indicam. Os solos variam entre arenoso cinza ou marga de argila para terra vulcânica vermelha viva tão fértil que enormes "cinzas da montanha" (*Eucalyptus regnans*), ao longo dos riachos, erguem-se sobre as acácias de folhas azuis.

O renascimento do vale data da década de 1960, quando o outrora poderoso St Huberts reabriu suas portas, rapidamente seguido pelo grupo conhecido de especialistas fanáticos por vinho (ver também Margaret River, página 340). Três deles, dr. Carrodus em Yarra Yering, dr. Middleton em Mount Mary, e dr. McMahon em Seville Estate estabeleceram padrões impecáveis em uma minúscula escala. Os que seguiram incluem o dr. Lance em Diamond Valley e o escritor de livros sobre vinhos James Halliday em Coldstream Hills (atualmente pertencente à Foster's), ambos empolgados com o desejo de cultivar a primeira excelente Pinot Noir da Austrália.

A Pinot Noir é nitidamente uma das mais fortes adaptações ao Yarra Valley (Beaune de alta classe em vez de Nuits), mesmo que o Yarra não tenha mais a distinção de ser um dos raríssimos exemplos de território da Pinot da Austrália. Na realidade, o Yarra foi capaz de entrar na recente onda *rosé* basicamente graças à sua área substancial de Pinot Noir. No entanto, a Chardonnay é quase tão extensamente plantada quanto e não faltam exemplos finos e harmoniosos. Atualmente, poucos experimentam fermentação malolática em um movimento predominante para uma maior fineza desta variedade, que prospera especialmente na elevada extremidade meridional do vale. A Cabernet Sauvignon é a segunda uva tinta vinífera mais plantada. O estilo do Yarra é especialmente definido, embora a variedade seja melhor cultivada nas localizações mais quentes. A Shiraz do Yarra beneficiou-se do recente estusiasmo dos australianos por uma Shiraz de clima mais frio, e aqui também tem havido o costume de fermentá-la (a melhor, da parte baixa do vale) com uma pequena proporção de Viognier.

Foi no Yarra Valley que se firmaram as bases para o melhor vinho espumante já produzido na Austrália, quando, em 1987, a Moët & Chandon estabeleceu o Domaine Chandon aqui. Atualmente, a Chandon também produz o vinho não espumante Green Point, porém 50% das frutas para seus vinhos espumantes ainda são cultivadas nas altitudes mais elevadas — e frias — do vale. Em seguida, praticamente todas as grandes empresas compraram sua parte do Yarra, com a De Bortoli (empresa familiar) estabelecendo uma reputação especialmente invejável. O padrão da vinicultura nunca esteve tão alto.

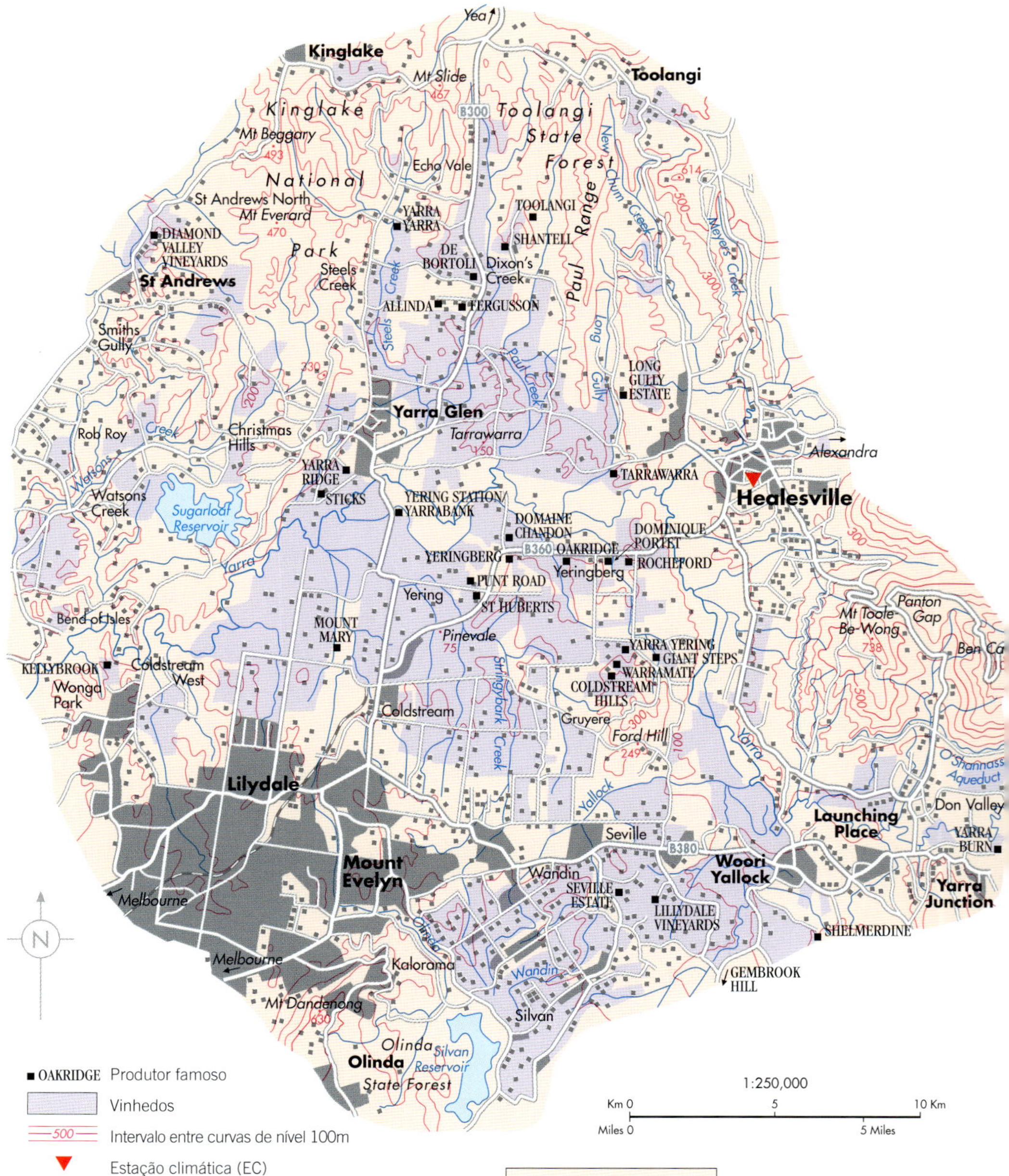

YARRA VALLEY: HEALESVILLE

Latitude / Altitude da EC **37,41° / 130m**

Temperatura média em janeiro na EC **18,6°C**

Índice pluviométrico anual na EC **1.010mm**

Índice pluviométrico no mês da colheira na EC **Março: 65mm**

Principais perigos para a viticultura: **Falta de amadurecimento, fungos, geada**

Principais uvas **Pinot Noir, Chardonnay, Cabernet Sauvignon, Shiraz**

▼ Os contrastes entre os estilos destes vinhos, desde a delicadeza do frisante e dos Chardonnays do Giant Steps e do Diamond Valley à densidade da mistura Bordeaux Dry Red No.1 do Yarra Yering ilustram exatamente o quanto as condições variam por todo o Yarra Valley.

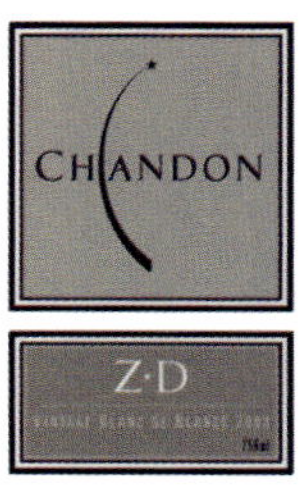

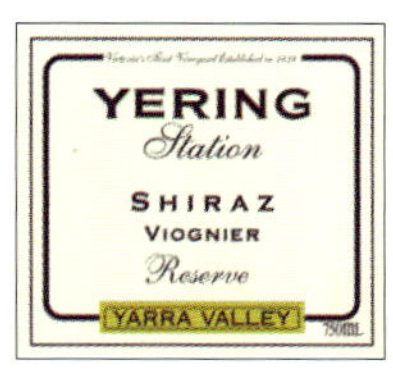

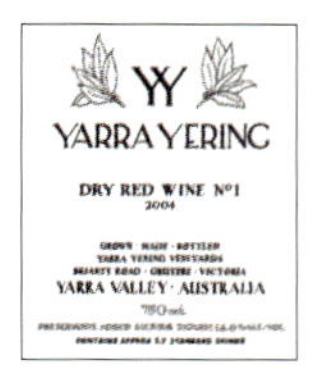

Tasmânia

A constante procura por climas mais frescos na Austrália obviamente leva para o seu estado mais meridional, circundado por água: a Tasmânia. Em contraste absoluto com o continente, esta bucólica ilha pode se orgulhar de ter grama verde o verão inteiro e um mercado pronto para roupas de tricô, o que provoca a inveja de muitos vinicultores do continente. Suas cidades de Launceston e Hobart estão, respectivamente, na mesma latitude que Marlborough e Christchurch, na Nova Zelândia.

No momento, os produtores de vinho locais estão oficialmente limitados a apenas uma indicação geográfica, Tasmânia, porém as sub-regiões não oficiais mostradas aqui têm personalidades bem distintas. O protegido Tamar Valley e as arborizadas sub-regiões de Pipers River no nordeste da ilha são avaliados como algumas das áreas mais propícias para produção de vinho em clima fresco. A maioria dos grandes e mais ambiciosos produtores da ilha está estabelecida aqui. No entanto, há lotes na costa sudeste tão protegidos pelas principais montanhas que o fato de não existir terra entre eles e a Antártida não parece ser relevante. Até o Huon Valley, a região vinícola mais meridional da Austrália, tem produzido algumas campeãs de amadurecimento completo, enquanto Derwent Vale e Coal River, a norte e a nordeste de Hobart respectivamente, são quentes o suficiente para amadurecer a Cabernet Sauvignon, como os fanáticos proprietários do Domaine A têm provado. Em torno de Freycinet, na costa leste, há um anfiteatro natural que parece predeterminado para a viticultura e tem produzido alguns Pinot Noirs excepcionalmente belos.

Durante as décadas de 1980 e de 1990, quando a Tasmânia emergiu como produtora de vinhos, achava-se que a acidez natural de suas uvas seria uma boa base para espumantes. A ilha, especialmente a parte norte da Tasmânia, é uma peça fundamental na reputação australiana para frisantes finos, como o rótulo Jansz, propriedade de Yalumba de South Australia e a vinícola Bay of Fires, dos Hardy, no Pipers River. Sucos e vinho base são constantemente transportados para o continente por algumas das maiores empresas para serem transformados em uma gama de vinhos espumantes. Entre todas as regiões vinícolas da Austrália, a Tasmânia é a que tem mais a ganhar com o aquecimento global, mesmo que no início do século XXI houvesse o perigo de algumas das variedades de amadurecimento precoce, como a Chardonnay, ficarem maduras demais.

Atualmente ninguém duvida que a ilha pode produzir também bons vinhos não espumantes que são extremamente distintos do contexto australiano. As uvas da Alsácia, Riesling, Pinot Gris, Gewürztraminer — e Pinot Noir em particular, que conta com 40% da produção — podem ser excepcionalmente vivazes, com raça e delicadeza que faltam no continente. A Tasmânia tem uma habilidade especial com a Pinot Gris, e a Riesling tasmaniana, a terceira variedade mais importante da ilha, tem quase a delicadeza do Mosela — ou da Ilha do Sul da Nova Zelândia.

O número de produtores de vinho da Tasmânia está se aproximando de 250, a maioria em minúscula escala, e somente 28 com mais de 25 acres (10 hectares) de vinhas, o que contribui para os custos de produção relativamente altos. Os mais importantes produtores incluem Kreglinger (a empresa de Flandres que é proprietária de Pipers Brook e seu rótulo Ninth Island) e Tamar Ridge, atualmente administrada por Andrew Pirie, que costumava administrar a Pipers Brook e que, no momento, tem seu próprio rótulo.

Os vinhedos de Pipers Brook nunca tiveram carência de especialistas. Aqui as vinhas são dobradas em forma de U do sistema "Lyre", que freia o entusiasmo natural de brotar folhas em vez de amadurecer a fruta. Este truque é muito usado em outras regiões com vinhas cheias de vigor.

Os ventos da costa concedem um limite natural à produção dos vinhedos, esculpidos a partir da terra rica e florida da Tasmânia. Em alguns lugares, as telas são necessárias para preservar as folhas das vinhas na encosta virada para o mar. No entanto, o amadurecimento é vagaroso e certo, como qualquer vinicultor poderia desejar, e os sabores correspondentes são intensos.

TASMÂNIA: LAUNCESTON ▼

Latitude / Altitude da EC **41,32° / 170m**

Temperatura média em janeiro na EC **17,7°C**

Índice pluviométrico anual na EC **680mm**

Índice pluviométrico no mês da colheita na EC **Abril: 55mm**

Principais perigos para a viticultura **Botrítis, *coulure***

Principais uvas **Pinot Noir, Chardonnay, Riesling**

1:4,000,000

Km 0 50 100 150 Km

Miles 0 50 100 Miles

■ JANSZ Produtor notável

TAMAR Região vinícola não oficial

Terreno acima de 1.000m

▼ Estação climática (EC)

▼ Um excepcional Sauvignon Blanc envelhecido em carvalho, com verdadeira complexidade e longevidade, mais três excelentes vinhos espumantes com uma fineza que apenas o Domaine Chandon do Yarra Valley parece ser capaz de conseguir no continente.

1|2 2|3 3|4 4|5 5|6

New South Wales, incluindo o Hunter Valley

Há muito tempo, New South Wales, a terra natal dos vinhos da Austrália, foi substituída como o núcleo da indústria por South Australia. No entanto, ainda há um distrito 160km ao norte de Sydney tão famoso quanto qualquer outro do país, mesmo que cultive apenas um décimo das uvas que Reverina, uma fábrica de vinhos no interior, produz (ver página 337), e que esteja progressivamente sendo alcançado pelo crescente rol de novas regiões vinícolas do estado.

Lower Hunter Valley, em torno de Branxton, e a cidade mineira de Cessnock representam um triunfo da proximidade sobre a adequação. O **Hunter**, como é conhecido, está longe de ser considerado um lugar ideal para cultivar uvas. É subtropical; a mais setentrional região vinícola da Austrália: os verões são sempre muito quentes e os outonos podem ser importunamente chuvosos. Os ventos do nordeste vindos do Pacífico compensam um pouco o extremo calor, e o céu durante o verão é muitas vezes nublado, portanto os raios do sol são espalhados. O índice pluviométrico anual é relativamente alto, 750mm, e mais de dois terços do total de chuva caem nos primeiros quatro meses do ano, que é a época da colheita. Há muito para o fazendeiro reclamar: as safras são tão desiguais quanto na França.

A razão da quantidade de vinícolas no mapa não é tanto pela afinidade com a vinha quanto por estarem a apenas duas horas de carro de Sydney e por serem uma Meca para turistas e investidores. Nenhuma outra região vinícola da Austrália é tão convidativa para o visitante casual. Restaurantes, campos de golfe e, claro, portas de adegas proliferam.

Surpreendentemente, mesmo sendo tão ao norte, o Hunter Valley foi uma das primeiras regiões da Austrália a concentrar-se em vinhos de mesa — talvez porque hospedou por muito tempo os peritos da indústria de vinhos.

Vinhas são plantadas aqui (em Dalwood, perto do rio, à leste de Branxton) desde 1828, porém o solo que fez a reputação do Hunter Valley é encontrado ao sul, no sopé da cordilheira Brokenback. No lado leste da colina, há uma faixa de basalto desgastado, sinal de uma antiga atividade vulcânica, que restringe o vigor das vinhas e concentra sabores minerais nas uvas. Os solos vulcânicos vermelhos mais acima, como o de Pokolbin, são particularmente adequados à Shiraz, a uva tinta tradicional do Hunter, baseada em clones especialmente velhos. A Sémillon cultivada nas areias brancas e na greda das terras baixas é a tradicional branca, mesmo que tenha sido sobrepujada quantitativamente pela Chardonnay. Não mais que meio encorpado, o Shiraz do Hunter é muitas vezes fortificado com produto mais forte importado de South Australia, até o máximo permitido de 15%. Suave e terroso, porém condimentado e longo, o Shiraz de uma boa safra do Hunter poderá amadurecer relativamente cedo, mas é longevo e fica complexo e curtido com o tempo. A Cabernet, que não se dá bem com outonos chuvosos, é bem menos importante aqui que em outras áreas.

O Sémillon do Hunter é um dos clássicos da Austrália, embora menos apreciado. As uvas são colhidas em níveis bem baixos de maturação, fermentadas em cubas, e engarrafadas relativamente cedo, com aproximadamente 11% de teor alcoólico e sem a fermentação malolática. Estes jovens e relativamente austeros vinhos cítricos ou com sabor de grama envelhecem magnificamente na garrafa para produzir bombas verde-douradas, tostadas, minerais, empacotadas com uma explosão de sabores, embora o estilo não seja para neófitos. Verdelho também tem uma longa história no Hunter, embora haja uma grande disputa para saber se ele deve ser feito totalmente seco, como o Sémillon.

O Hunter estava na vanguarda do caso de amor da Austrália com as uvas importadas da França. Nos primórdios da década de 1970, Murray Tyrrell, inspirado por Len Evans (ver foto da página 49), o empresário não só do Hunter, mas dos vinhos australianos em geral, fez com a Chardonnay o que Max Lake fez na década de 1960 com a Cabernet: colocou um produto no mercado que nenhum vinicultor poderia ignorar, seu Vat 47. Isso lançou milhares — ou seriam milhões? — de Chardonnays australianos.

Chardonnay também é de longe a principal — alguns dizem a única — variedade de uva no Hunter Superior colocada ressonantemente no mapa por Rosemount, na década de 1970. Está localizada 60km a noroeste em terreno mais alto em torno de Denman e Muswellbrook. O índice pluviométrico é mais baixo e a irrigação é livremente praticada. A sub-região de Broke Fordwich, que fica a meia hora de carro, mapeada

▼ Alguns dos vinhos mais interessantes de New South Wales, produzidos fora do Hunter Valley: dois vinhos refinados de Orange, uma resposta de Hilltops ao Amarone, o mais fino de Canberra, e um vinho licoroso (*stickie*) de Riverina.

Não é o cenário que os pôsteres da Austrália normalmente mostram, mas uma realidade do inverno na região de Orange em altitude elevada. Esta é a entrada da vinícola Brangayne, um empreendimento iniciado por fazendeiros de frutas que ficaram cada vez mais seduzidos pelas uvas.

aqui, está atualmente muito mais dinâmica, produzindo Sémillons distintos em solo aluvial arenoso.

Para oeste, aproximadamente 450m acima das encostas orientais da Great Dividing Range, Mudgee também fez sua marca desde a década de 1970 (ver página 337 para a localização de todas as regiões de New South Wales consideradas aqui, desde o norte até o sul). Suas origens são quase tão velhas quanto as do Hunter Valley, porém Mudgee ficou na obscuridade até que a procura por distritos mais frescos para produzir vinhos com sabores mais pronunciados começou. Chardonnay e Cabernet intensos e tradicionais são seus verdadeiros sucessos. Craigmoor (agora Poet's Corner) é a adega mais antiga da região, Huntington, a melhor (embora desconhecida fora da Austrália), e Botobolar, admiravelmente orgânica.

New South Wales tem visto uma procura longa e vigorosa por novas regiões vinícolas, todas em cantos mais frescos e altos do estado. Orange, em uma altitude elevada e com solo vulcânico nas encostas do monte Canobolas (atualmente extinto), foi plantada pela primeira vez em 1983, por Stephen Doyle, um bibliotecário louco por vinhos, em Bloodwood. A acidez natural é a marca registrada das vinhas cultivadas aqui, e a gama de variedades é grande. A altitude é que define a denominação. Caso único na Austrália, é um anel cercado a 600m de altura. Os vinhedos promissores de vinho tinto, plantados com as uvas usuais, englobam as fronteiras inferiores da apelação e são vendidos com o nome de Central Ranges.

Cowra tem uma história muito maior para Chardonnays luxuosos, exuberantes e cheios, cultivados com produtividade razoavelmente alta e em altitudes mais baixas, em média somente a 350m. Hilltops, um pouco para o sul em torno da cidade de Young, e mais alto que Cowra, é muito mais recente e, como a maioria destas mais obscuras regiões vinícolas de New South Wales, tende a criar frutas — particularmente uvas tintas Chardonnay e Sémillon — para vinícolas de fora da região. Há meia dúzia de pequenos empreendimentos, sendo Barwang de longe o mais importante, agora pertencente a McWilliam's, junto com o De Bortoli do Tyrell, e Casella de Riverina, uma das maiores empresas vinícolas familiares baseada em New South Wales.

A grande surpresa sobre Canberra District, o aglomerado de vinhedos em torno da capital da nação, é que, em primeiro lugar, há muitos deles; em segundo, que a maioria fica mesmo em New South Wales; e, em terceiro, que eles existem há muito tempo. John Kirk plantou as primeiras vinhas em Clonakilla em 1971 e seu filho Tim foi pioneiro em fazer a mistura popular Shiraz/Viognier, modelada na Côte-Rôtie. O governo parece entusiasmado para que esta região saia da escuridão: Hardy foi atraída para estabelecer um centro de turismo vinícola dentro do território da capital com o nome aborígene de Kamberra. Os vinhedos mais altos, como os do Lark Hill, não são apenas frescos, mas frios (a geada pode aparecer), e o resultado pode ser alguns dos Pinot Noir mais delicados da Austrália. Helm é um dos mais apaixonantes expoentes do Riesling.

Shoalhaven Coast também está se desenvolvendo rapidamente, embora, como Hastings River, em torno do Port Macquaire ao norte, sofra com a alta umidade. Híbridos como Chambourcin oferecem um certo potencial. Tumbarumba é outra região extremamente fria e alta, de particular interesse para quem quer fazer misturas renomadas de Chardonnay, como os Penfolds, Yattarna e Eileen Hardy, além dos engarrafadores de espumantes e Sauvignon Blanc.

Lista de produtores

1 CONSTABLE & HERSHON
2 HONEYTREE
3 TYRRELL'S
4 GLENGUIN
5 McGUIGAN
6 TEMPUS TWO
7 THOMAS WINES
8 TAMBURLAINE
9 PEPPER TREE
10 TOWER
11 HUNGERFORD HILL

POKOLBIN Sub-região vinícola não oficial
■ ADINA Produtor notável
Mount View Vinhedo notável
Vinhedos
300 Intervalo entre curvas de nível 75m
Estação climática (EC)

LOWER HUNTER: CESSNOOK

Latitude / Altitude na EC **32,49° / 60m**
Temperatura média em janeiro na EC **23,7°C**
Índice pluviométrico médio anual na EC **750mm**
Índice pluviométrico no mês da colheita na EC **Fevereiro: 95mm**
Principais perigos para a viticultura **Chuva durante a colheita, doença fúngica**
Principais uvas **Chardonnay, Shiraz, Sémillon**

▼ Os mais produtivos vinicultores do Hunter Valley estão representados por estes rótulos. Os dois à direita são evidências de um núcleo particularmente ativo de jovens turcos na região vinícola estabelecida há muito, a qual prenuncia um futuro promissor. McWilliam's e Tyrrell's são velhos conhecidos e muito confiáveis.

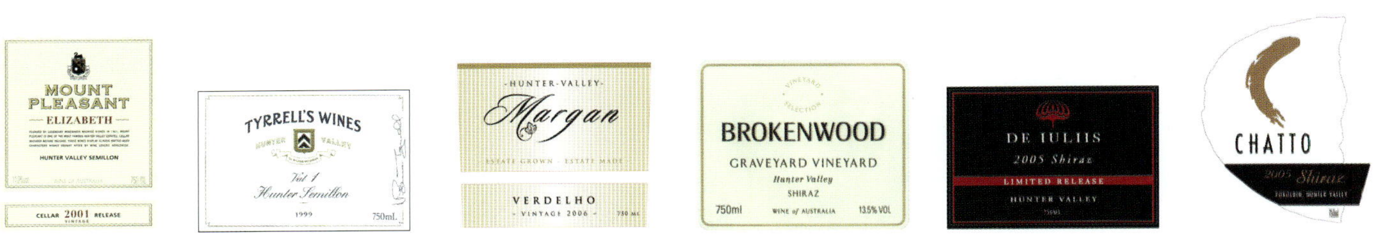

Nova Zelândia

Poucos países vinícolas têm uma imagem tão nítida quanto a Nova Zelândia. A palavra nítida é adequada, pois os vinhos são caracterizados por sabores penetrantes e cristalinos, com uma acidez estimulante. No entanto, muitos consumidores do mundo nunca terão esta experiência, pois a Nova Zelândia, além de ser um dos países mais isolados do mundo (mais de três horas de vôo de sua vizinha mais próxima, a Austrália), é uma novata no mundo do vinho. E é um país pequeno, que produz menos de 0,3% da produção mundial. A Nova Zelândia ganhou tanto espaço neste livro porque atualmente está exportando seriamente — a maioria dos seus vinhos é vendida fora do país — e porque muitas pessoas que experimentam seus vinhos apaixonam-se loucamente por seus sabores extraordinariamente potentes e diretos.

Em termos históricos, esta é uma notícia de última hora. Em 1960, o país tinha menos de 1.000 acres (400 hectares) de vinhas, principalmente em Auckland e Hawke's Bay, e muitas eram híbridas. Até 1980, havia 14.000 acres (5.600 hectares), 2.000 dos quais na nova região de Marlborough, na Ilha do Sul (ver página 362). Na década de 1990, parecia que qualquer um que tivesse alguns acres de terra queria tentar cultivar vinhas, de modo que, em 2006, a área total de produção era de mais de 54.000 acres (22.000 hectares) e havia 530 produtores de vinhos. Esta média é relativamente pequena por produtor e uma grande parcela tem um rótulo, mas não uma vinícola própria. Contratos para produção de vinhos são um grande negócio.

Foram os neozelandeses que inventaram a frase e compraram o conceito de um "estilo de vida vinícola": um estilo de vida bucólico no qual, tipicamente, uma boa educação está focada em produzir, no ambiente mais agradável, uma das delícias da vida que a terra nos oferece.

A Nova Zelândia tinha alguns problemas naturais a enfrentar antes que tal entusiasmo pudesse ser definitivamente controlado. Há apenas 150 anos, boa parte deste longo e estreito país era coberta de florestas tropicais. Os solos aqui tendem a ser tão ricos em nutrientes que as vinhas, como todo o resto, crescem vigorosas demais, um fenômeno exacerbado pelo generoso índice pluviométrico do país. As técnicas de administração das frondes foram extremamente necessárias e introduzidas na década de 1980 pelo então viticultor do Estado dr. Richard Smart, permitindo que a luz brilhasse tanto figurativa quanto literalmente no estilo único dos vinhos da Nova Zelândia.

A viticultura da Nova Zelândia está situada, em termos do hemisfério norte, nas latitudes entre as do Marrocos e as de Bordeaux (ver páginas 360 e 362). Por sua vez, os efeitos da latitude são contrabalançados pelo Pacífico, com seu vento vindo do oeste, e pelo efeito das montanhas nas nuvens de chuva: fatores que fornecem às duas ilhas uma grande gama de condições de cultivo — quase todas mais frescas do que as estatísticas sugerem.

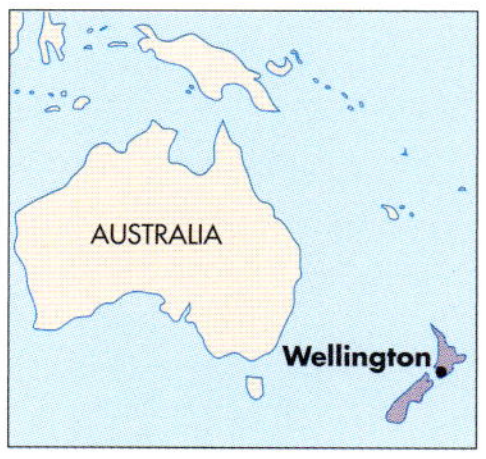

Foi a Sauvignon Blanc que fez o mundo notar a Nova Zelândia. Afinal de contas, é necessário um clima frio para a Sauvignon Blanc ser vivaz, e a ponta setentrional fria, clara, ensolarada e ventosa da Ilha do Sul parece ser projetada para intensificar a quase imperceptível sutileza da vibração da Sauvignon. Os primeiros exemplares de Sauvignon vindos de Marlborough, na década de 1980, abriram uma caixa de Pandora de sabores que ninguém podia ignorar; e, mais importante, nenhum lugar do mundo parece conseguir reproduzir. Atualmente, a Sauvignon Blanc é a mais importante uva do país e, pelo menos por enquanto, parece que não importa o quanto é plantada, a procura será sempre maior.

A Chardonnay, enaltecida pela vivacidade, marca registrada do país, foi por muito tempo a outra carta na manga da Nova Zelândia. Porém, recentemente, tem sido superada em termos de área de vinhedos e certamente em termos de reputação pela Pinot Noir. Esta variedade tem tido sucesso praticamente pela mesma razão que a Sauvignon Blanc: o clima fresco da Nova Zelândia. Em uma gama surpreendente de regiões vinícolas, esta uva sensível tem fornecido aos cultivadores de Kiwi uma outra oportunidade de sucesso em que muitas outras regiões (mais significativamente, a maior parte da Austrália) fracassaram.

A Merlot superou a inconveniente Cabernet Sauvignon de maturação tardia em 2000. As misturas de Bordeaux são, em geral, mais populares com os habitantes de Kiwi do que neste grande mundo saturado por Cabernet. Outras uvas significativas incluem a Riesling, cujo vinho pode ser muito fino aqui, tanto seco quanto doce; e um número significativo de produtores e cultivadores estão investindo, atualmente, na Gewürztraminer, na Viognier e, principalmente, na Pinot Gris e na Syrah (ver Hawke's Bay). O isolamento provou não ser uma defesa contra as pestes e doenças da vinha; a maioria destas novas plantações é enxertada em rizomas resistentes à filoxera.

O vinho da Nova Zelândia tem progredido muito desde a época em que era conhecido localmente como "Dally Plonk", uma referência aos colonizadores de Dalmatia, seduzidos para virem das florestas de goma *kauri*, no longínquo norte, para plantar vinhedos perto de **Auckland**, no início do século XX. Eles persistiram apesar do

O sol também nasce para a Nova Zelândia; e brilha esplendidamente através do ar despoluído. Afirma-se que o buraco na camada de ozônio acima de Marlborough é responsável pelo sabor pungente dos vinhos.

clima chuvoso e subtropical; algumas famílias que vivem no que é agora uma boa área de vinhos tintos têm nomes oriundos de Dalmatia. Como no Hunter Valley, a cobertura das nuvens modera a intensidade da luz do sol e fornece condições permanentes de amadurecimento. Na hora da colheita, a chuva e a podridão são problemas, embora a ilha de Waiheke no leste não pegue a chuva do continente. Stonyridge tem mostrado o potencial da ilha com as uvas Bordeaux, porém as possibilidades para a uva Syrah parecem ainda mais brilhantes. Te Whau é outra vinícola que deve ser observada.

Nos primeiros anos deste século, as empresas multinacionais prestaram como nunca os maiores elogios aos vinhos da Nova Zelândia. Em 2005, Pernod Ricard, da Nova Zelândia, tornou-se o proprietário da gigante Montana e de vários outros rótulos (incluindo Brancott Estate, que substitui o nome Montana nos EUA por razões óbvias), produzindo assim mais de um terço de todo o vinho da Nova Zelândia. Os vinhos da empresa são fermentados e normalmente envelhecidos em vinícolas regionais, e engarrafados em Auckland — prática comum nas grandes empresas. Sua vinícola em Gisborne processa 60% da produção regional e é o lar da maior tanoaria do país.

Gisborne, na costa leste da Ilha do Norte (como muitas das regiões vinícolas da Nova Zelândia tem um outro nome, Poverty Bay), é um bom exemplo de uma região saqueada pelas engarrafadoras. Em termos de área de vinhedos, é a terceira mais importante região vinícola do país, reconhecidamente bem atrás de Marlborough e também atrás de Hawke's Bay, a resposta da Nova Zelândia para o Bordeaux, porém tem relativamente poucas vinícolas, até menos do que Nelson, e bem menos do que Otago Central. Mais quente, porém mais úmida que Hawke's Bay, especialmente no outono, Gisborne produz quase exclusivamente uvas brancas em um solo relativamente fértil de greda. Tem uma reputação para Chardonnay exuberante, geralmente colhida duas ou três semanas antes de Hawke's Bay e Marlborough, por exemplo, mas produz um dos Gewürztraminers mais finos do mundo, assim como um intenso Sémillon e um Chenin Blanc relativamente rico. A Merlot e a Syrah também são particularmente acessíveis.

Se Poverty Bay é Gisborne, Bay of Plenty é conhecida como **Waikato** e produz um Chardonnay pretensioso em quantidades relativamente pequenas. As outras regiões da Ilha do Norte são consideradas em detalhes no verso.

Do outro lado do desfiladeiro Cook, na Ilha do Sul, a pequena região de **Nelson** a oeste de Marlborough tem mais chuva e um solo mais rico que o de Wairarapa, porém sai-se bem com variedades de uvas semelhantes às da Borgonha.

Enquanto isso, bem ao sul de Marlborough, nas planícies relativamente frescas em torno de Christchurch e a uma hora de carro ao norte por terreno ondulado em Waipara, os vinicultores de **Canterbury** estão produzindo Rieslings enérgicos e duros e alguns Chardonnays bem estruturados (de Mountford, por exemplo), assim como Pinot Noir, que varia de um herbáceo decepcionante até um tentadoramente promissor, em ambientes extremamente variados. O leste da região é dominado por cascalho aluvial, muitas vezes coberto por uma fina camada de loess, porém alguns afloramentos isolados de calcário tão reverenciados na Borgonha têm sido avidamente procurados mais a oeste por alguns dos mais ambiciosos produtores de Waipara, como Bell Hill e Pyramid Valley. O fato de Montana ter plantado centenas de hectares de vinhedos na região certamente é significativo. O isolamento da maioria dos vinhedos, o clima moderadamente seco e os ventos persistentes tornam a viticultura orgânica relativamente fácil aqui.

Outra região vinícola embrionária dominada por calcário tem sido explorada ainda mais ao sul. Waitaki Valley, no nordeste de Otago, é tratada junto com Otago Central na página 363.

▼ Algumas das ofertas particularmente excelentes de regiões não mapeadas em detalhes nas páginas seguintes. Da esquerda para a direita, percorrem do norte ao sul, com somente um tinto entre elas: a mistura Waiheke Bordeaux. Neudorf é um modelo para o noroeste da Ilha do Sul.

Hawke's Bay

Em termos de Nova Zelândia, Hawke's Bay é uma região vinícola histórica, plantada pelos missionários maristas em meados do século XIX. No entanto, foi a Cabernet produzida aqui na década de 1960 pelo célebre Tom McDonald para a empresa vinícola australiana McWilliam's (em uma vinícola revivida em 1990 por Montana para seu rótulo Church Road) que mostrou a promessa a longo prazo desta área. Quando as plantações sérias começaram na década de 1970, Hawke's Bay era um lugar lógico para expandir, especialmente com a Cabernet Sauvignon, que naquela época era *de riguer* (obrigatória).

Hawke's Bay tem sido o modelo de Kiwi para tintos estilo clarete desde então, porém foi somente no final da década de 1990 que a região começou a produzir vinhos que demandavam atenção. A safra de 1998, tão quente e seca que as ovelhas de Hawke's Bay tiveram que ser transportadas para o oeste por cima das montanhas até pastos mais verdes, produziu vinhos com a definição enérgica usual da Nova Zelândia, obviamente feitos de uvas totalmente maduras e com os taninos gentis mas insistentes, sugerindo um futuro promissor.

Foi também no final da década de 1990 que os cultivadores começaram a realmente entender os solos de Hawke's Bay e a tirar vantagem das suas complexidades. Já havia se tornado óbvio que o clima marítimo desta extensa baía na costa leste da Ilha do Norte, abrigada dos ventos do oeste pelas cordilheiras Rauhine e Kaweka, poderia oferecer uma das mais favoráveis combinações do país: índice pluviométrico relativamente baixo e altas temperaturas (embora mais baixas que as de Bordeaux — ver quadro de características principais). O que acontecia embaixo da terra levou mais tempo para se entender.

Uma visão aérea de Hawke's Bay mostra claramente a marcante variedade de solos de cascalho, aluviais e menos férteis, e sua distribuição tem um padrão fluindo das montanhas para o mar. Lodo, greda e cascalho têm diferentes capacidades de armazenamento de água; um vinhedo pode estar no ponto de saturação, brotando vegetação em uma velocidade desagradável, enquanto outro precisa ser irrigado. Ficou claro que as uvas mais maduras eram produzidas nos piores solos, o que limitava o cultivo da vinha, e nos quais a irrigação poderia controlar cuidadosamente a medida exata de água que cada vinha recebia (mesmo que atualmente os verões pareçam mais quentes e a uva tinta esteja amadurecendo de forma mais confiável).

Não existe solo tão pobre quanto os 2.000 acres (800 hectares) de pedras lascadas quentes e profundas que permanecem onde agora existe a estrada Gimblett, a noroeste de Hastings, ao longo do que costumava ser o curso do rio Ngauroro até a drástica enchente de 1870. O final da década de 1990 viu uma corrida de terra viticultural nestes assim chamados cascalhos de Gimlett, ou Twyford, um frenesi durante o qual os últimos três quartos de terras disponíveis foram comprados e plantados com presteza para um cultivo hidropônico.

Outros bons locais para amadurecer uvas tintas incluem Bridge Pa, exatamente ao sul, um pouco mais fresco que aqui; áreas selecionadas nas colinas de calcário de Havelock North, como a colonizada por Te Mata no passado; e uma faixa fria e de amadurecimento tardio de pedras lascadas, ao longo da costa entre Haumoana e Te Awanga.

A Nova Zelândia sofreu de uma devoção excessiva à Cabernet Sauvignon como qualquer outro lugar na década de 1980, porém mesmo em Hawke's Bay esta variedade nem sempre amadurece plenamente, e as plantações de Merlot, muito mais confiáveis e de amadurecimento precoce, são atualmente mais que o dobro das de Cabernet Sauvignon. A Malbec também prospera aqui e amadurece até mais cedo, embora esteja sujeita a um ambiente desfavorável para a fruta. Todavia, as esperanças futuras estão na Syrah, que amadurece no meio da estação. Duas de cada três vinhas Syrah estão plantadas nos solos pobres de Hawke's Bay, amadurecendo satisfatoriamente na maioria dos anos. O engarrafamento em Brookfields' Hillside é um exemplo de como o Syrah pode ser suculento aqui. Como Bordeaux, esta é uma região de variação anual exagerada; e pelas mesmas razões de Bordeaux, a maioria dos tintos mais bem equilibrados são misturas sensivelmente envelhecidas em carvalho.

No entanto, a Chardonnay compete com a Merlot como a variedade mais plantada em Hawke's Bay, e a região cultiva algumas das melhores do país, muitas vezes mais opulentas que em qualquer outro lugar.

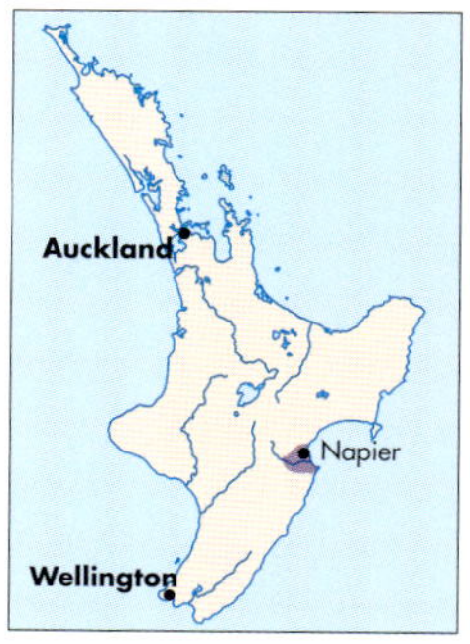

Esk Valley Sub-região vinícola

■ UNISON Produtor notável

Vinhedos

200 Intervalo entre curvas de nível: 100m

▼ Estação climática (EC)

1:357,150

Km 0 5 10 Km

Miles 0 5 Miles

HAWKE'S BAY: NAPIER ▼
Latitude / Altitude da EC **39,28° / 1m**
Temperatura média em janeiro na EC **18,9°C**
Índice pluviométrico anual na EC **890mm**
Índice pluviométrico no mês da colheita na EC **Março: 75mm**
Principais perigos para a viticultura **Chuva no outono, doenças fúngicas**
Principais uvas **Chardonnay, Merlot, Sauvignon Blanc**

◄ Esta é a resposta da Nova Zelândia ao Bordeaux e ao Rhône com todos estes celebrados rótulos dedicados ao vinho tinto. Stonecroft foi o pioneiro com o Syrah. Craggy Range (Le Sol) é um relativo parvenu, mas é invejavelmente bem financiado — seria uma versão da Nova Zelândia de uma vinícola do Napa Valley?

Martinborough

A área mais excitante para o Pinot Noir na Ilha do Norte e a primeira na Nova Zelândia a estabelecer uma reputação por produzi-lo é chamada de diversas formas: Wairarapa, Martinborough (uma sub-região cujo nome vem da capital do vinho de Wairarapa) e Wellington. Fica a apenas uma hora de carro a leste da capital do país, acima das montanhas e dentro da área chuvosa da ilha. As temperaturas aqui podem ser tão mais baixas que em outras regiões da Ilha do Norte que um ex-cientista de pesquisas dr. Neil McCallum, de Dry River, comentou: "Somos muito parecidos com Edimburgo em termos da soma total de calor." No entanto, graças às montanhas a oeste, os outonos de Martinborough são os mais confiavelmente secos do país, dando às suas 55 vinícolas a chance de produzir alguns dos mais vivos Pinot Noir borgonheses, a vinha dominante da região. Tem variado de rico em ameixas para magro, seco e terroso; mas o Borgonha também é assim.

O paralelo com a Borgonha estende-se à estrutura do empreendimento vinícola aqui, com os vinhos sendo produzidos pelas mesmas pessoas que cultivaram as uvas. Os fazendeiros de uvas provavelmente seriam mais atraídos pela produtividade constante e generosa de Marlborough do que pela média de quase duas toneladas por acre de Martinborough. A região tem solos finos e pobres de lodo e argila em cima de cascalhos com boa drenagem, e os ventos do oeste nesta área são particularmente persistentes na época da floração, normalmente após uma primavera fria, durante a qual a geada é uma ameaça constante. No entanto, em Martinborough, as uvas passam por um longo período de cultivo rotineiro, graças aos longos outonos e às maiores diferenças de temperatura diurna e noturna típicas da Nova Zelândia. Como em qualquer outro lugar, o desafio atual é produzir vinhos sutis de real interesse, porém sem o excesso de maturidade.

Muitas das principais vinícolas, Ata Rangi, Martinborough Vineyard e Dry River, foram estabelecidas no início da década de 1980. Os indivíduos por trás delas construíram reputações muito pessoais e consistentes, *à la bourguignonne*, embora Larry McKenna, que já foi do vinhedo Martinborough, tenha estabelecido recentemente um empreendimento de segunda geração em Escarpment.

A região também tem mostrado uma proficiência verdadeira com a última varietal predileta da Nova Zelândia, a Pinot Gris, em especial aqueles vinhos baseados no clone original importado para a vinícola Mission, durante a década de 1880, embora a Sauvignon Blanc seja a segunda variedade mais plantada de Wairarapa depois da Pinot Noir. Neste mundo totalmente consciente da Pinot Noir da Nova Zelândia, há muita disputa entre Martinborough e Otago Central, cada um organizando grandes eventos internacionais para celebrar a variedade de acordo com ciclos alternados.

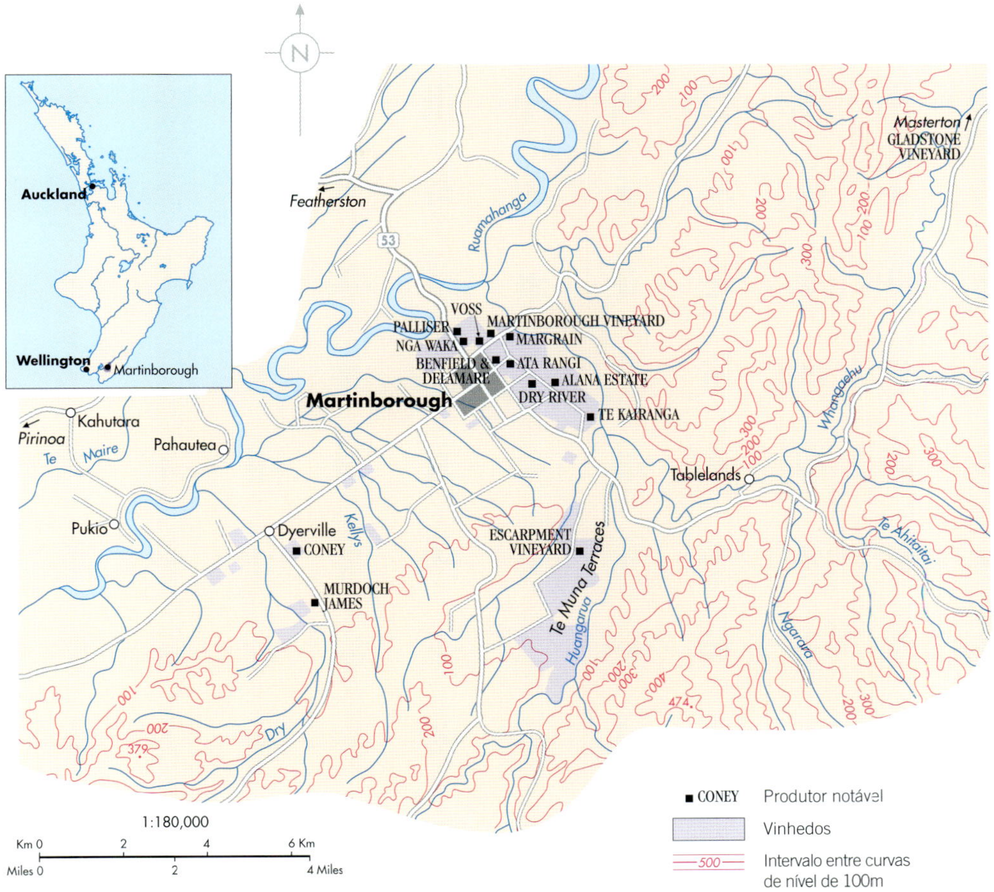

▸ Martinborough foi por muito tempo considerado a terra da Pinot Noir — de fato, foi a primeira região a estabelecer uma reputação para aquela variedade extremamente popular —, porém, como em outros lugares, a Pinot Gris da Palliser está cada vez mais na moda.

Para os neozelandeses, o vinho está intimamente ligado ao lazer, que é procurado intensamente todo novembro no Toast Martinborough, festival de música, comida e vinho tão popular que as entradas se esgotam em algumas horas. Os ônibus que levam as pessoas de uma degustação a outra são fundamentais.

Marlborough

Na ponta setentrional da Ilha do Sul, Marlborough tem visto tantas plantações de vinhas nos últimos anos que saiu na frente das outras regiões para ser um exemplo perfeito do vinho neozelandês. Grosso modo, metade de todos os vinhedos do país localiza-se exatamente neste canto particular do mundo do vinho — uma grande realização, já que, a não ser por um colonizador que plantou vinhas em Meadowbank Farm em 1873, a vinha era desconhecida aqui até 1973, quando Montana, o principal produtor do país, cautelosamente estabeleceu um pequeno vinhedo comercial.

A falta de irrigação causou problemas iniciais, porém em 1980 a primeira remessa foi engarrafada e a intensidade especial da Sauvignon Blanc de Marlborough era óbvia demais para ser ignorada. Um vinho tão estimulante, fácil de apreciar, tinha nitidamente um tremendo potencial, rapidamente percebido por, entre outros, David Hohnen de Cape Mentelle, em Western Australia. Em 1985, ele lançou o Cloudy Bay, cujo nome, rótulo evocativo e sabor esfumaçado, quase sufocadamente pungente, têm se tornado uma lenda desde então.

Em 2007, Marlborough tinha mais de 27.000 acres (11.000 hectares) de vinhas, quase três vezes a área plantada na virada do século. O número de produtores de vinho ultrapassou os 100 em 2005, e a quantidade de fruta *in natura* que deixava a região para ser enviada através do estreito de Cook para processamento na Ilha do Norte caiu drasticamente — muito mais para o benefício do vinho resultante. Atualmente, um crescente número de cultivadores que vendiam suas uvas para uma das grandes empresas já tem seu próprio rótulo, que pode muito bem ser aplicado em uma das movimentadas vinícolas contratadas da região.

O amplo e plano **Wairau Valley** virou um ímã para investidores e também para aqueles que simplesmente gostam da idéia de fazer do vinho parte de suas vidas — mesmo que muitos deles tenham plantado tão para o interior que as uvas podem não amadurecer necessariamente todos os anos, e em terras onde a preciosa água é escassa. A necessidade de proteção contra as geadas na extensa terra plana do vale é outro empecilho para a multidão que quer participar.

O que faz de Marlborough uma região vinícola especial é a combinação extraordinária de dias longos, noites frias, luz do sol brilhante e, em anos bons, outonos um tanto secos. Em temperaturas relativamente baixas (ver quadro de características principais) as uvas podem ter dificuldade em amadurecer quando chove durante o outono; porém aqui, normalmente, elas podem ficar na vinha para se beneficiar de um longo período de maturação, acumulando açúcares sem — graças às noites frias — sacrificar a acidez que define os vinhos neozelandeses.

Esta variação de temperatura diurna é mais marcante no **Awatere Valley**, que é seco, mais fresco e com muitos ventos, fora do nosso mapa por ser muito ao sul. Vavasour foi um pioneiro nesta região e tem expandido muito nos últimos anos graças a um novo sistema de irrigação financiado por particulares. Tanto a brotação quanto a colheita tendem a ser mais tardias no Awatere Valley que na planície do Wairau Valley, porém os verões podem ser longos e quentes o suficiente para amadurecer variedades de Bordeaux — em contraste com os principais vinhedos no Wairau Valley. (Os muito fotografados vinhedos Brancott de Montana também tendem a ficar para trás em relação àqueles da parte baixa do vale, por causa da elevação.)

No entanto, talvez a mais significativa variação em Marlborough seja a dos solos. Ao norte da auto-estrada Highway 6/63, com algumas poucas exceções em torno de Woodbourne, os solos são bem mais jovens que ao sul. Em alguns lugares, o nível do lençol freático pode ser perigosamente alto, e os melhores vinhedos nestes solos jovens e pedregosos são os que têm melhor drenagem, situados sobre o lodo que cobre pedras lascadas que já formaram o leito de um rio. As vinhas maduras desenvolvem um sistema de raízes profundas, porém as vinhas jovens necessitam de irrigação para sobreviver aos verões secos.

Ao sul da auto-estrada, os solos mais velhos e baixos têm uma drenagem pobre que não serve para produção de vinhos finos, mas os vinhedos em altitudes maiores, no limite meridional do vale onde os terrenos são expostos e áridos, podem produzir frutas mais interessantes de solos mais secos.

Tipicamente, os grandes produtores de Sauvignon Blanc misturam frutas cultivadas em diferentes solos, em condições climáticas levemente diferentes, na tentativa de diferenciar seu produto do que pode parecer uma categoria bastante monótona. O uso cuidadoso e limitado do carvalho e a fermentação malolática podem ajudar, e um crescente número de Sauvignons de vinhedo único propicia um contraste.

Marlborough produz algumas excelentes Pinot Gris, uma variedade que está cada vez mais popular, e Rieslings, incluindo alguns exemplares inspiradores de colheita tardia, porém a Chardonnay e a Pinot Noir são quantitativamente muito mais importantes. As duas são cultivadas tanto para espumantes quanto para não espumantes, e os Pinots frutados de Marlborough estão ganhando em qualidade à medida que as vinhas envelhecem.

MARLBOROUGH: BLENHEIM ▼

Latitude / Altitude da EC **40,31° / 20m**

Temperatura média em janeiro na EC **17,7°C**

Índice pluviométrico anual na EC **730mm**

Índice pluviométrico no mês da colheita na EC **Abril: 60mm**

Principais perigos para a viticultura **Chuvas no outono**

Principais uvas **Sauvignon Blanc, Pinot Noir, Chardonnay**

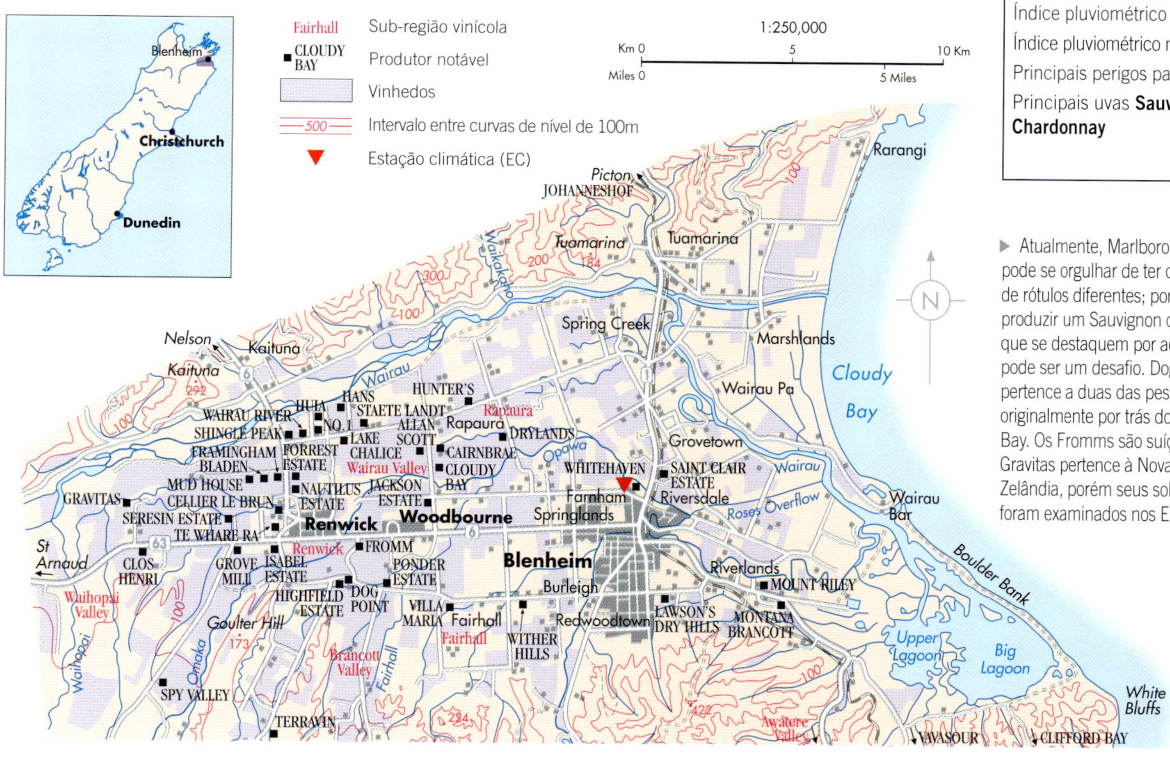

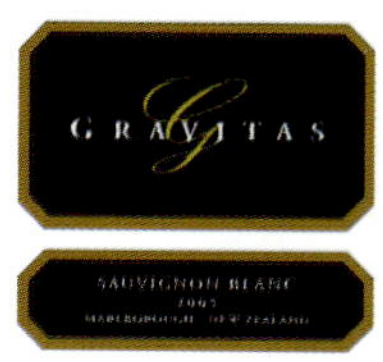

▸ Atualmente, Marlborough pode se orgulhar de ter centenas de rótulos diferentes; portanto, produzir um Sauvignon ou Pinot que se destaquem por aqui pode ser um desafio. Dog Point pertence a duas das pessoas originalmente por trás do Cloudy Bay. Os Fromms são suíços. Gravitas pertence à Nova Zelândia, porém seus solos foram examinados nos EUA.

Otago Central

Otago Central (ou "Central", como é chamado pelos nativos) é a região vinícola mais meridional do mundo e rivaliza apenas com a área vinícola do Cabo, na África do Sul, como a mais bonita do mundo. Os rios, de um turquesa brilhante, atravessam os aromáticos desfiladeiros, observados por montanhas com neve nos cumes, mesmo no verão. No inverno, Queenstown, um ímã para turistas o ano todo, é a capital do esqui na Nova Zelândia, e os vinicultores bastante unidos de Otago Central tiram uma hora ou duas para esquiar antes do trabalho, como é de praxe.

Em 1977, havia apenas 14 produtores vinícolas e menos de 500 acres (200 hectares) de vinhedos. Em 2006, as contas oficiais viram o número de produtores crescer para 82 com 2.800 acres (1.150 hectares) de vinhedos, plantados principalmente com vinhas jovens de Pinot Noir, a maioria vinificada em vinícolas contratadas.

Diferentemente do restante da Nova Zelândia, Otago Central tem um clima continental em vez de marítimo, o que torna os verões ensolarados e secos, porém curtos. A geada é uma ameaça o ano todo e, em áreas mais frias como Gibbston, mesmo a vinha Pinot de amadurecimento precoce pode ter dificuldade em alcançar a maturidade plena antes da chegada do inverno.

Por outro lado, a luz do sol de verão pode cegar. O buraco na camada de ozônio nesta parte isolada do mundo pode explicar as intensas radiações solares, porém as noites frias mantêm a acidez respeitável. Os resultados são frutas de sabores deslumbrantes e tanto amadurecimento que os vinhos com menos de 14% de teor alcoólico são raros. O Pinot Noir de Otago Central, assim como o Sauvignon Blanc de Marlborough, pode não ser o mais sutil dos vinhos do mundo, mas é fácil gostar dele assim que é engarrafado.

Os verões desta região e o início dos outonos são tão secos que até a Pinot Noir, propensa à podridão, raramente sofre de doenças fúngicas, e não há falta de água para irrigação em uma estação de esqui. No entanto, a capacidade dos solos daqui de reter água é muito limitada; estes solos são principalmente loess leve de drenagem rápida com um pouco de cascalho sobre xisto (há 200 milhões de anos, a mesma base de rochas que a de Marlborough).

A sub-região mais meridional é Alexandra. Relativamente fria, foi plantada pela primeira vez na década de 1980 em Black Ridge, a vinícola mais perto do pólo Sul. Gibbston, um pouco a noroeste daqui, é ainda mais fria, mas as vinhas são plantadas nas encostas do estonteante desfiladeiro Kawarau, viradas para o norte. Em estações de cultivo mais longas, os vinhos daqui podem ter os mais complexos sabores de todos. Bannockburn, onde o desfiladeiro encontra o Cromwell Valley, é a sub-região mais intensamente plantada. Como tantas boas regiões vinícolas, esta também foi uma área de mineração de ouro. Bendigo, ao norte, também é relativamente quente e está rapidamente sendo plantada com vinhas, embora ainda não haja nenhuma vinícola aqui. Há também um bom potencial em Lowburn, o vale ao sul de Bendigo.

A sub-região mais setentrional de todas, Wanaka, foi uma das primeiras a ser desenvolvida. Os vinhedos de Rippon estão bem no lago, o que normalmente reduz o risco de geada, e serviram de inspiração para milhares de fotógrafos desde que foram plantados no início da década de 1980.

Atualmente, o noroeste de Otago tem sua própria região vinícola, Waitaki Valley (ver mapa na página 358), onde especuladores estão apostando no calcário da Borgonha, desconhecido em "Central", embora eles também tenham de lidar com as desvantagens do constante risco das geadas e (até agora) jovens vinhas. O futuro deverá ser tão brilhante quanto os vinhos.

Não há dúvidas sobre o inverno rigoroso aqui, neste vinhedo da Chard Farm em Gibbston. A questão crucial todos os anos na fria região de Gibbston é se as uvas amadurecerão completamente antes da chegada do inverno.

▼ Felton Road, estabelecida no início da década de 1990, é a vinícola que mais contribuiu para colocar Otago Central no mapa internacional. Mt. Difficulty é outro produtor confiável e, fundado em 1998, outro veterano nesta região muito nova.

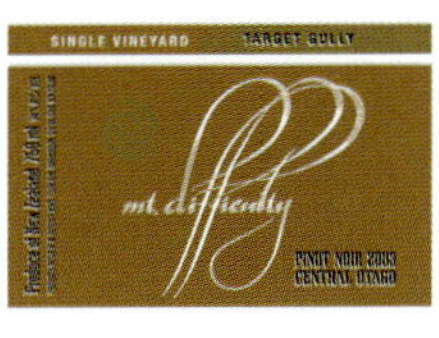

África do Sul

Paisagem da propriedade Neetlingshof, com a cidade de Stellenbosch mais adiante. A nuvem tablecloth, estacionada sobre as montanhas Groot Drakenstein ao fundo, é sinal do vento sudeste proveniente de False Bay que se transforma em ar frio.

África do Sul

Há muitos participantes no concurso mundial do mais belo vinhedo, mas a África do Sul está sempre entre os finalistas. Pilhas de arenito com sombreado azul vindo do cume da montanha e granitos em decomposição surgem dos verdes pastos salpicados com as fachadas brancas das casas holandesas de 300 anos de idade. Para um observador casual, as terras vinícolas do Cabo podem parecer exatamente como eram até 1994, porém, na realidade, o mapa do vinho, os vinhedos, as adegas, as pessoas e os vinhos mudaram tanto que ficaram irreconhecíveis.

A maioria das vinhas da África do Sul prospera em um clima mediterrâneo quase perfeito, mais frio que as latitudes sugerem graças à corrente de Benguela, que vem da Antártica e banha o litoral ocidental do Atlântico. Climatologistas prevêem que entre todos os países produtores de vinho do Novo Mundo, a África do Sul é o menos propenso a ser seriamente afetado pelas mudanças climáticas. Normalmente, a chuva concentra-se nos meses de inverno, porém a quantidade exata vai variar consideravelmente de acordo com a topografia extremamente diversa do Cabo. Freqüentes ventos vindos do oeste temperam o clima; quanto mais para o sul e para o oeste — e mais perto do mar —, mais frio e mais chuvoso. As chuvas podem ser muito intensas nos dois lados da cadeia de montanhas, como as cordilheiras Drakenstein, Hottentots Holland e Langeberg, porém diminui até 200mm por ano a poucos quilômetros de distância. As montanhas também desempenham um papel importante ao canalizar o famoso Cape Doctor, um vento poderoso vindo do sudoeste que pode impedir a podridão e o míldio, mas que também pode destruir vinhas jovens.

O Cabo ostenta a mais velha geologia do mundo vinícola: solos antigos e desgastados, tipicamente baseados no granito, no arenito da Table Mountain ou no xisto, que naturalmente diminuem o vigor das vinhas. Atualmente, muito se fala sobre o fato de que estes solos alimentam a flora mais rica do planeta, de modo que a biodiversidade tem se tornado o mantra da indústria sul-africana de vinhos. A iniciativa "A Biodiversidade e o Vinho" (Biodiversity and Wine Iniciative) é um plano projetado para tornar tanto a biodiversidade quanto a geografia os elementos-chave na diferenciação do vinho sul-africano. Os produtores de vinho são estimulados a preservar a vegetação natural e adicionar à terra atrações de interesse para o ecoturismo. O registro de vinhedos únicos que devem ser menores que 12 acres (5 hectares) é incentivado, e um estudo oficial de suas características e de variedades de uvas favoritas está em pleno curso. (Os nomes dos vinhedos apareceram pela primeira vez nos rótulos em 2005.) Um plano ambicioso contempla todo o vinho de exportação que será produzido com sustentabilidade até o final de 2008. Faltando-lhes o equivalente das amplas regiões do interior da Austrália mecanizada, os vinhos da África do Sul precisam apresentar algo mais atraente do que preços baixos para conseguir sobreviver. No entanto, apenas parte da colheita de uvas é destinada ao vinho; o resto é produto de qualidade inferior, consignado para destilação ou concentrado de suco de uva, do qual a África do Sul é o maior produtor mundial. A proporção vendida como vinho continua aumentando, mas ainda estava em 70% em 2005.

Este fenômeno é o efeito colateral causado pelo regime opressor que governou os vinicultores na África do Sul durante a maior parte do século XX. Em grande parte do século XIX, as exportações de vinho e o Cabo em geral prosperaram, mas a filoxera, a guerra anglo-bôer e o

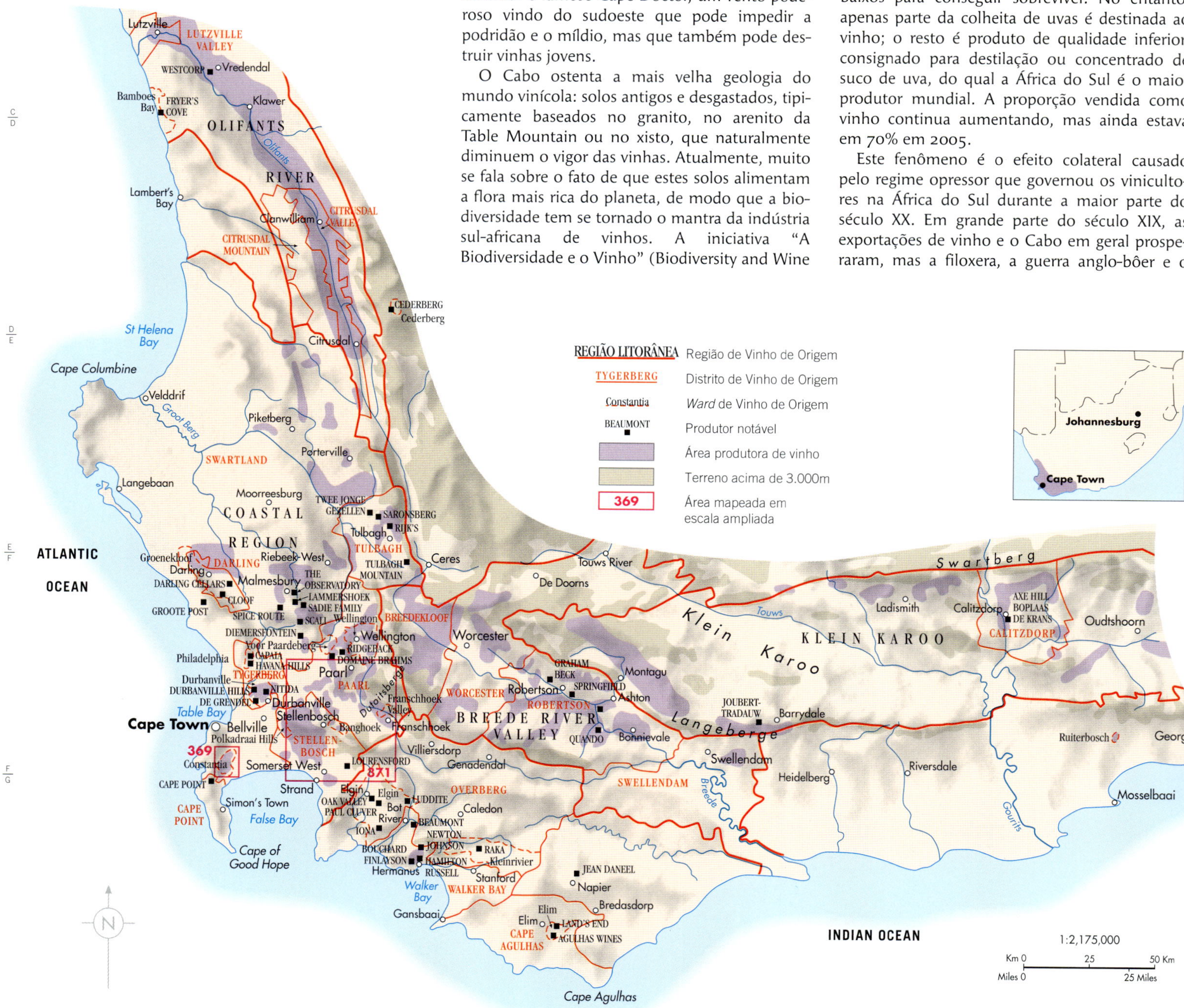

Paul Cluver, proprietário da De Rust Estate vista aqui, foi um pioneiro da região fria de Elgin e um dos primeiros produtores vinícolas estabelecidos a efetuar um plano de outorga de poder negro na forma do rótulo bem-sucedido Thandi, cujos vinhos são produzidos na vinícola Cluver.

colapso do grande mercado britânico para o vinho sul-africano trouxeram grandes adversidades para os fazendeiros de vinhos. Isso foi aliviado em 1918 através da criação da KWV, uma gigantesca cooperativa concebida para ampliar o mercado interno e regular os preços de tudo que era produzido nos vinhedos do Cabo, independentemente da sua qualidade.

Atualmente, a estrutura da indústria do vinho é bastante diferente. Assim que o *apartheid* e o isolamento foram abandonados, uma nova geração de jovens vinicultores viajou pelo mundo absorvendo conhecimento, técnicas e inspiração com uma curiosidade sem igual. Uma quantidade considerável de capital foi investida na indústria de vinhos do Cabo, de modo que atualmente há mais de 500 vinícolas particulares — o dobro do que havia na virada do século. Ainda há mais 60 cooperativas, muitas das quais trabalharam arduamente para aumentar seus padrões. Trezentas vinícolas, muitas de rótulos pessoais de vinicultores em empresas maiores, esmagam menos de 100 toneladas de uvas. A liberdade está sendo comemorada de forma palpável.

Até 1992, a KWV também operou um sistema de cotas que sufocava as tentativas de plantar vinhas novas em lugares novos. No entanto, a KWV não existe mais como reguladora, e tem havido uma onda de plantações experimentais em regiões novas, tipicamente mais frias. Da mesma forma, algumas regiões mais antigas estão sendo reavaliadas. O plano "O Vinho de Origem" (The Wine of Origin) de 1974, que foi o primeiro reconhecimento oficial das regiões, distritos e *wards* (as menores entidades geográficas), continua se desenvolvendo. Os mais significativos estão mapeados aqui e nas próximas páginas.

O distrito de **Swartland** é talvez o exemplo mais óbvio desta reavaliação. Há muito tempo associado com nada além de ingredientes tintos robustos para as misturas das cooperativas, essa faixa de cultivadores de cereais ao norte da Cidade do Cabo é agora o lar de alguns dos mais admirados vinhedos da África do Sul, umas manchas verdes no meio dos campos de cereais. Charles Back, da Fairview, foi quem iniciou o processo, seguido por pessoas como Eben Sadie, que está produzindo brancos fortes e secos, como o Palladius da fruta de Swartland, além do seu bem conhecido Columella tinto. O cultivo a seco é a norma aqui, onde a brisa do mar do Atlântico esquiva-se do oeste. Por enquanto, a Syrah e a Chenin Blanc de vinhas velhas são as que têm feito mais sucesso.

Um enclave dentro de Swartland chamado **Darling**, com seu *ward* Groenekloof, é particularmente bem exposto à brisa fria do Atlântico em direção ao oeste, e construiu uma boa reputação por seu Sauvignon Blanc cristalino, fundado por Neil Ellis. Como Constantia, Stellenbosch e Paarl, considerados em detalhes no verso, Darling está praticamente ao lado da Cidade do Cabo, fazendo desta linda parte da África do Sul um lugar de grande interesse turístico.

Durbanville fica praticamente nos subúrbios da Cidade do Cabo e pode facilmente ser subestimada, porém o oceano próximo faz com que as noites sejam frias o suficiente para fornecer especialmente brancos refrescantes, além de Cabernet e Merlot bem definidos. Philadelphia também, outro *ward* do distrito de **Tygerberg**, com uma vista espetacular da cidade, deve ter um futuro brilhante, em parte graças aos investimentos alemães na sua vinícola principal, Capaia.

Um outro distrito de vinho redescoberto é **Tulbagh**, imediatamente a leste de Swartland, em uma das localizações mais distintas, cercada pelos três lados pelas montanhas Winterhoek. Os solos, assim como os desabrigos e as encostas, variam enormemente, porém as variações de temperatura diurna são relativamente altas, mesmo que as manhãs possam ser particularmente frias à medida que o frio da noite fica preso no anfiteatro formado pelas montanhas.

Mais ao norte, a cooperativa de WestCorp, em Vredendal, tem mostrado que latitude reduzida não significa qualidade reduzida. Muitos dos Chenins e Colombards enérgicos que fazem a África do Sul parecer a melhor fonte de vinhos brancos acessíveis vêm da região de **Olifants River**, com seus distritos de **Citrusdal** e **Lutzville**. Bamboes Bay, um *ward* na costa oeste, produz um Sauvignon Blanc mais fino do que se poderia esperar nesta latitude. A altitude é a carta na manga do *ward* Cederberg, a leste de Olifants River.

Lower Orange, fora do mapa, ao norte, é ainda mais quente no verão, e depende muito da irrigação vinda do rio Orange. Muito trabalho foi investido na condução das vinhas por treliças para proteger as uvas da implacável luz do sol.

As temperaturas de verão em **Klein Karoo** — a vasta extensão de terra árida do interior oriental — são tão altas que os vinhos fortificados, apenas possíveis através de irrigação, são a especialidade local, junto com alguns vinhos tintos de mesa e avestruzes (por sua carne e penas). Os Muscats e as uvas do vale do Douro como Tinta Barocca (Barroca em Portugal), Touriga Nacional e Souzão prosperam aqui. Os produtores portugueses do Porto têm mantido um olho cuidadoso porém respeitável nos desenvolvimentos, principalmente no distrito de **Calitzdorp**, que normalmente produz

◄ Destas excelentes regiões vinícolas fora do coração clássico do Cabo, Walker Bay de Hamilton Russell é certamente a mais bem estabelecida, embora Elgin e Elim, onde são cultivadas as Sauvignon Blancs, sejam ainda mais frias. Os brancos TVM e Columella, da Sadie, são provas da nova respeitabilidade de Swartland.

os grandes premiados na classe de vinhos fortificados da África do Sul.

Um pouco mais perto da influência aprazível do Atlântico, porém ainda quente e seco o suficiente para que a irrigação seja *de rigueur*, está **Worcester**, um distrito na região do **Breede River Valley**. É produzido aqui mais vinho que em qualquer outra região do Cabo, mais de um quarto de toda a produção do país. Uma grande parte acaba como brandy, mas também é uma fonte de tintos e brancos comerciais bem-feitos.

Se há uma região fora da área do Cabo que se destaca por ter estabelecido a qualidade em um grupo de propriedades e também por bons vinhos de cooperativas é **Robertson**, mais para o sul, descendo Breede River Valley em direção ao oceano Índico. Adicione a isso calcário suficiente e você tem um distrito que é útil para vinhos brancos, especialmente o suculento Chardonnay com uma fama cada vez maior para tintos. O índice pluviométrico é baixo, os verões são quentes, porém os ventos do sudeste ajudam a canalizar a fria brisa marítima vinda do oceano Índico para dentro do vale.

Talvez o potencial mais empolgante fique ao sul, mais perto do Ártico. Walker Bay, perto de Hermanus, é um distrito relativamente recente, porém já pode vangloriar-se de ter vinhos com um histórico de elegância. Tim Hamilton Russell foi o pioneiro que mostrou que a África do Sul podia produzir Pinot Noir sério e um magnífico Chardonnay borgonhês. O xisto desgastado caracteriza o Hemel-en-Aarde Valley, que varia consideravelmente em altitude e exposição, de forma que a Sauvignon Blanc, a Merlot e a Shiraz também podem ser cultivadas com sucesso aqui. Walker Bay inclui alguns dos melhores locais para observar baleias na África — outra razão para turistas visitarem a terra vinícola do Cabo.

A leste, a terra ainda mais fria tem sido cultivada com uma Sauvignon Blanc particularmente elegante, agora vinda do interior de **Cape Agulhas**, em torno da vila de Elim, com sua brisa suave, e pelo menos tão a leste quanto Ruiterbosch.

Logo a norte e a oeste de Walker Bay está o distrito de **Overberg**, onde a terra de cultivo da maçã de Elgin foi consideravelmente convertida em vinhedos. Eles parecem bem apropriados para a Sauvignon Blanc, a Sémillon, a Pinot Noir e a Shiraz de clima frio. O *ward* Kleinrivier, perto de Stanford, também é promissor com as mesmas variedades de uvas.

Não faz muito tempo, a maioria das vinícolas da África do Sul, independentemente do local, costumava produzir uma vasta gama de diferentes varietais e misturas, em particular o controverso tinto "Cape Blend", projetado para mostrar a Pinotage, temperada com outras uvas de casca escura, independentemente de sua localização. Atualmente, há uma maior consciência do potencial de cada vinhedo e os pequenos produtores se aventuram cada vez mais a se especializar em apenas um ou dois tipos de vinho.

A maior tendência visível nas uvas do Cabo tem sido a substituição em massa do tinto, pelo qual existia uma procura intensa em meados da década de 2000, pelos brancos, principalmente Chenin Blanc, que já dominou os vinhedos da África do Sul. A Chenin ainda é a variedade mais plantada, porém atualmente representa menos de 20% dos vinhedos. Arrancar ainda mais seria um erro; o velho Chenin de vinha de moita ainda é a mais original contribuição do Cabo; o vinho, com verdadeiro estilo e substância, tem um preço relativamente acessível. A Chenin sai-se melhor onde a influência da costa ajuda a manter sua acidez normal alta. Ken Forrester, Rudera e De Trafford produzem alguns dos melhores exemplares em Stellenbosch, enquanto a mistura Palladius, da família Sadie, baseada em velhas vinhas de moita em Paardeberg, na Swartland, está estabelecendo um novo padrão.

Bandos de avestruzes domesticados são uma visão comum em Klein Karoo. Estas aves curiosas beneficiam-se de uma dieta surpreendentemente variada, embora provavelmente não inclua os impressionantes vinhos fortificados que são a especialidade desta região.

Colombard é a terceira variedade mais plantada, muito usada para destilação. A Chardonnay e a Sauvignon Blanc são cultivadas em quantidades quase iguais e com potenciais idênticos. Em todos os vinhedos, menos nos mais quentes, a Chardonnay pode exibir uma fineza e, em alguns casos, um potencial de envelhecimento que é raro fora da Borgonha. A Savignon Blanc também se beneficia dos altos níveis de acidez natural. As misturas brancas têm um longo histórico na África do Sul; atualmente, as variedades do Rhône estão cada vez mais sendo conduzidas para produzir exemplares bem encorpados.

A Cabernet Sauvignon é a uva tinta mais plantada. As plantações dobraram entre 1998 e 2005, porém a Shiraz (*sic*) a está alcançando rapidamente. As variações sul-africanas neste assunto são muito populares, desde os "Syrahs" estilo apimentado do Rhône setentrional do Boekenhoutskloof até o estilo mais rico, mais brilhante, mais doce, muitas vezes envelhecido em carvalho americano, favorecido pelo Saxenburg e Fairview.

As plantações de Merlot aumentaram drasticamente, enquanto a área destinada à Pinotage, o cruzamento sul-africano da Pinot Noir e da Cinsaut, está estática. Esta variedade de uva muitas vezes penetrante pode ser encontrada como uma resposta à Beaujolais ou como uma uva mais seriamente amadeirada, embora ainda carnuda e saborosa. O debate em torno de qual delas terá maior sucesso ainda continua.

A produção de vinho tinto do país foi por muito tempo atormentada pelo vírus leafroll (enrolamento da folha) nos vinhedos, que impede a uva de amadurecer totalmente. Em meados da década de 2000, quase metade dos vinhedos da África do Sul foi replantada com novos clones de variedades livres do vírus — percebidos como tendo mais estilo que as antigas misturas Colombard e Chenin —, nos rizomas cuidadosamente selecionados para as condições locais. Um dos maiores desafios para a viticultura sul-africana será a de assegurar que esta nova planta em quarentena prove ser robusta e saudável o suficiente para continuar no século XXI.

No entanto, sem dúvida alguma a maior evolução em potencial na África do Sul é a social. Não tem sido fácil compartilhar, mais eqüitativamente, a posse e a administração de uma indústria que por tanto tempo pertenceu à minoria branca. Tem havido diversos empecilhos, mas agora há uma verdadeira vontade de transformar a indústria do vinho — nem que seja para incluir a maioria negra no mercado para os vinhos sul-africanos. Planos do poder negro e *joint ventures* estão sendo desenvolvidos, embora às vezes muito lentamente. Os rótulos como Fair Valley, Tukulu, Bouwland, Yammé, Freedom Road, Thandi e Winds of Change estão testemunhando o início de uma nova era para os vinhos sul-africanos. Os planos de treinamento e de aconselhamento são projetados especialmente para encorajar uma maior participação na indústria do vinho, enquanto mais fundos das vinícolas são direcionados para melhorar moradias, condições, salários e proporcionar uma ascensão do nível social em geral, como dizem os sul-africanos. De qualquer maneira, a impaciência é compreensível.

Constantia

Historicamente, o nome do vinho mais famoso da África do Sul é Constantia, um lendário vinho do deserto que no fim do século XVIII foi reconhecido como um dos melhores vinhos do mundo. O extenso vinhedo original de 1.850 acres (750 hectares) é bem maior que a área total de vinhas em Constantia atualmente. Foi estabelecido em 1685 pelo segundo governador holandês do Cabo, Simon van der Stel. (Seu nome também foi dado a Stellenbosch, o foco do vinho fino produzido atualmente; ver no verso.)

Efetivamente, Constantia hoje é um subúrbio, um lindo subúrbio meridional da Cidade do Cabo. Como tal, é bastante desenvolvida e é improvável que a área total de vinhedos cresça substancialmente; pode até mesmo continuar a diminuir. Os preços das terras são altos e as vinhas são constantemente empurradas cada vez mais para o alto das encostas escarpadas a leste, sudeste e nordeste de Constantiaberg, que está na extremidade oriental de Table Mountain. No entanto, este canto das terras vinícolas do Cabo produz alguns dos seus mais distintos vinhos, em um anfiteatro na montanha que abre diretamente para False Bay. Ele é constantemente refrescado pelo Cape Doctor, o vento sudoeste que sopra do oceano. Este mesmo vento ajuda a mitigar as doenças fúngicas que podem ser relativamente comuns aqui, pois o índice pluviométrico anual é maior que 1.000mm.

A Sauvignon Blanc é a uva escolhida nos 1.040 acres (420 hectares) de vinhedos de Constantia. Ela representa um terço de todas as vinhas da região, com a Chardonnay e a Cabernet Sauvignon bem atrás. Acredita-se que o Cape Doctor estimule a retenção de pirazina, que é responsável pelos aromas de grama associados ao Sauvignon. Talvez o exemplo mais contundente de Sauvignon da Constantia esteja em Steenberg, um local particularmente devastado pelo vento. A Sémillon, de longe a variedade de uva mais plantada na África do Sul no início do século XIX, pode ser excepcional tanto com Steenberg quanto com Cape Point, produzindo exemplares particularmente excelentes.

Os solos aqui são desgastados, ácidos, de cor marrom-avermelhada com alto teor de argila, exceto em volta de Uitsig, onde a areia predomina e as vinhas nestes solos, os mais quentes e baixos em Constantia, tendem a amadurecer primeiro.

A despeito das pressões de desenvolvimento urbano e do ocasional babuíno saqueador das reservas naturais próximas a Table Mountain, duas novas vinícolas foram inauguradas em Constantia no início do século XXI, totalizando agora sete. Klein Constantia continua a tradição do vinho de deserto com seu Vin de Constance, feito de uma uva Muscat com pequenos bagos cultivados no local, onde Simon de Stel plantou as primeiras vinhas, e vendido em garrafas moldadas de um frasco original de 200 anos de idade.

Cape Point é um distrito de vinho com uma vinícola exatamente ao sul de Constantia (ver mapa da página 366) que é ainda mais frio, porém tem produzido alguns Sauvignon e Sémillon maravilhosamente distintos.

Um batique mostrando as quatro estações em Constantia, feito por Linda Jooste, filha do proprietário de Klein Constantia. Essa propriedade está na vanguarda ao disponibilizar aos seus funcionários acomodações de primeira classe em um conjunto habitacional ali perto. Isso em uma região vinícola do Cabo com os preços de terra mais altos.

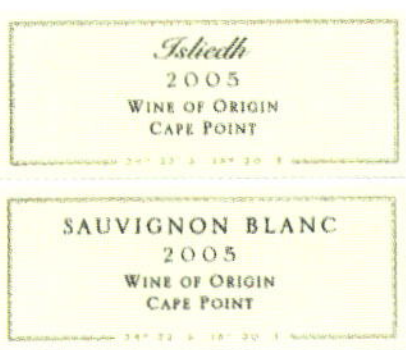

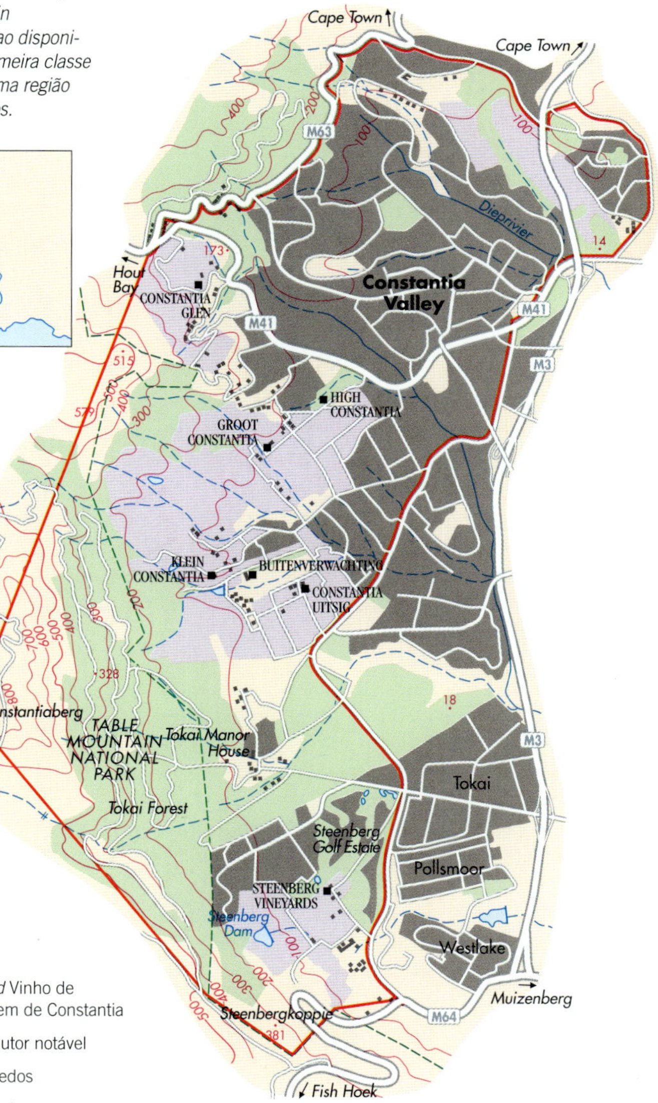

▲ Esta região fria é um lar natural para Sauvignon Blancs vivazes e aromáticos, porém, em safras mais quentes, Buitenverwachting (pronunciado Bei-ten-ver-vak-tin) mostra que Constantia também pode produzir misturas Bordeaux com real complexidade e potencial de envelhecimento.

Ward Vinho de Origem de Constantia
■ STEENBERG Produtor notável
Vinhedos
Florestas
500 Intervalo entre curvas de nível de 100m
Divisa de Parque Nacional

1:77,400
Km 0 1 2 Km
Miles 0 1 Mile

Stellenbosch e Paarl

A área mapeada na página oposta é o tradicional centro da atividade vinícola do Cabo, mesmo que atualmente excelentes vinhos sejam produzidos em uma área bem maior, desde Swartland até Walker Bay. Independentemente de quão empolgantes sejam os resultados de algumas das recentes plantações da África do Sul em áreas mais frias, é provável que a grande concentração da vinicultura da África do Sul fique baseada em **Stellenbosch**, uma cidade universitária frondosa, cercada por um campo típico da Arcádia, cujas cumeeiras brancas holandesas têm sido fotografadas por milhares de turistas. A cidade é também o centro da academia de vinhos da África do Sul, com um número cada vez mais crescente de alunos representando a nova África do Sul multirracial, assim como o Nietvoorbij Research Center.

Os solos de Stellenbosch variam de leve e arenoso, no lado ocidental do vale (tradicionalmente terra de Chenin Blanc), a solos mais pesados, nas encostas das montanhas, e a granito em decomposição, no sopé das montanhas a leste, Simonsberg, Stellenbosch, Drakenstein e Franschhoek (as duas últimas cadeias em Paarl, em vez de Stellenbosch). As curvas de nível e a distribuição da cor azul no mapa na página oposta são suficientes para sugerir o quanto os *terroirs* daqui são variados. No entanto, neste estágio da evolução do vinho sul-africano, pode ser perigoso tentar associar a localização de uma vinícola a um provável efeito de *terroir*, já que muitos produtores vinificam a fruta de uma ampla gama de locais diferentes, muitas vezes misturando o vinho para que a denominação Costal Region e às vezes a maior, Western Cape, sejam comuns nos rótulos.

Ao norte, afastando-se do mar, as temperaturas tendem a ser mais altas, porém o clima é em geral perfeito para o cultivo das uvas. As chuvas são apenas suficientes e concentram-se nos meses de inverno; os verões são ligeiramente mais quentes que em Bordeaux. Os vinhos tintos ficaram tão elegantes que a Cabernet Sauvignon (definitivamente), a Shiraz e a Merlot ultrapassaram a Chenin Blanc em termos de área vinícola total em Stellenbosch, como também a Sauvignon Blanc, que pode produzir excelentes vinhos brancos aqui, especialmente em locais mais frios. A Chardonnay não é mais tão plantada, porém também pode revelar fineza. Há muito, as misturas também têm sido importantes, em especial o infame tinto Cape Blend; contudo, as misturas brancas estão sendo merecidamente cada vez mais admiradas.

Os vinhedos de Stellenbosch são tão estabelecidos e variados que houve tempo para subdividir o que é, de acordo com a nomenclatura oficial da África do Sul, um distrito em *wards*. E só para que fiquemos atentos, há outras entidades geograficamente distintas em Stellenbosch que não são oficialmente *wards*.

O primeiro *ward* a ganhar reconhecimento oficial foi Simonsberg-Stellenbosch, incluindo todo o flanco meridional das imponentes montanhas Simonsberg, mais frias e bem drenadas (embora a forte Thelema, que não era uma fazenda de vinhos quando as fronteiras foram definidas em 1980, esteja excluída). Jonkershoek Valley é uma pequena mas bem reconhecida área nas montanhas epônimas a leste de Stellenbosch, enquanto a igualmente minúscula Papegaaiberg está localizada no lado oposto da cidade, aliviando-a do próspero *ward* na base do abrigado vale Devon. O maior, mais plano e mais recente *ward* Bottelary, ao norte, pega seu nome emprestado das colinas no seu canto sudoeste. Banghoek foi o *ward* mais recente, até que Polkadraai Hills a oeste ganhou reconhecimento em 2006 (ver mapa da página 366).

Em geral, os melhores vinhos vêm de propriedades em torno da cidade de Stellenbosch, que está aberta para as brisas oceânicas que vêm do sul de False Bay, ou do alto das colinas, para que a altitude e os ventos frios desacelerem o processo de maturação. As imponentes montanhas Helderberg, que vão até o nordeste de Somerset West, são um fator óbvio na geografia vinícola local, por exemplo, e nos seus flancos ocidentais há muitos vinicultores viajantes. Vergelegen (abaixo), a espetacular e muito ornamentada vinícola anglo-americana, localiza-se nas encostas meridionais das montanhas.

Paarl, mais longe da influência fria de False Bay, pode não ser o foco do cenário vinícola do Cabo que era na época da KWV e do vinho fortificado, porém os finos vinhos de mesa são produzidos aqui por produtores como Fairview, Glen Carlou, Rupert & Rothschild e Villiera. Chenin Blanc e Cabernet Sauvignon são plantadas em quase iguais quantidades, com Shiraz e Merlot ficando em terceiro e quarto lugares, respectivamente.

Os *wards* dentro de Paarl incluem o isolado e mais alto assentamento de Franschhoek Valley (mapeado parcialmente aqui), arrendado originalmente por huguenotes e ainda conhecida pela colonização francesa e pelos nomes das famílias. Atualmente, o vale, fechado em três lados por montanhas, é mais facilmente associado com restaurantes e uma bela paisagem do que com vinhos, mas pode se orgulhar de ter alguns excelentes exemplares. Boekenhoutskloof está baseado em Franschhoek Valley, mesmo que a fruta para o seu Syrah à prova de mofo venha de um dos cantos mais frios de Wellington, um *ward* menos famoso de Paarl no norte. Wellington, com uma variação maior de temperatura diurna que as áreas perto da costa, é composto de uma mistura variada de terraços aluviais que se estendem em direção aos ondulados campos de cereais de Swartland e a alguns dos mais impressionantes terrenos no sopé das montanhas Hawequa.

Além de Simonsberg-Paarl, que fica no sopé da montanha Simonsberg e contígua ao Simonsberg-Stellenbosch, explicado acima, Voor Paardeberg é o outro *ward* de Paarl, efetivamente uma extensão de Swartland a oeste.

Vergelegen por si só já parece bem espetacular, porém a visão do vinhedo por cima de False Bay em direção a Table Mountain é ainda mais linda. Combine isso com um recorde nas competições e você tem uma propriedade vinícola que parece absurdamente privilegiada.

▶ A gama de rótulos é muito mais variada visualmente que a maioria das regiões, indo da coleção enigmática de cadeiras da Boekenhoutskloof (acima), passando pelo "Goatfather" da Fairview, pelas mulheres locais de Rita Trafford, pela aparência bem moderna do excepcional Chenin Blanc da Forrester/Meinert, até a coleção mais clássica, à direita.

STELLENBOSCH: NIETVOORBIJ

Latitude / Altitude da EC **33,54° / 146m**

Temperatura média em janeiro na EC **21,5°C**

Índice pluviométrico anual na EC **740mm**

Índice pluviométrico no mês da colheita na EC **Março: 30mm**

Principais perigos para a viticultura **Vírus da vinha**

Principais uvas **Cabernet Sauvignon, Shiraz, Merlot, Sauvignon Blanc, Chenin Blanc, Pinotage, Chardonnay**

China

Um dos mais potentes símbolos da ocidentalização da China é a velocidade com que os numerosos chineses têm se apegado ao vinho. O consumo está crescendo em uma taxa estimada em 15% ao ano, e Xangai e Beijing são agora destinos corriqueiros para os exportadores franceses, tal como Nova York e Londres. E o caso de amor da China com o vinho da uva (*putaojiu*), ao contrário do simples *jiu*, significando qualquer bebida alcoólica, tem sido tão incentivado pelo Estado nos últimos anos — em parte para reduzir as importações de cereais — que, de acordo com os números do OIV, o total de vinhedos na China triplicou em dez anos, de 1993 a 2003. Os mesmos números sugerem que a China já é o sexto produtor de vinho mais importante do mundo.

A vinha era conhecida dos jardineiros da China Ocidental, pelo menos desde o início do século II d.C., quando o vinho, possivelmente vinho de uva, era produzido e consumido. As variedades de uvas européias foram introduzidas na China Oriental no final do século XIX, porém somente no século XX foi que o vinho feito de uvas insinuou-se na sociedade (urbana) chinesa.

A vastidão da China oferece uma variedade enorme de solos e latitudes. Os climas são mais problemáticos. A China interiorana sofre com extremos tipicamente continentais, enquanto uma grande parte da costa, especialmente nas áreas meridional e central, está sujeita às monções.

Na província de **Xinjiang**, no longínquo noroeste, onde 20% das vinhas da China são plantadas — muitas delas recentemente —, os invernos são tão frios que as vinhas viníferas têm que ser "dolorosamente" conduzidas uma por uma a cada outono. Os sistemas engenhosos de irrigação exploram a força da água de degelo de algumas das mais altas montanhas do mundo. A maior operadora aqui é a Vini Suntime, que atualmente administra cerca de 25.000 acres (10.000 hectares) de vinhedos (e que teve início em 1998). A China Ocidental, incluindo Xinjiang, e tão a leste quanto as províncias de **Gansu** e **Ningxia**, está ficando cada vez mais importante para o vinho, e muitas das vinícolas no leste também têm instalações para processamento da uva.

As vinícolas de propriedades ainda operam em toda a China, mas foi somente a partir do início da década de 1980, quando peritos estrangeiros foram convidados a participar de um empreendimento conjunto, que vinhos de um tipo reconhecível para o paladar dos ocidentais (frutados, secos e totalmente baseados em uvas) começaram a ser produzidos na China, alguns usando mosto importado.

A Rémy Martin foi a primeira empresa ocidental a colaborar com os chineses, com sua base em **Tianjin**, porém usando muito as uvas da província

Divisa internacional

Divisa de província

HEBEI Região vinícola

■ LOU LAN Produtor notável

Terreno acima dos 1.000m

Área mapeada em escala ampliada

1:40,000,000

Km 0 500 1000 Km

Miles 0 250 500 Miles

Divisa da província

■ QINGDAO Produtor notável

Vinhedos

1:5,128,000

Km 0 50 100 150 Km

Miles 0 50 100 Miles

de **Hebei**, lar de pouco menos de 15% de todos os vinhos chineses. O sucesso do Dynasty, um vinho branco da uva local Long Yan, temperado com Muscat (trazido da Bulgária em 1958), os encorajou a plantar variedades européias clássicas. Long Yan é muito usada para vinhos com estilo ocidental, enquanto Shan Putao, literalmente “uva da montanha”, é a mais usada para fermentos tradicionais. Até agora, apenas pouco mais de 10% de todas as vinhas plantadas são da variedade internacional, com a Cabernet Sauvignon — e até certo ponto a Merlot — predominando. O vinho chinês típico do século XXI é o tinto, e nada mais do que uma pálida imitação do Bordeaux tinto, embora as plantações de Shiraz tenham aumentado. Para vinhos brancos, Welschriesling era a uva de vinho predominante, entretanto o número de plantações de Chardonnay aumentou nos últimos anos.

Um segundo empreendimento com contribuição européia, pelo menos na forma de aconselhamento sobre vinicultura, produziu a Great Wall, também em Hebei. Um terceiro, Dragon Seal, nos subúrbios ocidentais de Beijing, envolveu a Pernod Ricard. A companhia francesa retirou-se do empreendimento em 2001, mas sua influência continua por meio do vinicultor francês Jérôme Sabaté.

A julgar pela aparência, a península de Shandong, a leste da China, parece um dos lugares mais propícios para o cultivo de uvas européias. Com um verdadeiro clima marítimo que não requer proteção para as vinhas no inverno, oferece encostas bem drenadas viradas para o sul. A província de Shandong é onde um terço das aproximadamente 500 vinícolas da China estão localizadas, porém as doenças fúngicas no final do verão e no outono são as principais inconveniências. Changyu foi o pioneiro e ainda é o produtor principal; a empresa italiana de bebidas Saronno ficou com um terço das ações em 2005. O Château Changyu-Castel é um empreendimento conjunto com a Castel, de Bordeaux.

A primeira vinícola moderna com estilo ocidental foi estabelecida por um homem de negócios de Hong Kong no início da década de 1980, e já foi propriedade da Allied Domecq. Hoje, Huadong é mais conhecida por seus Chardonnay e Gamay.

A vinícola que poderíamos afirmar fazer o mais impressionante vinho da China no século XXI também pertenceu a Hong Kong. Grace, que nada tem a ver com a vinícola japonesa de mesmo nome, produz tintos convincentes a partir de variedades Bordeaux, cultivadas em uma área de mineração de carvão a sudoeste de Beijing.

Uvas Merlot são colhidas para a Bodega Langes, na província de Hebei, pertencente à mesma família austríaca que é dona dos cristais Swarovski e que administra a Norton, na Argentina. A propriedade inclui uma escola vinícola, um hotel luxuoso e uma vinícola ultramoderna.

▼ Alguns dos rótulos de vinhos chineses que são mais inteligíveis para os ocidentais. Apesar da consciência dos ocidentais de que a comida chinesa é melhor acompanhada de vinho branco, a maioria dos consumidores chineses acha que o dever principal de um vinho é ser tinto.

Japão

Ao criar o Japão, a natureza parece ter tido em vista quase todas as formas de prazer e empreendimento, exceto o vinho. Embora a latitude de Honshu, a principal ilha do arquipélago japonês, coincida com a do Mediterrâneo, seu clima não é igual. Como o leste dos EUA (na mesma latitude), ela sofre por ter um vasto continente a oeste. Estando o Japão preso entre a Ásia e o Pacífico — as maiores massas de terra e água do mundo —, seu previsível clima extremo é muito peculiar. Os ventos da Sibéria congelam os invernos; monções do Pacífico e o mar do Japão inundam as primaveras e os verões. No exato momento em que mais necessitam da luz do sol, as vinhas são castigadas pelos ciclones.

A terra atingida pela monções é dura e montanhosa; quase dois terços são tão escarpados que somente as florestas impedem que o solo ácido seja levado para dentro dos rios turbulentos. As planícies têm solos trazidos pela chuva das colinas e possuem uma drenagem ruim; boas para cultivar arroz, não vinhas. Conseqüentemente, a pouca terra cultivável existente com inclinações suaves é extremamente valiosa e demanda um retorno muito alto.

Portanto, não é de se surpreender que o Japão tenha hesitado em produzir vinho por aproximadamente 1.200 anos. A história é exata. As uvas foram cultivadas no século VIII, na corte de Nara. Missionários budistas espalharam as videiras pelo país — embora não necessariamente com o vinho em mente. Em 1186, perto do monte Fuji, uma muda de vinha vinífera com bagas de casca grossa foi selecionada e nomeada Koshu. Ela permanece a variedade mais adequada para as condições japonesas: embora basicamente uma uva de vinho de mesa, consegue produzir um vinho confiante e delicado, amadeirado ou não-amadeirado, doce e seco.

A indústria vinícola, no sentido moderno, já existe há 130 anos, bem mais que qualquer outra na Ásia. O primeiro governo japonês vanguardista enviou pesquisadores à Europa na década de 1870 para estudar métodos e trazer de volta as vinhas. Imediatamente ficou claro que as vinhas americanas se saíram melhor que as francesas e alemãs. Os japoneses nem eram contrários ao aroma "foxado" das uvas do leste dos EUA. A Delaware ainda é plantada em quase 20% da decrescente área de vinhedos, perdendo apenas para a popular híbrida Kyoho. As castas viníferas representam bem menos que 20% de todas as variedades plantadas, das quais algumas mais notáveis são parentes da Kyoho chamadas Pione, Campbell Early, Muscat Bailey A e a Neo Muscat, um cruzamento do Koshu Sanjaku e a Muscat da Alexandria.

A indústria vinícola foi fundada desde o início nas colinas em torno da bacia Kofu, na província de Yamanashi — com vista para o monte Fuji e conveniente para a capital. Yamanashi também tem a maior média de temperatura, e a brotação, a floração e a safra, mais precoces. Mais da metade das 175 vinícolas genuínas do Japão (em oposição às fábricas de misturas e engarrafamento ou aos centros de produção para saquê à base de arroz) estão aqui. O Japão é um grande importador de vinho a granel e mosto de uva, embora o conteúdo importado tenha de ser declarado no rótulo.

Até a década de 1960, muitas firmas pequenas em Yamanashi produziram vinhos que fossem o mais doce possível para um mercado pouco sofisticado. Atualmente, o mercado de vinho japonês é dominado por Mercian, Suntory (que tem participação em empresas de vinho em outros lugares, particularmente o Bordeaux Cru Classé Château Lagrange), Sapporo e Manns. Todos têm acesso às melhores uvas européias cultivadas no Japão, provenientes de algumas das mais bem tratadas vinhas. As Cabernets e as Merlots têm taninos e acidez formidáveis. As Chardonnays são menos distintas.

Nagano é a menos propensa às monções, cultiva alguns dos melhores vinhos japoneses e agora pode se orgulhar de ter 25 vinícolas, embora também forneça as uvas para muitas das maiores vinícolas baseadas em Yamanashi. Hokkaido, a ilha mais setentrional, com invernos especialmente frios, tem dez vinícolas e também é um importante cultivador de uvas.

O número de vinícolas tem crescido, e o vinho agora é produzido em 36 das 43 províncias do Japão, mesmo na ilha semitropical de Kyushu, no sudoeste, onde a vinícola Tsuno está conseguindo produzir excelentes vinhos a partir de variedades como Muscat Bailey A e Campbell Early.

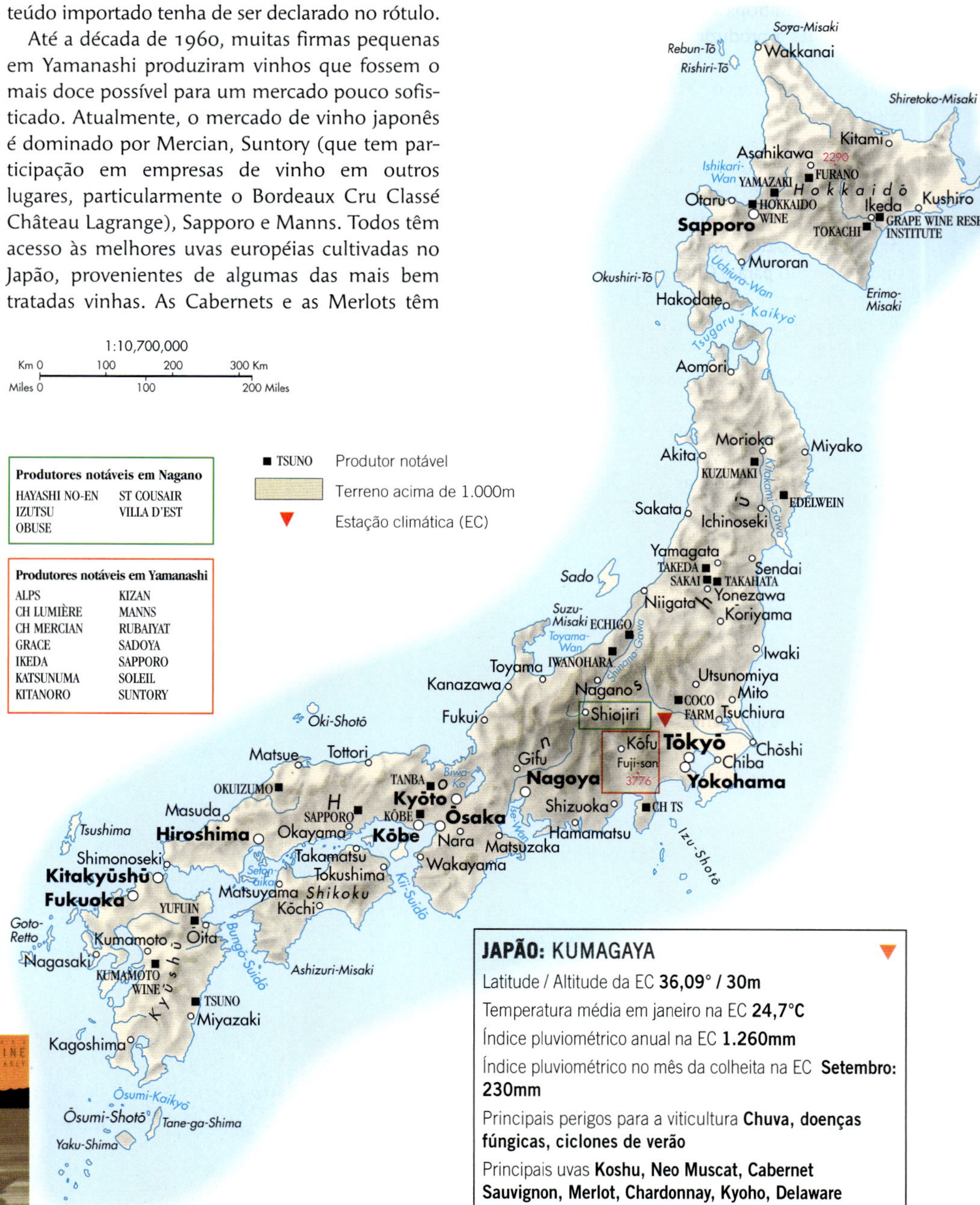

Produtores notáveis em Nagano

HAYASHI NO-EN	ST COUSAIR
IZUTSU	VILLA D'EST
OBUSE	

Produtores notáveis em Yamanashi

ALPS	KIZAN
CH LUMIÈRE	MANNS
CH MERCIAN	RUBAIYAT
GRACE	SADOYA
IKEDA	SAPPORO
KATSUNUMA	SOLEIL
KITANORO	SUNTORY

JAPÃO: KUMAGAYA

Latitude / Altitude da EC **36,09° / 30m**

Temperatura média em janeiro na EC **24,7°C**

Índice pluviométrico anual na EC **1.260mm**

Índice pluviométrico no mês da colheita na EC **Setembro: 230mm**

Principais perigos para a viticultura **Chuva, doenças fúngicas, ciclones de verão**

Principais uvas **Koshu, Neo Muscat, Cabernet Sauvignon, Merlot, Chardonnay, Kyoho, Delaware**

▼ A versão de Kai Noir, da Grace, uma variedade de vinha híbrida japonesa, tem se saído bem nas competições de vinhos. Tsuno é uma nova vinícola na ilha Kyushu, no extremo sul, enquanto o Château Mercian é um veterano e Koshu é a uva de vinho branco clássica do Japão.

Restante da Ásia

Parece que foi ontem que a Ásia era considerada um continente sem importância para o mundo do vinho. Durante muito tempo houve o consenso de que as uvas viníferas nunca seriam de interesse para os produtores ou consumidores asiáticos. Como estávamos enganados! O mercado asiático desempenhou um importante papel na subida dos preços do vinho fino, na década de 1990. E o vinho é atualmente produzido não apenas nas repúblicas da Ásia Central, como Uzbequistão, Tadjiquistão, Cazaquistão, Turcomenistão e Quirguistão, que têm uma longa história de cultivo de vinhas e produção de vinhos (tradicionalmente meio doces), mas em países improváveis como Índia, Tailândia, Vietnã, Taiwan e Indonésia — cada um deles com uma indústria vinícola nascente baseada na vinicultura tropical ou semitropical. Em muitos casos, as vinhas são induzidas a produzir mais de uma colheita por ano, por meio de poda, aparo, irrigação, contenção de água e/ou aplicação de diversos produtos químicos e hormônios.

A expansão, a ocidentalização crescente e a melhora do nível de vida da classe média da **Índia** são estímulos suficientes para a indústria vinícola local, embora a pesada carga de impostos nos vinhos importados em 2005 tenha fornecido um outro estímulo para o Château Indage, Sula (ambos no estado de Maharashtra) e Grover, as três empresas que têm sido responsáveis por cerca de 90% das vendas dos vinhos indianos. Desde 2001, o estado de Maharashtra tem estimulado a produção vinícola via diversos incentivos fiscais. Como resultado, 38 das 41 vinícolas de Maharashtra (em 2007) são empreendimentos novos. Metade deles está no distrito de Nashik, onde as altitudes relativamente elevadas compensam a baixa latitude.

O Château Indage foi o pioneiro da produção vinícola moderna indiana, notavelmente com um vinho espumante semi-seco vendido com nomes tais como Marquis de Pompadour e Omar Khayyam, com perícia e variedades de uvas importadas de Champagne. Ele cresceu consideravelmente, produz uma ampla gama de vinhos varietais não espumantes e possui uma vinícola nova em Himachal Pradesh, no sopé do Himalaia, assim como plantações contratadas em Andra Pradesh e Orissa.

Rajeeev Samant retornou do Vale do Silício para a Índia com a sensibilidade do vinho californiano e começou a produzir vinhos brancos secos, frescos e frutados, em sua maioria Sauvignon Blanc de Sula. A safra de estréia de Sula foi em 2000, a qual produziu 5.000 caixas; entretanto, em 2006, 125.000 caixas foram produzidas, fornecidas por um total de 1.200 acres (485 hectares) de vinhedos.

O empreendimento vinícola muito bem-sucedido da família Grover é um dos relativamente poucos baseados fora de Maharashtra, neste caso nas colinas acima de Bangalore, no estado de Karnataka (embora atualmente eles estejam investindo em uma segunda linha de vinhos em Maharashtra). Em meados da década de 1990, eles contrataram Michel Rolland, de Pomerol, como consultor-vinicultor, e o resultado foi La Réserve, um tinto que não pareceria um peixe fora d'água em uma bancada de degustação de comerciantes de Bordeaux. As vinhas nunca estão dormentes, mas podas cuidadosas resultam em apenas uma colheita a cada ano, no mês de abril ou maio.

A indústria vinícola da **Tailândia** é muito menor, porém os nove membros da vinícola da Thai Wine Association formam um grupo coeso, exatamente como deve ser em um país com algumas forças poderosas que se dedicam a proibir totalmente o álcool. Suas raízes remontam à década de 1960, quando as vinhas foram plantadas principalmente para uvas de mesa no delta de Cha Praya, precisamente a oeste de Bangcoc. Inicialmente, a vinícola de Siam produziu refrigerantes do suco de uva resultante, porém foi seguida por um empreendimento sério dedicado à produção vinícola, Château de Loei, cuja primeira safra, de 1995, foi de vinhas cultivadas no extremo norte, próximo à fronteira do Laos. Atualmente, há vinhedos na região de Khao Yai, a nordeste de Bangcoc, em altitudes de até 550m, e alguns na vinícola de Siam, a 100m de altura, nas terras do interior do resort de Hua Hin, no sul do país, a apenas dez graus ao norte do equador.

No entanto, a área total de vinhedos na Tailândia ainda está abaixo dos 2.500 acres (1.000 hectares), com a Shiraz/Syrah sendo de longe a variedade mais plantada, seguida pela Chenin Blanc. Os vinhos são realmente produzidos com competência e os produtores mais conscientes tentam colher apenas uma vez a cada 12 meses, muito embora seja bem possível colher cinco safras a cada dois anos. A poda severa durante os meses extremamente quentes, de março a maio, e os três meses chuvosos seguintes incentivam as vinhas a fazer disso seu período de dormência. Qualquer fruta produzida precocemente é desprezada, e as vinhas são podadas novamente no final de setembro ou início de outubro para induzir uma "safra" de fruta mais concentrada e madura em fevereiro.

As videiras também são cultivadas para vinho em Butão, Camboja, Indonésia, Coréia, Myanmar, Sri Lanka, Taiwan e Vietnã, muitas vezes em escala reduzida e embrionária, contudo não restam dúvidas de que o vinho colonizou o continente asiático.

◄ O proprietário do rótulo Sula fincou suas raízes vinícolas na Califórnia e determinou-se a elaborar um projeto completamente ocidental, embora com um toque oriental. Morsoon Valley e GranMonte são direcionados principalmente para a importante indústria turística da Tailândia, enquanto Hatten conseguiu estabelecer um comércio de vinho direcionado da mesma forma para o turismo em Bali, Indonésia.

Estes "vinhedos flutuantes", ilhas de vinhas que se alternam com uma série de canais, no delta de Chao Phraya no sul da Tailândia, são alguns dos visualmente mais incomuns do mundo. As uvas Malaga Blanc, cultivadas em pérgolas para manter as doenças fúngicas afastadas neste clima úmido, são enviadas por barco para o rótulo Monsoon Valley, da vinícola Siam.

Glossário

O objetivo desta lista é fornecer uma idéia do jargão mais empregado no mundo do vinho. Os termos utilizados apenas em uma região específica são explicados durante a elaboração dos textos relevantes no atlas. Aqui há mais termos franceses do que italianos ou espanhóis, porque eles foram mais universalmente adotados e, ocasionalmente, adaptados. Veja também os boxes sobre os rótulos. As referências cruzadas para outras entradas do glossário estão em itálico.

Acidez medida total de *ácidos*.

Acidez total a soma de todos os tipos de *ácidos* em um vinho. Uma das estatísticas vitais do vinho.

Acidificar Adicionar *ácido* ao vinho ou *mosto* para melhorar o equilíbrio.

Ácido componente vital do vinho que dá vigor e valor refrescante. A maioria dos ácidos no vinho são: ácido tartárico, ácido málico e, em uma escala menor, ácido láctico.

Açúcar residual uma das estatísticas vitais do vinho; a quantidade de açúcar não fermentado que permanece no vinho. Um vinho com açúcar residual de 2g/l ou menos parece seco.

Administração da fronde técnica muito usada no cultivo das vinhas, através da qual a posição e a densidade da *fronde* são deliberadamente administradas para obter o máximo de qualidade no vinho e para otimizar sua quantidade.

Amadeirado usado para vinhos sujeitos à influência do carvalho, seja por *maturação em barris* ou, mais barato, por algum contato com lascas de carvalho, aduelas internas ou qualquer coisa similar. Ver página 35.

Amadurecimento fisiológico estágio alcançado pela uva quando os sabores e *fenólicos* estão completamente maduros e os engaços estão marrons em vez de verdes. A fruta pode ser facilmente arrancada do cacho e a pele pode começar a enrugar.

Amarone estilo de vinho feito com uvas secas, originalmente de Veneto, Itália.

Apelação (do francês, appéllation) nome geográfico de um vinho controlado.

BA abreviatura para Beerenauslese, um vinho doce alemão (ver página 226).

Barrica, barrique um *barril* padrão de Bordeaux com capacidade para 225 litros.

Barril qualquer recipiente para guardar líquidos, feito de madeira, chamado normalmente de *barrique* ou *pièce*.

Bâtonnage palavra francesa para mistura das *borras*; vem de *bâton*, palavra francesa para "vara".

Bodega palavra espanhola para adega ou empreendimento vinicultor.

Borra o depósito deixado no fundo de uma cuba, tanque ou *barril*.

Botrítis (*Botrytis cinerea*) termo genérico para uma *doença fúngica* da vinha, conhecida coloquialmente como podridão. A forma benigna, podridão nobre, infecciona as uvas com um mofo que concentra o açúcar e a acidez das bagas, resultando em vinhos potencialmente longevos e muito doces, *botritizados*. A forma maligna, podridão cinza, infecciona as uvas com um mofo que estraga o sabor, e, em uvas de pele escura, destrói também a cor.

Branco forma como os vinhos que não são nem tintos nem *rosé* são descritos, embora na prática variem de incolor a dourado escuro.

Caixa recipiente padrão para 12 *garrafas* de vinho, 24 metades ou 6 magnuns. Melhores de madeira, mas freqüentemente feitas de papelão.

Calcário uma das mais usadas — e mal empregadas — descrições para o solo de vinhedos. Solos calcários são baseados no calcário (valorizado na Borgonha) e ocasionalmente incluem giz (valorizado em Champagne).

Cápsula palavra alternativa para *folha metálica*.

CB abreviatura comum para *château bottled* (*engarrafada no château*).

Chai palavra francesa, particularmente usada em Bordeaux, para o prédio onde o vinho é armazenado, normalmente em *barris*.

Chaptalização processo vinícola, nomeado em homenagem ao ministro da agricultura da França, Chaptal, pelo qual o teor alcoólico é elevado adicionando-se açúcar antes ou durante a *fermentação*. Diz-se que um vinho assim foi **chaptalizado**.

Château termo francês (principalmente de Bordeaux) para uma propriedade em que o vinho é cultivado e normalmente produzido. Seus vinhedos não são necessariamente uma única área contígua.

Climat palavra da Borgonha para um vinhedo individual ou *apelação* (*appéllation*).

Clone de uma vinha, planta especificamente selecionada por algum atributo especial.

Clos palavra francesa (particularmente da Borgonha) para um vinhedo específico murado. Também usada pelos pioneiros em Priorat, Espanha.

Colheita tardia estilo de vinho, geralmente doce, feito de uvas muito amadurecidas.

Concentração processo da vinicultura, através do qual um pouco da água é eliminada do *mosto* ou do vinho, tornando-o mais **concentrado**.

Corticento usado para descrever os vinhos com aroma de mofo, maculados pelo componente TriCloroAnisol (TCA), normalmente através da rolha de cortiça.

Coulure fenômeno do cultivo das vinhas pelo qual uma parcela significativa das frutas em potencial não consegue se afirmar quando as vinhas florescem no início do verão, normalmente por causa do clima irregular. O resultado é uma produtividade baixa.

Cru palavra francesa que significa literalmente "crescimento"; porém, em termos de vinho, normalmente corresponde a um vinhedo específico.

Cru Classé termo normalmente de Bordeaux para um vinhedo incluído em uma das mais importantes classificações da região. Normalmente, mas não necessariamente, a classificação de 1855 do Médoc e Graves (ver página 82), que dividiu as melhores propriedades em cinco classes: a primeira, a segunda, a terceira, a quarta e a quinta classificações.

Crush termo em inglês do Novo Mundo para a colheita anual das uvas e o comércio de vinicultura.

Cuve palavra francesa para cuba ou tanque.

Cuvée termo originalmente francês, usado em geral para misturas, em particular para a mistura final na vinicultura de espumantes.

Cuvier termo francês (particularmente de Bordeaux) para o estabelecimento onde a *fermentação* ocorre — e onde são encontrados os *cuves*.

Deacidificar processo da vinicultura, realizado somente após verões muito frios, através do qual a *acidez* do vinho ou do mosto é deliberadamente reduzida, normalmente pela adição de carbonato de cálcio (giz) ou às vezes de água.

Decantação permite que o suco fique parado (geralmente durante a noite), de modo que os sólidos maiores se depositem no fundo de um *tanque de decantação*.

Deitar dar deliberadamente ao vinho mais tempo de *envelhecimento em garrafa*, geralmente por alguns anos.

Densidade das vinhas medida da distância entre as vinhas.

Depósito em garrafa depósitos insolúveis que grudam nas laterais das *garrafas* após o *envelhecimento em garrafa* (cf. *sedimento*).

Doença bacteriana doença (da vinha) provocada por bactérias.

Doença de Pierce doença fatal das vinhas transmitida por insetos, principalmente nos estados meridionais dos EUA e cada vez mais na Califórnia.

Doença fúngica doença provocada por uma infecção fúngica, à qual a vinha é muito suscetível. Ver página 18.

Domínio (do francês, domaine) termo (particularmente da Borgonha) para uma propriedade produtora de vinho.

Dosagem quantidade de adoçante adicionado a espumantes antes do seu engarrafamento.

Eiswein vinho doce feito de uvas congeladas na vinha, uma especialidade alemã e, às vezes, austríaca.

Élevage processo de vinicultura de "elevar" um vinho da *fermentação* para o seu lançamento.

Engarrafado na propriedade vinho engarrafado na propriedade onde foi cultivado.

Engarrafado no château vinho engarrafado na mesma propriedade onde foi cultivado ou, ao menos, produzido.

Engarrafado no domínio vinho engarrafado pela mesma pessoa ou empresa que o produziu.

Enologia a ciência da fabricação do vinho.

En primeur oferta de um vinho à venda antes mesmo de ser engarrafado, mais comum em Bordeaux, geralmente na primavera após a *safra*.

Envelhecimento em barril, maturação em barril processo de maturação de vinhos em *barris* após a *fermentação*.

Envelhecimento em garrafa, maturação em garrafa processo de maturação do vinho em *garrafa* (cf. *envelhecimento em barril*). Considera-se que tal vinho tem **idade de garrafa**.

Enxerto técnica de cultivo de vinhas onde uma planta, normalmente *vinífera*, é enxertada em outra, normalmente um rizoma resistente a *filoxera*.

Enxerto no campo operação no cultivo das vinhas que consiste em enxertar, no vinhedo, uma outra variedade mais desejável em um rizoma existente.

Esca doença fúngica que debilita os vinhos.

Espaçamento fechado técnica de cultivo das vinhas dedicada à alta *densidade das vinhas*.

Extração importante processo de obtenção de cores, taninos e sabores das cascas das uvas de diversas formas.

Fenólicos termo genérico para os *taninos*, pigmentos e componentes do sabor potencialmente adstringentes em uma uva ou vinho. Nas uvas, os fenólicos estão concentrados na casca (pele).

Fermentação geralmente sinônimo de fermentação alcoólica, durante a qual as leveduras agem nos açúcares das uvas maduras para transformar o sumo doce da baga em um vinho bem mais seco. Ver também *fermentação malolática*.

Fermentação em barril técnica de vinicultura popular, pela qual a *fermentação* alcoólica ocorre nos *barris*. Estes vinhos (normalmente brancos) são chamados de **fermentados em barril**.

Fermentação malolática ou maloláctica processo vinícola de amadurecimento que se segue à *fermentação* alcoólica em quase todos os tintos e em muitos brancos, segundo o qual o áspero *ácido* málico (tipo maçã) é convertido em *ácido* láctico (tipo leite), mais macio, sob a influência de bactéria láctica e calor. Muitas vezes conhecida apenas como **malolática** ou simplesmente **malo**.

Filoxera peste mortal da vinha, de origem americana; afídeo que se alimenta das raízes das vinhas. Sua permanência obrigou o enxerto em rizomas resistentes na maioria das regiões vinícolas. Ver páginas 18 e 19.

Filtração processo vinícola controverso, projetado para filtrar qualquer levedura ou bactéria potencialmente nociva.

Flor levedura que forma uma película grossa na superfície de um vinho. Vital na produção de Xerez mais leve.

Folha metálica a cobertura (na maioria das vezes supérflua) que reveste a parte de cima do gargalo e a rolha. Muito útil para identificação dos vinhos em prateleiras.

Fronde as partes verdes da vinha: os ramos e, principalmente, as folhas.

Futures vinhos vendidos *en primeur.*

Garagiste ver *microcuvée.*

Garrafa unidade padrão de volume de vinho equivalente a 75 centilitros.

Genérico vinho com o nome de uma região ou estilo de vinho (por exemplo, Madeira, Hock) em vez de um *varietal* ou de um que se qualifique para uma *apelação.*

Grand Cru termo abundantemente usado, que na Borgonha foi criado para indicar os melhores vinhedos de Côte d'Or e Chablis, como é feito em Champagne e na Alsácia.

Gris *rosé* muito pálido, chegando quase a cinza.

Guyot sistema de condicionamento das vinhas especialmente popular em Bordeaux, no qual os ramos frutíferos crescem de um galho que é renovado a cada ano.

Hang time (tempo de pendura) termo norte-americano para o tempo (às vezes longo) em que é permitido que as uvas fiquem nas vinhas para alcançar o pleno *amadurecimento fisiológico.*

Híbrida variedade de vinha gerada pelo cruzamento de uma espécie (geralmente *vinífera*) com outra (geralmente americana). As híbridas são desprezadas na Europa, às vezes sem razão.

Icewine termo canadense para *Eiswein.*

Informações na garrafa normalmente obrigatórias nos rótulos. Ver *engarrafado no château, engarrafado no domínio, engarrafado na propriedade.*

Instalações personalizadas (do inglês, *custom crush facility*) vinícola que trabalha mediante contrato produzindo vinhos sob encomenda para diferentes viticultores. Muito comum na Califórnia.

Jeroboam garrafa de tamanho grande contendo 4,5 litros ou o equivalente a 6 *garrafas* comuns em Bordeaux; 3 litros ou 4 garrafas em Champagne.

Keller termo alemão para adega.

Maceração carbônica técnica de vinicultura na qual as uvas são fermentadas inteiras em um recipiente fechado sob a influência de dióxido de carbono. Ver página 33 para mais detalhes.

Magnum garrafa grande contendo 1,5 litro ou duas garrafas comuns.

Mesoclima o clima de um pequeno pedaço de terra, como um vinhedo (cf. **microclima** de uma única vinha ou **macroclima** de um distrito ou região).

Méthode traditionnelle, méthode classique ver método tradicional.

Método tradicional operação vinícola de espumantes, pela qual as bolhas são formadas depois da segunda fermentação dentro da garrafa.

Mexer a borra operação vinícola de mexer a *borra* para estimular a aeração e a interação entre o sedimento e o vinho.

Microcuvée *château* de Bordeaux muito pequeno, muitas vezes sem instalações próprias para a vinicultura; geralmente, uma garagem é considerada suficiente. Neste livro definimos *microcuvée* como a produção de menos de 1.000 caixas, pelo menos a princípio.

Míldio míldio (peronospera) e míldio tipo polvilho (oídio) são duas *doenças fúngicas* que constantemente atormentam a vinha e seu cultivador. Normalmente, a pulverização é a solução.

Millerandage ambientação desigual da fruta durante a floração que pode resultar no amadurecimento inconvenientemente irregular.

Mise processo de engarrafamento em francês. **Mis(e) en bouteille au château/domaine** significa engarrafado no *château* ou no *domínio.*

Mosto o estágio polpudo intermediário entre o suco de uva e o vinho durante a vinicultura.

Négociant termo francês para um mercador de vinhos que também pode engarrafar (cf. *domínio*).

Non-vintage termo usado especialmente para vinhos espumantes e champanhe para estipular que um vinho não é "vintage-dated", mas uma mistura do produto de anos diferentes. Uma abreviatura comum é NV.

Osmose reversa técnica comum para tornar o vinho mais ou menos alcoólico.

OWC abreviatura muito encontrada em catálogos de leilões. Significa "Original Wooden Case", caixa de madeira original.

Passas uva seca com a qual se fabricam algumas variedades de vinho, como *Amarone* e *Vino Santo.* Pode-se dizer que uma uva está passada, ou que o vinho está passado.

pH importante medida, no sumo e no vinho, da força da acidez, que também pode afetar a cor e o potencial de envelhecimento. A água normalmente tem um pH de 7, e o do vinho fica em torno de 3,5.

Pièce *barril* tradicional da Borgonha com 228 litros.

Podridão ver *botrítis* para detalhes desta *doença fúngica.*

Podridão nobre ver *botrítis.*

Premier Cru termo amplamente usado, sendo que na Borgonha e em Champagne indica alguns dos melhores vinhedos (embora não tão bons quanto *Grand Cru*). Em Bordeaux, pode ser conhecido como **Premier Grand Cru** (**Classé**).

Produtividade medida de quão produtivo um vinhedo realmente é, normalmente em toneladas por acre ou hectolitros por hectare. Para converter toneladas por acre para hectolitros por hectare, multiplique o primeiro por aproximadamente 17,5.

Punt (picadura) entalhe na base da maioria das garrafas, útil para o empilhamento.

Refino processo vinícola criado para clarificar o vinho adicionando um *agente de refino,* como albume, caseína ou um tipo de argila chamado bentonita, que atrai sólidos em suspensão dentro do vinho e os precipita como sedimento.

Remuage termo francês para *revolvimento.*

Reserve termo muito usado que, em geral, faz pouco sentido.

Revolvimento operação na vinicultura dos espumantes em que o *sedimento* depositado pela segunda *fermentação na garrafa* tem que ser sacudido dentro do gargalo da garrafa para remoção. Hoje em dia é quase totalmente mecanizado.

Rizoma raiz da vinha especialmente escolhida por algum atributo, tipicamente resitente à filoxera, embora possa ser escolhida para certos tipos de solos ou para diminuir o vigor de vinhas *vigorosas* demais.

Rosé nome comum para vinhos rosados pelo breve contato com as peles de uvas vermelhas, pretas ou violetas.

Saignée palavra francesa para sangria; literalmente sangrar um pouco de líquido de uma cuba de fermentação para tornar o vinho resultante mais *concentrado.*

Sedimento detritos do *envelhecimento em garrafa,* particularmente significativos se o vinho não é bem *filtrado* ou *refinado* e fica na garrafa por alguns anos.

Sommelier profissional que serve o vinho em um restaurante.

Sur lie descrição francesa de um vinho mantido propositalmente em contato com as borras para adicionar sabor.

Taninos *fenólicos* que provocam uma secura na boca, originados da pele das uvas, engaços e caroços, que preservam o vinho e contribuem para o processo de envelhecimento.

TBA abreviatura comum para Trockenbeerenauslese, termo alemão para vinho muito doce feito com uvas botritizadas e selecionadas individualmente.

Terroir ambiente físico; ver páginas 26 e 27.

Tirage processo que consiste em deixar um vinho espumante de *método tradicional* nas *borras* de leveduras para amadurecer, estimulando sabores complexos.

Trasfega transferência do vinho sem a *borra* de um recipiente para outro. Ver páginas 29 e 35.

Ullage espaço entre o líquido e o topo do seu recipiente, quer seja *garrafa* ou *barril.* À medida que os vinhos envelhecem, o *ullage* tende a aumentar.

Variação de temperatura diurna diferença entre as temperaturas médias da noite e do dia. Acredita-se que uma grande variação de temperatura resulte em cores escuras e *acidez* forte.

Varietal vinho vendido sob o nome de uma única variedade de uva com a qual foi produzido (cf. *genérico*). Não deve ser confundido com a **variedade** em si, que é uma planta.

Vendange tardive termo francês para colheita tardia.

Vieilles vignes termo francês para vinhas velhas.

Vigneron termo francês para cultivador de vinhas que possui uma vinícola.

Vigor propensão das vinhas para crescer folhas ou fronde. Uma vinha muito vigorosa pode ser folhosa demais para amadurecer as uvas corretamente.

Vin de cépage termo francês para vinho varietal.

Vin de garde termo francês para vinho produzido para ser envelhecido (vinho para guardar).

Vin de Paille uva doce e seca produzida tradicionalmente pela secagem das frutas em esteiras de palha.

Vin Doux Naturel vinho forte e doce produzido pela adição de um pouco de álcool ao sumo da fruta antes da fermentação completa. Ver página 144.

Vinhas velhas acredita-se que tragam concentração e qualidade ao vinho, principalmente porque sua *produtividade* é baixa.

Vinho fortificado vinho extraforte obtido pela adição de álcool destilado em algum momento do processo de produção. Alguns dos mais conhecidos são: Porto, Xerez e Madeira.

Vinho rosado ver *rosé.*

Vinhos base ingredientes de uma mistura.

Vinícola contratada ver *instalação personalizada.*

Vinífera espécie européia da videira de gênero *Vitis,* responsável por mais de 95% de todo o vinho, não importando onde seja cultivada (cf. *híbrido*).

Vinificação produção de vinhos.

Vino Santo vinho de uvas secas, especialidade da Itália.

Vintage processo de colher as uvas ou o ano em que as uvas foram colhidas. Todos os vinhos, portanto, são "vinhos *vintage*".

Vintner originalmente alguém que fazia vinho, mas agora o termo é mais usado para designar alguém que vende vinho.

Viticultura ciência e prática de cultivar vinhas.

Índice

Índice geográfico

Este índice geográfico inclui referências nominais de vinhedos, châteaux, quintas, áreas vinícolas gerais e outras informações que aparecem nos mapas deste atlas, com exceção dos nomes de lugares menos importantes e características geográficas que aparecem em segundo plano, digitadas em letras de tipo *sans serif*. Neste índice, todos os châteaux estão listados sob C (ex. Château Yquem, d') e as quintas, sob a letra Q (ex. quinta Noval, do). Domínios, vinícolas etc. estão indexados pelos nomes próprios. A indicação alfanumérica antes da página remete ao sistema de referência de grade nas páginas do mapa. Os vinhedos etc. estão indexados pelos seus nomes principais (ex. Perrieres, les). Os nomes idênticos estão diferenciados pelo país ou pela região que está indicada em itálico. Os nomes alternativos são exibidos entre parênteses: Praha (Praga) etc. Os produtores vinícolas cujos nomes aparecem nos mapas também estão listados.

Châteaux

Agradecimentos

Gostaríamos de agradecer às pessoas abaixo e pedir desculpas antecipadas àqueles que esquecemos.

Introdução *Terroir* Laurent Lebrun; *Anatomia de uma vinícola* Frédéric Engerer, Hélène Genin, Sonia Favreau

França Chris Skyrme, Pierre Morel, Amina El Abbassi (Sopexa RU); Elodie Pastie (INAO); *Borgonha* Soizic Pinczon du Sel; Tina Sellenet (BIVB); *Pouilly-Fuissé* Jean Rijckaert; *Beaujolais* Clive Coates MW; Anne Masson (UIVB); *Chablis* Rosemary George MW; *Champagne* Michael Edwards; Brigitte Batonnet (CIVC); *Bordeaux* James Lawther; Kees van Leeuwen; Tim Unwin; Aurélie Chobert (L'Alliance des Crus Bourgeois du Médoc); Anne Marbot (CIVB); *Sudoeste da França* Paul Strang; Jérôme Pérez; *Vale do Loire* Charles e Philippa Sydney; *Alsácia* Oliver Humbrecht MW; Thierry Fritsch (Conseil Interprofessional des Vins d'Alsace); *Rhône* John Livingstone Learmonth; François Drounau (Inter Rhône); *Languedoc* Christine Behey-Molines (Comité Interprofessional des Vins du Languedoc); Paul Strang; *Roussillon* Eric Aracil (Comité Interprofessional des Vins du Roussillon); Tom Lubbe; *Provença* François Millo (Comité Interprofessional de Vins de Provence); *Córsega* Patrick Fioramonti; *Jura, Savóia e Vins de Pays* Wink Lorch

Itália David Gleave MW; Michèle Shah; Federico Vincenzi; *Trentino* Sabrina Schenchl; *Alto Adige* Thomas Augscholl; *Verona* Emilio Fasoletti; *Friuli* Barbara Rosso; *Chianti* Silvia Fiorentini (Consorzio Vino Chianti Classico); *Puglia* Mark Shannon; *Sicília* Kate Singleton

Espanha John Radford; Maria-José Sevilla, Margarita Perez Vilanova (Vinos de España); Alison Dillon; *Somontano* Martin Abell; *Rueda* Arancha Zamácola; *Priorat* René Barbier; *Jerez* Jesús Barquín

Portugal Richard Mayson; Filipe Neves; *Douro e Madeira* Ben Campbell-Johnson

Alemanha Stuart Pigott; Michael Schemmel, Steffen Schindler (DWI); Hilke Nagel (VDP); *Palatinado* Markus Heil

Inglaterra e País de Gales Stephen Skelton MW; Julia Trustram Eve (English Wine Producers)

Suíça Pierre Thomas

Áustria Peter Moser; Susanne Staggl (OEWM)

Hungria Gabriella Meszaros; Diana Sidlovits (Hegyközségek Nemzeti Tanácsa)

República Tcheca e Eslováquia Helena Baker; Pavel Heimlich; Martin Kristek; Ondrej Kuchar

Eslovênia Robert Gorjak, Mojca Jakša

Bálcãs Ocidentais Lisa Shara Hall; *Croácia* Irina Ban, Darrel Joseph; *Albânia* Andreas Shundi

Bulgária Caroline Gilby MW; Lilia Stoilova; Julia Kostadinova

Romênia Caroline Gilby MW; Basil Zarnoveanu (Provinum)

Ex-repúblicas da URSS Shalva Khetsurani; Bisso Atanassov; John Worontschak; *Ucrânia* T Postoain; *Azerbaidjão* Mail Amanov; *Geórgia* Shalva Khetsuriani; Gia Sulkhanishvili

Grécia Konstantinos Lazarikis

Mediterrâneo Oriental *Turquia* Yakip Icgoren; Oktay Onderer, Ozlem Atak; *Chipre* Caroline Gilby MW; *Líbano* Michael Karam; Charles Ghostine; *Israel* Adam Montefiore

América do Norte *EUA* Rebecca Murphy; Doug Frost MW, MS, Bill Nelson, Jenny Mattingley (Wine America); *Califórnia* Larry Walker; Linda Murphy; Emma Rice; Gladys Horiuchi; *Napa* Terry Hall; *Sonoma* Phil Bilodeau; *Lodi* Mark Chandler; *Arizona* Todd Bostock; *Michigan* David Creighton; *Missouri* Ann Miller; *Ohio* Donniella Winchell; *Nova York* Jim Tresize, Susan Spence (NYWGF); *Noroeste do Pacífico* Lisa Shara Hall; Susan O'Hara; *Texas* Dacota Julson; *Canadá* Janet Dorozynski; Igor Ryjenkov; *British Columbia* John Schreiner; *Ontário* Prof. Tony Shaw (Brock University), Linda Bramble, Laurie Macdonald (VQA); *México* John Worontschak

América do Sul *Brasil* Arthur Azevedo; *Uruguai* Daniel Pisano; Lauro Arias; José Osvaldo do Amarante; Luiz Horta; *Chile* Patricio Tapia; Michael Cox (Wines of Chile); *Argentina* Enrique Chrabolowsky; James Forbes, Fernando Farré, Ariel Menniti (Wines of Argentina)

Austrália Kirsten Moore (Wine of Australia); Peter Bailey (AWBC); *Western Australia* Peter Forrestal; *Margaret River* Janine Carter; *South Australia* Max Allen; *McLaren Vale* Sandie Holmes; *Adelaide Hills* Katie Cameron; *Limestone Coast e Coonawarra* Brian Croser; Ian Hollick; *Victoria* Max Allen; Joanne Butterworth; *Geelong* Diana Sawyer; *Yarra Valley* Anna Aldridge; *Tasmânia* Andrew Pirie; Kim Seagram; *New South Wales* Stuart McGrath-Kerr; *Hunter Valley* Iain Riggs; Christopher Barnes; Paul Stuart

Nova Zelândia Michael Cooper; Warren Adamson (Wine of New Zealand); *Auckland* Michael Brajkovich MW; *Hawke's Bay* Gordon Russell; *Martinborough* Larry McKenna, Sarah Sherwood; *Marlborough* Sarah Booker; *Otago Central* Lucy Thomson

África do Sul Tim James; Sophie Waggett (WOSA RU); Su Birch, Andre Morgenthal (WOSA África do Sul); *Constantia* Di Botha; Lowell Jooste

Ásia Denis Gastin

Fotografias
b (baixo), c (centro), e (esquerda), d (direita), t (topo)

Anthony Blake Photo Library / Gerrit Bunrock 247 / Guy Moberly 202-203; AKG-Images 12 be; Alamy / Peter Adams Photography 254, / BL Images Ltd 140 / Cephas Picture Library 35, e 164, 174, 191, 192, 197, 205, 213 t, 220, 223, 233, 237, 238, 274, 281, 334, 335, 355 / Danita Delimont 304 /Joel Day 340, FAN travelstock 166, John Ferro Sims 172 / Peter Horree 108 / Chris Howes / Wild Places Photography 252 / isifa Image Service s.r.o. 270 / Per Karlsson BKWine.com 35 d, 134, 269, 272 / roy mehta 98 / WoodyStock 143; Ancient Art & Architecture Collection 13 be; Badia a Coltibuono 178; Baron Philippe de Rothschild SA 152 b; Bodega Catena 330; Bordeaux Wine Council / V Bengold 31 be; Brangayne of Orange, NSW, Austrália 356; Bridgeman Art Library / © Louvre, Paris, França / Giraudon 13 bc; Bob Campbell MW 31 bd; Cape Jaffa Wines / Jane Hogarth 349; Lucy Carolan 2-3; John R Calvin, Casa Rondeña Vinícola 313; Central Otago Pinot Noir Ltd., Chard Farm 363; Cephas Picture Library / Jerry Alexander 303, 305, / Kevin Argue 321 / Nigel Blythe 104, 112, 152 t, 201, 224, 374, / Andy Christodolo 132, 240, 257, 353 / Bruce Fleming 300 / Dario Fusaro 160 / Kevin Judd 344 / Herbert Lehmann 157, 261, / Clay McLachlan 244 / Pierre Mosca 221 / R & K Muschenetz 19 bd, 288-289 / Mike Newton 170 / Alain Proust 368, / Mick Rock 19 bce, 19 bcd, 58 d, 65, 68, 70, 72, 93, 111, 124, 126, 136, 138, 144, 149, 150, 154, 155, 184, 188, 195, 198, 211, 213 b, 217, 231, 249, 266, 276, 295, 347 / Ian Shaw 180; Château Ksara 285; Château Latour / Alain Benoit, Deepix 39; Château Lynch-Bages 90; Château Olivier 27; Château Smith Haut-Lafite 100, 100 e; propriedade da família Chivite, Señorío de Arlnzano 200; Corbis / Morton Beebe 298 /Alex Grimm / Reuters 250 / Charles O'Rear 343 / Henri Tullio 287, / @Merle W Wallace / Coleção Fox Searchlight / Bureau L.A. 292; Patrick Cronenberger 82; Deutsches Weininstitut / Kämper 245 / Hartmann 251; Vinhos da família Evans / Peter Morse 49; cortesia da empresa de vinhos Fanagoria / I&O Ulko 279; Werner Forman Archive 12 bd, / Museu Egípcio, Cairo 12 bc, / Museu de Vinho Rothschild, Bordeaux 14; Vinícola Gaja 176, 177; Getty Images / Clay McLachlan 359; Bozidar Grabovac 271; Charmaine Grieger 116, 117, 322, 323, 327, 364, 365, 367; Vinhos Grosset 345; Guillaume at Bennelong 338; Julia Harding MW 333; Herederos del Marqués de Riscal 189; Jamie Hewet 2003 351; Kirk Irwin, I&I Images 290, 308, 310; Hugh Johnson 341 b; propriedade Klein Constantia 50, 51, 369; propriedade Leeuwin / Martin Farquharson 341 t; Claes Lofgren 17, 19 t, 32, 33, 78, 80, 102 b, 106, 158, 169, 186, 228, 239, 258, 265, 282, 284, 319, 370; Loisium Wine Attraktion 262; Vinhos Montes 30 te, 328; Nyetimber Ltd 253; Adegas Octavian Corsham, Wiltshire, Reino Unido 43 b; Octopus Publishing Group Ltd / Adrian Pope 6, 7, 44 e, 44 td, 44 bd, 46, 47, 48 l, 48 d, 48 c, / Russel Sadur 41, 43 t, / Chris Terry 40 be, bec, 40 bce, bcd, bd; OnAsia / Natalie Behring 8, 373 /Luke Duggleby 375; Charles O'Rear 4, 5, 18, 19, 24, 25, 40 t; Peter Michael Winery / Olaf Beckmann 297; Fotos 12 / Institut Rameses 12 t; Janet Price 63, 76, 314; Emma Rice 34; Vinhedos Ridge 306; RK le Studio – França 40 bdc; Schlossgut Diel 242; Science Photo Library / Alfred Pasieka 19 be; Scope / J Guillard 67, 75, 110, 121, 129, 147, 162, 208, 209, 215, 227 / J L Barde 71, 102 t, 114, 207, 350 / Marc Combier 69, / M Guillard 85, 86, 88, 94, 125 / S Matthews 182, 317; Giorgi Sulkhanishvili 280; propriedades da família Symington 219; Tahbilk 16; Toast Martinborough 361 t, 361 b; ViniBrasil 325; VinVinoLife 96; Don Wallace 31 t; Jon Wyand 30 d, 54, 55, 58 e, 61, 130.

Ilustrações
Lisa Alderson/Advocate 18-23 (20-21 baseadas nas fotografias de Peter Oberleithner); Chris Boyd 1; Keith Hornblower 38-39; Tim Loughhead/Precision Illustration 36-37; Lucinda Rogers 28-29.

Todos os esforços foram feitos para localizar os proprietários das fotografias com direitos autorais. Qualquer um que tenha sido inadvertidamente omitido desta relação está convidado a escrever para os editores que com prazer farão as devidas correções em impressões futuras.